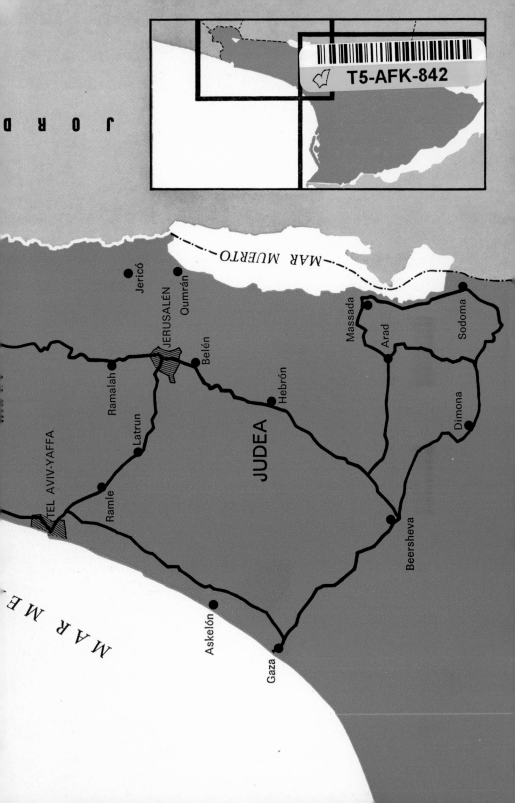

José María Gironella

EL
ESCANDALO
DE
TIERRA SANTA

PLAZA & JANES S: A.
Editores

Fotografías de
PEDRO PUJADAS
y
ARCHIVO

Primera edición: Octubre, 1977
Segunda edición: Noviembre, 1977
Tercera edición: Diciembre, 1977
Cuarta edición: Diciembre, 1977
Quinta edición: Diciembre, 1977
Sexta edición: Diciembre, 1977
Séptima edición: Enero, 1978
Octava edición: Marzo, 1978
Novena edición: Marzo, 1978
Décima edición: Marzo, 1978
Undécima edición: Abril, 1978
Duodécima edición: Abril, 1978
Decimotercera edición: Mayo, 1978
Decimocuarta edición: Mayo, 1978
Decimoquinta edición: Junio, 1978
Decimosexta edición: Agosto, 1978
Decimoséptima edición: Setiembre, 1978

Printed in Spain — Impreso en España
ISBN: 84-01-33117-X — Depósito Legal: B. 30.787 - 1978

GRAFICAS GUADA, S. A. - Virgen de Guadalupe, 33 - Esplugas de Llobregat (Barcelona)

ÍNDICE

PRIMERA PARTE

I

II

III

IV

V

VI

VII

VIII

*Al doctor José María Alonso Molas
con mi gratitud.*

PRÓLOGO

En 1975 me fui a Tierra Santa (Israel) —o bien a Israel (Tierra Santa)— y pasé allí unos cuantos meses. La experiencia resultó decisiva para ese *islote* personal que yo soy, para ese continuo *sobresalto* que mi vida es. Regresé convertido en radicalmente otro, vapuleado con una fuerza inédita. Especialmente Jerusalén, la ciudad llamad Eterna quién sabe si para disimular que ningún nombre puede abarcarla por entero, me prestó unos ojos nuevos con que contemplar el mundo. Tuve la sensación de haber nacido entre sus murallas, o de que entre ellas iba a morir. También me vapulearon de lo lindo Galilea, al norte y el desierto, al sur. Por primera vez oí esas voces tan extrañas que son los silencios. Por primera vez capté el significado de palabras tales como «estrella», «odio», «miedo». En resumidas cuentas, por primera vez cayeron rotos a mis pies todos los espejos.

En este libro torrencial intento dejar testimonio de mis vivencias. No es un tratado teológico. Tampoco un tratado militar árabe-israelí. Tampoco una simple descripción viajera. He pretendido algo más: situar al lector en un enclave del planeta que bien puede calificarse de único, por coincidir en él siglos de respiración humana, múltiples civilizaciones, profecías y salmos, una guerra permanente, tres religiones monoteístas, todo ello bajo un cielo cambiante y sobre una tierra temblorosa, cruzada por el «río de la vida», el Jordán, que desemboca precisamente en el mar Muerto. Y explicarle al lector las contrapuestas opciones que en dicho enclave se le ofrecen. Sin trazarles límite, porque en Tierra Santa —en Israel— todo desemboca sin remedio en algo que está más allá. Se agacha uno para recoger una piedra y la piedra se hace trigo. En Jericó partí por la mitad una naranja y dentro me encontré con la Biblia.

Judíos, cristianos, musulmanes. El escándalo de Tierra Santa. Todo aquello es escandaloso porque es desorbitado: «demasiada historia para tan poca geografía». En estas páginas cuento lo que vi, repito lo que me fue dicho, hilvano pensamientos y procuro a través del lenguaje traducir la *emoción*. Al final, cansado de bascular entre el ateísmo y Cristo, entre Mahoma y «el Mesías que no llegó todavía», entre Sodoma y los Altos del Golán, entre los campamentos palestinos y el Sinaí, me decido a sacar ciertas conclusiones. Casi, casi, me decido a juzgar, actitud que jamás anteriormente me había permitido.

Es posible que mi juicio constituya también un escándalo. En cualquier caso, es sincero. Me declaro responsable de las propuestas que formulo al término de la obra. En Tierra Santa confluyen situaciones de amor y otras que inspiran viva repugnancia. De todo ello doy fe, utilizando la pluma *nueva* que me prestó Jerusalén.

JOSÉ MARÍA GIRONELLA

Arenys de Munt, abril de 1977.

PRIMERA PARTE

CAPÍTULO PRIMERO

La idea de visitar Israel: El museo de religión y ateísmo de Leningrado

La idea de visitar Israel —Tierra Santa— me vino a las mientes por primera vez en Leningrado, el año 1973, a raíz de una visita que efectué a la casa en que murió Dostoievski. Todo se encadenó del modo más natural.

En la mesa del despacho del escritor vi libros, un tintero, dos candelabros y una cajita de cartón que había contenido veneno. Esta cajita me impresionó sobremanera —más que el lecho de muerte, más que los dramáticos dibujos pegados en las paredes—, de modo que al salir a la calle eché a andar cabizbajo, primero por la orilla del gran río que surca la ciudad, el Neva y luego en dirección al centro, ajeno por completo a los palacios que me rodeaban por doquier, a los parques, a los monumentos e incluso a la luz perpetua —primavera, noches blancas— que descendía del cielo como una bendición.

Sin darme cuenta, al cabo de un rato, y después de pararme distraído ante los escaparates que me salían al paso me encontré en un recodo de la avenida Nevski, frente a la antigua basílica de Nuestra Señora de Kazán, que las autoridades soviéticas habían convertido en Museo de Religión y Ateísmo. Por descontado, la existencia de un Museo de Ateísmo me había llamado la atención desde mi llegada y por tres o cuatro veces había ya visitado sus punzantes instalaciones.

Mi peculiar estado de ánimo me empujó a entrar en el museo una vez más. La afluencia de visitantes, como siempre, era enorme y se producían reacciones para todos los gustos. Los dioses paganos de las antiguas Grecia y Roma despertaban entusiasmo escaso, quizá debido a la perfección exagerada de las estatuas. Donde la gente empezaba a interesarse de veras era en las salas dedicadas a la Inquisición, a las Cruzadas, a las procesiones medievales, a los cuadros representando el fuego del infierno y las almas tostándose en él, sin olvidar las vitrinas con ediciones príncipe de obras puestas en el *Índice* y una enorme pirámide construida con auténticas bombas nazis y coronada ladinamente por una efigie de Pío XII.

Los dioramas presentaban figuras de tamaño natural —los tribunales del Santo Oficio y los reos—; los instrumentos de tortura eran auténticos; las lanzas de los cruzados atravesaban cuerpos que parecían vivos; abundaban los Cristos deformes y burlescos; la Virgen María ofrecía una expresión más bien tonta y los sacerdotes estaban gordos hasta casi no poder andar. Todo ello, y mucho más, presidido por un retrato de Lenin esculpido en mármol, con una frase debajo en la que el hombre de la perilla universal aseguraba que la religión era una trampa para el pueblo y un mero producto de la ignorancia.

Como de costumbre, entre los visitantes solitarios o por parejas coincidí con varios grupos de pioneros y escolares, cada uno de ellos a las órdenes del correspondiente monitor. Imposible no reparar de forma especial en la estrategia de esos jefes. Acompañados de una mímica harto expresiva y eficaz, se detenían aquí y allá y sus exégesis, que yo no entendía, al final, de modo inevitable, eran coronadas por los jóvenes oyentes con estruendosas carcajadas.

Era el mundo de la caricatura, del sarcasmo, de la chirigota. Era el mundo de la blasfemia referida a seres y símbolos que desde la infancia yo había tenido por muy principales. Total que, en esa ocasión, vapuleado sin duda por el recuerdo de la cajita de cartón de Dostoievski, al oír esas risotadas, sin saber cómo, rompí a llorar.

¡Bien, no pasaba nada! En realidad, no era la primera vez que ello me ocurría en Leningrado. En efecto, pese a las noches blancas, a la luz perpetua y a los palacios y parques, una inasible tristeza flotaba por la vasta urbe, a la altura de las cabezas. Por lo demás, es sabido que llevamos dentro un corazón-capricho. En ocasiones un gran Dolor nos deja indiferentes como si perteneciéramos a otro mundo, en otras nos convertimos fácilmente en tango, hacemos pucheros porque una hormiga no consigue trepar por un palito o fracasa en su intento de llevarse a la despensa una diminuta miga de pan.

Cabe decir que, en esa oportunidad, mi queja interior estaba justificada. Al fin y al cabo no era moco de pavo ver a aquellos chavales —prehombres, premujeres—, mofándose, desternillándose ante un retablo que representaba la gloriosa entrada de Jesús, el día de Ramos, en Jerusalén. La panorámica de la ciudad santa era demasiado elocuente para ser confundida con una maqueta de carnaval. Uno puede no creer en Cristo pero es preciso admitir que millones de criaturas creen en Él. Uno puede no creer en el Padre pero para millones de criaturas su posible existencia es motivo de consuelo. Uno puede decretar que en la otra orilla está la Nada pero nadie ha regresado blandiendo triunfalmente tamaña afirmación.

Otros monitores llegaron, con otros pioneros y otros alumnos, y yo opté por sentarme en un taburete, muy cerca del que ocupaba una de las viejecitas encargadas de la vigilancia. Esa viejecita tenía un aspecto más bien noble, y además, y paradójicamente, había cruzado las manos como en actitud de plegaria. No obstante, sus ojos, en apariencia fijos en las bombas nazis y en la figura de Pío XII, no perdían detalle y era obvio que a la menor anomalía la mujer se levantaría en nombre de Lenin y dejaría constancia de su autoridad.

No hubo lugar. Todo permaneció tranquilo, excepto mi espíritu. Me puse a cavilar sobre el hondo significado de aquel Museo. Mi congoja se acrecentó, porque era lo cierto que durante años yo había intentado igualmente mofarme de cualquier pálpito sobrenatural y el resultado había sido a la postre el húmedo desamparo. Sí, en esa etapa rebelde, no exenta de valentía e incluso de rigor, pude comprobar hasta qué punto se le hace difícil a un ser pensante vivir de negaciones y tener por firme e invulnerable una plataforma puramente terrenal.

Fue entonces cuando, por primera vez, sentí la necesidad de visitar Israel

—Tierra Santa—, acosado por el retablo en cuyo fondo se erguía Jerusalén. Ese nombre, Jerusalén, se introdujo en mis oídos como un redoble de tambor, provocándome al pronto enorme sorpresa. Parecióme que el grito cerebral no venía a cuento. ¿A santo de qué mezclar tan heterogéneas imágenes? Me encontraba en la Unión Soviética y la experiencia valía lo suyo, era larga y ancha e inmedible como pudiera serlo el pulmón de un cosaco o la taiga siberiana.

Tampoco pasaba nada. Con toda probabilidad, ese súbito deseo de visitar la tierra de Jesús era lógico a más no poder. Cierto, llevaba mucho tiempo descontento de mis relaciones con Dios y me urgía encontrar un asidero más válido que los que ya poseía. La fácil emotividad, con su secuela de lágrimas, no me bastaba. Tampoco me bastaba haber superado mi más grave crisis de fe —ahora *creía* en la existencia del alma, a partir de lo cual el resto se me antojaba anecdótico—, y mi último viaje a Roma había sido un fracaso. Necesitaba una transfusión de sangre. Acabar con el Dios-Basílica o Monte de Piedad. Acabar con el Dios-Abstracción. Acabar con el Dios-Dialéctica que me revelara en secreto el secreto de las cosas.

Lo que yo necesitaba era un diálogo que no fuese ni intermitente ni egoísta. Que no se pareciese al «escupir de ángeles» como los árabes llamaban a la lluvia; mi fe debía ser más bien un baño natural, algo fluente y sencillo como escribir a un amigo o como contemplar el mar desde el propio color azul.

¡Oh, claro, Jerusalén parecía idónea para ese menester! El retablo que tenía ante mis ojos, y que la viejecita vigilante contemplaba ahora con aparente fijeza, me cercioraba de ello. Aun admitiendo que nunca «han caído del cielo objetos manufacturados», nada se oponía a que en Jerusalén cayese uno de esos objetos expresamente para mí. Por lo demás, no existía ninguna hermosa palabra que no hubiese sido pronunciada en Jerusalén. Ni los avatares modernos, ni siquiera el lenguaje, habían conseguido que su evocación fuese una injuria. Sin contar con que, en un día claro, la visibilidad desde Jerusalén se extendía hasta unos setenta quilómetros. Sin contar con que un espiritista había escrito que Jesús fue el médium de Dios.

A la agencia de viajes

Regresé de la Unión Soviética —en resumen, un mes y medio en la región de Leningrado, más de dos meses en la región de Moscú—, y pronto me di cuenta de que la «corazonada» del museo no era ningún espejismo. Intenté escribir sobre el inmenso territorio sometido al Kremlin, territorio en el que tantos horrores colectivos y personales había presenciado, y no pude. En vano perseguía la necesaria concentración. Mi espíritu huía, como «al bostezar huyen las oes». Sentado en la mesa de mi despacho, pluma en ristre, miraba fuera, al campo verde y los folios se me antojaban de mármol, aptos sólo para tatuar en ellos un epitafio.

Era preciso tomar una decisión. Por fortuna, un incidente acudió en mi ayuda: cometí un pecado mortal. Murió de repente un gran amigo y yo no sentí nada. Apenas si en el cementerio acerté a disimular. El delito era tan enorme que el epitafio hubiera debido ser para mí. Imposible soportar tanta indiferencia. La impavidez ante la muerte de un amigo es síntoma de cruenta limitación.

Total, el segundo aviso. Fue determinante y me catapultó sin más hacia una agencia de viajes. El nombre de dicha agencia no respondía ni por asomo a mi realidad concreta: se llamaba *Atlas*, es decir, el nombre del gigante que sostuvo en sus hombros la bóveda celeste.

No hubo dificultad. En un santiamén me facilitaron los datos precisos y me entregaron un montón de folletos, al tiempo que me tranquilizaban con respecto a los peligros de la guerra en Israel: los vuelos hacia Tel Aviv eran continuos y se construían en el país cadenas de hoteles.

Salí entusiasmado, con el solo reconcomio de la gran cantidad de judíos que, en mi infancia, en Gerona, había «matado» simbólicamente por Semana Santa, por medio de mazazos en las losas de la catedral y de golpes con un madero en la montaña de Montjuich. El clero local se mostraba militante en esa cuestión. Cada golpe, un judío muerto. Los judíos eran «deicidas» y todo discurría de lo más normal.

¡Ah, pero he aquí que el mundo árabe me inspiraba, por su parte, viva repugnancia! En mi libro *Personas, ideas, mares,* en el que describo un pedazo de Egipto, dejé constancia de ello, lo que me valió muy justificadas quejas de lectores musulmanes.

Así pues, confirmándose una suerte de predestinación, una vez más iba a encontrarme en medio, en esa tierra de nadie o de todos que equivale, por lo menos, a incomodidad. Claro que las vivencias que me salieran al paso y el trato directo con las gentes a la postre me inclinarían, a buen seguro, por uno de los dos bandos. Como fuere, de entrada preferí esa postura a la contraria, que presupone irremediablemente juzgar.

Con los folletos en el bolsillo regresé a casa, dispuesto a concretar con mi mujer los pormenores de la aventura. ¡Fascinación de los viajes! Trasladarse a un escenario distante, escuchar antiguos idiomas, contemplar indumentaria no común, verse en el espejo del lejano Otro. Sólo el despertar de la sexualidad y las experiencias místicas pueden equipararse a semejante enriquecimiento.

Y no obstante, un hecho quedaba fuera de toda duda. Ese viaje presentido por primera vez a orillas del Báltico, en un museo, y decidido poco después en un cementerio de aldea, ante el cadáver de un amigo, iba a ser distinto a cualquier otro. Lo sentía en la piel y pronto lo sentiría en el temblor del pasaporte. ¡Tierra Santa! ¿Qué ocurriría? Era preciso entregarse, tirar por la borda cualquier prejuicio. «El prejuicio es más difícil de romper que el átomo», dijo Einstein. Ojalá mi mirada acertara a ser virginal. Ojalá mi sentido crítico, tan exacerbado, no se interpusiera con signo negativo entre Jerusalén y yo, entre la geografía «del pueblo elegido» y el termo que me compré para andar por el desierto.

CAPÍTULO II

Compañeros de viaje

—¿Habéis dicho Tierra Santa?

—Sí.

—¿Cuántos días?

—Unos quince, aproximadamente.

—¿No habría sitio para nosotros en el avión...?

—¡Pues claro!

Quienes nos han hablado de ese modo son los amigos Fusté. Viven en Barcelona, pero pasan en nuestro pueblo, Arenys de Munt, los fines de semana y los veranos. Su casa, lindante con la nuestra, tiene jardín y una espléndida vista sobre els *Tres Turons* y sobre el valle que desciende hacia Arenys de Mar.

Faustino Fusté —Tino, abreviadamente—, ejerce de abogado en Barcelona. Especializado en testamentos, en herencias; es decir, desde su bufete puede presenciar a diario el forcejeo de las familias en busca del reparto. Él atribuye a su profesión el rictus de escepticismo que a menudo le sesga la boca. No obstante, tiene una vertiente infantil —cabeza y rostro aniñados—, que sin duda actúa por modo compensatorio. Es un mimo nato. De pronto se lanza a la parodia y en ese terreno no tiene rival.

Corazón puro, pese a que se pirra por las motos y la velocidad. Cuando se pone el casco deja de ser el sensato abogado y se convierte en un peligro público. A veces se diría que le falta algún diente superior. Ama a su esposa y a sus tres hijos, ama el deporte y su casa con jardín, le preocupan el futuro del mundo y la frivolidad. Gracias a su habilidad manual, algunos de los chismes de nuestro hogar funcionan perfectamente.

—¿Qué tal, Tino?

—Ya lo ves. Pasando la maroma.

—¿Qué cuentan por Barcelona?

Con aire coqueto se peina el flequillo que le empequeñece la frente.

—Mucha gente, mucho cuento y apenas nadie que hable el catalán como Dios manda.

De sopetón, ha empezado a amar Tierra Santa como nunca él mismo pudo imaginar.

Su esposa se llama María Asunción. Había sido vendedora de discos en unos almacenes del Paseo de Gracia y yo atribuyo a ese pasado su aspecto de pianista clásica.

Rubia, compañera exquisita, su emotividad es tan lábil que cuando recibe una noticia fuera de lo corriente no se sabe si romperá a reír o a llorar. Ríe sincopadamente y pide perdón con frecuencia casi excesiva. Afirma que en mi mujer ha reencontrado a una hermana suya, mayor que ella, que perdió.

A veces da la impresión de que le gustaría que todos viviéramos sin cuerpo. Su alma es hermosa y la psicología matrimonial y el yoga le divierten tanto como las motos a Tino, su marido. Suele vestir con colores vivos, por lo que su aparición ilumina el entorno. No miente jamás, y obra cuerdamente, porque la memoria le falla más de lo debido. Cuando se debate un asunto de interés se le traba la lengua y emplea una palabra por otra; entonces mueve la cabeza como si se hundiera el mundo y Tino, comprensivo, se acaricia el flequillo.

Ama a su marido y a sus tres hijos, la velocidad la asusta —conduce un «2 C. V.» asmático y destartalado—, ama su casa con jardín y también le preocupan el futuro del mundo y la frivolidad. Su habilidad manual es tan precaria como la mía y por esta causa algunos de los chismes de nuestro hogar han dejado de funcionar para siempre.

—¿Qué tal, Asunción?

—Os echábamos de menos.

—¿Mucho tute en Barcelona?

—¡Uf!, cada día está peor. Pronto nos pareceremos a los madrileños.

Se recoge el pelo para atrás, con un lacito que había estado mordiéndose entre los dientes.

—¿Te ilusiona Tierra Santa?

—No consigo hacerme a la idea... Es como un milagro. ¡Ah!; procuraremos daros la lata lo menos posible.

Los trámites y la sinagoga

Nos alegra y estimula ver cómo nuestros vecinos preparan lo que Asunción llama su «ajuar». De hecho, ella es algo así como la «novia» de este viaje. Nosotros estamos más acostumbrados, ella es mucho más joven y ante las cosas que la engolosinan, que le hacen tilín, reacciona con entusiasmo casi aniñado.

Cuando, siguiendo las instrucciones de la agencia vamos a por el visado a la oficina que la Comunidad Israelita tiene abierta en Barcelona, en la calle Porvenir, Asunción lo mira todo como los cosmonautas deben de mirar hacia arriba en vísperas de ir a la luna. Su firma en la solicitud es temblorosa, lo que contrasta con la energía que denota su mentón.

—España e Israel no tienen relaciones diplomáticas. Los visados los dan en Lisboa. Tendremos que enviar allí sus pasaportes.

—¿Cuánto tardan en devolverlos?

—Unas tres semanas.

Tino, siempre pisando terreno firme, pregunta:

—En Lisboa... ¿suelen poner pegas?

—Nunca. Ninguna. Lo que nosotros queremos es que la gente vaya a Israel y compruebe lo que allí se ha hecho y estamos haciendo, ¿comprenden?

—Claro.

El jefe de la oficina se muestra algo cansado pero muy atento. Conoce el «Hotel Sheraton», en el que nos alojaremos en Tel Aviv, primera escala de nuestro viaje.

—Acabo de llegar de allí. Váyanse tranquilos, no pasa nada. Y el «Sheraton» está muy bien.

Después de entregarnos los recibos correspondientes a las quinientas pesetas que hemos tenido que pagar por cada visado, el jefe de la Sección nos acompaña al vestíbulo de la oficina, en el que nos llama la atención una lápida que hay en la pared, al lado de una puerta cerrada. La lápida, resumida, dice: *Inauguración de esta Sinagoga. 27-IX-1954. La primera construida en España desde el año 1492. En memoria de homenaje al gran filósofo, insigne médico e investigador Maimónides. En el 750 aniversario de su gozo en la gloria.*

—¿Quiere esto decir que en España hemos estado más de cuatro siglos y medio sin que pudiera abrirse una sinagoga? —preguntamos.

—Exactamente. Desde la fecha que aquí se indica, 1492, en que nos expulsaron del país, no habíamos conseguido el permiso necesario.

Nos sentimos acomplejados. ¿Por qué no será el nuestro un país normal?

—¿Quieren ustedes visitarla?

—¡Desde luego!

Nuestro anfitrión —bien se merece este calificativo— nos abre la puerta que vimos anteriormente y nos invita a entrar en la sinagoga.

Modesta, digna, todo de madera, con el Arca en el altar conteniendo los rollos de la Torá, es decir, de los cinco primeros libros de la Biblia. Sin duda el Arca, que se yergue visible sobre un tablado que preside el templo, es la precursora del «sagrario» de nuestras iglesias.

—Aquí celebramos el sábado —para nosotros, el *shabat*— y todas las fiestas de nuestro calendario...

Me gustaría preguntarle a nuestro hombre si es creyente, pero me da apuro. La fe de los judíos es algo que siempre estimé enmarañado, confuso. Recuerdo que en nuestra indigente época de París teníamos varios amigos judíos, cuya ayuda nos resultó preciosa. Pues bien, nunca conseguimos saber a qué atenernos con respecto a su credo religioso. Nos decían que a Dios no lo querían nombrar. Bien, de acuerdo, incluso se le tiene por el Innombrable, y por otra parte parece forzoso admitir que en el mundo cristiano no sólo lo hemos nombrado demasiado, sino que lo hemos dibujado sin parar, trillones de veces —a menudo, con barba—, con una arrogancia y una irresponsabilidad totales. Diríase que conocemos su Rostro como conocemos el del obispo o el de un campeón ciclista, y que cuando se nos antoja lo sentamos a nuestra mesa.

Por fin me atrevo a formularle la pregunta y nuestro anfitrión contesta que sí. «Sí, soy creyente»; e inclina la cabeza en señal de despedida.

Las tres semanas de espera se nos antojan un siglo —cabe suponer que en el ajuar de Asunción no faltará nada—, y las aprovechamos para documentarnos un poco sobre Israel y sus problemas. Tampoco conseguimos sacar nada en claro. ¡Se ha escrito tanto sobre la materia! Y películas como *Éxodo*. Y documentales. Y calumnias. Israel saldrá a más de un libro por cabeza, por habitante.

En lo que a mí respecta, advierto que a medida que se acerca el día de la marcha va interesándome el tema en bloque y no sólo las murallas de Jerusalén. La psicología del pueblo, el conflicto palestino, el fenómeno del *kibutz*, los textos hallados en el mar Muerto... La confluencia en el país de las tres grandes religiones monoteístas —el judaísmo, el cristianismo, el islamismo— ha de dar mucho juego. Enclave único. Tres ópticas distintas, tres conceptos distintos de la tradición, del presente y del más allá.

Me gustaría encontrar en Israel a alguien capaz de lo que Mahoma calificó de «supremo altruismo»: *morir por el Dios de otro*; pero sospecho que no será posible, que tal cosa no ha existido jamás en ningún sitio y que en Israel me encontraré precisamente con lo opuesto, con los fanatismos a ultranza, sin los cuales la guerra que lleva tantos años asolando el país habría ya muerto de inanición.

«En Israel, cada paso que se da es un siglo que se cuenta.» Perfecto. Comprendo la intención. Si en Grecia el visitante camina sobre filósofos y creadores de lenguaje, en Israel tiene que caminar sobre patriarcas y profetas, con algún que otro procurador romano y alguna que otra mujer convertida en sal.

Los monjes de Montserrat me dan una carta de presentación para la avanzadilla que tienen allí, en un lugar llamado Tantur, a tres quilómetros de Belén.

—Tenemos en Tantur a siete monjes —me informe el padre abad—, que sacan adelante un Instituto Ecuménico. Vuestra visita será una fiesta para ellos. Yo estuve una vez, y nunca lo olvidaré.

—Tantur, a tres quilómetros de Belén... ¿Vio usted la estrella?

El padre abad, dom Cassià Just, sonríe.

—No, no la vi. —A seguido añade—: Pero una noche tuve la impresión de que se me aparecían los Reyes Magos.

—¿Quién es el superior?

—Él padre Franquesa. Hombre ya mayor, pero alegre. Bueno, en realidad es alegre el ambiente. Al hermano Perxachs, que cuida de los árboles y las plantas de fuera, lo llaman el ministro de Asuntos Exteriores.

Tino y Asunción, al ver la carta de presentación con el membrete de la abadía de Montserrat se emocionan un poco. Se casaron allí, en la Basílica, a los pies de la Virgen de color, o sea, de la Virgen ecuménica como el Instituto de Tantur.

Despedida

Las despedidas nos dan la medida de hasta qué punto ese viaje «es» distinto de los demás. Prescindiendo de quienes, en razón de la guerra, nos toman por héroes —o por insensatos—, nadie permanece indiferente al oír «Tierra Santa». Diríase que partimos hacia otra galaxia. Ya nadie en nuestro suelo reacciona al oír que uno se va al Japón o al Niágara, pero Tierra Santa es otro cantar. Una vez más, la resonancia de las palabras. Galilea, Samaria, Sinaí, ¡Jerusalén!, son palabras con carisma.

A señalar que ni tan sólo las personas religiosamente tibias o neutras, y ni siquiera las personas ateas, se quedan impasibles. Se produce en ellas como un leve estremecimiento, como un sutil retroceso de sus facciones. Es el parpadeo de la duda. Es el «quién sabe». Un médico barcelonés, que no ceja en su empeño de devolverme al agnosticismo se inventa una carcajada.

—¡Envíame florecitas de Nazaret!

—Prometido.

—¡O un frasquito de agua del Jordán!

—Lo recibirás.

Nuestras familias, nuestros parientes, dan muestras de un emocionado azoramiento. No obstante, ello no nos impide, llegado el día, plantarnos con militante empuje en el aeródromo de El Prat.

Tino se presenta pertrechado con varias máquinas fotográficas y, curiosamente, con una lamparilla nocturna. Da la impresión de que se propone explorar por su cuenta las tumbas de Abraham, de Isaac y acaso la de Lázaro.

—¿Estás contento?

—¡Psé! Lo estaría más si hiciéramos el trayecto en moto...

—Te falta el casco.

La espera es larga en el aeropuerto y tomamos unos bocadillos de jamón de York.

Haremos trasbordo en Ginebra, y de Ginebra, con «El Al», líneas aéreas israelíes, a Tel Aviv. Salvo accidente, llegaremos a Tel Aviv ya anochecido.

Asunción tiene un recuerdo para sus tres hijos.

—Lástima no poder llevarlos...

—Tiempo tendrán.

Estamos a primeros de febrero. La luz en las pistas titubea, tal vez porque no acaba de creerse que estamos en invierno. Ello me recuerda la peculiar manera que tienen los esquimales de balancear la cabeza; nunca se sabe si afirman o niegan las cosas.

¡Los esquimales! Cuando nos llega el turno y nos dirigimos al avión —«Air France»—, evoco mi paso por Alaska, por el aeropuerto de Ancorage. Sobrevolar el Polo Norte me sobrecogió. Todo cuanto está al límite sobrecoge. Mi mujer comenta que Getsemaní es el límite. En honor de Getsemaní guardamos un silencio, hasta que el avión se lanza cielo arriba con agilidad ornitológica.

Inicio del viaje

Apenas si nos han registrado el equipaje, lo cual, teniendo en cuenta nuestro destino, el lugar al que nos dirigimos, no ha dejado de sorprendernos. Es posible que debido a los secuestros y a los actos terroristas haya un punto de fatiga entre los responsables de los aeropuertos. Lo excepcional pronto se convierte en rutinario. Por lo demás, leí en una revista que en Beirut, y también en El Cairo, registran hasta el ano de los pasajeros, «por ser zona especialmente apta para esconder un microfilme».

Desde el cielo vemos el portaaviones *Independence,* anclado en el puerto de Barcelona. Lleva material atómico. ¿Por qué esos riesgos? ¿Por qué el mar no lanza espumarajos de protesta?

Distinguimos con nitidez la carretera que sube por el valle desde Arenys de Mar a Arenys de Munt. La nariz en los ventanucos, intentamos en vano localizar nuestras casas, nuestras *Arcas* particulares. No nos da tiempo. Es evidente que el avión contribuye a la fugacidad de las cosas.

La voz de las azafatas, para no perder la costumbre —nadie me ha explicado la causa—, es gangosa. Hay nieve en los Pirineos y yo recuerdo mis dos años de guerra en Panticosa, con esquís en los pies. ¿Por qué luché? ¿Qué ha sido de esa España que por poco me convierte en «soldado desconocido»? Nos traen naranjada y periódicos. En la naranjada no hay más que colorante, y los periódicos informan de que en la primera velada de los campeonatos mundiales de judo todos los españoles han quedado eliminados.

Los Alpes, más nieve aún: eterna cohabitación. Un inmenso paquete de nubes se posa debajo de nuestro aparato. Son coágulos blancos. Asunción, que no se aparta de la ventanilla, da la impresión de que está leyendo música nórdica, de Grieg o tal vez de Sibelius.

Escala en el aeropuerto de Ginebra. Al término de un pasillo entramos ya en zona de la compañía «El Al», es decir, en zona israelí. Ahí el registro es riguroso, aun sin llegar, por fortuna, a los extremos de Beirut y El Cairo.

A mí me registran con especial minuciosidad el termo, que llevo vacío. Sospecho que, de haber líquido en él, me hubieran obligado a beber un sorbo, a semejanza de algunas películas entre emperadores, favoritas y esclavos.

El registro manual deja paso al de la plataforma electrónica. La correspondiente a Tino lanza unos silbidos escalofriantes debido a la cantidad de adminículos metálicos que lleva encima. Pero no pasa nada, y además su sonrisa es de buena ley.

Todo en regla, tenemos que esperar hora y pico antes de salir para Tel Aviv. Miramos en torno. Una serie de mujeres suizas que trabajan en el aeropuerto se entretienen haciendo ganchillo. ¿Habrá alguna relación entre el ganchillo y la altitud de las montañas? Puede que sí. Las largas veladas al amor de la lumbre, en los países fríos. Sí, nunca se repetirá bastante que detrás de cualquier actitud humana está el fuego.

Compramos chocolate, cerillas para nuestra colección y un número de la revista *Play Boy,* cuya portada, por cierto, no parece la más indicada para aterrizar en Tierra Santa.

Rumbo a Tel Aviv

—¡Pasajeros, al avión!

El aparato de «El Al» es blanco y azul, que son los colores del nuevo Estado de Israel. Las azafatas visten uniforme color butano. En lo alto de la escalerilla han ido saludándonos con el clásico *Shalom.*

Pronto los motores se ponen en marcha y dichas azafatas, que atienden con esmero al pasaje, tienen excelente ocasión de demostrar su poliglotismo. Bueno, parece cierto que muchos judíos, quién sabe si por aquello de la Torre de Babel, se tragan los idiomas como los franceses se tragan los diptongos.

Avión cosmopolita. ¡No hay japoneses!; pero sí norteamericanos... Dialogamos con un canadiense extrovertido, que a los cinco minutos nos da su tarjeta y nos invita a su casa para las próximas Olimpiadas de Montreal. Por su parte, un checo nos habla de «la primavera de Praga», tema que nos invita a guardar silencio, la mayor cautela.

Volamos a novecientos quilómetros a la hora... ¡Curioso! España queda ya lejos, al otro confín... Miro a mi alrededor. Una espléndida muchacha aurífera lee *Las mil y una noches* en edición de bolsillo, y enseña con generosidad el seno izquierdo. Tino comenta que la muchacha se merecería salir en la portada del *Play Boy*.

Cierto, España queda lejos. Cuatro horas escasas y tomaremos tierra en Tel Aviv. ¿Cuánto tiempo ha transcurrido desde que permanecí atónito ante la cajita de veneno de Dostoievski y poco después lloré en el Museo de Ateísmo de Leningrado? Poco tiempo. Es evidente que sigo el consejo que me diera Narciso Yepes: viajar, viajar. Narciso Yepes, pese a su nistagmus horizontal, viaja sin cesar, con su revolucionaria guitarra de diez cuerdas. Me digo que ojalá durante mi estancia en Israel vibren también las diez cuerdas de mi alma.

En el momento en que, ya en el vientre de la noche, el cabrilleo de las luces de Tel Aviv puntea el horizonte —no sé por qué, diríase que se trata de una ciudad acuática—, miro a mi mujer.

—¿Estás contenta?

—¿No se nota?

El avión se posa en tierra. Al desatarnos el cinturón Tino y yo llegamos a un acuerdo: una vez en Jerusalén, llamaremos a nuestras mujeres con nombres de heroínas del Antiguo Testamento.

CAPÍTULO III

El taxista Jaimico y el «Sheraton Hotel»

Los trámites para el pasaporte y el equipaje son más rápidos de lo que cabía imaginar. La declaración para la aduana, que tenemos que firmar, está redactada en varios idiomas, entre ellos, el español. La lista de artículos prohibidos es muy extensa, precaución inútil, puesto que la mercancía o arma más peligrosa que el hombre puede llevar consigo —el pensamiento— no figura en ningún apartado.

En los muros hay enormes carteles y ampliaciones fotográficas invitando al turismo. Señoritas bañándose en aguas tranquilas, bajo un cielo azul. ¿Cuándo veré un cartel en el que el cielo sea verde o amarillo? ¿Cuándo veré un cartel con un señor bajo un paraguas? Nada más soleado que la publicidad. La excepción es la nieve. En Tel Aviv, la excepción es también un enorme friso en blanco y negro que representa Jerusalén.

Imposible refocilarnos con la visión de esta ciudad. Unas cuantas muchachas con uniforme caqui y espléndida minifalda nos invitan a dirigirnos, con nuestro equipaje, a la puerta de salida. Dicha puerta está bloqueada por multitud de seres humanos de razas diversas que intentan lo mismo que nosotros: alcanzar uno de los taxis que aguardan fuera. En la vallada pasarela exterior, griterío, confusión, manos agitándose en el aire en busca o reclamo del pariente que acaba de llegar. Una vaharada de tercer mundo excita nuestro alfato, trayéndome al recuerdo la estación de Calcuta.

Imagino que muchas de esas manos son árabes, pero, ¡quién sabe! Veo un rabino de barbas talmúdicas, pálido, con ojeras como hematomas, que parece dispuesto a dejarse aplastar. El mozo que hemos contratado sortea hábilmente los obstáculos y en cuestión de minutos nos coloca en el interior de un confortable «Mercedes» y le ordena al conductor que nos lleve al «Sheraton Hotel», de Tel Aviv. Tino le paga en dólares y el mozo echa a correr, absorbido por el aire, por los árabes, por alguna de las señoritas que en los carteles se bañaban en el agua tranquila.

¡El chófer habla español! Se llama Jaimico, es sefardí y llegó a Israel hace diez años, procedente de Salónica. «Si los señores quieren hacer alguna excursión, acuérdense de Jaimico. ¡Soy el mejor!» Y se ríe, y pega manotazos al volante y nos lo cuenta todo, incluso que su mujer se llama Alegría.

No, Jaimico, de momento no queremos hacer ninguna excursión. De momento queremos saber cuántos quilómetros hay desde el aeropuerto a Tel Aviv. «¡Oh, sí, claro, perdón! El aeropuerto se llama «Ben Gurion». ¿Oyeron los señores hablar de Ben Gurion? Bien, bien. Del aeropuerto a Tel Aviv hay dieciocho quilómetros exactamente, siempre que el conductor sea honesto como Jaimico. ¡Ja, ja, me gusta reírme! En el "Sheraton" los señores estarán... ¡olé! ¿Quieren los señores que mañana les acompañe a Haifa? Es el puerto de Israel, es precioso.»

No, Jaimico, de momento nos apetecerá echar una ojeada a Tel Aviv, y ahora mismo nos gustaría tener una idea de lo que hay a ambos lados de la carretera —la noche es muy oscura, sin apenas visibilidad—, y saber qué representa esa mano abierta y alzada, signo señalizador, que encontramos en todos los cruces y bifurcaciones. «Qué puede haber detrás de la oscuridad... eso lo sabe Jaimico. ¡Cosas hermosas, como en todo Israel! En cuanto a la mano abierta y alzada, los dedos juntos, es muy sencillo: significa *stop*. ¿No les parece interesante a los señores?»

Claro que sí, Jaimico. Precisamente hemos venido en busca de eso, de la originalidad. Así que encantados con la mano en vez del *stop*, encantados con la minifalda caqui de las muchachas militarizadas, y encantados con que en el parabrisas del taxi bailotee, cual un amuleto, un diminuto candelabro de siete brazos, réplica exacta del que vimos en la sinagoga barcelonesa cuando fuimos a por el visado.

Jaimico es parlanchín y no disimula en absoluto el placer que le procura hablar de sí mismo. Para que no quepan dudas, a menudo se golpea el pecho como si rezara el «yo pecador», gesto que yo más bien adscribía a los árabes. Sin venir a cuento vuelve a mencionar a Alegría, su mujer —«un tesoro, sí, señores»—, y nos informa de que en Salónica, de donde ambos proceden, había una comunidad sefardí que, según los entendidos, hablaba el mejor castellano, el mejor *ladino*, de la diáspora. «Pero los nazis, cuando la guerra, entraron allí a saco y mataron a más de cien mil personas. Alegría y yo perdimos a toda la familia; sin embargo, ahora estamos aquí, tenemos tres hijos y seríamos dichosos si dos de ellos no llevaran más de un año en el frente, en el Golán.»

No podíamos sospechar que oiríamos tan temprano una alusión directa a los nazis y al *holocausto* del pueblo judío. Nos ha llamado la atención el leve acento sudamericano de Jaimico, habida cuenta de que en su lugar de origen se hablaba «el mejor ladino»; el hombre nos informa de que antes de plantar su tienda en Israel vivieron tres años en Uruguay. «Cruzamos el charco precisamente porque nos daba miedo la guerra. Sin embargo, ¿qué se nos había perdido en Uruguay? Aquí estamos en nuestra tierra, y este taxi es mío. Y tenemos un piso propio, muy cerca de la universidad.»

Nos callamos, porque inesperadamente un control militar detiene el coche. El soldado, al reconocer a Jaimico sonríe y le saluda con efusión, lo cual basta para devolver el contento a nuestro conductor, para ahuyentar de su cerebro el doble espectro del exilio y de sus dos hijos en el Golán.

Entramos en los suburbios de Tel Aviv. Presentimos la cercanía del mar, pues por la ventana se filtra un polvillo como de arena playera. Jaimico nos explica que dicho polvillo no proviene de la playa sino del desierto que rodea la ciudad. «Los

señores deben saber que hace sólo veinticinco años Tel Aviv era un desierto...
Aquí se ha trabajado duro, como tendrán ocasión de comprobar.»
Guardamos otro silencio. Los bloques arquitectónicos, sobre pivotes de cemento, son horribles. Se suceden las calles y a la luz del alumbrado incierto no brota un solo edificio, un solo monumento que ofrezca interés. Un campamento inmenso, improvisado y efímero. El tríptico milenario: judío-desierto-campamento provisional, una vez más convertido en histórica realidad. Los pivotes de los bloques pequeños semejan piernas o chanclos que de un momento a otro pueden echar a andar, con su concha a cuestas.

—Jaimico, ¿qué significa Tel Aviv?
—¡Ja, es un nombre bonito! *Tel* significa colina; *Aviv*, esperanza... ¡Mejor dicho!: primavera.
—Entonces, ¿estamos en la Colina de la Primavera?
—¡Olé! Estamos en el «Sheraton Hotel»...

Dormimos con cierta inquietud, pensando en la aventura que nos aguarda mañana. La desfloración de una ciudad suele ser premonitoria. Las primeras sensaciones a menudo anuncian correctamente lo que ocurrirá luego.

La habitación es espaciosa, funcional. Norteamérica está presente en las lámparas, en los almohadones, en la decoración y hasta en el fantasma inlocalizable que se esconde siempre debajo de las camas de un hotel.

En el suelo del pasillo hemos visto bandejas con restos de comida, papeles, colillas y algún que otro par de zapatos para limpiar. Estamos en el último piso y por una puerta entreabierta vemos, adosado a la pared, material contra incendios. También cajas de «Coca-Cola» y un extraño pajarraco disecado.

Flota como un aire de abandono, de desconchamiento. Y no se ve un alma, lo cual tal vez sea de agradecer. En el mejor de los casos las almas pegan un susto y es de suponer que emplean un dialecto radicalmente desconocido.

La habitación, repito, está mejor. Me miro al espejo y atribuyo mi lamentable aspecto al tubo fosforescente que lista la pared.

La cama es enorme, de matrimonio —idéntica a la de Tino y Asunción, que ocupan la habitación de enfrente—, y vemos en la mesilla de noche el listín telefónico, ¡y una pequeña biblia azul, en hebreo! Sorprendente sistema divulgador, sólo apto para quienes conozcan este idioma. Me pregunto si incluso en Israel la Biblia continuará siendo para mí el gran enigma.

En recepción hemos efectuado el primer cambio de moneda, pese a que Jaimico se nos había ofrecido para ese menester. Al tocar los billetes judíos, Tino ha comentado que se sentía algo así como un modesto banquero de Wall Street.

El librero Abel y sus consejos

El sol violenta con lujuria la habitación. Nos desayunamos temprano y sin pérdida de tiempo bajamos al *hall*, dispuestos a lanzarnos al descubrimiento de la ciudad.

Diríase que la luz diurna ha metamorfoseado el hotel. En toda la planta baja reina gran actividad, que contrasta con la languidez ambiental de anoche. Montones de maletas entran y salen y resulta difícil imaginar que cada una de ellas encontrará a su dueño. Las carretillas brincan, los taxistas aguardan fuera disputándose los clientes, los ascensores absorben y vomitan sin cesar una reata humana impersonal.

—Aquí pasan muchas cosas.

—Vale la pena echar un vistazo.

Cerca del *hall*, donde se ve un televisor grisáceo y mudo y en cuyas mesas se han formado animadas tertulias, hay dos mostradores. En el primero de ellos una dama venerable y espigada ofrece folletos de propaganda de la Enciclopedia Hebraica, en su versión inglesa. Los tomos de la Enciclopedia se alinean en un estante, tiesos como la dama, no sin majestad. En el segundo mostrador, una muchacha con gafas negras y rodeada de mapas vende tickets para excursiones a la rosa de los vientos del país. Nos acercamos a los mapas, que suelen encandilar a mi mujer, porque son una síntesis. Con el índice podemos recorrer en un santiamén toda Palestina, todo Israel: la nórdica Galilea, Samaría en el centro, Judea al sur. Arriba se ve, mancha en forma de arpa, el lago de Tiberíades; por la franja de en medio discurre el Jordán; abajo azulea el mar Muerto y amarillean los desiertos Neguev y Sinaí. Curioso que el Jordán, río de bautizo, vierta sus aguas precisamente en el mar Muerto.

Frente a recepción, en galerías interiores, han abierto sus puertas las tiendas, más modestas de lo que cabría imaginar. En los escaparates hay artesanía barata y piezas de calidad. Mientras Tino, en la tienda de material fotográfico, se interesa por el revelado en color, Asunción ha descubierto en el comercio de al lado, donde se exhiben antigüedades, un reloj de péndulo con una fantástica inscripción: *Es más tarde de lo que piensas*. Mi ánimo elude tales profundidades y me planto frente a un espléndido muestrario de juegos de ajedrez. No recuerdo haber visto jamás una tal variedad de piezas y tableros. Hay juegos toscos y otros de alta orfebrería, con abundancia de figuras de influencia oriental. Las figuras de uno de esos tableros son tan macizas y de tal tamaño que justifican los textos de origen persa en los que se habla de crímenes cometidos «asestando a la cabeza del adversario un golpe con una pieza de ajedrez».

El *hall* y el vestíbulo se llenan cada vez más, de suerte que decidimos abreviar y salir cuanto antes a patearnos las calles de Tel Aviv.

No obstante, no podemos lanzarnos al buen tuntún, sin una guía y algunos planos. Ello nos obliga a penetrar en la librería-quiosco, donde se exponen revistas de todo tipo, destacando lo erótico y el rostro de Kissinger, así como periódicos en múltiples idiomas, ninguno en español. Compramos *La Verdad*, en ladino, y vemos en sus páginas, lo mismo que nos ocurrió en Turquía, varios anuncios con el apellido *Franko*.

El librero, al que una cliente ha llamado Abel, nos oye hablar catalán y reconoce nuestro idioma. Es de origen rumano y en dos ocasiones ha visitado Barcelona. Al saber que llegamos la víspera y que todavía no hemos asomado la nariz a la calle se interesa por nosotros. Habla francés. Hombre corpulento, ya mayor, en tiempos pudo ser Tarzán pero ahora se le ve un tanto derrotado. Parpadea de continuo, como si quisiera ver y no ver las cosas. Tiene muchos libros de arte, de música y de ballet y una espectacular pila de ejemplares del *Archipiélago Gulag*, del que nos dice que tiene mucho éxito, pero que a él, personalmente, le aburrió. «Ya les dije que soy rumano; por tanto, el señor Soljenitsin no puede explicarme nada nuevo sobre los países del Este.»

Ha dicho esto, y en su parpadeo hemos atisbado una repugnancia extrema. Quién sabe si detrás de su aspecto derrotado, de su aspecto de ex-Tarzán, no habrá las secuelas de alguna persecución, de algún *pogrom*. No hay que olvidar que antes que Hitler —Jaimico aludió a ello de pasada—, estuvieron los zares, cuyo antijudaísmo motivó la fantástica vocación redentora de Golda Meir, nacida en Rusia, en Kiev.

—Y ahora, el Kremlin ayudando a los árabes...

—Esa es otra cuestión.

El librero, en verdad muy amable, después de mostrarnos un perfecto plano de Tel Aviv nos recomienda dos guías de Israel: una cuyo autor es Avraham Leví y otra, más extensa, debida al profesor Zev Vilnay.

En gesto automático abrimos la del profesor Vilnay y en la primera página leemos lo siguiente: «No hay país en el mundo tan rico en contrastes ni tan variado en panoramas y peculiaridades, como la minúscula Tierra de Israel.»

—¿No exagerará el profesor Vilnay? —le pregunto a Tino.

Éste, que lleva en bandolera varias máquinas fotográficas, contesta:

—Todos los profesores exageran.

El librero, Abel, interviene. No, el texto de la guía no es exagerado. Ni siquiera lo es que en ella la palabra Tierra haya sido escrita en mayúscula. La tierra de Israel es santa y de ahí su tragedia. Casi siempre la santidad es sinónimo de martirio.

En esta ocasión el tono ha sido dramático pero sin repugnancia. Ha dado fe de un hecho, nada más. El hombre advierte nuestro pasmo y haciendo un quiebro de buena educación, y pese a que un par de clientes hippies reclaman su presencia, nos da precisas instrucciones para utilizar el plano de Tel Aviv.

Y además, y de su propia cosecha, añade algunos detalles que nos interesan sobremanera y que nos hacen olvidar nuestra prisa por salir a la luz del sol.

Tel Aviv, en su opinión, es una ciudad fea, porque su construcción no respondió a criterios estéticos sino de urgencia. No se trataba de elaborar encajes de bolillos sino de poner unos cimientos y unos techos para los inmigrantes que querían quedarse en el lugar. La ciudad empezó a construirse en 1909 y era la primera que los judíos conseguían fundar desde hacía dos mil años. Por descontado, su enorme progreso había que fecharlo en 1948, es decir, a raíz de la proclamación del Estado de Israel.

Mucha gente acusaba a los arquitectos judíos de haber levantado en tierra firme una ciudad de apariencia lacustre; refiriéndose a los pilares que sostenían cada edificio. Pues bien, de nuevo tenía que hacer hincapié en las necesidades perentorias. Tales pilares eran prácticos porque creaban zonas de sombra, de ventilación y de aparcamiento —ejemplo, los que sostenían el propio «Sheraton Hotel»—, sin contar con que en Israel el cemento era el rey debido a la carencia de madera. En el país siempre habían escaseado los bosques y ya para la construcción del templo de Salomón el arquitecto Hiram tuvo que desembarcar en el puerto de Jafa cedros del Líbano.

Los depósitos que veíamos en las terrazas tenían por objeto el aprovechamiento de la energía solar. Eso era una innovación, y comprobaríamos que había otras igualmente interesantes. ¡Oh, no, no todo era fealdad en Tel Aviv! Si nos interesaba la música, no debíamos perdernos el «Auditórium Mann». Si nos interesaban los museos, había mucho que ver; por ejemplo, el de arte, en el bulevar Rotschild. También podíamos visitar las dos universidades. Y en cuanto a los rascacielos, la discusión sobre su pertinencia había que relegarla al gusto de cada cual.

—En fin, les deseo una buena estancia en la ciudad. Y si realmente lo moderno les aburre, váyanse ustedes a la parte vieja, Jafa, donde hay bazares pintorescos y donde podrán contemplar el puerto de que les hablé, uno de los más antiguos del mundo.

—¡Muchas gracias, señor Abel!

—*Shalom...*

CAPÍTULO IV

Shalom... La palabra-comodín en Israel, según nos contó Jaimico. La palabra coloquial, que no sólo es saludo sino que guarda en su cripta ricas sutilezas. Si el profesor Vilnay no miente en su guía, *shalom* significa a la vez paz, dicha y perfección.

En ruta hacia la puerta de salida vemos en recepción una mecanógrafa que pulsa las teclas con rapidez de vértigo, y Tino advierte que el carro de la máquina se mueve de izquierda a derecha, es decir, al revés que las máquinas de alfabeto latino.

¡Claro, la explicación es sencilla! El hebreo se lee y escribe en sentido inverso, de derecha a izquierda.

La mecanógrafa, al darse cuenta de que el detalle nos choca, sonríe y reemprende su tarea con mayor rapidez aún.

CAPÍTULO IV

Descubrimiento de Tel Aviv

«Dadme la geografía de un país y os daré su historia», se ha dicho. La sentencia puede aplicarse a una ciudad, y por supuesto, a Tel Aviv.

Al cabo de dos horas de deambular por sus calles llegamos a esta conclusión. Los informes que nos han facilitado Jaimico y el librero Abel, al igual que los que figuran en las guías, son correctos. Tel Aviv es «feo» porque fue construido de prisa sobre dunas desérticas —se cuenta que el primitivo terreno fue intercambiado por un camello—, y porque su «historia» es tan reciente que no puede llamarse tal. Y sin historia, ya se sabe, no hay misterio. Y sin misterio una ciudad no es ni siquiera del todo real. De aquí que todo en Tel Aviv, desde las zonas verdes y los jardines infantiles hasta las vallas publicitarias y los pabellones universitarios, da la impresión, como nuestro alto piso del «Sheraton Hotel», de inconcluso, o de prematuramente envejecido. Las ráfagas de viento hacen volar los papeles y esos papeles lo son sin mensaje y diríase que se posarán por decisión propia en los cubos de la basura.

Hemos recorrido las céntricas avenidas de Allenby, Yehuda, King George, Dizengoff, etcétera, y no hemos visto por ninguna parte «el pequeño París» de que hablan algunos eslóganes propagandísticos. Tel Aviv sólo nos ha recordado París, en su parcela del Barrio Latino, en la abundancia de pintores callejeros que dibujan con tiza sobre el pavimento. Especialmente la calle Dizengoff, parecía celebrar la fiesta del color. Por cierto que uno de esos pintores, tan elegantemente vestido que parecía brotado de un grabado inglés del siglo XIX, dibujaba una y otra vez desnudos de mujer, pese a que los mirones le pedían con insistencia que dibujase el metálico rostro de Arafat.

Con ello no quiero significar que la decepción haya sido total, ya que la presencia de un solo ser humano es capaz de colmar un paisaje, ¡y vaya si habitan seres humanos en Tel Aviv! Se atribuyen a la ciudad 400.000 habitantes, pero, ¡quién sabe! Los bloques-colmena crecen por días, sobre las patas de hormigón, y a lo largo de la playa, en dirección a la antigua Jafa, los edificios que fueron pioneros son derribados sin piedad y sustituidos por hoteles y restaurantes. Da la impresión de que el alcalde quiere crear frente al Mediterráneo un cinturón de pacíficos miradores, de tranquilos contempladores del mar.

El centro de la ciudad es cosmopolita y comercial, como tiene que ser. Ahora mismo estamos sentados en un café italiano, en King George, y combinando el aspecto de los transeúntes, la luz que desciende del cielo y lo que se vende y ocurre alrededor, podemos aventurar algunas afirmaciones.

Una de ellas, referida a los transeúntes, no parece ofrecer dudas: abundan los jóvenes, muchos de ellos vestidos de uniforme, con o sin metralleta. ¿Qué facha tienen? Desigual. En su mirada hay chispitas de inquietud. Más que jóvenes son preguntas. ¿Preguntas a quién? Al mundo, a los Estados Unidos, al Gobierno —el Gobierno está en Jerusalén—, al presidente de Egipto y al metálico Arafat. Pasan con cierta arrogancia, un tanto desdeñosos, tal vez porque no saben si antes de una semana se habrán enamorado de una minifaldera con pistola o habrán muerto en una emboscada en la frontera con Jordania.

Se advierte en su talante decisión y voluntad. Los hay morenos, los hay rubios y otros que escapan a cualquier clasificación basada en el espectro. La diversidad de rasgos y de tonos de piel indican la diversidad de su ascendencia familiar: en Israel, en poco más de veinte años, han llegado en sucesivas oleadas inmigrantes de más de cien países.

Algunas muchachas tienen la piel dorada, tersa y curtida bajo el sol en algún lugar duro o de peligro, piel con matices oscuro-gitanos, excitantes. Otras son opulentas, nalgudas, por lo que en su carne hay algo movedizo y dubitativo. ¡Los ojos! Ahí prestamos atención especial. Algunas exhiben ojos negros tan profundos que en modo alguno pueden ser fruto de una sola generación. Personalmente me inclino a creer que debieron de ser así los ojos de Rut y de Débora, y que existen en Israel bancos de ojos de esa naturaleza, quién sabe si en las zonas beduínicas o en el pozo de Jacob.

La segunda afirmación podría referirse a las personas mayores. En ese apartado, la desemejanza étnica, de los países de origen, se hace más evidente aún. El tiempo les ha dado tiempo a labrarse una apariencia. El muestrario abarca seres esqueléticos, como escapados la víspera de un campo de concentración, y otros con toneles de cerveza en la barriga; aquéllos tienen las orejas blancuzcas, casi transparentes, éstos, las orejas rojas. Quiénes lo miran todo como si el mundo fuera una tómbola, quiénes, menos ingenuos, caminan con una peculiar rigidez en su columna vertebral. Asunción, siempre rebosante de buenas intenciones, mientras sorbe con una pajita un zumo de fruta, opina que, en conjunto, también la facha de esas personas mayores denota decisión y firmeza y que ello tal vez quepa atribuirlo a la sensación, milenariamente anhelada por los judíos, de sentirse, ¡por fin!, *unidos*.

—¿Qué opináis? ¡Les ha costado tanto reunirse en un espacio que no sea un ghetto...!

¡Bravo, Asunción! *Unidos* es el vocablo justo. Han sufrido, pero ahora esta acera que pisan, y la de enfrente, y los hoteles cara al mar y el «Planetárium» y el Museo del Folklore, que tenemos que visitar, les pertenecen. Cada paso que dan es un acta notarial. Por eso los hay que manifiestan su íntimo júbilo de forma extravagante. Por ejemplo, algunos matrimonios ya maduros, acaso recién llegados de cualquier país centroeuropeo o norteafricano, mandan al diablo las conveniencias y se colocan alegres casquetes en la cabeza y soplan en trompetas de plástico. Sí, el carnaval de la liberación ofrece esos lances. Cuando uno consigue ser lo que deseaba ser, se disfraza de otra cosa.

—¿No tendrán algún nombre específico, concreto, los jóvenes nacidos ya en Israel?

—Es probable. Habrá que enterarse.

La tercera afirmación, alusiva a la luz que desciende del cielo, es obvia. Israel es país de luz. Lo fue desde el principio, no se sabe si antes o después del Verbo. Si las construcciones fueran nobles, su nobleza ganaría unos cuantos quilates aún; un sol de esa calidad rebotando en el cemento, en las fachadas con grietas, en los terraplenes vallados y en la uralita y el aluminio es como una malversación. Algún día un industrial de Tel Aviv, de Haifa o de Beer-Sheva embotellará esta luz y la venderá intacta a los turistas que, como en nuestro caso, vengan a sentarse en uno de esos cafés céntricos con la inconfesada esperanza de recibir un toque mágico, de levantarse un poco menos ciegos.

El «Restaurante Mendoza» y el señor Andreotti

El restaurante, «Mendoza» de nombre, es argentino. El dueño, que a la vista del periódico *La Verdad* que llevo en la mano nos ha invitado a entrar, habla con inconfundible acento platense. Puede ofrecernos un menú muy vario, pero la especialidad de la casa es la *pizza*. «Me llamo Andreotti y las *pizzas* que servimos las firmaría el mejor *pizzero* de Nápoles.» Le hemos objetado que venirse de Iberia a Tel Aviv para tomar una *pizza* napolitana tiene aire de broma. Él ha sonreído con sus ojuelos de rana y su bigote cepillo, tan negro que parece hecho de hormigas. «¡Regio, amigos! Ahí tienen su mesa»; y al decir eso nos ha saludado con su casquete, casquete no estrafalario, con la palabra *Shalom* estampada en él.

Dictamos lo que nos apetece, *pizza* incluida, y entretanto echamos un vistazo al local. Es limpio y los clientes son escasos. En el frontis del mostrador vemos la estrella de seis puntas y como emblema el León, es decir, Judá. Por todas partes símbolos del «pueblo elegido». ¿Cuál será la afinidad estrella-león? La estrella, si no recuerdo mal, puede significar la victoria del fulgor sobre las tinieblas, en tanto que el león puede identificarse con el oponente terrestre del águila del cielo.

Andreotti, que se ha sentado familiarmente a nuestro lado, advierte que nos interesan los símbolos y abriendo con comicidad sus ojuelos de rana nos dice:

—Sí, ahí está todo eso... Los hombres andamos siempre detrás de una bandera.

Ha habido un punto de melancolía en el tono de su voz, pero en el acto ha reaccionado, aprovechando que una moza tetuda, que exhibe también un gorro *Shalom,* nos ha servido el primer plato.

Mira por dónde Andreotti nos descubre, sin apenas transición, su alma de artista. Su pasión, además del «Restaurante Mendoza» y de los ovnis, es el ballet. Y la música, claro está. Si le sobrara plata se convertiría en mecenas de cualquier chaval judío que naciera con talento. Tiene un hijo en Ein Hod, a veinte quilómetros de Haifa, en un pueblo en el que todos sus habitantes pintan o hacen escultura o cerámica —por cierto, que nos aconseja una visita a Ein Hod—, pero él hubiera preferido traer al mundo a Arturo Rubinstein, por ejemplo.

—¿Quieren saber una cosa? En Israel hay más afición a la música que a la guerra.

—¡Es de suponer!

—No. ¿Por qué? Hay gente aficionada al estallido de las bombas. Ahí tienen a Dayan, que era labriego y arqueólogo y al final se tapó un ojo y se dedicó a la artillería y a los tanques.

El tiempo pasa de prisa y nos encontramos esforzándonos en masticar la *pizza* supernapolitana, emparentada con el chicle. Andreotti es un aluvión verbal. Mientras habla, huele una rosa de plástico. Pero sabe cosas. De repente palidece como si tuviera cáncer, pero se recupera con facilidad.

Nosotros desearíamos hablarle de nuestros arriesgados atisbos sobre el alma judía, formulados con sólo dos horas de pasear por las calles y tomarnos un zumo de fruta. Él vuelve una y otra vez a la música y al ballet, sobre todo al enterarse de que Asunción fue vendedora de discos. Nos concede, eso sí, que la sensación de firmeza e incluso de plenitud de los «repatriados» —detesta el calificativo de inmigrantes, que equivaldría a admitir que el judío que llegara a Israel es extranjero—, se debe al codo con codo, al consabido tópico de que la unión hace la fuerza. También nos concede que hay muchachas judías con piel como de pantera joven y con ojos sustraídos del pozo de Jacob. ¡Si lo sabrá él, que alquila habitaciones en los pisos primero y segundo del «Restaurante Mendoza»! Pero hay escisiones internas en Israel, conflictos, lo que un músico llamaría disonancias, precisamente porque no es lo mismo venirse de Buenos Aires o de Casablanca que de Varsovia o Budapest. Sin embargo, ¿a qué batir ese tambor? ¿No estamos aquí para informarnos? Primero fue el olfato, luego el gusto, ahora le toca el turno al sonido. Resumiendo, prefiere informarnos de que la Filarmónica de Israel figura entre las cinco mejores del mundo. De que los festivales veraniegos en el anfiteatro de Cesarea, cuyo único error estriba en que en el programa no hay lugar para el tango, son comparables a cualquier festival de Viena o Nueva York. Sí, claro, ya se ha dado cuenta de que la *pizza* es horrible, pero, en primer lugar, la cocina no cuenta, no existe en Israel, y en segundo lugar él compensa siempre esas nimias deficiencias a base de instructiva conversación. ¿Sabíamos que había mucha gente en Tel Aviv que leía a diario las esquelas mortuorias en busca de algún conocido que tuviese localidad vitalicia en el «Auditórium Mann»? ¿Sabíamos que un hijo de Golda Meir, llamado Mehahem, fue alumno de Pablo Casals? No, no, era evidente que en ese capítulo nos merecíamos un suspenso. ¡A menos que alguno de nosotros tocase algún instrumento! ¿Tampoco? Ay, ay, gravísimo error, que era deseable que no transmitiéramos a nuestra descendencia. Si fuéramos judíos, a no dudarlo tocaríamos por lo menos la armónica o el acordeón. Cierto, la música era indispensable para su raza, debido a la atávica prohibición de reproducir en imágenes el rostro de Yahvé y asimismo el rostro humano. «El único desahogo es la música... o el arte abstracto. Mi hijo, por ejemplo, allá en Ein Hod, pinta abstracto, lo cual equivale a decir que trabaja una hora al día y duerme las veintitrés horas restantes.» Pero a lo que iba. El mejor flautista del mundo era una señora judía, amiga suya, que se llamaba Suzanne Bloch. El mejor violinista del mundo —«¡vaya, menos mal que conocíamos su nombre!»— era Yehudi Menuhim, también judío. Incluso fue judío el tañedor de laúd del papa León X. Y así, nombre tras nombre, hasta formar una orquesta capaz de interpretar como nadie lo más serio que ha existido en cuanto a ritmo, que son los salmos de David.

Andreotti, satisfecho, corta en seco su perorata.

—Una última cosa, para terminar. Mi mujer, que es sorda, dice siempre que la palabra Dios sólo es soportable en música.

Extraña salida, que nos deja boquiabiertos, cucharillas en alto, mientras tomamos un helado italiano, lo único aceptable del almuerzo.

El dueño del «Restaurante Mendoza», que hasta ese momento había desatendido por completo a los demás clientes e incluso el mostrador, se levanta y da muestras de querer marcharse. Suelta la rosa de plástico y al tiempo que su bigote de hormigas se espesa más todavía nos pregunta con respeto:

—Ustedes serán cristianos, ¿verdad?

—Pues, sí...

—Mal asunto en Tel Aviv... —Luego añade—: Que yo sepa, en toda la ciudad no hay una sola iglesia de las suyas, y tampoco ninguna mezquita. No hay más que sinagogas... —Guarda un silencio y termina—: En todo caso, en la parte vieja, en Jafa, encontrarán ustedes las iglesias y los conventos que quieran. Encontrarán... hasta misioneros.

Andreotti se ha ido a la cocina. Bueno, sería temerario afirmar que en sus últimas palabras hubo hostilidad. ¿Cómo puede manifestarse hostil un hombre con ojos de rana, que además es amigo del mejor flautista del mundo? ¿Cómo puede manifestarse hostil un hombre ancho de tórax, al que disgusta que la gente ande siempre detrás de una bandera?

—Es la primera vez que nos preguntan si somos cristianos...

Interviene Tino:

—Es natural —y nos muestra la cadenita con cruz que cuelga de su pecho—. También en España chocaría ver a cuatro comensales con el león de Judá en la camisa y un casquete que dijera *Shalom*...

¡Claro! Por eso viajar vale la pena. Para descubrir que existe una ciudad mediterránea, con un censo aproximado de cuatrocientas mil personas, situada precisamente en Tierra Santa, sin un solo templo cristiano, sin una sola mezquita. Con melómanos que consultan esperanzados las esquelas mortuorias y una niña pelirroja que en este momento entra en el restaurante jugando al yo-yo.

¿Se tapará Andreotti el rostro ante un crucifijo, como antaño los judíos se lo tapaban ante la palabra Yahvé? El rostro, seguro que no; pero tal vez se tape el alma. Porque, a falta de confirmación, parece ser que para muchos judíos del actual Israel se ha convertido en problema obsesivo el escamoteo de la cruz. Procuran no representar jamás ese signo. En los libros de matemáticas, el signo + aparece sin el palito de abajo, de modo que sale así: ⊥. Igualmente se las arreglan para evitar en lo posible formar cruces en los postes eléctricos, telegráficos, etcétera, y resultaría imposible encontrar una cruz en un sello israelí. Más aún, se afirma que algunos jóvenes gimnastas se niegan a «hacer el Cristo» en el ejercicio de las anillas.

—¿Tiene algún sentido todo esto?

—Tampoco tiene sentido que yo, siendo niño, «matara» judíos golpeando el suelo en la montaña gerundense de Montjuich.

Andreotti regresa de la cocina, y mientras cancelamos la cuenta nos advierte que hoy es viernes, lo que significa que dentro de tres horas escasas en todo Israel comenzará el sábado, el *shabat*.

—A las cinco y media, más o menos, poco antes de ponerse el sol, sonará el *shofar* y automáticamente todo quedará cerrado hasta mañana a la misma hora. El *shabat* es sagrado aquí, ya lo verán. Tendrán que adaptarse... Si ven trabajar a alguien, seguro que es un árabe. Si ven pasar un autobús, seguro que es árabe. —Se ríe abiertamente, sin remilgos, y añade—: No hay como los árabes para aprovecharse de las tradiciones de los demás...

Asunción está preocupada. ¿Por qué el bigotudo argentino ha dicho «tradición» y no «religión»?

La caligrafía, la risa y la crueldad

Salimos a la calle. ¡Pasa Jaimico, al volante de su taxi! No, no es él. El conductor tiene un parecido, pero no es él. Lo más probable es que el tal conductor no haya estado nunca en Uruguay y tampoco es seguro que al hablar acostumbre a darse golpes en el pecho como si rezara el «yo pecador».

La calle está más transitada aún que antes, lo cual es lógico teniendo en cuenta que dentro de poco todo estará cerrado.

Dos observaciones merecen nuestro comentario. La primera, que en algunos cruces especialmente difíciles son niños en edad escolar los que dirigen la circulación. Visten de *boys-scouts* y su seriedad es pasmosa. Tino, que ya por la mañana había advertido el detalle, ahora hace runrunear con júbilo su tomavistas, que lleva en bandolera, junto con dos máquinas fotográficas.

La segunda observación se refiere a la caligrafía hebrea en los letreros y *posters*. Es una caligrafía rotunda, hermosa, casi tan hermosa como la de los ideogramas chinos. Posiblemente ello se deba a la plasticidad de las consonantes —las vocales no existen en el hebreo escrito—, lo que facilita una sólida estructura del perfil de las palabras, del principio y el fin de cada frase. En la propaganda de los carteles de cine las imágenes casi quedan relegadas por la caligrafía de los titulares, la cual compone en ocasiones manchas abstractas como las que, según Andreotti, se estilan en la aldea de Ein Hod. Muchos de los letreros son bilingües, están también redactados en inglés, lo que permite valorar la distancia sideral que separa ambos idiomas.

En cambio, todos coincidimos en que el hebreo hablado es picudo, taladrante y onomatopéyicamente agresivo, lo cual no deja de resultar paradójico tratándose de un pueblo de probada anatomía musical.

De pronto, brota en nosotros un clima de euforia, sin razón aparente. Ello se debe a la curiosidad de que dan muestras Tino y Asunción, quienes, por primera vez, tienen plena conciencia de que estamos inmersos en lo que suele llamarse una vivencia exótica.

Tal comprobación, que el intelecto registra de inmediato pero que no es raro que tarde un cierto tiempo en aflorar, se traduce, por parte de nuestros amigos, en actitudes un tanto circenses. Asunción entra en una *boutique* y sale de allí con el gorrito blanco y azul que dice *Shalom*; Tino, con su talento mímico, se lanza a parodiar a Andreotti y su rosa de plástico, con inequívocas alusiones al librero Abel, y su número es tan certero que la risa nos impide dar un paso.

Semejante estado de ánimo nos acompaña por las calles, entre la multitud, convirtiendo en gozo cualquier nadería. Vemos un indicador que señala «Museo del Alfabeto» y acordamos, carcajeándonos, que el alfabeto forzosamente fue inventado por sus irreductibles enemigos, los analfabetos. Pasan raudos unos ciclistas con jerseys multicolor, y mi mujer evoca una greguería según la cual los seres más sedentarios de la tierra son los jefes de estación. Tino asegura que quien les ha despertado esta mañana y les ha servido el desayuno ha sido el pájaro disecado que yace en el desván próximo a nuestra habitación, en el «Sheraton Hotel». Desplegamos *La Verdad,* el periódico ladino que ya forma parte de mi ser y en su tercera página localizamos un anuncio en el que los sostenes femeninos son llamados «saquitos para tetas». ¡Ay, las jugarretas semánticas y la capacidad metafórica de la moderna publicidad! ¡Ay, el recuerdo de la camarera opulenta del «Restaurante Mendoza»!

Nos guarecemos en un vestíbulo en busca de la posibilidad de tranquilizarnos, de respirar. Y poco después, sosegados y exhaustos, filosofamos sobre la crueldad de la risa, sobre la crueldad del hombre que, sin saber por qué, en un momento determinado se emborracha de alborozo, de buen temple. En ese estado sería capaz de burlarse, no ya del lucero del alba, sino de un jorobado que se arrastrara por la acera; y hasta, llegado el caso, de un pueblo que al pisar lo que considera su patria es registrado como inmigrante, no como grupo humano que reencuentra su hogar.

Antes de que suene el *shofar,* es decir, el cuerno de carnero que los judíos utilizan para anunciar el inicio de su día sagrado, el sábado, nos da tiempo a convencernos de que el Tel Aviv moderno carece de interés.

¡Qué pena! Por razones de urgencia, ya expuestas, sus arquitectos perdieron la oportunidad. El desierto era suyo, ¡qué maravilla! Adecuar las construcciones al paisaje, someterlas a él, tanto más cuanto que en uno de los flancos disponían del don gratuito que supone el Mediterráneo. Por enésima vez, en plena calle de Ben Yehuda, he de repetir que los urbanistas del siglo xx son los asesinos de la época, como ocurrió en Marsella con Le Corbusier.

Ni siquiera han perpetuado la antigua y sagaz costumbre de los techos planos concebidos como terrazas para las reuniones familiares después de la puesta del sol. Dichas terrazas, comunicadas entre sí, permitían pasar de una a otra y visitar a los vecinos. Era arquitectura coloquial, de la que surgió la alusión bíblica: «Y Samuel llamó a Saúl sobre la techumbre.» En esos bloques-colmena únicamente se advierten, como acierto positivo, algunos jardines o algunos espacios verdes comunitarios. Pero son islotes entre torres babélicas, de suerte que el tedio nos invade de modo irremediable.

Por otra parte, personalmente me cuesta un esfuerzo denodado sentirme a gusto en un panorama, urbano o campestre, sin campanarios. Me consta que es un reflejo atávico, pero no tengo el menor interés en renunciar a él. Un campanario presidía el pueblo en que nací, las campanas han repiqueteado o tañido siempre en los momentos solemnes de mi vida. Un gran espacio habitado, sin campanarios, es un electrocardiograma sin latido, muerto. Y nunca olvidaré la leyenda según la cual el domingo de Ramos todas las campanas del mundo, grandes y pequeñas, abandonan sus pétreas guaridas y echan a volar, dichosas y ristoleras, hacia Jerusalén.

En Tel Aviv no hay campanarios, ¡qué le vamos a hacer! En Tel Aviv hay tuberías. Tuberías por todas partes. Nada más natural. El mayor problema con que se enfrenta Israel, dejando a un lado la guerra, la falta de brazos y la masturbación psíquica, es el agua.

Antes de regresar al hotel pasamos frente a la casa del primer poeta palestino cuyo nombre traspasó las fronteras: Bialik. Recuerdo pocas cosas de él, aunque sé que fue definido como «paisajista de estados de ánimo», lo cual suena muy bien, que fue militante en la defensa de Sión y que llevó a cabo una espléndida traducción del *Quijote*.

Gustosamente hubiéramos visitado su vivienda y su biblioteca, pero la puerta está cerrada. Por automatismo mi pensamiento se traslada al despacho de Dostoievski, de Leningrado, donde mi estado de ánimo dejó de ser paisaje y se convirtió en temblor. En temblor y en un cúmulo de presentimientos que hasta ahora he guardado para mí.

En cualquier caso, y volviendo a la deseable unidad del pueblo judío, fue el poeta Bialik quien dijo que «los judíos formarían una nación el día en que un policía judío detuviese a una prostituta judía y ésta fuese condenada por un juez judío».

Admirable síntesis, a fe, que concentra todo el drama del perpetuo exilio, de la implacable dependencia de otro. Lo que ocurre es que nosotros continuamos con la risa pronta y cruel y una imparable inclinación a la parodia. De ahí que opongamos a la dogmática cita de Bialik una irónica definición del sionismo leída en los días en que esperábamos el visado. «Sionismo: un judío que le saca dinero a otro judío para enviar a un tercer judío a Palestina.» Los grandes banqueros de Manhattan saben algo de eso, es de suponer...

Al doblar la calle Bialik, ¡lo inesperado! Un pintor callejero dibuja en la acera la figura de un violinista romántico, violinista con el pelo alborotado, lacito en el cuello, mustio frac.

—¿Está en venta?

—Sí. Díganme dónde viven y les enviaré ese pedazo de acera a su domicilio.

El primer shabat

¡Suena el *shofar*! Suena como si el soplador fuera el mismísimo Moisés. Las calles se quedan desiertas, mientras el sol, de color ambarino, se hunde en el fondo del mar.

Durante unos minutos un silencio se adueña de Tel Aviv. Algunos pájaros vuelan con lentitud, con acomplejada timidez. Las cosas piden perdón por el hecho de seguir viviendo. Las tiendas han cerrado todas a un tiempo, por orden electrónica. Descansan los teatros, las alfombras, los gladiolos, los televisores de las tiendas. Las muchachas con metralleta se han ido lejos, a la guerra del *shabat*. Aquella niña que entró en el «Restaurante Mendoza» jugando con un yo-yo se habrá quedado dormida, mientras en los hogares los visillos ocultan su alma y las sinagogas se preparan para recibir a los doctos y a los humildes fieles que previamente se habrán purificado con los ritos de la ablución.

¿Cuántos *shofares* sonarán en Tel Aviv? ¿Cuántos en todo Israel? El sonido no es cinegético, no es de caza; es de recogimiento, es religioso. La última nota se prolonga, larga, larga, como si quisiera alcanzar el extrarradio e ir saltando de duna en duna hasta alcanzar a los frívolos y al enemigo.

Israel se ha hecho respeto, se ha hecho plegaria y no queda otra alternativa que matar esa risa que nos salía a borbotones. A decir verdad, emociona más un cementerio de vivos que un cementerio de muertos. A decir verdad, un *shofar* puede ser un lamento tan emotivo como el doblar de una campana.

«Sheraton Hotel». Regresamos ya oscurecido, fatigados. ¿Llamar por teléfono? «Es *shabat*. Va a ser muy difícil.» ¿Poner un telegrama? «Perdone, señor... Es *shabat*.» Las tiendas del hotel, de las galerías, son antros sombríos, sin exceptuar la librería y la de los juegos de ajedrez. Únicamente continúa visible el reloj de péndulo con la inscripción: *Es más tarde de lo que piensas.*

Pero hay taxistas fuera y no todos ellos son árabes. Discuten entre sí. ¿Cómo puede discutirse en *shabat*? ¿Y los autobuses? Habrá quien se salte a la torera la aconsejable plegaria y el descanso, habrá quien se tomará a chacota la timidez de los pájaros.

—Lo que muchos hacen es cobrarle a usted un poco más por cualquier servicio... *Voilà!*

No es posible. Claro que «el sábado está hecho para el hombre y no el hombre para el sábado», pero no hasta ese punto. Y además, las gentes de Tel Aviv y las que en estos momentos pueblan bulliciosamente el *hall* del «Sheraton Hotel», no participan del soma de Jesús, del soma cristiano, pese a que la mayoría de los varones se han cubierto la coronilla con el *kipá,* ese gorrillo redondo impuesto por la Ley y que es el precursor del solideo de nuestros obispos y de la antigua tonsura de nuestros sacerdotes.

—¿Y si alguien cae enfermo? Han pasado dos ambulancias...
—Serían casos urgentes, señor.
—¿Y si alguien se muere?
—El *shabat* no tiene la culpa, señor.

El *shabat* es casi persona. Nos lo dice el joven y musculoso camarero que se dispone a servirnos la cena. Es de origen búlgaro y se quiere marchar a occidente.
—A mí todo eso... Llevo tres años casado y tengo una parejita. Comprenderán que...

No comprendemos nada. Porque nuestros amigos y yo hemos pedido una hamburguesa y una tortilla, y mi mujer un sandwich de queso. ¡Imposible! Es la Ley. No puede mezclarse la carne con los productos lácteos. La comida judía se llama *kasher* y tiene sus reglas. Si mi mujer quiere comer queso o cualquier derivado de la leche tiene que aguardar a que nosotros terminemos con la hamburguesa o bien trasladarse a una de las mesas que hay allí al fondo, reservadas exprofeso para la comida *kasher.*
—¡Pero esto es un hotel internacional!
—Señor, yo soy búlgaro y tengo una parejita. ¿Hamburguesa para todos...?

Me gustaría poder filmar la expresión de Tino, su sonrisa ahora escéptica y su rostro aniñado.
—Lo que quiera... ¡pero pronto!

En las paredes alguien ha pintado decorativos caballos con las patas delanteras en alto, como en el circo. Diríase que antes de que lleguen las hamburguesas dichos caballos van a cobrar vida y arrasar el *hall,* en el que nada recuerda el silencio milenario que al caer de la tarde se adueñó de las calles. Hay varios americanos borrachos. Decir de ellos que su aspecto es agradable sería una calumnia innecesaria y casi punible. La Enciclopedia Hebraica sigue ahí, en el estante del mostrador del pasillo, pero la dama venerable y espigada se marchó; se marchó, probablemente, a una sinagoga.

—¡Señores, les aconsejo que lean el Talmud! El día del *shabat* los ortodoxos se abstienen de encender la electricidad, e incluso de encender un pitillo. Les está prohibido. Bueno, entiéndame. No les está prohibida la luz, y tampoco el tabaco y el humo; les está prohibido el acto que supone accionar el interruptor o encender el mechero. Cualquier acto es una transgresión, ¿de acuerdo? Hubo un tiempo en que matar un piojo en sábado era una falta tan grave como matar un camello.

El joven camarero de origen búlgaro nos desea buen apetito y nos aconseja que ocupemos el tiempo jugando a las cartas hasta que mañana por la tarde aparezca en el cielo la segunda estrella.

Antes de acostarnos, Asunción le pregunta al *maître* qué nombre tienen los jóvenes ya nacidos en Israel. Es evidente que nuestra amiga no podría conciliar el sueño sin antes resolver ese enigma.

El *maître*, idéntico a otros muchos que hemos conocido, se inclina ligeramente y contesta:

—*Sabras*, señora... Se llaman *sabras*.

—¿Y a qué viene esa palabra? ¿Tiene algún significado?

—Por supuesto, señora. *Sabra* es el nombre de un cactus de Israel, espinoso por fuera y dulce por dentro. ¿Comprende la señora?

Asunción asiente con la cabeza. Medita un instante.

—Sí, muchas gracias... Eso queda muy claro.

Al día siguiente, y pese al *shabat*, vemos que muchos coches con matrícula de Israel pasan veloces en dirección a las afueras de la ciudad. Jaimico, que monta la guardia con su taxi en la puerta del hotel, después de acusarnos de desertores por no haber utilizado otra vez sus servicios, nos dice que esa huida masiva de Tel Aviv tiene dos motivos: el espléndido sol que luce esta mañana y la indiferencia religiosa de la población judía en general.

—¿El sol puede conseguir que se salten bonitamente la fiesta del sábado?

—¡Por supuesto! El sol es llamado aquí el oro de los pobres... En ciertos casos, el conductor «sabatero» es un árabe, para disimular.

Mi mujer pregunta:

—¿Y de verdad existe indiferencia religiosa?

Jaimico, que usa un fósforo a modo de mondadientes contesta:

—¿A usted qué le parece? Son muchos los que se han cansado de esperar al Mesías...

Tino se interesa:

—¿Así, pues, cómo se las arreglan ustedes para la fiesta semanal?

El taxista tira el fósforo y se rasca cómicamente la cabeza.

¡Huy, en eso no tenemos rival! Los árabes hacen fiesta el viernes; nosotros, los judíos, el sábado; y ustedes, los cristianos, el domingo... ¿Hay quien dé más?

—Total, tres días a la semana.

—Exacto —Jaimico abre la puerta del coche y pregunta—: ¿Adónde les llevo?

Renunciamos. Tal vez mañana le pidamos a Jaimico que nos lleve de excursión, bien a la Cesarea marítima, colonia romana que era la residencia habitual de Pilatos, bien a Haifa, el magnífico puerto norteño al que suelen llegar los peregrinos a Tierra Santa que prefieren el barco al avión.

Pero hoy hemos decidido pasar la jornada en Jafa, en la parte antigua de Tel

Aviv. Todos los informes coinciden en que se agolpa allí gran cantidad de vida —hay alminares... ¡y campanarios!—, y también una porción de historia que se remonta a Jonás. En efecto, en el libro de Jonás se cuenta que éste salió precisamente de Jafa para su aventura de olas gigantes, hasta ser salvado, y luego vomitado en la ribera, por «un gran pez». Por cierto, ¿por qué se afirma que se trataba de una ballena? En ningún texto se especifica este dato. Es evidente que el pueblo fiel necesita de nombres concretos incluso para los cuentos de hadas.

Emplazamos a Jaimico para mañana domingo, a las ocho en punto.
—Les haré un precio especial. Es el cumpleaños de la madre de mis hijos.
—¡Cómo! ¿El cumpleaños de Alegría? ¡Felicidades!
Jaimico hace un guiño picarón.
—Ha sido una trampa. Mi mujer tiene prohibido cumplir años... Sólo quería ver si se acordaban de su nombre.
—¿Por qué no nos íbamos a acordar?
Se encoge de hombros.
—¡Psé! Los taxistas somos robots... Por lo menos, para la mayoría de los americanos.

La antigua Jafa y su bazar

Salvamos a pie la distancia que nos separa de Jafa, vagabundeando por la carretera que bordea la playa. A Tino le hubiera gustado recorrer ese trayecto en moto, con el casco puesto, pero no tiene opción. Su provocadora máquina se quedó viuda en Barcelona aguardando el regreso de su dueño.

Pese a los coches «sabateros» —el mote es gracioso—, todo está cerrado, de modo que aquel súbito silencio que se produjo ayer a resultas del toque del *shofar* perdura todavía, por lo menos a trechos. En los hoteles en construcción el material permanece quieto, mientras las grúas, allá en lo alto, tienen un marcado perfil zoológico en huelga. El mar chapotea tranquilo, juega jugando, como si les contara a las barcas la leyenda de Jonás.

¡La plaza del reloj! La hemos visto en el plano. Es la plaza *Kikar Hahaganá*, pórtico de entrada a Jafa. El reloj corona una torre visible a distancia, lo mismo que el faro. La torre, como es de rigor, fue construida por un sultán turco de nombre indiferenciado. ¿Para qué querrán los habitantes de Jafa saber qué hora es?

Porque, pese a que las guías hablan de sesenta mil ciudadanos judíos por unos siete mil ciudadanos árabes en Jafa, sólo estos últimos dan señales de vida y lo hacen a *tempo* lento. Sentados en los dinteles, en las aceras, en los cafés, miran sin ver, o ven sin mirar, mientras los más activos fuman *narghileh* o juegan al tric-trac. Aquí no se trata del letargo obligado sino de una actitud ante la vida y el sol. El resultado es una cierta dejadez y abandono y el olor o hedor a tercer mundo que mi mujer y yo hemos encontrado siempre en la órbita musulmana, pese a que Mahoma tenía la pasión de la limpieza; dejadez que no impide que de repente pase un hombre alto y con turbante con facha de rey, y que unas cuantas niñas jueguen a la comba ensortijadas como emperatrices.

A decir verdad, a mí no me repelen ese olor o hedor y esa actitud ante la vida y el sol. En primer lugar, tengo la suerte de carecer virtualmente de olfato; en segundo lugar, me pregunto si la civilización del desodorante y la asepsia no acabará embalsamando los espíritus. La asepsia como objetivo permanente no es humana. Tampoco angélica. Soy partidario del dentífrico pero no considero apetecible que el objetivo universal sea el aspirador.

Además, ese pedazo islámico de Jafa es digerible sin mayor esfuerzo, gracias, colegimos, a la proximidad y ejemplo de la población judía. Llevamos un cuarto de hora en la plaza del reloj y no hemos visto un solo mendigo ciego. Tampoco niños con tracoma, ni perros abandonados olisqueando, ni ancianas de rostro acuchillado empeñadas en anticiparnos la fecha exacta de nuestra muerte.

En cambio, a medida que nos adentramos en el barrio, trepando hacia la colina, oímos el rítmico martilleo de los artesanos, cuelgan colchones en el interior de las tiendas de muebles, hay farmacia y escuelas, fotografías de boda en un escaparate, droguerías a la antigua usanza, lotería y venta de preservativos.

Y de improviso, ¡un alminar! El plano y las guías nos ilustran una vez más. El alminar corresponde a la mezquita Hassan Bek. Dicha mezquita ha presenciado a lo largo de la historia batallas innúmeras, y durante la guerra de 1948, en la que Israel se jugó su destino inmediato, se convirtió en bastión árabe. Quizás alguno de esos hombres que hemos visto en los cafés fumando *narghileh* disparó entonces con furia contra los judíos, que terminaron venciendo.

Pero en estos momentos nada evoca ese jadeo homicida. Por el contrario, reina la calma. No es la paz, pero sí el alto el fuego. ¿Cómo definir el alto el fuego? Instinto de conservación, intermedio entre cadáveres, un respiro que se conceden los hombres para convencerse de que la especie a que pertenecen no ha tocado a su fin.

Contemplamos la zona portuaria. El puerto de Jafa es el más antiguo de esta «tierra de elección», hasta el extremo de que ciertos eruditos pretenden que el nombre de Jafa proviene de Jafet, hijo de Noé, quien habría fundado el puerto después del Diluvio. La genealogía, ya se sabe, es la más ilusoria de las ciencias; sin embargo, Jafa fue antaño el puerto de Jerusalén y los peregrinos que llegaban a Tierra Santa desembarcaban en él, arrodillándose acto seguido y besando el suelo. Su importancia ha sufrido altibajos y primero Cesarea y actualmente Haifa le han ganado la partida. En cuanto a su porvenir, y a juzgar por lo que vemos, resulta incierto. Las piedras son negruzcas, los establecimientos recreativos y los restaurantes que brotan en torno no consiguen insuflarle la alegría deseable. Hay algo desarbolado en este ámbito, lo que contrasta con la remota leyenda según la cual el oro y las piedras preciosas de cualquier barco que naufragara en cualquier océano, venían a parar a Jafa.

Sacamos unas fotografías, sin ningún «gran pez» al fondo y volvemos sobre nuestros pasos, ahora en dirección al zoco, al bazar, que queda un poco lejos. Algunos cabarets cerrados, sin duda en espera de la noche, y en un chaflán la placa de un dentista, que por las trazas debe de ser un hombre con ideas propias. Cierto, su consulta está en la planta baja, tal y como vimos que era costumbre en Camboya, y la persiana que cubre la puerta está confeccionada con muelas, caninos y dientes ensartados.

¿Cuántos «bazares orientales» habré fisgado en mi vida? Perdí la cuenta. He de confesar que me atraen sin remedio, como el roble a la madreselva. Ello no se compagina con Descartes, habida cuenta de mi progresiva tendencia a la soledad. Será tiempo de admitir que conviven muchos *ego* en nuestro cuerpo. Los grandes almacenes occidentales, tipo «Corte Inglés» o «Galeries Lafayette» me marean y deambulando por sus distintas secciones llego a sentirme ridículo; en los bazares como éste de Jafa, no. Al revés. Todo en ellos me resulta familiar y los más absurdos cachivaches se me antojan útiles.

Asunción y Tino, abiertos de par en par los ojos, me estimulan más aún. Luchan entre su sentido de la corrección y las ganas de ir tocando y examinando los objetos. El bazar no puede compararse con el de Estambul, pero no importa. También dispone de galerías cubiertas, abovedadas y la impresión que uno recibe es que en él puede encontrarse desde un biberón usado hasta un ataúd sin estrenar. Hay armarios roperos, ¡y una reproducción de la *Mona Lisa* con un letrerito que dice: *Auténtica!* Asimismo, oculto en un rincón, entrevemos un mueble del que juraríamos que es un confesonario.

Los vendedores desean saber de dónde somos, antes de decidir su forma de ataque. «*France, french, italien, americain?*» «*Eh, eh, sir, madame?*» Comprobamos que les gustaría que fuéramos americanos, sinónimo, para ellos, de dólares e ingenuidad.

Al sabernos de habla española llaman a cualquier colega que conozca el ladino y nos ofrecen, sobre todo, abalorios y espejos. ¿Por qué será? ¿Cabrá deducir que los hispanos tenemos fama de narcisistas? ¿Habrán pasado por este zoco muchas damas peruanas o guatemaltecas?

Tino se encandila con las cerraduras oxidadas, con las llaves inglesas, con la mecánica y también con los artículos de cuero. Acaba comprándose un gorrito judío, primorosamente bordado y colocándoselo en la cabeza. Por su parte, Asunción ha adquirido, sin pensarlo mucho, un precioso chal persa y veo que mi mujer, rodeada de vendedores, lleva ya colgado del hombro un bolso tan llamativo que podría confundirse con una abierta sonrisa tropical.

Mi asombro es divertido y no tardo ni dos minutos en encasquetarme también un gorrito judío idéntico al de Tino. De pronto, los cuatro nos vemos a distancia y la risa se apodera de nuevo de nosotros. Somos camaleónicos, seres de quita y pon. Modificamos nuestra apariencia como el presidente Sadat sus pretensiones. Sólo en nuestro pasaporte, es de suponer, conservaremos intacta nuestra identidad. Por si faltaba algo, he aquí que fuera de las galerías cubiertas cae un sol impropio del calendario, cuyos reflejos arrancan de la riada humana destellos como de plumaje de pavo real.

Reencontrada la serenidad, presto atención al amuleto más repetido del zoco: la mano abierta, con los dedos erectos —idéntica a la del *stop* señalizador de las carreteras y semáforos—, que pende en cada tenducho y que algunos vendedores llevan incluso colgada del cuello. Hay manos de todo tamaño y elaboradas con los metales más diversos. En Marruecos habíamos visto un muestrario similar, y recuerdo que un historiador francés con el que coincidimos en Marraquech nos contó que el tal amuleto es común a todas las razas semíticas y que su objeto es prevenir contra el mal de ojo, contra la desgracia; y que en su proliferación influye, como siempre, la prohibición coránica de reproducir el rostro humano.

¿Superstición? Seguro que sí. Pero la superstición, bajo formas más o menos cultas, nos afecta a todos. Somerset Maugham, por ejemplo, había grabado esa mano abierta y protectora en su papel de cartas, en sus tarjetas y hasta en la puerta de su casa, y atribuía a ello su personal longevidad: rebasó los noventa años. Sea lo que fuere, por espíritu de emulación o por capricho, compro también una mano abierta de metal dorado, pequeña de tamaño y con un ojo en el centro y le pido a mi mujer que la guarde en su flamante bolso tropical. Y al hacerlo me viene a la memoria un antiguo texto quiromántico en el que el autor afirmaba que la *mano* es elemento básico incluso en teología, como puede comprobarse en el Evangelio de san Juan, a través de cuya lectura se tiene la impresión de «estar viendo constantemente la *mano* de Dios-Padre saliendo de una nube y presidiendo el destino último de todo lo creado».

Y he aquí que el bazar nos proporciona a renglón seguido la inevitable sorpresa: en una esquina, rodeado de mujeres encinta, un hombre sin manos y sin pies, sentado en un carrito a ras de suelo, exhibe una copiosa colección de folletos, redactados en árabe y en inglés, unos referidos a la historia anecdótica de Jafa, otros anunciando el próximo fin del mundo.

Adquirimos los folletos que nos interesan, mientras las hieráticas mujeres encinta miran insistentemente con fijeza y respeto al mutilado, no sabemos por qué.

CAPÍTULO V

Contacto con los franciscanos

No hemos olvidado las palabras de Andreotti, el dueño del «Restaurante Mendoza»: en Jafa tienen ustedes... hasta misioneros.

¿Por qué no ir, ya sin más espera, a su encuentro? Los misioneros han sido nuestros mejores lazarillos en las cuatro partes del mundo. Suelen ser generosos, serviciales, habituados a autodominarse. Y conocen los idiomas y hasta los dialectos del lugar en que trabajan. Establecen certeras síntesis, ahorrándole a uno mil elucubraciones gratuitas. Yo les llamo Atajos humanos.

En la guía del profesor Vilnay leemos que, a diez minutos escasos de donde nos encontramos, hay una iglesia dedicada a San Pedro, al cuidado de los franciscanos. La guía añade que los discípulos de Francisco de Asís son los «custodios» de los Santos Lugares, es decir, de Tierra Santa, ¡desde hace siete siglos!

Siete siglos son garantía suficiente, digo yo. Ello presupone perseverancia tenaz, relevos generacionales y sin duda mucha sangre vertida. Ello presupone que la mano de Dios-Padre, surgiendo de las nubes, ha protegido contra el mal de ojo a esos frailucos de capuchón y hábito pardo, con el cordón sujetando la cintura, que han conseguido como nadie cargar de sentido la palabra *hermano*.

—¿Vamos allá?

—¡Adelante!

Camino de la iglesia de San Pedro, me doy cuenta de que la idea de conectar con los franciscanos me atrae sobremanera. Hasta ahora, en muchas de nuestras correrías nos han atendido los jesuitas, la mayoría de los cuales, por fortuna, cuando se hacen misioneros tiran por la borda sus alambicados criterios de selectividad y se muestran dispuestos a una ejemplar entrega total.

Los franciscanos han de ser, por definición, un tipo distinto de criatura humana. ¿Por qué su silueta se ha hecho cordialmente popular? Tal vez porque entronca con la silueta de los juglares y de los mendigos... En efecto, uno se los imagina con un bastón y unas sandalias recorriendo caminos lejanos, zonas donde la espiga no florece de ligero, como un don natural. Cierto que los franciscanos, en tanto que agrupación, parecen emparentados con la locura. Ahora bien, ¿a qué género de locura los adscribe la historia? A la locura de su fundador, que fue ininteligible y sencillo, amigo de las hormigas y también de los sultanes de Egipto, que ha sido definido como «el único demócrata del mundo completamente sincero».

Al llegar frente a la iglesia de San Pedro recuerdo que, en Milán, un franciscano rebelde me confesó que estaba cansado de someter su vida a la ortodoxia, por la sencilla razón de que Cristo no dijo «yo soy la ortodoxia», sino que dijo: «yo soy la verdad».

Nuestro primer contacto con la misión de Jafa resulta un tanto decepcionante. Se trata de una iglesia-convento desangelada, de techos altos e iconografía ramplona. En los pasillos, en el claustro y en el propio templo se respira una extraña frialdad. Vemos una enorme pintura representando a san Pedro genuflecto y en éxtasis en una terraza, fija la mirada en una especie de sábana que baja del cielo, rodeada de aves y reptiles. Hay, a la derecha, un púlpito de madera: la base es el tronco de un árbol y las ramas y las hojas trepan por él como queriéndolo estrangular. Un pequeño armónium abierto, cuyas teclas son tan perfectas, tan neutrales, que se diría que se ríen de nuestra emoción inicial.

En el momento en que nos disponemos a entrar en la sacristía en busca de un ser vivo hace su aparición, por una puerta lateral, un fraile menor, acompañando a un grupo de peregrinos. Prestamos atención: son franceses. El fraile, en cambio, a juzgar por el acento debe de ser español.

No entendemos lo que les cuenta del púlpito y de las ramas de árbol que trepan por él, pero sí lo de la pintura de san Pedro. ¡Válgame Dios, se trata de los famosos prodigios que, según los *Hechos de los Apóstoles,* le ocurrieron a Pedro precisamente en Jafa! El fraile, de aspecto manso y gafas de miope, lee en voz alta los fragmentos correspondientes. El primer prodigio fue la resurrección de una mujer que vivía allí y se llamaba Tabita. Pedro se trasladó desde Lidda y le dijo a la mujer: «Tabita, levántate. Al instante ella abrió los ojos y viendo a Pedro, se incorporó... Por cuyo motivo muchos creyeron en el Señor.» El segundo milagro fue la conversión y bautizo del centurión Cornelio, que vivía en Cesarea. Un ángel del Señor avisó al centurión de la presencia de Pedro en Jafa y a raíz de ello mandó a buscar al apóstol. Pedro se desplazó y con su palabra hizo que bajara sobre Cornelio y sobre todos sus parientes y amigos la gracia del Espíritu Santo, *pese a que ninguno de ellos era judío.* Y en cuanto al tercero y último milagro, quedaba simbolizado por la pintura que tanto nos había llamado la atención. San Pedro, encontrándose en la terraza, sintió hambre. Entonces vio bajar del cielo como un mantel grande con toda clase de animales cuadrúpedos y aves y oyó la voz del Señor que le ordenaba que matara y comiera. Él se negó, pues jamás había comido cosa profana e inmunda; pero Dios insistió por tres veces, y luego el mantel volvió a subirse al cielo.

Los peregrinos han escuchado el triple relato, y luego han mirado la escena de los cuadrúpedos situada allá arriba, con las caras tan inexpresivas como las teclas del armónium. Pero el fraile menor no da trazas de haber reparado en ello y añade:

—Pues bien, es precisamente en este lugar en que nos encontramos, ahora convento, donde la tradición pretende que Pedro residió durante su estancia en Jafa, motivo por el cual fue levantada esta iglesia... —Luego, abriendo los brazos concluye su relato diciendo—: Muchas gracias, hermanos, por su visita... Y buena estancia en Jerusalén.

El grupo elabora un murmullo de gratitud y pronto desaparece por la puerta principal.

Nos acercamos al misionero. En efecto, es español. Sus lentes despiden destellos alegres al sabernos compatriotas. «¿De Barcelona? Bien, bien...». Él se llama Tomé y es castellano. «Pocos españoles pasan por aquí, ésa es la verdad.» Hombre de aspecto tímido, ciento por ciento clerical, lo mismo sus gestos que el timbre de su voz delatan a la legua su estado célibe. Una vez más me pregunto si ha sido estudiada a fondo la relación existente entre la clerecía y la gesticulación, entre la castidad y las cuerdas vocales.

—Si quieren ustedes, podemos entrar en la sacristía. Allá podrán adquirir postales y diapositivas...

No deja todo esto de ser nuestro primer encuentro directo con la religión, uno de los motivos clave de nuestro viaje. Sin embargo, el padre Tomé y las acciones milagrosas de san Pedro nos han dejado un tanto colgados en el aire. Pisamos Tierra Santa, ¿no es eso? ¿Por qué, entonces, ese manto celestial rodeado de reptiles y esa resurrección de una mujer llamada Tabita? Personalmente, la situación me resulta incómoda. Me siento retrotraído a cualquier iglesia de Gerona, en la época de mi infancia, con aquellas imágenes sonrosadas, delicuescentes y aquellos sermones de una absoluta irrealidad.

El padre Tomé se muestra dispuesto, fiel a su cometido, a repetirnos los textos que leyó al grupo francés... ¡No, por favor! Ignoro lo que sienten mi mujer y Tino y Asunción; yo no estoy para milagros de ese tenor. Hace mucho tiempo que me basta con el milagro asombroso de existir. Si por milagro se entiende «aquello que no tiene explicación natural», a mi juicio mi propio ser y el ser de todo lo existente es rotundamente sobre o antinatural. Que duerman en paz, pues, el centurión Cornelio y sus parientes y amigos circuncisos y bautizados.

No es tonto el padre Tomé. Es claro que advierte nuestro estado de ánimo, por lo que pasa a interesarse por nuestra aventura personal. ¡Oh, en Tel Aviv hay más cosas de las que puede uno sospechar hospedándose en el «Sheraton Hotel» y dándose unas vueltas por las prósperas calles céntricas! Aunque, por supuesto, la vieja Jafa, donde él reside desde hace diez años, es más interesante. ¿Hemos visto el barrio en el que cada calle lleva el nombre de un signo del Zodíaco? ¿Hemos visitado el Museo de Antigüedades, en el que se exhibe nada menos que el cráneo de un león de los tiempos bíblicos? ¿Sabemos que se está reconstruyendo, con piedras antiguas, toda la ladera norte, para convertirla en una colonia de orfebres, talleres artesanos y galerías de exposición, con callejuelas y pórticos como, por ejemplo, los de Toledo? De hecho, no podemos imaginar siquiera el esfuerzo que ha supuesto convertir en habitable esta zona, como tantas otras del país, plagada durante siglos de terrenos pantanosos y de malaria. «Los judíos... lo son con toda las consecuencias, ¿comprenden? En lo bueno y en lo malo.» Volviendo a Jafa, puede contarnos lo que le ocurrió a un grupo de americanos, miembros de una pintoresca secta denominada «La iglesia del Mesías». Querían fundar su hogar en Tierra Santa y eligieron esta colina; pero tuvieron que desistir, primero, por la hostilidad de algunos árabes y luego porque casi todos cayeron enfermos. Y el propio Ben Gurion, el líder sionista, al llegar por primera vez a Israel allá por el año 1906 desembarcó precisamente en este puerto, y encontró el lugar tan abandonado y deprimente que continuó viaje, a pie, por entre arenales y dunas hasta llegar a un sitio llamado Pétaj-Tikvá que significa «Puerta de la Esperanza»...

La conversación del padre Tomé, aunque salpicada de baches dubitativos, despierta nuestro interés. Hay en él algo rutinario, aunque, ¡Dios nos libre de juzgar! Sonríe al saber que hemos deambulado con tanto entusiasmo por el zoco, que hemos adquirido gorritos judíos y, sobre todo, folletos que anuncian para fecha próxima el fin del mundo. «¿Qué puede escribirse sobre esa cuestión, que no esté ya contenido en el Apocalipsis?» Al enterarse de que para mañana hemos contratado a un taxista llamado Jaimico que nos llevará a una excursión por la costa mediterránea, llegando quizás hasta Haifa, opina: «De acuerdo, de acuerdo... Pero, lo antes que puedan, a Jerusalén.»

Tino, que ha elegido ya varias postales y media docena de diapositivas, después de fijar su atención en unas estampitas apiladas en un estante, representando a un desconocido obispo vestido de gala, echa una mirada a los cuadros, de calidad ínfima, que decoran la sacristía y no puede por menos que hacer una alusión a esa deficiencia que nos ha desconcertado desde el primer momento.

El padre Tomé, ante la objeción de Tino, recobra por entero su porte clerical. Y después de pedirle irónicas excusas por el hecho de no disponer en aquel feudo de un par de Grecos o de un par de retablos de Fray Angélico agrega:

—Además, habría mucho que hablar sobre esa cuestión... Hay quien opina que, para el pueblo, las mejores pruebas de la existencia de Dios serán siempre las cinco llagas de Cristo, cuanto más rojas, mejor, y, por supuesto, la mitra de un obispo...

Tino asiente con la cabeza y se limita a preguntar, refiriéndose a las postales y a las diapositivas:

—¿Qué le debo, por favor?

El padre Emilio Bárcena

Cambio de decorado. En el instante en que nos disponemos a abandonar la sacristía entra en ella, esforzado y vital, un franciscano joven. Da la impresión de llegar de un largo viaje, por lo que su hábito es menos impecable que el del padre Tomé.

Al ver la sacristía ocupada pregunta, en español:

—¿Estorbo...?

—¡De ningún modo, Emilio! —contesta el padre Tomé, cuyo rostro no disimula la alegría que le ha producido la inesperada visita.

Nuestro «guía» partidario de la mitra episcopal se ve obligado a efectuar las consabidas presentaciones. Presentar a su *hermano* Emilio le resulta fácil: su apellido es Bárcena y nació en Santander; en cambio, de nosotros sólo sabe que somos catalanes, pero ignora nuestros nombres de pila y nuestros apellidos.

—De momento —le explica al recién llegado—, pensé que eran simples turistas; pero su manera de hacer y las diapositivas que han comprado me permiten suponer que son peregrinos...

Matiz fundamental, a lo que se ve, puesto que tiene la virtud de convertir al padre Emilio Bárcena en el ser más espontáneo que hayamos conocido jamás. A su lado, el felino Andreotti es la más hipócrita de las *pizzas*.

El padre Emilio, luego de depositar en un rincón una mochila y un paquete de revistas que trajo consigo, va mirándonos uno a uno con avispada intención.

—¿Así que son ustedes catalanes? —pregunta, por fin.

—En efecto —contesta Tino.

—¿De Barcelona?

Interviene mi mujer.

—Los amigos —señalando a los Fusté—, sí; mi marido y yo somos de Gerona.

Un brillo especial se deposita en los ojos del padre Emilio.

—De Gerona, ¿eh? —Y acto seguido, con franco desparpajo, me mira y me espeta a bocajarro—: Corríjame si me equivoco, por favor... ¿No será usted Gironella, el hombre que se sacó de la manga unos cipreses que creen en Dios?

Sus palabras son rotundas. No me queda más remedio que sonreír y aceptar el hecho:

—Pues sí... Soy yo.

¡Ay, el padre Tomé! Se da un golpe en la frente, acusándose de miopía mental. Estuvo mucho rato pensando para sus adentros: «Esa cara, esa cara...»

El padre Emilio ha sido más veloz. Confiesa que, en realidad, me ha reconocido en el acto, nada más entrar. No porque sea especialmente listo, ni porque mi popularidad pueda equipararse a la del rey Hussein, sino por una circunstancia más bien fortuita.

—Es muy sencillo —explica, sin dejar de mirarme—. Resulta que en Jerusalén, donde ahora resido, dirijo la edición española de la revista *Tierra Santa*. Ello equivale a decir que a diario pasan por mi mesa docenas de fotografías de todas partes. Pues bien, hace un par de semanas vi una fotografía de usted en un semanario madrileño, y me llamó la atención porque en ella llevaba usted un estrafalario gorro de astracán...

Asiento con la cabeza, divertido.

—¡Correcto, padre Emilio! Era una foto que me sacaron no hace mucho en Moscú...

—¡Chico! En Moscú... —El padre Emilio me apunta con el índice—. ¿A qué ha venido usted a Tierra Santa, a lavar sus pecados?

Y dicho esto se ríe, y todos nos reímos con él.

¡Bien, la cosa marcha sobre ruedas! Se ha roto el hielo, se ha creado en la sacristía un clima de lo más cordial. El padre Tomé nos regalaría gustoso todas las postales que no hemos comprado, y por su parte el padre Emilio, que hace años, aprovechando que pilló una gripe, se leyó en la cama, de un tirón, mi gordísimo libro cargado de cipreses, está dispuesto a hacer lo propio con los tomos siguientes, a condición de que un ser caritativo se los regale junto con un atril.

Como fuere, la curiosidad que despierta en nosotros el padre Emilio es auténtica. Yo presiento que hay en su interior un lago hermoso, fecundo. Mientras el padre Tomé desaparece por unos minutos en busca de unas copitas de vino blanco, el joven frasciscano montañés nos cuenta que lleva por estas tierras del

Próximo Oriente la friolera de veinte años. El mayor tiempo lo ha pasado, como ahora mismo, en Jerusalén, pero por temporadas ha residido también en Chipre, en El Cairo, en Ammán, e incluso —«en ocasiones el voto de obediencia resulta muy duro»—, por espacio de unos meses, estuvo al frente de este desvaído y tristón convento de Jafa...

Vuelve el padre Tomé, con la botella de vino blanco y unas copitas, y su aspecto es tal que todos nos preguntamos qué le habrá ocurrido. Es evidente que la presencia del padre Emilio lo ha transformado, milagro mucho más comprobable que otros que figuran en textos muy antiguos y muy principales, y que podría dar pie a suponer que el hombre sufre de cierta soledad. ¡Se atreve incluso a contarnos un par de chistes referidos a Golda Meir, uno de los cuales consiste en otorgarle el título de la dama mejor vestida del siglo XIX!; y al brindar todos juntos «para que algún día él pueda exhibir en la iglesia un par de Grecos auténticos», afirma que, pese a todo, no piensa moverse de Jafa hasta tanto no haya gustado el placer de darle la comunión al mismísimo Gran Rabino de Jerusalén...

El padre Emilio, al oír esto, hace una mueca infantil. En realidad, su cara es de niño sempiterno, por el pelo liso, el cutis fino, casi imberbe, y su contagiosa vivacidad. Lleva lentes con montura de plata. Está alegre, y hasta es posible que lo sea. Tino da por sentado que el padre Emilio silba cada mañana al afeitarse, «lo que no está al alcance de cualquiera». El padre Emilio, que es un buen encajador, por toda réplica silba de verdad, con lo que sus labios se abren graciosamente en una O redonda, perfecta. ¡También es muy aficionado a la fotografía, lo que le resulta muy útil para su trabajo en la revista! Y, huelga decirlo, es un charlatán... Tal vez por este motivo, y pese a llevar veinte años fuera de España, no ha perdido aún el acento de su terruño natal. «Lo cual, ¡chicos!, me llena de orgullo, sobre todo teniendo en cuenta que en esa temporada de gracia de 1975 ninguna fuerza humana podrá impedir que el Santander ascienda a Primera División.»

Por si fuera poco, el padre Emilio Bárcena tiene en la puerta un cochecito azul celeste, con el que se ha venido zumbando desde Jerusalén, que dista de Jafa unos setenta quilómetros. «También a veces es duro el voto de pobreza; si no fuera por él, yo diría que ese cochecito es de mi propiedad.»

Le invitamos a almorzar, y acepta sin remilgos. No sólo eso, sino que luego nos acompañará por ahí a dar una vuelta, porque se huele que andamos un tanto despistados. «Hasta que termine el *shabat*... Conque esté de vuelta en Jerusalén para la cena, basta.»

Sin embargo, antes de irse con nosotros tiene algo que hacer. Tiene que llevar unos regalitos a una niña que está en observación en el Hospital Francés, o sea, a dos minutos del convento. «Una mujer árabe la dejó abandonada aquí mismo, en el umbral, en un estado casi de inanición. Suponemos que se salvará y entonces la llevaremos a un orfelinato estupendo que funciona en la Casa del Pan.»

—¿La Casa del Pan?

—¡Bueno! —el padre Emilio hace una mueca—. Me estoy refiriendo a Belén... En hebreo es *Beit Lehem*, y *Beit Lehem* significa la Casa del Pan.

¡Belén, *Beit Lehem*! Es la primera vez, desde que aterrizamos en el aeropuerto de Tel Aviv, que oímos esta palabra. Y nuestra reacción de «peregrinos» es unánime: aquí nos suena extrañamente familiar...

En ausencia del padre Emilio, el padre Tomé nos cuenta que el caso de esa mujer árabe que abandonó a la niña es frecuente. «Abandonar a un niño, a un varón, les cuesta más; pero una niña... En el mundo árabe todavía existe esa discriminación.»

Luego se le hace la boca agua elogiando al padre Emilio. «Dirigir la revista *Tierra Santa* no es moco de pavo. Estando en Jerusalén, no se le perdona el menor error.» «Una de sus ventajas es que domina por igual el árabe y el hebreo. ¡Ahí va eso! Prueben ustedes y verán...» «El padre Emilio es un hombre útil y mucho más enérgico de lo que pueda aparentar. Cualquier injusticia lo descompone y entonces suelta hasta palabrotas.» «Como es lógico, no siempre estamos de acuerdo. Ese tema de los judíos y los árabes es muy complejo y pertenecer a la misma orden no implica tener idénticas inclinaciones personales.» «Pero lo más importante del padre Emilio es la fe. Es un hombre de fe, y consecuente con ella; lo cual significa que en cualquier momento está dispuesto a darlo todo por quien sea, lo mismo si se trata de una niña huérfana que de un fanático judío de Mea Shearim de esos que al ver un hábito cristiano escupen al suelo.»

El coche azul celeste del padre Emilio aparece a lo lejos, ya de regreso, lo que obliga al padre Tomé a abreviar.

Le pregunto:

—¿Cuál es el acto... más impresionante que recuerda usted del padre Emilio? ¿Hay alguno especial?

El padre Tomé se ruboriza y sus gestos dubitativos vuelven a delatarlo célibe.

—No sé... —contesta, por fin—. Así, de pronto... —Después de una pausa dice—: Lo que puedo garantizarles es que sería capaz de hacer lo que aquel monje libanés que no poseía absolutamente nada, sólo un viejo ejemplar del Evangelio, y que se vendió dicho ejemplar para darle el dinero a un pobre que lo necesitaba...

Múltiples preguntas

Las horas que pasamos con el padre Emilio nos saben a gloria. El padre Tomé no ha exagerado ni tanto así: dominar el hebreo y el árabe es una ventaja enorme. Puede traducirnos los letreros, escuchar las conversaciones, detenerse como un pasmarote ante ciertos eslóganes pintados en las paredes, ¡y luego, sin apearse del coche, sacar de ellos las correspondientes fotografías!

—Para la revista, ¿comprendéis? —Los eslóganes pintados abundan tanto que agrega—: Sí, aquí es lo corriente. Así como en España la historia se escribe en los urinarios públicos, en Israel se escribe en las paredes y en las puertas del enemigo de turno.

Lo primero que ha hecho ha sido proponernos el tuteo. «Somos hermanos, ¿no?» Hemos comido en un restaurante árabe, cuyo patrón es amigo suyo y con el que ha mantenido un largo diálogo. El resultado ha sido un plato único, suculento, de carne asada con aderezo muy picante, en el que hemos ido mojando pan. De postre, pasteles muy parecidos al turrón. «El turrón se lo debemos a los árabes, ya sabéis...»

El patrón, que continuamente se acerca para cerciorarse de que todo marcha bien, le suplica que nos diga que los judíos no saben cocinar, que es el único pueblo del mundo que carece de un plato nacional. El padre Emilio cumple con el encargo, añadiendo que el comentario es válido, como tendremos ocasión de comprobar.

—¿Los señores tomarán café turco? —pregunta el patrón, que es un enorme bigote con carne alrededor.

—¡Sí! —grita Tino, levantando el brazo.

Todos hemos aceptado el envite, aunque luego Asunción y mi mujer han aludido a los turcos con palmaria falta de ecuanimidad.

Abandonamos el restaurante y volvemos a subir al coche, en dirección a la ciudad nueva. Entonces el padre Emilio nos da la clave para distinguir las caligrafías hebrea y árabe, operación nada fácil.

—Los signos más alargados, los que recuerdan a las lombrices, son árabes. Fijaos en las lombrices y no tenéis pérdida...

Nos preguntamos si la clave no será demasiado simple, pero pronto advertimos que no. Ambas caligrafías son bellas, mas sólo en una hay lombrices. Fuera de eso, ¿cómo admitir que puede pecar de simple un hombre que lleva en la guantera un viejo ejemplar del Evangelio... y que combina sabiamente la energía con el matiz?

Al ver de lejos la *Torre Shalom Mayer*, la más alta de Tel Aviv, nos pregunta sin preámbulos, de sopetón, como en él es habitual, cuántos días pensamos permanecer en Tierra Santa.

—Unos quince —contestamos.

Da un frenazo al coche y mueve la cabeza con evidentes señales de desaprobación.

—Quince días ya los necesitáis para visitar mi habitación... —Acto seguido se ríe y añade—: ¡Y a lo mejor Gironella escribe luego un libro de quinientas páginas!

Me siento avergonzado. Por lo demás, le voy dando vueltas al problema desde que, en el mapa del hotel, con el índice recorrimos toda Palestina: Galilea al Norte, Samaria en el centro, Judea al Sur.

Se lo confieso al padre Emilio y éste, cuyo coche nos lleva ahora por la carretera que orilla el mar, suelta con voz contundente:

—Pero, vamos a ver, chico. ¿Tú crees en Dios, o no crees?

El ataque me pilla de sorpresa.

—¿A qué viene eso?

—Porque la cosa cambia, ¿sabes? Si no crees, te vuelves a casa por donde has venido; pero si crees, es la ocasión, ¿no?

Voy sentado al lado de Emilio —ya a veces le llamamos así—, y le veo de perfil. Su mentón ha crecido, recio, en espera de mis palabras.

—Perdona, pero no te entiendo.

—¡Toma! Una temporadita aquí..., y te aprendes las cuatro reglas, que buena falta te hace. Por allí abajo, por Occidente, nadie sabe nada de Tierra Santa... Cuando vamos para allá de vacaciones, hasta nos preguntan si del cuerpo de Cristo quedó algo en el Santo Sepulcro; y cuando desembarcan rebaños de peregrinos en Haifa... ¿Queréis creer que una monja insultó a un franciscano de Nazaret porque éste le dijo que la Virgen era judía?

Siento como un grito debajo del alma, que me conecta una vez más con aquel otro que se alzó dentro de mí en el Museo de Leningrado. Contemplo de nuevo

Tel Aviv, sin un solo campanario. «Es la ocasión, ¿no?» ¡Pero he aquí que me invade un miedo inconcreto, que no acierto a definir!

Por las trazas, el padre Emilio se da cuenta de lo que me ocurre.

—Tú le temes a enfrentarte con Cristo, ¿verdad? Temes que te ocurra lo mismo que a ese Plinio, el viejo se entiende, tan famoso el hombre. Os acordaréis del hecho, supongo. Quiso observar tan de cerca la erupción del Vesubio, en Pompeya, que el pobre murió. —Toca el claxon porque una muchacha del Ejército, minifaldera, le cierra el paso y añade—: ¡Cristo, visto de cerca, es mucho más peligroso que una erupción del Vesubio!

Sólo se me ocurre un comentario:

—Eres un monstruo, Emilio...

—Sí, eso es lo que dice el padre Tomé. Pero el pobre está chaveta, con aquellos techos tan altos y con tanto *souvenir* de San Pedro...

La identidad de los judíos

Salimos de Tel Aviv en dirección Norte. Las dunas permanecen ahí, quietas como el *shabat*. Contemplando el paisaje envío un saludo admirativo a quien definió el desierto como «un gran reloj de arena parado».

El padre Emilio continúa amenizando nuestro mirar. Ante nuestra propuesta de contratarlo como cicerone único, como «chica para todo», protesta airadamente. «Sería un grave error. Tenéis que conectar también con judíos y con árabes. Israel es una carambola a tres bandas y los cristianos somos, ni más ni menos, una de ellas.»

Aceptado, pero es una lástima. En cuestión de pocos minutos nos ha facilitado una pila de informes. Por ejemplo, que los nombres de las principales calles de Tel Aviv corresponden a jefes sionistas; que Sión significa «El Elegido»; que el peor defecto de esa improvisada urbe, como el de todas aquellas que carecen de pretérito, es que no tiene un centro aglutinante, emotivo, es decir, *que no tiene corazón*. «En cambio, a Jerusalén, a la Jerusalén de las murallas, se entiende, le sobran corazones, aunque para mí el más importante sea el de mi convento, San Salvador.»

Queda fuera de duda que nuestro acompañante, además de llevar veinte años por estas tierras, se ha recorrido el país palmo a palmo y ha leído mucho sobre él. Cada piedra, cada edificio aislado, cada árbol más o menos lejano le sugieren un comentario, casi siempre sobre una base histórica. Sin embargo, afirma que entre los franciscanos de la *Custodia* —nombre derivado de la misión que la Orden tiene de *custodiar* los Santos Lugares—, hay guías mucho más expertos que él. «En Jerusalén está el padre Ángel García, que se precia de hablar un castellano impecable, y que lleva ya veinticinco años acompañando peregrinos. ¡Y los hay más veteranos aún! Vamos a ver si consigo que conozcáis al padre Uriarte, que está en nuestro convento de Nazaret. Ése lleva más de treinta y cinco años y su pasión por el País Vasco es tal que muchas veces, entre carcajadas, defiende la preocupante tesis de que los abuelos de san José nacieron en Azcoitia... —El padre Emilio pisa el acelerador y concluye—: En fin, arriba, en la enfermería de San Salvador, tenemos varios frailucos nonagenarios, uno de los cuales pretende haber presenciado el combate entre David y Goliat.»

Esa alusión genealógica nos lleva de la mano a tratar el tema de la identidad de los judíos. ¿Cómo se sabe que tal persona es judía? ¿Qué significa ser judío? ¿Ha encontrado alguien una explicación convincente?

El padre Emilio niega con la cabeza. Nadie será nunca capaz de contestar a esta pregunta. Los judíos no son una «raza» pura —para empezar, las razas puras no existen—, dado que se proclaman descendientes de Abraham y de Moisés, y resulta que Abraham era caldeo y Moisés, egipcio. Tampoco forman una «nación», puesto que durante milenios han vivido dispersos, adoptando en cada caso la nacionalidad del lugar en que han habitado. La mezcolanza que esto supone imposibilita, en consecuencia, hablar de «unidad» morfológica; no hay más que echar un vistazo a la Universidad Hebrea o entrar en cualquier sinagoga —o irse un sábado al Muro de las Lamentaciones—, para advertir las diferencias en los tonos de la piel y en la mímica facial y, por supuesto, la variedad de las formas craneanas y del tronco esquelético.

Hablar de «pueblo» judío es asimismo tan aleatorio como hablar de grupo idiomático o cultural, aunque desarrollar el tema sería tan latoso como el intento de enumerar los disfraces que el diablo guarda en sus armarios. Bastará con decir que la autoridad suprema para la interpretación de la Ley, que era el sanedrín del Templo de Jerusalén, desapareció el año setenta, al ser destruido dicho templo por los romanos, como sin duda nos habrán contado nuestras madres, y que desde entonces hasta 1948, en que se creó el artificial Parlamento que funciona hoy en día, no ha existido ningún poder central y unificador.

Así que lo mejor es remitirse a las conclusiones de los estudiosos, que de hecho tampoco aportan ninguna solución, limitándose a elaborar juegos de palabras más o menos ingeniosos. Sartre, por ejemplo, dijo que «es judío aquél de quien se dice que lo es». Ben Gurion, nada sospechoso, realizó una encuesta al respecto y acabó confesando su fracaso y escribiendo que «judío es quien dice de sí mismo que lo es». Einstein se expresó en términos similares y habló de «la conciencia de ser judío»; etc. En otro orden de ideas, hubo un antropólogo danés que pretendió que los cadáveres de los judíos despiden un olor peculiar; aunque los policías nazis afirmaban que dicho olor peculiar es detectable en los judíos precisamente cuando están vivos... Por último, algunos médicos pusieron de moda una definición tan vaga que igual podría adscribirse a los habitantes del Cáucaso o a los niños prodigio: la de que los judíos eran —y son— neuróticos geniales. Así pues, quizás el resumen más correcto sea admitir que el misterio judío entraña un fenómeno histórico sin equivalente conocido. Por una razón sencilla: porque, pese a dicha imposibilidad de identificación individual —circuncidarse no ha sido privativo de ellos—, y a su constante dispersión por el mundo, el hecho indiscutible es que siempre ha habido comunidades que, por considerarse judías, han creído ser depositarias de una verdad fundamental, la Biblia, y que con ella a cuestas han ido cruzando los siglos y han sobrevivido a toda suerte de persecuciones y catástrofes. El hecho inspira respeto, y en cualquier caso aporta una prueba nada despreciable sobre la eficacia de la fe en la plegaria, en la intervención divina, en lo que ellos llaman la «alianza». La Biblia ha sido considerada como el territorio portátil de los judíos, lo cual no es sólo una bella metáfora, sino que posiblemente constituye la única aproximación aceptable para situar como es debido el enigma que el tema plantea. ¡Ah, sin que, pese a lo dicho, pueda hablarse tampoco de una determinada «confesionalidad» religiosa!; en la práctica, Israel es un Estado laico, y en la vida cotidiana la mayoría de los ciudadanos también lo son.

A Tino le gusta concretar, y aprovecha la ocasión para pedirle al padre Emilio que nos aclare el significado de las palabras Israel, Judá, etc.

Nuestro conductor, tras espantar a una abeja que se ha colado por la ventanilla, simula asombrarse de nuestra ignorancia.

—Pero, ¡chicos! ¿Es que no tenéis libros en casa? ¿Es que sólo leéis tebeos? ¡Como caigáis en manos del padre Uriarte...!

Luego nos explica, como quien recita una lección, que la palabra Israel, que significa «fuerte contra Dios», fue el nombre que se dio a Jacob, y que a raíz de ello todos los descendientes de Jacob fueron llamados israelitas. Que ahí se inició el batiburrillo. Más tarde, cuando tales israelitas se instalaron en el reino de Judá, fueron llamados judíos; y así hasta hoy.

—¿Comprendéis ahora? El tinglado viene de lejos. Y de ahí que ese insigne diplomático que se llamó Disraeli, del que confío habréis oído hablar, afirmó que cuando en Inglaterra no había más que caníbales, en esta tierra de Yahvé los hebreos eran ya sacerdotes en el templo de Salomón.

Asunción querría aclarar el concepto de «palestinos». ¿Quiénes son en realidad? ¿Cuál es su origen y qué derechos les asisten en sus reclamaciones?

Ahí el padre Emilio hace como que se enfada, y con sus labios dibuja una vez más una O perfecta, mientras con la mano va diciendo que no a los continuos grupos de soldados que apostados en la cuneta reclaman subir en *autostop*.

—No pretenderéis que así, en un paseo en coche, os convierta en personas instruidas y os resuelva nada menos que el problema de Palestina... ¿Es que no os apetece tomar un café express, aunque aquí lo llamen «Nescafé»? Allá lo sirven, en aquel motel junto a la gasolinera. Porque me parece a mí que el café turco de mi amigo a más de uno le ha sentado como a Cristo dos pistolas...

Comprendemos que a nuestro insigne montañés el asunto palestino le quema, acaso porque en su fondo afectivo ha tomado partido, como nos insinuó el padre Tomé, y no quiere manifestarse.

En resumen, que damos un giro a la conversación y nos paramos en el motel, que no es mucho más que un barracón pero de limpio aspecto.

¡Y ahí se produce el insospechado incidente que había de coronar nuestro primer encuentro con el padre Emilio!

En una mesa situada en un rincón alejado del mostrador, un individuo con sombrero de paja y aspecto de veraneante vende bolígrafos, postales, chucherías... ¡Ah, pero una de esas chucherías nos produce un estupor total! Se trata de un muñeco que representa precisamente a un franciscano, gordote él y caricaturesco con el hábito pardo y la cuerda en la cintura. El individuo que lo vende, al vernos entrar presiona la cabeza del muñeco, el cual responde haciendo emerger, erecto, por entre los pliegues del hábito, un falo desproporcionado, color de rosa.

La frialdad del vendedor, incluso al advertir la presencia del padre Emilio, nos desconcierta más aún. Continúa presionando la cabeza del muñeco, y con la mano libre nos indica una cajita a su lado en la que otros muchos muñecos aguardan su turno.

Todos estamos pendientes del padre Emilio, cuyos ojos se han humedecido por un instante. Sin embargo, consigue reaccionar rápido y nos pregunta cuántos *nescafés* ha de pedir en el mostrador.

—Cuatro —acierta a decir mi mujer.

Entran unos soldados en el motel y su indiferencia es absoluta. Uno de ellos se acerca al vendedor y adquiere un bolígrafo.

No sabemos qué hacer.

—¡Chicos! ¿Qué os pasa? Los cafés se enfrían, ¿no?

Es la voz del padre Emilio, en cuyo rostro ha asomado de nuevo su infantil sonrisa.

Sosteniendo la taza en la mano le pregunto:

—¿Podríamos decir... que uno de los aspectos del judaísmo es ése?

Nuestro acompañante se encoge de hombros.

—¡Bueno! No hay que exagerar... En la caja he visto que decía: *Made in Hong Kong.*

Entonces me decido y compro un muñeco, que el hombre del sombrero de paja me sirve, a un precio muy razonable, dentro de un envoltorio de cartón.

CAPÍTULO VI

El padre Emilio se ha ido a Jerusalén, no sin antes arrancarnos la promesa de que mañana sin falta nosotros seguiremos sus pasos, posponiendo nuestra proyectada excursión hacia el Norte, hacia Cesarea y Haifa.

Realmente, Cesarea, pese a haber sido la residencia habitual de los procuradores romanos, entre ellos, Pilatos, puede esperar. Y Haifa lo mismo. Claro que en Haifa está el monte Carmelo, es decir, la sede tradicional del gran profeta Elías con su espada flamígera; pero también puede esperar. Jerusalén, con sus muchos corazones, nos aguarda, con el Monte de los Olivos, el Calvario, el Santo Sepulcro, Getsemaní, ¡tantas cosas! ¿Y si tenemos una decepción? Hay un tipo de peregrino que se estrella contra las murallas y cuyo espíritu sufre una crisis de la que no acierta a reponerse. El padre Emilio nos ha puesto en guardia sobre el particular. «El que anda por Jerusalén con el metro en la mano, y quiere que le garanticen que fue *esa* roca y no *aquélla*, *esa* columna y no otra, *ese* olivo, *ese* pozo... ¡Como si no hubieran pasado dos mil años, ea!»

El padre Emilio nos ha dejado un sabor de testimonio, válido como el que le gustaba a Zenón cuando dijo: «Prefiero un solo hindú dejándose abrasar sin un lamento a todas las argumentaciones sobre el dolor.» Tiene la facultad de crear en el vacío, lo cual es infrecuente. Nos ha recordado a diversos misioneros que hemos conocido en el transcurso de nuestras andanzas, capaces de esfuerzos insólitos —levantar un hospital careciendo de los medios más elementales—, sin darle importancia y sin lamentarse nunca de las dificultades surgidas al paso.

Hemos quedado con el padre Emilio que esperaría nuestra llamada en la Ciudad Santa. Nos ha dado el número de teléfono de San Salvador, su convento, que es algo así como la plana mayor de la Orden, donde habita el *Custodio*, que es el superior, con una plantilla media de cien franciscanos. Por lo visto, el *Custodio*, según la regla, ha de ser siempre italiano... ¡Psé, la curia romana! Por eso el idioma italiano es allí el rey, hasta el punto que el convento en realidad es conocido por *San Salvatore*. También nos ha dicho que no hay nada tan fácil como localizar el edificio, debido a que su puntiagudo campanario, de pizarra, es el único situado dentro de las murallas que tiene reloj... Según el padre Emilio el detalle es significativo: la Iglesia, en cada instante quiere saber qué hora es. Yo le contesté que la jugada era a discutir, que la Iglesia, con harta frecuencia, realiza la operación a la inversa y reacciona ante los hechos con un retraso suicida.

Al saber que llevamos una carta del abad de Montserrat para los benedictinos de Tantur, que trabajan al frente del Instituto Ecuménico instalado allí, a siete quilómetros de Jerusalén, sonrió con intención ambigua. «¡Se acabó el padre Emilío! Los de *Tantur* son catalanes... ¡Menuda la vais a armar! El padre Franquesa, con su barba fluvial, os invitará a tomar unas copitas de licor de Montserrat y entre todos aprovecharéis la ocasión para declarar la independencia de Cataluña.»

Luego añadió que todo eso era una broma y que lo mismo el padre Franquesa que los demás monjes eran magníficos y que podían sernos de suma utilidad.

Noche en Tel Aviv

La última noche en Tel Aviv ha tenido un final en cierto modo comparable al de nuestra toma de «Nescafé» en el motel de la carretera.

En el «Sheraton Hotel», donde hemos cenado, ¡sin mezclar carne con productos lácteos!, le hemos pedido a Jaimico, que estaba en la puerta con su taxi, que nos llevara a algún sitio donde pudiéramos ver folklore israelí: una *boîte*, un cabaret, una sala de fiestas...

Jaimico se ha rascado la oreja. Ha consultado. Resumiendo, lo que pedíamos era difícil. El folklore israelí, con tanta mezcla, resultaba un pequeño lío. Ballet clásico, e incluso moderno y vanguardista, era más factible, porque los judíos amaban la danza, especialmente los procedentes del Yemen; pero folklore...

Por fin se ha tocado la frente exclamando: «¡Ya está! Hay una cafetería al aire libre, frente al mar, en la que tocan y bailan músicos griegos... ¿Hace?»

Jaimico es de Salónica... No hemos tenido más remedio que aceptar.

Noche morbosa, casi masoquista. El paseo frente al mar, solitario, pese a que terminó el *shabat*. Creímos que al término del *shabat* Tel Aviv se convertiría en fulgor. No ha sido así, por lo menos en esa zona.

La cafetería recomendada por Jaimico es un destartalado y maloliente barracón de feria. Tres músicos abúlicos sobre un estrado, mesas vacías, la «patrona» parloteando con un par de muchachos en cuyos jerseys destaca, en colores rojos, una gran estrella de David. En torno a la patrona flotan varias adolescentes fumando sin parar, nerviosas. Si no son prostitutas, lo serán. Lo garantiza la luna, que desde allá arriba, enorme y sentenciosa, vierte rayos amoratados sobre los rostros de las muchachas.

El organista electrónico lleva gafas ahumadas y no sabemos si está en trance o, simplemente, dormido. El batería se pelea consigo mismo, mientras mueve la cabeza a derecha y a izquierda negando algo, quién sabe qué. En cuanto al tercero, el del saxofón, utiliza un instrumento tan gigantesco que cuando lo levanta desaparece tras él. La melodía que tocan recuerda la de *Zorba, el griego*, pero con injertos ucranianos.

La pista —exiguo espacio entre las mesas— está vacía. Sólo de vez en cuando se arranca a bailar, sin pareja, para sí, un vejete jorobado, que se mueve como los esqueletos de algunas farmacias y que no deja de sonreír ni un solo instante. Su silueta es tan absurda y epiléptica que a buen seguro cualquier noche, tal vez esta misma noche, se caerá al suelo, desfibrado, muerto.

Llegan otros muchachos con jerseys, y cada vez la patrona, sin apenas mirar, les entrega una llave y ellos desaparecen por unas puertas laterales hacia oscuros interiores. Al cabo de unos minutos regresan, pálidos. En ningún caso las muchachas de morado lunar los acompañan. El número es intrigante e invitaría a pensar en la palabra «drogas», pero cualquier afirmación en ese sentido sería temeraria.

De pronto, llegan soldados americanos, abrazados a prostitutas ya mayorcitas. Entonces los músicos, adormilados en apariencia, vuelven a tocar la parodia de *Zorba, el griego* con injertos ucranianos.

A no ser por un cliente que ocupa una mesa cercana, y que tiene aspecto de *gentleman,* aunque por el traje negro que lleva y la pajarita en el cuello podría tomársele por uno de esos magos que sacan conejos de un sombrero, nada tendría sentido; pero el *gentleman* nos ha oído hablar, y juraríamos que entiende nuestro idioma, ya que por dos veces nos ha enviado discretas miradas como de complicidad.

Le observamos, y no hay síntomas de que a él le entristezca en absoluto que el vejete ahora vomite; que pase una *madame* ajada, de aire francés, ofreciéndonos rosas; que el barracón hieda cada vez más y que en las cafeterías vecinas el alumbrado sea casi rutilante, pero que tampoco haya concurrencia. El presunto «mago» presenta un aspecto feliz, mientras se zampa lentamente sorbos de whisky mezclado con mucho hielo.

Nosotros no conseguimos imitarle. La melancolía se hace tan densa que sufrimos. Diríase que un lagarto sube y baja por nuestra columna vertebral. Nos gustaría ver allá al fondo el campanario del convento de San Pedro, en Jafa. Nada. Por si fuera poco, mi mujer, viendo los trajes griegos de los músicos se acuerda de Atenas, que la fascinó; el recuerdo no puede ser más inoperante, ya que la *Torre Shalom* de Tel Aviv no será jamás la Acrópolis, y la pista de baile de este barracón no será jamás el ágora ateniense donde crecían hierbas silvestres y, a poco que se prestara atención, se oían palabras socráticas.

Estamos a punto de llamar, pedir la cuenta y marcharnos cuando nuestro vecino, el *gentleman* feliz con su traje negro y la pajarita en el cuello, provoca un cambio brusco en la situación.

Se levanta, se acerca a la patrona, y mientras dialoga con ella amistosamente, riéndose ambos a carcajadas, nos hace un expresivo ademán de que aguardemos. No sabemos de qué se trata; quizá preparen algo en nuestro honor. A juzgar por las risotadas y la gesticulación, debe ser un caballero gracioso y, de seguro, temperamental.

Un minuto después salimos de dudas. Se nos acerca, sin más y en un castellano correctísimo, con sólo un ligero acento que no conseguimos identificar, nos pide excusas por su intromisión. La cosa es muy simple. Lo mismo él que la patrona, con quien le une una excelente amistad, se dieron cuenta en seguida de que no conseguíamos adaptarnos y de que nos deshinchábamos por momentos. Pensaron que lo más probable era que acabáramos de llegar a Israel. Por supuesto, su decisión de venir a saludarnos no tiene nada que ver con las relaciones públicas; sencillamente, le gustaría sernos útil, entre otras razones porque a él, al margen de las apariencias, también le pesa el ambiente, hasta el punto de que se ha refugiado en el whisky, la única bebida que conoce capaz de vencer la soledad.

Se reía con la patrona porque la mujer, que habla un francés detestable, le repitió una vez más que nada le divierte tanto como comprobar que muchos «forasteros» confunden Tel Aviv con *Saint-Tropez.* Es una mujer que sufrió mucho durante y después de la guerra y que ahora, cargada de experiencia, desea recuperar el tiempo perdido. A todo esto, quería proponernos un trato: sentarse un rato con nosotros. «¿De verdad quieren marcharse en seguida? —El vaso de whisky le tiembla un poquitín en la mano—. ¿No me permitirán sentarme con ustedes unos minutos? Sea como sea, debo presentarme: me llamo Salvio Royo, llevo pasaporte ecuatoriano, estoy instalado en el "Sheraton Hotel" y todas las noches vengo un rato a este misterioso local.»

¡En el «Sheraton Hotel»! El estilo del recién llegado, el timbre acariciante de su voz —por supuesto, hay que desechar la sospecha de que saca conejos de los sombreros—, nos sorprende tan favorablemente que, vencida la duda inicial, aceptamos su propuesta. De otra parte, ¡quién sabe! La expresión «misterio local» ha despertado nuestra curiosidad. A lo mejor resulta que, sin saberlo, entre bastidores ocurren aquí muchas cosas y que estamos viviendo una auténtica película de bajos fondos.

—Señor Royo, es cierto que íbamos a marcharnos, porque el garito nos aburría; pero con mucho gusto le invitamos a que comparta nuestra mesa, sobre todo teniendo en cuenta que también compartimos el mismo hotel.

¡Albricias! Ha sido un encuentro afortunado. El señor Royo encarga otro whisky y poco después puede decirse que dialogamos sin cortapisas, gracias en buena medida a la espontaneidad de nuestro interlocutor, que lo primero que ha hecho ha sido interesarse por nuestras profesiones. Adivinó que el idioma que hablamos era el catalán, porque está un tanto familiarizado con cualquier derivado del latín y porque conoce Barcelona. También se ha interesado por nuestros nombres, apuntando la posibilidad de que los apellidos de mi mujer y de Tino —Castañer y Fusté respectivamente— fueran de origen judío.

La patrona, desde lejos, nos dedica un cariñoso saludo, satisfecha al comprobar que hemos hecho buenas migas con tan desconcertante «intruso», momento que yo aprovecho para corresponder a éste y preguntarle a mi vez por su profesión.

—Señor Royo ¿a qué se dedica usted, si puede saberse, además de salvar del *tedium vitae* al prójimo?

El señor Royo, por toda respuesta, junta las manos, y levantándolas y separando los dedos de forma rara, contesta:

—Mi profesión es ésta: sombras chinescas.

Miramos a la pared del fondo, a la derecha de los músicos y comprobamos que, en efecto, nuestro original interlocutor ha silueteado al contraluz el perfil de Golda Meir. Y en el momento en que nos disponemos a aplaudir, en la espectral boca de Golda Meir aparece, perfecto, un pitillo.

¡Bravo por el señor Royo! Pero no, no es un artista circense, ni un saltimbanqui de feria. Profesionalmente es arquitecto, aunque, por vocación, lo que mayormente lo apasiona es observar y comunicarse con los seres humanos. Por eso, desde que llegó a Israel, a Tel Aviv —y es ésta la primera vez—, va recorriendo todos los locales más o menos parecidos a éste, aunque siempre termina por recalar aquí, debido a que la personalidad de la patrona, que es mujer de muchas cachas, lo atrae irremediablemente.

En seguida se dio cuenta de que la tal patrona no podía contentarse con tener una especie de burdel, aparte de que la ley israelí sólo considera burdel el lugar donde dos mujeres se venden al mismo tiempo, y ése no era el caso. Tampoco podía tratarse del clásico tugurio donde se trafica con drogas. No, no, debía de haber algo más. La palidez de los muchachos que recibían una llave y desaparecían por las puertas laterales no tenía nada que ver con la marihuana o con el LSD; y por fin arrancó de su amiga la confesión de que dicha palidez era pura coincidencia, que le iba de perlas porque el verdadero objetivo que ella perseguía era, exactamente, convertir el local en pequeño arsenal bélico.

¡Oh, desde luego, está seguro de que no andaremos por ahí pregonándolo!; pero el sótano del tugurio en que nos encontramos es uno más entre los muchos que existen en todo Israel siguiendo los métodos empleados por aquel formidable ejército clandestino que tanto contribuyó al logro de la independencia judía y que se llamó la *Haganah*.

—Por supuesto, esos muchachos no esconden aquí abajo tanques, ni siquiera fusiles; pero sí municiones, pólvora y buen número de armas cortas: pistolas, revólveres, etc. Todo ello lo traen oculto debajo de los jerseys, o en los gorros que fingen estrujar en la mano. ¡Ah, sí, puede decirse que nos encontramos sobre un polvorín!

Nuestro asombro es mayúsculo, con fondo de música que ahora se ha convertido en música *folk*, lo que ha provocado una nueva crisis de desánimo en el viejecito desfibrado que se pirra por los movimientos epilépticos.

—Pero, ¿por qué no hacen todo eso abiertamente, sin disimulos, a la luz del día? Ellos son los amos, ¿no?

El señor Royo siluetea ahora en la pared, sin duda por reflejo condicionado, el perfil de Moisés Dayan.

—Como podrán apreciar ustedes, imposible lograr que se vea el parche negro que tapa el ojo derecho del general... Pues bien, no quieren montar esos arsenales a la luz del día porque siempre temen, y con razón, que haya palestinos espiándolos... —Moisés Dayan desaparece de la pared y nosotros batimos palmas de felicitación—. La tragedia del actual Israel es que, en efecto, siendo ellos los amos, casi todo tienen que continuar haciéndolo de ese modo, en la clandestinidad. Y si ahora distribuyen esos depósitos de armas precisamente a lo largo de este paseo de Tel Aviv es poque Radio Ammán ha tenido la gentileza de anunciar para una fecha muy próxima una acción guerrillera por mar... Es decir, un desembarco nocturno en esta playa y la subsiguiente voladura de algo: de un cuartel, de una sala de conciertos, de una oficina; quizá, quizá, la voladura del «Sheraton Hotel»...

Otra vez el lagarto sube y baja por nuestra columna vertebral. La pregunta sería: «¿Y usted, querido amigo señor Royo, cómo está seguro de que nosotros no iremos por ahí pregonando lo que acaba de contarnos? O es una broma y no existe tal polvorín, o su informe es intencionado, o se trata de una insensata falta de precaución, tal vez achacable al whisky.»

No nos da tiempo a dilucidar la cuestión. Nuestro interlocutor ha llamado a la ajada *madame* vendedora de flores y ha obsequiado a nuestras mujeres con sendas rosas rojas, «sin duda cultivadas en algún *kibutz*». Y ha proseguido su monólogo, evidentemente espoleado por la atención que le prestamos. Y nos dice —prolongando, sin saberlo, los informes que nos diera el padre Emilio—, que debemos tener presente un dato muy escueto, pero que exime de todo comentario: en cuatro mil años de historia, Israel sólo ha conocido cuarenta años de paz, bajo el reinado de Salomón...

¿Resultado? Psicosis de perseguidos, que ha obligado a los judíos a reafirmarse en su personalidad. ¡Oh, claro, es una teoría absurda la que les confiere una inteligencia superior a la del resto de los mortales! Simplemente, les sucede lo que a los curas, que cuando se ven acosados se subliman y se convierten en héroes; de lo que cabría sacar la conclusión de que para que la gente rinda el máximo lo mejor que podría hacerse es apuntarla sin cesar con una metralleta... La tesis es exagerada, pero algo hay. Lo que los judíos han hecho en Israel desde 1948 es de tamaño anormal, como el saxofón de la orquesta que, por razones obvias, hemos dejado de escuchar. Los inmigrantes, al pisar esta tierra, se transforman. El cobarde se convirtió en mártir; el usurero tomó una azada y se puso a cavar en el desierto; el apátrida empezó a fabricar a destajo, y continúa haciéndolo, banderitas blanquiazules; en el aeropuerto hay un mozo de equipajes que en Polonia tenía una red de joyerías... Ése es el milagro. Sobre todo porque lo hicieron, y continúan haciéndolo, sin emborracharse, sin apelar al alcohol, ya que el estimulante de los judíos es su propio estado de ánimo. ¡Naturalmente, con la Biblia en la mano! En sus textos buscan incluso datos que les orienten para las prospecciones petrolíferas que realizan... Y han reemprendido todos los oficios y quehaceres mencionados en la Torá, empezando por la industria del vidrio y terminando por la utilización del azufre, la potasa y otros componentes que se encuentran en el Mar Muerto o en sus alrededores.

—Naturalmente, ese estado de guerra permanente tiene su lado adverso. Muchos niños nacidos aquí —los llamados *sabras,* como habrán ustedes leído en las guías—, no han conocido jamás ni las canicas, ni las muñecas, ni han jugado nunca con sus padres a la gallinita ciega. Sólo han oído hablar de la destrucción del Templo... y de que hay que defenderse de los árabes. Así pues, por falta de normal desahogo, el índice de delincuencia juvenil es muy alto. ¡Aunque, eso sí, con una imaginación digna de ese gran judío llamado Chaplin! La patrona de esta covachuela me ha facilitado al respecto datos interesantísimos. Ayer mismo, sin ir más lejos, me contaba que en Tel Aviv abundan los mozalbetes que se dedican al contrabando de diamantes, y que los esconden en los lugares más inverosímiles: en los tubos de pasta dentífrica, en las monturas de las gafas, en las filacterias, ¡y, desde luego, en el hueco de los crucifijos que se venden como *souvenirs!* ¿Se dan ustedes cuenta...? —el señor Royo se ajusta la pajarita del cuello—. ¿No es esto más apasionante que estudiar álgebra o que pasarse las horas aprendiendo a bordar? Por último, ¿se atreverían ustedes a calcular la cantidad de municiones —y de diamantes— que pueden caber en el interior de un baúl de aquellas proporciones? —y al decir esto, con su índice señala el órgano electrónico que preside la orquesta seudogriega.

Perplejidad

Esa especie de alud, atractivo y dislocado, termina igual que empezó: disparatadamente. La inteligente máquina que tenemos delante, que juega a inventariar el judaísmo y a la paradoja, nos da opción a poco más de un par de comentarios que apenas si obtienen respuesta. Da la impresión de que, súbitamente, el tema le ha fatigado; a menos que don Salvio Royo se haya fatigado todo él.

El caso es que, de improviso, se levanta y nos pide excusas por su intrusismo, «Sí, ya sé, ustedes me dijeron: "¡Siéntese, no faltaba más!"; pero yo he abusado de su amabilidad y eso es peor que cualquier tipo de contrabando.»

Nos despedimos del enigmático huésped con cierto sentimiento de frustración, como les sucede a los niños cuando de repente se les estropea el caleidoscopio. Por si fuera poco, no nos da su tarjeta, no nos pregunta por nuestros planes, nada. Inclina la cabeza, se acerca a la patrona, le besa ambas mejillas, ¡paga el gasto!, y viendo que por la carretera, pegado al bordillo, avanza lentamente un taxi, hace la señal, se sube a él y se va.

—¿Qué os parece?

—Nunca conocí a nadie igual.

—¿De veras se llamará Salvio Royo?

—Eso, con preguntar en el «Sheraton»...

A los pocos minutos no sabemos si realmente hemos estado con él o si sólo hemos visto una sombra chinesca.

Frente al mar

Damos por terminada la sesión. Nos levantamos, la patrona nos ratifica con un expresivo ademán que la cuenta está saldada y abandonamos el local.

El silencio de la orquesta nos permite oír el chapoteo del mar al otro lado de la carretera. Cruzamos la calzada y nos acodamos en la barandilla que bordea el paseo. Respiramos hondo, como para ahuyentar los residuos de la compleja velada que acabamos de vivir. La noche es clara. Vemos que el mar se ha casado con la luna y que ambos, en nuestro honor, componen un número de folklore universal.

Mil preguntas se agolpan en nuestra mente. ¿Es posible que ese mar, que también respira hondo, traiga de pronto un grupo de guerrilleros suicidas? ¿Sólo cuarenta años de paz..., a lo largo de cuatro mil años de historia? ¿Y el viejo desfibrado? ¿Tomaría también una azada al llegar y se iría con ella a cavar en el desierto? ¿Y los mozalbetes escondiendo diamantes en las filacterias? ¿Y el muñeco del franciscano, con el falo erecto, que adquirimos en aquel motel?

Pasan a nuestra espalda otros taxis, en espera de clientes. También una ambulancia, seguida de varios camiones repletos de soldados. ¿Llevarán metralletas?

¿Por qué no? Nada más lógico que en Israel abunden las ambulancias y los escondrijos. Claro que todo lo que nos contó el señor Royo puede ser una invención o una fórmula de pregonar lo que las patronas desean precisamente que pase inadvertido. Sin embargo, aparte de que nuestro hombre no tiene traza de contraespía ni de hablar al dictado de nadie que pretenda perjudicar a la causa judía, siempre hay aquí un enemigo de turno. El actual, es de dimensiones gigantescas y cerca y acosa a Israel mediante alambradas que, por tierra, van desde el Líbano hasta Egipto dibujando sobre el mapa, casi con sarcasmo, una media luna...

No, no existe otro pueblo bloqueado de tal suerte, en situación semejante. Así las cosas, no sería nada extraño que los soldados que acaban de pasar llevasen consigo, además de metralletas, sus propios y correspondientes ataúdes.

CAPÍTULO VII

¡En ruta hacia Jerusalén! Hemos dormido como lirones en el «Sheraton Hotel», en cuyos pasillos hay todavía bandejas con restos de comida, y pares de zapatos. De buena gana hubiera escondido en una de las maletas el pájaro disecado que descubrimos al llegar; a falta de ello me he llevado de la mesilla de noche la biblia, la biblia en hebreo, con tapas de plástico azul.

Jaimico lamenta no ir a Cesarea, porque hay allí, hundido en la mismísima arena de la playa, un acueducto romano de línea armoniosa, silueta única para sacar fotografías. Además, él cobra comisión de un ruso que, muy cerca de la entrada al restaurante, tiene un puesto de objetos de su tierra, broches y estuches miniados y demás; en Jerusalén, en cambio, en el hotel al que vamos, el «Intercontinental», no cobra nada. «¡Otra vez será!»

—¿Cómo está Alegría, su mujer?
—¡Bien! Uno de nuestros hijos llega mañana del Golán...
—¿Con permiso? ¿Cuántos días?
—¿Días? ¡Veinticuatro horas! ¿No comprenden?

Rumbo a Jerusalén

En la carretera, todo el Ejército judío haciendo *autostop*. Chicos y chicas. Son como pequeños postes humanos con el pulgar levantado, accionándolo en dirección a Jerusalén.

En un cruce de caminos, con letreros en hebreo, en inglés, ¡y otro con lombrices!, leemos un nombre que nos paraliza el corazón: *Jesusha*. Seguro que significa Jesús, pero, ¿en qué sentido? ¿Es que hay una aldea que se llama así? ¿Es que hay un hombre, o un Hombre? No llamarán Jesús a ningún campamento, a ningún *kibutz*, digo yo...

Ya *Jesusha* queda atrás, Jesús siempre queda atrás, y ahora vemos aspersores regando los campos. Reparten agua a la tierra caliente. Son abanicos mañaneros que crean sustento y colores verdes. Los hay completos en sí, que gozan de sí mismos, que forman un redondel, otros salen disparados en parábola hacia muchos metros de distancia. Cuando cruzamos zonas sin aspersor, con chozas y cabras negras cerca, Jaimico nos indica: «Son pueblos árabes.» ¡Hay antenas en las techumbres!: televisión. Pero cabras negras; y críos con mocos y mujeres muy tapadas que se apartan al oír el claxon.

Vemos otro nombre en una bifurcación: *Azaría.*

—Jaimico, ¿qué significa *Azaría?*

—¿*Azaría?* Ayuda de Dios.

—¿Es posible?

Resulta paradójico, ya que a poco menos de un quilómetro ha habido un accidente, con dos cuerpos lo menos tendidos en la carretera en medio de un charco de sangre.

Ha llegado un coche de la Policía de tráfico, policía femenina, y nos da paso.

—¡Menos mal! —comenta Jaimico, secándose el sudor—. Luego todo son jaleos, ¿comprenden? ¿No hay jaleos por esas cosas en España?

Colinas, valles, ¿qué serán? ¿Por qué se marchó el padre Emilio? Todo eso es historia, pero nuestra ignorancia es aún más antigua. De tarde en tarde, una lápida con nombres de «caídos de la guerra de los Seis Días». Ésa es historia reciente y Jaimico se la conoce al dedillo.

He aquí un oasis fértil, paradisíaco.

—¡Qué bien cuidados esos *kibutzim,* Jaimico! Tractores, vacas, gallinas... ¡Y aspersores!

—Sí, pero falta mano de obra. En muchos *kibutzim,* mano de obra árabe. ¿Se dan cuenta del peligro?

Reflexionamos un momento.

—Claro...

Por los arcenes de la carretera pasan al trote borriquillos montados por hombres con turbante. La estampa es digna de figurar en la biblia del «Sheraton Hotel» que he escamoteado.

La mañana es espléndida, un trueno de sol. «Sea la luz. Y la luz fue.» ¿Por qué esas palabras, al igual que nos ocurrió con el nombre de Belén, suenan aquí familiares? Será preciso defenderse contra la sugestión. ¿O no? ¿Quién puede asegurar que los autores del Génesis exageraron? La visión de otros grupitos de cabras negras nos devuelve a la realidad.

—¿Cree usted en Dios, Jaimico?

—¡Sí! Lo llevo aquí... —y se toca el pecho.

¿Dios dentro del pecho? Eso me aconsejaban a mí de pequeño, cuando debía comulgar.

—¿Va usted a la sinagoga?

—No, nunca. Me enfadé con el rabino. Las mujeres tienen que quedarse al fondo, ¿entienden? Al otro lado de una reja. Y yo no quiero que Alegría se quede al otro lado de la reja...

Primera visión de Jerusalén

Ya los letreros dicen: Jerusalén. ¡Qué cerca está! Todo está cerca en este rincón de la tierra. En algún sitio, poco antes de venir, leí que el drama de los descendientes de Jacob radica en este hecho, sencillo como el candelabro de siete brazos que Jaimico lleva en el parabrisas: *en Israel hay demasiada historia para tan poca geografía.*

Nunca pudimos imaginar que lo que presidiría nuestra primera visión de Jerusalén sería el «Hotel Hilton»; y así ha sido. Los propietarios de los «Hilton» están comprando todos los pináculos estratégicos del universo, como hicieron en Estambul; Jerusalén no pudo escapar a ese cheque en blanco. Ahí está el mamotreto, descastado, impersonal, un robot puesto en pie, dominando la ciudad. Una grúa altísima que cabecea a su lado nos da idea de que el hotel no está terminado todavía; pero seguro que si nos acercáramos podríamos leer un letrero en el idioma de Popeye diciendo: *Próxima Inauguración*.

Jaimico, al oír nuestra protesta de enanos, mueve la cabeza al compás de la grúa. No está afectado como nosotros. Estará pensando: «A lo mejor en el "Hilton" me van a dar comisión, como el ruso que ha puesto su tenderete en Cesarea.»

Una curva de la carretera nos oculta el mastodonte y empezamos a subir. Jerusalén está a 700 metros sobre el nivel del mar, motivo por el cual en los textos sagrados se lee siempre: «*Subir* a Jerusalén.»

Los suburbios, llegando del Norte, son caóticos y nuestros intentos para ponernos en situación son vanos. Comercios, bloques a medio construir, gasolineras, en las que vemos borricos con sólidos bidones, los cuales, según Jaimico, son restos del dominio inglés. La barahúnda es total, con camiones cruzados en la carretera interceptando el paso. Tenemos que pararnos una y otra vez y un polvillo blanco nos entra en las narices. Mi mujer, alérgica a esas emanaciones, empieza a estornudar, llorosos los ojos.

Pese a que Tino lleva sobre las rodillas un espléndido plano de la ciudad —¡se le olvidó comprarse una lupa!—, no conseguimos situarnos. Jaimico nos dice que el «Intercontinental» está emplazado en la cima del Monte de los Olivos, lo que significa que para llegar a él tendremos que cruzar toda Jerusalén.

—¿Quieren dar un rodeo y pasar junto al Muro de las Lamentaciones?

—¡Sí, sí! ¿Por qué no?

El tráfico y la confusión son tales que no nos enteramos de nada. ¡Las murallas! Por un momento hemos visto las murallas, cuya piedra, de un color amarillento, docto, de pergamino —habrá incunables encuadernados con esa piedra—, contrasta con el color blancuzco de los edificios que hemos encontrado hasta ahora. Del campanario de San Salvador, con su punta pizarrosa y el reloj, nada. Autobuses, y junto a los semáforos las manos abiertas que indican los *Stop*.

—¿Y el Muro, Jaimico?

—¡Con tanta gente y tanta tropa, no hay manera!

Ya las murallas se fueron quién sabe adónde y empezamos a bajar. ¿Por qué bajar? ¡Claro, claro, la pendiente del Cedrón! También hablan de él las *Lecturas*. El Monte de los Olivos está al otro lado del Cedrón. Esa topografía tiene ya más rigor y nos gustaría cruzarla en coche descubierto. Pero en la hondonada hay chatarra, basura, gatos, mujeres encinta y chicuelos jugando a la pelota. «Esta zona es árabe», repite Jaimico. ¡Dios! ¿Es que los judíos huyen de las pendientes que suben y bajan del Cedrón? «De ningún modo. En aquella ladera tienen ustedes precisamente el valle de Josafat, es decir, el cementerio en el que todo judío desearía ser enterrado. Así que soñamos con permanecer en esa zona, pero a condición de habernos muerto antes.»

Son palabras un tanto duras, y además Jaimico las ha pronunciado con agresividad, circunstancia que nos ha impedido, nada más y nada menos, percatarnos de que pasábamos junto al Huerto de Getsemaní. En efecto, ahora subimos ya hacia el «Intercontinental», que por un instante ha aparecido allá en la cumbre. También hemos vislumbrado las cúpulas en forma de cebolla de una iglesia rusoortodoxa. Son cúpulas fastuosas, que me han recordado algunas de las que hay en el recinto del Kremlin y que simbolizan, según me dijeron en Moscú, las llamas de los cirios.

¡Bien, el Monte de los Olivos! Por lo pronto, nada de llantos, ni siquiera producidos por los estornudos alérgicos. Nada de rezos, nada de levitaciones místicas. Un árabe con un camello frente al hotel, retratando a turistas que hacen cola para inmortalizarse montados en el animal, con la panorámica de Jerusalén al fondo. Un enjambre de criados nos ayudan a bajar las maletas. Un limpiabotas con una cajita ornamentada, preciosa, similar a las que pudimos ver en Turquía y Grecia.

El hotel tiene mucho mejor aspecto que el «Sheraton», y su emplazamiento es único, puesto que dista de la ciudad lo justo para no ser, como el «Hilton», un puñal clavado en ella, y en cambio permite contemplarla sin interferencias.

Desearíamos detenernos para gozar de ese privilegio, pero los trámites con el taxista nos reclaman.

Tino, al advertir el gatuperio de estilos decorativos y la indumentaria de la servidumbre pregunta:

—Jaimico... ¿a quién pertenece este hotel?

Jaimico, mientras engarza números en su agenda, contesta:

—Los señores deben creerme... El principal accionista es el rey Hussein.

Los ojos de Tino, y también los nuestros, se dilatan.

—¿Entonces... es árabe?

Jaimico nos entrega la factura.

—Digamos... intercontinental. Los señores verán...

Nuestro conductor sefardí nos ha cobrado lo pertinente, y sin más preámbulo sale zumbando con su «Mercedes», con toda certeza al encuentro de su hijo que habrá ya regresado del Golán.

Dentro, mucho lujo, muchas reverencias, cordialidad, ningún mostrador con la Enciclopedia Hebraica, ambiente menos glacial que en el «Sheraton», de Tel Aviv.

¡Uf, una plaga de turistas americanos! Un grupo de ellos protesta en recepción, no sabemos de qué; probablemente, de que el «Hilton» no está terminado aún.

Nos asignan habitaciones contiguas, situadas en la parte trasera. Por tanto, pese a los enormes cristales, no vemos Jerusalén; sí, en cambio, en la depresión opuesta, al fondo de la hoya opuesta, vemos un vaho nebuloso flotando.

¡Es el mar Muerto! No cabe duda. Es la evaporación de las aguas del mar Muerto. El libro del profesor Vilnay explica esta circunstancia. Y las montañas que se yerguen en el horizonte, más atrás aún, son las montañas de Moab —Rut nació en ellas, Rut era moabita—, de modo que pertenecen ya a Jordania, o sea, al rey Hussein, lo mismo que el «Hotel Intercontinental».

El declive hacia el mar Muerto ha de ser muy pronunciado, a juzgar por la poca distancia y el mucho desnivel. No obstante, según los mapas, antes que el mar Muerto se encuentra Jericó, cuyos trompetazos, capaces de derribar sus murallas, resultan inimaginables desde esta habitación, tal es el silencio con que actúan y van y vienen los sirvientes, todos con bigote negro, que nos han asignado.

Mientras mi mujer abre las maletas y los armarios y empieza a ordenar nuestro equipaje, yo entro en el baño y veo, a ambos lados del grifo del lavabo, dos pastillitas de jabón —envoltorio azul celeste, como el coche del padre Emilio—, que dicen escuetamente: «Jerusalén.»

Imposible explicar lo que me ocurre, lo que siento. Mis ojos no se apartan de las dos pastillitas, como si su igualdad, sellada con la palabra Jerusalén, me hubiera hipnotizado. En cuestión de segundos recuerdo infinidad de cosas que van emparejadas en el universo mundo y en la vida y que, como ese mar que tenemos tan cerca, se nos van muriendo: la juventud y la fuerza, los viajes y las maletas, los espejos de los hoteles y el pasmo ante la primera arruga vertical que nos surca el rostro... Pienso que la creación y los lavabos son una sucesión de dúos, de adanes y evas, de pastillitas de jabón gemelas; sin embargo, y de aquí mi estremecimiento, no todas las pastillitas dicen «Jerusalén».

Mi mujer intuye que algo ocurre y entra en el baño, llevando en la mano una percha con un traje mío colgando.

—¿Pasa algo? —se mira en el espejo y hace una mueca como si acabara de descubrir su primera arruga vertical.

—Nada. No pasa nada. Sólo... esas dos pastillitas. Son idénticas, ¿te das cuenta?

Mi mujer mira los envoltorios azul celeste, lee en ellos la palabra «Jerusalén» y comprende. Se arma un lío con la percha. Tengo la impresión de que quería abrazarme, pero que por culpa de la percha no se atreve.

—Sí, Jerusalén... —repite, mirándome al fondo del espejo—. Era una de tus grandes aspiraciones, ¿verdad?

Reflexiono un instante.

—Más bien diría que es mi gran oportunidad...

CAPÍTULO VIII

Caemos en la trampa de montarnos uno tras otro en el camello y hacernos retratar con Jerusalén al fondo. ¿Ridículo? *Chi lo sa.* ¿Quién decreta lo que es ridículo y lo que no lo es? Conocí un bibliotecario que consideraba ridículo tocar el trombón.

Luego nos hemos detenido largamente, desde el jardín del hotel, en la contemplación de la ciudad, situada al otro lado del Cedrón.

La primera impresión es desconcertante. En el fondo, uno imaginaría ver en lo alto una colina llamada Gólgota con una cruz clavada. En vez de esto, y casi a la misma altura que nuestro mirador, se yergue, sobresaliendo del resto, la maravillosa mezquita de Omar, con su gran cúpula dorada. En torno, otras mezquitas, campanarios, *buildings,* barrios apelotonados asimétricamente, a la buena de Dios. Hay algo inconcluso en el conjunto, carente de unidad, pese a que en primer término se extiende la muralla, lineal y un tanto monótona. A la izquierda, el lento declive de la ladera de Sión, que desemboca nada menos que en la Gehenna; a la derecha, lejos, bloques modernos ocupando el monte Scopus.

¿Es esto Jerusalén? ¿Nos basta con ese frontón urbano, sin apenas vegetación, árido y con cierto color de muerto? ¿Ahí están los cuatro mil años de historia de esa ciudad que, según el padre Emilio, rebosa de corazones? ¿Pudimos prever que lo primero que nos ofrecería sería el «Hilton» y luego la mezquita de un califa llamado Omar? ¿Dónde está Aquel que dijo: «No quedará piedra sobre piedra»? Claro, claro, se ha escondido una vez más. Son sus piedras las que se han derrumbado. Los fieles de Mahoma han construido otras, al igual que los seguidores de Yahvé; pero los cristianos han volcado todo su poderío al otro confín, en una lejana ciudad llamada Roma, con una basílica en la que llorar es difícil por culpa del mármol y en la que pontífices misteriosamente elegidos organizan ceremonias opuestas por completo a aquel ágape humilde en que fue bebido el primer vino y fue comido el primer pan.

Transcurren los minutos, y los ojos buscan afanosos dónde asirse para remontar el ánimo. Tino ha enfocado los prismáticos. ¡San Salvador! ¿Y si fuera aquel campanario con aguja pizarrosa? No tenemos la menor seguridad. ¿Y la basílica del Santo Sepulcro? ¿Cómo es posible que no haya en torno un gran velo morado partido por la mitad? Deberíamos consultar el plano, pero en este momento nos resistimos a tratar Jerusalén como otra urbe cualquiera. Por lo demás, el cielo tiene una luz cada vez más intensa, cada vez más luz, y su reverberación hace presentir que en cualquier instante oiremos el aleluya que tanto esperamos.

Mi mujer interviene, casi como un susurro:

—¿Y si nos conformáramos pensando: *todo fue aquí*?

¡Exacto! La voz del sentido común, un ritmo de canto gregoriano. *Todo fue aquí*, en efecto. En este Monte-olivar, en este paisaje. Nos lo advirtió el padre Emilio y lo habíamos olvidado: lo que importa es la topografía, el *lugar*. Jerusalén es una vivencia, no un acta notarial. Es una atmósfera, no un catálogo. ¡Tiempo habrá para localizar el Cenáculo, y la piscina de Siloé, y el monte del Mal Consejo donde, según informes, está instalado precisamente el edificio de las Naciones Unidas!

La hermosa verdad es que en ese ámbito que nuestra vista alcanza, en ese espacio que abarcan nuestros ojos, *todo aquello fue*. Jesús, ese inasible que ando persiguiendo desde que me contaron de Él que se escondió durante años y años para surgir de repente introduciendo por primera vez en la historia el militante concepto de Amor, anduvo por este paraje, vio algunas de las piedras que nosotros estamos viendo, sentóse en esa vaguada con sus amigos galileos para charlar, habló del agua y del fuego y se refirió con intrigante insistencia a un Padre que está en los cielos.

Ello ha de bastarnos, es bellísimo, único. Jerusalén consigue de esa suerte la unión de los contrarios, que a la postre viene a ser siempre el más preciado objetivo del mundo oriental.

Sigue molestándome, ¡desde luego!, que estén contados uno a uno nuestros cabellos, y que haya criaturas que se mueran de frío, e insectos vampiros, y especialmente esa terrible sentencia: «No me habéis elegido vosotros a Mí, sino que yo os he elegido a vosotros.»

Sin embargo, si estoy aquí, cerca de la presentida Vía Dolorosa, es precisamente para tratar de comprender ésas y otras palabras. En busca de una realidad que me absuelva de una vez por todas de tanta elucubración inútil, de tanta masturbación cerebral. ¿Quién escribió que lo realmente milagroso no es ni más ni menos que el retorno al orden natural y sencillo de las cosas?

Tino está pasmado, con esa sonrisa suya listada que no se sabe dónde empieza, si en la boca o en las narices, pero que sí se sabe que responde a un profundo gozo interior. Asunción, a juzgar por su actitud, ligeramente encorvada, ha detectado un aleteo de salmos alrededor de alguna cúpula, ignoramos cuál. Mi mujer se ha sentado sobre una piedra. Estar de pie la fatiga, y me pregunto si no andará confiando en que un baño en el Jordán podría reforzarle la columna vertebral. Yo no veo nada, sólo siento.

El Instituto Ecuménico de Tantur

Entramos en el hotel para llamar por teléfono a *Tantur*, el Instituto Ecuménico a cuyo servicio están, desde 1971, trabajando y orando, los monjes de Montserrat. Tratándose de Jerusalén preferimos llevar al lado un guía competente, en vez de lanzarnos por nuestra cuenta a descubrir los lugares santos y los otros.

Todo sale a pedir de boca. La conexión se establece en seguida y pronto hablamos con el padre Franquesa en persona. El superior benedictino esperaba ya nuestra llamada, ya que el abad de Montserrat se la había anticipado por carta. «Lo más práctico es que alquilen ustedes un coche y se vengan en seguida. Casi todos los taxistas conocen Tantur, a tres quilómetros de Belén, y además en la carretera, a la derecha, está el indicador. Pero en fin, por si acaso, apunten las señas en un papel.»

¡La ruta de Belén! El taxista es árabe, a juzgar por el amuleto, la mano abierta, que se bambolea en el cristal de atrás. Habla un inglés macarrónico pero nos entiende sin dificultad.

En la hondonada del Cedrón saluda a varias familias que están sentadas en grupo en los techos de las casas. Es evidente que pisa terreno propio. De vez en cuando sonríe, lo que nos permite comprobar, a través del espejo retrovisor, que varias piezas de oro refulgen triunfalmente en su dentadura.

Pronto flanqueamos las murallas que veíamos desde el hotel —quedan a nuestra izquierda—, y el taxista empieza a informarnos.

—Puerta de Damasco —nos dice.

No nos da tiempo a ver despacio esa puerta, porque el tráfico obliga a avanzar; pero sabemos que es la más hermosa de la vieja Jerusalén, y la que Pablo VI eligió para hacer su entrada a raíz de su visita a Tierra Santa.

Esas murallas cambian sin cesar de color, como, según los acupuntores, cambian sin cesar de olor nuestros pulmones: ¿Cómo es posible que, hace apenas media hora, nos parecieran monótonas y excesivamente lineales?

—Puerta Nueva...

Imposible enterarnos de nada, porque un semáforo rojo obliga al taxista a frenar con brusquedad. El agente de tráfico es una bella muchacha uniformada, clavada como un poste en el asfalto, con un absurdo perro que le lame los pies.

—Puerta de Jafa, Torre de David...

¿Cómo...? ¿Hemos oído bien? El nombre de David, constructor de Jerusalén, nos hace brincar en el asiento. La torre, escuálida, no corresponde en modo alguno a la grandeza del rey que invocábamos en las letanías y que unificó las doce tribus de Israel. David ha sido grande entre los grandes, y ahora que lo tenemos cerca no podemos olvidar que Jesús desciende de él, no a través de María, pero sí a través de José. Por si fuera poco, el padre Emilio nos recordó que el evangelista Mateo, al referirse a Jesús, antes que llamarle «Hijo de Abraham» lo llama «Hijo de David».

Pero es imposible pararse en meditaciones, ya que las imágenes se suceden sin apenas transición. Ya todo queda atrás y enfilamos la carretera hacia *Tantur*. Me gustaría concentrarme pero no puedo. No veo más que borriquillos, otros taxis, obreros de la construcción y rótulos anunciando tiendas de *souvenirs* instaladas en Belén.

¿Cómo será Belén? Por un lado, desearíamos que se asemejase lo más posible a la idea infantil que de él tenemos; por otro lado, sentimos la necesidad de actualizarlo de forma correcta. Una vez más, lo que mayormente nos urge es un punto de apoyo verosímil. «No es el cirio el que hace la llama, sino la llama la que hace el cirio.» Dicho de otro modo, lo apetecible sería que se repitiera en nosotros la gran paradoja del famoso actor Boris Karloff, quien, después de asustar al mundo con sus terribles películas de miedo, ganó un celebérrimo concurso de televisión contestando preguntas sobre inocentes y poéticos cuentos de niños.

Llegamos a Tantur, nos apeamos, y luego de despedir al taxista, por entre una avenida de árboles jóvenes y parterres bien cuidados nos acercamos al Instituto.

Puede decirse que la comunidad en pleno —siete monjes— nos recibe en la puerta, con saludos en catalán y abrazos de bienvenida.

El superior, el padre Franquesa, de blanca barba misionero-fluvial, nos presenta al padre Romualdo Díaz —por las trazas, su brazo derecho—, y al resto de los religiosos que comparten sus tareas. Se da el caso de que yo había conocido a dos de esos monjes en Montserrat, en alguna de mis estancias en el monasterio, y el detalle facilita más aún la creación de un clima a todas luces cordial.

—El padre Romualdo se ocupa de mil cosas, aunque su mayor deseo sería conocer a fondo el hebreo... Los padres Ubach y Oliba están en la biblioteca, quejándose de que, por el momento, sólo disponen de treinta mil volúmenes... Sí, es cierto que al que cuida del jardín, el hermano Perxachs, le llamamos el ministro de Asuntos Exteriores... —el padre Franquesa concluye sonriendo—: En fin, aquí estamos en familia, y entre todos procuramos sacar esto adelante, lo cual, a decir verdad, a veces no resulta demasiado fácil.

Quedan con nosotros los padres Franquesa y Romualdo, y sin pérdida de tiempo —parecen un tanto excitados con nuestra visita—, se apresuran a mostrarnos con detenimiento las diversas dependencias del flamante Instituto, de arquitectura ciento por ciento funcional. Confieso que soy incapaz de compartir su entusiasmo. Es posible que la instalación ofrezca muchas ventajas, pero a mí se me antoja neutra y nunca sé si me encuentro en el comedor, en un acuario o en un aula de estudio para especialistas en carne congelada.

Con una excepción: la capilla. Es austera, discreta, invita al silencio. Nos llama la atención un espléndido icono a la izquierda del altar, sobre un atril. El padre Romualdo, al advertir nuestro interés, comenta: «Es la obra de una monja benedictina. Según ella, el pintor de iconos no debe pintar imágenes, sino misterios.»

¡Bien, ahí podría estar el secreto!

Nos reunimos en la sala de estar, espaciosa, con mucha luz, y tomamos asiento en un diván y varios sillones casi a ras de suelo. ¡Pronto aparece la verde botella del licor de Montserrat —«aromas» del Montserrat—, con acompañamiento de almendras tostadas y bombones de chocolate! Llenamos las copitas y tenemos un emotivo recuerdo para la *Moreneta* y para nuestro país, que ella preside; sin embargo, el padre Emilio se equivocó al preconizar que, en cuanto nos reuniéramos en Tantur, acordaríamos por unanimidad declarar la independencia de Cataluña.

No hay tal. Precisamente el padre Romualdo nos recuerda que la finalidad o razón de ser del Instituto es el ecumenismo. En consecuencia, Tantur recibe y aloja a profesores y alumnos de cualquier raza, país o religión, lo cual se basta para vacunarle a uno contra cualquier contacto de *chauvinismo*. Dichos profesores y alumnos suelen pasarse una temporada en Tantur, desarrollando una tesis previamente elegida por ellos mismos, o llevando a cabo una investigación teológica, sea o no cristiana. Según el reglamento, tales trabajos, así como los seminarios y conferencias, deberían apuntar al mismo lema: «El misterio de la Salvación»; no obstante, la práctica ha aconsejado tener en ese aspecto una generosa flexibilidad.

Por un momento, y a raíz de haber brincado en el aire la palabra «teología», siento la tentación de proclamar en voz alta que dicha palabra me conturba desde la niñez, dado que no se me alcanza cómo un cerebro mortal puede atreverse, aunque sea en Tantur, a «investigar sobre los atributos y perfecciones de Dios». Pero logro contenerme, ganado por la alegría contagiosa que irradia el padre Romualdo y por la manera socarrona como el padre Franquesa se mesa su blanca barba y pellizca algún que otro bombón de chocolate...

Por añadidura, es evidente que ambos religiosos, lo mismo que el resto de la comunidad, esperan de nosotros algo muy distinto a impugnaciones apologéticas; desean, ni más ni menos, recibir noticias directas y recientes de España. «Los correos se retrasan mucho, y es muy raro que veamos por aquí a un compatriota.»

¡Ay, han pinchado hueso!

—¿Qué tal? —pregunta el padre Franquesa, dirigiéndose a mí—. ¿Qué tal eso que los periódicos llaman el espíritu del 12 de febrero? * ¿Realmente supone un cambio valorable?

Estoy a punto de soltar una carcajada, mientras apuro el último sorbo de la copita de «aromas» del Montserrat.

—Padre Franquesa —le digo—, ¿podría recordarle a usted que hemos hecho el viaje para dialogar sobre otro espíritu un poco más serio, sobre el Espíritu Santo?

Cerrado el capítulo, nos proponen subir a la gran terraza de Tantur, abierta a los cuatro vientos. La agilidad del padre Franquesa, que ya no es un chaval, resulta estimulante. Sube los peldaños sin el menor esfuerzo. «Es usted nuestro hombre. Tendrá que acompañarnos por ahí, explicándonos cosas.» También nos acompaña el padre Romualdo, pese a tener a esta hora clase de lengua hebrea. «La profesora suele ser muy puntual, pero en vuestro honor hoy me inventaré una gripe, infecciosa, con temperatura y sordera absoluta.»

No, no está sordo el padre Romualdo; en cambio, a fuerza de observarle hemos descubierto que le falta un ojo.

Vista a Belén

En la terraza de Tantur —pronto comprendemos por qué han reservado este número para el final—, vivimos una hermosa experiencia. Es un mirador sin obstáculos, de mucho mayor alcance que el del «Hotel Intercontinental». De añadidura, no hay apenas nubes en el cielo.

Por el Norte vemos los arrabales de Jerusalén y la carretera por la que hemos venido, a cuya izquierda se están construyendo bloques de viviendas para los próximos inmigrantes de Rusia; por el Sur, según nos señala el índice firme, súbitamente autoritario, del padre Franquesa, vemos la ruta de Hebrón, donde se encuentran las tumbas de Abraham y Sara, de Jacob y Rebeca, etc.; hacia el Sudeste se levanta el majestuoso cono del Herodion, «el monte del Paraíso», que fue lujoso palacio de Herodes *el Grande,* en el que el monarca se hizo enterrar; a nuestra espalda, hacia el valle de Elah y el mar Mediterráneo, aparece —¿será posible?— Belén.

* Alusión al discurso supuestamente «aperturista» pronunciado por don Carlos Arias en las Cortes.

El padre Franquesa lo ha dicho con un ligero temblor:

—Aquello es Belén...

Nosotros hemos enmudecido. Asunción, que hasta el momento se había ido deslizando por la terraza como si llevara suave sandalias, para ver mejor ha depositado humildemente, sobre la baranda, los prismáticos.

El padre Franquesa añade, mirando al cielo:

—¡Lástima que a esta hora la luz no sea propicia!

Bueno, por lo visto la hora idónea es el amanecer, cuando lo creado vuelve a emerger del no-existo, o, por el contrario, cuando el sol ha cubierto ya su ruta, como un buen camello del aire, y se despide de esos monjes ecuménicos concediéndoles la tregua a que tienen derecho.

Pese a ello, a nosotros nos basta. Aquello es Belén, ni tan infantil como lo habíamos soñado, ni tan ajeno a la leyenda como, en esta época de arquitectura para carne congelada, podía temerse. Por supuesto, yo siempre imaginé a Belén más pequeño, una pequeña aldea; y no es así. Puede decirse que se trata de una población, y posiblemente de una población próspera, que va extendiéndose por todas partes. Por fortuna, ¡ni un solo rascacielos! Oh, sí, es de agradecer que la «hija de Satán», en cuya existencia carnal han creído muchos alquimistas, no haya inspirado el levantamiento, junto a la basílica de la Natividad, de un monstruo babélico. El color más abundante en las fachadas es el blanco, y la tierra en torno, sin ser árida, tampoco presenta ningún tipo de exuberancia vegetal.

Seguimos sin pronunciar una sílaba, y por mi parte recuerdo lo que nos dijo el padre Emilio: que Belén —*Beit Lejem*— significa «Casa del Pan». ¿Por qué la poesía oriental me sale siempre al encuentro con tan precisas intuiciones? El pan simboliza no sólo la fecundación, sino la perpetuidad; y yo aquí he sentido de pronto cómo algo hondo me nutría el espíritu, el cual, sin ser árido, se pasa también largo tiempo carente de cualquier tipo de exuberancia espiritual.

—Padre Franquesa, ¿qué supone para usted Belén?

El superior benedictino se ajusta las gafas y luego abre los brazos con sencillez.

—Jesús es la razón de mi existencia... Entonces, ¿qué puedo decir?

—¿Y el Campo de los Pastores? —pregunta Asunción.

Ha sido como un disparo. Asunción, que es catequista, está obligada a hablarles a los niños barceloneses de los pastores de Belén.

Esta vez el padre Romualdo se anticipa al padre Franquesa, y con una mímica muy peculiar, que desdramatiza las situaciones —con toda evidencia está de vuelta de muchos sobresaltos—, nos facilita la información verídica.

—Mejor será que os acostumbréis a emplear el plural... —nos dice—. No hay un solo campo de pastores, ¡hay tres!

—¿Cómo...?

Ahora es el índice del padre Romualdo el que nos señala unos diminutos oteros, jorobas de tierra entre flaco arbolado, en dirección a Jerusalén. Y nos cuenta que hasta hace poco los «campos» eran sólo dos, el de los franciscanos y el de los griegos ortodoxos; pero que últimamente los protestantes, que por haber llegado mucho más tarde a Tierra Santa no tienen apenas nada en propiedad, se las arreglan como Dios les da a entender para ir tomando posiciones.

—Aquella construcción que se perfila allá abajo, un poco en forma de tienda de campaña, es el «campo» de los franciscanos... Construcción, por cierto, muy lograda, que tenéis que visitar. —Marca una pausa y desplaza un poco el dedo—: El «campo» de los griegos ortodoxos queda más lejos, más reculado, y debido a ciertas edificaciones ahora es imposible localizarlo desde aquí. También vale la pena visitarlo y charlar un poco con el viejo lego encargado de él y que se pasa el día cuidando la huerta... —A renglón seguido sonríe con la mayor naturalidad y concluye—: El «campo» de los protestantes, si he de hablar con sinceridad, no sabría dónde ir a buscarlo...

El padre Franquesa no nos da tiempo a escandalizarnos. Ha leído en nuestros rostros el estupor y en esa ocasión sus ojos chispean con especial picardía.

¿Es posible que no estemos preparados para tales eventos? Como reaccionemos así, cuando subamos a Galilea, y no digamos en la basílica del Santo Sepulcro, nos declararemos ateos militantes.

¡Sí, sí, ya comprende que lo que nos ha chocado no es la ambigüedad de la cuestión, sino el hecho de la competencia, de que tres confesiones distintas pretendan poseer el «campo» auténtico! Pues bien, si queremos sacar provecho de nuestra estancia en Tierra Santa, tenemos que seguir el consejo del padre Romualdo y acostumbrarnos a utilizar el plural...

La realidad es así en el cristianismo, y no hay quien la mueva. Y tampoco puede decirse que sea una novedad. Lo cierto es que la cosa se remonta nada menos que a los tiempos de Pedro y Pablo, los cuales, como es sabido, andaron ya a la greña. A decir verdad, huelga el recordarlo, los cristianos, desde que salimos de las catacumbas no hemos cesado de sortearnos, no ya la túnica del Señor, sino su propia entidad. Todo lo hemos convertido en disputa, desde la autenticidad de los Evangelios hasta la interpretación de las palabras de Cristo, de suerte que en la actualidad se encuentra en Tantur un humorista belga escribiendo una tesis titulada «Campeonato del mundo de los pesos divinos». Así los hechos, ¿podía ser de otro modo tratándose del «lugar» de los pastores de Belén? Desde la terraza en que nos encontramos, basta con mirar la vasta llanura para imaginar que en cualquier sitio podía haber un campo, un refugio o un aprisco. O que la llanura entera era un inmenso redil a la hora en que sonaron las palabras del ángel. ¿Dónde estaban los pastores que sintieron la llamada? Tantur no se atreve a opinar, ni falta que hace.

—Sin embargo, esas divisiones...

¡Oh, claro, son de lo más lamentable! ¿Queremos saber cuántas «confesiones» cristianas se están sorteando actualmente los Lugares Santos, cada una de ellas exhibiendo «títulos de propiedad» más o menos válidos, más o menos sacados de la manga? Exactamente, treinta y dos... Ello trae consigo, sobre todo desde el famoso *statu quo,* privilegios a capricho, absurda fijación de horarios —«tú puedes celebrar misa a tal hora en tal altar», «tú no puedes sacar una silla fuera de tu templo», etc.—, con la penosa y detectivesca complicación que ello supone.

Pese a todo, en opinión del padre Franquesa no hay que tomarse el embrollo a la tremenda, y nuestro común amigo el padre Emilio Bárcena, mucho más enterado que ellos de esas cuestiones, podrá ilustrarnos lo que sea menester, ya que en épocas anteriores los enfrentamientos fueron mucho más graves.

—Por lo demás, una Iglesia sin baches, sin tensiones, no es concebible, ni siquiera deseable. Y aparte de eso, ¿sabéis lo que os digo? Que en cierto modo es de agradecer que tal embrollo exista. Ello demuestra que todo está vivo aún. Que cada cual quiere acercarse lo más posible al Señor, como ocurría con las sencillas mujeres que querían cuando menos tocar su ropa. Lo peor sería la indiferencia, presentar bandera blanca a las primeras de cambio. Por supuesto que yo, modesto superior benedictino, hago lo que puedo en Tantur con el propósito de buscar lazos de unión; pero sé que en la práctica ello es muy difícil. Sin embargo, repito, no me hago mala sangre, porque el resultado final, que es el que de veras importa, ha de ser positivo a la fuerza; es decir, pasarán las disputas, y los «lugares» sobrevivirán... Ahí tenéis el ejemplo de Belén. Al margen de los pleitos y títulos de propiedad ahí continúa, a la vista de todos. Ahí está como hace dos mil años, aunque los hombres le hayan añadido unas cuantas casas más. Y da la casualidad de que los pastores que hoy en día se ven por esos prados son idénticos a los que aquella noche, con razón llamada Nochebuena, se acercaron a la aldea. ¿Tales pastores vieron o no vieron la estrella? ¿La voz que oyeron procedía de lo alto...? Poco importa. Personalmente, casi preferiría que hubiesen sentido dentro de sí que algo fuera de lo común estaba ocurriendo en aquellos momentos en Belén, y que sin más echaran a correr hacia allí...

El padre Franquesa se vuelve de repente hacia nosotros y con gesto resolutivo da por terminado el discurso.

—¡Bien, se acabó la verborrea! En alguna parte leí que una plática que dura más de una hora es siempre un error clerical...

Queda resuelto nuestro programa inmediato. El padre Franquesa está dispuesto a acompañarnos ahora mismo a Belén. Visitaremos la Natividad, la cueva, los claustros... O sea, lo fundamental. Luego él no tendrá más remedio que regresar a Tantur, pues la comunidad ha invitado a almorzar a un profesor canadiense, que se muestra muy interesado por la traducción catalana de la Biblia que se hizo en Montserrat.

Afortunadamente, mañana podrá dedicarnos mucho más tiempo. Se reunirá con nosotros en Jerusalén y nos pilotará sin prisa, con los Evangelios en la mano, a visitar Getsemaní, el Santo Sepulcro, la tumba de Lázaro, el Cenáculo...

—Mañana, ¡lo que queráis!
—Muchas gracias...

El padre Romualdo es el encargado de llamar por teléfono a un taxista de Belén, para que venga a buscarnos. El taxista acepta el encargo y no tardará más de diez minutos en estar aquí.

Mientras le esperamos, ya fuera, en el jardín —vemos al «ministro» Perxachs regando uno de los parterres—, el padre Romualdo nos habla de dicho taxista, que por lo visto goza de la máxima confianza de los monjes de Tantur.

—Se llama Zaid. Es un hombre servicial, listo, ya lo veréis. Tal vez en esos días pueda seros de gran utilidad. Habla perfectamente inglés y español. El español lo aprendió en Honduras, donde vivió unos cuantos años. Es curioso, pero hubo una época en que muchas familias belenitas emigraban a Sudamérica. Zaid regresó y ahora tiene un montón de hijos. Tal vez os sorprenda comprobar su nivel de conocimientos, sobre todo relativos a cuestiones árabes y a Tierra Santa. La razón es sencilla; no es un taxista vulgar, sino que durante muchos años fue guía, guía profesional. Pero ocurrió algo y las autoridades israelíes le prohibieron ejercer. Entonces se vio obligado a agarrarse al volante... Pese a ello, es hombre alegre. ¡Y preguntadle lo que se os ocurra! Habiéndoos conocido en Tantur, tendrá confianza.

—¿Cristiano? —preguntamos.

El padre Romualdo tiene un ademán cómico.

—¡Ah, eso...! Se hizo bautizar, desde luego; pero con los árabes nunca se sabe. A lo mejor mientras lo bautizaban iba recitando por dentro versículos del Corán...

Luego nos informa de que en Belén la población es totalmente árabe, alcalde incluido. «No hay más judíos que algunos policías y algunos soldados.»

Sí, gran tipo Zaid. Y además, rápido y puntual. A los diez minutos justos se detiene ante la puerta con su espléndido «Mercedes», se apea y antes de pronunciar una sílaba nos dedica un par de reverencias, mientras con la diestra se toca primero la frente y luego el pecho.

El padre Franquesa lo saluda cordialmente y le dice:

—¿La mano a la altura del corazón? Eso significa que estás contento, Zaid... Éste contesta:

—Lo estoy, padre... Clientes españoles, ¡buen regalo!— y hace otra reverencia.

Observamos a Zaid, pensando que «tal vez en esos días podrá sernos de gran utilidad». De estatura media, joven, delgado, pelo y bigote negros, impecablemente vestido. Destacan su sonrisa y su pulcritud. Su acento es sudamericano, y por tanto muy distinto del de Jaimico. ¡En la muñeca lleva un brazalete con la medalla de la Virgen de Montserrat! Y en la dentadura, ¡cómo no!, luce un par de piezas de oro...

En Belén

El último tramo en dirección a Belén. El padre Franquesa se sienta junto al volante, al lado de Zaid y se las arregla para que éste nos haga saber que su mujer se llama Faisa y que tiene siete hijos, tres varones y cuatro hembras. Y que su preferida es su hija mayor, Naila, «bonita, señores, muy bonita», además de muy piadosa y muy moderna, como lo demuestra que estudia la guitarra y que nunca ha querido tatuarse, ni siquiera el antebrazo.

El taxi de Zaid, que avanza deslizándose con suavidad, pese a que el tráfico es intenso, aparece admirablemente cuidado. Con algunos detalles de fantasía: del llavero, a modo de mascota, cuelga un minúsculo esqueleto —Tino ha arrugado el entrecejo—, y en el parabrisas, rodeada de flores de plástico, destaca una fotografía trucada de Marylin Monroe que, según el movimiento del coche, guiña el ojo. El padre Franquesa comenta: «Supongo que Zaid lleva eso para los clientes americanos...» Zaid protesta. «¡Se equivoca, padre!; lo llevo para mí...», y se ríe abiertamente.

El breve parloteo no ha impedido que prestáramos la atención debida a lo que ofrece el recorrido, tres quilómetros, que nos separan de Belén. Nada de particular; únicamente, edificios sin carácter —un albergue juvenil—, y más anuncios en vallas y tapias, sobre todo de tabaco y «Coca-Cola». Ya en la entrada, el coche sube en zigzag un pronunciado repecho, entre tiendas, cafés y una parada de taxis-colectivos de los que nos hablaron en Tel Aviv y que se llaman *sherut*; servicio corriente en Israel, práctico y económico, que conviene tener en cuenta.

De repente, lo inesperado. Cuando, a fuerza de hacer sonar el claxon, Zaid consigue penetrar en la plaza de la Natividad, soldados con metralleta le obligan a dar la vuelta a dicha plaza y a situarse al otro lado, frente a unos pórticos. Algo ocurre. Ha habido una alarma, tal vez una reyerta, tal vez la amenaza de una bomba. Por lo visto esas cosas son frecuentes, y Zaid no pierde la calma; sin embargo, nosotros estamos sobre ascuas y el padre Franquesa mueve expresivamente la cabeza, mostrando su contrariedad.

Zaid se apea, pregunta y pronto sabemos a qué atenernos: de momento, prohibido entrar en la basílica y en la cueva. Efectivamente, ha habido «la amenaza de una bomba». Hasta que se confirme que es falso el motivo de alarma, no tenemos más remedio que esperar.

¿Esperar? ¿Dónde? La plaza está repleta. Repleta de autocares de turistas; de camiones y otros vehículos; de vendedores ambulantes; y los taxistas con semblante serio y muchachos en bicicleta sorteando con sorprendente habilidad la barahúnda que se ha formado.

Zaid nos ofrece una solución plausible. Consigue que el patrón de un café-restaurante que hay bajo los pórticos, amigo suyo, saque una mesa para nosotros y nos permita sentarnos en el exterior. El sitio es privilegiado, una especie de palco desde el cual no perdemos detalles. Por lo demás, hay un dato curioso: el café-restaurante se llamada «Granada-Bar». ¿Por qué será?

Cuando se acerca el patrón, hablando un francés casi correcto, después de pedir unos refrescos le formulamos la obligada pregunta: «¿Por qué ese nombre en su establecimiento?»

El hombre, que ostenta un vistoso jersey rojo, sin inmutarse lo mínimo, contesta:

—¡Bueno! Estuvimos en Granada ochocientos años, y pensamos volver...

Dicho esto, con un bolígrafo anota nuestro pedido en el dorso de su mano izquierda —su agenda es su propia piel—, y se aleja silbateando algo agradable.

Sorpresas de los viajes. Nunca, al salir del hotel, pudimos imaginar que al llegar a Belén unos soldados con metralleta nos impedirían dirigirnos raudos a adorar al Niño y deberíamos aguardar bajo unos pórticos sorbiendo helados y naranjada. Es evidente que lo profano o frívolo se interfiere con harta insistencia en muchas de nuestras tentativas espirituales.

«A mal tiempo, buena cara.» Fieles a esa divisa, el padre Franquesa aprovecha la espera para «situarnos» un poco con respecto al panorama que tenemos delante y a la visita que más tarde haremos a la basílica.

Después de convenir con Zaid la hora en que éste vendrá a recogerle para devolverlo a Tantur, nos dice:

—Como veis, esa plaza, llamada de la Natividad, y que en tiempos era utilizada como mercado, ahora es un *parking*. El signo de la época, qué le vamos a hacer. Los peregrinos se cuentan por millares y no hay otro remedio. Sin embargo, observad al otro lado de la plaza: viejos cafés, con árabes tranquilos, ajenos a todo ese jaleo, fumando su *narghileh* y jugando al tric-trac. Los judíos nunca comprenderán esa flema, ese distinto concepto del tiempo...

Tampoco nosotros comprendemos por qué la mayor parte de los autocares, camiones y otros vehículos aparecen curiosamente engalanados, con ingenuos dibujos o flores en la carrocería y plumeros en el parabrisas o en el morro del motor. Asimismo, muchas bicicletas llevan enganchados en el manillar pequeños molinillos de papel coloreado, molinillos que al correr giran y giran. ¿Será día de fiesta?

—No, no, nada de eso... Se trata simplemente de una alegre costumbre árabe. ¿Querréis creer que ya había olvidado ese detalle?

La Basílica de la Natividad

A seguido, el padre Franquesa pasa a hablarnos de la basílica de la Natividad, que está ahí, tantálica, a tiro de piedra, sin florituras de ninguna clase. Su apariencia es de fortaleza castrense, y la piedra es noble; pero hay que inventarse cualquier posible belleza y ningún dato externo invita al recogimiento. Contamos hasta tres campanarios, distanciados entre sí, sin duda pertenecientes a épocas muy distintas.

Llama poderosamente la atención la puerta de entrada, la única que hay. Es una puerta diminuta, como de miniatura, tan baja que para cruzarla hay que bajar forzosamente la cabeza. El padre Franquesa nos cuenta el porqué de tal singularidad: en tiempos pasados —por ejemplo, durante el dominio otomano—, cuando la puerta era de tamaño normal, los camellos y los caballos se metían por las buenas en el recinto sagrado. «No hubo más remedio que empequeñecerla, y desde entonces se conserva así, probablemente sin razón concreta.»

Luego nos informa de que la importancia del interior de la basílica, aparte de albergar la cueva, radica en que puede considerarse la iglesia «existente» más antigua de la cristiandad. «Ha resistido todos los embates, ¿comprendéis? Desde Constantino hasta ahora; es decir, diecisiete siglos... A mi juicio —prosigue—, eso es algo que invita a reflexión. Pensad que Belén ha sido arrasado sistemáticamente por los más poderosos imperios —romanos, persas, mamelucos, turcos, mahometanos, etc.—, que impusieron además sus propios cultos y sus propios dioses, y la basílica cristiana ha renacido cada vez, sobreviviéndolos. No se trata de una opinión, ni de un mito que los frailes hayamos creado; se trata de un hecho, que todo el mundo puede comprobar. —Apura el vaso de naranjada que sostiene en la mano y concluye—: Sí, por lo visto ese Niño ingenuo, que en las imágenes baratas aparece con el pie derecho al aire y a veces incluso un poco bizco, es más tenaz aún que el simpático patrón de ese bar, empeñado en reivindicar Granada...»

El padre Franquesa se calla. Nosotros le imitamos, en medio de la algarabía que nos rodea, y contemplamos de nuevo la fortaleza de la Natividad. Pero, sobre todo, prestamos atención a los numerosos grupos de turistas —y van llegando otros— que, esparcidos por la plaza, aguardan, lo mismo que nosotros, el permiso para poder dirigirse a la diminuta puerta... Los hay de toda edad y de muy diversa procedencia, a juzgar por las banderolas de los autocares y por los distintivos que exhiben. ¿Serán todos creyentes? Probablemente, no. Los habrá escépticos, y curiosos. Y algún que otro ateo. ¿Serán todos supersticiosos, o ignorantes? Resulta improbable. Habrá algún que otro profesor, y hasta, ¿por qué no?, algún erudito experto en el inevitable derrumbamiento de los imperios...

De pronto, se produce una suerte de alboroto y vemos cómo toda la gente se dirige en masa hacia la basílica. La alarma ha cesado, «no había bomba», fue un falso rumor. Sin pérdida de tiempo el padre Franquesa se pone en pie. «Vamos, llegó el momento...» Echa a andar, y nosotros tras él.

El cordón de policías que había en la explanada de la basílica ha desaparecido;

sólo queda, a la izquierda de la diminuta puerta, una pareja de soldados con metralleta. Soldados jovencísimos, de aspecto tranquilo, aunque con el dedo en el gatillo. Los jefes de grupo y los guías cuidan de organizar la «cola única» que es preciso formar. Cola larga y heterogénea. «¿Os dais cuenta? Sólo los niños pueden entrar sin necesidad de agachar la cabeza...»

Andamos rezagados, y nos invade una impaciencia absurda. El padre Franquesa se da cuenta de ello y nos aconseja calma. Precisamente a él le gustaría aguardar a que la situación se despejase un tanto. «Lo mejor es que entremos en la basílica; pero, para visitar la cueva, esperaremos a que el alud haya pasado.»

Y lo cierto es que avanzamos más de prisa de lo que cabía presumir. Lejos, a nuestra izquierda, los «campos» en dirección a Jerusalén. Desde aquí parece claro que habría muchos pastores en la cercanía, y muchas ovejas y cabras, y que si se hicieran excavaciones no se encontraría más que eso, el corazón asombrado de un pastor. Oigo detrás de mí la voz de Tino: «¡Un momento!» Me vuelvo y quedo deslumbrado por el disparo de su *flash*. «Esa foto no podía perdérmela.»

Ha dicho eso porque estamos llegando a la puerta. Sí, es nuestro turno. El padre Franquesa agacha la cabeza y su gesto me parece simbólico. Segundos después, al agachar la mía, me viene a la memoria, como un relámpago, el momento en que, en la Plaza Roja de Moscú, entré en el mausoleo de Lenin para desfilar ante el cuerpo momificado del gran revolucionario. Era una mañana de frío intenso, y la cola, también larguísima. Mi pregunta es ésta: dentro de dos mil años, ¿seguirá formándose la misma cola en la Plaza Roja de Moscú?

Entro en la basílica, y al instante la comparación que acabo de hacer se me antoja improcedente, sin calidad. ¡Otra vez lo profano interfiriéndose! ¿Por qué me ocurrirá eso? En los entierros, casi siempre me ha resultado difícil concentrarme; por el contrario, en los cabarets he solido dedicarme sistemáticamente a especular sobre el más allá.

Por fortuna, en esta ocasión mis acompañantes acuden en mi ayuda, puesto que se han detenido en actitud de respeto ante la magnitud de la basílica. Me detengo a mi vez, mientras el grueso de los turistas continúa avanzando en dirección al altar mayor, por cuyo flanco derecho luego bajan a la cueva. Por mi parte, lamento que la penumbra sea excesiva en el templo, y ello pese a las muchas lámparas, rito oriental, que cuelgan por doquier.

El padre Franquesa toma de nuevo la palabra y nos indica que todo el complejo que tenemos a la vista pertenece virtualmente a los griegos ortodoxos. El templo consta de cinco naves, las columnas son de pórfido y las figuras o los santos pintados en ellas se deben, como casi todo el resto, a los cruzados, «que estuvieron en todas partes, a menudo, con demasiada vehemencia». El techado, ahora de madera, antaño fue de plomo, pero los turcos consideraron que este metal sería más útil convertido en balas. Una tapa levantada en el pavimento permite ver un pedazo de mosaico de la iglesia constantiniana y que representa, como era costumbre en Palestina, símbolos agrícolas: manzanas, uvas, granadas...

Cerca ya del altar mayor, los maravillosos iconos que hay en él se hacen visibles y recordamos la frase de la monja pintora a la que aludió el padre Romualdo: «El icono no ha de ser una imagen, sino un misterio.» Esos iconos son misterios, y acaso por esa razón algunas muchachas árabes se han separado de la cola y se han acercado devotamente a ellos para tocarlos con la mano. ¡Oh, claro, Occidente es vista, Oriente es tacto! Uno de dichos iconos, folklórico y acristalado, presenta una ranura y las muchachas introducen en ella monedas y papelitos conteniendo rogativas, ante la mirada vacía de un pope de larga y cuidada barba negra —la barba del padre Franquesa es blanca y revuelta—, el cual, de pie ante un extraño mueble que parece un armonio, va contando rutinariamente, a la luz de una velita, el dinero que al pasar le dejan los turistas.

La cueva está ya a nuestro alcance —hemos flanqueado el iconostasio, el altar mayor—, pero una vez más el padre Franquesa, empeñado en que «vivamos de realidades», se detiene para facilitarnos una insólita información: nadie puede garantizar seriamente que «esa» cueva que nos disponemos a visitar sea la auténtica... Más aún, ¡no hay la menor certeza de que el nacimiento del Señor se produjera realmente en una cueva, o gruta, en el sentido de lugar sucio o abandonado que nuestra imaginación suele conferir a esas palabras!

Al ver nuestras caras de asombro permanece inmóvil —permite que los turistas vayan pasando—, y agitando en la mano el ejemplar de los Evangelios que lleva consigo prosigue:

—La cosa está clara. En ese librito esas dos voces, cueva o gruta, no figuran ni una sola vez... Ello no admite discusión. Sólo Lucas menciona, por tres veces, la palabra «pesebre»; los tres evangelistas restantes, ni siquiera eso. Así pues, sólo «pesebre», y sólo Lucas. Por tres veces... «Y porque no hubo sitio para ellos —sitio *adecuado,* se entiende—, en el mesón.» De modo que lo del establo y el estiércol y el asno y el buey... no es más que una bella tradición.

Dice esto, y como desentendiéndose de nuestra posible reacción echa a andar de nuevo, hasta alcanzar el hueco de la breve escalera por la que un grupo de peregrinos, que a juzgar por las insignias que llevan son holandeses, acaba de bajar a «esa cueva que no se sabe si es o no es».

Ni siquiera tenemos opción al desconcierto, por cuanto dichos peregrinos, llegados ante el altar de la Natividad —a sus pies, la estrella de plata—, en un santiamén se han colocado en semicírculo e inesperadamente han roto a cantar, con la fuerza de un trueno, el *Credo* en latín, a las órdenes de un joven director prieto y fibroso, vestido de clergyman.

Cualquier especulación se anega en ese canto armónico, en el *Deum de Deo, lumen de lumine, Deum verum de Deo vero.* Pasada la primera sorpresa, nuestro ánimo poco a poco va contagiándose, hasta que por fin nos unimos al coro, aunque con voz desafinada. Y al llegar al *et Homo factus est!* inclinamos la cabeza —los holandeses se han arrodillado—, y lo hacemos con una emoción que ninguna incertidumbre histórica o topográfica puede mermar.

El padre Franquesa canta a pleno pulmón, y los últimos versículos del *Credo* rebotan como llamas en la negra bóveda de la gruta. *Et Homo factus est!* Y «resucitó al tercer día, según las Escrituras». «Y ha de venir por segunda vez para juzgar a los vivos y a los muertos.» «Y confesamos un solo bautismo para la remisión de los pecados.» «¡Amén!»

Todo ha terminado. ¿Todo ha terminado? No. Ahora los componentes del coro se acercan a la estrella, y se arrodillan de nuevo y la besan y la acarician suavemente con la mano, excepto algunos que prefieren tocarla con la frente, y luego, por la escalera que está al otro lado, abandonan la cueva en silencio.

Los últimos en marcharse son los que han querido sacar fotografías. Sus *flashes* suenan a blasfemias absurdas, perpetradas en un idioma que con toda evidencia no es el latín. Pero, ¿quién osaría poner reparos a tal necesidad? Uno de esos fotógrafos es un hombre con una pata de palo. El padre Franquesa lo observa con especial atención. Me pregunto si no estará pensando, como yo mismo, que siempre que se produce una honda vivencia con Cristo hace su aparición, ineluctablemente, un mutilado, un ser incompleto y doliente.

Breve estancia en la gruta o cueva

Nuestra estancia en la cueva es breve, porque detrás nuestro bajan, aunque procurando no armar alboroto, un grupo, también numeroso, de *boy-scouts*. Se colocan a nuestra espalda, respetando el sitio que hemos ocupado frente al altar.

El padre Franquesa, que ha recuperado su voz normal, nos dice:

—Como veis, la cueva es realmente muy pequeña. Creo que son unos doce metros de largo por tres y medio de ancho... A nuestra derecha —desde la escalera no podíamos verlo— tenemos el pesebre, precisamente el pesebre a que alude el fragmento de Lucas; y delante de él, el altar de los Reyes Magos, así llamado porque, siempre según la tradición, corresponde al sitio desde el cual los Reyes Magos adoraron a Jesús... —Se vuelve hacia al altar de la Natividad y señalando la estrella que brilla en el suelo añade—: En cuanto a la estrella, ya sabéis. La inscripción que hay en ella es sobrecogedora: *Hic de Virgine María Jesus Christus natus est...* Es decir, *Aquí* nació Jesucristo de María Virgen. Ese adverbio, *Hic, Aquí,* es único e irrepetible; no tiene cabida en ningún otro lugar de la tierra...

Al padre Franquesa le hubiera gustado leernos en voz alta el fragmento de Lucas, cuyo comienzo, no sé por qué, recuerdo: «Por aquellos días se promulgó un edicto de César Augusto...»; pero los *boy-scouts* se han puesto también a cantar. Es lógico: reclaman su ración de Dios. Entonces el superior de Tantur nos indica por señas que no tenemos más remedio que apresurarnos. Rezamos una *Ave María* —que no suena extrañamente familiar—, y luego nos acercamos a la estrella. Nos arrodillamos, y uno tras otro la besamos. Mi mujer la toca con la frente, Asunción la acaricia con tersura... Por mi parte, al besarla noto frío en los labios y al propio tiempo una dulce tibieza en las entrañas. «En ningún otro lugar de la tierra...» Debido a la postura un tanto forzada la sangre se me agolpa en la cabeza, por lo que al reincorporarme tengo la impresión de que todo se mueve.

Antes de abandonar la gruta, nuestros ojos procuran abarcarla en panorámica por última vez. Me pregunto cuántos millones de seres humanos habrán visto esa bóveda ennegrecida, ese «pesebre», ese altar de los Reyes Magos. Me pregunto cuántos *Credos* habrán resonado entre esos muros laterales, recubiertos en parte de sólido amianto. Por último, me pregunto si habrá muerto alguien, por la causa que fuere, en esa cueva de la Natividad...

Diálogo tranquilo

Poco después nos encontramos en un claustro tranquilo, el claustro de San Jerónimo, contiguo a la basílica. En el centro del jardín hay una enorme estatua del santo, con una calavera a sus pies, y en torno unas cuantas palmeras exuberantes. Este claustro da acceso al convento que, desde el siglo XIV, los franciscanos tienen en Belén, con residencia —Casa Nova— para peregrinos.

Por entre las columnas y las palmeras vemos un pedazo de cielo azul. Tomamos asiento en los bancos de piedra. Necesitamos guardar silencio, tal vez meditar un poco. Sin embargo, el padre Franquesa —pronto vendrá Zaid a buscarlo para llevarlo a Tantur— está más habituado a ese tipo de emociones y, por otra parte, parece querer resarcirse de la prisa que nos ha impuesto la presencia de los *boy-scouts*. Se da cuenta de nuestro estado de ánimo y sonríe, con una sonrisa maliciosa que le es propia. El padre Franquesa, más bien bajo de estatura, de pronto parece agigantarse, como ocurre con algunos bailarines y con ciertos sentimientos de culpabilidad.

El caso es que no le gusta que determinadas cosas queden en el aire, de modo que nos pide excusas por violentar nuestras cavilaciones. Y acto seguido nos repite que a él no le importa —y tampoco debe importarnos a nosotros—, que la versión que se tiene en Occidente de las circunstancias que rodearon al parto de la Virgen carezca de valor científico; sin contar con que, muy a menudo, los mitos creados por la tradición popular apuntan a la verdad con mayor precisión que la que ofrecen los bibliotecarios y los arqueólogos. Dicho de otro modo, ¡adelante con los belenes que elaboramos en nuestras tierras, a base de corcho, de figuras de barro —con san José, el asno y el buey—, y riachuelos de papel de plata! Al fin y al cabo, tampoco puede nadie demostrar que los hechos ocurrieron de forma muy diferente.

Otro tanto cabe decir de los textos alusivos a los Reyes Magos, textos cada vez más polémicos. Actualmente parece claro que ni eran reyes ni eran magos —la palabra «mago» plantea problemas de traducción—, ni hay posibilidad de saber de qué países de Oriente procedían, entre otras razones porque para los judíos de la época Oriente empezaba, sencillamente, al otro lado del Jordán. ¡Bien, qué más da! La narración de Mateo —ya que es Mateo el único que se ocupa del tema—, contiene tal dosis de poesía que sin ella las grandes creaciones de la imaginación humana quedarían empobrecidas. En definitiva, el pasaje simboliza el acatamiento de los «poderosos» al Dios que todo lo puede —incluso encarnarse—, y las tres ofrendas, oro, incienso y mirra, son tan sugerentes como las tres tentaciones de que Jesús fue objeto en el monte desértico que tendremos ocasión de visitar y que la leyenda sitúa al norte de Jericó.

El padre Franquesa ha conseguido su propósito, espabilarnos y ayudarnos a comprender, como ya lo hiciera en Tantur, la complejidad de nuestra experiencia. Sin duda nos las habemos con un hombre de fe, y de fe alegre, como es el caso del padre Emilio y también el de aquel misionero que mi mujer y yo conocimos en Formosa, que se llamaba Zamora y que hablándonos de los tres infartos que había logrado superar nos dijo que había detenido «tres balones de gol».

Como fuere, vencida ya nuestra necesidad de introspección, nos dedicamos a dialogar sosegadamente. Mi mujer le pregunta por unos evangelios apócrifos que leyó hace tiempo, según los cuales san José, al ver acercarse la hora del parto, fue a buscar a dos comadronas y que una de ellas, por dudar de la virginidad de María, en el momento de tocar a ésta se quedó con la mano seca, paralizada... El padre Franquesa, que había sacado su pañuelo, suelta un tremendo estornudo y a seguido se ríe y le contesta: «¡Sí, es verdad, ese relato figura en la literatura folklórica piadosa!; pero recordarás que el final es también feliz, puesto que más tarde la mano de la pobre comadrona sanó milagrosamente con sólo tocar el agua con que fue bañado Jesús...»

Acto seguido, Asunción le pregunta por qué la estatua que preside el claustro en que nos encontramos es precisamente la de san Jerónimo. El superior benedictino contesta que ello se debe a la larga permanencia de san Jerónimo en Belén, adonde llegó allá por el año 386 —es decir, hace la friolera de dieciséis siglos—, dedicándose a traducir por primera vez los Libros de la Biblia a un idioma occidental, la famosa *Vulgata*. «Por cierto —añade—, que la tal traducción contiene, como es lógico, inevitables errores, algunos de los cuales han generado en cadena equívocos lamentables. Por ejemplo, esos espléndidos atributos satánicos con que Moisés aparece en innumerables efigies cristianas —me refiero a los cuernos—, en realidad deberían ser rayos. Pero sucede que, en hebreo, la palabra para designar *cuerno* y *rayo* es la misma, y el bueno de san Jerónimo, ¡qué le vamos a hacer!, metió la pata.»

Tino, que se había pasado un rato como hipnotizado por el deprimente aspecto que ofrece la calavera colocada a los pies de la estatua del santo, se anima al oír la anécdota y pregunta a su vez por la exacta procedencia de la estrella que hemos besado en la cueva.

El padre Franquesa vuelve a sonreír.

—¡Oh, eso es curioso! Es un regalo de España y fue elaborada con la plata que los españoles se trajeron de América en el siglo XVI...

Luego añade que todo lo referente a dicha estrella, a su emplazamiento, a sus auténticos «dueños», etc., es muy complicado y que el día que vayamos a Tantur a almorzar —desde ahora estamos invitados—, el padre Romualdo, que se conoce el tema a fondo, nos contará cuanto queramos sobre él.

—¡Y os prometo que hay tela...! Para que tengáis una idea, os diré que en la actualidad los sacerdotes de rito latino tenemos prohibido celebrar misa en el altar de la Natividad, reservado exclusivamente, ¡cómo no!, a los griegos ortodoxos. Nosotros, en la cueva, sólo podemos celebrar en el altar de esos Reyes Magos que tampoco sabemos si lo son... —Mueve la cabeza y concluye—: ¡Pero hay mucho más que eso! Por una disputa que se inició a raíz de unos simples rayos y clavos arrancados de la estrella, ¡estalló nada más y nada menos que la guerra de Crimea!

No le da tiempo a justificar tan insólita afirmación, por cuanto en el claustro se presenta, impecable como siempre, el taxista Zaid. El padre Franquesa, al verlo consulta su reloj y tiene un gesto como denotando que no puede perder ni un segundo más.

—¡Es tardísimo! Tenéis que perdonarme... Me esperan en Tantur. —Se levanta y echa a andar hacia la puerta—: ¡Hasta mañana!

—¡Hasta mañana, padre! Y muchas gracias...

CAPÍTULO IX

Nuestro propósito es recorrer el barrio situado detrás de la basílica, donde trabajan artesanos en la elaboración de los *souvenirs* de Belén. Tendremos ocasión de comprobar si su expresión es la misma al tallar una cruz, al conformar un Abraham o al retocar unos pendientes; es posible que así sea, dado que, tratándose de asesinar sentimientos, ningún arma tan eficaz como la rutina.

Luego nos iremos a almorzar, posiblemente, al «Granada-Bar». ¿Por qué no? El dueño es de por sí una atracción. Todavía no hemos olvidado que, aparte de llevar un violento jersey rojo, con una inscripción cuyo significado nos gustaría descifrar, utiliza el dorso de su mano y el antebrazo —es decir, su propia piel— para anotar los pedidos.

Terminado el almuerzo, Zaid nos ha prometido volver a estar a nuestra disposición, bien para emprender el camino de vuelta a Jerusalén, bien para acompañarnos a visitar la cercana *Gruta de la Leche,* en la que, según la tradición, se refugió la Sagrada Familia huyendo de Herodes. Tradición, por cierto, un tanto singular: «Mientras María amamantaba al Niño una gota de leche se cayó al suelo de la gruta, cuyas rocas se tornaron blancas y adquirieron desde entonces portentosas propiedades curativas.»

Introspección

Sin embargo, antes de reemprender nuestro recorrido experimento de sopetón una enorme fatiga —lo cual no es nuevo— y propongo permanecer en el claustro un rato más, sentados en el banco de piedra.

Así lo hacemos. Y guardamos un silencio apretado, mientras una brisa suave les cuenta a las palmeras secretos de su condición.

¡Cuántas experiencias! Cada cerebro inicia su aventura, emprende su propio rumbo... El mío, no sé por qué, se embarulla, como es costumbre. Por un lado, recuerdo una sentencia de Léon Bloy: «Deberíamos poder escribir con gritos, anotar, como si fuera música, los clamores del alma»; por otro, evoco una consoladora sentencia de Ortega: «Si Dios se ha hecho hombre, ser hombre es la cosa más grande que se puede ser.» Combino esos dos hallazgos y pienso que algún día tendré que escribir con gritos —¡perdón, padre Emilio!— lo que estoy viviendo, despreciando cualquier eufemismo, ya que por fin habrá llegado el momento de definirme en cuanto a la incógnita fundamental: si creo o no creo en la divinidad de Jesucristo, si creo o no creo que Jesús fue —es— hijo de Dios.

Tamaño desafío, que me asalta bajo el cielo azul de Belén, me espolea, quizá porque, caso de aceptarlo, terminaría para siempre con la perenne exploración que llevo a cabo en mi propia cueva, en esa cueva jadeante que a lo largo de toda mi vida ha ido alternando la duda, que es sombra, con el brillo de las estrellas de plata.

Pero pronto el estímulo de semejante desafío cede —la fatiga sigue estorbándome— y deja paso a otras elucubraciones. Tengo plena conciencia de que pospongo por comodidad o miedo la respuesta al nudo gordiano, a la incógnita fundamental. Cierto que desde que pisé Tierra Santa he sentido un aletazo inédito, distinto a todos cuantos me han ido zarandeando desde la niñez. Pero me falta todavía mucho trecho, quizá plantarme mañana ante el Calvario, o ver con el tercer ojo el Santo Sepulcro, o caer de bruces sobre la roca de Getsemaní; a menos, claro, que brote en mi espíritu lo que Nikos Kazantzaki, en cierta ocasión, torturado como yo lo estaba, me confesó llanamente que llevaba muchos años pidiendo para él: la venida, no de otro Mesías-Contradictorio, sino la de un Mesías-Simplificador.

Todo se reposa, incluso el claustro, y mis elucubraciones, repito, me juegan una mala pasada. Sí, heme aquí recordando ahora la frase del padre Franquesa: «para los judíos de la época Oriente empezaba, sencillamente, al otro lado del Jordán». ¡Oriente! Esa palabra me subyuga, sobre todo porque en otro banco de piedra está ahora sentado, expresivamente inmóvil, un hombre con turbante hindú, que apareció hace unos minutos y que al vernos nos dedicó, como sólo los hindúes saben hacerlo, una profunda reverencia.

Tal revoltijo me lleva de la mano a recordar mis viajes a los países de mente sutil y ojos oblicuos, a los países que inventaron el número Cero pero también la brújula. Y de pronto, como se planta una mosca en un cristal, se plantan en mi memoria, casi literalmente, algunas páginas de una biografía de Buda, escrita por un profesor de la Escuela del Louvre, que me leí poco antes de venirme a Israel.

¿Qué ocurre? ¿Qué alcance tienen, en profundidad, tamañas similitudes? ¿Hay que deducir de ellas que nunca el itinerario humano será algo más que una noria, o bien que todas las lágrimas van a parar al pecho de Dios?

Como fuere, rememoro esas páginas en las que el autor describe un sueño de la madre de Buda, según el cual a la mujer le sorprendió el parto andando por el bosque, en un lugar cercano a un pueblo llamado Lumbini. Y he aquí que el niño que dicha mujer dio a luz, bajo un árbol y sobre un lecho formado con hierba verde, era tan hermoso que pronto los pájaros que volaban por el bosque fueron a contemplarlo. En el acto, la fausta noticia del nacimiento llegó a palacio..., y un príncipe, no sé cuál, ¡acompañado por unos magos!, se puso inmediatamente en camino para visitar al niño. Y lo encontraron bajo el árbol, sobre el lecho de hierba verde. Y el niño fue creciendo... Y se retiró al desierto, y meditó sobre las insanas apetencias, y tuvo discípulos y por último decidióse a dar a conocer su doctrina «para que ésta se transformara en luz y esplendor del mundo».

¡Bueno, bueno, no quiero seguir esa vía, porque confieso sin rodeos que ignoro si su meta final es la noria o el pecho de Dios! Tiempo habrá, así lo espero, para plantearles ese tema a los sacerdotes y religiosos con los que aquí vamos entrando en contacto. Confío en que esos hombres —«el padre Romualdo sabe mucho de esas cosas»—, que llevan años en las proximidades de las aguas primordiales, estarán mejor dispuestos que sus colegas de Occidente, sumisos esclavos de Roma, a valorar en su justa medida esas doctrinas que nacieron no lejos del Ganges y que precedieron de largo, al igual que Salomón, a la erupción cristiana. Algo hay evidente: no puedo contentarme con el silogismo que en Tel Aviv, y pillándome de sorpresa, me espetó a bocajarro el padre Emilio al decirme: «Porque la cosa cambia, ¿sabes? Si no crees, te vuelves a casa por donde has venido; pero si crees, es la ocasión, ¿no?».

¡No, yo no quiero volverme a casa tal y como vine!; yo quiero llevarme en la alforja algunas piedras, blancas o rosa, que por arte de gracia se hayan convertido en pan.

El barrio de los artesanos

Siento que voy recuperando fuerzas, que el descanso ha sido eficaz. El hindú se ha ido sin que yo lo advirtiera. Asunción y mi mujer dialogan en voz baja, pero no oigo más que la palabra «hotel».

Cierro aquí el combate contra mí mismo, contra toda tentación de intelectualizar las situaciones. Los artesanos de Belén nos esperan, y acaso nos espera, más tarde, la Gruta de la Leche.

Abandonamos la Natividad y nos adentramos en el barrio de los artesanos. Muchos de los talleres están situados cerca de las tiendas, ya que es frecuente que el dueño sea el mismo. El idioma predominante es el italiano, de modo que el diálogo no ofrece problemas.

Dichas tiendas rebosan de artículos de baratillo, equivalentes a los de Lourdes, con la diferencia de que en Lourdes la protagonista es una joven madre más bien seria, mientras que aquí el protagonista es el Niño con el pie derecho al aire y, a veces, bizco. Sin embargo, husmeando con atención es probable descubrir alguna pieza poco común: un Caifás no repelente o un Isaac satisfecho porque sabe que no va a ser degollado.

¡Los guías! Guías árabes —a los que no han prohibido ejercer—, y que nos acosan sin piedad. Forman legión. Lo más molesto es que nos ponen la mano en el hombro o nos agarran del brazo. Sí, es muy cierto que en el mundo árabe emparejarse es fácil, pero que a la hora del divorcio empiezan las dificultades.

Logramos desanimarlos. Por lo demás, vale la pena. En algunos talleres se fabrican exclusivamente figuras de belén, con abundancia de pastores, padres putativos, reyes y camellos. Por lo visto, el material más empleado es la madera: el terebinto y el olivo. Se ven cabezas sueltas, piernas sueltas, coronas y cayados, que de pronto se aparean y encajan formando un todo completo. Vemos reproducciones de Lugares Santos —el Sinaí, la casa de san José, la tumba de Raquel—, hechos en miniatura, a base de mondadientes o de alfileres. A nadie se le ha ocurrido utilizar cerillas, lo que sería hermoso para nuestra colección...

En otros talleres van tomando forma piezas religiosas o de orfebrería modesta: rosarios, cruces, brazaletes, pilas de agua bendita, anillos e incluso amuletos. Ahí el material preferido es el de un molusco que se cría en los mares intertropicales: la madreperla. Y ello debido a que sus conchas son de nácar, y sus valvas, iridiscentes. La verdad es que nunca pudimos imaginar que un molusco, aun llamándose madreperla, pudiera transformarse indistintamente en un brazalete o en un crucificado; pero así es. Y nos enteramos de que su aceptación entre los turistas es muy grande. Por lo demás, resulta agradable detenerse ante los hombres y las mujeres que se sirven con tanta limpieza de la gubia, de la lima, de las pequeñas taladradoras, del pincel. Su habilidad es tal, que pueden compaginarla con los saludos y el parloteo, aparte de que, sea cual sea la baratija, siempre acaban por escribir en ella la palabra *Belén.*

Nos llama la atención el taller de un artesano manco, el cual en estos momentos está moldeando un Elías con su espada flamígera. En las paredes abundan *posters* de mujeres desnudas, como suelen verse en los talleres mecánicos. Dicho artesano, que fuma en pipa y de aire un tanto socarrón, nos cuenta que sus abuelos hacían ya lo mismo que él, al igual que sus tatarabuelos. «Todos ellos aprendieron el oficio de los franciscanos, que se instalaron en Belén hace mucho tiempo, y que dejaron escuela. Así pues, si ahora yo puedo trabajar, y sé hacerlo con un solo brazo, se lo debo a los franciscanos.»

Dice esto y sonríe, y después de echar una bocanada de humo con su pipa añade que, pese a todo, él es musulmán, ya que prefiere cuatro mujeres en vez de una sola, y que lo que más le gusta de su trabajo no es la sierra eléctrica, demasiado chirriante, sino el pincel. Decorar el nácar o escribir algo en él. Lástima que el mayor beneficio vaya a parar a su patrón, que tiene una tienda bajo los pórticos, y que a pesar de que lleva siempre una corbata en forma de media luna vende mucho objeto judío. De todos modos, se siente feliz, con aquellos *posters* en las paredes y viendo desfilar a tanta gente al cabo del día. «Lo que siento es que Mahoma nos prohibiera representar la figura humana. De buena gana yo dibujaría en las conchas de nácar los peluquines y la buena facha de muchos turistas.»

Proseguimos nuestros itinerario. Cada tienda y cada taller tiene su carácter peculiar. Diríase que todos son iguales, pero ninguno lo es. Una mujer pechugona, que habla francés, se empeña en venderme un cinturón de cuero «que me apriete fuerte y me disimule la barriga». Nos pone en guardia contra ciertos comerciantes del barrio, de las calles adyacentes, que nos ofrecerán, a precio especial, rosarios bendecidos por el Patriarca Latino de Jerusalén e incluso por Pablo VI, garantizándonos que si rezamos con ellos tendremos asegurada la eterna salud. Son unos tramposos, que a los protestantes les garantizan igualmente el cielo si introducen billetes en unas huchas destinadas, según ellos, a «obras benéficas» de Belén.

—¿Se queda usted con el cinturón, *monsieur?*

—¡No, no, *madame*! *Merci...*

En un tenderete al aire libre, idéntico al de nuestras ferias y mercados, un árabe enclenque, sentado y con un gato en las rodillas, vende toda clase de adminículos de la Pasión: coronas de espinas, esponjas, pañuelos con la Santa Faz, lanzas romanas y hasta una retahíla de gallos de San Pedro, cresta erecta, pintados en rojo y amarillo. Debe de ser sordomudo, puesto que su mímica es vertiginosa y muy expresiva y ha colocado el precio en cada pieza. Uno de los gallos tiene abierta la boca y da la impresión de que de un momento a otro se pondrá a cantar. Lo más pintoresco de su muestrario es una representación de la Sagrada Familia: sus tres componentes aparecen en el interior de una tienda de campaña, jugando al tric-trac.

Sin embargo, tan inesperadas derivaciones no nos desvían de lo principal: lo que mayormente nos impresiona es un taller sobrio, pequeño, en el que varios hermanos —sus rasgos son muy similares— se dedican exclusivamente a fabricar cruces. Simples cruces de madera, de madera virgen, sin barnizar. Un palo liso, vertical, otro palo liso, horizontal: los pegan y ya está. Los pegan en un santiamén y van echando las cruces a cestos distintos, según el tamaño de la pieza. Hay muchos cestos, casi todos a rebosar. Cestos llenos de cruces, ¿quién pudo preverlo? Ni una sola, al caerse, queda clavada; no obstante, todas y cada una irán a parar, a la postre, a un ser humano —tal vez, muy distante—, necesitado de consuelo.

De pie en el umbral del taller, nos preguntamos por el significado de la cruz. Nadie puede precisarlo, puesto que ha sido múltiple y ha variado según el país y la época. La esvástica fue signo de guerra, se utilizó para grabarla en los barcos y aun en las barras de plata, pero en los albores de la vida sirvió para, frotando los dos maderos, encender fuego. Así pues, «en el principio del fuego fue la cruz»; y la cruz ha sido también, para muchas civilizaciones, símbolo heliolístico, símbolo de adoración solar. Sin contar con que en Sudamérica se encontró un antiquísimo monolito en forma de cruz romana al que los nativos llamaban «el padre de los cuatro vientos».

Pero nosotros somos cristianos y en estos momentos, ante este taller, lo que nos importa de la cruz es que en una de ellas fue clavado el Hijo del Hombre. Para nosotros, pues, no simboliza ni el fuego, ni el sol, ni el viento, sino el Crucificado, a semejanza de aquellos cristianos primitivos que se detenían ante las carnicerías para adorar al cordero muerto que, colgado de la percha, tenía forma de cruz.

Las cruces de este taller —nuestra cruz— tienen cuatro brazos. El que mira al cielo representa la suprema aspiración; el que se hunde en la tierra representa la donación suprema. El Hombre que cuelga de ella «dio una gran voz» y luego dejó caer su cabeza sobre el pecho. Sí, a lo largo de nuestra vida habíamos visto muchas cruces, pero nunca amontonadas en el interior de unos cestos; y jamás pudimos sospechar que las veríamos en Belén.

¡Ah, claro, alguien dijo que la fe del carbonero exige por lo menos que haya carbón!; bien, pues aquí está el carbón propiciatorio, en esos cestos de simples brazos pegados unos a otros. Cierto que Papini acertó al escribir que un Dios que baja a vivir entre mortales es un huésped inquietante; pero ahora pienso que lo es, sobre todo, si ha bajado también a morir. Y lo pienso en esta aldea en la que se venden incluso Isaacs satisfechos, y Caifás no repelentes, y lanzas romanas y esponjas, y en la que día tras día nace Algo superior a todo Algo, y lo pienso poco después de que una mujer pechugona ha pretendido venderme un cinturón apretado que disimulara mi vientre; ese vientre primigenio y grasiento en el que se cuecen o vienen a repostar los bajos instintos.

Almuerzo y diálogo sobre costumbres belenitas

Es la hora de almorzar. Ese vientre primigenio protesta contra nuestro olvido.

—Tengo un hambre atroz.

—Yo también.

Camino de la plaza, del «Granada-Bar», vemos pasar mujeres belenitas con túnica hasta los pies. Son túnicas primorosamente bordadas. Alguien nos informó de que tal indumentaria no es de origen árabe o semítico, sino que lo trajeron aquí las damas europeas que, en el medioevo, acompañaron a los cruzados. Es curioso que tan a menudo desconozcamos el origen de nuestro modo de vestir. Un poco más allá vemos una mujer ya mayor, que lleva en la frente una especie de diadema formada con monedas de oro. ¿Será un talismán, un áureo protector de sus pensamientos?

Hay hombres altos, bien plantados, que caminan con soberanía, seguros de sí. Junto con las mujeres de túnica bordada, componen una raza digna, de una esbeltez poco común. Los hay que entretienen sus manos con el típico *masbahah*, el rosario multicolor, ¡no bendecido por el Patriarca Latino ni por Pablo VI!, que les sirve para aplacar los nervios y fumar menos. Sí, hay un ritmo especial en los nativos del lugar.

Pasa un hermano de La Salle con su babero, y su silueta es detonante. En un solar varias muchachas juegan al baloncesto. Pasa un anciano llevando gruesas llaves colgadas en cada hombro. ¿Por qué será? Se lo preguntaremos a Zaid. Y también le pediremos que nos traduzca unas pintadas que, en lengua árabe y con tiza negra, vemos en las paredes.

El patrón del «Granada-Bar», nos reconoce.

—¿Podemos almorzar aquí afuera, donde estuvimos antes?

—Desde luego...

Su ayudante es un camarero pálido, con aspecto de drogadicto, que exhibe también un jersey rojo, con una inscripción idéntica a la del patrón. Le preguntamos qué significa y nos contesta, impertérrito:

—Que es un poco tarde y que sólo podemos servirles macarrones y carne asada...

No nos queda opción.

—Pues de acuerdo. Macarrones y carne asada... Y una botella de vino, por favor.

Pronto, en una pequeña mesa acondicionada a la sombra, bajo los pórticos, saciamos nuestro apetito. El aspecto de la plaza ha cambiado. Los autocares de los turistas se han ido. También muchos camiones. Es la hora del sol, de la siesta, reina la paz. Sólo algunos muchachos continúan dando vueltas con sus bicicletas engalanadas; y por supuesto, los taxistas montan la guardia, amodorrados al volante de sus «Mercedes», o charlando en mesas contiguas a la nuestra. Al otro lado de la plaza, los mismos ancianos que nos indicó el padre Franquesa, con sus turbantes, con sus faldones, fumando, indiferentes, su *narghileh*.

Comemos en silencio. Las imágenes porfían por ordenarse en nuestros cerebros. De hecho, cuesta hacerse a la idea de que estamos en uno de los lugares clave del apasionante viaje que emprendimos en el aeropuerto barcelonés. La fantasía se pierde entre *boy-scouts* cantando en inglés y damas del medioevo que acompañaban en sus aventuras a los cruzados. Por fortuna, de vez en cuando volvemos instintivamente la cabeza hacia la fortaleza-basílica de la Natividad, y entonces la presencia de la pareja de soldados judíos junto a la diminuta puerta —siempre con el dedo en el gatillo de la metralleta—, nos confirma que no se trata de un sueño, que el sitio que ocupamos es una realidad.

Zaid se presenta a la hora del café, tal y como convinimos, y en seguida notamos que está un poco nervioso. En primer lugar, pasa las cuentas amarillas de un *masbahah,* y en segundo lugar se ha puesto gafas negras, que cambian por completo su aspecto. Las gafas le quitan alegría.
—Pero, ¡Zaid!, parece usted un taxista de película de contrabando...
Se explica sin dilación. Debido a la «amenaza de la bomba», que luego resultó un falso motivo de alarma, han detenido a dos muchachos palestinos, uno de los cuales es amigo de Naila, «mi hija mayor, de que os hablé». Y luego resulta que tendremos que posponer nuestra visita a la Gruta de la Leche. «Está en reparaciones. No abrirán hasta la semana próxima. ¿Comprendéis mi mala suerte?»
Lamentamos lo del muchacho palestino; en cambio, lo de la Gruta de la Leche carece de importancia. «Otra vez será, Zaid. No se preocupe por eso...»
Le invitamos a que tome asiento con nosotros. Se está bien en la plaza y podríamos aprovechar el tiempo para charlar un poco. ¡Hemos visto tantas cosas!
—Siéntese, Zaid, por favor...
Acepta sin hacerse rogar.
—Bien, tomaré un café. Sois de verdad muy amables... —acerca una silla y toma asiento, al tiempo que, mediante un gesto, se excusa con sus colegas taxistas que forman tertulia en las mesas contiguas.
Apenas transcurrido un minuto, Zaid vuelve a ser el hombre jovial que conocimos en Tantur. No se quita las gafas negras —fuera, el sol cae a plomo—, pero ha guardado en el bolsillo el *masbahah.* Al acercarse el camarero con aspecto de drogadicto, le ha pedido café «americano».
—Me acostumbré en Honduras, ¿comprendéis?
Todo lo comprendemos. Incluso que, con la mayor naturalidad, nos tutee. En hebreo y en árabe no existe el «usted», sólo el «tú», lo que explica el tratamiento que en los Evangelios los discípulos daban al Maestro.
Tino le ofrece tabaco negro español, marca «Rex». Zaid lo prueba. «¡Hum, qué placer!» No estamos seguros de su sinceridad, puesto que tose varias veces consecutivas. Sin embargo, saca de un bolsillo interior una boquilla primorosamente trabajada, muy larga, e introduce en ella el pitillo.
Recordamos que Zaid ejerció, en tiempos, de guía, y que, según el padre Romualdo, es buen conocedor del país y de sus costumbres. Estimulados al ver que de pronto empiezan a llegar de nuevo autocares a la plaza —más turistas, más vida, tal vez más *Credos* en latín—, lo asaeteamos a preguntas con respecto a nuestra visita a la basílica, a la cueva, al claustro de San Jerónimo, a nuestra gira por el barrio de los artesanos, etc. Hablamos por turnos y al buen tuntún. ¿Por qué hay muchachas árabes que se acercan a los iconos y los tocan tan devotamente con la mano? ¿Por qué la bóveda de la cueva es negra? ¿Por qué hay mujeres belenitas que llevan hermosas túnicas bordadas hasta los pies, y algún que otro anciano con gruesas llaves en los hombros? ¿Y el ritmo especial de los nativos al andar: varones altos, con cierta soberanía? ¿Y las pintadas en las paredes? ¿Y los

artesanos, que con su manera de trabajar le dan un mentís rotundo a la tan traída y llevada vagancia árabe? ¿Y es cierto que dichos artesanos importan madreperlas del cercano mar Rojo y hasta de la lejana Nueva Zelanda? ¿No habrá mucha poesía en todo esto? «Belén es único, Zaid, por lo menos para nosotros. Belén es único y tiene usted que contarnos de él todo lo que sepa...»

Zaid hace un gesto como recomendándonos calma, al tiempo que gira voluptuosamente su larga boquilla. Una cosa está clara: no puede contestar tantas preguntas a la vez, y nadie, ni siquiera los padres de Tantur, pueden habernos dicho de él que es un sabelotodo. Cierto que al volante de un taxi en Belén se aprende mucho, a condición de conocer idiomas y tener buen oído, aunque su mujer, Faisa, que se pasa el día de cháchara en cháchara, no lo crea así. Cierto también que en los tiempos en que acompañaba peregrinos se conocía infinidad de datos de memoria y procuraba no hacerse un lío con los profetas y las fechas, lo cual, a decir verdad, a veces no resultaba fácil; pero ahora anda desentrenado y procura no meterse donde no le llaman.

De todos modos, no querría defraudarnos, entre otras razones porque Belén es también único para él... Así pues, y en vista de nuestro entusiasmo, está dispuesto a soltarnos el discursito que esperamos. No obstante, antes querría hacer una aclaración: cuando hay que venir a Belén es por Navidad. Entonces se reúne aquí gente del mundo entero, y naturalmente él va con toda la familia a besar la estrella de plata. La ceremonia de Nochebuena es muy emocionante, y a ella asisten incluso muchos judíos, judíos sudamericanos, que si bien no adoran al Niño sienten nostalgia de esa fiesta y no saben con qué sustituirla. Y en cuanto a la procesión con antorchas que sale de Jerusalén, siguiendo toda la carretera hasta llegar a esta plaza, no tiene equivalente en parte alguna. Por cierto, que desde la gran terraza de Tantur se ve perfectamente, como si fuera un incendio.

Dicho esto, quizá conviniese proceder con cierto orden. Si se lo permitimos, contestará a las preguntas que ha captado; para el resto, tiempo habrá. «¡Porque, en esos días nos veremos con frecuencia, ¿no es así?» «¡Claro que sí, Zaid!»

Tocante a las hermosas túnicas que vimos al pasar, bordadas hasta los pies, se trata simplemente de una tradición, que muchas mujeres belenitas quieren conservar. En Belén se ha fundado una asociación, la Unión de Damas Árabes, que cuida de esos detalles. Incluso reparten trabajo a domicilio, pagando bien, y enseñan a las chicas ese tipo de labor manual. «Mi hija Naila —añade Zaid— trabaja para esa asociación, y es ella precisamente la que labró esa preciosa boquilla con la que me estoy deleitando.»

Lo que no comprende es la versión que hemos dado de la «soberanía» de los varones belenitas. Es evidente que en todo el mundo islámico se da un tipo de hombre alto, soberano, con «cierto ritmo especial al andar», lo que suele atribuirse a las marchas por el desierto; pero al lado de esto, y Belén no es excepción, lo más corriente es una fofa obesidad, o bien una prematura decrepitud. ¿Por qué no nos fijamos en el limpiabotas del «Granada-Bar», tan arrugado que parece un zapato de mendigo? Precisamente en Belén hay muchos enfermos, y hasta una excesiva abundancia de subnormales. Oh, no, no todo es idílico en la aldea, aunque a veces el cielo tiene una luz particular que invita a creerlo así. Por fortuna, sin embargo, ahora el municipio dispone de un hospital excelente, gracias al cual algunas dolencias han disminuido mucho, como, por ejemplo, las de los ojos. Por desgracia, a la hora de dejarse curar existen todavía muchos tabúes, como el de negarse a dejarse extraer sangre —o a darla—, por creer que con ello el cuerpo perdería su fuerza, su vitalidad. «En casos de urgencia no hay más remedio que acudir a los misioneros, los cuales siempre están dispuestos a dejarse pinchar las venas...»

Sobre la cueva prefiere no hablar, porque es un asunto muy delicado. Y a lo mejor la bóveda es de color negro precisamente por eso, porque todo aquello está claro a través de la fe, pero muy oscuro a través de la historia. Tal vez nos interese saber que muchos árabes niegan incluso que Cristo naciera en Belén, y creen poder demostrar que nació en los llamados establos de Salomón, que están en Jerusalén, debajo de la mezquita El Aqsa. «Pero para mí la religión no ha sido nunca lo que está escrito en los libros, sino lo que se siente cuando se va a tener un hijo, o lo que se nota cuando se está a punto de morir. Y como no soy nadie para refutar a esos señores, me olvido de los establos de Salomón y prefiero seguir el camino de las antorchas...»

En cuanto a los ancianos que llevan grandes llaves colgadas en cada hombro, no hay ningún misterio. Simplemente quieren patentizar con ello que son los propietarios legales de un determinado terreno o edificio habitable, costumbre heredada de los tiempos del rey Hussein, en que a los árabes les estaba prohibido, bajo pena de muerte, vender un solo palmo de terreno a un judío. «Mi abuelo, que poseía unos campos en el valle de Elah, siempre que venía a Belén se colgaba las llaves, para dar ejemplo...»

Nuestra charla prosigue placentera, y Zaid da la impresión de encontrarse a sus anchas. Sobre el significado de la palabra Beit Lehem —«Casa del Pan»—, opina que en la realidad ello tiene poco sentido, pues en Belén, debido a las continuas guerras, a lo largo de la historia se ha pasado mucha hambre. «Lo que ocurre es que los árabes somos poetas, y eso sí que es una gran verdad. A las lágrimas las llamamos las *hijas del ojo*; y encontraríamos otras muchas metáforas así.» Incluso esa costumbre de las muchachas de tocar con la mano los iconos o de echarles papelitos a través de una ranura, es poesía. Naturalmente, las muchachas piden gracias, favores, un novio o buena salud; pero lo hacen por medio de curiosas alabanzas, o invitando a la Virgen y al Niño a la boda... «Hay un pope que guarda muchos de esos papelitos y siempre me dice que algún día se hará rico vendiéndoselos a algún americano.»

Si algo está claro es que a Zaid le encanta hablar de religión y del estamento clerical, aunque sus componentes no pertenezcan a Tantur. Nos hace grandes elogios del fraile que en la actualidad cuida del Campo de los Pastores franciscano. Se trata del padre Barriuso. «Bajito, con el cabello rizado..., piensa mucho antes de hablar. Tenéis que ir un día a verle, es un sabio. Le gustan mucho los gatos. Hablar con el padre Barriuso es hablar con un diccionario.»

En este momento pasa veloz un jeep lleno de soldados —con algunas chicas de la edad de Naila—, y Zaid hace una mueca inédita, de difícil interpretación. Guardamos silencio, que él mismo se encarga de romper, luego de ajustarse las gafas negras. «Eso es malo, ¿comprendéis? La poesía acaba ahí. Y todo por unos cuantos fanáticos. Yo no tenía nada contra los judíos. Ninguno de nosotros tenía nada contra ellos. Podríamos vivir en paz. Pero llegaron los fanáticos y lo echaron todo a perder.»

El clima placentero está a punto de dar un vuelco, pero Zaid, que con toda evidencia se ha propuesto ser feliz —no lo imaginamos llevando, como su abuelo, gruesas llaves en los hombros—, salva rápidamente la situación, interesándose por nuestra jira por el barrio de los artesanos. Nos cuenta anécdotas sobre su labor y admite que, en efecto, son muy trabajadores. «Pero no olvidéis que, en su mayoría, son árabes-cristianos. ¿Veis la diferencia?» Luego nos pregunta si hemos efectuado alguna compra, si hemos encontrado algo que nos haya llamado la atención.

—Poca cosa —le informamos—. Unas cuantas cruces simples, de madera y media docena de frascos conteniendo agua y tierra de Belén.

Zaid nos pide esos frascos, pequeños y etiquetados, y apenas los ve mueve negativamente la cabeza y suelta una carcajada.

—¡Menuda broma! —exclama por fin, acariciándose el bigote, impecablemente recortado—. El agua es auténtica, de Belén; en cambio, la tierra es de Hebrón... La envasan allí, porque se dice que con dicha tierra fue hecho el cuerpo de Adán.

Nuestra perplejidad es total. Nos preguntamos adónde tendremos que ir para adquirir un puñado de auténtica tierra de Belén...

Han empezado a llegar nuevamente autocares de turistas. Aparece en el marco de la puerta el patrón del «Granada-Bar», ahora fumándose un cigarro habano y le contamos a Zaid lo que el hombre nos dijo sobre sus pretensiones de reconquistar Granada, habida cuenta de que sus antepasados estuvieron allí ocho siglos.

Zaid tiene un gesto expresivo.

—¡Bah! Es un buen chaval... —con la mano le envía un saludo amistoso—. No le gustaría ir a pelear... Él es feliz aquí, con su pandilla y con nosotros, los taxistas. No daría media lira para reconquistar ninguna mezquita.

El diálogo toca a su fin. Asunción es la última en formularle varias preguntas sobre datos y leyendas referidos a Belén.

Zaid mueve la cabeza, guarda la preciosa boquilla que para él labró Naila y por fin contesta:

—¿Sabéis? Con Belén ocurre una cosa: que absolutamente todo lo que sobre él pueda contarse es verdad.

Regreso a Jerusalén

Decidimos regresar a Jerusalén, no sin antes entrar en una de las tiendas de *souvenirs* que hay bajo los pórticos. Compramos postales, un par de monografías y un mapa protestante en el que aparecen señaladas, en color azul, las dieciocho poblaciones que, según el Nuevo Testamento, figuran en el itinerario que Jesús recorrió: dieciséis de dichas poblaciones están enclavadas en la actual geografía de Israel, y sólo las dos restantes, Tiro y Sidón, quedan fuera, en el actual Líbano.

En el último momento Tino adquiere varias diapositivas y un plano de Jerusalén más detallado aún que los que ya poseemos, en el que se indica la existencia, al norte de la ciudad, de un Zoo bíblico, del que hasta el presente no habíamos tenido noticia.

—¿Qué significa eso de Zoo bíblico...? —le preguntamos al patrón.

Éste abre los brazos con sencillez.

—Significa que todos los animales que hay en él están citados en la Biblia...

Subimos al taxi y emprendemos el regreso a Jerusalén. Rebasamos el albergue juvenil y nos encontramos en plena carretera. El trayecto es tan corto, diez kilómetros apenas, y Zaid conduce tan ligero que resulta imposible saborear el paisaje. Colinas, viñedos, olivos. ¿Dónde está la tumba de Raquel —en hebreo, *oveja*—, esposa predilecta de Jacob? A nuestra izquierda pasan sin cesar camiones de gran tonelaje.

La luz ha cambiado por completo. El sol ha empezado a bajar, queda a nuestra espalda y sus rayos oblicuos y rosados, al chocar ahora contra las murallas ya cercanas de Jerusalén y contra la torre de David, prenden fuego a las piedras, magnificándolas.

—Lindo, ¿verdad?

—Desde luego.

Zaid se detiene ante la Puerta de Jafa, terminal de muchas líneas de autobuses urbanos y sitio de parada de muchos de esos prácticos taxis colectivos denominados *sheruts*. Por lo visto, la Puerta de Jafa es uno de los lugares de más bullanga. Pasa, majestuoso, un imponente coche negro, con un jerarca eclesiástico dentro, no sabemos de qué «confesión». Pasa una camioneta conducida por una graciosa monja, que dobla la curva con gran estilo. «¡Olé!», exclama Zaid, inesperadamente. Detrás de ella, un turismo cuya matrícula llama la atención de nuestro amigo belenita. «Es el coche de un mutilado judío... —nos explica—. Los mutilados de guerra judíos tienen derecho a coche... Ese modelo es estupendo, lleva todos los mandos en el volante.»

Tenemos que decidir si nos quedamos en la Jerusalén antigua, intramuros, penetrando en ella por esa Puerta de Jafa u otra cualquiera, o bien si damos con el taxi una vuelta por la parte nueva de la ciudad, construida por el nuevo Estado de Israel.

—¿Qué hay de interesante en la parte nueva? —le preguntamos a Zaid.

Este inmoviliza sus hombros.

—Casas y hoteles... —responde, al cabo. Luego añade—: Y muchos Bancos y mucho comercio, claro...

Tino, que lleva desplegado el flamante plano adquirido en Belén, pregunta:

—¿Hay vida nocturna en Jerusalén, Zaid?

—¡No! Nada, nada... —Mueve la cabeza—. Como dice el refrán, Jerusalén para rezar, Haifa para trabajar, Tel Aviv para divertirse...

¿Divertirse en Tel Aviv? Nos acordamos de la orquesta griega, de la patrona, de Salvio Royo y sus informes y del bailarín solitario y epiléptico. Nuestra impresión es que, salvo quizás en verano, en las noches de Tel Aviv sólo se divierten la luna, el mar y los que estudian idiomas.

Decidimos posponer nuestra jira por la Jerusalén moderna y le indicamos a Zaid que nos deposite frente a la Puerta de Damasco, que vimos a la ida, «la más hermosa de la vieja Jerusalén y la que utilizó Pablo VI para entrar».

El coche de Zaid trepa con suavidad la cuesta paralela a la muralla, dobla a la derecha y pronto se detiene en el sitio señalado. Zaid se apea con agilidad, anticipándosenos como siempre y nos abre las puertas.

—¿Contentos con Zaid los señores?

—¡Desde luego!

—Pues, hasta mañana...

—¡Hasta mañana, Zaid!

Nos dedica un par de reverencias —mano a la frente y luego a la altura del corazón—, monta de nuevo en su vehículo y desaparece en medio del abundante tráfico.

La puerta de Damasco

No puede decirse que nos hayamos quedado solos. La Puerta de Damasco, cuya belleza arquitectónica corta el aliento, es un hormigueo humano semejante al del bazar oriental de Jafa, en el que tuvimos la impresión de que podían comprarse desde biberones usados hasta ataúdes sin estrenar.

No es fácil situarse, dominar la situación. Porque, si la escalera que desciende hacia la Puerta, escalera en zigzag, ancha y gastada, es de por sí un espectáculo, debido a la multitud que sube y baja por ella sin cesar, no lo es menos lo que ocurre a nuestra espalda. En efecto, al otro lado de la calzada, donde se levanta la terminal de autobuses interurbanos, junto a un café muy concurrido, se ha producido un alboroto mayúsculo, debido a un equipo de cineastas que habían emplazado allí sus focos y se disponían a filmar un documental. En cuanto los árabes del café se han dado cuenta del propósito, se han puesto en pie en actitud de protesta, y dirigiéndose al director —alto, con visera y perilla—, han empezado a golpear fuerte el suelo con sus bastones. En un santiamén ello ha movilizado a un sinnúmero de chiquillos, que parecían brotar de las alcantarillas y que se acercaban a las cámaras y a los encargados de los focos, agitando al aire las manos. Los cineastas, asombrados, no sabían qué hacer. Sin embargo, pronto, y pese a oírse no muy lejos la sirena de un coche-policía, con expresivos gestos han dado a entender que renunciaban. El director se ha quitado la visera y se ha secado el sudor, ante la sonrisa irónica de los camareros del café y en medio de un estruendoso concierto de claxons que le dedicaban al unísono los conductores de los autocares de la terminal.

Zanjado el incidente, del que tomamos buena nota, volvemos a concentrar toda nuestra atención en la belleza de la Puerta de Damasco y en la zigzagueante escalera que le da acceso.

¡Todo un mundo, desde luego! En la Puerta, allá en lo alto, hay un par de soldados con metralleta, pero ya estamos acostumbrados a sus siluetas; abajo, el incesante trajín humano, que en ese intervalo parece haberse incrementado más aún.

¿Cuántas razas podrían contabilizarse entre las personas que en este momento suben y bajan por los gastados peldaños? Imposible hacer el cálculo. Por supuesto, dominan los árabes, las mujeres llevando en la cabeza, sin perder el equilibrio, enseres de toda suerte, muchos hombres con el transistor pegado al oído. Pero también nos llaman la atención un turista con salakof y pantalón corto, que sube llevando una rosa en la mano; dos hermanos gemelos, cogidos del brazo, cuya exactitud da grima, no sé por qué; una monja de hábito enteramente blanco, excepto los botones, rojos y en forma de corazón. ¿A qué orden pertenecerá? A veces la multitud se hace anónima, a veces un ser emerge de ella, se destaca, como esa impresionante muchacha rubia con botas de charol y pantalón ceñido, que baja contoneándose y enseñando el ombligo.

Nos hemos acodado en la baranda para ver mejor. Y poco a poco nuestra mirada se detiene en dos corros de personas que están ahí, al margen del gentío. Por un lado, una pandilla de mozalbetes que, con aire chulón, permanecen junto a la Puerta palpándose los bíceps, simulando que se pelean —se pegan golpes y esquivan al estilo japonés—, casi todos mascando chicle y exhibiendo varios bolígrafos en el bolsillo de la camisa. Uno de ellos, que podría ser el jefe, les observa a cierta distancia y con la diestra va haciendo gestos de desaprobación. De pronto, observamos que fuma dos pitillos a la vez.

El otro conjuto humano —media docena de criaturas—, son los ciegos. Ésos no participan en absoluto de la algarabía en torno. Están sentados en la escalera, la espalda contra la pared, en lugares estratégicos para no ser pisados. Diríase que forman parte de la pared. O que forman parte de la muralla. Entre ellos hay dos mujeres raquíticas, enlutadas, hechas un ovillo, con la cabeza y el rostro tapados. Tienen la mano abierta pero nadie les hace caso. El resto son hombres ya mayores, a excepción de uno, joven, que lleva un gorro de lana y que vende plumeros multicolores. ¿Quién podrá comprarle un plumero? Acaso los conductores de los autocares interurbanos, para adornar la capota del radiador.

Tino, que no ha cesado de sacar fotografías, se queda dudando ante la imagen de esos ciegos. La indiferencia que los rodea es una acusación. Por fin se decide y agota el carrete. Por mi parte, me pregunto si las dos mujeres tapadas con un velo negro no serán leprosas, y al propio tiempo recuerdo que en el terraplén visible a un lado de la Puerta está situada la llamada Gruta de Jeremías, donde, según se cuenta, el profeta compuso sus lamentaciones.

Continuamos acodados en la baranda, contemplando el espectáculo. Hasta que se nos acerca una pareja de aspecto hippie pidiéndonos fuego. Inmediatamente nos confiesan que esa petición ha sido una excusa. Nos oyeron hablar, y puesto que ellos estuvieron en Ibiza y Formentera, descubrieron que éramos españoles y sintieron ganas de comunicarse con nosotros.

El caso es que, gracias a sus buenas maneras, consiguen vencer nuestra frialdad inicial. Él tiene aire de profesor, ella de alumna, pero no cabe duda de que tienden al unisexo, con similares melenas, idéntica indumentaria, gafas iguales. Han depositado sus mochilas en el suelo y se muestran muy contentos de que accedamos a cambiar impresiones. Son daneses, y no dominan nuestro idioma. ¿Podríamos dialogar en inglés? ¡Ah, eso es una suerte!

—Puerta de Damasco... Algo único, ¿verdad?

—Desde luego.

Ellos llevan ya ocho días en Jerusalén y todas las tardes se vienen aquí, a gozar del desfile sin tregua. Se han propuesto realizar un estudio, quizá no demasiado original, pero sí apasionante: el comportamiento de los grupos humanos. Por eso estuvieron en campamentos hippies, por eso quisieron alistarse en la aventura de la balsa *Acali* que cruzó el Atlántico —el profesor Genovés no los aceptó—, por eso se encuentran ahora en Israel. «Los judíos son la prueba más contundente de la importancia del grupo, ¿no es cierto? Gracias al grupo, al ghetto, han logrado sobrevivir a un exilio de dos mil años...» De ahí que salgan mañana en dirección a un *kibutz* del Norte, de Galilea, donde podrán vivir de lleno una nueva experiencia comunitaria.

¿Tendríamos la amabilidad de decirles por qué hemos venido nosotros a Israel? ¿Por sentimientos religiosos...? ¡Bien, en el fondo nuestra postura es equivalente! Todos los fundadores de religiones se han basado en el grupo. Jesús no creó una familia, creó un grupo, un grupo de discípulos, los cuales, a través de otros grupos, fueron multiplicándose. Su convicción es ésta: el grupo es más fuerte que el concepto de soledad y que el concepto de pareja. Él es caricaturista y se dio cuenta de que, a rasgos parecidos, parecida psicología: total, grupos humanos. Ella, en Dinamarca, trabajaba en un laboratorio farmacéutico: otro grupo humano. Todo es grupo en la tierra: cárceles, conventos, manicomios, circos, tiendas de beduinos, cementerios. Los niños se agrupan, y hasta se agrupan los clientes de un café árabe a la llegada de un grupo de cineastas cuyo director es judío... Ayer oyeron por radio que en Beirut había ciento cincuenta guerrilleros palestinos-suicidas: nuevos kamizake, otro grupo humano. ¿Cuántos días llevamos en Jerusalén? ¿Acabamos de llegar...? ¡Ay, con sólo franquear la Puerta de Damasco nos adentraremos en el grupo!: grupo armenio, latino, judío, musulmán... ¿Por qué andamos equipados con planos y máquinas fotográficas? Huelga la respuesta: para conectar con los otros, con el grupo. La verdad es que Oriente es grupo. De ahí las castas, de ahí la Biblia, de ahí el Arca de Noé...

No sabemos qué decir. Todo ello nos ha pillado de improviso. La andanada filosófica se merece un comentario, pero, inesperadamente, el profesor-caricaturista, con la mayor naturalidad, nos pregunta si podríamos darles algo de comer: galletas, chocolate... «La verdad es que estamos sin una libra.»

Nuestra sorpresa es considerable. Pero reaccionamos con presteza. Asunción hurga en su bolso y saca lo único que encuentra en él: dos tabletas de chocolate.

—¡Oh, muchas gracias! Sois un grupo estupendo...

Les vemos partir, con su tendencia al unisexo, con sus mochilas. «Una pareja ideal», comenta Tino.

Y el caso es que algo ha ocurrido. El imprevisto contacto ha modificado nuestro estado de ánimo. Sin saber por qué, se nos han ido las ganas de bajar la escalera y cruzar la Puerta que, por primera vez —¡ya sería hora!— nos daría acceso a la ciudad intramuros. Resulta casi chistoso que todavía no hayamos puesto el pie en la vieja Jerusalén. Según el plano, el convento de San Salvador, es decir, el convento del padre Emilio, no puede estar lejos. Ni siquiera eso activa nuestra curiosidad. Tal vez contribuya a ello un cierto pudor. La mente es muy capaz de darse largas a sí misma. Es una forma de masoquismo como otra cualquiera.

Entretanto, también lo que nos rodea ha sufrido modificación: ha oscurecido. El sol se ha puesto —se habrá puesto mucho más allá de Belén—, y de ahí que suenen, como shofares humanos, las voces de los almuédanos invitando al rezo y que se enciendan las luces. Reagrupados, contemplamos la inédita calidad que han adquirido las murallas y la Puerta de Damasco al recibir el haz de los reflectores colocados a propósito, en ángulos bien calculados. La piedra ha dejado de ser piedra y no sabemos lo que ahora es. Claro que tampoco sabemos qué cosa sea el sol que se ha puesto, ese astro a la vez impasible y violento, del cual leí que fue la primera misteriosa presencia a la que los hombres, hombres elementales, muy anteriores a los calendarios, llamaron «Padre Nuestro que estás en los cielos.»

Estamos cansados. Lo hemos notado de repente. Todo lo visto y oído a lo largo de la jornada nos pesa en la columna vertebral. En el claustro de San Jerónimo sólo yo sentí el cansancio; ahora lo sentimos todos. ¿Qué hacer? Bien, he aquí que Asunción y mi mujer descubren que en el mismo umbral de la Puerta, a la derecha, hay una flecha indicadora que dice W. C. Es la señal. Nos miran, y acto seguido, sonriendo como si se tratase de una travesura, inician el descenso en dirección a la flecha.

Tino y yo las vemos bajar —tienen que abrirse paso a codazos—, y comentamos lo difícil que nos resultaría llevar la cuenta de las veces que, desde que salimos del aeropuerto de Barcelona, se ha repetido la misma operación. Nunca pudimos imaginar que Tierra Santa fuese hasta tal punto diurética.

Sorpresas de los viajes. Por cierto, que al instante tenemos que añadir otra más: insospechadamente, el letrero indicador nos tienta también a nosotros... Con talante divertido acudimos también a su reclamo y abordamos la escalera. Nos corresponde un barracón infecto, mojado y sucio. En un rincón, dos rapaces árabes, pegados a la pared, están abrazados y se besan en la boca.

Regreso al hotel

Decidimos regresar al hotel, cuyo nombre, evocado desde aquí, nos suena exagerado: *Intercontinental.* ¿Cinco estrellas, cinco continentes? En la misma Puerta de Damasco hay una parada de taxis. En honor de Zaid elegimos uno exteriormente idéntico al suyo; por dentro, la diferencia es notable. En vez del llavero con esqueleto y del retrato de Marylin Monroe guiñando el ojo, bailotean una mano abierta y una minúscula bola de cristal que al girar va cambiando de color.

El valle del Cedrón, la hondonada, de noche parece también otra cosa. No vemos las chozas, ni las basuras, ni la chatarra. Tampoco vemos ningún borriquillo. En el Monte de los Olivos, por el que empezamos a subir, van también encendiéndose aquí y allá las luces, más mortecinas que las de la ciudad. Asunción sugiere que tal vez se trate de un efecto óptico, de un k. o. por inferioridad, habida cuenta de que hay luna llena.

¡Es verdad! En la cuesta podemos contemplarla allá arriba, menos violenta que el sol, pero igualmente impasible. Resultaría absurdo lanzarse a la metáfora. Todo ha sido dicho sobre la luna llena, incluso que es «la Madre que está en los cielos». A nosotros nos basta con que su resplandor no se asemeje a la iridiscencia del nácar y con que presida hasta el alba el «teológico» misterio de Jerusalén.

En el hotel hay mucho bullicio. No obstante, la ducha y la inevitable mudanza de ropa nos reconfortan.

Optamos por tomar un piscolabis en el *snack-bar,* en vez de sentarnos en el protocolario comedor, donde observamos preparativos para una cena de gala. Uno de los camareros del *snack* nos chivatea que se trata de la fiesta de clausura de un congreso de médicos ginecólogos. Por lo visto habrá baile, amenizado por un conjunto —un grupo humano— denominado «Los Diablos». Ese nombre me recuerda que en ciertas ciudades de Mongolia a los ginecólogos —y a las comadronas— las llaman precisamente diablos, dado que ayudan a traer al mundo seres que llevan en sí el germen del mal.

Terminado el piscolabis deambulamos por la planta del hotel. Miramos el anuncio de las excursiones organizadas —nos tienta una de ellas, en avión, al Sinaí—, y luego entramos en la librería-quiosco, calco exacto de la del «Sheraton» de Tel Aviv, dispuestos a comprar postales para enviar a la familia y a las amistades. Los temas son muy varios, y abarcan desde las cuevas de Qumrán, donde fueron hallados los manuscritos del mar Muerto, y una vista de Betania, hasta las palmeras de Jericó y el Gran Candelabro de siete brazos —la *Menorá*— colocado frente al Parlamento israelí.

Adquirimos un buen repertorio y a seguido, sentados en el mismo *hall*, pasamos largo rato enviando saludos, abrazos y algún que otro *Shalom*. El ejercicio de imaginar la postal idónea para cada destinatario resulta agradable. A un amigo común, fogoso orador sagrado —especie en extinción—, le adjudicamos «La Zarza Ardiente», de Moisés. Observo que mi mujer envía repetidamente el hermoso santuario de las Bienaventuranzas, con el lago de Tiberíades al fondo.

Agotada la nómina, echamos las postales al buzón y nos disponemos a rematar dignamente la jornada saliendo al jardín —«sólo unos minutos, nada más»—, con la intención de contemplar la Jerusalén nocturna a la luz de la luna e irnos inmediatamente a la cama.

Inesperado reencuentro

Aquí se produce el encuentro que daría al traste con nuestros planes de descanso. En el jardín nos topamos de cara... ¡nada menos que con el mismísimo Salvio Royo, el ecuatoriano que allá en Tel Aviv nos vapuleó de lo lindo con su charla inconexa pero llena de sabiduría y, probablemente, de buena intención! Continúa vistiendo como un prestidigitador, incluso con el pelo un poco engomado.

—Pero... ¡mis amigos españoles! ¿Estaré soñando?

Imposible disimular nuestra sorpresa e incluso —y pese a la fatiga—, nuestra alegría. Muchas veces nos habíamos preguntado: ¿qué habrá sido del señor Royo?

Tino es el encargado de contestarle que no está soñando.

—Pero se marchó usted del café tan de repente que creímos que se había ido al frente o algo así.

Mientras se acerca a las señoras para besarles la mano dice:

—Nada de eso. Ocurrió que mi amiga la patrona del garito me hizo un guiño y preferí tomar un taxi y desaparecer. ¡Les pido dos mil perdones!

Zanjado el asunto, por unanimidad nos congratulamos y estimamos de buen augurio que también en Jerusalén nos alojemos en el mismo hotel.

—Porque, se aloja usted en ese hotel, ¿verdad?

—¡Pues claro! ¿Dónde encontrar una situación parecida, un jardín como éste?

—y con el índice señala Jerusalén...

En efecto, la visión nocturna de la ciudad es desde aquí espléndida, sin que la discreta iluminación del jardín la entorpezca. Salvio Royo se apresura a hacernos saber que llegó justo esta misma tarde y que por lo tanto de momento no ha hecho más que vagar por los alrededores del hotel, ¡en el que, por fortuna, hay doce marcas de excelente whisky, que a lo mejor simbolizan las doce tribus de Israel!

—Sin embargo —añade, ajustándose la pajarita del cuello, de la que por lo visto no prescinde nunca—, he conseguido algo poco común: no hacerme retratar montado en el camello.

Nosotros le confesamos que caímos en la trampa folklórica y él nos felicita porque «eso es lo que debe hacerse». Por descontado, se interesa por cómo va transcurriendo nuestro viaje, por nuestro estado de ánimo. «¿Han avanzado ya mucho en el conocimiento del alma judía? ¿Se han enterado ustedes de que en los confines del Sudán se encontraron hace tiempo antiquísimas sinagogas talladas en piedra? ¿Y los apellidos Fusté —oficio manual— y Castañer —especie arbórea—...? ¿Hemos investigado sobre su posible origen hebreo?»

La voz del señor Royo es más cálida aún que en el cubil de Tel Aviv, y diríase que emerge también con discreción de la semioscuridad del jardín.

Contestamos casi con monosílabos, pero él hace caso omiso del detalle. Insiste en que nuestro reencuentro es providencial, y al compás de su euforia nos demuestra más que nunca que es hombre de muchos quilates, que acierta a soltar, en el momento más impensado, el dato sorprendente y revelador.

En esa ocasión, por ejemplo, al enterarse de que hemos ocupado nuestro tiempo en Belén y que en consecuencia no hemos puesto pie todavía en la Jerusalén intramuros, nos dice que él aguarda con especial interés poder hacerlo mañana y visitar la mezquita de Omar, cuya cúpula ahora resplandece, al objeto de comprobar si es cierto, como pretende un amigo suyo musulmán, que debajo de ella hay pelos de la barba de Mahoma. «No creo que sea necesario excavar ¿no es cierto? Los pelos de un gran profeta han de acudir forzosamente a la llamada de un ateo como yo.»

A seguido, y puesto que le confesamos hasta qué punto nos encandila la muralla, con el índice nos señala la más enigmática Puerta que hay en ella, la Puerta Dorada —la tenemos casi enfrente—, y nos informa de que está tapiada desde hace mucho tiempo porque es aquella por donde, según la tradición judaica, un día, no se sabe cuándo, tiene que entrar el Mesías, es decir, el *Ungido*. «La Puerta se mantendrá tapiada en tanto el *Ungido* no llegue.» Sin embargo, estamos en lo de siempre: si ahora mismo llegara el *Ungido* no podría entrar, porque los árabes han convertido la zona en cementerio y es obvio que los judíos creyentes nunca pisarían tumbas musulmanas para una acción que ellos consideran tan sagrada.

Llegados aquí, puede decirse que ya no queda ni rastro de los bostezos que al comienzo apenas si lográbamos contener. Aparte de la amenidad de su charla, es la intrigante persona del señor Royo la que se ha situado en primer plano. ¿Por qué en su acento ecuatoriano hay un deje casi imperceptible de fonética norteamericana? ¿Por qué ese pelo engomado «como en los tiempos de Carlos Gardel»? ¿Es rico, es realmente un actor, vive del cuento? ¿Será becado de alguna universidad? ¿Será judío..., por más que nos dijera que acaso el único auténtico representante de la «raza» fuera el perpetuo Gran Llanto sin saber por qué?

—Si a ustedes les parece bien, podríamos sentarnos... —sugiere nuestro interlocutor, señalando dos bancos, uno frente a otro, que hay en un rincón del jardín.

Aceptamos de buen grado. Por lo demás, la temperatura es agradable, benigna. Un camarero brota como un fantasma por entre el verde de las plantas, y sin pronunciar una sílaba nos trae una mesa bajita con cinco tazas de café turco y sus correspondientes vasos de agua. El señor Royo le hace una señal: «Por favor, a mí me trae otro número diez.» Sin duda ha enumerado los doce whiskys de que nos habló, ya que el camarero hace un ademán de asentimiento, sin mostrar la más mínima sorpresa.

La tertulia ha cobrado el aire informal que debía tener, propia de quienes han compartido una mesa y una velada sobre un oculto polvorín mediterráneo. El whisky no le traba la lengua al señor Royo, sino todo lo contrario: acrecienta, si cabe, su verborrea. Pero, eso sí, verborrea organizada, supuesto que sea posible tamaña combinación. El hombre juega limpio, desde luego; no se atreve a juzgar. Presenta todos los elementos del sumario y allá cada cual con su veredicto. No está seguro de nada, ni siquiera de llamarse Salvio Royo. Sus papeles afirman, como nos dijo en Tel Aviv, que nació en Ecuador —exactamente, en Quito—, pero a menudo, viajando aquí y allá, tiene la impresión de que todavía no ha nacido. Tal vez sea judío, tal vez no. Su abuelo materno, de origen polaco, afirmaba serlo; pero los únicos argumentos que aportaba era que en Varsovia lo perseguían y que sentía pasión por la Torá. Domina el hebreo y otros seis idiomas; por desgracia, el árabe se le resiste, aunque admira a Mahoma porque al profeta le gustaban las mujeres y los camellos. Tiene en su poder un diploma que le otorga el título de bienhechor de la Humanidad; pero se lo dio un asesino y estafador que acababa de salir de presidio y al que invitó a almorzar. Cuando se encuentra con españoles siente algo profundo, que no se atreve a razonar y que no tiene nada que ver con el episodio de la conquista. Simplemente, ha estado en España un puñado de veces, y el pueblo le ha parecido tan primitivo que podría exhibirse en un museo antropológico; pese a lo cual todo lo español le atrae, desde la topografía locoide y las supersticiones, hasta la pintura, los instrumentos folklóricos y los botijos de agua. De ahí que se alegrase al descubrir que en la Jerusalén moderna varias calles llevan el nombre de judíos españoles insignes expulsados en el siglo XV. ¿Por qué España adoptó tal decisión? ¿Fue un acto reflexivo o un producto del primitivismo que antes mencionó? Claro que dramatizar el pasado es empresa inútil, ya que el móvil de los hechos se nos escapa. ¿Por qué él, por ejemplo, se dedica sistemáticamente a mentir? Nunca lo ha sabido, nunca lo sabrá. Debe de ser congénito, pues ya siendo muy niño aseguraba que al mirarse al espejo no se veía a sí mismo sino que veía a su padre. Se pregunta si a nosotros nos ha contado alguna verdad; tal vez sí, pero en ese caso habría que atribuirlo al azar y a la mágica influencia de la cabalística tierra que pisamos. Por ejemplo, en Tel Aviv mintió al decirnos que era la primera vez que visitaba Israel y que lo que sabía era gracias a la patrona. Lo cierto es que éste es su cuarto viaje al país, y que ahora lleva ya aquí ocho meses. ¿Razones que justifiquen sus embustes? No las hay. Le ocurre que al topar con criaturas humanas que le son desconocidas, que a lo mejor no volverá a ver, improvisa; y eso fue lo que le ocurrió con nosotros, que teníamos aspecto de irnos a alguno de esos sitios de los que no se regresa jamás. Pero lo peor es que improvisa sin ton ni son, como la mayor parte de los guías que andan por los alrededores del Santo Sepulcro y que si ven una mancha roja en el suelo a lo mejor les cuchichean a los turistas que es una gota de la sangre de Judas. Resumiendo, él es un ser contradictorio, como lo demuestra que se declara ateo, siendo así que se adora a sí mismo y que el ateísmo es de por sí una inconsciente idolatría. Por cierto, que en ese terreno le gustaría añadir algo, ya que por las medallitas que llevamos nos supone adscritos a una religión muy determinada: mucho cuidado. El mundo está repleto de religiones —en cada alma hay una nueva—, y concretamente en Israel, como sabemos muy bien, las importantes son tres. Si durante nuestra estancia conectamos exclusivamente con la de nuestras medallitas nos llevaremos una idea completamente falsa del país. Deberíamos procurar intercambiar impresiones con algún versado en Sagradas Escrituras, que no otra cosa son los llamados rabinos, y también con algún mahometano que se conociera el Corán de memoria... ¿Cómo? ¿Que la misma opinión nos expuso un franciscano del convento de San Salvador? ¡Lástima, porque a él no le ha gustado jamás ser el eco de nadie!; pero en fin, puesto que la cosa es así, hay que aguantarse y seguir adelante. Sí, el mundo ha cometido durante siglos el error de subestimar la cultura islámica, y ahora mismo la confunde con el petróleo. ¡Mucho cuidado! Puede dar fe de que los sabios musulmanes lo son por partida doble, entres otras razones porque poseen la rara habilidad de acordarse del porvenir. ¡No, no es un juego de palabras! Los árabes tienen creencias muy curiosas, como la de que si existiera un corazón absolutamente puro pesaría más que el planeta terrestre. En muchos lugares hay árabes que se han hecho bautizar seis veces por los frailes cristianos, para de ese modo tener seis padrinos. ¿Y bien, quién fue el primer pícaro de la historia? Naturalmente, Dios, aunque para demostrarlo haría falta ser valiente, y él, Salvio Royo, no lo es. Sin embargo, hay algo raro. ¿Nos hemos fijado en que la palabra «dignidad» virtualmente no tiene plural? En cambio la palabra vicio —a veces llamada whisky— raramente se detiene en el singular. Son los misterios de la creación, que por un lado nos inunda de belleza y por otro de negros pensamientos. ¡Ay, si continuara hablando se pondría melancólico! No, no, nada de eso. Será mejor que se calle de una vez, aunque sea como modesto homenaje a esa Puerta que tenemos allá enfrente por la que un día tiene que entrar el Ungido. Por lo demás, de ningún modo quiere que lo comparemos a una urraca, esa ave vilmente egoísta tan aficionada a robar objetos brillantes...

Tenemos la sensación de que, esta vez, hemos comprendido un poco mejor a ese alud humano que nos ha salido al encuentro. Sí, es muy posible que nuestro amigo busque el apoyo del grupo, por no haber superado el concepto de soledad, y quizá tampoco el de pareja. Tenemos la impresión de que realmente, y de improviso, se ha puesto triste y le prometemos que conforme a su consejo procuraremos conectar con personas que no lleven las mismas medallitas que nosotros llevamos; aunque, a fuer de sinceros, vamos un poco contra reloj... La estancia que tenemos programada en Israel, tal y como le dijimos al conocernos, no va más allá de unos quince días. ¿Qué podemos hacer? Abrimos cuanto podemos los ojos, preguntamos a quien sea, incluidos los taxistas, no paramos un instante, yendo de acá para allá, y lo mismo visitamos Tantur —¡oh, por supuesto, nos alegra que conozca dicho Instituto Ecuménico y a los benedictinos!—, como nos pasamos un par de horas en la Puerta de Damasco, contemplando el ir y venir de personas de muy distinto color de piel, desde ciegos enlutados hasta un rubio inglés con salakof y una rosa en la mano; etcétera. Jamás pretendimos, por supuesto, que el viaje nos convirtiera en expertos del rompecabezas que nos rodea; ahora bien, determinadas vivencias religiosas, que es lo que perseguimos primordialmente, no nos las quitará nadie —es posible que hagamos una excursión al Sinaí—, y tal vez consigamos, como balance final, comprender un poco el motivo por el cual en Belén cundió la alarma de que un par de muchachos palestinos habían puesto una bomba, y hasta el motivo por el cual él mismo nos habló del Gran Llanto judío sin saber por qué.

El señor Royo se pone un momento en pie, advierte que se tambalea y vuelve a sentarse. Luego hace un ademán como de estar dispuesto a despeinarse, lo que en su caso es indicio de que nuestras palabras lo han espoleado más aún. Repite varias veces «con permiso...», y a juzgar por el tono de su voz diríamos que ha recobrado la normalidad. ¿Le permitimos que nos suelte la última parrafada de esa noche que podría llamarse gloriosa, a no ser que, como ha podido advertir, ninguno de nosotros se ha tomado el café turco que nos trajo el camarero? Bien, de acuerdo, *thanks you*...

—Muchachos palestinos, bombas, judíos y musulmanes, ¿se dan cuenta? Perdónenme, en nombre del whisky, la machaconería. Unos y otros son semitas, o sea, descendientes del desierto. ¿Por qué luchan a matar? Es absurdo. ¡Son hermanos! En España, durante el mandato de los califas, los judíos vivieron una edad de oro. El drama vino más tarde, con el escopetazo de los dogmas católicos, que trajo consigo la errónea expulsión que les mencioné. Y todavía continúa, como ese asunto de monseñor Capucci, el arzobispo sirio que en estos días está siendo juzgado en Jerusalén por presunto tráfico de armas... ¿Por qué los jerarcas religiosos no se limitan a perseguir como locos el nombre de Dios? ¿Por qué no le trazan límites a su ambición terrenal? En el Amazonas hay muchos indios que saben delimitar los campos, hasta el extremo de que nunca tienden en el río dos redes juntas por temor a que se tengan celos entre sí. Pero está visto que cuando las religiones toman partido por una facción política o se fanatizan, como ocurrió con los cruzados, o como ocurre con el Vaticano desde hace siglos, la idea primordial se pudre y eso tan real que se llama Espíritu deja de soplar. No, no se puede andar por el mundo anatematizando y diciendo «yo tengo poder para perdonar los pecados». Y tampoco se puede decir: «nosotros, y nadie más que nosotros, podemos interpretar la Ley». Cuando el descubrimiento de América, los españoles quemaban vivos a los indígenas que se negaban a dejarse bautizar; y Cristóbal Colón, que era judío, tenía noticia de ello y no le importaba. Huelga añadir, desde luego, que detrás del pensamiento islámico se ocultan asimismo grotescas supersticiones y puñales dispuestos a teñirse de rojo. Ahora bien, existe un matiz que no puede obviarse: ni los que, en nombre de Mahoma, empuñan esos puñales, ni los fanáticos observadores de la Ley hebraica, que piden la muerte de quienquiera que encienda un pitillo el día del *shabat,* pretenden representar directa y excluyentemente a Dios, al Dios cuyo pensamiento, como les dije, deberían perseguir como locos. Sólo Roma se atribuye tan desmedido privilegio. No olvidemos que el Papa ha llegado a admitir la palabra vicediós y a autodenominarse vicecristo. ¿En nombre de qué, de quién? De un judío galileo, joven, que se llamó Jesús y de las maravillosas parábolas que pronunció y que varios de sus discípulos, también judíos, escribieron o dictaron medio siglo más tarde, adaptándolas a su manera. Resumiendo, que si en la vida operamos con la técnica de los arqueólogos, que siempre acaban por encontrar un esqueleto, debajo de cualquier conflicto acabaremos por encontrar, inevitablemente, un duelo entre religiones que han ido deteriorándose. Y ello es así incluso en el plano individual, y a ello me referí al apuntar que de hecho hay una religión propia, propia e intransferible, en cada alma. En mi caso, por ejemplo, si en estos momentos me cuesta mantener el equilibrio la razón estriba en que Dios, al que tenía cogido, ¡hasta qué punto!, un buen día se me escapó cobardemente, dejándome en pañales y con esta absurda pajarita en el cuello. Entonces, fiel a mi afición a las sombras chinescas, decidí probar suerte y vivir múltiples vidas a un tiempo. ¡Oh, sí, es un consejo que les doy, y que a buen seguro se lo daría igualmente el más palurdo de los ginecólogos que en estos momentos están cenando opíparamente ahí en el comedor! Aunque su estancia aquí dure sólo quince días, sean prácticos y no se limiten a exprimir, como han apuntado, vivencias religiosas y a meter la nariz en el lío palestino. ¡Golpéense lo más que puedan la cabeza contra Israel! Porque, se lo dije en Tel Aviv: Israel no es un fenómeno cualquiera. Israel es un test, una tentación única, un bastión sangriento contra la adversidad. ¡Visiten ustedes el Instituto Weizmann, y el Museo Rockefeller, y el Museo de los Impuestos, único en el mundo, que yo sepa! ¡Báñense en el Jordán, pero también en el mar Muerto, lo más al Sur posible, donde un equipo de investigadores trabajan para lograr que deje de ser muerto y brote en él la vida!; y si se les ocurre pensar, con sobrada razón, por qué diablos tienen que hacerme caso siendo así que yo mismo les he confesado que miento constantemente, combatan su propio argumento recordando que también mienten sus supremos guías espirituales, los Soberanos Pontífices, pese a haberse declarado ellos mismos —cosa que yo no he hecho aún— seres infalibles...

Despedida e incógnita personal

Se hace un silencio. Presentimos que quien de repente se ha sentido atrozmente cansado es Salvio Royo. En la semiluz del jardín advertimos que ha dejado caer los párpados, y que su engomado cabello brilla menos que antes.

Pero también nosotros estamos exhaustos. Asunción y mi mujer, al tiempo que se levantan, así se lo dicen, sin ambages. «Todo lo que usted cuenta es muy interesante, señor Royo, pero nos estamos cayendo de sueño. Creemos que es hora de irnos a descansar.»

Salvio Royo, con el vaso de whisky en la mano, contesta con una especie de gruñido:

—Sí, es cierto. He sido un abusón. Buenas noches...

Nosotros nos hemos levantado también.

—Buenas noches, señor Royo... A lo mejor mañana nos encontramos por aquí.

Ha sido una despedida menos efusiva de lo que cabía esperar, pero, ¡qué remedio!

Damos un último vistazo a la Jerusalén nocturna. Luego, camino de la habitación, me golpea el cerebro la frase: Israel es un test, una tentación única, frase que, unida al reto del padre Emilio: «una temporadita aquí... y te aprendes las cuatro reglas», me llevan a preguntarme, con cierta angustia, por qué mi estancia en este magma mil veces muerto y mil veces vivo ha de durar sólo quince días...

¿Y si consultara con la almohada —y con mi mujer— ese aspecto de la cuestión?

CAPÍTULO X

¿Puede llamarse descanso «reparador» a una dormida de nueve horas seguidas, durante las cuales he soñado que un agresivo lote de animales del Zoo bíblico me perseguían y acosaban, capitaneados por una urraca que le había robado a Israel todos sus cerebros brillantes?

Nos desayunamos fuerte, *self-service*, en el comedor del hotel. Por los ventanales vemos que la jornada se presenta espléndida, bajo un cielo tan limpio y vampiresco que se diría que les ha chupado a todos los aristócratas del mundo la sangre azul.

Falta una media hora para que venga a buscarnos el padre Franquesa —acompañado por Zaid—, y la empleamos en hojear *Semana* y *Aurora*, las dos revistas semanales que los judíos sudamericanos publican en castellano en Jerusalén.

Revistas de poca monta, pero con «síntesis noticiosas», comentarios, «grageas» y datos que nos llaman la atención. Al parecer, el turismo aumenta en Israel, de lo cual nos alegramos, pero también aumentan los precios, excepto el de los huevos congelados. Arafat, a su llegada a los Estados Unidos, ha sido custodiado por miles de policías: «el fenómeno Arafat —agrega la nota— es también culpa nuestra». Un aviso a los automovilistas, relativo al *auto-stop*: «Ese soldado que espera en el camino podría ser tu hijo...» «Alrededor de 60.000 inmigrantes de la Unión Soviética llegaron a Israel en el transcurso de los últimos cinco años. Por regla general, no les interesan los *kibutzim* y prefieren conseguir vivienda familiar. «En Argentina resurge el racismo bajo el grito de *Judíos a la muerte*.» El rey Faruk coleccionaba espejos —tenía cinco mil sólo en una habitación— ¡y cajas de cerillas! ¿Será posible?

Algunos anuncios se convierten para nosotros en alegres picotazos. «En Tiberíades se necesitan masajistas del sexo femenino.» «Carnicería latinoamericana necesita urgente cortadores carniceros para asados de tira, bifes, chorizos y todo tipo de achuras.» «La peletería Franko abre de nuevo sus puertas.» «Fin a las cucarachas y hormigas. Garantía anual. Profesor B.M.» En las «grageas culturales», muchos conciertos, muchas exposiciones y, entre otras, las películas *El Gran Dictador*, de Charlot y *L'enmerdeur*.

Todavía, y pensando en el recorrido que hoy nos espera, tenemos tiempo de echar un vistazo a una monografía sobre *La Vía Dolorosa* que adquirimos ayer, cuyo autor es A. Storne. Por ella nos enteramos de que en los textos evangélicos alusivos al *Vía Crucis* no figuran para nada el encuentro de Jesús con su madre, el episodio de la Verónica y las tres caídas. De las catorce estaciones, pues, cinco han sido sobreañadidas. Asimismo, y como es obvio, se insiste en que el trazado actual de las calles carece del menor rigor histórico. La topografía de Jerusalén era, en tiempos de Jesús, completamente distinta —pese a que, según el Talmud, Jerusalén significa *Eternidad*— y, por supuesto, el terreno estaba situado a un nivel mucho más bajo, quizás, unos veinte metros, al igual que la hondonada del Cedrón.

Claro, claro, es natural. ¡Veinte siglos! Vida cambiante, guerras, ocupaciones, epidemias. Sobre el camino que recorrió el Señor habrán caído toneladas de tierra, de ruinas, de hombres y de insectos muertos.

—¿Sabéis una cosa? Me duele que el episodio de la Verónica sea falso...

En nuestros relojes faltan cinco minutos para las nueve, hora de la cita con el padre Franquesa. Salimos al jardín, junto al cual ha de detenerse el taxi. En efecto, el día es espléndido, lo que nos permite ver con claridad la Puerta Dorada, cuyo umbral un día ha de cruzar el *Ungido*. La verdad es que empezamos a familiarizarnos con la panorámica de Jerusalén. Los *buildings* y hoteles continúan molestándonos, pero conseguimos apartarlos de nuestra atención. Vemos la cúpula plateada de la mezquita El Aqsa, de que Zaid nos habló. Reconocemos algunas de las torres y, sin lugar a dudas, el puntiagudo campanario del convento de San Salvador. En el monte Sión, a nuestra izquierda, y ya fuera de la muralla, la abadía de la Dormición de la Virgen, y cerca de ella el Cenáculo —«haced esto en memoria Mía»—, propiedad musulmana. También vemos, colgada sobre el torrente, la basílica de San Pedro Gallicantus, iglesia levantada —en Roma hay otra con el mismo nombre— en recuerdo de un pecado y de su posterior arrepentimiento: la triple negación de Pedro.

En la Jerusalén intramuros

A las nueve en punto se detiene ante nosotros el taxi de Zaid. La barba del padre Franquesa asoma por la ventanilla y sus ojos centellean de vitalidad. Zaid, impecable como siempre, nos abre las puertas y en menos tiempo del que se emplea para calumniar al prójimo nos encontramos todos acomodados en el interior del vehículo, en ruta hacia la ciudad.

El padre Franquesa, que lleva en una mano el pequeño ejemplar del Nuevo Testamento y en la otra una misteriosa bolsita de papel, ha programado minuciosamente el itinerario a seguir.

Su idea es acompañarnos a lo largo de la mañana por la vieja Jerusalén, entrando en ella por la Puerta de San Esteban, o de los Leones, que con toda probabilidad fue la que Jesús utilizó triunfalmente el Domingo de Ramos. Luego podríamos deambular un poco por el barrio inmediato, donde los lugares interesantes se suceden sin interrupción: la iglesia de Santa Ana, con la piscina de Betsaida; el convento de las Damas de Sión, con el Litóstrotos —tal vez la Corte de Justicia de Pilato—, situado ya en la Vía Dolorosa; el complejo del *Aelia Capitolina*, con la arcada del *Ecce Homo*, la Flagelación, etc., todo ello con mayor o menor detenimiento según la cantidad de peregrinos que encontremos allí, hasta alcanzar —remate obligado— la basílica del Santo Sepulcro, en cuyo interior podremos elegir, lo mismo que en Belén, entre llorar o escandalizarnos.

A mediodía, y mientras él vuelve a Tantur para el almuerzo con la comunidad, nosotros quedaríamos libres, tendríamos un respiro. A las tres pasaría de nuevo a recogernos y dedicaríamos la tarde entera a recorrer el Monte de los Olivos, por el que ahora bajamos, y que incluye nada menos que el *Dominus Flevit,* donde Jesús lloró contemplando Jerusalén, la iglesia del *Pater Noster,* el lugar de la Ascensión, ahora mezquita, etc. Por último, y para coronar con dignidad el recorrido, podríamos visitar el huerto y la basílica de Getsemaní...

—He traído eso para las señoras... —concluye el padre Franquesa sonriente, y entregándoles la bolsita de papel.

Mi mujer, un tanto aturdida, abre la bolsita: contiene almendras y bombones.

—¡Oh! —y no se le ocurre ningún comentario.

El taxi de Zaid se detiene ante la Puerta de San Esteban, situada precisamente a la derecha de la Puerta Dorada. Nos apeamos y Zaid se despide con un «hasta luego» y las reverencias de turno.

¡Por fin ponemos pie al otro lado de la muralla! El barrio es más tranquilo de lo que pudimos pensar. Calles estrechas, sin aceras. Unos cuantos chiquillos árabes, apostados en una esquina, comen pan. Comen pan y silencio. A su lado, varias mujeres embarazadas.

—Ahí está Santa Ana —advierte el padre Franquesa.

A nuestra derecha, los edificios del que antes fue seminario griego-católico, con su correspondiente iglesia. Una puerta abierta de par en par da acceso al jardín, al término del cual está la piscina probática donde se oyó el *Levántate, coge tu camilla y anda.*

Regentado por los «padres blancos» franceses, apenas trasponemos el umbral vemos, paseando entre los árboles, a un fraile gordinflón y satisfecho, que al advertir nuestra presencia se detiene y nos saluda con jovialidad.

Nos acercamos a él, y pronto nos damos cuenta de que existe un desfase entre su estado de ánimo y el nuestro. Hombre ya mayor, calvo y de tez rosada, es evidente que le tiene sin cuidado la tradición según la cual es posible que los padres de la Virgen, Joaquín y Ana, vivieran *aquí,* e incluso que *aquí* naciera la madre de Jesús. Tampoco parecen interesarle demasiado las prometedoras excavaciones que se están llevando a cabo en la zona de la piscina, y de las que el padre Franquesa le hace mención. El hombre, que parece moverse con cierta pesadez, prefiere, sin lugar a dudas, contarnos su aventura personal. Y así nos enteramos de que él llegó a este Seminario hace exactamente cuarenta años; que en ese período de tiempo ha visto tanto que ya nada puede asombrarle, ni siquiera que los niños árabes del barrio le llaman *picajoso* y cosas peores; que pese a ello ahora está contento, pues está a punto de llegarle la esperada jubilación y con ella el permiso para regresar al país de sus amores, Francia; etcétera.

¿La iglesia...? ¡Oh, sí, muy hermosa! Vale la pena que le echemos un vistazo. Ahí la tenemos, a nuestra derecha. Es la mejor conservada de cuantas levantaron los cruzados. Bajo sus bóvedas él ha pasado horas inolvidables de intimidad espiritual.

¿La piscina «milagrosa»...? ¡Bueno!, lo cierto es que lleva unos cuantos meses sin bajar a ella, ya que a su edad pesa un poco afrontar tanta escalera. Sin embargo, y dado que se han encontrado allí pinturas y exvotos romanos, los eruditos de costumbre estiman probable que antaño se levantara en el lugar un santuario dedicado a Esculapio, el dios pagano de la Medicina... ¡Ay, si Esculapio, o Lucas, u otro médico cualquiera, de éste o del otro mundo, consiguiera detener los síntomas escleróticos que han empezado a darle la lata!

De repente, con un gesto cortés nos invita a que iniciemos nuestro recorrido. El padre Franquesa echa a andar, y gracias a él no nos perdemos detalle. Nos enteramos de que ya en los primeros siglos de nuestra Era existieron aquí santuarios marianos y que a principios del XIX un terremoto estuvo a punto de destruirlo todo.

Terminada la visita, y ya en dirección a la puerta de salida, Asunción, que se siente especialmente atraída por cuanto esté relacionado con la Virgen, le pregunta al religioso francés si los protestantes admiten la posibilidad de que Joaquín y Ana hubieran tenido realmente aquí su hogar.

La respuesta de nuestro interlocutor es tajante:

—Mire usted, *madame*... La verdad es que las opiniones de los protestantes me tienen completamente sin cuidado...

Mi reacción es negativa. Me doy cuenta de que exagero el alcance de lo que acaba de ocurrir. Cuarenta años enseñando y rezando en el mismo sitio son muchos años, a lo que hay que añadir que el número cuarenta es, incluso en la cábala, número decisivo, tope. ¿No estoy yo inmensamente cansado de mi propia piel? Claro que lo que más me ha dolido ha sido la última respuesta, indicio cierto de que, en efecto, continuamos diciendo: «Yo —sólo yo— tengo poder para perdonar los pecados.»

Caminamos, creo que dando un rodeo, hacia el convento de las Damas de Sión. Una rata enorme sale de un portal y se mete debajo de un coche abandonado. No importa. He de reencontrar mi emoción inicial. Los niños árabes que comían pan —y que conocen la palabra «picajoso»—, se han multiplicado. Pero yo he de concentrarme en ese itinerario que el padre Franquesa calculó para nosotros con amor. En cada esquina hay más gente. Algunos cafés han abierto. Veo en el interior de uno de ellos un gran tapiz representando el Edén repleto de fieras amansadas: los ojos del león son ingenuas bombillitas que se encienden y se apagan sin cesar.

—Doblamos esa bocacalle y el convento queda a dos pasos...

—¿Y la Vía Dolorosa?

—Estamos en ella: lee el rótulo de ahí enfrente, en la pared.

¿Será posible? Los pies clavados en el suelo, miramos el rótulo. Las letras están ahí, pero al lado hay una enigmática inscripción en árabe y, debajo, el anuncio de una velada de boxeo. También, rasgando el muro, el nombre repetido de Capucci —el monseñor sirio acusado de tráfico de armas— y la silueta pintarrajeada de un pájaro tropical.

La Vía Dolorosa

Abordamos la Vía Dolorosa —el padre Franquesa, con su andar ligero, se nos ha anticipado—, y yo experimento como un leve mareo. Pasa rozándome un niño gordo con un espantamoscas en la mano y atisbo a los lejos un alminar en forma de pene. Mi desconcierto es tal que, de pronto, sin mediar obstáculo alguno, doy un absurdo traspié y me quedo sentado en el suelo, al tiempo que mis gafas salen disparadas hasta un portal que hay al otro lado, en el que parlotean dos pálidas monjitas vestidas de azul. Dichas monjitas, con visible azoramiento, las recogen y se apresuran a devolvérmelas, y he aquí que al hacerlo me llaman *mon père*. ¡Ah, cómo se ríe del lance el padre Franquesa! A su juicio, la moraleja del *mon père* es obvia: mis años de permanencia en el seminario me han dejado una irreversible huella eclesial...

¿Cómo admitir que nuestra entrada en la Vía Dolorosa se haya producido de tal suerte? Nada de raptos místicos, nada de lágrimas, ninguna voz oculta nos ha llegado diciendo: «...porque si esto se hace con el leño verde, con el seco, ¿qué será?». La realidad, además del anuncio de la velada de boxeo, ha sido que he tropezado, que se me han caído las gafas y que hemos visto un alminar en forma de pene.

No sé por qué —quizá por la inmediatez de nuestro encuentro con el «padre blanco» francés—, me viene a la memoria una metáfora de Claudel según la cual el característico contoneo de los osos polares al andar se debe a que dichos animales nunca acaban de saber del todo si se encuentran en Europa o en Asia. La verdad es que en estos momentos me siento oso polar, por cuanto no acierto a estar seguro de si me encuentro en un lugar cualquiera o en el augusto camino que condujo a Cristo hasta el fin.

Todo ha pasado y nos encontramos ya en el interior del convento de las Damas de Sión, dispuestos a visitar el llamado Litóstrotos, recinto sagrado en el que, según textos ilustres, Pilato ocupaba la silla pretoria desde la que juzgó a Jesús al serle entregado éste por los sacerdotes.

El padre Franquesa obtiene de las monjas el necesario permiso para dirigirnos a la famosa cripta donde el procurador romano le formularía al «galileo» la acuciante pregunta: «¿Eres tú el rey de los judíos?»

En la cripta, envuelta en una suave penumbra, no hay nadie. «Hemos tenido suerte», comenta el padre Franquesa. Nuestros ojos se adaptan pronto, lo que nos permite ver las bóvedas, las columnas y, repentinamente, el pavimento del que tanto hablan las guías y en el que no hace mucho tuvo lugar un descubrimiento único: una baldosa —la tenemos ahora a nuestros pies, límpida y protegida por un cristal—, en la que se aprecia perfectamente una trama o dibujo de los que los soldados romanos solían grabar en el suelo para amenizarse la guardia jugando a los dados, a las «tres en raya» o similares.

Nadie dice nada. ¿Para qué? La paz, absoluta bajo las bóvedas, invita a pasar en la estancia «horas de intimidad espiritual». Mis acompañantes pisan con respeto el enlosado y sus ojos se clavan una y otra vez en la baldosa grabada por los soldados romanos. Allá al fondo, un altar iluminado, con reclinatorio delante; sobre el techo del convento, el cielo, es decir, una de las poderosas rúbricas de Dios.

El padre Franquesa ha abierto su librito y ha empezado a leer con voz queda el relato de Lucas: «Levantándose todos, le llevaron a Pilato, y comenzaron a acusarle, diciendo: Hemos encontrado a éste pervirtiendo a nuestro pueblo; prohíbe pagar tributo al César y dice ser el Mesías rey...»

Nada que hacer. He vuelto a desconectarme de la realidad. ¿Qué me ocurre? Ahora no tropiezo, pero recuerdo al niño gordo que pasó con el espantamoscas y mi pensamiento sale disparado como poco antes lo hicieran mis gafas. El nombre de Pilato, dueño y señor de este Litóstrotos, no remueve en mi conciencia ni siquiera culpables inhibiciones. El padre Franquesa sigue leyendo: «Me habéis traído a este hombre como alborotador del pueblo, y habiéndole interrogado yo ante vosotros, no hallé en Él delito alguno de los que alegáis contra Él.» Yo sigo pensando en cosas dispares, como, por ejemplo, en la emoción que sentiría mi madre si la llamase por teléfono desde Jerusalén, y en la alusión de Salvio Royo a los esfuerzos que está realizando Israel para conseguir que brote la vida en las aguas del mar Muerto.

Al salir a la calle hago un esfuerzo sobrehumano para vencer la irritante apatía que se ha adueñado de mí. Ahora me viene a las mientes otra frase leída hace tiempo, mucho más terrible que la de Claudel: «Los burgueses se lo comen todo, incluso a Dios.»

¡La calle es la Vía Dolorosa! Sí, la Vía Dolorosa en su primer tramo, cerca del convento de la Flagelación, de la arcada del *Ecce Homo* y del colegio árabe El Omaríeh, en cuyo patio, al que se accede por una desgastada y mugrienta escalera, se acordó hace tiempo situar el comienzo del Vía Crucis, o sea, la Primera Estación.

Me pregunto qué ha ocurrido en esa calle mientras nosotros permanecíamos en la cripta semioscura. Aparte de que el padre Franquesa está como transfigurado, apenas si podemos dar un paso: borriquillos, parejas de enamorados, turistas con banderolas, tenderos sentados indiferentes a la puerta de sus comercios, con los transistores funcionando a todo volumen. «¿Eh, qué os parece? —comenta gozoso nuestro guía—. Son oleadas que incluso a mí me pillan aún de sorpresa. Y sin embargo, haceos cargo de que más o menos éste debía de ser el ambiente...»

El padre Franquesa ha dicho esto último en un tono especial, propio de quien se encuentra en su elemento. Todavía no es éste mi caso, ya que no puedo olvidar que todo ese trazado es convencional. No obstante, en ese momento se produce una circunstancia —por otra parte, de lo más corriente—, que contribuye de forma decisiva a mudar mi estado de ánimo. Pasa a nuestro lado un grupo de peregrinos avanzando con dificultad por entre la barahúnda, grupo encabezado por cuatro hombres —uno de ellos, gordo, miope y con camisa verde—, que sostienen con visible esfuerzo una pesada cruz horizontal. La llevan como si fuera un féretro, mientras un sacerdote, que los flanquea dando zancadas, intenta facilitarles el camino.

Comprendemos que el grupo se dispone a alcanzar la escalera del colegio El Omaríeh, para subir al patio e iniciar allí el Vía Crucis. El padre Franquesa así lo corrobora, y lee en nuestros ojos el deseo de participar en él. Levantando la voz lo más que puede, por culpa del bullicio y de los transistores, nos sugiere como lo más pertinente intentar, en efecto, subir al patio e incluso —si nos da tiempo a ello— estar presentes al comienzo de la Primera Estación; pero debemos renunciar a hacer ahora el Vía Crucis completo, puesto que nos llevaría prácticamente toda la mañana. «Mejor que cualquier día lo hagáis por vuestra cuenta, o que os unáis al que todos los viernes, a las tres de la tarde, hacen los franciscanos. ¿De acuerdo? ¡Pues andando!»

El grupo de peregrinos se ha distanciado de nosotros, pero logramos sortear los obstáculos. Subir la escalera es lo más arduo —el colegio forma parte de la famosa Torre Antonia y a nuestra izquierda queda la hermosa arcada exterior del *Ecce Homo*—, pero, pese a todo, lo conseguimos. Sin embargo, arriba nos vemos obligados a detenernos en el vestíbulo, bloqueados por el gentío, lo que nos permite ver, en la pared frontal, dos estampas insólitas: un cuadro que representa a Solimán *el Magnífico* entrando triunfalmente a caballo en Jerusalén, y a su lado otro cuadro con la cabeza de otro sultán, cuyo nombre el padre Franquesa ignora.

¡Ay, el deterioro de las religiones que, según Salvio Royo, subyace debajo de cualquier conflicto! Por fin logramos poner pie en el patio, en el instante en que los peregrinos han formado en el centro un círculo completo, ¡lo cual nos impide ver la cruz! En compensación, una ojeada en torno nos permite darnos cuenta de que el colegio El Omaríeh es muy grande, con muchas aulas en la planta baja y otras tantas arriba. También vemos, a nuestro alrededor, tamarindos, pinos y palmeras, por entre los cuales circulan los turistas buscando un sitio alto desde el cual sacar fotografías.

—Primera Estación: Jesús es condenado a muerte...

El grupo es alemán. El texto correspondiente lo leen en este idioma, pero mentalmente podemos traducirlo. «Primera Estación: Jesús es condenado a muerte.» Ha sido como un escopetazo, que ha logrado que el gentío se calle y que personalmente me ha traído un súbito y hondo recuerdo infantil, cuando detrás de las murallas de Gerona los curas por Semana Santa organizaban un Vía Crucis apocalíptico. Cada «estación» era una capillita que colgaba sobre el valle de San Daniel, y al término de cada una de ellas todos hincábamos la rodilla.

Aquí, el grupo alemán hinca también la rodilla al término de la Primera Estación, y al hacerlo nos permite atisbar por un momento la pesada cruz. Luego rezan todos, con voz rotunda, el Padre Nuestro y la comitiva se pone en marcha. El gentío nos obliga a recular —¿dónde están mis acompañantes?—, y por corto espacio de tiempo quedo aprisionado contra una tapia, entre un religioso dominico y un mujer enlutada que se ha tapado el rostro con las manos.

No veo nada, sólo los cogotes de los que están delante de mí y, en lo hondo, mi recuerdo infantil. La comitiva prosigue su avance, y por la lejanía de los rezos puedo calcular que han alcanzado el vestíbulo y que descienden ya la escalera de El Omaríeh, en ruta hacia la Segunda Estación, situada precisamente debajo del Litóstrotos, en el convento, también franciscano, de la Flagelación.

Casi todo el mundo se ha ido tras la comitiva. Dejo de estar aprisionado y advierto que mis acompañantes se habían quedado muy cerca. El dominico también se fue; en cambio, la mujer enlutada continúa firme a mi lado, el rostro tapado con las manos y sollozando.

El cambio de decoración ha sido brusco. El patio de la escuela se ha quedado casi vacío. Ahora, ya reagrupados, podemos contemplar a placer lo que nos rodea. Vemos que algunos turistas se han ido hacia un ventanuco situado al fondo, a nuestra derecha, desde el cual, al parecer, se divisa una espléndida panorámica de la mezquita de Omar y de la vasta explanada que da acceso al dorado templo musulmán. También vemos una larga manguera que estaba oculta y que serpentea por el patio, preparada para el riego. Y siguen ahí, claro es, las aulas con sus pizarras y sus pupitres, varias parejas besuqueándose, y sobre nuestras cabezas los tamarindos, los pinos y las palmeras.

El padre Franquesa nos llama. Sin duda quiere explicarnos algo. Pero yo tardo unos segundos en acudir. No sé por qué, de pronto me ha impresionado la visión de los tamarindos, con sus hojuelas elípticas; quizá porque en alguna parte se afirma que en Israel eran considerados árboles sagrados, debido a un texto talmúdico según el cual Moisés al bajar del Sinaí llevaba los Diez Mandamientos dentro de un arca construida «no con madera de acacia sino con madera de tamarindo».

Por fin acudo a la llamada del padre Franquesa, quien se abstiene de comentar la acción y marcha de los peregrinos, que para él sin duda es algo rutinario. En cambio, mostrándonos una vez más el librito de los Evangelios estima justificada la elección de este sitio para el comienzo de la Pasión, por cuanto la cita de Juan dice al respecto: «Cuando Pilato oyó estas palabras sacó a Jesús *fuera*...; y se lo entregó para que lo crucificasen.»

—Este adverbio, *fuera*, es muy preciso. Indica que sacaron a Jesús a un lugar exterior de la fortaleza Antonia; pues bien, éste podía ser el lugar, si tenemos en cuenta su emplazamiento con respecto al Litóstrotos que antes hemos visitado...

Es posible. Todo es posible. ¿Por qué no? Pero he aquí que los datos geográficos, con toda su incertidumbre a cuestas, han dejado de tener importancia para mí. Ahora me atrae el empedrado del patio, sus losas, que de puro pisadas brillan. ¿Cuántos peregrinos, cuántas generaciones de peregrinos las habrán hollado con sus pies? ¿Y la manguera presta para el riego...? ¿Por qué caracolea en dirección al centro, sinuosa como una serpiente que quisiera repetir, al cabo de dos milenios: «¡Crucifícale!»?

Oh, claro, nadie puede afirmar que los objetos no hablan, que no hablan las pizarras, que los utensilios carecen de voz. Cabe admitir que, en un momento determinado, lo inánime se harte de ser sujeto pasivo y se lance a cantar su canción. Eso es precisamente lo que yo juraría que ahora les sucede a esas piedras que están *fuera*, en el exterior de la fortaleza Antonia; por lo menos para mí, han roto a hablar, reclamando una migaja de protagonismo en esa historia en la que fue condenado a muerte el único Hombre que no podía morir.

Lo difícil es comprender su lenguaje, que no es bronco, ni ronco, que no restalla, que ni siquiera formula la menor protesta. Es un lenguaje semejante al del aire, al de los bosques, al que de tarde en tarde oímos balbucear en nuestra entraña más profunda.

Todo lo cual tiene su lógica, hasta el punto en que puede ser lógico cualquier tipo de locura. En realidad, las piedras han hablado siempre, puesto que desde el principio de los tiempos están presentes en los avatares y el desarrollo humanos, como lo demuestra que suelen ser de piedra las pilas bautismales y las lápidas mortuorias. Por otra parte, la piedra angular designaba antiguamente a los guías y caudillos del pueblo de Israel, y en las excavaciones palestinas —¿cómo se le olvidaría mencionar ese dato a Salvio Royo?—, se han encontrado infinidad de piedras preciosas mencionadas en la Biblia: jaspes, zafiros, cornalinas, amatistas, lapislázuli... La piedra, por su naturaleza duradera, ha simbolizado siempre el ser indestructible, conforme consigo mismo, en oposición a la materia biológica, destinada al cambio y a la decrepitud. Pedro el pescador —«tú eres piedra»— sabía algo de eso. Se ha dicho de las catedrales que son plegarias petrificadas. Los meteoritos fueron adorados, como la piedra de la *Kaaba*, y la piedra filosofal de los alquimistas representaba la unidad de los contrarios. ¡Piedras tenían que ser —y no el padre Franquesa— las que me hablasen en esta ocasión!; porque Cristo, al que persigo, ha sido también llamado la piedra angular.

Llegado aquí, me asusto de mi fuga, como ya me ocurriera en cierta ocasión en Estambul, al salir del Museo Arqueológico —me sentí «petrificado»—, y también en Egipto, en el Valle de los Reyes. He de cortar por lo sano, en honor de mis acompañantes, que me miran con disimulo, esperando.

El SHERATON HOTEL, en el que nos hospedamos en Tel-Aviv. Muestra de la arquitectura funcional, sin carácter, de la ciudad. Tel-Aviv significa «Colina de la Primavera».)

El periódico *La Luz de Israel*, en ladino, que se publica en Tel-Aviv. Destaca la influencia turca en la ortografía.

Playa de Tel-Aviv. Al fondo, la vieja Yaffo, el más antiguo puerto de Israel.

Con le padre Ángel García, uno de los mejores guías de la CUSTODIA, contemplando Jerusalén desde el Monte de los Olivos.

En el Monte de los Olivos, el cementerio judío más viejo del mundo. Algunos sitúan en esa zona el Valle de Josafat. Abajo, el Torrente Cedrón y luego la subida a Jerusalén.

La maravillosa Puerta Dorada, en la parte de la muralla que da al Torrente Cedrón. Permanecerá tapiada hasta que por ella haga su entrada EL UNGIDO. Así reza la tradición judía; los árabes han situado delante un pequeño cementerio.

Campo de los Pastores, franciscano, en la llanura de Booz. El santuario tiene forma de tienda de campaña.

Instituto Ecuménico de TANTUR, situado entre Jerusalén y Belén, en el que trabajan siete monjes de Montserrat.

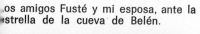

Los amigos Fusté y mi esposa, ante la estrella de la cueva de Belén.

El padre A. Franquesa, en la terraza del Instituto de TANTUR. Fue nuestro primer guía en Tierra Santa.

La Puerta de Damasco, una de las más hermosas de las murallas de Jerusalén.

Los sempiternos centinelas en la parte alta de la Puerta de Damasco, que da acceso al barrio árabe.

Árabe, tranquilo, fumando su narguile.

En el zoco árabe.

Sin embargo, antes de «regresar» definitivamente a la coherencia, le pido al padre Franquesa que me preste por unos momentos su librito, ya que estoy seguro de encontrar en él un brevísimo diálogo citado por Lucas que puede darme el espaldarazo.

Así es, en efecto. En el capítulo decimonono del evangelista de Antioquía puede leerse el siguiente diálogo entre Jesús y los fariseos: «Algunos fariseos de entre la muchedumbre le dijeron: Maestro, reprende a tus discípulos. Él contestó y dijo: Os digo que, si ellos callasen, *gritarían las piedras.*»

Sorpresas en el barrio

Abandonamos el patio y bajamos la escalera. La calle se ha despejado de repente. Es el natural fluir a lo largo del día. El dueño de una tienda fotográfica se ha sentado a la puerta y sonríe con su irónico bigote. A su lado, sobre un taburete, gira un magnetófono que va repitiendo *cher monsieur* en varios idiomas.

El padre Franquesa, fiel a su idea, nos conduce por la vieja Jerusalén improvisando a tenor de nuestra curiosidad. Tan pronto nos encontramos en el barrio cristiano, donde la algarabía es menor, como rebotamos de nuevo en pleno zoco árabe. Y es de subrayar que el centro del barrio cristiano se nos antoja más bien frío —el Patriarcado Latino, el Patriarcado griego...—, en tanto que el hormigueo árabe rebosa de ritmo, como debe de ocurrir en el hogar de Zaid. Los dos barrios restantes, el judío y el armenio, quedan lejos, y nos enteramos de que en el judío, detrás del Muro de las Lamentaciones, donde se están realizando trabajos arqueológicos de importancia extrema, algunos expertos tratan precisamente de descubrir la «piedra angular» de Israel, designadora de sus guías y caudillos, piedra eternamente buscada «y a la que es muy posible que conduzca un esotérico camino teñido de sangre».

Todo ello significa que vamos de asombro en asombro, lo que divierte y asombra al padre Franquesa, veterano en ese menester.

—Es curioso, me ayudáis a revivir mis reacciones cuando llegué aquí, hará unos cinco años. ¿Por qué no nos tomamos una *pitta* y un café?

—¿Una *pitta*? ¿Y eso qué es?

—Esos panes árabes que venden por las calles, planos y huecos. Yo los tomo sin nada dentro. Son una delicia.

Aceptamos gustosos. Compramos las *pittas* —rellenas de comida se llaman *falafel*—, y entramos en un establecimiento de bebidas de la calle El-Wad, en el que hay muchos espejos, aunque no tantos como los que poseía el rey Faruk. En un rincón, un ventilador mudo, parado. Algunos clientes juegan a las cartas —un ciego enano les ofrece relojes que lleva ensartados en la muñeca y el antebrazo—, otros están sentados mirando al exterior, fumando y dejando pasar la vida. El camarero nos sirve a cada uno el consabido mejunje negro, y he aquí que al tiempo de tomarlo y mascar la *pitta*, que nos sabe a gloria, miramos fuera, lo que nos permite ver que en el chaflán se levanta un Hospital y que en el muro de enfrente se alinean, colgadas, una serie de jaulas, cuyos pájaros no sabemos si cantan o si les sacan motes a sus congéneres del bosque.

De pronto oímos:

—Tercera Estación: Jesús cae por primera vez...

Ahora sí ha hablado alguien, y no las piedras o un recuerdo infantil. Otro grupo de peregrinos, probablemente, italiano. No llevan ninguna gran cruz pero sí, clavados en el pecho, un notable repertorio de cintajos y medallas. Un sacerdote corpulento lee en voz alta el correspondiente texto, y los peregrinos escuchan como hipnotizados. Cerca de ellos, pegado a la pared, un policía sostiene en la mano un aparato de radio a través del cual recibe órdenes.

No hay ningún secreto. Sin darnos cuenta hemos vuelto casi al punto de partida, y lo que tenemos enfrente es, ni más ni menos, la Tercera Estación, que conmemora esa «primera caída» no citada en los evangelios. Junto a las jaulas destaca un bajorrelieve que representa la escena, y en el edificio, propiedad de los armenios-católicos, hay una antigua capilla que, según el padre Franquesa, al término de la Segunda Guerra Mundial pudo ser restaurada gracias a la generosidad de un batallón de soldados polacos, que manifestaron así su gratitud por haber salido indemnes de la contienda.

El grupo de peregrinos continúa con lentitud su itinerario. Van rezando a coro el padrenuestro en latín, y advertimos que el ciego enano que en el café ofrecía relojes se ha colocado detrás del grupo y golpea fuerte en el suelo con el bastón pidiéndoles que lo dejen pasar. Unas cuantas mujeres vienen en sentido contrario discutiendo airadamente, mientras un perro sarnoso huye de prisa porque tres muchachos le tiran chinitas desde un balcón.

«Más o menos éste debía ser el ambiente...», mientras Jesús llevaba el palo transversal por las callejuelas camino del Fin. ¿Sería así en realidad? En parte, sí, puesto que la multitud no conocía al Rabí sentenciado; no obstante, el paso de los condenados a crucifixión despertaba siempre la curiosidad de la turba, y aquel día era precisamente día de especial bullicio, día pascual. Lo más probable es que la tablilla legal que acompañaba a Jesús, indicadora de su delito —*Jesús el Nazareno, rey de los judíos*—, provocara mayores ira y escándalo que de costumbre, y que por ello lo insultaran y escarnecieran más aún. Y también es posible que cierto número de mujeres de dicha turba esperaran ya en el Gólgota, a la distancia conveniente, dado que, según ciertos textos, no era raro que en los espasmos de la agonía el miembro viril de algunos crucificados sufriera erección.

Salimos del café —los espejos nos dicen adiós—, y proseguimos nuestros zigzag. Por descontado, sabemos que el término de nuestro trayecto será el mismo que el de los peregrinos: la basílica del Santo Sepulcro, digno remate de esta mañana que en algunos momentos parece estar jugando conmigo como los soldados romanos jugaban a los dados, a los «tres en raya» o similares.

Antes, empero, nos aguarda otra sorpresa todavía. En una calle muy concurrida, comercial, vemos una tienda cuyo letrero dice, en letras rojas y llamativas: *BAZAR VIII STATION*.

El padre Franquesa, ocupado en atarse una sandalia, ni siquiera repara en ello, pero nosotros quedamos clavados en la pared de enfrente, sin poder continuar. Se trata de una tienda de *souvenirs* idéntica a otras muchas, en cuyo vestíbulo un mozalbete escribe una carta en un papel color de rosa, sin dejar de pasarse la lengua por los labios. Tino, que lleva en la mano la monografía de la Vía Dolorosa, la consulta con rapidez: la Octava Estación corresponde al encuentro de Jesús con las hijas de Jerusalén. «Hijas de Jerusalén, no lloréis por mí; llorad más bien por vosotras y por vuestros hijos.» Dicho encuentro, al cabo de veinte siglos, se ha convertido en Bazar.

El choque esta vez ha sido fuerte; sin embargo, en honor del padre Franquesa disimulamos, lo que no me impide repetirme para mis adentros, como en tantas ocasiones: «Ojalá el ser humano fuera como el cohombro de mar, que llegado el caso es capaz de expulsar todo su aparato digestivo y confeccionarse uno nuevo.»

Todo ha pasado, como siempre y ahora desembocamos en una calle muy ancha y vistosa, en la que casi todos los comercios lo son de alfombras. Hay piezas maravillosas, que nos recuerdan las que vimos en Bombay, no lejos de la Puerta de Oriente. Sin motivo aparente, las alfombras adquieren aquí un sentido mágico y lógico a la vez, como de harén o mezquita principales. El padre Franquesa las conecta también con la religión. «Para los árabes son un símbolo. En eso nos llevan ventaja. Para rezar en campo abierto, les basta con extender algo en el suelo, el manto, un pañuelo, para convertir aquello en lugar sagrado.»

Pienso en la teoría según la cual no existe más que una religión —«llevo a Dios aquí», nos dijo Jaimico tocándose el pecho—, y me ausento hasta tal punto que apenas me doy cuenta de que pasamos ante la «Estación» de *el Cireneo*, que tiene al lado una tienda de baratijas con una enorme pila de camellos de madera expuestos en la acera. Acaso por el recuerdo del *BAZAR VIII STATION*, estoy tentado de darle a la pila un pequeño empujón, que bastaría para que la colección de camellos se desparramara a nuestros pies; pero me distraigo viendo en el escaparate una serie de figuras incrustadas en conchas de nácar —salidas, lo más seguro, de los talleres de Belén—, que representan a barbudos patriarcas, uno de los cuales se me antoja el vivo retrato del padre Franquesa.

—Estamos a cien metros de la plaza del Santo Sepulcro...

Poco antes, nuestro cicerone había consultado su reloj. Por lo visto ha decidido acortar, al objeto de disponer de más tiempo para visitar la Basílica.

La Basílica del Santo Sepulcro

La verdad es que nos cuesta trabajo imaginar que estamos tan próximos al sitio que denominaban el Gólgota —por entonces, ya extramuros, ya fuera de la ciudad—, pues en el último tramo hemos bajado en vez de subir.

Bien, estamos prevenidos. El propio padre Franquesa ha cuidado de hacerlo. Y los textos alusivos no ofrecen duda alguna. El promontorio, llamado Gólgota por su forma de cráneo o calavera, tenía a lo sumo seis o siete metros de altura. Ha sido la piedad histórica la que lo convirtió en colina o montículo destacándose del paisaje. La misma piedad que ha hecho de Simón *el Cireneo* un héroe voluntario, cuando está claro que realizó su labor a requerimiento de un centurión.

Más aún, sabemos que ni siquiera ese promontorio rocoso de unos seis o siete metros de altura es ahora visible. Ya en el siglo IV el emperador Constantino recortó dicha roca en forma de dado, rodeándola de una verja de plata. Más tarde, y con ánimo de protegerla, santa Melania, discípula de san Jerónimo, la transformó en capilla. Posteriormente los cruzados incluyeron dicha capilla en el gran complejo de la Basílica que erigieron, precursora de la actual, de suerte que aquel primitivo promontorio desnudo es ahora, ni más ni menos, un simple altar.

¿Y qué importa? «Debería prohibirse a los notarios que vinieran a Tierra Santa», nos dijo jocosamente, en Tantur, el padre Romualdo. Tenía razón, como muchas personas que ven con un solo ojo. Los notarios están condenados a escuchar siempre con cierto desdén palabras como hálito, infinito, piedad...

Todo sucede en un santiamén. Llegamos a la plaza, de muy reducidas dimensiones —¡Dios mío, la de San Pedro, de Roma!—, y puesto que está invadida por una pléyade de seminaristas el padre Franquesa se dirige raudo hacia la puerta de entrada a la Basílica, sin darnos tiempo siquiera a prestar atención a la fachada. Sólo vemos, allá arriba, un campanario desigual, que por las trazas está en reparación.

En realidad, al lado de la puerta de entrada hay otra exactamente igual, tapiada, no sabemos por qué motivo. Dan ganas de pegar un grito para que se abra de par en par.

Ya estamos dentro del templo por antonomasia. Y cabe decir que, aun sin ser notario, y aun estando prevenido, no encuentro el modo de vencer una nueva y atosigante sensación de incomodidad. La visión del conjunto es caótica. La Basílica no compone un todo armónico sino un revoltijo de fragmentos, cuarteados sin ton ni son. A nuestra derecha hay un muro, de cuyo flanco arranca, según vemos, una misteriosa escalera de caracol. Enfrente, a unos pocos metros, destaca una losa rectangular, de color rosado-amarillento: ¡es la piedra de la *Unción*! A nuestra izquierda, al fondo, se levanta una mole enorme, un horrible y pétreo catafalco, semejante a un rancio quiosco de música, junto al cual monta la guardia, de pie, un hombre alto, con la cabeza rapada y semblante alelado, que lleva una sotana raída y que debe de ser un sacristán.

Mirando hacia arriba vemos una o varias bóvedas, también en reparación, con vigas de hierro, andamios, tablones y cuerdas. Sin duda están trabajando, puesto que se oyen rítmicos martillazos. En el suelo, por los rincones, carretillas, palas, cubos llenos de cal. Y justo a nuestra izquierda, casi en la misma puerta, sentados en un banco adosado a la pared, dos tipos con aspecto de guías discuten acaloradamente, mientras un policía, que juguetea al lado con un mechero, los escucha sonriendo.

El padre Franquesa corta de raíz nuestras reflexiones.

—Esa escalera de caracol es la que conduce al altar de la Crucifixión —nos dice, señalando los «misteriosos» peldaños que vimos a nuestra derecha, en el flanco del muro—. Podríamos empezar por ahí...

Nada que objetar. La escalera está casi en la penumbra, por lo que un gordo matrimonio que nos precede empieza a subir a tientas.

Pronto comprobamos que los peldaños son altísimos y que exigen un esfuerzo. Mi mujer, que se ha puesto delante, se detiene un instante para cobrar aliento. El padre Franquesa se da cuenta y le dice: «Así es como hay que subir al Calvario...»

¡El Calvario! Claro, el «altar de la Crucifixión» es el Calvario. Hemos llegado arriba y ahí lo tenemos, frente a nosotros, a seis metros escasos.

Nuestro desconcierto es ahora total. Porque no se trata, como habíamos supuesto, de un «simple» altar, ni de la austera capilla que levantara allí la venerable discípula de san Jerónimo. Lo que se ofrece a nuestra mirada es un altar suntuoso y deslumbrante, con fáusticas lámparas que cuelgan del techo, con finos candelabros y parpadeo de llamas y reflejos. ¿Cómo descubrir, en medio de tanto lujo, allá al fondo, la imagen estilizada y sencilla del Crucificado, abiertos los brazos? Apenas si alcanzamos a leer, en la parte superior del madero, el INRI que resume el sacrificio de Jesús. El mosaico que pisamos es también riquísimo y nada permite imaginar aquí aquel promontorio desnudo sobre el cual, luego de *dar un gran grito,* expiró el Nazareno. En cuadros anónimos populares y en representaciones teatrales hemos visto réplicas plásticas mucho más afines al drama cruento que, según los textos, tuvo lugar en «la hora nona».

Vencido el primer pasmo, conseguimos adecuar nuestro ánimo y adaptarnos al hecho. Vemos que una serie de peregrinos se acercan al altar, a cuyos pies destaca un hoyo abierto en el pavimento. Nos enteramos de que introduciendo el brazo en dicho hoyo, la mano consigue *tocar* la roca golgótica que está debajo. Una vez más la realidad nos escamotea, no ya la visión directa del rostro de Dios, sino incluso la del sitio exacto en que fue clavada la cruz.

Bien, el ánimo consigue superar la prueba tantálica y hacer como que no existe tanto abalorio insensato y trivial. En una columna a mi derecha veo un fresco representando el beso de Judas; a mi izquierda, dos tipos con facha de periodistas no cesan de disparar los *flashes,* cegándonos y obligándonos a parpadear.

Pese a ello, observo que mis acompañantes se han arrodillado muy cerca del altar, y que lo han hecho con devoción extrema, como si fuera la primera o la última vez. Ahora mantienen los ojos prietamente cerrados, abstrayéndose e ignorando lo que sucede a su alrededor. Ni siquiera se percatan de que se ha acercado a «tocar» la roca, avanzando de rodillas, un anciano de cuerpo alámbrico, compuesto sólo de piel y huesos, que luego se ha pasado largo rato besando los bordes del hoyo. Cuando dicho anciano se levanta, pienso que podría ser indio y observo que lleva en la mano, en vez de máquina fotográfica, un extraño bastoncito azul.

Por fin me arrodillo también, y he aquí que el padre Franquesa, que está a mi lado, actuando como si conociera el esfuerzo que realizo —actuando de experto Simplificador—, sin pronunciar una sílaba me tiende con naturalidad el libro de los Evangelios que lleva en la diestra. Al tomarlo veo que está abierto por una página determinada, y en seguida me pregunto si no la habrá elegido con intención personal. Sí, ahí están las incomprensibles palabras de Jesús, escritas por Marcos: «Dios mío, Dios mío, ¿por qué me has abandonado?» —*Elí, Elí, lema sabachtani?*—; y un poco más adelante, aquellas que mi memoria evocó hace tan sólo unos momentos: «Mas Jesús, dando un gran grito, expiró.»

¡Un gran grito! La exclamación galvaniza algo oculto en mi interior. Es de suponer que se trata del alma, puesto que se ha dicho del alma que es aquello que empieza donde termina lo demás. ¿Y qué es lo que mi alma grita? Lo más elemental, lo que tantas veces ha gritado desde que, a poco de nacer, me bautizaron, sin mi permiso, con extraños exorcismos. Lo que hizo que me abrazase a mi mujer en el cuarto de baño del hotel al leer en las pastillas de jabón la palabra *Jerusalén:* la necesidad de creer, aunque millares de lámparas de lujo obsceno vayan impidiéndome, a lo largo de mi vida, la visión directa del rostro de Dios.

Por supuesto, ese grito de ahora, sentido en el sitio tan esperado —aquí, o muy cerca de aquí, fue clavada la cruz—, debería bastarme. Pero tampoco me basta, esta vez por culpa de un barbudo monje griego que está sentado a la izquierda del altar, ante una mesa con cestillos repletos de velas, velas que va ofreciendo a los peregrinos, los cuales las toman y las encienden depositando a cambio billetes de mayor o menor cuantía.

Pese a los esfuerzos que hago, y pese al librito que sostengo en mis manos, no logro ahogar mi airada protesta. Me resulta incomprensible que, para encenderle una vela a Cristo en el lugar de su muerte, los hombres tengan que depositar billetes en una bandeja, ante la mirada ambigua de un barbudo sirviente del Señor.

Y sin embargo, por lo visto mis acompañantes han superado cualquier tipo de obstáculos, de elucubración. Incluso el padre Franquesa ha cerrado los ojos e inclinado la cabeza. ¿Qué sucede? Están rezando, también como si fuera la primera o la última vez. Sin duda rezan por sí mismos, por lo que debieron hacer y no hicieron, y por los demás, y por el mundo. Por los judíos y los palestinos, por los mares y la tierra, para que la Humanidad renuncie al odio y el vocablo *prójimo* adquiera sentido. Mi mujer —lo noto en la curvatura de sus hombros— está rezando sin duda por mí. Para que tenga salud y fuerza y logre realizar mis propósitos, que ella no ignora, porque forman parte de su ser. Juraría que no pide ningún milagro, porque para ella el gran milagro es el curso natural de las cosas; pero ha sufrido tanto que un buen día se enamoró de algo que escribiera san Agustín: «Si me conociera, Te conocería.»

El ejemplo me puede e intento también rezar, unirme a la plegaria colectiva. Sin embargo, como siempre me sucede en los instantes solemnes, lo único que consigo es hincharme de egoísmo y «gritar» que no querría morir. En muchas ocasiones he declarado que la muerte se me antoja una injusticia y ni siquiera en este momento acierto a balbucear: «Hágase tu voluntad.»

De pronto, el padre Franquesa se levanta, echa a andar en dirección al altar y una vez allí se arrodilla de nuevo, y al igual que hiciera el anciano alámbrico del bastoncito azul besa repetidas veces los bordes del hoyo. Luego se aparta a un lado y nos invita a que le imitemos. Obedientes, uno tras otro nos acercamos, lo que nos permite ver que detrás del hoyo, recostado al fondo, hay un cuadro dorado y fosforescente que representa un *Ecce Homo* y que refleja la roca que se oculta debajo.

Uno tras otro introducimos el brazo en el agujero y tocamos la roca. Bien, nunca sabré lo que los demás han experimentado al hacerlo. En cuanto a mí, la sensación ha sido doble. Por un lado, he notado, al tacto, una suerte de purificación inesperada, evidente; por otro lado, la roca, porosa y húmeda, extrañamente grasienta, me ha repugnado.

Ignoro el significado o alcance de la sacudida que ese contacto ha provocado en mí. Ignoro si puede culpárseme en algún sentido. Por lo demás, la sensación ha sido breve. No sólo eso, sino que muy pronto se ha visto compensada por una filtración más sorprendente aún: cierto, segundos después de sacar el brazo del agujero he deseado, como se desea tener la mente clara o hacerse a la mar, ser, simplemente, un hombre bueno.

El padre Franquesa se acerca a la baranda-mirador situada entre la escalera por la que hemos subido y aquella otra, situada en el lado opuesto, por la que tendremos que bajar. Sospecho que se dispone a facilitarnos desde allí algunos informes sobre la Basílica, lo cual me interesa en grado sumo. No obstante, me retraso adrede un par de minutos, por causa de un grupo de peregrinos que acaba de subir, a las órdenes de uno de los guías que al entrar vimos abajo discutiendo con su colega.

¡Acerté! Los peregrinos son mexicanos y el guía chapurrea mal que bien el castellano, lo que me permite escuchar la más asombrosa explicación referida a una inexpresiva imagen de la Dolorosa que ocupa un lugar destacado a la derecha del altar —en el Vía Crucis, la decimotercera estación— en una hornacina discretamente iluminada.

—Vean ustedes, señores, esa patética imagen de la Virgen María... La Virgen María no pudo soportar la visión de los suplicios que Jesús, su hijo, estaba padeciendo en la cruz, y antes de que el martirio se consumara ella misma se clavó una espada en el corazón...

Se produce un silencio total entre los mexicanos. En lo que a mí se refiere, alzándome de puntillas alcanzo a ver la imagen. En efecto, no lleva siete espadas clavadas, como es corriente en las Dolorosas, sino una sola.

—Y ahora, señores —prosigue el guía—, veamos el altar del Calvario. Allí está el monje, que les facilitará a ustedes los cirios y las velas que deseen...

Acodados en la baranda-mirador, escuchamos un escueto informe del padre Franquesa. Gracias a él nos enteramos de que, por extraño que parezca, el actual y caótico aspecto de la Basílica no es nada comparado con el galimatías que en épocas no muy lejanas fue su nota dominante. En el fondo hay que alegrarse de ver vigas de hierro y cubos de argamasa y de oír, allá lejos, martillazos. Algo se está haciendo, y bien, para remediar en lo posible graves errores cometidos con anterioridad. Los franciscanos y los armenios han adecentado el sector que les corresponde; los coptos y los sirios poco pueden hacer para mejorar las ínfimas parcelas que han obtenido en propiedad; y por su parte, los griegos ortodoxos, poco a poco, están llevando a feliz término un admirable proyecto: completar, con nuevas y simétricas columnas de mármol, la llamada Rotonda, en medio de la cual se encuentra precisamente el Santo Sepulcro propiamente dicho, o sea, la tumba donde fue depositado el cuerpo muerto de Jesús, donde Jesús *reposó* —éste es el término usual—, tumba convertida también en capilla, que acto seguido podremos visitar.

Por cierto, que en esa capilla él ha tenido la fortuna de poder celebrar misa, lo mismo que en la capilla que la precede, llamada la Capilla del Ángel, que era algo así como el vestíbulo «donde podían reunirse los deudos y los dolientes», espacio sagrado, donde se oyeron aquellas palabras sin las cuales él no llevaría ahora el hábito que lleva: «*Ya resucitó, no está aquí, mirad el lugar donde lo pusieron.*»

Nos disponemos a bajar la escalera para venerar primero la piedra de la Unción —enmarcada también con lámparas de plata y enormes candelabros—, y visitar posteriormente las capillas del Santo Sepulcro, cuando un espléndido coro de voces resuena en la Basílica rebotando en los muros y estremeciendo nuestro ánimo. Sobresalen las voces de los barítonos. Es tal su calidad que, sin darnos cuenta, permanecemos un rato más en la baranda-mirador. Vemos que el grupo de peregrinos mexicanos, que conducidos por el guía se encontraban ya franqueando la puerta de salida —¿qué habrán visto en tan poco tiempo?—, se detienen y se quedan también como clavados, escuchando.

El padre Franquesa sigue informándonos. El canto procede del llamado *Católicón*, que es de hecho la catedral griego-ortodoxa, inserta a nuestra derecha, en la parte central de la Basílica. El genio de los barítonos griegos es tradicional, y recuerda un poco el volumen y las impostaciones de los coros eslavos. Tal vez sea ésta su baza más fuerte. Bueno, también su liturgia, ¿a qué negarlo?, contiene hallazgos de primer orden.

Por fin salvamos con mucho tiento la fosca escalera opuesta a la que utilizamos para subir. Abajo, no tenemos más remedio que aceptar la teoría del «grupo» de que nos habló, frente a la Puerta de Damasco, la intrigante pareja hippie, intelectual y unisexo, puesto que más de una docena de monjas se han precipitado sobre la piedra de la *Unción* y, como si hubieran ensayado el número, se han tirado simultáneamente al suelo. La piedra ha quedado bloqueada y las monjas, de rodillas, se han pasado un buen rato besuqueándola, apoyando la frente en sus bordes e inundándola poco a poco de rosas blancas y rojas.

El padre Franquesa opta por acompañarnos directamente hacia la Rotonda —la nave principal tiene cuarenta metros de altura—, en cuyo centro se levanta el horrible «catafalco» que vimos al entrar en la Basílica: el Santo Sepulcro. «No es un monumento, es un error», escribió alguien. Exacto. Arriba, una pequeña cúpula de estilo moscovita remata el edículo; abajo, cuatro colosales y ricos candelabros, semejantes a otros tantos *sputniks* o centinelas velan el pórtico que da acceso a él.

Una heterogénea cola se ha formado en la puerta de entrada, en la que destacan un sacerdote bajito y nervioso que no cesa de dar órdenes en italiano y una aturdida mujer que se abre paso como puede sentada en un sillón de ruedas. Sin embargo, otro «grupo», inesperadamente, reclama nuestra atención: son sordomudos. Han aparecido por la parte trasera, y su presencia tiene la virtud de crear un clima de respeto. Dialogan entre sí, mirándose a los labios y gesticulando, y todo el mundo facilita su avance, incluido el nervioso sacerdote italiano. Son una veintena de muchachos, no más, jóvenes en su mayoría, y cuyos rostros reflejan una sorprendente serenidad. La Capilla del Ángel los engulle uno tras otro. Nadie se mueve. Todos aguardamos a que empiecen a salir, y la mujer del sillón de ruedas tiene aire de esperar, como si de Lourdes se tratara, que de pronto se produzca algún milagro.

Pero no hay tal. A no tardar los sordomudos salen y vuelven a mirarse a los labios y a gesticular, comentando sus emociones. La agilidad de sus manos es prodigiosa. Uno de ellos lleva un brazal y una banderita, que las llamas de los candelabros iluminan.

—¡Hala!, es nuestro turno —nos dice el padre Franquesa.

Entramos tras él en la Capilla del Ángel, «donde podían reunirse los deudos y los dolientes», y mis ojos se clavan en el pedestal de mármol que preside la estancia y en el que, según noticias, se venera un fragmento de piedra «perteneciente a la rueda de molino que cerraba la cámara sepulcral». Ese fragmento de piedra me obsesiona porque me retrotrae a aquellas palabras que mencionara hace poco el padre Franquesa y en las que se encierra el fundamento de nuestra fe: «Ya resucitó, ya no está aquí...»

¡Resucitó! ¿He creído alguna vez realmente en el supremo misterio de la Resurrección? Y si no he creído realmente en él, ¿por qué estoy ahora aquí, aunque no lleve, como el sordomudo, un brazal y una banderita? Es el momento de afirmar o negar, pienso para mis adentros, mientras Tino y Asunción inclinan la cabeza ante el pedestal.

Me zarandea la contradicción. Si había de resucitar ¿por qué murió? Y al morir, ¿sabía que iba a resucitar? Debía de saberlo, puesto que lo anunció con toda claridad. Ahora bien, ¿puede Dios morir? ¿O puede ser Dios alguien que puede morir? «Señor, Señor, purifica mi corazón, como sin duda habéis purificado el de esa mujer tullida que acaba de plantarse a mi lado, con su sillón de ruedas y sus ojos en trance.»

Penetramos en la segunda cámara, la cámara sepulcral, cuya puerta es tan baja que, al igual que la de la Natividad en Belén, obliga a agachar la cabeza. Observamos que la gente que sale lo hace —por respeto al Santo Sepulcro— andando de espaldas.

¡El Santo Sepulcro! La estancia es también muy pequeña. Al pronto, y como de costumbre, los reflejos dorados del altar me deslumbran. Pero mi disposición aquí es otra, no sólo por la «presencia» de la muerte, sino porque el padre Franquesa, con conmovedora familiaridad, se ha acercado a la piedra o repisa marmórea sobre la cual *reposó* el cuerpo de Jesús —la cabeza hacia occidente, los pies hacia oriente— y la ha besado repetidas veces.

¡Ay, pero allá al fondo, en un rincón de la pequeña estancia, se yergue un intruso!: un monje griego, de pie, que parece vigilar todas nuestras acciones. Más aún, inmediatamente descubro que, esparcidos como al desgaire sobre la piedra o repisa sacrosanta, hay una buena cantidad de billetes, especialmente dólares, sin duda colocados allí para estimular la generosidad de los visitantes... Me viene a la memoria que alguien me advirtió sobre el particular, aunque yo no le di crédito; sin embargo, ahora la realidad se impone sin apelación.

Imposible no evocar el pasaje evangélico referido a los mercaderes del templo. No obstante, varias circunstancias acuden de nuevo en mi ayuda. La primera, que mi mujer, juntas las manos, reza una vez más con todo fervor. La segunda, que el padre Franquesa, luego de hacer lo propio, se retira —hay que dejar sitio a los que esperan fuera— andando de espaldas, y que Tino y Asunción lo imitan a no tardar. La tercera, que el coro griego del *Catolicón* rompe a cantar, ahora con más fuerza que nunca, magnificando todo lo que nos rodea.

Ese canto ha sido decisivo y ha conseguido hacerme olvidar lo histriónico y negativo del lugar y remontarme el ánimo. Por si fuera poco, en cuanto salgo yo también, me entero de un curioso detalle: en medio del *Catolicón* se alza un ingenuo cáliz de piedra que pretende ser nada menos que el *Omphalos* u «ombligo del mundo».

Bien, al oír esto no puedo por menos que recordar que, cuando nuestro viaje a Grecia, el *Omphalos* o «centro» de la tierra nos lo situaron en Delfos, donde no tenía forma de cáliz sino de huevo, también de piedra, visible en el museo de dicha población. Y que cuando estuvimos en Camboya, para los descendientes de los *kmer* dicho «centro» estuvo siempre al norte del país, en los fabulosos templos de Angkor. Y que, según un texto legible en el libro de Ezequiel, el «centro» de la tierra está en la propia Jerusalén. Cabría preguntarse cuántos «centros» a lo largo de la historia ha tenido la tierra —y el universo— en opinión de los hombres. Y por qué ser el «centro» o «poseerlo» es objeto de deseo. No puedo comentar eso con nadie porque mis acompañantes están ocupados en contemplar una hermosa estampa: una hilera de niñas árabes van «entrando», mirando al suelo, la mano a la altura del corazón.

Reagrupados fuera del edículo, y viendo que el trasiego es ahora muy denso por doquier, el padre Franquesa, después de repetirnos que nunca se sabe cuándo el lugar estará a tope o estará vacío —«hay ratos en que en la Basílica no hay nadie, otros en que no se puede dar un paso»—, nos propone abreviar esta primera visita. «Hoy echaremos un vistazo a ciertos detalles que considero esenciales, y otro día volvéis vosotros por vuestra cuenta.»

Asentimos, y nuestro cicerone, sonriendo y acariciándose la barba, nos acompaña a visitar la porción de Basílica asignada a los coptos, que no es más que un modesto altarcillo situado en la parte trasera del «catafalco», bajo la vigilancia de un monje guardián, pobremente vestido, elegante y sumiso, de ojos licuosos. Dicho monje, al vernos inclina la cabeza, y después de levantar una especie de cortina que oculta dicho «altarcillo», oscuro y oliendo a especias aromáticas —«su cuerpo fue bañado con especias aromáticas»—, nos ofrece unos frasquitos de ungüento y unas estampitas. Tino acepta el obsequio, no sin depositar acto seguido un billete en la bandeja que yace en el suelo, sin duda preparada, ¡cómo no!, para ese menester.

El padre Franquesa, más ágil que nunca, prosigue, acompañándonos ahora al lugar sagrado de los sirios, al que accede por una oquedad abierta en la pared del fondo —desligada por completo del «catafalso»—, y en la que penetramos por entre el complicado andamiaje formado por las columnas que los griegos van añadiendo a la Rotonda. Ahí nos encontramos en una covacha prácticamente hueca, dramática y paupérrima, con sólo un altar desmantelado y sombrío, en la que destacan unas tumbas vacías, intactas, de inspiración troglodítica, macizas como la muerte y que, por descontado, me impresionan mucho más que la marmórea del Santo Sepulcro. En ellas no cabe la mixtificación y es fácil imaginar, tal como relatan los Evangelios, que fueron abiertas «en la roca viva» y que hasta entonces «ninguno había sido sepultado allí». En medio de un tenso silencio el padre Franquesa ha encendido una cerilla para que veamos mejor las cavidades sepulcrales, colocadas, conforme a la tradición, a cierta altura sobre el nivel del suelo. No hay siquiera monje guardián. Es el apoteosis del desamparo y de la humildad.

Salimos de nuevo a la luz y el padre Franquesa, advirtiendo que ha llegado más gente aún y viéndonos convencidos de que la basílica es un mundo mucho más complejo de lo que podría pensarse al franquear el umbral, insiste en que lo más sensato es echar una última ojeada a los lugares menos visitados en estos momentos y por hoy dar por finalizado nuestro recorrido.

Así lo hacemos. Bajamos al sótano o cripta donde, según la tradición, santa Helena, la emperatriz madre de Constantino, al término de una búsqueda tenaz, encontró la mismísima cruz del Señor, la cruz «que los centuriones, una vez desclavado del cuerpo, tiraron desde lo alto». Por supuesto, las objeciones se acumulan. Cierto que por aquel entonces la ley judía prohibía que ningún cadáver permaneciese en la cruz al anochecer, lo que explicaría que, en efecto, la de

Cristo «fuese tirada desde lo alto». Ahora bien, santa Elena encontró el madero en el siglo IV. ¿Cómo una cruz de madera pudo conservarse por espacio de más de trescientos años? ¿Y cómo santa Elena pudo distinguirla de las de los dos ladrones que murieron a su lado?; etcétera.

Objeciones más graves todavía ante la roca resquebrajada, con enormes grietas de color blancuzco, las cuales, según los guías, podrían corresponder a los temblores de tierra que, en unión de otros fenómenos, se produjeron a la muerte de Jesús. ¡Sólo faltaría que se exhibiera la cortina del templo «que se rasgó de arriba abajo en dos partes»!

Lo último que visitamos, ya en dirección a la salida, es la llamada capilla de Adán. Ahí he de confesar que la leyenda de turno me parece hermosa, y así se lo hago saber al padre Franquesa, quien me escucha con aire socarrón. De acuerdo con la leyenda, la calavera de Adán fue enterrada precisamente donde hay ahora esa capilla, y el prodigio que la justifica consiste en que al caer sobre dicha calavera algunas gotas de la sangre de Cristo, Adán, por unos instantes, resucitó...

—¿Por qué no, padre Franquesa? ¿No sabe usted que todo aquello que es poético es verdad, y que si no acepta usted esa tesis debe despedirse ahora mismo de cantar *salmos* en su bonita capilla de Tantur?

Balance provisional

Por fin ganamos la plaza exterior, que todavía se nos antoja más pequeña que antes de entrar. El cielo continúa azul, la atmósfera es benigna. Dan ganas de sentarse un rato al aire libre —al otro lado hay unos peldaños de piedra bruñida, disponibles, que invitan a ello— y pasar balance. Pero las imágenes se suceden sin conceder reposo. Vemos unas monjas que besan la puerta tapiada que nos intrigó. El policía de la entrada, que antes jugueteaba con el mechero, ahora limpia la pistola que previamente sacó del estuche. Cruzan la plaza unos muchachos árabes llevando en hombros un ataúd destapado, vacío... ¿Adónde se irán? Sin saber por qué miro hacia arriba, hacia el campanario y me digo que debe de ser apasionante pasearse por los tejados de la Basílica, por entre las cúpulas. También veo pasar, sonriendo, al guía judío de los mexicanos —el de la Dolorosa-suicida, la que se clavó la espada—, y ello me trae a la memoria la fechoría de dos jóvenes israelíes que recientemente intentaron arrancar o robar el INRI de la cruz del altar del Calvario, y que al toparse con un lego franciscano que en aquel momento estaba allí, lo tiraron escalera abajo, rompiéndole la cabeza...

A decir verdad, tal desfile de imágenes, opuestas a más no poder, acrecientan si cabe el desconcierto en que me ha sumido la jira por la Basílica, desconcierto que comparten, ¡desde luego!, mis acompañantes y del que el padre Franquesa, como es natural, tiene plena conciencia.

En esas condiciones, ¿cómo pasar el necesario balance de los impactos que acabamos de recibir?

Una vez más, el problema más arduo es el de la división de las «confesiones» cristianas —*ese altar para mí, esa covachuela para ti*, etcétera—, reparto y escándalo que por lo visto no sólo es privativo de Belén y del Santo Sepulcro, sino que afecta por igual a toda Palestina.

El padre Franquesa, que por primera vez parece sentirse un tanto incómodo, se anticipa a nuestras objeciones y nos repite lo mismo que en Tantur: cometeríamos un grave error sacando conclusiones apresuradas. Acepta que todo ello es desagradable, delirante casi, y de ahí que muchos peregrinos que vienen a Tierra Santa con la mejor buena fe se vuelven rotos por dentro, con la sensación de haber sido estafados desde que estudiaron el catecismo. Pero ése no ha de ser nuestro caso, por lo que su consejo es muy simple: conectar con los franciscanos, que llevan aquí, custodiando los Santos Lugares, nada menos que siete siglos y que en consecuencia se conocen al dedillo los intríngulis de la cuestión.

—Si mal no recuerdo, en Yafo conocisteis al padre Emilio Bárcena, ¿no es así? Pues bien, es el hombre indicado para explicaros, dentro de lo posible, las razones de tanto embrollo... No sé quién de vosotros dijo que Dios se esconde constantemente; algo hay de cierto en ello, aunque también lo es que quien persevera en su búsqueda termina por encontrarlo. De mí puedo deciros que en esa basílica le he encontrado muy a menudo, y de modo especial. También los evangelios son contradictorios, ¿no es verdad?; y en cambio su doctrina es vida eterna. —El padre Franquesa recobra de pronto su semblante alegre y termina—: Hala, vamos a tomarnos otra taza de café...

Asentimos con la cabeza, presos de encontrados sentimientos. Y acto seguido abandonamos la plaza, acosados por un vejete que se empeña en vendernos hojas de afeitar.

En el camino, el padre Franquesa nos proporciona la última sorpresa: ¡nos cuenta que las llaves de la Basílica pertenecen legalmente, desde tiempo inmemorial, a dos familias musulmanas, que además cobran una suma diaria por abrir la puerta!

—Yo sólo sé que tal privilegio es hereditario y que se remonta nada menos que a Saladino, el sultán que derrotó a los cruzados; pero si os interesan más detalles, haced lo que os dije: preguntadle al padre Bárcena y él os los dará...

CAPÍTULO XI

El padre Franquesa, que ha de regresar a Tantur, pues quiere almorzar con la comunidad, nos sugiere que nosotros almorcemos en *Casa Nova,* la residencia franciscana al servicio de los peregrinos, situada precisamente muy cerca del convento de San Salvador. «Vamos primero al convento, preguntamos por el padre Bárcena y él os lo arreglará. Luego yo me voy a Tantur y regreso a las tres en punto, para acompañaros al Monte de los Olivos. Esperadme en la Puerta Nueva. Naturalmente, tendréis el placer de saludar de nuevo a Zaid...»

El plan nos parece perfecto. En ruta hacia el convento, abordamos la calle de San Francisco, a cuyo término se yergue el campanario puntiagudo, de pizarra, de San Salvador, con el reloj que marca la hora para todo el barrio. Barrio de ambiente árabe, lo que significa que los bigotes de los hombres son en él una auténtica filigrana. Tino comenta que las posibilidades de dichos bigotes, sus formas y su negritud, llegan a obsesionarle. Por lo demás, Zaid se ocupó del tema, asegurando que la fuerza real de los árabes radica ahí, en sus bigotes, llegando a afirmar que sin ellos el poder de la media luna se extinguiría en poco tiempo y de la manera más lamentable.

Llegamos al convento, que por las trazas debe de se: grandioso, y vemos al lado una librería cuyos escaparates nos ofrecen una interminable lista de títulos sorprendentes, en varios idiomas. Nos detenemos un momento, lo suficiente para comprobar que estamos en la gran época del detalle mínimo. Hay, en efecto, monografías para cualquier paladar: sobre los grafitos de Tierra Santa; sobre la circuncisión; sobre el simbolismo en la Biblia; sobre la Santa Faz, ¡sobre el Santo Sepulcro...! Vemos también: *Perón y la Iglesia.* Un título se repite: *Historia de Israel.* ¿Cuál será la verdadera? Tal vez una que reza: *El misterio de Israel.* Aunque el centro o eje de tanta bibliografía es Cristo: *Cristo fundador, El Reino de Cristo, La psicología de Cristo, Las fechas exactas de la vida de Cristo, ¡El día en que Cristo nació!* ¿Cómo saber lo que ocurrió ese día? Alguien dijo que la palabra Jesús es la palabra que ha sido más veces empleada desde el descubrimiento de la imprenta. Podría ser. También abundan los títulos sobre *Los problemas de la unidad cristiana.* ¡Ah, si pudiéramos tragarnos todo esto y colocarlo ordenadamente en nuestros cerebros! El padre Franquesa —y el padre Emilio Bárcena— tendrían que darnos menos explicaciones...

—Eso de que el saber no ocupa lugar, ¿no será una estupidez?

—Es posible...

—Os daré un dato: los chinos desconocen la tinta china...

—¿En serio?

—En serio.

Entramos en la librería y compramos varias obras: *El Monte de los Olivos; Ritos de los judíos; La amistad judeo-árabe;* etcétera. De pronto, Asunción descubre, en castellano, un opúsculo cuya existencia jamás pudimos sospechar: *De cómo comía Jesucristo,* por el padre Eusebio Hernández, S. J. Adquirimos dos ejemplares.

—Padre Franquesa, quédese usted con uno de ellos. A cambio de la bolsita de caramelos...

Nuestro cicerone nos deja en manos del portero de San Salvador, y después de darle las debidas instrucciones se despide con un «hasta luego» y desaparece doblando la esquina más próxima, detrás de un borriquillo al trote.

Dicho portero es árabe... y lleva bigote. Sentado ante la centralita telefónica atiende con parsimonia a las llamadas, que son continuas.

La centralita, con manecillas que crujen y auriculares prebabilónicos, estaría más en su sitio en casa de un coleccionista de objetos inservibles. Sin embargo, funciona. Funciona hasta tal punto que antes de nada nos permite oír la bien timbrada voz del padre Emilio Bárcena: «Pero, ¡chicos! Ya creí que os habíais perdido en el zoco de Yafo o en el valle de Josafat...»

Convento de San Salvador. El atentado palestino

Minutos después, el franciscano que en Tel Aviv nos alegró el corazón está con nosotros, con su cara de niño sempiterno. Al tiempo de abrazarnos y de pronunciar varias oes singularmente redondas, nos informa de que acaba de regresar del proceso que se celebra contra monseñor Capucci y de que, en España, el domingo pasado ganó por goleada, en campo contrario, el equipo de sus amores, el «Santander».

Sentados en un cuarto frío, desangelado, alto de techo, típicamente conventual, le contamos en síntesis nuestras experiencias desde que nos despedimos de él en Yafo. Nos escucha con tanta atención que es evidente que aguardaba con impaciencia conocer nuestras impresiones. Al fin mueve la cabeza con expresión ambigua, se autodomina y exclama con buen humor: «¡Vaya! Ya sabía yo que en Tantur seríais bien recibidos... ¡Pero tenéis que decirme si habéis declarado o no la independencia de Cataluña!»

Nos reímos de buena gana. Quiere echar un vistazo a los libros que acabamos de comprar y nos dice que los conoce todos, excepto el opúsculo *De cómo comía Jesucristo.* «¡Caray, con perdón! Es una joya...» Luego nos cuenta que en la imprenta del convento, que desea que conozcamos, la *Custodia* publica una serie de obras que podrán sernos de utilidad. «Es una imprenta interesante, sobre todo por la diversidad de caracteres de letra. Por ejemplo, los caracteres semíticos son algo especial. No es fácil encontrar linotipistas competentes.»

Al hablarnos del convento opina que es una fábrica inmensa, anticuada, que habría que derribar por la vía rápida y hacer algo nuevo y más práctico. En la planta baja —«que tiene varias hectáreas»—, hay talleres de todas clases, en uno de los cuales un gallego un tanto particular, sin duda genialoide, fray Delfín, lleva ya tres años dedicado a construir un órgano para la iglesia de Belén. Arriba, en el último piso, está la enfermería, desde cuyo pasillo varios franciscanos jubilados —algunos, nonagenarios—, se pasan los días contemplando Jerusalén.

—¿Y tu feudo, dónde está?

—También allá arriba. Es la oficina de la revista de que os hablé. La llamamos «Los Pirineos», porque desde la terraza, que por cierto estoy llenando de cactus, es lo más alto que hay.

Preguntamos cuándo podremos ver esos cactus y nos contesta que va a ser difícil porque, excepto la planta baja, el convento es de clausura.

—¿Cómo...?

—Así es. En la escalera hay un letrerito en italiano que dice: «Prohibido el paso a las mujeres.»

—Pero, ¿hablas en serio?

El padre Emilio torea el asunto, y dando un quiebro se ofrece para acompañarnos esta tarde donde queramos, con su cochecito azul. «¿Habéis visitado ya la Gruta del Padrenuestro y el huerto de Getsemaní? Ahí no encontraréis, supongo, nada que pueda chocaros negativamente.» Al saber que el padre Franquesa nos recogerá a las tres, tiene un simpático gesto resignado. «¡Ah, conforme! Los primeros serán los primeros. Pero decidle que vais de prestado y que mañana me toca a mí. Si no, ¡palabra que os mando a todos a freír espárragos!»

Llegados aquí, consulta su reloj y nos dice que no habrá inconveniente en que almorcemos en *Casa Nova,* pero que convendrá que vayamos en seguida, ya que en la residencia el horario es muy estricto.

—Voy con vosotros, y así de paso os presento al gran padre Mancini...

Se levanta, nosotros le imitamos, y en este momento ocurre lo imprevisto: suenan sirenas de alarma, y a poco las sirenas de las ambulancias, y todos juraríamos haber oído un segundo antes como una lejana y fortísima explosión.

¿Qué habrá ocurrido? El padre Emilio nos indica con un gesto que le sigamos y echa a correr hacia la portería, donde está la centralilla telefónica. Poco tardamos en conocer la verdad: en la calle Hillel, en la ciudad nueva —judía—, se ha producido un atentado. Una camioneta que transportaba frigoríficos ha estallado de repente, muy cerca de la sinagoga italiana. Ha habido víctimas. Naturalmente, seguro que se trata de un atentado palestino. La cosa debe de ser importante y en esos casos el remate lo constituyen luego las represalias...

El padre Emilio tiene una mueca de desagrado y con el pañuelo se seca el sudor. Nos mira como reflexionando y por fin propone:

—Si el asunto os interesa más que el almuerzo en *Casa Nova* puedo acompañaros con el coche hasta allí. Pero no podré quedarme con vosotros. Yo tendré que regresar. ¿Qué hacemos?

La curiosidad nos puede, y previa una rápida consulta optamos por aceptar el ofrecimiento, lo que implica seguirle de nuevo a buen paso en busca de su cochecito azul, que está aparcado, limpio y fiel, en un gran patio en el interior del convento.

Al tiempo de acomodarnos en el vehículo nos dice:

—Hay un atajo ahí detrás, que sale casi directamente a la Puerta Nueva...

Pisa el acelerador y pronto nos encontramos fuera de las murallas. Por primera vez nos dirigimos a la parte moderna de Jerusalén, levantada por el nuevo Estado de Israel. Recuerdo que al preguntarle a Zaid si había en ella algo interesante, el taxista contestó con escepticismo: «Casas, hoteles, comercios, Bancos...» Ahora comprobamos que no mintió. Sin embargo, en esa ocasión hay algo más: patrullas de soldados, jeeps de la Policía y muchos autocares detenidos, con gente parloteando en las aceras. Pese a las circunstancias, el padre Emilio no puede olvidar su papel de cicerone y va diciéndonos: «iglesia rusa», «Central de Correos», «Plaza Sión»...

Esta plaza es el final. En ella hay un cordón de la Policía que impide ir más allá. La calle Hillel está cerca, a la izquierda —quizá, todavía, con manchas de sangre—, pero se ha formado un tremendo embotellamiento. El padre Emilio detiene su vehículo. «Hala, bajaos rápido, de lo contrario no me da tiempo a salir de ese infierno y regresar.» Mientras nos apeamos nos señala un restaurante próximo y añade: «El dueño es mexicano. Se llama Raúl y es amigo mío... ¡Hasta pronto!» Dicho esto, con suma habilidad sortea coches y peatones y desaparece por la derecha, por la calle Harav Kook.

No sabemos qué hacer. La Plaza Sión, pese a su bíblico nombre, es un manicomio. Las caras que nos rodean reflejan una crispación externa, especialmente, las de los *sabras*. Vemos un grupo de ancianos con expresión abatida. Sus gorritos dicen «Shalom», pero es posible que sus corazones digan otra cosa. Sentado en el portal de una tienda, como aislado y fuera de órbita, un mendigo de larga melena va moviendo la cabeza y leyendo el librito de los Proverbios.

Todo el mundo habla y han llegado media docena de muchachas uniformadas, dispuestas a ordenar el tráfico. Su contundencia es tal que decidimos refugiarnos en el restaurante mexicano, cuyas mesas están llenas a rebosar. El contraste entre el drama de la explosión y la voracidad de los comensales nos deja perplejos. Los camareros no dan abasto, sirviendo y retirando platos, y mordiendo entre los dientes largos tickets amarillos. Nos preguntamos cómo encontrar a Raúl, el dueño, ya que nos empujan por todos lados y es evidente que sólo él puede sacarnos del atolladero.

¡Albricias! Le vemos —seguro que es él— sentado, tranquilo, detrás de un largo mostrador, marcando numeritos en la Caja. Tiene los ojos negros y el alma inmutable. También lleva un gorrito que dice «Shalom».

En el restaurante de Raúl

—Sí, cómo no, siempre hay un huequecito para los amigos del frailuco Emilio... Aunque seáis españoles.

El «aunque» nos parece fuera de lugar, pero no es momento para andarse con honrillas. El huequecito en cuestión está al fondo del establecimiento, detrás de una cortina, en un pequeño reservado. Un camarero nos acompaña y nos señala una mesa situada debajo de una cabeza de ciervo clavada en la pared. En la mesa contigua hay varios oficiales, cuyo uniforme reconocemos en el acto. Son de la ONU, son cascos azules. Están tomándose su café y fumando. Les miramos con curiosidad, pero el camarero reclama nuestra atención, advirtiéndonos que, dado el jaleo reinante, el menú es único: arroz a la cubana y macedonia de frutas. «De acuerdo, de acuerdo.» «¿Queréis vino?» «Sí, por favor. Y después del postre tráiganos también café.»

El cambio de decoración ha sido tan brusco que nos sentimos como alelados. Y no obstante, pronto nos vemos obligados a admitir que hemos tenido suerte. En efecto, uno de los oficiales de la ONU, que lleva en el pecho una tirilla con la inscripción *Batallón Bolívar*, al oírnos hablar castellano ha correspondido a nues-

Vista panorámica de Belén.

Basílica de la Natividad, de Belén. En el interior, el templo y la cueva del Nacimiento. Obsérvese el diminuto tamaño de la puerta de entrada.

EL-HAJ
QUADI IQBAL AHMAD
EL-HINDI

GUARD IN MOSQUE OF OMAR
JERUSALEM
P.O.B. 20432

الحاج
قاضي اقبال أحمد الهندي
حارس الحرم الشريف
القـدس
ص.ب. ٢٠٤٣٢

Tarjeta de un EL-HAJ, título al que tienen derecho los que han peregrinado a la Meca.

Leyendo el Corán en el interior de la Mezquita.

Panorámica de la mezquita de Omar.

árabe es el que guarda llaves del Santo Sepulcro. nento en que éste pro- al cierre de la puerta da entrada a la Basílica.

Ha quedado cerrada la puerta de la Iglesia. A través de la mirilla, aparece el rostro sonriente del sacristán de los franciscanos.

Pedazo de piedra perteneciente a la supuesta Roca del Calvario, sellada y lacrada por la CUSTODIA de Tierra Santa.

Suntuosa entrada a la Capilla del Ángel y a la cámara mortuoria —el Santo Sepulcro— donde el cuerpo de Cristo reposó.

Vía Crucis.

Comercio árabe en la Jerusalén intramuros, con irrespetuoso nombre.

En una esquina del barrio cristiano.

Haciendo el Vía Crucis, camino de la Basílica del Santo Sepulcro.

tra anterior curiosidad y nos ha dirigido un cariñoso «buen apetito», con marcado acento sudamericano. Sus compañeros, rubios y de ojos claros, al advertir nuestra sorpresa han sonreído y uno de ellos, indicándonos la tirilla bordada en el pecho del oficial, ha deletrado, con cómica torpeza: «pe-ru-a-no...»

¡Peruano! ¡Claro, *Batallón Bolívar*! Nada más fácil que entablar conversación con el inesperado hispanoparlante que, por las trazas, preside la mesa ocupada por los responsables de la neutralidad internacional. Persona sumamente correcta y agradable, mientras llega el camarero con las correspondientes raciones —y los consabidos tickets amarillos entre los dientes—, no disimula su satisfacción por haber coincidido «con cuatro representantes de la Madre Patria». Echando lentas bocanadas de humo —al igual que sus compañeros, se está fumando el sabroso pitillo de la digestión—, se interesa por nuestra aventura en Israel y nos asegura que Raúl es un bromista, que disfruta pinchando a los clientes, pero nunca con ánimo de ofenderles.

El capitán Bustamante —así se ha presentado nuestro interlocutor—, se encuentra en Jerusalén por pura casualidad, con sólo veinticuatro horas de permiso. Está de servicio en el Golán, en los Altos del Golán. La ONU tiene allá tres batallones, en zona neutral: uno canadiense, otro austríaco, otro peruano. Sus compañeros son austríacos, no hay más que verles el color del pelo. «Pero nos llevamos muy bien y la experiencia resulta muy interesante.»

No cabe duda de que el capitán Bustamante nos contaría muchas cosas referentes a su labor, pero está muy impresionado por lo ocurrido en la calle Hillel, ya que ha sido testigo directo de la explosión. «Estábamos a punto de doblar la esquina cuando hemos oído el estallido. Volvimos la cabeza y vimos volar por los aires, a pedazos, la camioneta. El conductor y otros dos ocupantes han muerto; y también han muerto el patrón de una peluquería cercana, que estaba en la puerta y un niño que jugaba en la acera. Total, una calamidad.»

Luego añade que los servicios de sanidad y limpieza han funcionado, como siempre, con rapidez y eficacia ejemplares. «Seguro que en estos momentos ya no quedan allí más que los cristales rotos de las tiendas.» Entre las ambulancias y un camión se lo han llevado todo en cuestión de minutos y las manchas de sangre de la calzada han sido barridas por el chorro de dos potentes mangueras.

Guardamos silencio. Tino parece absorto por la cabeza de ciervo clavada en la pared. Yo pienso en los cadáveres —en el peluquero y el niño— y no puedo por menos que evocar el ataúd destapado y vacío que llevaban aquellos muchachos árabes a nuestra salida del Santo Sepulcro. Era misterioso e ignorábamos su destino. ¿No sería una premonición?

El capitán Bustamante se abstiene de todo comentario con respecto a los posibles autores del atentado. Nos dice que el Golán es frío y húmedo y que bajar de vez en cuando a Jerusalén es para ellos una fiesta. En su batallón hay varios soldados indios, quechuas puros, que se alistaron voluntarios en la selva. «Curioso, ¿verdad?, que indios peruanos estén en Israel con casco azul, en calidad de árbitros o apaciguadores.» El oficial austríaco, el mismo de antes, vuelve a sonreír e inesperadamente repite, con mayor torpeza aún: «pe-ru-a-no...».

Lástima que tengan que marcharse. El capitán se levanta y sus compañeros lo hacen a continuación. Es más alto que todos ellos. Mi mujer le dice: «Capitán, de pie me parece usted coronel.» Agradece el cumplido y nos desea «buen provecho».

—Los turistas como nosotros —le pregunto—, ¿tienen alguna posibilidad de visitar los Altos del Golán?

El capitán Bustamante mueve dubitativamente la cabeza.

—No es fácil... —De pronto añade—: Sin embargo, ¡quién sabe! Tienen ustedes pinta de judíos y eso puede ser una ventaja.

No sabemos si ha hablado en serio o en broma. Por lo demás, nuestra ignorancia sobre el sentido del humor en el Perú es completa. Y a lo mejor es cierto que parecemos judíos. «Por lo que pueda ser, prohibido subirse a una camioneta que transporte frigoríficos.»

¡Ay, ya nos hemos habituado a la idea del atentado! El primer sobresalto, las sirenas de alarma, el sudor del padre Emilio y la eficacia de las dos potentes mangueras, se han diluido con el azúcar del café. Cinco víctimas. ¿Cuánto dura el dolor por la muerte de un peluquero... judío de verdad?

Diríase que Raúl, el dueño del restaurante, llega a propósito para darnos la debida respuesta. Cierto, la cortina del reservado se abre y la voluminosa masa humana del mexicano entra, en compañía de un hombre de complexión atlética, pelirrojo, que da la impresión de haber sido arrastrado contra su voluntad.

Sorprendidos, olvidamos el «aunque» y prestamos atención.

—He pensado que os gustaría conocer a mi amigo Jacob Neter... Es también amigo del frailuco Emilio. Cuando viene al restaurante lo primero que hace es preguntar si hay algún cliente español...

Raúl desaparece —la Caja de los numeritos no puede vivir sin él—, y don Jacob Neter se nos acerca, con timidez casi exagerada.

—Todo el mundo me conoce por Jacob... Soy de origen húngaro y hablo muy mal el castellano... Tienen que perdonarme. Pero adoro España, he estado allí dos veces. Y adoro al padre Emilio, si bien no siempre coincido con lo que publica en su revista...

Falta todavía tiempo para las tres, hora de nuestra cita con el padre Franquesa. La situación es un tanto incongruente, pero los viajes son así, y eso es lo bueno. Invitamos a Jacob a que se siente con nosotros. Y apenas acomodados nos mira con su timidez casi angustiosa y suelta, de sopetón:

—En España siempre me dicen que me parezco mucho a ese futbolista famoso, compatriota mío, llamado Kubala. ¿Creen ustedes que es cierto?

¡Claro que lo es! Tino y yo lo habíamos pensado en el acto, con sólo verle. A él la idea no parece halagarle demasiado. ¿Por qué? Es posible que se considere algo así como un intelectual y que prefiriese parecerse a Spengler o al novelista Sandor Marai.

Bueno, al cuarto de hora de conversación la personalidad de Jacob resulta de lo más paradójico. Por un lado, es un hincha de Unamuno y de la poesía moderna española; por otro, trabaja como gerente en un hotel a orillas del mar Muerto, el «Hotel Galei-Zohar». Llegó a Israel hace muchos años y en compañía de otros ocho inmigrantes fundó, en pleno desierto del Neguev, la actual e importante población llamada Arad; sin embargo, la figura de Cristo le tiene de tal modo fascinado que repetidamente le ha pedido al padre Emilio que le bautizara, pero el padre Emilio, ignora por qué razón, va dando largas al asunto.

—¿Y qué opinan ustedes de ese atentado? Es horrible lo que hacen los palestinos, ¿verdad? Porque, ¿no creen ustedes que Israel tiene derecho, pleno derecho, a permanecer en estos territorios?

Jacob tiene las mejillas sonrosadas, no sabemos si porque su tez es así o a causa de la timidez. Frente muy ancha, se le nota que el sol del desierto cae asiduamente sobre su cabeza. Conmueve la ternura con que pronuncia la palabra «España»; pero salta de un tema a otro con una incoherencia no equiparable a la del enigmático Salvio Royo, ésta derivada del sistemático uso del whisky. Lo más probable es que Jacob sea víctima de una confusión interior muy marcada, de una mezcla de influencias que expliquen un poco —será cosa de comprobarlo— que el padre Emilio, para eso del bautismo, le dé con la puerta en las narices. Tan pronto parece muy seguro de sí —«si vienen ustedes al "Hotel Galei-Zohar" les demostraré las propiedades, únicas en el mundo, que tienen las aguas del mar Muerto para curar una serie de enfermedades de la piel»—, como pide ayuda y consenso para cualquier fruslería. «Díganme, ¿qué opinan de la parte nueva de Jerusalén? ¿Les gusta? ¿Verdad que les gusta?» «¿Y por qué en España nadie sabe lo que es un *kibutz*? Porque, el concepto *kibutz* es correcto, ¿no creen?»

He de confesar que Jacob se me antoja como llovido del cielo, tal vez porque mi organismo necesitaba descansar y el arroz a la cubana me ha sentado de maravilla. Sin duda nuestro hombre es un veterano de esa lucha, entre heroica e insensata, para crear nuevas «plazas de Sión» y para fundar ciudades en el desierto. Tiene algo de pionero de película del Oeste, pese a haber sufrido, hace un par de años, un infarto —nos ha informado de ello sin dramatizar lo más mínimo—, y pese a vivir solo, sin mujer, en un modesto piso de Arad, piso que está a nuestra disposición si nos atrae visitar aquello y conocer un poco el metabolismo y apasionantes costumbres de las nueve tribus de beduinos que viven todavía hoy en los arenales del Neguev. «Los beduinos han aprendido mucho de nosotros, aunque no lo crea el padre Emilio. Algunos trabajan en Sodoma, al sur del mar Muerto, donde nuestros ingenieros han montado un formidable complejo industrial. ¿No les interesaría visitar Sodoma? Es el punto más bajo de la tierra: cuatrocientos metros bajo el nivel del Mediterráneo. Si Unamuno no hubiese muerto, ya le habría escrito una carta invitándole también. Las opiniones de Unamuno sobre el cristianismo son muy interesantes, aunque no conocía mucho la Biblia, ésa es la verdad.»

Mareante Jacob. Lleva un jersey deportivo azul, y exhibe tatuada en el brazo izquierdo la estrella de David. Será por su soledad en el piso de Arad y por su condición de beduino mental, pero se ha pegado a nosotros como una ventosa. Se ha dado cuenta de que lo escuchamos con atención y bendice a su amigo Raúl que lo acompañó a este reservado. Vino a Jerusalén por unas horas, para visitar al señor cónsul español en la ciudad —«pero ¿es posible que no conozcan ustedes al señor conde de Campo Rey?»—, pero no le importaría quedarse hasta mañana si su compañía nos es grata.

—¡Oh, el padre Franquesa...! Sí, conozco, conozco... Conozco Tantur. Correcta la idea del Instituto Ecuménico. Conforme, conforme. Iré con ustedes hasta la Puerta Nueva, y cuando llegue el padre Franquesa me eclipsaré. ¿Se dice así? Bien, bien, entonces mi castellano no es tan malo... ¡Habrá sido un gran placer! Y ahora un servidor, Jacob Neter, les pide permiso para dejarles su tarjeta. —La deposita sobre la mesa, entre las tazas de café—. Aquí tienen mis señas de Arad y también las del hotel en que trabajo, el «Hotel Galei-Zohar».

Jacob, improvisado guía

Ocurre lo inesperado. A las tres en punto, en la Puerta Nueva aparece Zaid con su taxi, pero sin el padre Franquesa. Éste no podrá acompañarnos esta tarde, como estaba previsto —obligaciones de su cargo en Tantur— y nos ruega que le disculpemos y que a la noche le llamemos por teléfono.

Nos quedamos de una pieza. ¿Qué hacer? Zaid, que ha convertido su negro bigote en una obra de arte, como mandan los cánones, permanece a la espera. Ha echado una rápida e incisiva mirada a Jacob, a la que éste ha correspondido con un saludo amistoso. Por supuesto, podríamos ir por nuestra cuenta al Monte de los Olivos —al *Dominus Flevit*, a Getsemaní—, pero la ausencia del padre Franquesa nos ha dejado, a ese respecto, un poco huérfanos. Getsemaní, sin el padre Franquesa y su librito de los Evangelios, se nos antoja una visita a medias. Personalmente, siento un miedo atroz a que me decepcionen los olivos del jardín y la piedra del «si es posible que pase de mí este cáliz.» Jamás me perdonaría que el lugar de la Duda, de la humana petición de Jesús al Padre, no me compensara con creces de mis recientes frustraciones.

Nuestra indecisión se resuelve a la postre en favor de Jacob. Nuestro «Kubala» particular insiste tanto en que lo que ocurre es providencial y en que lo que tenemos que hacer es aceptarle como cicerone sustituto —puede estar con nosotros hasta la puesta del sol—, que terminamos por acceder a su propósito. «Así, de paso —comenta, satisfecho—, su amigo taxista no habrá perdido su viaje...»

Con esa simple frase Jacob ha dado a entender que aceptaba de buen grado la presencia de un árabe al volante. Y puesto que sospechó en seguida que prácticamente no conocíamos nada de la parte nueva de Jerusalén, nos propone una gira un poco a voleo por la ciudad para que tengamos una idea del esfuerzo realizado por sus hermanos de raza, antes y después de la guerra de los Seis Días. «Hay que ir ensanchando Jerusalén, ¿no les parece? Hay que ir ensanchando Jerusalén hasta que, como dice el Talmud, llegue a ser Jerusalén toda la Tierra...»

Típico arrebato de Jacob, en el momento de sentarse, muy apretado, en la parte delantera del coche, entre Zaid y Tino. El abultado saco que lleva en bandolera le incomoda y acabamos por guardárselo en la parte de atrás.

—Podríamos empezar por el Monte Scopus. Ambiente universitario... Luego llegar hasta Hadassa, el gran hospital, donde cuidaron con mimo mi corazón... Luego pasar por delante del Parlamento, donde hay el Gran Candelabro —la Menorá—, junto al cual quizá les guste a ustedes sacarse una fotografía... O tal vez prefieran atravesar el llamado Muro de la Ignorancia y visitar el Museo del Libro, en el que se guardan copias de los manuscritos hallados en las cuevas de Qumrán... En fin, ¿el señor taxista conoce bien Jerusalén?

Zaid asiente con la cabeza, tranquilo, y todos le decimos a Jacob: «Llévenos adonde le plazca.»

Decisión correcta, como él diría. Ha sido una tarde aireada, que ha contrastado vivamente con las introspecciones a que nos sometió por la mañana nuestra peregrinación religiosa. Seguro que cuando se entere de ello Salvio Royo aplaudirá nuestro buen sentido.

El itinerario ha sido más o menos el proyectado, pero, en virtud de las imprevisibles asociaciones de ideas de Jacob, que más que nunca se han puesto de manifiesto, sus explicaciones a menudo no han tenido nada que ver con el lugar que en aquel momento visitábamos.

Así, por ejemplo, llegados a la cima del Monte Scopus, nombre que significa «vigilar», por el mucho horizonte que desde arriba la vista alcanza, nos dice que la moderna Universidad Hebrea se levanta allá lejos, en el *campus* de Guivath Ram —«aquí no quedan sino algunas facultades adicionales»—, y se lanza a contarnos con entusiasmo la operación «repoblación forestal» realizada en el país desde 1948. Todo el mundo, judíos y no judíos, es invitado por las autoridades a plantar un árbol, ya sea en el Memorial Kennedy, ya en el Bosque de la Paz o en cualquier colina de las elegidas para ello. De ese modo se llevan plantados ciento veinte millones de árboles, lo que significa no sólo un récord, sino una manera eficaz de modificar la hostilidad orográfica, que al término de cuatrocientos años de dominación turca era muy grande. Por lo demás, se ha tratado también de cumplir con las palabras de Isaías y del Levítico: «Y cuando entréis en la tierra, y plantéis toda clase de árboles...»; «prorrumpid, montes, en alabanza; bosque y todo árbol que en él está».

—¿No les gustaría plantar un árbol? Casi todos los turistas lo hacen. Es una bonita ceremonia y puede escogerse la especie: un eucaliptus, un pino, un ciprés...

—Pues... ¡a lo mejor!

En el Hospital Hadassa, que fue construido con la ayuda financiera de las Mujeres Sionistas americanas, nuestro guía se olvida de los enfermos y hasta de su propio corazón y se dedica a cantar las excelencias de las vidrieras con las que Marc Chagall —las habíamos visto reproducidas profusamente— decoró la sinagoga de dicho hospital y que representan las doce tribus de Israel. Según él, se trata de «vidrieras incomparables», opinión que, luego de contemplarlas con detenimiento, no compartimos en absoluto.

Jacob parece desconcertado.

—¿Es posible que no les gusten?

—Si no ha de enfadarse usted, Jacob, le diremos que ni fu ni fa...

Nuestro hombre mueve la cabeza con desolación casi cómica. Saca la conclusión de que no nos gusta «el arte judío». Tenemos que repetirle que nos hemos referido exclusivamente a esas vidrieras de Marc Chagall. Él cita una frase de un periodista americano, según la cual los artistas judíos eran «seres humanos ampliados»; yo le digo que tal vez así, en frío, nosotros prefiramos seres humanos de tamaño normal.

Abandonamos el Hospital Hadassa en el momento en que sale de él un rabino escoltado por dos muchachos. Jacob nos dice que dicha escolta le pone nervioso, ya que responde a una superstición absurda: el rabino, que sin duda habita el ghetto fanático de Mea Shearim, trata de evitar que lo roce una mujer, «ya que para él la mujer es un ser impuro». No podemos por menos que recordar el letrerito en italiano del convento de San Salvador, al que aludió el padre Emilio: «Prohibida la entrada a las mujeres.»

—¡Oh, claro! —exclama satisfecho Jacob—. El cristianismo es un calco, con sólo ligeras variantes de las tradiciones hebreas. ¿Sabían ustedes que prácticamente todas las enseñanzas del Sermón de la Montaña están contenidas en las creencias orales que dieron origen al Talmud?

A seguido nos informa de que en la actualidad está internada, en Hadassa, bastante enferma, Golda Meir. No sabe lo que opinamos de ella; él la admira mucho, no sólo por su patriotismo y por sus dotes de mando, sino porque siempre protegió cuanto pudo el desarrollo cultural, especialmente, la música y la literatura. «Su éxito se inició siendo embajadora en Moscú en tiempos de Stalin, y aunque fuma unos sesenta cigarrillos al día, cobra lo justo y carece de fortuna personal.»

Zaid conduce impávido, como si nada de lo que acontece y se habla fuera con él. Estará pensando en su hija Naila. ¿Seguro que aquel rabino la consideraría un ser impuro? Muchos rabinos tienen hijos; lo que no puede decirse de los franciscanos de San Salvador.

Llegamos frente al Museo —o Santuario— del Libro, y ahí Jacob se apea con notable agilidad. También el horizonte visible es dilatado y nos ratificamos en la idea de que en la nueva Jerusalén está todo inconcluso, a medio hacer. A trechos, la ciudad da la impresión de que fue bombardeada la víspera o de que en ciertos barrios estallaron súbitamente decenas de camionetas, cercenando edificios, abriendo boquetes en la tierra. Hay muchos bloques-colmena, de aspecto provisional e incluso hemos pasado delante de unas alambradas tras las cuales una rueda de mujeres rusas inmigrantes, blandiendo pancartas, reclamaban vivienda familiar. «Somos judías. Llegamos de la Unión Soviética. Queremos un hogar.» En las hondonadas, entre colina y colina, flota un polvillo más blanco que el del torrente Cedrón, menos cadavérico.

Jacob, al aludir al Museo del Libro habló de «atravesar el Muro de la Ignorancia». Es la única explicación que nos da, ceñida al tema. Dicho muro lo tenemos ante nuestros ojos: una enorme pared negra de mármol, cuadrada, que simboliza las tinieblas del no-saber. Visitar el Museo del Libro, que está al otro lado y en el que se guardan, entre otros tesoros —ya nos lo dijo— los rollos del Qumrán, significa atravesar dicha pared. La metáfora es excelente, por su sobriedad.

Pero nuestro guía termina aquí su información sobre el lugar. La actitud de Zaid, que inesperadamente se ha alejado hasta una tapia un tanto oculta y separando las piernas ha hecho pis, le ha provocado una reacción colérica, que con mucho esfuerzo ha conseguido dominar. Jacob, como obedeciendo a una súbita inspiración, ha soltado una parrafada sobre la Colina de los Mártires, que se adivina a lo lejos, en dirección Sur, en la que está emplazado otro museo, el Yad Washem, dedicado al recuerdo de la persecución nazi «y del exterminio de seis millones de judíos».

Dicho recuerdo, que posiblemente dejara en su piel alguna que otra huella cruenta, lo lleva a hablarnos de la enemistad que los árabes sienten hacia Israel, y que lo mismo se manifiesta por medio de un artefacto explosivo en la calle Hillel que por medio de un educado taxista que de pronto se aleja y hace pis. «Los árabes nos odian como antes los nazis.» Para demostrárnoslo, se dirige al coche, toma su saco de mano, lo abre y nos muestra una serie de folletos que siempre lleva consigo, redactados en inglés, francés y castellano. En ellos se recogen frases de jefes árabes —Nasser, Arafat, Suleymán Al-Kash y otros—, que ahorran todo comentario y que tiemblan en las manos un tanto fofas de Jacob. «El odio a los judíos, que inculcamos en la mente de nuestros niños, es sagrado.» «El pueblo árabe necesita luchar. Ahora la guerra será total: tendrá por meta la aniquilación de Israel.» «La existencia misma de Israel es una agresión.» Etcétera. Además, en tales folletos se reproducen ejercicios gramaticales contenidos en libros de texto de Jordania y Siria, como, por ejemplo: «Israel nació para morir. ¡Demuéstralo!» Y un problema de aritmética: «Si tenemos veinte judíos y matamos trece, ¿cuántos quedan?»; etcétera otra vez.

—¿Se dan ustedes cuenta? El odio es sagrado... Y estamos rodeados por todas partes, desde el Líbano hasta Alejandría. Y hasta Marruecos. ¿Qué podemos hacer? Cuando la guerra de los Seis Días, nos encontramos con que las lápidas de nuestros cementerios habían sido arrancadas y profanadas de la manera más cruel. Había lápidas en los burdeles, e incluso en las letrinas... En el Neguev, los beduinos se están quietos; pero ¿hasta cuándo? Son treinta y siete mil... —Jacob, viendo que Zaid se pasea ahora tranquilo, aunque siempre de espaldas al Muro de la Ignorancia, prosigue—: Claro que los judíos les pagamos con la misma moneda. ¡Qué remedio! En Arad los niños juegan en la plaza con fusiles y se venden *posters* para disparar contra el rey Hussein y contra monseñor Capucci... ¡Ay, y el padre Emilio, pese al pacífico hábito que lleva, no me quiere bautizar! Quizá porque me oye hablar de esas cosas. O quizá porque sabe que hay judíos que odian también, de una manera idiota, a los cristianos, como los gimnastas que se niegan a hacer el Cristo o los testigos que al declarar ante un tribunal levantan un solo dedo —un solo Dios—, ya que levantar dos podría significar Padre e Hijo y levantar tres podría significar la Trinidad.

Tales datos nos dejan boquiabiertos. Yo había leído en alguna parte que habían sido retirados de la circulación emisiones de sellos en los que, por inadvertencia, aparecía una basílica con una cruz; pero lo del gimnasta nos parece tan inimaginable como la operación aritmética de los folletos o como las lápidas mortuorias en los burdeles y en las letrinas.

Nuestra gira prosigue todavía en zigzag, ahora por el centro comercial y por las avenidas George V, Strauss y demás. Nada digno de señalar. Jacob querría acompañarnos al Instituto Iberoamericano de Cultura, donde tiene varios amigos, pero ha ido pasando el tiempo y ha de acudir a su cita con el cónsul de España en Jerusalén.

—Le llevamos a usted al Consulado y nosotros continuamos dando vueltas por ahí...

Nuestro amigo acepta y le indica las señas a Zaid: distrito de *Sheik Jarrah*. Zaid asiente con la cabeza, y al cabo de pocos minutos vemos ondear la bandera española en un modesto chalet con jardín, frente por frente de un campo de fútbol. Una verja protege la entrada, detrás de la cual ladra un perro.

—¡Vaya! —comenta Tino—. Fútbol tenemos.

Nos apeamos para despedirnos de Jacob, cuyo abultado saco de viaje —con los folletos dentro— sigue incomodándole. Sin embargo, se las arregla para estrecharnos con efusión la mano, «todo gracias a Raúl», y para recordarnos que nos dejó su tarjeta, con los dos teléfonos: el de Arad y el del «Hotel Galei-Zohar». En el último instante se dirige a mí, y en tono verdaderamente afectuoso me dice:

—¿Sabe usted? La primera vez que estuve en España, allá por el año 1950, leí una obra suya que me interesó mucho. Una novela titulada La Marea... ¡Nunca creí que por entonces alguien publicara en su país una libro antinazi! Permítame que ahora le dé las gracias. Y si se decide a plantar un árbol en Israel, hágalo en el Bosque de la Paz y elija un ciprés...

Difícil describir la emoción que las palabras de Jacob me han causado. Mientras Zaid, que ha dado la vuelta con el taxi, nos pregunta adónde queremos ir, dos imágenes se superponen en mi cerebro: me veo en Gerona, recién casado, escribiendo aquella novela como quien vomita una idea totalitaria e indigesta, y por otra parte llevo grabada en la retina la estrella de David que Jacob se tatuó en el antebrazo. Además, ¡un ciprés en Jerusalén, y en el Bosque de la Paz!

Mis acompañantes guardan silencio. En cuanto a Zaid, su rostro denota la mayor sorpresa, pero disimula sin esfuerzo y repite:

—¿Adónde llevo a los señores?

Regreso al hotel

Decidimos regresar al hotel. Ha empezado a anochecer y nos sentimos repentinamente muy cansados. Diríase que han pasado años desde que a las nueve de la mañana el padre Franquesa subió a buscarnos y recorrimos con él trechos de la Vía Dolorosa, y subimos los peldaños del Calvario y visitamos la capilla de Adán, y luego, mientras charlábamos con el padre Emilio, sonaron las sirenas de las ambulancias, y conocimos a Raúl, y al capitán Bustamante, quien nos habló de los Altos del Golán y de los voluntarios quechuas, y finalmente al hombre del que acabamos de despedirnos y que afirma que el Sermón de la Montaña está virtualmente contenido en el Talmud.

Zaid ha emprendido el camino del «Intercontinental», lo que supone que pronto topamos con el espectáculo nocturno de las murallas. Pasamos delante de la Puerta de Damasco. Seguro que los ciegos continúan ahí, pegados a la pared de la escalinata. El tráfico es lento, lo que les permite a varios taxistas aparcados reconocer a Zaid y saludarle haciendo sonar los claxons. ¡La tesis del «grupo» sigue en pie!

Bajamos la hondonada del Cedrón. Circulan rebaños por la carretera: mañana hay mercado árabe. Pasa una niña corriendo, con un hornillo encendido.

Al otro lado del Cedrón, las tapias del huerto de Getsemaní.

—¡Hasta mañana! —le decimos al huerto.

—Hasta mañana —nos responde alguien, no sabemos quién, alguien sin voz, tal vez Aquél anterior a Isaías, anterior al mismísimo Abraham.

CAPÍTULO XII

Un nuevo día. Llueve sobre Jerusalén. No es una licencia bíblica, es la verdad. Mientras nos desayunamos en el comedor del hotel miramos fuera y vemos unos cuantos paraguas, cuya silueta nos parece más exótica que la del fotogénico camello. Nos preguntamos si el camello no usará hoy también paraguas y la carcajada con que subrayamos tal posibilidad indica que nuestro humor es excelente. Se trata de una lluvia menuda, de alfileres de agua. El torrente Cedrón no bajará crecido, como figura en algunos grabados antiguos; pero es improbable que las familias árabes que habitan en la hoyada, en torno a la iglesia de San Esteban, se hayan subido a los tejados para, como de costumbre, sentarse en ellos y, simplemente, vivir.

Anoche, al llegar, nos encontramos con dos notas en los casilleros de recepción. En una de ellas Salvio Royo nos anunciaba que estaría un par de días fuera, precisamente por la zona de Safed. «No es que me interese que allí se instalase la primera imprenta de toda Asia, sino visitar los picos gemelos del Monte Meirón, a 1.208 metros sobre el nivel del mar, tan poco conocidos como pueda serlo el aparato genital femenino.» En la otra nota el padre Franquesa, anticipándose a la llamada telefónica que teníamos que hacerle, nos decía que hoy salía para Natania y que, en consecuencia, dejaba el puesto libre al padre Emilio para que nos sirviera de guía. «Él contento y ustedes saldrán sin duda ganando con el cambio.»

En vista de ello llamamos a San Salvador y, en efecto, el padre Emilio se mostró dispuesto a dedicarnos esta mañana un par de horas, suficientes para echar un vistazo —«superficial, naturalmente»— a los santos lugares del Monte de los Olivos. Quedamos en que vendría a buscarnos con su coche a las nueve y media.

Una vez desayunados, empleamos el tiempo que nos falta en vagar por el interior del hotel. En la librería vemos que los periódicos dedican sus titulares, como es de rigor, al atentado de la calle Hillel y se publican fotografías de las víctimas, así como de los desperfectos que el artefacto causó en los edificios próximos. Por lo visto, el conductor de la camioneta tenía cinco hijos y había pertenecido a la *Haganah,* el Ejército secreto de Israel. El peluquero, literalmente destrozado, había llegado de Argel hacía apenas seis meses y tenía como clientes a varios diputados del Parlamento. El niño que jugaba en la acera era bizco y hasta el momento nadie lo había reclamado, ningún familiar. Excepto la fotografía del niño, las de las cuatro víctimas restantes eran horribles fotos-carnet y hubiesen podido corresponder a los presuntos terroristas.

En un plano de la ciudad clavado en la pared analizamos el recorrido que hicimos con Jacob. Observamos que el Hospital Hadassa, ya en la periferia, queda bastante cerca de Ain-Karem, la aldea en que nació el Bautista y en la que, con motivo de la visita de María a su prima Isabel, resonó el *Magnificat,* el prodigioso canto que tantas veces he oído en Montserrat. Asunción se sabe de memoria no sólo los versículos del *Magnificat* sino todo el pasaje de Lucas que lo contiene. «¿De dónde a mí que la madre del Señor venga a mí?» Una vez más expreso mi opinión de que esas repeticiones que se encuentran en los textos evangélicos son únicas, de una incomparable calidad literaria.

Vemos en el plano la plaza de Sión, donde el embotellamiento del tráfico nos obligó a parar. Quiere ser algo así como el «corazón» de la Jerusalén moderna. Recordamos la crítica que el padre Emilio formulara con respecto a Tel Aviv: «No tiene corazón —dijo—. En cambio, a la Jerusalén intramuros le sobran corazones...» No sé por qué, me acuerdo con especial relieve de aquella monja que vimos en la Puerta de Damasco y que llevaba el hábito enteramente blanco, excepto los botones, rojos y en forma de corazón.

El Monte de los Olivos

El padre Emilio es puntual. En el momento de su llegada estalla una tormenta. Le da tiempo justo a aparcar el coche bajo los pórticos y a guarecerse corriendo en el hotel. «¡Chicos!», exclama, mirando hacia el jardín. No queda más remedio que esperar. Nos sentamos en un rincón del *snack-bar,* mientras varias turistas americanas bromean con los camareros haciendo como que quieren pegarles chicles en la frente.

La charla con el padre Emilio dura lo que la tormenta: una media hora. Su humor es también excelente, pese a que el agua caída nos obligará a aligerar el itinerario previsto. «Quería llevaros a Betfagé, para que vierais la piedra que utilizó Jesús para montar en el borrico el día de Ramos, y para que conocierais al padre Cortés, de Córdoba, franciscano de pura cepa, como yo, que lleva allí casi medio siglo quejándose de su artrosis y leyendo *Fabiola.* También os hubiera llevado al lugar de la Ascensión; pero en vista del éxito iremos sólo a la iglesia del Padrenuestro y, por supuesto, a Getsemaní.»

—No te preocupes. Conoceremos al padre Cortés en otra ocasión...

Ha sido una media hora de diálogo un tanto extraño. El padre Emilio, que hoy exhiben gafas negras, a veces se muestra excesivamente tajante en sus opiniones. Es evidente que tiene filias y fobias muy marcadas y que a no ser por su formación y por el hábito que lleva dividiría el mundo en buenos y malos.

Hay algo que ya habíamos presumido de refilón y que hoy ha quedado claro: los judíos le caen gordos. Raramente les dedica un elogio. Por ejemplo, aludiendo a los titulares de la Prensa relativos al atentado de ayer, admite que toda acción terrorista es condenable, pero que es preciso no olvidar que se trata del toma y daca, de la clásica espiral, del *boomerang.* Se abstiene de citar casos concretos, pero yo recuerdo el que nos contó Zaid: un comando judío detuvo a una monja libanesa y utilizó su cabeza como punto de apoyo para fusilar a varios guerrilleros palestinos.

Era inevitable que le habláramos de nuestro hallazgo más reciente, el pelirrojo Jacob. Su gesto al oír el nombre ha sido elocuente.

—Pero ¿cómo le conocisteis?

—En el restaurante mexicano. Raúl, tu amigo, nos lo presentó.

—¡Vaya por Dios!

Advirtiendo que Jacob se ganó nuestras simpatías, acepta que es hombre que ha sufrido mucho y de una tenacidad poco común. Sin embargo, a su juicio lleva dentro la inquietud, fatigosa y desconcertante, de tantos y tantos «hermanos» suyos.

—Seguro que os preguntó si es cierto que se parece a Kubala...

—Sí.

—Y que os habló de Unamuno y de los beduinos...

—Sí.

—Y de las propiedades que tienen las aguas del mar Muerto para curar determinadas enfermedades de la piel...

—¡Sí!

—Claro, claro, no podía fallar... Siempre le da vueltas a lo mismo, como le ocurría a su próximo pariente, el agnóstico Freud. Son seres obsesivos. Están convencidos de que son los mejores en todo, de que ellos lo han inventado todo, desde el cristianismo hasta la dermatología...

Al oír la alusión al cristianismo le preguntamos su opinión sobre el supuesto origen talmúdico del Sermón de la Montaña. Aquí las gafas negras del padre Emilio echan chispas. «¡Nada, no hagáis caso! En primer lugar, el Talmud es posterior al Evangelio, aunque algunos historiadores judíos se empeñen en lo contrario. Y además, se trataría del clásico truco de ir pellizcando frases para demostrar lo que a uno le dé la gana. Así demuestro yo lo que quiera, hasta que las profecías de Baruc y Miqueas se referían a Fernando VII o a Lenin...»

Mi mujer, que tomó decididamente partido en favor de Jacob, pone sobre la mesa, sin mayor preámbulo, el tema de la negativa del padre Emilio a administrarle a aquél el bautismo. Según ella, para negarle a un ser humano la entrada en la Iglesia —una Iglesia que afirma precisamente que el bautismo es sacramento redentor—, es preciso que existan razones muy poderosas. «Y la verdad, Emilio, no consigo imaginar cuáles puedan ser esas razones, pues al fin y al cabo el asunto atañe exclusivamente a la conciencia del interesado. Y tampoco veo por dónde, aun suponiendo que Jacob no fuese del todo sincero, el bautismo pudiera causarle daño a él o causártelo a ti.»

El padre Emilio, al oír esto, tamborilea con los dedos en la mesa. Mira un momento a los camareros, los cuales, pese a que las turistas americanas ya se fueron, continúan con el juego de simular que se pegan chicles en la frente. Por fin, con su mejor acento montañés nos dice:

—Por favor, creo que el asunto no atañe exclusivamente a la conciencia de Jacob, sino también a la mía... Os agradecería que diéramos por zanjada esa cuestión; a menos que conozcáis mejor que yo las obligaciones de un sacerdote, y que os hayáis bañado más veces que yo, casi en cueros, en las aguas del Jordán...

Al terminar, tan rápidamente como empezó, la tormenta o chaparrón, termina también el forcejeo con el «frailuco» de Santander. En cuanto salimos al pórtico del hotel y vemos que una raja de sol se abre paso sobre Jerusalén y que gracias a ello podremos dirigirnos a la iglesia del *Pater Noster*, nos miramos, él dice sonriendo *Shalom*, y al repetirle nosotros a coro *Shalom*, en tono igualmente cordial, la situación queda restablecida.

Mientras va en busca del coche, miramos alrededor. El limpiabotas del vestíbulo, con su afiligranada caja de trabajo, está contento, ya que debido a la lluvia una serie de clientes esperan turno. También han reaparecido el camello y su folklórico guardián, y allá lejos la mezquita de Omar daría la impresión, a cualquier peregrino dispuesto a partir para La Meca, de que los destellos que brotan de su dorada cúpula son signos de complacencia de Alá para con su profeta.

Hemos iniciado el descenso del Monte de los Olivos. «Repito que es lástima que dejemos Betfagé y el *Dominus Flevit*. Ocurrieron allí muchas cosas, entre ellas la famosa maldición de la higuera, que seguro que preocupa a la intelectualidad... Pero todo aquello estará muy encharcado y será mejor volver en otra ocasión.»

Por otra parte, somos sinceros al reiterarle que casi preferimos efectuar pocas visitas, pues el «empacho» espiritual resulta más peligroso que cualquier otro. El padre Emilio asiente con la cabeza y palmotea alegre el volante. «Un fraile que tenemos en la enfermería de San Salvador suele decir que cuando estaba en el confesonario, a partir del décimo penitente no sabía si lo que estaba oyendo eran ofensas graves al Señor o trozos de Tchaikovski, que era su músico preferido.»

Llegamos ante la iglesia —o más propiamente «gruta»— del *Pater Noster*, al cuidado de las monjas carmelitas. El padre Emilio, antes de entrar, nos indica que, pese a la rotundidad del nombre, no puede afirmar que fuera precisamente *aquí* donde Jesús enseñara la oración del Padrenuestro «por primera vez», ya que los evangelistas difieren al respecto. Lo que sí parece probable, como pretende la tradición, es que éste fuera el sitio que solía elegir Jesús para descansar y charlar con sus discípulos «cuando iba y venía de Jerusalén a Betania». Partiendo de esa base, quizá fuera más correcto hablar, en un sentido amplio, de «Gruta de las Enseñanzas»; cabiendo incluso admitir que fue en este sitio —«sentado en el Monte de los Olivos, frente por frente del Templo»— donde pronunciara los dos discursos escatológicos: el de Mateo anunciando la destrucción del Templo y de Jerusalén, y el de Lucas anunciando Su segunda venida: «Entonces verán al Hijo del Hombre venir en una nube con poder y majestad grandes.»

Luego añade algo curioso: cuando Jesús enseñaba a los demás a orar les hablaba de «Vuestro Padre» o de «Padre Nuestro»; es decir, utilizaba el plural. En cambio, cuando se refería a Sí mismo o a Dios, decía «Mi Padre»; es decir, utilizaba el singular. «Ese matiz, que se observa a lo largo del Evangelio, a mí siempre me ha parecido extremadamente revelador.»

La verdad es que no habíamos caído en la cuenta. Y tampoco tenemos ahora tiempo para ahondar en el tema, ya que pronto nos encontramos en las galerías de un insólito claustro del que confieso que nunca oí hablar: un claustro cuyas paredes están adornadas con grandes paneles de cerámica, cada uno de los cuales contiene el Padrenuestro en un idioma distinto. «Ahí tenéis. De vez en cuando, una idea, ¿no? Creo que actualmente puede rezarse aquí el Padrenuestro en más de sesenta idiomas. Por supuesto, lo tenéis en arameo... Pero también en catalán, ¡y hasta en vascuence!»

Mudos de asombro, recorremos las galerías. El azar quiere que descubramos antes el catalán que el arameo y el padre Emilio comenta: «No podía fallar.» Sin embargo, a modo de venganza, localiza acto seguido, no un panel en castellano, sino dos. «Con algunas variantes sintácticas y ortográficas, como podéis ver...»

Nos da igual. Nosotros rezamos al unísono en catalán, y el plural del Padre, al sonar en voz alta, adquiere ahora un peculiar significado. «Venga a *nos* el tu reino.» Por mi parte, creo que rezo sinceramente, pues no en vano se trata de mi plegaria preferida. El padre Emilio mueve también los labios, si bien sólo alcanzo a oír: «santificado sea tu nombre...»

Por curiosidad miramos los paneles correspondientes al hebreo, al árabe, al latín, al sánscrito, ¡al esperanto! Recuerdo que a mi padre, a mi padre terrenal —que también está en el cielo—, le gustaba el esperanto, como en su época era corriente entre los taponeros de mi tierra.

Vemos el Padrenuestro en idiomas exóticos —el ilongo, el ojibway, el pampango, el afrikaans— y en dialectos cuya existencia ignorábamos. «¡Más de sesenta, ya os lo dije! Y esas monjitas no pararán... Es una lección.» Nos viene a la memoria la cita de Jacob: «Hay que ir ensanchando Jerusalén, ¿no les parece? Hay que ir ensanchando Jerusalén hasta que, como dice el Talmud, llegue a ser Jerusalén toda la Tierra.»

Ya de salida, una monja carmelita, al cuidado del puesto de *souvenirs,* nos ofrece diapositivas, folletos, rosarios y demás chucherías. Algo nos llama poderosamente la atención: la colección completa, en tamaño postal, de todos y cada uno de los padrenuestros de los paneles. Adquirimos varias colecciones, con la intención de obsequiar con ellas a nuestros amigos al regresar a España, y por nuestra cuenta componer un gran mural que presida nuestro hogar.

El padre Emilio aplaude nuestro propósito. «Yo he regalado muchas colecciones. Sin embargo, las monjas se quejan de que no tienen mucha aceptación.»

Getsemaní

Rumbo a Getsemaní, Emilio nos refiere algunas experiencias vividas por los guías franciscanos, acostumbrados no sólo a la indiferencia de los peregrinos ante ciertos hechos como ése, sino al automático enfriamiento que sufren la mayoría de ellos cuando, ya de regreso a sus países, se reincorporan a su ambiente normal. «Aquí lo darían todo, la bolsa y la vida; luego... Aunque eso le ocurre al más pintado, menguis incluido y por eso rezamos "no nos dejes caer en la tentación".»

El padre Emilio, que va eludiendo con mucha habilidad los charcos ocasionados por la tormenta y las pandillas de niños árabes que chapotean en ellos descalzos e ilusionados, de pronto se dirige a mí y me pregunta si, personalmente, he sido fiel a las promesas que hice cuando sufrí en Mallorca aquella terrible depresión, promesas de las que dejé constancia en mi libro *Los fantasmas de mi cerebro.*

—Tengo ese libro en el convento, en mi gruta particular, ¿sabes? Y tomé varias notas, mucho antes de pensar que te conocería un día. Si mal no recuerdo, en un momento determinado le prometes a Cristo algo así como que si te cura la depresión, si te devuelve la paz, dedicarás tu vida entera a propagar el Evangelio y a consolar a los que sufren... —Guarda un silencio y añade, cambiando sus gafas negras por los cristales blancos de siempre—: ¿Eh, qué tal? ¿Se cumplió la promesa? —Guarda otro silencio—. ¿Encontraste en tu casa el espacio necesario para arramblar con todo y hacer que la presidiera el gran mural del Padre Nuestro?

No sé qué decir. El padre Emilio es a la vez ángel y diablo, gafas negras y blancas. ¿Es que se fue de nuevo el sol y caerá otra tormenta sobre Jerusalén? Nada de eso. Él sonríe, y ahora su cara vuelve a ser amistosa y aniñada. No hay agresividad; le gusta desafiar a los vacilantes, lo cual, por lo demás, ya lo hizo en Tel Aviv, a poco de conocernos. Recuerdo sus palabras: «Tú le temes a enfrentarte con Cristo, ¿verdad? ¡Cristo, visto de cerca, es mucho más peligroso que una erupción del Vesubio!»

La depresión... Aproveché aquella crisis para leer la Biblia, sobre todo, a Jeremías y a Job. Por entonces tampoco imaginaba yo que un día conocería al padre Emilio y que me acercaría, como en este momento, a Getsemaní, donde es muy probable que Cristo sintiera también que extraños «fantasmas» amueblaban su cerebro.

¡Qué cosas escribí en aquel libro! «Debería haber cepillos de dientes para las calaveras.» «Antes de acostarse, los sepultureros recorren su feudo y si oyen un ruido gritan, entre cruces: *¿Quién vive?*» «Cada vez que veo a un niño lamiendo vorazmente un mantecado, tengo miedo de que se le hiele el corazón.» «¿Y si de repente una noche se muriera el mar?»

Hemos llegado. La puerta de la basílica —basílica de la Agonía— habitualmente está cerrada y entramos por una verja lateral que conduce directamente al huerto. Tanto mejor. Getsemaní se compone de olivos y de gotas de sangre, no de columnas corintias y de mosaicos.

El huerto nos había sido descrito como una especie de jardín —y en ese sentido, algo decepcionante—, debido a las flores que brotan entre los olivos, gracias al amor con que las cultiva el franciscano encargado del lugar. Comprobamos que así es. Sin embargo, la tromba de agua caída hace poco ha obrado el milagro de doblar las flores y de platear en cambio airosamente las hojas de los ocho nudosos olivos que se yerguen ante nosotros. Nos dedicamos a contarlos, sin saber por qué; menos mal que se ha dicho que sólo alcanza la grandeza quien cuida de los pequeños detalles.

Claro, claro, esos olivos no son siquiera los retoños de los que existían por el contorno en tiempos de Jesús, ya que el monte fue repetidamente talado y aun quemado y los botánicos niegan la posibilidad de que quedara el tocón necesario para que los troncos renacieran. No obstante, son olivos, y nudosos, y torturados y viejos. Y son como ocho testigos más allá del tiempo. Y escuchan de pronto la voz del padre Emilio, quien, con el Nuevo Testamento en la mano, lee: «Entonces vino Jesús con ellos a un lugar llamado Getsemaní y les dijo: Sentaos aquí mientras voy a orar. Y tomando a Pedro y a los dos hijos del Zebedeo, comenzó a entristecerse y a angustiarse. Entonces les dijo: Triste está mi alma hasta la muerte; quedaos aquí y velad conmigo. Y adelantándose un poco, se postró sobre su rostro, orando y diciendo: Padre mío, si es posible, pase de mí este cáliz; sin embargo, no se haga como yo quiero, sino como tú quieres.»

Nada más. El padre Emilio se ha transfigurado, como suele ocurrirle al padre Franquesa al leer en voz alta el Evangelio. A nuestro lado, altos y acharolados, tres negros se han quitado el sombrero y contemplan hieráticos lo que puede acontecerles a los árboles cuando anda de por medio un pedazo de historia del Hijo del Hombre. La presencia de esos negros me desconcierta porque me trae a las mientes el argumento según el cual el cristianismo pugnó el primero por abolir la esclavitud. Uno de ellos se lleva el pañuelo a la frente y se seca el sudor, en el momento en que una joven pareja árabe pasa velozmente detrás de nosotros, llevando en brazos un misterioso bulto, con el que penetran en la basílica por la puerta que hay al fondo del huerto. El padre Emilio les ha oído murmurar algo y sin duda ha comprendido el significado, ya que su rostro ha cambiado súbitamente de expresión.

—Venid conmigo. Seguidme... —ordena, echando a andar tras la pareja y rompiendo de golpe nuestro arrobamiento.

Entramos tras él en la basílica, con el alma en vilo. ¿Qué ocurrirá? El templo está semioscuro, es grandioso y al pronto no vemos sino una mancha blanca en el pavimento —¡la roca de la Agonía!—, y un haz de reflejos que convergen lentamente y como en silencio sobre esa roca, procedentes de las cúpulas y de las vidrieras que hay en los ventanales. A poco conseguimos ver que dicha roca —la de las gotas de sangre, la angustia y los «fantasmas»— está cercada por un hierro que va entrecruzándose formando una corona de espinas.

—Mirad... —dice el padre Emilio.

Su índice señala con disimulo a la pareja árabe, que ha depositado sobre la roca, con infinita dulzura, el misterioso bulto que llevaba en brazos. Por entre el ropaje del bulto vemos por fin el rostro del niño que no gime, que no llora, que no da muestras de vivir. «¡Será un muerto!», pienso. El padre Emilio nos explica que, por lo que oyó en el huerto, se trata de un niño en agonía, desahuciado y que sus padres han recurrido a esa última posibilidad. «Eso no es un hecho corriente, ya que Getsemaní no es milagrero. Sin embargo, ¡quién sabe, chicos!»

La pareja árabe ha arropado de nuevo al niño y ha salido casi de puntillas, como avergonzada de su insensata felonía espiritual.

Diríase que el número fue preparado adrede para nosotros, ya que está en las antípodas de los dólares repartidos a voleo sobre la losa del Santo Sepulcro. Aquí nos enfrentamos con la fe directa y elemental: un niño que agoniza en la roca de la Agonía y unos padres que creen que Jesús no mintió al proclamar —allá arriba, en Betania—: «Yo soy la Resurrección y la Vida.»

—¿Eh, qué os parece?

Los cuatro estamos de rodillas en el pavimento. Mi emoción es de índole especial. Las palabras de Cristo que desde siempre me han conmovido mayormente han sido las que resonaron aquí, o muy cerca de aquí: «Padre, si es posible, pase de mí este cáliz.» Tal vez ello se deba a que son las más comprensibles, las más afines a mi condición. Son las palabras de la impotencia, como las que yo recitaba en Mallorca cada mañana al despertar y un poco más tarde subiendo con inmensa fatiga por el bosque de Bellver. «Padre, si es posible, huya de mis adentros esa diabólica depresión», repetía sin cesar, en ocasiones, a voz en grito; por desgracia, no obtenía otra respuesta que el aliento del mar —que no se moría nunca—, y risas lejanas y picaduras de diminutas espinas del bosque que al menor descuido se introducían entre mi camisa y mi piel, acribillándome. Cuando me sentaba para tomarme un descanso, no era raro que negras hormigas se introdujeran en mis alpargatas, sin que yo tuviera la fuerza necesaria para aplastarlas.

Veo que Asunción toca con su frente la roca, y que permanece así por espacio de unos segundos. Los demás la imitan, excepto el padre Emilio, que permanece de pie. Yo no sólo toco la roca sino que estampo en ella un cálido beso. Y como sea que no experimento, como al introducir la mano en el hoyo del altar del Calvario, la menor repugnancia —esta Roca no es húmeda, ni porosa, sino de una escueta sequedad—, se me hace un nudo en la garganta, colindante con el sollozo. Y bien, ¿por qué no? Se me agolpan en la memoria millares de grabados representando a Jesús postrado sobre esa roca o con los brazos en cruz, y mi emoción se intensifica, aunque intento disimular. Al reincorporarme, volviendo a mi postura normal, siento aligerado el espíritu. Por un momento abrigo la esperanza de que el «cáliz» que me tocó en suerte lo he superado ya hasta la hez, y que a partir de ahora mi lecho será de plumas y mi andadura, benigna. Miro a mi mujer. Ha tomado su ínfimo pañuelo y se está sonando, procurando no hacer ruido.

Me levanto y permanezco de pie, igual que el padre Emilio. Me acuerdo de la joven pareja árabe. ¿Se habrá curado su hijo? Habituado ya a la suavidad de la luz, ahora me doy cuenta de que hay muchas personas en la basílica, incluido un grupo de turistas, absortos en la contemplación de las pinturas murales. ¡En un rincón, hecho un ovillo, el anciano alámbrico, con el bastoncito azul, que vimos postrado ante el altar del Calvario! ¿Será la reencarnación de Gandhi? ¿Y por qué el bastoncito azul? No puede ser un ángel, pues el ángel ha sido definido como una idea que va y viene por los espacios metafísicos y ese hombre, en cambio, prefiere arrastrarse por los suelos, achicándose cada vez más, como si buscase hacerse invisible. Su actitud más bien recordaría la sentencia de Marco Aurelio: «Desaparecerás dentro de aquello que te ha creado.»

Miro a mis acompañantes, y me digo que por unos instantes todos hemos desaparecido dentro de esa roca que creó la esperanza entre los hijos forzados a dirigirse al Padre utilizando el plural.

—¿Has visto ya las palomitas? —susurra a mi lado el frailuco montañés.

Sí, acabo de verlas. En el cerco de hierro que rodea la roca formando una corona de espinas hay, además de ramos de olivo, palomitas decorativas que tienden el cuello como víctimas propiciatorias, dispuestas a morir. Su presencia se me antoja absurda, un error ornamental.

—Lamento que no comprendas su sentido místico —rezonga el padre Emilio—. Si pretendes sobornar al sacristán que tenemos aquí, el padre Pascual, para que las volatilice, no cuentes conmigo.

Fuera llueve otra vez. La lluvia arranca sonoridades de la techumbre de la basílica y del huerto. Las florecillas mimadas por el padre Pascual sucumbirán todavía más, y en cambio la plata de los olivos relucirá como si el día fuera noche y el agua caída fuera luna.

Aprovechamos para contemplar la basílica, en la que nadie dispara sus máquinas fotográficas. Como siempre, la actual iglesia fue edificada sobre las ruinas de otras mucho más antiguas, que se remontan al período bizantino, en que se salpicó el territorio de templos en honor de Adonis y de Venus. Los franciscanos, es decir, la Custodia de Tierra Santa, entraron en posesión de Getsemaní el año 1666, y las obras para la actual iglesia comenzaron en 1919, o sea, al término de la Primera Guerra Mundial.

Los planos fueron encargados, como tantos otros, al arquitecto italiano Antonio Barluzzi. ¡Ay, los italianos —Roma— dominando siempre la situación! Dicho arquitecto se dejó influir sin duda por los relatos de algunos peregrinos según los cuales ya en el siglo IV en este lugar se levantaba «una iglesia elegante». Personalmente, hubiera preferido, lo mismo que en el huerto, una mayor rusticidad.

No veo la menor relación entre la riqueza de los ábsides y «triste está mi alma hasta la muerte».

Nos enteramos de que en el pago de la actual construcción contribuyeron una serie de países, España entre ellos. Nota curiosa: la corona de la «roca de la Agonía» es regalo de Australia.

—El evangelio llegó lejos, ¿verdad? Y lo que te rondaré... —El padre Emilio añade—: Debido a esa cuestación ecuménica la basílica se llama también, con permiso de la ONU, «iglesia de todas las naciones».

El anciano alámbrico se ha levantado y ahora se dirige a postrarse ante la roca.

—¿Le conoces? ¿Quién es?

—¡Claro que le conozco! Es de Goa. Llegó de Goa hace muchos años... Harapiento y sin apenas comer, ya veis. No tiene más que un deseo: morir —morir cuanto antes, se entiende— en el interior del Santo Sepulcro.

Mi perplejidad es grande. El frailuco se da cuenta y aprovecha para repetirme: «Ya te dije que a lo mejor si te quedabas por aquí una temporadita te aprendías las cuatro reglas...»

El sonsonete de siempre. ¿Qué pretenderá? Es una coacción. Justificada, desde luego, puesto que es cierto que en ninguno de mis viajes anteriores brincaron dentro de mí tan opuestas emociones; sin contar con que dichas emociones adquieren a menudo, como ésta que acabamos de vivir, rango fundamental.

Voy dándole vueltas al asunto, con la silueta de Salvio Royo al fondo, ya que el ecuatoriano en diversas ocasiones fue tajante al respecto: Israel rebasa los límites de las agencias de viajes. Ahora mismo, mientras el padre Emilio, en vista del chubasco que cae sobre su coche azul, pone los cinco sentidos en salvar el obstáculo del torrente Cedrón, me doy cuenta de que con sólo volver la cabeza abarco varios triángulos inencontrables en otro lugar de la tierra, uno de los cuales podría ser, por ejemplo, la tumba de la Virgen María, que queda a nuestra derecha; la iglesia rusa de María Magdalena, cuyas cúpulas en forma de cebolla sobresalen por encima de los cipreses y cuya actual abadesa, nonagenaria, al parecer es algo así como una institución zarista; y por último, allá arriba, la capilla de la Ascensión, ¡propiedad de los musulmanes!

Son nombres y hechos y símbolos que a un chino de Mao le dejarían indiferente, y también, es probable, a los devotos de la civilización del plástico y de las computadoras, pero que a mí, torpe hijo de taponero esperantista, nacido en una aldea con mucha ermita románica alrededor y vientos contrapuestos, alguno de los cuales —la tramontana— hunde barcas de pesca y al propio tiempo dispara la imaginación, me zarandean de lo lindo, como la lluvia zarandea ahora las tapias de esas viviendas miserables que, entre higueras y cactus, jalonan la cuesta por la que trepa el coche del padre Emilio.

Éste se dedica a bromear sin acritud acerca de las mujeres de esas viviendas, mujeres que nos miran con ojos más antiguos que los de Rut y Esther e incluso que los olivos de Getsemaní, y a reírse del conductor de un autocar de Betania que se quedó atascado y que en vez de pedir ayuda ha optado por echarse su buena siesta al volante. «Aquí sólo pueden sobrevivir las abadesas moscovitas... y las higueras», ironiza el padre Emilio.

—Y las piedras. Y las rocas —añado.

Es verdad. De improviso, como pasando rápido balance tengo la impresión de que desde que llegué a Tierra Santa no hago más que saltar de piedra en piedra, de roca en roca.

—Aquí todo es de piedra, Emilio.

—Excepto ese hábito que llevo, y algunas almas.

—Es lógico que en esta tierra sonaran aquellas palabras: «Tú eres Piedra.»

—Piedra a la que tú no obedeces, macho.

—Debo decirte que las piedras me chiflan, pero que obedecerlas es harina de otro costal.

—Porque eres de la cantera de Satanás.

—Porque soy arqueólogo de la pluma, simplemente.

—Frase que firmaría muy a gusto el artrósico padre Cortés...

¡Cuidado! Estamos arriba, al nivel de la Puerta de Herodes, ha pasado rozándonos un fáustico coche negro —dentro, alguna jerarquía eclesiástica—, y a punto estuvimos de chocar contra el borde de piedra que protege las piedras de las murallas de Jerusalén.

La residencia Casa Nova

Decidimos almorzar en *Casa Nova,* donde ayer no pudimos hacerlo por culpa de la explosión y de las ambulancias, que nos obligaron a salir zumbando. Es temprano aún, pero el aguacero aconseja al padre Emilio acompañarnos sin más a la residencia.

—A las doce en punto suena la campana y hay que sentarse a la mesa. Casi mejor llegar antes; así conocéis el ambiente, y de paso os presento al tirano del lugar, el gran padre Mancini, de quien ayer os hablé...

Entramos por la Puerta Nueva y aparcamos en el patio interior del convento. En efecto, éste es una fábrica inmensa, con mucho espacio inútil. El empedrado está resbaladizo y vemos un viejo fraile andando despacio, pegado al muro. La imprenta queda a nuestra izquierda y se oye el gozoso teclear de los linoti·istas.

Minutos después llegamos a *Casa Nova,* situada a un tiro de piedra de San Salvador. En la entrada hay un limpiabotas árabe, tranquilo, que al ver al padre Emilio hace un gesto que equivale a afectuoso saludo. Dentro, en el mostrador-recepción, el portero, también árabe, es altísimo y luce en la cabeza una especie de gorro de dormir. El vestíbulo o sala de espera es amplio, con mesas y sillones abarrotados de peregrinos. En un rincón, al pie de una escalera, maletas, mochilas y toda suerte de equipajes.

El padre Emilio nos explica que la residencia, «cuyo origen se remonta a la noche de los tiempos», además de un par de comedores o refectorios, dispone de unas ciento cincuenta habitaciones, con un total de más de cien camas. «A veces eso se llena hasta los topes, a veces no hay apenas nadie.»

Pregunta por el padre Mancini y el portero le dice que está en su despacho, pero que supone que no tardará en bajar.

Deambulamos por el vestíbulo. En las paredes hay mapas de Palestina de gran tamaño y en relieve, que atraen nuestra atención. En ellos comprobamos que el terreno en el país es muy desigual, incluso en el desierto. No hay más llanura que la que se extiende a la orilla del Mediterráneo. Buscamos al sur del mar Muerto «el punto más bajo de la Tierra», de que Jacob nos habló: Sodoma. No está. Su nombre ha desaparecido, por lo menos de *Casa Nova,* como hace siglos desapareciera de cualquier historia escrita el nombre de Gomorra.

Vemos también, en el interior de unas vitrinas, distintas categorías de diplomas y medallas de peregrino... El padre Emilio se anticipa a nuestra posible reacción. «Sí, sí, hay que pagar para llevarse esto. Y los precios varían según la calidad del metal o la cantidad de sellos lacrados. —Nos mira, cruzándose de brazos—. ¿Qué, mandamos al cuerno la fe y todo lo demás?»

—Por favor, Emilio, nadie ha dicho una palabra...

Hay otras vitrinas, en las que están expuestos los libros que publica la *Custodia*. «Eso, eso tendríais que meteros en la cabeza.»

El conjunto resulta algo deshilachado, propio para huéspedes de paso. No obstante, la señalización es mejor que la de muchos hoteles, pues hay flechas indicadoras de la capilla, de la cafetería, ¡de los lavabos!

Aparece el padre Mancini en lo alto de la escalera. Corpulento, con aire socarrón, al ver al padre Emilio desciende con lentitud los pedaños y al llegar abajo inclina con evidente ironía la cabeza. Al advertir el serrín esparcido por el piso echa una mirada afuera y comenta que la lluvia es una bendición del Señor, que disminuye el número de visitantes a los Santos Lugares y abarrota las barberías y los cafés.

El padre Emilio nos presenta.

—¡Españoles! —exclama el padre Mancini—. Vaya por Dios... ¡Cuatro peregrinos españoles! —Levanta la mano y simula darnos la absolución—. Daré orden a la cocina de que los spaghetti estén en su punto...

Su reacción nos confirma en lo ya sabido: son muy pocos los peregrinos de la católica España que al cabo del año vienen a Tierra Santa. El padre Mancini añade un dato más: quizá no pasen de media docena los actuales obispos, compatriotas nuestros, que hayan estado en Jerusalén. «Se van al Pilar, a ver a la Madre, pero parece ser que visitar al Hijo les interesa mucho menos...»

Para suministrarnos una prueba, nos invita a revisar un libro de autógrafos que hay sobre una de las mesas del vestíbulo, a disposición de los peregrinos. Tino se hace con el libro, que hojeamos con curiosidad. Corresponde al año en curso. Empezamos por la primera página y poco a poco vamos doblando las hojas. En efecto, sólo de tarde en tarde aparece la firma de algún español. Los firmantes que más abundan son los italianos y, a continuación, los franceses. La mayoría de ellos «dan gracias a Dios por haber podido visitar Tierra Santa antes de morir». Un mexicano dejó constancia de su queja: llegó de noche y no sólo el portero tardó mucho en abrirle la puerta sino que al final no le dio habitación.

Hay que rendirse a la evidencia. Tino devuelve el libro a la mesa. ¿Será posible que alguien pueda ser nombrado obispo y tarde más de cuarenta y ocho horas en postrarse ante el Calvario... y ante la roca de Getsemaní?

—Curioso pueblo el nuestro, ¿verdad, Emilio?

—¡Bueno! Quizá por eso descubrimos, y hasta evangelizamos, América...

El portero avisa al padre Mancini para que acuda al teléfono y el barrigudo «tirano» de *Casa Nova* se despide con un expresivo *ciao*..., no sin antes garantizarle al padre Emilio que podrá irse tranquilo, que él cuidará de nosotros como si nos hubiera recomendado el mismísimo Felipe II.

En ese momento entra en la residencia una mujer pequeñita, discreta, que después de cerrar con mucho estilo el paraguas saluda con un sonoro *buon giorno* a un par de jesuitas que dialogan en recepción y toma acto seguido la dirección del comedor.

Al verla, el padre Emilio no puede disimular su contento y nos dice:

—¡Ahí la tenéis! La señorita Petrozzi... Os interesa conocerla. Esperad un momento...

Mientras acude en su busca, hacemos memoria. ¿Petrozzi, Petrozzi...? El nombre nos resulta familiar, pero no sabemos por qué. Hasta que Asunción abre los ojos de par en par. «¡Claro, es la autora de la monografía de Belén que compramos al salir de la gruta de la Natividad!»

Es cierto. Llega el padre Emilio, acompañado de la señorita Petrozzi. Ésta nos saluda, también con mucho estilo, en un castellano sin apenas acento. Su mirada es incisiva y diríase que quiere radiografiarnos en un santiamén.

Después de intercambiar unas cuantas palabras, Asunción saca del bolso la monografía de Belén y la muestra, satisfecha, a la señorita Petrozzi. Ésta sonríe, como quitándole importancia. «Sin la ayuda de la *Custodia* —dice— yo no podría hacer absolutamente nada.»

Suena la campana para el almuerzo. Hay un revuelo en el vestíbulo. Los sillones quedan vacíos y en las mesas sólo restan los ceniceros y, en una de ellas, como abandonado o huérfano, el libro de autógrafos.

El padre Emilio consulta su reloj.

—¡Bien, los frailes también comemos! Me voy al convento. Señorita Petrozzi, ahí le dejo a esos tortolitos. A ver si les explica usted el asunto del «no quedará piedra sobre piedra», y otras pequeñeces de ese calibre que se empeñan en no comprender...

Le cuesta separarse de nosotros. Nos dice que tiene la tarde ocupada pero que podemos llamarle mañana. «Ir pensando en visitar Nazaret.» Nos acompaña hasta la misma puerta del refectorio y allí, recordando sin duda el pintoresco opúsculo que adquirimos en la librería contigua a San Salvador, se despide diciendo: «¡Hala, sed buenos chicos, y a ver si coméis como lo hacía Jesucristo...!»

La señorita Petrozzi

Entramos en el comedor, que huele a sacristía... y a *pasta asciutta*. La decoración es olotina, de mal gusto. Largas mesas, y cada peregrino con su nombre en la servilleta, lo que me recuerda mis tiempos de seminarista.

Pese al revuelo que se organizó en el vestíbulo, en realidad el número de comensales es escaso. La señorita Petrozzi cuida de que nos sentemos a su vera, «pues tiene ganas de practicar su *pobrissimo* castellano». Una vez instalados, los camareros, también árabes, no tardan ni un minuto en servirnos... ¡un suculento plato de sopa! ¿Y los spaghettis, pues? «¡Oh, no! —protesta la señorita Petrozzi—. Cuando llueve, el padre Mancini prefiere la sopa...»; y persignándose con devoción, toma la cuchara y se la lleva con delicadeza a los labios.

Lo cierto es que alineados así, con disciplina colectiva y poco espacio para cada uno, nos sentimos como colegiales en un internado. Pese a ello, no tarda en establecerse en la mesa una atmósfera de lo más agradable. La señorita Petrozzi, de ojos azules, chispeantes y vivaces, nos ha hecho saber que es de Umbría, de lo que presumiría en cualquier lugar del mundo que no fuera Jerusalén; por nuestra parte, le informamos de que somos catalanes, «lo cual tampoco es moco de pavo».

—¿Catalanes? *Bravo, bravissimo!* Conozco Tantur... —Luego añade—: Es muy interesante que tengan ustedes como patrona una Virgen negra... ¿Cómo la llaman en su tierra?

—La Moreneta.

—¡Ah, sí, la Moreneta...!

El clima cordial ha sido fulminante y, por lo visto, contagioso, puesto que quien ahora, al oír lo de la Virgen negra, ha exclamado *«Bravo, bravissimo!»*, ha sido el vecino de mesa de la señorita Petrozzi, otro italiano, de enorme cabeza y pelo blanco, que se ha presentado a sí mismo como hombre de negocios milanés —«llámenme Giacomo, *prego*»—, un poco palurdo, extrovertido, dedicado a la exportación. Y nos han sonreído asimismo, como si también se interesaran por lo que hablamos, los dos jesuitas que antes vimos en recepción y un matrimonio yugoslavo, ambos con la cara tan pálida que se diría que se alimentan o que se duchan con cera.

Pronto el diálogo se generaliza, aunque sin método, por causa de nuestra situación en la mesa y porque los componentes de una peregrinación de Baviera, situados a nuestra espalda, parecen tan alegremente excitados —han estado en el Monte de la Tentación y en Jericó—, que no cesan de llamarse unos a otros y de reírse a mandíbula batiente. No importa. La humeante sopa conculca tibieza a las palabras y, además, puestos a alegrarnos, los latinos —y Giacomo más que nadie— acabaremos ganando la partida.

Nosotros querríamos complacer a la señorita Petrozzi, que se interesa por nuestra aventura personal en Tierra Santa, pero cada vez se le anticipa Giacomo, su vecino. Menos mal que el hombre cuenta cosas interesantes, como, por ejemplo, que estuvo en la guerra de España en calidad de oficial del Tercio, con el que entró victoriosamente en Málaga, y que gracias a los servicios prestados, al terminar dicha guerra el general Franco le concedió pasaporte español, «lo mismo que a todos sus camaradas italianos».

—¡El general Franco! *Grande generale!* —repite, brindando para sí, en el momento en que los camareros nos sirven estofado con patatas—. ¿Saben ustedes, *signori*, cuál sería mi mayor placer, pese a los años transcurridos?

—No...

—Encontrarme con *la Pasionaria* y pegarle tres tiros... —y Giacomo suelta una de sus estruendosas carcajadas.

Ignoramos cuál es nuestro aspecto. Nuestros tenedores se han detenido a mitad de camino entre el plato y la boca. Por el contrario, la señorita Petrozzi, cuya reacción presumíamos que iba a ser semejante a la nuestra, imita ahora a su compatriota y suelta un «¡fantástico!» que nos deja estupefactos. Y acto seguido afirma que Italia con la democracia se ha ido al caos, y que ojalá Mussolini resucitase y tomara de nuevo las riendas del país. «En veinticuatro horas pondría en orden todo aquello y acabaría con la *totale corruzione*.»

¡Ah, una vez más podemos dar fe de las sorpresas que los viajes proporcionan! Jamás pudimos sospechar que el mayor peligro para *la Pasionaria* fuese actualmente un industrial milanés, ex oficial del Tercio y con pasaporte español, y que la autora de una monografía sobre Belén —«y de otra sobre Samaria»— rece todos los días, o poco menos, para que Mussolini resucite y llene de nuevo la nación italiana de botas de charol y de bayonetas.

Mi mujer consigue por fin que la conversación tome el rumbo esperado: Tierra Santa y las complejas experiencias que estamos viviendo. Ahí la señorita

Petrozzi se pone seria, su rostro parece incluso envejecer, mientras acaricia con soltura un discreto collar de perlas que lleva sobre el jersey.

Sí, no puede negarnos que se conoce un poco la cuestión, ya que lleva unos cuantos años en Jerusalén, «pateándose» los Santos Lugares y trabajando lo más que puede, en un cuartucho que ha alquilado muy cerca de *Casa Nova*. En la actualidad está preparando una tercera monografía, sobre un tema notablemente polémico: el monte Tabor. O sea, la Transfiguración. Los protestantes —¡uf, los protestantes!—, pretenden que el milagro tuvo lugar en el monte Hermón, es decir, a tres mil metros de altitud. «¿Creen ustedes, *signori*, que una altitud de tres mil metros es sitio apropiado para plantar en él tres tiendas? —Sonríe con ironía y concluye—: ¡Se necesitaría estar loco!» Luego agrega que la tarea que se ha impuesto es dura pero que, como antes dijo, los franciscanos la ayudan con decisiva eficacia.

Tino se atreve a insinuar que no parece que la señorita Petrozzi sienta por los protestantes una simpatía especial.

La escritora de Umbría pega casi un grito.

—¡No! Prefiero a Luzbel.

Giacomo, en un inglés bastante correcto, y mientras se sirve vasos de un clarete que huele bien, va traduciendo a su modo, para el matrimonio yugoslavo, todo lo que estamos hablando. La pareja de color de cera se limita a hacer gestos de asentimiento y a repetir una y otra vez que ellos se exiliaron hace ya unos cuantos años a los Estados Unidos, que éstos salvaron a Europa y que si en la actualidad el Pentágono vende armas a los dos bandos en liza —árabes y judíos—, es para equilibrar la balanza y para que no estalle entre ambos una guerra atómica.

La radical opinión de nuestra interlocutora sobre los protestantes nos lleva de la mano a hablarle de nuestros asombros en el Santo Sepulcro, con tanta división y tanto interés yuxtapuesto, y del aparente predominio de los ritos y la erudición sobre la fe. También le rogamos que nos hable de *Casa Nova*, de los peregrinos que pasan por aquí, de Jerusalén...

En ese ámbito la señorita Petrozzi se muestra dispuesta a echar el resto. Sin embargo, antes tenemos que permitirle guardar en una bolsita de plástico —saca la bolsita—, restos de comida para su gatito. «Tengo un gatito ¿comprenden? Me hace mucha compañía.» «¿Que cómo se llama? ¡Oh, no lo he bautizado aún! Cuesta mucho elegir un nombre ¿no creen?»

En este momento pasa el padre Mancini, y al oír lo del gatito se ofrece para bautizarlo personalmente, siempre y cuando su dueña demuestre que el pequeño animal tiene uso de razón.

Todo ello coincide con el fin del almuerzo —de postre, queso y plátano—, por lo que todo el mundo empieza a desalojar el refectorio, empezando por el grupo de peregrinos de Baviera. El talante de éstos, a lo que se ve, ha sufrido un cambio, no sabemos si debido al queso. Todos de pie, dan gracias al Señor «por los alimentos que han tomado» y luego van saliendo casi en silencio, con sus bolsas de viaje. Lo mismo hacen los jesuitas, que se persignan con cierta rutina. Se van incluso el matrimonio yugoslavo y varias monjas preconciliares, que llegaron un poco tarde y que por lo visto parten en seguida rumbo a Galilea.

Los camareros árabes, que han retirado ya los platos, acto seguido se plantan como estatuas en la puerta de la cocina, esperando. La señorita Petrozzi nos dice, con finura:

—*Prego*, sería preciso que pagaran ustedes la cuenta...

—¡Ah, claro, no faltaba más!

Cumplido ese requisito, los camareros también se van y la señorita Petrozzi nos propone continuar la tertulia en el piso de abajo, en la cafetería.

—Dispongo de una hora. ¿Les parece bien?

—¡Desde luego!

En la cafetería, canto a Jerusalén

La cafetería tiene también un aspecto un tanto frío, pese a que el camarero, que a juzgar por los cristales de las gafas debe de ser muy miope, se muestra servicial y nos ofrece postales, sellos y la posibilidad de cambiarnos, en condiciones óptimas, cualquier moneda extranjera. Al fondo del local hay un estrado, con piano en el centro; por lo visto, en determinadas ocasiones se celebran aquí coloquios y pequeños conciertos.

Juntamos dos mesas para acomodarnos con mayor holgura, ya que el gigantesco Giacomo, que no se separa un instante de la señorita Petrozzi, se ha bajado también. Y es entonces, frente a las consabidas tazas de café —por cierto, excelente—, cuando nuestra interlocutora nos da la medida de su agilidad pensante. Hay momentos en que, mirándola, uno se olvida de lo pequeñita que es. Emana de ella una energía singular. ¿No será monja? No... El léxico que emplea, justo y mordaz, revela un contacto muy directo con el mundo exterior. Quizá la vida fue dura con ella, por lo que decidió refugiarse en Belén y en Samaria, y ahora en el monte Tabor.

En síntesis, su monólogo, sólo interrumpido por nuestras espaciadas preguntas y alguna que otra intervención de Giacomo, podría ser éste:

«Ella es católica, apostólica y romana. Partiendo de esa base, sus alergias ideológicas son detectables sin grandes dificultades. Los Lugares Santos deberían pertenecer a la Iglesia Romana, y en el medioevo el Vaticano luchó por ello, sin resultado. A raíz de la Primera Guerra Mundial hubo un momento en que ese deseo pudo convertirse en realidad; pero Inglaterra vetó el intento, porque quería asegurar sus bases a ambos lados del Canal de Suez.

»¿Resultado? La división de los cristianos, que tanto asombro nos ha causado. Ella, personalmente, ha conseguido superar ya dicho asombro, quizá por aquello de que "las puertas del infierno no prevalecerán". De añadidura, es preciso admitir que el nuevo Estado judío, tan torpe casi siempre, en ese caso ha logrado organizar un poco el caos, creando un original Ministerio de Cultos que tiene por objeto garantizar el orden público en los distintos centros y establecimientos religiosos, así como en las ceremonias que éstos celebren. De modo que, por lo menos, ya no reina la ley del más fuerte, ni corre la sangre, como por desgracia ocurría en tiempos no demasiados lejanos.

»Por supuesto, hablar de confesiones "distintas" no equivale a hablar de confesiones "rivales". Los católicos, por ejemplo, salvo en cuestiones de poca monta, de hecho constituyen una hermandad; y tampoco existen actualmente problemas graves con los coptos, con los armenios, con los sirio-jacobitas, etcétera, iglesias todas ellas que, en algunos aspectos, son muy interesantes y algunos de cuyos ritos, antiquísimos, invitan a reflexión. De hecho, el conflicto podría centrarse, sobre todo, con respecto a los protestantes y, naturalmente, con respecto a los griegos ortodoxos.

»No, no, los protestantes no le gustan ni tanto así, y no le importa repetirlo. Cómo serán, que se han inventado incluso un *nuevo* Calvario, en Jerusalén, naturalmente, frente por frente de la Puerta de Damasco; en una colina muy visible, que hasta ahora fue cementerio musulmán. Los protestantes, que en Jerusalén han llegado a pagar una piastra a los chiquillos árabes para que asistieran a sus funciones, son la diáspora mental, y ellos y sus incontables sectas han terminado por preferir la reina de Inglaterra a la madre de Jesús, la Virgen María. En fin, para no ensañarse con los descendientes de Lutero, ya que el ensañamiento jamás puede ser una virtud, se limitará a repetir las palabras de un peregrino que no hace mucho pasó por *Casa Nova* y que los definió con agudeza diciendo que son ejemplares en una sola cosa: en aceptar con resignación cristiana las desgracias de los demás.

»Tocante a los griegos ortodoxos, ¿qué va a decir? ¡Psé, ella se conoce bien sus manejos! Con astucia *veramente* diabólica han ido apropiándose de los más preciados tesoros de los franciscanos, de los tesoros que la *Custodia* se había ganado a fuerza de tesón, obediencia y martirio. La historia no ofrece dudas al respecto, y el inicio de la usurpación se remonta al siglo XVI, con la llegada a Jerusalén de los primeros monjes cismáticos helenos. Ahora, la situación clama al cielo. Conforme con que sean los dueños, por ejemplo, del monasterio del Sinaí, que les pertenece desde antiguo; pero no con que lo sean de la Natividad de Belén ni de otros lugares clave. Por lo demás, ese irritante intercambio de velitas por dólares lo efectúan en todas partes, sin exceptuar el pozo de Jacob, lugar sacrosanto, que tenemos que visitar; para no citar el sacrilegio que supone que el monje que está de guardia en el altar del Calvario a veces entretenga su ocio arrancándose los pelos de la barba, chamuscándolos y quemándolos con las velas que los peregrinos, previo pago, han adquirido con devoción.

»Una circunstancia, sin embargo, conviene señalar: la mayoría de esos monjes griegos, los del clero inferior, son de extracción humilde, con escasa formación cultural, y están casados y tienen hijos... Hay que valorar ese aspecto de la cuestión. Ahí los franciscanos les llevan ventaja, puesto que tienen el problema material resuelto para toda la vida, en Salvador o en otros lugares de Tierra Santa. Sí, el celibato los exime de muchas y apremiantes preocupaciones familiares.

»En cuanto a *Casa Nova*, ¿qué va a decirnos? Millares de peregrinos al cabo del año, cada uno con su joroba emocional a cuestas. La silla en que ella se sienta en el refectorio es un palco de observación único. En la mesa que nosotros hemos ocupado ha podido oír las cosas más insólitas: desde un grupo parroquial norteamericano que estaba dispuesto a hacer una oferta para poder llevarse a su iglesia el sepulcro de Lázaro, hasta los gritos histéricos de una mujer irlandesa que se quejaba de que Jesús hubiera subido al cielo por sí solo, en tanto que la Virgen necesitó que los ángeles la ayudasen.

»*Casa Nova*, pese a la frialdad aparente, es un mundo caliente por dentro, como cualquier otro enclave de la tierra en el que durante siglos la gente haya rezado y recobrado la esperanza. Lo más fácil es mofarse de Lourdes, o de Benarés, e incluso del Muro de las Lamentaciones; y conste que sobre Benarés y sobre el Muro habría mucho que hablar; pero lo cierto es que el corazón humano, como se acostumbra a decir en Umbría, necesita en un momento determinado asirse a algo terapéutico o superior; sí, a veces la soledad es tanta que puede uno depositar todo su afecto en un gatito, aunque sea un gatito sin nombre. *Casa Nova,* en ese sentido, es un ejemplo y un consuelo. En la pequeña capilla que hay cerca del comedor, y que a lo mejor no hemos visto aún, ella ha presenciado cómo ciertas personas que entraron con el semblante roto por el sufrimiento salían dueñas de sí, con pasmosa serenidad. ¡Ah, si el padre Mancini, que es mucho más fino de lo que aparenta, se decidiera a escribir una monografía sobre *Casa Nova*! Sería algo así como el anverso del Éxodo; o como la gran epístola de las peregrinaciones, con permiso de Santiago de Compostela...»

Llegados a este punto, afronta sin tapujos el problema de los palestinos, informándonos de que sólo en la zona costera de Gaza los refugiados se acercan a los doscientos mil, y que por tanto no puede opinarse sobre el tema, y menos aún sobre los «atentados», sin haber visitado dicha zona. Y a continuación, centra la última parte de su apasionante monólogo en torno a lo que ha significado para ella la ciudad de Jerusalén.

—Jerusalén lo es todo para mí, ¿comprenden? Yo vine aquí obedeciendo a un impulso interior, que en gran parte se nutría de curiosidad; pero a poco de llegar y de oler esas piedras me dije que había encontrado el sitio donde permanecer para siempre, el sitio donde morir. ¡Oh, sí, desde luego! No me moveré desde aquí mientras *il mio cuore* tenga fuerza, mientras haga tictac; y dispongo ya de un par de metros de tierra para mi sepultura. ¿Dónde mejor? Jerusalén es el absoluto, aunque tal expresión, así, en una cafetería, pueda sonar un tanto retórica, sobre todo en boca italiana. El Señor no construyó Jerusalén de un solo golpe, sino que va construyéndolo día tras día, sin descansar ni siquiera el séptimo. Qué importa dónde aparezca por primera vez el nombre de la ciudad, aunque es probable que sea en un texto egipcio, que ha sido traducido por «ciudad del dios Salim». Salim desapareció; en cambio, no desapareció, ni desaparecerá nunca, Jesucristo. Su acta notarial es su resurrección; el texto del acta, la paz que en Jerusalén se respira, siempre y cuando la persona que reside habitualmente aquí sepa princindir de las divisiones de cualquier tipo que puedan surgir entre los hombres, de las crónicas de sucesos insertos en los periódicos. Por ejemplo, en la visita diaria que hago al Santo Sepulcro puedo asegurarles que no me afecta lo más mínimo encontrarme con que los albañiles silban canciones de moda, o con que en aquel momento están cantando simultáneamente el coro griego, los coptos y los armenios, armando el zipizape que es de suponer. Cristo está allí ¿qué más quiero? Cristo se convierte en el auténtico cáliz del Catolicón. Y es que, en Jerusalén, cuando uno ha decidido «aquí me quedo» ocurre esto: la figura de Cristo va haciéndose verosímil, acaba por hacerse tangible, algo así como lo que les ocurrió en Emaús a dos de sus discípulos. De mí puedo decirles que, a menudo, cuando me paseo por la vieja ciudad tengo la impresión de que me cruzo con Él, de que Él me saluda al pasar, disfrazado de judío, de árabe, de niño, de rollo del Qumrán; a pie, sonriendo, o montado en un asno, o también, ¿por qué no?, semioculto en un confortable automóvil. La plenitud de Jesús radica en esto: es el más pobre de los pobres, pero al mismo tiempo es hijo de David; dicho de otro modo, los Evangelios no tienen nada que ver con la demagogia. Eso me recuerda a un poeta que pasó por *Casa Nova*, astrólogo y locoide, que escribió un soneto en el que afirmaba que de día veía a Jesús en las alcantarillas y que al llegar la noche lo veía en Júpiter. El hombre se tenía a sí mismo por descendiente directo de los cruzados, los cuales eran también visionarios y estuvieron en todas partes, grabando sus nombres y apellidos —por cierto, algunos, catalanes— con tal vehemencia que todavía hoy pueden leerse en el Sinaí, en Acre y demás. Resumiendo, Jerusalén es la eternidad y si una bomba atómica la destruyera resurgiría al tercer día, empezando por *Casa Nova*, con el mismísimo padre Mancini al frente. Así que, como les dije, yo he decidido quemar aquí el pedazo de tiempo que me queda. Por lo demás, no tengo la exclusiva de semejante decisión. En Jerusalén abundan las personas que, sin decírselo a nadie, no hacen más que aguardar el momento del traspaso. ¿Fanatismo absurdo? Quién sabe. Y como fuere, existe el precedente de un embajador inglés que recibió de Londres lo que se llama «una orden de ascenso»; lo destinaban a la Embajada de París. Pues bien, la respuesta de dicho embajador fue contundente. «Iré a París —dijo—, pero jamás podré considerar que se trata de un ascenso, puesto que para mí no existe en la tierra lugar más alto que Jerusalén.»

Aquí termina el informe de la señorita Petrozzi. Estamos vivamente emocionados, sobre todo porque nunca pudimos imaginar que una exposición de esa categoría pudiera surgir de alguien que reza todos los días, o poco menos, para que Mussolini resucite. Por si algo faltara, Giacomo, que se ha tomado cinco cafés lo menos, aplaude a su compatriota y grita: «*Bravo, bravissimo!*; Giacomo, oficial del Tercio en la guerra de España, condecorado por Franco, "*grande generale*"...»

La señorita Petrozzi nos ahorra cualquier posible comentario, que sonaría a hueco, levantándose con presteza, después de consultar su diminuto reloj de pulsera, y diciéndonos que está citada en la imprenta con el padre Baratto, su asesor en la monografía que escribe sobre el Tabor. «¿A ver, a ver? —murmura para sí—. Que no me olvide del paraguas y de la bolsita de comida para el minino...»

Conseguimos hacerle patente nuestra gratitud por el tiempo que le hemos robado.

—¡Bah! Vinieron ustedes con un ángel de la guarda, el padre Emilio... Y la próxima vez, la *implacabile* preguntona seré yo...

Asunción le ruega que le ponga una dedicatoria en la monografía de Belén. «Me llamo María Asunción.» La señorita Petrozzi la mira con malicia no exenta de complacencia, se libera del paraguas y de la bolsita, se sienta de nuevo y escribe con letra enérgica unas cuantas palabras.

Al levantarse, mira la página y exclama:

—¡Huy, María Asunción, qué nombre más bonito! Pero cuántas faltas... El castellano no es nada fácil. Perdónenme...

—Muchas gracias, señorita Petrozzi. Y hasta pronto...

La señorita Petrozzi inclina levemente la cabeza —¡qué menuda es!— y echa a andar hacia la escalera. Giacomo intenta seguirla pero ella se vuelve, muy seria.

—*Ma, Giacomo...! Dove va?*

SEGUNDA PARTE

CAPÍTULO XIII

Importante decisión

Decido quedarme. Quedarme dos meses, tres, seis, el tiempo que sea menester. Todo se ha ido confabulando para que por fin me rindiera, aun a trueque de alterar de arriba abajo los planes de vida y de trabajo que había hecho a raíz de mi regreso de la Unión Soviética. Algo muy hondo, hondo como la preexistencia o como los «libros sapienciales», ha llamado a mis adentros. Ha ido llegando poco a poco, como a veces el miedo, como a veces la amargura o los sentimientos de frustración, hasta convertirse en una orden. No puedo ya volverme atrás. El primero en desafiarme fue el padre Emilio; luego, Salvio Royo, supuesto que éste sea su nombre; ahora, la señorita Petrozzi, con su canto arrebatado a Jerusalén. Entretanto, también habían ido alertándome la figura de Jaimico; los inmigrantes de más de cien países; aquella corbata de Zaid, en forma de media luna; la posibilidad de plantar un ciprés en el Bosque de la Paz, invitación, ésta, hecha por Jacob; y tantas otras imágenes-voz, entre las que debería destacar la voz de las piedras sobre la que bromeé con el padre Emilio y que con tanta fuerza oí en el patio de El Omaríeh —¿cuántos años han pasado?—, poco después de que el grupo de peregrinos alemanes clamara: «Primera Estación: Jesús es condenado a muerte...»

Ni que decir tiene que me interesa el tema de los judíos, y el de los palestinos, y lo que pueda estar sucediendo en los Altos del Golán y, en otro sentido, en la franja costera de Gaza. Y que la proximidad del desierto, con sus treinta y siete mil beduinos —ni un solo enfermo de asma—, me atrae como al bueno de Giacomo le atraen sus recuerdos de la guerra de España y el vino, clarete, de *Casa Nova*; sin embargo, lo que me interesa por encima de todo es la experiencia religiosa que aquí puedo vivir, si le doy tiempo a mi espíritu para que haga la digestión. Experiencia única, puesto que aquí confluyen, como rezan los folletos, Yahvé, Cristo y Mahoma, y porque queda claro que esto es el puente entre Occidente y Oriente, y porque se palpa en el aire que aquí puedo tener fácil acceso a cerebros de excepción, que por azares históricos han coincidido en este rincón de mi amado Mediterráneo.

En definitiva, se trata de un simple problema de sentido común. ¿Cuál es la situación? Al mirarme al espejo, lo que en verdad veo no es el rostro de mi padre, como Salvio Royo nos dijo que siendo niño le ocurría a él, ni tampoco la primera cortante arruga vertical, como a mí mismo me ocurrió en el cuarto de baño del «Intercontinental» el día de nuestra llegada a Jerusalén. Lo que veo al mirarme es la zozobra, repetida en una y en mil ocasiones, de no tener resuelta las incógnitas de la posible inmortalidad del alma y de la posible divinidad de Jesús. «Pero, vamos a ver, chico. ¿Tú crees en Dios, o no crees...?» Lo que sea mi alma y lo que sea Jesús son la clave de mi situación, lo que priva sobre el resto, lo que más me importa en esa recta final que mi organismo, mucho más fatigado de lo que me correspondería por la edad, ha emprendido hace ya muchos años, a través de continuas dolencias ilocalizables e itinerantes y, por supuesto, a través de aquellos fantasmas que, con increíble frialdad, describí en unos folios y convertí luego en libro.

La simplicidad del problema reside en esto: lo que está en juego es la Eternidad. Palabra no apta tampoco para notarios, y que personalmente considero como la más atroz de cuantas existen, opinión que he visto compartida por todas y cada una de las mentes reflexivas que me ha sido dado conocer a lo largo de mi vida, incluido dos sabios bonzos con los que dialogué una melancólica tarde en Saigón y tres estudiantes japoneses que, en Tokio, me confesaron que al perder su país la guerra se habían quedado huérfanos por triplicado: sin hálito, sin familia, sin Dios.

Claro es, si lo que persigo con mi decisión es una «vivencia» religiosa, ello se debe a que por el camino de la especulación no he llegado a ninguna parte. En efecto, la teología, que propiamente debería ser el soporte o brújula idóneo, en mi caso ha fallado de forma estrepitosa. Nunca olvidaré el día en que busqué en el diccionario —me acordé de ello cuando nuestra visita a Tantur— la definición de la palabra: «Teología —leí—, es la ciencia que trata de Dios y de sus atributos y perfecciones.»

Me sentí abrumado, y terribles interrogantes martillaron mi cerebro. ¿Cómo puede tratarse de Dios a partir de la ciencia? ¿Y dónde está el hombre, o los hombres, que pueden ocuparse de ese menester? ¿Quién es el hermoso, o el santo, o el inteligente, que puede tratar de Dios y analizar o tasar o pellizcar sus atributos y perfecciones? En el momento en que tal cosa fuera posible, siquiera de manera aproximativa, cabría deducir que dichos atributos tienen un límite, como lo tienen la agresividad o el letargo del continente africano. Dios es demasiado Dios para caber en el diccionario. Está por encima del lenguaje e incluso de la intuición. «Dios es lo que no es», sentenciaron con humildad los vedas, indicando con tal fórmula negativa que allí donde termina cualquier imagen que la criatura humana se haga de Él, allí Él empieza.

Esa abrumadora sensación de fracaso la experimento ahora con más intensidad que nunca, quizá por encontrarme precisamente, tal y como afirmó el embajador inglés, «en el lugar más alto de la tierra». En efecto, hago memoria y recuerdo hasta qué punto las conclusiones teológicas me han causado siempre desasosiego, especialmente las de santo Tomás, cuya *Summa*, en una época no muy lejana, con harta frecuencia me puso carne de gallina. Al igual que un delirio entresacado del mismísimo Juan de Ávila: «Si verdaderamente nos odiamos a nosotros mismos por amor a Jesús, no hay duda de que cumplimos con la justicia divina.»

Por supuesto, el anhelo de acercarse a lo Absoluto es natural e irreprimible; pero no lo es celebrar concilios y escribir libros para discutir si el incienso es varón o hembra, o si es o no es pecado mirar la cópula de los animales, o para evaluar los poderes reales de la «hija de Satán», en cuya existencia y belleza los primeros eremitas creían firmemente. Y todo eso, y mucho más, se ha hecho en el seno y en el decurso de la Iglesia a que pertenezco, la Iglesia que se sacó de la manga la inconcebible idea de que los seres no bautizados, por inocentes que fuesen de por sí, deberían quedarse en el Limbo, sin jamás ver a Dios; la Iglesia que me propuso como cuestión de fe la Trinidad —tres personas y una sola esencia—; la que atiborró los catecismos de mi niñez de torpes dibujos a la pluma, en los que se veían reatas de cuerpos y almas precipitándose minuto tras minuto a los abismos infernales, «donde el dolor es perenne y el fuego nunca se apaga»; la que llegó a dogmatizar, desplegando el mapamundi: «Declaramos y definimos que toda criatura humana está sujeta al Romano Pontífice.»

Consiguientemente, entiendo que algo básico falla en el intento de cuadricular desde esta orilla lo sobrenatural, pero al propio tiempo siento, ¡desde luego!, que late en mí la esperanza de que las dos incógnitas que antes mencioné se resuelvan favorablemente, en cuyo caso ese fuego interior que ahora me vivifica tampoco se apagaría nunca. Quizá por ese motivo el padre Franquesa insistió en que quería llevarnos al sepulcro de Lázaro..., proyecto que, para bien o para mal, hubimos de posponer. El padre Franquesa cree en ese milagro y en el de la propia resurrección, como la señorita Petrozzi debe de creer, supongo, en la imperdurabilidad del cariño de su gatito.

Mis compañeros de viaje

Mi mujer comprende y acepta sin dificultad. Nuestro diálogo ha sido breve, como suele serlo en las grandes ocasiones.

—Me parece muy bien. Esta misma tarde iremos a la agencia de viajes a cancelar tu pasaje.

—Pero...

—No es necesario que añadas nada más. Quédate, y si tienes la suerte de resolver tu problema, luego me ayudarás a resolver el mío.

—¿Cuál es el tuyo, exactamente?

—Te consta que hace mucho tiempo que creo en Dios, y también en la divinidad de Jesucristo. Mi problema es puro egoísmo: me gustaría tener la certeza de que el cielo será personal, ¿comprendes?; de que allí podré seguir queriendo a las personas que he querido aquí abajo, entre las que, como sabes, figura mi padre, al que apenas conocí...

—Ya... Te da miedo perder tu identidad, ¿no es así?

—No lo sé... Lo único que sé es que con el tipo de amor que conozco me conformaría.

—¿No se te ocurre que Dios puede llenarte mucho más?

—Es posible; pero ni siquiera lo deseo.

—¿Y a qué debo atribuir que mi decisión no te haya sorprendido apenas?

—A que me di cuenta muy pronto de que la ibas a tomar. Era inevitable. Hace ya más de treinta años que comparto tus reacciones.

—¿En qué momento empezaste a sospechar?

—No lo sé... No podría precisarlo. Quizá, viniendo de Tel Aviv a Jerusalén, en el taxi de Jaimico, cuando en aquel cruce de carreteras encontramos la flecha que decía: Jeshusah... Tu cara fue un poema. Luego..., cuando contemplamos Belén desde la terraza de Tantur. Y por supuesto, la definitiva fue cuando te caiste en la Vía Dolorosa y te quedaste ciego.

—¿Ciego...? ¿Qué dices?

—¡Bueno! Las gafas se largaron... y sé lo que sin ellas eres capaz de ver.

Así de sencillo, así de escueto. A continuación añade que también lo sospechó cuando al llegar al hotel vi la palabra Jerusalén en las pastillitas de jabón. Por lo visto mi cara fue igualmente un poema, no sé si mejor o peor.

Quiero y admiro a mi mujer. Lo he dicho y escrito en infinidad de ocasiones. Se me antoja más coherente que justificar el sufrimiento apelando al pecado original —¡ay, la capilla de Adán en el Santo Sepulcro!—, y más plausible que la teología. También me gustaría abrigar la certeza de que en la llamada «eternidad» podré seguir queriéndola; y mi gozo sería comparable al suyo en caso de alcanzar a conocer a su padre, que la dejó semihuérfana en Gerona al cumplir ella los tres años de edad.

Tino y Asunción se sorprenden mucho más.

—Claro, sin hijos vuestra independencia es mucho mayor...

—¡Pequeñas ventajillas!

—Te envidiamos —me dicen—. Eso es maravilloso. Lástima que no podáis quedaros los dos.

—De momento, no tengo más remedio que irme con vosotros —dice mi mujer—. Pero si me huelo que le da un rapto de los suyos y quiere meterse a fraile, me vengo volando a rescatarlo.

—Como si dijéramos, otra cruzada...

—Eso es. Una cruzada conyugal.

Dicho y hecho. Fuera ha dejado de llover, lo que aprovechamos para ir a la Puerta de Damasco y tomar un taxi que nos lleve a la agencia de viajes «Patras», situada en la avenida Yafo, en la ciudad nueva. El taxista exhibe, junto al freno de mano, una caja abierta con una nutrida colección de monedas de muchos países; imposible ver si entre ellas figura la efigie de Franco con la incomprensible divisa: «Caudillo de España por la gracia de Dios.»

El servicio en la agencia es lento, pero no hay pegas para la cancelación del pasaje.

—¿Y para prolongar el visado?

—Lo tiene usted para tres meses...

—Es posible que quiera quedarme por más tiempo.

—En ese caso, vaya usted al Consulado español. ¿Sabe dónde está?

—Sí...

—¿Sus señas en Jerusalén?

—«Hotel Intercontinental»; pero dentro de pocos días me trasladaré a *Casa Nova*...

—De acuerdo.

La azafata habla un francés excelente. Anota los datos, y al terminar nos obsequia con un montón de folletos para excursiones, en una de las cuales, la correspondiente al golfo de Eilat, vemos que está incluida nada menos que una visita a las minas del rey Salomón.

Echamos a andar al buen tuntún por el barrio comercial judío. Al llegar a la plaza Sión, donde quedamos bloqueados, vemos el restaurante del mexicano Raúl, en el que conocimos a Jacob y al capitán Bustamante, casco azul y reclutador de voluntarios quechuas en la selva peruana. Nos acordamos de la calle Hillel, donde estalló la camioneta de frigoríficos y bifurcamos para recorrerla de punta a cabo. Ya no hay sangre en la calzada, pero sí cristales rotos en varios escaparates y en las ventanas de algunos inmuebles. ¿Y el peluquero muerto, cuya fotografía apareció en el periódico? El establecimiento ha vuelto a abrir y en su interior hay tres dependientes trabajando afanosamente. Un letrero reza: «Corte a la navaja. Lavado especial de cabeza.» En la pared, un reloj parado, que posiblemente marca la hora exacta de la detonación.

Nuestro estado de ánimo es un tanto anormal. Existe un desfase entre mis acompañantes y yo. Ellos han de continuar aprovechando cada minuto; yo me he instalado ya en el *tempo* lento, y voy mirando a sabiendas de que volveré a pasar por aquí cuantas veces me plazca. Pese a ello, me sorprende la cantidad de placas que dicen: dentista. ¿Por qué habrá tantos dentistas? ¿Qué ocurre en el cosmos dentario israelí? También veo muchos «abogados», pero eso es más natural. Israel es en sí mismo un pleito. Pasamos frente a una pequeña estafeta de Correos, en cuya entrada se han apostado varios chiquillos con álbumes de sellos. «Sellos, sellos», nos piden, abriendo los álbumes. No puede negárseles sentido estratégico.

Mi mujer, mirando a la estafeta, ironiza:

—¿Cuántas veces me escribirás? ¿Una postalita al mes?

Comprendemos que nuestro paseo carece de sentido y que lo primero que debemos hacer es organizarnos para los días próximos, programarlos de modo que todos podamos aprovecharlos el máximo.

Nos encontramos cerca del Parque de la Independencia y nos dirigimos a él. Tranquilamente sentados en un banco —el suelo arenoso está encharcado aún—, y con el mapa en las rodillas de Tino, todo se clarifica sin necesidad de estrujarse el cerebro.

—Vamos a ver —propongo—. Hay una serie de lugares que forzosamente tenéis que visitar, aunque sea contra reloj. Me refiero a viajes fuera de Jerusalén, claro: Haifa, Nazaret, Jericó, el mar Muerto, Qumrán, el Sinaí tal vez, etcétera. Contando los días que os quedan de estancia aquí, y que Jerusalén exige como mínimo dos jornadas más, completas, hay que actuar rápido, ¿no creéis?

—Claro... —aceptan todos, mirando las crucecitas que Tino ha ido trazando en el mapa.

—Pues bien, me parecería un poco absurdo que yo me sintiera obligado a irme con vosotros a esas excursiones relámpago. Galilea, por ejemplo —y señalo en el mapa toda la zona Norte—, requiere por lo menos una semana. Así que lo mejor será que en principio yo me excluya; si me apetece acompañaros, voy, si no, me quedo todo el día en la cama, y no pasa nada. ¿Conformes?

Me miran esquinadamente, y me llaman «ventajista» y cosas peores. Pero admiten que hablo como lo haría la mismísima sensatez.

Aceptado el planteamiento, el resto se impone, cae por su propio peso. Es preciso comunicar cuanto antes la novedad al padre Emilio y al padre Franquesa, para que ellos den su consejo con respecto al orden con que conviene realizar los viajes, para que resuelvan la difícil papeleta de encontrar en cada caso el guía pertinente, y, por supuesto, el medio de transporte más eficaz; bien que, sobre ese extremo, todos coincidimos en que probablemente lo más cómodo sería llegar a un entendimiento con Zaid, a quien, a decir verdad, empezamos a echar de menos.

—¿Ningún cabo suelto?

—No... Parece que no.

Confeccionado el programa, guardamos un silencio, mirando sin ver el parque en que nos encontramos, casi desierto. El cambio de situación ha sido tan brutal que nos sentimos desconcertados. A mí me ha ganado una especie de euforia, que procuro disimular; ellos, por su parte, procuran disimular su desencanto, que por fortuna dura poco, ya que la tarde ha avanzado lo suyo y es preciso más que nunca aprovechar cada minuto que pasa.

El Muro de las Lamentaciones

—¿Y si fuéramos al Zoo bíblico? —sugiero.

La réplica de Tino es fulgurante:

—Creo que lo más indicado sería ir al Muro de las Lamentaciones...

La intervención ha tenido la virtud de crear el clima propicio. Por otra parte, pensándolo bien, ¿por qué no? El Muro no sólo es el santuario de los judíos, sino que desde que llegamos a Jerusalén nos ha tentado acercarnos a él. Sí, esta tarde podría ser la adecuada, teniendo en cuenta que ante aquellas piedras el pueblo «elegido» llora y que nosotros hemos llorado hoy ante la piedra de Getsemaní.

El acuerdo es unánime, por lo que abandonamos el parque y tomamos un taxi en la parada de la plaza Sión. El taxista sólo habla hebreo, al parecer, y no tenemos más remedio que indicarle sobre el plano el sitio al que queremos ir. En cuanto comprende que se trata del Muro aprieta los labios y su mirada es elocuente: con ella nos llama curiosos, o intrusos, o Yahvé sabrá si algo un poco más fuerte.

Flanqueamos la Puerta de Jafa, la torre de David y poco después, a nuestra derecha, casi rozamos el monasterio de la Dormición de la Virgen: el lugar que rememora la muerte de María. No deja de ser paradójico que María, aunque sea dormida o muerta, aparezca en este nuestro recorrido. Asunción nos recuerda que existe una leyenda muy antigua según la cual todos los apóstoles, en virtud de una convocación milagrosa, asistieron al tránsito de la madre de Jesús.

Un minuto después, el taxista se detiene en un terreno en declive, con restos de alambrada, varios coches aparcados y niños jugando.

Mientras pagamos la cuenta, con el índice nos señala una explanada a nuestra izquierda, para acceder a la cual parece necesario pasar por un control policíaco. Al fondo se levanta el Muro, cuya silueta nos resulta familiar, debido a las incontables fotografías que hemos visto de él.

—Shalom... —saluda el taxista.
—Shalom...

Antes de pasar el control policíaco, a pocos pasos de las garitas que hay al efecto, nos detenemos para adecuar nuestro ánimo a la experiencia que nos disponemos a afrontar.

Ahora vemos el Muro en toda su dimensión. Es impresionante. Los bloques de piedra yuxtapuestos alcanzan una altura considerable. Son bloques ciento por ciento herodianos. Si la metáfora no fuera trivial, diríamos que se trata del Gran Frontón de la piedad, puesto que dichas piedras, de un color más desgastado que el de las murallas de la ciudad, parecen devolver, rebotadas, las plegarias de los hombres y mujeres que en estos momentos rezan a sus pies, balanceando todo el cuerpo.

Nos llama la atención que se mantenga ante el Muro la drástica separación de sexos. Cierto, una valla divisoria, colocada en el centro, deja a los hombres a la izquierda y a las mujeres a la derecha. Nos acordamos de los comentarios de Jacob sobre el rabino escoltado por dos muchachos a fin de que las mujeres, «seres impuros», no lo rozasen, y también de la indignación de Jaimico cuando nos contó que dejó de ir a la sinagoga porque en ella las mujeres debían quedarse al fondo detrás de una reja. «Yo no quiero que mi mujer, Alegría, se quede al otro lado de una reja, ¿entienden?»

También nos sorprende la inmensidad de la explanada que se extiende ante el Muro, pero recordamos que en el «Hotel Sheraton», de Tel Aviv, un turista francés nos explicó el motivo. Al término de la guerra de los Seis Días —1967—, en la que los judíos resultaron espectacularmente vencedores, lo primero que éstos hicieron fue barrer con *bulldozers* y otros medios expeditivos las covachuelas árabes que había en el lugar, al objeto de obtener espacio para las masivas concentraciones que a partir de entonces se organizarían sin duda en el pétreo santuario. La operación fue fulminante, áspera para los habitantes de las covachuelas. Sin embargo, no podía olvidarse que a lo largo de generaciones el pueblo hebreo estuvo soñando con ese momento, y que durante el dominio jordano, por ejemplo, tenía prohibido incluso acercarse al Muro.

De hecho, nos damos cuenta de que sabemos muy poca cosa del Muro de las Lamentaciones. Algunos datos a voleo, pellizcados en las guías. No se trata de restos del Segundo Templo, como se ha pretendido, sino de una muralla de contención construida en torno a la colina sobre el que aquél se asentaba. Y el Arco de Wilson, que aparece en el costado izquierdo, a ras de pavimento, y en cuyo recinto interior hay rollos de la Torá especialmente venerados, lleva ese nombre en honor de un oficial inglés que así se llamaba y que fue el primero en explorar aquella zona subterránea, convertida ahora en sinagoga para los días de lluvia o de calor excesivo.

¡Ah, pero he aquí que, de pronto, al ver en las piedras gotitas relucientes, restos de los chaparrones que cayeron a lo largo del día, me viene a la memoria un detalle que leí en el periódico *La Luz de Israel,* y que me encantó!: el rocío que durante la noche cubre las piedras del Muro, proviene de las lágrimas que el propio Muro vierte al llorar, junto con todo el pueblo judío, por la destrucción del Templo, y habrá rocío y habrá llanto hasta que dicho Templo sea reconstruido; aunque hay quien opina que ahora las lágrimas del Muro lo son de alegría, puesto que el pueblo judío ha conseguido por fin la libertad.

Se nos acerca un guía judío, menudo, todo nervio, con los ojos saltones, un poco enrojecidos. Por un precio moderado está dispuesto a acompañarnos y a explicarnos los secretos de las «veinticuatro hileras de grandes piedras» que forman el Muro. Personalmente, hubiera rechazado dicha ayuda, ya que los ojos saltones siempre me han producido malestar; pero comprendo que los demás están pensando: «¿Y si no volvemos a ver esto?» El hombre habla un italiano menos pulcro que el del padre Mancini, pero comprensible. Al oírnos hablar catalán, supuso que estaba oyendo un dialecto napolitano...

—Conformes. Adelante...

Salvamos sin dificultad el control policíaco, aunque se nos quedan con las máquinas fotográficas. Una vez en la explanada, comprobamos que es mayor el número de turistas o curiosos que el de devotos rezando. Dichos turistas han formado una línea continua a lo largo de la verja que impide el acceso a las inmediaciones del Muro. El lugar de oración está, por tanto, acotado y nos parece lógico que así sea.

—Hoy es el día de menor concurrencia... Mañana, mañana es fantástico, porque empieza el *shabat*... Mañana, ¡hum!, todo lleno, todo lleno... —y el menudo guía con la mano traza en el aire varias circunferencias sucesivas.

El hombre está ansioso para empezar a contar cosas, pero le rogamos que antes nos permita observar un poco por nuestra cuenta.

Advertimos que los que rezan lo hacen de pie ante el Muro, cara a cara con él. Están muy concentrados y algunos de ellos, mientras leen el correspondiente librito, salmodiando con un ritmo determinado, con la frente van dando golpecitos en las piedras. Otros se balancean de izquierda a derecha y viceversa, y en la esquina Oeste, exactamente en el rincón, un muchacho bajo y esquelético, tocado con un enorme kaftán, va moviéndose todo él, en una suerte de danza epiléptica. Las mujeres, en el recinto que les corresponde, dan la impresión de permanecer algo más quietas y todas llevan el gorrito llamado *kipá*, sujeto a los cabellos mediante las clásicas horquillas; excepto los soldados —lo menos hay una docena—, que van con su uniforme e incluso con su metralleta, lo que compone una estampa un tanto insólita.

El guía no soporta por más tiempo y rompe el silencio, mientras sus ojos saltan como bolitas dispuestas a separarse de las cuencas. ¡Bien, hay que ser justo y reconocer que no es un guía vulgar! Sin duda habrá hecho sus cursillos y es evidente que se conoce esto como los paralíticos su sillón de ruedas.

Empieza repitiéndonos que mañana, cuando suene el *shofar* —el nombre nos retrotrae a Tel Aviv— esto se pondrá al completo, puesto que se iniciará el *shabat*... Por la escalera que hay a la izquierda, a nuestra espalda, y que comunica con la calle David y con la Puerta de Jafa —es decir, con la parte alta de la ciudad—, empezará a bajar una impresionante oleada humana, capitaneada por los ortodoxos de Mea Shearim, los hombres del levitón y de los tirabuzones, que se pasan la vida en su barrio estudiando la Torá y trayendo pálidos pequeñuelos al mundo, de los que ahora podemos ver alguna muestra. A eso de las siete de la tarde el rezo acabará convirtiéndose en fiesta, con alguna que otra danza colectiva en razón de que el exilio terminó. ¡No todos los que recen estarán alegres, puesto que habrá más de un mutilado y más de un superviviente de la persecución nazi!; pero todos y cada uno se balancearán de una u otra forma al compás de los salmos, puesto que la ley judía exige que, en la plegaria, además del espíritu «participen, moviéndose, todos los huesos del cuerpo».

Ahora comprendemos el por qué del vaivén de los orantes, que varios de los turistas pegados a la verja contemplan con sonrisa irónica.

En cuanto a la separación de sexos, a juicio del guía tiene poco sentido, y más que nada obedece a la imposición de unos cuantos fanáticos, que leyeron en el Talmud, y lo tomaron al pie de la letra, «que si para elegir amigo hay que subir un peldaño, para elegir esposa hay que bajarlo». Precisamente en la tradición judía las mujeres han desempeñado siempre un papel de líder, que se inició con la profetisa Débora y ha llegado hasta nuestros días, con la «abuelita» Golda Meir. «Esa valla divisoria saltará cualquier día hecha pedazos, sobre todo si tenemos en cuenta que nuestro pueblo es probablemente el único en cuya historia no se encuentran ritos sexuales o fiestas eróticas, como ocurría con los sumerios, los egipcios y no digamos con los romanos.»

Rezar de pie ante el Muro es una tradición. De hecho, antaño los judíos estaban casi siempre de pie, incluso para comer. Para comer sólo se sentaban los judíos ricos, que lo habían aprendido de los viajeros griegos, los cuales llegaban a esta tierra en sillas de manos llevadas por esclavos. «¿Se imaginan ustedes el viaje? Sentados cómodamente, y saludando al paso, con elegancia, a la gente que encontraban por los caminos...» y al decir esto el guía, que es mimo nato, simula bendecir a una imaginaria multitud.

Dan ganas de preguntarle cómo se llama, si tiene familia, si alguna vez ha llorado él en el Muro; pero pronto ha vuelto a compenetrarse con su labor, ahora para decirnos que aquel grupito de palomas blancas que, como podemos apreciar, acaban de posarse allá en lo alto del Muro, en un hueco entre las piedras, forman parte de la historia del lugar. Inevitablemente llegan, más o menos a la misma hora y se posan allí, aunque se dice que en otros tiempos llegaba una sola, que debido a su majestuoso revoloteo y, sobre todo, a su pureza, era considerada mensajera de Dios.

Naturalmente, el dato nos conecta de manera automática con el símbolo del Espíritu Santo, pero el guía no da muestras de haber puesto intención en sus palabras y nos abstenemos de interrumpirle.

En ese momento, en el centro exacto del Muro tiene lugar una escena no exenta de emoción. Dos de los soldados, que estaban rezando juntos, al término del rezo se abrazan, se abrazan con mucha fuerza y unidos de ese modo empiezan a besar lentamente, una y otra vez, la piedra que tienen delante. Acto seguido se separan, levantan los brazos por encima de sus cabezas y posan las manos en dicha piedra, con lo cual su postura recuerda la de los delincuentes que van a ser cacheados.

Los ojos del guía saltan de nuevo, giran y giran y enrojecen un poco más. Nos aclara que sin duda son dos muchachos que salen en seguida para el frente. Que lo más probable es que ahora estampen el último beso al Muro y que, como acto final, introduzcan un papelito en cualquiera de los intersticios que hay entre las piedras, papelito en el que pedirán a Yahvé que les dé suerte en la lucha.

Tal vaticinio se cumple con rigor. Y luego los soldados dan media vuelta y van saliendo sin prisa del recinto de oración. Y nosotros le decimos a nuestro cicerone, pequeño de talla pero cautivadoramente experto, que, por lo que acabamos de ver, los intersticios del Muro deben de estar repletos de papelitos; y él nos contesta que así es, en efecto, habiéndose dado casos extraordinarios, como el de un joven paracaidista que la víspera de morir en el frente dejó ahí su plegaria escrita y medio año más tarde llegaron de los Estados Unidos sus padres y encontraron, a los pies del Muro, en el suelo, el papelito de su hijo, que posiblemente minutos antes alguien había sustraído; a menos que, como supusieron algunos periódicos, el viento que sopló aquel día lo hubiera hecho saltar.

Nos basta con ese relato, que probablemente contado en casa a la luz de la lumbre suene a cuento o a melodrama, pero que aquí, mientras vemos a los soldados subir cabizbajos la escalera de que el guía nos habló, situada a nuestra espalda y que comunica con la calle David y con la Puerta de Jafa, adquiere caracteres de absoluta verosimilitud.

Sí, he aquí que el Muro se nos presenta ahora bajo una óptica distinta, y que nos revuelven el estómago y nos sacan de quicio unos cuantos turistas que acaban de llegar —precisamente, italianos—, y cuyas miradas lindan con el sarcasmo. Nosotros no podemos olvidar los besos implorantes que hemos dado a lo largo de nuestras vidas, los papelitos o deseos o «gracias» que hemos pedido al Dios indivisible; y quién más, quién menos, ha vivido alguna experiencia emparentada, de cerca o de lejos, por su inexplicable providencialismo, con la anécdota de los padres del combatiente paracaidista.

El guía se ha callado, aunque no se está un instante quieto, como si quisiera también ir moviendo sin cesar «todos los huesos de su cuerpo». Nosotros echamos una última mirada a los hombres de los tirabuzones, a las mujeres cubiertas con un velo o un simple pañuelo, y advertimos que el muchacho esquelético del rincón, el del enorme kaftán en la cabeza, sigue allí salmodiando y bailando su danza que ya no se nos antoja epiléptica. Y también siguen ahí, casi en lo alto, graciosamente inmóviles, las palomas.

En lo que a mí respecta, me digo que a buen seguro vendré a este sitio con frecuencia; y por supuesto, los días del *shabat*...

Antes de echar a andar hacia el puesto de salida, hacia el control policíaco, se me ocurre preguntarle al guía:

—Por favor, ¿podría darme usted su nombre?

Su cara refleja cierta satisfacción.

—Me llamo Samuel... ¡Bueno! —añade—. Al llegar aquí nos está permitido cambiar de nombre...

Iniciamos la marcha.

—Samuel —insisto, procurando vigorizar mi voz—: ¿puede decirnos si ha rezado usted alguna vez en este Muro?

—¿Rezar? No, nunca. ¿Por qué...?

Este «por qué» me desconcierta, pero sigo en mis trece.

—Todos los que creen en Dios, alguna vez rezan...

—Si Dios existiera, ya no habría necesidad de rezar en el Muro. Y nadie estaría en guerra.

Ya casi llegamos a la garita donde quedaron en depósito nuestras máquinas fotográficas.

—Dígame, y le ruego que no se moleste... ¿Qué significa para usted el nombre de Jesús?

El semblante de Samuel retrocede.

—¿Jesús...? Nunca oí ese nombre. No sé de quién me está usted hablando...

Programación desde el hotel

Un taxi nos conduce al «Intercontinental». Urge poner en práctica el programa que confeccionamos en el Parque de la Independencia, sentados —como si fuéramos viajeros griegos de antaño— en aquel banco solitario, desde el que ahora recuerdo que vimos pasar, sorteando los charcos, un vejete que, al igual que Xavier Cugat, sostenía en la mano izquierda, a la altura del pecho, un chihuahua, con la única diferencia de que el chihuahua del vejete llevaba un gorrito que decía «Shalom».

Tenemos que comunicar nuestros planes al padre Emilio y al padre Franquesa. La telefonista nos pone primero con Tantur, donde nos informan de que el padre Franquesa no ha regresado aún de Natania. Acto seguido nos pone con el convento de San Salvador y ahí tenemos mejor suerte: no tardamos ni un minuto en oír la voz del padre Emilio, quien se encontraba en su celda —es decir, en «Los Pirineos»—, trabajando en el número, próximo a salir, de su revista *Tierra Santa*.

—Pero, ¿qué pasa? Quedamos en que me llamaríais mañana. Que los frailes también pencamos, ¿eh?

El diálogo que sigue me ensancha el corazón. A decir verdad, no le sorprende demasiado mi decisión de quedarme. Algo se olió, al ver la cara de pasmarote que yo iba poniendo por ahí. «¿Cómo...? ¿Que estás dispuesto a quedarte hasta cuatro meses? ¡Anda, chico, no digas burradas!» Bien, bien, por un lado se alegra, porque ello supone que acabaré distinguiendo entre el Bautista y Ben Gurion, pero por otro lado estaré todo el día dándole la lata y preguntándole memeces, como, por ejemplo, si es o no cierto que Lucas además de médico fue pintor, y qué fue antes, si el huevo o la gallina.

Su euforia se incrementa al enterarse de los lugares que mis acompañantes quieren visitar en los días que les quedan antes de regresar a España. «Pero ¿os dais cuenta? ¡A ver, que se ponga tu mujer! Pero no, da lo mismo. ¿Están todos ahí? Pues escucha. Comunícales de mi parte que tendrán que conformarse con la mitad. ¿O es que quieren llegar al Monte Carmelo y decirle al gran Elías, como en los tangos, «hola, adiós que me voy»? ¡Sí, sí, claro, todo se arreglará!; pero luego en España no harán más que contar tonterías, como si no contaran ya bastantes los millares de curas, ¡y de obispos!, que no han pasado nunca por aquí.»

Poco a poco nuestro amigo de las oes redondas al hablar, que cultiva cactus en su terraza de San Salvador —uno de los cuales, por su hojuela larguirucha, se llama «lengua de suegra»—, se calma y da pruebas de su eficacia. De su eficacia y, también, de la costumbre que tiene «de repartir números ganadores a la gente que le cae bien».

Está de acuerdo en que yo no he de efectuar por Tierra Santa viajes relámpago, sino agenciarme primero un montón de libros y permanecer unos cuantos días en el hotel —«o en *Casa Nova*, ¡sí, claro, en plan pobre!»—, al objeto de estudiar un poquitín el asunto, empezando por dónde tengo que empezar, es decir, por la letra A. Y también está de acuerdo en que, dadas las circunstancias, mis ínclitos allegados han de actuar rápido, sin perder un minuto, ni siquiera hablando por teléfono. De consiguiente, y dándose el caso de que él, mañana a primera hora ha de irse a Nazaret con su cochecito azul —«he de sacar unas cuantas diapositivas para la revista»—, les ofrece la posibilidad de apuntarse al viaje y de escuchar allí de su boca de fraile cuatro cositas elementales sobre la Virgen, sobre san José, sobre un posible pariente de Jesús, llamado Conon, y de pasar luego, ya de vuelta, por el lago Tiberíades, donde a lo mejor ignoramos que se encuentran Cafarnaum, además del precioso santuario de las Bienaventuranzas y de algunos mosaicos del siglo IV, que por cierto representan peces idénticos a los que actualmente los descendientes de Pedro, léase los pescadores de Galilea, sacan de dicho lago.

Resumiendo, la invitación va en serio, hasta el punto de que dentro de un rato nos habría llamado al hotel para decirnos que mañana no podía acompañarnos por Jerusalén como estaba previsto. Así que hay que decidirse en el acto, pero teniendo en cuenta dos pequeños detalles. El primero, que él piensa estar en la carretera a las seis de la mañana, y subir a Nazaret por la ruta interior, es decir, por la orilla del Jordán; el segundo, que si en Nazaret su trabajo se retrasa por algún motivo, no habrá más remedio que pernoctar a la vuelta en algún lugar hermoso, que bien podría ser el monte Tabor, o sea, el monte que desde hace un par de años absorbe por completo, como sin duda recordaremos, la privilegiada mente de la señorita Petrozzi.

Se produce como una explosión de júbilo a mi alrededor. Un júbilo tal, que el Muro de las Lamentaciones queda más lejos que la posible causa que justifique la abundancia de dentistas en la ciudad nueva.

Tino se pone personalmente al teléfono para concretar. A las seis menos cuarto estarán los tres esperándole en la puerta del hotel, con la amenaza de cometer un pecado de animadversión profunda si el padre Emilio se retrasa en un segundo tan sólo. De añadidura, y para jugar limpio, le advierte desde este momento que se pasarán todo el santo día poniéndole zancadillas para que su trabajo se demore, de suerte que no tengan más remedio que pasar la noche en el Tabor, desde cuya cima, según ha leído en alguna parte, se ven algunas puestas de sol bastante dignas y, por supuesto, la mejor panorámica de Galilea, cuya belleza se debe, a partes iguales, a la Virgen y a la gran cantidad de judíos que han arrimado el hombro en los *kibutzim* de la región.

—Cargaos de bocadillos, porque no pienso daros respiro ni para sentaros en el peor de los mesones.

—Padre Emilio, tráete los tuyos, porque no pensamos compartir contigo nuestro pan, y menos aún, por respeto a tu voto de pobreza, el jamón y el queso.

—¡Ah, para que todo quede claro de antemano!: puesto que os ahorráis la presencia de Zaid y el coste del taxi, vosotros pagáis la gasolina.

Hay algo en el padre Emilio que funciona de ese modo, a ráfagas, como los chaparrones sobre Jerusalén o el viento en el desierto. Y no obstante, en el fondo de sus ojos, tras sus lentes de cambiante montura, de repente puede leerse una honda calma, una honda capacidad de reflexión. Tan pronto se lo comen los nervios, como al guía Samuel, bajito y perillán, como es dueño de sí hasta el límite, lo que es raro encontrar fuera de la vida campesina y fuera de los conventos. Tal vez, y en cierto sentido, pudiera aplicársele la intencionada frase de Novalis, el místico alemán: «La religión es poesía práctica.»

Lo más irritante de él —con perdón—, es que nunca se sabe si se autoflagela o no. Dicho de otra forma, y a guisa de ejemplo, esta noche no sabemos si realmente tenía proyectado irse mañana a Nazaret o si se inventó la excusa por estimar que su compañía podía ser útil a mis «ínclitos allegados». Hubiera hecho falta tenerlo delante y ver si se mordía un instante, con fuerza y disimulo, el labio inferior; pero, por el momento, el teléfono no registra aún esos detalles.

Inútil decir que se impone una cena rápida en el *snack* y, a renglón seguido, la cama. Para los tres viajeros que tienen que madrugar, se entiende. Yo puedo permitirme el lujo de apurar la noche como mejor me plazca, buscando alguna dama vagabunda en el hotel, o algún jugador de ajedrez, o aguardar con paciencia, en el vestíbulo de recepción, el posible regreso de Salvio Royo, quien a estas horas debe de estar a punto de llegar de su estancia en Safed, la población en que los judíos españoles fundaron su gran centro de estudios de la Cábala.

Bromeamos un poco al respecto, mientras los camareros árabes nos sirven en el *snack* un menú sustancioso —las emociones a lo largo del día han sido fuertes—, y preparan los consabidos bocadillos que mañana el padre Emilio no podrá morder. Sin embargo, ha vuelto a flotar en el ambiente el duendecillo incómodo de la separación. La primera prueba se ha presentado con inesperada rapidez. Sería vano disimular que, de hecho, ya no formo parte del «grupo», si nos atenemos a la tesis de aquella pareja hippie a la que en la Puerta de Damasco dimos un poco de chocolate y que, por cierto, se disponían a partir para un *kibutz* del Norte, de Galilea. ¿Y si se los encuentran por ahí haciendo *autostop*... o pescando con caña en Tiberíades?

—Ahora los ventajistas sois vosotros. ¡Menuda ganga!

—No seas bruto. Tú te patearás aquello palmo a palmo.

—Pero no sé cuándo. De momento, ya oísteis: a comprarme libritos y a estudiar. ¡Y empezando por la letra A!

Solos en la habitación, mi mujer elude cualquier brote sentimentaloide y mientras prepara sus bártulos para la excursión murmura para sí:

—¡Bueno! A la vuelta habrá que hacer una lista de lo que va a necesitar el caballero para afeitarse y mudarse de ropa de vez en cuando...

CAPÍTULO XIV

Mi mujer me prohíbe que baje a la puerta a despedirles. Se ha levantado a las cinco en punto y se ha arreglado en el baño, sin hacer el menor ruido. En el momento de abandonar la habitación, viendo mis ojos abiertos de par en par se me ha acercado sonriendo y me ha dado un beso en la frente.

—Anda, duerme tranquilo. Te prometo una postalita de vez en cuando...

Su salida de la habitación ha sido el corte que ha dividido en antes y después el viaje que las dos parejas iniciamos en Barcelona. A partir de este momento y hasta que, transcurridos diez días, los acompañé al aeropuerto «Ben Gurion» para que regresaran a España, todo se ha desenvuelto para mí sobre un trasfondo complejo, propio de quien aguarda en un andén o en una sala de espera, o de quien goza de algo así como de libertad vigilada.

El hecho de no poder anotar, debido a las obligadas y sucesivas separaciones, lo que minuto a minuto «nos» ocurría, ha supuesto un giro de ciento ochenta grados, giro del que Salvio Royo —pronto le he llamado Salvio a secas— ha estado carcajeándose sin parar. Según él, mi reacción no ha hecho más que corroborar lo que sospechó desde el primer día: que soy una curiosa mezcla de generosidad y de egoísmo, de afectividad y de hielo, con cierto grado de infantilismo. «Rasgos, por otra parte, muy corrientes entre los mamíferos evolucionados.»

Salvio Royo ha sido uno de mis grandes consuelos en esta mi viudez por triplicado. Hemos charlado mucho, puesto que, contrariamente a lo supuesto, es también capaz de escuchar. Y en el fondo prefiere quedarse tranquilo en cualquier sitio, dialogando mano a mano, a salir por ahí, a Safed o donde sea; lo cual, tratándose de un arqueólogo en activo, no puede llamarse precisamente una virtud. «Lo que ocurre —me ha dicho a modo de excusa—, es que quiero darle la razón a Léon Bloy cuando escribió que las gentes honestas salen de casa menos a menudo que los asesinos...»

Han sido diez días extraños, fecundos, pero vividos, repito, en una especie de tierra de nadie. Cada salida o excursión de mis «ínclitos allegados» ha supuesto para ellos un impagable enriquecimiento; por mi parte, cada libro que he leído, cada persona que he conocido, cada garbeo que me he dado, solo o en compañía, por Jerusalén, ha sido un golpe mental, que me ha preparado a conciencia para la temporada que he de pasar aquí. Ellos han visitado, además de Galilea, la zona más próxima del mar Muerto —que comprende nada menos que Jericó, las cuevas del Qumrán y Masada—, y también, en un viaje delicioso con Zaid, la costa mediterránea, desde Askalón, una de las grandes ciudades de los filisteos, hasta Haifa, pasando por Cesarea y su famoso acueducto sobre la arena, de que Jaimico nos habló. Claro es, han tenido que renunciar al Neguev y, con mayor motivo, al Sinaí, porque las distancias, enormes, se les comían el tiempo, sin contar con que han preferido reservarse, para completar su jira por Jerusalén, no ya dos jornadas completas, sino tres. Por cierto, que en esa rápida tienta jerosomilitana, yo sólo me uní a ellos para visitar las mezquitas de Omar y el Aqsa, monumentos de excepción, en los cuales, además de descalzarse, es de cortesía y justicia elementales exclamar: «chapeau...»

La soledad

El día más duro ha sido el primero, cuando, al despertar a media mañana me he encontrado solo en la habitación del hotel, y he imaginado al padre Emilio y a sus tres acólitos ya en Nazaret, después de haber subido más o menos paralelamente al Jordán, y haber cruzado Samaría, la eterna enemiga de Judá, y disponerse a darse luego un baño casi sacramental en aquel lago donde sonaron las augustas palabras: «Venid en pos de mí, que yo os haré pescadores de hombres.»

Por fortuna, mientras me servían el desayuno sonó el teléfono. Era el padre Franquesa, ya de vuelta de Natania, que se interesaba por nuestra salud. Al enterarse de mi decisión se ha congratulado —«por Tantur y por ti»—, y lo ha hecho con tal efusión que, de tenerlo cerca, le hubiese dado las gracias en latín o le hubiera regalado una bolsita de caramelos...

La llamada del padre Franquesa ha sido doblemente oportuna, ya que, además de indicarme en qué librerías podía encontrar el material que necesitaba, me ha comunicado que existía la posibilidad de conseguirme el debido permiso para asistir en los próximos días a una de las sesiones del proceso que se estaba siguiendo en el Palacio de Justicia contra el arzobispo Capucci. «Ya sabes... El monseñor sirio, presunto traficante de armas. Los de Tantur seguimos este asunto con mucha curiosidad, y tal vez puedas colarte con nosotros, dado tu probado aspecto clerical...»

Naturalmente, he aceptado, y tanta cordialidad me ha remontado la moral, hasta el extremo de que media hora después me encontraba ya en una librería de la calle Yafo —la «Librería Francesa»—, no muy grande pero sí lo suficiente para sentirme abrumado. ¡Empezar por la letra A! ¿Cuál era, o dónde estaba, dicha letra? ¿Sobre qué quería yo informarme primordialmente? Había títulos judíos, musulmanes, cristianos... Había títulos que zurraban a unos y a otros, y los había neutros, y eruditos, y de divulgación, y también revistas francesas de actualidad, con mujeres desnudas que parecían emerger espumeantes del Cantar de los Cantares. Y Le Monde, y Le Fígaro y L'Equipe... Sí, claro, podía enterarme de los avatares de la política del mundo entero —excepto, probablemente, de la de España—, y de las últimas marcas registradas en atletismo. Ahora bien, ¿alguno de los autores de aquellos libros resolvería mi problema, mi atosigante duda espiritual?

Por fin, guiándome más que nada por el olfato —a menudo, la mejor garantía—, he adquirido, además de los periódicos más recientes, un buen puñado de obras sobre diversos temas que considero básicos para mi propósito: el tema de las Cruzadas; el de la Inquisición; el de las Iglesias orientales; el de los Concilios;

el de los dogmas; y por descontado, el tema candente —acaso el más espinoso—
de la Iglesia y el poder temporal.

No se me oculta que mi elección ha sido tendenciosa, pero, ¿qué hacer? Querría, precisamente ahora, vivir de realidades. Conozco la cara de «mi» Iglesia, pero no la cruz; porque, y éste es el drama, la más terrible cruz de mi Iglesia no es la del Gólgota, sino, como tantas veces me he repetido, la que ella misma ha ido construyéndose a base de riquezas, de errores sin cuento y de inconcebibles desviaciones. La pregunta clave se me daba hoy en bandeja, a través de Tiberíades: ¿qué hay actualmente en el Vaticano —en el Estado del Vaticano— que recuerde el momento y las circunstancias en que Jesús dijo: «Venid en pos de mí...»? Ni Roma es un lago azul, ni los más próximos servidores y asesores del Papa son sencillos galileos, ni Pedro —a quien el padre Emilio adora— se sentiría a gusto entre las columnas de mármol de la basílica vaticana que lleva su nombre y que pretende poseer, en concepto de reliquia, sus huesos de mártir.

Bien, no he querido seguir masturbándome el espíritu, y a la postre he adquirido también varios opúsculos costumbristas, la revista *Cuadernos judeocristianos,* editada por el Ministerio de Cultos, y un par de obras del escritor judío Agnon, reciente ganador del Premio Nobel.

Lecturas

Total, que me he pasado el resto del día en la habitación, devorando letra impresa, saltando de un libro a otro como un obseso, con el bolígrafo en la mano para ir subrayando frases o haciendo llamadas al margen de las páginas. Tan pronto me sentaba en el sillón, como me tumbaba en la alfombra o en la cama, adoptando posturas que un yogui habría envidiado. Todo me parecía sorprendente y útil. Sólo me he concedido un breve descanso para el almuerzo —he bajado al comedor—, y a media tarde, a la hora del té.

¡Qué mundo el de los libros! Son puñales, son *boomerangs,* son alivios, son víboras. He quedado horrorizado.

Confieso que había olvidado por completo que el dogma de la infalibilidad del Papa data sólo del año 1870 —Concilio Vaticano I—, y que durante la ceremonia se desencadenó sobre Roma una tormenta de tal magnitud que la basílica tembló y los cardenales se sobrecogieron. ¿De modo que sólo hace algo más de un siglo que el Pontífice católico es oficialmente «infalible»? Confieso que también había olvidado que el dogma del pecado original no se decretó hasta el Concilio de Trento —1545-1563—, y que habría que esperar hasta Pío IX —1854— para que fuese proclamado el de la Inmaculada Concepción.

¿Y cómo iba yo a acordarme de que el papa Gregorio IX eligiera, para una de las Cruzadas, nada menos que al emperador Federico II, «hipócrita, traidor, cruel, sensual hasta el punto de poseer un nutrido harén en su palacio y vanidoso hasta hacerse acompañar en sus viajes por elefantes, jirafas, leopardos y otras fieras de su bien provisto parque zoológico»? ¿Y puede ser verdad que dicho emperador, que al fin fue excomulgado, prosiguiese pese a ello su ruta hacia los Santos Lugares y que al conquistar San Juan de Acre llegase a un acuerdo con el sultán El-Kamil, en virtud del cual obtenía en posesión las ciudades de Belén, Jerusalén, ¡y Nazaret!, a cambio de la garantía de que los príncipes de Occidente jamás atacarían a Egipto? Leo con estupor las condiciones de dicho acuerdo o pacto. Si el emperador Federico II lo infringía, «juraba comerse su mano derecha asada a la brasa; si quien lo infringía era el sultán, éste juraba renegar de Mahoma por la Santísima Trinidad».

¿Y cómo recordar que la Inquisición estableció, en Sevilla, un cadalso permanente, que fue llamado *El Quemadero,* con cuatro estatuas de yeso, huecas, conocidas por «los cuatro profetas», dentro de los cuales metían vivos a los impenitentes y encendiendo luego la hoguera alrededor de ellas los hacían morir a fuego lento? ¿Y cómo imaginar que un padre fanatizado llegase a presentarse él mismo voluntario para ir al bosque a cortar la leña con la que había de quemarse a su hija condenada por herejía? ¿Y cómo recordar que entre las fórmulas empleadas por la Inquisición figuraba la de sentar a los sentenciados sobre un asno, desnudos hasta la cintura, con un dogal al cuello y en la cabeza un capuchón, y que mientras eran conducidos por las calles iban dándoles latigazos, al tiempo que un pregonero proclamaba que el castigo había sido ordenado por el Santo Oficio? ¿Por qué esa parodia de la Pasión de Jesús?

¿Y puede ser cierto que san Vicente Ferrer, el año 1411, recorrió Castilla al frente de una gigantesca turba de fanáticos y salteadores armados, y que al llegar el sábado —por cierto, que hoy empieza aquí el *shabat...*—, cuando los judíos estaban rezando en sus sinagogas se abalanzaba sobre ellos blandiendo en una mano la Torá y en la otra un crucifijo en forma de espada, dándoles una única opción: *bautismo* o *muerte,* lo que trajo consigo millares de asesinatos?

¿Y puede ser cierto que, a la recíproca, el rabino Jonatán aconsejara «rajar por la mitad, como a un pescado, a la gente que ignoraba la Ley», y que el rabino Eleazar precisase que mejor era «rajarla de punta a cabo, pero sin inmolarla», ya que la palabra *inmolar* contenía en cierto modo un sentido religioso?

¿Y puede ser cierto que, en el otro flanco monoteísta, Mahoma urgiese a sus seguidores a circuncidar a todos los infieles heridos en los campos de batalla, amontonando luego allí mismo los prepucios recortados, que no sólo eran considerados como trofeos victoriosos, sino que más tarde se convertían en adorno y atavío para las mujeres, las cuales se mostraban orgullosas de que sus hombres hubieran destruido con semejante acción el poder engendrador de sus enemigos? ¿Y puede serlo que los combatientes de Mahoma ascendiesen de grado según el número de prepucios que hubiesen cortado, tal y como en las guerras recientes ha ocurrido con los aviadores según el número de aparatos enemigos que lograsen derribar?

¿Y puede ser cierto que hasta finales del siglo XVI hubiera jerarcas católicos y protestantes que considerasen «posesos» o «endemoniados» a los enfermos mentales, y los encerraran en mazmorras, encadenándolos a los muros, o los quemaran? ¿Y puede serlo que el papa Sixto V publicase una Bula prohibiendo nombrar cardenales demasiado jóvenes, pero que antes de publicarla hubiese concedido semejante distinción a su sobrino Peretti, de catorce años? ¿Y puede serlo que el año 1660 se discutiese en Roma si las lavativas alimenticias quebrantaban el ayuno? ¿Y que la Santa Sede, desde que Constantino la obsequió con un inmenso poder político, haya ido acrecentando a la par su poderío económico considerándose que en la actualidad sus riquezas son incalculables, y que entre sus «negocios» —en manos de intermediarios—, figuran acciones de fábricas de armas y de laboratorios farmacéuticos que, entre otros muchos productos, elaboran la píldora anticonceptiva? ¿Y puede ser cierto, en fin, que la madre de Jesús, después de morir san José, volviera a casarse?

Sí, estoy horrorizado. Y lo estoy por muchos motivos. En primer lugar, por leer todo esto precisamente en la cima del Monte de los Olivos. En segundo lugar, por saberme incapaz de destriar el grano de la paja, de descubrir qué datos pueden darse por ciertos y qué otros son exagerados o simplemente viles calumnias. En tercer lugar, porque es indiscutible que los datos «ciertos» son en cualquier caso lo suficientemente numerosos como para hacer difícil la aceptación de que «el hombre ha sido creado a imagen y semejanza de Dios», y fácil en cambio evocar las palabras del inquieto guía que nos acompañó al Muro de las Lamentaciones: «¿Yo rezar...? No, nunca. ¿Por qué?» En cuarto lugar, porque a través de esos textos he sentido incrementarse más aún, dentro y fuera de mí, el divorcio entre Jesús y la que en el transcurso de casi toda mi vida he llamado «mi» Iglesia. Por último, me horroriza tener plena conciencia de que al fin y al cabo no he hecho más que espigar en un exiguo paquete libresco que me traje de la calle Yafo, lo que da idea de la longitud y negrura del túnel que habré de atravesar si persisto, como entiendo que es mi deber, en esa dirección...

Qué ignorante soy, qué escalofrío recorre mi piel y lo que haya debajo de mi piel. Podría decirse que el otro muro, el Muro de la Ignorancia, aquel enorme bloque de mármol negro que vimos frente al Museo del Libro, fue levantado en mi honor. Y asimismo podría decirse que fue escrito para mí aquel famoso verso de Walshem How:

Oh, Jesús,
siempre de pie
al otro lado de la puerta cerrada.

Una voz desde el Tabor

Tres sobresaltos, en el transcurso de mis horas de lectura, procedentes del exterior.

Primero: un reloj cercano a la habitación ha sonado a las tres en punto. He recordado que hoy es viernes y que, desde tiempo inmemorial, cada viernes, a las tres en punto, sale de San Salvador la comitiva de los franciscanos para hacer el Vía Crucis. Hoy habrá un ausente: el padre Emilio. No sé por qué, me ha venido a la memoria el texto de la Última Estación: «Jesús es bajado de la cruz y sepultado.»

Segundo: al anochecer ha llegado a mis oídos el sonido del *shofar*. Claro, el anuncio del *shabat*... También desde tiempo inmemorial los judíos celebran esa fiesta. He pensado en la gran oleada de fieles y de observadores de la Ley que, en esos momentos, encabezados por los extremistas ortodoxos de Mea Shearim, se dirigirían desde la Puerta de Jafa hacia el Muro de las piedras lagrimeantes, para rezar y dar gracias. No sé por qué ha acudido a mi memoria un lamento de Heine: «Los judíos tenemos que ser dos veces mejores para conseguir la mitad.»

Tercero: a las ocho en punto, cuando me disponía, para distender un poco el ánimo, a escuchar la emisión en ladino que la radio trasmite cada día a esa hora, el teléfono de la mesilla de noche, que parecía muerto, ha pegado un brinco. Al instante he supuesto de qué se trataba, y no me equivoqué: mi mujer me llamaba desde el monte Tabor.

¡Cómo se cruzan en el espacio las ondas, cómo luchan entre sí, cómo se aman, cómo vuelven a distanciarse, cómo se unen otra vez!

El lenguaje de mi mujer no tenía nada que ver con el de los libros que yo había desparramado encima de la cama y hasta en el suelo, por sobre las alfombras. Ellos habían pasado la jornada entera con Cristo. Hubo un momento, cuando, ya rebasado Jericó, el coche azul celeste se detuvo para dar vista al Jordán, en que tuvieron la impresión de que el conductor era Cristo y no el padre Emilio. Se apearon y se metieron hasta la cintura en el río bautismal, coincidiendo con un autocar de peregrinos holandeses que estaban haciendo lo propio, mientras se salpicaban unos a otros y miraban al cielo y gritaban *Aleluya*. Asunción, puesto que se frotó varias veces los ojos con el agua, jamás logrará saber si fue ella la que lloró, o si el que lloraba era el río porque la corriente se lo llevaba hacia el mar Muerto.

Todo había sido maravilloso. Al entrar en Nazaret el sol inundó la llanura de Esdrelón y toda Galilea. El padre Emilio, después de sacar las consabidas diapositivas que necesitaba para su revista, celebró misa para los tres en la moderna basílica de la Anunciación, sobre la que hay mucho que hablar, entre otras razones porque en su construcción quiso contribuir graciosamente una empresa judía. Hay en la basílica grafitos antiquísimos, descubiertos en las excavaciones, como uno que dice: «Yo te saludo, María»; y otros con los nombres de todos los parientes de «cierta» persona que llegó allí en peregrinación. Ahora en Nazaret hay varias fábricas, en un nuevo suburbio con nombre hebreo, y en el Nazaret antiguo un alcalde árabe y comunista; pero nada puede borrar el eco de las palabras: «Y el Verbo se hizo carne», ni tampoco la huella del taller de san José.

Camino del lago de Tiberíades —o mar de Galilea—, se detuvieron en Caná, donde el fraile encargado de la parroquia, un poco bufón, desde luego, aunque con mucho estilo, después de llamarlas a ellas «Madres Abadesas» y a Tino «Sumo Pontífice», les dijo que, en honor del padre Emilio, iba a repetir para todos, bien que a la inversa, el milagro que allí tuvo lugar; es decir, que convertiría el vino en agua. Y en efecto, abriendo un armario, sacó de él cuatro vasos de cristal, los llenó de agua y les dio de beber.

En el lago de Tiberíades la emoción fue también muy grande, pese a que no pudieron montar en ninguna barca y adentrarse en él. Pero se metieron, descalzos, y hasta se llevaron como recuerdo unos cuantos guijarros, y luego visitaron el santuario de las Bienaventuranzas, que es realmente una preciosidad. Allí el padre Emilio no pudo leerles el correspondiente Evangelio porque de pronto, sin saber por qué, se quedó afónico. Así que se lo leyó un franciscano de la comunidad de Nazaret que los acompañaba, sevillano, el padre Dorado, muy tímido y aficionado a la decoración. Más tarde, al llegar a Cafarnaúm el padre Emilio recobró la voz y les enseñó la casa de Pedro, donde Jesús curó a la suegra del apóstol, y los restos de la sinagoga en torno a la cual los arqueólogos continúan trabajando.

Y así se les pasó el tiempo, volando, como debió de volar el arcángel Gabriel al visitar a María, y ahora se encontraban en el monte Tabor, donde, como era de prever, pasarán la noche, y del que poco puede decirme excepto que desde la cumbre han visto ponerse el sol con tal majestad que el pasaje de la Transfiguración cobra allí verosimilitud, como sin duda hará constar en su monografía la señorita Petrozzi.

—No te preocupes. Estoy muy bien. Estamos muy bien. Extrañamente felices. La residencia es confortable. Cuida de ella un franciscano de noventa años, que asegura que más de una vez, cuando hay tormenta, las nubes dibujan en el cielo las tres tiendas de campaña de que san Pedro habló. Al decirle que tú te llamas José-María ha comentado, sonriendo, que no conoce otro nombre más apropiado para sintetizar lo que Nazaret significa.

Antes de colgar el teléfono, me ha preguntado cómo he pasado yo el día. Y le he mentido. Le he dicho que, por consejo del padre Franquesa, me he dado un paseo hasta Betania, tan próxima al hotel, y que luego, acordándome de que hoy es viernes, he bajado a Jerusalén para hacer el Vía Crucis con los franciscanos, al término del cual he visitado nada menos que el Cenáculo, emotiva estancia que, paradójicamente, es propiedad de una familia musulmana y que, de hecho, ha sido convertido en mezquita.

Contrapunto

Ese juego de contrapunto, con el consiguiente vapuleo para mi espíritu, ha sido la tónica que ha marcado los días sucesivos hasta nuestra despedida en el aeródromo de Ben Gurion.

Porque, a la mañana siguiente de su regreso del monte Tabor, los «viajeros», ávidos de ver cosas, salieron en dirección al mar Muerto, esta vez en compañía del padre Romualdo, de Tantur. Como es lógico, utilizaron los servicios de Zaid, cuyo taxi, según pudimos comprobar en la puerta del hotel, continuaba iluminado por la efigie trucada de Marilyn Monroe guiñando el ojo desde el parabrisas.

Judea les pareció fascinante —a las ocho de la noche volvió a sonar el teléfono, esta vez desde el «Hotel Galei-Zohar»—, donde el bueno de Jacob, asombrado al verlos llegar, se desvivió por atenderles, y a ello contribuyó en buena medida, a juicio de mi mujer, el temperamento festivo y extroverso del padre Romualdo, quien no sólo demostró conocerse todo aquello como si de su país natal se tratase, sino que les amenizó la jira con datos sorprendentes, que no suelen figurar en los manuales al uso. No en vano el padre Romualdo es el autor de una completa biografía del gran biblista, benedictino de Montserrat, *Dom* Bonaventura Ubach, quién se paseó en camello investigando esos lugares —el desierto y el misterio del Sinaí lo atrajeron de modo especial—, en una época, principios de siglo, en que los hombres estudiosos no disponían aún de «Mercedes» como el de Zaid y mucho menos del gran milagro, casi gabrielesco, de la aviación.

Resumiendo, ¡qué hermosa la ciudad de Jericó, en la llanura de clima tropical que Herodes *el Grande* eligió para pasar los inviernos, y sobre la que se yergue el Monte de la Cuarentena o de la Tentación!: «Todo esto te daré si de hinojos de adorares.» ¡Y qué hermosas las montañas de Moab, al otro lado del mar Muerto —ya en territorio jordano—, desde donde Moisés contempló la Tierra Prometida y de donde provino Rut, camino de Belén!

En el mar Muerto se bañaron, pudiendo comprobar que, en efecto, tal y como les previno el padre Romualdo, los cuerpos flotan en la superficie sin hundirse, si bien quedan empapados de una capa como de aceite, desagradable, pero que desaparece instantáneamente al contacto con el agua pura que mana de unas fuentes situadas exprofeso en la orilla, y bajo cuyos grifos Zaid se divirtió como lo haría un niño.

Las cuevas del Qumrán constituyeron una experiencia única para todos, ya que la suerte quiso que coincidieran allí con un muchacho árabe, algo cojo, que participó personalmente en las excavaciones realizadas en el lugar, a raíz de que el joven pastor Mahomed Ad-Dib encontrase en una de las grutas las famosas jarras que contenían los llamados «rollos del mar Muerto», verdaderos focos de luz sobre la época precristiana, escritos probablemente por los ascéticos *esenios* entre cuyas filas quizá militase Juan *el Bautista*. Ese muchacho les contó pe a pa todo lo sucedido, y ni siquiera puso inconveniente en dejarse retratar con ellos en el llamado *Scriptorium*, es decir, en la mismísima celda en que una mano pulcra transcribió de punta a cabo, sin erratas, el libro entero de Isaías.

Y poco después subieron a la imponente fortaleza de Masada —¡por fortuna, hay teleférico!—, desde donde contemplaron a placer, bajo un sol de fuego, la Cisjordania, el desierto y sus arrugas y cambios de color, el mar Muerto y su inanidad y sus cambios de luz, con algún *kibutz*, camellos en la lejanía, y tiendas de beduinos y cabras. La figura de Abraham y las de los profetas nómadas se les hicieron verosímiles como desde el Tabor el pasaje de la Transfiguración. Todo el Antiguo Testamento estaba allí y el padre Romualdo repitió varias veces, acodado a una barandilla sobre el abismo, los versículos de Isaías: «Porque un Niño nos es nacido... Entonces los ojos de los ciegos serán abiertos y los oídos de los sordos se abrirán. Entonces el cojo saltará como un ciervo y cantará la lengua del mundo.»

Luego hubieran deseado llegar hasta Sodoma, «el punto más bajo de la tierra», pero una patrulla de Policía les impidió el paso y con ello la posibilidad de contemplar la estatua de sal que representa, según la propaganda turística, la mujer de Lot. No tuvieron más remedio que dar media vuelta y dirigirse al «Hotel Galei-Zohar».

—No te preocupes. Estamos bien. Jacob se ha quedado más pelirrojo aún al vernos entrar. Pasaremos aquí la noche. En el comedor hay una orquesta, puesto que ya terminó el *shabat*...; no sabemos si el padre Romualdo querrá bailar. Hay muchas mujeres nórdicas que han venido a tomar baños para curarse la piel. Pero en fin, Qumrán y lo de Isaías ha sido un flechazo y a lo mejor nos pasamos hasta las tantas hablando de la Virgen y del Niño que de ella nos es nacido... Mañana, es muy posible que a la vuelta visitemos de nuevo Jericó y que luego subamos al Monte de la Tentación, donde hay un monasterio griego ortodoxo excavado en la roca, colgado sobre el precipicio...

Salvio Royo

Juego de contrapunto, dije, porque a lo largo de esos dos días yo he continuado leyendo sobre los cruzados y la Inquisición y el Vaticano y las supersticiones y los cultos fálicos y demás. Con un ingrediente que remachó violentamente mi estado de ánimo: el esperado regreso de Salvio Royo, quien al enterarse de que yo estaba en el hotel, en mi habitación, se apresuró a subir y a llamar con los nudillos a la puerta, y a los pocos minutos se hacía servir el primer whisky, por dos motivos. El primero, porque le dije que me quedaba unos cuantos meses en Israel; el segundo, por las frases que mi bolígrafo había ido subrayando en los libros, frases que él, luego de echarles un vistazo, de entrada calificó de «muy edificantes» y luego de «excesivamente elementales».

Cabe añadir que Salvio Royo —mintió al decirnos que se iba a Safed; en realidad, ha estado en Hebrón...—, ha dado tales muestras de contento por mi decisión y tales pruebas de conocimientos sobre las materias que sepultan mi cama, las alfombras y mi mente, que por un momento he olvidado los cultos fálicos y Torquemada y me he jurado a mí mismo arrancarle el secreto de su personalidad. Lo cual, desde luego, no me ha sido fácil, pese a que era la primera vez que no exhibía pajarita en el cuello, sino que vestía de alpinista o explorador, con gorra de visera, una polvorienta camisa a cuadros, pantalones caqui y botas de excursionista.

El caso es que se ha pasado un buen rato eludiendo mis preguntas al respecto, y atizándose viajes de ida y vuelta a su habitación, situada en la misma planta, cada vez con un libro que ampliaba o corregía lo señalado por mí. Al final, viéndome tan afectado por mi solitaria aventura y por dos frases que a su llegada yo acababa de leer —«Dios no necesita existir para ser», y «si quieres saber lo que es odiar, habla con teólogos de una misma religión»—, se sentó en el sillón frente a mí, muy relajado, y me confesó que deseaba tanto como yo quitarse la máscara que se puso ante nosotros aquella noche en Tel Aviv, y presentarse como quien era exactamente: un jesuita secularizado —vocación tardía—, que se pasó diez años en los Estados Unidos y cinco en Roma, geólogo pero también médico —«¡sí, sí, el Ecuador da tipos de ese calibre!»—, que mantenía relaciones con una muchacha judía, de origen holandés, con la que pensaba casarse en cuanto resolviesen el papeleo, y que de un tiempo a esta parte se dedicaba al whisky y a imitar la facha de Carlos Gardel, porque no tenía valor para ser abstemio y para imitar, por ejemplo, a un Alberto Schweitzer, es decir, a un santo varón que, pese a haberse dejado enredar por los negros africanos en Lambarène, le inspiraba el mayor respeto.

Mi cara debió de parecerse a algo salido de repente del estado de coma, por lo que Salvio Royo, relajándose más aún, ha añadido:

—Ahora ya podemos tutearnos, ¿verdad? Muchas gracias... Pues sí, presentadas mis credenciales, comprenderás fácilmente por qué estoy enterado de ciertas cosillas y por qué mi castellano recuerda de vez en cuando el que suele hablar Popeye... Los Estados Unidos me marcaron en muchos aspectos; aunque todavía fue más decisiva mi experiencia romana... He visto que tienes ahí dos libros sobre el Vaticano. Bien, recordarás, supongo, la andanada que os solté al respecto aquella noche ahí afuera, en el jardín, al recordaros que sólo los Papas católicos pretenden representar directamente a Dios, monopolizándolo hasta el punto de haberse hecho llamar, algunos de ellos, vicecristo. Ahora comprenderás que no me metí en terreno desconocido o ajeno, sino en terreno que me resulta muy familiar, ya que trabajé largo tiempo en una biblioteca situada justo al lado de la plaza de las bendiciones *urbi et orbi*. Por supuesto, no conocí personalmente a Inocencio III, ni a Gregorio IX; pero sí a Pío XII, enamorado de los pajarillos y visionario de Fátima, y a Juan XXIII. El balance, ya lo sabes: perdí la fe en las llamadas llaves de san Pedro, sobre las que allá suelen decir que más que nada sirven para abrir cajas de caudales. Pero en fin, eso sería lo de menos. Lo peor es que han manipulado a Jesús, y que Jesús no es manipulable; problema, como verás, más grave para mí que para ti, ya que yo, al ordenarme jesuita, ingresé en su *compañía*, y perdona el juego de palabras. Ahora, claro, la cabeza me da vueltas, porque, como habrás visto en esos libros, no me equivoqué demasiado al deciros aquella misma noche que detrás de cada conflicto, individual o colectivo, se encuentra, en calidad de culpable, alguna religión deteriorada. Cuanto más te informes, más te convencerás: hoy yo te declaro anatema, mañana tú me rajas por la mitad. Así las cosas, ¿qué actitud tomar? La mujer que he elegido, y que ejerce de maestra aquí en Jerusalén, es tan judía que no cree siquiera que Jesús haya existido históricamente, considerando que se sacaron el personaje de la manga, por motivos más bien políticos y con patente retraso, los autores de esos relatos geniales que nosotros llamamos Evangelios. Pero resulta que yo sí continúo creyendo en Él, de modo que mentí como un bellaco al declararme ateo. Lo que ocurre es que no comprendo a qué Dios-Padre se refería al decir «Aquél que me ha enviado» o «mi Padre que está en los cielos». Porque, si ese Ser superior a Él, además de Dios era y es también Padre, los subrayados de tus bolígrafos carecen de explicación, y carecen de explicación los terremotos y tú mismo no tendrías por qué haber escrito aquel novelón que me tragué en Boston titulado Un millón de muertos; a menos, por supuesto, que simultáneamente exista un Alguien tan poderoso como dicho Ser, que trastoque sus planes. Y ésa es, amigo mío, la conclusión a que llegué durante mi estancia en Roma: el Maligno, del que nos reíamos en el noviciado, resulta que existe, que es una realidad, y que campa por sus respetos, apoderándose de mí, de ti, de pueblos, de épocas, haciendo que los teólogos se odien, que aparezca un Hitler, que los Papas se corrompan y que las mujeres utilicen como adorno prepucios del enemigo derrotado, y todo ello sin que ese Dios-Padre pueda impedirlo. ¡Bueno, bueno, no pongas esa cara! También suele decirse que no es tan fiero el león como lo pintan. Tiempo habrá para extendernos sobre el asunto, para matizarlo desde ángulos distintos, pues ahora ya no me sentiré obligado a decir constantemente cosas diabólicamente inteligentes... ¿Quieres que llame al camarero y pida un whisky doble para ti? Te juro que, por el aspecto que tienes, yo juraría que te está haciendo falta...

Sentado en la cama, la cabeza reclinada en la almohada, permanezco mudo, como si los versículos de Isaías que el padre Romualdo leyó en Masada no rezaran para mí. ¡El Maligno! ¿Será posible? ¿Con o sin cuernos? Recuerdo la tesis de Papini sobre el particular, expuesta en su obra El Diablo, y compartida anteriormente por algunos poetas románticos y también por Víctor Hugo: «Al fin de los tiempos Lucifer, el Diablo, Satanás, será salvado —el infierno, vacío; el paraíso, colmado—, ya que si así no fuese ni siquiera el mismo padre de Cristo sería un perfecto cristiano.»

—No, no llames al camarero, porque lo que necesitaría no es un whisky, sino volverme loco, dejar de ser mamífero o volver a mis tiempos de la Primera Comunión. Piensa que en esos momentos mi mujer y mis amigos no pueden andar muy lejos de Jericó, es decir, del Monte de la Tentación...

Salvio Royo se ha levantado. ¿Geólogo y médico? Todo es posible, si se admite que lo es ser a la vez Dios y Padre. Me dice que quiere tomarse un baño caliente en su habitación, pero que si me apetece podemos cenar juntos. Y luego añade que un día de esos ha de presentarme a un buen amigo suyo, sabio de profesión, Moisés Edery, catedrático de Historia de la Universidad de Jerusalén, actualmente en excedencia voluntaria porque está escribiendo un tratado sobre «Religiones comparadas», incluidas, por supuesto, las asiáticas... y las aborígenes del Ecuador. Judío sefardí, de Tánger, de formación francesa. «Os entenderéis muy bien: detesta el orden, detesta mudarse de ropa, detesta abrir las ventanas y es tanto o más masoquista que tú.»

A punto de marcharse le pregunto:

—¿Puedo saber cómo se llama la mujer con la que piensas casarte?.

—Sí. ¿Por qué no? Se llama Alma.

—¿Alma...?

—¡Bueno! Así lo decidió al llegar a Israel...

El contrapunto definitivo lo ha supuesto el tercer y último viaje de mi mujer y los amigos Fusté, viaje delicioso, como dije, a lo largo del litoral, desde la antiquísima Askalón hasta el puerto de Haifa, con parada en la Cesarea romana, donde, además del fotogénico acueducto en la playa, visitaron el anfiteatro, en el que en verano se celebran los festivales de Israel, el hipódromo y el lugar en que, en 1961, fue encontrado el fragmento de piedra en el que está escrito que allí estuvieron Tiberio y Pilato. Asimismo se enteraron de que durante mucho tiempo se conservó en Cesarea una escudilla de vidrio que, según los piadosos del lugar, fue la que utilizó Jesús en la Última Cena. Por último, el dueño del tenderete al aire libre de quien Jaimico nos habló, inmigrante ruso, les vendió a precio bajo varios medallones miniados, pintados a la manera de los mejores iconos que yo pude ver en las iglesias del Kremlin, convertidas en museos.

De Haifa, lo que mayormente les interesó, aparte de la llegada de un buque que transportaba peregrinos griegos, fue, por descontado, el Monte Carmelo, a cuya cumbre subieron gracias a que Zaid se conocía al dedillo la áspera ruta. Antes de alcanzar la cima, conocida por el Monte del Sacrificio, cruzaron varios poblados drusos, la elegancia de cuyas mujeres, comparable a la de las belenitas, les encantó. ¡En el monasterio, arriba, se encontraron con un carmelita, el padre Félix, ya muy viejo, que lleva allí veinte años, a veces solo, a veces en compañía de un hermano llamado Valentino! Sus distracciones, muy simples: la inmensa panorámica desde la terraza —que abarca desde el azul Mediterráneo hasta el eternamente nevado monte Hermón—; los turistas que se deciden a subir; el Cristo —un simple tronco de árbol— de la capilla; la estatua del profeta Elías que preside con su espada flamígera la plazuela del santuario, y, por descontado, los recursos espirituales del propio padre Félix, hombre de cuyo rostro emana un extraño resplandor. «Id con Dios —les dijo—. Yo rezaré por vosotros desde el Monte Carmelo.»

—Nunca olvidaremos al padre Félix. Quiere morir allá arriba, junto al tronco de árbol de la capilla, y que le dé la absolución su amigo Valentino. Ojalá que la foto que Tino nos ha sacado a su lado, frente a la estatua del profeta Elías, salga bien. Al marcharnos nos ha regalado, sonriendo, un manojo de plantas silvestres, no sin antes prevenirnos que no curan absolutamente nada.

De vuelta a Haifa visitaron también, en la ladera que desciende hacia el puerto, los jardines del Templo Bahai, la secta de origen persa que, perseguida por su Gobierno, eligió Haifa como centro espiritual. En medio de los jardines se alza el mausoleo o Templo, y cerca de él la Casa de los Peregrinos; pero no pudieron entrar ni en aquélla ni en ésta, pese a que el lema de los Bahai —según les dijeron los responsables o guardianes del lugar— es *la amistad permanente, la fraternidad universal*. Los jardines son realmente extraordinarios, con muchos símbolos, entre los que sobresale el pavo real. Pero la negativa de los guardianes puso furioso a Zaid, quien les dedicó —al parecer, en persa—, varios epítetos que, a juzgar por el tono de voz, estaban a mil leguas de la amistad permanente.

Mis compañeros se despiden

El resto, las tres últimas jornadas, que conforme al plan establecido las han pasado íntegramente en Jerusalén, apenas si han variado la asimetría de nuestra situación. Ellos han aprovechado cada minuto, cada segundo, pateándose el Monte de los Olivos para visitar lo que les faltaba de él —el *Dominus Flevit,* la Ascensión, Betfagé, la tumba de la Virgen María, etcétera—, y han cruzado una y otra vez el Cedrón para recorrer los lugares santos de la ciudad que no conocían aún, desde el monasterio de la *Dormición* hasta la piscina de Siloé, desde San Pedro Gallicantus hasta las tumbas de los Reyes, sin olvidar hacer por su cuenta y riesgo y en su totalidad el *Vía Crucis* y retornar al Santo Sepulcro, con mejor fortuna, al parecer, ya que pudieron oír misa en el altar de los franciscanos y pasarse una media hora lo menos en el altar del Calvario sin que los turistas les importunasen, ni el sacristán griego de la bandeja entretuviese la guardia —como denunció la señorita Petrozzi—, arrancándose pelos de la barba y quemándolos a fuego lento en la llama de los cirios, como si se tratase de pelos condenados por herejía.

Resumiendo, su temperatura espiritual había subido los suficientes grados como para compensar los aspectos negativos —que tampoco faltaron—, de ése su *sprint* final. Y les dio tiempo aún a visitar el Museo del Libro, el Museo Rockefeller y el Museo de Israel, además de vagar sin prisa por el enigmático barrio de Mea Shearim, donde una mujer, que llevaba de la mano a un niño con tirabuzones, al ver la medalla con la cruz que colgaba del cuello de Tino, volvió la cabeza y escupió. Asimismo se pasaron unas cuantas horas en la Puerta de Jafa, siempre bulliciosa y en tensión, por donde deambulan los artistas y se pasean bromeando los soldados, y por supuesto retornaron al pretil de la Puerta de Damasco, para comprobar que las escalinatas continuaban ahí, que en la parte alta de la muralla continuaban los centinelas y en la parte baja los ciegos, éstos formando parte de la piedra de la pared, y que las mujeres árabes seguían transportando sobre sus cabezas toda clase de mercancías y que los mozalbetes evacuaban su vigor sobrante mostrándose los bíceps y simulando pelearse al estilo oriental.

Ni que decir tiene que se imponía una segunda visita, visita de despedida, a Belén. Ahí la suerte volvió a ponerse especialmente de su parte, ya que no sólo se prestó a acompañarlos de nuevo el padre Franquesa, sino que éste arrastró con él al padre Romualdo, logrando entrambos que la basílica de la Natividad se les antojase algo familiar, vivo y suyo y que la estrella de plata de la cueva —éstas fueron sus palabras—, «les inundase el corazón de paz».

¡Ah, y por si fuera poco, a la salida tomaron un autocar que los dejó justo delante del *Campo de los Pastores* franciscano, situado en el llano, a unos dos quilómetros, en el pueblo árabe de Beit Sahur! Sitio ideal para contemplar Belén y también para admirar la pequeña iglesia —feliz hallazgo estructural, en forma de puntiaguda tienda de campaña—, todo ello en compañía del guardián del lugar, el padre Barriuso, el cual andaba paseándose, leyendo, por entre el denso arbolado que rodea la original construcción y que al verles acudió inmediatamente a ponerse a sus órdenes.

Y he aquí que, en cuanto le vieron, recordaron lo que Zaid les había dicho de él, a raíz de nuestra primera visita a Belén: «Bajito, con el pelo rizado..., es un sabio. Le gustan mucho los gatos. Hablar con él es hablar con un diccionario.» Efectivamente, la descripción se reveló exacta, ya que lo primero que hizo el padre Barriuso fue presentarles los gatos uno a uno —«actualmente sólo tengo siete, lo que me da un cierto complejo de esterilidad»—, y acto seguido, y al tiempo que les mostraba el interior de la pequeña capilla y luego, fuera, la llanura que el pueblo de Beit Sahur preside, expresó ideas tan personales sobre el rapto de los pastores, la aparición de los ángeles y el AQUI —Hic— nació Jesucristo, que tuvieron la impresión de habérselas con un hombre que había reflexionado hondamente en solitario, o tenido vivencias un tanto ocultas, propias de quien habita un lugar privilegiado y no se conforma con las rutinarias explicaciones al uso.

Por ejemplo —y a todo esto los padre Franquesa y Romualdo habían preferido permanecer un poco distanciados, jugueteando con los gatos—, les dijo que Jesús no vino a fundar ninguna religión, puesto que las religiones limitan y dividen, sino a traer, simplemente, Amor; y que la palabra «amor» podría derivar del sánscrito «amaar», o sea, «amamantar»; y que el único milagro para cuya realización Jesús rogó antes ayuda al Padre fue cuando tuvo que resucitar a Lázaro; y que jamás fue cierto que tengamos únicamente un cuerpo y un alma, sino que tenemos un cuerpo, un alma y dos espíritus —el del bien y el del mal—, como se desprende limpiamente de aquel pasaje de Marcos en que Pedro reprendió a Jesús y Jesús no le llamó Pedro sino que le dijo: «Quítate allá, Satán, pues tus pensamientos no son los de Dios, sino los de los hombres.»

Total, que salieron un tanto desconcertados del Campo de los Pastores franciscano, pero al propio tiempo tuvieron la sensación de haber recibido, por entre los vigorosos árboles, un toque lumínico de definición nada fácil. Les sorprendió, eso sí, que los padres Franquesa y Romualdo, mientras ellos estuvieron con el padre Barriuso, se hubieran pasado todo el rato persiguiendo a los gatitos...

El espíritu del bien y el espíritu del mal

Mientras «los tres mosqueteros», como los bautizó Salvio Royo, luchaban de ese modo contra el tiempo —el aeropuerto «Ben Gurion» se acercaba cada vez más—, yo he estado durmiendo, leyendo, charlando con el ex jesuita enamorado de una maestra de origen holandés y visitando sin prisa las personas y los lugares que me pedían «el cuerpo, el alma y los dos espíritus: el del bien y el del mal».

El espíritu del «bien» me ha pedido una visita al padre Emilio en su guarida o leonera de San Salvador —Los Pirineos—, donde tiene su camastro y la oficina de la revista, llevándome la sorpresa de descubrir que, en vez de coleccionar gatitos, él colecciona viejos relojes de bolsillo: los relojes de los ancianos frailes que van muriendo en el convento, casi todos ellos, en la enfermería, y que, por tradición, se los legan a él. Dichos relojes, todos parados —como el de la peluquería de la calle Hillel— cuelgan de todas partes en la pared, en los bordes de los estantes repletos de libros, por entre calendarios y carteles turísticos de España. «Así son las cosas, majo. Los curas, que no tenemos mujer, ni hijos, ni

nada, solemos enamorarnos de tonterías, como un tintero o unos relojes.»
—Perdonad, chicos, pero estos días ando loco con la revista. Pero diles a tu
mujer y a la parejita que antes de que se marchen tengo que verles, porque quiero darles un abrazo y, si me confiesan sus pecados, la absolución...
—¡Uf, no te preocupes! Se pasan el día besando santos...
El mismo espíritu del «bien» me ha llevado a visitar —esta vez, de verdad—
el Cenáculo, que me ha parecido ajeno y frío; la Colina de los Mártires, de que
nos habló Jacob, donde está emplazado el monumento-funerario Yad Washem,
«en recuerdo de los seis millones de judíos víctimas de los nazis»; a entrar y
salir de varias sinagogas, e incluso a meter la nariz en un hospital cercano a la
Puerta Nueva, donde van a dar a luz las mujeres beduinas «porque el Gobierno,
en prevención de la mortalidad infantil, las atiende como es debido y además las
paga».
Sin embargo, en la línea del «bien» mi acto cumbre o principal ha sido, quizá,
llamar por teléfono, desde el mismo hotel, a mi madre, que era algo que andaba
rumiando desde que llegué.
—¿Gerona...? ¿Es Gerona...? ¿Sí? ¡Soy yo! ¡Llamo desde Jerusalén...!
Santo Dios —Dios-Padre, Dios-Hijo, Dios-Espíritu Santo—, y que la Virgen
María sea alabada por los siglos de los siglos. Mi madre, aturullada, no acertaba
a contestar y la he imaginado agarrada al auricular como si se agarrase al pie de
la cruz. Por fin ha exclamado:
—¡Hijo...! ¡Desde Jerusalén...!
Este nombre llenaba todo su ser. Me ha dicho que me quedara lo más que
pudiera, que aunque la separación iba a dolerle daba gracias al Señor. «¡Hijo!
Pídele a Jesús que nunca escribas una sola palabra que pueda ofenderle... Que
consigas que todo el mundo le conozca y le ame... Tienes una gran responsabilidad...»
Y la comunicación se cortó.

El espíritu del «mal» me llevó por muchos sitios. Por ejemplo, a leer, tumbado en la cama, frases como éstas: «En el Medioevo la Iglesia se dedicó en Italia a ventajosos negocios de préstamos, que llamó Montes Píos. Cuando los
judíos los practicaban los llamaban usura; cuando los practicaba la Iglesia los
consideraba una obra sagrada.» «El lema de León X era digno del que fue su
bufón favorito, fray Mariano: *Gocemos del papado, pues que Dios nos lo ha
dado*.» «El cardenal de España, Pla y Daniel, prohibió a los curas fumar y montar en moto.» «Las pinturas inmodestas sólo podían contemplarse a condición de
que fueran antiguas.» «Pensar, por ejemplo: *si Dios lo permitiese, yo fornicaría*,
era considerado deseo impuro.» «Nuestra política con respecto a la Iglesia oriental es de un abrazo estrecho destinado a estrangularla.» «Existían irregularidades
por defecto corporal, relacionadas con la celebración de la misa y expuestas en los
Tratados de Moral Médica, que impedían el acceso al sacerdocio: carecer de los
dedos pulgar e índice, pues ello imposibilita levantar el cáliz y partir la hostia;
ser ciego, pues ello imposibilita leer el misal; ser sordo, pues ello imposibilita
oír la voz del ayudante o monaguillo; todas aquellas irregularidades que puedan
excitar la risa o el desprecio de las fieles asistentes: tartamudez, haber sido operado de traqueotomía, carecer de nariz o tenerla muy deforme, ser giboso, ser
pigmeo, ser gigante, tener predisposición al vómito, tener sólo una oreja, sufrir
de lepra; etcétera.»

Pero el espíritu del «mal» me llevó también a salir de la cáscara del hotel con buenas intenciones, que luego se torcieron. Fue el caso de mi visita precisamente a la tumba de Lázaro, donde contemplé, con el Evangelio en la mano, la piedra redonda que luego servía para tapar con justeza el hueco del sepulcro. Al término de mi visita me alejé sin rumbo, hasta que, de pronto, una mujer se plantó a mi lado con aire socarrón. La miré. No era adolescente, pero tampoco tenía arrugas. Vestía de un modo llamativo y los brazaletes le tintineaban. El obstáculo del idioma era insalvable, pero no lo eran los ademanes que hacía, ni la redondez, insinuada, de sus senos. *Coffee, coffee…?* —me decía, indicando una vivienda modesta, situada allí cerca, sobre un terraplén. Comprendí que me invitaba. También comprendí que en la vivienda no había nadie.

Sin saber cómo, metí el Evangelio en el saco que llevaba en bandolera y seguí a la mujer. Sobre el terraplén aparecieron varios chiquillos, que me miraron riéndose y pronunciando claramente la palabra *money*… La curiosidad me pudo y continué adelante y entré en la casa. Muy limpia, con la cocina en un rincón y un amplio camastro en el otro. También vi un cuadro enorme en la pared, con la cara de un sultán, y sobre la mesa un bote de «Nescafé» y varias tazas.

La mujer había cerrado por dentro la puerta de entrada, me había hecho una reverencia y empezaba a desnudarse. Pensé en Salvio Royo: «A Mahoma le gustaban las mujeres y los camellos.» Se hizo un *puzzle* en mi cabeza con el Evangelio en mi saco con el sepulcro de Lázaro allá en la lejanía, con la frase recién leída: *Si Dios lo permitiese, yo fornicaría*… La piel de la mujer tenía el mismo color que el de esas jóvenes gitanas que a escondidas se bañan en el mar. Logré sobreponerme. Saqué mi cartera y dejé un puñado de libras, *money*, sobre la mesa, al lado del bote de «Nescafé».

Por un momento pensé que mi tentadora particular iba a enfadarse. No fue así. Me hizo otra reverencia y empezó a abrocharse el traje. Y me repitió: *Coffee, coffee…?*, mientras el sultán desde la pared, la miraba con cara de pocos amigos.

—Otro día, mujer… Otro día…

Me acompañó a la puerta, y señalando con insistencia su reloj de pulsera, de oro, me dio a entender que a esa hora, más o menos, todos los días la encontraría allí.

Víspera de la marcha. Las maletas de mi mujer se alinean ya, a punto de cerrarse, bajo el ventanal desde el que en días claros consigue verse el espeso vapor provinente del mar Muerto. Hay que estar en el aeropuerto a las nueve de la mañana, así que Zaid pasará a recogernos a las seis, lo más tardar.

Mi mujer me da instrucciones prácticas. Abre un armario y contemplo, estupefacto, que mientras iba y venía ha ido adquiriendo, sin que yo lo advirtiese, todo cuanto pueda hacerme falta durante mi permanencia aquí, sobres y postales con los correspondientes sellos, betún para los zapatos, todo lo necesario para lavarme y afeitarme hasta Dios sabe cuándo, hasta que encuentre mi otro yo o hasta que la unión de todos los cristianos sea un hecho.

—Bien, bien, te lo agradezco mucho… y te prometo que cuidaré de mis camisas como las novias árabes cuidan de su ajuar.

Las mezquitas de Omar y el Aqsa

Nos disponemos a realizar la última salida. Los amigos Fusté llaman a la puerta, y mientras confeccionamos el programa, que va a ser muy sencillo —visita a las mezquitas de Omar y El Aqsa, un rápido viaje a Tantur y, al regreso, pasarnos por San Salvador a darle un abrazo al padre Emilio—, acordamos que despedirse de personas y cosas resulta casi siempre un poco chinchoso. «Hala, venga a decir adiós y a hacer pucheritos.» Pero también acordamos que ni siquiera los judíos han inventado la necesaria vacuna contra eso.

Salvio Royo irrumpe en el pasillo —de nuevo, a lo Carlos Gardel—, y una vez impuesto de nuestros planes nos dice que una visita nuestra a las mezquitas, sin su compañía y asesoramiento, sería algo tan insensato como pretender encontrar una sola vez, en los textos del Antiguo Testamento o del Talmud, el nombre de Nazaret.

—Con permiso, me voy con ustedes y os cuento cuatro bagatelas sobre esos dos templos del Islam y el barrio que los rodea. Ya sabéis que todo lo islámico me chifla. Luego ya, a Tantur y a San Salvador os vais solitos los cuatro, porque eso es asunto de familia.

Aceptamos gustosos, aunque ni siquiera la presencia irónica de Salvio Royo consigue vencer nuestra melancolía. Y visitamos primero la mezquita de Omar —en realidad, construida por Abd-el Malik, el año 691— y escuchamos las bellas descripciones de nuestro improvisado guía, sin lograr ponernos en situación. Nos enteramos de que dicha mezquita, al igual que la de El Aqsa, está emplazada en el Monte Moria —derivado de Mora, que en hebreo significa *temor*—, ya que fue precisamente en ese lugar donde Jehová ordenó a Abraham que sacrificase a su hijo único, Isaac. «Menudo capricho, ¿verdad? Hijo único, ¡y zas!»

Hemos entrado en el templo por una de las cuatro puertas de acceso, correspondientes a los cuatro puntos cardinales, sin percatarnos siquiera de las admirables mayólicas esmaltadas, dominando los colores azul y verde, que recubren el exterior. Sí, es una lástima que nos sintamos tan ausentes, ya que hay mucho que ver: columnas de mármol y de otros materiales recogidos de la Jerusalén romana, muelles y afiligranadas alfombras, la magnificencia de la cúpula, etcétera; pero la verdad es que vagamos distraídos y que a duras penas logramos disimularlo.

Salvio Royo, que está eufórico, nos habla con larguez de la «Roca Sagrada» que preside el interior de la mezquita y que por lo visto fue la que sirvió de trampolín para que Mahoma se subiera a los cielos, montado en su alado corcel llamado *Burak,* que significa *relámpago.* «Mis amigos mahometanos cuentan que la roca quiso subirse con él, pero que un ángel se lo impidió, deteniéndola con la mano. Ahí podéis ver la huella... Desde luego, tiene su gracia que esa huella corresponda a una mano, mientras que la que dejó Jesús en la roca de la Ascensión corresponde a un pie; aunque, como ya sabréis, los eruditos discuten mucho si se trata del pie derecho o del izquierdo.»

Por unos momentos nos sentimos embrujados por la belleza de cuanto nos rodea, con cincuenta y seis armónicas ventanas, sobre las cuales, y a modo de friso que gira allá en lo alto, pueden leerse, en hermosa caligrafía, versos del Corán. Sorprende que no haya dónde sentarse en la mezquita: ni bancos, ni sillas, ni nada. Los fieles que rezan lo hacen, como es su costumbre, arrodillados sobre las alfombras.

—Lástima que tengáis prisa —nos dice Salvio Royo—, pues esos peldaños que hay ahí conducen a un subterráneo situado exactamente debajo de la Roca, en el que, al parecer, se reúnen las almas de los muertos para orar; aunque no me gustaría encontrarme allí con el alma de mi fiel amante, que como sabéis se llama Alma pero que ha jurado por Yahvé que para no disgustarme no morirá jamás.

Luego añade que referente a los pelos de la barba de Mahoma, guardados también en el subterráneo, en un relicario de oro, se llevó la gran decepción. Sus amigos abrieron en su presencia dicho relicario, y resultó que los pelos eran de camello; de un camello de la época, ciertamente, pero del que no hay constancia que profetizara absolutamente nada, ni de palabra ni por escrito.

A seguido nos dirigimos a la mezquita de El Aqsa, situada en la misma explanada, a unos quinientos metros de distancia, cuya plateada cúpula hemos contemplado tantas veces desde el hotel. Desde que un muchacho australiano, medio loco, Ronen, prendió fuego en el interior del templo, hará cosa de tres años, se efectúan allí reparaciones. Pese a ello, normalmente se permite la entrada; y sin embargo, hoy, no. Salvio Royo tiene un mohín de disgusto, pues, según él, «también ahí dentro hay mucho que ver, si uno consigue olvidar que algunas de las columnas fueron recubiertas con mármoles de Carrara regalados por Mussolini». Con todo, varios de los obreros que suelen trabajar en la obra deambulan por delante de la puerta principal y Salvio Royo consigue hablar con uno de ellos, que le cuenta que lleva treinta años de picapedrero en la mezquita, dedicado exclusivamente a hacer ventanas. También le dice que las excavaciones que los judíos llevan a cabo cerca de allí «hacen tambalear la mezquita, poniéndola en peligro». El tal picapedrero, que no cesa de hacer reverencias, de pronto hurga en sus blancos faldones y se saca una tarjeta y se la entrega a Salvio Royo. Éste la lee, sonríe y nos la enseña. Total, que el dueño de la tarjeta, que se llama Quadi Iqbal Ahmad, posee el título de El-Haj, palabra que significa «peregrino» y que sólo tienen derecho a usar los musulmanes que han estado en La Meca. «Para ellos es un honor muy grande, que además les concede una serie de derechos. Por ejemplo, cuando veáis una casa árabe con la fachada pintarrajeada de colorines, es que quien la habita tiene el título de El-Haj.»

El picapedrero se va, y entonces Salvio Royo nos dice que la obsesión de los árabes por ir a La Meca invita a reflexión. «Por otra parte, todos desean que en el momento de morir su cabeza esté orientada en dirección a La Meca.» Y añade que debido a ello les mueve a risa oír que algún turista, sin darse cuenta, emplea alguna vez la frase orientarse hacia occidente. «Es un absurdo, ¿verdad? Un contrasentido...»

Vemos, cerca de nosotros, junto a un gracioso templete —hay templetes que son cisternas, otros que sirven para la plegaria—, un jeque alto y elegante, de pie, leyendo el Corán. Por el turbante, blanco con una franja roja, Salvio Royo deduce que es un ulema, es decir, un profesor de la Escuela Coránica. Y entonces el ex jesuita, que en Roma decidió colgar los hábitos y secularizarse —todos estamos ya al corriente de ello—, nos suelta una sagaz observación. Nos dice que hay religiones que han surgido basadas en la esperanza; otras, en la renuncia: otras, como el cristianismo, en el amor. «Pues bien, el Islam se caracteriza esencialmente por la fe, por la fe absoluta en Dios y en Mahoma, su profeta. Por ello, si prestáis atención, veréis que la única religión que se ha opuesto radicalmente a la expansión del comunismo es la religión islámica. ¿Por qué? Porque el comunismo es ateo por definición. Si os tomáis la molestia de consultar un mapa veréis que no miento. El comunismo ha abierto brecha y avanza en los países de la órbita cristiana, budista, agnóstica, etcétera; en los países de la media luna, nada, ni un milímetro. Algún tratado comercial, ayuda técnica en un momento determinado, pero nada más. Y no se trata de una actitud de los Gobiernos, ni de una propaganda organizada; se trata de la religión, del sentimiento religioso de cada cual. Ese picapedrero de la tarjeta, ese *Haj*, no será comunista nunca, porque sabe que el comunismo es ateo y él tiene fe.»

El sol, cuyos sentimientos religiosos son un misterio, se dispone a decirles adiós a las mezquitas y al Monte Moria. Está anocheciendo. No hay tiempo que perder. Salvio Royo tiene una cita con el historiador Edery, de quien me habló y nosotros hemos de despedirnos del padre Emilio y de la comunidad de Tantur.

Salvio Royo nos dice «hasta luego» y echa a andar ligero en dirección a la Puerta de Damasco, donde tomará un taxi; nosotros nos dirigimos hacia el convento de San Salvador. Ha refrescado. Pienso que el frío y el calor son los grandes peregrinos de la tierra. Van repartiendo tarjetas a voleo. También pienso en el comentario de nuestro amigo con respecto a Abraham e Isaac. «Menudo capricho, ¿eh? Hijo único, ¡y zas!»

Me invade una pereza extraña. Un cambio brusco de estado de ánimo. Tal vez me haya tentado un café árabe en cuyo interior he visto un muchacho con jersey verde que hacía demostraciones yoga, ante la muda curiosidad de los clientes.

—¿Sabéis lo que os digo? Que yo me quedo aquí, en este café... —Nos paramos, y se hace un silencio—. Sí, id vosotros con los frailes y nos encontraremos en el hotel a la hora de cenar...

Mi decisión les sorprende, pero en realidad yo no tengo por qué despedirme ni del padre Emilio ni de la comunidad de Tantur.

—Bien, de acuerdo... —Mi mujer añade—: De todos modos, no te embales ahora en este barrio. Acuérdate de que salimos para el aeropuerto mañana a las seis...

Me quedo solo... y no entro en el café. ¡Dios, la eterna improvisación! No puede decirse que mi cabeza se oriente hacia La Meca, ni tampoco hacia el lado opuesto. Vivo de impulsos, soy un saltamontes, «hago camino al andar». ¿Qué camino? No lo sé. Veo en varios comercios los apellidos Arafat y Nasser. Las recientes lecturas bullen en mi cerebro, y también me acuerdo de la mujer de senos redondos que me invitó a su casa minutos después de visitar el sepulcro de Lázaro... *Money, money*, ironizaban los chiquillos. Una frase leída ayer me golpea de pronto: «sólo es obscena la gente casta». Absurdo juego de palabras, ¿no es así? Sin embargo, ¿por qué el ambiente árabe tiene siempre un marcado trasfondo sensual? «No te embales ahora en este barrio...» El ambiente judío es mucho más aséptico. En apariencia, por lo menos. Me pregunto si no será ahí, en el grado de sensualidad, donde se decidirá al fin cuál de los dos rivales saldrá vencedor en la contienda...

Atentado al «Hotel Savoy»

Llego al hotel, y nada más entrar presiento que ha ocurrido algo fuera de lo normal. Varios grupos de turistas, con los gorritos Shalom, hablan acaloradamente, mientras los camareros árabes del *snack* atienden a los clientes con desacostumbrada seriedad.

En efecto, algo ha ocurrido. Un comando palestino ha hecho volar el «Hotel Savoy», en Tel Aviv. Los detalles son todavía imprecisos, pero se sabe que hay víctimas y que dicho comando ha llegado por mar. «Es la primera vez que utilizan ese sistema. Han desembarcado en la playa y a los pocos minutos han irrumpido en el hotel.»

Al instante me vienen a la memoria las palabras de Salvio Royo en el café del paseo de Tel Aviv. Nos advirtió que eso iba a suceder, que Radio Ammán lo había anunciado: «una acción guerrillera por mar, en fecha próxima, para volar un cuartel, una oficina, tal vez el "Sheraton Hotel"...». No ha sido el «Sheraton», pero ha sido el «Savoy». ¿Entonces no mintió Salvio Royo al decirnos que los sótanos del café eran un arsenal de armas? Pero, en ese caso, ¿para qué habrá servido dicho arsenal, y todos los demás a lo largo de la costa? Claro, claro, el mar es inmenso y en el Líbano los guerrilleros suicidas suman casi un millar.

Subo a mi habitación, y me da tiempo justo a escuchar la emisión en ladino que se transmite a diario a las ocho en punto. El locutor no facilita tampoco detalles, pero su voz tiembla comentando la noticia. No obstante, la radio es la radio. Agotado el tema les llega el turno a las canciones folklóricas que los abuelos inmigrantes les dedican a sus nietos...

Poco antes de las nueve suena el teléfono. Mi mujer me dice que acaban de llegar al hotel y que me esperan en el *snack* para cenar.

Bajo en seguida y nos sentamos los cuatro en nuestra mesa preferida, en un rincón. Hay más gente que de costumbre. Y un mayor silencio. Se oye el chocar de los cubiertos. Y entre plato y plato los turistas fuman con nerviosismo.

Nunca pudimos sospechar que nuestra cena de despedida tendría lugar bajo ese clima de tensión. «¡Claro que nos hemos acordado de lo que dijo Salvio Royo! Ese hombre es un brujo...»

Me cuentan que la entrevista con el padre Emilio ha sido emotiva. «Intentaba disimular, pero tenía los ojos húmedos. Y, por supuesto, nos ha dado la absolución...» En Tantur —donde les han dado la noticia del atentado—, sólo han podido despedirse del padre Franquesa. Los demás estaban ocupados. «Quieren invitarte a almorzar. Dice que les llames cuando te apetezca.» Naturalmente, al regreso de Tantur se han despedido también de las murallas, más hermosas que nunca a la luz de los focos.

Estamos muy cansados, por lo que la sobremesa es breve. Y desistimos de pasar balance, por convenir que al fin de un viaje raramente puede precisarse lo que de él nos habrá tatuado con más fuerza. Andando el tiempo, la memoria

CAPÍTULO XV

Ya se han ido. Zaid, cumplidor como siempre, a las seis de la madrugada nos ha recogido en el hotel. Lloviznaba, no había amanecido aún, Jerusalén quedaba al otro lado de los sentidos, oscuro, al otro lado de la lógica. Ni siquiera se presentía la cúpula dorada de la mezquita de Omar. Abajo, en recepción, el guardián de noche nos ha entregado dos ramos de flores con sendas tarjetas de Salvio Royo para Asunción y para mi mujer. «Perdonadme. No bajo a despediros. Las seis de la mañana no existen para mí. Un beso islámico... Salvio, *El-Haj.*»

Hacia el aeropuerto

El trayecto hasta el aeropuerto ha sido pesado, por causa del mal tiempo y de los numerosos controles policíacos. El atentado de Tel Aviv ha movilizado a Israel. Al cruzar la capital, todo el mundo devoraba los periódicos, cuyos titulares eran enormes. Zaid se ha mostrado muy prudente en sus comentarios. Únicamente, ya cerca del aeropuerto, al comprobar la minuciosidad y el talante enfurruñado de las muchachas uniformadas que revisaban la documentación de los conductores —la caravana de coches era larga—, ha exclamado: «¡Pero, si ahora ya es tarde! ¡Todo eso es infantil!»

En el último control, al saber que yo me quedaba me han obligado a apearme y a esperar, junto a la valla de un parking, el regreso de Zaid. Así que el adiós y los abrazos han sido forzados, brevísimos y particularmente tristes. El coche ha desaparecido en medio del tráfico y mis deseos de agitar en el aire a distancia el pañuelo se han esfumado. Zaid ha regresado al cuarto de hora escaso y me ha dicho: «Todo bien. Sube, señor. Hoy es mal día para andar por aquí con bigote negro...»

Sentado a su lado, hemos emprendido el regreso a Jerusalén. A los pocos quilómetros he tenido la sensación de que hacía años que «los tres mosqueteros» se habían ido, pero que volaban, que volaban sin cesar, por sobre las islas del mar Egeo, por sobre Grecia y Yugoslavia, y que al llegar a Zurich —lugar del trasbordo— experimentaban una tal felicidad que le rogaban al piloto que no aterrizase y que los llevase hacia los fiordos de Noruega y más al Norte aún, y que luego retornase hacia el Sur hasta llegar a Italia y detenerse en Roma, donde podía pasarse todo el tiempo que quisiera dando vueltas sobre la basílica de San

Pedro, intentando descubrir desde arriba las recónditas interioridades del Vaticano a partir del año cero hasta el día de hoy.

Zaid, ajeno a los desplazamientos de mi mente, intentaba consolarme, y para ello nada mejor que comunicarme la grata nueva de que su mujer, Faisa, espera otro hijo. «¡Confirmado! ¡Confirmado!», ha repetido varias veces, mostrándome sus dos dientes de oro.

En cuanto he sido capaz de valorar el lance, le he felicitado con efusión, al tiempo que Marilyn Monroe, desde el parabrisas, me guiñaba un ojo.

Persistía la lluvia y en la carretera se alineaban soldados autostopistas, calados hasta los huesos.

—¿El señor va a quedarse en el «Intercontinental»?

—No, no creo... Tendré que buscar un sitio más barato... Y que no esté en las afueras sino cerca de las murallas, en la misma ciudad.

—¿Casa Nova?

—¡Oh! Más adelante, seguro; pero de momento, quizá me decida por un hotel judío...

Zaid ha dado un frenazo.

—¡Cuidado!

—¿Por qué? ¿Por lo del «Savoy»?

—¡No, no! —Ligero titubeo—. La comida es muy mala...

—Ya lo sé... Pero confío en que de vez en cuando me invite usted a su casa...

—¿A mi casa?

—Sí, claro...

—¡Oh, bravo, bravo! Precisamente... quería hablarte de eso, señor.

—¿De la comida?

—¡Bueno! Mi mujer querría ir un día de esos a la Gruta de la Leche a ofrecer el niño... ¿Te acuerdas de la Gruta de la Leche, de Belén? Pues sí, es una visita... bonita. Se ofrece el niño a la Virgen. Si el señor quisiera acompañarnos...

—¡No faltaría más, Zaid! Cuando usted quiera...

—¡Bravo, muy bien! —ha movido la cabeza, satisfecho—. Pues aquel día el señor comerá en casa de Zaid. Y conocerás a mi familia. Y Naila, mi hija mayor, a la que tanto te he nombrado, podrá saludarte por fin...

¿Dónde estoy? No lo sé. Continúa lloviendo. ¿Qué tiempo hará allá arriba, en las alturas? Buen tiempo, claro. En cuanto pueden, los aviones juegan a tutearse con el sol. Así pues, en estos momentos «los tres mosqueteros» podrán dedicarse a contemplar el astro rey y a decirle, parodiando la primitiva plegaria: «Padre nuestro que estás en los cielos...»

Falta poco para llegar a Jerusalén. Zaid continúa hablándome de su heredero. Desea que sea varón. Yo pienso en Jacob, en los dos millones y medio de judíos que trabajan y ríen y lloran en Israel, cercados, tierra adentro, por países de la media luna y ahora, por mar, amenazados por los guerrilleros suicidas. Jacob, en el restaurante de Raúl, preguntó, mirándonos con fijeza: «¿Qué podemos hacer?» La respuesta no es fácil. Salvio Royo me contó que las emisoras de Siria y de Jordania se chanceaban incluso con la baza que supone para los

árabes la explosión demográfica, que en ciertas zonas alcanza el promedio de ocho hijos por pareja. «Los judíos trabajan en los *kibutzim,* nosotros trabajamos en la cama.» «Los judíos trabajan de día, nosotros de noche...»
—Zaid..., ¿puedo hacerle una pregunta?
—¡Cómo no!
—¿Qué siente usted por lo ocurrido en el «Hotel Savoy»?
El taxista belenita inmoviliza sus facciones.
—¡Hum...! Nada bueno. —Mueve expresivamente la cabeza—. Ya se lo dije, ¿no? Somos hermanos. ¿Por qué matarnos?

En el «President Hotel»

Cuarenta y ocho horas después estoy instalado en el «President Hotel», con todas las ventajas que comporta el lugar, situado en la parte nueva, en un barrio mitad residencial, mitad oficinesco, cerca de la confluencia entre las grandes avenidas Georges V y Agron.

El hotel tiene buena facha, pero pronto me doy cuenta de que el servicio es deficiente. No hay en ello novedad. Aparte de que la clientela escasea más de lo debido —dos soldados en la puerta, con metralleta, inspiran cierto respeto—, el personal escasea igualmente. Hasta tal punto, que los camareros y las mujeres de la limpieza son de la raza de Zaid; entre estas últimas, las que cuidan del cuarto piso, que es el que me ha tocado en suerte, exhiben incluso un leve bigotillo...

De hecho, sólo son judíos el director-gerente, los recepcionistas y el *maître*. Cabe que en la cocina se esconda alguno más, pero el humo que sale de ella no permite afirmarlo con certeza. No hay siquiera *snack-bar* —una lona polvorienta cubre la barra y los estantes—, el vestíbulo es pequeño y el modesto aparato de televisión ha sido colocado en el comedor.

La amabilidad de los dos recepcionistas contribuyó a mi decisión de rellenar la ficha. Son marroquíes, de Agadir; o sea, sefardíes. Salieron de Agadir cuando lo del terremoto y ahora están en ese mostrador, a disposición de los viajeros. Al enterarse de que permaneceré en el hotel hasta la Pascua cristiana —la Semana Santa—, ponen cara de asombro. Uno de ellos colecciona sellos —«por favor, los de España me interesan mucho»—, el otro colecciona postales de lagos y cascadas. Le digo que en España hay pocos lagos, pero que acaso le consiga alguna cascada aceptable. El de los sellos se llama Dan —¿cómo se llamaría en Agadir?—, y a no ser por el color de la piel, color de nicotina, recordaría, por su corpulencia y los mofletes, al padre Mancini, de *Casa Nova*; su compañero, leporino, se llama Lionel, y al saber que Marraquech me gustó mucho se le ponen los ojos azules.

La habitación es pequeña, con sólo un ventanal que da a unos tejados de uralita y a un parque descuidado y hostil que se ve a lo lejos. No me importa. Lo que necesito es intimidad. Dispondré de una mesa cómoda para escribir, de un cómodo sillón para leer, birlado, éste, de la habitación contigua. En el armario ropero sobra espacio para guardar «Nescafé», té, galletas, miel y otros artículos vitales que mi mujer metió en mi equipaje. ¡Metió incluso un hornillo eléctrico, como si adivinara que el *snack* no funcionaría! Una de las camareras, al ver tanto preparativo y, sobre todo, la máquina de escribir y las grandes pilas de libros, abre la boca y se santigua. ¿Santiguarse...? «¿De dónde es usted, *madame*?» «Soy de Betania y me crié con unas monjas que hay allí.» La respuesta me decide a depositar sobre la mesilla de noche una cruz de madera, al lado del transistor y del teléfono.

¿Qué más puedo pedir? El water está en el pasillo, pero dispongo de lavabo y ducha. Los grifos no gotean, al parecer. En todo el piso no hay más que otro cliente, un vejete americano, jubilado. Me permiten clavar en la pared con chinchetas un mapa de Israel con un plano de Jerusalén al lado.

—¿Y la calefacción?
—Suele funcionar...
—¿Suele...?
—Eso dije, *monsieur*...

El recepcionista leporino me informa sobre el servicio de autobuses, realmente excelente, que circula por las avenidas Georges V y Agron. «El 16, muy puntual, lo deja a usted en Correos o frente a la Puerta Nueva.» También se ofrece para cambiarme divisas, si lo he menester...

En el plano de la ciudad me convenzo de que, dentro de lo que cabe, he elegido con cordura. ¡Estoy cerca del Gran Rabinato! Y del Instituto Iberoamericano de Cultura. Y del «Hotel Rey David», comparable al «Intercontinental». Calculo que, a pie, hay no más de veinte minutos hasta la Puerta de Damasco. Y no más de cinco hasta el Parque de la Independencia, en uno de cuyos bancos, a la salida de la agencia de viajes «Patrás», me llamaron «ventajista» porque me quedaba en Jerusalén.

Sí, el barrio es frío, impersonal, hay más oficinas que niños y más locales administrativos que colmados, cines y cafés. Pero, ¿acaso no era eso lo que buscaba? ¿Sumergirme de lleno en el ambiente judío que va creciendo a golpe de audacia por la nueva ciudad? Salvio Royo, con su experiencia, me ha garantizado el éxito. «"President Hotel"! Magnífico... Ya lo verás. De repente se llenará de huéspedes estrafalarios, que celebrarán estrafalarias fiestas... El calendario judío es curioso, estúdialo. Recepciones, bodas, disfraces... ¡Atención a las bodas! El celebrante suele ser un gran rabino, un pez gordo... Y si hay suerte, cualquier día compartirás el comedor con algún héroe de la guerra de los Seis Días, o con algún emisario de Kissinger, que ha venido a traer su vigésimo octava propuesta de paz...»

Paladeo segundo a segundo la sensación de no tener prisa. Soy plenamente consciente del privilegio que eso significa. Pocos sibaritismos podrán comparárasele en nuestra época, digo yo. El mundo es mío y es mío uno de sus centros más conspicuos, Jerusalén. La gente que va y viene, que toma aviones y autobuses, que hace la guerra —aunque sea sólo por Seis Días—, está loca. Conocí a un jefe de estación, hombre tranquilo y aficionado a los crucigramas, que cuando levantaba la banderita y daba la señal de salida a un tren expreso, sonreía para sí con un regodeo indescriptible. Yo soy ahora ese jefe de estación, y toco el pito y levanto la banderita cuando se me antoja.

Total independencia

Claro es, no tener prisa no presupone en modo alguno estar muerto. Si me apetece, me basta con ponerme en bandolera mi saco de viaje —un «macuto» muy práctico, que acabo de estrenar—, y salir a la calle. O con marcar un número de teléfono. Al instante, la vida se convierte en hormiguita febril. No, no, mi situación difiere radicalmente de la del otro huésped de plantilla en el hotel, el vejete que comparte conmigo el cuarto piso, americano jubilado, que lleva siempre su gorrito judío, que viste siempre como un *gentleman*, que se pasa las horas en recepción leyendo los periódicos o charlando, que en el comedor se sitúa frente al televisor y alterna las imágenes que en él van apareciendo con la comida —horrible— que va engullendo, mientras canturrea o salmodia sin cesar su librito de oraciones. Mi cerebro, pese a cierto cansancio neuronal, a ratos muy evidente, mantiene intacta su curiosidad y se proyecta hacia el futuro, aunque en esa ocasión sea pasando por el Antiguo Testamento. Quiero ver miles de cosas, y no sólo bodas y disfraces. Quiero visitar muy pronto el Zoo bíblico. Y pasearme un sábado por Mea Shearim, con un pitillo en los labios, para ver qué ocurre, cómo reaccionan sus habitantes, los de los tirabuzones, los fanáticos de la ley. Quiero ir al Golán. Y visitar las nuevas salas del Museo de Israel, donde se glorifica lo asimétrico. Y visitar, ¡por fin!, el desierto, si bien me han aconsejado esperar a que haya luna llena. Y conocer pronto a Alma. Y por supuesto, al profesor Edery, el cual, según Salvio Royo, se interesó tanto por mi caso al saber que estuve en un seminario español, que he escrito varios libros sobre Asia y que las vidrieras de Marc Chagall en el Hospital Hadassa me parecieron detestables, que repitió varias veces: «Deseo cambiar impresiones con ese caballero, y ofrecerle mi casa y unos cuantos dátiles.»

La primera semana se me escapa de los dedos como a un colegial o a un novio inexperto. Los días huyen, repartidos entre la lectura, los paseos sin rumbo fijo, el autobús 16, los sueños entre los árboles, el transistor. Sobre todo de noche, me voy cerciorando cada vez más de que Israel es una democracia, de que los años del mandato inglés marcaron el país con costumbres tan sanas como la libertad y la falta de Constitución escrita. Cierto que hay soldados en la puerta del hotel; pero se les ve relajados y me sonríen al pasar. Cierto que hombres maduros, por parejas, rondan por las calles vigilando hasta que amanece; pero son voluntarios. Nadie me pregunta nada, quién soy, dónde he nacido, por qué. Soy uno más en la ciudad de los cien nombres. Soy un soñador más entre las encinas y las acacias.

Y no puede decirse que no les haya sacado jugo a esos tanteos iniciales. Lo que pasa es que en ello ha desempeñado un papel preponderante el azar.

En las lecturas, por ejemplo, sin intención previa me adentré en el tema de las herejías y en el tema de las reliquias; y en ambos me di cuenta de que ni yo ni el más masoquista de los sacristanes podía inventar nada nuevo. Los *cainianos* adoraban a Caín, los *florianos* aseguraban que Dios había creado cosas malas, Arrio defendió la tesis de que la naturaleza de Cristo era distinta de la del Padre, y que si se le llamaba Dios era por catacresis, esto es, por extensión de la palabra; etcétera. En cuanto a las reliquias, durante la revolución francesa y en las guerras de religión desaparecieron tesoros tales como un estornudo del Espíritu Santo, un suspiro de san José, las espinas de los peces multiplicados por Jesús, la columna sobre la cual cantó el gallo de san Pedro, y similares, todo ello guardado y venerado en conventos y capillas. Ante textos de ese calibre, ¿qué representan mis zozobras, mis requisitorias al infinito?

En mis paseos al azar, una mañana en que tomé, sin advertirlo, la dirección de San Salvador —según el padre Emilio, es una memez que del casi centenar de franciscanos del convento sólo le conozca a él—, de pronto reparé en una barbería árabe que, entre las muchas que me habían llamado la atención, quizá se llevase la palma. Necesitaba cortarme el pelo, y afeitarme, así que decidí entrar.

¡Por Alá y por la *Kaaba*! Acerté. No sólo por lo que fue contándome el dueño, que chapurreaba el italiano —«servicio completo», le dije al sentarme—, sino por la decoración del establecimiento y por el ambiente que se respiraba en él. Apenas si quedaba sitio para los espejos. Las fotografías y los tapices llenaban las paredes, y nadie podía sentirse ofendido por omisión. Allí estaban Pablo VI y Juan XXIII, el nadador Mark Spitz, una chica desnuda montada sobre una moto, Moisés en el Sinaí, muchas reproducciones de mosaicos romanos y de peregrinos haciendo el Vía Crucis. En un cuarto adyacente, la mujer del dueño le daba con fuerza a la máquina de coser, mientras un par de críos, sentados en el suelo, intentaban comerse una rosquilla. Los clientes que esperaban turno, con sólo mirarse se desternillaban de risa, sin que yo consiguiera adivinar el porqué. Y entretanto, el dueño, luego de mostrarme la muchacha desnuda de la moto, me informaba de que la palabra «violación» en árabe es *kebs*, que significa «ataque» y que un hombre viril es *kabus*, que significa «ariete». El servicio completo, iniciado con un continuo cambio de tijeras para cortarme el pelo y medio frasco de champú para mi calvicie, terminó, después del afeitado, con una serie de masajes que olían a harén y con un alud de paños calientes y fríos que casi me arrancan la piel.

Me acordé de otras barberías próximas a la Puerta de Jafa en las que venden cerámica, monedas antiguas, Abrahams de madera, etcétera; y supuse que Juan XXIII, sonriente en la pared, se hubiera divertido lo suyo con mi patrón; y al salir, literalmente agotado, me dije que me había hecho acreedor a las siete medallas que ganara Mark Spitz en la Olimpíada de Munich...

Planto un árbol en el «Bosque de la Paz»

Por cierto, que dicha Olimpíada de Munich —1972— derivó, de forma totalmente imprevista, en la más emotiva de esas mis experiencias iniciales guiadas por el azar. Fue una increíble parábola, en la que participaron especialmente, a partes iguales, los periódicos y revistas que hojeaba en el hotel y las palabras de Jacob sobre la posibilidad de plantar un árbol.

En la revista *Semana,* publicada en castellano, y junto a un anuncio que decía: «Señor automovilista: ese soldado que espera en el camino podría ser su hijo...», vi otro anuncio en el que se invitaba a los turistas a colaborar en la *repoblación forestal* —también llamada *redención verde*— de que Jacob hizo mención. «Plante un árbol en Israel con sus propias manos, en los montes de Judea. Para más detalles, diríjase al Departamento de Turismo del Fondo Nacional Judío, teléfono 35261.»

Al instante recordé que Jacob había dicho que se trataba de una hermosa ceremonia, que podía escogerse la especie —un eucaliptus, un pino, un ciprés...— y que uno de los lugares optativos era el «Bosque de la Paz». De repente ese nombre me sonó apropiado como respaldo de mi aventura y de mis propósitos. ¡Hace tanto tiempo que odio la guerra! Además, el árbol, aun prescindiendo de los olivos de Getsemaní y de la cruz, simboliza, incluso en muchas interpretaciones paganas, «lo vertical que conduce de la vida subterránea hacia lo cósmico-celeste».

Sin pensarlo mucho cogí el teléfono y marqué el 35261; y media hora después me encontraba en el Departamento de Turismo indicado en el anuncio, donde una muchacha servicial y eficaz, una auténtica *sabra,* después de revisar mi pasaporte me dijo que la liturgia de la plantación solía ser colectiva, los martes y los viernes, pero que con los escritores, artistas o científicos solía hacerse excepción, por lo que, si éste era mi deseo, la ceremonia podría ser individual y en ella me acompañaría cualquiera de los jefes del Departamento. «Lo que usted decida. Pasaremos a recogerle al hotel cuando usted quiera. Sólo debe darnos sus señas y fijarnos el día y la hora. Y elegir el bosque, por supuesto.»

—Si no le importa, señorita, mañana mismo. A las diez, por ejemplo. Estoy en el «President Hotel»... Y elijo el Bosque de la Paz.

—Tomo nota... De acuerdo. Mañana a las diez.

—Shalom...

—Shalom.

Fue muy puntual el señor Óscar Sapolinski, uno de los jefes del Departamento. Hombre alto, cordial, con la sonrisa pronta y aspecto mucho más sano que el de su coche, un tanto esclerótico. La presentación fue muy breve y desde el primer momento mi acompañante se comportó con suma discreción.

De camino me informó de que el Bosque de la Paz se asienta en las afueras de Jerusalén, dirección sur, en la ladera del monte en cuya cima se levanta el edificio de la ONU. «Cuando la guerra los jordanos, que habían ocupado aquella zona, desde allí disparaban sobre la ciudad. Los funcionarios de las Naciones Unidas se salvaron por los pelos, gracias a un comando judío que logró rescatarlos.» «Precisamente por la dureza de aquella lucha hemos bautizado el bosque con el nombre de Bosque de la Paz.» «Como usted sabrá, en los libros sagrados se habla de *árboles que tendían chales de verdor sobre las colinas en torno a Jerusalén*; pues bien, queremos que en un próximo futuro pueda utilizarse de nuevo esa metáfora.» «Sí, sí, en efecto, el número de árboles plantados en todo Israel asciende ya a unos cientos veinte millones, lo cual creemos que no tiene precedente en parte alguna.» «Me permitiría aconsejarle que, cuando visite usted Yad Washem, es decir, el monumento funerario que rememora el holocausto sufrido por nuestro pueblo en manos de los nazis, preste atención especial a los árboles que se yerguen allí, en la llamada avenida de los Justos. Fueron plantados por ciudadanos de todo el mundo, no judíos, que salvaron vidas judías durante aquella persecución.

Naturalmente, al pie de cada árbol figura el nombre del héroe que lo plantó, al que debemos gratitud.»

Mientras escucho al señor Óscar Sapolinski voy pensando que el monte al que nos dirigimos no puede ser otro que el conocido por el monte del Mal Consejo, así llamado por haberse localizado en él la residencia de Caifás, es decir, el lugar donde el sumo sacerdote incitó a los miembros del Sanedrín a que sentenciaran a muerte a Jesús. «¿No comprendéis que conviene que muera un hombre por todo el pueblo y que no perezca todo el pueblo?» La paradoja de que precisamente ahí se levante el edificio de la ONU se me antoja un tanto amarga.

Pero eso no tiene nada que ver con mi acompañante, el cual, a medida que trepamos por la ladera, va describiéndome el paisaje. El frío penetra por las desvencijadas ventanas del coche y me levanto el cuello de la gabardina. La luz es clara y los contornos de Jerusalén, de una Jerusalén inédita puesto que nos encontramos en el lado opuesto al Monte de los Olivos, son precisos, de una rotundidad que recuerda la de los mapas en relieve de las paredes de *Casa Nova*. Vemos con impresionante verismo al monte Sión, de dimensiones reducidas, pero sagrado por igual para los judíos (la tumba del *rey* David), para los musulmanes (la tumba del *profeta* David) y para los cristianos (El Cenáculo, la Dormición de la Virgen, San Pedro Gallicantus).

Llegamos a una suerte de mirador, e inesperadamente el coche se detiene. «Por favor, ése es el lugar.» Nos apeamos y veo un barracón colgado sobre la pendiente y, muy cerca, una pancarta de madera en la que puede leerse, en varios idiomas, «Bosque de la Paz». Vuelvo a mirar Jerusalén y su cabrilleo calcáreo me emociona una vez más. La vaguada hundida a nuestros pies es árida y sobre ella flota, al igual que sobre el torrente Cedrón, un leve polvillo como de calavera. Miro a mi alrededor y advierto que el «bosque» es menguado. Los árboles son escasos. El señor Sapolinski se anticipa a mi comentario. «Ya crecerá. Hasta el presente, han sido elegidos otros lugares. Piense que estamos repoblando desde el monte Carmelo, casi en la frontera libanesa, hasta Beersheva, en el Sur, en el Neguev. Pero casi mejor para usted, ¿verdad? Aquí habrá sido usted uno de los pioneros.»

Apenas si me da tiempo a congratularme de ello, porque en ese momento sale del barracón un hombre más bien bajo, achaparrado, de tez muy morena: el guardián, llamado Shalom. No salgo de mi estupor, pues su parecido con Hitler es asombroso, sobre todo la forma del cráneo, el peinado y el bigote pequeño y recortado. El señor Óscar Sapolinski me mira. «¿Ocurre algo?» «No, no...»; y saludo a Shalom, inclinando la cabeza.

Ahora se trata de elegir el árbol. Me indican que hacia arriba —hacia Caifás...— se han plantado muchas acacias, en tanto que hacia abajo abundan los eucaliptus. Al parecer el bosque está planificado y he de escoger entre un pino o un ciprés. «¡Un ciprés!» La palabra me sale de lo más hondo y el señor Óscar Sapolinski asiente con la cabeza y da las instrucciones oportunas a Shalom, quien se va al barracón y sale con un tiesto —sin duda contiene el retoño— y una azada.

Shalom echa a andar cuesta arriba y nosotros tras él. A unos cien metros escasos se para y dice: «Aquí.» Mi emoción ha ido en aumento. Shalom ha depositado el tiesto en el suelo, húmedo por las lluvias recientes y con la azada cava un pequeño hoyo. Sí, la liturgia es importante y tengo la impresión de que Jerusalén entera oye los secos golpes de la azada y que los oye incluso el devoto huésped americano del «President Hotel».

Por un momento me pregunto si no aparecerán, bajo tierra, gusanos; pero no aparecen y me alegro infantilmente de que así sea.

El guardián, terminada su tarea, toma el tiesto, me lo entrega y me indica que he de hundirlo yo mismo, «con mis propias manos», en el hoyo. Así lo hago, aunque la gabardina me estorba y, forzado a ponerme en cuclillas, mis huesos crujen. A continuación, el guardián me entrega la azada para que sea también yo quien cubra de tierra el tiesto. Sigo obedeciendo las órdenes, aunque con lentitud. Y en cuanto termino, Shalom se agacha y con las manos remata sabiamente la operación. En efecto, la tierra está muy húmeda y me digo que ello podría tomarse como un augurio de fertilidad.

Ya enterrado mi ciprés, el señor Sapolinski se saca del bolsillo un pequeño papel y me dice que es costumbre leer en voz alta la plegaria escrita que hay en él.

—Si no tiene usted inconveniente, puede leerla... —y me entrega el papel, al tiempo que él y Shalom se colocan a mi lado, quietos y en actitud respetuosa.

Me quito las gafas y el papel tiembla en mis manos. Y leo en voz alta, entrecortada, un largo texto que empieza con la invocación —¿quién lo diría?— «Padre Nuestro que estás en los cielos», que alude a la prometida soberanía de Israel, para cuya tierra suplica «el envío de las ansiadas lluvias en tiempo propicio para abrevar sus montes y sus valles, y regar todo árbol y vegetal, sobre todo estos brotes que hoy ante Ti plantamos en el Bosque de la Paz».

«*Bendice, oh Dios, el esfuerzo
de todos los que trabajan en esta Tierra Santa.
Amén.*»

Terminada la plegaria, Shalom, con su azada y su bigote hitleriano, se vuelve a su barracón. Se ha hecho un silencio más allá del silencio. Me pongo de nuevo las gafas y veo que Jerusalén tiene ahora un color más cálido, semejante al rostro de un ermitaño oriental que ha conseguido dominar sus pasiones. A gusto me echaría a llorar, pero la presencia del señor Óscar Sapolinski me inhibe. De pronto, éste dice, señalando la hondonada: «Valle del Hinnom... La Gehenna.»

¡Oh, claro, la Gehenna, que de niño me traducían nada menos que por el Infierno! Es un barranco mil veces maldito, puesto que antaño los reyes impíos ofrecían en él sacrificios humanos a Moloc y a Baal y más tarde fue el quemadero de basuras de la ciudad.

Así pues —no me atrevo a desplegar el plano y consultarlo—, por aquí, muy cerca, estará también el Campo del Alfarero, que fue comprado por los sacerdotes con las monedas que Judas, antes de ahorcarse, arrojó al templo, monedas que, por proceder de un crimen, no podían ser ingresadas en el tesoro. «Por eso aquel campo se llamó Campo de la Sangre hasta el día de hoy. Entonces se cumplió lo dicho por el profeta Jeremías: Y tomaron treinta piezas de plata, el precio en que fue tasado aquel a quien pusieron precio los hijos de Israel...»

Pocos metros más arriba de donde nos encontramos veo un rectángulo cercado con alambradas, con pequeños árboles que sin duda fueron plantados al mismo tiempo y con cierta simetría. Me llaman la atención, y el señor Óscar Sapolinski me acompaña hacia allí, y me explica que se trata de «los once árboles que fueron plantados en memoria de los once deportistas que murieron en la Olimpíada de Munich, cuando el atentado de los terrorista palestinos.»

Me quedo de una pieza. ¡Son cipreses! Son tumbas... Y mi árbol —mi ciprés— será, ya para siempre, su vecino más próximo. No puedo por menos que evocar la barbería árabe a la que acudí y la fotografía del campeón judío Mark Spitz, con sus siete medallas... Pienso que debió de haber ganado once, una para cada uno de sus hermanos muertos.

—¿Y por qué esas alambradas?

El señor Óscar Sapolinski tiene una expresiva mueca.

—Por aquí cerca hay pastores árabes... O ellos o sus cabras impedían que los arbolitos creciesen, y Shalom decidió protegerlos de esa manera.

La Puerta de Jafa

El señor Óscar Sapolinski me deja en la Puerta de Jafa, cuya plazoleta intramuros, rebosante de vida, se está convirtiendo en uno de los lugares de mi predilección. Bajo uno de los pórticos suele haber un viejo dibujante que hace retratos al pastel. Su clientela es numerosa entre los novios y los soldados. No es raro que, al terminar el trabajo, suene un aplauso en su honor, en cuyo caso el artista se levanta y, con la mayor serenidad, muestra al público una tarjeta amarilla que dice escuetamente: Marc Chagall.

Encuentro un hueco en el banco de piedra adosado a la muralla —a la base de la torre de David—, y tomo asiento, dispuesto a paladear el incesante desfile de imágenes. Sí, es cierto que en Jerusalén confluyen vidas y pensamientos. Por supuesto, el ambiente aquí es menos dramático que en la Puerta de Damasco. Los turistas entran y salen de una galería de Arte moderno, se detienen ante los montones de naranjas de los comercios, se sientan en los cafés, acuden en gran número a un Centro de Información cuyos folletos y posters invitan a acercarse a él; sin embargo, en cualquier momento brota la escena triste. Anteayer fue una mujer que gritaba desaforadamente porque había perdido a su hijo; hoy es un limpiabotas de los que suelen apostarse en la esquina, que de pronto ha sufrido un ataque epiléptico.

Por cierto, que el incidente me ha hecho reparar en el lamentable estado en que quedaron mis zapatos a raíz de haber plantado el árbol. El barro los cubre. Llamo a otro limpiabotas, el cual me da a entender que tendré que pagarle el doble. Cerrado el trato, se arrodilla ante mí y sus manos negras se lanzan a un trabajo frenético, con una sorpresa final: para pulir el reborde de las suelas, del tacón a la puntera, utiliza un cepillo de dientes.

Poco después pasa un grupo de mujeres, inmigrantes rusas, con una pancarta en la que también solicitan vivienda. Por lo visto la inmigración de la Unión Soviética es un problema para las autoridades de Jerusalén. Muchos judíos rusos participaron activamente en la guerra contra los alemanes; pese a ello, Stalin continuó luego persiguiéndolos, cerrando sus sinagogas y deportándolos. Curiosamente, cierra la comitiva una señorona muy vistosa, acicalada, con un sombrero de astracán, que de improviso se detiene en el centro de la plaza, abre un taburete plegable, se sienta, y mientras dedica a la concurrencia una gran sonrisa exhibe en su diestra un letrero que dice, en varios idiomas: «Consultorio de amor.» Mi sorpresa no tiene límites al comprobar que a los pocos minutos se ha formado en torno a la dama un nutrido corro de jóvenes de ambos sexos, que la acribillan a preguntas, enseñándole fotografías y cartas. La señora escucha, medita, da un consejo —¿cuántos idiomas hablará?— y cobra lo pertinente.

Me acerco al Centro de Información. Es cristiano. En las vitrinas hay libros y mapas y el anuncio de una exposición de dibujos infantiles sobre el tema «Paz». Entro, espoleado por la curiosidad. La exposición es tan interesante como el bosque. Los niños conciben la paz de mil maneras diferentes, con fantasía e intención. Los premios han sido ya otorgados. El primero se lo ha llevado un dibujo al carbón que representa a un judío y a un árabe estrechándose la mano, con la silueta de un franciscano al fondo. El segundo, muy expresivo, representa un tanque en llamas —las llamas simbolizan la zarza ardiente de Moisés—, y a ambos lados se ven soldados judíos y árabes que sonríen contemplando el fuego. Un tercer dibujo, particularmente gracioso, reúne en una jaula a gatos y a ratones jugando amistosamente.

La exposición me ha alborozado, haciéndome olvidar el ataque epiléptico del limpiabotas. Una monja solitaria se detiene ante cada dibujo, y asiente con la cabeza. En las vitrinas hay monografías sobre Tierra Santa: casi todas las tengo en la habitación del hotel. En un cartel se anuncia un nutrido programa de conferencias, una de las cuales me llama la atención: «¿Cristo, un demente?» El conferenciante es un jesuita belga. «He aquí —me digo— un tema que apasionaría a Caifás, a los miembros del Sanedrín... y quién sabe si al señor Óscar Sapolinski.»

Los recepcionistas del hotel y Aicha

A la noche, al regresar al «President Hotel» —el autobús 16 funciona sin fallos—, sorprendo a los dos recepcionistas marroquíes, Dan y Lionel, comentando con el viejo huésped americano la posibilidad de que, en un plazo inmediato, la libra israelí sufra una nueva e importante devaluación. Se les ve muy agitador, como si volvieran a encontrarse en Agadir a raíz del terremoto. Procuro animarles, sin conseguirlo. Lionel, el coleccionista de postales de lagos y cascadas, se me acerca y añade, con su fonética leporina y en tono misterioso: «Además, aumentarán los impuestos... Eso se pone difícil, *monsieur*.»

En cuanto el huésped americano se aleja en dirección al comedor, donde le aguardan la televisión y su libro de salmos, adopto con los recepcionistas un aire de complicidad y acabo preguntándoles:

—Echan ustedes de menos Marruecos, ¿verdad?

Ambos me miran con ojos antiguos; y por fin Dan responde:

—¿Quién no se acuerda de su padre, *monsieur*?

En la habitación, me da tiempo a escuchar la emisión en ladino. En efecto, la devaluación se confirma, el acuerdo ha sido tomado por la *Keneset*, es decir, por el Parlamento. El locutor, cuya voz me resulta ya familiar, comenta que dicha medida perjudicará especialmente a los *flakos ganadores*... ¡Ay, el ladino es gracioso como aquel dibujo de los gatos y los ratones en la exposición infantil! Dicho locutor, después de anunciar a los radioyentes que en breve se abrirá al público un restaurante turco, «Musa» de nombre, en cuyo bufet se servirán toda clase de *beverajes livianos*, recuerda igualmente a las familias sefardíes que a no tardar dispondrán en Jerusalén de un moderno *Hospital para parideras*.

En el momento en que me dispongo a bajar para la cena, llaman a la puerta. Es la camarera árabe, de Betania, «que se educó con unas monjas que hay allí». Me entrega un sobre que acaban de traer para mí y me pide permiso para arreglar la cama. Claro que sí, *madame.*»

Abro el sobre, que contiene un diploma acreditativo de que con fecha 3 de marzo de 1975 planté un árbol en Israel. El texto, en castellano y en hebreo, dice: «Al profesor José María Gironella, España, en ocasión de haber plantado 1 árbol con sus propias manos en el "Bosque de la Paz", durante su visita a Israel.» La firma es ilegible, pero el documento tiene validez oficial.

Sentado a la mesa, contemplo el diploma, junto a mi máquina de escribir y a mis cuartillas. Advierto que la camarera, que ha estado curioseando, sabe perfectamente de qué se trata. Mira el diploma una y otra vez y sus ojos delatan el mayor asombro. Se da cuenta de que no comprendo su reacción y entonces, señalando la pequeña cruz de madera de mi mesilla de noche me pregunta:

—Pero... ¿no es usted cristiano, *monsieur*?

—Sí, claro...

—¿Y pues..., *monsieur*?

En vano intento explicarle que no veo la menor incompatibilidad entre mis creencias y el hecho de plantar un árbol. La mujer, que se llama Aicha, ha adoptado una actitud hierática. Por fin, sin perder la seriedad, hace un par de respetuosas reverencias y sale de la habitación.

CAPÍTULO XVI

¿Qué quería? ¿Información? Aquí la tengo. ¿Conocer personas-espuela, personas-estímulo, que pincharan mi cerebro? Aquí las tengo. En cuestión de unos pocos días he redondeado la lista. Los círculos concéntricos que ensanchan el mundo, que enriquecen el yo. Ha sido un alud, un carnaval. Tiros disparados en todas direcciones. No puedo decir que estoy solo como un hombre sin domingo, que me siento anacrónico como una baraja sin el as de corazones o como el periódico de ayer. Al contrario. Borbotea la sangre. Las ventanas se abren. No me sorprendería que los soldados que están de guardia en el «President Hotel» me detuvieran por exceso de velocidad.

He conocido al profesor Edery, autoiluminado como un iceberg. He conocido a Alma, que es el alma de Salvio Royo. He conocido a la familia de Zaid, prieta y sonora como una guitarra de diez cuerdas. He conocido, por dentro, el convento de San Salvador. «Es una memez que sólo me conozcas a mí», me había repetido el padre Emilio. Pues bien, tenía razón. Ahora ya conozco al padre Ángel, al padre Uriarte, al padre Castor, a fray Ovidio..., y a otros varios franciscanos-hijos de aquel pobre de Asís que un buen día dijo que el agua es casta. ¡Qué sorpresa! No hay hábitos iguales. Solemos reunirnos en la celda de fray Ovidio, «Bar Ovidio» para los amigos, pues hay en ella un armario despensa siempre rebosante de galletas, de turrón, de bebidas para calentar el cuerpo. Sí, no me sorprendería que los porteros del convento me detuvieran algún día por exceso de felicidad.

El profesor Edery

Moisés Edery, catedrático de Historia, en excedencia por estar escribiendo un tratado sobre religiones comparadas. Salvio Royo, al presentármelo en el «President Hotel» me dijo: «Pregúntale lo que quieras. Lo sabe todo. Cuántas veces se menciona en el Antiguo Testamento el nombre de Jerusalén; qué se necesita para llegar a ser un Buda; cuántas piedras hay en el Muro de las Lamentaciones; en qué década, más o menos, de este siglo, el África negra se levantará, cargada de amuletos, pidiendo justicia...»

El profesor Edery enrojeció. Cuando mira y guarda silencio, su cara, imberbe, parece la de un bebé; cuando rompe a hablar, buscando la precisión, envejece.

Para tener aspecto de rabino le faltan la barba y el fanatismo. Para tener aspecto de sabio le faltan una cabeza voluminosa y un cierto desgarro. Pequeño de talla, toda la fuerza se le concentra en los ojos y en el ligero tartamudeo que precede a la frase exacta. Tiene unos ojos como ampliados, generosos, de color cambiante. Podrían haber visto algo que nadie más vio. Cuando se le dice eso, sonríe y permanece inmóvil. Manos pequeñas, paso corto, lleva siempre consigo una cartera con apuntes que deben de ser valiosísimos. Tal vez algún texto, inédito hasta hoy, del Talmud babilónico o alguna carta de su hija, que está en el frente y que de un momento a otro ascenderá a comandante. «¿Qué opina, señor? ¿Puede un hombre resistir que su hija ascienda a comandante?» Salvio Royo le interrumpió: «No le hagas caso. En compensación, tiene un hijo que detesta la guerra porque aspira a conocer los progresos que el hombre habrá realizado en el siglo XXII.»

¡Cuántas cosas me ha enseñado —y lo que te rondaré— el profesor Edery! He pasado dos tardes enteras con él, en su casa. En ambas ocasiones se ha empeñado en acompañarme con su coche, menudo y asmático como el del señor Óscar Sapolinski. Su piso, situado cerca de la Universidad, es también modesto, sin el menor lujo, excepto el que supone tener un despacho con libros hasta el techo y disponer de una esposa que no tarda ni dos minutos en traer para él y para el invitado o huésped de turno dátiles, almendras, té o café. Además, eso sí, un perro, un perro saltarín y alegre, que hace las veces de mascota y también de bibliotecario del profesor.

La ventaja del profesor Edery es que está acostumbrado a clasificar. Posee una mente ordenada, lo que no puede afirmarse de Salvio Royo. Los temas son para él problemas si admiten solución; si no la admiten, pasan a ser misterios. Por tanto, son problemas para él la devaluación de la lira, el porvenir de su hijo, el trabajo histórico en que anda empeñado; son misterios el conflicto árabe-israelí —irresoluble—, el sentimiento religioso del ser humano —insondable—, la certeza de que su perro, tan alegre, un día morirá.

Nació en Tánger, lo mismo que su mujer; son, de consiguiente, sefarditas. Sus hijos nacieron ya en Israel; son, por tanto, *sabras*, sabras auténticos, «lo que es mucho decir». La formación intelectual del profesor pasa por la Sorbona, es francesa en un cincuenta por ciento. Ello implica que su lucha en Israel ha sido dura por partida doble. Israel exige afirmaciones radicales y él, en Francia, aprendió a matizar; y por si fuera poco, en Israel dominan los askenazis, es decir, los judíos llegados del centro y del norte de Europa, como Alemania, Polonia, etcétera. «¿Sefardita y quiere usted ser profesor? ¿De Tánger y aspira a una cátedra en la Universidad? No les daban ataques de risa porque las radios árabes cuidan siempre de suministrar malas noticias... Pero la lucha existe y es implacable. ¡Oh, sí, querido señor! Los judíos llevamos dentro algo extraño, una tremenda inquietud, que por otra parte se encuentra ya en los libros de los profetas. Cierto que la comunidad askenazi es más culta y que el mundo sefardita, en conjunto, adolece de falta de instrucción; sin embargo, aquí deberíamos estar unidos, ¿no cree? Y no es así. Se diría que nuestra vocación de ghetto es una especie de fatalidad. Bueno, muchas veces le he dicho al señor Royo que si no tuviéramos un enemigo común —los árabes—, ya estaríamos haciéndonos la guerra los sefarditas y los askenazis.»

¡Oh, no, el conflicto con los árabes no tiene solución! «Mi hija cree que sí, pero está equivocada.» Faltan brazos, falta material humano, que es lo que pedía Ben Gurion, quien por cierto estudió castellano para poder leer el *Quijote*. Él mismo, a sus cincuenta y cuatro años, tiene que hacer rondas nocturnas dos veces a la semana y cada trimestre ocho días de servicio militar. «¿Sabe usted, señor, por qué Matusalén no ha querido venirse a Israel? Por miedo a que lo movilizasen... ¡No, no es que sea muy amante de los chistes!; pero ése me pareció gracioso, porque responde a una realidad.»

Con lo cual no quiere dar a entender que «los judíos tenemos razón, y que los árabes y los palestinos deberían cedernos graciosamente sus territorios». De hecho, esos pleitos que duran milenios dejan de ser materia opinable. ¿Qué hubiera ocurrido en China si en el siglo XIV los misioneros católicos que fueron allí hubieran tenido la astucia de disfrazarse de coolíes? Pues, probablemente en la actualidad Mao Tsé-tung estaría al servicio del Papa... «Con la historia de este país podríamos lanzarnos también a toda clase de conjeturas de ese tipo, sobre todo teniendo en cuenta que al término de la Primera Guerra Mundial los palestinos hubieran podido acabar tranquilamente con todos los judíos que se quedaron aquí, viviendo miserablemente. Pero la verdad es que no lo hicieron. Mi pregunta, señor, es la siguiente, y se la formulo tomando como testigos a todos esos libros que me rodean. ¿Por qué los judíos olvidamos ese detalle al enjuiciar a los actuales terroristas libaneses?»

«Señor, mi opinión es que hay que ser ecuánime y aceptar que en el curso de la Historia influyen muchos factores imprevisibles. Claro, lo más cómodo es adaptar la realidad a nuestros deseos, pero eso es mentirse a sí mismo. Por ejemplo, si ahora nos vamos usted y yo a la Universidad y organizamos una mesa redonda para preguntar: ¿quién fundó el moderno Estado de Israel?, oiremos toda clase de respuestas. Unos dirán: ¡los sionistas! Otros: ¡los que pusieron en marcha el pimer *kibutz*!; etcétera. Pues bien, la verdad es que el verdadero creador del Estado de Israel fue Hitler... ¡Sí, sí, lo que oye! Sin su bárbara persecución, todavía andaríamos dispersos por ahí y leyendo con nostalgia el libro del Éxodo una vez al año. Él fue quien nos arrojó como náufragos a este territorio. De modo que la estatua que debería presidir nuestro actual Parlamento debería ser la del Führer, quien, por supuesto, era askenazi... La Historia, señor, es un continuo *boomerang*. Ahí tiene usted el caso de mi hijo, al que espero presentarle cuanto antes. Ahora tiene veinte años y no cree en nada; en nada trascendente, se entiende. Pues bien, cuando a los ocho años se enteró de que los rabinos no tienen alas, como las tienen los ángeles, rompió a llorar con tal desconsuelo que yo creí que se nos moría de pena, como se nos murió de pena en París un vecino nuestro, cristiano, ya muy mayor, cuando le dije que el poeta Virgilio, en una de sus églogas, anunció que la transformación del mundo iría misteriosamente ligada al nacimiento de un Niño.»

Sí, cuántas cosas me ha enseñado —y lo que te rondaré— el profesor Edery. Sentado detrás de su mesa escritorio, apenas si asoma su cabeza menuda, calva y reluciente; pero sus ojos se amplían hasta llenar la habitación, mientras con una mano acaricia cualquier papel o libro, o toma un dátil y se lo lleva a la boca, y con la otra acaricia a su perro alegre y saltarín, que se llama *Jonás* y que es blanco como una idea nueva.

Me ha dicho que en su casa sus hijos gozan de una libertad absoluta —*sabras*, ¿cómo evitarlo?—, lo cual, a su juicio, encierra muchos peligros. Su hija tuvo relaciones con un muchacho que se hacía pasar por judío yemenita; un buen día se enteró de que era árabe y cayó en una terrible depresión, de la que se salvó gracias a que se embutió el uniforme militar y se puso a tocar la armónica. Su hijo, inútil para el servicio en el frente —tuvo la polio—, no quiere saber nada del pasado y niega incluso que Abraham y Moisés hayan existido. Le interesa la electrónica, y cuando supo que en el Instituto Weizmann habían conseguido elaborar artefactos capaces de estallar aun estando mojados, estuvo a punto de entrar en una sinagoga y repetir cien veces el nombre de Yahvé: «La ciencia y la técnica, ¿comprende, señor? Mi hijo ignora que todo el futuro está contenido en la Biblia. Y cuando se lo recuerdo, echa una mirada irónica a estas carpetas y me dice que no comprende que trabaje en algo como la religión, sobre la que soy el primero en reconocer *que no es cosa de este mundo*.»

También me ha dicho que la más seria dificultad con que tropieza en ese trabajo suyo, es encontrarle una explicación lógica al hecho de que los únicos pueblos que han logrado vencer el hambre sean los pueblos en que se venera la Cruz o la estrella de David. «¿Se da cuenta, señor? Sólo comemos lo suficiente los judíos y los cristianos. El resto, tercer mundo, con la excepción del Japón. ¿Qué se oculta, señor, tras la plegaria: «el pan nuestro de cada día, dánosle hoy...»?

Le he preguntado por el resto de su familia y me ha dicho que tiene una hermana casada con un rabino. «Tienen tres hijos y viven en casa de mi madre, en Mea Shearim... ¡Oh, claro, ya me supongo que le interesa mucho ese barrio! Bien, cualquier día iremos a visitarles y a lo mejor nos invitan a almorzar. ¡Mi madre habla un ladino muy pintoresco, ya lo verá usted!»

Me ha felicitado por tener un amigo de la calidad de Salvio Royo. «Es un hombre de categoría. No comprendo cómo los jesuitas, que tanto aprecian a los mentirosos, lo dejaron escapar... ¡Ah, y cuando conozca usted a Alma, se llevará una sorpresa! No estamos de acuerdo en nada, pero la quiero como si en vez de haber nacido en Amsterdam hubiera nacido en Tánger, en mi propia casa.»

En cuanto a los franciscanos, estima que los hay también muy dignos de admiración, como, por ejemplo, el padre Arce, que es un erudito de primera fila y un envidiable caso de longevidad. «No, no conozco al padre Emilio, aunque sí leo la revista *Tierra Santa*... ¡Ah, es muy interesante el caso de la *Custodia*! Siete siglos por estas tierras... Sin embargo, señor, me atrevería a decir que el espíritu de la Orden ha ido cambiando con el tiempo, como siempre ocurre. En la actualidad hay en ellos un punto de soberbia, y me temo que están mal situados para hablar de sencillez y, sobre todo, de pobreza...»

Bueno, el resultado o balance no ha podido ser más feliz, pese a que el primer día al despedirnos me preguntó, sonriendo, cuántos judíos calculaba haber matado yo en el seminario, siendo mi respuesta que el número era considerable, sobrepasando sin duda, largamente, el millón...

Hemos quedado en que nos reuniríamos a menudo y, lo que es muy importante, me ha prometido dos cosas. La primera, acompañarme un sábado a una sinagoga; la segunda, gestionarme en el Hospital Hadassa el permiso necesario para poder presenciar una ceremonia de circuncisión.

El «Bar Ovidio»

Me ocurre a menudo que los pies se me van ellos solitos hacia el convento de San Salvador. Desde que le hice caso al padre Emilio y descubrí el «Bar Ovidio» —la celda de fray Ovidio, anárquica, caótica, pero con calor de hogar y entre cuyas paredes «el bostezo está prohibido»—, no pasan tres días sin que sienta la necesidad de subir las oscuras escaleras del inmenso caserón y llamar a aquella puerta donde sé con certeza que seré recibido con absoluta familiaridad y, a menudo, con visibles muestras de contento.

Los porteros del convento, árabes nacidos en el barrio, ya me conocen y muchas veces ni siquiera utilizan la centralilla telefónica. «¿Bar Ovidio...?», me preguntan. «Sí», contesto; y con un ademán me indican que puedo cruzar la verja que conduce al interior.

Naturalmente, sé muy bien cuáles son las horas propicias, y no siempre tengo la suerte de que las reuniones-guateque sean multitudinarias. «Los frailes trabajamos, chico, y si alguna vez te dejamos solo, pues te aguantas.» Sin embargo, a menudo es suficiente con que fray Ovidio abra el balcón y grite: «¡Eh, que ha llegado el Dumas catalán!», para que empiecen a abrirse las ventanas de las celdas contiguas y vayan apareciendo los rostros de Ángel, de Castor, de Emilio, de Víctor Peña, de Ginesillo...; y que minutos después el bar esté abarrotado y no sepamos siquiera dónde sentarnos.

Qué extraña sensación la de sentirse acogido con tanto afecto por esos seres que hasta hace poco me eran desconocidos. A veces me pregunto si serán sinceros... Sí. ¿Por qué no? Sé muy bien lo que se cuenta sobre la frialdad de los religiosos; sin embargo, «tenemos nuestro corazoncito, ¿no?». Ya el padre Emilio me habló de la soledad y de que a veces se agarran a cosas tan minúsculas como unos relojes de bolsillo, un tintero, un peine que a uno le regaló su hermana mayor... Ginesillo, joven y barbudo, que está ultimando aquí sus estudios, lo que significa que «no ha sido ordenado aún» —la palabra *ordenar* le horroriza, como todo el lenguaje eclesial—, no podría prescindir de una muñeca de trapo, fea y horrible, que clavó en la pared de su celda como un mascarón. «Me tocó en una tómbola y la guardaré mientras viva.» Ángel, quizás el mejor guía de peregrinos con que cuenta la comunidad —«tenemos la misma edad y sin embargo, ¡fíjate!, mis arrugas son mucho más profundas»—, no podría prescindir de su estéreo. La música se lo lleva a la séptima morada. Se tumba en la cama y con la diestra va dirigiendo la orquesta. «Si en el cielo no me encuentro con Vivaldi me vuelvo a mi pueblo, cerca de Logroño, donde el alguacil hace filigranas con el tambor.»

En verdad que resulta apasionante la experiencia de ir conociendo a esos frailes, «compatriotas heterogéneos», que sólo cada tres años tienen permiso para pasarse un mes en España. No, el hábito no hace al monje. Cada cual es cada cual. Los hay que hablan de la «Península Ibérica» como si estuviera en un cráter de Marte; otros la sienten próxima como si se encontrara en la Vía Dolorosa. El padre Castor, diabético, es tan friolero que aparece siempre en el marco de la puerta con la capucha puesta. «Castor, estás tan pálido que cualquier día te mueres y no nos damos cuenta.» Es el administrador. El padre Víctor Peña, de cuello largo y sugestiva perilla, se ha pasado varios años en El Cairo y Chipre, es licenciado en Ciencias Naturales y ha conseguido reunir unas dos mil diapositivas sobre la flora de Tierra Santa. Listo, tímido y mordaz. «A ti te clasificó en seguida. Dijo que eres un raro vegetal, que sólo crece en campos sin evangelizar...» Fray Ovidio sonríe, sonríe siempre, con sus mofletes de sacristán adaptado a su puesto, nacido para servir a los demás. Es el encargado de ir a Correos y labores por el estilo. «¿Qué, otro cafetito caliente...?»

Etcétera.

Lo curioso es que esos españoles forman también un «grupo», un clan —sí, la tesis de los ghettos se confirma—, y que difícilmente llegan a intimar, por ejemplo, con los italianos y los franceses, por años que pasen bajo el mismo techo. En cambio, no se sabe por qué, se llevan de maravilla con los croatas. Hay cinco o seis croatas, fornidos, alegres, deportivos, que a menudo comparten nuestras tertulias en el «bar». Mi sorpresa fue muy grande cuando un día me invitaron a visitar sus celdas y en una de ellas vi un *poster* de Cruyff. Entonces me enteré de que en un famoso partido de fútbol que se celebró hace unos meses entre franciscanos y griegos ortodoxos, precisamente en el terreno de juego que hay frente al Consulado español, los franciscanos ganaron por 7-0 y que los siete tantos los marcaron los croatas. «Cómo sería la cosa, que Tito nos llamó para que formáramos parte de la selección nacional yugoslava; pero el gran jefe de esta Casa, el *Custodio,* previa consulta con Roma, se negó a ayudar al infiel.»

Sí, eso llama la atención en el convento de San Salvador. La moneda más en boga es el buen humor, y las críticas de Salvio Royo acerca de las instituciones, personas y lenguaje vinculados a la religión católica se quedan chiquitas al lado de lo que me es dable oír en el «Bar Ovidio» o, en su defecto, en *Los Pirineos,* el feudo del padre Emilio. Mis escrúpulos por haber llamado catafalco y quiosco de música al tinglado que en el Santo Sepulcro contiene la tumba de Jesús han sido barridos para siempre. Diríase que esos frailucos de mis entrañas se han leído de cabo a rabo las novelas de Bruce Marshall o que convivieron largo tiempo con los taponeros de mi tierra.

A veces dicho humor destila un cierto infantilismo, propio de quienes se han trazado unos límites, de quienes acatan voluntariamente un código de cosas que estiman sagradas; pero no faltan la sátira, e incluso la causticidad. Ángel, por ejemplo, enamorado de los clásicos castellanos, a veces consigue sutilezas idiomáticas, como la de definir la mitra episcopal como «la prolongación de un vacío» o la de llamar «Padre Eterno» a un fraile mexicano que celebra la misa con desesperante lentitud. Conmigo rizó el rizo al cuarto de hora escaso de conocernos. Me llevó a su celda, contigua al «bar», y después de mostrarme un estante repleto de novelas policíacas diciéndome que le servían para la mejor comprensión de los Evangelios, sacó un libro de Wilde y me obligó a leer en voz alta, ante cinco o seis testigos, la siguiente frase: «Cualquiera puede escribir una novela en tres volúmenes. Para ello sólo se requiere una completa ignorancia de la literatura y de la vida.»

Oh, claro, esos franciscanos tienen experiencia y han recopilado mil anécdotas. Por ejemplo, una antigua fórmula de bendición de las vías férreas que consistía en desear a los usuarios no sólo un «feliz viaje» sino «que alcanzasen pronto la patria celeste»; o la de aquel cura que al oír de su superior que san Pablo alabó el celibato murmuró: «¡Qué lástima!»; o la de aquel enfático orador que solía intercalar en sus homilías: «Según dijo el Espíritu Santo, y a mi juicio, con razón...» A veces, según y cómo, el clima alegre alcanza tal grado que las carcajadas se juntan en una sola; momento en que Ángel levanta ambos brazos y exclama: «Hermanos, basta, que me duelen la cabeza y sus alrededores...»

Pero, claro, también solemos tratar temas serios. Como antes dije, hay unos límites definidos, que nadie se salta jamás, a excepción de Ginesillo, el estudiante contestatario. Los dogmas, por ejemplo, son los dogmas. No admiten discusión. «¿Cómo vas a meterte en ese berenjenal? ¿Te crees san Agustín, o qué?» «Así, por el aspecto, yo diría que el magisterio de la Iglesia peina más canas que tú.» «No olvides un detalle: Jesús se enfrentó muchas veces con el clero del Templo de Jerusalén, pero jamás con la sinagoga.» Un día en que se me ocurrió formular graves reparos con respecto al enigmático hecho de la Asunción, uno de los croatas me metió, en correctísimo italiano, un gol digno de Cruyff: «¿Desde cuándo llevas tú la cuenta de lo que sube y baja por los espacios siderales? La madre de Jesús se llamaba María, ¿no?»

¡María, la Virgen, la Madre de Jesús! Emilio, en la imprenta, no consiente que en ningún texto la citen jamás con letra minúscula. La Virgen es para esos hombres el poema que Dios escribió para que ellos recorrieran los caminos llevando sandalias. Poner sobre el tapete el polémico tema de la virginidad de María es chocar contra un muro. Por si fuera poco, algunos de los misioneros que, como el padre Víctor Peña, han permanecido largo tiempo en países árabes, están familiarizados con casos de muchachas que se quedan preñadas y que, pese a ello, afirman, con todas las apariencias de sinceridad y verosimilitud —apariencias muchas veces avaladas por la opinión de expertos médicos—, que «no han conocido varón». El padre Víctor Peña ha empeñado en ello su palabra. «Yo no puedo garantizar nada, entiéndeme; pero allá, debido a la promiscuidad y ciertas costumbres, se admite normalmente que el más probable agente transmisor del esperma fecundante pudiera ser el agua... Entonces, si el agua de una charca o de una bañera puede lograr esa carambola, ¿no pudo el Señor utilizar, para su propósito, el Espíritu?»

El forcejeo en esos casos suele ser tirante, puesto que en ningún momento yo he ocultado mis reservas sobre una serie de planteamientos religiosos que considero totalmente adjetivos. Si les digo que no me importaría en absoluto que Jesús hubiera nacido gracias al acoplamiento normal de José y María, me miran como lo haría la hija del profesor Edery si un día yo me presentase en su casa disfrazado de guerrillero palestino. Si afirmo que el voto de obediencia me parece una castración, una hipoteca humillante, un «viva la ceguera», me contestan que está escrito que «aquel que se niegue a sí mismo se salvará». Por otra parte, están al corriente de que me estoy dando a diario mis buenos atracones de un determinado tipo de lecturas... «Lo que busques, encontrarás. Eso, ¡vamos!, lo saben hasta los mormones. Y si no lo encuentras, nos lo dices y seguro que en la biblioteca de la Flagelación o en la de la Escuela Bíblica te facilitarán el dato impugnante y preciso...»

Confieso que, en ocasiones, algunos de sus argumentos o réplicas me dan que pensar. «Pero ¿es que no te has enterado? Lo que se nos pide es que amemos a Dios con el alma; no que amemos la idea que tengamos de Dios.» «El cardenal Newman escribió que diez mil dificultades no hacen una duda. ¡Deberías meterte eso en la cabeza!» «¿Por qué no te das un paseo, tú solito, por el altar del Calvario, en un momento en que no haya nadie? Te sientas allí y esperas... ¿Eh, qué puede ocurrirte de malo?»

Por descontado, saben que me escandaliza lo indecible y que me da cien patadas la rivalidad de las confesiones cristianas en esta tierra de Jesús. Saben también que las dos incógnitas que me atan aquí son las que afectan a la inmortalidad del alma y a la divinidad de Cristo. Se lo dije un día a Ginesillo y éste hizo correr la voz. ¡Bien! No pueden resolverme, en el «Bar Ovidio», rodeados de galletas y tazas de té, ese triángulo de incertidumbres que me quitan el sueño. A lo máximo que pueden llegar es a proporcionarme ciertas pistas, a modo de orientación. La cuestión de la rivalidad es ciertamente lamentable, y ahí el mea culpa que corresponda a cada cual lo entonó ya el mismísimo san Jerónimo al escribir: «Lo que hace fuertes a los bárbaros son nuestros vicios.» Sí, los vicios de cada cual son los responsables del hecho, de cuyas dimensiones, por fortuna, ignoro más de la mitad. Ahora bien, las dos incógnitas de que hago mención se adscriben en un capítulo muy distinto y su tratamiento, en el mejor de los casos, será siempre muy subjetivo, muy particular. «Tocante a la primera, la inmortalidad del alma, tal vez debieras procurar, en el hotel, por las calles de Jerusalén, en cualquier sitio, quedarte "un momento solo ante el Solo" y preguntarte entonces si en verdad *todo* lo que sientes que habita en tu interior es simple materia corruptible, o si percibes, debatiéndose en medio de dicha materia, como una gota superior, algo como un soplo, como un grito, susceptible de salvarse el día de tu hecatombe personal. Y en cuanto al segundo escollo, el de la divinidad de Cristo, eso es ya otro cantar. Por supuesto, el padre Arce podría extenderte una certificado, y no digamos, en *Casa Nova,* la señorita Petrozzi... Pero de nada te servirían, si no tienes fe. Claro que eso es un tópico, pero también lo es la duda que lo hace posible. Sí, hace siglos que el mundo discute qué significan en realidad "soy el que soy", "Hijo del Hombre", "mi Padre me ha enviado", "yo era antes que Abraham", etcétera. Cada generación quiere reducir esas palabras a cuestiones semánticas, pero ninguna acaba de conseguirlo; y arriba, en la enfermería, hay un padre paralítico de los pies, el padre Carnero, que dice que no se le paralizó la lengua precisamente para que pudiera ir repitiendo cada día esas palabras dándoles el significado con que Cristo las pronunció. Y pasarán los siglos y siempre habrá, en alguna enfermería, algún padre Carnero... Inquieto amigo, no hay personaje en la Historia capaz de resistir los ataques masivos y las pruebas de autenticidad a que ha sido sometido Jesús. Han caído sobre Él, como buitres, los filólogos, los pensadores, los arqueólogos, los biógrafos, los psiquiatras... Ninguna otra criatura hubiera salido indemne, es decir, viva, de semejante operación; ni Horacio, ni Sócrates, ni Alejandro, ni el mismo Buda, que a ti tanto te chifla. Todos serían ya leyendas muertas. En cambio, y pese a todo, Jesús continúa aquí, presente y sangrante, no sólo en este "Bar Ovidio" sino en tu mesilla de noche y en todos los confines de la tierra. Y el mismo Pueblo Elegido, que negó que fuera el Mesías, desde entonces, ¡ah, sí, el dato ofrece cierto interés!, no ha dado al mundo ningún otro profeta cuya voz haya sonado con fuerza. Ni un Amós, ni un Miqueas, ni un Jeremías, ni un Sofonías, ni un Daniel... Los desiertos siguen ahí; lo que faltan son las voces fuertes. De todos modos, mejor será que dejemos este asunto, porque, aunque el Concilio de Trento queda lejos, en dicho Concilio se prohibió el duelo...; y tendría poca gracia que tú y nosotros fuéramos a quebrantar dicha prohibición, precisamente en vísperas de Semana Santa y en nombre de Aquel que jamás desenvainó una espada.»

Inesperadamente, el padre Emilio añadió, una mañana de cielo hostil:

—Naturalmente, si tú te empeñas en no aceptar tampoco ese Mesías, pronto tendrás ocasión de conocer otros... Sí, chico, así es. Cuando se acerca el Domingo de Ramos, empiezan a llegar a Jerusalén, junto con las caravanas de peregrinos, una serie de Mesías de aluvión, algunos, procedentes de muy lejos. Ahí donde sueles ir, a la Puerta de Jafa, podrás verlos y oírlos a placer. Algunos llevan incluso una pancarta que lo dice: «yo soy el Mesías». Otros llevan una cruz... Los hay con barba, como Ginesillo, los hay rasurados, como yo. ¡Bueno, algunos son excelentes oradores! ¿Por qué no? Chico, tú vete por ahí y escúchalos... Y si alguno te aconseja: «déjalo todo y sígueme», y te convence más que Cristo, eres muy dueño de hacerle caso, de convertirte en discípulo suyo y de no pisar más este caserón.

Emilio es duro a veces. Sobre todo, en el tono de la voz, que podría ser el de Amós o el de Miqueas. De hecho, repito, tratándose de algo sustancial, son duros todos esos frailes que me acorralan con su fe monolítica y sus alusiones tridentinas. Pero hay algo que me desarma, algo evidente, sin fisuras, contra lo que no puedo luchar: la certeza que tengo de que todos y cada uno de ellos, desde el más fornido de los croatas hasta el pálido y diabético Castor, por ese mismo tipo de fe que tanto me irrita darían la vida, su propia vida —quiero decir, su propia sangre, su sangre toda—, por cualquier persona que la necesitase, aunque sólo la necesitase un poquito. Y la darían sin aspavientos, con la mayor naturalidad. Y la darían en cualquier momento, ahora mismo, mañana, el día de mi santo —san José— que también se avecina. Y la darían sin hacer el menor distingo, por quienquiera que fuese: por el más frío de los pastores protestantes; por el barbero árabe que tiene su covachuela aquí cerca; por el señor Óscar Sapolinski; por la más humilde de las mujeres de la Puerta de Damasco; por el más sospechoso —sospechoso de charlatanería— de esos Mesías que están a punto de llegar...

Y, ¡válgame Dios! —eso es lo más fuerte—, no me cabe la menor duda de que, sin titubear un solo instante, la darían por mí.

Alma, su casa y sus teorías

Y por último, otra prueba más de la Jerusalén múltiple y varia, de la Jerusalén que se merecería llevar en la entrada o en el frontis de la muralla un rótulo idéntico al que preside el «Bar Ovidio» y que dice: «prohibidos los bostezos».

Porque, en esos días he conocido también a Alma, el alma de Salvio Royo, según definición del profesor Edery. Y ha sido otra ventana que se me ha abierto, sobre un horizonte mucho más dilatado que el que se contempla desde mi habitación del «President Hotel». Alma no tiene nada que ver ni con un calvo y menudo erudito que compara las religiones y las clasifica como si fueran insectos, ni con unos frailes que han hecho extraños votos y que, en nombre de Jesús, darían la vida por sus semejantes. Alma es, en el plano humano, la personificación de la vida que bulle; en el plano trascendente, la personificación de la absoluta indiferencia, de la neutralidad. Salvio Royo me había dicho de ella: «es tan judía que no cree siquiera que Jesús haya existido históricamente...». Así es, en efecto, lo que significa que el contrapunto no deja de perseguirme y de fascinarme. Más aún, Alma, al igual que el hijo del profesor Edery —según éste me contó—, niega igualmente que hayan existido Abraham, Moisés y la mayoría de personajes que figuran en el Antiguo Testamento y que constituyen la raíz y la razón de ser de ese Pueblo que es el suyo y que, por otro lado, ama con pasión.

Alma entiende que, hasta hace bien poco, la Humanidad ha vivido de leyendas, de relatos míticos, de símbolos, que eran los únicos que podían explicar a los hombres, en algún sentido, los fenómenos naturales que los aterrorizaban. «Pero ahora, después de la NASA y demás, ya no tendría sentido que las gentes le pidieran a Mahoma el milagro que en su tiempo le pedían: que una noche saliera de su tienda y con un gesto partiera la luna por la mitad. Pues bien, algo parecido puede decirse de las imágenes que componen el Génesis; del relato de lo ocurrido en el Paraíso con los cuerpos desnudos de Adán y Eva; de la cantidad de agua que tuvo que caer para que se elaborara el poema del Arca; o aquel otro, más inefable todavía, de la lucha entre el Ángel y Jacob... ¡Oh, no vayas a creer que las leyendas y los mitos me disgustan, que no sé apreciarlos! Todo lo contrario. Son hermosos, tienen su significado y por regla general revelan en sus autores una inspiración superior en muchos aspectos a la actual. Pero lo que no puede hacerse es tomarlos como si fueran realidades. Si he de serte sincera, el único Adán que he conocido y que es, al propio tiempo y por partida doble, poema y realidad, se llama Salvio Royo, y estoy segura de que ahora mismo, con su caballerosidad habitual, se levantará de su diván plastificado y me servirá un whisky con soda... ¿Quieres acompañarme?»

Le he dicho que sí, claro... Le he dicho: «También por partida doble, por favor...»; mientras Salvio Royo, que en estos días no viste ni de prestidigitador ni de excursionista-geólogo, sino de caballero con corbata, gemelos y zapatos color marrón, se levantaba del diván y soltaba una bíblica carcajada.

Alma vive en unos bloques modernos próximos al Monte Scopus, cuya estructura poliédrica me parece horrenda, pese a que las revistas especializadas, por el hecho de que sus arquitectos afirmaron haberse inspirado, para la «trama» de los edificios, en las escamas de las culebras examinadas al microscopio, los han calificado de geniales. La verdad es que, de día, tales poliedros ofenden la vista; y de noche, aterrorizan al forastero como antaño los fenómenos naturales aterrorizaban a los coetáneos de Aarón o de Holofernes.

Resultado: el piso de Alma es una miniatura loca. No consigo saber dónde están las ventanas y cuando pienso entrar en el baño inevitablemente me encuentro en la cocina y, en más de una ocasión, en la alcoba. Por si fuera poco, Alma, contrariamente al profesor Edery, detesta las clasificaciones. Los libros y revistas chorrean por todas partes: sobre las mesas, en el suelo, encima de un armario, junto a piezas de cerámica y a estatuillas del Ecuador. Sin contar con que del techo cuelgan hilillos con estrellas de David, antifaces y un candelabro de siete brazos, además de unos focos giratorios que tan pronto nos dejan en la sombra como nos dan en pleno rostro convirtiéndonos en calaveras.

Pero nada de eso importa, porque es cierto que Alma se hace querer. Su vitalidad es tan contagiosa —goza de una salud excelente—, que siempre se ha negado a llevar reloj. Es alta, bien conformada, con una cabellera rubia que se merecería la pista de un circo. Responde a la idea que los mediterráneos tenemos de las mujeres wikingas. Acaba de cumplir los cuarenta años... ¡qué le vamos a hacer!; sin embargo, en el fondo de sus ojos verdes hay toda una niñez intacta, y su talle es tan fino y sus caderas tan prietas que puede permitirse el lujo de llevar pantalones tejanos, sin que éstos parezcan poliédricos. Varias pecas en el rostro y una innata elegancia redondean el ser. Un ser askenazi..., desde luego. Salvio Royo pretende que el aspecto de Alma acabará por convencer al profesor Edery de que la discriminación entre askenazis y sefarditas obedece a razones científicas.

¡Cuánto he aprendido también en ese edificio inspirado en la conexión de las escamas de las culebras! Alma, pese a la intacta niñez de sus ojos, lleva consigo una considerable carga dolorosa. En Amsterdam, donde nació, de padres talladores de diamantes, se llamaba Elsen Thomas, apellido, según ella, de origen español —Tomás—, trasvasado a Holanda a raíz de la Inquisición. Sus padres fueron devorados por las cámaras de gas de Auschwitz, por lo que, en 1950, cansada de llorar, se vino con unos amigos a Israel. Una vez terminados sus estudios políglotas y de maestra, sus amigos, ya jubilados, decidieron irse a vivir tranquilos a

Haifa. Entonces ella se quedó sola en Jerusalén, y para festejar su independencia se cambió el nombre: dejó de llamarse Elsen y se llamó Alma. Y juró que trabajaría para siempre por Israel, con todas sus fuerzas, enseñando a los niños el abecedario y, en lo posible, los entresijos de la vida. En la escuela tiene ahora a su cargo cuarenta alumnos de ambos sexos; aunque lo que más la apasiona es dar, por las noches, clases de hebreo en los cursillos intensivos para inmigrantes, cursillos llamados *Ulpanim,* que suelen durar unos seis meses. Entiende que la idea del Gobierno al crear los *Ulpanim* fue excelente. «Sin una base de hebreo, ¿cómo iban a entenderse los millares de personas procedentes de países tan dispares?»

—Además, ello me ha obligado a profundizar yo misma en nuestro idioma, lo que me ha descubierto la entraña de mi país. Sí, es algo apasionante. El hebreo es directo, es telegráfico, y de ahí que al principio me costase mucho entender los rodeos casi lujuriosos con que suele expresarse el adorable sudamericano que tengo ahí, sentado en el diván —Salvio Royo suelta otra carcajada—, si bien ahora me estoy temiendo que se me han pegado un poco. En hebreo, como sabes, no hay vocales, lo que dificulta su aprendizaje, y tampoco hay mayúsculas, lo que, al parecer, resulta un inconveniente para etiquetar los envases y, en general, para la publicidad. Pero es rico y su vocabulario, que en la Biblia no llegaba a las ocho mil palabras, actualmente se acerca a las treinta mil. A mí me gusta porque su pilar son los sustantivos y no la adjetivación superlativa. No decimos, como decís vosotros, «El Mejor de los Cantares» o «El Más Poderoso de los Reyes», sino, simplemente, «Cantar de los Cantares» o «Rey de Reyes». Además, en el corazón de nuestro idioma hay algo dulce, muy peculiar. Por ejemplo, el verbo «odiar» en hebreo tiene un sentido menos agresivo que en las lenguas latinas. Significa sentir desvío o algo así. Por eso cuando nos traducen literalmente nos toman por peores de lo que realmente somos... Lo mismo ocurre con el verbo «embriagarse». No significa caerse redondo al suelo, sino sentir una cierta euforia y nada más. Por eso, quizás, aun bebiendo la misma cantidad de whisky, resulta que Salvio se queda dormido como un tronco, mientras yo me siento tranquilamente a su lado, preparando las lecciones del día siguiente...

Y más cosas he aprendido todavía, en esas veladas bajo los hilillos que cuelgan del techo con antifaces y estrellas de David. Una de ellas, que el erotismo es capaz de vencer las más insólitas barreras. Porque, desde el día en que Salvio Royo me presentó a Alma y vi que se trataba de una mujer tan judía como pudieran serlo Dalila o Ester, no me cabía en la cabeza que hubiera podido caer en brazos de un ex jesuita... «Se lo he dicho todo ¿sabes? —me informó Salvio Royo—. Sabe perfectamente que fui discípulo de san Ignacio y que en Roma contribuí a la búsqueda del cadáver auténtico de san Pedro.» Pues bien, Alma no tuvo inconveniente en confesarme que, aparte de las calidades de la mente de Salvio, eso fue precisamente lo que la excitó. «En seguida me di cuenta de que era virgen, de que no había conocido mujer. Yo, en cambio, en el aspecto sexual había sido libre como solemos ser las mujeres ahora en Israel, y si no me casé fue por razones que ahora no hacen al caso. La tentación fue tan fuerte que puede decirse que un buen día metí materialmente al hombre célibe en la cama, pese a que el pobre acababa de llegar de no sé qué canteras y presentaba un aspecto bastante mermado. ¡Caray, el resultado no pudo ser más brillante! Se comportó, y sigue comportándose, como un crío al que ponen gafas nuevas. A veces suspira de forma conmovedora, otras veces pronuncia frases incoherentes, supongo que en latín. Aunque lo que más le encanta, lo he comprobado, es pensar que lo que está haciendo tiene un nombre terrible: fornicar. Sí, me atrevería a jurar que la sensación de pecado le añade al asunto un ingrediente que, por desgracia, yo desconozco. Total, que una gran amiga mía, también maestra, que al principio se subía por las paredes y me amenazaba con denunciarme al Gran Rabinato, ahora, al corriente de esos matices, se ha propuesto como meta superar mi récord y conseguir cuanto antes la virginidad de uno de los curas secretarios de la Delegación Apostólica, muchacho abierto, sano y de muy buen ver...»

Bien, al margen de tan aleccionadora confesión, y prescindiendo de la hilarante movilidad facial con que Salvio Royo ha ido salpicándola, Alma ha añadido que, en el fondo, su decisión —y la decisión de empezar a vivir juntos el primer día del *Pesaj*, es decir, de la Pascua Judía—, le ha ayudado a comprender algo para ella muy importante: que no sentía ninguna alergia, y mucho menos rencor, por el cristianismo, pese a que desde su infancia, debido a la invasión nazi de Holanda y a lo ocurrido con sus padres en Auschwitz, no había hecho más que oír en su entorno que los grandes perseguidores de los judíos habían sido desde siempre, y con tenacidad digna de mejor causa, los cristianos. «Sí, he logrado sobreponerme a todo. Desde las lejanas acciones del Santo Oficio, harto conocidas, hasta los famosos *progroms* que, mucho antes que los campos de Hitler —detalle del que apenas si nadie hace mención—, organizaron en la Rusia cristiano-ortodoxa los zares, y que por desgracia los soviets, más o menos disimuladamente, han prolongado hasta hoy.»

Alma ha tenido la finura de no atribuirse mérito alguno por esa carencia de rencor. «En realidad, mi reacción no ha hecho otra cosa que ser fiel al sentido demócrata de mi país, que decidió respetar todas las religiones, e incluso protegerlas. Por otra parte, según el profesor Edery, el cristianismo no es más que una continuación del judaísmo, con ligeras variantes, motivo por el cual en el Nuevo Testamento se repite constantemente que todo sucedía "para que se cumplieran las Sagradas Escrituras". En consecuencia, ¿por qué íbamos a continuar peleándonos si, como nos ocurre con los árabes, pertenecemos a la misma familia?»

¡Ah, llegados aquí Salvio Royo ha abandonado sus carcajadas y su mímica facial y ha tenido una intervención que, de entrada, nos ha causado, a Alma y a mí, el mayor asombro! A su juicio, el drama del pueblo judío radica en que, a través de la Historia, sin darse cuenta, y también con tenacidad digna de mejor causa, no ha hecho otra cosa que luchar contra sí mismo, que meterse al enemigo en casa. «Me gustaría explicarme con claridad, aunque me temo que no va a ser fácil. Mi impresión es que el Estado de Israel, con esa generosidad para con los cristianos de que Alma ha hablado, ha hecho algo más que protegerlos y que procurar que no haya alteraciones del orden público durante las ceremonias y las procesiones. Creo que la cosa va más allá. Sí, a mi entender lo grave es que toda la política del nuevo Estado tiende nada menos que a preparar al pueblo judío para que, en un futuro quizá no muy lejano, se convierta en masa al cristianismo... ¡Por favor, nada de desmayos, que llevo mucho tiempo sin ejercer la Medicina! No me refiero a una conversión, digamos, sacramental. Me refiero a que, al traer a este territorio la Biblia y al mismo tiempo las costumbres de la civilización occidental, Israel va preparando, repito que sin darse cuenta, lo que en el noviciado llamábamos los caminos del Señor... Estudiar la Biblia significa prepararse para tener una fe; y comprar una nevera y un coche, y ver películas americanas y la televisión, y no digamos ponerse unos pantalones tejanos..., significa adoptar, a ritmo acelerado, una mentalidad mucho más próxima a una iglesia protestante, e incluso a una iglesia católica, que a una sinagoga. ¡Me gustaría que alguien me demostrase que estoy soñando! A mí me parece que eso funciona así. La técnica es cristiana; hay hasta *kibutzims* cristianos, en los que se cultivan rosas; y la aviación trae más peregrinos cristianos que barbudos de Mea Shearim... ¡Ay, Alma de mi alma! Cuántas veces te habré dicho que por esas paradojas yo adoro a ese pueblo y que por ellas, y porque un día me pusiste gafas nuevas en vez de denunciarme al Gran Rabinato, te adoro a ti también.»

Alma ha logrado sorber lentamente su whisky con soda, sin pronunciar una sílaba. Yo he sentido como un mareo. Y de pronto, otra bomba: Alma, súbitamente espoleada, ha roto su silencio y después de admitir que la teoría tenía su intríngulis, aunque debía reflexionar sobre ella, ha añadido que tal vez ese proceso vaticinado por Salvio tropezase con un inconveniente: el de que el pueblo judío no tenía ya por qué convertirse a nada, puesto que el Mesías que esperaba desde hacía tantos siglos, y que lo colocaba en situación de inferioridad con respecto a quienes desde hacía tiempo creían poseer ya el suyo, por fin había llegado: era el propio y moderno Estado de Israel.

—¡Naturalmente, amigos! Somos muchos los que hemos empezado a compartir tan estimulante idea. Además, ¿por qué no? Que yo sepa, en ningún lugar está escrito que el Mesías había de ser forzosamente Alguien, es decir, persona. No creo que nada se opusiera a que fuese Algo, un descubrimiento, una doctrina, una institución... Lo fundamental era que fuese liberador, y que liberara precisamente al pueblo de Israel; pues bien, nuestro Estado lo ha liberado, ha liberado a mi pueblo, como cualquiera puede comprobar viendo ondear nuestra bandera por todo el país.

También hemos hablado, ¡no faltaría más!, del problema del Mal, del Maligno, que tanto nos preocupa a Salvio Royo y a mí. Alma en ese sentido es también militante: cree que el Maligno existe, que ha existido siempre, aunque tampoco estima necesario que sea Alguien, ente o persona; que puede ser un viento raro, o quizás una ley física indetectable hasta ahora. En la más remota antigüedad ya se admitía ese agente destructor. Y el hombre se defendía de él con amuletos y supersticiones.

—Y lo peor es que se ha avanzado muy poco, que continúa hablándose de esa Fuerza Repugnante al igual que en el medioevo, que en los tiempos del Gran Miedo...

Aprovecho la ocasión para preguntarle a Alma si cree en el más allá, en el premio o en el castigo eternos.

—En el premio, sí —me contesta—, y el nombre que yo le he dado es Salvio Royo; pero en el castigo... Bueno, hablando en serio, mi postura al respecto es la duda, pese que conozco lo que opina mi pueblo sobre el Valle de Josafat. Lo cierto es que vacilo tanto, que mi amiga, la que persigue a uno de los secretarios de la Delegación Apostólica, me dice que me parezco a Eskol, el que fue primer ministro de Israel, del que se contaba que era tan dubitativo que a un camarero que le preguntó si quería café o té acabó diciéndole: mitad y mitad...

Una cosa está clara, desde luego: Alma no admitiría jamás que el Maligno, o la encarnación del Infierno, pudiera ser yo. Me ha tomado afecto, sobre todo desde que se enteró de que planté un árbol en el Bosque de la Paz... ¡Se emocionó lo indecible! Tanto más cuanto que a Salvio Royo no se le ha ocurrido nunca hacer lo propio. Y se empeñó en visitar conmigo el lugar, en compañía del profesor Edery, de modo que los tres, allí, en el Monte del Mal Consejo, vimos mi retoño, mi embrión de ciprés, cerca de las alambradas y de las tumbas de los deportistas de Munich, y yo tuve ocasión de saludar de nuevo al bueno de Shalom, con su chaqueta azul marino, sus manos callosas y su bigote hitleriano...

Alma se hace querer. También quiso conocer el «President Hotel», donde no tuve más remedio que enseñarle mi habitación. El desorden de mi armario era tal —miel, galletas, chocolate, *souvenirs*, ropa sucia, etcétera—, que me dijo: «Me estás plagiando.» «De ningún modo —repliqué—. Aquí la ventana es visible y la cama no es poliédrica.»

¡En un rincón descubrió el pequeño envoltorio *made in Hong Kong*, el franciscano-muñeco que adquirí en un motel de la carretera! No lo conocía... Al saber de qué se trataba, le apretó lo cabeza, y al ver cómo asomaba entre el hábito, erecto, el falo, primero se acarició las caderas y luego rompió a aplaudir, desternillándose de risa; hasta que de repente enmudeció y dijo, haciendo un gracioso mohín: «¿Ves como es cierto que el Maligno existe?»

Luego se empeñó en leer, un poquitín por lo menos, los apuntes que estoy tomando a diario: me negué. «No quiero que te disgustes enterándote de lo que me dijo Salvio Royo: que la mezquita de Omar, la noche en que Mahoma parte en dos la luna, es más bella que tú.»

En verdad que Alma, rubia y vikinga, es muy bella. Su verde mirar y sus agresivos senos deben de complicarles la vida a sus alumnos de los *Ulpanim*, sea cual sea su edad. En lo que se refiere al «President Hotel», los dos recepcionistas, Lionel y Dan, al verla bajaron los párpados y murmuraron, ignoro en qué idioma: «Eso es otro terremoto.»

CAPÍTULO XVII

Me encuentro a gusto en Jerusalén. Claro que ya va siendo hora de tomar una determinación y viajar por el país. ¡Hay tanto que ver! Cada mañana, antes de bajar a desayunarme, me quedo un rato en la habitación contemplando como un pasmarote el mapa que clavé en la pared. No he pisado más que Tel Aviv —muy poco, por cierto—, y algo más esta Ciudad que sí tiene mayúscula y sobre la que la señorita Petrozzi, en *Casa Nova,* nos dijo que si una bomba atómica la destruyera resucitaría al tercer día, como si tal cosa. Pero hay otros muchos lugares en Israel, en Tierra Santa, cuyo sólo nombre es imántico. Ahí están, en el mapa, como tentaciones que no admiten espera. Desde San Juan de Acre, en el Norte, casi en la frontera libanesa, hasta el Sinaí, en el Sur, casi en la actual frontera con Egipto, apenas si existe un palmo de terreno «que mi espíritu no deseara visitar antes de saber cómo yo mismo me llamaba».

Sin embargo, me ocurre que no tengo prisa... Me he enamorado de Jerusalén, tal vez porque no exageran un ápice quienes pretenden que pasear por ella es viajar a través del tiempo, de la historia, de los dioses y los hombres. El viejo norteamericano que comparte conmigo la estancia fija en el hotel y que, por fin, anteayer se dignó dirigirme la palabra, está de acuerdo sobre el particular. «Mire usted —me dijo—. Yo, que tengo cierta experiencia, me encuentro aquí como el pez en el agua. El menú que nos sirven me hace retroceder cada tres a cuatro mil años; en cambio, el optimismo de la prensa y de la televisión me hace el efecto de que viajo en un ovni.» El vejete debió de ser un socarrón de marca, pero ahora está esclerótico y se le va el santo al cielo. Se llama David Thompson y es de Chicago. «¿Sabe lo que le digo? Muérase antes de llegar a mi edad. Ser viejo es una lata.»

Proyectos de viajes

Bien, he aquí que los acontecimientos me ahorran el decidir por mi cuenta. Acaba de llamarme por teléfono el padre Emilio y me dice que la semana próxima, exactamente el día diecisiete, estoy invitado a ir al Golán. «Sí, sí, lo que oyes. A los Altos del Golán.» Ha sido una feliz casualidad. Resulta que el batallón peruano de las Naciones Unidas que hay allí —*Batallón Bolívar*— va a ser protagonista de una gran fiesta: el cura castrense ha conseguido que los soldados quechuas que hay en él, y de los que me habló el capitán Bustamante en el restaurante mexicano de Raúl, pidieran ser bautizados. «Te acordarás, supongo. Reclutaron a esos chicos en la selva. Son, exactamente, siete... Pues bien, vamos a bautizarlos en un lugar llamado Banias, que es uno de los tres arroyuelos con que más tarde se forma el Jordán. El cura nos ha pedido que vayamos tres o cuatro franciscanos a ayudarlo en la ceremonia. Total, que trasladaremos allí, casi en pleno, el "Bar Ovidio". Le hablé de ti al capellán militar y ha dicho que de mil amores, y que si quieres apadrinar a alguno de los muchachos, tanto mejor. Chico, me parece que la ocasión es única y que no te quejarás. ¡Si tienes más suerte que un camello! Así cualquiera escribe novelas...»

El plan es perfecto. Después del Golán y del bautizo, puedo quedarme en Galilea. «Te instalas en la *Casa Nova* que tenemos en Nazaret, y allí te las compones con el padre Uriarte, con el que seguro que te llevarás de maravilla, ya que es tan antifranquista como tú.» El padre Uriarte, del que me han hablado muchas veces, es vasco y el mejor amigo del melómano padre Ángel. Algo tendrá, pues con sólo pronunciar su nombre todos se ríen. Por lo visto no se quita nunca la boina y se parece mucho a Unamuno. Lleva una mano metálica, artificial. La suya la perdió no se sabe cómo, probablemente, durante la guerra civil española. Es otro de los grandes guías con que cuenta la *Custodia*. «Se conoce todo aquello al dedillo. A lo mejor te gasta una broma y te lleva a un monte desértico y te dice que es el Tabor; pero, tú aguanta y aprenderás algo, que buena falta te hace...»

En resumen, libre en Jerusalén hasta el día diecisiete. Procuro cumplir con todo el mundo y ordenar mis pensamientos y las notas que tomo a diario, mitad sacadas de lo que me acontece, mitad de los libros. Éstos van invadiendo poco a poco mi habitación, de suerte que Aicha, la camarera de Betania, está convencida de que soy profesor de algo, o tal vez médico. Para ella la gente más sabia son los médicos. Me ha enseñado las varices que tiene en las piernas, convencida de que podría curárselas. Al decirle que yo no entiendo nada de varices ha hecho una mueca de desagrado, y a la vez de desconfianza. «Ande, fíjese cómo estoy...» No he tenido más remedio que prometerle que le traería un amigo —he pensado en Salvio Royo—, que a lo mejor podría ayudarla.

He llamado a Zaid —la verdad es que echo de menos al taxista—, y nos hemos puesto de acuerdo para ir con su mujer, Faisa y sus hijos —siete hijos— a la *Gruta de la Leche,* de Belén, a ofrecer a la Virgen el vástago que están esperando. «¿Le parece bien, Zaid, el día quince por la mañana?» «Sí, sí, muy bien. Y luego el señor comerá en casa, con nosotros...» «¡Por favor Zaid!» «No me hagas un desprecio, señor. Todos en casa quieren conocerte... Naila no hace más que preguntar.» «Conforme, conforme...» «¿Sabes una cosa, señor? Es la primera vez que Faisa no vomita. No ha vomitado ni una sola vez.» «¡Vaya! Eso es buena señal...» «Un anticipo de la Virgen, señor.»

A Tantur sólo he ido en una ocasión, ya que me di cuenta de que «el padre Franquesa y sus muchachos» están ocupadísimos en el Instituto y que las atenciones que tuvieron para con nosotros a raíz de nuestra llegada les obligó a un esfuerzo poco común, que trastocó por completo el programa de la comunidad.

Esta vez he almorzado con ellos, en el luminoso y sobrio refectorio. Puedo decir que en Tantur reina la alegría y que los monjes montserratinos están satisfechos de la labor que llevan a cabo, labor ecuménica, sin la menor discriminación. El Instituto está actualmente a tope, ya que a los huéspedes normales que se alojan en él, dedicados a llevar a buen término las tesis más dispares, hay que añadir la celebración de un Seminario, con conferenciantes de primer orden, centrado precisamente sobre el tema de las religiones cristianas orientales.

Por si fuera poco, tres de los monjes estudian denodadamente el hebreo, con una profesora muy competente, hija de Ben Yehudá, judío de origen ruso que puede considerarse el fundador y artífice del hebreo moderno —Alma siente por Ben Yehudá auténtica veneración—, ya que tardó cuarenta años en realizar la correspondiente adaptación de los vocablos muertos y en compilar y enriquecer el nuevo diccionario. Dichos tres monjes admiten que, en efecto, una de las grandes dificultades del idioma es la falta de vocales. «De vez en cuando hace falta respirar ¿verdad?»

Los padres Franquesa y Romualdo me preguntan, ¡cómo no!, por mi mujer y por mis amigos Fusté.

—Están muy bien —les digo—. Mi mujer me escribe cada dos días, y me tiene al corriente de lo que ocurre en nuestro país.

—¿Cuánto te tardan las cartas?

—Depende. Por regla general, menos de una semana. Tuve la suerte de que los franciscanos me ofrecieran su Apartado de Correos y eso facilita las cosas.

—Te llevas bien con la *Custodia,* ¿eh?

—Pues, sí, la verdad... Tienen conmigo muchas atenciones.

En el proceso «Capucci»

También las tienen los de Tantur. Y gracias a ello he podido vivir una insólita experiencia: asistir, tal como me había prometido reiteradamente el padre Franquesa, a una sesión del proceso que las autoridades judías siguen contra monseñor Capucci, el arzobispo sirio, por supuesto tráfico de armas.

Mi acompañante a dicha sesión —el juicio se celebra en el Palacio de Justicia—, ha sido el hermano Perxachs. En el camino, el hermano Perxachs, que apenas si se ha perdido una sesión —con frecuencia, asiste también el padre Emilio—, me ha informado de que la acusación concreta que pesa sobre el arzobispo es que intentaba pasar con su coche, a través de la frontera libanesa, y con destino a los guerrilleros palestinos, un pequeño arsenal de fusiles y municiones. Fue detenido en el acto y desde entonces está en la cárcel. «Como es natural, en los países árabes se ha convertido en un héroe.»

Los alrededores del Palacio de Justicia están vigilados por un buen número de centinelas, estratégicamente situados en los tejados. Entramos en el Palacio sin la menor dificultad, gracias a que el hermano Perxachs se conoce de memoria los trámites. Ya en el interior, y en la misma puerta de acceso a la Sala, varias chicas, sorprendentemente jóvenes, uniformadas y con pistola nos piden la documentación y me obligan a dejar mi máquina fotográfica.

La Sala, muy pequeña, está abarrotada: periodistas, agentes de la Seguridad

Judía, varias monjas... El Tribunal está compuesto por tres miembros, presididos por una mujer, sin duda «askenazi». En la pared, un candelabro de siete brazos, réplica exacta, al parecer, del que hay en el Arco de Tito, en Roma.

La sesión ha empezado hace ya una hora lo menos. Mis ojos se dirigen inmediatamente hacia el acusado, que está sentado a la izquierda del Tribunal y cuyo porte es impresionante. Gran cabeza, barba negrísima, larga y espesa, ojos penetrantes. Aunque se le ve muy sereno y dueño de sí, su aspecto es el de un hombre agotado. A su lado, un guardaespaldas atlético, de bigotes caídos, que lleva un jersey azul. El fiscal, de pie, sostiene con ambas manos un montón de folios y va leyendo sin prisa. Lee en hebreo y un hombre bajito, cerca de él, va traduciendo al árabe. Monseñor Capucci, de vez en cuando niega con la cabeza y sonríe con ironía amarga.

El ambiente en la sala, pese a la monotonía del fiscal, es eléctrico. Nadie fuma; sin embargo, los bolígrafos que cuelgan de los labios parecen cigarrillos. El hermano Perxachs, en voz muy baja, intermitentemente va ilustrándome sobre la situación. «Monseñor Capucci ha negado desde el primer momento que llevara armas. Desde luego, es raro que no detuvieran también a su secretario, que iba con él en el coche.» «Todos los días, al comienzo de la sesión, protesta de que lo hayan destinado a una cárcel donde hay criminales y locos.» «Por lo visto uno de esos locos ocupa una celda contigua a la suya y se pasa las noches gritando, impidiéndole dormir. Por ello monseñor Capucci se siente enfermo y solicita que se aplace el juicio y que le trasladen a otra cárcel.»

La sesión se prolonga. El aire desganado del traductor contrasta con la atención obsesiva de los tres miembros del tribunal. Poco a poco se apodera de mí una tristeza enorme. ¿Por qué en el mundo nos dedicamos a juzgarnos unos a otros? ¿Por qué hay fiscales y acusados, por qué hay criminales, por qué hay locos que se pasan la noche gritando? ¿Y si fuese verdad que monseñor Capucci intentó pasar armas? ¿Qué se esconde tras su gran cabeza, su espesa barba, su apariencia de voluntad indomable?

Inesperadamente, el tribunal concede una tregua de veinte minutos y se retira. La mitad de los asistentes desalojan la sala, mientras la otra mitad se acerca a monseñor Capucci. Abundan los periodistas, dispuestos sin duda a arrancarle al arzobispo alguna información. Éste se ha levantado y diríase que ha recobrado las fuerzas. El hermano Perxachs y yo conseguimos abrirnos paso hasta colocarnos casi a su lado.

Los periodistas se le dirigen en francés, y él contesta en este idioma, que domina a la perfección. Su voz es rotunda, de pope ruso. Por desgracia, nadie impone el orden deseable y se arma tal barullo que monseñor Capucci no puede hacer otra cosa que contestar con frases sueltas, deshilvanadas. Pese a ello, me entero de que en la cárcel ocupa el tiempo leyendo y, sobre todo, rezando. «La cárcel es un gran dolor, desde luego, porque significa la pérdida de la libertad; pero es precisamente a través del dolor como puede encontrarse la paz.» «No me gusta que mi nombre sirva de propaganda, ya que soy, delante de Dios, el más pequeño de los pequeños.» «Sólo deseo la reconciliación de las dos partes beligerantes.» «Sea cual sea el resultado del proceso, será un beneficio para mi objetivo: la paz.» «¿Palestina? Todos los pueblos merecen mi respeto.» «También merecen mi respeto todas las religiones, y ése es el motivo por el cual no pretendo convertir a nadie.»

Observándole, cambio de opinión sin cesar. Tan pronto me parece una víctima inocente y un místico, como un actor enfático e incluso un farsante. En sus orejas, enrojecidas y en sus labios pulposos, hay una mezcla de energía y sensualidad. Su guardaespaldas ha encendido un pitillo y se dedica a echar bocanadas de humo al techo.

En un momento determinado, consigo colocarme delante del monseñor y formularle a bocajarro la pregunta que todo el rato ha estado hurgándome como un gusanillo.

—Monseñor, soy español y debo decirle que las versiones que llegan a mi país más bien dan a entender que realmente usted intentaba pasar armas... ¿Puede usted contestarme algo concreto, que yo pueda transmitir?

La cabeza del arzobispo retrocede. El hombre me mira con fijeza, con una fijeza melancólica y extraña. Su guardaespaldas ha dejado de fumar y todos los bolígrafos se aprestan a escribir en los correspondientes blocs.

Por fin, monseñor Capucci abre los brazos.

—¡*Monsieur,* a su pregunta no puedo contestar más que esto!: siempre y en todo momento he hecho lo que el Señor le ha dictado a mi conciencia...

El murmullo es general. Pero en ese instante suena un timbre, se oye una campanilla y los miembros del tribunal aparecen y se dirigen a ocupar de nuevo el estrado.

Poco después, el hermano Perxachs y yo abandonamos la sala. Mi acompañante ha de regresar a Tantur. Ya en la calle echamos a andar hacia la parada de autobús. Y he aquí que antes de llegar a la esquina un periodista que salió junto con nosotros, con evidente intención de que le oigamos murmura en voz alta: «La cosa está clara. Ha hecho lo mismo que los curas españoles durante la guerra civil...» Dicho esto el hombre se detiene un momento, se agacha, nos saca una fotografía y se va.

Algo desconcertados —el hermano Perxachs viste hábito religioso— seguimos andando. Hasta que, segundos después, nuestro desconcierto se acrecienta aún, por causa de un mozalbete árabe que pasa en bicicleta y que luego de sortearnos con habilidad hace con la mano la V de la victoria y grita repetidamente: «¡Capucci, Capucci...!»

Sí, grita y acto seguido se cae. Se cae de la bicicleta, brusca y estrepitosamente. Se ha oído un disparo seco, luego otros dos y el muchacho se ha caído. El hermano Perxachs y yo nos tememos lo peor, ya que varios soldados se dirigen allí corriendo.

Poco después nos enteramos de que los disparos lo han sido de intimidación, sin pretender herirle. Pero han logrado su objetivo, puesto que vemos cómo una pareja de policías se lleva esposado al mozalbete, que camina gimoteando, hasta que, dándose cuenta de que un tercer agente se ha hecho cargo de la bicicleta y les sigue, se tranquiliza de golpe, sin más y adopta incluso un aire jactancioso y chulesco.

Invitación para Sodoma y el Neguev

Ni que decir tiene que he cumplido también con el inefable Jacob, el hombre que hubiera querido invitar a Unamuno a visitar el desierto del Neguev. Gracias a haber guardado en la cartera la tarjeta que nos dio he podido llamarle por teléfono al «Hotel Galei-Zohar», a orillas del Mar Muerto, en el que trabaja.

Jacob se puso contentísimo al reconocer mi voz; sin embargo, al saber que era yo el único superviviente de los cuatro españoles «con los que tuvo el placer de pasar una tarde entera, inolvidable, en Jerusalén», ha mostrado una desolación extrema. «Pero ¿no les gustaba Israel? Su esposa, sus amigos... ¿se fueron porque no les gustaba Israel?» He logrado convencerle de que la causa era más simple: obligaciones familiares, y entonces se ha tranquilizado como el mozalbete árabe al comprobar que no había perdido su bicicleta.

¡Magnífico tipo Jacob! Apenas se separó de nosotros y regresó al hotel y a su piso de Arad, puso manos a la obra, preparando el viaje que le prometimos. El teléfono se ha convertido en una catarata eficaz. «Todo arreglado, todo correcto... Ahora, usted solo, todavía más fácil. Podrá visitar "Hotel Galei-Zohar" y sus instalaciones para enfermedades de la piel. Y nos esperan, en Sodoma, un ingeniero argentino y varios técnicos para visitar complejo industrial y salas investigación que Israel ha montado allí. Luego, en Arad, jefe Policía, gran amigo, que vino de Yemen, es quién más sabe de beduinos. También espera y está dispuesto a contar cosas muy interesantes. Nos acompañará al desierto, a tienda de campaña de un *sheik*, que es diputado Parlamento israelí. Y le regalará a usted un puñal con que joven beduino mató a su novia porque sospechó que él no era primer hombre que la muchacha había conocido...»

Resulta curioso que, por teléfono, el castellano utilizado por Jacob sea mucho menos fluido. Se come casi todos los artículos y las preposiciones. Pero no importa. El programa es apasionante.

—¿Cuándo vendrá, señor Gironella? He vuelto a leer obra suya antinazi, *La marea*... Es usted gran conocedor de Alemania. ¿Cuándo vendrá?

Le prometo que a mi regreso de los Altos del Golán y de Galilea le llamaré otra vez para concretar.

—Dentro de poco me tendrá usted ahí... ¡Prepare la visita a Sodoma!

—Preparada, preparada... Y jefe Policía Arad tendrá preparado puñal...

—¡Shalom, Jacob!

—Shalom, amigo...

Y ya por último voy visitando con calma, uno a uno, los Santos Lugares, lo mismo los que ya conocía que los que quedaron inéditos en nuestra jira inicial.

Desde luego, Getsemaní y el Santo Sepulcro, bien que por razones dispares, se llevan la palma, me atraen más que los otros. Aunque resultaría arriesgado aceptar al pie de la letra tal clasificación. La experiencia viene demostrándome una vez más que el estado de ánimo es decisivo. A veces he ido a Getsemaní y no he sentido nada, y lo mismo me ocurrió una tarde en que tomé un autocar en la Puerta de Jafa y fui hasta Belén; en cambio, una mañana me dirigí, solo, por mi cuenta, a la piscina de Siloé y al leer, desde lo alto, desde la barandilla, el correspondiente Evangelio de la curación del ciego —la ceguera, ya lo dije, es uno de mis papinianos temores—, me invadió una emoción intensísima, hasta el extremo de que por fin bajé los peldaños, empapé mi pañuelo en el agua y me froté con él repetidamente los ojos, y terminé llorando como un chiquillo. Recé con tal fuerza —y recé a Dios, no a la *idea* que yo pueda tener de Él—, que volví a subir como purificado, amando a todo el mundo, sobre todo a unas mujeres árabes que me contemplaban sonriendo y a dos mozos que transportaban a hombros un armario ropero y que en aquel momento se detuvieron allí mismo para tomarse un respiro.

Asimismo debo añadir que al hablar de Santos Lugares, a menudo no establezco ya en mi interior ninguna distinción entre los cristianos, los judíos y los musulmanes. Diríase que me hecho mía la frase de monseñor Capucci: «Todos los pueblos merecen mi respeto. También merecen mi respeto todas las religiones.» En efecto, es frecuente que, sin darme cuenta, mis pies se vayan por sí solos hacia el Muro de las Lamentaciones o hacia la sinagoga italiana de la calle Hillel, que me gusta mucho, y, por supuesto, hacia el monte Moria, donde se yerguen a perpetuidad, sin cansarse nunca, como ocurre con nuestras catedrales, las mezquitas de Omar y El Acsa. Los viernes, día festivo para los musulmanes, por la mañana la explanada de las mezquitas se llena de muftís y de fieles y yo recuerdo aquel prodigioso verso de Mahoma que Alma gusta de repetir: «Se me acercaron dos hombres vestidos de blanco y abrieron mi pecho buscando en él no se sabe qué»; y más tarde, cuando suena el *shofar,* señal de que empieza el *shabat,* no es raro que me acerque al Muro de las Lamentaciones, en cuyo caso inevitablemente veo ante él, en medio de la multitud de orantes, soldados que se abrazan, y compruebo que allá en lo alto varias palomas se posan siempre en el mismo hueco entre las piedras, y me acuerdo de la respuesta de Samuel, aquel guía nervioso, mimo nato, que nos acompañó: «¿Jesús? Nunca oí ese nombre. No sé de quién me está usted hablando.»

Almuerzos en Casa Nova

Naturalmente, ocurre que a menudo el mediodía me sorprende por la vieja Jerusalén, cerca de *Casa Nova.* Entonces voy allí a almorzar. No sólo para evitarme el menú del «President Hotel», cada día más deleznable, sino porque me complace el ambiente de la residencia, con grupos de peregrinos que nunca se sabe si vienen o se van, que siempre parecen los mismos y que sin embargo hablan todos los idiomas del universo, excepto, quizás, el hebreo y el sirio-arameo, que son precisamente los idiomas que Jesús habló.

Por otra parte, almorzar en *Casa Nova* me garantiza el privilegio de compartir la mesa con la señorita Petrozzi, que siempre está igual, con sus discretos jerseys, con sus afirmaciones rotundas, con su bolsa de plástico que utiliza para llevarle comida a su gatito, «mi mejor y más fiel compañero», y que «sigue trabajando en su monografía sobre el monte Tabor». Giacomo, el gigantón milanés que fue legionario en la guerra de España, ya se marchó; en cambio, ahí está, corpulento y omnipresente, bajando con solemnidad la escalera o paseándose por el comedor y dedicando a unos y a otros frases irónicas amables, el padre

Mancini, el director de la residencia. Por cierto, que me llevo muy bien con él. Su fama de esquivar las cuestiones delicadas no reza para mí. Si le pregunto por qué la señorita Petrozzi no se ha casado me contesta: «porque Mussolini ya murió y porque el monte Tabor es un monte y no un varón». Si le pregunto cuál de las tres *Casa Nova* es la mejor: ésta, que él dirige, la de Nazaret, que pronto conoceré, o la de Belén, responde: «Eso habría que preguntárselo a san Pablo, que era bastante inteligente y viajó lo suyo...» Me atreví incluso a pedirle su opinión sobre el *affaire* Capucci y chascando la lengua comentó: *Non e una cosa molto bella...*

Además, he de agradecerle algo muy importante: en vísperas de Semana Santa, y pese al alud que para esas fechas invade *Casa Nova,* podré disponer de la mejor habitación de la residencia: la 207, espaciosa, situada en la misma planta baja, tan cerca de la capilla como del bar. «El padre Emilio me pidió que se la reservara, y será para usted. Y como no soy napolitano, no le cobraré ni una lira por el servicio...»

Bueno, esas escapadas a *Casa Nova* me han aportado, como suplemento, varias sorpresas. En uno de los almuerzos coincidí con un joven jesuita de Taipei, que me reconoció nada más verme entrar: recordó mi visita a su país, Formosa, donde nos presentó un misionero español, el padre Marcelino Andreu, que fue profesor suyo. «Yo entonces era novicio y usted nos dio una charla en *Tien International Center.*»

¡El padre Marcelino Andreu! Todavía mantengo correspondencia con él. Por entonces tenía, y continúa teniendo, fe ciega en la veracidad de las apariciones de Garabandal. Por supuesto, no menciono ese detalle al joven jesuita, de edad imprecisable —para nuestros ojos occidentales, claro—, y de aspecto místico. En cambio, le pregunto cómo andan las cosas en la China de Mao y me contesta que muy mal. «Sin embargo —añade—, me doy cuenta de que en Occidente lo consideran una especie de Mesías.» La señorita Petrozzi, al oír esto lanza una exclamación: «¡Claro, dictador comunista! A lo mejor el Domingo de Ramos se presenta en Jerusalén montado en un asno y las autoridades israelíes salen a recibirlo con palmas.»

Otro día coincidí con una monja de Nueva Zelanda, la cual, al saber que soy español y concretamente de Gerona, soltó una carcajada y me dijo que una hermana suya, también monja, estuvo quince días en Gerona, en las Hermanitas de los Pobres y luego le escribió diciéndole que la ciudad es cuatro veces inmortal: la cuarta, por haber sobrevivido a la suciedad del río... «Por cierto ¿cómo se llama ese río?» «Se llama Oñar, madre... El río Oñar.» «¡Oh, sí, eso es!»

Ventajas de *Casa Nova.* Ir y venir, montones de maletas, increíbles coincidencias. Los mapas de Palestina en relieve, de cerámica, continúan en las paredes del vestíbulo. Y los diplomas y las medallas para los peregrinos, cuyos precios varían según el metal o la cantidad de sellos lacrados: comercio desagradable, a mi ver, sobre el que le hablaré al padre Mancini, pese a que, a raíz de nuestra primera visita el padre Emilio procuró quitarle importancia: «¿Qué? —nos dijo—. ¿Por eso vamos a mandar al cuerno la fe y todo lo demás?»

Los porteros ya me conocen y cada vez me preguntan: «¿Cuándo viene usted aquí para quedarse?»

El Vía Crucis franciscano

Al finalizar uno de dichos almuerzos en *Casa Nova,* la señorita Petrozzi me dice: «Hoy es viernes... Y nunca le he visto a usted en el Vía Crucis que cada semana, en tal día, sale de San Salvador, a las tres en punto. ¿Es que no le interesa a usted? Los franciscanos empezaron con él hace unos trescientos años...»

Me parecen muchos años, de modo que sigo su consejo y me quedo para el Vía Crucis. Efectivamente, éste comienza exactamente a las tres. La comitiva, que aguardaba en el vestíbulo, apenas oye las campanadas en el reloj se pone en marcha, bajando por la calle San Francisco en dirección al colegio El-Omaríeh.

Me llama la atención que no asista, ni mucho menos, la comunidad en pleno. A lo más, un par de docenas de frailes; con el padre Custodio, eso sí. De los componentes del «Bar Ovidio» no veo sino al padre Víctor Peña, el de las dos mil diapositivas sobre la flora de Tierra Santa, y a Ginesillo; en cambio, los croatas están todos, y destacan por su elevada estatura. También me sorprende que delante de la comitiva, en ruta hacia la *I Estación,* vayan tres maceros vestidos de turco, además de uno de los porteros del convento, el más bajito, el cual, blandiendo un látigo, va abriéndose paso entre los transeúntes. Si se interponen algún borriquillo o algunos chavales árabes no tiene el menor inconveniente en propinarles un latigazo. La escena me desconcierta hasta tal punto que antes de llegar al colegio El-Omaríeh, Ginesillo, que se da cuenta, se me acerca sonriendo y acariciándose la negra barba, y en voz baja me explica: «No te escandalices... Para esos árabes orientales, los maceros y el látigo representan a la autoridad y la aceptan. —Sigue avanzando y añade—: Es más. Si no vieran a los maceros y al látigo, se tomarían el Vía Crucis a chacota.»

Y bien, pese a esas explicaciones, no puedo decir que ese Vía Crucis haya sido un éxito o una lección edificante para mí. En cada *Estación,* un fraile joven, micrófono en mano, ha ido leyendo el correspondiente texto —en italiano, por supuesto—, con una voz enfática, solemnial, y los demás han ido contestando a coro, como auténticos burócratas de una piedad organizada a hora fija. ¡Y qué textos, Señor! Idénticos a los que yo oía de niño en mi ciudad cuatro veces inmortal. Grandilocuentes, redactados sin duda en alguna pomposa sala de esa Curia Romana que Salvio Royo se conoce al dedillo.

Al término de cada *Estación,* genuflexión y el Padrenuestro recitado en latín. Y como no podía menos que ser, pese a tener sobrado conocimiento de que cuatro de las *Estaciones* han sido inventadas, que no figuran en los Evangelios —las tres *caídas* y la intervención de la Verónica—, continúan incorporadas a la nómina, lo que presupone un tipo de rutina digna de mejor causa.

El recorrido iba pareciéndome pagado a destajo. Ginesillo, consciente de mi malestar, procura no apartarse de mi lado, lo que en un determinado momento se revela eficaz. En efecto, al llegar a la *IX Estación,* situada ante el Patriarcado Copto, ocurre algo totalmente insólito: el sacristán, que estaba ya a la espera, coloca una silla con las dos patas delanteras fuera del templo y las dos patas traseras en el interior. Mi asombro es absoluto y Ginesillo se apresura a explicarme que se trata de una costumbre antiquísima, que tiene su origen en los tiempos del mandato otomano, cuando *el uso hacía ley.* «Compréndelo... Si la silla entera estuviera dentro, nadie ajeno a la comunidad copta podría entrar en el templo; si la silla estuviera fuera, podría entrar todo el mundo y en ese caso el Patriarcado perdería sus derechos, sus prerrogativas.»

¡Por los clavos de Cristo! ¿Qué tiene eso que ver con el Vía Crucis, con la Pasión del Señor? Y el caso es que, entretanto, muchos peregrinos recién llegados —he reconocido a varios de *Casa Nova*—, han ido agregándose a la comitiva, y ésos sí lo han hecho con auténtico fervor, al igual que la señorita Petrozzi, elegante y menuda, cabizbaja y humilde como una monografía penitencial. Varios de esos peregrinos cargan con pequeñas cruces sobre los hombros y una mujer arrastra una cadena atada a los tobillos, que rechina en el empedrado. Por otra parte, el ambiente en torno es normal, tal y como debe ser: árabes mirones, con sus establecimientos abiertos, pese a ser hoy su día festivo; chiquillos jugando a cierta distancia del látigo, siempre alerta, del portero de San Salvador; cafés abarrotados y, ¡desde luego!, una carnicería en la que se exhiben grasientos una serie de corderitos colgando, todos iguales, bajo una ristra de salchichas que penden de un hierro transversal.

Las cinco últimas *Estaciones,* que van desde el reparto de la túnica hasta el *reposo* de Cristo en la cámara mortuoria, se rezan ya en el interior de la basílica del Santo Sepulcro, donde, como es lógico, la aglomeración es mucho mayor. Los sacristanes no católicos se retiran para dejar paso a la comitiva, en la que continúan sobresaliendo, erguidos, los frailes croatas. Al término de la decimocuarta y última *Estación,* rezada ante el famoso catafalco, el fraile oficiante entona un Padrenuestro especial «por los bienhechores de Tierra Santa», y la ceremonia se da por terminada.

Diálogo con Isidro Laguna

El fervor de los muchos espontáneos seguidores del Vía Crucis contrasta con las tertulias que acto seguido se forman en la plazoleta frente a la basílica, donde los franciscanos y otros religiosos intercambian impresiones personales y hablan de sus cosas, entre ellas, la devaluación que por fin acaba de anunciarse de la lira israelí, nada menos que en un 43 por ciento.

Una de estas tertulias la formamos Víctor Peña, Ginesillo y yo. Pero apenas transcurridos unos minutos, que en mi honor hemos empleado en hablar de la silla copta —dos patas fuera, dos patas dentro—, Ginesillo ve pasar a un sacerdote de unos treinta y cinco años, vestido de *clergyman,* con cierto desaliño, solitario y andando a paso lento, como si no tuviera la menor prisa.

—¡Vaya! —exclama Ginesillo—. Eso es una suerte... Vas a tener ocasión de conocer a un compatriota mañico, el famoso Isidro, que con su aire de llegar del Limbo sabe más que el padre Arce. ¿Te importa que le llame? Varias veces le he hablado de ti y me ha dicho que le gustaría saludarte. Estoy seguro de que haréis buenas migas. Además, tengo la impresión de que esta tarde va a venirte como anillo al dedo, ya que nosotros —obediencia *habemus*— hemos de regresar a San Salvador...

La propuesta me parece de perlas y a poco nos hemos reunido con él. Apenas si ha sido necesaria la presentación. Él estaba ya enterado de que yo ando por aquí buscando lo Esencial —sin demasiado éxito, de momento—, y yo me entero de que, por su parte, lleva dieciocho meses en Jerusalén con el propósito de hacer una tesis doctoral precisamente sobre la historia y los avatares de ese Santo Sepulcro de nuestros amores, Vía Crucis incluido. Trabaja —y reside— en la Escuela Bíblica, bajo la dirección del conocido erudito padre Benoit. Su voz un tanto aflautada contrasta con el marcadísimo acento maño que ni siquiera su prolongada estancia en la Escuela, donde el idioma común es el francés, ha conseguido atenuar.

—¿Permites que te diga una cosa, Isidro? A no ser por el alzacuellos, nunca hubiera dicho que eres sacerdote... Pareces un *hippie* o algo así.

—Tampoco yo hubiera imaginado nunca que tú eres Gironella... Porque, en tu juventud fuiste un atleta, ¿verdad?

—¡Así es! Me pasé la guerra en los Pirineos de tu tierra, con un par de esquíes en los pies.

—Lo sé, lo sé... En Zaragoza conozco a varios muchachos que combatieron contigo. Y todos afirman que eras el peor esquiador de la compañía...

—¡Oh, desde luego! No exageran ni tanto así.

Minutos después, nos quedamos solos. Víctor Peña y Ginesillo se van y nosotros, completamente de acuerdo en que el protocolo es una lata, decidimos tomar asiento en los peldaños de piedra donde estuvimos con el padre Franquesa, el mejor palco de observación para ver las entradas y salidas de la Basílica. «¿Quieres un poco de café?» Acepta un trago de mi termo y ello no hace más que reafirmar el buen comienzo de ese encuentro que a lo mejor, más adelante, habré de admitir como providencial.

Isidro —Isidro Laguna— es paradójico. Lleva lentes de montura de plata. El mentón le retrocede, lo que podría indicar debilidad; en cambio, su frente es poderosa. Muy miope, como corresponde a quien apenas si ha tenido otro horizonte que los libros. Sonrisa sin edad. Manos blandas; sin embargo, se expresa con terrible precisión, aunque intercala entre las frases frecuentes interrogantes. Muy sistemático, como buen ratón de biblioteca, afirma saber de mí lo suficiente como para no estimar necesario formularme ninguna pregunta personal. En cambio, considera indispensable informarme de que lo que él está viviendo es una auténtica aventura. Cierto, en España le pusieron muchas trabas antes de concederle esas «vacaciones», como sus superiores denominaron su proyecto de llevar a cabo esa tesis, pero porfió y se salió con la suya. El problema era la falta de medios, que resolvió mitad gracias al padre Benoit, mitad gracias a una agencia de viajes que lo contrató como guía.

—Llegado de Zaragoza y metido a guía, ¿te das cuenta? Al principio las pasé moradas, porque confundía la Gehenna con el Cedrón; pero ahora me defiendo. Por lo demás, ¿no crees que conviene crearse dificultades? ¡Y te advierto que el oficio de guía, que tiene fama de aburrido, depara también sorpresas agradables! Figúrate que para la próxima Semana Santa me ha tocado acompañar a un grupo compuesto por veintidós chachas, o sirvientas, o como quieras llamarlas, españolas, de ésas que trabajan en París! Sí, chico, sí. ¿Qué te parece? Han ahorrado sus monedicas, y a Tierra Santa se ha dicho. ¿No es bonito eso? ¿Y no demuestra que a Cristo no hay quien le gane en imaginación?

Ni que decir tiene que le he arrancado a Isidro la promesa de que cuando lleguen las chachas me permitirá acompañarlo, ir con él.

—¡Claro! ¿Por qué no? Les diré que eres policía y ya está.

En torno a los peregrinos

Pese a que a mí me gustaría que me hablase del tema que eligió para su tesis doctoral —exactamente, «La Basílica del Santo Sepulcro»—, el diálogo deriva hacia los peregrinos, por causa de los muchos que no cesan de entrar y salir del templo. Y lo cierto es que los datos que me facilita me interesan sobremanera, aparte de que, de uno u otro modo, siempre acaban relacionándose con dicho tema. Huelga decir que mi interlocutor se mueve a sus anchas al respecto y que da muestras de pisar terreno firme.

Lo primero que me dice es que, a su juicio —y confía en que los padres Ángel y Uriarte, los dos grandes guías de la *Custodia,* no le dejarán mentir—, los peregrinos mejor organizados, los que llegan con una mayor preparación, a menudo habiendo incluso ensayado los cantos y las lecturas, son los franceses. «Son los únicos que saben que en el Santo Sepulcro originariamente había trescientas cincuenta y cinco lámparas y que las llaves de la puerta principal pertenecen a dos familias musulmanas.» Los más quisquillosos, que querrían ver por todas partes la firma y la rúbrica del propio Jesús, son los alemanes. «Ahí dentro, cuando se arrodillan para besar la piedra de la *Unción,* yo juraría que la huelen y que en el fondo les decepciona que el aroma primitivo, el auténtico, se haya evaporado.» Los más disciplinados son los ingleses, católicos o protestantes, lo mismo da, con la nota curiosa de que son los únicos que suelen interesarse por la figura de Dimas, el buen ladrón. Los más chillones, por supuesto, son los sudamericanos, especialmente las mujeres, y no precisamente por el tintineo de sus brazaletes; aunque a veces tienen hermosos detalles, como, por ejemplo, un grupo folklórico de no recuerda qué país, Chile tal vez, que partiendo del hecho de que la muerte de Jesús supuso nuestra redención se puso a bailar aquí mismo, en esta plaza, un alegre carnavalito; etcétera. En cuanto a los españoles, realmente no sabría a qué atribuir que sea tan menguado el número de los que se toman la molestia de realizar el viaje. «Ginesillo me dijo que en el "Bar Ovidio" fueron ya denunciados nuestros autosatisfechos obispos... ¡Bien, qué le vamos a hacer! En compensación, ya lo sabes: dentro de poco, veintidós chachas, andaluzas en su mayoría, llegarán de París...»

A continuación, y puesto que ha ido embalándose con el tema, adopta un tono de voz más serio y me cuenta que es dudoso que las peregrinaciones a Jerusalén empezaran, como la piedad popular supone, en los primeros tiempos del cristianismo. Los cristianos, incluidos los jerarcas, más bien consideraban a Jerusalén como ciudad «maldita», puesto que en ella fue sacrificado Jesús. La ciudad era Santa, mil veces Santa, para los judíos, cuyo Templo fue destruido aquí por los romanos y contra quienes se rebelaron una y otra vez. En realidad dichas peregrinaciones no empezaron en serio hasta que Constantino, pese a no saber nada de Jesús, a no creer prácticamente en Él y a ser un pícaro de siete suelas, liberó a los cristianos de la esclavitud en virtud del edicto de Milán y les abrió luego, a través de Constantinopla, las puertas de Oriente.

Por lo demás, no deja de ser chocante —y de otra parte, también compensatorio— que el primer *Diario de un viaje a Tierra Santa* se lo debamos a una peregrina española del siglo IV, una monja noble llamada Eteria, que se vino aquí por su cuenta y riesgo y lo recorrió todo, e iba escribiendo cartas, con detalles muy meticulosos, a sus compañeras del convento, cartas con las que luego se formaron tres códices y que, por descontado, el padre Benoit lamenta que no fueran redactadas en francés.

—Luego, ya sabes. Con el Islam las cosas volvieron a complicarse para el Santo Sepulcro y para los cristianos, hasta que los cruzados —habrás visto ahí dentro el sepulcro de Godofredo de Bouillon—, empezaron a levantar iglesias y basílicas por doquier, con mejor o peor gusto. Ya lo sabrás, supongo. No sólo localizaron la piedra en la que el pie de Jesús dejó su huella al montarse en el pollino con el que entró en Jerusalén, sino que cuando vayas a Nazaret, el padre Uriarte, si está de buenas, te llevará a visitar, a unos dos quilómetros, la iglesia de Santa María del Tremor, en recuerdo del susto que la Virgen se llevó cuando los nazaretanos acusaron a Jesús de no querer realizar en su ciudad natal los prodigios que había realizado en Cafarnaum y sacándolo de la sinagoga lo llevaron a las afueras y quisieron arrojarlo al precipicio...

Isidro añade que desde aquella época de terrible fanatismo el anecdotario de los peregrinos a Tierra Santa y al Santo Sepulcro es inacabable. Desde la espectacular llegada de Francisco de Asís, que se salvó de milagro por llevar en previsión un pase del sultán de Egipto, gracias a lo cual hoy existe San Salvador, hasta el horripilante hecho, sucedido no hace mucho, de un peregrino ucraniano que sufrió una crisis depresiva y se ahorcó en un árbol gritando que era el mismo en el que se había ahorcado Judas.

—Sin que puedan olvidarse anécdotas de gran ternura, como la de una pareja irlandesa que acompañé a visitar Emaús, y que al advertir que me encandilaba el cantar de los pájaros que en aquel momento se oía entre los árboles, sin darme yo cuenta lo grabaron en una *cassette, cassette* que al cabo de un par de meses me mandaron por correo certificado...

Aquí se agota el tema de los peregrinos, debido a que, inesperadamente, sale de la Basílica el anciano de facha india, con el bastoncito azul, cuya silueta, con sólo huesos y piel, ha empezado a obsesionarme. Isidro lo conoce y ello le da pie a confirmarme algo que me contaron en San Salvador, que me estremeció y que conecta asimismo con la tesis que mi interlocutor está elaborando: dicho anciano es uno de los varios seres que rondan desde hace años, todo el día, por el Santo Sepulcro, con un deseo único: morir en él.

—Sí, es un inmigrante de Goa, de la colonia portuguesa. Se vino a Jerusalén y lo único que quiere es morir dentro de la Basílica. Por las mañanas entra, se arrodilla ante el Calvario, o en cualquier rincón, reza y espera. De vez en cuando posa la cabeza en el suelo y traza con ella el signo de la cruz. Cuando ve que las horas pasan y él continúa viviendo, se va; por la tarde vuelve y hace lo mismo, hasta que, como ahora, se cansa de esperar y se dirige a un modesto tugurio que tiene alquilado aquí cerca. Y al día siguiente, vuelta a empezar... —Guarda un silencio y añade—: Por supuesto, juega sobre seguro: un día conseguirá su deseo.

—¿Y el bastoncito azul...? —pregunto.

Isidro contesta:

—Lo pintó de ese color porque así es el mar de Galilea.

Luego mi flamante amigo me habla de un caso más o menos parejo: una monja húngara —«lo raro es que hoy no esté aquí...»—, que vive en actitud similar. Se vino a Jerusalén hace mucho tiempo y su único anhelo es morir en el Santo

Sepulcro, pero morir a la misma edad en que, según sus cálculos, murió la Virgen: es decir, a los setenta y dos años... «Ahora ha cumplido los sesenta y ocho, y encima es fuerte como un roble; de modo que, echa cuentas...» Entretanto, todos los días se viene y espera, generalmente en el sótano en que se dice que fue hallada la cruz. «¿Te imaginas lo que para ella significa el calendario? Cada minuto le parece una eternidad. ¡Psé, lo más fácil es pensar: está chiflada! De acuerdo. Ahora bien, ¿no están más chiflados aún quienes viven en sentido inverso, es decir, sin pensar jamás en que un día, un día cualquiera, han de morir? Y conste que yo casi pertenezco a esa tribu necia. En serio. Me encuentro tan a gusto aquí abajo que me cuesta esfuerzo admitir que la científica realidad de la transformación de la materia reza también para mí.»

Por último, me cita el caso de una muchacha árabe, llamada Rhayuqa, que fue encontrada, recién nacida, en el portal de las monjas de la Caridad de Betania. Se hicieron cargo de ella *Les petites soeurs de Jésus* y trabaja en su taller, cosiendo botones y planchando. Pero en cuanto puede se escapa y se viene a la Basílica, porque quiere morir aquí. «Nadie querrá casarse conmigo; entonces, ¿qué?» Rhayuqa no es del todo normal, si bien hablando con ella uno tarda en darse cuenta. Lo que más le gusta es pasarse las horas ahí dentro, deambulando cerca de la sacristía de los franciscanos y apoyando de vez en cuando la cabeza en alguna de las columnas de la Rotonda. «¡Sí, sí, te comprendo, leo lo que estás pensando!; sin embargo, en la Escuela Bíblica he aprendido que todo lo que se sale de lo corriente nos repele y nos molesta precisamente porque contradice nuestras costumbres, porque desborda nuestros hábitos...»

Isidro, al advertir que lo que acaba de contarme me ha impresionado, me dedica una de sus sonrisas sin edad y continúa martilleándome, pese a sus manos blandas, con su terrible precisión. E hilvana para mí más y más cosas. Tantas, que sin duda a partir de ahora mi visión del Santo Sepulcro será forzosamente distinta. «A medida que avanzo en mi trabajo me ratifico en la idea de que esos muros que estamos contemplando ahora apaciblemente, de hecho chorrean, quizá sin parangón posible, vida y muerte y que en el devenir de los siglos han albergado todo el muestrario posible de sentimientos humanos: heroísmo, supersticiones, enajenamiento, amor hasta la última gota...»

Mi curiosidad le obliga a concretar, y lo hace gustoso. Tocante al heroísmo, me dice que a veces piensa que en el interior del templo debería de haber una columna enteramente teñida de rojo, a causa de los martirios. «Ya toqué ese punto al referirme a las complicaciones con el Islam. Ahora sería largo extenderme sobre ataques desde otros flancos.» Tocante a las supersticiones, ¿qué puede decirme? Si las hay en cualquier ermita perdida en el campo o en algún otero del mundo cristano, ¿cómo no las habrá habido en el Santo Sepulcro? Un ejemplo podrá bastarme, es de suponer. Durante una época cundió la tradición de que los niños engendrados en el interior de la Basílica la noche del Sábado Santo, nacían robustos y conseguían luego la felicidad. En consecuencia, días antes un aluvión de mujeres se acercaban al templo llevando consigo colchonetas y camastros y se instalaban en los rincones sombreados, y si sus maridos no iban con ellas o eran viudas, se ofrecían graciosamente al varón que quisiera poseerlas. «Es un hecho histórico, amigo Gironella... Sin que faltasen, como es de rigor, sacristanes que se aprovechaban de tan favorable situación.» Y en cuanto al enajenamiento y al «amor hasta la última gota», aparte de los casos límites de que me habló con anterioridad, puedo dar por seguro que entre los muchos asistentes a los Vía Crucis que esta misma tarde han tenido lugar —«y observa cómo siguen llegando otros, procedentes de *El Omarieh*»—, hay personas que al entrar en el templo experimentan una sacudida tan profunda que formulan promesas de ascetismo a las que luego son fieles el resto de su vida. «¿Te acuerdas de aquellos muchachos sordomudos que, según me contó el padre Franquesa, os encontrasteis ahí, en la Capilla del Ángel, el día de vuestra primera visita? Pues dos de ellos han pedido ahora permiso a Roma para entrar en un seminario y seguir los estudios eclesiásticos.»

Por último, y entrando en el terreno de lo chusco, «puesto que de todo hay en la viña del Señor», me facilita el último dato recogido para su trabajo, referido a los coptos —«que disponen, como sabes, de aquel altarcillo detrás de lo que tú llamas catafalco»—, los cuales cantan tan mal, y además con una fonética tan extraña, que hay visitantes de la Basílica que se acercan a ellos pensando que están discutiendo acaloradamente. Y a veces sucede a la inversa: los monjes discuten de verdad, y los visitantes oyéndoles suponen que están cantando y se esfuerzan por escucharles con respeto e imaginan que su mímica forma parte de la liturgia. Todo lo cual provocó —y éste es el remate— que un buen día los franciscanos que viven en la parte más alta de la Basílica, en las celdas que circundan la bóveda principal, hartos de oír el salmodiar de esos pobres monjes se asomaron a la baranda de arriba y, bromeando, dejaron caer sobre ellos, espolvoreándola, una cierta dosis de rapé. Los coptos, claro, trocaron el canto por los estornudos y a punto estuvo de armarse la marimorena. —Isidro guarda un silencio y agrega—: Bien, te ruego por favor que en el "Bar Ovidio" no abras jamás la boca mencionando esta cuestión.»

A partir de aquí, el resto del diálogo ha sido un poco incoherente, por mi culpa, desde luego, ya que Isidro tenía que marcharse y yo quería exprimirlo al máximo.

Algo, sin embargo, ha quedado perfectamente claro: Isidro se conoce muy bien la *Custodia,* se la conoce entre bastidores, no sólo porque tiene allí las puertas abiertas, sino por las confidencias que le hace Ginesillo, que es quien le cuenta la verdad.

Su opinión es que los franciscanos quieren abarcar demasiado, y que como andan escasos de vocaciones no dan abasto, no pueden atender a todo. «Tienen edificios enormes, en Ain Karem, en Emaús, en Caná, por todas partes, y algunos de ellos están al cuidado de un solo fraile... Edificios, además, vacíos, deshabitados, en un momento en que en el país faltan escuelas, orfelinatos y demás. ¿Qué solución podría arbitrarse? Cederlos a los árabes no es posible: los judíos pondrían el grito en el cielo. Cederlos a los judíos tampoco: a partir de ahí, ningún cristiano entraría nunca más en ellos. Acaso existiera otra opción: cederlos a otras confesiones cristianas... Por ejemplo, a los protestantes, que, como sabes, se pirran por ampliar aquí su campo de acción. ¡Ah, pero no hay quien dé ese paso! La Curia Romana, ¿comprendes? Y la silla copta... En resumen, la división, que, según noticias, te escandalizó de veras nada más llegar...»

Sí, Isidro sabe que me interesa en grado sumo el asunto de la división de las confesiones cristianas y debido a ello me promete que el día que vaya a almorzar a la Escuela Bíblica —«desde ahora estás invitado»—, me hablará largamente sobre el particular. «Es algo tan desagradable y que, como supondrás, toca tan de cerca el tema que me ocupa, ya que es en el Santo Sepulcro, naturalmente, junto con la Natividad de Belén, donde han tenido lugar los más serios conflictos, que no sabré por dónde empezar.» De momento, me recomienda que adquiera en cualquier librería un folleto editado por el Ministerio de Cultos de Israel, firmado por el doctor Colbi. «Es un documento algo tendencioso, pero mucho menos de lo que podía esperarse de un autor judío. Incompleto, desde luego, pero te dará una idea bastante aproximada de la realidad, por lo menos en su estado actual.»

—Lo que no debes hacer, a mi juicio, es crisparte tanto por ese asunto. En el fondo, todo ello es muy natural. La doctrina de Cristo es demasiado grande para que el hombre, con sólo dos mil años, haya podido asimilarla... ¿No te das cuenta? Cristo llegó anteayer; en cambio, las discrepancias, nacidas del instinto de posesión, se remontan, como diría el padre Benoit, a la época en que andábamos a cuatro patas... Por eso prometió que volvería, y que volvería con majestad; y entonces los coptos y los franciscanos y los armenios y los protestantes parecerán, ante Él, *hippies* desaliñados, como yo...

¿Gironella, apellido judío?

Lo último que, antes de despedirnos, me dice Isidro —cuyo acento maño ha ido acusándose progresivamente en el transcurso de la conversación—, es que, con toda probabilidad, y a juzgar por mi apellido, yo soy judío de pura cepa. «Vamos, como pueda serlo mi admirado amigo el profesor Edery, para hablar en plata.»

Le miro, estupefacto.

—Pero ¿qué estás diciendo? ¿A qué viene eso ahora?

Entonces me aconseja que cuando regrese a España y vaya a mi querida Gerona pregunte qué es lo que ocurrió, allá por los inicios del siglo XIV, en esa «Torre Gironella» que figura en todas las guías de la ciudad, detrás de las murallas, si mal no recuerda... «¡Te llevarás una sorpresa!»

—Pero, ¿qué sorpresa, Isidro? Es la primera vez que oigo hablar de ese asunto...

—Porque los viejos papeles interesan a poca gente... ¡Y en el fondo no ocurrió nada que por aquel entonces no fuera de lo más común! Los cristianos de la ciudad acorralaron en dicha «Torre Gironella» a unas cuantas familias judías y las pusieron ante la clásica alternativa: bautizarse o morir. Casi todas dichas familias, como es lógico, optaron por bautizarse, y forzadas a improvisar el nombre eligieron el de la torre en que se encontraban. Así que, personalmente, apostaría ciento contra uno a que tu apellido familiar nació en aquel instante, aunque la torre, por otras razones, ya se llamara así. ¿Me explico? Por todo lo cual me atrevería a afirmar que tus antepasados formaban parte de ese pueblo tan debatido que se llama Israel...

Introspección

Isidro se va. Y yo entro en la Basílica. Veo la Piedra de la Unción y pienso en los quisquillosos peregrinos alemanes. Busco con la mirada a Rhayauq —estoy seguro de que la reconocería— y no la encuentro; Dios sabe dónde estará. Por la escalera de caracol subo al altar del Calvario, que me conozco ya palmo a palmo.

Es una hora quieta. Los albañiles ya se han ido. Desde la Puerta de Jafa debe de contemplarse una ígnea puesta de sol. Pero yo estoy aquí, y todo lo demás me es ajeno. Tomo asiento donde siempre, cara al altar, en uno de los bancos distanciados de él unos diez metros, adosados a la baranda. Como siempre, a mi derecha, en la columna, la pintura que representa el beso de Judas.

Es uno de esos momentos de silencio que de vez en cuando se producen en la Basílica y de los que nos habló el primer día el padre Franquesa. Nadie canta, no hay ceremonia alguna, los pocos visitantes están dispersos abajo. Nada me distrae. Ni las opulentas lámparas que cuelgan del techo, ni el pope griego, adormilado, con su bandeja y sus velitas, ni los mosaicos. Sólo veo un bulto en el suelo, a mi izquierda, hecho un ovillo: por el uniforme azul reconozco que es una monja, una *petite soeur de Foucauld*, que debe de estar cumpliendo su promesa de venir una vez al día a postrarse ante Jesús.

Una vez más experimento aquella honda paz sólo encontrable, a lo largo de la existencia, en ocasiones excepcionales. Cuando se produce un vacío en el Universo y uno se siente vivir, solo, ante Alguien que ama. En esta hora quieta, sin policías ni albañiles, ese Alguien, hoy, es Cristo. Pero me ocurre que, por culpa de Isidro, no sé quién soy yo. «Y vosotros ¿quién decís que soy?» No sé si en verdad pertenezco a la misma raza del Jesús físico que nació de mujer y fue circuncidado, o si se trata de una mera especulación de eruditos.

Sin embargo, tampoco eso importa demasiado en esos momentos, ya que, por entre los candelabros y las rosas rojas —en el altar hay más rosas rojas de lo habitual—, ahora consigo verle con nitidez especialísima, también con la nitidez de las grandes ocasiones, con los brazos en cruz, en la imagen suya que preside ese promontorio que los cristianos admitieron como el Gólgota, y cuya roca porosa y húmeda he de volver a tocar algún día en busca esta vez de una sensación única: una radical purificación.

En este instante, que no es adjetivable ni se mueve, no necesito para nada acercarme a tocar la roca. Eso lo hace ahora la monjita del uniforme azul, que acto seguido se levanta y se va, dejándome más solo aún, con la única compañía del pope, que continúa adormilado, de los candelabros y las rosas y al lado de la pintura mural que representa el beso de Judas.

Me pregunto si quedará alguien abajo: quizá no. Quizá no esté siquiera el sacristán armenio de la cabeza rapada y aspecto alelado, que ocupa siempre, entrando a la izquierda, el mismo lugar, como si formara parte de él. Quizás en toda la Basílica sólo esté, escondida en algún rincón, Rhayuqa, esperando sin saber qué, y allá arriba, en las celdas que circundan la gran bóveda, los franciscanos de guardia, encerrados en sus celdas, entreteniéndose en quehaceres humildes o charlando alegremente.

Sin que la paz me abandone, voy pensando cosas inconexas, «Y vosotros ¿quién decís que soy?». Ayer recibí carta de mi mujer. Me decía que fue a la iglesia del pueblo y que sí, que continúa convencida de que Jesús *es* Dios. ¿Dios? Entonces, ¿por qué ha permitido que se le falseara tan pertinazmente? Cierto, suele presentársele pulcro, guapo, bien peinado y con túnica blanca impecable, cuando en realidad era un hombre joven y pobre, pobre hasta el límite, que vagaba por la polvorienta región de Judea, comiendo lo que le daban, sometido a los cambios de clima, alojándose donde podía, muchas veces en los establos. Quizás algunas películas actuales sobre Él empiezan a acercarse a la verdad.

También pienso que el día de mi santo podría volver a llamar por teléfono a mi madre. «¡Jerusalén, hijo...!» Me vienen a la memoria el látigo de la «autoridad turca» que presidía el Vía Crucis; el detalle de la *cassette* de los pájaros de Emaús que la pareja irlandesa envió a Isidro; lo que leí uno de esos días sobre Ceilán, donde existen desde hace siglos unos bailarines cuya misión consiste en cargar sobre sí, en recoger en su cuerpo, los pecados de los moribundos, por lo cual se meten en un ataúd y se dejan conducir a las afueras del pueblo, donde son abandonados. La diferencia está, claro, en que dichos bailarines resucitan luego inmediatamente y cobran sus buenos dineros por haber prestado dicho servicio.

Soy incapaz de ordenar dos ideas, de razonar, de caer en la tentación de la lógica. Siento y nada más. Siento que vivo y nada más. Ahora bien, ¿es que no basta con eso?

El pope griego emite un ronquido y despierta. Tampoco importa. El silencio de la Basílica, la hora ígnea, le puede. Todo está en su lugar. «¿Por qué no plantamos, Señor, tres tiendas, una para el anciano de Goa, otra para la monja húngara, otra para Rhayuqa?» Se está bien aquí. Se está bien en el Santo Sepulcro. Se está bien en Jerusalén.

CAPÍTULO XVIII

Proximidad de la Pascua Judía

La proximidad de la Pascua Judía ha cambiado por completo el ambiente del «President Hotel». En los últimos días han ido llegando grupos —generalmente, compuestos por familias—, y en estos momentos puede decirse que no queda una habitación libre. Es lo que yo deseaba. Les veo actuar, les veo moverse, puedo observar sus costumbres, la euforia que les invade al pisar esta tierra. La mayoría de los huéspedes son norteamericanos, lo que hace las delicias del solitario jubilado David Thompson. Si por casualidad descubre que alguna de dichas familias es de Chicago se rejuvenece, yergue el busto y se desvive por darles consejos. A los niños les regala chucherías y les encasqueta uno de esos gorritos que dicen *Israel* y que llevan los colegiales cuando salen de excursión o a visitar un *kibutz*. Puede decirse que únicamente se queda solo en el comedor: su mesa frente al aparato de televisión es sagrada, pues mi amigo David Thompson por nada del mundo dejaría de recitar, librito en mano, sus habituales plegarias.

El director-gerente del hotel, que sabe que ese alud es transitorio, continúa con el ceño fruncido; en cambio, los dos recepcionistas, Dan y Lionel, han olvidado la devaluación de la libra y su nostalgia marroquí y viven un cuento de hadas. Resulta que muchos de los huéspedes estuvieron ya en el hotel el año pasado, por estas mismas fechas y les han traído montones de sellos y de postales con lagos y cascadas. Los dedos de Dan son pura filatelia y los ojos de Lionel, las cataratas del Niágara. *Thank you, sir! Thank very much!* Repiten la frase una y otra vez, contemplando con arrobo la flamante mercancía. «¡Natural! —les dice David Thompson, mientras hojea el *The Post Jerusalem*—. Los americanos somos generosos por naturaleza.»

Okey! Es posible que sea verdad. Pero algo me ha llamado la atención: son muchos los que no hablan una sola palabra de hebreo. Sólo saben decir: *Shalom*... Por lo demás, terminada la Pascua, otra vez a los Estados Unidos. Alma no perdona eso, que califica de pecado de omisión. «Es muy fácil venirse aquí una vez al año en plan turista, plantar un árbol y extender un cheque. Ben Gurion lo ha repetido hasta la saciedad: lo que necesitaríamos son brazos. Los Estados Unidos no se hicieron a base de dinero sino a base de familias heroicas que, palmo a palmo, fueron conquistando el Oeste.»

Realmente, esos huéspedes dan la impresión de llegar en vuelo *charter* a felicitar a sus «hermanos» por su buen comportamiento, por mantener a raya en el frente a los árabes y por la labor que están realizando. «¡Qué fantástico! ¡Cómo ha cambiado esto en un año! ¡Adelante, chicos, adelante! Contad con nuestra gratitud, y con unas cuantas postales y unos cuantos sellos.» Tocante a los niños, lo pasan en grande con su gorrito *Israel* y visitando los lugares típicos de Jerusalén y alrededores. La teoría de Alma es que se comportan, en miniatura, como desde 1948 se han comportado los grandes magnates judíos que permanecen en el extranjero: los Rotschild, los Strauss, Getty y demás. Por si fuera poco, el «President Hotel» no está preparado para atender a tanta clientela y las deficiencias del servicio se hacen más patentes aún. Nadie pide el libro de reclamaciones; pero los gestos y las miradas son elocuentes.

Claro es, la eclosión —la gran noche—, será el *Seder,* la Cena Pascual. Pese a que faltan todavía muchos días, casi todos los *tickets* están ya reservados, dado que la cena se celebrará en el propio hotel. Alma me define el *Seder* como un ágape festivo-religioso, en el que se conmemora con ofrendas, bendiciones, cánticos, etcétera, el Éxodo de los israelitas de Egipto, su salida y su liberación. «Me gustaría invitarte —me dice Alma—, porque si asistes a la fiesta en el hotel, solo y sin amigos ni intérprete, no entenderás nada y acabarás mandando al carajo a Moisés y volviéndote a Egipto. Pero estoy comprometida, como todos los años, con una familia holandesa. Ni siquiera estoy segura de poder llevar a Salvio, fíjate...»

Comprendo muy bien a Alma. Además, no hay problema. El profesor Edery me había hablado ya de ello. «Si no tiene usted dónde ir —me dijo—, véngase a casa. Seremos unos veinte en total, y siempre cabrá uno más. Por otra parte, así tendría usted ocasión de conocer a mi hijo, el electrónico, y a mi hija, el comandante. Y desde luego, Jonás, el perro, estará también allí, dispuesto a cruzar con todos nosotros el mar Rojo y el desierto.»

Aicha, la camarera de Betania, que esos días anda como loca con tanto trabajo, ha de quedarse incluso a dormir en el hotel. «Cuando llegan esas fechas, *monsieur...* ¡Y dale con el cruce del mar Rojo! ¿Y cómo pudieron hacerlo, *monsieur?* Dicen que estaba seco, o que su Dios lo secó, pero mi marido asegura que les robaron las barcas a los faraones y se vinieron tan tranquilos. ¡Los conozco, *monsieur!*»

Se produce otra racha, más acelerada que las anteriores, de acontecimientos, debido en gran parte a que todos cuantos me prometieron acompañarme a ver esto o aquello han cumplido con su palabra. El balance es positivo para mí, y a la noche mi máquina de escribir se pone a teclear por sí sola; yo, de vez en cuando, le hago los honores calentándome té con miel y tomándome unas galletas.

Y menos mal que no ha habido ninguna interferencia, ya que, una vez terminado el programa, ¡adiós, hermosa Jerusalén! Me esperan los Altos del Golán y Galilea; me esperan Sodoma, el Neguev ¡y el Sinaí!; la franja de Gaza, en el Mediterráneo, con los casi doscientos mil refugiados palestinos de que nos habló la señorita Petrozzi y que viven allí en condiciones paupérrimas... En fin, cumplidos esos compromisos, Jerusalén —excepto los días de Semana Santa, que es nuestro *Seder* particular—, será para mí una especie de mesón en donde recobrar fuerzas para salir de nuevo. Mesón *Casa Nova,* habitación 207, espaciosa, iluminada, a mitad de camino entre el bar y la capilla...

Boda en el «President Hotel»

Los primeros que han cumplido con su palabra son los novios. La anunciada boda en el «President Hotel» se ha celebrado, ¡y de qué modo! Ha sido una experiencia breve y singular. Por supuesto, Dan y Lionel estaban dispuestos a echarme una mano para que no me perdiera detalle; pero ellos son de Agadir, y en aquel enclave marroquí nunca habían visto que el «celebrante» fuera a la vez Gran Rabino de Israel y general del Ejército. Y en esa boda se ha dado esa carambola, por una razón: porque el novio era un héroe nacional, aviador en la guerra de los Seis Días, que cayó prisionero de los sirios y que perdió en combate tres dedos de la mano izquierda.

Sobre esa base, Shlomo Goren, el Gran Rabino Askenazi, una de las personalidades más relevantes de Israel, se ofreció como «oficiante». En cuanto me enteré, llamé a Alma para que acudiera al hotel y me explicara, como un Isidro cualquiera, el significado del ritual al uso. Alma ha podido solventar lo de su trabajo y se ha presentado con un vestido de gala, largo hasta los pies. Yo también he hurgado en mi armario buscando lo mejor. Total, que en el momento en que ha entrado en el hotel el grueso de los invitados, nos hemos colado y hemos conseguido situarnos frente a una especie de baldaquino que los camareros árabes habían levantado en el comedor, al fondo, a modo de altar. Los judíos lo llaman *huppah* y simboliza la alcoba conyugal. Estaba cubierto con ramas de palmera, lo que a Alma le ha parecido poco ortodoxo, aun admitiendo que la liturgia del *kiddushim* —de los esponsales— no era su fuerte, dado que las características de sus relaciones con Salvio Royo son un tanto peculiares.

El aspecto externo de la ceremonia ha sido un tanto desconcertante. La presencia de Shlomo Goren, hombre bajo, con barba enorme y muy seguro de sí, le daba cierto empaque; sin embargo, los novios, trajeados con elegante sencillez, parecían dos críos, y si a él le faltaban tres dedos, ella, que estaba muy nerviosa, movía tanto las manos que daba la impresión de que le sobraban seis. En cuanto a los invitados, eran sin duda de la buena sociedad —como más tarde reconocería el fisgón David Thompson—, pero entre ellos había varias señoras con quemaduras en el rostro, que la cirugía estética, inútilmente, había intentado disimular. Tales señoras nos han obsesionado, por cuanto sus quemaduras podían muy bien ser secuelas de alguna explosión bélica. Los caballeros, al igual que el novio, exhibían gorritos, *kipás*, con bordados de gran calidad.

Por lo demás, el resto ha sido, repito, breve. Discurso del Gran Rabino —bajo el altar de las palmeras—, que, según Alma, ha sido «un tostón». El novio ha bebido en una copa de vino, y luego ha bebido la novia. Al devolverle éste la copa, el Gran Rabino ha iniciado la lectura de unas letanías, cada una de las cuales era coreada por los asistentes. Alma sólo me ha traducido una de ellas: «Haz que esas dos criaturas gocen como gozaron tus primeras criaturas en el paraíso terrestre.» A continuación se han colocado mutuamente las alianzas y el novio ha dicho: «Con este anillo de boda te conviertes en mi esposa, según el rito de Moisés y de Israel.» Han vuelto a beber, y de repente, ante mi estupor, el novio ha tirado la copa al suelo y aplastándola con el zapato la ha roto en múltiples pedazos. Por un instante he supuesto que había ocurrido algo desagradable, pero la actitud de los asistentes, y el intencionado codazo de Alma, me han indicado que no. Por el contrario, los asistentes han dedicado al acto un aplauso unánime. «No pasa nada —me ha informado Alma—. La rotura de la copa simboliza, *hélàs!*, la destrucción del Templo... A veces me pregunto si con las copas que se han roto en las bodas no hubiéramos podido ya reconstruirlo.»

Apenas terminado ese comentario, ¡el Gran Rabino ha tirado a su vez su copa al suelo y la ha roto con el pie, mientras los presentes gritaban con entusiasmo: *besiman tob!*, «¡que sea buen fermento, que sirva de buen augurio!».

A continuación ha empezado el guateque. A gusto hubiera pellizcado algo, pero Alma me ha sugerido escabullirnos a mi habitación, «si podía ofrecerle mi famosa combinación de té con miel y unas galletas». «¡No faltaría más!» «Entonces, te revelo un secreto: la novia no podrá entregarse al novio sin haberse bañado antes, a fin de eliminar de su cuerpo las impurezas de su última menstruación.» «¡No me digas!» «Así es.»

Y ella misma ha abierto la puerta del ascensor.

Diálogo sobre la sexualidad

Solos en la habitación, mientras Alma entra un momento en el lavabo, yo preparo, con la ayuda del hornillo eléctrico, el prometido piscolabis, añadiéndole unas pastas árabes que Aicha me trajo de Betania.

Alma sale del cuarto de aseo haciéndose lenguas de la calidad del espejo. «Es estupendo. Me he visto hasta guapa, fíjate...» «Es que lo eres, Alma. La novia a tu lado era un estropajo vestido de blanco.»

Reconfortados los estómagos, Alma, cuya naturalidad es encantadora, se tumba en la cama, y dado que el radiador calienta en exceso y la falda larga le estorba, la levanta dejando al descubierto sus preciosos muslos holandeses.

—No te importa, ¿verdad?

—¡En absoluto! Todo lo contrario...

Alma se despoja del collar, y a seguido estira los brazos, colocándolos debajo de la almohada. Respira vida por los cuatro costados. Cierra un momento los ojos —su corta cabellera rubia destaca sobre el blanco de la almohada—, y respira profundamente varias veces consecutivas. «Me encuentro bien aquí... De veras. Me encuentro bien.»

Tomó asiento en mi sillón, procurando vencer mi aturdimiento. Por primera vez en mucho tiempo tendría ganas de llevarme un pitillo a los labios y fumar, pero carezco de tabaco. Y sé que Alma tampoco fuma. Así que reclino la cabeza en la pared, exactamente debajo del plano de Jerusalén.

—Tú le das mucha importancia al acto amoroso, ¿verdad, Alma? —le pregunto.

—¿Por qué lo dices? —pregunta a su vez—. ¿Es que te gustan mis muslos?

—Pues... sí. Una barbaridad. En España, desde luego, te dirían cosas tremendas...

—¿Tremendas? ¿Cómo cuáles...?

—¡No sé! Groserías... Por ejemplo, que estás para parar un tren. —Alma sigue aguardando y yo me decido—: O, más seguro aún, que estás jamón...

—¿Jamón? —Alma se ríe de buena gana—. ¡Pero si soy blanca como la leche!

—Yo qué sé... Debe de haber jamones lechales...
—De acuerdo. Es una metáfora vulgar..., pero suena muy bien.
Entonces me dice que lo que más le ha envejecido son los senos.
—Tenía unos senos espléndidos. Ahora, ya no... Por eso no me he quitado nada más, ¿comprendes?
—Comprendo... —Alma abre ahora los ojos, y de pronto, volviendo la cabeza hacia mí, me mira con súbita curiosidad—. ¿Y tú..., no le das importancia al erotismo?
—¡Bueno! Verás... —Me molesta sentir las manos desocupadas y tomo un libro de la mesa para juguetear con él—. No creo que nunca hubiera ganado un premio, ni siquiera a los veinte años...
Alma hace un mohín.
—Es curioso... Vuestra religión influye negativamente en ese aspecto. ¡Vamos! Lo digo porque Salvio me confesó más o menos lo mismo...
—¿De veras?
—No puedes imaginarte. Cuando le conocí, era un ser, ¿cómo te diría?, descompensado... ¡Ya lo sabes!: virgen. Creo que si no da conmigo en aquel momento, se suicida.
—¡Alma! Eso de exagerar no te va...
—Estaba deshecho, de veras. En vez del sexo, whisky... A veces pienso que el día que lo metí en la cama lo salvé...
El vestido de Alma es de tono rojizo y yo sigo jugueteando con el libro.
—¿Y ahora... se defiende?
—¡Qué va! Un monaguillo... Las represiones infantiles en ese terreno no se superan nunca. Caería fácilmente en la aberración. Y supongo que a ti te ocurriría tres cuartos de lo mismo...
—Pero, ¿no dijiste que fue eso precisamente lo que te excitó? ¿Saber que era una especie de monaguillo?
—¡Claro! Si yo disfruto horrores... Pero me da pena que él sea tan inexperto. Y no creo que aprenda nunca. No... Tampoco le darán nunca un diploma o matrícula de honor.
Alma ha cruzado ahora las piernas —en efecto, sus muslos son blancos como la leche—, y pese a que el tono de su voz es tranquilo, noto una extraña desazón. Ella se da cuenta, puesto que de pronto el libro se me cae al suelo. Sonríe cariñosamente. Por un momento abrigo el temor de que me hable de mi mujer, cuyo retrato está a su lado, en la mesilla de noche, o del crucifijo. Pero, por fortuna, no es así. Lo que sí hace es insistir en que la religión católica causa un daño enorme al sistema nervioso. «Los seminarios y los conventos deben ser como manicomios. Pensamientos, masturbaciones, confesiones, otra vez el deseo, otra vez pensamientos.»
—Es un error considerar que el sexo es pecado. Cuando la otra noche, en casa, dije delante de Salvio que éste experimentaba un doble placer pensando que fornicar era algo culpable, lo dije para estimularle, para echarle un poco de picante a la cuestión.
— Sí, me sorprendió oírte, porque en realidad el pobre a ratos debe de sufrir mucho, debe de pasarlo muy mal.
—¿Y quién tiene la culpa? Yo, desde luego, no...
—Pero él tampoco. Y no me mires de ese modo, porque tampoco la tengo yo...
—Lo sé perfectamente. Quien ha dramatizado de una manera inconcebible el tema ha sido vuestra famosa Iglesia, basándose en el celibato de Cristo... Y no

digamos con las barbaridades que al respecto soltó vuestro san Pablo. Por cierto, ¿sabes lo que el profesor Edery opina de él? Que detestaba a las mujeres porque era jorobado y feo... Un asquito de hombre, vamos.

Alma se ha embalado. Y se embala todavía más al advertir que no dispongo de argumentos que oponerle. Sólo se me ocurre decirle que en la cuestión del sexo, como en tantas otras, existe una diferencia notable entre el Antiguo y el Nuevo Testamento.

—¡Por supuesto! —exclama—. Fíjate en Abraham... Lo mismo él que los otros personajes de su talla, o por lo menos de talla similar, se comportaron de forma muy distinta. Supongo que sabrás que para jurar o legalizar un pacto se tocaban los testículos. Me parece muy bien... Y es que el sexo es fundamental. Yo lo veo en la escuela. Que yo sepa, no se ha inventado nada mejor que la pareja, que el acoplamiento de la pareja. Hay momentos en que todos los críos mandarían las matemáticas o el hebreo a hacer gárgaras y adoptarían la postura que, de no ser tú tan cerebral, hubiéramos ya adoptado los dos, en esta cama, hace un buen rato...

Sin saber cómo, he ido entristeciéndome. Me siento acomplejado. ¡Dios, cuántas veces me habrá ocurrido eso en mi vida Y sus blancos muslos están ahí, destacando sobre su vestido más bien rojo. Por fortuna, Alma no es una meretriz, y es posible que el afecto que siente por mí sea auténtico, como cabría deducir de su actitud: en efecto, siempre con idéntica naturalidad, de pronto se baja la falda, se sienta al borde de la cama, y mudando de expresión me pide tranquilamente si guardaré en el armario otra ración de galletas. «Con un poco de miel, por favor.»

Seguimos hablando de la influencia de las religiones sobre la sexualidad. Pese a la cita referente a Abraham no puede decirse que el judaísmo, monógamo y estricto, sea muy partidario de los placeres eróticos.

—Eso es cierto —admite Alma—. No hay más que leer el *Deuteronomio* para darse cuenta. Y tocante al célebre *Cantar de los Cantares,* resulta que cuando estudié a fondo el hebreo me encontré con que era un calco bastante escandaloso de un poema de amor nada menos que de los sumerios... Me gustaría acordarme de algunos versos del poema. Ago así como: «Novio, te daré mis caricias, mi muy querido, en la cámara nupcial...» —Alma sostiene la galleta en la mano y sigue recordando—: «Novio, león, te has complacido de mí. Dilo a mi madre, que te dará delicadezas. Dilo a mi padre, que te dará presentes...» —Se ríe, da un mordisco a la galleta y exclama—: ¡Un león! No está nada mal. Pero eso de contárselo a los padres...

Le hablo de la conversación que sostuve con el barbero árabe, el de los variados *posters* en las paredes, según el cual en su idioma «violación» era sinónimo de ataque y «macho viril» sinónimo de *ariete.* Asiente con la cabeza y hasta con sus ojos verdes.

—¡Claro! Salvio, con su debilidad por todo lo islámico, opina que el mundo árabe no sólo es básicamente sensual, cosa que nadie discute, sino que su profeta, Mahoma, que era un tipo bastante listo, al elaborar su doctrina tuvo esto muy presente. Por ello, no sólo estableció la poligamia y admitió los harenes y demás, sino que prometió a sus fieles, que aquí abajo lo pasaban muy mal, un más allá basado sencillamente en el placer, un paraíso con mujeres vírgenes, las famosas huríes, de ojos grandes, eternamente jóvenes, de senos, ¡ay!, bien formados, y permíteme que me olvide del resto...

Reflexiono un momento.

—¿No crees que eso puede explicar el fanatismo con que esa gente acude a las mezquitas y se tumba al suelo cara a La Meca y se deja matar?

—¡Naturalmente! ¡Menudo Edén les espera luego...! Nada de cielos teológicos, como el vuestro, o de nirvanas y cosas así; un paraíso con huríes bañándose en agua clara, en arroyos... precisamente de leche y de miel.

Asiento con la cabeza y le formulo una pregunta que estimo congruente:

—¿No crees también que eso puede tener influencia en el futuro de esa lucha en que estáis empeñados...?

—¡Sin la menor duda! Es una de sus ventajas, una de las bazas con que cuentan. El mundo judío..., en ese aspecto lleva las de perder. Somos mucho más cultos, pero también mucho más fríos. Freud es nuestro; pero los *arietes* son los árabes...

Alma concluye que uno de los aspectos que el nuevo Estado de Israel ha descuidado, y ello pese al precedente y aviso de Freud, es el de la sexología. «La juventud es todo lo libre que quieras, ya sabes, y se ríe del *Deuteronomio* y del *Levítico* y de todas las amenazas de Yahvé; pero, en la práctica, se carece de fantasía, te lo puedo asegurar. Sobre todo, naturalmente, entre los askenazis. ¿Te imaginas al Gran Rabino, el general Goren, haciendo el amor? Debe de ser el gran desastre... ¡Ah, sí, más de una vez he pensado que quizá mi deber fuera especializarme en eso, en sexología! Para darle un empujón al país. Pero, lo que son las cosas... Resulta que ahora me ha tocado en suerte un maestro, un caballero ecuatoriano, capaz de desanimar a cualquiera... —Alma se levanta y estira los brazos—. ¡Pobre Salvio! Me estoy ensañando con él, y la verdad es que le quiero más que a mi vida...

Alma ha consultado su reloj. Tiene que irse. Me agradece el espejo del lavabo, las galletas, la compañía, mi sinceridad...

Se dirige a la puerta, y en el momento de abrirla me pregunta, inesperadamente:

—Oye... ¿Cómo era aquella grosería que me soltarían en España?

Me río de buena gana.

—Te dirían que estás jamón...

—¡Eso, jamón...! ¡Qué divertido! —Ladea la cabeza—. Ahora ya no se me olvida...

A punto de marcharse, se me acerca. Se me acerca tanto, que por un momento pienso que va a besarme en los labios; pero de pronto sonríe, me besa en la frente y se va.

—¡Shalom...!

Permanezco en el pasillo, como un párvulo al que han cateado, o como un monaguillo. Y pienso que por lo menos debí acompañarla hasta el ascensor.

La Biblia y el sexo

Me quedo hasta muy tarde leyendo la Biblia. Las referencias de Alma al *Libro de los Libros* con respecto al sexo y a la pareja humana han despertado mi curiosidad. Quiero que estos días que vivo sean de precisión, no de vaguedades.

Los textos dignos de ser anotados son incontables; hoy por hoy, me quedo con éstos:

En el *Génesis* la cosa está muy clara: «Díjose entonces Dios: Hagamos al hombre a nuestra imagen y semejanza... Y los creó macho y hembra... Y vio Dios ser muy bueno cuanto había hecho.» «Puso, pues, el siervo la mano bajo el muslo de Abraham, y le juró.»

En el *Éxodo* no se dice únicamente, como en nuestros mandamientos, «no desearás la mujer de tu prójimo», sino que se dice: «No desearás la casa de tu prójimo, ni la mujer de tu prójimo, ni su siervo, ni su sierva, ni su buey, ni su asno, ni nada de cuanto le pertenece.»

En el *Levítico* se dice: «La mujer que tiene su flujo, flujo seminal en su carne, estará siete días en su impureza. Quien la tocare será impuro hasta la tarde... Pero si uno se acostase con ella, será sobre él su impureza, y será inmundo por siete días, y el lecho en que durmiere será inmundo.»
«Ninguno de vosotros se acercará a una consanguínea suya para descubrir su desnudez. Yo, Yahvé.»
«No te ayuntarás con hombre como con mujer; es una abominación.»
«No te ayuntarás con bestia, manchándote con ella. La mujer no se pondrá ante una bestia, prostituyéndose con ella; es una perversidad.»

En el *Deuteronomio* se dice: «No llevará la mujer vestidos de hombre, ni el hombre vestidos de mujer, porque el que tal hace es abominación a Yahvé, tu Dios.»
«Pero si la acusación fuera verdad, habiéndose hallado no ser virgen la joven, la llevará (el hombre) a la entrada de la casa de su padre, y las gentes de la ciudad la lapidarán hasta matarla...»
«No será admitido en la asamblea de Yahvé aquel cuyos órganos genitales hayan sido aplastados o amputados.»
«Cuando un hombre sea recién casado, no irá a la guerra ni se le ocupará en cosa alguna; quede libre en su casa durante un año para contentar a la mujer que tomó.»
«Si mientras riñen dos hombres, uno con otro, la mujer del uno, interviniendo para librar a su marido de las manos del que le golpea, agarrase a éste por las partes vergonzosas, le cortarás las manos sin piedad.»

Y en el *Eclesiastés* se dice: «Y hallé que es la mujer más amarga que la muerte... El que agrada a Dios escapará de ella, mas el pecador quedará preso.»

Y en el *Cantar de los Cantares* se dice: «Miel virgen destilan tus labios, esposa; miel y leche hay bajo tu lengua; y el perfume de tus vestidos es como aroma de incienso.»
«Os conjuro, hijas de Jerusalén, por las gacelas y los ciervos, que no despertéis a mi amada hasta que a ella le plazca.»

Llegado aquí, y antes de alcanzar a san Pablo, me entra sueño y me acuesto. ¡No me despertéis, hijos de Jerusalén!

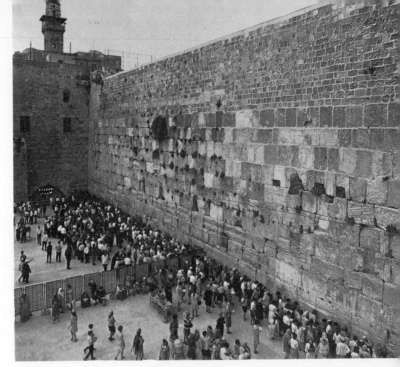

El Muro de las Lamentaciones.

Muro de las Lamentaciones. Algunos orantes depositan plegarias en los intersticios de las piedras.

El barrio de Mea Shearim
(Cien Puertas), ghetto ju-
dio ortodoxo donde se es-
tudia la Torá y se respeta
la Ley.
Sus habitantes rechazan
el actual Estado de Israel,
que, según sus creencias,
«sólo puede ser fundado
por el Mesías».

Contemplando, en el Bosque de la Paz, los árboles bajo los cuales están enterrados los atletas judíos que murieron víctimas de un atentado palestino en la Olimpíada de Munich.

El Bosque de la Paz, uno de los muchos en que cualquier turista puede plantar un árbol en Israel. La llamada «redención verde» ha constituido un éxito. Se calculan en 125.000.000 los árboles plantados desde 1948.

Pablo Casals, después de dar su concierto en el anfiteatro de Cesarea, plantó también su árbol.

Diploma acreditativo de haber plantado un ciprés en el Bosque de la Paz, éste situado paradójicamente en el monte llamado del Mal Consejo (Caifás), en cuya cima se levanta el edificio de la ONU.

Santuario de las Bienaventuranzas.
Al fondo, el lago de Tiberíades.

Fachada principal de la Basílica de la Anunciación, en Nazaret, el más lujoso templo cristiano en el Cercano Oriente. Sólo la cúpula mide 57 metros. Su esplendor suele ser motivo de escándalo.

Cafarnaúm (al fondo, el lago de Tiberíades).
Continúan las excavaciones

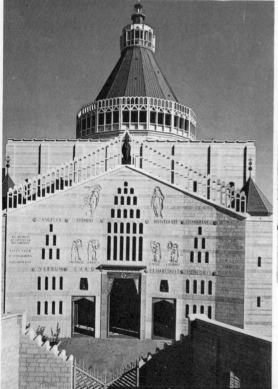

A punto de embarcar desde Tiberíades a Tagbha.

Ceremonia de la circuncisión

Otro que ha cumplido su promesa, ¡y de qué modo!, es el profesor Edery. Me llama por teléfono y me dice que puede dedicarme prácticamente un día entero, quizá dos.

El programa podría ser el siguiente: mañana viernes asistir «en directo», por la mañana, a una ceremonia de circuncisión, en el Hospital Hadassa. «Hemos tenido suerte. Circuncidan al primer hijo varón de un amigo mío. No habrá problema.» Por la tarde, podríamos visitar la Colina de los Mártires, donde se levanta el monumento-funerario Yad Washem, en recuerdo de las víctimas de la persecución nazi. «Es un plato fuerte, pero hay mucho que hablar sobre el tema.» Luego, pasado mañana es *shabat*; y si realmente puede combinárselo, me llevará a la sinagoga para que asista a un oficio completo, y luego tal vez podríamos recorrer Mea Shearim... «Incluso cabe la posibilidad de que por fin conozca a mis hijos, cuyas noticias estoy esperando. ¡Por fin podría presentárselos! Lástima que *Jonás*, el perro, se ha roto una pata, ya que por lo menos a Mea Shearim podría acompañarnos, poniendo la nota alegre que siempre hace falta.»

—Muchas gracias, profesor Edery... *Shalom*...

Realmente, no puedo quejarme. El programa es tentador. Me interesa especialmente la ceremonia de la circuncisión. No sé por qué había imaginado que se celebraba siempre en la sinagoga; pero me entero de que no hay tal. Se celebra también en casa, en los hospitales e incluso en algún hotel, como las bodas.

La verdad es que nunca he conseguido explicarme la extrema importancia que los judíos han concedido siempre al acto de cortar ese trocito del prepucio. Y sin embargo, es así. Para ellos es nada menos que la Alianza del hombre con Dios, el pacto que Dios hizo con Abraham. «Éste será mi pacto, que guardaréis entre mí y vosotros y tu simiente después de ti. Será circuncidado todo varón de entre vosotros.»

Mientras, sentado en el vestíbulo del hotel —todos los americanos se han ido de compras por el barrio de Yafo—, espero al profesor Edery, cuyo coche asmático me es ya familiar, recuerdo que Pío Baroja, en uno de sus cáusticos textos, ridiculiza al máximo que «los semitas hayan convertido la membrana-himen en algo *místico* y *sublime*, en uno de los soportes de su religión». También recuerdo que en el seminario nunca quisieron explicarnos en qué consistía la circuncisión, pese a que todos habíamos visto estampitas y láminas con el Niño Jesús expulsando por la ingle un chorrito de sangre al interior de una copa.

He hablado un momento de ello con David Thompson, quien con motivo de la proximidad de la Pascua continúa radiante. Me ha dicho que en los Estados Unidos muchas familias, aun sin ser judías, hace ya mucho que circuncidan a sus hijos. «Lo hacen por motivos higiénicos, ¿comprende? De todos modos, me alegra mucho que asista usted a esa fiesta —el calificativo me sorprende— en compañía de alguien que pueda explicarle el significado exacto que nosotros le hemos dado.»

Llega el profesor Edery y nos dirigimos al Hospital Hadassa. En el camino, le observo a través del espejo retrovisor del coche. Su calva reluce más que nunca —una calva pascual—, y sus ojos, generosos y cambiantes, se azaran un tanto con el tráfico. No puede decirse que, al volante, sea un campeón y confiesa que la mecánica es para él algo esotérico. «Pregúnteme sobre el Apocalipsis, pero no sobre el delco y menos aún sobre el embrague.»

Mientras subimos hacia el monte Scopus, camino del Hospital, recuerdo que Jacob, que nos acompañó allí, se mostró muy orgulloso del panorama que se divisa desde lo alto. El profesor Edery da muestras de indiferencia al respecto. Me da la impresión de que el espectáculo de la naturaleza le tiene sin cuidado. En cuanto logra aparcar, en vez de extender el índice y clamar: «¡He ahí Jerusalén!», «¡He ahí Ain Karem y los bosques a pérdida de vista!», lo que hace es sujetar con la diestra su pequeño sombrero para que no se lo lleve el viento, y con la otra mano asir fuerte su sempiterna cartera, que no abandona jamás.

Total, que tardamos lo mínimo en encontrarnos frente a la puerta principal del enorme complejo sanitario. Antes de entrar, se detiene y me dice:

—Hoy no hay ningún muerto en el hospital.

Asombrado, le pregunto:

—¿Cómo lo sabe usted?

—Es muy sencillo. No hay ningún letrero que prohíba la entrada a los sacerdotes, a los *cohen*. Cuando hay un muerto los *cohen* no pueden entrar, ya que un muerto es considerado un ser inmundo.

No me da tiempo a hacer ningún comentario, pues el profesor Edery, con su paso menudo, echa a andar y diríase que atraviesa las puertas de cristal.

Ya en el interior consulta su reloj y me dice que hemos llegado con casi media hora de adelanto. «Bueno, no importa, podremos echar un vistazo por aquí antes de la ceremonia. Lo malo es que esto es un laberinto y que a lo mejor nos encontramos en el interior de algún quirófano.»

Le digo que no se preocupe, y enfila la primera escalera que nos sale al paso. Huele a hospital, y a especias y a alcanfor tercermundistas. Con los ojos cerrados me atrevería a jurar que no estoy en un centro médico de Londres o de Chicago. Por lo visto cruzamos un pabellón de Salas de Maternidad, pues nos rodean por doquier mujeres embarazadas, que se pasean o suben y bajan, agarradas a la barandilla. En casi todas las camas, cuatro o cinco parientes o amigos rodeando a la «enferma», como ocurre en el mundo árabe, gitano o similares. Se nota en el ambiente algo especial. ¿Qué ha ocurrido? El profesor Edery indaga: acaba de nacer un niño muerto. ¿Un niño muerto? Es una de las cosas más incomprensibles para mí, que mayormente me acongojan. Y lo más paradójico es que la madre, que se ha salvado, había estado diciendo todo el tiempo que a lo mejor llevaba dentro el Mesías. «¡Oh, sí, eso es corriente entre las mujeres judías, incluso entre las que se mofan del tema en forma agresiva! De pronto, en un momento determinado, en el transcurso del embarazo se preguntan: "¿Y si fuera yo la elegida? ¿Por qué ha de ser otra y no yo, vamos a ver?"»

Mientras me pregunto si ahora colocarán en la puerta principal el letrero prohibiendo la entrada a los *cohen*, dejamos atrás las Salas de Maternidad y cruzamos un espacioso salón con *snack* y venta de flores, de bisutería barata y de pequeños regalos. El griterío es enorme. El profesor Edery se detiene un momento a hablar con una enfermera. Luego me dice que Golda Meir continúa hospitalizada aquí. «Mal asunto... En la Universidad se rumorea que tiene paralizado el lado izquierdo.»

Le pregunto si podríamos visitar el pabellón psiquiátrico, de enfermos mentales. Por un momento, sus ojos dejan de ser generosos. No parece gustarle la idea. Se abanica con el sombrero. Pese a ello, reacciona y siguiendo las flechas indicativas llegamos al pabellón. Sin embargo, antes de entrar me pregunta: «¿De verdad tiene usted interés en efectuar esa visita?» Una vez más me interrogo sobre qué ocurrirá con los enfermos mentales en Israel. Me consta, y es lógico que así sea, que son muy abundantes, que el índice de pacientes es crecido, a causa del exceso de sufrimiento y de la tensión de la vida cotidiana. Inmigrantes que a lo mejor se salvaron de puro milagro de la persecución de los SS; otros que, condicionados por sus países de origen, no logran adaptarse al cambio ambiental; soldados que en el frente reaccionan coléricamente o lo contrario, que caen en un estado semicatatónico. Salvio Royo me habló de ello con la mayor naturalidad, cargando el acento sobre los muchos casos de paranoia, de esquizofrenia y de brusco hundimiento de la personalidad. Y no obstante, he aquí que no sólo resulta difícil saber en qué centros o lugares del territorio reciben tratamiento, sino que el propio profesor Edery, que debería de estar al margen de tales susceptibilidades, ha dado ahora pruebas de reticencia. «Es comprensible, ¿no cree? —me dice, apuntando una explicación—. La exhibición de esos enfermos crearía un estado de desmoralización. Y lo mismo cabe decir de los mutilados...»

Impugno su tesis alegando que, sobre todo por lo que respecta a la terapia de muchos tipos de dolencias mentales, el ambiente ejerce una influencia decisiva. «Comprendo lo que quiere decir... Sin embargo, precisamente lo que la moderna psiquiatría aconseja es evitar en lo posible el aislamiento, la soledad; y si no me equivoco, ese pabellón de este hospital es muy pequeño y recluido y no puede en modo alguno reunir las condiciones necesarias.»

El profesor Edery tiene un gesto de resignación forzosa y llama a una enfermera, que nos permite recorrer un par de pasillos, en los que vemos un niño jugando con un mecano, otro comiendo y babeándose y, en un cuartucho oscuro e inhóspito, una mujer durmiendo con la boca abierta. Da grima esa mujer. Ronca fuerte y pega patadas a las sábanas. Otra enfermera se nos acerca, bolígrafo en mano y con ademán enérgico se dispone a obligarnos a retroceder por donde vinimos. Por fortuna, en ese instante el profesor Edery ve pasar a un médico argentino —me dice que los argentinos van casi al copo en la especialidad— y se dirige a él.

Nada que hacer. Aparte de que han hablado en hebreo y no me he enterado del diálogo, lo único que el profesor ha conseguido es poder adentrarnos un poco más en el pabellón, y ver de pasada unos cuantos mongólicos, una sala con epilépticos y, en el mismo pasillo, un hombre empeñado en alcanzar el techo trepando, sin asidero alguno, por la resbaladiza pared...

Me doy cuenta de que el profesor Edery, que no cesa de abanicarse con el sombrero, pasa un mal rato, y puesto que la enfermera del bolígrafo no nos deja un solo instante, propongo dar media vuelta y salir. Antes de alcanzar la puerta nos cruzamos con otros dos médicos de inconfundible aspecto sudamericano. El profesor logra sobreponerse y comenta: «Como verá usted, en Israel, para estar loco, resulta una ventaja hablar castellano.»

Bien, David Thompson no mintió: la circuncisión es una fiesta. Me doy cuenta apenas entramos en la sala en donde la ceremonia ha de tener lugar. Sala más bien reducida, con unas veinte personas que nos han precedido y que charlan alegremente. A lo largo de varias mesas adosadas a la pared, un buen surtido de bebidas y manjares a propósito para un guateque. Veo que la sala queda partida por un enorme cristal, tras el cual, y sobre un estrado, hay varias sillas, una mesa con instrumental y unos frascos y unos vasos.

El profesor Edery ha sido bien recibido en la reunión. Abrazos, besos, Shalom, Shalom... En el momento en que se dispone a presentarme a los familiares del niño que va a ser circuncidado —ha cumplido los ocho días de rigor—, advierto que el sombrero del profesor ha desaparecido como por encanto y que el hombre lleva en la cabeza la *kipá* de ritual. Más aún, después de haber estrechado varias manos —he oído los nombres de Alós, Lapid, Samma, etcétera—, ¡el profesor se saca del bolsillo un gorrito idéntico al suyo y me lo entrega para que cubra con él mi propia calvicie! Así lo hago, mientras los asistentes, que parecen agradecer mi interés, me dedican afectuosas sonrisas.

De pronto, entra la madre, vestida de amarillo, llevando en brazos una canasta con el niño dentro y estalla una cariñosa ovación. Todo el mundo se precipita a felicitarla, besándola en ambas mejillas. Por mi parte, consigo ver al niño —el padrino, a quien llaman el *sandak,* se ha hecho cargo de él—, que está dormido. «Dormido, no —me corrige el profesor—. Anestesiado... El corte que van a hacerle es de aúpa, ya lo verá usted...»

Poco después se inicia la ceremonia. El *sandak,* que simboliza al profeta Elías —éste llamado el «Ángel de la Alianza»—, entra en el pequeño recinto al otro lado del cristal y toma asiento en la silla que preside el estrado. Con él entran el padre del neófito y los parientes y amigos más próximos. Mientras yo me pregunto dónde estará el «cirujano» —el *mohel*— que ha de poner manos a la obra, veo que un fotógrafo preparado al efecto retrata al niño en brazos del *sandak,* y luego en brazos del padre, y así, sucesivamente, en brazos de cada uno de los parientes y amigos. «Ahí tiene usted al *mohel* —me dice, de pronto, el profesor Edery, señalándome a un hombre barbudo, que es quien toma ahora en sus brazos al pequeño—. En realidad, el encargado de la operación debería ser el padre; pero es algo muy delicado y hay que ser un experto. Compréndalo, señor.»

—¿Entonces, ese *mohel* es médico?

—¡No, qué va! Es sastre... Pero se especializó en ello y es de los mejores de Jerusalén.

El rito subsiguiente es breve como el de la boda que se celebró en el «President Hotel». Mientras el *sandak* —el profeta Elías— se ha hecho nuevamente cargo del niño colocándolo ahora en sus rodillas, éstas cubiertas con un paño blanco, el *mohel* —el sastre— ha tomado de la bandeja un instrumento plateado, parecido a una pequeña navaja de afeitar, y en un santiamén ha cortado el pedazo de prepucio del niño, mientras los asistentes se mordían los labios y algunas de las mujeres cerraban los ojos y volvían la cabeza. El niño, pese a la anestesia, ha lloriqueado de dolor. La sangre ha brotado, pero acto seguido el *mohel,* aplicando su boca en la herida, ha chupado en ella con fuerza, mientras depositaba el trocito de piel en uno de los frascos que allí había. A continuación, con unas gasas, y con extremo cuidado, ha vendado la herida. Al término de la operación, los asistentes han entonado un cántico y la madre, con su vestido amarillo, aparecía como transfigurada.

Luego se establece un corto diálogo entre el *sandak* y los demás y me entero de que el niño, que de vez en cuando gime aún y se mueve inquieto en la canasta, ha recibido el nombre de Esaú.

El guateque —previamente han sido leídos en voz alta unos textos sagrados—, se caracteriza por la alegría y las canciones. El profesor Edery se las arregla para encontrar un sitio en un rincón, junto a unos ventanales en los que, inevitablemente, están reproducidas las vidrieras de Marc Chagall. Y allí dialogamos a placer, pese a la bullanga que nos rodea. El profesor me dice que el gorrito que lleva —la *kipá*— me sienta muy bien y que «parezco un judío de verdad», con lo que respalda, sin saberlo, la tesis de Isidro.

Insisto en que considero sorprendente que un sastre ejerza de *mohel*... «No es lo mismo cortar un traje que un prepucio, ¿verdad, profesor?» Éste replica que en Tánger asistió a un bautizo católico y que también se quedó patitieso. «La saliva del cura, la sal, los exorcismos...» «Sí, claro —contesto—. En todas partes el ritual resulta extravagante.»

El hombre está más alegre que de costumbre y es evidente que le complace el respeto y el afecto con que todo el mundo lo trata. La madre del flamante circunciso, de Esaú, de vez en cuando se le acerca y le besa en las mejillas. «Moisés, te agradezco mucho que hayas traído a tu amigo español... Si por fin se decide a ir a tu casa la noche del *Seder*, le pediremos que nos cante una canción de su tierra.» El profesor me informa de que, en efecto, entre quienes nos rodean figuran varios de los que están invitados a celebrar en su casa la cena pascual. «Por cierto, ¿qué tal se le da a usted, señor, eso de cantar?» «Más o menos, como a usted el conducir un automóvil, profesor...»; y nos reímos de buena gana.

Como era de suponer, me pone al corriente de una serie de cosas interesantes referidas a la circuncisión. Salvo en caso de imposibilidad absoluta, en la ceremonia deben asistir lo menos diez varones adultos. «Aquí no ha habido problema, pero en el exilio, a veces, o en tiempos de persecución, resultaba muy difícil reunirlos.» El paño blanco con que el *sandak* se cubrió las rodillas y sobre el que el niño reposó, se guarda y con él se confecciona más tarde la llamada *Mappa*, es decir, la tela que sirve para enrollar la Torá. «Sí, uno de nuestros defectos es que exageramos con los símbolos. Tal vez por ello en el momento en que nos circundan, es decir, en que empezamos a ser judíos de verdad, ya empezamos a llorar.»

A continuación me aclara que el rito material de la circuncisión no ha sido nunca exclusivo de los hebreos. «Los musulmanes son circuncisos, y no son judíos. Y otras muchas razas también, por creer que la operación es saludable y que preserva mejor el órgano de la procreación. La diferencia estriba en que el pueblo judío identifica dicha operación con el alma, con el Principio Supremo, con la Idea. De ahí que, antiguamente, la balaustrada que rodeaba el Templo no podía ser traspasada por ninguna persona no circuncisa, *bajo pena de muerte*.»

—Un poco fuerte ¿no, profesor?

—¡Oh! Desde luego...

Continúa hablando, y me entero de que, según los musulmanes, Mahoma nació ya circunciso. «Un caso único. Tampoco la comadrona tuvo necesidad de cortarle el cordón umbilical: el niño nació ya con el cordón cortado, y un batallón de ángeles bajó del cielo y lo lavó.»

Mientras me pregunto si Salvio estará enterado de ese detalle, el profesor me cuenta algo escalofriante: en algunos países del mundo árabe, especialmente los que colindan con el Nilo, hasta hace poco tiempo era frecuente «circuncidar» a las mujeres, a las niñas. La operación consistía en practicarles la clitoridectomía, en escindirles el clítoris —generalmente, al cumplir los ocho años de edad—, con lo que se las privaba intencionadamente de parte del goce sexual, al objeto de «evitar en lo posible futuros desvíos e infidelidades»; y ello pese a que el Corán no se pronuncia sobre el particular. «Algo horrendo, que además a menudo era practicado por comadronas perversas, que gozaban al efectuar la extirpación. Y lo curioso es que la ceremonia, en muchos casos, era celebrada por la familia también con regocijo. Las niñas, por descontado, sufrían lo indecible, aunque se les dijese que era por su bien, que a partir de ese momento serían ya mujeres de verdad.»

—Pero no es precisamente un judío quien puede censurar al respecto la conducta de nadie... —añade el profesor—. A modo de ejemplo puedo contarle, señor, lo que fuimos capaces de inventar para que un cristiano, aunque se hubiese convertido al judaísmo, fuera al infierno... Puesto que, según la Ley, «ningún circunciso se condenará», un talmudista llegó a escribir que cuando un cristiano converso moría, bajaba del cielo un querubín y volvía a colocarle el prepucio que le fue cortado, impidiéndole con ello beneficiarse de la prometida impunidad...

Ese dato me sugiere una pregunta clave.

—Por cierto —le pregunto al profesor— ¿qué suele hacerse con el pedazo que se corta? He visto cómo el mohel lo guardaba en aquel frasco que hay en la mesa...

El profesor Edery me escucha, sus ojos relampaguean, y levantando el vaso como si fuese a brindar me espeta a bocajarro:

—Por regla general, la familia lo guarda..., por sentimentalismo, o como amuleto o algo así. Ahora bien, en la práctica no es raro que una mujer de dicha familia, en caso de esterilidad, lo coloque bajo la almohada durante el acto sexual con el marido, e incluso que se lo trague, pues existe la creencia de que merced a esa especie de comunión la esterilidad puede curarse...

Me quedo atónito hasta tal punto que me siento incapaz de llevarme a los labios, como era mi intención, el vaso de vino que sostengo en la mano.

—Pero, ¿habla usted en serio, profesor?

—Completamente, señor... —Sus ojos han vuelto a ampliarse—. Sí, somos tan supersticiosos como los sintoístas, como los lamas del Tíbet, o como los cristianos... O como puedan serlo los ateos del siglo veinte.

No acabo de creérmelo y le comento que ello debe de ser privativo de las capas menos cultivadas del pueblo judío.

—De ningún modo, señor... Es algo bastante más generalizado y frecuente de lo que los diputados del Parlamento admitirían en un informe oficial.

Me muerdo los labios.

—Óigame una cosa, profesor... Aquí, en esta sala, en este momento, ¿hay alguna mujer capaz de tragarse un día el trocito de carne de Esaú..., si se casa y le diagnostican esterilidad?

El profesor Edery se compone el gorrito —lleva la cartera sujeta bajo el brazo, en la axila—, y por toda respuesta exclama: «¡Claro que sí! Si no me equivoco, andan por ahí dos muchachas... Perdone usted un minuto, por favor.»

Se dirige hacia la parte opuesta de la sala y poco después regresa con dos chicas, a las que me presenta como Raquel y Ester y de las que me dice que son universitarias. Raquel estudia química y es hermosa; Ester, muy miope, bajita y enclenque, estudia Derecho. El profesor, que consiguió atraerlas con no sé qué argucia, de pronto las pone al corriente de lo que se trata y les ruega que me contesten con la sinceridad que les es habitual.

Raquel tiene una curiosa reacción. Suelta una carcajada y exclama:
—¡Pues claro que me tragaría el trocito! En mi familia hay precedentes de que el método puede ser eficaz...

Su amiga, Ester, parece dudar por unos instantes. Finalmente se decide y acaba confesando:

—¡Bien, qué más da! Sí, yo también me lo tragaría, señor...

Consigo dominarme y charlamos unos instantes. Raquel quiere dejar bien sentado que en Israel hay muchas mujeres que me habrían contestado con un «no» rotundo. «Ya sabe usted. Preguntar así, a voleo, no puede tomarse demasiado en serio...» Por su parte, Ester insiste en que es plenamente consciente de que la lógica no interviene para nada en el asunto. «Es una tradición, un impulso extraño..., ¡qué sé yo!»

No es cosa de prolongar la situación. A punto de despedirnos, se acerca otra vez la madre del pequeño Esaú. Tiene el color cálido y la aureola poética de las parturientas jóvenes. Lleva una bandeja repleta de dulces y el profesor Edery, que es un goloso de marca, ha de dominarse para no servirse el primero. «Calma, calma, profesor, ya le llegará el turno —le dice la mujer. Y dirigiéndose a las dos estudiantes pregunta, sonriendo—: ¿De qué estaban ustedes hablando? No criticarían a mi hijo, ¿verdad? ¡Se ha portado como un valiente!»

El Santo Prepucio

Camino del «President Hotel», ya de regreso, el profesor Edery, más tranquilo porque el tráfico es menor, me dice que su hija, desde luego, me contestaría «no». Acto seguido, saltando a otro tema, comenta que fue san Pablo quien, con gran sentido realista, y a fin de conseguir adeptos para el cristianismo, levantó la barrera de la circuncisión. «A no ser por san Pablo, el cristianismo hubiera desaparecido el primer siglo, sin dejar rastro.»

Llegados frente al hotel detiene el coche y, como de costumbre, se muestra dispuesto a proseguir el diálogo. Le pregunto si conoce el libro de Roger Peyrefitte titulado *Las llaves de san Pedro* y me contesta que sí. «Me resistía a leerlo, ya que la biografía del autor me ofrecía escasas garantías; pero en un viaje que hice a Roma me aseguraron que las informaciones de Peyrefitte eran de primera mano, casi todas ellas irrefutables, lo que en el Vaticano causó el mayor asombro, y me lo zampé de un tirón.»

Comentamos dicho libro —Salvio me lo prestó en el «Hotel Intercontinental»—, y, como es obvio, centramos el tema en los datos que el autor suministra sobre la devoción por el Santo Prepucio —por el prepucio de Jesús—, que tan en boga estuvo durante varias centurias. El profesor Edery recuerda perfectamente que, según Peyrefitte, en un momento determinado —exactamente, en el siglo XVI—, llegaron a ser catorce los Santos Prepucios existentes y venerados en diversas iglesias de la catolicidad, cada una de las cuales pretendía que «su» reliquia era la auténtica: nueve en Francia, otra en Metz, otra en Prusia, otra en Roma... y otra en España, en Santiago de Compostela.

Especulamos un poco sobre los problemas teológicos que planteaba la posible existencia de un Santo Prepucio, entre los que no era el menor la imposibilidad de admitir que Jesús, después de resucitar, subiese al cielo «incompleto, mutilado». Una tesis pretendió que Jesús pudo resucitar con «otro» prepucio, en otra tesis se citaron varios casos de judíos circuncisos a los que, con el crecimiento natural, el prepucio les había «rebrotado» espontáneamente. Bromeamos un tanto, imaginando la conmoción que el hecho de guardar tan notable reliquia —hecho avalado por algunos pontífices— debía de producir entre ciertos sectores de fieles, por ejemplo, entre las monjas. «Conmoción mucho mayor, desde luego, que el cordón umbilical o que el ombligo de Jesús, que también fueron venerados en diversos lugares...»

Hablamos de santa Elena, cuya eficacia con respecto a la expansión del cristianismo puede equipararse, en cierto sentido, a la de san Pablo, la cual, siempre según Peyrefitte, se llevó de Tierra Santa dos piedras-reliquia de valor impar: la piedra sobre la que cayó el prepucio de Jesús al ser cortado, y la piedra sobre la que Abraham estaba dispuesto a sacrificar a Isaac.

—Pero ninguna de las dos piedras llegó a Roma ¿verdad?

—No —afirma el profesor— Peyrefitte cuenta que, poco antes de llegar, los caballos del carruaje se encabritaron y se negaron a proseguir el camino; y que entonces santa Elena decidió levantar allí mismo —en *Saint Jacques de Bourg*, creo— una iglesia en la que guardar las dos reliquias.

Aquí termina nuestra aventura mañanera en el Hadassa. Le agradezco al profesor la oportunidad que me ha brindado.

—¡No, no, nada de eso! Agradézcaselo a la madre de Esaú... Llevaban tres años de matrimonio y no tenían descendencia; hasta que ella se decidió a tragarse un trocito de piel que guardaban en su casa... —Sonríe, mientras pone en marcha el coche, y antes de pisar el acelerador añade—: Y ha visto usted los resultados. Un niño hermoso ¿verdad? —Dicho esto, se cala el sombrero y desaparece, zigzagueando, en dirección a la avenida Agron.

Almuerzo en el hotel. Lionel y Dan parecen estar nerviosos. Me dicen que acaban de oír por radio que en la ciudad de Ramallah dos coches judíos —por fortuna, sin nadie dentro— han volado, a consecuencia de dos bombas «palestinas». En el comedor, David Thompson, que ha visto por televisión las imágenes del atentado —los restos de los dos coches— está furioso, sobre todo, porque los «turistas» norteamericanos, ¡sin excluir a los de Chicago!, se han enterado de la noticia como quien oye llover. «Ahí los tiene usted, riéndose como si nada.»

David Thompson me informa también de que «a ese monseñor Capucci de los diablos» la cosa se le pone cada vez más fea. Por lo visto el tribunal que lo juzga lo tiene acorralado y está a punto de confesar.

—¿Cuál puede ser la sentencia? —le pregunto.

—No sé. No soy abogado. Pero veinte o treinta años... La verdad es que no lo sé.

—¿No cree usted que pueden condenarlo a muerte?

—No creo. Ha tenido una suerte loca.

—¿Cuál?

—Que yo no soy el presidente del tribunal... —y el viejo David Thompson se ríe, olvidando por un momento el atentado de Ramallah.

Puesto que a las dos y media volverá el profesor Edery a recogerme, ahora para visitar la Colina de los Mártires, descanso un rato en mi habitación y luego hojeo algunos periódicos atrasados. ¡En uno de ellos, muy reciente, encuentro el anuncio del *mohel* Efraim Elon —el que circuncidó a Esaú—, quién «felicita a sus clientes y les ofrece una vez más sus servicios»! En otro periódico leo la noticia según la cual «el novelista católico inglés, Graham Greene, declaró hace poco que se sentía identificado con el pueblo de Israel y que, a su entender, cuando Arafat entró en la ONU las delegaciones de todo el mundo debían de haber soltado una carcajada». Y en otro se recogen una serie de datos sobre la ayuda que, desde el término de la Segunda Guerra Mundial, Alemania ha prestado a Israel. «Cuando nuestra guerra de los Seis Días, su apoyo fue incondicional.» Las cifras monetarias que el periódico facilita, entregadas por el Gobierno alemán en concepto de «reparación», son de tal magnitud que resulta difícil darles crédito. Supongo que Alma encontraría ahí un argumento en favor de la superioridad que se arrogan los askenazis... En lo que a mí respecta, ese contacto Alemania-Israel me prepara adecuadamente para aprovechar como es debido la visita a la Colina de los Mártires.

La Colina de los Mártires

El profesor Edery es puntual, como siempre. Subo a su coche —los soldados de guardia en el hotel vigilan con más atención que de costumbre—, y compruebo con sorpresa que mi sabio guía lleva, ¡no faltaría más!, el sombrero, pero no la cartera.

—¿Qué ha ocurrido?

—Nada —contesta—. Simplemente, visitamos un cementerio ¿no es así? ¿Para qué sirven las carteras en los cementerios?

Esta palabra —cementerio— me choca súbitamente, pese a estar preparado para escucharla. Sí, el espectáculo humano es vario como las secciones de los periódicos. Por la mañana, un recién nacido, en Hadassa; por la tarde, el recuerdo de varios millones de muertos.

Me doy cuenta de que el profesor Edery presenta un aspecto más serio de lo habitual. «Será por lo de Ramallah», pienso. «O tal vez por esa Colina que nos aguarda, y que hemos divisado ya.» El profesor simplifica la cuestión. «Creo que esta mañana he comido demasiados pasteles», me dice, chascando la lengua y haciendo un guiño como si fuera a eructar.

Bien, hemos llegado. Así, al pronto, la visita me recuerda la que hice al Bosque de la Paz en compañía del señor Sapolinsky. Desde el altozano se divisa también, además de Jerusalén, un extenso territorio. Árboles y más árboles, incontables matices verdes, dos perros perdidos, quién sabe si en busca de su antiguo dueño, aquí enterrado...

El profesor Edery me expone su plan. Ahora nos encontramos ante la puerta de entrada del llamado monte Herzl, por cuanto en él descansan los restos del doctor Teodoro Benjamín Herzl, quien con cincuenta años de anticipación profetizó la creación del actual Estado de Israel. También está ahí el Cementerio Militar. Luego visitaremos el monte de al lado, llamado monte del Recuerdo —a un quilómetro de distancia—, en el que comienza el bosque grandioso que estoy contemplando. «Seis millones de árboles plantados, en recuerdo de los seis millones de judíos que, según las estadísticas, fueron víctimas de la persecución nazi.» En ese monte recorreremos la llamada «Avenida de los Gentiles Justos», muy interesante y, por supuesto, visitaremos, un poco más arriba, el Instituto Yad Washem, que contiene, además del monumento-funerario con las cenizas de los sacrificados en los campos de exterminio y la correspondiente llama perpetua, el Museo del Holocausto, con fotografías, objetos y demás provenientes de dichos campos, y que bien podría denominarse «Museo de los Horrores». Por último veremos, al aire libre, la estatua de Job, que parece escoltar dicho museo y luego el enorme bloque escultórico, en bronce, conocido por el «Rollo de Fuego», con escenas que relatan el Holocausto, al modo como los capiteles y los bajorrelieves de las catedrales europeas reflejan sintéticamente la historia del cristianismo y los frisos egipcios relataban la vida y la muerte en los tiempos faraónicos.

Entramos en el monte Herzl. El profesor Edery me conduce directamente a la tumba del moderno profeta sionista, el doctor T. B. Herzl, «quien fracasó ante Pío X en su intento de reconciliación entre judíos y cristianos. *Non possumus!*, oyó una y otra vez, por boca del cardenal español Merry del Val. Fue una ocasión perdida, lamentablemente perdida...» Veo, próximas a la tumba del doctor, las tumbas de varios miembros de su familia y las de otros líderes sionistas conocidos: Sokolov, Jabotinsky, Levi Eskol... En un edificio a nuestra izquierda, una réplica exacta del estudio que T. B. Herzl tenía en Viena, con su propia biblioteca, sus propios muebles y demás, entre los que destaca la mesa en la que, desesperado por su fracaso ante el Vaticano, escribió, en 1896, su libro históricamente decisivo: *El Estado judío.*

—*Non possumus...* —repite el profesor, con semblante sombrío—. Como siempre, la intransigencia. Y años más tarde, el propio Vaticano reconocería que el pueblo judío no fue deicida...

Me impresiona mucho el Cementerio Militar. Antes de penetrar en él vemos cómo varios grupos de visitantes que nos preceden toman con respeto, de una hornacina colocada a propósito, la obligada *kipá,* así como un ejemplar del libro de los textos sagrados.

Lo que mayormente me llama la atención es una piscina dedicada a los jóvenes soldados que murieron en la guerra de 1948, y cuyos nombres figuran en lápidas perfectamente visibles debajo del agua. «Ahí tiene usted, grabadas, unas palabras del Salmista: *te haré volver de la profundidad del mar.*» No puedo por menos que recordar que en Filipinas, en las afueras de Manila, existe —en tierra firme— un cementerio de signo opuesto: siete mil cruces sin nombre, en recuerdo de los siete mil marinos que desaparecieron en el océano, en la batalla del Pacífico.

El bosque en torno es inacabable, y por un lado se dirige, al igual que el del Hospital Hadassa, hacia Ain Karem, cuna del Bautista y por otro desciende hacia Jerusalén. El profesor Edery, sincero y objetivo como siempre, considera exacta la cifra de seis millones de árboles plantados, pero en cambio estima exagerada la de seis millones de víctimas... «¡Es tan difícil precisar! En primer lugar, en los campos de exterminio murieron también muchas personas no judías; y luego ¿cómo llevar la cuenta?» Asiento con la cabeza, añadiendo que lo mismo ocurre con el número de muertos de la guerra civil española, que se ha cifrado en un millón, pese a que en el prólogo de mi libro sobre el tema advierto que tal número es puramente metafórico.

Pronto nos adentramos en la famosa «Avenida de los Gentiles Justos». Resulta emotiva. Árboles corpulentos, con abundancia de pinos, cada uno de ellos en recuerdo de una persona no judía que, con riesgo de su vida, ayudó a salvar la de hebreos perseguidos. Al pie de cada árbol figura una placa con el nombre y el lugar de origen del «Justo». Algunos de dichos árboles fueron plantados por los propios homenajeados. Veo los nombres de varios religiosos católicos: el padre Couppé, redentorista belga; el padre Richard, abad francés; el padre Niccacci, italiano... El profesor Edery siente una inclinación especial por este último, cuya proeza ha analizado en casa con todo rigor. «Salvó a varios millares de judíos, y aquí sí que no hay exageración, distribuyéndolos, disfrazados de monjes, por los monasterios y conventos de las inmediaciones de Asís. Incluso les enseñó a comportarse como si perteneciesen realmente a la comunidad de turno, desorientando con ello a los miembros de la Gestapo que registraban afanosamente aquella zona. —Contempla ia placa, guardando un silencio y luego prosigue—: De todos modos, no se trata de la cantidad de vidas salvadas. Existe para los *Justos* una medalla honorífica cuya inscripción reza: *Quien salva a un solo ser humano, es como si salvara al mundo entero.* Y por supuesto, sólo tiene derecho al título aquel que llevó a cabo su hazaña sin esperar premio o recompensa de ningún género, es decir, espontáneamente.»

Mientras proseguimos la ruta, ahora en dirección al Pilar del Heroísmo —simple y estilizada aguja de brillante acero, de veinte metros de altura, «que se alza sobre la región de Judea como un desafío contra cualquier tentativa racista»—, el profesor Edery me da cuenta de las diversas polémicas habidas en Israel sobre si el general Franco se merecía o no el título de Justo y, en consecuencia, si tenía o no derecho a un árbol en la Avenida. «Al parecer, está archiprobado que durante la Segunda Guerra Mundial dio entrada en España a buen número de judíos que huían de la persecución de Hitler —lo que significó para ellos la salvación—, e incluso que gestionó con éxito la liberación de algunos grupos que estaban a punto de ser exterminados; sin embargo, siempre ha surgido alguien que ha puesto en tela de juicio la verdadera intención que pudo presidir esa ayuda del general Franco, y ya le dije antes que era condición indispensable que la proeza fuese altruista, espontánea. —Sin dejar de andar prosigue—: Por supuesto, el diagnóstico no es nada fácil, ya que también parece archiprobado que al inicio de la guerra el general se inclinó con entusiasmo en favor de Hitler y que, posteriormente, y como siempre, sus simpatías, e incluso su ayuda, han ido en pro de los países árabes.»

Me abstengo de comentar el tema. Pese a que mi opinión es clara al respecto, estoy aquí para ver y para escuchar. Sin embargo, no puedo por menos que sonreírme ante la idea de que a los muchos títulos que el general Franco ostenta, algún día los judíos le otorguen el de *Justo,* y no digamos el de *Gentil.*

—Profesor, ¿qué significa, de hecho, la palabra gentil?

—¡Bueno! Originariamente, era gentil todo aquel que no profesaba ninguna religión monoteísta. Más tarde fue gentil todo aquel que no profesaba expresamente la religión judía... —Echa para atrás la cabeza, a fin de contemplar la reluciente aguja de veinte metros de altura y concluye—: Ahora, ya sabe usted, el vocablo se ha adjetivado... Y así, por ejemplo, usted, señor, es una persona gentil.

—Muchas gracias, profesor.

Estamos en Yad Washem, ante el monumento funerario a las víctimas del Holocausto. Es un edificio moderno, rectangular, más bien achatado, que impresiona por su sencillez. Los visitantes son muchos —la colina está llena de autocares—, entre los que reconozco a varios de los huéspedes recién llegados al «President Hotel». La puerta de entrada está situada a la derecha y me doy cuenta de que, para franquearla, una vez más tendré que cubrirme la cabeza con la *kipá* —negra, enlutada—, en señal de respeto. La misma piedra exterior del edificio es de color negro, traída de Galilea; la interior, en cambio, es rosada, es piedra de Jerusalén.

Llegado nuestro turno, nos cubrimos la cabeza y entramos. La luz es menguada, y todo de una absoluta desnudez. Hay una baranda, desde la cual puede contemplarse la llama perpetua, violenta allá al fondo, a la que preceden, correctamente alineadas, las lápidas que componen este cementerio singular. Singular, entre otras razones porque en dichas lápidas no hay nombres de personas sino nombres de lugares, de campos, de campos de exterminio: Dachau, Bergen-Belsen, Ausschwitz —pienso en la familia de Alma, que desapareció en él...—, Drancy, Treblinka, Babi-Yar, etcétera. Tampoco hay, debajo de las lápidas, cadáveres individualizados, sino puñados de ceniza residual, de ceniza colectiva. Por lo visto, cada mañana, a las once, un cantor oficia aquí el *kadish*, la oración para los muertos; en esta tarde de cielo alto de Jerusalén sólo oímos el silencio de todos cuantos estamos dentro y, de repente, un grito extraño, de horror acumulado, que sale de la garganta de una mujer anegada en llanto. Nadie puede detenerla. Baja en dirección a una de las lápidas —la de Treblinka—, se arrodilla y la besa. Y luego la golpea con ambos puños. Y vuelve a gritar. Y al final levanta la cabeza y volviéndose hacia nosotros nos mira suplicante, mientras el resplandor de la llama —¿cuándo esas llamas dejarán de ser perpetuas?— la convierte en un ser espectral.

Me siento pequeño, indefenso. Comprendo que las ideas personales, las opiniones, no cuentan ante situaciones de esa dimensión. Cualquiera que sea la actitud mental de los aquí presentes, ya que sin duda hay simples curiosos, lo cierto es que se ha formado como un sollozo colectivo, tan apretado como la ceniza que se oculta debajo de las lápidas.

El profesor Edery, que detesta dramatizar, me indica con un ademán que desea salir del recinto. Le hago una señal de asentimiento. La empresa no es fácil. Tenemos que abrirnos paso a codazos; no obstante, por fin franqueamos el umbral de la puerta y, una vez fuera, respiramos hondo, respiramos el vaho calcáreo, a un tiempo evocador y terrible, que asciende de la hondonada, de Jerusalén.

Justo al lado, el Museo del Holocausto. Nada más entrar, adquiere un significado inédito para mí. En principio, también yo detesto dramatizar, aunque he de reconocer que a menudo lo hago por cosas triviales y sin venir a cuento. Pero no es lo mismo enfrentarse con el tema de la persecución nazi en cualquier lugar neutro —ver películas y reportajes, leer libros, etcétera—, que pechar con ello en la propia Jerusalén, rodeado por todas partes de judíos que, directa o indirectamente, se vieron implicados en aquel sadismo calculado y frío. Todo lo que ese Museo contiene —a excepción, una vez más, de las cifras, de los gráficos con los números de víctimas, que aparecen excesivamente redondeados y precisos—, adquiere aquí un tono vivo, un carácter de verosimilitud.

A la vista de los paneles con gigantescas ampliaciones fotográficas de lo ocurrido en la Alemania del Führer, en la Alemania demencial —trenes abarrotados de prisioneros; seres esqueléticos detrás de unas alambradas o en literas; detenciones brutales; fusilamientos; humillaciones de toda suerte, etcétera—, los comentarios huelgan. Algunas de esas fotografías me eran ya conocidas; pero otras muchas, no. Y el ánimo se encoge ante aquellos uniformes supuestamente invencibles y aquellas víctimas indefensas y desnudas que están a su merced. Especialmente, los niños, agrupados como en los recuerdos de fin de curso, pero pelados al cero, ojerosos y con expresión de pasmo infinito, producen escalofrío, así como los cadáveres llevados en carretilla hacia los hornos crematorios o la silueta de los cuerpos colgados de una horca y que parecen balancearse contra la pared.

El profesor Edery, pese a haber visitado a menudo este Museo, «donde siempre encuentra algo nuevo para sus trabajos de investigación y sus notas comparativas», da muestras de una repugnancia extrema. Lo noto en la caída mansa y triste de sus ojos y en que de vez en cuando levanta la barbilla. Su manera de concentrarse es ésta y, también, alzarse súbitamente de puntillas. Por mi parte, no acierto a pronunciar una sílaba y avanzo lentamente por las distintas secciones del museo, avergonzado y prisionero de mí mismo.

Particularmente sobrecogedoras resultan las vitrinas que contienen objetos traídos de los campos de muerte. En una de ellas veo una guitarra hecha con rollos de la Torá. En otra, diminutos aparatos de radio confeccionados a escondidas por los prisioneros, y utensilios múltiples para sobrevivir o para preparar una fuga más bien improbable. Hay fotocopias de carnets de identidad, de listas elaboradas por la SS, ¡y algunos carteles anunciando, en los ghettos, conciertos de música y canto! Inevitable diversificación. En algunos campos los prisioneros cavaban su propia fosa o aguardaban, sin más; en algunos ghettos, se esperaba la muerte cantando.

Veo dos vitrinas que sobresalen del resto. En la primera, se exhibe un pedazo de oro, cuadrado, macizo, restallante, elaborado con piezas de oro de las dentaduras de los prisioneros incinerados en los hornos; en la otra, una escueta zapatilla de niño, de bebé. Varios recuerdos se agolpan en mi cabeza. Recuerdo haber visto, en varios documentales, enormes pilas de monturas de gafas que habían pertenecido a víctimas de los crematorios; también, en Budapest, me dieron por cierto que durante la ocupación los nazis llegaron a elaborar embutidos que contenían un tanto por ciento de carne humana; y ahora, ante la zapatilla del bebé, no puedo evitar el recuerdo del pequeño Esaú y las palabras del profesor Edery: «Los judíos, cuando empezamos a serlo de verdad, con la circuncisión, rompemos a llorar.»

Al pie de la zapatilla hay una escueta inscripción: el número de niños muertos en los campos ascendió a millón y medio. ¿Cifra abultada? Quizá no... Alma, y también Jacob, podrían opinar sobre la cuestión. En ese caso habría que contabilizar a las mujeres que cayeron estando encinta; a las que abortaron; a las que les fue extirpado el feto para que sirviera de cobaya en los laboratorios; etc. Alguien —un poeta japonés, creo, superviviente de Nagasaki— escribió que por cada acción perversa que un adulto comete, en algún lugar de la tierra muere un niño. ¡Cuidado!, me digo. No vaya a ser yo reo de semejante tropelía. Cuidado, profesor Edery; no se alce de puntillas, pues corre el peligro de mandar al cuerno sus análisis y desear algún tipo de perversa venganza...

Una última ojeada a las fotografías —será forzoso volver a este Museo—, y nos dirigimos a la salida. Con una sorpresa final: ante un mostrador próximo a la puerta un funcionario vende material gráfico sobre Yad Washem y, delante de él, hay unas curiosas «Hojas Testimoniales», en varios idiomas, en las que los visitantes, caso de haber sufrido, ellos o algún familiar o conocido, persecución y tortura, pueden dejar constancia del hecho, a base de facilitar los detalles correspondientes y de estampar luego al pie la firma y la fecha.

Leo el texto de dichas Hojas y compruebo que su objeto es completar el archivo que al respecto se está confeccionando, ¡todavía!, en Yad Washem... No, los judíos no olvidan, y sé que el profesor Edery discute semejante postura. Y ello viene siendo así virtualmente desde los tiempos babilónicos, con lo que el pueblo de la Ley cumple el mandato bíblico: «Decidlo a vuestros hijos, y que vuestros hijos lo digan a sus hijos, y sus hijos lo digan a otra generación.» En dichas «Hojas Testimoniales» no se cita ese mandato pero sí un versículo de Isaías: «Yo les daré en mi casa, dentro mis muros... un nombre eterno, que no se borrará.»

Adquiero varias monografías y, como recuerdo, me llevo una de esas Hojas.

Salimos de nuevo, todavía en silencio, al aire libre, ¡y he aquí que al final de la avenida nos tropezamos con un rostro y una barba conocidos!: el padre Franquesa, quien acompaña a visitar Yad Washem a varios de los profesores huéspedes que tiene actualmente en Tantur.

El padre Franquesa me abraza efusivamente, y a continuación le presento al profesor Edery, a quien recuerda haber visto en varias ocasiones en el Instituto, con motivo de alguna conferencia o seminario. El profesor Edery comenta que, en efecto, procura estar al corriente de los actos que se organizan en Tantur y felicita al padre Franquesa por el talante abierto que preside dicho Instituto.

No se le escapa al padre Franquesa, que me conoce muy bien, que salgo muy impresionado del Museo. «Qué fotografías ¿verdad? —comenta—. Y aquella guitarra, confeccionada con rollos de la Torá... Es realmente increíble.»

Sin embargo, y dado que ni sus acompañantes, que no conocen aún el Museo, ni el profesor Edery, que se limita a maltratar con las manos su pequeño sombrero, dicen esta boca es mía, el padre Franquesa, avispado y rápido como siempre añade, inesperadamente:

—¿Saben ustedes qué es lo que dijo nuestro padre abad, el abad de Montserrat, dom Cassià Just, cuando estuvo aquí y vio ese Museo? Pues dijo que era un lugar por el que debería desfilar el mundo entero..., excepto los judíos.

El profesor Edery se queda extático. Sus ojos retroceden, pero reacciona en seguida y los veo brillar como en sus mejores momentos.

—Por favor —dice, inclinando la cabeza—, presente mis respetos al padre abad...

—Así lo haré —responde el padre Franquesa, mientras sus acompañantes, de facha nórdica, dan la impresión de no haber captado el peloteo verbal.

Confesión del profesor Edery

Otra vez solos, el profesor Edery se cree obligado a garantizarme que fue sincero al aceptar como justa la frase del padre abad. Le repito que me consta sobradamente que él es contrario al inmutable masoquismo de su pueblo, pero mis palabras no lo tranquilizan, porque no modifican los términos de la cuestión. En efecto, ahí está, para demostrar que dicho masoquismo continúa vigente, un grupo de rabinos de Mea Shearim avanzando al paso por la avenida en dirección al Museo. Claro, claro, es un día excepcional —pronto sonará el *shofar* anunciando el inicio del sábado— y no quieren perderse la ocasión. Se los ve fanatizados, sus barbas tiemblan, sus tirabuzones caracolean al viento, a ambos lados de sus sienes. Se cruzan con nosotros como si fueran un batallón.

—Parecen nazis, ¿verdad? —susurra el profesor Edery.

Trago saliva.

—No me atrevía a decirlo.

—Lo peor de todo —añade—, es que uno de ellos es mi cuñado.

Hemos visto la estatua de Job, estratégico lamento que escolta el Museo y ya sólo nos falta visitar el complejo escultórico denominado el «Rollo de Fuego».

Llegamos allí —dominamos gran parte de Judea—, pero no podemos aproximarnos al monumento porque delante de él se suceden sin interrupción los grupos de visitantes que se hacen retratar, con los frisos de bronce al fondo, frisos que representan el candelabro de siete brazos que el emperador Tito sustrajo del Templo, el rey David, ángeles portando la bandera de Israel...

Por fin, y como si el hecho le sirviera de disparadero, el profesor Edery se reencuentra a sí mismo, tirando, por así decirlo, al fondo de la colina los condicionamientos propios de los momentos que hemos vivido.

Sentados en una roca cercana al «Rollo de Fuego», bajo el cielo todavía más alto de ese Jerusalén de mis amores, no se muerde la lengua al abordar ese tema que domina como el bueno de Zaid domina su taxi.

Primero —curioso circunloquio en un hombre como él—, me da la enhorabuena por el hecho de que mi verdadera vocación sea escribir novela. «Sí, ustedes, gracias a su fantasía y a la intuición, siempre se nos anticiparán.» Y me cuenta que en Inglaterra, a fines del siglo pasado, un novelista llamado Matthew Philips Shil publicó un relato en el que describe «una comunidad de criminales monstruosos que asesinaban en Europa a familias enteras, sin perdonar a los ancianos y a los niños, quemando luego los cadáveres en gigantescos hornos, con la convicción de que con ello preservaban la pureza de la raza humana. —Al comprobar mi asombro remacha—: ¡Bueno, señor, la cosa no para ahí! Dicha novela, que fue publicada en 1897, se titula *Los SS*».

A continuación me hace un elogio igualmente encendido de otra novela, *El último justo,* con la que el escritor André Schwarz-Bart ganó el Premio Goncourt. «En ella encontré por primera vez un dato que se les escapó a la mayoría de los historiadores: que en el campo de Buchenwald, una mañana de noviembre de 1938 llegaron deportados diez mil judíos, los cuales a los pocos momentos pudieron oír por los altavoces: "Se ruega a todo aquel judío que desee ahorcarse tenga la amabilidad de ponerse en la boca un trozo de papel con su nombre, a fin de que sepamos de quién se trata."»

—Para ahorrarse trabajo, ¿comprende, señor?

Luego me insiste en que antes que los nazis fueron igualmente culpables los zares primero, los soviets después. «En muchos ghettos de Rusia el número de habitantes estaba fijado por la ley, de modo que una pareja joven judía, para casarse, debía esperar a que se produjesen dos plazas vacantes.» «Por lo demás, las muchachas judías no podían vivir en los lugares en que hubiese Universidad, si no llevaban la insignia amarilla de las prostitutas.» «La palabra *pogrom,* sinónimo de terror y muerte, nació en Rusia, a raíz del asesinato de Alejandro II.» «A la llegada de los soviets, en 1917, se tuvo la esperanza de que la cosa cambiaría; no fue así. Sobre todo Stalin, organizó procesos y deportaciones masivas, cerró las sinagogas, prohibió la reimpresión de la Biblia en hebreo, etcétera. Un auténtico genocidio humano y cultural.» «Mussolini, por el contrario, no persiguió a los judíos, perfectamente integrados en la sociedad romana, con gran cantidad de matrimonios mixtos. Acaso quisiera respetar aquellos nombres hebreos, con la estrella de David, que figuran con profusión en las catacumbas romanas. De otra parte, fueron muchos los judíos italianos que combatieron con la Legión de Fiume, encabezada por el poeta D'Annunzio.» «En cuanto a los árabes, nuestro peor enemigo tal vez haya sido Nasser. Cuando subió al poder había en Egipto ochenta mil judíos; a su muerte, quedaban pocos...» «Oh, sí, señor, Nasser se merecería un pabellón especial en ese Museo, al igual que los primeros padres de la Iglesia Cristiana, empeñados en crear un abismo, tan artificial como insalvable, entre los seguidores de Jesús y el judaísmo, y con mención especial, desde luego, para Inocencio III, quién convocó en el siglo trece el Cuarto Concilio de Letrán, en el que se decidió oficialmente segregar a los judíos, hacer de ellos una especie aparte, marcándolos con un dedo acusador como si fueran apestados o como el que se hubiese empleado para señalar al mismísimo diablo.»

—¡Ah, pero he de decirle algo, señor! Y le juro que me resulta muy amargo hacerle esta confesión. El sello especial que caracteriza a todas las persecuciones de que hemos sido objeto a lo largo de la Historia es que en todas ellas ha habido siempre judíos traidores, que han colaborado, a menudo de la manera más vituperable, con los propios perseguidores. —El sol va convirtiéndose en bola de fuego tras las montañas de poniente, y debido a los grupos que llegan el profesor se ve obligado a elevar el tono de su voz—. Las pruebas compondrían una lista demasiado larga... Sí, en esa colina tendría también cabida una Avenida de Delatores. En algunos países de Europa, entre los chivatos de Hitler había judíos que, con el intento de salvarse, denunciaban a otros judíos, a veces de su propia familia... Y si nos remontamos a la Inquisición, puedo darle un nombre determinante, creo: Torquemada. Torquemada era judío..., aunque la mayoría de las enciclopedias prefieren ignorarlo. En fin, señor, que si es cierto que hemos sido constantemente víctimas de genocidio, no es menos cierto que hemos sido también pertinaces suicidas.

Tal confesión es escalofriante, hecha así, mientras se pone el sol, cerca del bloque el «Rollo de Fuego». Ni que decir tiene que mi admiración por el profesor Edery ha subido más enteros aún. Es hermoso conseguir la madurez necesaria para conciliar el sentimiento atávico con una capacidad de autocrítica que alcance tales límites, que afecte a una materia tan cruenta. Pero hay seres humanos que dan esa talla, y el profesor Edery, de ojos claros, es uno de ellos. Y así se lo digo. Y su cara de apariencia imberbe se torna más imberbe aún, y en el rictus de su boca detecto una lucha entre la amargura de lo que acaba de decirme y la satisfacción que le ha causado lo que brotó de mis labios.

Nos concedemos una corta tregua, durante la cual llegan al «Rollo de Fuego» varios corros de chiquillos, llevando banderitas. Entonces el profesor Edery pone broche de oro a su intervención anterior.

—Otro error nuestro, otro error por nuestra parte... —comenta, aludiendo a los chiquillos—. Los de mi generación, y no digamos los que son mayores aún, hemos sido tan machacones con el Holocausto y la persecución nazi que los jóvenes se han cansado del tema y nos han vuelto la espalda. «Por favor, no me

En los Altos del Golán, con el «Batallón Bolívar», peruano, de las Naciones Unidas. Con el capitán Bustamante, un franciscano y dos centinelas judíos.

Un coche de la ONU, de los «cascos azules», desde el Golán se dirige a la capital siria, Damasco.

Preparativos para el bautizo de siete indios quechuas, del «Batallón Bolívar» —de las Naciones Unidas— en Banias. Mi ahijado Raúl Palomino figura entre ellos.

En Banias, uno de los tres afluentes que más abajo forman el Jordán, después del bautizo de los quechuas.

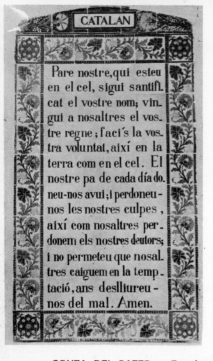

CATALAN

Pare nostre, qui esteu en el cel, sigui santifi. cat el vostre nom; vin. gui a nosaltres el vos. tre regne; faci's la vos. tra voluntat, així en la terra com en el cel. El nostre pa de cada día do. neu-nos avui; i perdoneu-nos les nostres culpes, així com nosaltres per. donem els nostres deutors; i no permeteu que nosal. tres caiguem en la temp. tació, ans deslliureu-nos del mal. Amen.

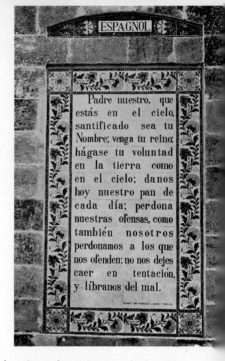

ESPAGNOL

Padre nuestro, que estás en el cielo, santificado sea tu Nombre; venga tu reino hágase tu voluntad en la tierra como en el cielo; danos hoy nuestro pan de cada día; perdona nuestras ofensas, como también nosotros perdonamos a los que nos ofenden: no nos dejes caer en tentación, y líbranos del mal.

GRUTA DEL PATER. —En el monasterio de los Carmelitas (Monte de los Olivos), se alinean grandes mosaicos con el Padrenuestro en más de sesenta idiomas. He quí el catalán, que fue casualmente el primero que vio el autor, y el español.

La lucha por los Santos Lugares es atávica y motivo de escándalo. En la actualidad son 32 las confesiones cristianas —católicos, griegos ortodoxos, armenios, protestantes, sirios, coptos, etc.— que se disputan tal santuario, tal altar, tal privilegio... En las fotografías aparecen representantes de algunas de dichas confesiones.

El CUSTODIO de Tierra Santa.

Modelo de un pasaporte que las autoridades turcas concedían a los peregrinos cristianos para viajar por Tierra Santa (Tomado de un itinerario de Salomón Achweiggen, 1608).

La misa de las 5 a. m. fué celebrada la víspera de Reyes por un P. Benedictino español, comulgando en ella, según costumbre, los hermanos legos, algunos de los cuales siguieron al celebrante, quedándose otros hasta acabar sus oraciones, mientras Fr. Abel cubría el altar, apagaba las velas y colocaba la alambrera de costumbre. Hasta que la Gruta queda libre no pueden entrar los griegos como tampoco a su vez los latinos.

Apenas el celebrante había pasado la puerta, presentáronse en la Gruta los dos sacristanes griegos para preparar el altar de la Natividad. Como aun no era tiempo y la Gruta no estaba libre, su manera de obrar era un atentado directo contra los derechos reconocidos, como se lo hizo notar Fr. Abel.

Por toda respuesta y con la rapidez del relámpago y la brutalidad de un loco rematado, uno de los griegos le asentó un terrible puñetazo en el ojo derecho, gritando (en español) : «¡ que te rompo la cabeza !»

Fr. José Consiglio, testigo del hecho, corrió a ayudar a' su compañero Fr. Abel; pero entre tanto, el otro sacristán griego había echado mano de los candeleros de cobre del altar de la Natividad y, dando uno de ellos al primer sacristán, ambos comenzaron a dar con ellos a los dos pobres Franciscanos.

Encontrábase allí por fortuna un joven postulante franciscano, el cual, viendo que huía el policía que está de guardia en la Gruta, corrió a la sacristía a llamar a la Comunidad. Fr. Lucas Pacelli fué el primero que acudió a defender a sus hermanos en religión; pero fué recibido con recios golpes de candelero en la cabeza y brazo izquierdo.

Versión franciscana de los hechos. ¿Qué dirían los monjes griegos? ¿Qué dirían los monjes coptos? ¿Qué dirían los monjes helénicos? ¿Qué dirían los monjes armenios?

LA SENTENCIA

por la agresión de los Coptos.

Estaba en prensa el número anterior cuando recibimos copia de la sentencia dada por el Juez de paz de Jerusalén en el conflicto habido entre Coptos y Latinos, por haber agredido los primeros a los segundos mientras éstos practicaban, según antiquísima costumbre, el ejercicio del *Vía Crucis* en la tarde del viernes, 14 de Diciembre pasado.

He aquí la lista de las usurpaciones cometidas desde 1757 por los monjes cismáticos griegos, — con alguna participación de los armenios —, y cuya devolución sigue reclamando la Iglesia católica :

En Jerusalén:

El Sepulcro de la Virgen.

Santo Sepulcro : Toda la edícula o capilla del Santo Sepulcro. — La gran cúpula y la pequeña, encima del Santo Sepulcro. — Todo el pavimento de la rotonda que rodea el Santo Sepulcro, y el espacio circular entre las pilastras de la rotonda y el muro. — El grande arco que separa la rotonda de la nave central de la basílica. — La Piedra de la Unción y el pavimento que la rodea hasta la puerta principal de la basílica. — La pieza contigua a la Piedra de la Unción. — Los cuatro arcos inferiores que forman la llamada capilla de Adán, ante la cual se encuentran los sepulcros de Godofredo de Bouillón y de Balduino, destruídos por los griegos en 1810. — Los otros cinco sepulcros de reyes situados al pie del muro que cierra el coro de los griegos. — La pieza que está al lado de la capilla de Adán. — Los siete arcos llamados de la Virgen. — La capilla de la Prisión de Cristo. — La plazuela de la basílica.

En Belén:

Toda la gran Basílica constantiniana, menos el baptisterio, y la plaza que está delante de la Basílica. — El cementerio contiguo.

El altar del Nacimiento, las dos escaleras y las tres llaves de las tres puertas de la Gruta del Nacimiento.

La "gruta de los pastores" y los terrenos aledaños, en la localidad de Beth-Sahur, cerca de Belén.

FR. CONRADO JUANIZ.

En los últimos años existe una tregua, una paz y un respeto aparentes, gracias a la vigilancia y protección del Estado de Israel, que ha creado un curioso «Ministerio de Cultos», cuya labor se ha revelado eficaz. Pero las suspicacias, la hostilidad y las reclamaciones siguen latentes. Cualquier chispa podría reactivar el incendio y, acaso, provocar nuevos e inexplicables derramamientos de sangre...

En Jerusalén suele decirse que «treinta y dos confesiones cristianas continúan disputándose la túnica del Señor».

Griegos ortodoxos

Los representantes de los diferentes ritos cristianos asisten a una ceremonia religiosa en la Iglesia Parroquial franciscana S. Salvador.

hables más de los campos de concentración...» Eso, señor, tuve que oírlo, hace ya tiempo, en mi propia casa. Claro, una reacción natural contra otro de nuestros atávicos defectos: vivir perpetuamente instalados en el pasado. Por más que, mucho peor fue lo que tuvo que oír un amigo mío, compañero de cátedra en la Universidad: sus tres hijos, un buen día, hartos de Dachau y de alambradas le soltaron alegremente que debíamos de ser muy cobardes ya que, siendo seis millones, no encontramos el medio de defendernos contra los nazis... —El profesor Edery separa las manos en señal de impotencia—. ¿Comprende, señor? ¿Cómo explicarles...?

Sí, le comprendo a la perfección, puesto que dispongo de un magnífico punto de referencia: la guerra de España. También a los que intervinimos en ella muchos jóvenes nos han mostrado el consabido papelito que decía: «No me cuente usted su caso.»

Regresamos al hotel. Un soldado, en la carretera, nos tomó a la subida la matrícula del coche; ahora la borra de su agenda y nos saluda: Shalom...

Antes de llegar, le digo al profesor:

—Un día, profesor Edery, me contará usted por qué un muerto es considerado impuro, o inmundo... ¿Se acuerda? En Hadassa me dijo usted que cuando en el hospital hay un muerto ponen un letrero y los *cohen* no pueden entrar...

—¡Oh, sí, desde luego! Tema interesante... y complejo. —Parece meditar y por fin concluye—: En el Levítico y en los Números tiene usted varias alusiones al respecto... ¡Huy, todo lo que se refiere a la muerte es apasionante!; pero... también es apasionante vivir, y le confieso que me siento un poco cansado.

Shalom, profesor... Yo también me siento cansado. Hasta tal extremo, que a poco de llegar al hotel oigo sonar a lo lejos el *shofar*, e imagino que el espectáculo en el Muro de las Lamentaciones será apoteósico esta noche; pero no me siento con fuerzas para ir allí. Prefiero quedarme en mi habitación, prepararme té con miel —el recuerdo de Alma y su vestido y sus blancos muslos es inevitable—, y descansar. Descansar con los ojos cerrados, sin pensar nada concreto, soñando que sueño, que es una antigua y bella forma de pensar.

¡Ay, pero me interrumpe Aicha, la camarera de Betania, que viene dispuesta a cambiarme las sábanas! ¿Por qué, Aicha, quiere usted cambiarme las sábanas? ¿Por qué? Es absurdo modificar tan a menudo la identidad de las cosas.

—Parece usted cansado, *monsieur*... ¿Dónde estuvo? —Le da la vuelta al colchón como si fuera una pluma—. ¿Por ahí, con mujeres?

La suposición me pilla desprevenido.

—Pues... lo adivinó usted. ¿Le parece mal?

—¡No! A mí también me gustan los hombres... —Golpea el colchón como si me golpeara a mí—. Es lo más natural...

—Claro...

Ahora le agradezco que ponga sábanas limpias, que huelen a almidón o algo así. He vuelto a cerrar los ojos. Recuerdo que Aicha no puede esos días ir a Betania, que se queda a dormir en el hotel.

—Aicha..., ¿sabe usted qué significa Betania, el nombre de la aldea en que vive?

—¿Cómo voy a saberlo? Los árabes hemos ido poco a la escuela...

—Pues..., en un principio significaba «casa del pobre»; pero más tarde significó «casa del navío», porque había que cruzar aquella zona en barca...

—¿Betania en barca? —Ahora golpea fuerte la almohada y se ríe—: ¡*Monsieur*, mejor será que se tumbe usted ahí y duerma hasta pasado mañana! A su edad, las mujeres dejan a los hombres para el arrastre...

—Sí, Aicha, tiene usted razón...

CAPÍTULO XIX

Me despierto temprano. Por fortuna, he dormido de un tirón y me siento dispuesto a afrontar la jornada, que, Dios mediante, será múltiple. Quedamos con Zaid en que vendría a buscarme al hotel para llevarme a Belén, ya que hoy es el día fijado para ir con toda la familia a la «Gruta de la Leche», a presentar a la Virgen el hijo que Faisa, la mujer del taxista, espera.

Recuerdo perfectamente las palabras de Zaid. Aunque la ceremonia en la «Gruta» es al mediodía, a las doce, él pasaría a buscarme a las nueve en punto, pues antes quiere obsequiarme con un viaje a Hebrón, que está a sólo diecisiete quilómetros de Belén. «Estoy seguro de que te gustará, señor.» Luego, terminada la ceremonia en la «Gruta», almorzaríamos todos en su casa, lo que «para ellos sería un honor» y para mí «ocasión de vivir unas horas la intimidad de un hogar árabe».

Mientras me afeito, pienso que es un tanto extraño que Zaid anoche no hiciera lo de costumbre: llamarme por teléfono para confirmar la cita; hasta que, de pronto, doy con la debida explicación: después de sonar el *shofar,* y hasta la terminación del sábado, no se puede telefonear. Las telefonistas se marchan a sus casas, cubriendo la centralilla con una muselina blanca, y hasta la vista... Ello significa que hoy tampoco funcionará el ascensor, ya que está prohibido *el acto* de apretar el botón o poner la clavija para conectar la electricidad. ¡Ay, la cantidad de cosas que no pueden hacerse en sábado! Tampoco podría poner un telegrama y no resultaría nada fácil conseguir una ambulancia. «Si Dios descansó el séptimo día, ¿por qué no han de descansar los hombres?» En uno de esos libros que, según Aicha, acabarán por echarme de la habitación, leí que «mejor que decir que los judíos han conservado el sábado, habría que decir que el sábado ha conservado a los judíos».

Desayuno en el «President Hotel»

A las nueve en punto bajo a desayunarme. En efecto, el ascensor no funciona y veo, en el cuartucho contiguo a recepción, la muselina blanca cubriendo la centralilla telefónica. Antes de entrar en el comedor me acerco a los recepcionistas, Dan y Lionel —para ellos, para su trabajo, el precepto no cuenta—, y les pregunto si hay alguna razón especial que justifique su radiante aspecto. «Una sola, *sir*... ¡Estamos recibiendo muchas propinas!» «¡Oh, enhorabuena!» El comedor está abarrotado. No parece el mismo que, normalmente, sólo utilizamos David Thompson y yo. Los camareros árabes, de visible malhumor, no dan abasto, bajo la atenta vigilancia del director-gerente, que está ahí, controlando la operación. Incluso el mueblecito con el televisor ha desaparecido.

El desayuno es *self-service,* lo que me obliga a hacer cola. Por fin consigo lo necesario y encuentro un hueco en una mesa ocupada por una familia argentina. ¡Están emocionadísimos! Llegaron ayer y creen estar soñando. Fueron, ¡cómo no!, a rezar al Muro de las Lamentaciones, donde introdujeron, por entre las piedras, unos papelitos «con sus deseos más perentorios».

—¿De dónde es usted, señor?

—Soy español.

—¡Español...! Regio, regio...

Ellos son de Buenos Aires. Matrimonio y cuatro hijos. Inteligentes y, por las trazas, con gran sentido del humor. Al llegar al Muro su sorpresa fue «macanuda», pues se dieron cuenta de que aquello era un jolgorio y de que todo el mundo estaba alegre, cantando y bailando. Por suerte, los acompañaba un cuñado suyo, ingeniero, que reside habitualmente en Jerusalén y les dio la necesaria explicación. «Ya lo sabrá usted, señor: ahora Israel es una fiesta, puesto que nuestro pueblo está ya liberado.» Les felicito por ello y continúan hablando. Después, junto con otras familias que se vinieron con ellos en el mismo vuelo *charter,* estuvieron por ahí hasta las tantas, cenando y recorriendo la ciudad. ¡La de cosas que les contó su cuñado! Lo malo es que no había manera de que les informara en serio. Ellos se habían traído la Biblia y él, venga a chancearse. Por ejemplo, refiriéndose al Éxodo —tema obligado y natural, puesto que la Pascua está ya cerca—, lo único que les dijo es que si Moisés, una vez salido de Egipto con su pueblo, y después de cruzar el mar Rojo, hubiera girado a la derecha en vez de hacerlo a la izquierda, *ahora los judíos tendríamos el petróleo y los árabes la arena.* «¡Es bueno, es muy bueno, desde luego! Pero un poco más de respeto, ¿verdad?» También, refiriéndose a Kissinger —quien por lo visto «ha amenazado» con una nueva visita para tratar de solucionar el conflicto con los árabes—, dijo que era una suerte para él que en la «tele» no se viera lo pequeñito que es... «¡Bien, eso es menos irrespetuoso! Y también muy fino, ¿verdad?»

Me doy cuenta de que, pese a su cuñado, y a su aparente y exaltado judaísmo, su vida cotidiana discurre al margen de aquello a que ser judío obliga. Estarán circuncisos, eso sí, pero poca cosa más, lo que se pone de manifiesto en el momento en que el jefe de la familia, al término del desayuno, ¡enciende tranquilamente la pipa y le da unas cuantas chupadas! Como era de rigor, inmediatamente se le acerca, con cara de pocos amigos, el director-gerente en persona y le dice: «*Sir*... es *shabat,* prohibido fumar.» El hombre, sonrojado, está a punto de meterse en el bolsillo la pipa encendida, y mientras su mujer lo fulmina con la mirada, sus dos hijos más pequeños, que llevan el casquete *Israel,* comentan que el café que les sirvieron «sabía a demonios».

En cambio, en la mesa contigua hay otro grupo sudamericano, también recién llegado, que aparenta estar muy impuesto del ritual. Lo he notado en la manera de saludarse —de pronunciar Shalom...—, en su indumentaria, empezando por cómo llevan la *kipá,* y, sobre todo, en los versículos que, muy discretamente, han recitado antes de empezar a probar bocado.

Luego, su conversación me ha interesado porque ha versado sobre la «reciente muerte de Onassis», de la que yo no me había enterado. ¡Ay, con qué razón Alma me acusa de vivir en el limbo! No sé nada de lo que acontece en el planeta Tierra, a excepción de este rinconcito ahora llamado Israel. De todos modos, de vez en cuando resulta oxigenante ausentarse. Higiénico, diría yo. El espíritu realiza una selección. Sin embargo, lo de Onassis me ha dejado meditabundo, ya que, en uno de nuestros viajes por mar, cerca del Canal de Suez, un buen día nos cruzamos con su yate, yate tan majestuoso —avanzando ágil sobre un mar en calma— que daba la impresión de que se trataba de un yate inmortal...

Otra oleada de turistas invade el comedor. No tenemos más remedio que levantarnos y cederles la mesa. La esposa del fumador de pipa me pregunta si por Pascua estaré aquí todavía. Le contesto afirmativamente y entonces me pregunta dónde celebraré la cena del *Seder*. Le digo que estoy invitado en casa de unos amigos y ella comenta:

—Nosotros la celebraremos en casa de nuestro cuñado... —Gira la vista en torno, con entusiasmo escaso y añade—: Mejor que en un hotel, ¿verdad?

Con Zaid, en ruta hacia Hebrón

Ahí está Zaid. Con traje nuevo, si no me equivoco. Con corbata nueva. Con la puntera de los zapatos tan reluciente, o más, que su «Mercedes».

Salgo a su encuentro, fuera del hotel.

—¡Zaid! ¿Puedo decirle que hoy es un gran día para nosotros...?

—¡Claro que sí, señor! —y me saluda con la mano en el corazón, señal de que está al servicio del «otro», de ese «otro» que soy yo.

Antes de subir al coche siento ganas de darle un abrazo, pero no me atrevo; sin embargo, señalando su bigote, impecablemente recortado, le digo:

—Ojalá el niño salga varón y pueda exhibir un bigote tan bigotudo...

—¡Uy! Eso, seguro... Faisa lo ha pronosticado y en eso no se equivoca jamás.

El coche avanza ya en dirección a la Puerta de Jafa, en dirección a Belén. El tráfico es casi nulo, debido al *shabat*: no circulan ni los autobuses ni los taxis judíos. El buen humor de Zaid es tal que pronto me siento contagiado. Es indudable que, aparte de la ceremonia que nos aguarda, me echaba de menos tanto como yo a él. «A veces pensaba que te habías vuelto a España, con la señora...» «Nada de eso, Zaid. Aquí, tomándole el pulso al "President Hotel"» «¿Y qué tal, señor? Comida excelente, ¿no?» «¡No te rías! Un asco...» «¡Jo! Eso es hablar en plata, señor...»

Ya estamos en la carretera de Belén. Cualquier cosa nos hace reír, pese a que me he dado cuenta de que Zaid ha vuelto a colgar del llavero del coche su diminuto y horrible esqueleto. «No hay más remedio —se excusa—. Es la única forma de evitar que los críos del barrio me roben las llaves...»

Llegamos a Belén —su blanca silueta, a lo lejos, me emociona como siempre—, y enfilamos la cuesta que conduce a la plaza de la Natividad. Zaid me repite una y otra vez que el viaje a Hebrón que me ha propuesto realmente vale la pena. «Ya sabrás, señor... Allí están enterrados Abraham, Isaac, Jacob... Además, es la ciudad más alta de Palestina, casi mil metros. Y se ve, por un lado, el Mediterráneo, por el otro, hasta el Mar Muerto.»

—¿Qué significa Abraham en árabe, Zaid?

—En árabe Abraham es *Khalil* y significa «amigo de Dios»...
—No está mal, Zaid. No está mal...

La plaza de la Natividad está abarrotada, como de costumbre. Los taxistas árabes van y vienen sin parar y no hay un solo autocar que no esté de servicio. Los muchachos continúan dando vueltas con sus bicicletas engalanadas. Veo el «Granada-Bar». Zaid, que me ha traído aquí, en vez de seguir directamente hacia Hebrón, porque tenía que darle un recado a otro taxista, apenas se ha apeado señala con el índice en dirección a la basílica y exclama:

—¡Fíjate, señor! Ahí tienes al padre Barriuso, el del Campo de los Pastores... El franciscano que va con él es italiano y... ¡bueno!, sería una historia demasiado larga.

Observo al padre Barriuso, que tan honda impresión causó a mi mujer, a Tino y a Asunción. Sí, es muy bajito, con el pelo muy rizado, y pienso que no tendrá que agacharse mucho para cuidar de sus gatitos.

—¿Quieres que vayamos y le saludemos un momento?
—¡No, no, Zaid! Prefiero esperar. Cualquier día iré al Campo por mi cuenta y charlaré con él...
—Lo que digas, señor —y Zaid se aleja, cumple con lo que tenía que hacer y regresa en seguida.

En ruta hacia Hebrón, hacia el Sur... Me ha causado una sensación extraña estar en Belén y no visitar la cueva. Es la familiaridad. Me viene a la memoria una frase de Salvio: «Casi siempre, la emoción viene motivada por algo desconocido. Por eso acertó quien escribió que lo único verdaderamente joven es lo que no ha nacido aún.»

No obstante, salir a campo abierto se me antoja muy pronto una bendición. ¡Qué maravilla! Ahora me doy cuenta de que llevaba muchos días en Jerusalén, sin salir de la ciudad, con sólo algún que otro vistazo a las afueras desde el Monte Scopus o desde la Colina de los Mártires. Evoco la escueta figura de la señorita Petrozzi, que ha reducido voluntariamente su mundo a Jerusalén y, casi, casi, a su barrio cristiano, intramuros; para no pensar en las personas de que Isidro me habló, como el anciano de Goa, como Rhayuqa, etcétera, a las que les basta con el Santo Sepulcro. ¿Por qué llevaré yo años con ese afán de trasladarme de un sitio a otro, como si formara parte de la brisa? Claro, cada cual es cada cual. Lo dice el Eclesiastés: «Todos los ríos van a parar al mar y, sin embargo, éste no se llena.»

Como sea, la ruta hacia Hebrón es hermosa, y me duele saber que la distancia es tan sólo de diecisiete quilómetros. Con Zaid al lado —por cierto, que creo que es la primera vez que viajamos los dos solos—, y con esa luz tempranera que no mata ni los volúmenes ni los colores, estaría dispuesto a proseguir camino, a llegar a Arad —¡ay, Jacob, que fue uno de sus pioneros!—, y luego a Beersheva y luego bifurcaría hacia la costa mediterránea y seguiría bajando hasta Egipto, donde preguntaría si es cierto lo de la clitoridoctomía en las regiones próximas al Nilo, para bajar todavía más hasta dar la vuelta completa a ese continente africano que pronto despertará y encontrarme de nuevo aquí, en el mismo sitio.

—¿Qué hay ahí a la derecha, Zaid?
—Un convento griego, donde antiguamente ataban a los locos a una cadena.
—¿Y ese camino, adónde va?
—A los llamados Estanques de Salomón. ¿Me permites que reviva mis tiempos de guía, de guía con carnet?

—¡Desde luego!

No quiero desanimar a Zaid diciéndole que antes de emprender este viaje me he leído todo cuanto he podido sobre el trayecto, aparte de que llevo en el bolsillo una monografía con todos los detalles.

—El rey Salomón —me cuenta Zaid—, hace tres mil años, uno más, uno menos, aprovechando el agua de esos montes vecinos construyó tres enormes depósitos, que todavía llevan su nombre. El valle que encontraremos ahora, el Huerto Cerrado, se regaba también gracias a esos estanques y hasta él Salomón venía paseando desde Jerusalén. ¿Quieres verlos, señor?

—¡No, no, adelante!

Zaid, que entretanto ha encendido su bien labrada boquilla de plata, prosigue socarronamente:

—Si consultas esa guía que llevas oculta en el bolsillo, señor, verás que los estanques son mucho más recientes... Sin embargo, es cierto que el propio rey sabio escribió sobre ese valle y que dijo más o menos esto: «Me hice estanques para regar con ellos el bosque donde los árboles crecen.»

Estupefacto, no puedo por menos que felicitar a Zaid, en tanto que, ya liberado de la cortesía del disimulo, saco del bolsillo la monografía.

—¡Zaid, además de taxista bíblico es usted Sherlock Holmes!

—Cumplo con mi deber, nada más... —y ambos soltamos al unísono una sonora carcajada, que hace temblar el valle y a la vez el esqueleto del llavero.

Viñedos, higueras, olivares... El tríptico de siempre, el paisaje del país de Abraham y de Jesús. Zaid, que se ha puesto gafas negras, pese a que el sol es débil aún, me cuenta cosas. Me dice que en su casa, a la hora del almuerzo, beberemos vino de esa comarca, de la comarca de Hebrón. Luego me dice que hay un proverbio árabe según el cual «el higo debe parecer un vestido de pobre». Entretanto yo voy consultando mi librito y advierto que hemos dejado atrás *Ain ed-Derwed*, es decir, la Fuente de San Felipe, donde el apóstol bautizó al eunuco de Etiopía... «No podemos verlo todo, ¿comprendes? —comenta Zaid—. Pero me pregunto, señor, qué estaría haciendo por aquí un eunuco de Etiopía...» A continuación me informa de que, en Hebrón, existen todavía los famosos «sopladores de vidrio», ya mencionados en la Biblia. «Si te interesa, visitaremos el horno de un amigo mío. Consigue colores preciosos, señor. Ya lo verás.»

Colores... Por espacio de tres o cuatro kilómetros apenas si escucho a Zaid, y tampoco hago uso de la guía. El paisaje que nos rodea gana más y más en belleza a medida que la carretera sube. Vemos poblados árabes, misérrimos, pero con muchas antenas de televisión... Y borricos avanzando por las cunetas, con el jinete saltando, cubierta la cabeza con el *kuffieh* blanco sujeto con cordones negros. Son las estampas también de siempre. Con cabras comiendo hierba, bajo la vigilancia de un chiquillo o de una niña tímida que ve pasar nuestro «Mercedes» como si pasara Moisés Dayan o el mismísimo rey Josafat... A lo lejos, sobre la cumbre de una montaña, casas blancas, casi hirientes, con una mezquita y su minarete presidiéndolas. «Es la tumba del profeta Jonás, sagrado para los árabes.» «¿Otro profeta? ¿Cuántos profetas hay?» «Sólo uno: el Señor.» «¿Quién dijo eso, Zaid?» «Nadie. Me lo acabo de inventar, señor.»

Me doy cuenta de que, a veces, Zaid, al referirse a personajes o hechos del Antiguo Testamento lo hace, quizá sin advertirlo, con cierto retintín. No sé si siempre es así, o si ello se debe al peculiar estado de ánimo que hoy le embarga. Se lo pregunto sin tapujos y me contesta con una sonrisa de lo más irónico, echando por la boquilla una bocanada de humo.

—¡No, no, nada de eso! Todo lo contrario... Del Antiguo Testamento sólo me hace gracia una cosa, y eso sí que no lo puedo negar: que los personajes mueran antes de haber nacido...

Comprendo a qué se refiere. Y, sonriendo, abro la monografía para comprobarlo ópticamente. Voy hojeando... y ahí está. Sí, eso es. Salomón, por ejemplo, nació el año 972 y murió el año 933...

—Un lío, ¿no es eso?

—Sí, desde luego.

—A mí me hace gracia, señor.

Bueno, seguimos avanzando, y a poco llegamos a *Bet Jalil,* donde unas ruinas ciclópeas marcan el sitio en el que, a la sombra de una encina —la encina de Mambré—, Abraham se detuvo y decidió levantar una tienda, y un altar a Yahvé. El sitio, uno de los más sagrados de Palestina, no parece impresionar mucho a Zaid, pese a que Mambré es de hecho la cuna de Israel y que «de los cincuenta capítulos de que consta el Génesis, cuarenta giran alrededor de este lugar».

A instancias mías Zaid detiene el coche y, sin apearnos, echo mano de los textos. La importancia de éstos es tal —Dios se manifestó *aquí* por tres veces a Abraham—, que le pido permiso a mi acompañante para leerlos en voz alta. Y así lo hago, vuelto en dirección a las ruinas, a la encina de Mambré. «En la primera aparición, Dios sacó a Abraham de la tienda, siendo ya de noche y le dijo: *Mira el cielo y cuenta, si puedes, las estrellas; así de numerosa será tu descendencia;* en la segunda, estableció la alianza con él y con el pueblo que había de salir de él; en la tercera, tres ángeles se le aparecieron en forma de viajeros, le anunciaron el próximo nacimiento de su hijo, Isaac, y la inminente destrucción de Sodoma y Gomorra.»

Se ha hecho un silencio, que Zaid corta diciendo:

—Perdone, señor, pero... ¿podemos seguir?

—¡Oh, desde luego!

Continuamos nuestra ruta, y por fin Zaid se franquea conmigo. No, Abraham no es santo, o patriarca, de su devoción. Fue un obispo francés, al que tuvo el honor de acompañar por esos lugares hace unos cuantos años, quien le abrió los ojos al respecto. El obispo admitía, ¡no faltaría más!, que Abraham fue «el amigo de Dios»; sin embargo, lo consideraba algo tunante o bribonzuelo, puesto que en Egipto, para salvar su pellejo y obtener gracia ante el Faraón, convenció a Sara, su mujer, para que se hiciera pasar por su hermana... —Zaid se acaricia el bigote y añade—: «El obispo me preguntó si yo sería capaz de hacer eso con Faisa, mi mujer... Naturalmente, le contesté que no. Pues bien, Abraham lo hizo, y si mal no recuerdo el Faraón se llevó a Sara a la cama... ¿Es eso justo, señor?»

Realmente, no sé qué replicar, pues, como excusa, sólo cabe apelar a la sempiterna simbología del Antiguo Testamento... Pero Zaid no me da tiempo a emplear ese argumento, ya que confiesa no entender tampoco que Abraham estuviera dispuesto, para congraciarse con Dios, a sacrificar a su propio hijo, a ese Isaac cuyo nacimiento le anunciaron los tres ángeles.

—El obispo me dijo que él sí entendía eso; pero yo, quizá porque tengo hijos, lo entiendo menos aún, señor... Me parece una atrocidad. —De pronto aprieta el acelerador y se ríe—: ¡Bueno, no me hagas caso, te lo ruego! Hoy es un día especial y me da por hablar así...

Complejo Zaid... Nunca lo creí capaz de enfocar las cosas de ese modo. Con ello me ha descubierto un nuevo aspecto de su personalidad. Y pese a su alusión «al día especial», no puedo por menos que recordar el comentario que nos hizo el padre Romualdo, a raíz de nuestra primera visita a Tantur, refiriéndose a la conversión de mi acompañante al cristianismo: «Se hizo bautizar, desde luego; pero con los árabes nunca se sabe. A lo mejor mientras lo bautizaban iba recitando por dentro versículos del Corán...»

Bien; como fuere, el caso es que seguimos avanzando y que lo evidente es que Zaid disfruta al volante, y que en sus tiempos de guía «con carnet» debía de ser feliz. Por ello, y para dejar en paz, de una vez por todas, al viejo Abraham, a la sombra de la encina, abordo ese tema. Y Zaid asiente con la cabeza, y veo a través del espejo que sus ismaelitas ojos se convierten en chispas. Y le da tiempo justo a contarme —estamos llegando a Hebrón—, que uno de sus trayectos preferidos eran por entonces llevar pasajeros desde Belén a la capital de Jordania, a Ammán, por la antigua carretera. Por desgracia, aquello ahora se acabó. Por culpa de las guerras las líneas fronterizas, desde 1948, han ido cambiando y en la actualidad, salvo un pase muy especial, que él no conseguiría jamás, la frontera jordana está cerrada.

—¡Ah, pero te voy a dar un detalle curioso, por si quieres anotarlo, señor! Hubo un momento en que, en un lugar determinado, dichas líneas fronterizas coincidían de tal forma que un perro que ladrase, o un gallo que al amanecer cantase fuerte, se oía desde cuatro naciones distintas: Líbano, Siria, Jordania e Israel.

La ciudad de Hebrón

Hebrón... Soldados por todas partes, con el fusil horizontal, a punto de disparar. ¿Qué ocurre? Nada de particular. Simplemente es una población ciento por ciento musulmana, presidida por la enorme mezquita *Haram el Jalil,* levantada sobre la tumba de Macpelá, donde, en efecto, están enterrados Abraham y Jacob, y sus respectivas esposas, Sara y Rebeca.

Zaid, antes que nada, me muestra el panorama que se divisa desde la ciudad. Además del imponente cono del *Herodium* —tumba de Herodes, «lástima que no nos dará tiempo a subir»—, el mar Muerto... ¡y el Mediterráneo! Sí, ahí está el azul plomizo y muerto a cuya orilla Jacob trabaja, y al otro lado el azul-azul de mi infancia, caminando sobre cuyas aguas llegaría a España. ¡La ciudad más alta de Israel! Hebrón tiene unos veinte mil habitantes y está rodeada por un valle tan fértil que diríase regado también por los estanques de Salomón.

Inmediatamente me atrae el mercado, el zoco, que es el más grande de los que he visto al aire libre desde mi llegada al país. Podría compararse al conjunto del que llena de vida la vieja Yafo. El griterío es enorme ya que, ante mi asombro, han llegado muchos autocares de los contornos trayendo a visitantes judíos. Los vendedores se disputan a los clientes, sobre todo, los que venden artículos elaborados con piel de cabra —cinturones, odres, látigos...—, una de las especialidades de Hebrón, así como también los que venden collares de vidrio, procedentes, según Zaid, de los hornos de que me habló. «Las cuentas redondas de esos collares se llaman *ojos de camello,* porque se parecen a ellos. Los engarzan y ya está hecho el collar.» Hay muchos objetos de vidrio, algunos de los cuales me recuerdan los que se fabrican en Mallorca. Observo que las muchachas jóvenes gustan de los tatuajes y que los chiquillos, quién sabe si atemorizados por la presencia de los soldados, en vez de jugar se están quietos, en cuclillas, mirando. En cuanto a las mujeres, abundan, lo mismo que en Belén, las que se mueven con impresionante majestad. Hay también muchos perros sueltos, borricos atados junto a los portales y honorables ancianos que pasan sin mirar, llevando colgadas del hombro las gruesas llaves que dan fe de que son propietarios de tal o cual caserón o de tal o cual huerta...

Me llama la atención un hombre gordísimo, cuyo *kuffieh* blanco y cara redonda emergen del centro de una enorme pila de zapatos viejos. Es el único que dispone de micrófono y su voz satisfecha bravea el mercado. Nadie le compra nada, pero abundan los mirones, que escuchándole se ríen. Zaid, que vuelve a fumar deleitosamente con su afiligranada boquilla, me dice que el charlatán afirma una y otra vez que lo que vende son zapatos de muerto, que las personas que los usaron murieron ya, tantos fueron los caminos de piedra y polvo que recorrieron por Judea. «Así que, animarse... —grita—. Son zapatos libres. Nadie podrá veniros nunca con reclamaciones...»

A unos veinte metros, también con mucho público, un hombre altísimo, con una especie de túnica amarilla hasta los pies, ejerce de adivino, con gran éxito, al parecer. El método que emplea es de lo más sencillo: con la mano sostiene un cordel, en cuyo extremo inferior cuelga un papel en el que están escritos diversos versículos del Corán. Dicho papel hace las veces de péndulo y se balancea sobre la cabeza del cliente, éste sentado en una silla. En el momento en que el péndulo se para, el adivino lanza un grito —canta los sengundos que el cordel ha estado en movimiento—, y extrayendo el papel lee el versículo que, a su juicio, corresponde. Y acto seguido promete felicidad, o anuncia malas noticias, o la inminente llegada de un forastero...

Zaid le conoce. Por eso se ríe y se rasca de vez en cuando un diente. Me cuenta que es un tipo macabro, que se autodenomina El Iluminado y que tiene aterrorizada a la comarca con el mal de ojo y el poder de los demonios. El ingrediente de que se vale para neutralizar a éstos se compone, según él, de basuras, de sangre menstrual y de huesos triturados de difuntos... También les vende a los mozos unos lacitos de seda asegurándoles que si logran atarlos por sorpresa al cabello de las mozas, éstas se volverán viciosas... «Lo curioso es que a base de esos truquitos cada día es más rico y cada día más alto...»; y Zaid, que por fin parece que ha conseguido ser visto por él, lo saluda sonriendo y llevándose la mano a la frente, pero no al corazón...

El tiempo apremia. Yo me pasaría en el zoco el día entero, pero tenemos que visitar la mezquita. Camino de ella, vemos varios talleres de curtidos de piel —realmente, los odres son magníficos—, con fotografías *porno* en las paredes. Entonces me cuenta que, cuando el dominio jordano en Jerusalén, el rey Hussein poseía en las afueras un chalet más bien modesto donde celebrabra tremendas aunque discretas orgías. «No sé si pagaba muy bien a las mujeres, o si les ataba en el cabello esos lacitos de seda que vende mi amigo...»

Antes de llegar a la mezquita vemos en un descampado a una pandilla de chiquillos correctamente alineados, jugando a quién meará más lejos.

Llegamos al pie de la mezquita *Haram el Jalil*. Es una fortaleza. Enormes murallas la rodean, herodianas, según la opinión casi unánime de los arqueólogos. Los turistas, y algunos judíos procedentes de los *kibutzim* cercanos, se hacen retratar frente a las piedras.

Empezamos a subir la escalinata en dirección al recinto sagrado, que está en la cima, y al llegar al séptimo peldaño Zaid se detiene un momento y me dice que antes de la ocupación israelí —por primera vez se le ha escapado la palabra «ocupación»— los judíos no podían pasar de ahí, del séptimo peldaño.

Ahora, en cambio, unos peldaños más arriba una pareja de soldados judíos, con metralleta, nos piden la documentación. No pasa nada, pero la boquilla de Zaid ha desaparecido, aunque su rostro no delata la menor animadversión. Los soldados nos indican que «adelante» y continuamos subiendo. En el último peldaño nos espera, inmóvil y misterioso, un gato aristócrata, de ojos color cadmio.

Después de cruzar un patio, un espacio abierto, entramos en la mezquita propiamente dicha, en el lugar de oración, sin que nadie nos obligue a descalzarnos, lo cual resulta insólito. «Influencia judía», pienso yo. Y el caso es que, una vez dentro, no puedo disimular mi decepción. La mezquita en honor de los patriarcas que colmaron mi imaginación infantil carece de grandiosidad. Es cuadrada y huele a alfombras viejas, desgastadas, como los zapatos de muerto que vendía el árabe gordo del micrófono. Veo delante de mí, en la penumbra, dos abultados cenotafios, y allá al fondo, en una zona aparte —siempre aparte—, varias mujeres sentadas, rezando. Veo la bóveda, sostenida por cuatro pilares, un púlpito de madera y, a nuestra derecha, un grupo de gente agachada en torno a un orificio o agujero que hay en el suelo, en el pavimento, agujero tapado por una rejilla y del que emana un extraño resplandor. Entonces recuerdo haber leído que a través de ese agujero puede atisbarse, gracias a unos focos, la auténtica cueva de Macpelá, que está abajo, en el sótano, y que contiene las tumbas originales.

La verdad es que estoy desconcertado y que Zaid cuida de poner un poco de orden en mis ideas. El cenotafio de la derecha es el de Isaac y el de la izquierda, el de Rebeca: el del varón, recubierto con un paño verde, el de la mujer, con un paño color carmesí. La caligrafía de las paredes corresponde a versículos del Corán y el púlpito data nada menos que del siglo XI. Las columnas se remontan a la época bizantina y a los cruzados, los cuales, según la leyenda, al entrar en la cueva —que es lo que se esconde precisamente debajo de la intrigante rejilla a nuestra derecha— vieron cómo los huesos de los patriarcas relucían, fosforescentes, en la oscuridad.

Las dos capillas situadas al Norte —Zaid me acompaña hacia allí— contienen los cenotafios de Abraham y de Sara. El lienzo, también verde, de Abraham, dice: «Ésta es la tumba del profeta Abraham, que descanse en paz»; el lienzo de Sara, también carmesí, dice: «Ésta es la tumba de nuestra señora Sara, mujer del profeta Abraham, que descanse en paz.» Y en una cámara adicional se hallan asimismo el cenotafio de Jacob y el de su segunda esposa, Lía.

Todos los esfuerzos de Zaid, que continúa suministrándome datos suplementarios, no consiguen rectificar mi primera impresión, atribuible, quizás, a los calificativos de «tunante» y de «bribonzuelo» con que el obispo francés obsequió a Abraham. Imposible concentrarme, ponerme en trance. En vano me repito que, pese a todo, la figura de Abraham representa la fe absoluta en la palabra de Dios y que la aceptación del sacrificio de su hijo, Isaac, en esa línea alcanza la cresta de la pirámide. En vano también rememoro las palabras de Jesús a los fariseos y saduceos: «Porque yo os digo que Dios puede hacer surgir de estas piedras hijos de Abraham.» Tal vez me influyan también un absurdo reloj de pared, moderno, que hay detrás del cenotafio de Rebeca, así como un no menos absurdo ventilador parado, con las aspas rotas; sin contar, claro, con que lo que podría impresionarme de veras es precisamente lo que no puedo ver: la cueva de Macpelá, oculta en el sótano, bajo la rejilla, y a la que, según Zaid, desde tiempo inmemorial nadie

tiene acceso, por expresa prohibición musulmana, «medida muy discutible, desde
luego, puesto que abarca incluso a los investigadores y a los arqueólogos», con lo
que se descarta toda posibilidad de despejar una serie de incógnitas que están
ahí, planteadas desde hace siglos.

Deambulo unos minutos por la mezquita, a cuya penumbra he ido acostum-
brándome. Milagrosamente, el recinto ha quedado ahora vacío, a excepción de las
ancianas que rezan en un rincón. Contemplo largo rato los cenotafios, recuerdo
la visión —los huesos fosforescentes— que tuvieron los cruzados, y de pronto, sin
saber por qué, me viene a la memoria una frase que el profesor Edery leyó y
anotó en una ficha: «Algunas de las *verdades* del ocultismo, bien analizadas, se
parecen a verdades cristianas que se hubieran vuelto locas.» Zaid, como brotado
del ocultismo, aparece a mi lado precisamente en ese instante, y su presencia, como
a veces me ocurre, altera por completo mi estado de ánimo. De tal suerte, que le
espeto a bocajarro y sin venir a cuento, mirando de nuevo los mudos cenotafios:

—Zaid, ¿puedo hacerle una pregunta? ¿Puedo preguntarle si cree usted en la
inmortalidad del alma?

El taxista se inmoviliza. Su expresión es enigmática. Zaid se convierte en la
transfiguración del gato, también bigotudo, que nos aguardaba en el último peldaño, antes de entrar.

Inmediatamente sonríe, con su malicia habitual y me contesta:

—¿Crees que si no tuviera esa esperanza habría tenido siete hijos y estaría
esperando otro?

¡Bravo, Zaid! Qué extraño que yo siga tratándole de usted y que él, influido
por el idioma árabe, me tutee, aunque al hacerlo matice la voz de tal modo que
el hecho no trasluce la menor falta de respeto.

No está mal, no está mal... «Si no tuviera esa esperanza...» Zaid tiene esperanza. Los árabes tienen esperanza. Está escrito en una *sura* del Corán —tal vez, en
alguno de los versículos epigrafiados en esta mezquita—: «¿Piensa el hombre que
no reuniremos sus huesos? ¡Qué duda cabe de que Yo soy capaz de arreglar hasta
las puntas de sus dedos!»

Fin de la visita. Sólo nos resta comprobar —es Zaid quien, en el último momento, se ha dado cuenta de ello— que los judíos han instalado en el vestíbulo
de la mezquita una diminuta sinagoga... No es nada, unos cuantos bancos de
madera y, frente a ellos, el Arca con la Torá; pero ahí están, y vemos que un
hombre cubierto con el *tallit* y escoltado por dos niños reza devotamente, con el
librito de Salmos en la mano.

—¿Te das cuenta, señor? Así van infiltrándose, poco a poco... —Zaid sonríe
de nuevo—. Como lo habría hecho Abraham...

Regreso a Belén y la «Gruta de la Leche»

Mientras bajamos la escalinata me pregunto: «¿Qué le ocurre hoy a Zaid?
¿Qué relación habrá entre la fiesta que nos aguarda en Belén y su actitud rebelde
frente a los judíos?» Lo normal es que sus comentarios sean neutros o que eluda
la cuestión. Sólo en un par de ocasiones había sido incapaz de disimular, como,

por ejemplo, cuando visitamos con Jacob el Muro de la Ignorancia y Zaid se alejó y abriendo visiblemente las piernas se puso a hacer pis.

Ya de regreso a Belén —a las doce menos cuarto toda la familia de Zaid nos esperará en la plaza de la Natividad—, nos detenemos sólo unos minutos en uno de los hornos de fabricación de vidrio.

Mientras un muchacho de ancho tórax sopla creando en el aire una botella azul-violeta para una turista que lo contempla extasiada, yo adquiero media docena de collares de «ojos de camello». Los granos, las cuentas, redondas como las de un rosario o un *masbahah*, son agradables a la vista y al tacto. Regalaré uno a Alma, otro a Naila, otro a la hija del profesor Edery —si es que un comandante puede exhibir un collar—, y los restantes los guardaré en el armario de mi habitación, junto a la ropa sucia, a las galletas y al hornillo eléctrico.

La muchacha que nos ha vendido los collares —y que se empeñaba, quieras que no, a que tomáramos una taza de té—, lleva un lacito de seda en el pelo... Alarmado, miro a Zaid; pero éste mueve negativamente la cabeza.

—Nada... —dice—. Es un lacito casto. Lo lamento, señor.

Zaid se traga materialmente los diecisiete quilómetros que nos separan de Belén. Apenas si intercambiamos unas palabras. Zaid silba una melopea antigua y yo me dedico a contemplar esa comarca por la que transitaron a placer los ejércitos de David. Un niño en la carretera, con una cesta en la mano, nos ofrece algo, no sé qué; pero Zaid no le hace caso y sigue camino.

Llegamos a la plaza de la Natividad a las once y media. Zaid aparca sin dificultad y nos sentamos bajo los pórticos, en una de las mesas del «Granada-Bar», en espera de que a la hora prevista hagan su aparición, por la esquina de la calle Anatrhee, Faisa, la esposa del taxista y sus siete hijos.

Tenemos hambre y sed y nos tomamos un bocadillo y un café. Ni que decir tiene que me muero de curiosidad por ver brotar en la plaza el clan Zaid. Sólo sé de la mujer de éste que «es sana y fértil, pero que habla demasiado»; y de Naila, que es lo mejor del mundo, «bonita, muy bonita, sí señor», y muy moderna, como lo demuestra que estudia guitarra y que nunca ha querido tatuarse. Nada sé del resto de los hijos, a excepción del mayor, de catorce años, que estudia en los Hermanos de la Salle y que en las horas libres aprende el oficio de barbero.

Zaid aprovecha esos minutos para ponerme un poco al corriente del misterio de la «Gruta de la Leche». Tampoco quiero desilusionarle. Tampoco quiero decirle que en esas semanas me he leído sobre el tema todo cuanto ha caído en mis manos, de modo que le presto la debida atención, máxime teniendo en cuenta que, como dice el refrán, «hay cosas que no están en los papeles».

El resumen que Zaid me ofrece, y que coincide de punta a cabo con el que se inserta en las monografías, es el siguiente:

«La "Gruta de la Leche" es aquella en que la Sagrada Familia se detuvo cuando, a raíz de la persecución de Herodes, san José, la Virgen y el Niño abandonaron con presteza la cueva de la Natividad, dispuestos a huir a Egipto. Ocurrió que, una vez en dicha gruta, la Virgen tuvo que amamantar al Niño; y que, al hacerlo, unas gotas de leche se cayeron al suelo, sobre las rocas, que eran rosáceas y que milagrosamente se tornaban blancas, sin que nadie a partir de entonces lograra devolverles el color original.

»El prodigioso hecho se difundió rápidamente, corrió de boca en boca. Y dado que se trataba de un prodigio *lácteo,* la gruta tomó el nombre de "Gruta de la Leche", y empezó a ser objeto de peregrinaciones, compuestas lo mismo por mujeres cristianas que musulmanas, que acudían allí en caso de falta de flujo de leche, o en petición de leche de calidad. Como era de suponer, la Virgen empezó a mostrarse generosa, concediendo gracias innumerables, incluso a las mujeres que, como Faisa, todavía no habían dado a luz, pero que iban a pedirle, simplemente, "un embarazo sin sobresaltos" y "un parto feliz".

»Las correspondientes capillas erigidas en el lugar fueron sucediéndose al compás de los avatares históricos, y desde el último tercio del siglo pasado se levanta allí el santuario que hoy veremos, al cuidado, como tantos otros, de los franciscanos. Como es lógico, la tradición, que se remonta nada menos que al siglo IV —"dieciséis siglos, señor, pidiendo flujo de leche y leche de calidad"—, ha ido enriqueciendo el hecho inicial. Ahora es costumbre que las mujeres se lleven de la gruta polvillo blanco, el cual, mezclado luego con cualquier alimento y tomado con el ánimo presto, es garantía de que la Virgen atenderá la petición. También, en ocasiones, pueden comprársele al sacristán piedrecitas arrancadas de las rocas, e incluso pasteles de tamaño y forma semejantes, previamente elaborados con el mismo fin. Por lo demás, existe la creencia de que si una mujer judía se acerca a la gruta para mofarse de todo ello, morirá de parto o dará a luz gemelos subnormales.»

—No olvide, señor —concluye Zaid, y ése es el único detalle inédito para mí—, que los árabes tenemos un proverbio según el cual la leche materna actúa de modo decisivo sobre el posterior carácter del niño. Un niño que haya tenido poca leche de su madre, tendrá carácter débil; un niño que haya tenido mucha, tendrá carácter fuerte...

—Muchas gracias, Zaid. Ha sido muy interesante...

¡Aparece en la esquina de la calle Anatrhee la familia de Zaid! El clan, en efecto, es impresionante, pues todos y cada uno se han puesto lo mejor. Avanzan con timidez y nosotros salimos a su encuentro. ¡Son tantos! Y todos me miran como si yo pudiera hacer algo para que la piadosa visita a la Gruta dé buenos resultados.

Faisa, Naila y las niñas inclinan la cabeza; los chiquillos se llevan la mano a la frente y al corazón. El mayor tiene una verruga en la nariz: ignoro lo que esto significa en la tradición belenita. El pequeñajo está distraído contemplando sus flamantes zapatos, que a lo mejor le duelen. A fuer de sincero, no puede decirse que Faisa —bajita y gorda— pertenezca al sector de mujeres árabes de prestancia singular, elegantes de porte y de gesto. Sin embargo, es muy expresiva. Boquita de piñón. ¿Será verdad que habla tanto? Se cubre la cabeza y los hombros con un chal blanco, lo mismo que Naila. ¡Ay, Naila es otro cantar! Se ha maquillado el rostro exageradamente, con toques azulados en los párpados. Pero tiene unos ojos que la poesía árabe habrá cantado sin duda mucho antes de que la muchacha existiera. Salvio me habló del colirio especial, el *kohol,* que usan las mujeres árabes, pero imagino que en el caso de Naila no hay tal. Son su alma y su juventud, nada más. Algo muy pícaro asoma en su sonrisa y en su mentón, algo que se manifiesta espectacularmente en el momento en que, vencida la timidez del encuentro, me atrevo a ofrecerle el collar que llevo preparado. Naila me mira con más cantidad aún de juventud y de colirio. Y lo acaricia lentamente sobre su pecho, entre sus senos, que se adivinan como una promesa hurí.

—A usted, señora —le digo a Faisa—, hubiera querido traerle un ramo de flores; pero su marido me previno de que el día de la visita a la Virgen no es oportuno que la madre reciba ningún obsequio.

La «Gruta»

Rumbo a la «Gruta», varios taxistas amigos de Zaid lo saludan en plan zumbón. Faisa me dice: «Estoy muy emocionada, señor. Zaid nos ha hablado tanto de ti... Y luego la visita a la Virgen.» Observo que Naila, a la izquierda, lleva en el antebrazo una franja roja con tres iniciales: G. M. B. Le pregunto qué significan y me contesta que significan Gaspar, Melchor y Baltasar y que sirven de ayuda en los viajes. «Pero ¿para ti eso es un viaje?» «¡Claro! Vamos contigo, señor...»

¡Horrible santuario! Horrible por fuera y peor aún por dentro. Todo acaramelado, artificial, difícilmente digerible. La primera impresión es que se trata de una tienda de quincallería, con abundancia de nácar. Muchos donativos y exvotos son de nácar, lo que me recuerda a los artesanos que lo trabajan en este mismo barrio. La imagen de la Virgen, escoltada por dos ángeles de recargadas alas, preside el altar y su inexpresividad es merecedora de castigo. Un cuadro al óleo representa a María amamantando al Niño; Zaid me informa de que su autora fue una monja rusa, lo que me obliga a callar. Hay muchas lámparas y candelabros y madreperlas, y mármoles que desvirtúan el carácter de gruta que podría esperarse, bajo un techo ahumado por los cirios y punteado de estrellas. En efecto, aquí y allá hay manchas blancuzcas en el suelo y en los pedazos visibles de roca.

¡Ah, pero hace ya dieciséis siglos que las gentes pellizcan y arañan estas rocas para mezclar su polvillo con los alimentos! Faisa y su clan, capitaneados por Zaid, al margen de mis apreciaciones estéticas se muestran dispuestos a perpetuar la leyenda. Cierto, se han arrodillado ante la verja de hierro que protege el altar y contemplan a la Virgen con todo el vigor de su fe belenita, y empiezan a rezar en voz alta, en lengua árabe, mientras Faisa de vez en cuando se palpa ostentosamente el vientre en el que crece el nuevo ser.

Me arrodillo a su lado, y me olvido del nácar y del cuadro de la monja rusa. «Señora, haz que esa mujer tenga un embarazo sin sobresaltos y un parto feliz.» ¿Por qué no? No puedo por menos que recordar el amor que en el «Bar Ovidio» se profesa a la Virgen, por la que todos aquellos frailes —los españoles, los croatas y los demás—, darían, sin vacilar un instante, al igual que para cualquier mendigo y para mí, la vida.

Entretanto, van entrando hombres y mujeres, éstas con el bebé en brazos. Todos besan las rocas y hacen que los bebés también las besen, o por lo menos que las rocen con su piel. Me gustaría adivinar si son cristianas o musulmanas, pero no es fácil; tal vez en la manera de persignarse, o de inclinarse, o de arrodillarse en el suelo. Me pregunto por dónde andará el franciscano al cuidado de la gruta, pero no aparece; en cambio, el clan Zaid continúa ahí, rezando, sobresaliendo la voz cristalina de Naila, en tanto que el pequeñajo, que se llama Issa —Jesús—, sigue preocupado con sus zapatos.

De pronto, entra un guía, sin duda judío, con un grupo de visitantes ingleses.

Les cuenta la historia justificativa del nombre de la gruta, pero en el momento más impensado, señalando una segunda concavidad que hay allá al fondo, añade: «Los cristianos dicen que mientras María amamantaba al Niño notó corriente de aire y se trasladó allá, a aquella otra gruta más resguardada. Y que se quedó dormida.»

Los ingleses sonríen, al igual que el guía. Zaid, airado, tiene que esforzarse para proseguir con lo suyo; y sin embargo, paradójicamente, a mí me ha parecido que el guía, sin proponérselo, ha compuesto un poema tan ingenuo como la imagen, pero muy humano y natural. Aunque, por descontado, no tendré más remedio que plantear en San Salvador la deprimente impresión que me ha causado la «Gruta de la Leche».

En ruta hacia la casa de Zaid, para almorzar. Me doy cuenta de que Zaid acelera a propósito el paso, llevándome con él, para dejar un poco atrás a su tribu. Sospecho que quiere formularme alguna advertencia; y no me equivoco. Antes de llegar a la plaza de la Natividad, que hemos de cruzar transversalmente, me comunica que en la ceremonia ha faltado alguien de la familia, quizás el personaje principal: su suegro, que se llama Abu-Abdel y que está ciego. «No es que no salga de casa, no. Todos los días se va al café y a la barbería a charlar con los amigos, y se conoce Belén como el cuarto en que trabaja y duerme. Pero se ha quedado preparando el postre... Le gusta cocinar. ¡Oh, sí, señor, Abu-Abdel es un tipazo! Musulmán, desde luego. Nunca ha querido bautizarse cristiano. De joven viajó mucho y se casó en Siria, precisamente con una comadrona... Tiene gracia, ¿verdad, señor? La madre de Faisa, que murió hace unos diez años, era comadrona. Y también musulmana. Lo cual no le impedía venir a la gruta, no sólo por cumplido, sino porque en el Corán hay una *sura* en la que se hacen grandes elogios de la Virgen María. ¡Estoy seguro de que te encantará conocer a mi suegro, señor!»

El hogar de Zaid

Nada más cierto. Apenas llegamos al hogar de Zaid, es él quien nos abre la puerta. Seguro que nos ha oído subir la escalera. Hombre de unos setenta años, pero alto y todavía erguido. Un tipazo, sí, señor, pese a sus párpados caídos y a su sonrisa de ciego.

Zaid me ha presentado y no me explico cómo ha podido localizar con tanta exactitud, en el umbral de la puerta, el lugar exacto que yo ocupo. Se ha inclinado ante mí sin marrar un milímetro, llevándose respetuosamente la mano a la frente y al corazón y dándome la bienvenida... en árabe. ¡Bueno, ésa va a ser la dificultad! Abu-Adbel no habla más que árabe y unas pocas palabras de inglés, de modo que Zaid se verá obligado a hacer constantemente de intérprete. Inesperadamente, Abu-Abdel acerca sus manos nudosas en busca de las mías y las estrecha con efusión. Comprendo que es una cortesía especial... ¡Mucha fuerza tienen aún sus manos! Y advierto que mueve los dedos con suma agilidad. Seguro que el postre le habrá salido de maravilla... Mientras Zaid le transmite mis mejores deseos y lo agradable que resulta para mí estar en su casa en día tan señalado, veo en el comedor una jaula con un loro... ¿Un loro en Belén? Su verde presencia me desconcierta. Zaid se explica. «Nostalgia de Honduras, ¿comprende, señor?»

Nunca podré olvidar el ágape —ésa es la palabra— en el hogar de Zaid. El protocolo y la timidez se han ido al carajo en un santiamén. Terminado un breve aperitivo a base de zumo de frutas, en cuanto nos hemos sentado a la mesa, presidida por Abu-Abdel, en cuyo rostro hay surcos de beduino milenario, me he sentido perfectamente a mis anchas, como si yo mismo formara parte de la familia.

Es posible que haya influido en ello, aparte de que el loro ha sido oportunamente alejado de la reunión, el hecho de que una serie de utensilios y enseres del piso, e incluso algunos de los muebles —todo muy modesto, a mil leguas del lujoso «Mercedes» que exhibe Zaid—, me han recordado, con un relieve mnemotécnico asombroso y, por supuesto, emotivo, algunos de los enseres y muebles de la casa en que nací y en la que transcurrieron los primeros siete años de mi vida.

¡Impensable salto en el tiempo, prueba irrefutable de la tenacidad de ciertas constantes genéticas, con las preferencias y hábitos que de ellas se siguen! Por lo visto mi casa natal, en Darnius, en el Ampurdán, era mucho más árabe de lo que pudimos sospechar, lo cual no es incompatible con lo que, según Isidro, ocurrió un buen día en la Torre Gironella, en la Gerona cuatro veces inmortal.

El caso es que en el recorrido previo que hemos efectuado por las cuatro habitaciones y la cocina, además de la pequeña terraza de que consta la vivienda, he visto una cómoda muy semejante a la que mi madre conserva aún, unos cedazos idénticos a los que me servían de juguete y para cribar mis primeras sensaciones, ¡un brasero!, unas balanzas de dos platos, varias lámparas de aceite, un viejo molinillo de café —los granos crujían: *graccc, graccc...*—, y, en la alcoba conyugal, una cama altísima, de madera, con los colchones de lana, virtualmente idéntica a la de mis padres. También son muy parecidos el perchero, la mecedora de rejilla y las sillas del comedor. En resumen, las diferencias estriban en algunos artefactos eléctricos y funcionales, que por entonces no existían, en las literas superpuestas en que duermen cinco de los hijos de Zaid —y en el número de orinales ocultos debajo de ellas—, en la televisión, en el tocadiscos... Tampoco teníamos, ciertamente, en las paredes del comedor, un antiguo grabado de la plaza de la Natividad —por entonces convertida en mercado, con muchos tenderetes y muchos camellos—, y una reproducción en color de la mezquita de los Omeya, de Damasco; pero sí teníamos una imagen del Sagrado Corazón sentado en su trono y presidiendo, con una lamparilla encendida a sus pies.

Extraña sensación la de retroceder visceralmente medio siglo, algo más, y la de reconocer como propios muchos de los ademanes que observo en la mesa. Por supuesto, mi madre era —es— mucho más apuesta que Faisa, mi padre no tenía los párpados virtualmente cerrados —ahora, por desgracia, sí—, y para hablar conmigo no precisaba de intérprete, y yo no tenía ninguna hermana como Naila, con dieciséis años a punto de estallar. Faisa y Naila se han quitado el chal que les cubría la cabeza y los hombros y su cabello espeso y negro ha asomado, cada uno a su modo. El de Faisa, completamente liso, ajustado al cráneo y recogido en moño; el de Naila, rizado, corto, brillante, con dos pendientes de oro colgándole alegres de las orejas. Naila lleva un blusón bordado y tembloroso, abotonado hasta el cuello y se ha quitado del brazo las iniciales de Gaspar, Melchor y Baltasar.

El diálogo ha sido vario, incoherente, disparándose aquí y allá según las intervenciones de cada cual. A veces ha tenido el chispeante sabor del primer plato, compuesto de legumbres aderezadas con especias cuya lista yo no aprendería jamás; otras veces ha tenido la solidez del segundo plato, el clásico cordero asado, que todos hemos adornado con vino —en efecto, procedente de los viñedos de Hebrón...—, excepto Abu-Abdel, a quien Mahoma prohibió el alcohol. Los pequeñajos, al principio parecían intimidados, pero pronto se han cansado de ello y se han dedicado a reírse y a contarse entre sí fábulas y chismes infantiles. Hasta que, a los postres, la mesa se ha inundado de repostería compuesta de almendra, azúcar y miel, obra de Abu-Abdel y réplica, como era de suponer, de los turrones de mi niñez, con un suplemento absolutamente impensable: una gruesa tarta de nata y chocolate —su forma, su silueta, el mapa de España—, que ha arrancado «¡bravos!» y «¡vivas!», no sé si ensayados o no, pero regados con tres botellas de champaña que Zaid se ha encargado de abrir estruendosamente con sus manos poderosas.

En principio, podría decirse que las legumbres han coincidido con la curiosidad por conocer lo más posible datos referidos a mí. Me han preguntado por mi mujer, por nuestras andanzas por el mundo, por mi tierra, etcétera. Al saber que mi abuelo materno fue maestro de escuela, y que actualmente lo es la menor de mis hermanas, ha habido, no sé por qué, una exclamación admirativa. Y también al enterarse de que el viento del Ampurdán, la tramontana, doblaba los cañaverales e incluso los árboles. Naila se ha empeñado en saber qué país, de cuantos he visitado, me ha interesado más... Forzado a sintetizar, he dicho que la India, lo cual —convenientemente traducido— me ha valido la cálida aprobación de Abu-Abdel.

La primera ronda de vino de Hebrón ha lanzado al aire algunos atisbos poético-religiosos. Faisa, recogiendo una alusión mía al seductor encanto de Belén —va a resultar verdad que le gusta la cháchara—, y empleando una jerga menos culta que la de Salvio pero perfectamente comprensible, ha hecho suya la afirmación de *madame* Dabdub —la fundadora de la Unión de Damas Árabes—, según la cual Belén es el único sitio del mundo que no cambia nunca, por más que cambie, que es y será siempre Belén, lo mismo si en la plaza de la Natividad hay camellos y tenderetes de mercado que si hay autocares y taxis. «Fíjese usted, señor, si ello es así, que un buen día san Pedro tuvo la idea de llevar a Jesús de paseo por el espacio, girando en torno a la Tierra, lo cual fue ocasión para que el apóstol advirtiera que Jesús no reconocía nada: ni Nueva York, ni París, ni Atenas, ni siquiera Jerusalén... Hasta que, de pronto, al pasar por encima de Belén, apuntando con el índice exclamó: ¡Esto sí, esto lo conozco yo! ¡Es Belén!»

Mis muestras de aprobación, sinceras, han alegrado más aún el ambiente y han estimulado a Naila a intervenir de nuevo. Cierto, Naila, que tiene una voz aurífera como sus pendientes, y que está enamorada del mar de Galilea, me ha contado que a raíz de una excursión que hicieron allí, un pescador de Tiberíades les dijo que los niños, si se están quietos, tienen la virtud de apaciguar a los peces; y que por ello él, cuando salía al mar, llevaba a sus hijos a la orilla con la consigna de que permaneciesen inmóviles un buen rato. Y que si los niños cumplían con la consigna, volvía con la barca llena a reventar... Zaid, cauto como siempre, ha hecho notar a Naila que existían precedentes de ello: la famosa y encantadora flauta mágica... Naila, un tanto contrariada, ha apretado los labios y luego ha soltado: «¡Pues los niños de Galilea, sin flauta mágica!»; y todos nos hemos reído de buena gana, y Zaid se ha quedado, una vez más, embobado contemplando a mi hija.

El cordero asado, no se sabe por qué, quizá por lo que tiene de sacrificio de un ser vivo, ha derivado el diálogo hacia las heroicas aventuras de Abu-Abdel, quien de muy joven se marchó de Belén para recorrer los territorios limítrofes, especialmente, el Líbano, Siria, Transjordania, con larga estancia en la Arabia Saudita, vendiendo telas en los mercados, telas de todas clases, y también alfombras y tapices, hasta que, al conocer, precisamente en Damasco, a Dina, su fallecida esposa, se interesó por las enfermedades y alternó la venta de telas con el curanderismo. Sí, se convirtió en curandero..., y pese a todo, sigue siéndolo aún. Todos los días, en la barbería en que trabaja su nieto Gabriel, acude la gente a consultarle, lo mismo que en los cafés de la plaza. Se conoce todas las hierbas y plantas de Palestina, todas sus virtudes; ahora, precisamente, está esperando una flor muy especial, que sólo crece en el monte Carmelo, para curarle a Gabriel la verruga de la nariz.

Pero en fin, lo que quería dejar sentado es que esos años de vagabundeo por el Cercano Oriente, siempre con la imagen del coronel Lawrence al fondo, que tantas cosas les había prometido a los árabes, entre ellas, la Gran Libertad, aprendió hasta qué extremo son absurdas las guerras, las divisiones, por culpa, casi siempre, de políticos sin escrúpulos, sin temor de Dios, que ni siquiera viven allí mismo y que se reparten la geografía ajena como nosotros nos repartimos el cordero.

No, él no está seguro, como ha pretendido Faisa, de que Jesús, el gran profeta al que tan bellos pensamientos debe Mahoma, reconociera ahora Belén, porque cuando nació en la cueva y chupó del pecho de su madre no había hermanos suyos de raza montando allí guardia con metralleta. ¡Qué conflicto más estúpido el actual, que ninguna hierba puede curar! Que los judíos se pelearan con los sucesores de Cristo tendría, en último término, cierta explicación, pues fueron ellos quienes lo mataron; pero que se peleen con los árabes carece de sentido, puesto que los judíos no mataron a Mahoma. Han sido influencias diabólicas, circunstancias caprichosas las que los llevaron a querer borrar Palestina del mapa y llamarla Israel. Y conste que él es incapaz de odiarlos, pese a tanto daño como están causando, porque un ciego que odia es un monstruo doblemente peligroso. De modo que lo que hace, en la medida que puede, con su parloteo e incluso con sus mejunjes, es intentar, como los niños de Galilea, apaciguar los ánimos. ¡Oh, sí, la situación es un completo error, sobre todo porque el final no puede ser más que uno!: la derrota de Israel. A los árabes les basta con hacer lo que Zaid: tener siete hijos, ocho, diez... El argumento no es nada original, desde luego, pero es tan cierto como que Naila tiene talento para tocar la guitarra. Ni siquiera si todos los judíos del mundo —la radio habla de que suman unos dieciocho millones— vivieran y trabajaran en Israel, podría esperarse un final distinto; qué va a ocurrir, pues, si no llegan ni siquiera a tres millones los instalados en el territorio, con gran parte de la juventud en el frente y mucha gente mayor buscando pretextos para marcharse a cualquier parte.

¡Ah, pero, por lo que más quiera —y dado que Zaid le dijo que me quedé aquí para escribir un libro—, no se me ocurra idealizar en él a los árabes, plagados de defectos! No, no, él ha estudiado poco pero ha vivido lo suficiente, y ha fumado lo bastante con su *narghileh,* para ser realista. Los árabes son perezosos —con alguna excepción como Faisa...—, embusteros —¡sí, sí, embusteros!—, orgullosos y confundiendo los preceptos de Mahoma con un anticipo del Edén. Mucha ignorancia, mucha suciedad y mucha superstición. Dina, su mujer, se volvía loca con las parturientas, que daban a luz en cualquier sitio, sin la menor precaución. Y el resultado de tales defectos fueron durante mucho tiempo las epidemias de triquinosis, las enfermedades venéreas, la lepra, etcétera. Hasta que, por la bondad de Alá, un buen día llegaron —incluso a Damasco, incluso a la Arabia Saudita—, los antibióticos, en los que la gente creyó porque se les dijo que eran hongos... «Hasta ese momento, señor, en los países árabes sólo se confiaba en los adivinos del péndulo... ¡y en los curanderos!»

—De todos modos —añade, palpando en la mesa en busca de un pedazo de pan—, tenemos algo de que carecen los judíos: la fe, la fe en Dios. Eso, señor, palabra de Abu-Abdel, es suficiente para, a la larga, salir airoso de cualquier empresa...

El cordero asado me ha dado tiempo aún —espoleado por la rúbrica que el padre de Faisa ha puesto en su intervención—, a preguntar cómo se las arreglaba ahora Abu-Abdel para leer el Corán... Entonces Zaid me ha explicado que su suegro ha tenido la suerte de que aparecieran unos discos con todo el Libro de Mahoma grabado por cinco estupendos lectores, elegidos entre los *ulemas*. «Se los regalé por su cumpleaños, y se resolvió el problema.» Zaid me cuenta también que lo que a veces lo pone nervioso es que, según dónde le pilla el momento de la oración, no acierta a orientarse hacia La Meca... «Necesita un punto de referencia, ¿comprendes, señor? Un mueble aquí, en casa, una mesa en el café, algo... Si no, tiene que preguntar, y eso le duele.» «Naturalmente, todos los viernes, por la mañana, lo llevo con el coche a Jerusalén, a las mezquitas, donde tiene lugar la gran concentración. Y allí reza con sus amigos. Porque, estuvo en La Meca, ya puedes suponerlo... Por cierto, que si quieres hacerle feliz, antes de marcharte le pides que te enseñe su tarjeta de peregrino, su tarjeta de *El-Haj*...»

A los postres, ¡desde luego!, la euforia se adueña de la mesa, y no sólo merced a la pastelería y al champaña. El clima de confianza se acrecienta todavía más, Zaid se desabotona un poco el pantalón —«con permiso, señor»—, y los críos, encabezados por Issa, ¡quien por fin se ha librado de sus zapatos domingueros!, se ha levantado, pese a las severas advertencias de Faisa y se han puesto perdidos lamiendo primero y tragándose después los pedazos de tarta —el mapa de España, de nata y chocolate, a cada nuevo corte tomaba una forma loca—, y convirtiendo luego en proyectiles los tapones de las botellas que Zaid ha descorchado. Por cierto, que los temores de Faisa se han disipado en el momento en que yo mismo he cogido al vuelo uno de los tapones y lo he lanzado adrede contra el cogote indefenso de Gabriel.

Lo cierto es que todos colaboramos a que la fiesta sea ágape, y cada cual da rienda suelta a su ingenio particular. Mientras el abuelo, Abu-Abdel, cuenta que antaño, en todo el Cercano Oriente, en los días precedentes al parto se consideraba de buen augurio que la mujer se acostase llevando los calzones del marido —él mismo, en los mercados, había vendido porradas de calzones—, Zaid afirma que, en el propio Belén, la Virgen de la «Gruta» tuvo en un determinado momento una peligrosa rival: la costumbre de que la madre, para evitar que se le cortase la leche, cogiese el gorro de dormir del marido y se lo aplicase a los pechos. «¡Ja, ja! ¿Qué dices a eso, señor?»

Ante mi asombro, Faisa no reprende a Zaid, antes al contrario, añade por su cuenta que, según su marido, en Siria, caso de que el parto se presentase difícil, se obligaba a la parturienta a sentarse en el orinal y en esta postura soplar muy fuerte dentro de una botella... «¡Como los sopladores de vidrio!», comento, mirando jocosamente a Zaid, quien, al tiempo que se zampa los restos del mapa de España, se ríe feliz... y se desabrocha un poco más.

Llega un momento en que me temo que Naila se sienta incómoda... ¡Craso error! Precoz mujercita, a lo que se ve, no sólo porque de vez en cuando me mira y se acaricia coquetonamente el collar que le traje de Hebrón, sino porque da pruebas de no querer quedarse atrás, por lo cual, luego de informarme tranquilamente de que las poluciones nocturnas en árabe se llaman «sueños mojados», me da su palabra de que en Caná, la noche de la boda, y para que el matrimonio no sufra de maleficio, la novia sostiene entre los dedos su anillo de casada y el novio orina a través de él tres veces seguidas. «¡En serio, señor! —rubrica, con su voz más insegura que antes, menos aurífera, quizá debido al champaña—. No es que todas las parejas lo hagan, pero sí que es una costumbre frecuente.»

Bien, el caso es que yo debería también contar algo gracioso... Pero me siento tan a gusto, tan relajado —sobre todo, desde que Abu-Abdel y Zaid fuman sus correspondientes *narghilehs*—, que no se me ocurre nada. Seguro que el loro estaría más inspirado que yo. Claro que podría repetirles lo que alguien contó en el «Bar Ovidio»: que en la residencia *Casa Nova*, de Belén, adjunta a la Basílica, un franciscano que hubo, el padre Iglesias, muy aficionado a la lectura, una tarde de verano en que abrió la ventana y se puso a leer el *Quijote* como si declamase, vio, asombrado, cómo un árabe que pasaba por la plaza se arrodillaba aterrorizado y le pedía perdón, convencido de que el fraile lo estaba maldiciendo. Pero no estoy seguro del éxito, y opto por informar a Abu-Abdel, ferviente admirador de la mezquita de los Omeya, de Damasco, cuya reproducción preside la pared, de que en la mezquita española de *Aljama,* de Córdoba, sin duda una de las más hermosas levantadas por el Islam, hay una puerta llamada «Puerta del Chocolate», por haber pertenecido a una estancia en la que los canónigos se daban sus buenos refrigerios, mientras loaban la magnificencia del Señor.

Los ojos de Zaid brillan como centellas, pero antes de traducirle mi informe a su suegro me pregunta qué es un «canónigo»... «Una casta de rentistas que existe entre el clero católico —le explico—. Antes era una bicoca, ¿comprende? No hacían absolutamente nada; sólo compartir esos refrigerios... y vivir como Dios.»

El taxista le traduce mis palabras a Abu-Abdel, y éste, al final, se sonríe con tanta plenitud que se diría que sus párpados se abrirán de un momento a otro; pero todo se queda en un simulacro de aplauso y en una profunda reverencia.

Y llega, por último, el instante del duende. Los pequeños le piden a Naila que toque la guitarra. Ésta, inútilmente, se niega: Gabriel ha desaparecido del comedor y vuelve con el instrumento y lo deposita en manos de la muchacha.

Naila tiene que obedecer. Por lo demás, Abu-Abdel, que ha captado perfectamente la escena, ahora aplaude con fervor, y mira hacia el sitio que Naila ocupa. Ésta se separa un tanto de la mesa, se echa la cabellera para atrás y empieza a tocar. Sin duda toca algo árabe, alguna melodía nacida en Mambré, o en el seno de la mezquita de Omar, o en la mente de algún nómada del desierto, de fuerte inspiración. Me recuerda lo que Zaid silbaba al regreso de Hebrón, y también algo que oí en Marraquex, al término del Ramadán. Como fuere, Naila se transforma y con ella el hogar. Hasta los críos se callan, sentados en el suelo, mientras Faisa, que ha tomado posesión de la mecedora, ha cruzado sus manos sobre el vientre, ¡igual que mi abuela paterna!, escuchando, prieta su boquita de piñón.

Naila tararea esa melodía. Y luego canta. Y a mí me parece que yo nací en el seno de esa canción, o que formo parte de su acervo monótono, pero lleno de resonancias. Las manos de Naila, sus dedos, rasgan con convicción las cuerdas, y la madera de la guitarra tiembla, y la chica va encorvándose y al final levanta la cabeza y suelta la mano derecha, y su rostro resplandece más que su juventud y que las cuentas de su collar. Y el silencio se hace más denso que el anterior, hasta que la muchacha, un tanto aturdida, me explica que el texto, la letra de la canción, más o menos es el siguiente: «El día está húmedo de rocío. Hemos invitado al amigo... Queríamos hacer más por él; pero no está bien, el primer día, desplegar tanta pompa.»

Me despido de Abu-Abdel

Ni que decir tiene que, antes de marcharme, sigo el consejo de Zaid y le pregunto a Abu-Abdel si estuvo en La Meca. Al instante, el abuelo hurga en sus amplios faldones y al final consigue sacar de ellos la tarjeta que dice *El-Haj*, y me la enseña.

Acto seguido se levanta, lo que nadie esperaba, y con un enérgico movimiento de cabeza me invita a que lo acompañe. ¿Adónde? A su cuarto... Obedezco, y Zaid se apresura a allanarle el camino, quitando las sillas y abriendo la puerta.

El cuarto de Abu-Abdel era el único que yo no conocía. Es muy pequeño, con un camastro tan viejo como la ceguera y como las enfermedades venéreas en el Cercano Oriente. Veo una repisa con un transistor y un tocadiscos —junto a éste, el álbum que contiene la grabación entera del Corán—, y, al lado, una mesa adosada a la pared, con un taburete. Sobre la mesa, unos cuantos molinillos de viento, a medio hacer, como los que exhíben los mozos en sus bicicletas, y una serie de rollos de papel, de todos los colores. También tijeras de diversos tamaños, botes de cola, etcétera.

¡Ahora comprendo por qué Zaid me dijo: «El cuarto en que mi suegro duerme y trabaja.» Abu-Abdel trabaja. Hace molinillos de viento, molinillos de papel, de todos los colores. Y el hombre está orgulloso de ello, de ser útil. Por eso ha querido que lo acompañase, para que viese su taller. Además, quiere obsequiarme con un molinillo especial, en cuyas aspas, si uno presta la atención debida, puede verse el dibujo de la media luna...

Zaid se emociona al traducirle mis palabras.

—Lo guardaré siempre, siempre. Me servirá para ahuyentar los malos pensamientos...

Abu-Abdel busca de nuevo mis manos, igual que a la llegada, y vuelve a estrechármelas con efusión e inusitada fuerza.

—¡Claro que volveré! No faltaría más... Pero a condición de que la comida sea más sencilla; de que no desplieguen, en mi honor, tanta pompa...

Faisa ha vuelto a cubrirse con el chal la cabeza y los hombros. Naila, inesperadamente, desde un rincón del comedor y utilizando el *flash,* me ha sacado una fotografía. Todavía sus párpados conservan el maquillaje azulado; todavía su blusa, bordada en oro, tiembla sobre sus pechos, que no imagino tapados con el gorrito de dormir de un marido joven y supersticioso.

Los chiquillos me acompañan escalera abajo. Ya en la calle, Issa, el pequeñuelo, rompe el protocolo y alzándose de puntillas me abraza y me da un beso.

Camino de Jerusalén, del «President Hotel», Zaid no puede ocultar su satisfacción. «A veces, por más que uno quiera, las cosas no salen como se pretendía.» «Pues han salido perfectas, Zaid...»

En el momento en que dejamos Tantur a nuestra izquierda, Zaid tiene un recuerdo para los monjes, «que tanto le han ayudado».

—De todos modos, ya lo has visto, ¿verdad, señor? Todos colaboramos... El abuelo, con los molinillos; Gabriel, en la barbería; Naila, bordando para la Unión de Damas Árabes, y Faisa lo mismo, si tiene un respiro... ¡Nueve bocas que alimentar!; y muy pronto diez... —Zaid toca el claxon para salvarle la vida a un perro dormido en la carretera—. El abuelo, cuando no hay visita, suele decir que el más vago de la familia soy yo...

Niego con la cabeza.

—¡Mi impresión es que el más vago es el loro!

Zaid, por primera vez, me toca repetidamente la rodilla, significando con ello que mi intervención le ha gustado. Es de suponer que ningún eructo digestivo lo romperá, sobre todo teniendo en cuenta que allá al fondo asoman, como es su deber, las imponentes murallas de Jerusalén.

Me invade un estado de ánimo especial. Y me doy cuenta de que sostengo en la mano derecha, como si fuera un trofeo, el molinillo de papel. «Sí, lo guardaré siempre...» Lo saco por la ventanilla y se pone a girar, a girar vertiginosamente, ahuyentado cualquier conato de tristeza y, por supuesto, haciendo invisibles los dibujos de la media luna.

Preparativos de viaje al Golán y a Galilea

Con sólo entrar en el «President Hotel» observo un cambio de decoración. En efecto, mañana se celebrará otra boda y, pese al *shabat,* se observan preparativos. Se me acerca David Thompson, que da la impresión de encontrarse muy solo, quizá porque ya no tiene a mano ningún hijo de turista a quien regalar un casquete *Israel,* y se muestra ofendido ante tamaña transgresión de la ley. «Antes, cuando todo nos estaba prohibido, arriesgábamos nuestra vida para cumplir con los preceptos; ahora, ya lo ve, Sir. Todo el mundo, sobre todo la juventud, hace lo que le da la gana...» «Es natural, mi querido amigo. Eso ocurre con los cristianos, con los musulmanes, y hasta en las mejores familias de las tribus bantú...»

Me acerco a recepción. Por lo visto, tengo varios recados. Lionel se excusa: «Con tanta gente, Sir, no le vi entrar...» Varias cartas, que ha traído en mano un fraile... muy pálido. ¡Ah, claro, el padre Castor! Son cartas de amigos, a los que sin duda envié alguna postal, y que se han recibido en el apartado de San Salvador. Lionel espera los sellos, que arranco con cuidado. «Tome usted. Suyos son.» «Muchas gracias, Sir...» Hay también una nota de Alma. «He pasado por aquí y no estabas. Yo me he perdido la taza de té con miel, y tú te has perdido algo que deseo que sepas.» ¿Qué será? ¿A qué estará jugando la profesora de hebreo... y de erotismo? También me encuentro con un *Saluda* afectuoso del Instituto Iberoamericano de Cultura, que está ahí al lado, en la calle Sokolov, y cuya directora, Raquel Tov, se pone a mi disposición por si el Instituto puede serme útil durante mi permanencia en Israel. Me adjunta un boletín de noticias, *cyclostilado,* en el que inserta la de que «el escritor español José María Gironella se encuentra entre nosotros y ha plantado un ciprés en el Bosque de la Paz». Por último, una invitación —cartulina elegante— de don Santiago de Churruca, conde de Campo Rey, cónsul de España en Jerusalén, de quien me han hablado en términos muy elogiosos lo mismo en el «Bar Ovidio», que en Tantur, que el profesor Edery y que Jacob. Dicha invitación es para un cóctel que se celebrará en el Consulado el próximo día 21 —precisamente, el día de San Bienvenido—, a las siete de la tarde. En la cartulina están indicadas las señas: *Sheick-Jarrab.* Claro, el señor cónsul ignora que por casualidad pasé ya una vez por delante de su palacete, donde vi, enfrente, el campo de fútbol en el que los franciscanos golearon por 7-0 a los griegos ortodoxos...

¡Ah, pero lo más importante es la última nota, escrita y firmada de puño y letra por el padre Emilio! Es una nota que me deja completamente aturdido, por lo que significa de cambio... y de inmediatez. En efecto, nuestra proyectada excursión a los Altos del Golán —al frente, a la zona neutral de las Naciones Unidas—, para «bautizar a los quechuas» del batallón peruano de guarnición allí, será mañana. Mañana mismo. «Con que, ya lo sabes... Tendrás que darte el gran madrugón. A las cinco en punto te recogeremos en el hotel, con mi cochecito azul. Abrígate, que allá arriba hace un frío que hiela las alambradas, y prepárate por si luego realmente quieres quedarte unos días en Galilea. Me acompañarán Isidro, el cura mañico *que tanto sabe,* el padre Víctor Peña, licenciado en fauna y flora, ¡y Ginesillo! Ginesillo, tu hermano en dudas, que no está seguro, ni siquiera de que exista el Jordán.»

Sí, la nota es azorante. ¡Mañana, a las cinco, al Golán...! Por alguna razón que ignoro se habrá adelantado la fecha del bautizo de los quechuas. Atontado, subo a mi habitación, a pie, desde luego, ya que el ascensor no funciona todavía. ¡Sí, qué cambio de decoración! «En Jerusalén das un paso y cambias de mujer, de religión y de milenio.» Me acuerdo perfectamente del capitán Bustamante, del batallón peruano Bolívar, y de sus acompañantes en el restaurante mexicano de Raúl, oficiales austríacos, también de las Naciones Unidas. Asimismo me parece recordar que, según Emilio, los quechuas por cristianizar, los catecúmenos, suman siete en total, y que si me apetece podré darme el gustazo de apadrinar uno de ellos. ¿Dónde quedan la Gruta de la Leche, los cenotafios de Jacob y Lía, el péndulo adivinatorio, los *narghilehs* de Abu-Abdel y Zaid?

Arriba, ya en el pasillo, Aicha, la camarera de Betania, me ve de lejos y sus ojos se dilatan con estupor.

—Pero, *monsieur...,* ¿qué lleva usted en la mano derecha? —Se acerca un poco más—. ¿Un molinillo de papel? —La mujer se queda inmóvil, mirándome con fijeza.

Avanzo sin hacerle caso e introduzco la llave en la cerradura de la puerta.

—No se preocupe, Aicha. Tengo un bebé escondido en el armario y lo traje para él...

Solo en la habitación, mi primer impulso es situarme ante el mapa de Israel clavado en la pared y reseguir con el índice el itinerario que habremos de recorrer para llegar a los Altos del Golán, situados allá arriba, al noreste del mar de Galilea. Pero me siento súbitamente cansado y me dejo caer en el butacón. Si no me equivoco, además de la carretera que sube casi en línea recta, por el interior, paralela al Jordán —y que fue la que tomaron mi mujer, Tino y Asunción—, hay otra, más a la izquierda, que pasa por Ramallah y Nablus. La fatiga me impide imaginar cuál de las dos puede ser más conveniente; aparte de ello, el jefe de la expedición será Emilio y no yo.

El Jordán... Hermoso nombre el de ese río cuya existencia nadie discute, ni siquiera Ginesillo. Sí, me gustaría subir orillando sus aguas; pero, por otro lado, el otro itinerario, el de Ramallah y Nablus, es el que acostumbraban a seguir los galileos —y por tanto, la Sagrada Familia— cuando tenían que bajar a Jerusalén. Precisamente fue en Ramallah donde, según me contó el padre Franquesa, san José y la Virgen, de regreso de Nazaret, se dieron cuenta de que Jesús había desaparecido, de que no iba en la caravana y se volvieron a Jerusalén «y le hallaron en el templo, sentado entre los doctores».

Mi fatiga es tal que toda tentativa de poner en orden mis pensamientos es inútil, por lo que decido inmovilizarme en el sillón y descansar un par de horas lo menos, antes de preparar el equipaje.

Duermo mal, con pesadillas, sobresaltado. Sueño que Naila canta y baila sólo para mí y que Abu-Abdel, al darse cuenta me pega una y otra vez con su bastón de ciego para que deje en paz a su nieta. También sueño que me caso con Alma —nos casa un jesuita llamado Salvio—, y que Alma coge mi gorro de dormir y se lo coloca en los pechos, pechos blancos, askenazis, para que el flujo de leche sea abundante.

Aicha cuida de volverme a la realidad. Entra brutalmente en la habitación —«monsieur, he de prepararle la cama»—, y me obliga a levantarme. La mujer de Betania no deja de mirar por todos lados en busca del molinillo de papel... Pero no dice nada y terminado su trabajo se va.

¡Bien, tomo una ducha y, previa una fricción de colonia, me siento dispuesto a preparar el viaje! No vale la pena bajar al comedor para la cena... Por algo dispongo de un armario-despensa, cada vez mejor surtido. Echo mano de lo que he menester, me tomo al final una taza de té caliente y acto seguido me dispongo a preparar el equipaje.

Siguiendo el consejo de Emilio, además de embutir cuanto puedo en el saco que suelo llevar en bandolera, lleno a tope una pequeña maleta, con mi crucifijo de siempre, el transistor y los Evangelios. Con eso bastará, pienso, aunque en el Golán estalle la guerra o el padre Uriarte, ¡por fin le conoceré!, me retenga en Galilea —y por supuesto, en su centro geográfico y espiritual, Nazaret—, hasta el día de San Bienvenido, en que forzosamente he de estar de vuelta, para asistir al cóctel en el Consulado español. Sí, tengo mucho interés en entrar en contacto con don Santiago de Churruca, conde de Campo Rey, de quien me han asegurado que se conoce Jerusalén palmo a palmo y que es hombre de fina sensibilidad.

Todo en regla, miro el reloj. Son las nueve. A pesar del «gran madrugón» que me espera, me da tiempo, antes de acostarme, a leer un poco.

Me viene a la memoria que guardo, en una carpeta aparte, unas cuantas notas que me facilitó Ginesillo, producto de sus «maliciosas» lecturas. Al entregármelas me advirtió: «Son una mezcla, apuntes a la buena de Dios. Hay cosas de Baroja, de san Agustín, de Flusser, de Maritain, de Dauby, de Stern... La ventaja que tienen es que son notas directas.» Luego añadió: «En cuanto a lo que está sin firmar, son cosas oídas en el "Bar Ovidio".»

Lecturas

Decido abrir la carpeta de Ginesillo. Y sentado en mi butacón, que según Aicha va adquiriendo la forma de mi trasero, para empezar, y en honor de Zaid y familia, elijo algo relacionado con los árabes:

«"Bar Ovidio": Uno de los rasgos característicos de los árabes es el poder de adherirse sin dificultad a una solución absurda, sin posibilidad lógica de realizarse. El árabe, que ignora la lógica cuando ésta no puede ayudarle, se agarra a una creencia irrealizable y combate por ella con todas sus fuerzas, con toda su fe, incluso cuando el fracaso parece seguro. Y la mayor parte de las veces, cosa increíble, el absurdo se realiza.»

Luego encuentro dos sorprendentes comentarios de Baroja, que, dadas las circunstancias, me parecen de rabiosa actualidad:

«Baroja: Jehová concedió a los hijos de Sem (según la tradición judía y árabe), todos los privilegios: el don exclusivo de la profecía, del apostolado y la soberanía de los pueblos. Judíos y mahometanos, que se creyeron investidos de esta misión, se lanzaron a la conquista del mundo, los unos, con el libro de cuentas, los otros, con la espada en la mano. No son de una sola raza. No hay raza mahometana, como no hay raza judía.» Y a continuación: «El que quiera seguir al pie de la letra los preceptos del Evangelio sin hacer caso de interpretaciones capciosas, no podrá ser con la conciencia tranquila ni muy conservador, ni muy rico, ni muy sibarítico, mi muy sensual. Más bien será un anarquista...»

«Flusser: Jesús es la forma hebrea de Josué. Era un nombre muy corriente entre los judíos de la época. En Flavio Josefo se encuentran lo menos veinte personas que se llaman Jesús.» «Cuando se habla de que Jesús nace de la estirpe de David, se entiende que ello se produce a través de José y no de María. Si José no intervino, Jesús no es de la estirpe de David.»

«San Agustín: Los judíos no existen más que para llevar nuestros libros, para su propia confusión.» «Se han convertido en nuestros portalibros, a la manera de esos esclavos que caminan detrás del amo.» «Dios, gracias a su Misericordia, ha demostrado a la Iglesia, en la persona de los judíos, cuáles son Sus enemigos.»

«Maritain: Si el mundo odió a los judíos es porque *siente* bien que serán siempre sobrenaturalmente extraños.»

«Baudy: Tres hombres de origen judío han marcado con su sello nuestra época, ejerciendo sobre el pensamiento contemporáneo una influencia tal, que después de ellos nadie ve el mundo ni se ve en él como antes: se trata de Karl Marx, de Sigmund Freud y de Albert Einstein.» «Los judíos, pese a los matices de su idioma en torno al tema, tienen mucho más odio que los latinos, porque odian en sus enemigos lo que hay de más esencial, de más íntimo: el pensamiento.»

«Rafael Stern: Si un judío se convierte al budismo se le llama idiota; si se convierte al cristianismo se le llama traidor.»

Las restantes notas de Ginesillo, a las que sólo echo una ojeada, apuntan en esa dirección... Predomina en ellas el eclecticismo. Todo ello da que pensar, y sin duda será motivo y polémica durante el viaje.

Sin embargo, les doy carpetazo, pues me tienta el folleto del doctor S. P. Colbi, del «Ministerio de Cultos» de Israel, folleto del que Isidro me habló favorablemente, referido a la división de los cristianos y que ha sido publicado por el *Israel Economist*.

Presto atención a unos cuantos datos que estimo al margen de lo opinable, porque son *estadísticos*, y que creo que podrían resumirse así:

«En el actual Estado de Israel habitan casi tres millones de judíos y un millón de musulmanes. Los cristianos no llegan a los cien mil; constituyen, por tanto, una pequeña minoría.

»Dicha minoría, repartida en treinta y dos confesiones distintas —lo que deja perplejos a los peregrinos de la Europa occidental— se reparte del siguiente modo:

»Católicos romanos: 24.000. Muchos de ellos, árabes conversos. Tienen bajo su custodia numerosos lugares sagrados, iglesias, albergues, instituciones culturales o caritativas. Su Jefe es el Patriarca Latino de Jerusalén. Su Orden monástica más importante, la Franciscana.

»Católicos griegos: 24.000. Su jefe es el arzobispo Georges Hakim, recientemente elegido Patriarca de la Iglesia Católica Griega para todo el Oriente. Gracias a su considerable habilidad política y no menor perspicacia financiera, Monseñor Hakim logró prosperidad para su comunidad y construyó muchas iglesias, escuelas e instituciones filantrópicas.

»Griegos ortodoxos: 40.000. En la actualidad, forman en Tierra Santa una entidad autónoma y autocéfala. Su líder espiritual es el Patriarca de Jerusalén, Benedictus. De un tiempo a esta parte los ortodoxos griegos gozan de prioridad y privilegios apreciables. Muestran mucho tesón por guardar su carácter helenístico y su *status* preferencial en los principales santuarios cristianos. Sus medios financieros son escasos, puesto que provenían principalmente de Rusia y de los países balcánicos, y parte de su clero carece de la adecuada formación cultural.

»También opera en Israel una Misión Eclesiástica que depende del Patriarcado Ortodoxo Ruso de Moscú. Las iglesias y conventos de la Iglesia Rusa que no reconocen esta dependencia del Kremlin y se consideran en el exilio, tienen su centro administrativo en Nueva York.

»Las iglesias distanciadas de Roma desde el Concilio de Calcedonia —siglo IV—, a raíz de ciertas disidencias teológicas sobre la naturaleza de Cristo, son la armenia, la copta, la siria y la etíope. Son las llamadas "iglesias monofisitas". En total, suman unos cuatro mil miembros.

»Por último, los protestantes. Aparecen divididos en múltiples confesiones y sectas, siendo las principales la confesión anglicana, la presbiteriana, la luterana y la baptista. Suman un total de unos 2.500 miembros. La vinculación de los protestantes a los Santos Lugares es tan reciente que pueden alegar sobre ellos muchos menos derechos que la Iglesia Católica y que las Iglesias Orientales.»

Dejo el folleto sobre la mesa. El esquema es fundamental, creo. De hecho, lo que más me ha impresionado de él ha sido la cifra contenida en el primer párrafo del extracto: de los cuatro millones de habitantes con que cuenta Israel en la actualidad, los cristianos —en gran parte, árabes conversos, como Zaid...—, no llegan a cien mil. ¿No es lícito hablar de «fracaso misionero»?

¿Qué opinarán sobre el particular Isidro, Víctor Peña, Emilio y Ginesillo? ¿Qué opinará el padre Uriarte, vasco «profesional»? ¿Y los actuales habitantes de Nazaret? ¿Y los indios quechuas y su amigo —amigo ya para siempre— el Jordán?

Se lo preguntaré al mundo parapsicológico que me acompañará, Dios mediante, en el sueño, hasta media hora antes de partir con el cochecito azul. Sí, el *shabat* ha terminado hace ya un buen rato —mi reloj marca las diez—, y en consecuencia puedo ya usar el teléfono y pedir a recepción que me despierten a las cuatro y media en punto. Así lo hago y quien me contesta es Lionel. «Conforme, *sir*. Buenas noches, *sir*...»

Ya en la cama, una duda me atosiga y me impide dormir: ¿dónde dejaré, durante mi ausencia —que no me lo estropeen, que no me lo roben— mi molinillo de papel?

TERCERA PARTE

CAPÍTULO XX

Rumbo al Norte

A las cinco menos cuarto estoy en el *hall* del hotel, esperando. Por primera vez me entero de que el vigilante nocturno es un joven árabe que vive en la Puerta de Jafa, estudiante. Chapurrea el francés. Le habían hablado de mí y tenía ganas de conocerme. «¿De excursión, *monsieur*? ¿Adónde?» «A Galilea.» «¡Galilea! *Trés joli*...»

Los dos soldados —los dos centinelas— del hotel, están también en el *hall*, junto a la puerta, resguardándose del frío que hace fuera a esa hora. Están adormilados. El joven árabe los conoce, sabe que sólo hablan hebreo y por ello se atreve a decirme, aunque en voz baja: «Nazaret, antes, árabe...; ahora, barrio nuevo judío.» Viste muy bien, pero tiene los ojos rojizos y como enfermos. Le pregunto qué estudia. «De momento, idiomas; luego, veremos. Según cómo vayan las cosas, *monsieur*.»

Un coche azul celeste se detiene delante del hotel.

—¡Ahí están! —digo, levantándome y dirigiéndome hacia donde dejé mi equipaje.

No le da tiempo al joven árabe a dar la vuelta al mostrador para ayudarme. Uno de los soldados, sorprendentemente espabilado y rápido, se ha anticipado, y sosteniendo en la diestra su metralleta, ha llegado incluso antes que yo y con la otra mano ha tomado mi maleta y me ha acompañado al exterior.

Imposible llevar la cuenta de los *shalom* que me ha dedicado a mí y a los cuatro ocupantes del vehículo, todos vestidos de paisano, mientras inspeccionaba discretamente el interior. Emilio se ha bajado y ha dialogado brevemente con él, en hebreo. Sólo he entendido la palabra «Galilea». Luego, Emilio ha levantado el portaequipajes, situado detrás y ha colocado en él mi maleta y mi saco. «Si en el viaje necesitas algo, lo pides.» «¿Dónde me siento?» «Delante, que estás muy gordo.»

Obedezco, y apenas sentado junto al volante me vuelvo y veo a mi espalda, muy prietos, a Isidro, a Víctor y a Ginesillo. Ni siquiera se me ocurre pedirles excusas por lo incómodos que irán por mi culpa, ya que sus rostros, a la tenue luz del amanecer, reflejan el mejor humor. Pienso que es una suerte estar acostumbrado a madrugar. Yo siento la cabeza pesada y así se lo digo.

—Se te nota. Pero reaccionarás...
Emilio ha subido ya y ha puesto el coche en marcha. El soldado continúa diciendo *shalom* y nosotros le correspondemos. Momentos después, ya en la avenida Agron, Emilio me dice:
—Hala, a dormir... Que te caes de sueño, como los bebés.

La luz se levanta sin agobio, se abre paso sin prisa, como a veces la alegría en el corazón de los hombres. Las siluetas de Jerusalén van haciéndose cognoscibles, pero son distintas a como se ven al mediodía, con tanto bullicio, o al atardecer. Va a resultar verdad que el alba es un misterio.
—¡Pues anda! —comenta Emilio—. ¡Nadie antes que tú dijo eso! Señores, filósofo *habemus*...
No, Emilio no está hoy agresivo, como podría pensarse. Todo lo contrario. Él mismo me da su palabra. Está contento, sin más, como a veces les ocurre a los frailes. Han celebrado ya misa —«¿pues qué te has creído?»—, iniciamos fraternalmente una aventura que, ciertamente, es poco común, él lleva una buena noticia, una maravillosa noticia, a una pobre familia de Nablus —«se pondrán... ¡bueno!»—, ¡y se acabó el *shabat*! «¿Te parece poco?»
—No le hagas caso —interviene Isidro—. Está feliz porque en el último semestre ha conseguido tres nuevos suscriptores para su revista *Tierra Santa*.
—¡Anda y que os emplumen! —zanja Emilio, que lleva sahariana y guantes—. Tenéis envidia porque en *Los Pirineos* mis cactos crecen que es una bendición...

No me da tiempo a pensar. Mi cabeza se ha despejado ya, estamos en las afueras de Jerusalén y me gustaría recordar todo cuanto me contaron mi mujer, Tino y Asunción al regreso —precisamente, con Emilio— de Galilea. Recuerdo que en el Tabor se emocionaron muy especialmente y que Asunción, al entrar en el Jordán, no supo si era ella quien lloraba o si la que lloraba era el agua. Imposible conseguir un respiro. La euforia de mis acompañantes va en aumento y hablan, hablan sin parar.
Isidro, jocosamente enfundado en una gabardina verde, con gafas de montura de plata, no parece el mismo que en la plaza del Santo Sepulcro me dijera: «Cristo llegó anteayer... Su doctrina es demasiado grande para que el hombre, con sólo dos mil años, haya podido asimilarla...» Parece un párroco satisfecho que se dirige a cobrar una herencia. Víctor Peña —el padre Víctor—, con su sugestiva perilla y sus negras cejas de malo de película, tampoco parece el tímido licenciado en Ciencias Naturales que en el «Bar Ovidio» sólo de vez en cuando se muestra mordaz, siempre comparando a los seres humanos con especies vegetales. Va golpeándose las rodillas con dos guantes que parecen de boxeo y comenta: «¡A que estoy fuerte como Cassius Clay... o como el padre Custodio!» En cuanto a Ginesillo, con su juventud y su impresionante barba negra, nadie diría que se dedica a lecturas «maliciosas» y a torturar su mente con dudas apologéticas. También está contento, sin más... «No me preocupa —dice—, ni siquiera que Emilio se haya despistado y en vez de llevarnos a Nazaret, donde es posible que naciera la Virgen, nos lleve hacia Ain Karem, donde es posible que naciera el Bautista...»

Ain Karem

Emilio aclara la cuestión. Hemos salido tan temprano precisamente por eso, porque hemos de pasar por Ain Karem a dejarle unas medicinas al padre Giuseppe, que está allí de guardián, y porque en Nablus, como antes dijo, ha de dedicar una buena media hora a la familia de que nos habló. «Así que, nada de despistes, ¿oyes, Ginesillo? Que me conozco esto como el ex jesuita Salvio Royo se conoce todas las marcas de whisky escocés.»

Me quedo de una pieza. Ignoraba por completo que Emilio, u otro franciscano cualquiera, conociera a Salvio. «¿Pues qué te creías? Te queda mucho que aprender... Si no estuviéramos llegando a Ain Karem, te recitaría de carrerilla la biografía del ilustre desertor ecuatoriano... ¡Pero tiempo habrá! El Golán está lejos, y pienso ir despacito para que veas un poco el paisaje...»

Visto y no visto. Tengo la impresión de haber pasado por Ain Karem como por una floristería cinco minutos antes de cerrar. Supuesto que el lugar es bellísimo, que «vale la pena pasarse en él una semana, que es lo que debo hacer», el padre Emilio se ha limitado a presentarme al padre Giuseppe, que estaba ya esperándonos en el santuario de la Visitación, que es su feudo, a enseñarme a lo lejos la basílica de San Juan y a informarme que Ain Karem significa «Manantial de la Viña», nombre que ahora resulta impropio, como puedo comprobar, ya que los viñedos escasean y abundan en cambio los cipreses, los olivos, las mimosas, los rosales, etcétera.

El padre Giuseppe, menudo, enclenque, sin duda necesitado de las medicinas que el padre Emilio le ha traído, ha lamentado tanto o más que yo las prisas del director de la revista *Tierra Santa*. Es evidente que necesita también dialogar con alguien, expansionarse: debe de pesarle la soledad. Por suerte, aprovechando que a Emilio de pronto se le ocurre irse a la sacristía a recoger algo, por lo que se ausenta unos momentos, el padre Giuseppe me dice que hubiera querido mostrarme por lo menos las dos basílicas franciscanas. «En ésta, por ejemplo, ahora llamada de la Visitación —antiguamente, de Santa Isabel—, le habría enseñado a usted por lo menos el patio y el claustro, con las grandes mayólicas policromadas del *Magnificat* en cuarenta y un idiomas, algo semejante a los mosaicos con el *Padrenuestro* que tienen las carmelitas en el Monte de los Olivos; y en la otra, la de San Juan, por lo menos habría usted podido rezar unas jaculatorias en el lugar en que nació el Precursor, el Bautista, y que está marcado, como ocurre en la gruta de Belén, por una estrella bajo el altar...»

—Además, tenemos valiosos cuadros españoles, de Murillo, de Ribera, de Ribalta... Y hay otras iglesias —yo creo que más iglesias que cristianos—, y la Fuente de la Virgen, ahora abandonada y sucia porque los judíos han hecho correr la voz de que el agua está envenenada... —En este momento ve regresar de la sacristía al padre Emilio, con unos folletos y unas estampas y exclama—: ¡Ese Emilio, siempre como un cohete! ¡Con los pocos compatriotas suyos que pasan por aquí! Una vez vino..., ¿cómo se llamaba?, un poeta, un orador... ¡Ah, sí, ya recuerdo!: García Sanchiz... Se fue muy impresionado. ¡Bien, qué le vamos a hacer! Quien manda, manda. Por lo menos prométame usted que volverá. Ya lo ve, son sólo ocho quilómetros, y podrá quedarse conmigo el tiempo que quiera. ¡Oh, claro, Ain Karem tiene algún inconveniente!; por ejemplo, el poco silencio. ¡No, no se asombre usted! ¿Oye los pájaros? Los hay a millares y no paran hasta la noche; y de noche, los perros... Pero en fin, lo más grave para mí, ya se habrá dado cuenta, es la soledad. ¡Ay, San Salvador! La soledad es cosa mala. Hace una semana vino un *ménage à trois* a contarme sus cuitas y yo les dije: Ustedes tienen un problema porque son tres; yo lo tengo porque soy sólo uno, lo que me parece mucho peor... —y el padre Giuseppe, que se ha animado increíblemente, se quita la capucha y suelta una carcajada.

Ginesillo, que ni siquiera se ha dignado apearse del coche, me hace señal de que abrevie el diálogo. Y la verdad es que no sé por qué. El padre Giuseppe me ha caído muy bien y le prometo formalmente volver, con lo que su cara se ilumina como deben de iluminarse las mayólicas del *Magnificat* con el primer rayo de sol.

—Conforme, conforme, Giuseppe... —le dice Emilio, dándole unas palmadas amistosas y disimulando su impaciencia—. Te traeré otra vez a ese catalán, y luego me cuentas quién es más pesado, si él o ese García Sanchiz que parecía tener dos lenguas...

El padre Giuseppe no cierra la puerta hasta que todos estamos acomodados en el coche. Con la mano en alto va diciéndonos adiós. ¿Será verdad que le molestan los pajarillos? En el momento en que el coche da la vuelta para tomar la carretera general que ha de conducirnos hacia el norte, al otro lado del valle pasa al trote, pujante, por entre cipreses y olivos, una muchacha montando con estilo un hermoso caballo árabe.

Diálogo a través de Samaría

Ya estamos en ruta. El padre Giuseppe y su soledad quedan atrás. En el coche sigue reinando el buen humor, lo mismo que afuera, ya que el día se presenta espléndido. Emilio me explica que, para ir a Golán, la otra ruta, la ruta interior, efectivamente hubiera sido más directa, pasando por Jericó y subiendo por la orilla del Jordán; pero que está seguro de que no voy a aburrirme. «Hasta puede que te divierta pasar por Silo, donde los sacerdotes, puesto que en la tribu de Benjamín escaseaban las mujeres, les dieron permiso a los hombres para salir por ahí de caza y raptar a cuantas pudieran...»

Ginesillo me pregunta qué prefiero, si amenizar el viaje con citas y recuerdos bíblicos o conversar a lo que salga, con alguna que otra alusión a los defectos de los frailes de nuestra época. Isidro, moderador, propone ir tragando quilómetros «a lo que salga», procurando no distraer con exceso al conductor, al que ciertos temas encalabrinan de tal suerte que pone a los viajeros en trance de muerte. «¡Hala! ¡Ya salió el mañico! —protesta Emilio—. ¿Estás en pecado mortal o qué?»

Lo que parece claro, de momento, es que Zaid no mintió. En efecto, cerca de Ramallah —donde, por cierto, estallaron hace poco aquellos dos coches judíos—, me enseñan, a la derecha, dos palacetes, blanco y rosa, en los que el rey Hussein, cuando todo esto pertenecía a Jordania, organizaba sus festivales particulares, con mujeres previamente cazadas como si el «pequeño monarca, inteligente y políglota», hubiera pertenecido a la tribu de Benjamín.

Víctor Peña se acaricia la perilla y comenta que no comprende cómo a esa hora quijotesca, de la amanecida, nos divierte hablar de los pendengues.

—¿Qué son los pendengues? —pregunto.

—Lo que un fraile, solitario como Giuseppe, se cortó, pensando que así ya nunca más tendría tentaciones...

El letrero que dice Ramallah impide comentar con mayor detalle el tema, si bien Emilio ha sonreído para sí, levemente, lo que hace suponer que conoce muy bien al fraile en cuestión.

Ramallah, pese a la hora quijotesca, aparece animadillo, pero Emilio dice:

—Vamos a pasar deprisa, sin pararnos, pues de lo contrario llegaríamos al Golán cuando la guerra ya habría terminado. Sin embargo —añade—, compadezcámonos del Dumas ignorante que nos hemos traído y hagámosle saber que Ramallah significa «Colina de Dios» y que por ahí muy cerca está Bet-El, que es el lugar donde Jacob, hijo de Isaac, tuvo aquel sueño de la escalera que conducía hasta el cielo, sistema mucho más rápido y seguro que el de andar por ahí toda la vida, como algunos que yo me sé, con un hábito pardo y los tres votos a cuestas.

Ginesillo, amparándose como siempre en que no ha terminado aún sus estudios, en que él «no ha sido *ordenado* todavía», entiende que eso de los votos es una hipoteca que algún día habrá que borrar de un plumazo, y que convierte a quienes los hacen en algo tan tedioso y chaporrero como «profesionales de la perfección».

Tampoco podemos ahondar en la cuestión, ya que Ramallah ha quedado atrás y, por si algo faltase, Isidro, al que es evidente que le hubiera gustado echar un vistazo a Bet-El, vuelve al tema de la escalera con que Jacob soñó y nos informa de algo inédito para todos: de que la piedra en que éste recostó su cabeza para dormir, los ingleses se la llevaron, como tantas otras cosas, a su país. «Es cierto. Actualmente se encuentra en Londres, en la abadía de Westminster. La colocaron debajo del célebre *Trono de la Coronación* y la llaman la *Almohada de Jacob*.»

Víctor Peña se golpea las rodillas con los guantes y suplica humildemente que no nos metamos con los ingleses, ya que son los más entendidos del mundo —y los mejores coleccionistas— de plantas de todas clases: silvestres, aromáticas, exóticas, etcétera. Las plantas y las flores, en el álbum de un niño inglés, tienen más vida que en el álbum de un niño de cualquier otro lugar del planeta.»

—Sí, de eso hablábamos el otro día en la Escuela Bíblica —interviene Isidro—. De la costumbre británica de las *razzias,* de llevárselo todo de todas partes. Hay que reconocer que luego lo guardan y lo cuidan con mucho mimo; pero, claro, el sistema, desde el punto de la propiedad, es por lo menos discutible.

Emilio, recordando lo del sueño de Jacob, interviene a su vez.

—Lo que yo ignoraba es que se llevasen hasta las Almohadas... Pero reconozcamos que tienen una cualidad admirable: capacidad autocrítica, incluso para los actos que consideran horribles.

Ese inciso me lleva a contarles brevemente mi visita a Yad Washem, en compañía del profesor Edery. «Realmente aquello es espeluznante. Y aunque se trate de mostrar los horrores de los demás, el profesor Edery demostró ser un gran tipo. No tuvo el menor inconveniente en confesarme que en todas las persecuciones ha habido muchos judíos que se han delatado entre sí, empezando por nuestro ilustre Torquemada.»

—¡Toma! —remacha Ginesillo, acariciándose con lentitud la barba—. Eso ha ocurrido en todas partes, en todos los pueblos y en todas las religiones. En Roma, los cristianos se denunciaban unos a otros que daba gusto. ¡Bueno! Lástima que no podamos preguntarles al respecto a los propios Pedro y Pablo...

—¡Ya salió el Voltaire del siglo xx! —exclama Emilio—. ¿Estabas tú allí o qué?

Se hace un silencio. Nadie quiere turbar la paz del viaje, que renace con sólo mirar fuera. Nos acercamos a Samaría, lo que me recuerda la monografía que sobre esa región me dedicó, en *Casa Nova,* la señorita Petrozzi, a la que echo de menos. ¿A lo que salga? Pues ahí va. Mis acompañantes están de acuerdo en que este paisaje es ciento por ciento evangélico y que, a su vera, se comprenden sin dificultad las parábolas de Jesús. «Ahí está la parábola del sembrador... Ahí la tenéis, en la cuneta de la carretera. Tierra buena, tierra seca, cardos, piedras...» Vemos casas árabes, pobres, con muchos chiquillos de pie, mirando. «A la hora de dormir ponen los colchones en el suelo, uno de ellos apretado contra la puerta de entrada.» Pasan borricos. «En eso, mucho cuidado. Antes el burro no era símbolo de modestia, como ahora. Pero tampoco era "rey", como se ha pretendido. Digamos que era el equivalente a un cochecito de medio pelo, como ese que llevo, aunque no de color azul.»

Cruzamos un áspero desfiladero, *Wadi el Haramíeh,* que significa «Paso de los Ladrones». «Eran como los bandidos en las sierras españolas: desvalijaban a los peregrinos. Y si os fijáis, la tierra es roja, debido a la sangre vertida por culpa de aquéllos. ¡Je, ahora peregrinar es la gloria! Antes era una aventura tal que nuestro Custodio, a los que conseguían llegar a Jerusalén, los aguardaba en la puerta del convento, se arrodillaba ante ellos y les lavaba los pies.»

Crecen algunas hierbas entre esos peñascos y Víctor dice que la hierba en el desierto es el símbolo del hombre superficial, que crece y que pronto se seca. Emilio niega con la cabeza. «¡Cuidado otra vez! Como con el borrico... La hierba en el desierto simboliza también la magnanimidad de Dios, que no quiere que los beduinos y los camellos se mueran de hambre.»

Entramos en un valle sereno, fértil. Es un cambio brutal, con pastos, ganado, prados verdes. ¿Algún *kibutz* cercano? «En aquel tiempo..., hacer el amor en el campo era asegurar la fertilidad del suelo para el año siguiente. Decían que era *"como si lloviese desde abajo mismo sobre la madre tierra".*»

¡Me siento a gusto! Vivo una mezcla perfecta de estudio, agudeza y dotes de observación. Me faltan ojos para mirar y ni siquiera me hundo en el asiento, como es mi costumbre.

—Por si no lo sabías, hace bastante rato que las gentes con que nos cruzamos son samaritanos... Y además, pronto estaremos en Silo, de que te hablé, que ahora es un pedregal, pero donde por espacio de tres siglos el pueblo hebreo guardó el Tabernáculo y el Arca de la Alianza.

—Sí, ya recuerdo. Fue después de que Josué conquistara la Tierra de Promisión...

—¿Cómo? ¿Dónde aprendiste eso? ¿Te lo contó el profesor Edery?

—No, me lo contaron los libros.

—¿Los libros? ¿Qué libros estás leyendo ahora mismo, vamos a ver?

—¡Huy! Algunos que tú mismo me aconsejarías; otros que echarías a la hoguera, sin remisión.

Stop! Stop...! Ocurre lo imprevisto. Cosas de los viajes. Un jeep judío que nos había adelantado se ha detenido a la derecha y los soldados que dormían en la parte de atrás han saltado a la carretera. En medio de ellos, un oficial. Emilio se detiene en el acto y el oficial, con excelentes modales, le dice que se han quedado sin gasolina. «Estúpido, pero es así.» Emilio se dispone a prestarles ayuda y pronto cuenta con lo necesario: unos bidones, una manguera... Emilio le habla en hebreo y los demás disfrutamos pensando que el oficial ignora que «el buen samaritano» es un fraile de San Francisco de Asís, disfrazado de explorador. En el jeep, recién pintado, la estrella de David.

El lance termina felizmente —Shalom, shalom...—, y proseguimos viaje. Poco después, a nuestra derecha, una estampa insólita, que excita las aficiones fotográficas de Emilio: entre los prados, un rústico campo de fútbol, delimitado con rayas blancas, de cal. Los jugadores llevan llamativos jerseys y detrás de las porterías varios labradores, con los correspondientes borricos, aran, creando surcos casi paralelos a las lindes del campo. El único espectador es un anciano a lo Abu-Abdel, sentado en una esquina, sobre una piedra. ¡Descubrimos que es el árbitro! Un árbitro sin igual, que no se mueve ni gesticula, que no se inmuta, que cuando observa algo que no le gusta hace sonar el silbato pero al que todos obedecen como si fuera un *sheik*. A sus pies, un perro lanudo le lame las sandalias.

Emilio, que ha disparado casi un rollo entero, aprieta luego el acelerador con más fuerza aún. Los comentarios y las imágenes se suceden sin interrupción. «En ese pueblo ocurrió algo terrible: estalló un artefacto y murieron varios niños de una escuela. Los vecinos consiguieron atrapar a uno de los terroristas y lo mataron y lo quemaron en la misma plaza.» «¿No es gracioso que el Kremlin reciba por abono postal dos ejemplares del *Osservatore Romano*?» «Sí, todo el mundo hablando mal de los curas. Pero Bernanos dio con una definición que no hay quien la toque: *un sacerdote menos, mil pitonisas más*.»

Pasamos junto a un campamento de refugiados. El tema es tentador y aparcamos a cierta distancia. Víctor se adentra por su cuenta en el pradal, agachándose en busca de alguna planta desconocida; los demás, nos acercamos al mercadillo.

Pronto descubrimos que no se trata de un mercado sino de un reparto de harina a cargo de la *UNRWA*, dependiente de las Naciones Unidas. Han llegado varios camiones, han descargado los sacos y varios hombres se encargan de distribuir las raciones, según el número de miembros de cada familia. Las disputas entre las mujeres son dodecafónicas. Las hay que llegan a las manos y las que están encinta —que son mayoría— exhiben su trofeo prioritario. ¡Otro excitante tema fotográfico, que por poco nos cuesta caro a Emilio y a mí! Las mujeres, al vernos, nos toman por judíos y se nos acercan dispuestas a rompernos la crisma; por suerte, una pandilla de muchachos, gamberros, con jerseys tan llamativos como aquellos que jugaban al fútbol, reaccionan a la inversa y colocándose en primer término adoptan posturas chulescas y nos piden que les retratemos. Ello nos permite salir bien librados del incidente, que los neutrales funcionarios de la *UNRWA* han contemplado desde lo alto de sus camiones con evidentes muestras de pasarlo en grande. Al vernos regresar al coche nos han sonreído y con la mano en alto han dibujado la V de la victoria.

—Tengo hambre...
—Y yo...
—Y yo...
Todos tenemos hambre. Emilio detiene otra vez el coche y dice: «Pues vamos

a sacar la pitanza y darle la consabida sepultura eclesiástica.»

Nos encontramos en el centro de Samaría, es decir, en el centro geográfico de Palestina. Estamos cerca del monte Garizim, en cuya cima los samaritanos celebran todavía la Pascua conforme a los más estrictos preceptos de la Torá, con sacrificios rituales —siete corderos, cuyos huesos luego son quemados en la cavidad del altar—, de los que en el resto del país no quedan sino vagos recuerdos. Estamos cerca de la llanura de Askar y del Pozo de Jacob, cita obligada de todos los peregrinos. Estamos, ya también, cerca de Nablus —la antigua Neápolis de Vespasiano—, donde Emilio ha de llevar la misteriosa y grata buenanueva a no sé qué familia...

Sentados entre el herbazal, junto a la carretera, y mientras comemos pan y queso y jamón y bebemos vino —yo prefiero el café caliente que me traje en el termo que nunca me abandona—, mis acompañantes se dedican a parodiar escenas frecuentes en el «Bar Ovidio».

—¿Quiere Su Caridad probar ese bocado...?

—¿Quiere Su Esperanza hincarle el diente a ese otro...?

Nadie habla de *Su Fe*. Decir Su Fe no pega en absoluto, lo que no deja de ser curioso.

Emilio me mira, su boca dibuja una O —preludio de que se dispone a meterse conmigo—, pero repentinamente cambia de parecer y me dice que no podremos visitar nada de todo eso que tenemos tan cerca. «Lo mismo que en Ain Karem: algún día vuelves y recorres despacito esa zona. Primero es la obligación. Te repito que el Golán está muy lejos y además es zona militar y a lo mejor nos encontramos con dificultades o con desvíos de ruta. Así que, ¡a tu salud!»; y levanta un botijo que le trajo un peregrino navarro y se lía con él hasta que consigue que le jaleemos con aplausos y olés.

Asiento con la cabeza. ¿Qué puedo hacer? Recuerdo perfectamente el mapa: los Altos del Golán están al noroeste del mar de Galilea, de suerte que lo más lógico —y ése es el plan de Emilio—, es no llegar siquiera a Nazaret, sino sólo hasta Afula y allí bifurcar a la derecha, flanqueando el Tabor y seguir directamente hacia Mevo Hamma, donde empieza la zona ocupada por los «cascos azules».

—Bien, consuélate... Mañana, después de confirmar a los quechuas, te llevamos a Nazaret, te depositamos en *Casa Nova*, y tal como convinimos te presentamos a Uriarte y que él se encargue de ti y que te convierta en experto galileo.

—¿Has dicho... confirmar a los quechuas?

—¡Pues claro! Ya son mayorcitos ¿no? ¿O es que dos sacramentos no valen más que uno solo? Primero los bautizamos en el río, en el Jordán; y luego subimos de nuevo al campamento, y misa solemne y confirmación... ¿Algo que objetar?

—¡No, nada! Pero, si Su Caridad se digna doblar mi ración de queso se lo agradeceré...

Al subir de nuevo al coche para reemprender la ruta llega corriendo, sudoroso, un muchacho ágil y de expresión vivaz. Nos pide hacer auto-stop hasta Nablus. Su jadeo nos da pena y le damos cabida en la parte delantera, a mi lado. Al ver el termo que llevo en la mano sus ojos se dilatan; se lo ofrezco y se sirve ávido un vaso de café.

Emilio y Víctor hablan con él en árabe y nos traducen sus respuestas. Estudia en la Escuela de Agricultura. Al saber que somos españoles hace un mohín y dice: «Cada tres meses tienen ustedes jaleos, ¿verdad?». Emilio y Víctor se dan cuenta de que confunde España con Portugal. Sin embargo, y para general asombro, sabe muy bien que los árabes estuvieron largo tiempo en España y que en varios ciudades del Sur —cita Granada, Córdoba y Sevilla— construyeron mezquitas, con un patio en una de ellas, llamado Patio de los Leones y juegos de agua que encandilan la vista y «caen en los oídos como gotitas de imán».

—¿Eso ha dicho? ¿Eso de las gotitas?
—Sí, claro. ¿Pues qué te creías?
Miramos al muchacho.
—¿Un poco más de café? —me pide.
—¡Oh, claro! No faltaría más...

Sorpresa en Nablus

Llegados a Nablus, el muchacho se apea, nos da las gracias en nombre de Alá y sale corriendo otra vez.

Emilio busca una gasolinera y aparca al lado. «Cuestión de un cuarto de hora», nos dice. Y sin llevarse ningún paquete ni consultar ningún plano echa a andar, dobla la primera esquina a la izquierda y desaparece.

Todos nos apeamos. Yo miro alrededor. Estamos casi en campo abierto. Por un lado veo el monte Garizim y por otro el monte Ebal. Isidro me cuenta que, según el Pentateuco de los samaritanos, por el que éstos se rigen y al que atribuyen una absurda antigüedad, el monte Garizim servía para las bendiciones y el Ebal para las maldiciones. «¿Comprendes? Siempre la lucha entre los dos espíritus —no entre el espíritu y el cuerpo—; siempre la lucha entre el ángel y la bestia... De todos modos —añade—, los samaritanos puros están en trance de extinción. Se calcula que en la actualidad no pasan de trescientos.»

Los habitantes de Nablus, capital de Samaría, tienen fama de «turbulentos y groseros», tal vez por su sempiterna lucha con los judíos: sus contactos con los asirios los condujeron a monopolizar a Yahvé, a considerarlo un dios local. Pese a ello, no veo en torno nada de particular. Luengas túnicas, blancos kuffiéhs, babuchas. Localizo enfrente una tienda multicolor y me acerco a ella: ¡artículos made in Formosa, fabricados en la China Nacionalista! Recuerdo al joven jesuita que encontré en Casa Nova y que me reconoció por haber asistido a una charla que di en Taipei. Recuerdo también las vanas tentativas que hice en dicha capital para visitar al filósofo chino Lin Yutang. Estaba muy enfermo y no recibía a nadie. Isidro está de acuerdo conmigo en que es una lástima que Occidente haya desoído algunos de sus consejos.

Los artículos de Formosa expuestos en la tienda son de lo más extraño: juguetes de plástico, caramelos, chucherías, en fin. Víctor afirma haber visto los mismos artículos en las tiendas de Jericó. Entro, y por puro sentimentalismo compro un bastón blanco, de plástico —bastón de peregrino, «al fin y al cabo es lo que soy»—, relleno de granos de anís. Al salir Víctor se ríe y me muestra una diminuta etiqueta pegada en él: made in Haifa.

—De todos modos —añade—, cuando Emilio regrese puedes ofrecérselo en-

tero, porque se lo merece...
Le miro, sorprendido.
—¿Por qué lo dices?
—Porque la misteriosa buenanueva no es más que comunicar a una pobre familia de aquí que su hijo primogénito, que lleva ocho días internado en un hospital de Jerusalén, está a salvo. —Marca una pausa—. Que lo del cáncer ha sido un falso motivo de alarma...
Suspiro, pero no entiendo nada. Entonces mis acompañantes me cuentan que uno de los muchos *hobbys* de Emilio es visitar casi a diario a los cancerosos del Hospital Italiano, que está enfrente de Puerta Nueva, o sea, muy cerca de San Salvador. «Apenas tiene un momento, sale zumbando hacia allí. Les hace compañía y, a menudo, les ayuda a bien morir.»
Ginesillo confirma lo que acabo de oír.
—Así es. Docenas de cancerosos han muerto en brazos de Emilio... Por suerte, esta vez lo de ese muchacho ha resultado benigno. Imagínate el alegrón en la casa...
Pego una patada en el suelo.
—¿Y por qué ocultarme que se trataba de eso?
—Porque Emilio nos lo exigió. Y por favor —añaden—, cuando regrese, tú, mutis. Le hablas de las chicas de Nablus y bromeas enseñándole el bastón, que eso sí que es grano de anís...
Luego Isidro me habla del convento de las Hermanas de la Caridad, también cerca de Puerta Nueva, en Jerusalén. Está al cuidado de monjas francesas, pero hay una, muy joven, que es catalana, de Barcelona. Huérfanos, minusválidos, locos, ciegos... «Todo un número. Tienes que ir. Son monjas pro-judías, pero eso no tiene nada que ver.»
Aparece en la esquina Emilio, andando despacio, ya que se ha quitado los lentes y limpia los cristales con un pañuelo. Terminada la operación nos ve, y entonces adopta la cómica postura del corredor de marathón y se nos acerca. «¡Hala, vamos a repostar de gasolina, que el Ejército israelí nos ha dejado casi a cero!»

Nablus, la antigua Siquem, queda atrás y nos dirigimos a Afula. Emilio acepta unos granitos de anís de mi bastón. Con mucho esfuerzo acierto a contenerme y a no decirle al hincha del «Real Santander»: *chapeau*... Pero a mi espalda Víctor, Isidro y Ginesillo se han enfrascado en un diálogo completamente ajeno a la cuestión y no me queda otro remedio que desistir.
Por otra parte, estamos ya en Galilea, en la Baja Galilea, en el valle de Jezreel, el más vasto del país y por tanto escenario de permanentes batallas. Muy cerca, la ciudad de Nahalal, donde nació y pasó parte de su vida Moisés Dayán.
El paisaje, de suaves colinas, es radicalmente distinto, con la planicie mejor cultivada, con muchos invernaderos —un letrero indica: *Kibutz Jezreel*—, y esos aspersores automáticos que tanto me gustan, porque parecen alegres tarantelas acuáticas. Se ha discutido mucho si Galilea en tiempos de Jesús era rica y fértil, o, por el contrario, abrupta y difícil. «Galilea fue la sonrisa de Jesús; Judea, su dolor.» Esta frase, repetida, se encuentra en muchas descripciones y ha sido adaptada incluso al paisaje, sobre todo, al paisaje de Nazaret. Y la verdad es que no está eso nada claro. En Galilea hay zonas, como el norteño valle de Jule, de las que se sabe que durante siglos fueron inhabitables. Y en cuanto al valle de Jezreel, que por lo visto ha sufrido muchos altibajos —en otros tiempos

cruzaba por su centro la *Via Maris*, el Camino del Mar—, lo era también hasta fecha muy reciente, pues el sultán turco, que era su propietario, lo tenía completamente abandonado y sólo habitaban en él pastores nómadas que aterrorizaban a quienes pretendían atravesarlo en cualquier dirección.

Su actual fertilidad, con viveros de peces y un creciente proceso de industrialización, se debe al esfuerzo pionero de algunos colonos judíos llegados al lugar a principios de este siglo y a la posterior ayuda masiva del nuevo Estado de Israel. Luchando contra la ciénaga, contra los peligros del paludismo y demás, fundaron la primera aldea, Merjavia, y más tarde gran número de *kibutzim* y de *mosavs*. La operación se llamó «redención del Valle», y a la noche, después del trabajo, se amenizaba con cantos y sueños. «No te rompas más la cabeza —concreta Emilio—. Actualmente hay en el valle cincuenta aldeas y lo pueblan unos sesenta mil habitantes. El día que subas al monte Tabor te harás cargo de lo que ha significado ese esfuerzo.»

¡El monte Tabor! Ahí está... Asoma soberbio en medio de la llanura. Isidro afirma que ya el salmista se refiere a ese hermoso fenómeno natural diciendo: «Tu rectitud es como el monte Tabor.» Imposible no evocar el pasaje de Marcos: «Rabbí, bueno es estarnos aquí. Vamos a hacer tres tiendas, una para ti, una para Moisés y una para Elías»; imposible asimismo no recordar de nuevo a la señorita Petrozzi, empeñada en demostrar, con la monografía que le dedica al monte, que los exegetas protestantes que sitúan la *Transfiguración* en el lejano Hermón son —repito sus palabras— «reos de falsedad voluntaria.»

Por lo demás, ya cerca de Afula, el paisaje rubrica otra vez las parábolas del Evangelio. Estamos en marzo. A lo largo del camino vemos violetas, anémonas y matas de iris. Se impone a nuestras mentes la alusión a «los lirios del campo». Vemos pasar un rebaño de ovejas, varias de las cuales remolonean como si buscaran hierbas para el álbum de algún niño inglés. Ahí están los versículos de Mateo: «¿Qué os parece? Si uno tiene cien ovejas y se le extravía una, ¿no dejará en el momento las noventa y nueve e irá en busca de la extraviada?» Por si todo esto fuera poco, Ginesillo recuerda que de los doce apóstoles, once eran galileos; y que sólo uno, el duodécimo, Judas, fuera tal vez de Judea.

En Afula, capital del valle, vemos al paso un hospital y una refinería de azúcar, y ya luego bifurcamos a la derecha, lo que significa que, aunque sea zigzagueando, nos aproximamos al mar de Galilea —o lago de Tiberíades— y al Jordán.

Ello estimula la imaginación de mis cicerones, que a partir de ese momento centran el diálogo en ese río y en ese lago o mar. Como es habitual en ellos, hablan entre bromas y veras, o, dicho de otro modo, emplean la técnica del contrapunto. Y así, mientras desfilan ante nosotros violetas y lirios, ovejas y tractores, muchachas con pantalones vaqueros y quién sabe si algún prestigioso ictiólogo, sueltan, sin apenas ilación, frases de ese tenor:

«En el valle del Jordán ha sido un éxito el cultivo del plátano, producto desconocido antes en Israel. Incluso se han dado, más al Sur, aguacates, dátiles, bananas, guayabas y mangos.» «Es curioso que las aguas del Jordán no sean famosas por sus poderes curativos, como lo son las de otros ríos sagrados, por ejemplo, el Ganges.» «A lo mejor ocurre con él lo que en Lourdes, que es fácil que el agua haga milagros, pero que es muy difícil encontrar médicos que los certifiquen.» «En cuanto a frescor y sabor, es mucho más agradable el agua del pozo de Jacob.»

«El llamado pez de San Pedro —*musth*— que habrás visto en muchos mosaicos antiguos, es todavía muy abundante en el mar de Galilea —e idéntico, desde luego—, y se le considera el más apetitoso de Tierra Santa.» «Tiene una característica curiosa: el macho lleva los huevecillos y las crías en la boca.»

«Sí, los judíos han trabajado mucho por aquí, y puede que a lo que han hecho pueda llamársele milagro; pero resulta también que desde que ellos son los amos han desaparecido de nuestras iglesias y santuarios más de quinientos objetos de valor.» «Lo que a ti te ocurre, Emilio, es que en ese aspecto tienes ideas fijas.» «¡Toma! Lo mismo que tú. Sólo puede *cambiar* de ideas quien las tiene de repuesto, y eso no está al alcance de cualquiera.» «También tenía ideas fijas Napoleón. Cuando se encontró con el sabio Wieland, autor de una especie de breviario para uso de príncipes, no le habló de guerra o de política; le preguntó si creía que Cristo había existido.» «Bah, Napoleón tenía la cabeza tan dura que le dabas un golpe y no se quejaba hasta pasado un buen rato...»

«¿Os acordáis del único chiste que cuenta el frailuco Giuseppe? ¿Que un soldado siciliano se abotonaba la espalda para que el enemigo creyera que avanzaba?» «No digas tonterías. Eso lo leí yo en una novela, creo que de Merimée.»

«Oye tú, catalán de Formosa, ¿serías capaz de demostrar que el centurión que le clavó la lanza a Cristo no era de Gerona?»

Me acuerdo de Zaid, de Faisa, de Naila, del *ágape* en su hogar de Belén... Me gustaría enfocar en el coche el tema de mi experiencia —negativa— en la «Gruta de la Leche», pero no encuentro el momento oportuno. También me gustaría preguntarles qué opinan del «bribonzuelo» Abraham, y tampoco me atrevo. Siempre me ha preocupado que las materias a tratar vayan tan ligadas a la «circunstancia» y al interlocutor, o interlocutores, de turno. Algo sobre lo que nos desahogamos a nuestras anchas en tal situación con Fulano, se nos antoja impropio o estúpido con Mengano o en tal otra situación.

En resumen, no ocurre nada digno de mención especial hasta que hemos vadeado ya por el Sur el mar de Galilea y nos encontramos cerca de donde empieza la zona militar, es decir, cerca del Golán. Únicamente, en el modesto restaurante que hemos elegido para almorzar, a pie de carretera, hemos coincidido con una serie de camionetas del Ministerio de Turismo, reconocibles porque su emblema, al igual que el de muchos vehículos oficiales o de transporte, representa a dos israelitas que caminan llevando a hombros el clásico *Racimo de Uvas*, «escena que recuerda la exploración del país de Canaán durante el Éxodo».

—Tú deberías llevar en el coche un emblema parecido: el botijo.

Emilio se ha sonreído... a medias. Nada más entrar en el restaurante ha olido que algo ocurría o había ocurrido. Había muchos turistas, lo que justificaba la abundancia de camionetas aparcadas fuera; pero el semblante del patrón y de las camareras no invitaban a bromear.

Pronto hemos salido de dudas. Minutos antes de nuestra llegada se produjo un pequeño altercado. Un muchacho de unos treinta años, vestido de *hippie*, alto, con una enorme cruz colgada del pecho, al término del almuerzo, inesperadamente se ha levantado y en vez de pagar la cuenta ha soltado un discurso en inglés diciendo que se iba a Jerusalén porque era el Mesías y se acercaba Semana Santa. Que se iba a pie, que sabía que lo detendrían y que lo condenarían, pero que no le importaba. Su estribillo era: «Hermanos, no es que el espíritu venga *hacia* mí, sino que viene *de* mí. Soy el Mesías que estáis esperando.»

Como era de suponer, en vez del espíritu lo que ha venido en seguida ha sido un coche de la Policía y se lo han llevado. «¿Lo veis, lo veis, hermanos...? —ha gritado, aunque sin pagar la cuenta—. Ahora me juzgarán y me condenarán. Pero se habrá cumplido lo que estaba escrito...»

A lo largo de la comida —por fin hemos encontrado una mesa libre—, mis acompañantes me han reiterado que en esos días tales escenas, en Jerusalén, proliferarían sin cesar. Todos los años es lo mismo. Me cuentan que precisamente en Ramallah hay un abogado, cristiano-árabe, que se cree realmente el Mesías. «Ése se lo cree todos los días del año, pero siempre dice que todavía no ha llegado su hora.»

Estoy tentado de contarles lo que el profesor Edery me dijo en el Hospital Hadassa, a raíz de la circuncisión a que, gracias a él, pude asistir: las muchas mujeres judías que al sentirse embarazadas pensaban, en un momento determinado: «¿Por qué el Mesías no ha de ser ese hijo que llevo en el vientre?»; pero al darme cuenta de que estamos comiendo, al igual que los samaritanos, cordero asado —chupándonos los dedos, como quien dice—, considero inoportuno abordar el tema.

Soldados hacia el Golán

Y bien, la teoría del «grupo», que oí en la Puerta de Damasco en boca de aquella pareja, profesor-alumna, que nos pidieron algo de comer, y que por cierto nos dijeron que venían a ampliar su tesis en algún *kibutz* de Galilea... Apenas abandonamos la retaguardia y nos adentramos en carreteras de segundo orden, destrozado el piso por el tránsito de camiones y otros vehículos militares, se rompe la unidad que formábamos en el coche. Y se rompe a causa de los soldados que hacen auto-stop para reincorporarse «a cualquier lugar del frente» donde prestan servicio.

Cada soldado que se sienta junto a mí, como el estudiante de Nablus, modifica la atmósfera y nos canta su canción. Los hay de toda edad, pero, en su mayoría, son muy jóvenes. Los hay tranquilos, callados, pero, en su mayoría, dan muestras de una crispación extrema. No puedo por menos que recordar a Jaimico, el taxista: «Mis hijos, dos años en el Golán, ¿comprendéis? ¿Y hasta cuándo?»

Ese «hasta cuándo» podría ser, a mi juicio, la clave de la cuestión. Todo resulta más llevadero si se prevé o puede calcularse el final, y de ahí mis torturas infantiles —y supongo que las de Ginesillo—, ante el hecho de que un pecado que podía cometerse en décimas de segundo mereciese castigo *eterno*. Esos muchachos que suben a nuestro coche azul, ¿cuánto tiempo llevan ahí arriba, entre alambradas? ¿Y cuándo los altavoces de los batallones sirios dejarán de machacarlos diciéndoles: «¡Estáis perdidos...! ¡Ahí os pudriréis!»?

Hemos subido a uno, pelirrojo, con una barba que parecía hecha de fuegos artificiales, que estaba contento. «No es que me guste la guerra, pero sí la camaradería en el frente. Charlar junto al fuego, el aire libre, hacer deporte... Y las noches. Las noches de guardia, con millones de estrellas, no se olvidan. En casa me aburro.»

Pero hemos subido a otro, casi un niño, de distinta opinión. Lleva sólo seis meses en primera línea, y desde que le contaron que en el último choque que hubo los árabes introducían el cañón de una pistola en el ano o la vagina de los prisioneros y disparaban, se puso malo. «Luchar no me importa, pero, y si caigo prisionero ¿qué?»

Los vamos soltando en cuanto nos advierten: «aquí...», en cualquier cruce de caminos. Y todos nos dicen shalom y yo recuerdo aquella otra guerra, aquella guerra que yo hice y también las charlas en torno a la lumbre y las guardias nocturnas, en la nieve, bajo millones de estrellas.

Ya en plena cuesta hacia los Altos del Golán, uno de los auto-stopistas se muestra tan excitado que no sabemos qué hacer con él. Apenas si tiene tiempo de contarnos que es de Béziers y que cuando era un crío, antes de que se vinieran a Israel, su padre lo llevaba a veces a Barcelona a las corridas de toros. Nos asegura —«lo sé, lo sé»— que antes de quince días estallará la guerra con Siria. «¡O ellos, o nosotros! ¡Hay que acabar de una vez! ¡Esta vez la cifra de diez mil muertos no será nada!» Se ha apeado y se ha perdido en uno de los caminos del bosque, gesticulando para sí.

Otro, más excitado aún, demacrado y sin saber qué hacer con el fusil, lleva el odio incrustado en las pupilas. Nos enseña una fotografía de judíos desnudos y mutilados, fotografía antigua, amarillenta, de voluntarios de la *Haganah,* que también cayeron prisioneros. «Los árabes vendían esas fotos. Las vendían por millares. La idea fue de un banquero de Damasco, dicen. ¡Puah!»

También se apea y se pierde en el bosque. Y estamos ya tan cerca del «Campamento Bolívar», es decir, de nuestra meta, que suponemos que los auto-stopistas se habrán terminado. Pronto llegaremos a la zona neutra. Guardamos silencio e imagino que cada uno de nosotros andará preguntándose qué significa, en esos casos, la neutralidad. Para mí no cabe duda: significa encogerse de hombros ante las pistolas en el ano o la vagina, ante los tanques destrozados que vemos a derecha y a izquierda, ante los hijos de Jaimico, ante Débora —la hija del profesor Edery—, ante monseñor Capucci y su conciencia, ante los altavoces sirios, ante el mundo, ante el Mal. Significa embobarse con la amazona árabe de Ain Karem, con los aspersores como tarantelas, con la visión del Tabor, sentarse en una mesa libre en un restaurante a pie de carretera poco después de que un ser humano, a saber si bondadoso o cruel, se autoproclamase el Mesías.

En mi caso significa, además, ir tomando notas en una agenda, ajeno a los cancerosos —y a sus familias— que pueda haber en cualquier hospital...

—¿Quieres unos granos de anís?

—Dame el bastón entero, que me lo como sin masticar...

Llegada al «Campamento Bolívar»

En un folleto que me dieron en la agencia de viajes «PATRAS» leo: «La construcción de carreteras en la meseta del Golán exige el empleo de poderosos equipos mecánicos y gran experiencia, motivos por los cuales la misión fue encomendada al *Keren Kayemet Leisrael,* cuyas obras camineras desde el año 1967 superan ya los 400 quilómetros.»

Gracias a esas «obras camineras» estamos ya en la meseta del Golán y los indicadores y las banderas de la ONU nos han conducido hasta el «Campamento Bolívar».

Nuestra llegada a los barracones peruanos, que ocupan una extensión considerable, ha provocado un ligero desconcierto entre los centinelas, que evidentemente esperaban la llegada de unos cuantos frailes con hábito pardo, cordón ligado al cinto y capucha, máxime teniendo en cuenta que la temperatura es aquí mucho más fría de lo que pudimos sospechar al cruzar el valle Jezreel. Una leve niebla idealiza esos barracones, pero el suelo está hecho un barrizal, debido a la nieve recientemente derretida. Por fortuna, al punto se nos acerca, alto, robusto, inmaculado el uniforme y franca la sonrisa, el capitán Bustamante. ¡Su negro bigote se parece al de Zaid, lo que en el restaurante de Raúl, en Jerusalén —tal vez debido a las luces—, me pasó inadvertido! Es evidente que se producen mimetismos difíciles de explicar.

Como fuere, la bienvenida que nos da el comandante es tan cordial que por sí sola se basta para levantar nuestro ánimo. Y minutos después acuden también a saludarnos, con idéntica cordialidad, el teniente Quinteros, el Mayor —ignoramos su nombre—, ¡y, por último, el capellán del batallón, que al vernos casi echa a correr y abraza emocionadamente a Emilio! El capellán castrense se llama Edmundo Terrazas, es joven y tímido, pero rebosa de entusiasmo. Lo declaramos el «verdadero responsable» de nuestra aventura y de todo cuanto va a ocurrir, y él acepta encantado la acusación, al tiempo que nos señala sonriendo el distintivo —una crucecita— que lleva en el uniforme.

—Pasen, por favor... —invita el capitán Bustamante, abreviando los formulismos—. Vamos a tomarnos un cafetito caliente, o lo que más les apetezca.

Camino del barracón que el oficial nos indica —los centinelas son muy escasos, probablemente debido al frío, y su hieratismo se me antoja innecesario—, miro en torno, sin disimular mi curiosidad. El teniente Quinteros, que se ha puesto a mi lado y que es obvio que me ha tomado también por fraile, me explica que «esos enormes bloques de piedra, cónicos, que se ven aquí y allá, son *bunkers* construidos por los israelíes, aunque los cholos del batallón los llaman Machu Pichu. Servían para detener el avance de los tanques enemigos». Claro, claro, debía yo saber que fue precisamente en esa zona donde tuvo lugar, en 1967, la famosa «batalla de los tanques», que terminó con el descalabro de las fuerzas sirias.

La verdad es que el campamento parece desierto y que no me da tiempo a situarme. Sólo he visto, a mi izquierda, una colina que parece espectacularmente electrificada. También, en dirección a la línea de fuego, caminos marcados con piedras —por lo visto, hay por aquí restos de minas y esos caminos garantizan la seguridad—, y, ¡cómo no!, alambradas. Sus rollos de espino me recuerdan lo tantas veces oído: «Israel es el único país del mundo cuya frontera terrestre, que va desde el Líbano a Egipto, y que tiene forma de media luna, está delimitada por alambradas.» Destino poco alegre, a fe, y que me retrotrae a la excitación del soldado que nos enseñó hace poco la amarillenta fotografía de los judíos de la *Haganah*, desnudos y mutilados.

El barracón que nos acoge —por fuera, todos están pintados de gris—, nos sorprende gratamente. Es a la vez comedor, cocina, sala de estar y hay incluso un bar bien surtido, presidido por un gigantesco *póster* de Tupac Amaru, uno de los jefes incas precursores de la independencia del Perú. Su rostro es enigmático, duro e impresionante. Ginesillo lo mira como hipnotizado —«sí, un café bien cargado, por favor»—, mientras Isidro y Víctor se acercan a una de las estufas —«tenemos las manos heladas»—, y Emilio y el capellán, que realmente es sólo un chaval, continúan charlando amigablemente.

Una ojeada a las paredes me proporciona otra sorpresa: los colores rojo y blanco figuran en cada una de las banderas de las cuatro naciones que están representadas aquí: Perú, Austria, Canadá y Polonia. Sin duda se trata de una casualidad. También me sorprende que el teniente Quinteros hable árabe y que el soldado que hace las veces de *barman* ponga, sin duda en nuestro honor, una *cassette* con una canción que al llegarnos por los correspondientes altavoces nos emociona más de lo normal: «De colores se visten los campos en la primavera...»

Un breve diálogo en torno a una mesa rústica, cuartelera, próxima a la estufa central, es suficiente para que nuestros anfitriones sepan que Ginesillo no es fraile todavía y que yo, Dios mediante, no lo seré jamás. Los únicos que estaban enterados eran el capitán Bustamante y, por supuesto, el capellán, al que todos llaman, familiarmente, Edmundo. El Mayor, al saber cuál es mi profesión, tiene una expresión casi cómica, y lo mismo cabe decir del teniente Quinteros. «Precisamente —confiesa el Mayor—, al verles pensé que era usted el Padre Superior. —Se echa para atrás y exclama, chascando los dedos—: ¡Vaya! No puede uno fiarse de nadie...»

Nos reímos, como debe ser, y a renglón seguido el capellán, Edmundo, nos detalla, papel en mano, el programa que ha sido confeccionado y que confía que merecerá nuestra aprobación.

A las siete en punto, en otro barracón —y como preámbulo de las ceremonias religiosas de mañana—, se proyectará, con asistencia de todos los reclutas, la película *La vida de Jesús*, que el padre Emilio —yo lo ignoraba— trajo consigo. Al término de la película habrá un par de pláticas y, luego, las confesiones. De momento se han apuntado para confesarse treinta y dos soldados, incluidos, naturalmente, los siete que mañana recibirán el bautismo. «Es de suponer —añade Edmundo, sonriendo—, que después de ver la película se apunten algunos más...» El último acto previsto para hoy será el de la elección de padrinos. Los siete catecúmenos, los siete quechuas, conceden a esto gran importancia y se han pasado estos últimos días reflexionando. Estaban prácticamente decididos a elegir cada uno un oficial. «Sin embargo —y Edmundo, que tiene los ojos claros y chispeantes se dirige a mí—, en cuanto se enteren de que es usted un "señor" español y que está dispuesto, es muy posible que alguno de ellos recapacite y le conceda ese honor...»

Con dicha elección finalizará la jornada religioso-castrense. Luego, a dormir. Nosotros —y ahora es el Mayor el encargado de informarnos—, dormiremos en el barracón contiguo, que está situado al lado de la enfermería y en el que han dispuesto cinco camas. «Bueno, para no exagerar, diremos que son camastros; pero creo que habrá sábanas para todos, y vamos a ver si nuestros amigos canadienses nos prestan alguna manta suplementaria.» Por descontado, en la enfermería habrá un «sanitario» de guardia toda la noche. «Se llama Bonifacio y, como su nombre indica, es muy servicial.»

En cuanto a la ceremonia principal, cumbre, el bautismo, está prevista para mañana a las seis y media de la mañana —de nuevo es Edmundo quien tiene la palabra— y se celebrará en Banias, que, como se dijo, es uno de los tres arroyuelos con los que más abajo se forma el Jordán.

Edmundo considera inútil justificar el porqué de la elección. Aunque actualmente hay en el lugar una mezquita abandonada y antiguamente los griegos adoraban en la quebrada de la otra orilla al dios Pan, Banias es también el sitio en que, según muchos expertos como el padre Emilio, Pedro reconoció a Jesús como el Mesías y Jesús le dijo: *Tú eres pedro, la roca, etcétera*. «Bajaremos en caravana —está un poco lejos—, y luego subiremos de nuevo aquí para celebrar la santa misa, y dentro de ella la confirmación. Es muy posible que en Banias nos encontremos con varios carmelitas que habrán venido exprofeso de su convento de Haifa, entre ellos, el famoso fray Daniel, el héroe nacional judío que se convirtió al cristianismo; y también es muy posible que a dicha misa —por cierto, que todavía no han visto ustedes la capilla— asistan, no sólo algunos oficiales de los otros batallones de la ONU, sino incluso algunos diplomáticos, con sus respectivas esposas.»

El capitán Bustamante asiente con la cabeza, lo que significa que la exposición de Edmundo ha sido correcta. Sólo añade por su cuenta que, después de la misa y de los consabidos «cachetes» de la confirmación, que califica de pintorescos, a modo de despedida habrá un cóctel —«aquí mismo, en este salón lujoso y funcional»—, que nos permitirá estrechar cuantas manos queramos y a cuyo término podremos escoger entre alistarnos en el «Batallón Bolívar» y quedarnos, o volver a la realidad, es decir, al mundanal ruido, es decir, a Jerusalén.

—¿Alguna pregunta?

—¡No! Todo queda perfectamente claro, capitán...

Recorrido por la línea de fuego y la meseta

Faltan dos horas para las siete. En el exterior hay todavía mucha luz. Los «curas» parecen muy ocupados preparando sus cosas y yo me muero de ganas de llegar hasta la mismísima línea de fuego, donde, por lo visto, hay un puesto de vigilancia israelí, desde el que se divisa el poblado sirio de Quneitra y, allá en el horizonte, las cercanías de Damasco.

Hablo con el capitán Bustamante y éste no se hace rogar. «Ahora mismo ordeno que le acompañen... ¡Ah!, si usted quiere, puede incluso llevarse la máquina fotográfica.» Ginesillo, entusiasmado con la idea, se apunta también para la excursión. El capitán da las oportunas instrucciones y minutos después nos encontramos fuera, sentados en un jeep, el teniente Quinteros, que se ha puesto al volante, el Mayor, Ginesillo y yo.

Antes de que el teniente ponga el vehículo en marcha, y en mi afán de situarme, le ruego que me explique un poco el sentido de cuanto nos rodea: la colina a nuestra izquierda, electrificada; las zanjas, algunas de ellas muy profundas; cuánta distancia nos separa de la línea de fuego, etcétera.

El teniente Quinteros, que es de la ciudad de Canta —tres mil metros de altitud—, después de lamentar que la niebla que va apoderándose de la meseta mengüe la visibilidad, hasta el extremo de que no podemos atisbar siquiera el monte Hermón, nos cuenta que la colina, a la que han puesto el nombre de «Bolívar», de hecho es ahora mismo un prodigio de la técnica, con puestos de radar, de televisión y de toda suerte de instrumental secreto militar. Las zanjas, lo normal: al igual que los *bunker*, los «Macchu Pichu» sirvieron para frenar el avance de los tanques y para protegerse de los bombardeos aéreos. Las piedras que marcan la carretera y los caminos no son un capricho. Realmente, el campo, en esa zona, está aún lleno de minas. «Hace poco una de ellas estalló y mató a dos niños árabes y mutiló a otros dos. Los pobres chaveas no respetaron el *Prohibido,* ¡y zas!»

—Deberíamos hacerles caso a los pastores árabes que viven por aquí... —interviene el Mayor—. Ellos opinan que podríamos traer varios camiones de cabras y soltarlas... Claro que quedarían despedazadas; pero limpiaríamos el campo.

Me sorprende que por aquí vivan pastores árabes. El Mayor, que ratifica con enérgicos movimientos de cabeza cuanto dice, y que se ha abrigado como si fuéramos al Hermón, nos explica que, gracias a la labor de los *bulldozers* judíos hay ahora, a nuestra espalda, muy cerca, varias hectáreas accesibles y habitables e incluso pastos cada vez más abundantes. «Mañana lo verán ustedes, cuando bajemos a Banias. Los pastores se han construido sus covachuelas... ¡y hala!»

Ha pronunciado la última frase con evidente retintín. Entonces el teniente Quinteros, mientras pone en marcha el jeep y se ajusta sólidamente el casco azul, que le minimiza la cabeza, adopta un tono cáustico y comenta: «El Mayor está convencido de que esos pastores son espías... ¡Sí, sí! Espías de los guerrilleros palestinos, que tienen bases ahí mismo, en la frontera libanesa... —Sortea hábilmente los baches encharcados de la carretera y agrega—: Yo, la verdad, hablo con ellos, porque aprendí un poco el árabe cuando estuve con la ONU en El Cairo, y no creo que eso sea cierto... Es decir, no creo que los pastores se tomen siquiera esa molestia. Son tranquilos, no tienen nervios... ¡Eso es todo! Me recuerdan a los chinos: no tienen prisa, esperan... Piensan que el tiempo juega a su favor, y que eso les bastará para ganar.»

Hacemos un mutis, en tanto el jeep avanza, respetando, ¡loado sea Dios!, las piedras que marcan las lindes de la recta carretera. A ráfagas el viento bandea la niebla y entonces el campo visual se ensancha un poco, permitiéndonos ver una llanura árida, con restos de tanques y algunos barracones destruidos. A mi espalda, en los asientos traseros, Ginesillo no dice esa boca es mía; el Mayor, por el contrario, se remueve inquieto, y para no soltar algún dislate opta por encender un pitillo, valiéndose para ello de un magnífico mechero de yesca, muestra quizá de la artesanía peruana.

Inesperadamente, el teniente Quinteros, que por lo visto ha dado por concluido el tema, hace sonar el claxon y nos indica, avanzando el mentón:

—Ya estamos en el puesto de guardia... Hay centinelas que agradecen la visita, los hay que no.

Apenas si han transcurrido cinco minutos desde que salimos del campamento, por lo que calculo que la distancia recorrida no rebasará los dos quilómetros. El jeep se detiene justo al lado de las garitas fronterizas, en cuyas planchas de uralita hay frases escritas en inglés. Dos soldados jóvenes se nos han acercado, confiado el fusil, todo hay que decirlo. Reconocen los vehículos «Bolívar», e incluso al teniente Quinteros. Pienso que deben de pasar un frío de espanto. En una casamata a la derecha, sentados ante la puerta, sobre un tronco de madera, veo a otros dos soldados. Ni siquiera han levantado la cabeza. Su inmovilidad es tal —miran fijamente al suelo—, que de hallarnos en otro lugar podría sospecharse que se encuentran en estado catatónico.

El teniente Quinteros ha saludado a los centinelas con un simple Shalom y a seguido, sin hacerles caso, con el índice apunta hacia delante. «Aquello es Quneitra», nos dice. Vemos, a unos cinco quilómetros más o menos, un grupo de casas, aparentemente pintadas de blanco, en medio de un paisaje desolado. El teniente, que se ha traído unos prismáticos, pero que de momento los usa para sí, nos explica que, como podemos apreciar, mejor que «línea de fuego» el sitio en que estamos es «lugar de paso», de paso hacia Siria y su capital. «En realidad, ésta es la frontera, que, naturalmente, forma una línea discontinua. No deja de ser interesante, la verdad. Por ejemplo, hay oficiales y diplomáticos que desayunan en nuestro campamento, que almuerzan en Damasco y que cenan en Beirut. Curioso, ¿no creen?» Sigue mirando con los prismáticos y al rato agrega: «Desde aquí, Quneitra parece deshabitado, y no es así. No hay mujeres, desde luego... Ni una sola. Pero se han quedado allí unos cuantos comerciantes, con sus tenduchos, porque cuentan con una clientela segura: nosotros, los militares o funcionarios de la ONU.» «Claro que lo que querrían vendernos sería hachís, que es la droga que mayormente se cultiva en Siria; pero la disciplina es la disciplina. Yo sólo les he comprado guisantes en conserva.» Lo último que nos cuenta es que Damasco le decepcionó mucho. «Es muy feo, es horrible. No vale la pena. Sólo queda bien en las películas.»

Por fin me cede los prismáticos. Quneitra se acerca. Pero es un espejismo. Las casas medio destruidas, imposible concretar ninguna imagen. Pienso en Damasco, fuera de nuestro alcance, fuera de órbita. Allí se casó Abu-Abdel con una comadrona, allí nació Faisa. Allí Abu-Abdel vendió telas de muchos colores, hierbajos y mejunjes —¿hachís quizás...?—, hasta que se fue a la Arabia Saudita y regresó por fin a Belén.

—Dígame, teniente... Damasco..., ¿no tiene una mezquita, la mezquita de los Omeya, que es una maravilla?

Cedo a mi vez los prismáticos a Ginesillo y entretanto el teniente Quinteros, después de dudar unos segundos, suelta con decisión:

—Perdone usted, señor... Pero desde que alcancé el uso de razón me prometí a mí mismo desinteresarme por completo de la religión, fuere la que fuere... —Marca una pausa—. Las brujas no existen, ¿comprende? Como no existen mujeres en Quneitra... —Sonríe con cierta delectación y prosigue—: De todos modos, mañana, y puesto que quien manda es el capitán, estaré con ustedes en Banias y haré lo que sea para que Satanás huya del cuerpo inmundo de nuestros quechuas...

Ginesillo permanece en sosiego, mirando a Siria. No tengo más remedio que decir algo, lo que no resulta fácil, dada la actitud tajante de mi interlocutor.

—Su opinión me parece respetable... —comento, al cabo—. Sin embargo, ¿no le complica eso sus relaciones con el capellán? Parece un sacerdote muy convencido...

—¡Huy, Edmundo! Edmundo Terrazas... Es un crío. —Adopta un tono más bien cordial y concluye—: El día que le llevaron, ya muertos, los dos niños árabes que hicieron estallar la mina, se arrodilló en el barro, estuvo exorcizándolos y permaneció ante ellos lo menos media hora rezando. Y lloraba. Lloraba, como usted dice, convencido, de verdad...

—¡Vaya! —exclama sorprendido el Mayor, dándole la última chupada a su pitillo—. Es la primera vez que le oigo hablar de Edmundo sin partirse de risa...

Corto diálogo con los dos centinelas. Uno es de Calcuta —color ceniza, patillas breves—, el otro de Rabat —recuerda vagamente la fisonomía de Lionel—. Llegaron a Israel con sus padres hace seis años y llevan veinte meses en el frente. Aquí, en este puesto, están bien, casi *enchufados*. Con los de la ONU al lado no les falta nada, y además no suena un tiro y los morteros de enfrente se están apolillando. Sin embargo, eso no puede continuar así. ¡Hay que hacer algo! Pasan los días y las semanas... y no ven más que aquellas planchas de uralita y Quneitra allá abajo. ¿Es que no hay manera de aplastar a esa gentuza, a esos árabes del demonio? ¡Si son unos cobardes! Para decidirse a luchar, necesitan ser ciento contra uno...

Cuando le digo al de Calcuta que conozco un poco la India y que estuve en su ciudad, aguarda, expectante, mi comentario. «Es fascinante —le digo—, pero me entristeció ver tanta miseria...» La cara del muchacho se endurece. No lleva guantes siquiera y veo que sus manos se cierran, tensas. ¿Habré cometido una torpeza? Es muy posible. El de Rabat me pregunta si conozco Marruecos. Le contesto afirmativamente y además le hablo de los dos recepcionistas del «President Hotel». «Son de su tierra... En esos días están contentos porque, a lo que se ve, las propinas que les dan los turistas les vienen de perlas.»

Tampoco parece que haya acertado esta vez. Debí decirle que eran muy amables y de una extrema eficacia en su cometido. El muchacho tuerce el gesto y se abstiene de contestar. Por fortuna, el teniente Quinteros está distraído con los prismáticos que Ginesillo le ha devuelto y, luego, ajustándose de nuevo el casco. Ginesillo me ha mirado con intención. «Será mejor que demos una vuelta por ahí, ¿no crees?» «Sí, desde luego.»

—Shalom...
—Shalom...

¿Qué se esconde en el interior del hombre? No era mi intención causarles daño, ofenderlos. Por el contrario, al verlos sentí una pena infinita y hubiera hecho lo imposible para aportarles un poco de consuelo. Me invade una tristeza honda. Recuerdo que Charles Morgan habla con encomio de los seres que han logrado «la unidad interior». Es evidente que yo no he logrado todavía esa unidad. De lo contrario, hubiera acertado con lo que tenía que decir a cada uno de los muchachos.

Nuestra gira con el jeep se prolonga más de lo previsto debido a la constante pugna —cortés, civilizada— entre el teniente Quinteros y el Mayor, al interés de esa área mesetaria y a que la conversación del teniente es sumamente agradable. Hombre culto, sin la menor duda, muy leído, mezcla extraña de fatalismo y fantasía. Él atribuye su modo de ser a la grandeza de la tierra en que nació. «Tres mil metros de altitud ¿se dan cuenta? Siempre al borde del vacío. Uno sueña, sueña, pero no puede descuidarse un instante. El Mayor, en cambio, es de abajo, de Arequipa... ¡Pregúntenle al capitán cómo son los de Arequipa! ¿Les ha enseñado ya su mechero?»

El teniente no olvida que a lo primero su deber es informarnos. Así que con el jeep toma un camino lateral, hacia la izquierda —hacia los barracones destruidos—, y nos facilita de carrerilla una retahíla de datos. «El chaval exageró un poco al decir que los árabes, para luchar, necesitan ser cien contra uno... Según los teóricos militares, y según estudios realizados precisamente aquí, después de la Guerra de los Seis Días, un soldado judío vale por diez soldados sirios.» «Lo malo del Ejército israelí es, como siempre, el número. Ha de ahorrar el material humano. Por otra parte, les cuesta una suma enorme formar, por ejemplo, un piloto. Se calcula que la preparación de un piloto judío cuesta lo mismo que dos "Fantoms".» «¿Cobardes los árabes...? No me gusta simplificar. Son contradictorios. Por un lado desprecian la muerte, por otro lado la huyen. Les horroriza atacar de frente, eso sí, pero, en compensación —y eso es una ventaja de los creyentes— *se ponen en manos del Creador.*» «Leí un *rapport* muy curioso según el cual para un árabe la posesión de un arma de fuego es como una afirmación de su virilidad. Algo parecido a tener un hijo varón. Ese matiz, a veces, proporciona al enemigo sorpresas desagradables...» «¡Ah, y no les importa derrochar las municiones! Los judíos adolecen de lo contrario. Los árabes, cuando hay tregua, se divierten disparando al aire o contra enemigos imaginarios. En Amman, los jordanos, a base de tiros, convierten los funerales en una fiesta.» «Recuerdo que un periodista americano escribió algo divertido, diciendo que los árabes padecen una escasez crónica de coroneles, pues todo coronel que triunfa en un golpe de Estado se apresura a liquidar a su predecesor; pero la verdad es que me sonroja evocar esa cita, teniendo al lado al Mayor, que como ustedes saben es, al igual que yo, súbdito de una república sudamericana...»

El Mayor demuestra que sabe encajar. Sonríe y comenta: «Bueno, tampoco hay que exagerar, teniente.» Opina de éste que sería posiblemente un buen técnico, pero jamás un buen estratega, «por ese miedo terrible de la gente del monte a caerse en el vacío». Y puesto que pasamos justo al lado de unos cuantos tanques destrozados, no muy lejos de la colina Bolívar, nos cuenta que lo que ocurrió en el Golán a raíz del último choque fue realmente notable. Con la primera embestida los sirios, que disponían de 800 carros de combate, hubieran podido llegar sin resistencia hasta Tiberíades, hasta el mar de Galilea; pero les dio miedo cruzar el Jordán y quedarse encerrados en una bolsa. «Faltó decisión en el mando y por ello un general fue juzgado y fusilado.» Pero luego, cuando el contraataque israelí, sucedió algo parecido, aunque a la inversa: los judíos hubieran podido llegar tranquilamente hasta Damasco. «Claro que, seguramente, no les interesó... Porque, ¿qué hacían luego allí, con la población? ¡Y si tan horrible es la ciudad!»

Ginesillo le pregunta al teniente —«si no es indiscreción»—, cómo se llevan ellos, los peruanos, con los austríacos, los canadienses y los polacos. El teniente estima que, por lo general, los oficiales austríacos y canadienses se muestran fríos y distantes con la *tropa* peruana, debido al desnivel cultural. «Con nosotros, con la oficialidad... ¡bien! En algunos deportes les damos sopas con honda. Tocante a los polacos, nuestras relaciones son mínimas. Con los países del Este, ya sabe usted...»

—¿Han tenido ustedes alguna baja?
—Tres. Tres soldados... De accidente.

El Mayor añade:
—De todos modos, en un ataque por sorpresa que lanzaron los sirios estuvimos a punto, pese a nuestro casco azul, de sufrir una catástrofe.

—Sí, es verdad —ratifica el teniente—. Todavía te estoy viendo escondido en uno de los *bunkers,* rezando el rosario y exclamando: ¡Menos mal que moriré en Tierra Santa!

Película y demás en el barracón

Morir en Tierra Santa... El teniente no podía sospechar que su ironía iba a cobrar escalofriante realismo poco después, al dar por finalizada nuestra gira exploratoria y entrar en el barracón en el que el padre Emilio, conforme a lo previsto, proyectaba para la *tropa* del «Batallón Bolívar» su película *La vida de Jesús*. Llegamos justo a tiempo para ver los últimos planos. Y los últimos planos eran, en color, reproducciones de cuadros en torno a la crucifixión y, como remate final, «El Cristo de Velázquez», es decir, Cristo muerto, caída la cabeza, poco después de haber lanzado su definitivo gran grito al Padre.

El barracón estaba completamente a oscuras, a excepción del titilante chorro de luz del proyector y de la mejilla derecha de Emilio. Pudimos oír las últimas palabras de éste: «Y así terminó, amigos, soldados, que estáis aquí precisamente en misión de paz, la aventura del Hijo de Dios, que, como sabéis, vino al mundo y se sacrificó por todos nosotros, para traer a nuestros corazones la redención, y una paz mucho más duradera que la que los hombres, aquí en la tierra, podemos conseguir.»

Y la luz fue hecha... Se encendieron aparatosamente las luces del barracón —la función había terminado—, y el espectáculo que se ofreció a nuestros ojos nos pareció irreal, mucho más irreal que las imágenes del celuloide. El barracón estaba abarrotado —bancos, sillas, muchachos de pie en los pasillos—, y no sonó un aplauso, nadie pronunció una palabra ni movió una pestaña. Los soldados del «Batallón Bolívar» permanecieron impasibles, hieráticos, con rasgos indígenas, primitivos, como escolares intimidados por la presencia de Alguien o de Algo que no sabíamos si les había emocionado o si pasó por sus adentros sin dejar rastro. Emilio, que se había levantado para rebobinar la película y que tenía a su lado a Víctor y a Isidro, sudaba, sudaba a mares; el auditorio, los «cholos», sin carraspear siquiera, como esperando el permiso para volver a «vivir».

El denominador común de las facciones, de la forma de los cráneos, de las posturas de los cuerpos, era precolombino. Seres canijos, miradas rasgadas y negras, alguna que otra sonrisa leve, enigmática para mí. Ginesillo, a mi lado, se acarició lentamente la barba y me dio un codazo. Comprendí que sufría como yo. Ocupando la primera fila, uno, dos, tres..., hasta diez «indios», indios puros, más primitivos que el resto. Supusimos que eran los quechuas, los reclutados en la selva, los que al día siguiente bautizaríamos en Banias, con la ayuda del teniente Quinteros. El más cercano a nosotros daba la impresión de que le faltaba algo en la cara, no sabíamos qué. ¿Qué habrían pensado ante «El Cristo de Velázquez»? ¿Qué entenderían por «redención»? De haber llevado el pelo largo, tal vez su aspecto hubiera sido más llevadero; pero iban casi rapados, con lo que las cabezas, ya pequeñas de por sí, aparecían como dislocadas.

El capitán Bustamante, ajeno a nuestro problema, subió al estrado y les dirigió la palabra. Les dijo que, a continuación, uno de los «padres» llegados de Jerusalén les hablaría brevemente sobre el significado de los actos a celebrar mañana; sin embargo, antes les pedía un aplauso para el estupendo realizador de la película, el padre Emilio Bárcena...

Todas las cabezas se volvieron hacia Emilio, quien jugando a payaso se subió a una silla y saludó. ¡Aplausos! Las manos de los «cholos» —color ceniza, parecido a las del centinela de Calcuta—, se juntaron rítmicamente, con cierto aire de baile. Se produjo una distensión. El quechua más cercano se levantó y sonrió con toda su fuerza; en efecto, le faltaba un diente y parecía un pigmeo.

Isidro fue el encargado de pronunciar el «sermón». Subió al estrado, sustituyendo al capitán, y con su aspecto un tanto *hippie* y sus lentes de sabio se ganó al auditorio en un santiamén. Tuvo el acierto inicial de decirles que, de hecho, mañana se bautizaban todos, porque todos éramos hermanos y los actos de cada uno repercutían en los demás. Bautizarse era hacer un buen barrido, desinfectar la casa, la ropa que uno llevaba, los pensamientos; pero, sobre todo, cargó el acento en la idea de fraternidad. Se trataba de que todos se perdonasen un poco más los equívocos, los malentendidos, de que todos se amasen un poco más en el campamento, como Jesús, el de la película, nos amó. Sólo esto, el amarse y el perdonarse, podía algún día acabar con las guerras y haría innecesarias las alambradas y que chicos como ellos murieran en plena juventud. «Mañana, las aguas del río Jordán, donde siete de vosotros recibirán el bautismo, bajarán más alegres que los demás días. Y luego cada uno podrá escribir a sus familias contándoles la fiesta que habréis vivido.»

A continuación subió al estrado el «crío» Edmundo Terrazas, el capellán que se arrodilló en el barro y lloró... De tez mucho más blanca que la mayoría de sus compatriotas y peinado a raya, dirigióse especialmente a los siete catecúmenos, a los que, según pudimos deducir, estuvo aleccionando convenientemente los últimos días. Les dio la enhorabuena, ¡y pidió para ellos también un aplauso! De nuevo las manos color ceniza se juntaron con ritmo. Los quechuas, aturdidos, emocionados tal vez, se levantaron, aunque apenas si se notó. Luego Edmundo leyó sus nombres en voz alta, uno a uno, y comunicó a sus compañeros que seis de ellos habían elegido como padrinos a otros tantos oficiales del batallón, «excepto Raúl Palomino, que ha preferido que lo apadrinase un señor español que se ha venido con los padres franciscanos y que ha aceptado muy generosamente dicha responsabilidad».

Por un momento temí que Edmundo me hubiera localizado y me presentara a la concurrencia; no fue así, y el capellán anunció que la velada había llegado a su fin. «Ahora, tal y como os lo había dicho, los que quieran confesarse podrán hacerlo aquí mismo, sin necesidad de ir a la capilla... Los padres, y yo mismo, estamos a vuestra disposición.»

Todo el mundo se levantó y se inició la dispersión. Más de la mitad de los reclutas se dirigieron a la puerta de salida —su manera de andar delataba idéntico primitivismo—, pero fueron muchos los que se quedaron, atentos a los movimientos de los «padres». Emilio, Víctor e Isidro tomaron asiento en distintos puntos del barracón, procurando que entre uno y otro mediara cierta distancia. Edmundo hizo lo propio, y se formó una cola ante cada uno de ellos.

En seguida advertimos que los cuatro confesores habían acordado que los reclutas no se arrodillasen. En efecto, cada «penitente», llegado su turno, era invitado a sentarse de igual a igual al lado de aquel que por unos momentos iba a ser su juez. La voz de Ginesillo sonó a mis oídos: «Eso está bien.» «Sí, es hermoso.» En verdad que para mí el espectáculo lo era, y el hecho de que ninguno de los cuatro confesores llevara hábito o sotana confería a la ceremonia un aire llano, casi deportivo.

Me pregunté qué estaría pensando el teniente Quinteros; pero había desaparecido, probablemente para no ser testigo de tanta superstición. También era de destacar que Edmundo tuviera, con mucha diferencia, menos clientela que los «padres»; bueno, sería la novedad, la carga carismática del desconocido. ¿Y por qué la cola más larga se formó ante Víctor? Sería por su perilla... O porque sintieron que entendería mucho mejor que los demás los caprichos, o los fenómenos, de la Naturaleza... Por otra parte, mientras Emilio los despachaba rápido, Víctor dialogaba con ellos concienzudamente; en cambio, su absolución era la más corta, la más discreta.

¡Claro que me pregunté de qué podrían acusarse aquellos «cholos», aquellos reclutas peruanos!

—¿Contra quién puede pecarse, Ginesillo, en los Altos del Golán?
—Contra uno mismo, claro está...

¿Reflejo atávico? ¿Viejas nostalgias? ¿Cómo explicar lo que me ocurrió minutos después? Ya me sorprendió que, de entrada, mi reacción ante el espectáculo no fuese de repulsa, habida cuenta de que desde hace mucho tiempo mi actitud ante la confesión considerada como norma, como deber —como sacramento obligatorio—, es negativa, como todo cuanto implique vulneración de la estricta intimidad. En ese aspecto mi afinidad con el teniente Quinteros debió de ser total; y sin embargo, he aquí que, en cuanto fue absuelto el último de los reclutas y vi que, a renglón seguido, en acto voluntario y natural, los cuatro «jueces» —Emilio, Isidro, Víctor y Edmundo— se confesaban entre sí, y además cada uno arrodillándose ante el «otro», me sentí preso de una emoción extraña, que me turbó. Me pareció que aquello era digno y que exhumaba de mí algo inconcreto que consideraba muerto. Me pregunté quién era yo para establecer a mi vez una norma según la cual las normas no debían existir. En vano, girando la vista en torno, buscaba algún pretexto, algo que permitiera sospechar que me las había con un golpe de efecto preparado y teatral; no veía más que los bancos y las sillas vacías, con algún que otro «cholo» cumpliendo la penitencia impuesta, que el desnudo barracón, que la pantalla blanca y desnuda, como una sábana mortuoria, en el estrado, y que la figura del Mayor bebiéndose en un rincón, a morro, una botella de cerveza.
—Ginesillo...
No pude continuar. Porque Ginesillo se había ido también, caminando despacio, hacia los «jueces». Su aire era reflexivo, pero de ningún modo triste. Y llegó justo en el momento en que Isidro y Víctor se habían revelado mutuamente sus crípticas asquerosidades. Y Ginesillo, sin más, le hizo una seña a Isidro y éste aguardó, y Ginesillo se arrodilló a sus pies y agachando la cabeza empezó a hablar, culpándose, es de suponer, de ser víctima —como yo mismo— de crónicas, de inmensas perplejidades.

Ahijado caído del cielo

Dos emociones más, antes de trasladarnos al barracón-comedor donde, según el capitán Bustamante, han de servirnos la cena.
La primera, ¡Raúl Palomino! Por lo visto, el muchacho que me eligió para que lo apadrinase no se atrevió a acercárseme mientras Ginesillo estuvo a mi lado; pero en cuanto me quedé solo se vino y se presentó, tartamudeando un poco, no sé si por defecto o por timidez.
Hablando un raro castellano, difícilmente comprensible a veces, me repitió lo que ya sabía: que su nombre era Raúl Palomino y que quería ser mi ahijado.
—De acuerdo, Raúl... Para mí es una satisfacción. Pero, ¿por qué, sin conocerme siquiera, me has elegido?
—Porque quiero padrino extranjero...
Ya... Imposible pensar: «entiendo». ¿Cómo entender a un ser humano desfibrado, pómulos salientes, grandes orejas, llegado de una selva lejana, ¡falto de un diente! ¿Cómo saber?

Intento, y lo consigo, que se desahogue un poco sin temor. Me cuenta que su madre se colgó de un árbol en Perú, cerca de la cabaña, que tiene cinco hermanos menores que él y que cuando el capitán Bustamante, en unión de otros oficiales, llegó a la selva en busca de voluntarios y les explicó las ventajas que para él supondría alistarse, su padre le dijo: alístate. Y ahora está contento, porque estuvo en Lima, y viajó en avión, y ha visto cosas, y tiene dos amigos —«sí, sólo dos, padrino»—, y ha aprendido un poco a leer y a escribir, y ha escrito a su padre y ahora tiene como padrino a un «señor» extranjero, a un «señor» español.

—Pero, ¿no te hubiera sido más útil un peruano, como los demás?

—No, padrino. No quiero volver a Perú.

—¿Por qué, Raúl?

—No...

—Pero, ¿y tu padre, al que has escrito? ¿Y tus hermanos? ¿No me has dicho que eres el mayor?

—No quiero volver... Me gusta la ciudad.

—¡En Perú hay ciudades! ¿No estuviste en Lima?

—Me gusta más esto, el extranjero...

Mi asombro es absoluto. Diríase que a medida que habla va adquiriendo seguridad.

—Pero, una vez terminado el servicio, quiero decir, cuando ya no seas militar, ¿qué vas a hacer?

—No lo sé, padrino. Mis dos amigos me han dicho que tú me ayudarás...

Me muerdo el labio inferior. Y me lo habría mordido cien veces a no ser que Edmundo se nos acerca sonriente y nos interrumpe —sí, su tez es blanca y se le nota que su madre no se colgó de un árbol cerca de la cabaña—. Vive horas gloriosas y no puede disimularlo.

—¡Vaya! El padrino y el ahijado han hecho buenas migas... ¿Quién os presentó? Pensaba hacerlo, pero veo que he llegado tarde.

Raúl no dice nada.

—Raúl vino a saludarme... Y ha hecho muy bien.

—Claro que sí... ¿Qué? ¿De acuerdo en todo?

—Sí —contesta Raúl.

—No quieres cambiar de nombre, ¿verdad?

Duda un instante.

—Lo que diga el padrino...

—¡No, no! Raúl es muy bonito.

—Pues anda, Raúl. Mañana os veréis otra vez. Vas a llegar tarde a la cena...

Raúl me mira con fijeza, con inesperada hombría, y girando sobre sí mismo y sin pronunciar una sílaba echa a correr, sorteando las sillas y los bancos.

El capellán Edmundo Terrazas

La segunda emoción ha sido el propio Edmundo, el capellán. No por su juventud y por su entusiasmo, no por su fe, no porque las aguas del Jordán le bañen ya los ojos, sino porque Emilio, mientras Ginesillo y yo andábamos por ahí con el teniente Quinteros le ha contado que soy gerundense y se da la circunstancia de que el obispo que en el Perú orientó su vocación y lo ordenó sacerdote, es gerundense también.

—¡No me digas más! —le interrumpo—. ¡Enrique Pélach!

—Exacto... Monseñor Enrique Pélach... A él se lo debo todo. Ahora no me muerdo los labios. Ahora pestañeo, divertido. Enrique Pélach estudió conmigo en el seminario de Gerona, el mismo curso. Pálido, inquieto, con mucha fibra y una elegancia innata.

—El mismo curso, Edmundo... Yo me casé, él llegó hasta el final. Antes de irse a América estuvo en casa unos días, en Mallorca, con mi mujer y conmigo. ¡Le presté uno de mis *slips*...! Al principio nos escribió; luego..., ya sabes. Y desde que le nombraron obispo, ni una palabra.

—Se conserva muy bien. Y es un auténtico misionero. Un apóstol. —Edmundo se ríe, feliz—. Parece providencial, ¿verdad? Monseñor Pélach... Se merecería... ¡qué sé yo!; por lo menos, estar aquí mañana.

—Se hizo del «Opus Dei», ¿verdad?

—Sí... Creo que fue el primer sacerdote del «Opus Dei» que llegó a obispo. Me paso la mano por la mejilla.

—¿Sabes qué vamos a hacer, Edmundo? Le enviamos una postal desde aquí, firmando los dos...

—¡Estupendo! —Reflexiona un instante—. O mejor, que firme también Raúl...

La cena está preparada en el barracón-comedor. Nos sentamos a la mesa, presidida por el capitán Bustamante. Aunque, en realidad, quien lo preside todo es el rostro de Tupac Amaru, el gran aspirante al trono de los incas y jefe luchador por la independencia peruana, cuyo *poster*, de tamaño colosal, está colocado detrás del bar.

El acto, afortunadamente, es informal. Excepto el capitán, los demás nos hemos sentado a nuestro aire. Yo he tomado antes unas revistas peruanas que vi en una mesa y el muchacho del bar ha puesto una *cassette* de folklore de su tierra. Estamos cansados y hojeo con desgana las revistas, cuyo deficiente papel contrasta con la grandiosidad de los paisajes andinos y amazónicos reproducidos en él. El capitán comenta: «Ese arroz les reconfortará.»

En efecto, el arroz es muy bueno. Y también los huevos y el pan. Y luego el café. Todos comemos muy de prisa, no sé por qué.

A la hora del café nos sentimos más animados. Hasta ese momento, sólo hemos comentado de pasada las incidencias al término de la sesión de cine. Al capitán le ha gustado la comparación de Isidro entre el bautismo y la desinfección de la casa y de la ropa. En cambio, el teniente Quinteros ha echado de menos una alusión al Perú y a España, al Perú y a la Madre Patria... «En esas ocasiones, no puede fallar.» «Anda, no empieces a exhibir tus modales», ha cortado el capitán.

La charla, sincopada, como es de rigor entre comensales tan heterogéneos, ha resultado interesante. El capitán ha paliado un poco, hábilmente, la supuesta frialdad de los oficiales canadienses y austríacos para con los soldados del «Bolívar». «Nada de eso. Lo que ocurre es que hay la barrera del idioma.» Luego ha reconocido que entre los «cholos» empezaba a cundir la añoranza. La mayoría se vinieron entusiasmados. La novedad. Pero ahora muchos ansían ya el regreso. «Hay muchos factores que influyen, compréndanlo. Por ejemplo, a algunos de ellos se les ha muerto alguien, algún familiar... Llevamos ya mucho tiempo aquí, ¿se dan cuenta?» También se da algún caso como el del Mayor —el Mayor se sentó precisamente a mi lado—, «que tiene un hijo y que no lo conoce aún, que nació después de que cruzáramos el charco...». Eso provoca una reacción emotiva y el Mayor no tiene más remedio que sacar la cartera y enseñarnos a todos una fotografía de la madre con el bebé.

Por descontado, apenas si he disimulado el choque que me produjo la apariencia, el aspecto externo, físico, de los «cholos», cuando se han encendido las luces del barracón. El capitán ha dicho que no puede uno juzgar a la ligera. «Los hay muy receptivos, muy finos y con afán de comprender.» Sin embargo, ha reconocido que muchos de ellos ignoran la importancia de su misión, que no tienen idea de dónde se encuentran Siria e Israel y menos aún del porqué esos países están en guerra. «Los hay convencidos de que es por cuestión de mujeres.»

El Mayor ha querido matizar que, por regla general, son pacíficos y serviciales. «A mi juicio, demasiado —ha dicho—. Tengo la desgracia de detestar todo lo que sea rebaño, falta de ideas propias.»

—En ese caso, ¿por qué se hizo usted militar? —pregunta Ginesillo.

—¡Bueno! Estuve muchos años en cartografía...

Hay un tema que, desde el primer momento, he querido abordar, pero que consideraba harto delicado. Un comentario de Emilio sobre el estado de ánimo de los soldados que han subido a nuestro coche haciendo autostop me dio pie a enfocar la cuestión. Prescindiendo de la obligada neutralidad oficial, ¿qué opinión les merecían los judíos y los árabes? En fin, para hablar sin eufemismos, al cabo de tanto tiempo de convivir con unos y con otros, ¿hacia qué lado se inclinaban, personalmente, las simpatías de la mayoría?

Los circunloquios de los peruanos presentes en la mesa —a última hora se han incorporado dos más, uno de ellos, el odontólogo—, han sido serpenteantes. Por supuesto, la pregunta era impertinente y por lógica se merecía un corte brutal. No obstante, he logrado mi propósito. La impresión que hemos sacado es que, pese a la admiración que sentían por los judíos desde el punto de vista técnico y de esfuerzo personal y comunitario —el teniente Quinteros ha dicho: «Israel ha sido descrito como un pequeño país dentro de un gran sindicato laboral»—; pese a que «uno valía por diez o por ciento», etcétera, sentimentalmente, la mayoría de los «cholos» se inclinaban por los árabes. ¿Por qué? Difícil, tal vez imposible, razonarlo. Los sabras, desde luego, eran duros y a menudo era preciso hacer un gran esfuerzo para no pedirles explicaciones por sus desplantes. Pero en fin, generalizando, los árabes eran —o por lo menos lo aparentaban— más hospitalarios, más cordiales. «Los judíos son fríos, ¿sabe usted? Claro que tendrán sus razones...» Además, muchos árabes, por ejemplo, los niños y las mujeres, daban pena, porque se los veía débiles. ¡En fin! Era un tema... complicado. Un rompecabezas. Pero si se hiciera una encuesta secreta —incluyendo a los canadienses y a los austríacos— desde el punto de vista afectivo ganarían los árabes. «¡Lo que no significa que nadie desee que éstos ganen la guerra y que los judíos la pierdan! Cuidado... Lo que todo el mundo desea es que Kissinger un día se equivoque y consiga la paz.»

También, ¡cómo podía no ser así!, se ha hablado de religión. El teniente Quinteros no puede vivir sin pinchar al respecto. Aprovechando que en una de las revistas que yo iba hojeando apareció una panorámica de El Cuzco se ha dirigido a Edmundo y le ha rogado que explicase algo «a los padres franciscanos» referente a las curiosidades religiosas del antiguo Perú: Las Vírgenes del Sol, que desaparecieron de El Cuzco al llegar allí Pizarro; los sacrificios que ofrecían al Sol y a la Luna los hechiceros y los sacerdotes; el animismo de los ritos y el culto a las imágenes de Viracocha, con esmeraldas y piedras preciosas incrustadas; el empleo de narcóticos y estimulantes —especialmente, *chicha* y *coca*— en las ceremonias litúrgicas; sus similitudes, en fin, con muchas de las prácticas que, todavía hoy, se estilaban en la religión cristiana...

Edmundo ha rehusado el desafío. «Mi querido teniente —ha dicho el capellán—, creo que pierde usted el tiempo intentando escandalizar a los "padres" que son hoy nuestros invitados. Es probable que de animismo, de plegarias a los muertos y de oráculos, entiendan más que usted y que yo... Se lo he dicho muchas veces y se lo repito ahora: ¿por qué no procura resolver usted su problema? Porque, no cabe duda que la religión es para usted un problema no resuelto, dado que procura ridiculizarla un día sí y otro también. Si le fuera indiferente, ni siquiera se acordaría de ella. ¿Puedo pedirle que deje en paz a nuestros invitados?» El teniente Quinteros, antes de batirse en retirada, ha argumentado que si terció en el asunto fue debido al bautismo de mañana. «Todo lo demás me lo sé de memoria, Edmundo, y también me lo has dicho muchas veces. Dios existe y es infinitamente bueno, a pesar de los terremotos y del Tercer Mundo. Lo es tanto, que si los océanos no se desbordan es porque la Providencia al crearlos previó. esta catástrofe y metió esponjas dentro. Por lo demás, hay que admitir que Francisco de Asís, junto con los cartujos y los trapenses, se bastan para compensar las veleidades, incluso bélicas, que se han dado en el Vaticano en el curso de la Historia.»

El capitán Bustamante ha cortado de raíz el diálogo, no sólo por disciplina, sino porque la tensión de que daba muestras el padre Emilio, presto a intervenir, lo habrá alarmado.

—¿Conoce usted el Perú? —me ha preguntado—. ¿No recaló allá en alguno de sus viajes?

—Por desgracia, no... —he contestado; y señalando las revistas he añadido—: Y me declaro culpable.

Entonces, con la ayuda del odontólogo, nos ha hablado un poco de los Andes, del Amazonas, de los conocimientos a que habían llegado las antiguas civilizaciones de aquellos territorios en cuestiones tales como la trepanación craneana, los sistemas de momificación, etcétera. «Algunos arqueólogos pretenden que, tocante al conocimiento del cuerpo humano, fuimos más allá que los egipcios.» El Mayor lamenta al paso que en Europa sólo se tenga idea de la civilización incaica. «Hubo otras muchas, antes y después. Yo, por ejemplo, dicho sea con perdón, creo que desciendo de los chimús, expertos pescadores, deporte que no se me da del todo mal; y Edmundo, seguro que lleva sangre de los habitantes de la zona del Lambayeque, que, según noticias, era un matriarcado.»

Unos minutos más de diálogo ameno y chispeante, y el capitán, después de consultar su reloj, sugiere que nos vayamos a la cama. «Si no estoy mal informado, mañana hay que madrugar...»

Se levanta y todos le imitamos. Entonces él hace una seña al *barman* y al instante los altavoces sueltan, al igual que a nuestra llegada, la canción: «De colores se visten los campos en la primavera...»

Salimos fuera. El frío arrecia y el suelo continúa hecho un barrizal. Edmundo y el odontólogo nos acompañan al barracón donde hemos de dormir. El odontólogo lleva consigo una linterna, gracias a la cual conseguidos ir salvando los charcos. Miro al cielo; no se ve una sola estrella. El «Campamento Bolívar» es realmente inhóspito de noche, y los antiguos hechiceros y sacerdotes se verían obligados, en el mejor de los casos, a adorar a la oscuridad.

Llegados al barracón, en cuya puerta nos recibe el «sanitario» que estará de guardia al lado, en la enfermería, y mientras Emilio distribuye los camastros, se me acerca Edmundo y procura justificar al teniente Quinteros. Me cuenta de él que es autodidacta, que en el Perú no tuvo suerte con los sacerdotes que conoció y que la estancia en Israel, con la división de los cristianos y otras lamentables realidades de ese tenor, recibió el golpe de gracia.

—Yo le comprendo muy bien. Te lo digo en serio. Le comprendo muy bien porque mi crisis recién llegado aquí fue tan fuerte que creí que no saldría de ella. Primero pasamos por Roma... ¿Ves por dónde voy? Acostumbrado, en el Perú, a visitar las misiones, donde la pobreza es ley, la suntuosidad de la Iglesia, con la basílica de San Pedro y demás, me dio una patada en el estómago. Y luego aquí me encontré con esas rivalidades, sobre todo en Jerusalén y en Belén... Cómo sería mi reacción, que estuve a punto de dejar el sacerdocio.

Asiento con la cabeza. Sin embargo, me interesa saber cómo consiguió superar la crisis; y me contesta que gracias a unos cuantos amigos como Emilio —«yo no los llamo amigos, los llamo *ejemplos*»—, gracias a la oración y, ¡desde luego!, a las cartas de monseñor Enrique Pélach...

—Así que, ¿resuelto por completo el problema?

—¡Absolutamente! Mi fe es ahora más robusta. Me quemé los dedos, pero aquí estoy. Sí, ya soy capaz de distinguir entre lo que es humano y lo que no lo es.

—Pues te felicito, Edmundo. Eres un hombre afortunado.

Me mira con súbita dulzura

—Tú también lo serás...

Edmundo se reúne con sus compañeros eclesiásticos, que antes de acostarse deben decidir aún ciertos detalles de la ceremonia de mañana en Banias.

Yo me quito las botas y, pese a las mantas que han traído, me meto en la cama vestido. Estoy muerto. No puedo más. Me parece que pasó un siglo desde que a las cinco menos cuarto de la mañana me recogieron en el «President Hotel».

Se me acerca el «sanitario»..., ¡que resulta ser uno de los dos amigos de Raúl! Precisamente ha pasado un día muy aburrido y tiene ganas de charlar. Querría contarme su historia: sus padres se separaron, él escapó a Bolivia, sin dinero y sin oficio. Al enterarse de eso de la ONU regresó a Perú y se alistó. Pero ahora, cuando eso termine, ¿qué hacer?

—Aquí he aprendido mucho, ¿sabe usted? Sobre todo ayudando al dentista, porque hay muchas caries... Raúl me ha dicho: vete a saludar a mi padrino. Por eso he venido. Como usted le prometió ayudarle... Raúl me ha dicho: vete de mi parte, y a lo mejor también podrá ayudarte a ti...

Ni siquiera ha conseguido quitarme el sueño. Mis párpados se cierran inexorablemente, como si lo hicieran para siempre.

—Bien... Mañana hablaremos de eso, si no te importa.

—Muchas gracias. Me llamo Manuel...

—Buenas noches, Manuel...

Frailes y curas, en los camastros vecinos, discuten sobre los textos de mañana en el Jordán. Sus voces no delatan el menor cansancio. No sé si Ginesillo está con ellos o se ha acostado, como yo; pero no cabe duda de que son hombres afortunados, ya que demuestran que hasta su cuerpo es inmortal.

CAPÍTULO XXI

La ceremonia en el Jordán

Bajamos en caravana hacia Banias. La carretera zigzaguea y el paisaje es árido. La caravana se compone de unos diez vehículos, tal vez más. Yo voy en el de cabeza, al lado del capitán. Arriba, en la meseta, la luminosidad era total, hasta el extremo de que por vez primera he podido contemplar a lo lejos las imponentes crestas del Hermón, monte al que los árabes de hoy llaman «el viejo cargado de días»; no obstante, a medida que vamos perdiendo altura la niebla se enseñorea de las vaguadas. Sí, va a resultar cierto que existe niebla rastrera, como existen tipos y animales rastreros en la Biblia y en la vida. «Aquí es corriente. La humedad es tal que a menudo da la impresión de que está lloviznando.» Debí cubrirme la cabeza con algo. Los oficiales y soldados han trocado el casco por la boina azul; los frailes llevan hábito y capucha; los curas —Edmundo e Isidro— boina también. Por cierto, que si el hábito magnifica a los frailes, la boina, por el contrario, minimiza todavía más a los «cholos».

A trechos se producen algunos claros, lo que nos permite ver un avión sirio hecho pedazos al borde de un barranco y, de repente, un monumento *pop*: sobre un tanque «tomado al enemigo», un cañón antiaéreo apuntando a los pájaros que no están. «Vivimos de símbolos, ¿verdad?» «Sí, y no sólo los judíos.»

Pasamos cerca de un poblado, materialmente colgado sobre el abismo y cuyas casas aparecen pintadas de rosa, azul y verde. Me entero de que es un poblado druso, Gom, y que los drusos forman una secta aparte, enclavada desde hace siglos en esas regiones norteñas y cuya religión, monoteísta pero con influencias griegas y persas, es esotérica. «Nadie tiene acceso a su culto. Edmundo podrá explicarle algo más, si le interesa. Yo sólo he oído que se las arreglan solitos y que su Dios se ha encarnado ya diez veces, lo que es algo así como ir sacando periódicamente la lotería.»

Hay alambradas cerca del poblado, pero vemos a un grupo de niñas jugando allí, sin ningún temor. A nuestro paso, nos saludan con visibles muestras de contento. Llevan vestidos llamativos y, acaso, algún tatuaje. ¿Celebrarán hoy alguna fiesta?

Pronto damos con la explicación. Por la carretera, y en sentido inverso, sube una caravana de coches en dirección al poblado y sus ocupantes denotan un júbilo especial. ¡Una boda! Los novios van en el último coche y nos envían

también saludos y besos. Boda drusa tenemos, en la aldea rosa, azul y verde, colgada sobre el abismo. «Seguro que el Mayor considerará esto como de buen augurio.»
—Capitán, ¿y qué papel representa esa gente en el conflicto árabe-israelí?
—Nada. Neutrales... Unos y otros los respetan.
—Una especie de ONU civil...
—Eso es.

¡Banias! A los pies de un acantilado con grutas prehistóricas —la mayor de ellas sería probablemente la del dios Pan—, atisbamos, a través de la niebla, unos cuantos cipreses y al lado la mezquita semiderruida de que hablan las guías. El capitán descubre, oculto tras la mezquita, un niño de corta edad, agazapado, curioseando. Puede ser el hijo de un pastor árabe, puede ser un niño judío. «También podría ser la onceava y humilde encarnación drusa de Dios.»
Los vehículos, jeeps y camiones, han aparcado ya, en una abierta explanada junto al río. ¡El Jordán! Una pequeña cascada arranca cabrilleos del agua y su rumor sería bucólico por definición si los uniformes militares, pese al azul de las boinas, no evocasen la muerte. Resulta algo difícil situarse. ¿Y en qué sitio exacto confluyen los tres afluentes, uno de ellos, procedente del Hermón? Bah, no importa. Ningún accidente geográfico podría impedirme hacer lo que me sale del alma: acercarme, con emoción muy viva, a la orilla del río, agacharme, mojar mis dedos en él y persignarme y luego, acordándome de que los habitantes del lugar llamaban al Jordán «el gran abrevadero», recoger con la mano un cuenco del agua que baja rápida de la cascada y beberla de un sorbo, con deleitosa lentitud.
—Lo que deberías hacer es tirarte de cabeza... —sugiere una voz a mi lado.
Me vuelvo. Es Ginesillo. Viste el hábito pardo, se cubre con la capucha. Parece, o es, totalmente otro.
Se acaricia la barba y sonríe. Como me ha ocurrido en otras ocasiones, sospecho que sus inmensas perplejidades no son exactamente las mías.

Ceremonia breve, mal organizada, deprimente. ¿Por qué le pido tanto a la vida? ¿Por qué aguardo, una y otra vez, que tal o cual cosa sea trascendental?
Nota alegre, eso sí, estrechar, aunque sólo sea un momento, la mano de fray Daniel, el «héroe nacional judío —durante la Segunda Guerra Mundial— que se convirtió al cristianismo, con lo que planteó un problema serio al Gran Rabinato y al Parlamento de Israel. Conforme a lo anunciado, aguardaba ya nuestra llegada, en compañía de tres carmelitas españoles del convento de Haifa. Fray Daniel, enjuto, ágil como una ardilla, con lentes y perilla blanca, me invita a visitar el Carmelo, «donde hay mucho que ver», y su vivacidad contrasta con la blandura y la actitud rutinaria y pasiva de mis compatriotas que se vinieron con él.
Me pregunto si la climatología, la niebla y la humedad no habrán influido en que la vibración de ese bautizo con el que soñé entusiásticamente sea mínima. Los siete quechuas, los siete catecúmenos, que son de hecho los protagonistas del acto, desde el primer momento se muestran como asustados, pendientes de las órdenes de Edmundo, de Emilio, del capitán... Les ordenan alinearse de espaldas al río, cara a la explanada y así lo hacen, firmes como si fueran a ser fusilados; y detrás de cada uno de ellos, el padrino correspondiente. Como es de rigor, yo me sitúo detrás de Raúl, le saludo, él me corresponde con voz apenas audible,

sin atreverse a volver la cabeza, y en ese momento pasa el Mayor, que deposita en mi mano derecha una vela, o pequeño cirio, encendido.

Todos los padrinos sufrimos idéntica prueba, después de lo cual Edmundo, Emilio y los demás inician la ceremonia litúrgica. Rezan textos miríficos —«me rociarás, Señor, con el hisopo y seré purificado»—; se acercan a los quechuas; trazan cruces en su frente; los marcan con sal; vuelven a pasar. Un aire de magia flota en el ambiente, y advierto que el teniente Quinteros, estratégicamente situado sobre una roca, máquina fotográfica en ristre, perpetúa la escena; pero yo estoy más que ocupado encendiendo una y otra vez el pequeño cirio que debido al viento se me apaga sin cesar.

Frailes y sacerdotes trazan ahora cruces en el espacio —fray Delfín, con inusitada energía—, continúan los rezos y se oye a nuestra espalda el paso del agua del río, cuyo rumor ahora se me antoja ajeno a la celebración. Poco después, llega el instante clave: el de acercarse de nuevo a los quechuas y preguntarles si renuncian a Satanás... La renuncia es individual, idéntica para todos; pero no es idéntico el tono de voz de cada respuesta. Hay renuncias rotundas, las hay dubitativas, o leves; la de Raúl, brota casi con cierta dulzura, lo que hace vacilar de nuevo la llama de mi cirio. No obstante, el cómputo es unánime, nadie quiere pactar con Satanás, lo que arranca de los «oficiantes» otro canto algo más vibrante que los anteriores, momento en que, no sé por qué, me acuerdo del niño agazapado en la gruta de atrás, entre la mezquita y los cipreses y me pregunto qué opinará del espectáculo.

El bautizo propiamente dicho tiene lugar en el río. Ahijados y padrinos, uno tras otro, hemos de acercarnos a él, donde nos aguarda el sacerdote de turno, el cual se agacha, llena de agua el cazo que lleva preparado e incorporándose la echa sobre la cabeza del catecúmeno. Entretanto, el padrino ha de posar la mano sobre el hombro de su ahijado. Así lo hago yo con Raúl, y me parece comprender el rezo de Isidro, sacado del Génesis: «El espíritu de Dios estaba incubando sobre la superficie de las aguas.»

Dos quechuas más, después de Raúl y el rito ha terminado. En vano espero la eclosión, el remate digno que nos redima a todos de tanto desangelamiento, al modo como el bautismo habrá redimido del pecado original a esos siete hijos de la selva peruana.

No hay tal. Veo que los celebrantes se despojan ya de algunos de los ornamentos que llevaban, mientras el capitán parlotea con fray Delfín, y el Mayor se dispone a ordenar a sus súbditos, a los miembros del «rebaño Bolívar» que han asistido al acto que se dirijan a los jeeps o camiones que les corresponden.

Ése es el momento, como me ocurre siempre, de la diversidad. El *puzzle* perpetuo, que no deja de tener sus ventajas. Mientras yo pienso en que el bautismo de Jesús tuvo lugar mucho más al Sur, allá por Judea y en que el Bautista —«yo os bautizo en agua, pero llegando está otro más fuerte que yo, a quien no soy digno de soltarle la correa de las sandalias»—, y que en la simbología cristiana el catecúmeno está representado por el ciervo que busca aguas puras y por el cisne que las ama —ninguno de los siete quechuas tiene aspecto ni de cisne ni de ciervo—, van acercándoseme, a tenor del revuelo que se ha organizado en la explanada, varios de los participantes en el acto.

Raúl, con sus ojos negrísimos y su tartamudeo, me ha dicho, antes de salir corriendo hacia el camión que le espera:

—Gracias, padrino. Muchas gracias, padrino... —y viendo que su actitud pedía un abrazo se lo he dado con efusión.

El teniente Quinteros, que ha enfundado ya su cámara fotográfica, al pasar farfulla:

—Les convendría morirse ahora mismo, ya que están limpios de corazón.

Uno de los carmelitas españoles, bajito y satisfecho, que se merecería ser canónigo en la mezquita de Córdoba, viene a saludarme y comenta, retórico:

—Magnífico, ¿verdad? Siete miembros más en el Cuerpo Místico...

Emilio, que discute algo con Isidro, al advertir que estoy casi a su lado se pone la capucha, me recuerda que el pequeño cirio que sostuve en la mano significa que en adelante *he de ser luz del mundo*, y luego lamenta que se les haya olvidado traerse una *cassette* con un Aleluya vigoroso, que sin duda, de resonar ahora en ese paraje de Banias, además de disipar la niebla nos hubiera levantado a todos el ánimo.

Isidro se ajusta las gafas y le mira, sorprendido.

—Pero, ¿por qué dices eso? ¿Qué es lo que ha fallado?

—¡No lo sé! —Emilio aprieta los labios y avanza el mentón—. Pero no ha salido lo que yo esperaba...

Regreso al «Campamento Bolívar»

Regresamos al campamento. Ahora nuestro jeep es el que cierra la comitiva. Rachas de luz clarean la frontera libanesa. Allá arriba, en las curvas, los camiones de cabeza parecen avanzar por sí solos o al empuje de alguna fuerza invisible. Se ven casas aisladas, acribilladas a balazos. ¡Pastores! Pastores solitarios —¿espías?—, sentados sobre piedras, con perro y bastón. El capitán me dice que daría gustoso la paga del mes para poder asistir en el poblado druso a la boda, boda esotérica, que se estará celebrando. «Las muchachas drusas son guapísimas ¿sabe usted?» Al llegar al campamento me doy cuenta de que no he visto el monumento *pop*: el cañón antiaéreo sobre el tanque.

—Se lo habrán llevado los pastores... —bromea el Mayor.

—¡Quién sabe! ¿Por qué no?

Me dicen que falta casi una hora para la misa-confirmación, y que además de los siete quechuas recibirán el cachete sagrado otros quince reclutas, que se vinieron bautizados del Perú pero carentes de ese requisito.

El campamento es un hervidero. Luce el sol. El Hermón, «el viejo cargado de días», dormita allá en el cielo. Han prometido su asistencia, además de varios oficiales austríacos y canadienses —todos protestantes, al parecer—, varios jefes con residencia en Damasco, así como dos o tres diplomáticos y sus respectivas esposas.

Siento necesidad de estar solo. Voy al bar, me tomo un café caliente y rehuyendo a unos y a otros me dirijo a la capilla, que no conozco aún.

¡Todavía le están dando los últimos toques! Es un barracón más chico que los demás, y un sargento al que llaman *Cholo*, simplemente *Cholo*, muy devoto según me contó Edmundo, ha querido pintar para la ocasión, al fondo, detrás del altar, a Jesús y a la Virgen. Mi impresión es fuerte al comprobar que el rostro de Jesús es el vivo calco —involuntario, sin duda—, del rostro de Tupac

Amaru que preside el bar. Por lo visto *Cholo* no ha podido sustraerse a ciertos imperativos freudianos, que harían las delicias de Salvio y de Alma.

Tomo asiento en un banco a la izquierda. *Cholo*, con un martillo y unos clavos, anda de un lado para otro, sudando a mares; la Virgen, en cambio, recuerda, por su blancura e inexpresividad, a la de la «Gruta de la Leche».

Cholo me pregunta quién soy, y al oírme hablar castellano sonríe de oreja a oreja y me cuenta que lleva ya mucho tiempo pintando vírgenes por todas partes, desde que se formó el batallón. «¡Llenaré toda Tierra Santa de pinturas de la Virgen, hasta que no haya guerra!»

Intuye que he venido para saludar mismo, y vuelve a su trabajo, alejándose sin añadir palabra. Pero la presencia de *Cholo* me basta para multiplicarme. El *puzzle* otra vez, aunque ahora en mi propio cerebro. «¡Si alguien hubiera filmado mi bautismo! Creo que lloré mucho... Sobre todo por la sal, *que ahuyenta la cólera divina y los deseos de venganza e insufla sabiduría.*» «Satanás ha salido echando chispas de los cuerpos de los quechuas... Sí, es una lástima que Salvio, experto en el tema del Mal, del Maligno, de lo Negativo, de lo que él llama *la impotencia de Dios,* no haya estado presente en Banias.» Recuerdo haber leído que Juan Bautista era esenio —¿cuándo podré ir al Qumrán?—, y que Jesús, discípulo suyo, aprendió muchos secretos de su doctrina, hasta el punto de elegir sus apóstoles entre los que tenían condiciones de médium...» «¿Por qué no aprenderé de una vez aquella sentencia prudente y útil, según la cual si descomponemos mediante el análisis los elementos que nos entusiasman, terminamos por despreciarlos?» «Mi gabardina está sucia, llena de barro. No, no andaba descaminado Ginesillo con su consejo: después de beber agua del Jordán —agua que estaba fresquísima, que sabía a Dios—, debí tirarme de cabeza al río.»

Media hora después, la capilla está a tope. He conservado mi sitio, buen palco de observación. Concelebran la misa seis sacerdotes, y el oficiante es el carmelita gordito y satisfecho que se acercó a saludarme. Su voz resuena aquí engolada, trentina. Es evidente que se cree en posesión de la verdad. En cambio, a juzgar por su rigidez, por su tensión, los mandos militares y los diplomáticos invitados y que han acudido a la cita, y que ocupan las primeras filas, no comparten su opinión. No saben cuándo han de sentarse o ponerse en pie. No se persignan jamás. En cuanto se descuidan, miran al techo. En tanto que protestantes, la imagen de la Virgen-ingenua, doncella, pintada por *Cholo,* debe de incomodarlos; en tanto que centroeuropeos o norteños, el Jesús-Tupac Amaru debe de provocarles cierto desasosiego.

El momento de la confirmación es, quizás, el más difícil. Todos los aspirantes a ella avanzan por el pasillo central, que *Cholo* ha cuidado de que esté despejado. De nuevo cada padrino ha de situarse detrás del ahijado que le corresponde y poner la mano sobre su hombro derecho. Los sacerdotes hacen lo que tienen que hacer, y Raúl recibe con mucha dignidad la bofetada sacramental. Las mujeres de los diplomáticos, venidas adrede de Damasco, lujosas y enjoyadas, contemplan la escena con los ojos dilatados. ¡Qué arrogancia la suya! De ser judías, serían askenazis. Las hay que se han traído a sus hijos, los cuales no se pierden detalle.

El capitán Bustamante de vez en cuando se vuelve con discreción: todo está en orden. *Cholo*, en un rincón al fondo, continúa sonriendo para sí, de oreja a oreja.

Al final, el carmelita engolado abre los brazos y pronuncia la gran parábola:

—Podéis ir en paz...

¿En paz? ¿Hacia dónde? ¿Hacia el puesto fronterizo de guardia, donde están el centinela de Calcuta y el de Rabat? ¿Hacia Damasco? ¿Hacia el Cuartel General de los sirios, de los que se dice que, efectivamente, preparan para muy en breve un ataque-sorpresa? ¿Y si estallase ahora una mina —pisada por un niño árabe— y volara la capilla?

No, no, nada de eso. En paz hacia el cóctel-almuerzo preparado en el barracón «funcional», con su cocina, con su bar, con sus revistas peruanas a todo color, con las *cassettes* de folklore tan antiguo como El Cuzco, como las Vírgenes del Sol que desaparecieron, como la *chicha* y la *coca*, como los sistemas de embalsamamiento de cadáveres y de trepanación craneana.

Encuentro con el capitán Héctor

Lo cierto es que me las prometía muy felices en ese cóctel-almuerzo —comida fría, *self-service*, abundante y típica dentro de lo posible—, pensando en la oportunidad de intercambiar impresiones con los mandos y diplomáticos invitados. Especialmente, me interesaban los procedentes de Damasco, del «otro lado». Pero todo se ha trastocado, y sin que tuviera la culpa nadie. Las cosas ocurren como ocurren.

Al principio, ha sido la batahola, el asalto, unos al whisky —tres soldados no daban abasto en el bar—, otros, hambrientos, llenando sus bandejas y buscando un punto de apoyo donde colocarlas y satisfacer su voracidad. «¡Jolín! —ha comentado Emilio—. Por lo visto eso de la confirmación despierta las necesidades vitales.»

También yo he llenado de platos fríos mi bandeja. Y el primer cuarto de hora ha sido estimulante, pese a enterarme de que fray Delfín y los demás carmelitas habían regresado directamente a Haifa, ya que a la noche debían de estar forzosamente en el convento. En efecto, un oficial argentino, precisamente de los de Damasco, ha quedado aprisionado conmigo detrás de la puerta, y pese al griterío hemos podido dialogar un poco, levantando mucho la voz. Y sus comentarios no eran baldíos. Refiriéndose a los diplomáticos, todos ellos amigos suyos, y a sus respectivas y enjoyadas esposas, me ha dicho que, pese a las apariencias, su profesión era dura. Los continuos traslados de un país a otro acababan con su sentido de la orientación, un poco como los apátridas. Y sus hijos se armaban un lío, sin saber dónde se encontraban exactamente. Los había que habían empezado su educación en Italia, que continuaron en Noruega y que ahora estudiaban en Siria... «¿Comprende, señor? En el Ejército sólo les ocurre eso a los agregados militares en las Embajadas y nos ocurre a nosotros, a los *cascos azules*...»

Cuando a uno de los camareros le daba por poner música se nos hacía más difícil aún oírnos, aparte de que la voz de mi emparejado detrás de la puerta era gangosa y sus últimas sílabas, sus caídas de frase, se diluían sin más. He entendido algo de Perón de Isabelita... Y algo de Franco y de África. Y del contrabando de Damasco... «¡Lástima que no podamos hablar!» «¡Sí, es una lástima!»

No obstante, he entendido algo fundamental: la corrección le imponía permanecer en la fiesta quince minutos más, pero luego saldría pitando, a escape, en dirección a Tiberíades, donde tenía algo urgente que hacer.

—Solito con mi jeep... ¡y como un rayo! Me sé el camino de memoria.

—¿Solito?

—Sí... Llevo ya cuatro semanas seguidas haciendo el viaje.

Un momento. Cuestión de reflexionar. Habíamos quedado con Emilio en que, una vez terminado lo del Golán, me depositarían en Nazaret y en que ellos seguirían hacia Jerusalén con intención de llegar allí lo antes posible. Se me ocurre que acaso podamos simplificar la operación. Si el oficial argentino —se llama Héctor—, se aviene a llevarme con él a Tiberíades, el coche azul celeste se ahorra el gran rodeo por el Norte y puede emprender directamente el regreso.

Miro al oficial, que exhibe estrellas de capitán. Su voz me fatiga y está claro que su educación no se inició en Cambridge; pero es alegre y de ningún modo apátrida. Mi impresión es que me está hablando de los ovnis, que precisamente aterrizan en su tierra, en Mendoza; y también de la vida nocturna, intensa, en Quneitra, pese a que de día el pueblo aparece abandonado. «Si yo le contara...»

¿Por qué no enfocarle la cuestión?

—Capitán... ¿me permite que le plantee un asunto personal? Tengo que ir a Nazaret, donde pasaré unos cuantos días. Vine con los franciscanos y ellos están dispuestos a llevarme. Sin embargo, les obligo a dar un gran rodeo, puesto que su destino es Jerusalén. ¿Podría irme con usted hasta Tiberíades?; ya luego, me las arreglo...

Ante mi sorpresa, el capitán Héctor —ignoro su apellido— deposita con mucho tiento la bandeja en el suelo, ¡y sella el pacto estrechándome la mano!

—¡Caballero, no se hable más! Despídase, por favor, de sus encapuchados y véngase usted conmigo... Y le cuento... todo lo que quería contarle. Y le acompaño adonde sea... —Consulta su reloj y añade—: ¡Pero, deprisita, ande!

Ha sido todo inesperado. Y laborioso. Laborioso, sobre todo, localizar a los «encapuchados», que andaban dispersos por el campamento. Y localizar al capitán Bustamante, para agradecerle sus atenciones. Y al teniente Quinteros, para arrancarle la promesa de que me enviaría copia de las fotografías que sacó en Banias. Y al Mayor, para decirle que hago votos para que pueda lo más pronto posible cantarle una nana a ese hijo suyo que nació en Arequipa y que no conoce aún...

Por fin, en un tiempo récord he conseguido atar los cabos, sin fallar uno, creo. Con la ayuda de un soldado, campeón de los cien metros lisos, supongo, pasados diez minutos estábamos todos reunidos en el barracón-dormitorio. De entrada, los frailucos e Isidro se alarmaron; luego, al saber de qué se trataba, casi se han alegrado, pues ello, en efecto, les permite organizar sin prisas su regreso a Jerusalén. «A lo mejor nos quedamos un rato en el pozo de Jacob, fíjate, y le soltamos cuatro verdades al pope griego que suele estar allí, y que cuando nos ve parece que traga veneno.»

La experiencia debía de hacerme esperar que saltaría la sorpresa; y así ha sido. Isidro, el cura mañico, que no está sometido al reglamento de San Salvador ni depende del *Custodio*, «que está aquí por libre, un poco como san Pablo», decide acompañarme en mi aventura, siempre y cuando el oficial argentino le haga también un huequecito, y abandonar a su suerte a los del hábito pardo. «Dos o tres días en Nazaret me apetecen, de veras. Aparte de que llevo ya más de dos meses sin subir al Tabor, quiero comprobar si la basílica de la Anunciación es realmente, como opinan en la Escuela Bíblica, el mayor de los esperpentos arquitectónicos que han levantado en Tierra Santa los franciscanos...»

Mi alegría es grande. Compartir mi estancia en Nazaret y Galilea con Isidro, y además con los padres Uriarte y Dorado, que están ya al corriente de mi llegada, es más de lo que podía soñar.

Emilio mueve la cabeza con intención.

—Cuidado, Isidro, que ese catalán es capaz de convencerte de que lo de la Virgen del Pilar es un cuento budista...

Ginesillo está que muerte. ¡Querría venirse también! Pero la obediencia... «¿Cuándo se convocará, Señor, el nuevo Concilio?», pregunta.

Víctor, de cuyos labios cuelga, ¡cómo no!, una hierba de la meseta me dice:

—Yo me reservo... Donde yo te acompañaré será al Sinaí.

Instantes después tengo delante de mí a Edmundo y a Raúl Palomino. Éste, al saber que me iba, ha envejecido de repente. Procuro consolarle. Le doy una tarjeta con mis señas y le pido las suyas. «Yo no tengo, padrino... Vivo en la selva...» Edmundo interviene y le ayuda a escribir en mi agenda las señas del amigo de Raúl, el «sanitario», que ahora duerme. De todos modos, Raúl, que me ha prometido formalmente reponerse el diente que le falta, repite que está casi decidido a no regresar a América. «Seguramente iré a verte a España, padrino... Para que me ayudes.»

Abrazos cortos, prietos, sinceros. A Edmundo no sé qué decirle. Sólo que su fe me ha abrumado casi tanto como la del *Cholo*.

—Ojalá pudiera compararme a él... —comenta Edmundo.

En el último momento nos acordamos de la postal que convinimos en enviar a monseñor Enrique Pélach... No hay postal en el barracón, por lo que escribo unas líneas en un papel. Debajo escribirá algo Edmundo y al final Raúl pondrá también su firma.

—No te olvides —le digo a Edmundo, sonriendo—. Los del «Opus» no perdonan esas cosas... ¡Bueno! —añado—. Por lo menos en España, los del «Opus», metidos hasta el cuello en política, en finanzas y en otros grupos de presión, no perdonan nada... Alguien los llamó la *maffia* y creo que acertó con la palabra justa.

Edmundo se queda de una pieza, mientras Raúl se muestra decidido a acompañarme hasta el jeep del capitán Héctor, cargado con mi saco de mano y con mi maleta. Por supuesto, yo se lo prohíbo. Y le abrazo.

—Anda, Raúl... Te deseo la mejor suerte del mundo.

—Adiós, padrino... Y muchas gracias...

—Raúl es el único que sale del barracón. Su figura diminuta —saluda agitando su boina azul— es la que se me queda grabada con más fuerza.

Rumbo a Nazaret

El trayecto hasta Nazaret —el capitán Héctor se ha ofrecido para llevarnos hasta allí— se me ha hecho corto, porque la segunda mitad me la he pasado durmiendo. Es ilógico que esto haya ocurrido, teniendo en cuenta que en la guía me di cuenta de que en ese último tramo cruzaríamos la zona de Safed, cuna no sólo de cabalistas sino de grandes pintores y poetas, y la zona de Caná, etcétera; pero ya me dijeron en Jamaica y en Kingston —en el curso de una calurosa Navidad que hace años pasé en aquellas islas del Caribe—, que el peor enemigo del hombre, su Gengis Khan más cruel no es la muerte, como muchos piensan, sino su hijo espurio, el Sueño.

La primera mitad, en cambio, ha sido apasionante. Por varias razones. Porque el capitán Héctor —Beltrán de apellido—, es un desconcertante ejemplar humano, a mitad de camino entre un futurólogo más bien presentable y un asno. Junto a conocimientos que *a priori* nadie le atribuiría, sobre todo, relacionados con el porvenir científico, ignora cosas tan elementales como que el nombre de Tiberíades proviene de Tiberio, el emperador romano en cuyo honor Herodes Antipas bautizó aquella ciudad que los judíos repudiaban y en la que Jesús no puso jamás el pie. Otra de las razones hay que asignarla a Isidro. Estimulado por su improvisada decisión, inhabitual en él, se muestra en plena forma y entre brinco y brinco del jeep va soltando datos y connotaciones que obligan a Héctor a tocarse la visera en señal de saludo. Otro motivo de atracción lo han constituido los auto-stopistas, que han ido renovándose con suma rapidez. En esa ocasión, ni un soldado; sólo muchachos de *kibutzim* más o menos lejanos, o arqueólogos de ocasión, o una jovencita hermosa, solitaria, que parecía drogada, que no ha dejado de reírse afirmando que se llamaba Salomé y que su aspiración era encontrarse con un profeta y pedir como recompensa que le cortasen la cabeza. Salomé se ha bajado, como si de repente le hubiera picado un bicho, en el momento en que el capitán nos contaba que en Yafo está enterrado un famoso futbolista argentino, cuyo nombre se le había olvidado y que murió casualmente en Tierra Santa.

Como sea, en esa primera mitad del recorrido he anotado en mi agenda varias cosas de interés. El capitán Héctor no ha soltado prenda sobre Damasco y sus secretos, pero sí nos ha hablado de una pequeña aldea católica, llamada Maalula, situada en el Altilíbano sirio, cuyos habitantes hablan todavía el arameo, y el arameo de la época de Jesús. «Curioso, ¿verdad?» Confieso que nunca había oído hablar de Maalula; Isidro, en cambio, sabía que el poblado cuenta con unos dos mil habitantes, que se refugiaron allí huyendo de los drusos.

El capitán ha manifestado también compartir la idea, muy extendida en Siria, según él, de que Jesús no pasó su juventud en Nazaret, en el taller de su padre, «con un martillito, unos clavos y una sierrecita», sino que estuvo en Persia, en la India y demás, de monasterio en monasterio, estudiando junto a grandes maestros y preparándose para iniciar su vida pública en Israel. Isidro, al oír eso le ha pegado un corte brutal, utilizando una serie de sólidos argumentos, entre los que me he quedado con dos: el de que en toda la doctrina de Jesús, expuesta entera en los Evangelios, no hay una sola frase o palabra que revele la menor herencia cultural al margen del judaísmo —ni siquiera influencia griega—, y el de que, de ser cierto lo de sus viajes y estancias en tierra extranjera, sus compatriotas, empezando por los nazarenos, no hubieran mostrado asombro alguno al oírle predicar a su regreso. «¿Comprende, capitán? Nadie se hubiera preguntado, como comentan Marcos y Mateo, "de dónde le viene esta sabiduría", o, como cuenta Juan, "cómo sabe tanto de letras sin haber seguido lecciones". Por otra parte, Jesús no cita ni una sola vez maestro alguno, únicamente se refiere al Padre; y lo más probable es que no hubiera estudiado ni siquiera con los maestros de Jerusalén. Le diré más... Si yo creyera que Jesús estudió en Oriente y ocultó luego que lo había hecho, no me hubiera hecho sacerdote ni ahora me tomaría la molestia de ir a Nazaret.»

El capitán Héctor, aprovechando que bandadas de pájaros sobrevolaban la que fue alucinante ciénaga de Hule, actualmente fértil llanura agrícola gracias a la tenacidad de hombres como Jacob, ha abordado el tema que ya inició conmigo en el barracón, detrás de la puerta: el tema de los ovnis. No sólo cree en ellos, «como muchos argentinos, porque allá en su tierra, especialmente en Mendoza, aterrizan con muchísima frecuencia», sino que le han asegurado que en la Biblia se encuentran ya alusiones muy precisas al asunto. «¿Qué me cuenta de eso el curita? —ha preguntado, con ingenua seguridad—. ¿Y qué pasará con Adán y Eva y todo eso el día que se sepa que de veras hay seres vivientes, y hasta militares y cardenales, en otros muchos planetas?» Isidro ha sonreído y le ha dicho que, en efecto, en el Antiguo Testamento hay varios textos que se prestan a especulaciones al respecto, como, por ejemplo, el del Génesis: «viendo los hijos de Dios que las hijas de los hombres eran hermosas, tomaron de entre ellas por mujeres las que bien quisieron», y, por supuesto, el pasaje de Ezequiel en que se describe la aparición de seres semejantes a los hombres, o aquel otro sobre Elías y el carro de fuego, etcétera. «Pero todo eso, capitán, aparte de que está en el aire, como los asiduos ovnis que visitan Mendoza, y haciendo caso omiso de que puede tratarse de dificultades de traducción o de simples metáforas, no dañaría en absoluto las verdades de nuestra fe. Todos sabemos que el Universo es inmenso; pero, como sea que de momento no podemos recorrerlo en jeep, los pobres curitas como yo nos limitamos a creer en el testimonio divino que se inició aquí mismo, en Galilea, en la modesta casa de Nazaret en que le fue anunciada a la Virgen María su concepción.»

Un último dato a registrar, aportado por el capitán Héctor a la vista de unas patrullas de soldados que vigilan la carretera —al parecer, como tantas veces, se teme algún atentado—: en Damasco, un amigo suyo, de origen griego, muy enterado de los asuntos judíos, le aseguró que la implantación del Estado de Israel en territorio palestino no fue, en principio, una idea compartida por todos los sionistas, algunos de los cuales ya preveían que ello provocaría una situación comprometida, difícil y violenta. «Mi amigo griego —y perdonen que me reserve su identidad—, asegura poseer pruebas de que varios judíos importantes proponían establecer aquí, en Tierra Santa, un simple hogar hebreo simbólico, como recuerdo, y habilitar en cambio, como territorio político y con posibilidad de convertirlo en Estado, o bien una zona de Uganda, es decir, en África, ¡o bien una zona en mi querida Argentina! ¿Eh, qué les parece? ¿A que eso es para ustedes una novedad?» Le decimos que sí —lo que no deja de ser cierto—, y todos contentos en el jeep, que brinca cada vez más, como contagiado de la alegría del conductor.

A partir de ese momento, el sepulcro, la obnubilación. Cero. Me quedé dormido. Sólo me pareció oír que el capitán ha estado en algún sitio de Hispanoamérica en que los indios no rezan rezando, es decir, pronunciando palabras u oraciones, sino tocando todo el rato el violín... Después de esto, el hijo espurio de la muerte, el Sueño. Sueño que mis acompañantes me han respetado hasta la mismísima entrada de Nazaret.

—¡Mi querido Dumas! ¡Ya hemos llegado!

—¿Cómo? ¿Qué ocurrió? ¿Qué ha pasado...?

—Nada, no te asustes. Ni el carro de fuego de Elías ni nada. ¿Ves aquel campanario? Es la basílica de la Anunciación... Los franciscanos le dijeron al arquitecto: «Hágase en nosotros conforme a tu palabra...»

El capitán Héctor nos deja y se aleja con su jeep. «¡Regio, capitán! Shalom... Muchas gracias.»

Nos detenemos un momento a pie de carretera y comprendemos por qué el capitán no ha querido adentrarse con su vehículo hacia el centro urbano. El tráfico es enorme y se ha producido un atasco fenomenal, lo que debe de ser muy frecuente, dado que la arteria principal es estrecha y convertida en *shuk*, en bazar, con tiendas y cafés. La ruidosa disputa que sostienen los claxons es una sonora muestra de la diversidad de clanes humanos que componen ahora Nazaret.

Isidro, con una paciencia infinita, procura situarme un poco, mitad por cuenta propia, mitad contestando a mis preguntas. Nazaret, que alcanza ya sus buenos 30.000 habitantes, en realidad se asienta sobre siete pequeñas colinas. «Como tú dirías, Roma ha querido plagiar siempre a Nazaret.» La vieja población, virtualmente árabe toda ella, con importantes injertos cristianos de muchas confesiones —«los más enraizados, y también los más ricos, los franciscanos»—, es la más visible, la que trepa, con abundancia de color blanco en las casas, hacia lo alto; sin embargo, desde que los judíos ocuparon la ciudad, y siguiendo su táctica de siempre, han construido un nuevo Nazaret, moderno e industrial llamado *Natsrat Elit*. Desde luego, dan trabajo a muchos árabes, que antes se veían obligados a emigrar, con frecuencia, a Haifa, en busca de su *modus vivendi* y de posibilidades de desarrollo.

El edificio que se ve allá en lo alto —Nazaret, además de «Flor de Galilea» ha sido llamado «Atalaya»—, es una verdadera institución, muy adecuada al lugar. Es la «Escuela de Artes y Oficios» de los salesianos franceses, que le dieron un bonito nombre: «Jesús Adolescente.» Muchos árabes-cristianos e incluso muchos musulmanes han obtenido allí su diploma de obrero especializado en algún trabajo manual. «Sí, curiosas repercusiones del oficio que ejercía san José... En Nazaret los trabajos manuales adquieren una prestancia especial, lo cual, paradójicamente, enlaza con la más estricta tradición judía. Ya sabrás que en el Talmud se aconseja insistentemente ejercer un oficio manual, llegando a decirse que *aquel que no enseña a su hijo usar de sus manos hace de él un ladrón.*» La colina se llama *Nebei Sain* y ese otro edificio que descuella a la izquierda es el de los Hermanos de la Salle. «Como ves, algo semejante a lo que ocurre en Belén.»

No queda ni rastro del sueño que me convirtió en peso muerto. ¡Estoy en Nazaret, y tengo a mi espalda la llanura de Esdrelón! Isidro me enseña otros edificios, campanarios y cúpulas, y gracias a ello me entero de que hay una sinagoga y una mezquita, y de que los griegos-católicos tienen aquí su templo, así como los griegos-ortodoxos, los coptos y los maronitas, y de que, probablemente por influencia de María, abundan más que en otros lugares los conventos católicos femeninos y sus correspondientes instituciones sociales y benéficas. «Con el tira y afloja que es de suponer, con respecto, por ejemplo, al "auténtico" lugar en que el arcángel Gabriel se apareció a María. ¿Cómo saber eso, no te parece? También podrás beber agua en la famosa *Fuente de María*, igualmente motivo de discusión. Aunque lo que en ese caso mayormente importa es que, todavía hoy, muchas mujeres de Nazaret acuden todas las tardes a esa fuente portando un cántaro sobre su cabeza.»

—¿Qué? ¿Vamos a *Casa Nova*? Porque, tiempo tendrás para ver todo eso... Y hasta, si quieres, para conocer al alcalde árabe, que, como sabes, es un militante comunista de tomo y lomo.

—Sí, eso me dijeron. Pero confieso que no logro conciliar ambas cosas.

—Pues ahí lo tienes. La famosa teoría de que el Islam, debido a su fe, ha detenido el avance del comunismo porque éste es ateo, falla de todas todas en la parte árabe de Nazaret. El alcalde levanta el puño cerrado con auténtico entusiasmo. Y si no estoy mal informado, es diputado en el Parlamento, lo que complica las cosas más aún.

Sorprendido, pienso un momento. Pero Isidro me despierta de nuevo de mis sueños.

—¿Qué? ¿Nos vamos o no?

—Sí, claro... ¡Claro! A *Casa Nova* se ha dicho.

Tomamos nuestros bártulos y empezamos a subir por la arteria principal. Realmente, el capitán Héctor ha sido muy cuerdo largándose a Tiberíades, ya que, al poco trecho, observamos que ningún automóvil puede pasar por las calles de la vieja Nazaret —está obligado a bifurcar a la derecha, hacia el convento de los franciscanos y la basílica de la Anunciación—, por cuanto aquéllas están surcadas por canalones paralelos que sirven a la vez de desagüe y de paso para los animales de tiro, para las ruedas de sus carretas. Vieja costumbre nazarena, condicionada seguramente por imperativos funcionales cuya razón ignoro.

Me emociona saberme en Nazaret. «¿Te das cuenta, Isidro? De niño, en la escuela, más de una vez había señalado con una banderita este lugar.» «Pues ya ves. El sueño se cumplió.»

Hombres altos, con su blanco *kuffiéh* en la cabeza y larga túnica a rayas. Mujeres de aspecto sano, muchas de las cuales, según Isidro, se llaman María. ¡Demasiado griterío y demasiados turistas! Qué le vamos a hacer. Veo también, al lado de un café, otra tienda con artículos de Formosa... Es chocante, casi risible, que el tirano-nepotista Chiang Kai-Shek venda minucias, artículos de plástico y demás en Nazaret; aunque todavía es más chocante, pero de ningún modo risible, que el otro tirano, Mao Tsé-tung, ofrezca cadáveres —«a buen precio, bien conservados y de cualquier edad»—, a ciertos hospitales de Occidente que carecen de ellos para hacer las autopsias que necesitan.

—*Casa Nova* está muy cerca. Ahí mismo...

—No te preocupes por mí. Estoy encantado.

Como un niño ando buscando un taller, un taller de carpintero. Me gustaría verlo y sacar una fotografía. Pero a mi búsqueda se oponen el sentido del ridículo y los claxons, que en cuanto me detengo me insultan en múltiples idiomas.

—Ya estamos en *Casa Nova*. Vamos a ver. Confiemos en que tengan sitio para dos peregrinos procedentes del Golán.

Ha habido suerte. El encargado de recepción nos dice que Nazaret está lleno de turistas pero que son pocos los que se quedan a dormir. «A la hora del almuerzo el comedor, debido a los *tours,* parece una lata de sardinas; pero sobran habitaciones.»

Nos asignan dos celdas contiguas, en el primer piso. La residencia es más pequeña que la de Jerusalén, y hay en ella algo esmorecido, poco acogedor. Tal vez sea el mosaico del piso, la decoración, o que en el mismo salón donde funciona un mini-bar se venden toda clase de *souvenirs* religiosos, la mayoría, de calidad ínfima. Sin embargo, la celda, con su cama, su silla y un simple crucifijo en la pared invita a concentrarse. Sobre todo si consigo, como afirma Isidro, que me presten para esos días una estufilla eléctrica...

—Excelente idea esas casas de peregrinos...

—Pues toma —comenta Isidro—. Claro que sí. Llevan siglos funcionando a pleno rendimiento.

—A mi mujer le encantó la del Tabor. Me elogió en gran manera a su director, un fraile anciano, no recuerdo el nombre, que los atendió muy bien...

—¡Ay, el padre Estanislao! Sí, noventa y pico de años... El pobre murió hace un par de semanas.

—¿Cómo?

—Lo que oyes. Pero... ¿por qué me miras de ese modo? ¿O crees que los frailes no mueren?

—Nada de eso... Me sorprendió, eso es todo.

—Pues sí. Ahora está allí el padre Paoletti, mucho más joven e igualmente servicial. ¡Ah, es todo un número! Paoletti... A veces pienso que es el ser humano más feliz que he conocido.

—¡No me digas!

—A ti te llamará... ¡bueno! ¿Quién puede adivinar lo que Paoletti le llamará a un señor que se vino a esas tierras sin haber sospechado jamás que era descendiente de judíos?

Mi aventura nazaretana y el padre Uriarte

Un cuarto de hora después nos encontramos en el convento franciscano, adosado, por la parte trasera, a la moderna basílica de la Anunciación.

En el patio del convento he visto varias palmeras altísimas, delgadas, elegantes —«significan la fertilidad»—, y, sobre un pedestal, una descuidada imagen de la Virgen, que el tiempo ha ido tiñendo absurdamente de color de chocolate.

—Esos frailes... Podrían tener con María un poco más de consideración...

—¡Psé! Los peregrinos les dan tanto la lata...

Bien, podría decirse que aquí, y en este momento, empieza mi odisea nazarena, que había de durar hasta el día de San Bienvenido, el día 21, en que regresaría a Jerusalén para asistir al cóctel al que me invitó el cónsul español y para estar presente allí el Domingo de Ramos. El resumen podría ser que esta área geográfica figurará para siempre, y en lugar muy destacado, en la lista de mis nombres más queridos.

Y ello porque hubo de todo en mi aventura, bueno y malo, vivencias positivas y también decepciones. Como debe ser, claro. Como era de prever en alguien que tiene algo más que la piel y que de pronto desciende, no en jeep, sino en *ovni*, en dicha zona —Galilea— habitada ya desde la Edad de Piedra, antaño volcánica, más tarde ocupada, según Loti, por «inmensos rebaños de búfalos» y ahora convertida en el reinado de los aspersores y que hace honor a la frase ben-gurioniana: «Quien en Israel no cree en los milagros, es que no es realista»; frase, por supuesto, pronunciada hace casi veinte siglos, aunque en otro sentido, por los habitantes de Nazaret y poblaciones colindantes.

Sinceramente he de confesar que no llegué aquí con las alforjas vacías, con sólo el termo y el transistor. Isidro, el de la frente poderosa y el mentón débil, lo sabe, y pronto habrían de percatarse de ello el padre Uriarte —¡por fin he podido conectar con el más «personal» de los guías, el vasco de facha unamunesca y amigo fraterno del melómano padre Ángel!—, y el padre Dorado, el andaluz decorador que con tanta solicitud acompañó a mi mujer, a Asunción y a Tino. Me documenté cuanto pude, no sólo preguntando a quien podía saber, sino leyendo cuanto sobre Galilea cayó en mis manos, incluido un sintético y eficaz opúsculo judío de la serie «Crónicas», impreso en el *The Jerusalem Post* y escrito por Rinna Samuel.

Y así desde el primer momento tuve plena conciencia de que ganaba en rigor lo que perdía en posibilidad de asombro. Lo cual no significa que mis saberes fueran muchos. ¿Cómo podían serlo si, como afirma Víctor, se necesitan muchos ojos de sabio y cantidad de microscopios para conocer con cierta precisión lo que encierra la más humilde de las setas?

Pero en fin, sabía que Nazaret no es mencionado ni una sola vez ni en el Antiguo Testamento, ni en el Talmud, ni siquiera por Flavio José, lo que presupone que en la época en que nació Jesús era una aldea perdida en los confines del país de Zebulón. Y sabía que en un radio de aproximadamente treinta kilómetros cuadrados se encuentran, además de la llanura de Esdrelón con la giba que supone el Tabor, Magdala, patria de María Magdalena, con restos de un hipódromo que debió ser helénico; Betsaida, donde el Jordán se une al lago, «zona muy próspera, en la que se servían trescientas clases de pescado y en la que Zebedeo debió de tener un buen negocio con muchos jornaleros»; Tiberíades, con su clima cálido y sus aguas termales, lugar de reposo y curación de los jerarcas romanos y sus amigos; Tagbha, ¡el monte de las Bienaventuranzas! y Cafarnaum, población ésta donde el Señor vivió —tal vez en casa de Simón Pedro—, donde realizó muchos prodigios y en cuya sinagoga pronunció aquellas palabras: «Yo soy el pan de vida: el que a mí viene, nunca tendrá hambre; y el que en mí cree, no tendrá sed jamás»; etcétera.

Sabía todo eso y algo más, pero también sabía que los datos oídos o leídos no son la vida. No, no es lo mismo saber que en el patio del convento franciscano de Nazaret hay una estatua de la Virgen o «ver» que dicha estatua está como olvidada y teñida de color de chocolate; tampoco es lo mismo saber que el padre Uriarte se parece a Unamuno, o tenerlo delante y comprobar que ello es rigurosamente cierto, y que además lleva boina y gafas negras y cubre con una media color de carne la mano que le falta y que perdió nadie sabe dónde, quizás, en nuestra guerra civil...

—¡Uriarte...!

—¡Gironella...!

—Me han hablado mucho de ti...

—Y de ti... Ángel, Emilio, todos los asiduos del «Bar Ovidio»...

—Vengo a darte la lata.

—Estoy avisado. Unos, ¡ja, ja!, me dicen que va a ser así, otros me dicen que, pese a ser catalán, eres soportable.

—Se hace lo que se puede.

—¡Pse! Los hay que no te perdonan que seas antifranquista, ¿sabes?

—Pues lo soy. Y militante. Y desde hace muchos años...

—¡Ja, ja! Hay mucho que hablar.

—Sí, por ejemplo, de lo de Azcoitia...

—¿Azcoitia? ¡Ay, ya sé! Sí, una vez dije en San Salvador que los abuelos de Franco eran del Ferrol, pero que los abuelos de san José eran de mi tierra, de Azcoitia... ¡Y tampoco me lo han perdonado!

Uriarte... Más de treinta años ejerciendo de guía por estas tierras. Viste de clergyman y le gusta estar de pie, erguido e inmóvil. Es espigado y tiene una voz clara y rotunda. Seguro que cuando les dice a los peregrinos: «Aquí el Señor se sentó y les habló a sus discípulos», todos —excepto los recalcitrantes como el teniente Quinteros—, miran al suelo con unción y procuran, lo mejor que pueden, imaginar la escena, imaginarse cómo sería de verdad, físicamente, Jesús, cómo ocurriría aquello, si aquel día lucía el sol o estaba nublado, no sólo en el lugar indicado, sino en el fondo de los corazones.

CAPÍTULO XXII

El padre Uriarte es algo mayor que yo, pero da la impresión de que su esqueleto es de hierro. Su mundo hormonal debe de funcionar a la perfección. Isidro me ha dicho: «Su resistencia física es legendaria. Cuando todos los peregrinos están agotados, él volvería a empezar.» Se le tiene por hombre metódico, prudente y fundamentalmente alegre. Lo que ocurre es que sus reflejos no son —por lo menos, eso me ha parecido— instantáneos. Reflexiona unos segundos. Incluso sus carcajadas, sus «¡ja, ja!» llegan con un poquitín de retraso. No se exalta con facilidad y es sobrio por naturaleza. Ginesillo le quiere mucho porque está en contra de la suntuosidad, del lujo. Querría conservar intacto el espíritu franciscano; de ahí que le desagraden las ceremonias litúrgicas solemnes, los «pontificales», las pomposas casullas. De ahí que una de las primeras preguntas que me ha hecho ha sido si yo necesito muchas cosas para vivir. «Me gustaría tener mucha salud», le he contestado. .«¡Oh, sí, claro! Claro... Eso es básico. —Se ha tocado la boina y ha añadido—: En España se dice *salud a prueba de bomba*... Qué curiosos somos, ¿verdad? ¿Quién puede tener salud si le estalla una bomba? ¡Tengo que acordarme de eso para comentarlo con Ángel!»

Estancia en Galilea

Su método y su prudencia le han aconsejado, supongo, preguntarme, antes de hacer ningún plan, cuál era exactamente el mío, cuál era mi programa. Cuántos días pienso estar aquí; qué es lo que primordialmente me interesa; si las ruinas me atraen mucho, poco o nada; si quiero pruebas o me conformo con la tradición o las deducciones lógicas; si quiero llenar mi agenda o mi espíritu... «Porque hay peregrinos de todas clases, ¿sabes? No hace mucho, en Cafarnaum, al mostrar a un grupo de americanos y japoneses los restos de la sinagoga y decirles: "Aquí es prácticamente seguro que el Señor predicó", los americanos exclamaron: *Oh! Yes...*; las japoneses, en cambio, se arrodillaron en el acto, todos a una, y se dieron palmadas en las mejillas, que al parecer es una de sus maneras de rezar.»

Le digo que no traigo ningún plan preconcebido. Que voy a estar un mínimo de cuatro días. Que me gustaría recorrer un poco la región, especialmente los contornos del mar de Galilea. Que las ruinas me fascinan o me aburren según quien me cuente lo que significan. Que lo ideal sería llenar ambas cosas, el espíritu y la agenda. Que querría ahondar en la historia de la Sagrada Familia, pero que sé que eso es imposible. Que lo que busco son asideros para creer en lo que realmente Jesús representa y que Nazaret, en principio, se me antoja uno de los sitios ideales para colmar ese afán. Que me chifla pensar que muchas de sus augustas palabras sonaron por aquí cerca. Que uno de mis fervientes anhelos es pasar una noche en el Tabor. Y que, por descontado, voy a ponerlo en un brete: exigirle que me aporte pruebas sobre la virginidad de María, pese a que se trata de un interrogante que hace tiempo dejé atrás...

Las gafas negras del padre Uriarte han estado escrutándome.

—¡Caramba, caramba! Ya me advirtieron que eres de la cáscara amarga... Vamos a ver. Pruebas sobre la virginidad de María, las tengo, pero son mías, intransferibles y no te las podré dar. En cuanto a todo lo demás..., haciendo balance, hay algo seguro: necesitaremos un taxi.

Acto seguido agrega que eso no va a ser problema, que se conoce a todos los taxistas de la ciudad. «Vemos el que está libre, hacemos un trato y sanseacabó.»

Yo le ofrezco algo mejor, por lo menos para mí. Y le hablo de Zaid y de la amistad que a él me une.

—¡Pues claro! ¡Zaid...! Si es árabe converso, ¿qué más quieres? Tienen la fe de los mahometanos y la gratitud de los cristianos. Llamas por teléfono a Belén y a ver qué te dice. ¡Oye! ¿Has dicho que estuvo en Honduras? Su castellano, mezclado con raíces semíticas, será divertido, ¿no? ¡Ja, ja!

—¿Puedo llamar ahora mismo?

—Desde luego. Ni hoy es *shabat*, ni yo soy rabino de Mea Shearim.

Mientras me acompaña hacia el teléfono, de repente se para.

—Oye una cosa. Vamos a ver... ¡Si serás cuco! ¡Pasado mañana es tu santo! ¡Si vas a pasar el San José en Nazaret! ¿Por qué calcular tanto, hombre? No, si ya me dijo Ángel que estuviese siempre alerta...

No hay duda de que he entrado en Nazaret con buen pie. Llamo a casa de Zaid y se pone al teléfono Naila. ¡Su voz se convierte en cascabel! Su padre está descansando, pero se pondrá en seguida. ¿Cómo? ¿El abuelo? «¡Bien, estupendo! Lleva media hora contándole al loro sus éxitos como curandero...»

Zaid se lleva una alegría que no acierta a disimular. ¡Nada, ningún compromiso! Y de haberlo tenido, cancelado en el acto, por defunción. Mañana llegará a Nazaret... ¿A las nueve es buena hora? ¿Cuatro o cinco días como mínimo? ¡Como si se tratase de una semana!

—¿Que si conozco Galilea...? Pero, señor, ¡si hasta tengo un *flirt* en Tiberíades, con una judía! No, no, no hay cuidado, Faisa no va a enterarse, y Naila está ya de vuelta de esas cosas...

¿Por qué me emociona tanto la familia de Zaid? ¿También eso está calculado? Al colgar me he quedado unos instantes como un pasmarote.

Luego me he reunido con Uriarte e Isidro.

—Enhorabuena, Uriarte. Podrás oír cuanto gustes el castellano-hondureño con raíces semíticas...

—¿De veras? ¿Así que lo contrataste...? Bien, también me habían dicho eso, que eres el rico Epulón.

La basílica de la Anunciación

Centremos la cuestión. Nos encontramos en el convento pegado a la basílica de la Anunciación, que obviamente es lo primero que tenemos que visitar. Pues bien, puede decirse que, como tantas otras veces, empiezo la casa por el tejado. En efecto, Uriarte, en razón de la luz, que ya agoniza, me dice que hoy sólo nos da tiempo a subir un momento a la cúpula, «para que puedas ver Galilea desde el cielo», y ya luego, sólo podremos echarle un rápido vistazo, como los ladronzuelos, al interior, donde, ante tanta magnificencia, «podrás soltar las burradas que se te ocurran, que nunca serán tantas como las que, al parecer, soltó el patriarca griego-católico el día de la inauguración.»

Uriarte nos lleva, pues, directamente a la cúpula del que es considerado como el mayor templo de la cristiandad en Oriente. Naturalmente, hay ascensor. Sin embargo, antes y después hemos tenido que cruzar una red de misteriosos pasillos, hasta salir a una terraza a pie de campanario. «El padre Dorado le llama a eso, lo mismo que al convento de San Salvador, *el apoteosis de la línea quebrada.* Y tiene razón.»

¡Bien, Galilea a vista de pájaro, a vista de cielo! Humildemente tendida en nuestro honor. Todavía no sé si Uriarte tiene un solo ojo, como el padre Romualdo, o los dos; pero su índice enérgico, de guía experto, va señalando lugares, citando nombres, con comentarios precisos y sin asomo de rutina. De vez en cuando una ráfaga de viento le obliga a sostenerse con su sola mano la boina. No importa. El espectáculo es grandioso y dan ganas de imaginar que Josué está repitiendo su hazaña de detener el sol.

El sobrio Uriarte elogia el panorama y el instante, porque dice que no se trata de una mitra con piedras preciosas ni de una casulla que avanza barriendo alfombras; es la obra de Dios, la obra perenne del Dios inmutable. «Aurífero, pero sencillo, ¿verdad?» El hombre y el agua han convertido el valle de Esdrelón en el edén que figura en los tapices árabes. Con los animales salvajes amansados, convertidos en vacas, en ovejas, en cabras, en perros; y con la sentencia del Talmud: «En Galilea, la fruta madura con la misma rapidez con que corre el ciervo.» No siempre fue así, pero ahora lo es. El Tabor no admite metáforas porque el padre Paoletti —Uriarte lo confirma— no las soportaría, a menos que el autor las pagase francamente bien. Se divisa perfectamente, a nuestra izquierda, el nuevo Nazaret, *Natsrat Elit,* construido por los judíos e incluso, allá a lo lejos, ¡la fábrica Ford!, apellido que automáticamente evoca el agresivo libro *El judío internacional.* Todos esos caminos y prados huelen a Jesús. Todos esos verdes y morados Jesús los vio. Quizás, al caminar, ejercicio que tanto le gustaba, creara él mismo alguno de esos caminos. Su juventud estallaría de gozo en esa comarca. ¿Tuvo novia? No quiero preguntar eso hoy. ¿Andaría por ahí con tiragomas, solo o con rapazuelos amigos, a la caza de algún pajarillo?

Y el caso es que todo lo que llevo aprendido en las alforjas se ofrece a mi vista. Sicomoros, viñedos, nogales, higueras, palmas, olivos, árboles y plantas que se relevan como antorchas con el cambio de las estaciones. Y Santa María del Tremor, o del Susto: el Monte de la Precipitación. Y el Hospital Escocés, con su escuela de enfermeras. Y otros establecimientos protestantes. Y la ingenua iglesia de San José, construida sobre el lugar en que acaso éste habitó, y en la que, por tanto, mi santo patrón, después de haber repudiado a María y al cabo de varias semanas de angustia, «por mandato del Señor recibió en casa a su esposa». Y las riberas del mar de Galilea, o del lago *Kineret,* allá en el confín, con «trescientas especies de peces» en época de Zebedeo y ahora con barcas motoras, con barcas de vela, con barcas de remo; y antes de llegar a él, diseminadas y «como apoteosis del contrapunto inevitable», rocas de negro basalto, residuos volcánicos, que dan a las construcciones —por ejemplo, en Corazaim— un aire siniestro. «Unos submarinistas franceses se sumergen desde hace días en el mar de Galilea buscando no sé qué; quizá, según dicen, las posibles cuevas donde se ocultarían aquellos peces que de pronto emergieron hasta reventar las redes.» «Sí, hoy el lago está en calma, porque tú has llegado; pero a veces se encoleriza, como le ocurre a Emilio y entonces hay que regresar rápidamente a puerto.» «¡Oh, claro, también a mí me gustaría verle caminar sobre las aguas!; sin embargo, hay peregrinos que afirman que no es tan difícil. Recuerdo a un grupo de monjitas que al llegar a Tagbha cerraron los ojos y una de ellas exclamó: *¡Le veo, le veo, viene hacia nosotras!* ¿Y cómo podía yo demostrar que no era verdad?»

Mientras abandonamos la terraza y volvemos al ascensor —la cúpula, rematada por una cruz, tiene nada menos que 57 metros de altura—, Uriarte, que conoce la opinión rotundamente negativa que la Basílica le merece a Isidro, me dice que, como siempre ocurre con el cristianismo, lo mismo si se trata de sus obras que de sus silencios, es signo, y signo áspero, de contradicción. Hay quien defiende el templo como si de su propia piel se tratase, hay quien lo considera un descarado reto a las necesidades de los tiempos y, sobre todo, una distorsión histórica del acontecimiento o tema que lo inspiró, teniendo en cuenta que la mansión donde María recibiría el anuncio de su concepción sería, como las restantes de Nazaret en aquella época, una modestísima vivienda, quizá de una sola habitación, con una gruta anexa que le daría aire troglodítico. «Los argumentos, ya los sabéis: magnificar lo que fue modesto, ya que nada es bastante para glorificar al Señor. Si los cálices son de oro y pedrería, ¿por qué el templo de la Anunciación no ha de ser la Novena Sinfonía arquitectónica? Yo, por supuesto, o mutis, o comentarios en vascuence, puesto que aquí nadie lo entiende... Dicen que los templarios, a su regreso a Occidente, en menos de cien años construyeron, sólo en Europa, doscientas catedrales góticas. ¿Fue un bien aquello? ¿Fue un mal? Yo sólo sé que cuando Juan XXIII, entonces simple sacerdote en Bérgamo, estuvo aquí, en Nazaret, allá por el año 1906 y visitó el modesto templo que entonces había, se arrodilló y rezó con tanta devoción, por lo menos, como los japoneses en Cafarnaum, aunque tal vez sin darse palmadas en las mejillas.»

Damos una vuelta para entrar por la puerta principal, lo que nos obliga a pasar delante del baptisterio, que está en el exterior, en la parte Norte. Allí Uriarte se detiene un momento y nos cuenta que un buen día recibieron nada menos que la visita del gran estadista alemán Willy Brandt, quien, al ver, dentro del baptisterio, el grupo escultórico que representa la inconfundible escena de Juan *el Precursor* bautizando a Jesús, se quedó un rato mirando las dos figuras y al final preguntó, perplejo: «¿Y esos señores, quiénes son?»

—¡Ay, los grandes tienen también sus lagunas! Así que, Isidro, consuélate... ¡Ja, ja!

* * *

Estamos en el pórtico de entrada. Antes de que Uriarte tome de nuevo la palabra, le pregunto por una serie de mosaicos o plafones de temas marianos que van siendo colocados en los muros del atrio que circunda la Basílica. Nos informa de que son donativos de naciones, de entidades, de fieles, y que cuando la serie esté completa será un muestrario digno. «Hay uno curioso, el tercero, creo... No sé si está aquí podréis leer la inscripción.» La leemos, y vemos que está redactada en esperanto, ya que el mosaico es obsequio de la «Sociedad Internacional de los Esperantistas». Los demás carecen de interés, si bien se espera uno de California representando unos cuantos de los animalitos creados por Walt Disney, cantando las alabanzas de la Virgen.

—Eso está bien.

—Sí. Confiemos en que cantarán en voz baja...

Penetramos en la Basílica en el momento en que se encienden todas las luces, lo que me permite horrorizarme con pena y gloriosamente.

Del ojo de buey que corona allá en lo alto la cúpula, descienden miasmáticos rayos que rebotan contra las vidrieras, los mosaicos, los altares. Sobre nuestras cabezas, y sosteniendo dicha cúpula, un complicadísimo ensamblaje de columnas y pilares que se entrecruzan en todas direcciones, componiendo un crucigrama, supongo que de hierro y que debe de ser el no va más de la osadía técnica, muy por encima de aquellos bloques poliédricos de Jerusalén. Mármoles por doquier, mosaicos, espacios muertos —«el vacío es también volumen»—, barandillas y verjas de hierro forjado, colores.

A medida que la vista se habitúa se observan zonas en penumbra y que la luminosidad va concentrándose deliberadamente en la parte más baja del templo, en la llamada cripta, donde, según las guías, se hallan, además de la posible «mansión de María», una cocina y unos silos; un pilón bautismal, al que los turistas echan monedas; los antiquísimos grafitos exhumados por los arqueólogos —«oh, Jesús, Señor, Hijo de Dios, acude en mi ayuda»—; la cruz cósmica; la gruta del diácono Conon, posible «pariente del Señor», que fue juzgado y ejecutado; y por supuesto, la célebre inscripción *Xe Mapia* —*Yo te saludo, María*—, descubierta no hace mucho por el padre Bagatti, el admirado asesor de la señorita Petrozzi, y que según todos los indicios data de principios del siglo III, es decir, de la primitiva iglesia judeo-cristiana de Nazaret y que prueba de forma inequívoca que la devoción mariana fue temprana en la región.

En el centro de la cripta, un austero altar con la inscripción suprema: *Verbum caro ic factum est.* El Verbo AQUÍ se hizo carne; altar en el que en este preciso instante va a celebrarse una misa por encargo de un grupo de peregrinos —el oficiante, un capellán que me recuerda a Edmundo—, lo que aconseja a Uriarte alejarnos un poco, a fin de no causar estorbo.

Conforme a lo previsto, ese primer contacto con el enorme complejo eclesiástico triunfal es rápido. Tiempo tendré, como me ocurriera con el Santo Sepulcro, para volver con calma. Subimos a la planta superior, donde también se alinean, a modo de plafones, mosaicos procedentes del mundo entero, incluidos dos países del Este: Polonia y Hungría. En su mayoría son de escasa calidad, a excepción de los del Japón y el Camerún, realmente excelentes. Isidro comenta: «También el de Polonia es bueno.» «Sí, es verdad.»

Todos mis esfuerzos por ambientarme se estrellan contra la frialdad de esa construcción, que prefirió, como en tantas ocasiones, el colosalismo al recogimiento, la técnica a la discreción. Jamás discutiré que cada creyente es un enigma y que el argumento de la Novena Sinfonía al servicio de un tema trascendente puede ser defendible; con todo, la «habitación» de María, su «cocina», si la hubiere, y su cueva anexa troglodítica cautivarían más el alma con la pura desnudez, digo yo. Ahora mismo, si cierro los ojos, como las monjitas de Tagbha, una de las cuales gritó: «¡Le veo, le veo, viene hacia nosotras!», se me borran los rayos de luz que descienden de la cúpula, los mármoles en torno y el hierro forjado y sólo retengo la imagen del tosco pilón bautismal, con los peldaños que bajan a él, el grafito de Conon, «pariente del Señor», las grutas ahumadas que se adivinan detrás del modesto altar de la cripta, y, de lo más reciente, el mosaico del Camerún y la boina jugueteando nerviosa en la mano de Uriarte.

No hay nadie en esta segunda planta. Estamos solos. Vemos al oficiante de la misa y al *tour* turístico como desde el coro de un templo parroquial o el de la enfermería del convento de San Salvador. Nos rodean vidrieras multicolores —recuerdo las de Chartres, las de Reims—, que, por su falta de inspiración, bien podrían ser de un sobrino de Marc Chagall.

Uriarte sonríe con sus gafas negras y se yergue ante mí, adoptando su postura favorita. Y me resume la cuestión. La construcción de la Basílica duró casi diez años. Se inició en 1960 y fue inaugurada en 1969, por monseñor Garrone. Imposible calcular el coste. Oficialmente, contribuyeron «todas las naciones cristianas»; en la práctica, la sufragaron casi enteramente los Estados Unidos.

Los planos, y de consiguiente la responsabilidad, fueron obra del arquitecto milanés Giovanni Muzio, quien, pese a ello, es muy simpático; y por razones «burocráticas», legales, los supervisó el arquitecto judío Lehovich. La empresa constructora fue también judía, «Solel Boné», y dio ocupación a gran número de obreros. Dos notas a destacar: en los diez años no se produjo un solo accidente de trabajo, y llegado el momento de subir a lo alto de la cúpula la pesadísima cruz, los obreros israelíes encargados de ello, ante el asombro de la *Custodia* y de todas las mujeres de Nazaret llamadas María, no aceptaron cobrar el jornal extraordinario que dicho trabajo implicaba.

—Podría explicaros anécdotas curiosas, referidas a los carpinteros que intervinieron en la obra; pero ahora no tengo tiempo. Veo un cierto movimiento en las proximidades de la sacristía, y ello me indica que he de regresar a la comunidad.

¿Anécdotas de carpinteros? Isidro y yo nos miramos. Precisamente en *Casa Nova*, en recepción, nos dijeron que por Semana Santa van a llegar treinta y cinco carpinteros representando a treinta y cinco naciones distintas, entre ellos, uno de cada población del mundo llamada Nazaret; pero no decimos nada, porque Uriarte, que ha oído sonar varios timbres y conoce su significado, nos repite que no dispone de más tiempo.

—¡Bien! ¿Cómo quedamos, entonces?

—Mañana a las nueve tengo aquí al taxista belenita...

—¿Cómo has dicho que se llamaba?

—Zaid...

—Ya... ¿Qué te parece si a esa hora yo voy a buscaros a *Casa Nova* y empezamos a recorrer esos pagos?

—¿Hasta dónde, Uriarte?

—¡Yo qué sé! Quizá no estuviese mal pensado ir directamente al mar de Galilea...

—Perfecto. Nada que objetar.

—¡Oh! ¿Qué tal el coche de tu amigo?

—Un «Mercedes».

—Claro. No podía fallar.

—Pero..., con un par de variantes: un esqueleto en el llavero y Marylin Monroe en el parabrisas.

—¡Por favor, silencio...! Que pueden oírte el padre superior, y además el diácono Conon, «posible pariente del Señor»...

Por las calles de Nazaret

Decidimos dar una vuelta antes de regresar a *Casa Nova*. Isidro me aconseja una vez más que no me tome tan en serio las decepciones; mejor dicho, que no las dramatice. «De acuerdo, de acuerdo, esa Basílica es un error. ¿Pero vas a ponerte a llorar por ello o a soltar palabrotas? Son tantos los errores que la Iglesia ha cometido desde que el Nuevo Testamento se puso en marcha, que si no fuera cierto aquello de que el Enemigo no prevalecerá contra ella ya se habría ido al carajo. A ti te gusta mucho lo de que se necesita urgentemente la venida de un Simplificador; pues bien, confía en que vendrá... Claro que vendrá cuando Él lo decida, no cuando lo decidas tú.»

Se ha hecho de noche y nos dirigimos hacia la avenida de Pablo VI, donde está la llamada «Fuente de la Virgen María». Isidro entiende que el peor desatino de la Basílica es que contribuye, como dijo Uriarte, a falsear la figura de María, del mismo modo que a lo largo de los siglos se ha falseado la figura de Jesús. «¿Recuerdas que te hablé de ello, de que Jesús, cuando se lanzó a predicar por los caminos de Judea, era en realidad un joven nazareno, pobre hasta el límite, con las sandalias rotas y que nunca sabía siquiera dónde pasaría la noche? Pues con María ha ocurrido algo semejante. El afán de glorificarla ha hecho olvidar que era una muchacha de este pueblo entonces ignorado, probablemente analfabeta, y que estaba perfectamente dispuesta a casarse con José, con todas las consecuencias... Las letanías han llegado a llamarla "torre de marfil", "casa de oro" y otras tonterías. No sé por qué, ya que nada existe que nos permita asegurar que era hermosa, y ni siquiera que, por temperamento, fuese especialmente recatada... En el "Bar Ovidio", ya lo sabes, ese tema no se puede tocar; pero dichos tabús han conducido a que se pintasen miles de retratos que la han presentado como una rica matrona, a que en el Pilar de Zaragoza se exhiba una corona en su honor en cuyo centro hay nada menos que quince mil brillantes y a que la Custodia de Tierra Santa, en vez de respetar el hecho histórico de que vivía en una mansión casi cavernaria, le haya levantado ese templo en el que, excepto en la cripta, me atrevería a decir que cualquier diosa pagana de la Antigüedad, sin exceptuar a Afrodita, se sentiría en casa propia.»

Asiento con la cabeza y caminamos con lentitud. A veces tengo la impresión de que Isidro cojea un poco, pero no estoy seguro. Está pálido. Yo atribuyo su palidez a que se acumulan demasiados conocimientos en su cerebro. Ahora mismo, mientras vemos en las paredes muchas pintadas vitoreando a monseñor Capucci, me está contando que al pueblo judío le costó mucho construir templos de piedra, ya que el solo hecho de encerrar la idea de Dios en un espacio geométrico se le antojaba una idolatría. «Si hojeas el libro del *Éxodo* encontrarás la razón. En él Yahvé dice: *Si me elevas un altar de piedras, no lo construirás con piedras talladas, porque al pasar tu cincel por las piedras las profanarás.* Ha sido una lástima que muchos Papas se hayan permitido el lujo de ignorar el libro del *Éxodo.*»

Vemos una concentración de árabes en una esquina. Algo ocurre. Nos acercamos y nos enteramos de que las tiendas de comestibles y los establecimientos de bebidas se han declarado en huelga protestando por los impuestos, que consideran excesivos. Patrullas de soldados vigilan cerca. Los árabes querrían entregar un mensaje al alcalde «comunista», el cual, por desgracia, por lo visto se encuentra fuera de la ciudad. La blancura de los mantos que muchos de los huelguistas llevan cubriéndoles la cabeza y la espalda contrasta con sus caras morenas y arrugadas, que, vistas de cerca, a la luz del alumbrado nocturno, adquieren un relieve como de barro seco, mezcla de primitivismo y dignidad. Hay dos, que parecen ser los jefes, que visten túnica de lino de manga larga, con el inevitable *kuffiéh* atado con cordones negros; exactamente como, en tiempos de Jesús, vestían los judíos que querían cumplir con la Ley.

Mientras nos dirigimos al *shuk*, al bazar, que probablemente continuará abierto, Isidro me dice que hay casualidades que son la monda, refiriéndose a que hoy, 18 de marzo, es San Zósimo, como comprobó al celebrar la misa, y que san Zósimo podría muy bien ser el patrono de esa huelga de los establecimientos de bebidas, pues lo primero que hizo al ser elegido Papa fue prohibir a los clérigos entrar en las tabernas públicas...

En el *shuk* la animación es grande, debido a que muchas de las mujeres de los contestatarios han ido a parar allí. Veo objetos raros y, como siempre, me siento complacido. ¡Un xilofón! El dueño, al darse cuenta de que me llama la atención, toma los dos palitos y lo hace sonar. Al lado del instrumento, unas botas altas, de goma, como para andar rastreando por el barro de la Historia. También un pisapapeles con nieve que cae sobre un volcán en erupción. ¿Hábráse visto? ¡Lo adquiero en el acto! Se nos acerca un borracho y señalando su reloj de pulsera parece preguntarnos qué hora es. ¿Para qué querrá saberlo? La dueña de un tenducho nos llama discretamente y descorriendo una cortinilla nos permite entrever dos muchachas jóvenes, sentadas, con un pitillo en los labios y las piernas cruzadas... Isidro comenta, sin el menor asomo de sobresalto: «¡Vaya! Seguro que resultaría más barato el xilofón...»

Volvemos sobre nuestros pasos y nos dirigimos a la «Fuente de María», situada en una esquina cerca del lugar en que se habían concentrado los huelguistas, que ya se han dispersado.

Al llegar a la Fuente observamos que no hay cola de mujeres con ánforas de tierra cocida en la cabeza; y la razón estriba en que desde hace un tiempo la fuente está seca, lo que me produce viva contrariedad.

Por lo demás, la fuente es moderna, sin gracia. Podría ser obra del mismo arquitecto que diseñó la Basílica. De todos modos, sé que no se trata de la Fuente original, tradicionalmente tenida por «auténtica», la cual se encuentra a un centenar de metros más arriba, en la iglesia de San Gabriel, propiedad de los griegos ortodoxos. Lo que ocurre es que el agua de esta fuente provenía de aquélla, gracias a una canalización cuyo trazado es invisible. El manantial de la iglesia de San Gabriel era el único que existía en Nazaret; así pues, el lugar no deja de inspirar cierto respeto.

Pasa una chiquilla, que se detiene un momento para arreglarse las sandalias. Al quedarnos solos, miro alrededor. Veo a la izquierda unos cuantos coches aparcados en batería y por encima de las casas, funcionales, de una sola planta, asoman las puntas de los cipreses.

Tomamos asiento ante la fuente, en un banco de piedra. Guardamos silencio, como interiorizando el momento. Me pregunto por qué habrá enmudecido el caño del agua. De no ser así, me acercaría y bebería un sorbo, sin inhibiciones de ningún tipo. Pienso en vivencias infantiles con respecto a la Virgen. La amaba con todo mi corazón. Llegué a ofrecerle la vida, a desear morir para ver cómo me nacían alas, con las cuales mi espíritu cruzaba un espacio inmenso y neutro hasta que María salía a mi encuentro dulcemente, siempre con su manto azul. La felicidad que me embargó en esos viajes de la mente no tenía límites. ¿Por qué, con los años, la inocencia se deteriora? Un buen día la razón me aherrojó y desde entonces esos goces inexplicables se declararon también en huelga...

Isidro, sin darse cuenta, rompe mi encantamiento. Sí, resulta imposible, teniendo un erudito al lado, soñar más de cinco minutos seguidos. Isidro, con su voz aflautada, me cuenta que antaño, en las aldeas judías, en el frontis de las carpinterías había una viruta, al modo como los tintoreros llevaban una cinta de color y los memorialistas una pluma. También me dice que la palabra «nazareno» durante un tiempo se aplicó a los israelitas que se consagraban al Señor, haciendo votos de permanecer abstemios, de no cortarse el pelo y de evitar el contacto con cuerpos muertos.

Por favor, Isidro, ¿por qué sabes tanto y por culpa de ello no puedo siquiera imaginar que el grifo de la fuente gotea? El momento era para el silencio, no para la palabra. ¡Si todo permanece inmóvil, desde los coches, que continúan aparcados, hasta las puntas de los cipreses! Si no pasa nadie —ni un cuerpo, ni un alma— por la avenida de Pablo VI...

Ya sin más dilación nos vamos a *Casa Nova,* que no queda excesivamente lejos. Al llegar a la residencia vemos en el suelo maletas y mochilas. Sin duda ha llegado algún *tour.*

—¡Estoy hambriento!

—Yo también.

En el comedor, más de la mitad de las mesas están ocupadas. Hay un grupo de peregrinos holandeses, gordos y achaparrados, que parecen arrancados de un cuadro de Brueghel *el Viejo;* los acaudilla un obispo, cuyo solideo, que se le sostiene por puro milagro, es una prueba irrefutable de que fue la *kipá* judía la que inspiró ese distintivo episcopal. En una mesa lejana vemos tres cabezas afeitadas. Podrían ser bonzos; pero su indumentaria y su tez desmienten tal suposición.

Nos sentamos en un rincón, y oímos que nuestros vecinos de mesa, dos hombres bien trajeados, aunque de aspecto modesto, hablan portugués. Advertimos que a uno de ellos le tiemblan las manos y que articula las palabras con dificultad. Es muy posible que se trate de un parkinsoniano. Mientras desplegamos las servilletas y un camarero árabe, con inusitada rapidez, acude a servirnos la sopa, que humea y huele a gloria, prestamos atención al diálogo de nuestros vecinos. Por lo visto han llegado hoy mismo por vía aérea y se sienten un poco mareados. Continuamente aluden a Nazaret, pero sus comentarios no corresponden al Nazaret en que nos encontramos. Intrigado, llamo al camarero y por él nos enteramos de que forman parte de la concentración de *carpinteros,* provinentes de treinta y cinco países distintos, anunciada para Semana Santa. Simplemente, los dos hombres se han anticipado. ¿No serán representantes de las poblaciones que hay por el mundo con el nombre de Nazaret...? En efecto. El más joven es de Nazaré, población pesquera de la provincia de Leiria, en Portugal; el mayor es del Nazaré brasileño, enclavado en el Estado de Bahía. Nunca habían salido de su terruño y se encuentran desorientados. Les saludamos con una sonrisa y sus caras se iluminan. Es evidente que necesitan conectar con alguien; pero la sopa reclama nuestra atención.

Cenamos en silencio. ¿Cómo es posible que esta mañana estuviéramos en Banias y en el Golán? ¿Y el capitán Bustamante? ¿Y *Cholo*? ¿Y mi ahijado Raúl? «Padrino, padrino, muchas gracias...» Quién sabe si el teniente Quinteros se habrá encontrado en Tiberíades con un ovni o con los restos de algún carro de fuego bíblico...

—Estás cansado, Isidro.
—¡Claro! Tú te has echado tu siesta en el jeep...
—Pues a la cama en seguida, después de cenar.
—Veremos... A lo mejor la cena me reconforta. Por desgracia, dependemos en gran parte del mundo intestinal.

Debe de ser cierto, porque a los postres, después de escanciar un buen vaso de vino, las mejillas de Isidro se colorean, y mientras se zampa un buen pedazo de queso se defiende de mi acusación de que ha comido como un emperador romano, echando mano, como siempre, de textos del Antiguo Testamento, en el que por lo visto se concede importancia cardinal a la nutrición. Señal de que vuelve a estar en forma; lo que no puede decirse de nuestros vecinos *carpinteros,* que dan la impresión de no poder levantarse de la mesa. El mayor de ellos —¿por qué no llevarán una viruta en la solapa?— ha reclinado la cabeza en la columna que tiene al lado, ha cerrado los ojos y es muy posible que se esté preguntando por qué no se quedó en su Nazaré del Estado de Bahía.

En este momento el obispo holandés se levanta y con él el grupo de peregrinos. Rezan colectivamente la acción de gracias «por los alimentos que hemos recibido». El obispo es el más alto de la expedición y también el más magro, el de aspecto más ascético y quizá su figura escaparía por sí sola del presunto cuadro de Brueghel *el Viejo.* Emana de él algo superior. Terminada la oración todos juntos, de forma inesperada, rompen a cantar el *Magnificat.* Lo hacen tan conjuntadamente y con tal entusiasmo que nos quedamos inmóviles y maravillados —yo no puedo menos que evocar a Ain-Karem y al padre Giuseppe—, hasta que una señora, también de elevada estatura y situada en una esquina de la mesa, indica, mediante un leve movimiento de cabeza, que han llegado al punto o a la nota final. Acto seguido, y con mucho tacto, van saliendo del comedor, y entonces yo me pregunto si el ascético obispo no intervendría en su momento en la redacción del polémico *Nuevo Catecismo para adultos,* publicado en Holanda en 1966... No puedo olvidar lo mucho que me interesó su lectura y lamento no tenerlo ahora aquí para releer algunas páginas, que me reconfortaron como la cena parece haber reconfortado a Isidro. Sé que en él se defiende sin reticencias, con la rotundidad de los tres concilios cristológicos que abordaron el tema, la divinidad de Cristo y, de rebote, la no-intervención humana en su nacimiento; sin embargo, en los capítulos dedicados a la duda y al amor encontré pasto para mi lucha constante, particular. Varias frases se me quedaron grabadas. «Una duda violenta puede darse la mano con una fe firme como una roca.» «Quiero creer. Ayuda, Señor, a mi incredulidad.» «La mejor manera de tratar a Dios es hablarle como si fuera un hombre. Cristo nos ha hecho posible ese trato, al llamar a Dios *Abba*, que es la manera como llaman los niños a su padre.»

—Isidro, ¿vamos un momento al bar y nos tomamos un café?
—Yo prefiero una tila...

En el bar de Casa Nova

Ya en el salón-bar, nos instalamos lo más lejos posible de los mostradores en que durante el día se exhiben y venden *souvenirs* de baratillo, en una mesa tranquila, situada en un rincón. Y recordando el *Magnificat* que acabamos de oír, sin darnos cuenta nos enzarzamos de nuevo en el tema de María, desde dos perspectivas distintas: el de su pretendida virginidad y el de la necesidad de que la Iglesia ha sentido de afirmar que ésta existió; cuestiones que planteé al padre Uriarte y que éste declinó con elegancia.

Isidro se muestra más flexible. Sabe que en el «Bar Ovidio» discutí ampliamente sobre el particular y está al corriente de los abundantes casos de embarazo «sin que la mujer hubiera conocido varón», de que se habla en el mundo árabe. Convenimos en que la reacción lógica de los habitantes de Nazaret de la época ante la concepción y parto de María «soltera» debió de ser de repudio y de burla, ya que el amable mensaje celestial que, según los evangelistas, disipó los temores de José, no alcanzó al resto de los vecinos, para los cuales es posible que María fuese «pecadora» y Jesús, fruto de pecado. Tremendo misterio. El misterio de la contemporaneidad, que según Salvio Royo influyó decisivamente en que más tarde Jesús defendiese con tanto ardor a María Magdalena.

Le reitero a Isidro que a mí no me importa un ápice el fondo de la cuestión, el interrogante que ésta plantea; que para mí nada cambiaría si Jesús hubiera sido hijo de José. Mejor aún, que casi lo preferiría, ya que de ese modo todo resultaría más natural. «Nada daña tanto a la religión como los prodigios innecesarios. El mundo que se avecina huirá cada vez más de las imposiciones de ese tipo y de los argumentos que un párroco amigo mío llama argumentos de polvos-de-talco. ¿Comprendes lo que quiero decir?»

Llegados aquí, Isidro se detiene un momento y se pasa repetidamente la mano por la cabeza, en gesto dubitativo. Acaso es la primera vez que no acude a su memoria el versículo exacto que clarifique la situación.

Es evidente que el enfoque del tema lo incomoda, por lo que, después de tomarse la infusión, hace un quiebro inhabitual en él y manifiesta que prefiere posponer el asunto para otra ocasión más propicia —se siente realmente fatigado—, y volver al tema más fácil y que a su juicio quedó un tanto colgado, de la deformación de que la figura de María ha sido objeto, con supersticiones tales como la de la célebre «Gruta de la Leche» que yo visité y la no menos célebre del relicario existente en la iglesia de San Vicente, de Ávila —para elegir un ejemplo entre mil—, en el cual pueden venerarse tranquilamente, y hay mucha gente que así lo hace, una camisa *auténtica* de la Virgen y una ampollita con leche, también *auténtica,* de sus pechos...

No me queda más remedio que acceder a su ruego, mientras jugueteo con el pisapapeles de la nieve que cae sobre el volcán, y en pocas palabras llegamos a la conclusión de que en toda la órbita cristiana la figura mariana ha sido objeto de deformaciones sin cuento, si bien es muy probable que el lugar en que éstas han alcanzado cotas más estrafalarias y aun desagradables sea en España; por ejemplo, con la increíble decisión de nombrar a la Virgen, a la Inmaculada Concepción, patrona de la Infantería.

—¿Te das cuenta, Isidro? María vinculada al Ejército... ¿Cómo pudo, esa doncella probablemente analfabeta y nacida aquí, en este Nazaret en que ahora nos encontramos, imaginar que andando el tiempo a alguien se le ocurriría nombrarla patrona de los infantes, de soldados pertrechados con fusiles y bayonetas? Su Hijo predicó todo lo contrario. Somos un poco raros, ¿no crees?

—¡Bueno! —responde Isidro—. Los mañicos sabemos algo de eso. La Virgen del Pilar cuenta con algo más que la corona de quince mil brillantes de que te hablé, y de unos trescientos mantos bordados con oro y piedras preciosas... Nuestra jerarquía se empeñó en militarizarla, ¡y vaya si lo consiguió! Como sabrás, los honores que hay que rendir a la Virgen del Pilar han de ser militares, y los correspondientes al grado de *Generalísimo.* Y ostenta el título de *Capitana Generalísima de España...* ¿Hay quien dé más? Hasta en las jotas la hemos nombrado capitana y hemos afirmado que se niega a ser compatriota del padre Benoit...

Guardamos un silencio.

—Todo esto, visto desde aquí, desde Nazaret, produce cierta tristeza, ¿verdad?

—Sí, pero no tiene remedio. Cuando algo se convierte en tradición sobrevive a cualquier acusación de ridiculez y sobreviviría a cualquier tipo de protesta... Y contra lo que tú dijiste antes, yo creo que la gente sencilla, que es la que más abunda, continuará durante mucho tiempo necesitando de mitos, sin que le importe demasiado que se los den en forma de faja de general o en el interior de botellitas de leche...

Diálogo en torno al Kibutz

Llegados aquí, ocurre lo más impensado. Inesparadamente entran en el salón-bar y se acercan a mí, con decisión, las tres cabezas rapadas, afeitadas, que vimos al entrar en el comedor y que han cenado con extrema lentitud.

«¡Ayuda, Señor, a mi incredulidad!» Dos de estas cabezas corresponden a la pareja danesa, de aspecto *hippie,* que nos abordó en la Puerta de Damasco y que al término de una andanada filosófica en torno al concepto de «grupo» nos pidieron algo de comer, «ya que estaban sin una lira». Asunción les dio lo que encontró en su bolso: dos tabletas de chocolate. Éste es el detalle que han evocado para refrescarme la memoria. «¿Te acuerdas? Llevábamos muchas horas sin comer. ¡Las tabletas nos duraron cinco segundos, poco más!; pero desde aquel día siempre os hemos recordado como "los españoles del chocolate"...»

Minutos después la situación se ha aclarado. Isidro ha decidido acostarse para soñar que no se moría y se ha despedido y se ha ido a su celda; a mí me ha tentado el reencuentro con «el profesor y la alumna» —así los catalogamos, por la diferencia de edad y por el aire de uno y otro—, y he optado por quedarme un rato en su compañía, máxime al enterarme de que el tercer «rapado», de aspecto enclenque e infantil, es un muchacho norteamericano, Jimmy de nombre, de la universidad californiana de Stanford, que anda por Israel recogiendo datos sobre la religiosidad en los *kibutzim*.

Acomodados en la mesa, hemos mantenido, en torno a unas tazas —esta vez, de café—, un diálogo apasionante, del que bien puede decirse que ha llenado a un tiempo mi espíritu y mi agenda. Virtualmente hemos estado solos; únicamente han asomado un momento sus cabezas y han echado un vistazo los dos *carpinteros,* que acto seguido, como alelados, se han dirigido a la escalera por la que Isidro se retiró poco antes.

Lo primero que ha quedado claro es que yo no podía en modo alguno reconocerles. En la Puerta de Damasco exhibían unas melenas leoninas, vestían unisexo y llevaban gafas idénticas. ¿Qué había ocurrido? Ellos, en cambio, me reconocieron al instante, sobre todo al encontrarme precisamente en *Casa Nova,* donde se reafirmaron en la idea de que yo era cura, y cura, posiblemente, fiel defensor de la dogmática tradicional, para definirme de manera que no pareciera una agresión.

Nos hemos reído con ganas. «¡En buen día me ordenáis sacerdote! Además, el cura es el otro, el que se fue...» En cuanto a ellos, consecuentes con su programa, han estado viviendo en tres *kibutzim* de Galilea, y mañana se instalan en el cuarto, el de Ein-Gev, al otro lado del lago de Tiberíades, para pasar allí la Pascua y asistir al Festival de Música, que este año se ofrece tentador. «Por otra parte, las orquestas de música clásica forman "grupos" muy *sui generis,* complejos y fascinantes para nuestra tesis. ¿Cómo pueden entenderse, por ejemplo, dos señores que tocan el oboe con dos señores que tocan el celo o con el que le da al tambor? ¿Qué pueden tener en común?»; y todos hemos soltado otra carcajada.

Les ha alarmado que me acordase de que él se atribuyó la profesión de caricaturista y ella la de empleada en un laboratorio farmacéutico; aunque lo cierto es que nos mintieron. Él es veterinario y quería dedicarse a la inseminación artificial, hasta que se aburrió de tanto analizar el gelatinoso desplazamiento de los espermas y prefirió largarse con Karen, que tocaba la guitarra en un conjunto *pop*. «Me llamo Willy, y ahora conoces toda la verdad.»

¿Que por qué se afeitaron la cabeza? Porque en el primer *kibutz* en que trabajaron, el *Alia Desk,* exigían limpieza y la obligación de lavarse la melena todos los días les resultó más aburrida aún que analizar espermas. «Además, quién sabe si saltando de un sitio a otro —tenemos la manía de llevarnos algo de todas partes, por el procedimiento del tirón—, vamos a parar a Katmandu. ¡Si tuviéramos esa suerte! Fíjate... De *Alia Desk* nos llevamos ese precioso magnetófono, ideal para nuestro trabajo, puesto que nos permite grabar las conversaciones...» —y Willy, al decir eso, pone sobre la mesa el amenazador aparatito.

Los *kibutzim*... Hacía tiempo que deseaba recibir una información veraz, y sabía que esta región era privilegiada al respecto. Claro que con sólo solicitarlo podía instalarme en cualquiera de ellos: Jacob se ofreció para cuidarse de los trámites necesarios. Pero hasta ahora ha sido otra mi canción. De modo que he escuchado con avidez lo que mis tres contertulios —por cierto, ¿llevarán dinero para pagar la estancia en *Casa Nova?*— me han contado.

Han hablado por turnos, a salto de mata, aunque Karen se ha mostrado eufórica y ha llevado la voz cantante. A su juicio, el fenómeno *kibutz*, que precisamente significa «agrupación», fue, en sus comienzos, como es bien sabido, la clave del arco, el punto de arranque del «milagro de Israel», pero de unos años a esta parte el edificio se está agrietando. Lo cual no significa que pueda generalizarse, pues hay *kibutzim* de todas clases, y mientras unos agonizan, otros empiezan a verdear. Ahora bien, lo más interesante de ellos es precisamente su diversidad y los tipos humanos que uno encuentra allí, arrimando el hombro o bien largándose a las veinticuatro horas o al cabo de dos semanas, como un catedrático de Geología inglés que un buen día pegó un grito y dijo que estaba cansado de limpiar retretes, que era el papel que allí le habían encomendado. O el caso de un *sabra* que sentía tal odio hacia los soldados del Ejército sirio, que con un obús se le habían llevado una pierna, que había jurado comerse el hígado del primer prisionero que le ofreciesen. O el de un minero chileno que le tenía un pánico atroz a la muerte porque estaba seguro de ir al cielo y temía que en el cielo se pasase mucho frío...

No, no exageran lo mínimo al hablar del *kibutz* como empresa o sumario básico para sus observaciones. Cualquier paradoja tiene cabida en ellos. Sin ir más lejos, desde hace ya mucho tiempo, al verse obligados, por carencia de brazos, a emplear mano de obra árabe, aparte de lo que significa «meterse el enemigo en casa», el hecho ha puesto de relieve que buena parte de la doctrina y de la actitud personal de Mahoma se ajustó, con precisión casi estremecedora, a la intencionalidad del *kibutz*. Como es bien sabido, Mahoma, en su vida, fue a menudo autárquico hasta el límite: barría su habitación, cosía sus propios vestidos, se fabricaba sus sandalias, encendía el fuego, se alimentaba de lo que se producía en su entorno, etcétera. Algunos árabes, al descubrir que su profeta lo fue incluso en ese apartado se acarician irónicamente los bigotes al término de sus oraciones; otros, ni que decir tiene que son tan ignorantes que no se dan cuenta de nada, como uno que recogía las cosechas en Magdal Ha'emek, que estaba convencido de que en varios *kibutzim* escondidos no sabía dónde había máquinas que se dedicaban a fabricar soldados judíos prestos ya para el combate, adiestrados.

Por supuesto, también entre los judíos proliferan los ignorantes y los fanatizados. En *Alia Desk* había uno que se sentía feliz porque en una de las guerras sufrió exactamente las mismas heridas y mutilaciones que Moisés Dayan. ¡Ah, claro, el fanatismo judío alcanza en los *kibutzim* su máxima expresión! Renuncian a su individualidad, pero como pueblo el universo sólo existe en función de Israel. Egocentrismo colectivo, que se manifiesta en las canciones, en las emisiones de radio, en las danzas, en los diálogos y hasta en la certeza de que las rosas que cultivan en los invernaderos —y que suelen ofrecer a los visitantes— son mejores que las que florecen en cualquier otro lugar del planeta.

En el plano religioso, que al parecer es uno de los que mayormente me interesan —y aquí es Jimmy, el estudiante californiano, el que ha tomado la palabra—, los *sabras* experimentan, en un porcentaje que podría cifrarse en el ochenta por ciento, o bien una total indiferencia, o bien una especie de repudio que no logran vencer. Los *sabras* que por una u otra razón trabajan en los *kibutzim* aprovechan cualquier ocasión para mofarse de cualquier creencia en lo sobrenatural o en las leyendas del Antiguo Testamento. Sí, es paradójico que el problema religioso en muchos casos sobresalga, de una u otra forma, en los *kibutzim*, por encima de los demás, si no con signos externos, en el plano de la conciencia. Por ejemplo, en el de Gan-Shmel, se fabrican durante todo el año adornos navideños con destino a Europa. «Toneladas de adornos para árboles de Noël y para belenes en honor del Niño Jesús, elaborados por judíos.» Conocieron a un emigrante austríaco que del judaísmo se había pasado al protestantismo, luego al catolicismo, luego otra vez al judaísmo y que por fin había decidido no ser nada y dedicarse a ordeñar vacas, asegurándose previamente de que no eran vacas sagradas, como esas que Gandhi definía como «poemas de piedad». Por cierto, que su mejor camarada era un argentino que al leer en una revista que los niños de Buenos Aires creían que «judaísmo» viene de «Judas» y que por Semana Santa se dedicaban a quemar un muñeco al que llamaban precisamente *El Judas,* sufrió un ataque de rabia, que derivó en un cólico nefrítico. Y a todo esto, los judíos religiosos, observantes de la ley, se dan con un canto en los dientes cuando, al llegar el *shabat,* tienen que presenciar sin protesta cómo muchas familias, también judías, que en su ciudad o pueblo no se atreverían a incumplir lo prescrito para ese día sagrado, con la excusa de ir al campo a oxigenarse se presentan en el *kibutz* y allí llenan sus panzas de cuanto les apetece y se carcajean, o poco menos, de quienes rezan por ellos en el Muro de las Lamentaciones. Claro es, en los *kibutzim* ortodoxos a ultranza no ocurre eso, no estaría permitido; pero en ellos se presentan conflictos de otra índole, como, por ejemplo, el que supone que el *Levítico* prohíba sembrar semillas diversas en un solo campo. ¿Cómo compaginar esa absurda restricción con la finalidad social y económica del *kibutz,* cuyo eslogan es producir más y más?

Pero lo grave, lo dramático, y prescindiendo de los desafíos anteriormente mencionados, es que el pueblo judío no cree en el más allá individual. Frases corrientes son: «El Mesías que esperamos salvará a nuestro pueblo, pero no en el plano de lo que nosotros entendemos por persona.» «No creemos en la salvación individual, sino en la salvación como pueblo.» Claro es, tal contradicción en muchos aspectos se revela incompleta y genera desesperanza, ya que creen en la abstracta salvación de un pueblo *cuyos individuos perecerán,* además de carecer de sentido no aporta la menor solución lógica al insustituible problema del yo.

De lo último que hemos hablado ha sido de los problemas de deshumanización a que la disciplina del *kibutz* obliga a menudo; de la obligación de entregarlo todo —renuncia a la propiedad privada— a la comunidad; de las complicaciones sexuales propias de la promiscuidad y la convivencia; del tedio que puede ocasionar el trato constante con las mismas personas, pese a los actos culturales, conferencias, coloquios, etcétera, que, sobre todo los sábados por la noche, se organizan para paliar esa situación. Y por supuesto, mis interlocutores han coincidido en poner en tela de juicio las pretendidas ventajas del sistema elegido para la educación familiar, en el que los niños, ya a partir de su nacimiento, viven la mayor parte del día separados, aislados de sus padres. «El niño que nace en el *kibutz,* cuando abre los ojos por la mañana el primer rostro que ve no es el de su madre, sino el de la "encargada de turno" en la sección infantil, del mismo modo que en los hogares de los potentados suele ver el de la nodriza o la criada.» «Lo cual es motivo de reflexión, puesto que demuestra cómo, curiosamente, el montaje psicológico de la sobriedad puede caer en las mismas trampas que el montaje que trae consigo la excesiva riqueza.» A lo que hay que añadir la coacción ideológica, de la que muchos *responsables* del *kibutz* ni siquiera se dan cuenta. «Piensa, por ejemplo, que abundan los *kibutzim* cuyos parques infantiles, aparentemente idílicos, han sido construidos utilizando piezas de carros de combate, de avionetas y demás cogidas al enemigo, es decir, a los árabes, en el curso de las últimas guerras.»

—¿Así pues, vuestro diagnóstico sobre el experimento *kibutz* es, en este momento, negativo?

—¡Oh, por favor! No hablamos en términos absolutos. El sistema tiene en su haber magníficos hallazgos, de los que hemos tomado buena nota; pero, en conjunto, es una utopía, como casi todo en Israel, que parece destinada a desaparecer... Al igual que ocurre con el experimento soviético, o con el experimento de las comunas maoístas, o con el experimento religioso-conventual... Sin olvidar, naturalmente, que el otro sistema, el tradicional, doméstico, el de célula familiar, en muchos aspectos resulta también intolerable.

Karen concluye:

—Mira, aquí tienes ese folleto que nos dieron al marcharnos del *Alia Desk*. Nos lo dio la secretaria del *kibutz*, que nos despidió casi llorando. Presta atención al título: *Un enigma llamado kibutz*. Creo que te interesará; si me equivoco, te lo guardas, y si un día te aprieta el hambre te lo zampas como si fuera una tableta de chocolate...

Quedamos en que es probable que nos veamos dentro de poco en el *kibutz Ein Gev,* que yo tengo intención de visitar. «Preguntaré por vosotros.» De no ser así, mucha suerte, shalom...

Nos levantamos. Se acerca el camarero y nadie se mueve. Por fin, ¡qué remedio!, pago el gasto; sin embargo, antes de despedirnos, y como si la reverencia con que me obsequió el camarero me hubiera dado cierta ventaja, me dirijo a Jimmy y le pregunto:

—A propósito, yo también ando por ahí haciendo mi tesis. ¿Puedo preguntarte si crees en la divinidad de Cristo y en la inmortalidad *individual*?

Jimmy, más canijo que nunca, sonríe maliciosamente al oírme.

—Lo siento... —me contesta, al cabo—. Cuando el fogoso misionero Junípero Serra estuvo en California yo no había nacido aún. —Su cráneo afeitado es de un gris azulado que da grima—. Lamento tener que hablarte así precisamente en Nazaret...

Hago un mohín de conformidad y formulo idéntica pregunta a Karen y a Willy, cuyos cráneos, posiblemente por efectos de la luz, son más graciosos.

—*Sorry*... —responde Karen; y no añade nada más.

Willy, que sostiene el magnetófono en las manos, lo pone en marcha con su dedo pulgar e imitando la voz de los antiguos oradores sagrados contesta, desdramatizando el diálogo:

—Caballero, le daré a usted mi respuesta al regreso de Katmandu...

Subo a mi celda. Limpia, escueta, con el crucifijo en la pared. Ahora me doy cuenta de que estoy tan cansado como Isidro. Los tres cráneos mondos y lirondos bailan a mi alrededor. Hace frío. Las sábanas están frías. No sé si soñaré que me muero o que nazco en un *kibutz* en el que me traen muchas rosas, pero me prohíben ver a mi madre. Apago la luz. En alguna celda vecina alguien ronca despiadadamente: puede ser Isidro, uno de los carpinteros, un peregrino desconocido. También, ¿por qué no?, podría ser el obispo holandés...

CAPÍTULO XXIII

A las nueve menos cuarto Zaid ha llegado a *Casa Nova*. Radiante, agradecido, tranquilo. «Toda la familia te saluda. Te acuerdas de nosotros. Gracias, señor...» Ha tenido que darse el gran madrugón, pero no importa. Sus ojos bailan y brillan al entregarme un pañuelo de seda bordado por Naila con las iniciales de mi mujer. «Cuatro días contigo, Zaid está feliz...» Acepta sentarse a mi mesa y desayunarse conmigo. Salió de Belén muy temprano. «Me gusta el amanecer. Todo estaba dormido, excepto los soldados que hacían auto-stop.» Al enterarse de que hoy vamos al mar de Galilea y que nos acompañarán un padre franciscano y un cura, ambos españoles, saca su boquilla de lujo y enciende con delectación un pitillo rubio. «¿Tabaco rubio, Zaid? ¿Qué ha ocurrido...? «¡Pse! Uno sabe tratar a la clientela femenina, señor. Sobre todo, si es clientela yanqui y judía. ¿Quieres probar...?» «¡No, por favor!» «Pues yo siempre he imaginado a los apóstoles fumando, especialmente san Pedro.» «¿De veras? ¿En aquella época?» «¡Bueno! Es un decir, ¿comprendes?»

Rumbo a Tiberíades

A las nueve y cuarto el «Mercedes» del mejor amigo que tengo en Belén avanza por la carretera en dirección a Tiberíades. Isidro fue temprano a celebrar misa en la Basílica de la Anunciación y se vino con Uriarte. El primer contacto con Zaid ha sido cordial. Isidro guarda silencio. Por lo visto ha tenido una pesadilla. Soñó que un tribunal militar, presidido por la Virgen —ésta, vestida con uniforme de *Generalísimo*—, lo juzgaba por calumniador. Está pálido y podría confundírsele con un personaje de Vázquez Díaz. En cambio, Uriarte, se muestra alegre, como siempre, y apenas si acierta a disimular su interés por oír el acento —que más tarde calificaría de dodecafónico— del castellano que habla Zaid, salpicado de cambios de ritmo y con cierto bordoneo tropical.

Por mi parte, sentado en la parte trasera del coche —el asiento delantero, que normalmente me corresponde, lo ocupa Uriarte en su calidad de guía—, me dedico a devorar el paisaje y a pensar que la jornada que se inicia es crucial para el objetivo que persigo en Tierra Santa. Lástima que a estas horas de la mañana mi cabeza acostumbra a pesar más de lo debido. He de vencer una especie de somnolencia, o de falta de irrigación. Sin embargo, después de frotarme la nuca con agua fría y antes de bajar al comedor, he estado hojeando varias notas sobre el mar de Galilea, enterándome de que antaño la gran ruta comercial de Oriente hacia Atenas y Roma pasaba por este lugar y que ese «ojo de agua» que es el lago llamaba la atención de sus conquistadores. Un párrafo del escritor colombiano Germán Arciniegas se me grabó en la memoria: «Los griegos fundaron en estos contornos ciudades, y las fundaron los romanos. Los gobernantes que nombraba el Imperio Romano apretaban la tierra conquistada bajo sus sandalias. La historia enseña cómo la conquista se invirtió. La palabra de Jesús se movió por el mismo camino por donde llegó la tropa insolente, en sentido inverso. Un día sus ecos conmovieron a Roma, y la ciudad de los Césares pasó a ser el hogar del Vicario de Cristo. Los griegos acudían con el coro múltiple de su vasta familia de dioses, y el Oriente les respondía con el Dios único. Todo a la orilla de un lago. Todo en la falda de unas colinas. Todo al margen de unas aldeas de pescadores.»

Hermoso párrafo, a fe, que saboreo para mis adentros mientras Uriarte y Zaid dialogan sobre sus respectivas edades, lo cual, por fortuna, no me impide prestar atención al singular espectáculo de una manada de cigüeñas que se han adueñado de los sembrados. Las hay inmóviles, sosteniéndose sobre un solo pie; las hay que picotean nerviosamente la tierra en busca de lombrices; las hay que sobrevuelan lentamente los campos, con la seguridad y el placer de quien sabe que nadie está al acecho, apuntándolas con el cañón de una escopeta.

Uriarte me dice que a lo primero pensó en llevarme sin más al sur del lago, donde el Jordán resurge, camino del Mar Muerto; pero luego se dijo que, habiendo asistido a la ceremonia de Banias, para mí era más interesante ir directamente a Tiberíades. «Por lo demás, este año, y debido a su conflicto con los turcos, tampoco podrías ver a los peregrinos chipriotas rebautizándose, muchos de ellos llevando antorchas, como antaño los griegos ortodoxos, que solían hacerlo de noche. Así que, mejor que vayamos sin rodeos a Tiberíades.»

La carretera desciende visiblemente —recuerdo que el mar de Galilea está a más de doscientos metros por debajo del nivel del Mediterráneo—, y pronto vemos la mancha azul del lago, el «ojo de agua», el paraje ribereño por el que transitó Jesús. La visión de ese azul y de esa agua me sobrecoge, aunque de momento no aparece ninguna barca deslizándose por la superficie.

Isidro, rompiendo su mudez, cuenta algo de un ermitaño que sólo comía pan elaborado con granos de trigo recogidos aquí cerca, por considerar que no existía en el mundo semilla más pura; pero apenas si le presto atención. Vuelvo a pensar en que éste es uno de los escenarios más conocidos de la vida de Jesús, pese a lo cual los datos son también muy escasos y hay que apelar de continuo a la conjetura. Mil preguntas se agolpan en mi mente, ridículas tal vez. ¿Acostumbraría Jesús a bañarse en el lago? En la actualidad, anualmente se organiza una travesía a nado, de una a otra orilla, entre los niños judíos residentes aquí. ¿Sabría nadar Jesús? ¿Y pescar con caña? ¿Tendría por ahí su roca preferida en la que sentarse y desde la cual, preparado el anzuelo, lanzar el hilo a unos cuantos metros de distancia? Le gustaba el agua, de eso no cabe dudar. Eligió sus proximidades para su irrupción en el mundo. Lo bautizaron con agua —«cuando salimos del agua, el hombre nuevo aparece súbitamente»— y jugueteó con ella como si fuera su creador. Sin duda sabría que las aguas son la imagen de la protomateria, que simbolizan lo informal y causante, la fecundidad, y también la «sabiduría intuitiva». Sin duda llegarían a sus oídos, «como el tabaco a la boca de Pedro», las interpretaciones asiáticas del agua. Sabría que Buda, en el sermón de Assapuram, la consideró como la vereda que lleva a la redención. Y que, según los mitos de Caronte y Ofelia, la muerte fue el primer navegante. Y que Lao Tsé escribió: «... si se le abre camino al agua, discurre por él. Si se le opone un dique, se detiene. Por eso se dice que no lucha. Y sin embargo, nada le iguala en romper lo fuerte y lo duro». Jesús encuentra en el agua su elemento más dúctil, más completo, más afín. Jesús es mar: con frecuencia, ¡Dios!, un mar de dudas... Es río: circula, corre, serpentea, pule los guijarros, se remansa y de pronto cae sobre el alma como una catarata. Es lago: ahí, en Tiberíades —veintidós quilómetros de longitud por nueve de anchura, en forma de arpa (Kinneret)—, lo es para que yo quede embobado y para que Willy y Karen puedan asistir a su vera al concierto que se celebrará en Ein Gev. Jesús puede también provenir de lo alto —lluvia—, emerger de la subterraneidad —manantial—, y puede ser caño, lágrima y con una sola gota inundar todo el ser.

—¿Te acuerdas de lo que Naila contó del pescador que conoció aquí, en Tiberíades?

—¿Cómo...? ¿Naila? ¿Un pescador?

—¡Sí! Haz memoria, señor... —Zaid pega un manotazo al volante—. El pescador que si llevaba consigo a sus hijos y éstos permanecían quietos en la orilla, él llenaba la barca...

—¡Ah, sí! Ahora recuerdo...

Uriarte, al tiempo que le indica a Zaid el itinerario que debe seguir en el casco urbano de la ciudad, se toca la boina y comenta:

—¡Bueno! No puede decirse que la leyenda aporte nada original a la peor biblioteca del mundo...

Los planes de Uriarte se ven truncados. Tanto mejor. Él quería, antes de llegar al mar, transitar por la Tiberíades escondida, un poco a trasmano, explicarme algo sobre los antiguos contrafuertes —«no hay que olvidar que Herodes Antipas descubrió las propiedades termales del lugar, al mismo tiempo que gracias a Salomé descubrió la lujuria»—, y llevarme a la iglesia franciscana, anteriormente mezquita construida por Saladino, el ubicuo sultán, donde se yergue una estatua de Pedro réplica de la del Vaticano, y por fin acompañarme a la tumba de Maimónides, para que ante ella reflexionara una vez más sobre la España áspera, la España-cerrazón y catapultadora de genios y talentos, debido a lo cual se desangró y se quedó con poco más que la eficacia vasco-catalana —«¡ja, ja, lástima que Ángel no me oiga!»— y la rotunda belleza de su idioma.

Tanto mejor, digo, que los soldados hayan truncado ese proyecto de Uriarte, porque mi deseo era llegar cuanto antes al mar. Los soldados, montados en jeeps, cerraban el paso y señalaban en dirección a los muelles, labor nada fácil, por cuanto el número de turistas es enorme y puede decirse que una auténtica riada de autocares y de vehículos de todas clases bloquea el taxi de Zaid. No sabemos qué es lo que ocurre, o ha ocurrido: si ha volado por los aires una sinagoga, o los restos de Maimónides, o la airosa cabeza del teniente Quinteros. La enigmática mirada de unos cuantos ancianos árabes, su inmovilidad facial, aumentan el secreto del sumario. Por supuesto, Isidro despertó de su letargo y comenta: «Bien, ¡qué más da! Jesús, que podía recorrer todo eso, se abstuvo voluntariamente de entrar en Tiberíades.» Así que Zaid consigue llevarnos a los muelles, llevarnos al mar. El ajetreo es de tal calibre que tardamos unos minutos en situarnos y en decidirnos a poner pie a tierra. La aglomeración es enorme y diríase que todos los guías de todas las agencias del mundo se han dado cita aquí. Hay motonaves, *navettes*, para todos los gustos —pintadas de color blanco, o de blanco y azul—, unas con destino al otro lado del lago, a Ein Gev, otras con destino al Norte, a Cafarnaum, otras que simplemente deben de adentrarse o costear a fin de que sus usuarios puedan disfrutar sin trabas de la visión de las colinas circundantes, repletas, si no me equivoco, de palmeras, acacias y eucaliptus.

Pronto nos damos cuenta de que las motonaves que van a Ein Gev, el *kibutz* sinfónico por excelencia, se llenan de grupos que llevan el casquete «Israel», lo que trae a mi memoria la figura solitaria de mi amigo David Thompson, del «President Hotel». Son judíos, claro. De todas las latitudes, de toda edad. Circuncisos —es de suponer—, askenazis o sefarditas, o mitad y mitad, con algún que otro superviviente de los campos de exterminio, con algún que otro Rotschild; en cambio, los que suben a las motonaves que se dirigen a Cafarnaum, o a Tagbha, o quizás a Magdala y Betsaida, tienen aspecto de peregrinos, y de sus cuellos penden medallas y crucecitas, y llevan sombreros o chales de seda, e incluso veo un par de sotanas preconciliares y un solideo no-holandés...

Pero entre unos y otros hay un batiburrillo de viajeros neutros, de clasificación imposible, que igual pueden encontrarse aquí por amor a Dios que por amor a sí mismos, o por mera curiosidad. ¡Cuidado! Hay también borricos, tiesas las orejas, como atentos a algún posible rumor hindú que los redima, que eleve su condición. Y hay gamberros motoristas, que disparan a chorro sus tubos de escape. Y perros. Y una mujer encinta, que me recuerda a Faisa y que lo mira todo y sonríe, segura de sí. Y también, ¡cómo no!, algo más abajo —y mar adentro— barcas de vela y barcas de remo, cuyas siluetas Isidro perpetúa con su máquina fotográfica.

—¿Qué quieres hacer?

—No lo sé.

Uriarte sonríe. Y al hacerlo, levanta su brazo mutilado, con lo que la media color carne que cubre su mano metálica se sitúa en primer plano. Zaid está algo obsesionado con ella, y no aparta sus ojos del espejo retrovisor.

—Yo te aconsejaría que nos apeáramos... Ese manicomio es interesante. Y como veo que te has traído el macuto con el termo, pues no hay prisa. Aparte de que a lo mejor luego navegamos un poquito..., que me figuro que es lo que estarás deseando, aunque todavía no lo hayas pensado.

Dicho y hecho. Abro la puerta y me apeo. Y los demás me imitan, excepto Zaid. Uriarte se dirige al taxista —ahora ya no da consejos, ahora da órdenes—, y le dice que a la una en punto nos espere en la residencia que las *Hermanitas del Corazón Inmaculado* tienen en la cima de la ladera de *Las Bienaventuranzas*. «Ya sabrá usted, ¿no? Son italianas. Allí dan de comer spaghetti y, a veces, pescado fresco.» Zaid asiente con la cabeza. «Sí, padre, conozco, conozco el lugar...» «Si por algún motivo nos retrasamos demasiado, usted come tranquilo y nos espera; ¿de acuerdo?» «De acuerdo, padre. Allí estaré.»

Zaid se apea para las reverencias de rigor, y poco después desaparece con su coche por donde vinimos. A gusto le hubiera invitado a compartir con nosotros esa mañana y ese manicomio. El mar está en calma. ¡A lo mejor le habría gustado subirse a una motonave... o a un bote de remo! Uriarte tiene un mohín escéptico. «No te preocupes. Es un veterano. Allá, con las monjitas, que acaban de estrenar esas máquinas automáticas que sueltan horribles vasos de plástico llenos de café o de "Coca-Cola", lo pasará mejor que tú.»

¿Mejor que yo? ¿Por qué me habrá dicho eso? ¿Y por qué lo habrá dicho con tal convicción?

—Uriarte, explícate, por favor...

—¡Bueno! ¡No irás a enfadarte, supongo! Verás... Creo que empieza a conocerte y no me gustaría que te comportases como aquel peregrino que me preguntó si sabía si en la última Cena se usaron tenedores...

Deambulamos un poco por los muelles, al azar, en dirección Sur. Si los soldados no nos impidieran el paso llegaríamos, siguiendo la orilla, como hace veinte siglos los romanos, a las fuentes radiactivas de que antes habló Uriarte y que alivian el reumatismo, la artritis y otras muchas dolencias, incluidas —¿será posible?— algunas vinculadas a la depresión nerviosa. «Lo único que puedo deciros —nos cuenta Uriarte—, es que el padre Dorado mientras estuvo en Jerusalén tenía la piel hecha un asco, con granos, escamas y alguna que otra llaga. Lo trasladamos a Nazaret y, sin tomar una sola medicina, se curó.» Más allá de las fuentes minerales y «milagrosas» se encuentra Degania, donde se fundó el primer *kibutz*.

Los guías judíos nos persiguen. Querrían llevarnos a visitar las plantaciones de plátanos, de tomates, de hortalizas de todas clases que la mano del hombre ha sido capaz de producir con su esfuerzo. Uno de dichos guías, que habla ladino, nos dice que lo hecho aquí puede compararse a lo narrado en el documental cinematográfico titulado *La Casa del Desierto,* que en 1947 ganó el primer premio en el Festival de Venecia, y cuyo tema era la colonización del salitroso valle del Jordán, cerca del Mar Muerto, en una zona que durante cuatro mil años no produjo un arbusto, una hierbecita, una partícula de vida. Uriarte consigue que nos deje en paz y acto seguido el guía se lanza sobre un grupo compuesto por seis negros altos, esbeltos, llegados de alguna república africana, que mueven las manos como si se abanicaran y que le indican que se van directamente a uno de los vaporcitos anclados, prestos a salir para Cafarnaum.

Claro, claro, esos guías no tienen la culpa de que los peregrinos cristianos no anden por aquí buscando plátanos y tomates, de que busquen a Jesús. Uriarte insiste: «Lo que lamento de veras es no tener acceso al parque público en que están enterrados otros famosos rabinos, además de Maimónides, que los judíos llaman Ramban. Junto a él descansan en paz —por cierto, que en el "Bar Ovidio" se discutió si "sin" paz el descanso es posible—, Johanan Bei Zakkai y sus discípulos Eliezer *el Grande* y otros cuyos nombres no hay manera de metérmelos en la cabeza. ¡Ah, y más aún! ¿Veis aquella tumba sencilla y blanca, allá arriba? Pues dentro "descansa" igualmente el rabino Akiba, al que los romanos descuartizaron por las buenas en el siglo ii, quizá después de tomarse un placentero baño contra la gota. —Uriarte, erguido, de pie, va girando la vista en torno—. ¡Sí, hombre, sí! El guía tenía razón: todo eso es para verlo... Safed fue el centro de la Cábala, rompecabezas que el día que se entienda dejará de serlo, pero en Tiberíades se compuso nada menos que el Talmud llamado de Jerusalén, en el que se recogen gran número de tradiciones orales trasmitidas desde la época babilónica, algunas de las cuales es preciso confesar que podría firmarlas san Agustín y hasta, si me apuráis, el padre Emilio... Por ejemplo: "Quien hiera a su prójimo está obligado a una reparación quíntuple: pagar el daño causado, el dolor, la medicación, la pérdida de tiempo y la humillación." ¿Eh, qué opina el cura mañico, qué opina el inquisitivo novelista, mucho más soportable al natural que si uno se atiene a las descripciones que le llegan de San Salvador?»

La mañana se agiganta, bajo un sol que justifica la idolatría de los egipcios y, al otro confín, la de Tupac Amaru y sus seguidores. Me encuentro en mi elemento, como Isidro en la Escuela Bíblica o rastreando datos por los rincones del Santo Sepulcro.

Hay vida, vida a mi alrededor. Amigo Uriarte, yo creo que sí, que sin paz el descanso es posible. Los epitafios, por tanto, apuntan certero. Mi espíritu ahora descansa precisamente porque no está encerrado debajo de una losa, ni, como el rabino Akiba, en el interior de una blanca ermita; descansa porque vive y porque percibe el hondo rumor de la respiración humana a su lado. Respiración de varios yemenitas que, sentados en cuclillas, ofrecen fruta como en un mercado; respiración de los submarinistas franceses —¡ahí están!—, que, embutidos en sus escafandras, se suben a una lancha motora para salir como siempre en busca de los bancos de peces de que habla el Evangelio, ocultos en alguna fosa profunda; respiración de unos peregrinos con pantalón corto y sombrero bávaro que, apenas apeados del autocar, se han acercado al malecón y se han quedado como hipnotizados contemplando el mar, formando una piña compacta. sin atreverse a cantar *Hosanna,* quizá por la proximidad de los soldados, cuya guardia coercitiva, al relacionarla con los rabinos enterrados, me recuerda algo que leí hace tiempo: que en determinados pueblos franceses la Policía municipal prohibía tocar la trompeta cerca de los cementerios.

Vida, vida en Tiberíades. Gracias a Uriarte, que se conoce el sitio y «ve» tanto que a lo mejor, detrás de sus gafas negras, tiene tres ojos y no dos o sólo uno, sorteando los centinelas hemos llegado a una pequeña playa no muy alejada en la que me es dado presenciar una escena sin importancia, nimia, pero que, por influjo del sol o del trago de café que me he servido del termo, ha desembridado mi corazón y me ha situado en trance de querer cantar, como los bávaros, *Hosanna* o algo parecido.

Escena infantil, sin otro espectador que yo, puesto que Uriarte e Isidro se han enfrascado en un diálogo sobre la ferocidad de una frase de Renan, en la que el escritor dijo «que no veía razones para que un papú sea inmortal». Cinco niños bien trajeados, en línea en una pasarela que se adentra por sobre el agua —tal vez, un embarcadero—, juegan con barquitos-miniatura, teledirigiéndolos gracias a un misterioso aparatito que cada uno tiene en la mano. Los barquitos se alejan, describen un círculo perfecto y regresan mansamente a la orilla. Los niños accionan otra vez el aparatito y los barcos se alejan todavía más, se paran, bruscamente giran a derecha o a izquierda y al final vuelven y se detienen; y al detenerse, se achican tanto y parecen tan inútiles que casi inspiran piedad.

Los cinco niños no pronuncian una sílaba. La técnica los tiene embobados como a mí me embobaban las peonzas o las canicas. Y cerca de ellos, a unos diez metros de distancia, un niño solitario, descalzo, de ojos negros y profundos como acaso lo sean los de los niños papúes, va elaborando con suma agilidad, aunque sin prisa, una barquita de papel.

Nadie, repito, repara en él, ni siquiera los cinco futuros ingenieros electrónicos; y sólo Zaid podría asegurar si es, como yo sospecho, un niño árabe, que en vez de irse a la escuela se ha venido a mendigarles algo a los turistas o al mar.

El caso es que la terminación de la barquita ha coincidido con el cansancio de los niños judíos, que han dado por finalizada su exhibición, han recogido sus pequeños prodigios náuticos y se han ido, tan contentos; momento en que el otro niño, artesano, de ojos negros y descalzo, se ha metido en el agua, se ha metido hasta un poco más allá de donde se formaba la diminuta ola y depositando su frágil y picudo juguete en la superficie le ha dado, con pericia de experto, el necesario empujón para que la barquita no regresase, para que se fuese mar adentro, poco a poco, tambaleándose, como cualquier ser recién nacido, pero al mismo tiempo con seguridad.

Con seguridad desconcertante, gracias a la cual al poco rato la barquita era mucho más pequeña aún, una mota blanca apenas perceptible, pero que por lo visto no tenía la menor intención de naufragar. Momento peligroso ha sido el oleaje que se ha formado al paso allá lejos de una pareja de esquiadores, tensos detrás de una lancha motora; pero, ni por ésas. El agua ha recobrado su calma y la mota blanca estaba allí, alejándose cada vez más, mientras el niño exteriorizaba su emoción primero haciendo crujir sus dedos y luego llevándose las manos a la cabeza.

¿Por qué esa escena, ese contraste, ese desafío involuntario y anónimo me ha impresionado tanto? Sería absurdo sacar conclusiones. Y sin embargo, el hecho estaba ahí: las barquitas aerodinámicas y teledirigidas no habían tenido otro remedio que regresar, prisioneras de su propia maravilla, mientras que la humilde barquita de papel proseguía su aventura, con toda su locura y su bohemia a cuestas.

Es probable —me digo— que en el mar de Galilea sean ésas las cosas que desembridan el corazón.

Uriarte e Isidro regresan a mi lado. Aquél me pregunta si tengo algún plan fijo. «Tú eres quién debe decidir. Que yo sepa, no te ha mandado ninguna agencia, de modo que estoy a tus órdenes.» Luego añade que lo que importa es aprovechar el tiempo. «Precisamente Isidro me estaba contando que los romanos dedicaban las mañanas al trabajo y a los asuntos serios, y las tardes a la siesta y a divertirse. Qué te parece si les imitamos en lo primero?»

Mi idea es muy clara, y así se lo digo. Lo que me apetecería de verdad sería alquilar una lancha motora y dar unas cuantas vueltas costeando, y luego irnos hacia el centro del lago y allí pararnos un rato y leer algún fragmento del Evangelio referido a Galilea. «Después regresamos, miramos el reloj y vemos el tiempo que nos queda.»

Uriarte, sonriendo, levanta su mano inútil, señal inequívoca de que pido la Luna. ¿Cómo encontrar una lancha libre a esa hora? No obstante, es hombre práctico, eficaz. «Para que digan que los catalanes no tenéis imaginación. Pero en fin, voy a ver...»

Se separa de nosotros y se dirige al encuentro de un sargento de Policía que presta servicio en el *parking*. Isidro me dice: «Seguro que es amigo suyo. Conoce a todo el mundo. Lleva aquí tantos años...»

Todo en regla. Uriarte vuelve, mientras vemos que el sargento habla con un soldado y que éste sale corriendo en dirección a los embarcaderos. «Muy amable. Ha dicho que sí, que hará lo que pueda, en honor de san Francisco. Llamarán al club "Minus 206", que se ocupa de esas cosas. A lo mejor ni siquiera te cobran...»

Mientras aguardamos el resultado de la gestión, pienso que realmente debe de ser difícil negarle algo a Uriarte. Se ríe como un chaval travieso —como un chaval con juguete electrónico—, pero tiene empaque, autoridad. Y su voz es grave, con vibraciones casi castrenses. Ginesillo lo definió: «Por un lado es duro, ignaciano, con sentido jerárquico; por otro, ingenuo y un poco místico, como los primitivos frailes de la cuerda.»

Los diez minutos que tarda en hacer su aparición la lancha motora —«sí, hombre, sí, al sargento lo conozco desde que llegó aquí sin saber una palabra de hebreo»—, nos permiten presenciar cómo tres peregrinos que forman parte de un grupo se acercan a la orilla llevando tres palomas mensajeras, a las que besan con unción antes de soltarlas con el clásico ademán de despedirse para siempre... Las palomas, que con toda seguridad llevan atado el correspondiente anillo con mensaje —¿para quién?—, echan a volar con sorprendente velocidad y ganando rápidamente altura. Se han constituido en la gran atracción. Todo el mundo sigue su vuelo, especialmente los soldados, que no comprenden cómo puede permitirse una cosa así. En efecto, podría ser un acto de espionaje de lo más primario, pese a que la emocionada expresión de los peregrinos no invita a sospecharlo. Pero no pasa nada. Ningún oficial ordena perseguir a las palomas, lo cual, por otra parte, no resultaría nada fácil.

Uriarte confiesa que para él el número es una novedad. Yo recuerdo que Peyreffite, en su libro sobre el Vaticano, cuenta que la bendición de palomas mensajeras es una piadosa costumbre del actual pueblo romano, y que el protector de ellas —bella coincidencia— fue el Bautista, porque hizo descender el Espíritu Santo sobre la cabeza de Jesús.

Isidro ignoraba ese detalle piadoso de Roma; en cambio, provoca la más estentórea carcajada de Uriarte al informarle de que en la actual España-confesional-católica el Bautista no aparece adscrito a ningún sindicato relacionado con las palomas y sí, en cambio, al de la Ganadería. «¡No te rías, por favor! Buscaban un patrono para las carnicerías, y al tropezar con el episodio de la *degollación* eligieron a Juan.»

En lancha motora en el mar de Galilea

Poco después nos encontramos sentados en una lancha motora del «Minus 206», coqueta, pintada de rojo, que se desliza con suavidad sobre el agua tranquila. El piloto o patrón, con visera y exhibiendo en el jersey la estrella de David, es hombre de facha malhumorada. Al parecer, sólo habla hebreo y unas cuantas palabras de inglés. Da la impresión de que el paseo no le apetecía en absoluto, y que si pudiera desahogarse escupiría las palabras.

Curiosamente, a mí me ocurre lo contrario. Mi emoción es tan fuerte que me golpea dentro del pecho. Ese mi corazón imaginativo, al que por banda aludió Uriarte, se ha puesto a golpear. Pienso y siento mil cosas a la vez. Lo primero, que éste es el mar de Galilea y que en el universo mundo no existe otro igual. Segundo, que me encantaría pasar junto a la barquita de papel del niño descalzo y de pelo negro y rizado. Tercero, que el sosiego del agua me retrotrae al lago de Stynfalos, en Grecia, cuya visión —visión de paz «viva»— tanto me impresionó. Cuarto, que es una pena que mi mujer no esté a mi lado, mojando su mano, como yo lo hago, en la estela espumosa que la lancha crea. Quinto, que acerté al suponer que en las colinas abundaban las palmeras, las acacias y los eucaliptus; por último, he aquí que Tiberíades, desde el mar, se asemeja increíblemente a los pueblos de la Costa Brava, de la costa de mi tierra y de mi mar.

Bordeamos la orilla en silencio. Uriarte e Isidro se han dado cuenta de mi tictac y lo respetan. Lo que ignoran es que tan pronto me complace que otras embarcaciones, y hasta esquíes acuáticos, crucen cerca de nosotros, como desearía barrerlas de un soplo y quedarnos solos, con toda la superficie para nuestra lancha pequeña, coqueta y roja. También ignoran que estoy desorientado, que no sé dónde quedan el Norte y el Sur, pero que, en cambio, la serenidad de las colinas y del agua hacen que la figura de Jesús se me aparezca, como en varias ocasiones me ocurrió en Jerusalén, verosímil, familiar. No consigo verle el rostro, eso no, quién sabe por qué atávicos temores, derivados acaso de las palabras de Juan: «A Dios nadie le ha visto»; pero sí veo su figura esbelta, joven, con túnica blanca de lino, con mangas largas. Si son mis ojos interiores los que lo ven, Jesús se nos acerca caminando sobre las aguas; si son mis ojos externos, se me empañan los cristales de las gafas y su imagen se me ofrece mucho más vaga, sentado allá a lo lejos, en tierra firme, charlando con sus apóstoles y discípulos u observando, con aire divertido, las gastadas suelas de sus sandalias.

Pero no quiero que Freud se apodere de mí en esos instantes que son, por partida doble, fugaces y eternos. Querría, sin dejar de sentir, amarrarme a la realidad. No está mal —vuelvo a recordarlo— lo dicho por Marco Aurelio: «Desaparecerás dentro de aquello que te ha creado»; pero yo no quiero, precisamente ahora, desaparecer, como han desaparecido la barquita y las palomas mensajeras.

El patrón de la lancha ha oído, sin duda, mi deseo. Sorteando dos barcas de vela, preciosas siluetas, ha hecho un viraje suave, perfecto y se aparta de la costa y se dirige hacia el centro, mientras Uriarte, que tiene buen cuidado de conservar su boina, comenta: «No creas que el agua siempre es tan azul; en días nublados es más bien violeta.» Isidro cree saber que en algunos lugares su profundidad alcanza los doscientos metros.

Resulta extraño que sean ahora ellos quienes se dediquen a concretar. Incluso, señalándome con el índice una de las motonaves —gracias a lo cual logro saber dónde estoy—, me dicen que existe un laboratorio dedicado a analizar constantemente el agua para mantener su salubridad y un promedio salino adecuado. Uriarte añade que la ensenada de Genezaret, en donde se mezclan las aguas frías procedentes del deshielo del Hermón con las aguas tibias que vierten las fuentes de Cafarnaum, es propicia a la abundancia de peces, dato orientador para los submarinistas..., pero también para los estudiosos de la geografía paisajística de los Evangelios.

Estamos en el centro del lago, brazada más, brazada menos. A indicación de Uriarte el malhumorado patrón detiene la lancha, que se balancea más de lo debido. Las embarcaciones que van y vienen al paso nos envían saludos: cortesía del mar. Los tripulantes de una de ellas lo hacen levantando simultáneamente los remos, lo que a Uriarte le recuerda las regatas del Cantábrico.

Uriarte demuestra que no se le olvidó mi deseo. Transcurrido el tiempo justo para adecuar nuestro ánimo, saca del bolsillo un ejemplar del Nuevo Testamento —minúsculo, similar al utilizado por el padre Franquesa—, y me pregunta si tengo preferencia por algún pasaje, por algún texto determinado. Encojo los hombros. «No importa. Lo dejo a tu elección.» Uriarte reflexiona un instante y dice, mientras va hojeando las páginas: «Bien, en ese caso escuchemos esos versículos de Mateo... Corresponden al capítulo cuatro y es un texto muy conciso sobre la predicación de Jesús en Galilea.»

Recorría toda la Galilea, enseñando en las sinagogas, predicando el evangelio del reino y curando en el pueblo toda enfermedad y toda dolencia. Extendióse su fama por toda la Siria, y le traían a todos los que padecían algún mal: a los atacados de diferentes enfermedades y dolores y a los endemoniados, lunáticos, paralíticos, y los curaba. Grandes muchedumbres le seguían de Galilea y de la Decápolis, y de Jerusalén y de Judea, y del otro lado del Jordán.

Nada más. La voz de Uriarte ha sonado con desacostumbrada sencillez. Ni el menor énfasis, aunque tampoco el menor asomo de rutina. Me doy cuenta de que, para no distraerme, yo había cerrado los ojos. Al abrirlos, veo que Isidro mira vagamente en dirección a Tagbha y a Cafarnaum.

El silencio nos duele, ¡cómo puede doler el silencio!, de modo que Uriarte lo quiebra.

—Hermoso, ¿verdad?

—Desde luego...

—Bien, pues creo que podemos regresar.

El patrón, como si nos hubiera entendido, tira el pitillo al mar, pone el motor en marcha y acciona el timón, rumbo a Tiberíades.

Y he aquí que, no sé por qué, ahora el ruido del motor me molesta, se me come la memoria. Querría recordar los versículos uno a uno y de corrido y no puedo; sólo he retenido el final y el principio: que grandes muchedumbres le seguían de Galilea y de la Decápolis, y de Jerusalén y de Judea, y del otro lado del Jordán, y que recorría toda la Galilea, enseñando en las sinagogas...

Isidro, inesperadamente, cede una vez más a la erudición.

—Hay que ver —dogmatiza— hasta qué punto Mateo elude siempre lo anecdótico. Como buen recaudador de contribuciones, se preocupa por la exactitud... Lo suyo era la catequesis, no el relato.

—¡Afortunadamente! —exclama Uriarte—. Apañados estaríamos que los evangelistas hubieran nacido en el Ampurdán...

Mi silencio desconcierta a Uriarte. Esperaba que mi respuesta iba a ser automática, lo cual siempre lo hace feliz. No hay tal. El ruido del motor continúa obsesionándome. Ni siquiera soy capaz de rezar.

Llegamos a Tiberíades y mi sorpresa es mayúscula al comprobar que nuestro malhumorado patrón ha recibido orden de no cobrarnos un céntimo, un *agorot*, por su servicio. ¿Qué manejos se traerá Uriarte con el sargento de Policía cuya ayuda recabó? El hombre que con su pitillo no consiguió incendiar el mar de Galilea —*mea culpa,* tampoco me consta que ésa fuera su intención—, rechaza incluso cualquier tipo de propina. Lo único que le complace es poder decirnos *shalom* y salir zumbando de nuevo hacia el club «Minus 206», lo que hace sin perder un instante.

Solos los tres, nos miramos un momento y, de repente, nos invade una alegría inexplicable, menos concreta que el texto de Mateo. Una alegría tan profunda como pueda serlo la más profunda de las fosas del lago. Ni siquiera tenemos necesidad de reírnos. Es una alegría casi táctil, que se manifiesta en nuestra manera de movernos, de estar juntos. A veces ocurre algo semejante en el aire, entre las escuadrillas de aviones acrobáticos que ofrecen una exhibición.

Aquí el final es más modesto. De mi bolsa en bandolera —eterna compañía—, emerge el termo. Uriarte emite murmullos de placer anticipado. Nos tomamos, por riguroso turno, sendos cafés calientes, que en honor de Herodes Antipas podríamos calificar de hedonistas.

—No andes con eufemismos —corta Uriarte—. Han sido tres cafés obscenos.

—Es cierto —admite Isidro, paladeándolo aún.

Isidro ha hablado tan seriamente que por fin desahogamos al unísono nuestra hilaridad.

Hacia las Bienaventuranzas y Cafarnaum

Tenemos mucho que hacer, si queremos imitar a los romanos en su costumbre de ocupar las mañanas en asuntos serios. Así que decidimos tomar la motonave que conduce a Cafarnaum. Todavía los yemeníes, en cuclillas, sin haber modificado su postura, ofrecen fruta varia; junto a ellos, hay ahora unos cuantos pescadores gritando su mercancía plateada, coleante.

Subimos a una motonave que, según ha podido saber Uriarte, a petición de unos expedicionarios hará una escala imprevista cerca de Tagbha, donde nos bajaremos, si no tenemos nada que objetar. «Ni programado a propósito. El itinerario a la inversa. Luego haremos a pie el trayecto hacia las Bienaventuranzas y Cafarnaum. Es un camino corto y delicioso.»

El vaporcito se llena en un santiamén. Los ocupantes son muy varios. Un grupo canadiense, en cuyos bolsos de mano exhíben el emblema de las próximas olimpíadas de Montreal. Otro grupo, boliviano, compuesto principalmente por viejecitas indias, indias de pura raza, de rasgos impresionantes, sentadas con absoluta inmovilidad. El jefe de dicho grupo es un hombre joven, extravertido, occidentalizado, con corbata. También hay dos muchachas con el uniforme del Ejército israelí, situadas estratégicamente. Dan la impresión de cumplir con indolencia su labor de vigilancia.

En cuanto la motonave se pone en marcha Isidro saca con su máquina primeros planos de las viejecitas bolivianas, y al advertir que éstas no protestan se relame con gusto el labio inferior. Su comentario en voz alta —«muchas gracias»—, se basta para convertir al joven jefe del grupo en un torrente verbal. Nos pregunta quiénes somos, si es la primera vez que visitamos Galilea, dónde nos hospedamos, etcétera. Él es médico, urólogo, y amplió sus estudios en Barcelona, a las órdenes del doctor Puigvert. Al saber que dicho doctor es amigo mío se acerca procurando mantener el equilibrio y, por las trazas, dispuesto a abrazarme. Una mirada irónica de las dos muchachas con el uniforme israelí lo detiene. Sin embargo, no para de hablar, contándome hasta qué punto el doctor Puigvert, hombre eminente, le descubrió los encantos técnicos de su difícil especialidad quirúrgica. No me queda más remedio que ser cruel y rogarle que me permita, por lo que más quiera, gozar del espectáculo irrepetible que nos brinda la travesía que estamos realizando. «Compréndalo, amigo... —le digo, señalando el lago y luego la costa que desfila ante nuestros ojos—. No me he pasado cincuenta años y pico de mi vida soñando con el mar de Galilea para cruzarlo oyendo a un joven doctor boliviano hablar de urología...»

El hombre inclina la cabeza y me pide excusas. Decir que su aspecto es ahora feliz sería inexacto. Las viejecitas indias, de raza pura, permanecen inmutables. Son varias las que han cerrado los ojos, dormitando, al parecer. Entretanto, los canadienses, muchos de ellos con prismáticos, elogian con tal fervor el tupido mundo vegetal que puebla la ladera que se diría que proceden de un país en el que los árboles constituyen una especie desconocida.

Uriarte se me acerca y barbota, supongo que en vascuence:
—Ruega al Señor que el urólogo no se apee en Tabgha...

El Señor escuchó su voz. Y la mía. Se apean los canadienses, pero los bolivianos prosiguen viaje hasta Cafarnaum.

Ponemos pie a tierra y advierto que Uriarte ha avanzado ya unos cuantos metros en dirección a una rústica iglesia de piedra de basalto, con puerta y ventanas pintadas de un horrible color blanco. El camino es silvestre, poético, e Isidro me informa de que se trata de la iglesia franciscana del Primado, erigida en el lugar —Et-Tabgha— en que, según el Evangelio de Juan, Jesús, en una de sus apariciones después de resucitado, confirmaría la primacía de Pedro diciéndole: «Apacienta mis ovejas.» También se erige en el contorno la iglesia benedictina que conmemora el milagro de la multiplicación de los panes y los peces. «Por desgracia —añade Isidro—, ese milagro de la multiplicación es uno de los que me resultan más incómodos. ¿Por qué? No lo sé. Siempre me ha parecido una alegoría al manjar espiritual.» Yo le contesto que, personalmente, más incómodos me resultan aún los milagros referidos a los endemoniados. «Pues si que estamos apañados —comenta, ajustándose las gafas—. Uriarte no admite al respecto la menor discusión.» «Me sorprende que me digas eso.» «¿De veras? Prueba y verás.»

Llegamos ante la iglesia. Unos peldaños, descubiertos por los arqueólogos en uno de sus flancos, descienden hasta el lago. Podrían ser los que reseña la peregrina Eteria en su diario del siglo IV: «No lejos [de Cafarnaum] se ven como unos peldaños en la roca sobre los cuales estuvo el Señor.» Hay pilones para el amarre de las barcas. Los guijarros de la orilla son negruzcos y varios peregrinos canadienses que intentan adentrarse en el agua se tambalean y están a punto de caerse. Por descontado, el sitio es de pescadores y debió de serlo igualmente en la época de Jesús.

Recordando al turista de que Uriarte habló, empeñado en saber si en la última Cena se usaron tenedores, doy por verdadero el lugar y me descalzo. «¡Toma! —exclama Uriarte—. No me dirás que vas a rebautizarte los pies...» «Los pies, los ojos y la cabeza —le contesto—. Llevo años temiendo quedarme paralítico, ciego o sin fuerzas para escribir.» Y arremangándome los pantalones hasta la rodilla penetro también en el agua, cuidando de no apartarme demasiado de un arbusto que ha crecido en ella, junto a una roca.

Después de quitarme las gafas y guardarlas en el bolsillo, me lavo sucesivamente la cara —frotándome con fuerza los párpados—, la cabeza y la nuca. Y ya metido en faena, me desabrocho la camisa y me froto repetidamente la zona del corazón. Entretanto, y como siempre, mi única súplica es la que anuncié: recobrar la salud, que siento tan quebradiza. «Si Tú quieres, Señor, puedes curarme...» Estoy tentado de rezar un Padrenuestro, pero se me antoja muy largo para la ocasión. Al abrir los ojos noto que pierdo el equilibrio y la miopía me permite justo asirme al arbusto que tengo al lado. Recobrado al fin, respiro hondo varias veces y me llega el olor del agua, olor agradable. Con cuidado me pongo las gafas para poder salir sin quebranto, y gracias a ellas veo que son varios los canadienses que, previsoramente, han traído sus cantimploras. Agachados, las llenan y beben un sorbo. Yo he tragado agua al frotarme la cara —sabor más bien dulzón—, de modo que me dirijo a la orilla y en el último momento lo que hago es recoger un par de pequeños guijarros, pulidos, verdosos. Al pensar que los guardaré siempre, hasta la muerte, recojo algunos más, para obsequiar con ellos a las personas que quiero.

Ya fuera, me siento sobre la hierba, donde dejé los calcetines y los zapatos. He de esperar un poco a que se me sequen los pies, cuya blancura, excesiva, detonante, me da un poco de asco. Uriarte e Isidro se me acercan. «Me dan asco mis pies», les digo. Uriarte, que con toda evidencia no esperaba eso, hace una mueca. «¿No te ocuparás demasiado de ti?», me pregunta, al cabo. «Desde luego —admito—. Es mi peor defecto. ¿Crees que tiene remedio?» «No lo sé —contesta—. No es fácil... Habrás rezado algo, ¿no?» «Sí, claro, ya te lo dije. Le he pedido a Jesús mucha salud.» «Ya...» Habla Isidro, echándome un capote. «Te advierto que no eres el único —dice—. Tiene muchos más adeptos el *Libro de Job* que el *Castillo interior* de santa Teresa...» «Gracias, Isidro; pero es Uriarte quien tiene razón.»

En ese momento se me acerca, sonriendo gentilmente, una peregrina canadiense y me ofrece una pequeña toalla, que saca de su bolsa olímpica. El detalle, oxigenante, tiene una triple utilidad: remonta mi ánimo, constituye una lección... y me sirve para secarme los pies.

Echamos a andar hacia el santuario de las Bienaventuranzas, cuya línea octogonal, muy lograda, a mi juicio, he visto reproducida por doquier desde que llegué a Tierra Santa.

En el camino puedo comprobar las extrañas consecuencias de mi confesión de egoísmo. Uriarte e Isidro, con sendas briznas de hierba en los labios, en vez de dedicarse a explicarme el paisaje —¡estamos en el meollo de la zona de operaciones de Jesús en Galilea!—, se enfrascan de lleno en un diálogo sobre Job, sobre santa Teresa, sobre sutilezas bíblicas que nada tienen que ver con la realidad actual de esos atajos y de esas praderas. Mi consuelo es menguado: acariciar, en el fondo del bolsillo, los guijarros que me llevé, haciéndolos tintinear como cuando era niño.

Oigo a mis amigos —a Uriarte, no sé por qué, lo *siento* como a un hermano—, sin prestar la debida atención a sus palabras. Me preocupan más las hormigas que veo corretear a mi paso, ¡un cangrejo!, un rebaño de ovejas allá en la cima de un otero. No obstante, entiendo que, según Isidro, el Libro de Job, quien fue la única figura del Antiguo Testamento que se atrevió a hablar de los *terrores* de Dios, es la expresión más palmaria de que la religión judía no fue nunca ascética —«ni siquiera Jesús fue esencialmente un asceta»—, y de que jamás las enseñanzas judaicas tuvieron como finalidad aceptar el infortunio propio de la condición humana. Isidro ha recitado de memoria unos versículos de Job, en los que éste le pregunta a Dios *si obtiene placer en oprimir, en favorecer los designios de los malvados, si tiene ojos de carne, si ve o no ve del mismo modo que los hombres.* Uriarte, cuya fe sobrevuela toda objeción, lo que le permite salpicar de interjecciones sarcásticas ese conato de rebeldía de Isidro, contrapone a las impugnaciones de éste la actitud humana de santa Teresa, que se pasó la vida cargada de achaques, enferma, que por orden de su padre estuvo a punto de morir en manos de una curandera y que pese a ello trabajó sin queja, sin preguntarle a Dios si obtenía placer en oprimir y erigiéndose en ejemplo insigne del poder del espíritu. «Lo único que le reprocho —sonríe Uriarte, al coronar una cuesta—, es que no siguiera el ejemplo de Eteria y no viniera jamás a Tierra Santa.» Isidro sonríe a su vez. «¿Por qué te extraña? Era de Ávila y le bastaba con sus éxtasis y con defenderse de la Inquisición.»

Yo sigo con mi paisaje y con mis hormigas, puesto que el cangrejo y las ovejas han desaparecido, y mis dos acompañantes no cesan de hablar. Sin embargo, Uriarte debe de haberse cansado de tanta solemnidad y oigo cómo le cuenta a Isidro que un cura tontiloco que encabezaba una peregrinación de jovencitas de Córcega, terminó su emocionada plática en la Basílica de la Anunciación diciéndoles: «¡Imitad a la Virgen, queridas niñas! ¡Sed, como ella, vírgenes y madres!»

He aquí el santuario de las Bienaventuranzas, erigido en un sitio en el que, a juzgar por las exploraciones, no estuvo habitado hasta la época bizantina, de modo que en tiempos de Jesús debió de ser rocoso y agreste. Ahora nos acercamos al templo por un majestuoso camino flanqueado de palmeras. Mi gozo es grande al comprobar que en esa ocasión las reproducciones han sido fieles. La estructura del edificio es bella, armónica, con su cúpula verde oscuro y sus arcos delanteros destacando sobre el fondo azul claro del mar allá en la hondonada. Recuerda un poco una tienda de campaña e Isidro elogia sus dimensiones, nada exageradas y su ajuste natural al entorno campestre que en la actualidad preside. «Siempre la he defendido —afirma Isidro—. Es fruto de una calculada meditación.»

Uriarte nos propone entrar. Confiesa que no es un contemplativo, pese a admirar los éxtasis de santa Teresa. Entramos, pero resulta que la iglesia propiamente dicha está ocupada por un grupo que nos ha precedido, lo que nos obliga a refugiarnos en el pasillo lateral, que da en semicírculo la vuelta entera. Ocho vidrieras —ocho bienaventuranzas— convergen hacia dentro, hacia el altar; alegres ventanales dan vista al exterior, cuyo panorama sobre el lago es realmente espléndido.

Ni siquiera tenemos tiempo de pegar la nariz en los cristales. En el recodo del pasillo vemos unos cuantos jóvenes de ambos sexos, vestidos con camisas llamativas y pantalones tejanos, que de pronto rompen a cantar, acompañándose con guitarras eléctricas, un Aleluya que nos estremece. Tiene toda la fuerza de un canto negro espiritual, pero sin tristeza, sin derrota, con la alegría que comporta un Aleluya. Los muchachos, sin duda americanos, llevan barbas como la de Ginesillo y las chicas exhiben abalorios de remoto origen africano. Al término de ese grito inesperado se hace un silencio y los cantantes se reclinan con indolencia en la pared y en los cristales de atrás. Uno de los chicos pide un bocadillo y un compañero se lo da.

—Entrada triunfal...

—Desde luego.

—A menos que Uriarte nos lo tuviera preparado...

—¡Estaría bueno! —protesta éste—. ¿Por qué?

Los cantantes se van, y acto seguido llegan los canadienses, cuyo grupo debe de haberse fraccionado, y ocupan su sitio. El *clergyman* que los dirige los reúne a su alrededor y se apresta a leer el correspondiente Evangelio. Los oyentes adoptan posturas posiblemente similares a la que yo mismo adopté en la lancha motora cuando Uriarte abrió su librito. Resulta una experiencia escuchar aquí mismo las Bienaventuranzas, el inicio del Sermón de la Montaña, en francés con acento de Quebec. «Bienaventurados los pobres en espíritu, porque de ellos es el reino de los cielos.» «Bienaventurados los que lloran, porque ellos serán consolados...» Aquí se acabó. Ya no escucho nada más. ¿En qué quedamos? Si los que lloran recibirán consuelo, ¿no tiene uno derecho a pedirle a Dios que no le oprima, no tiene uno derecho a frotarse con agua bendita del mar de Galilea la cabeza, la nuca, el cuerpo entero y quebradizo?

Uriarte se ha quitado la boina. Su transformación es radical. Cráneo ovalado, restos de pelo blanquirrojo. Su personalidad se ha fraccionado también por la mitad. Pero, ¿qué importa eso? Él es acreedor, por méritos propios, a muchas Bienaventuranzas; por ejemplo, la sexta: «Bienaventurados los limpios de corazón, porque ellos verán a Dios.» Su corazón es más limpio que el mío, ¡qué duda cabe! Lo abandonó todo, su familia, su Cantábrico natal, el Aleluya en *euskera* y se vino aquí, a enseñar a quien se lo pidiese que en el principio fue el Verbo y que de Él no nos llega ahora aquí otra cosa más que los ecos de los ecos.

Se ha hecho otro silencio. Los canadienses, con los ojos bajos, miran al suelo. De vez en cuando se persignan, otros se llevan a los labios la medalla que les cuelga en el pecho y la besan.

Imposible entrar. «¡Han llegado los bárbaros!; perdón, los bávaros...», dice Uriarte. En efecto, nos han ganado por la mano. Posiblemente ellos realizaron el trayecto normal y desde Tiberíades se fueron primero a Cafarnaum. Como fuere, han sustituido en la iglesia a los salientes y no queda un hueco. Así que nos vamos fuera, no sin cierta impaciencia por mi parte y nos encontramos con una pléyade de *boy-scouts* que, al son de unos tamboriles, enlazadas las manos, danzan a la buena de Dios una especie de sardana, entre gritos y jolgorio.

—Isidro, ahí tienes una buena foto...

—No... Estaba pensando en un apócrifo gnóstico del siglo II, las Actas de San Juan, en el que se habla de que los discípulos formaron corro alrededor de Jesús, cogidos de las manos y bailando con ritmo cadencioso y rápido...

Uriarte, ya con la boina puesta, se ríe.

—¡Ja, ja! ¿Verdad que no tiene remedio?

—Me temo que no.

Pero al cabo de un cuarto de hora largo podemos entrar. «Quien la sigue la consigue.» Estamos en el interior de la iglesia, que súbitamente se ha quedado casi desierta.

La cúpula es dorada, moteada de ojos azules; veo columnas de bronce; mármoles por doquier y, en el centro, un elegante altar de doble mesa, tal vez de alabastro. Uriarte me llama a un lado para mostrarme los mosaicos del suelo. Hay siete, todos ellos magníficos, que representan las siete virtudes cardinales: la Justicia, la Caridad, la Prudencia, la Fe, la Fortaleza... ¡Cuidado! De nuevo, algo me llama la atención. Entre las virtudes, un mosaico con la inscripción *1937-XV ITALICA GENS,* que conmemora nada menos que el decimoquinto aniversario del fascismo italiano...

Mi asombro no tiene límites. Uriarte, erguido, aparentemente impasible, se limita a rascarse la barbilla, en ademán que no acierto a interpretar, en tanto que Isidro, que obviamente sabía lo que iba a ocurrir, está de espaldas, contemplando una de las vidrieras laterales.

—Pero...

—Sí, fue un regalo del «Duce»...

Ahora sí me gustaría que Uriarte se quitara las gafas negras. No puedo por menos que mirar de nuevo el mosaico: *1937-XV ITALICA GENS*. Plena época fascista, claro; apoteosis mussoliniana. Recuerdo que ya en la mezquita de El Acsa, en Jerusalén, hay columnas de mármol donadas por Mussolini. Por lo visto, el hombre quería llenar de mármoles y lápidas las mezquitas y también los templos cristianos, quién sabe si para colocar en sus altares su propia estatua o las de los dioses paganos del imperio que pretendía resucitar.

Lo que no me cabe en el magín, lo que no consigo comprender, es que los franciscanos aceptaran de él esa limosna de mármol, ¡para el templo de las Bienaventuranzas! El arquitecto fue italiano, Barluzzi, el mismo que proyectó y realizó la basílica de Getsemaní. El *Custodio* era también italiano... ¿Y qué? ¿Puede alguien establecer el menor parentesco entre Jesús, Francisco de Asís y Mussolini? ¿Es que Mussolini se ocupaba de los pobres en espíritu y rendía tributo a las avecillas del bosque?

Salgo del santuario con la cabeza gacha, que es lo último que pude imaginar. Los guijarros suenan en mi bolsillo al entrechocar entre sí. Los *boy-scouts* ya no bailan; se han ido. Algunos bávaros sacan fotografías. No hay apenas nadie en el paseo de las palmeras, cuyas ramas se agitan un poco, no sé si por causa de mi excitación o porque ha llegado del Oeste una leve brisa.

Salen Uriarte e Isidro. Y Uriarte se planta delante de mí, más autoritario que nunca. ¿Qué ocurre?

—Para tu buen conocimiento —me dice—, la *Custodia* no tiene nada que ver con eso... Así que haz el favor de no formular juicios temerarios, a menos que prefieras tener que arrepentirte luego.

Le miro, perplejo, pues no se me alcanza adónde quiere ir a parar.

—¿Has dicho... que la *Custodia* no tiene nada que ver?

—Absolutamente nada. Aunque la idea de construir el santuario fue nuestra, en realidad es propiedad de la conocida Asociación italiana Ernesto Schiaparelli, que ha levantado en el Oriente Próximo varios hospitales y algunas escuelas... Así que ya sabes a qué atenerte.

Noto como un respiro, ya que Uriarte ha hablado con irrebatible seriedad. Sin embargo, no acabo de comprender la cuestión. No sólo me resulta difícil admitir que las guías están mal informadas, sino que me cuesta trabajo no acusar a los franciscanos de consentimiento o negligencia. ¿Podría Uriarte demostrarme que han hecho todo lo posible para que fuera quitado aquel mosaico-blasfemia?

Uriarte se niega a entrar en detalles. En su opinión, ha hablado lo suficiente. Por mi parte, me siento incómodo e inesperadamente me invade un hambre atroz. Miro el reloj: son las dos y siete minutos. Veo allá arriba la residencia de las monjas italianas donde con toda seguridad Zaid estará esperándonos.

En medio de un silencio un tanto violento echamos a andar. Por fin Isidro se decide a entrar en liza.

—Te lo has tomado a la tremenda...

—¡Toma! ¿Tú que opinas?

—Y lo curioso es que a la mayoría de peregrinos la lápida les pasa inadvertida.

—Pues a mí no.

Antes de llegar a la residencia de las Hermanas del Inmaculado Corazón me detengo un momento.

—Por supuesto —le digo a Uriarte—, cuando Pablo VI estuvo aquí se daría cuenta, ¿no es cierto?

Uriarte se detiene también. La pregunta no parece ser de su agrado.
—Pues... supongo que sí.
—Ya... Y no hizo nada para solucionar el asunto.
—Eso no podría decirte... —Marca una pausa y añade, un tanto socarrón—:
¿Sabes una cosa? En cuanto regreses a Jerusalén tomas papel y pluma y le escribes una carta... ¿Satisfecho? —Viendo que no lo estoy, añade, cambiando el tono de voz—: ¿Crees que a mí me gusta tener que pechar con el famoso mosaico?

Al llegar a la residencia se produce automáticamente un cambio de ritmo, puesto que el comedor está casi a tope y vemos a Zaid allá al fondo, compartiendo la mesa con tres de los negros africanos, altos y esbeltos, que vimos en Tiberíades. Zaid se levanta y se nos acerca, sin saber qué hacer con la servilleta y nos pide mil excusas. «Esperé una hora, hasta las dos, pero viendo que no llegaban decidí almorzar. Lo siento mucho...» «No se preocupe, Zaid. Hizo usted muy bien.»
No puede pedirse que el mundo —que los demás— compartan el propio y personal estado de ánimo. Las monjas que sirven las mesas, al reconocer a Uriarte se nos acercan también, con sus mejores sonrisas y encuentran un hueco para los tres en una mesa próxima a las máquinas tragaperras que sueltan vasos de plástico y los subsiguientes chorritos de café o «Coca-Cola». Zaid ha regresado a su sitio y hemos quedado en que nos reuniríamos a la hora del café. Uriarte le ha dicho: «El plan es que luego nos acompañe usted a Cafarnaum y a Caná.» «Conforme, padre, muy bien... ¡Ah, los spaghetti están deliciosos!»
Después de pasar por el lavabo, donde mi enfurruñamiento ha cedido un tanto —gracias a las últimas palabras que Uriarte me dirigió sobre el «pechar con el famoso mosaico»—, tomamos asiento en la mesa que nos ha sido reservada, en la que una jovencita de aspecto tímido come fruta, a la vez que sostiene en la mano un pitillo. Al vernos nos dice: «¡Oh, perdonen!; termino en seguida...»; y se come con rapidez el medio plátano que le quedaba, al tiempo que empieza a colocar en el bolso el mechero, la agenda, todas sus cosas. «No se preocupe, señorita. No nos molesta en absoluto...»; pero ella no se tranquiliza y aplasta la colilla en el cenicero, hasta apagarla del todo.
La monja que nos sirve se muestra tan diligente en traernos los spaghetti que apenas si ha tenido tiempo de echar una mirada en torno, pese a lo cual he podido ver que un retrato de Pablo VI preside el comedor, con una lápida conmemorativa del día en que estuvo aquí... Uriarte e Isidro fingen no darse cuenta y comentan que Zaid no mintió: los spaghetti están deliciosos.
Pronto la joven azarada y tímida se marcha, y entonces conseguimos restablecer la situación y comentar sin nervios, civilizadamente, la cuestión, que yo he calificado de blasfema. A mi juicio, el mosaico es una prueba más de las incesantes concesiones de la Iglesia al poder constituido, del que siempre anda a remolque, por temores que denotan su nebulosa inseguridad. Uriarte se muestra cauto, pero Isidro se despacha a gusto, a mi favor. «La cosa empezó con Constantino, y hasta hoy...» Alianzas, pactos, botafumeiros. San Pedro, pescador de oficio y con suegra enferma —cuya modesta vivienda visitaremos esta tarde en Cafarnaum—, no pudo sospechar nunca que tendría como sucesores a personajes como Julio II, como Bonifacio VII, quien mató de hambre, en el castillo de Sant'Angelo, a Juan XIV, su predecesor, y que a su vez murió envenenado. «El

temperamento italiano aquí ha hecho de las suyas; pero horroriza pensar lo que habría ocurrido si los Papas hubieran sido españoles.» «¿Y si hubieran sido franceses? ¿O rusos?» No, claro, no se trata de razas ni de hemisferios. El mal radica en la vana pretensión de «monopolizar» la idea de Dios, en partir de la base de que «Dios es católico». «De todos modos —digo—, perdonad que me desahogue por última vez... Que Franco entre bajo palio en nuestras catedrales, rodeado de ilustres y satisfechos purpurados, es insultante y casi cómico; pero que Mussolini plante su bota entre las Bienaventuranzas...» Uriarte reitera que precisamente Francisco de Asís intuyó desde el principio el riesgo de aliarse con las armas para defender el cristianismo, predicando que éste debía defenderse con el testimonio de vida. «Por otra parte —añade—, y para demostrar que tampoco los franceses se hubieran quedado cortos, recuerdo ahora que un obispo bretón, visitando el Calvario, les dijo a sus fieles seguidores que existían razones históricas para suponer que Jesús, un momento antes de expirar, volvió la cabeza hacia Francia...»

Suponemos que se trata de una broma, pero en cualquier caso sirve para disipar definitivamente el clima enrarecido que se creó en el interior del santuario.

La gente come de prisa y va marchándose. Y llega la hora del café y Zaid se reúne con nosotros en la mesa.

Nos tomamos un respiro. Zaid, ignorante de lo ocurrido, me mira reiteradamente con aire picarón, lo que me trae a la memoria la confesión que me hizo de que tenía en Tiberíades un *flirt* con una mujer judía... ¿Habrá aprovechado la mañana el muy tunante? No lo sé. Lo que sí es cierto es que la presencia de Uriarte le impone respeto. Le contesta casi con monosílabos, lo que, en el caso de Zaid, supone traicionarse a sí mismo.

Le contamos al taxista nuestra excursión por el lago con la lancha motora y luego el encanto de la travesía a bordo de la motonave. El tema le gusta, por lo que el hombre sale de su concha. Le gustan los lagos. Un americano le contó del Gran Lago Salado de los Estados Unidos, lago interior y un poco semejante al mar Muerto, puesto que el cuerpo flota en él como un tapón. «Me dijo que era enorme y que lo atravesaba una línea férrea. Al pronto no me lo creí, pero luego en Tantur me aseguraron que era cierto.» Asimismo nos dice que los negros que comieron con él se pasaron el almuerzo intentando describirle, a fuerza de abrir los brazos, la inmensidad de tres lagos africanos, el Victoria, el Tanganica y el Nyasa —nos muestra un papel en el que le anotaron con un bolígrafo esos tres nombres—, este último de más de quinientos quilómetros de longitud. «Está visto que el agua es indispensable, aunque un poco mal repartida... En eso los judíos llevan razón y hay que agradecerles el esfuerzo que han realizado aquí, llenándolo todo de tuberías.»

Yo hago una alusión a los sesenta mil lagos contabilizados en Finlandia, cifra que al pronto también estimé exagerada pero que viviendo allí pude comprobar que podía ser cierta. Y alabo asimismo el lago Baikal, de Siberia, el más transparente del mundo, con olas gigantescas y que por desgracia durante mi estancia en la Unión Soviética no conseguí visitar.

Isidro, con frecuencia imprevisible, justifica su repeluzno por los lagos en razón de que, al finalizar en el Seminario el segundo curso, hicieron una excursión al de Brazato, en el Pirineo aragonés, en el que quiso bañarse, como hacían los demás. El agua estaba tan fría que sufrió un colapso y estuvo a punto de ahogarse. «Los compañeros me sacaron, desde luego; pero entonces ocurrió lo peor. Ninguno de ellos se atrevía a hacerme el boca a boca, por miedo a la reacción del profesor de latín, que era el jefe de la expedición y mi director espiritual. Menos mal que un valiente se la jugó; de lo contrario, la Iglesia contaría ahora con un sacerdote menos.»

A Uriarte también le agrada el tema de los lagos, y se refiere a los muchos que hay cuyo protagonista es un monstruo terrorífico, comeniños, de formas antidiluvianas, en contraposición al protagonista del lago de Tiberíades, que es el inefable Jesús, capaz de acabar con todos los monstruos y, desde luego, de aplacar los mayores oleajes del lago Baikal o de cualquier otro.

La monja que nos sirve, que ha oído la intervención de Uriarte, ha comprendido perfectamente y ha aplaudido con inesperado entusiasmo a nuestro guía de la boina vasca y la vibrante voz. «*Meraviglioso, pater! Meraviglioso...!*», ha dicho; y a seguido, y como recompensa, nos ha servido cuatro copitas de un licor blanco, muy agradable, «fórmula secreta de la casa, es decir, del Inmaculado Corazón».

Nos olvidamos de los romanos, que dedicaban la tarde a la siesta y a las distracciones y nos dirigimos a Cafarnaum. En la carretera, Zaid tiene que aminorar la marcha, porque delante de nosotros cabalgan, con elegancia y sin prisa, unas cuantas amazonas, probablemente de algún *kibutz* cercano. Componen una estampa hermosa, sobre todo cuando advierten que bloquean el tráfico y se lanzan al trote. Todo el paisaje se mueve y las ramas de los árboles se convierten en crines de caballo.

El tramo que hemos tenido que recorrer con lentitud me ha permitido ver en la cuneta un cangrejo idéntico al que encontré mientras subíamos de Tagbha. La coincidencia me llama la atención y Uriarte me explica que su presencia es corriente en esa zona. «Suben del lago hasta aquí y luego vuelven a bajar. Las monjas creen que son cangrejos conversos y que, como san Francisco, dan testimonio de vida. ¡Y a lo mejor tienen razón!»

Antes de llegar a Cafarnaum, que está muy cerca, repaso mis conocimientos del lugar. Recuerdo que el Antiguo Testamento tampoco cita ni una sola vez la población. Que en tiempos de Jesús era un lugar próspero en la ruta de Damasco, con puesto de aduanas. Que en este puesto Jesús encontró a Leví, le dijo «Sígueme» y que él le siguió, convirtiéndose desde entonces en el apóstol Mateo. Que ha sido considerada como la segunda patria de Jesús y el centro de su predicación en Galilea. Que realizó allí muchos milagros —¡ay, será inevitable abordar el tema!—, pese a lo cual Cafarnaum le volvió la espalda, haciéndose merecedora de la admonición: «¿Y tú, Cafarnaum, crees que te abrazarás hasta el cielo? Hasta el profundo abismo serás precipitada.» Que, en otro orden de cosas, los franciscanos, en 1894, adquirieron los terrenos adscritos al sector, erigiendo allí un convento y dedicándose intensamente a trabajos arqueológicos, no sólo con respecto a la sinagoga sino a la «Casa de Pedro», en la que encontraron vestigios de haber sido venerada y utilizada como vivienda y sitio de oración desde el siglo I; etcétera. Sí, Víctor y Emilio me tuvieron una tarde entera hablándome de Cafarnaum —en árabe, Tell-Hum—, además de lo que he leído en las guías. También Salvio Royo siente una suerte de predilección por el lugar y creo que fue él quien me dijo que actualmente se realizan gestiones para que la *Custodia* devuelva a los judíos la sinagoga que antaño les perteneció, a cambio de que los cristianos recuperen el Cenáculo, ahora en poder de los musulmanes. «Sería razonable, ¿no crees?»

Ahora que estoy tan cerca de la puerta de entrada, no me atrevo a admitir que la transacción fuese razonable. A medida que los días pasan voy afianzándome en mi idea sobre la unidad, sobre la necesidad de la unión, no sólo entre cristianos sino entre todos los creyentes de todas las religiones. Un solo Dios, un solo Padre, un solo origen, ¿a qué establecer diferencias sustanciales, que vayan más allá de la liturgia? Una utopía, claro, pero también lo es el sube y baja de los cangrejos.

Uriarte ha recobrado el buen humor, pese a que un calor bochornoso se ha adueñado de la atmósfera. Todos sudamos y Zaid baja los cristales de las ventanas. Tal vez sea la digestión, o el calorcillo de las copitas de licor.

—En Tagbha olvidé contarte algo —me dice Uriarte, desde el asiento trasero—, relacionado con la multiplicación de los panes... El horno de San Salvador repartía semanalmente a los necesitados doce mil panes de tres cuartos de quilo cada uno. —Marca una pausa, y agrega satisfecho—: Así que, no todo son mármoles y mosaicos, ¿te enteras? En verdad te digo que si no pones eso en tu libro te serán negados el pan y la sal.

Ya estamos en Cafarnaum. Necesito unos minutos para situarme, ya que coincidimos también con varios grupos, lo que en vísperas de Semana Santa es inevitable. Sin embargo, Isidro ha estado aquí muchas veces solo, solo ante las piedras —ruinas al aire libre— y su índice delimita el sector.

A la izquierda, los restos de la sinagoga, de la que quedan poco más que unas cuantas columnas en pie, cuya alineación y armonía me recuerdan las del templo del cabo Sounion, en Grecia; a la derecha, la «Casa de Pedro», dividida en varios octógonos simétricos y paralelos, cada vez más grandes, perfectamente visibles debido a que los techos han desaparecido y los muros son muy bajos; en el centro, entre la sinagoga y la «Casa de Pedro», un rectángulo ocupado por una enorme máquina excavadora, al mando de un hombre forzudo, que trabaja con la ayuda de un arqueólogo. «Aunque te sorprenda, ese obrero forzudo es un franciscano, el Padre Superior. Confían en encontrar en esa franja grafitos o monedas o fragmentos de interés histórico.»

Uriarte añade: «Así es Israel, ya sabes. No hay un palmo de terreno, ni siquiera el que tú ocupas, bajo el cual no se oculte un tesoro. ¡Ja, ja!»

Zaid se ha quedado en el portal, charlando con el vendedor de postales y reproducciones. Por unos momentos yo me separo de mis acompañantes y me dirijo a la sinagoga. Un carmelita holandés da explicaciones a un auditorio expectante, detrás del cual, junto a las columnas, se hace retratar el conjunto juvenil al que oímos cantar el magnífico Aleluya. Intento imaginar cómo sería la sinagoga original, el edificio completo, del que recuerdo haber visto un diseño, pero no es fácil. No en vano alguien dijo que «el cero es inimaginable». Me acerco a las columnas y las palpo. Son agradables al tacto, como piel de una mujer inmarcesiblemente joven.

Doy la vuelta y me sitúo no muy lejos del Padre Superior, que lleva un sombrero de alas anchas para protegerse del sol y del polvo y una camisa empapada en sudor. Es tal su esfuerzo al volante de la máquina excavadora que se diría que lo que pretende es triturar los posibles hallazgos; y sin embargo, observando sus movimientos veo que anda con sumo cuidado, siempre a las órdenes del arqueólogo, delgado, impecable, con facha de ejecutivo, y sosteniendo en el cuenco de la mano un minúsculo pedazo de cerámica.

Me reúno con Uriarte e Isidro ante la «Casa de Pedro». Me explican las últimas deducciones, bastante sensatas, de los estudiosos. Es muy posible que Simón Pedro y su suegra, y Andrés, vivieran exactamente *aquí*. Por supuesto, la vivienda original, en la que Jesús se instaló como en casa propia y donde realizó «muchos milagros», debió desaparecer; no obstante, todo parece indicar que el octógono central, más tarde convertido en basílica, se construyó realmente sobre la primitiva mansión de Pedro. Los franciscanos han desenterrado aquí hasta once niveles de pisos, en el más bajo de los cuales hallaron aparejos de pesca y otros indicios de un hogar humilde de pescador, contemporáneo de Cristo, como ciertas tejas, paredes rojas derribadas, remanentes de yeso, con ciento treinta y cinco inscripciones, el nombre de Jesús varias veces repetido, así como por dos veces el nombre de Pedro, y símbolos eucarísticos y monogramas. También es pensable que la conversión de la vivienda en basílica obligara a demoler las mansiones vecinas, de las que asimismo se encontraron rastros, que formaban callejuelas.

Por descontado, una vez más hay que hacer mención de la monja española Eteria, la cual, al visitar este sitio el año 395 escribió: «En Capernaun se hizo una iglesia cerca de la casa del príncipe de los Apóstoles, cuyas paredes siguen en pie tal como eran.» Pero, a mi ver, lo importante es recordar la expresión «iglesia casera» mencionada en los Hechos de los Apóstoles. Los primeros seguidores de Jesús, cuando las persecuciones, convertirían sus casas en iglesias, «perseverando unánimes» y repartiéndose en ellas la eucaristía. El propio san Pablo, antes de su conversión, al perseguir a los cristianos «iba de casa en casa arrestando a los hombres y las mujeres, y los encerraba en la prisión»; costumbre, pues, semi-catacumbal, de la que se han hallado también vestigios en Roma, vestigios que se remontan a los primeros días de la Cristiandad en la capital del Imperio.

Me emociona esa sugerencia, el apiñamiento unánime y clandestino. Cuando la Iglesia se ve acorralada se purifica y se sublimiza, hecho que tuve ocasión de comprobar reiteradamente durante la guerra civil española; en período expansionista y triunfal, se rodea de oropeles y se relaja, y no sólo militariza a la Virgen sino que el Pontífice se abanica al estilo de los magnates orientales.

También me conmueve recordar el fragmento evangélico sobre la predicación de Jesús. «Llegaron a Cafarnaum, y luego, el día de sábado, entrando en la sinagoga, enseñaba. Se maravillaban de su doctrina, pues les enseñaba como quien tiene autoridad y no como los escribas.» ¡Pobres escribas! ¿Seré un simple escriba cuando transforme en libro esas vivencias —ya Uriarte me advirtió sobre ello—, cuando ordene esas notas que tomo como buenamente puedo, con comodidad en el «President Hotel», ahora, aquí mismo, sosteniéndome, debido a unos alambres de espino que hay en el suelo, sobre un solo pie?

Mis guías van enseñándome, por entre el arbolado un tanto salvaje, las grandes piedras labradas que las excavaciones sacaron a la luz y que están ahí, abandonadas a su suerte, caóticamente. En una de ellas hay grabada una palmera, árbol que por lo visto también simboliza a Israel y al hombre justo; en otra se ve un candelabro de siete brazos, con un objeto al lado que servía para limpiar las velas; en una inscripción en arameo se menciona a *Leeví, hijo de Alfeo, que vivió en Capernaun* (Marcos habla de Leví el de Alfeo); hay almazaras y molinos de trigo y un bajorrelieve con dos águilas esculpidas y un animal legendario, mitad caballo, mitad pez. Son piedras toscas, que inspiran respeto y que se muestran insustituibles para reconstruir el pasado. Y no parece que quepan dudas sobre su autenticidad.

Zaid se me acerca y me entrega una colección de postales que ha comprado, en las que se reproducen primeros planos de dichos dibujos e inscripciones, en una de las cuales aparece esculpida una enorme estrella de David.

Nos sentamos sobre la piedra del Candelabro, a la sombra de un sauce llorón. La brisa sigue siendo sofocante, lo que por lo visto es corriente a esa hora cerca del lago, cuya tonalidad azul, allá al fondo, se ha hecho mucho más oscura. Resulta inquietante que todo oscurezca un día u otro, a una u otra hora, sin excluir el sol; de momento, se salvan las palabras de algunos profetas, la luz de algunas estrellas ya muertas y las llamas al soldado desconocido.

El sauce llorón me recuerda a Jesús en Getsemaní; y le pregunto a Isidro:

—¿Cómo sentiste tu vocación sacerdotal? ¿Cómo fue... el primer pensamiento, el primer rapto?

Isidro se seca el sudor del cuello. Está pálido. Su frente abulta más que de costumbre.

—Es curioso que me preguntes eso en Cafarnaum... La primera vez que sentí algo fue un domingo en misa, al escuchar: *yo os haré pescadores de hombres...*

—Ya...

Marcamos una pausa. El grupo holandés se ha ido y se oye el motor de la máquina excavadora.

—¿Y tú, Uriarte? ¿Puedo preguntarte lo mismo?

Uriarte se pone serio. Un reflejo arranca destellos de sus gafas negras.

—Lo mío fue más folklórico. Leí en un viejo libro que había en casa una leyenda sobre san Francisco. El autor quería hacerlo tan parecido a Cristo, que afirmaba que el niño Francisco había nacido en un establo, entre un asno y un buey... Sin saber por qué, me eché a llorar; y me dije a mí mismo que sería franciscano, y misionero.

—Es muy hermoso...

Pienso para mis adentros que uno y otro han hablado con autoridad, y no como los escribas.

Controversia sobre los milagros

Ignoro si he conseguido hacerme entender. Me temo que no. Camino de Caná —el agua hízose vino—, ha sido Isidro quien ha abordado frontalmente el tema de los milagros, mientras Zaid conducía con prudencia su siempre majestuoso «Mercedes». Isidro ha detectado los vaivenes de mi afectividad. Empieza a conocer hasta qué punto ciertas palabras me zarandean. ¿Creo o no creo en los milagros? ¿Creo o no creo en los milagros de Jesús? Él me habló del desasosiego que le ocasionaba el relato de la multiplicación, pero fue en un plano anecdótico, como de pronto uno mismo se sorprende de ser calvo, de ver fosfenos o de poder silbar; en cambio, yo empleé un tono distinto, más preocupante y preocupado, al referirme a la curación de los endemoniados. ¿Y el resto? ¿La cura de los paralíticos, de los ciegos, de la «fiebre alta» de la suegra de Pedro, la resurrección de la hija de Jairo? ¿O lo que ocurrió con las tinajas en las bodas de Caná...?

He dicho lo que sentía, aunque hubiese preferido no hablar de ello en presencia de Zaid. Sospecho, repito, que no me habré expresado con claridad y que, de consiguiente, por lo que atañe a Uriarte y a Isidro, podría hacer mía la frase del gran Leonardo: «Mi reputación habrá crecido como pan en manos de los niños.»

Les he dicho que no me sentía capaz ni de negar ni de afirmar. ¿Quién era yo —quién soy— para opinar sobre la cuestión? Apurando un poco, osaría calificar de soberbios tanto a los que admiten como a los que niegan. Proclamar a los cuatro vientos: «Esto fue milagro», suena a *ex cathedra* punzante y candorosa. Justifica la frase cáustica: «Cuando Dios hace un milagro se parece a un rico que fabricara moneda para dársela a los pobres», porque es evidente que Dios creador es capaz de fabricar lo que quiera desde su Omnipotencia; ahora bien, afirmar: «Esto *no* fue milagro», es detenerse en el lado opuesto, en el umbral de lo cotidiano, cuando es también evidente que hay una Voluntad capaz de desbordarlo.

Lo angustioso radica en que para realizar un milagro dicha Voluntad —Dios— ha de violentar, o derogar, o violar, las leyes de la Naturaleza, leyes que Él mismo estableció. ¿Por qué no imaginar otro sistema para manifestar su Presencia? Aun cuando los milagros narrados en los Evangelios parecen tener una finalidad religiosa, la fe originada por ellos dista mucho de ser la más honda. Es una fe pragmática, egoísta, como suele ser egoísta mi plegaria. Y hasta se diría que el propio Jesús, que siempre llamó a sus milagros «obras de mi Padre», tenía conciencia de ello puesto que pronunció las siguientes palabras: «Bienaventurados los que no vieron y creyeron.»

Los deterministas científicos y tantos otros han esgrimido en contra de lo maravilloso-antinatural objeciones de carácter probatorio, casi legalista o jurídico. No es éste mi caso. Mi fe en Dios, no sé si más o menos viva que la de Abu-Abdel, me obliga a admitir mi rotunda y apabullante pequeñez. Simplemente, no dispongo de los elementos necesarios para emitir una opinión, y lo que mayormente me atosiga es que no estoy seguro de que nadie se halle en mejores condiciones. Soy un niño, y un niño sin biberón. Estoy más cerca de mi ahijado Raúl Palomino, cuyos antepasados adoraban el Sol y la Luna, y del hombre tribal que actualmente ve pasar un avión supersónico y lo diviniza, que de un ser capacitado para discernir entre lo que violenta efectivamente la ley de la Creación y lo que sólo nos ofrece de ella su envés.

Resumiendo, no persigo en modo alguno la maliciosa tergiversación de los hechos para vender con mayor facilidad mercancía metafísica. «No lo sé», eso es todo. «No lo vi, no estaba allí», así de sencillo. Uriarte e Isidro han coincidido en que mi postura es cómoda. Llegué a pensar, mientras el «Mercedes» avanzaba cuesta arriba, que aludirían al avestruz; no lo han hecho, pero me huelo que ha sido por mera educación. Según ellos, la valentía no consiste en ese «no lo sé», y mucho menos en el «sí, pero no...», antes bien radica en lo contrario: en el «no, pero sí...», que en definitiva es la humildad.

He protestado, arguyendo que también es humilde mi declaración de pequeñez, añadiendo que en resumidas cuentas tal vez lo que considere innecesario sea el milagro en sí, y más aún su enumeración y catálogo, bastándome con el espectáculo de lo creado, con que el Lago que dejamos atrás cambie de azul y

Recientemente se jugó un partido de fútbol entre jóvenes franciscanos y jóvenes ortodoxos griegos. Ganaron los franciscanos por 7-0. Por desgracia, a lo largo de la historia el enfrentamiento entre unos y otros no ha sido siempre tan festivo.

Franciscanos

Monseñor J. J. Beltritti, Patriarca Latino de Jerusalén, aguardando en Betfagé el inicio de la procesión del Domingo de Ramos.

En Yad Washem, la Colina de los Mártires, este sobrio edificio contiene cenizas provinentes de todos los campos de exterminio nazis y fotografías de los campos de concentración.

Desierto de Judea,
hacia Jericó.

Beduinos en la ruta de Jericó,
en espera del paso de turistas.

Tiendas de beduinos,
cerca de la carretera.

La ruta, bajo el nivel del
mar, como indica el cartel.

Campamento de refugiados palestinos, al norte de Jericó. Eran unos cuarenta mil, que huyeron a Jordania cuando la Guerra de los Seis Días. Recorrer sus calles abandonadas, impresiona hondamente.

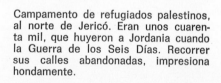

con sentir que el cerebro hierve; han negado con la cabeza. «No hagas literatura. Los Evangelios están ahí, traducidos al castellano, y en la práctica, aunque no quieras admitirlo, tergiversas su contenido, adaptándolo a la mercancía que realmente quieres comprar.»

Repito lo de antes: no he conseguido hacerme entender. No me he expresado con claridad. Uriarte, viéndome acuitado, ha dicho: «Pues, chico, lo que son las cosas; a mí me parece milagroso que un hombre —tú en ese caso—, creyendo en Dios omnipotente se conforme con el *quizás...*»

Accidente en Caná de Galilea

Llegamos a Caná de Galilea, entre olivos, granados y cipreses. Es una lástima que la Fuente tradicionalmente admitida como aquella que sirvió para llenar de agua las tinajuelas que se convertirían en vino, se encuentre en la carretera opuesta, que accede a la población por el otro lado; no obstante, y a modo de compensación, inesperadamente nos encontramos con el hambre y con la muerte.

El hambre, en las personas de dos hippies, indios de Bombay, que desde hace varios días se niegan a comer porque la Administración les pone trabas para quedarse en Israel. Nuevos en la plaza, ignoran que esta zona es árabe y por lo tanto impropia para formular su protesta. Son algo mayores y no los imagino en el frente, como aquel soldado de Calcuta que conocí en la frontera del Golán. La Policía, a lo que se ve, espera órdenes para saber qué hacer con ellos. Están sentados en una acera en los arrabales del pueblo, y sus túnicas, sus ojos licuosos y su inmovilidad constituyen una atracción. Zaid se para un instante, pero nuestra curiosidad no les inmuta. Están decididos, más allá de cualquier signo no externo. «Serían capaces de morir aquí de inanición»; ninguno de mis acompañantes ha estado en la India, de modo que mis palabras son oídas con escepticismo.

La muerte nos sale al paso al penetrar en las calles de la población. En seguida nos damos cuenta de que algo ocurre. Y así es. Ha habido un accidente de tráfico, con dos muertos y un herido. Los tres son jóvenes; los muertos, dos varones menores de veinte años, vecinos de Caná; el herido, una muchacha quinceañera, de Naim, donde tuvo lugar la resurrección del hijo de la viuda... Árabes los tres, se dirigían en coche a una fiesta en casa de un amigo. Los muertos están ya en sus respectivos hogares y la muchacha ha recibido los primeros auxilios en la iglesia griega cismática, uno de cuyos monjes es algo así como el consejero de la familia.

A base de hacer sonar el claxon conseguimos llegar a la iglesia franciscana, donde mi mujer, Asunción y Tino encontraron al pintoresco padre Guerini, que les dio tratamiento de Madres Abadesas y de Sumo Pontífice... Hombre, según me ha contado Uriarte, de apariencia frívola, interjeccional y que intercala en sus monólogos versos de canciones napolitanas, pero de un corazón grande como la llanura de Esdrelón y querido por los pobres, que son su preocupación constante y predilecta. «El padre Guerini anda por las calles repartiendo caramelos, ropa, zapatos... Los árabes lo llaman *armario-ropero*.»

No encontramos a nadie en la iglesia franciscana, construida según el modelo de la catedral de Estrasburgo y a la que se accede después de una verja de hierro y de cruzar un patio sembrado de gravilla. Sólo un mozalbete se ha filtrado en la sacristía, para robar algo o para jugar consigo mismo. Naturalmente, el padre Guerini se ha ido corriendo a visitar a los accidentados, con los santos óleos y su corazón grande como la llanura de Esdrelón.

La noticia nos ha dejado estupefactos y altera por completo nuestros planes, como es de suponer, pues lo mismo Uriarte que Isidro deciden seguir los pasos del padre Guerini e irse también en seguida a los hogares de los dos jóvenes. Suponen que su presencia puede consolar un tanto a las familias, que, según noticias, son árabes-cristianas, hasta el punto que el muchacho que conducía el vehículo cantaba en el coro parroquial.

Me gustaría acompañarlos también.

—De ningún modo —se opone Uriarte—. Quédate aquí, y entretanto recorres la iglesia y lo que quieras. Y no te vendría mal rezar un *Credo*... —Mira a Zaid y añade: Y usted quédese también. Ya recibiréis noticias.

En cuanto Zaid y yo nos quedamos solos, parecemos alelados. A Zaid los accidentes de tráfico lo encorajinan, sobre todo si, como parece ser el caso, se deben a una imprudencia. «Por eso me resisto a enseñarle a Naila a conducir.»

En la calle se han formado los corros de rigor y nos acercamos a ellos. Zaid desearía ir traduciéndome lo que se habla, pero no resulta fácil. El informador «oficial» es el barbero, que presenció el accidente y que acciona con la brocha de afeitar en la mano. Hay varias mujeres con jarras de agua bajo el brazo o en equilibrio sobre la cabeza. Llevan manto blanco, que les cae con elegancia por la espalda hasta casi los pies. Las viejas, desdentadas en su mayoría, gritan, murmuran, profieren amenazas. Zaid me dice: «Increpan al conductor; pero no tardarán mucho en llorar.» Efectivamente, de repente, como obedeciendo a una orden del barbero de la brocha, se produce un llanto en cadena, en el instante en que pasan por la acera opuesta dos mujeres secándose las lágrimas. La más bajita, al pasar ante la iglesia se detiene, mira un momento hacia dentro y sin pensárselo dos veces se rasga las vestiduras.

Nuestra soledad se prolonga, y la orden recibida es de que aguardemos. Decidimos recorrer la iglesia. Cruzamos el patio agravillado y veo que dice: «Santificados sean los lugares hollados por su pie.» En el interior, el mural del altar recuerda la escena del milagro de la boda y a la derecha del presbiterio hay un cántaro que, según un folleto recogido en la sacristía —*Ricordo di Caná*— es una réplica de los que fueron usados durante aquella ceremonia en la que Jesús —cuya asistencia al banquete ratifica que no era un asceta—, al oír la advertencia de su madre sobre la falta de vino contestó con aquellas extrañas palabras. «¿Y a mí y a ti, qué, mujer?»; palabras que, según los filólogos, pronunciadas en arameo no tenían el tono desafectuoso que se les ha atribuido. Por el mismo folleto nos enteramos de que no muy lejos hay otra iglesia franciscana, levantada en honor de Natanael, hijo de Caná, que más tarde fue el apóstol Bartolomé.

Zaid parece menos afectado que yo por lo ocurrido y entra y sale de la sacristía y se sirve un vaso de vino, rosado y tantálico en una jarra de cristal. En una bandeja vemos unas formas, unas hostias, blancas y apetitosas. Por un momento temo que Zaid arramble con ellas y se las coma; pero el sentido reverencial le puede y encuentra en un estante unas galletas, que las reemplazan sin mayores complicaciones. Acabo por ceder a la tentación y me como también mi ración de galletas y me sirvo también un vaso de vino, aunque al hacerlo no puedo evitar un cierto sentimiento de culpabilidad, como me ocurría en mi lejana, perdida en la infancia, época de monaguillo.

Por fin llega Isidro, portador de noticias. Uriarte ha decidido quedarse en Caná, haciéndoles compañía a las familias de los dos difuntos y al solitario padre Guerini. Nosotros, con el taxi, deberíamos acompañar con toda urgencia a Nazaret a la muchacha herida, que ha sufrido una conmoción cerebral y diversas contusiones. «Nos acompañará el sacerdote griego, que durante la guerra fue sanitario y que está en excelentes relaciones con las monjas del Hospital de *San Vicenzo*. Habla ladino con injertos turcos, pero nos entenderemos perfectamente. ¡Hala, rápido!»

Zaid, con escalofriante habilidad, hace marcha atrás y llega a la iglesia cismática, donde, en cuestión de unos pocos segundos la muchacha, inconsciente, entablillada la pierna derecha, queda depositada en los asientos traseros, sostenida al alimón por Isidro y por el sacerdote griego, que se llama Anastasio. La muchacha, cuyo nombre traducido es Gentile, deja caer la cabeza sobre el hombro de Anastasio.

Zaid inicia la marcha, evitando brusquedades. Es evidente que la chica no ve absolutamente nada. Su mirada es de una vaguedad turbadora. No reconoce a nadie, no sabe quién es; Anastasio dice que sólo un momento, cuando le susurraron repetidamente: «Tus amigos están bien», asomó una lucecita a sus ojos.

Camino de Nazaret, Isidro nos cuenta hasta qué extremo, en cuestión de minutos, las especulaciones en torno a los milagros perdían sentido y se veía uno enfrentado con el enigma del más allá «vivido» por el prójimo, en ese caso por dos muchachos de menos de veinte años.

En el primer hogar que visitó, el cadáver del chico estaba rodeado de cirios «a fin de que el diablo, que deseaba ese cuerpo porque su naturaleza era similar a la del cuerpo de Cristo», al ver los cirios, sobre todo, su luz, no se atreviese a acercarse a él y lo dejase en paz. Ésa fue la explicación que le dio el padre Guerini, añadiendo que, por descontado, no todas las familias de Caná operaban del mismo modo. Por lo visto ese muchacho, el que cantaba en el coro parroquial, tenía tendencia a las supersticiones, pues varias veces le confesó que para no tener pesadillas o sueños eróticos procuraba dormirse con los brazos cruzados sobre el pecho o se colocaba un clavel marchito debajo de la almohada, y cuando nació un hermano suyo pequeño, le suplicó que le dejase tocar las campanas cuatro horas seguidas, una para cada estación del año.

El segundo hogar fue distinto y, desde luego, peor. La familia, que por lo que pudo deducirse le tenía poco apego al muchacho, aunque se impresionó mucho no tuvo inconveniente en echar mano de las prácticas funerarias, por lo visto heredadas de sus antepasados, originarios del Irak. En cuanto se dieron cuenta de que no podían hacer nada por él, de que estaba muerto, intentaron librarse de sus propias enfermedades traspasándoselas al difunto. Unos lo hacían de palabra; otros, tocándole la cara; otros —por ejemplo, el padre—, escribiendo en un papel el nombre de la enfermedad que padecía e introduciéndolo en uno de los bolsillos de la víctima. Más aún, al recibir el pésame del padre Guerini le contestaron, en árabe: «Que Dios compense de esa muerte con la salud de usted.»

No se me ocurre ningún comentario. Me vienen a la mente los recuerdos de los Viáticos que paralizaban las calles de Gerona; la Comunión anual de los enfermos; las Extremaunciones... ¿Qué diferencia hay entre todo aquello y los cirios para que no se acerque Satanás? El presbítero, que antaño solía utilizar aceite de oliva, con el pulgar mojado en él ungía los párpados, los oídos, las narices, los labios, las manos y los pies del enfermo, al tiempo que hacía cada vez la señal de la cruz y recitaba los exorcismos de rigor, para que aquél obtuviese el perdón de los pecados. En la habitación era preciso tener preparado un paño blanco, seis pequeñas bolitas de algodón, unas migas de pan y agua bendita para que el sacerdote pudiese purificarse los dedos. ¡Ay, la Extremaunción! Isidro recuerda que su «eficacia» era negada por los protestantes, a lo que se respondía conforme a lo acordado en el Concilio de Trento: «Si alguien dijere que la extremaunción no es verdadera y perfectamente un sacramento... sea anatema».

El sacerdote griego, casado y con cinco hijos, hombre, por las trazas, de sólida cultura histórico-religiosa, tercia en el capítulo de las supersticiones, y aprovechando que el plácido sueño de Gentile continúa nos dice que en los ejércitos persas los enfermos eran abandonados en el bosque con algo de alimento y que si los animales no los devoraban era señal de que tenían tratos con el demonio y todo el mundo huía de ellos; asimismo cuenta que, en ciertos períodos, los egipcios, antes de tributarles a los reyes los honores funerarios, los juzgaban ante el pueblo y les privaban de sepultura si se habían portado como tiranos. Por último, manifiesta estar muy de acuerdo con algo que oyó de labios de un anciano de Caná: «Los únicos verdaderamente muertos son aquellos que hemos dejado de amar.»

No sería ése el caso de Gentile. Anastasio la mira sin cesar. Nos dice de ella que es un alma pura y que está seguro de que sobrevivirá.

Al llegar a Nazaret, al hospital, entre todos bajamos con extremo cuidado a Gentile y un par de vigorosos camilleros se la llevan. Lo último que Anastasio nos dice después de presentarnos a la madre superiora, es que él se quedará en el hospital y que jamás olvidará nuestra ayuda y el cuidado del señor taxista. «Si quieren saber noticias, llamen o vengan a ver a Gentile... —Reflexiona un momento y se acaricia su imponente barba—. Sólo me preocupa que a ustedes y a nosotros, por cuestiones de detalle nos llamen *hermanos separados*. ¿Hasta cuándo durará eso, Señor? Cristo es el mismo para todos y todos hemos actuado en su nombre. Eso es peor que estrellarse con el coche contra un farol.»

De nuevo en Nazaret

Mi desconcierto es total. Los hombres, sin dejar de ser islas, formamos una cadena, estamos hilvanados. Un accidente en Caná y no vemos nada de la población, excepto la iglesia, el cántaro, los indios de Bombay y las galletas de la sacristía. Y Uriarte desapareció.

Por otra parte, me siento extenuado, como anoche Isidro. Éste, en cambio, antes de ir a *Casa Nova* me propone visitar la Basílica de la Anunciación, que, pese a todo, lo atrae con fuerza. «Siempre es igual y siempre distinta. Siempre llena de gente: almas viejas, almas por estrenar.»

No me atrevo a negarme y le sigo, fingiendo que la idea es de mi agrado, mientras Zaid, «que necesita ducharse cuanto antes», se va a la residencia y dice que nos aguardará allí.

A esa hora —la tarde cae— hay pocos guías merodeando por las cercanías del templo en busca de novatos que quieren oír el rumor de las alas de san Gabriel; en cambio, y puesto que la huelga de los establecimientos de bebida y comestibles ha terminado, resulta difícil avanzar en aquella dirección. Los árabes, en sus puestos, nos ofrecen mercancías de toda suerte, alfombras, artículos de bronce y de barro, estatuillas de san José, etcétera. Una pequeña barbería me atrae. ¡Cómo descansaría en el sillón! En las paredes, estampas del mar de Galilea, un antiguo grabado de Nazaret... ¡con un *poster* de coches de carreras, Fórmula 1!; eso me desanima y dejo que el pelo siga creciéndome anárquicamente, como le apetezca.

En la Basílica hay poca gente. Se confirma que no abundan los grupos que pernoctan en Nazaret. Pero algo compensa: conozco al padre Dorado, guía experto y amable de mi mujer y de los amigos Fusté. Hombre tímido, sevillano, con la cara como picada de viruela, restos de la enfermedad de la piel que en Jerusalén lo tuvo en jaque durante años y que en Nazaret se le curó por sí sola, sin necesidad de traspasársela a ningún franciscano moribundo...

Artista decorador, lo primero que me pregunta es si me gusta la Basílica.

—No... En absoluto —le contesto, no sin antes haberle echado otro vistazo, que no ha conseguido hacerme cambiar de opinión—. Me parece un despilfarro inútil de dinero, de técnica... y una ofensa a la humildad del acontecimiento que se pretende ensalzar.

El padre Dorado tiene un gesto de pesadumbre. Mi impresión es que él aprueba ese crucigrama estructural. «Yo, padre, me quedaría únicamente con la cripta, con ese pedacito de ahí abajo, modesto y auténtico.»

Sonriendo, me responde que de hecho es difícil acertar, siendo tan dispares las preferencias. Ahora bien, por regla general, tratándose de obras religiosas, las realizaciones más logradas, desde el diseño de las catedrales hasta el de las ermitas más humildes, han sido llevadas a cabo por artistas no creyentes, agnósticos y, en ciertos casos, hasta contrarios a la fe. Es evidente que hay algunas excepciones, como Fra Angelico, el Giotto y demás; pero lo corriente es que la devoción y la mística estén reñidas, Dios sabrá por qué, con el arte, el cual, por lo visto, además de talento requiere cálculo, sentido común y *enamorarse* del tema, lo que no presupone obligatoriamente *sentirlo*. «De no ser así, millares de monjitas y de sacristanes beatos habrían superado a Rafael y a Miguel Ángel. Las mejores Vírgenes las han pintado seres lujuriosos y los mejores Cristos, empezando por el de su paisano Dalí, vaya usted a saber. Por eso yo no me hago ilusiones con mis pinitos decorativos, porque soy un franciscano creyente, del montón. Alguien me dijo, fíjese, que Van Gogh nos dejó más de treinta autorretratos e incontables girasoles, cuando en realidad detestaba los girasoles y acabó suicidándose. ¿Qué le parece?»

El tema es interesante, pero necesito descansar. El padre Dorado se despide: «Supongo que nos veremos.» ¡Ay, se le olvidaba! Uriarte llamó por teléfono desde Caná, hace cosa de una media hora y dijo que llegaría tarde, pero que quedaba en pie la excursión de mañana al Tabor... «Nos encargó que le dijéramos a usted que mañana, a eso de las diez y media, pasará por Casa Nova a recogerles.» «¡Oh, estupendo! Muchas gracias.»

Isidro se arrodilla un momento ante la verja casi colgada sobre la cripta. Hunde su cabeza entre las manos. Sin duda está impresionado aún por el encuentro con la muerte en Caná de Galilea, y también por el estado, no resuelto, de Gentile. Yo procuro imitarlo, pero estoy distraído. ¿Por qué esa indiferencia? Claro que no he visto los cadáveres, ni los cirios, ni nadie me ha dicho: «Que Dios compense de esa muerte con la salud de usted.» Más bien pienso en Anastasio: «¿Hasta cuándo, Señor? Eso es peor que estrellarse con un coche contra un farol.»

Un cuarto de hora después entramos en *Casa Nova*. No vemos a Zaid. Subimos a nuestras celdas. A gusto me tomaría un baño caliente, pero he de conformarme con la ducha y con lavarme la cabeza con champú. Me mudo la ropa interior. Tiro al lavabo los residuos de café del termo y limpio el cacharro como es menester. Es un termo alemán, brillante por dentro, resistente, aunque me dijeron que si lo llevo al Sinaí y a Eilat el calor lo agrietará, lo romperá en pedazos como si fuera de lo más frágil.

Me tumbo en la cama a descansar. Isidro quedó en llamarme para la cena. Cierro los párpados y procuro no dormir; si me pillara el sueño nadie lograría despertarme hasta mañana a la hora de subir al Tabor.

¡Ha sido tan intensa la jornada! Y por qué echo tanto de menos a Alma, a Salvio y al profesor Edery? ¿Y a Ginesillo? En cambio, siendo mañana mi santo, San José, apenas si logro «ver» los rostros de mis seres más queridos. España, con todo lo que ella contiene, se me antoja lejanísima, una entelequia, como esos mapas antiguos de los viajes de Marco Polo. ¿Qué ocurrirá «allá»? La gente no es libre, pero mucha de ella no lo sabe. Pienso en mi mujer, en mi madre... Mi padre murió el año 1961: hace ya catorce años. ¿Por qué Cristo no lo resucitó como a la hija de Jairo, como al hijo de la viuda de Naïm? Me hacía mucha falta. Su bondad era un consuelo, un bálsamo para mi inquietud. También evoco la terrible respuesta que el humorista Gila inserta en mi libro *100 españoles y Dios*: «Cuando me explicaron por qué mi padre había muerto con veintidós años, me dijeron que Dios lo necesitaba a su lado. ¿Más que yo? ¿Para qué necesitaba Dios, que todo lo tenía, un sencillo carpintero de veintidós años? ¡Yo sí lo necesitaba a mi lado! La razón que me dieron entonces, no me ha servido nunca.»

Carpintero... Como san José. Mi padre era taponero. No creo que haya taponeros en la Biblia, ni en el Antiguo ni en el Nuevo Testamento. Gila me lleva en eso las de ganar.

Los dos carpinteros

Isidro llama a mi puerta. Despierto sobresaltado: «¡Voy!» Miro el reloj: sólo ha pasado media hora desde que me tumbé; pero noto en el acto que el *relax* ha sido eficaz y que puedo enfrentarme con la cena en el comedor, que también me hace falta.

Diez minutos después estamos abajo, con Zaid, que aguardaba en el bar. Los tres hemos cambiado de aspecto, lavados y peinados. Entramos en el comedor. Nuestra mesa de la víspera está ocupada, pero vemos allá al fondo, donde estuvo el obispo holandés con su disciplinada grey, unas sillas libres... ¡al lado de los dos carpinteros, el de Nazaré portugués y el de Nazaré brasileño! Los saludamos con afecto y nos sentamos a su lado. Diríase que están menos tristes que anoche. Habrán aprovechado el día o se habrán ambientado un poco más.

Ni siquiera nos da tiempo a preguntárselo, porque el camarero nos sirve, con ritmo de Fórmula 1, estofado con patatas, que huele a plato hogareño.

Sin embargo, pronto entablamos conversación, dándose la circunstancia de que el más dicharachero es el vejete parkinsoniano, cuyas manos tiemblan y que tiene un rictus torcido en la boca; el portugués es más lento de reflejos, está gordito para su edad, un tanto aletargado.

El portugués se llama Arento, y el brasileño Trindade. Son tío y sobrino. Trindade, carpintero de Nazaré de Bahía, es tío de Arento, carpintero de Nazaré de la costa portuguesa. Han venido cumpliendo una promesa. Uno y otro son hombres de fe. Un pariente común se encontraba en apuros y le prometieron a la Virgen hacer algo conjunto, algo *muito grande,* si el asunto se resolvía. El asunto se resolvió, y entretanto fueron informados de la concentración de carpinteros de Europa y América que tendría lugar por Semana Santa en 1975 en el Nazaret auténtico. Se alistaron en el acto, si bien tomaron el acuerdo de anticiparse unos cuantos días a fin de que «su» peregrinación no perdiera el debido carácter personal. Y aquí están.

Naturalmente, no se han venido de vacío. Se han traído algo más que la gratitud a la Virgen y la fe.

Trindade, aficionado a los chismes eléctricos, pese al *handicap* de su enfermedad, se ha pasado año y pico trabajando, en honor de san José, en la construcción de un taller de carpintería en miniatura, que con sólo enchufarlo funciona a la perfección. «Es muy gracioso ver al Niño Jesús utilizando la sierra eléctrica y, en un rincón, a la Virgen remendando la ropa.» Arento, el sobrino, optó por otra solución. A base de combinar tachuelas y palillos construyó una pequeña embarcación de remo. Los tres miembros de la Sagrada Familia reman a compás. Un motorcito oculto, dotado de pilas, pone en movimiento los brazos. La barca avanza con suavidad, sobre todo, en una superficie tranquila, como un estanque o una piscina. En un momento dado el Niño Jesús se queda inmóvil y levantando la mano izquierda con el dorso se seca el sudor de la frente; y vuelve a remar.

A no ser por nuestro estado de ánimo —no podemos olvidar lo ocurrido— les pediríamos que nos enseñaran esas maravillas; pero no lo hacemos. Por otra parte, tampoco estamos seguros de que aceptarían ofrecernos las primicias de su trabajo.

Hoy no tomamos ni café ni tila. Hoy nos acostamos en seguida. Mañana nos toca subir al Tabor. A lo mejor san José me esperará allí en una tienda de campaña dispuesta con todos los adelantos técnicos. A lo mejor me despertaré indiferente, como los diseñadores de catedrales y no sentiré que es mi santo ni nada parecido. En España, las fiestas del calendario me fastidian, me encocoran; tal vez aquí sea distinto.

En cualquier caso, algo es seguro: Uriarte nos traerá noticias de Caná; iremos al hospital, para saber de Gentile; y yo, desde el Tabor, intentaré hablar por teléfono con mi mujer.

CAPÍTULO XXIV

Rumbo al Tabor

Empiezo a conocer este paisaje. «Cuidado con esa curva», advierto a Zaid; y la curva peligrosa ahí está. Otras veces recuerdo una torre en ruinas; una danza de aspersores; un monolito-homenaje a un héroe de la guerra; una higuera que nadie ha maldecido aún; y ahí están. Montados en el «Mercedes» nos dirigimos al Tabor. Atrás dialogan tranquilos, serenos, Uriarte e Isidro. Ya me han felicitado la onomástica —horrible palabreja—, ya han correspondido a las reverencias matinales de Zaid dedicándole un «hola, Zaid», amistoso y halagador. El taxista está contento, igual que yo; la jornada, cielo arriba, se presenta jubilosa, igual que la de ayer.

Pese a lo ocurrido, nuestro estado de ánimo es bueno. Uriarte, a última hora se desplazó a Naïm en el coche de un amigo de la familia para informar a los padres de Gentile. Éstos se trasladaron inmediatamente al hospital, donde ahora montan la guardia junto a su hija, que por fin sabe quién es y está en sus cabales, y ha podido reconstruir el absurdo accidente que mató a sus dos amigos. Todavía no se hace a la idea de que no los verá más, de que el choque les destrozó el cráneo; cree que les han escayolado la vida, como a ella la pierna. El médico ha dicho: «Hay que esperar unos días para el diagnóstico definitivo. Los traumas en la cabeza, ya saben...»; sin embargo, es optimista. Y al margen de ello, los cuatro ocupantes del taxi hemos olvidado los santos óleos, el miedo que Satanás le tiene a la cruz cirial y el flagrante déficit sanitario y de ambulancia de la región de Caná de Galilea.

La cuesta que conduce al Tabor —600 metros de altitud— es más empinada y arisca de lo que desde abajo podría pensarse. A cierta distancia, la colina o joroba compone una mancha verde de notable intensidad; en cuanto se aborda la carretera, de piso pedregoso, se pone de manifiesto que no hay tal. Aparte de que las curvas fueron ideadas y proyectadas por un ingeniero escasamente cartesiano, abundan las calvas en el monte, como si árboles y plantas hubiesen sido talados o víctimas de incendio. Quién sabe si los antiguos guerreros lo dejaron así. Las guías señalan que el Tabor es el sitio donde la profetisa Débora, la famosa heroína del pueblo judío, reunió a sus hombres hace de ello tres mil años para luchar contra los cananeos. Oh, claro, está demostrado que el paso de un ejército a veces es capaz de esterilizar la tierra durante treinta siglos; de impedir que en ella florezca una anémona... o un girasol.

—El peligro está en que pongan un teleférico —amenaza Uriarte—. Como os lo digo. Hay un proyecto, no sé si de una empresa suiza, de enlazar el Tabor con Nazaret por medio de un cable de esos cuyas cabinas cuando menos lo piensas quieren independizarse y ¡plaf!, se caen en el vacío. ¡Sería horrible! ¿No opináis lo mismo? Sería un pecado; sería «otro» Tabor...

Isidro y yo no conseguimos imaginar que nada, a no ser las aves y algún que otro avión reactor, se interponga entre esa llanura ubérrima de Jeezrael y la alta bóveda del resistente color azul; a Zaid no parece importarle demasiado. Su «Mercedes» sube, sube sin esfuerzo detectable. Vemos un cometa icariano, que quiso elevarse demasiado y se enredó en las ramas de un roble, que es la especie más corriente aquí; y poco después alcanzamos el Tabor.

Nos apeamos antes de cruzar la puerta llamada Puerta de los Vientos, debido a que en ocasiones ahí coinciden corrientes contrarias. Una larga avenida de cipreses nos da la bienvenida en dirección a la residencia —Casa Nova— franciscana y a la basílica de la Transfiguración. No puedo por menos que recordar a la señorita Petrozzi, tan atareada con su monografía sobre el lugar. Fue ella quien me informó de que algunos escritores han dicho del monte que era como un altar que Dios se hubiera erigido a sí mismo en la plana de Esdrelón, y que santa Helena, en su tiempo, en que no se usaban teleféricos, mandó construir una monumental escalera de más de cuatro mil peldaños, a semejanza de la que un monje solitario construyó con sus propias manos para bajar del Sinaí. La señorita Petrozzi está empeñada, con la ayuda de los arqueólogos, en encontrar restos de dichos peldaños; por el momento, se conforma con ir formulando por todos los medios la misma petición: montes o aldeas de cualquier parte del mundo que se llamen Tabor. Al parecer, ha localizado ya algunos: en Alemania, en las Antillas, en Checoslovaquia, en los Estados Unidos (Isidro me ha dicho que en el estado de Texas existe también un Nazaret), en Etiopía, en Italia, etcétera. Incluso Julio Verne, en La isla misteriosa, habla de un Tabor sumergido en el océano Pacífico... No puede negarse que la señorita Petrozzi es perseverante. Por cierto, ¿por qué no me advirtió que su admirado Mussolini había regalado mármoles y mosaicos para la iglesia de las Bienaventuranzas?

Vemos delante de Casa Nova, donde hay una vasta explanada rodeada de árboles, niños judíos de ambos sexos divirtiéndose, vendiendo salud. Podrían ser alumnos del colegio de Alma. Juegan a pasarse el balón, a saltar a la comba, a la gallinita ciega, quizá demasiado disciplinadamente, con cierto aire militar. Algunos construyen blancos aviones de papel que lanzan al aire y planean con empaque antes de posarse en el suelo; por fortuna, no se hunden en él, como el barquito del niño árabe se hundiría a la postre en el mar.

Entramos en la residencia, desértica en ese momento, con un mostrador a la derecha, en el que se venden postales y souvenirs. Es el comedor. Mesas largas, comunitarias, lo ocupan casi por entero. Uriarte se dirige raudo a un balcón con terraza que hay al fondo, desde donde se divisa un panorama que «corta la respiración», para usar una metáfora poco grata a los asmáticos. Se ven muchos tell, muchas cimas —oteros, colinas—, en los que, según las guías, antes había templos paganos, con los sacrificios de rigor. Sin embargo, en la Biblia suele alabarse a los que «limpien los sitios altos». Se lo digo a Zaid, que nos ha seguido y el hombre, que está fumando, se apresura a barrer con el pie la ceniza que había dejado caer al suelo. También vemos en la llanura de Jeezrael las blancas manchas de aldeas árabes, y gran cantidad de kibutzim. Uriarte nos dice que la aldea de Naïm, allá a lo lejos, continúa inalterable, como siempre, y que probablemente es

la población más parecida a como debió de ser Nazaret en la época de Jesús.
La luz es demasiado intensa a esa hora, lo que nos aconseja entrar. Dado que
pensamos dormir aquí, tenemos toda la tarde para recorrer el contorno y para
gozar del fantástico espectáculo que, según noticias, ofrece día tras día la puesta
del sol. Para no hablar de la noche, en la que —Isidro durmió en el Tabor una
vez—, por lo visto, desde otra terraza que hay a la derecha y a la que se accede
por una escalera exterior, adquiere sentido aquella frase según la cual «los ángeles son espíritus puros que van y vienen por los espacios metafísicos». Sin embargo, permanecemos unos minutos aún, lo que nos permite ver, comiendo entre el
herbazal, tres vacas, una de ellas muy bien nutrida, las otras dos, esqueléticas.
También vemos un perro con una pata al aire junto a un árbol, y en una familia
de pinos varias ardillas quietas, inmóviles, como disecadas o temerosas de algún
mal superior.

Uriarte, que se conoce la residencia palmo a palmo, echa un vistazo al desértico
comedor y por una puerta lateral se dirige hacia la cocina gritando: «¡Ah de la
casa!»; nosotros, entretanto, nos acercamos al mueblecito giratorio de las postales
y yo elijo una docena lo menos. Isidro me dice: «Luego vendrá el chico y le dices
que las selle con el tampón del Tabor y que te ponga la fecha. Así los destina-
tarios comprobarán que realmente estuviste aquí.»

«Comprobarán que estuviste aquí...» Sobre el mostrador veo un libro de gran
tamaño, semejante al libro de firmas que hay en *Casa Nova* de San Salvador,
en Jerusalén. Lo abro al azar, pero pronto, acuciado por una prisa repentina, busco
las páginas más recientes y no tardo en encontrar las firmas de Tino, de Asunción... y la de mi mujer.

Magda C. de Gironella... Eso pone, y nada más. Con el pulso firme, sin ningún
comentario. Y la fecha. Es su estilo. Casi todo el mundo exterioriza su emoción,
agradece al cielo el haber estado en el Tabor. Los mismos Tino y Asunción han
escrito: «En recuerdo de nuestra estancia en el monte de la Transfiguración»; mi
mujer, nada. Incluso me sorprende que escribiera algo más que su nombre de pila,
que añadiera *C.* y mi apellido. Me quedo un rato absorto contemplando su letra,
su grafía, en la que me parece descubrir un sinfín de sentimientos controlados.

Mi emoción es tanta que a gusto llamaría a Uriarte para que me pidiera la
prevista conferencia telefónica; pero miro el reloj y comprendo que hay que
esperar. Es mucho más seguro encontrarla en casa por la noche, «cuando los
ángeles vaguen por los espacios» haciendo lo que tienen que hacer. La *M* de
Magda es inimitable. Por lo menos, para mí. La reconocería entre un millón.
O entre las estrellas. Zaid, que con frecuencia brota a mi lado como si fuera mi
sombra, descubre mi secreto. «Llorando, ¿eh? Claro, claro... Tu señora firmó;
yo subí hace años con la mía y por más que busques su nombre no lo encontrarás. Le dio vergüenza... Y el nombre de Faisa es bonito ¿no es cierto, señor?»

Hay algo indiscutible. Recorriendo el territorio uno se da cuenta de que los
franciscanos poseen, sólo en Tierra Santa, un imperio, tema que ya tocamos con
Isidro en una ocasión. Además, hay que tener en cuenta lo que les pertenece
en Egipto, Jordania, Siria, el Líbano... Y en Occidente, incluyendo el país natal
de san Francisco, Italia. Y en el mundo. ¿De verdad el niño Francisco nació en un
establo con un asno y un buey? ¿De verdad su razón de ser, su alfa y omega fue
la pobreza?

—No empieces otra vez —me dice Isidro, dándome un leve codazo—. Ya te dije que el asunto es más complicado de lo que parece. Además, esas cosas no se discuten al mediodía, cuando las agujas de los relojes presentan armas.

No, al mediodía no se discute nada. Las ideas hierven y uno corre el peligro de exagerar. Uriarte ha regresado de la cocina y me pregunto por qué diablos tardó tanto, parloteando con las monjas. Oíamos sus voces y, por supuesto, sus carcajadas, que aun siendo italianas sonaban más fuerte de lo previsible.

Uriarte me ratifica el cambio que se ha producido en el Tabor desde que mi mujer y mis amigos estuvieron aquí. En efecto, el padre Estanislao, ya muy entrado en años, que los atendió, se sintió mal, fue trasladado a San Salvador y al cabo de pocos días murió, dejando, como es lógico, su reloj de bolsillo a Emilio... El superior actual es el padre Paoletti, un tipo singular, rigurosamente único, empedernido cazador, pese a reconocer él mismo que en las Escrituras se encuentran muchos pescadores que llegaron a ser santos, pero ni un solo cazador. «Es más fuerte que él. Ve un pájaro y dispara; ve un animalejo terrestre y lo mismo. Y lo curioso es que siente por los animales un amor paternal, madrigalesco.

Paoletti ha bajado de compras a Nazaret —la hora temprana ha impedido que nos cruzáramos con él—, pero no tardará en llegar.

—Entretanto, podríamos visitar la basílica; ¿hace?

—Claro. ¿Por qué no?

Salimos fuera. Los niños judíos han dejado de jugar y ahora cantan algo que suena a himno. Zaid aguza el oído y pone mala cara. «Hablan de victoria... Me alegra que mi suegro no los oiga.»

Han llegado autocares, automóviles, turistas y peregrinos. Difícil distinguir unos de otros. No todos los cristianos llevan una cruz, no todos los judíos, para los cuales el Tabor es también sagrado, llevan un emblema especial. Me llama la atención un *clergyman* con su mujer. Altos, delgados, se mueven al unísono y se tratan con respeto fuera de lo común. Sospecho, no sé por qué, que son protestantes. Han bajado unas cuantas maletas. ¿Se quedarán a dormir? Casi todos los demás tienen aspecto de excursionistas que a media tarde desaparecerán por donde vinieron.

Nos acercamos a la basílica, que estimo, *hélàs!*, impropia del lugar. ¿Por qué no la encargarían a un agnóstico, a un ateo? No, es obra del tenaz y prolífico Barluzzi, cuyas ideas desconozco pero que, a lo que se ve, es muy irregular en sus realizaciones. Aquí prescindió por completo, por lo menos en el exterior, de Débora, de los bosques de robles, de las tres tiendas y de mí. Erigió una basílica como tantas otras, sin la menor originalidad. Isidro me dice que se inspiró en los monumentos romano-sirios de los siglos IV a VII de nuestra Era. ¿Por qué lo hizo?, pregunto. El Tabor es una montaña y lo fue sobre todo para los apóstoles, que la llamaron «alta», acostumbrados a las llanuras y al lago de Tiberíades.

¡Ah, pero he aquí la nota humana! En el exterior de la puerta de entrada, a la izquierda, sentado en una silla, un franciscano de aire modesto y sosegado está sentado elaborando, engarzando, con cuentas de olivo, un rosario. Es la viva estampa de la paz. Uriarte nos dice que es el padre Corney, de Kansas City, el que fue tirado por la escalera en el Santo Sepulcro por aquel par de gamberros que quisieron arrancar el INRI de la cruz y él intentó oponerles resistencia. Su cabeza fue rebotando en los peldaños y lo enviaron a pasar una temporada aquí, de descanso. Seguramente pronto será dado de alta y volverá a Jerusalén. Va cambiando la silla de lugar según el sol gira, siguiendo su ruta. Por la tarde, a última hora, lee la Biblia.

Lo saludamos al pasar y apenas si nos contesta.

El interior de la basílica es más agradable. Tres naves —tres tiendas—, con una escalinata que desciende hacia la cripta, en cuyo altar alguien está celebrando misa. Como siempre, fue edificada sobre restos de iglesias mucho más antiguas. El ábside ofrece un grandioso mosaico representando la escena de la Transfiguración. Isidro valora ese mosaico, lo estima de gran calidad; yo pienso que cabrillea demasiado, que le falta la pátina de los siglos. Brilla como si tuviese toques de purpurina o fuese artificial. No obstante, los desniveles y las escalinatas laterales rompen la monotonía y me siento a gusto. Imagino que cuando esto se llena y un orfeón canta, o canta el pueblo, el texto debe de llegar a Dios.

De momento nos basta con esa corta visita y salimos otra vez al exterior. El padre Corney ha corrido un poquitín su silla hacia la derecha, ya que la fachada mira a Occidente. Lleva el pelo muy mal cortado y hay en su expresión algo que da grima, lo mismo que el color de su tez, blanco en exceso. Quién sabe si no quedó lesionado para siempre.

La muchachada judía, que ya terminó con su himno, entra en tromba en la basílica, con pañuelos de seda deportivamente atados al cuello. Claro, ¿por qué no van a entrar? Es una curiosidad. ¿Habrá terminado la misa que alguien estaba celebrando? Es de suponer que sí, ya que no vemos a nadie que salga precipitadamente.

Uriarte me informa:

—Todos los años los judíos organizan un maratón especial, el Maratón del Tabor, para la fiesta del *Pesaj*. Recorren ciento y un quilómetros, trescientos metros. Los que toman la salida se cuentan por millares, de toda edad; los que llegan, ya es otro cantar...

¡El padre Paoletti!

¡Paoletti! El padre Paoletti está ojo avizor en la entrada de *Casa Nova*. Las monjas de la cocina le avisaron de que Uriarte acababa de llegar con «otros señores» y salió en seguida a la espera. Se abrazan con entusiasmo y se ríen con sólo mirarse, sin necesidad de contarse nada. «¡Que eres un granuja!» «¡Y tú no digamos!» Reencontrarse, verse, les basta, lo que observo que es corriente entre miembros de una misma comunidad que viven en lugares separados. A menudo, es suficiente con hacer alusión a ellos, con citar sus nombres. Si quiero que Uriarte se ría no tengo más que comentar al desgaire: «¿Qué estará haciendo Ángel en San Salvador? ¿Dirigiendo, desde la cama, la Filarmónica de Londres?»

Pero Paoletti es caso aparte. Cuadrado, fuertote, un mechón de pelo sobre la frente, mandíbulas salientes, emana de todo él salud, vitalidad. Su color es sano, bronceado por el sol y las caminatas por los bosques; a su lado, el padre Corney debe de parecer un moribundo. Lo mejor que cuentan de él en la comunidad es que se mofa constantemente de sí mismo; claro que también se mofa de los demás, y de todo lo demás. No saben con certeza ni siquiera si se toma en serio la Custodia y la caza. En resumen, no tiene pelos en la lengua y suelta lo primero que se le ocurre.

Paoletti, al ver que somos tres los compañeros de Uriarte, pregunta si todos somos curas; y al saber que lo es sólo uno, comenta: «Vaya, menos mal... Entonces hay dos que no han recibido órdenes de nadie...» —y dirigiéndose a mí entre carcajadas casi me destroza la mano, y luego hace lo propio con Zaid.

Nos invita a entrar, porque ya están preparando el comedor para el almuerzo. «Aquí, las monjas, a toque de corneta...» Ordena que preparen una mesa para cinco cerca del balcón y de la terraza en que antes estuvimos, pero Zaid se niega rotundamente a estar con nosotros. «Yo comeré aparte; pero no se preocupen. Tan tranquilo... Escribiré unas postales.»

Discreto Zaid. Insistimos, pero en vano. Lo que sí le gustaría es tomarse un vermut. Por fin Paoletti accede y le preparan una mesa no muy lejos, para él solito. El chico de las postales ha llegado ya y Zaid, después de llamar por teléfono a su casa, donde todo está en orden, se sienta voluptuosamente, con una boquilla de saldo que se compró en Nazaret, y envuelto en humo toma un bolígrafo y empieza a enviar a destajo saludos y abrazos a la familia y a las amistades.

Tomamos «Coca-Cola» —Isidro, ¡quién pudo creerlo!, whisky con hielo—, y empezamos hablando de frivolidades. No es fácil, con Paoletti, sostener un diálogo ordenado. Corta dónde y cuando le conviene, sin más y sin pedir nunca excusas y se pone a chismorrear sobre sus colegas, los frailes, lo que sin duda le chifla, o a contar algunas de las anécdotas que sabe seguro que impresionarán al auditorio. «¿Sabéis lo último de fray Delfín, el gallego organero de San Salvador? Por lo visto una señora pelmaza intentaba verle en su cuchitril, donde inventa cosas y él mismo la recibió en la puerta diciéndole: "¡Ahora estoy ocupado, no puedo atenderla! ¡Vuelva otro día, cuando yo no esté aquí!"» —y Paoletti subraya la gracia con exclamaciones admirativas italianas.

Uriarte le habla de las tres vacas que vimos desde la terraza, oronda una de ellas, en los puros huesos las otras dos. «¡Sí, é vero! La gorda es la mía y da una leche estupenda; las otras dos son griegas ortodoxas... ¿Qué se puede hacer?»

La ventana está semiabierta y da la impresión de que el comedor se asienta en el bosque. El comentario le agrada y responde que, en efecto, cuando el tiempo es bueno dicho comedor semeja una ceremonia pontifical: el canto de los pájaros son el órgano y el aroma de los árboles el incienso. «Un poco cursi, vero? ¡Pero qué importa! Al primero que midió las palabras yo le hubiera cortado la lengua.»

Se interesa por lo que hemos visto de la región.

—¡Uf, el mar de Galilea! Cuando pienso en él mi locura se agrava... Ni siquiera sabemos si es mar o si es lago; visto desde el aire unos dicen que tiene forma de arpa, otros forma de corazón. Usted, Isidro, que es el primer cura español al que veo tomar whisky, ¿cree que eso es soportable?

Inevitable hablar de su pasión, la caza. ¡Ay, la caza! «Nací para ser esquimal, pero mi familia era italiana y me metieron a franciscano.» En ese terreno, el amo en el Tabor es él. Cuando suben los cazadores y no encuentran nada, dicen: «Por aquí ha pasado Paoletti...» Afirma que llegó a cazar incluso una hiena, de la que guarda curtida la piel. Al advertir nuestro escepticismo se encorajina. «¡Ah! ¿No basta con mi palabra? Luego la veréis...»

—Padre Paoletti —le pregunto—, ¿cuánto tiempo lleva usted en Tierra Santa?

—Seis meses y cincuenta y un años...

La respuesta es graciosa. Y cincuenta y un años es mucho tiempo. ¡Cuánto habrá vivido! ¡Si consiguiera coordinar un poco la conversación!; pero de momento es imposible. Ha llegado la hora del almuerzo. Debe atender a los turistas que van entrando, sobre todo, al *clergyman* y su esposa, cuya presencia me llamó la atención, y de cuyas maletas se hace cargo él personalmente.

Entra un grupo de no sé dónde. El comedor casi se llena y se convierte en guirigay. Paoletti va situando a la gente y, por las trazas, tiene para cada cual la frase adecuada. Las mesas largas facilitan la labor, si bien Zaid, en la suya, queda más solitario que nunca. Las monjas traen los spaghetti. Entonces, antes de que nadie pruebe bocado, Paoletti muda de aspecto, se concentra y bendice «los alimentos que vamos a tomar».

Contrapunto dialéctico

El almuerzo de los cuatro, junto al balcón, que Paoletti ha cerrado, no tiene pérdida. Hemos hablado de todo, porque en seguida ha detectado que soy hombre de dudas. «¿Y quién no? ¡Las tuvo el propio Cristo!» Y él mismo no está convencido de que los obispos sean los sucesores de los apóstoles, puesto que no parecen haber heredado de ellos ni el don de la inspiración, ni el don de lenguas, ni el amor a la santa pobreza...

Se alude a las excavaciones en toda la zona norte del lago, especialmente, en Cafarnaum. «¡Ah, estoy a favor! Seguro que en la casa de Pedro, habiendo vivido allí su suegra, encontrarán objetos de valor y, por supuesto, monedas... Pero hay que calar hondo y buscar por los rincones. En cambio, buscar a Tagbha es perder el tiempo. Allí no encontrarán más que espinas de pescado, y de eso tenemos a porrillo en los conventos de monjas de todas partes.»

Le contamos el accidente de Caná y los ritos funerarios que con ese motivo Uriarte e Isidro pudieron presenciar, incluido el de la casa del muchacho en la que los vivos trasvasaban sus enfermedades al difunto. Paoletti se da por enterado y nos cuenta que dichos trasvases en varias regiones de Italia tienen derivaciones interesantes. Por ejemplo, recuerda el caso de una enferma que rezaba mucho por una amiga suya que cayó en la prostitución y le hablaba del Evangelio. Por fin la prostituta le hizo caso y se convirtió; y entonces fue la enferma la que empezó a sentir tremendas necesidades obscenas...

Se ríe con ganas, y debido a ello nunca sabemos si habla en broma o en serio. Uriarte entra placentero en el juego, espoleado por la actitud de nuestro anfitrión y por cuenta propia nos recuerda la anécdota de un peregrino que estaba empeñado en saber cuántos azotes recibió el Señor en la Pasión. Él le contestó que no podía afirmarse con certeza, puesto que los judíos solían dar treinta y nueve, pero que quien azotó al Señor fue la autoridad romana. El peregrino insistió tanto, que Uriarte le preguntó: «Pero, vamos a ver, ¿para qué quiere usted saber el número exacto?» «Para jugar con él a la lotería», respondió el hombre, tan campante.

En ese momento se nos acerca un capellán austríaco, que nos ha oído hablar castellano. Tímidamente, nos dice que ha estado varias veces en España y que es un entusiasta de los toros. «Mi ídolo, Jaime Ostos»; dice eso, hace una reverencia y se vuelve a su sitio.

Paoletti me pregunta sobre lo que he visto desde mi llegada. Va asintiendo con la cabeza. Le hablo de Belén; de Hadassa y la circuncisión; de Hebrón; del Golán; de mis proyectos de visitar Sodoma, el Instituto Weizmann, de asistir al *Seder*... Como todo el mundo, me dice: «Te falta el desierto.»

Mi impresión es que Paoletti no tiene nada de frívolo. Simplemente, siente una alegría interior que le sale a chorros; eso es todo. Bromea, pero es un observador de primera y capaz de sintetizar con una *boutade* situaciones que de otro modo requerirían una larga disquisición.

Consecuente con ello, se me ocurre preguntarle su opinión sobre la atractiva teoría de que los judíos, sin darse cuenta, al occidentalizar el país, están preparando la penetración del cristianismo en sus propias filas. Sin titubear un instante, con su clásica rotundidad, me contesta que el Tabor es un palco de observación idóneo para poder atestiguar que ello es cierto, debido a los muchos judíos que suben sin cesar y que aquí se comportan sin inhibiciones.

Sin embargo, es preciso no olvidar que la jugada es recíproca; es decir, que también ellos, con su obsesión por divulgar la Biblia, nos han dado a los cristianos un mazazo en la nuca —como en otro sentido nos lo dio en su momento el comunismo—, pues de hecho no sabíamos nada de lo que ocurrió con anterioridad a Jesús. Ahora bien, volviendo a mi pregunta, qué duda cabe de que Dios tiende sus trampas a quienes quiere salvar. «Sí, Israel, en veinticinco años de imitar la política de los ingleses, ha hecho más por el cristianismo que los cruzados y que siete siglos de *Custodia*... Cuando un judío en Tel Aviv escucha *La Pasión según san Mateo*, de Bach, y se queda embobado, se convierte potencialmente en un posible cristiano... ¿O no? Eso no ocurrirá nunca con los musulmanes, encerrados en su *Kaaba* particular y tocando esos instrumentos que fueron los causantes de que el propio Mahoma tomara un corcel y se largara al séptimo cielo, de donde no piensa regresar... ¡En fin!, para mí no ofrece la menor duda. Israel en ese sentido se está haciendo el harakiri, y conste que diciendo eso no pienso descubrir ningún Mediterráneo... Uriarte puede corregirme si me equivoco.»

Paoletti habla con tal seguridad al respecto que me quedo impresionado. Y aparte de recordar las estadísticas que me facilitó Jimmy, el estudiante californiano, sobre el índice de agnosticismo entre la juventud hebrea, vuelvo a pensar —la verdad es que pienso en ella con harta frecuencia— en Alma, que compara las creencias religiosas poco menos que con amuletos intercambiables... Paoletti rechaza con energía tal presunción. «¡Pse! Es más fácil convencer a un ateo o un agnóstico que a un musulmán o a un creyente de cualquier otra religión...» Al oír eso le hablo de la llamada Colina de los Mártires, con el Museo Yad Washem, que visité con el profesor Edery, y donde, al presuponer que Hitler surgió de la órbita o cultura cristiana, se fomenta una animadversión prácticamente imposible de vencer. «¡Sí, claro, eso es cierto! —admite—. Yad Washem predispone en contra, desde ese punto de vista. Sin embargo, todo el mundo conoce la historia de Teodoro Herzl, pionero del sionismo, cuyo hijo se hizo cristiano, cosa que seguramente el susodicho profesor no te contó... El hecho cayó muy mal entre los judíos; pero he aquí que el *The Jerusalem Post,* excelente periódico, publicó al día siguiente un chiste *grandioso*, que podría considerarse como una compensación. En un dibujo se veía a Teodoro Herzl en el cielo, triste, entre nubes, y al Dios del Sinaí a su lado, observándolo. «¿Qué te pasa, Herzl?», le preguntaba Dios. «Ya lo ves, Señor. Mi hijo se ha convertido al cristianismo»; y Dios le contestaba: «Bueno, no te preocupes. El mío también.»

Ha llegado la hora del postre y el parloteo sarcástico y polémico recibe también un mazazo y se da por terminado. La monja que nos sirve trae a nuestra mesa, en una bandeja especial y con evidente solemnidad, una tarta... ¡Una tarta para festejar *mi* San José! Tarta de bizcocho y chocolate con letras blancas, de nata, que dicen *FELICIDADES* y un línea ondulada debajo. Ése fue el encargo de Uriarte en la cocina, claro... Esa sorpresa fue la que arrancó las risotadas de las monjas, que llegaron a intrigarme. Pero es que hay más. La tarta lleva clavada una banderita con un mensaje procedente del «Bar Ovidio», en el que se dice que todos los «asiduos» se unen a los votos para mi felicidad, para que ésta sea por muchísimos años y deseándome que en el Tabor, con la ayuda precisamente de san José, vea o encuentre a Dios.

Emoción telefónica

No sé hasta qué punto una tarta puede poner un nudo en la garganta. A mí me lo ha puesto y viendo a Zaid le he llamado para que se reuniera con nosotros. Sí, ha sido un detalle, una de esas piezas que Paoletti sólo se cobra de vez en cuando.

Como es lógico, todo ello ha intrigado a los demás comensales, de modo que el comedor entero se ha enterado de que hoy es mi santo. ¡Y cuántos aspavientos al saber que mi nombre es compuesto, José-María! Una vez más, los sorprendidos han sido legión. Una anciana refugiada en Letonia ha dicho: «A mi nieto, que está en un seminario alemán, le vamos a poner ese nombre, José María.» El matrimonio presuntamente protestante —lo son, no nos equivocamos, ¡y misioneros en Filipinas!—, se han acercado para felicitarme y me han estrechado la mano. Y a todo ello la tarta iba disminuyendo de tamaño, repartida en trocitos cada vez más pequeños, cada vez más simbólicos... Del *FELICIDADES* original ya no queda nada, ni siquiera la F, que quería reservar para mí; por fortuna, me he guardado la banderita con el saludo de la clientela del «Bar Ovidio».

—Gracias, Uriarte. Resulta que eres tan sentimental como yo...

—¡No seas majadero! Eso fue una componenda entre Emilio y Paoletti, que se hablaron por teléfono...

El teléfono... Ahora me acuerdo. Miro el reloj. ¿A qué aguardar a la noche? Puedo intentar llamar ahora mismo a mi mujer. Es muy probable que lo esté esperando.

Expongo mi proyecto y todos lo estiman correcto, sobre todo Paoletti, que quiere apasionadamente a *la sua mamma*, a la que llama con frecuencia.

Mis desconocidos «invitados», al saber de qué se trata, me abren paso para que pueda acceder sin dificultad al teléfono. Lo que no consigo es que nadie se calle. ¿Qué hacer? No me atreveré a decir nada, no me atreveré a decir en voz alta: «Te hablo desde el Tabor...; he visto tu firma...; te quiero con toda el alma, o con las dos almas contrapuestas que Dios me dio...»

Paoletti está al quite y acude en mi ayuda. Es él quien pide la conferencia, mientras me indica que vaya a hablar desde el pasillo de la cocina. Así lo hago. He de esperar muy poco. Diríase que hasta las telefonistas le temen al terrible

En la celda del **scriptorium,** de Qumrán.

Continúan las excavaciones en Qumrán, muy cerca del mar Muerto.

Cuevas de Qumrán, en las que fueron hallados los famosos «Rollos del mar Muerto», escritos por los **esenios**. Los manuscritos son anteriores al nacimiento de Cristo.

Uno de los «rollos» encontrados en una jarra: el MANUAL DE DISCIPLINA de los esenios.

Llegan a Massada dos helicópteros. En el primero de ellos viaja Kissinger.

Kissinger, acompañado de su séquito, recorre la fortaleza.

Massada, donde 1.000 judíos zelotas se hicieron fuertes durante años contra el invasor romano. Los supervivientes, antes de rendirse, el año 73 de nuestra era, se suicidaron. Ahora es lugar de peregrinación.

Puesta de sol en el mar Muerto.

Advertencias para los pacientes en tratamiento de enfermedades de la piel.

El sur del mar Muerto, cerca de Sodoma.

ARAD - ערד

Arad, ciudad nacida en pleno desierto del Neguev, uno de cuyos pioneros fue mi amigo Jacob.
Las piedras-símbolo van superponiéndose a medida que crece la población.

Jinetes beduinos en el Neguev.

Muchacha beduina, preparando
el café en su tienda, en pleno
desierto del Neguev.

Caravana en el desierto.

cazador. A los dos minutos escasos me avisan: «¡Hablen, por favor!», y acto seguido oigo la voz de mi mujer al otro lado del hilo, al otro lado del mundo, donde la gente discute de fútbol, ha de tragarse quilómetros de taconeo folklórico y no es libre pero no lo sabe...

Será por los seiscientos metros de altitud, pero la oigo perfectamente bien.

—¡Estoy en el Tabor! ¿Me oyes? ¡En el Tabor!

—¡Sí, sí, te oigo! ¡Qué alegría! Suponía que me llamarías y no me he movido de aquí!

—Entonces he acertado. Pensé llamarte por la noche, pero acaban de traerme una tarta y...

—¿Una qué?

—¡Una tarta! ¿Me oyes? ¡Bueno, sería largo de contar...! Con un *Felicidades* de nata...

—También yo te felicito... ¿Estás bien?

—En el cielo... Ya conoces el Tabor. Y he visto tu firma en el libro...

—¿Mi qué?

—Tu firma...

—¡Ah, sí! Habrás visto que puse el apellido...

—¡Sí, claro...!

—También firmaron Asunción y Tino...

—Ya lo sé... Luego firmaré yo... Me quedo a dormir aquí.

—¿En el Tabor? ¡Mucho cuidado! Pide una estufa...

—No te preocupes...

—Todos mis amigos me dicen que te quedarás con los frailes...

—¿Por qué no? Todo podría ser.

—Pues si te decides, consigue una celda mitxa y me haces un poco de sitio...

—Sería un escándalo...

—El escándalo de Tierra Santa.

—Escucha... ¡Te quiero tanto! Te diría muchas cosas...

—Dímelas... Te oigo muy bien.

—No puede ser. Estoy junto a la cocina...

—Oye una cosa... ¿Ya has resuelto tus grandes dudas?

—Pues..., todavía no. Aunque a veces creo que estoy en camino.

—¡Pues sí que estamos bien! Aprovecha el día de hoy...

—¿El día de hoy...?

—¿No estás en el Tabor? ¡Es la ocasión!

—Hago lo que puedo, mujer...

Y la línea se corta, se cortó. ¿No habrán sido las telefonistas al oír esto último? Me arrepiento de haber pensado eso y lo atribuyo a lo que Isidro llama las tretas que nos juega, bajas de techo, nuestra obscura y latente agresividad...

La sobremesa se prolonga menos de lo que yo hubiera deseado. Paoletti no concibe que no vayamos a dar un paseo por el bosque, y habrá que hacerlo antes de que el frío empiece a adueñarse de la montaña. Total, que mi mujer acertó: «Pide una estufa...» A media tarde en el Tabor la temperatura da un bajón espectacular y por la noche hay que sepultarse debajo de las mantas. «Así que salgamos por ahí lo antes posible.»

Los visitantes han abandonado ya el comedor. Entrarán en la basílica; rezarán con la mayor devoción; exclamarán «¡Oh!» ante el panorama inmenso que se les

ofrece a la vista; recorrerán la avenida de los cipreses y desaparecerán.
El comedor, vacío, tiene otro carácter. «Es mucho más cómodo —interviene Paoletti—. Para qué vamos a engañarnos.» Mientras repasa las cuentas del almuerzo murmura: «Y pensar que Cristo Jesús jamás tocó una moneda…» Entretanto, Uriarte descansa en el balcón, al lado de Isidro y de Zaid; por mi parte, mientras pienso que Paoletti emplea siempre la expresión «Cristo Jesús» escribo unas postales y luego, acercándome al mostrador, le pido al muchacho árabe encargado de esa tarea que me preste el tampón y yo mismo, apretando fuerte, marco dichas postales con el sello circular que dice «TABOR-TIERRA SANTA» y después, con el fechador de goma, rotatorio, pongo el día, el mes y el año. «Llegarán seguro, ¿verdad?» «¡Claro que sí!»

A continuación, Paoletti se sale con la suya y nos lleva al exterior. Se trata de gozar de la Naturaleza. El Tabor no es un museo ni un tratado de piedras evocadoras, es decir, muertas, sino una cima que abarca unos mil doscientos metros, que hay que recorrer y utilizar como mirador por donde indica la Puerta de los Vientos. El momento es óptimo. Al Norte se ve el «viejo cargado de días», el Hermón nevado; al Oeste, el monte Carmelo ¡y el Mediterráneo!, al que no consta que Jesús llegara una sola vez; al Noroeste, un pellizco del lago de Tiberíades, sorprendentemente brillante; por todas partes, la hermosa llanura cultivada y fértil. Y en un lugar a nuestro lado, entre los impenetrables y antiquísimos muros que, casi a ras de suelo, nos circundan y que una vez más atestiguan la frecuente impotencia de la arqueología, leemos en una lápida el humano pasaje de la vinculación, relatado por Mateo: «Los once discípulos se fueron a Galilea, al monte que Jesús les había indicado, y, viéndole, algunos se postraron, aunque algunos vacilaron.» Yo vacilo, claro es, pues no existe ninguna certeza de que ese «monte» fuera el Tabor y que el Tabor sea realmente el de la Transfiguración.

Nos adentramos en el bosque por la vertiente Oeste, donde antes vimos las tres vacas, gorda la católica, flacas las griegas. Paoletti, aun sin escopeta, está en su elemento. Uriarte le sigue, con una caña en su mano útil. Zaid se ha quedado sentado al pie de la terraza, fumando; yo sigo, pero sin entusiasmo, pese a que Paoletti anuncia triunfalmente que el número de bichos escondidos entre los matorrales y bajo tierra es incontable. Las ramas me pinchan, me pinchan los retoños, me arañan las cortezas. Pronto tengo la sensación de llevar una corona de espinas en la cabeza y dos más en los tobillos. La Naturaleza, a tal proximidad, no es un gozo, es un peligro cierto. ¡Y Paoletti lleva hábito y la sortea con insultante facilidad! Mi única salvación sería encontrar una especie desconocida de tortuga o de caracol.

Paoletti se compadece de mí. Se sienta a mi lado, sobre una roca. «Sí, comprendo, es una lástima eso de la vejez. Yo lo sé por la *mia mamma*.» Por lo demás, el mundo de los animales es sugerente, principal, sin que en su caso quepa atribuirlo a la influencia de san Francisco, que los consideraba hermanos. Es… como una vocación, compartida, por otra parte, por el mismísimo Juan XXIII, quien, según el libro *Un artista y el Papa*, basado en los recuerdos personales de su amigo el escultor Giacomo Manzù, el bueno de Roncalli se congratulaba de que por las iglesias católicas del mundo vuele o se arrastre toda una rica zoología, que no sólo no entorpece la fe y la devoción, sino que enriquece a una y a otra de singular manera: dragones, gallos, serpientes, águilas, bueyes, corderos, murciélagos, borricos, hidras, estrellas de mar, pelícanos, batracios, palomas, etcétera. Juan XXIII se acuerda del perrito blanco que acompañó siempre a san Jerónimo; del cocodrilo sobre el que san Teodoro se mantiene de pie en la *piazza* de Venecia; del cuervo que durante ciento quince años le procuró alimento a san Pablo el ermitaño... —Paoletti se espolvorea el hábito y añade—: De todos modos, reconozco que las bestias que se mencionan en el Apocalipsis son menos simpáticas y tienen más cuernos de los necesarios; y que a lo mejor son ellas las que me indujeron a apretar por primera vez el gatillo...

Volvemos a *Casa Nova*. No sólo porque Paoletti tiene algo urgente que hacer, sino porque se da cuenta de que todos los argumentos en favor de la fauna y el «equilibrio ecológico» se estrellarían contra mi indiferencia, además de que advierte que Uriarte, que decididamente no es un contemplativo, se aburre de tal modo en el bosque que con la caña que tomó al salir va golpeando aquí y allá a voleo, y que Isidro se dedica con reveladora insistencia a limpiarse los cristales de las gafas. Paoletti se levanta y respira hondo: «¡Bien! De todos modos, en Jerusalén no te pierdas una visita al Zoo Bíblico...» «¡Oh! Eso es otra cosa.»

Zaid, que no se ha movido de su lugar, al vernos se levanta a su vez como diciendo: «Ya sabía yo que la excursión sería breve...» Al propio tiempo, mueve los hombros y se frota las manos, como indicándonos que el frío empieza a hacerse notar.

En el salón-biblioteca. El «Mesías»

En *Casa Nova* tomamos posesión de nuestras respectivas celdas, inhóspitas a decir verdad. Así que poco después nos juntamos en un pequeño salón-biblioteca, en cuya chimenea una monja acaba de encender unos leños, cuyo chisporroteo nos suena a gloria. Tanto, que a los pocos minutos se unen a nosotros, además del pastor protestante y su mujer, un tipo solitario, barbirrojo, que acaba de llegar de quién sabe dónde con una cruz a cuestas de tamaño más bien chiquito y que lo mismo puede ser alguien que cumple una promesa como uno de esos «Mesías» que, según me han repetido los frailes, brotan por esos pagos en esas fechas. Las llamas, con sus lengüetazos, nos calientan el cuerpo y el espíritu.

Se produce una media hora de silencio. Quizá nos conviniese, después del ajetreo de las últimas jornadas, compartir un poco de «paz». Todo el mundo se calla, leyendo o meditando. La biblioteca es tan anárquica que debe de componerse —es un suponer— de los libros que los peregrinos han dejado abandonados en sus celdas. Entre otros volúmenes he visto dos tomos de una Enciclopedia Italiana, media docena de novelas policíacas, números atrasados del *Reader's Digest*, varios cuadernos de Trigonometría y una obrita que me llama la atención, titulada *Diccionario de los Santos*, encuadernada en rojo...

Zaid ha tomado una novela policíaca, y por la manera como brinca su negro bigote diríase que empieza a sospechar que el asesino es la esposa del detective. Isidro repasa uno de los tomos de la Enciclopedia Italiana y de pronto me llama discretamente para mostrarme, en el capítulo de las Herejías, una muy interesante, según la cual el Diablo es hermano de Cristo. «El Diablo —reza el texto— no se rebeló contra el Padre, porque sabía que llevaba la peor parte; se rebeló contra Cristo, su hermano, por celos, porque era él quien quería venir a la tierra a redimir a la Humanidad.» Yo me entretengo hojeando los *Reader's Digest*, que lo mismo tratan del «Misterio del Triángulo de las Bermudas» que de las «Profesiones prometedoras para la mujer». En cuanto al matrimonio protestante —son luteranos, y de Berna—, se han enfrascado en la lectura del *Diccionario de los Santos* que atrajo mi atención, publicado en *Haute Provence,* según pude ver y con biografías muy esquemáticas, redactadas con mucho humor, aunque no exentas del debido respeto. De vez en cuando ambos juntan las cabezas para leer algo determinado y sonríen. Por supuesto, es un Diccionario católico.

El único que no lee —Uriarte se ha ausentado por unos momentos— es el peregrino de la cruz a cuestas. Lleva consigo una radio-*cassette* con música, que por lo visto no se atreve a utilizar. Mira a los leños y se le ve tranquilo. Su indumentaria es poco común: túnica, un pantalón verdoso y unas gruesas botas, además de llevar vendadas las muñecas y las manos.

Sí, la calma, la paz, se ha adueñado del Tabor, entre amigos y desconocidos. Se oye un reloj que marca las cinco, la hora de los toreros —de Jaime Ostos— y del canto de los lobos que, enhiestos en una cumbre, llaman a sus antepasados. Un sordo runruneo a lo lejos: podría ser el lavaplatos automático. El muchacho árabe se ha dormido como un bendito sobre el mostrador, y un rayo oblicuo de luz ilumina su cabeza.

¡Bueno, dicha calma no podía durar mucho! De repente entran en el salón Uriarte y Paoletti, éste exhibiendo la piel curtida de la hiena que mató. No se anda con chiquitas y nos exige que abandonemos nuestra lectura y le dediquemos cantos de alabanza. Así lo hacemos, aunque yo no puedo por menos que insistir en que no encuentro la manera de conciliar la idea de la caza con la idea de la bondad, aun en el caso de que la víctima sea una hiena. Paoletti se ríe. «¡Casi todo el mundo opina igual! Por eso cuando un día le pregunté a mi madre: "Madre, cuando nací, ¿tuviste muchos dolores?", contestó: "¡No, hijo mío! ¡No! Los dolores vinieron después..." Ja, ja!»

Paoletti se va, pero se ha roto el encantamiento. Todos nos movemos en nuestros asientos y la fascinación de la lectura se quebró. De ahí que Uriarte, que se ha quedado para calentarse las manos junto al fuego, viene luego a mi lado, toma asiento y susurra a mis oídos:

—Ése de las muñecas vendadas aprovechará ahora la ocasión. Es un Mesías... No tardará ni dos minutos en soltarnos su arenga.

Uriarte acierta. El aludido, que tiene los labios enrojecidos y la cara surcada de arrugas profundas, de pronto nos pide excusas por dirigirnos la palabra.

Se levanta, y sin más preámbulo nos espeta a bocajarro, cambiando el tono de voz:

—Juan, capítulo catorce, versículo dieciséis: Yo pediré al Padre que os envíe otro consolador, pero que viva con vosotros eternamente...

Le miramos, con aire receloso. Él se da cuenta, pero no hace caso.

—El que quiera oír, que oiga; el que no quiera oír, que no oiga.

Y a seguido nos cuenta que él es el Consolador de que habla Juan, el nuevo Mesías esperado, y que ha llegado al Tabor caminando, caminando sin apenas descanso, desde el monte Athos, donde se pasó tres meses preparando su irrupción en la vida pública.

—Soy el Mesías y traigo palabras que devolverán la salud a ese mundo que ha caído de nuevo en la idolatría: la idolatría del dinero y del *matarás.*

Me obsesionan su voz, como de borracho, su barba pelirroja y las vendas de sus muñecas y de sus manos. De repente toma la cruz, la reclina en la pared y se recuesta en ella estirando horizontalmente los brazos.

—Voy a Jerusalén... Allí me crucificarán. Lo sé. Pero antes tendrán que oírme y nada sucederá mientras no llegue mi hora, que será el Viernes Santo. Cuando me vean así, crucificado, nadie me reconocerá excepto los que verdaderamente me importan: los niños. Los niños dirán: era Él, y con ellos permaneceré eternamente.

No está mal. He de hacer un esfuerzo para no tomármelo a chacota. Uriarte sonríe; Zaid, en cambio, ha cerrado la novela policíaca y seguro que se olvidó de la esposa del detective.

El hombre continúa:

—Ahora he de irme a descansar... Estoy fatigado, muy fatigado. Pero antes me gustaría daros mi bendición: en el nombre del Padre, del Hijo y del Espíritu... —Sus ojos buscan los nuestros y agrega—: Los que dicen Espíritu Santo son falsos profetas, porque una persona de la Trinidad es mucho más que santa... Ustedes me comprenden, lo sé. Ustedes me comprenden, porque si lo primero fue el Verbo, lo primero que hay que rescatar es el sentido exacto del lenguaje.

Dicho esto, traza sobre nosotros la señal de la cruz, carga con el madero, inclina la cabeza ceremoniosamente y se va. Lleva en la diestra una llave: seguro que se va a su celda, a dormir, a prepararse, a consolarse a sí mismo.

Una vez fuera, el pastor protestante comenta:

—Lo más fácil es decir que está loco. Pero a mí ese tipo de locura me inspira mucho respeto.

Uriarte retrasa un momento su comentario y sus gafas negras se hacen impenetrables.

—A mí me hubiera inspirado respeto si no hubiera empezado citando ese versículo de Juan... Es el santo y seña, o la clave, si ustedes quieren, de todos los «Mesías» aficionados...

¡Qué duda cabe que habría mucho que hablar sobre el asunto! Si es cierto que estuvo tres meses en el monte Athos y que viene andando desde allí, ¿a qué su aventura? Locoide, exhibicionista, farsante, charlatán... ¿Son rigurosos esos calificativos? ¿Por qué no habrá podido sentir hondamente, dentro de sí, una llamada? ¿Por qué la vida no ha podido colocarlo en la situación en que se encontró Huysmans: o la pistola o el crucifijo?

Uriarte se muestra implacable.

—Paoletti dice que lo malo de esa gente es que acostumbra a marcharse sin pagar...

Celebración en la intimidad

Isidro me dice que hoy no ha celebrado misa aún y que le gustaría tenerme de monaguillo.

Accedo de mil amores. Me apetece visitar de nuevo la basílica y rememorar aquellos tiempos en que contestaba al cura en latín, le echaba el agua y el vino en el cáliz y tocaba la campanilla en el *Sanctus* y en el momento de la Elevación.

Claro que ahora el papel de monaguillo se ha simplificado mucho e ignoro el texto en castellano, lo que no deja de tener su aquél, poco halagador.

Ambos nos escurrimos de matute hacia la basílica presidida por el inmenso mosaico de la Transfiguración. A solas, y a esa hora, la veo de otro modo. Tiene tres pisos y el altar mayor está arriba. Supongo que Isidro elegirá la cripta para celebrar, pero no es así; en la sacristía, mientras se pone los ornamentos festivos, inmaculados, me dice que hay un altar escondido, entrando a la derecha, «casi de contrabando», con un mural que representa a Moisés y la zarza ardiendo. «Si no te importa diremos la misa allí. La misa es asamblea, pero siendo dos solos es también diálogo íntimo, diría yo. A ver si conseguimos establecer comunicación.»

Entiendo que es como un reto que Isidro me hace, como un desafío.

Pronto nos encontramos en el recinto ignorado por muchos. Hemos cerrado la puerta, hemos encendido los dos candelabros, Isidro utiliza su misal de bolsillo; y hemos traído las especies, pues le he dicho que «me gustaría comulgar». Miro alrededor, y veo el cáliz y la patena, pero, por suerte, no hay campanilla.

Antes de empezar, Isidro, que me parece totalmente otro, que acaso me recuerda al que vi en el Golán en el momento en que, dentro del barracón Bolívar, se arrodilló ante Víctor para confesarse con él, se vuelve hacia mí y me dice:

—Vamos a ofrecer esa misa por ti, ya que hoy es San José, por tu mujer, por tu madre, por tus hermanos... Y que tu padre, desde el cielo, donde sin duda está viendo a Jesús, ruegue por todos vosotros y por mí, que tengo la suerte de poder celebrar precisamente aquí esa Eucaristía...

El frío se ha fundido como a veces el odio, como a veces el temor. Me gana una emoción intensísima, sin importarme que el mural de Moisés y la zarza sea de una escalofriante ingenuidad. Las palabras de Isidro, sus movimientos, su manera de separar las manos para leer y de volverse para dirigirse al «pueblo», que soy únicamente yo, bañan mi espíritu de una ternura fuera de lo común. En el *Sanctus* me acuerdo de que la Trinidad es mucho más que Santa, pero no pasa nada. En la Consagración me resulta fácil «hacer esto en memoria mía»; a la hora de comulgar, Isidro me entrega un trocito de pan y luego me da a beber de su mismo cáliz; y ambos nos damos cuenta de que ganamos la partida, de que hemos conseguido la comunicación.

Isidro, con sus lentes de erudito, con su frente abultada y su mentón débil, con su voz casi femenina pero con la precisión de sus ademanes y una suerte de ingravidez que en ocasiones forma parte de él, ha reunido, en efecto, en torno al austero altar, a todos los míos, siendo lo más curioso que aquel a quien he visto y veo con mayor relieve es precisamente el que se fue, el que hace ya catorce años que cruzó la orilla, mi padre, cuya frente se heló en cuestión de unos pocos segundos y cuyos labios ya muertos fueron segregando durante un rato leves espumarajos, cuyo significado no comprendí ni entonces ni ahora.

Los demás, a su lado, quedan como difuminados, como haciéndole escolta, pero sin el menor poder para ayudar a mi alma a resolver ningún enigma, y mucho menos el de la inmortalidad.

—Apaga las velas, por favor...

Soplo los candelabros y el olor de la mecha y la cera humeantes me complace. ¿Cómo puede complacer el humo?

Isidro ha echado a andar hacia la sacristía. Le sigo como un autómata, también con cierta ingravidez. En cuanto se ha despojado de los ornamentos exclama: «¡Dios santo! ¡Después del Padrenuestro olvidé que debíamos darnos la paz...! Perdóname...»; y acercándose me abraza con efusión, y yo le correspondo, y tengo como la sensación de que en realidad abrazo a ese mi padre, taponero, que hace catorce años se me fue.

Camino de *Casa Nova,* Isidro me hace saber que en un principio la misa se celebraba cara al pueblo. Pero resultó que de ese modo el celebrante daba la espalda a las reliquias que progresivamente iban acumulándose al fondo del altar, lo que se estimó incorrecto. Por tal motivo se decidió celebrarla de espaldas al pueblo; y ahora se ha vuelto al sistema original.

Volvemos al salón-biblioteca, donde encontramos a los componentes de la tertulia —excepto el *Mesías,* que debe de continuar encerrado en su celda— enfrascados en un animado diálogo. Sin embargo, apenas nos disponemos a sentarnos para tomar parte en él vuelve a entrar Paoletti para advertirnos que el momento es único: la puesta del sol. «Estamos en el Tabor, no lo olvidéis.» Como movidos por un resorte, todo el mundo se levanta y salimos fuera y subimos a la terraza exterior, cara a poniente.

Resulta difícil prescindir de los superlativos. Una bola de fuego que va posándose sobre el Mediterráneo, incendiando el cielo y todo cuanto hay debajo de él. Y poco después —misterios del calendario—, la luna hace su aparición por el otro lado, como si quisiera también dejar constancia de que «aquí estoy». Semejante simultaneidad, tan sincronizada, tan perfecta, sólo la había visto durante mi estancia en Finlandia, exactamente en Helsinki, desde el puente —puente sobre el mar— que enlaza la urbe con Lautasaari, y en la noche de San Juan; con la diferencia de que allí la luna era también roja y del mismo tamaño que el sol y aquí es de plata y algo menor.

Durante unos minutos reina un silencio absoluto, lo que llena de júbilo a Paoletti, una de cuyas máximas es que cuando la Naturaleza se desmelena los pobrecitos seres humanos enmudecen y si no se mueren de miedo es por pura casualidad. Ahora comprendo, desde luego, lo del «altar que Dios se erigió a sí mismo»; ahora comprendo lo que significa el Tabor.

Sin embargo, pasado un tiempo prudencial el frío se hace tan intenso —¿cómo dar crédito al bochorno y al sudor de ayer?—, que, pese a llevar la gabardina que en el Golán se me tiñó de color peruano y bautismal, empiezo a tiritar, lo mismo que los demás.

—¿Visto para sentencia? —propone Paoletti, compasivo—. Hala, que no me gustaría veros por aquí convertidos en estalagmitas.

Una vez dentro sigo tiritando y Paoletti aprovecha para decirle a una monja que mi deseo más profundo es pasarme toda la noche, en vez de en mi celda, en el horno y que la Madre Superiora me vaya dando vueltas como a un pollo asado.

Los «hermanos separados»

Regresamos al salón-biblioteca. Ahora la tertulia, que Paoletti interrumpió, se habrá ampliado con la incorporación de Isidro y la mía. Confieso que la perspectiva me encanta, debido a la presencia del matrimonio protestante. Llevo mucho tiempo con ganas de cambiar impresiones con alguno de esos *hermanos separados* —de nuevo la maquiavélica expresión— que me ofrezcan garantías de representatividad. Y ese matrimonio me las ofrece, sin la menor duda. Son luteranos, como antes dije, y por lo tanto, se sienten molestos por el hecho de que el «Muro de la Reforma» que hay en Ginebra esté dedicado a Calvino y no a Lutero.

Al saber que Uriarte es franciscano y guía de Nazaret, ¡pretendieron sobornarlo para que los acompañase! Acaban de llegar y andan un poco a la deriva, como el avión que los trajo de Filipinas, y que tuvo que atravesar el Pacífico —¿por qué ese nombre?— en medio de una terrible tormenta. De los restantes contertulios les sorprendió, sin saber por qué, que el sacerdote fuera Isidro y no yo. En cuanto a Zaid, ¡que por fin descubrió que la esposa del detective era inocente!, se las ingenió, con buen tacto, para hacerse notar, pues presintió en el matrimonio a unos posibles clientes. Supuso que la parejita querría visitar Cesarea, Jericó, Masada, el Mar Muerto, etcétera, y manifestó su opinión de que tenían cara de angelitos y de angelitos generosos...

Bien, el pastor protestante que colmará mis deseos de diálogo se llama Georges Palmier. Su esposa, Ivonne. Tienen tres hijos, que dejaron en Berna al cuidado de los abuelos paternos. Se pasaron media vida estudiando, sobre todo, historia, idiomas y exegesis bíblicas, hasta que consideraron que también era importante el contacto directo con el prójimo. «Un día vi que los cabellos de mi mujer y un viejo libro estaban enlazados por una telaraña y me dije: hay que cambiar de aires.» Y se fueron a las misiones. Primero a Camboya y luego a Hong Kong. En Hong Kong, y pese a sus intenciones de convivencia, la cantidad metafísicamente incalculable de chinos, tan pequeñajos comparados con las montañas suizas, pero tan inclinados a la fusión, acabó abrumándolos y se fueron a Filipinas.

Cinco años han permanecido en Filipinas, viviendo a diario el desgarro de la más farisaica injusticia social —el noventa por ciento de la riqueza nacional en manos de unas cuantas familias—, con pandillas de jóvenes vocados sin remedio al peor de los gamberrismos: el robo y el crimen, mientras los jerarcas políticos se dedican a promocionar galas sociales, concursos de belleza e importantes torneos de ajedrez.

Sólo la Biblia y la justificación por la fe interior —sin intermediarios, sin un rígido y clasista patrón jerárquico, como ocurre con la organización vaticana— los ha alentado en los momentos de lucha desigual, de desánimo. En definitiva, lo que predicó Lutero al comienzo de su rebeldía, al advertir y condenar la gravísima crisis en que por aquel entonces se debatía ya la Iglesia católica; la indiferencia y ambición de obispos y Papas; la decadencia teológica, que había alcanzado su punto más bajo y que permitió añadir al *mea culpa, mea culpa* del pueblo la expresión *mea maxima culpa,* que aludía a la propia Iglesia.

No es que su labor y el credo al que se adscribieron haya resultado una especie de luna de miel, ya que la rebelión luterana inicial fue complicándose y cayó en trampas muy parecidas a aquellas que la motivaron, con discrepancias casi ofensivas para la inteligencia, obsesiones dialécticas, fanatismos y, en ocasiones, una suerte de «sálvese quien pueda» nada halagüeño y consolador. Pero en fin, peor les parecía el Papado y su pretendida infalibilidad —«perdón, les pedimos que nos disculpen, no pretendemos ofenderles»—, y procuraron, en la medida de lo posible, discernir entre lo anecdótico y lo sustancial.

Por ejemplo, se han dado cuenta de que la palabra *misionero* es enfática y engañosa, puesto que las conversiones que pueden contabilizarse, no ya en una vida, sino en varios siglos, son muy escasas. Las religiones autóctonas tienen un peso indestructible —también ellas son *pétreas*—, así como los condicionamientos geográficos y las sutilezas semánticas. A un japonés es prácticamente imposible convencerlo de que «comulgar», *comerse el cuerpo real de Cristo y beberse su sangre*, no es canibalismo. Los números son determinantes al respecto; en países de cien millones de habitantes, varios siglos de «evangelización» no han logrado más allá de cien o doscientas mil conversiones, y conversiones asaz discutibles en la zona de la conciencia; con dificultades laterales y suplementarias, como la que supone que sólo en la India haya más musulmanes —cien millones— que en todo el resto del mundo árabe. De modo que, en la práctica, a lo más que puede aspirarse es a una labor cultural, benéfica, a enseñar a leer, a escribir y a lavarse. Georges Palmier confiesa que con frecuencia se sentía poco más que un dentífrico; pero, eso sí, un dentífrico en nombre de Dios.

Interviene Uriarte, asegurando que, a veces, realmente él es el primero en preguntarse si la labor que están llevando a cabo es la de *misioneros,* por lo menos tal y como él la concibiera al sentir de niño el primer rapto, la primera llamada. Afirma que Papini —y al nombrarlo se vuelve hacia mí—, con esa brutalidad tan suya que le hacía calificar de eunucos a muchos que no pensaban como él, llegó a la conclusión de que la mayoría de las Órdenes religiosas se han convertido en una caricatura de su propósito fundacional. «Dice que ahora somos simples máquinas adaptadas únicamente a la fabricación interna de frailes de la misma Orden, los cuales a su vez harán lo mismo más tarde.» Uriarte añade que en su caso personal a veces se pregunta si su trabajo no podría realizarlo igualmente cualquier persona creyente pagada por una agencia...

Pasamos luego a hablar de la posible «unión de las iglesias». Según nuestros interlocutores, dicha unión es una entelequia. Hablar de ecumenismo es hablar de los futuros planes de la NASA. Antes se refirieron a la proliferación de sectas a raíz de la Reforma; es decir, en el seno de ésta. Ahora, si hay que ahondar en los distanciamientos de las múltiples religiones del planeta, es preciso apelar a metáforas de ultratumba. Pero, incluso reduciendo el campo y ciñéndose exclusivamente a las distintas posturas dentro del cristianismo, no se vislumbra tampoco ninguna posibilidad, y ello por culpa de unos y otros, de una soberbia compartida que bien podría calificarse digna de Gog y de Magog. Ellos, luteranos, o evangélicos luteranos, para ser más precisos, sólo aceptan la acción mediadora de Jesús, pero no la de sus llamados sucesores. En cuanto a los sacramentos, sólo estiman válidos el bautismo y la eucaristía —es decir, el Jordán y el Cenáculo—; el resto, junto con los dogmas, ¡ay, los famosos dogmas, que Dios les perdone!, implican llevar un corsé al que sus conciencias personales no lograrían habituarse jamás, y otra vez nos ruegan que disculpemos su sinceridad, a la que se atreven porque han visto que la aceptábamos sin reservas. Sí, sería hermoso organizar una mesa redonda, unos ceder por aquí, otros ceder por allá y finalizar con un abrazo filial en nombre de Jesús; pero mientras existan, por un lado los dogmas y por otro las sectas mormónicas y similares, las posibilidades de que eso ocurra son las mismas que tiene un turista recién llegado a Manila de que le limpien los zapatos o lo lleven en un taxi por un precio razonable.

—Ivonne, ¿crees que estoy exagerando? —le pregunta Georges Palmier a su esposa.

—¡Qué va! —contesta la mujer—. Todo lo contrario. Lo único que falta añadir es que hemos venido a Tierra Santa con la esperanza de encontrarle a todo eso una explicación... —Guarda un silencio y añade—: ¿Podría alguno de ustedes, ya que nos encontramos precisamente en el Tabor, darnos una inyección de optimismo?

Paoletti se ha ido, no sé si a preparar el horno para que la madre superiora me ase esta noche. Isidro se salla; también Uriarte. ¿Tendrá que contestar Zaid, con palabras de su suegro, Abu-Abdel?

Contesto yo.

—Lamento no ser un Merry del Val, aunque fuese de vía estrecha —les digo— para dorarles la píldora; pero después de escucharles, me temo que no podían ustedes elegir sitio peor para lo que andan buscando, que en resumidas cuentas es un milagro. Esta Tierra es santa pese a los hombres que la han habitado y la habitan; esta Tierra es santa como usted, Georges, se ha sentido dentífrico: es decir, por la gracia de Dios. Entre otras cosas, hay arzobispos que intentan pasar armas; y hay guerra sin cuartel; y rabinos que escupen al oír la palabra Cristo; y cristianos que se encogen de hombros o sonríen al oír el nombre de Buda e incluso la palabra hindú; y oirán ustedes hablar con más frecuencia de grafitos y de transacciones que de la vida del Señor; y para entrar en el Cenáculo tendrán que pagar unas monedas; y si citan ustedes a Lutero, lo mismo que si citaran a Calvino o a la reina de Inglaterra, provocarían, incluso entre frailes de buena voluntad, una invencible somnolencia... Resumiendo, desde su punto de vista es probable que lo único que encuentren puro aquí sean las aguas del Jordán, puesto que creen en el bautismo; y por supuesto, es posible que también hallen consuelo en el Calvario, si permanecen ustedes más de un mes y se acostumbran, en la Basílica del Santo Sepulcro, a los martillazos de los albañiles y a los cánticos de los coptos...

Georges Palmier, que tenía la gorra inmóvil entre las rodillas, sin darse cuenta la coge con ambas manos y la arruga un poquito. Ivonne, rubia, con el pelo rizado, se aparta de la chimenea como si de repente notara excesivo calor. Y en este momento el pastor protestante tiene una inesperada reacción. Al advertir que nadie añade nada más, lo que significa que nadie tiene intención de corregirme, da un giro al diálogo y dice que Dios dirá y que, como sea, su propósito es, al término de la prueba, volver una temporada a Filipinas, donde piensan rematar una agradable labor iniciada antes de este viaje.

—¿De qué se trata? —pregunta Uriarte.

—De traernos para acá, para Occidente —a Berna o a Ginebra— a dos niños huérfanos. Junto con los tres hijos que ya tenemos, sumarán cinco. Bonito número, ¿verdad?

Cena en el Tabor

Pasamos al comedor. La cena ha transcurrido en un ambiente familiar. No puedo negar que Georges e Ivonne se han ganado mi aprecio y que a gusto encargaría en su honor un pastel que dijera FELICIDADES. ¡Tanto oír hablar de la intransigencia protestante —tanto persignarme, de pequeño, al escuchar el nombre de Martín Lutero—, y he aquí una pareja sencilla, normal, que da muestras de una perfecta coherencia y de una honestidad a toda prueba!

El plato de sopa ha coincidido con el capítulo, siempre renovado, de las anécdotas de peregrinos. Uriarte ha contado el caso de uno que le preguntó si era cierto que los judíos crucificaron a Hitler. Paoletti ha contado el caso de otro, escandinavo, que estaba convencido de que el evangelista Lucas, además de médico y pintor, jugaba muy bien al ajedrez, ¡y que san José había construido para él, en su taller, un tablero y las piezas correspondientes, que se conservaban en el Tabor! «Se empeñaba en que yo debía de tener dicho material guardado en una caja fuerte y quería que se lo enseñara.» Isidro, por su parte, ha afirmado que le oyó decir a un guía judío, a un guía oficial, que las religiosas católicas de Jerusalén, de acuerdo con los médicos, enviaban enfermos en busca de un milagro a la piscina de Siloé y al Santo Sepulcro y que luego unas y otros se repartían los honorarios...

El capítulo de las leyendas, uno de mis favoritos, ha coincidido con las albóndigas y los pedazos de huevo duro. Uriarte nos dice que yo soy una fábrica, porque me las invento; él se limita a ser un depósito y un fiel trasmisor. Y con permiso de los Palmier nos cuenta que en Nazaret hay mujeres que no pueden creer que la Virgen hiciera como los demás mortales, y que mientras unas afirman que Ana concibió a María al aspirar una rosa, otras dan por supuesto que María fue fruto de un simple beso que Joaquín le dio en la puerta del Templo.

Por mi parte, me limito a transcribir lo que leí en el librito *El día que nació Cristo*, de un tal Jim Bishop, al que lamento no conocer personalmente, y que, según la teoría de Uriarte, debía de ser depósito y fábrica a la vez. El autor, en dicho librito, al comentar un retablo de Berruguete que hay en el altar mayor de la catedral de Ávila, y en el que se ve a san José contemplando con satisfacción la caja que los Reyes Magos trajeron para obsequiar al Niño Jesús —la caja que contenía el oro—, asegura que éste era auténtico, que eran auténticas las monedas que allí había, añadiendo que «a buen seguro resolverían la papeleta económica del justo varón san José, quien debía de andar muy preocupado por el presupuesto de la Sagrada Familia».

A los pobres, y debido a la vaporosa presencia de la monja que nos sirve, la conversación ha derivado hacia la naturaleza de los ángeles. Según Isidro, hay una teoría, específicamente judaica, según la cual los ángeles son de naturaleza ígnea, de fuego, ¡calor o fuego que va formándose merced al sudor de los seres humanos! Georges Palmier se interesa por esta teoría: «Ello implica que con nuestros sufrimientos podemos crear ángeles... A mí la metáfora me parece hermosa, la verdad.»

División de opiniones al término de la cena. Hay quien pide una infusión sedante, hay quien pide café. Zaid pide café... y coñac.

El santoral caricaturesco

La circunstancia de celebrar mi onomástica induce a los comensales a ofrecerme el último brindis de la jornada y, de rebote, a poner sobre el tapete el tema de los santos oficialmente reconocidos y de los consabidos milagros que se les atribuyen. En el «Bar Ovidio» el asunto se habría despachado con unas cuantas carcajadas elípticas o tronitronantes —el adjetivo lo hubiera elegido Ángel—; pero en el Tabor, con la presencia de los Palmier, muy negativamente tajantes sobre el particular, se produce una situación de ironía con ciertos ribetes cáusticos, por fortuna pasajera y que no fue a mayores gracias a la buena educación.

El preámbulo, ¿quién pudo suponerlo?, ha corrido a cargo de la madre superiora, la cual, al enterarse del tema que se debatía, nos ha comunicado que precisamente hacía poco tuvo que hacer un par de viajes a Roma con motivo del proceso de beatificación que se seguía en favor de una amiga de su familia, religiosa carmelita, oriunda de Sicilia. «¿O es que creen los señores que Sicilia sólo suministra *maffiosos,* como ocurre en las películas?»

Los Palmier la han interrumpido, y con el máximo respeto le han dicho que, ellos, por descontado, no podían concebir que un ser humano, aunque ocupase la silla de Pedro, se sintiera capaz de proclamar ante el mundo que una carmelita de Sicilia, o un franciscano español, «estaba en la gloria», «se había salvado» y se merecía un puesto en el altar.

—Si no estamos equivocados, todo eso se resuelve en el más allá... Y de lo que ocurre en el más allá, de los definitivos designios de Dios con respecto a la calidad de la conciencia individual aquí en la tierra, nadie sabe absolutamente nada.

La controversia —punto final antes de irse a dormir— se ha animado mucho, primero porque Isidro ha dicho que las dificultades para ser proclamado santo han variado en el transcurso de los siglos. En los II y III era necesario haber sufrido martirio; a partir del IV subieron a los altares muchos monjes del desierto y muchos obispos; a partir del XIII se produjo un alud, del que se aprovecharon las Ordenes religiosas más potentes, que por entonces —«lo siento»— eran los franciscanos y los dominicos. «Puede decirse que éstos tenían abiertas las puertas del cielo; en cambio, y puesto que un proceso de canonización costaba mucho dinero y requería mucha influencia, le resultaba prácticamente imposible entrar en la gloria a un obrero portuario de Panamá o a un hombre modesto nacido en Madagascar.»

Decididos, unos y otros, a no agriar la velada, se me ocurre que acaso resultase divertido echar un vistazo al «Diccionario de los Santos» que atrajo mi atención y que el matrimonio Palmier anduvo hojeando, con la sonrisa en los labios. Propongo ir en su busca a la biblioteca y leer en voz alta algunas biografías. Los Palmier aplauden mi propuesta, pues reiteran que dichas biografías son muy breves, redactadas con humor y, en definitiva, aleccionadoras.

Poco después disponemos del «Diccionario» encuadernado en rojo y, no sé por qué, se decide que sea yo el *lector* encargado de escoger los nombres que estime más oportunos, para deleite de los presentes.

Lo cierto es que hemos pasado un rato muy agradable. Los santos, con sus virtudes, sus prodigios y el fin terreno de cada cual, aparecen alineados por orden alfabético y a través de sus circunstancias personales queda claro que Isidro no mintió y que hasta la fecha la mitad de los habitantes del Paraíso deben de ser monjes y frailes —con alguna que otra María Goretti—, por lo común nacidos en Italia o países colindantes, capacitados para presionar sobre Roma.

El primer ejemplo que he elegido, en honor de los Palmier, ha sido un santo suizo, Amadeo de Lausana, que gustaba de las homilías y de rezar junto a los lagos; y luego a un santo abad irlandés, llamado Ailbe, que gustaba de rezar frente al mar.

Nos enteramos de que Jacopone de Todi, compañero de san Francisco, aparte de pedir para él todos los males —«¡a mí el dolor de cabeza, de muelas, de vientre!»—, le pidió a Jesús que viniera a «copular con su alma sobre un lecho de rosas y de violetas»; y de que santa Águeda, hija de Catania, es patrona a la vez de las nodrizas y de los fundidores de campanas, porque a ella le cortaron los senos y ella cortó más tarde las erupciones del Etna.

Ha habido santos taumaturgos, como Macario, que con un poco de agua bendita devolvió su condición de mujer a una egipcia que se había convertido en un asno, y los ha habido prestidigitadores, como santa Gúdula, patrona de Bruselas, que con sólo rezar una plegaria encendía una vela.

Sabemos que a Pío XII una comisión estadounidense fue a pedirle un santo norteamericano y que él les contestó: «¿Cómo queréis que yo haga un santo, si vosotros no lo hacéis?»; y que san Ammón, considerándose indigno de «hablar con Dios» y de representarle, para no recibir las órdenes se cortó la nariz, las orejas y, por último, y puesto que lo anterior no bastaba, se cortó la lengua.

Noé es también santo. Por razones bien conocidas, es patrono de los viñateros y de los constructores de navíos; y por aquello de la tempestad por fin calmada, «Dios le regaló el arco iris». ¡Ah, cómo brinca en su silla Paoletti al escuchar la descripción que encuentro en san Eustaquio!: «Los animales tienen un lugar importante en su vida. Se piensa en él como patrono de los cazadores, guardabosques y forestales. Seguramente murió dentro del vientre de un toro de bronce ardiente, en tiempos del emperador Adriano, en el siglo II.»

Santos de bajura: Patricio, patrón de Irlanda, que hacía diariamente 700 genuflexiones; santos de altura, Alipio, que se subió a una columna y allí permaneció por espacio de setenta y siete años.

A un monje de Aviñón, Agrícola, del siglo VII, unos lo invocan para que llueva y otros para que haga sol; y encontramos a san Gelasio I, Papa de origen africano —¿de dónde será el próximo?— que «supo mantener con recia mano el timón de la nave que Dios le había encomendado»; y encontramos a santa Afra, demostrativa de que incluso en una casa de mala nota puede Dios sacar un alma de excepción. En efecto, habiéndose declarado creyente en tiempos de persecución, fue requerida por el juez para que renegara de su fe; y al contestar ella: «Yo ya he cometido demasiados pecados y no quiere cometer éste», fue quemada.

Nos conmueve san Felipe Neri, patrón de los humoristas y de los reumáticos, por su alegría, aunque dejara escrito: «En el servicio de Dios no es suficiente reír»; y nos conmueve Fermina, que «convirtió al oficial que se abrasaba de amor por ella, y luego ella se dejó abrasar, ¡en Umbría!, por su amor a Cristo»; y nos conmueve Gabino, romano que «para alcanzar un lugar en el banquete oficial aceptó morir de hambre en prisión».

Por último, entre una lista interminable, descubro unos santos notables por su precocidad, todos ellos del siglo XVII: san Sisias, que sólo tetaba cada dos días; san Nicolás, menos todavía; y santa Catalina de Grecia, que rehusaba de la nodriza cuando había pecado.

Llegados aquí, Uriarte me pide que lea la biografía de san Isidro... Isidro se ruboriza pero yo no tengo más remedio que obedecer, y me encuentro con que fue un campesino, patrono de los labradores y de los payeses, que allá por el año 1130, en los alrededores de Madrid, «mientras estaba en oración un ángel cuidaba de las faenas de arar el campo».

Georges Palmier tiene un momento de flaqueza y exclama:
—¡Dios bendito! ¡Qué milagro tan español!

Se acabó. Todos sabemos que ese Santoral es caricaturesco, y así lo tomamos desde el primer instante; a pesar de ello, todos sabemos también que, en su conjunto, encierra una endiablada —ésa es la palabra— porción de verdad. Se trata del péndulo que rige los relojes del mundo. Detrás de payasadas se hallarán escondidas, nadie lo duda, «almas de Dios»: pero asimismo ha habido épocas en que la Iglesia, según las circunstancias, canonizaba con suma facilidad, sin necesidad siquiera de que el candidato hiciera cada día setecientas genuflexiones. San Francisco y santa Clara son canonizados dos años después de su muerte. San Antonio de Padua, un año después. Santo Domingo ha de esperar sólo trece años; en cambio, hay quien, con méritos más o menos equivalentes, lleva esperando desde hace trece siglos...

Bajo las estrellas

Sí, ha llegado la hora de acostarnos. No obstante, Paoletti, fiel hasta el último momento a su condición, nos indica que, pese a que afuera la temperatura es bajísima, vale la pena que salgamos, aunque sea un instante. Hay un cielo estrellado. Se ven luces a lo lejos. Hay una gran calma. También él, ante un cielo así, se sentiría capaz de pasarse setenta y siete años en lo alto de una columna, a condición de que le llevaran un brasero o de que las aves le construyeran un cálido nido.

Nos abrigamos lo más que podemos y salimos a la terraza. No hace falta repetirse por dentro que «estamos en el Tabor»; ello se siente y ya está.

El espectáculo es de tal modo imántico que jamás sabremos si ha sido él o el frío el que nos ha helado las palabras. «El día pertenece a los hombres, la noche a los dioses.» ¿Quién dijo eso? No lo sé, ni falta que hace. En primer término, cipreses; en lo alto, cuerpos celestes, entre ellos, la luna. El sol ya se fue, para que nadie pudiera establecer comparaciones.

La paz es absoluta y vemos las luces de Naïm, de Nazaret, de varios *kibutzim*. La noche nos roba los pensamientos como a María de Águeda cada difunto le robaba su frío. Apenas si consigo pensar a intervalos, tal es la emoción que experimento. La idea de que estoy en el Tabor se ha transformado en alianza que me conecta el anular con el corazón. Soy el amo del mundo, que está a mis pies y al propio tiempo un pigmeo bajo las estrellas.

En uno de esos intervalos de raciocinio me acuerdo de unas palabras de Simone Weil: «Sólo lo que viene del cielo es susceptible de imprimir realmente su marca en la tierra.» Esas luces, por tanto, que vemos, de Naïm, de Nazaret, de los *kibutzim*, ¿son realmente eléctricas? ¿O simples reflejos de luces ignotas que, para disimular, acuden a diario al reclamo de los interruptores?

No sé si estoy vivo o muerto. ¿Cuántos minutos han transcurrido desde que escuchábamos con sorna que santa Gúdula con sólo una plegaria encendía una vela? ¿Quién enciende esas velas que pueblan la parcela del firmamento que nos cubre, nos envuelve, nos enaniza? Así pues, ¿todo depende del momento en que se oye, del lugar en que se escucha o se ve? Ahora sería capaz de dar por cierto hasta que san Sisias —¿quién es?— sólo tetaba cada dos días.

Inolvidable Tabor. No deja de ser curioso que en los momentos excepcionales uno no sienta la menor necesidad, como decía Georges Palmier, de los dogmas, de regirse por ellos, de que le petrifiquen las realidades que quieren darse como inalterables y sin posibilidades de rechazo. Los dogmas, a lo que se ve, sirven para la interioridad de las iglesias, para cuando el espíritu está encerrado en el cuerpo. En cuanto, gracias a unos astros y a un trozo de luna, se produce la íntima y personal levitación, ¡zas!, los dogmas huelgan, se quedan cortitos y adolecen de soberbia.

¿Seiscientos metros de altura tiene el Tabor? Supongo que algo más, puesto que Paoletti pasa dándonos manotazos en la espalda y recordándonos que hay precedentes de seres humanos que se convirtieron en estalagmitas y que él desea para todos nosotros un porvenir mejor.

CAPÍTULO XXV

Adiós, Tabor

Me despierta Uriarte. Son las siete y media de la mañana. Le esperan en Nazaret para acompañar a un grupo de peregrinos que han de visitar Tiberíades, Tagbha, las Bienaventuranzas, Cafarnaum... «Me ha llamado el padre superior. Tú volverás por aquí, ¿no? Y además, tienes a Isidro.» «No te preocupes. Ya te robé demasiado tiempo.»

Bajamos a desayunarnos. Los Palmier duermen aún. El «Mesías» se fue a primera hora... pagando la cuenta. Estamos solos en el comedor y una monjita nos sirve pan con mermelada y café. El frío continúa siendo muy intenso, ¡pero vemos a Paoletti ya fuera, respirando el oxígeno de la mañana! Le llamamos y, un tanto asombrado, se nos acerca.

—¿A qué tanta prisa?

—Han llamado desde Nazaret... Están esperando a Uriarte.

—¿A Uriarte? *Obispo habemus... O cardinale...*

Arreglamos la cuenta —nuestro modesto equipaje estaba ya preparado— y Paoletti nos acompaña hasta el coche. La despedida es menos efusiva de lo que imaginé. Debería de haberme aprendido yo la lección. Debería de saberme ya que esos lugares son de paso y que si los frailes entregasen cada día un trocito de corazón a no tardar se encontrarían sin él. Pero no hay manera. Además, no estoy convencido de que sea ésa la razón. No, yo más bien lo atribuyo a que en el fondo los religiosos viven un poco por cuenta propia y que sólo le rinden cuentas a Dios.

El Tabor se nos va. Y digo esto porque yo me quedo en él, entre la lumbre, los Palmier, las monjitas y los cipreses; y la misa que «celebramos» mano a mano Isidro y yo.

El Tabor se nos va. Lo vemos alejarse, mientras el coche de Zaid salva las curvas del descenso, rumbo a Nazaret. ¿Dónde estarán las tres vacas? Cuántos pájaros surcan el cielo... Abajo, al pie de la montaña, la aldea árabe de Durayibe; y al tomar la carretera general los consabidos soldados —muchas chicas— haciendo autostop.

Por lo visto anoche todos tuvimos dificultad para conciliar el sueño. Fueron muchas vivencias a través de la palabra y, al final, a través de las luces estelares. Además, a eso de las tres de la madrugada llamó alguien a la puerta, la Policía, no sabemos por qué. Parece ser que andaban buscando un ladrón. Sí, hay ladrones de sueño, como los hay de pedestales en los altares y de trozos de tarta de bizcocho y chocolate.

Adiós, Nazaret

Al llegar a Nazaret desistimos de acompañar a Uriarte hasta el convento. El tráfico en la calle empinada que conduce a él es más denso aún que el día de nuestra llegada. Los claxons suenan como antaño los clarines al iniciar una batalla. Nos apeamos dónde podemos, pese a la señal de *Prohibido* y nos damos un abrazo. Mi habitual torpeza me hace olvidar que Uriarte es manco, pero él está acostumbrado a eso. En ocasiones semejantes, cuando la convivencia ha sido más que un éxito, siempre resulta difícil encontrar la frase clave para la despedida; pero el franciscano vasco y tenso da con ella. «Estoy contigo, Gironella... Ya les cantaré las cuarenta a los del "Bar Ovidio". ¡Palabra! Pero no olvides una cosa, ya que las citas te gustan tanto. Hay una que no está del todo mal: "Los que buscan la verdad merecen el castigo de encontrarla."»

¡Adiós, Uriarte! Es pronto todavía para pasar balance, pero creo que he aprendido mucho de ti.

Zaid, después de mil maniobras, sobre todo para sortear las camionetas de carga y descarga, consigue llevarnos a *Casa Nova*. Nada más entrar vemos en el salón-bar, solos, aburridos, con un parchís delante, a los dos carpinteros, Arento y Trindade. Al advertir nuestra llegada sus rostros resplandecen de alegría, que les dura poco, puesto que les informamos de que Isidro y yo «tenemos que regresar» en seguida a Jerusalén. «Daremos una vuelta por Nazaret y salimos zumbando.»

Al tener noticia de ello, se empeñan en que antes de marcharnos veamos las obras de arte que construyeron para traérselas a la concentración de colegas que tendrá lugar ahora, por Semana Santa. No tenemos más remedio que subir a sus celdas. Son realmente dos trabajos que sólo la fe puede inspirar. La barquita con la Sagrada Familia remando es una delicia y le profetizo a Arento un éxito completo; en cuanto al taller electrificado de Trindade, lo mismo. Todos convinimos en que semejantes tesoros no pueden escapársele a la Basílica de la Anunciación. «Eso tiene que quedarse en la *Custodia* y tienen que verlo todos los peregrinos.» «El único peligro radica en que se produzca alguna avería o descarga y el Niño Jesús en la barca deje de remar o, en el taller, mientras maneja la sierra eléctrica, quede electrocutado.»

Isidro y yo nos damos una vuelta por Nazaret, a pie, mientras Zaid se queda con los carpinteros jugando al parchís.

Lo primero que hacemos es ir al hospital a interesarnos por Gentile, cuyo estado es francamente satisfactorio. Luego nos dirigimos a tiro directo, de nuevo, al *shuk* o bazar, donde quiero comprar, al igual que compré para mí el pisapapeles, alguna chuchería para los componentes del «Bar Ovidio». A Ángel, el melómano, le compro un disco, que ojalá no esté rayado, de música persa, salmodial; sé que lo agradecerá. A Emilio, una edición árabe del Corán, antigua, de ocasión, con anotaciones al margen en las suras dedicadas a la Virgen; al padre Castor, ¡unas babuchas, bien forradas!; etcétera. Para mi mujer encuentro una cajita de cerillas de lo más original: el estuche es un fuelle diminuto para encender la chimenea, con la media luna dorada sobre fondo blanco.

Luego subimos hasta la iglesia copta, de piedra reciente pero con dos campanarios simétricos, perfectos y un armónico cuerpo central. También pasamos por delante de la mezquita As-Salam, que carece de mayor interés. Lástima que no podamos acercarnos al santuario de Nuestra Señora del Tremor —queda un poco lejos—, lugar que recuerda aquél en que los nazaretanos quisieron despeñar a Jesús porque no obraba en su aldea los prodigios que obraba en Cafarnaum; en cambio, visitamos otro santuario, el de *Mensa Christi,* ya conocido en 1263, donde Jesús «habría comido con sus discípulos después de la resurrección». Y ya luego, un rodeo y a la Fuente de María otra vez.

¡Bueno, a veces acompaña la suerte! El día de nuestra llegada fuimos allí y no había nadie; hoy nos encontramos con una serie de mujeres esbeltas, de edad imprecisable, muy jóvenes algunas de ellas, charlando con vivacidad. Hay varias que visten largos mantos blancos, a semejanza de las de Caná. Pienso que Faisa se encontraría aquí muy a gusto... Da la impresión de que hablan de algo trascendente y de que en su mayor parte han de llamarse María. Isidro se ríe. «Sí, y además son virtuosas, laboriosas y humildes.» Isidro entiende algo de árabe, lo suficiente como para comprender que aluden a la huelga de la otra tarde... Entonces, ¿a qué hablar de suerte? La estricta verdad es que una de ellas, que parece capitanear el grupo y que al sonreír muestra varios dientes de oro, se pone furiosa al darse cuenta de que Isidro se dispone a sacarles una fotografía. En resumen, nos dan la espalda y nos olvidan. Y yo me quedo sin la imagen de las mujeres con cántaros y vasijas de barro haciendo cola ante el caño de agua que manó durante siglos. ¿Por qué tan a menudo enmudecen las cosas al acercarme yo a ellas? ¿Por qué muchos grifos se secan cuando yo necesito beber?

Hacia Jerusalén

Un cuarto de hora después nos encontramos en la carretera, rumbo a Jerusalén. Zaid no ganó su partida de parchís y lo atribuye a que le tocaron los dados y las fichas verdes. «Yo creo mucho en los colores, ¿sabéis?»

Me impresiona regresar a Jerusalén. Ahora me doy cuenta de que echaba de menos la ciudad, las murallas, los amigos que ya tengo... y los que tendré. No me apetecería ir a ningún otro lugar, ni siquiera al Carmelo; pero Jerusalén... Sobre todo porque mi decisión está tomada: hoy mismo procuraré dejar el «President Hotel» e instalarme en *Casa Nova,* al lado de San Salvador. ¡Está tan cerca el Domingo de Ramos!

Está tan cerca, que de pronto nos preguntamos si el «Mesías» de las muñecas y manos vendadas, con su cruz a cuestas, llegará a tiempo... Porque, lo encontramos en plena carretera, andando, andando con paso rítmico, sin volver la cabeza atrás.

Ni que decir tiene que nos detenemos y le ofrecemos un sitio en el coche. Rechaza con la mirada, con la barba, con la cruz. Nos lo dijo y ya presumió que no lo tomaríamos en serio: viene andando desde el monte Áthos y así ha de llegar a Jerusalén. ¡Claro que le dará tiempo! Y no porque lo tenga calculado, sino porque en el interior de las botas lleva escondido un reloj que cada dos quilómetros suena —¡ring!—, mucho más fuerte en caso de que yerre el camino. «El Señor va conmigo. No necesito mapas "Michelín". Constantemente me dice lo que tengo que hacer. El que no quiera oír, que no oiga; y si vosotros no me reconocéis, el Viernes Santo me reconocerán los niños de Jerusalén...»

Vemos campamentos de refugiados, con una desusada cantidad de ropa tendida al sol. Cruzamos de nuevo Samaría y me acuerdo de los sacrificios de corderos en el monte Guerizim.

Isidro me dice que tal vez sería ocasión de visitar el pozo de Jacob, ya que a la ida no lo hicimos, con tanta prisa para llegar al Golán. No me apetece. Me siento bien en el coche, mirando el paisaje. No, decididamente no quiero meter ahora mi cerebro en un pozo de treinta y tres metros de profundidad.

Zaid me comprende y sonríe. No es la menor virtud de Zaid saber aquilatar la fuerza de los demás. En cambio, Isidro, que no necesita dormir mucho para recuperarse, querría aprovechar esos quilómetros para cambiar impresiones sobre lo que hemos vivido. No me opongo, pero tampoco le presto excesiva atención. Oigo su voz como si viniera de lejos. Me dice algo sobre la razón que asiste al profesor Edery cuando afirma que las religiones se plagian unas a otras. «Hay un milagro muy poético atribuido a Mahoma: cuando era niño, a veces, en el desierto, por donde él caminaba crecía la hierba...» También me repite la frase de no sé quién que defendía la necesidad de lo tangible —de las tiaras y las plumas en la cabeza— para mantener vivo el fervor popular: «Para el pueblo, la mejor prueba de la existencia de Dios será siempre un obispo bajando por una escalera alfombrada y golpeando el suelo con un báculo de oro macizo.» Por último, en su vertiente dubitativa o racionalista, que nunca le abandona, aludiendo a Nazaret y a la teoría del pastor Palmier sobre la vigencia del catolicismo como institución, suelta en voz alta que fue nada menos que Inocencio III quien dijo que «no fue a la Virgen sino a los apóstoles a los que el Señor confió el reino de los cielos...»

—Isidro, si no te importa, ¿no podríamos pararnos un momento ahí, en esa cafetería, a tomarnos algo caliente?

—¡Oh, claro que sí! Perdona... Te estoy dando la tabarra...

—Sin exagerar, Isidro, sin exagerar...

La cafetería de la carretera es modesta, y no muy limpia que digamos. Está al cuidado de un chaval de ojos negros, diligente, avispado, que al tiempo que atiende a los clientes persigue con un periódico a las moscas y las aplasta contra la pared. Entre los clientes hay varios argentinos, que llevan anchos sombreros gauchos. Forman un grupo alegre, que habla de guitarras y de espuelas. Sólo falta el teniente Quinteros montado en un ovni.

Nos tomamos unos bollos y un café. Zaid prefiere un refresco, chupando con la cañita, que elige de color blanco. Dice que los refrescos lo hacen sentirse chiquito; yo sospecho que lo que quiere es imitar lo más que puede a Naila, para quien compra unos chicles. «Refuerzan las mandíbulas, ¿no? Por lo menos, eso dicen los americanos...»

Saca el paquete de cigarrillos.

—¿Queréis fumar? Un pitillo, ahora, es casi obligado...

—No, no, muchas gracias...

Isidro lo acepta y ello me sorprende.

—¡No te pongas así, hombre! Ver una guitarra, no sé por qué, trastoca mis costumbres...

Los argentinos nos oyen. Uno de ellos sonríe y comenta:

—Regio... —y apurando el vaso que tiene delante brinda—: ¡A vuestra salud!

Isidro enciende el pitillo y queda de tal modo envuelto en humo que por un momento temo que desaparezca.

—¡Isidro, no, por favor! Los ángeles están hechos de fuego, pero no de niebla...

Zaid, ya en la carretera de nuevo, da el do de pecho. ¡En Nazaret se compró un radio-*cassette*! Y precisamente le ofrecieron de rebaja una serie de canciones sudamericanas... «Si encontráramos algún tango...» Busca, y ahí está. El cantante no es Gardel, pero qué importa. Pronto las colinas, las higueras, los borricos al trote por la cuneta, ¡el campo de fútbol junto al cual Emilio le dio gasolina a un jeep judío!, todo se llena de las notas de *La Cumparsita* y *Esta noche me emborracho yo...*

—Ha dado usted en el clavo, Zaid. Se lo agradezco mucho. No sé si a Inocencio III le hubiera gustado, pero a mí, sí. *La Cumparsita* es inmortal; y esta noche, si consigo poder trasladarme a *Casa Nova,* yo me emborracho y os emborracháis *vos...*

Llegamos a Jerusalén. Es cierto que el solo nombre me conmueve. Me llevan al «President Hotel» y antes de despedirnos quedamos con Isidro en que me llamará para decirme qué día puedo ir a almorzar a la Escuela Bíblica. Al quedarme solo entro con mis bártulos y acto seguido me acerco a los recepcionistas, Dan y Lionel, con cara de detective que se presenta de improviso dispuesto a sorprenderlos.

Y lo consigo. No me esperaban hasta mañana. Visten de etiqueta: un matrimonio de los Estados Unidos llegó anoche para celebrar hoy por todo lo alto sus bodas de plata. Él es el *manager* de una gran productora cinematográfica, y para hacer honor a su cargo han elegido el «President Hotel». «Y el gerente nos ordenó que nos pusiéramos los guantes. ¿Comprende, *monsieur?*»

Claro que comprendo. No obstante, mis ojos no se apartan de mi casillero, que rebosa de telegramas, cartas y papeles. *Oh, pardon, monsieur!* San José... Son felicitaciones. Telegramas de mi mujer, de mi madre, de mis hermanos, de Tino, de Asunción... Cartas, postales de amigos. ¡Una postal del Golán! Es de Raúl Palomino —«muchas gracias, padrino, muchas gracias»—, firmada también por Edmundo, el capellán. Hay un vale por un ramo de flores. La tarjeta dice: Alma. Hay otra tarjeta de Salvio. Y otras...

Reviso uno a uno los papeles con delectación. «Por suerte, hoy no es *shabat* y el ascensor funciona...» Estas palabras las pronuncia, en tono confidencial, David Thompson. ¡Mr. Thompson! Está radiante. Le han invitado para el almuerzo de las bodas de plata. «Habrá sido cosa del gerente, porque ni conozco a la parejita de tórtolos ni son de Chicago.»

De todas maneras, casi está decidido a no leer el periódico. Casi siempre le quita a uno las ganas de celebrar lo que fuere. «¿No ha visto usted hoy el *The Jerusalem Post?* Han asesinado al rey Faisal... Su sobrino, su hijo, no sé. No es que lo sienta por él, pero esas cosas siempre traen cola... Habrá que esperar a ver lo que dice la televisión.»

Observo que David Thompson no es el único inquieto por esa noticia. El gerente va y viene con el transistor pegado al oído, detalle de gusto discutible, pienso yo. Y los camareros árabes parece que llevan en la boca una tira de tafetán. Además, hay en el hotel un tipo que los tiene en vilo a todos. Les dio a entender que era sordomudo y sólo se les dirige por señas. Desconfían de él, ya que ese truco era corriente cuando la guerra de 1948, entre los miembros de la *Haganah,* del Ejército Secreto. Le miro. Hombre gordo, con un gran puro, ¿quién puede ser? ¿Un enemigo camuflado del «novio» de las bodas de plata?

Procuro calmar a David Thompson y a los recepcionistas, que no le quitan ojo. «Aquí están los soldados, ¿no? A lo mejor el pobre hombre es sordomudo de verdad.»

Aparece Aicha. Le avisaron de mi llegada y ha bajado exprofeso a por el equipaje. «¿Qué? ¿Viene cargado de libros?» «Nada, Aicha... Un Diccionario pequeñito, que robé en el monte Tabor..., y un alegre pisapapeles que me compré porque ayer era mi santo, San José.»

—¡Ya lo sabía, señor! Se encontrará usted con las sábanas limpias y con toda la ropa planchada...

Dejo el «President Hotel» y me traslado a «Casa Nova»

Llamo a San Salvador y tengo la suerte de que Emilio está en su sitio, en *Los Pirineos,* trabajando en la revista, en el número extraordinario de Semana Santa. Los eruditos se empeñan en meter baza, pero él quiere fotos y hacer algo vivo y actual. «¿Por qué no me escribes tú algo? —me dice—. ¿A que no eres capaz?» «Pues no lo sé... ¿Y si no me gusta el ceremonial? ¡El Jueves Santo puede también invitar a pecar!» «Chico, sigues diciendo majaderías... Confiaba en que Uriarte haría de ti un hombre nuevo, pero se acabó lo que se daba.» «Pues a lo mejor te equivocas, fíjate...»

Le ruego a Emilio que haga la gestión directamente con el padre Mancini para poder trasladarme hoy mismo a *Casa Nova.* «Cuelga y espera», me dice. Y a los diez minutos justos suena el teléfono y obtengo el *placet.* «Vente cuando quieras. Y encima, la mejor habitación... Para que te quejes. Lo que no puedo es ir a buscarte con el coche. Tendrás que espabilarte, pues tampoco es fácil esos días encontrar taxi.»

Llamo a Alma. Supongo que ella no estará en casa, sino en la escuela, pero cabe la posibilidad de que esté Salvio. Y acierto. «¡Hombre, menudo alegrón!» Su voz no miente. «Oye, yo te busco un taxi y te recojo en el hotel y te ayudo en el traslado. Pero con una condición.» «¿Cuál?» «Que esta noche cenemos juntos con Alma. Si no, me quedo aquí tranquilo, en la cama, leyendo uno de esos libros que quitan el hipo...» «¿Qué libro es?» «Es de Chouraqui. ¡Oye! No tengas tanta prisa... Escucha este párrafo: *Lo que la administración Kennedy concedía en créditos al tercer mundo era inferior a lo que las mujeres americanas gastaban en tubos de labios.* «¡Horrible! Pero cuento contigo, ¿eh?»

Falta convenir el horario. Aparte de que yo necesito un par de horas lo menos para ordenar el equipaje, mi habitación en *Casa Nova* no estará libre hasta las seis.

—De acuerdo. A las seis menos cuarto estoy ahí... —y Salvio, que no me deja colgar, además de preguntarme por los quechuas del Golán, cuyo acento imita a la perfección, se muestra también sorprendentemente preocupado por el asesinato del rey Faisal...

Ha sido una lucha contra reloj. Y un cambio de ambiente como cuando uno se traslada por vía aérea de un país a otro. En cuestión de horas, ¿qué queda de los hombres y de las preocupaciones que uno dejó atrás? A las seis y media estoy con Salvio en la habitación 207 de *Casa Nova*. Salvio con traje gris, corbata roja y zapatos negros, como si llevara luto en los pies. Preocupado porque la vitalidad de Alma no disminuye y lo arrolla, yo preocupado por acondicionar mis enseres, mis libros, mi despensa, mi hornillo eléctrico, mis notas... ¿Qué queda de Paoletti y la caza, del matrimonio Palmier y del «Muro de las Reformas» injustamente dedicado en Ginebra a Calvino, de aquel conjunto joven que cantó el Aleluya, de los cangrejos del mar de Galilea que suben y bajan la ladera de las Bienaventuranzas?

Sobre la cama, el termo, ropa sucia, ropa limpia, un disco de música persa, unos guijarros verdosos, pulidos por siglos de olas breves y sagradas.

Salvio organizó el traslado. El taxista entró por Puerta Nueva, aparcó en una esquina y se mostró dispuesto a llevar parte del equipaje. Cargados los tres, hemos pasado delante de la tienda de un griego que nos tomó por peregrinos franceses y que, apostado en la puerta nos invitaba a entrar, ¡a comprar más cosas!, gritando *Vive la France!* Salvio le conoce. Es un sujeto astuto. Tiene libros de interés, antiguos; estampas; postales; fotografías del siglo pasado; sellos y todo lo imaginable. Pero revuelto y sin clasificar. Si cree que los peregrinos que pasan son italianos, grita: *Viva il Dante! Viva Verdi!*; si los supone españoles sólo se acuerda de Blasco Ibáñez y de santa Teresa de Jesús.

Ahora, solos los dos, el ex jesuita, médico-geólogo e inexperto sexual, se da cuenta de dos cosas: de que tengo mucho que hacer en mi celda... y de que hoy no estaré en condiciones de ir a cenar con Alma. Se lo digo con franqueza y lo comprende. Además, sabe que de pronto me quedo sin fuerzas, aunque él lo atribuye en buena medida a la carga emocional e insiste en que debo luchar contra esa espada que me amenaza de continuo.

Una circunstancia contribuye a simplificar la cuestión: mañana por la mañana él y Alma tienen que acompañar a un amigo a Jericó, ciudad que yo no conozco aún. Puedo ir con ellos y recuperaremos el tiempo perdido. Por lo menos podré saludar a Alma, piropearla, «que lo está echando de menos» y cambiar por flores auténticas el vale que aquélla dejó para mí en el «President Hotel».

La idea me entusiasma. Aunque parezca imposible, no he estado todavía en Jericó; es decir, no conozco siquiera el primer tramo de desierto, de desierto auténtico, que se encuentra saliendo de Jerusalén en dirección Este, en dirección a la zona del mar Muerto. No he visto todavía el letrero que en la carretera indica el nivel del Mediterráneo, la cual, a partir de ahí, empieza a bajar, con alguna que otra tienda de beduinos y alguna que otra caravana de dromedarios. Mi mujer me contó lo mucho que le interesó ese pedazo de muerte-vida, aunque ellos prolongaron el viaje hasta Qumrán y Masada y se metieron en el mar Muerto.

—Pues de acuerdo —dice Salvio—. Te dejo, porque aquí no haría más que estorbarte. ¿Te parece bien mañana a las nueve en Puerta Nueva?

—Allí estaré. Y te agradezco que lo comprendas...

—No faltaría más. —Ya en la puerta se vuelve y sonriendo grita—: *Vive la France!*

Solo en *Casa Nova*. Solo en la residencia en la que he comido muchas veces pero en la que no he dormido jamás. La celda es mayor que la del hotel y dispone de un ventanal enorme. Con una mesa grande, en cuyo centro coloco automáticamente la máquina de escribir. Los planos... tiempo tendré de clavetearlos en la pared. La persiana, gradulux, es muy práctica. Tampoco hay bañera, pero el desagüe de la ducha es más racional. Ninguna pega para la despensa que necesito: en el armario-ropero cabrían alimentos para un mes. Un crucifijo en la pared: es una novedad.

Apenas me pongo a ordenar los libros miro el reloj y advierto que son las siete, hora en que sonará la campana para la cena en el refectorio. Allí estará el padre Mancini, allí estará la señorita Petrozzi... Al entrar he visto en el vestíbulo un número de maletas y mochilas muy superior al acostumbrado y, en recepción, el árabe del gorro de dormir me ha dicho, al entregarme la llave: *Bon séjour, monsieur*; y me ha pedido el pasaporte.

Decido pasar esos diez minutos en la capilla, situada en la misma planta, precisamente muy cerca del comedor. Lo dejo todo y me voy para allá. Ante mi sorpresa, no hay nadie; sólo una monjita en el banco delantero; es un bulto mínimo, poca cosa más.

Me quedo en el banco de atrás, sentado, con la cabeza reclinada en la pared. Veo el sagrario y la lamparilla al lado. Hay una extraña quietud. El sagrario está cerrado —no sé por qué encierran a Dios y por qué le llaman *exposición* al hecho de mostrarlo—, pero yo sé que está ahí porque sé que está en todas partes.

¡Qué gran ventaja poder rezar por dentro, sin necesitar de articular vocablos, de pronunciarlos en voz alta! Como siempre, empiezo por mi oración favorita, el Padrenuestro, sin acordarme de que en él se nos recomienda suplicar el alimento cotidiano. A mí me parece simplemente el yo que se dirige al Tú, ¡sin intermediarios! Luego le pido a Cristo Jesús —sí, me gusta llamarle así—, que me ayude en esa nueva etapa que he comenzado y que posiblemente sea la última de mi estancia en Tierra Santa. *Casa Nova* debería ser para mí, no la prudencia, que «es el miedo caminando de puntillas», sino el gran descaro para llegar a definirme. Estoy a doscientos metros de San Salvador, del reloj de su torre, del «Bar Ovidio», de los frailes croatas que congenian con los españoles. Estoy en el barrio en que se me cayeron las gafas al salir del Litóstrotos —¡cómo se rió el padre Franquesa!—, y en que nació, de madre soltera, Rayhuqa, la muchacha que merodea todo el día por el Santo Sepulcro. Estoy cerca del colegio El Omaríeh, donde se inicia el Vía Crucis. Y del Calvario. Y también del ostentoso coche negro del Patriarca Latino y de otros coches ostentosos y negros de otros Patriarcas.

«Señor, una vez, encontrándome en plena depresión, tocando el fondo de la tristeza sin fondo, te escribí y publiqué una carta que titulé: *Carta de un gusano a Jesucristo*. El gusano era yo, Jesucristo eras —eres— Tú. Te hablaba de mi gusanez, de mi estado ínfimo. Han pasado muchos años y hay momentos en que volvería a escribirte lo mismo, aunque con letra algo más temblorosa. En la carta te decía: «Te pido por un instante el don de la palabra. No sé exactamente si me mueve a ello intención de rebeldía o el dolor de haber nacido. Soy un gusano. Un gusano viejo, con el cuerpo herido por la terrible enfermedad de los espasmos... Mi ojo ventral no ve apenas nada; el olfato se ha debilitado hasta el punto de no oler la proximidad de la carne; los palpos, que eran mi defensa, pierden sus reflejos... Me quedan mi hambre y la lucecita de mi embrionario cerebro. Con esa lucecita me dirijo a Ti para rogarte que me contemples, que contemples mi aspecto —Tú me creaste— y mi agitada respiración. El aire atraviesa mi piel y me prolonga la vida. ¿Por qué he de seguir viviendo? Me pregunto por qué necesitas de la existencia de esa masa minúscula, de este ser cilíndrico que va reduciéndose a un punto viscoso del universo. ¿Formo, en verdad, parte de tus planes, soy tan insustituible como un ave o como un hombre? Mátame, Jesucristo Omnipotente. Un gusano menos, ¿qué puede importarte?»

La señorita Petrozzi

Suena la campana y voy al comedor para la cena. El padre Mancini, que siempre se mofa de mis entusiasmos orientales, simula juntar las manos e inclinarse ante mí; y me indica el sitio que me corresponderá, en el sector que podríamos denominar de los «huéspedes fijos», frente por frente de la señorita Petrozzi, que no tarda en llegar, rodeada de amigos suyos, sacerdotes belgas. En la argolla de mi servilleta escribo mi nombre, lo que equivale a un documento de propiedad.

El comedor es pronto tomado al asalto y la alegría de los «grupos» me levanta el ánimo, a lo que hay que añadir la cordialidad y el excelente humor con que me recibe la señorita Petrozzi, la cual, al saber que esta misma mañana me encontraba en el Tabor exclama, elevando irónicamente sus expresivos ojos al techo: «¡Alabemos al que llega en nombre del Señor!» Acepto el cumplido, pero le ruego que en su monografía insista dale que le das en que en la residencia faltan estufas.

Los sacerdotes belgas, que llegaron hace sólo un par de días y que no conocen el Tabor, se interesan por él. Se lo describo como Dios me da a entender, con sumo cuidado, ya que la señorita Petrozzi anda a la caza de la menor inexactitud. Por fortuna, no ha de corregirme nada. Únicamente, al referirme al padre Corney, el franciscano que se está recuperando allá arriba mientras engarza al sol cuentas de rosario, comenta: «¡Psé! El pobre estaba ya mal del casco antes de que en el Santo Sepulcro lo tiraran por la escalera.»

El comentario no resulta un modelo de caridad, pero así es «la monografía de Umbría», como yo la llamo. Me abstengo de censurar los mosaicos mussolinianos de las Bienaventuranzas porque la señorita Petrozzi sería capaz de invitarnos a cantar a coro *Giovinezza*. En cambio, al oírme relatar el accidente de Caná, su coletilla es definitiva: «Hicieron ustedes muy bien en no llevar a esa muchacha herida a ningún hospital judío. La hubieran atendido estupendamente, con el mayor cuidado, mientras vieran esperanzas de salvarla; pero, en caso de muerte, se hubieran desentendido de ella al instante, rotundamente, por considerar que el cadáver, no perteneciendo a su "raza", era ya un ser *inmundo*. Eso le ha ocurrido a más de un peregrino, con el agravante de que luego siempre aparece algún agente de viajes o algún camillero que procura especular, hacer negocio, con el billete de regreso que el difunto ya no podrá utilizar.»

La sempiterna seguridad con que habla la señorita Petrozzi contrasta con la timidez de los sacerdotes y religiosas belgas que la acompañan, a los que tiene absorbidos, dominados. Apenas si se atreven a opinar, excepto uno de ellos, que después de afirmar que el pueblo más generoso de la tierra son los Estados Unidos, donde con motivo de cualquier colecta se recogen fácilmente 5.000 dólares para la parroquia, asegura que la región de Judea no tiene el menor interés. «Son montañas peladas, sin vida. Vi de lejos Qumrán: unas cuantas grutas... Y un mar sin peces, sin nada. ¡Bien! Esperemos tener mejor suerte por allá arriba, por Galilea.»

La señorita Petrozzi se indigna con su huraño amigo. Después de citar, por supuesto, a un autor no italiano, Taine, quien al parecer dijo de Tierra Santa que es como un «quinto evangelio», defiende a ultranza la región de Judea precisamente por ser como es y porque fue, en resumidas cuentas, la que Jesús eligió para consumar su misión. En cuanto a Galilea, según ella hay que andarse por allí con sumo cuidado, ya que sobre el nacimiento y biografía de Jesús circulan entre sus habitantes las más extravagantes, e incluso blasfemas, versiones, como aquella que los volterianos recogieron al pie de la letra según la cual Jesús nació de los amores adulterinos de una «perfumista» llamada María —jugando aquí, equívocamente, con el episodio de los perfumes de María Magdalena— con un soldado romano llamado Pandera. Según esa versión, y otras semejantes o paralelas, luego el carpintero José, padrastro de Jesús, se llevó a éste a Egipto para que allí aprendiera magia con la que más tarde seducir al pueblo de Israel. «Así que, cuidado con Galilea. Corren por allí fábulas repugnantes, sobre todo desde que en Nazaret los judíos han levantado con toda intención la ciudad nueva de *Natsrat Elit.* Hay tantos árabes ignorantes, que los pobres no saben qué replicar. Sin embargo, quien consigue recorrer Galilea con el corazón puro —lo que para los escritores de fantasía no es fácil—, el viaje resulta altamente provechoso.»

A todos les encanta la descripción, que inevitablemente suelto sobre la mesa, del bautismo de unos indios peruanos en Banias, junto a una cascada, en una mañana de cielo encapotado y boda drusa. A raíz de ello, el sacerdote huraño recuerda lo mucho que se emocionaron en el Jordán los actuales reyes de Bélgica, Balduino y Fabiola, cuando visitaron Tierra Santa, allá por el año 1964, si mal no recuerda. «Fabiola es una reina ejemplar —añade—, digna representante del cristianismo español, fuerte como una roca.» No puedo por menos que replicar que, a mi juicio, el cristianismo español me parece el más convencional e hipócrita de todos los conocidos, «después del italiano», se entiende. Se ríen al oírme, por suponer que estoy bromeando. Bueno, qué más da. Me basta con que la señorita Petrozzi me dirija una mirada de amistosa complicidad.

Lo que no acabo de comprender es cómo un hombre que hace cosa de media hora se presentaba ante Jesucristo como un gusano en una capilla recoleta, ahora se permita, a menos de un tiro de piedra de dicha capilla, perorar sobre el cristianismo de naciones diversas. ¿Es lógico esto?

Pasa el padre Mancini y oye el nombre de Fabiola. «*Ah, Fabiola! Regina discreta, regina pacis...*», y nos bendice y sigue andando.

Solo en mi nueva celda

Llego a mi celda dispuesto a ordenar el caos, no sólo el de mis enseres y mis libros, sino el de las notas de mi viaje a Galilea, que en mi agenda aparecen dispersas o en hojas sueltas.

Al cabo de una hora todo está presentable, y el primer sorprendido soy yo. El armario, la ropa, los libros, todo está ordenado, en su lugar, sin exceptuar los planos, cerca del ventanal y mucho más visibles. Aicha, la camarera de Betania, pensaría: «A ese *monsieur* me lo han cambiado.»

Mientras arreglaba mis cosas he oído la emisión en ladino. Aparte de nuevas noticias sobre el asesinato del rey Faisal, han dicho que por Jerusalén y alrededores andaban merodeando errantes unos tres mil perros y unos treinta mil gatos —han repetido la cifra tres veces, he oído bien—, y que en los últimos cuatro *shabats* más de trescientas personas habían sido mordidas por dichos perros, lo que no sabían si atribuir a que éstos no encontraban alimento o a que los judíos no querían defenderse en su día sagrado de descanso semanal. La radio terminó haciendo un llamamiento a la población para que contribuyera a construir un hogar para animales abandonados. ¡Ah, con qué eficacia dirigiría la operación el padre Paoletti!

A las nueve estoy ya en la cama, voluptuosamente satisfecho de encontrarme en Jerusalén, y, sobre todo, en *Casa Nova*. Las notas del viaje tendré que ampliarlas, desde luego, pero lo haré mañana o pasado. Hoy, ahora, prefiero encender la pequeña lamparilla de noche y descansar mirando el techo, o leer. Pronto me encuentro leyendo, ya que he apilado cerca de la cama una serie de libros que constituyen una tentación.

Como siempre, tomo varios al azar y a medida que leo subrayo con el bolígrafo unas cuantas frases, que de manera más o menos directa conectan con lo vivido por mí últimamente.

Entre dichas frases figuran las siguientes:

«En Israel no hay apuestas —lotería, sí—, y esto no se presta al delito organizado.»

«El temperamento latino prefiere lo ya terminado, lo que ya no es transformable, lo teóricamente perfecto; el temperamento judío prefiere lo dinámico, lo en perpetuo movimiento, la corriente un poco sin brújula que en el fondo se comunica con la mística, con el ideal imposible. De ahí que lo judío ofrezca siempre el aspecto de *inacabado*. El judío cree que la verdad es oscura, en tanto que el latino cree que la verdad es luz.»

«Los tres pilares del judaísmo universal —Freud, Marx, Einstein— murieron sin sentir, en apariencia, excesiva nostalgia por su tierra de origen. Y los tres murieron "inacabados" y contradiciéndose a sí mismos. Freud, por ejemplo, antirreligioso, hasta el punto de considerar "que la religión hacía enclenques a los hombres", paradójicamente estaba enamorado de la obra escultórica perfectamente acabada, el *Moisés,* de Miguel Ángel; por el contrario, Jung llegó a afirmar que tendría pocos enfermos si la gente, después de pasada la edad de la pubertad, viviera de acuerdo con los bien probados mandamientos que las religiones sólidamente establecidas pueden ofrecer. "Mi opinión es que el considerable aumento en el número de neurosis ha corrido paralelo con la disminución de la religiosidad."»

Igualmente, W. C. Menninger expresa casi la misma idea acerca del valor de la religión para la salud mental. «Cristo —dijo— hace siglos estableció uno de los principios para el equilibrio de la mente que hoy reconocemos como de importancia capital: *porque cualquiera que salve su vida la perderá, y cualquiera que pierda su vida por Mí la salvará.* Esta sentencia condensa como un relámpago los atributos del individuo maduro. Algunas personas pueden amar a los demás de tal modo que obtengan más satisfacción de ello que de ser amadas ellas mismas. Esas palabras continúan siendo un magnífico mandato. El que las sigue puede pasarse una vida sin tener que pedir hora de consulta con el psiquíatra.»

El sueño me vence. Me da tiempo a leer en no sé qué obra: «El hombre capaz de inventar un pecado nuevo sería venerado en la vida privada y quemado en la plaza pública.»

CAPÍTULO XXVI

Rumbo a Jericó

A las nueve menos cuarto se para en Puerta Nueva un formidable coche americano, de color gris perla. Podría pertenecer a un magnate del petróleo; en realidad pertenece al señor Tuko, que posee en Haifa una fábrica de papeles de envoltorio, de estuches para cigarrillos, de naipes, etcétera. Todavía joven, se ha hecho a sí mismo; teniendo en cuenta que el señor Tuko es palestino, la cosa tiene su miga. Ello significa que ha sabido conjugar su olfato para los negocios con el trato con las autoridades judías.

—Suba, suba usted, por favor, que aquí interrumpimos la circulación...

Subo a su lado, se excusa cortésmente y veo detrás a Salvio, ¡a Alma!, y a una muchacha algo más joven que ésta, feúcha pero muy graciosa. El instinto me dice que se trata de la famosa maestra de que tantas veces Alma me habló, enamorada de la enseñanza, de la pedagogía infantil «y empeñada en llevarse a la cama a uno de los secretarios de la Delegación Apostólica». Acierto en mis suposiciones, en premio de lo cual Noemí, que así se llama la muchacha, se incorpora y estampa en mi mejilla izquierda un sonoro beso —¡uuaaaahhh!—, después de lo cual Alma me entrega el ramo de flores que me prometió en el «vale» que depositó en el hotel el día de mi santo.

El embrollo es menor del que podría suponerse. Antes de abandonar el Monte de los Olivos y bajar por la carretera que conduce por el Este a Jericó, todos estamos perfectamente situados. El señor Tuko, para rematar una exportación masiva de sus productos que tiene encarrilada, necesita que Salvio le presente personalmente a una especie de rajá misterioso, de película, que vive en Jericó, en un antiguo palacete. El señor Tuko, que hace un año perdió un hijo leucémico, para olvidar y distraerse trabaja sin parar. Tal vez por ello da ocupación a unos cuarenta obreros. También fuma sin parar. Tal vez por ello fabrica estuches para paquetes de tabaco. Conduce el coche con una inmovilidad escalofriante, como si fuera un maniquí; sólo de vez en cuando ladea la cabeza y echa el humo por la ventana.

En cuanto a Alma, ¿qué puedo decir? Estoy enamorado. Me chifla esa mujer, lo mismo si la tengo en mi hotel con traje de noche, rojo, y los muslos blancos al aire, que si se presenta, como ahora, con el pelo cortado a lo *garçon* y una blusa amarilla y transparente. Le digo lo que siento: que en pleno Golán la recordaba como si yo fuera un quechua hambriento y ella la esposa favorita de Tupac Amaru y que para conseguirla sería capaz de hacerme jesuita, médico y todo lo demás, que fue el sistema que utilizó Salvio. Alma se ríe, y viendo que no sé qué hacer con el ramo de flores me libera de él, recuperándolo, y se pone a olerlas, suspirando que es una provocación.

En cuanto a Noemí, es consciente de que su única arma ha de ser la sorpresa. Le ocurre algo raro: detesta las novelas, porque caricaturizan la vida, pero se pirra por quienes las escriben, excepto si son mujeres, que deberían limitarse a inspirarlas. No fuma, contrariamente al señor Tuko, pero los críos le regalan siempre en la escuela caramelos en forma de pipa, porque saben que la vuelven loca. Le pregunto si su léxico es siempre así, exagerado, y contesta: «¿Conoce usted algo más exagerado que la discreción?» Luego añade que Salvio y Alma le han hablado tanto de mí que para verme se ha traído unos prismáticos; y me los enseña, y gracias a ellos puedo ver por primera vez el comienzo del desierto.

En efecto, estamos en la carretera que conduce a Amman, de la que Zaid me habló a menudo. Hay dunas arenosas, todavía con un poco de hierba; y paralelamente vemos a trechos la antigua carretera, que era la de los ingleses, tan peligrosa, debido a su trazado, a las curvas, que se llamaba la «Carretera de la Sangre». En las cunetas, camiones y tanques convertidos en chatarra, recuerdos, como siempre, de la guerra.

¡Los primeros beduinos! Mi corazón da un vuelco. Sólo vi algunos en Egipto, al cruzar el desierto arábigo, desde el mar Rojo al Valle de los Reyes; pero estaban lejos. Aquí han plantado sus tiendas muy cerca de la carretera y hay críos que por unas liras se dejan retratar. Sé que son ejemplares sofisticados, pero pido por favor poder bajar y sacar unas fotografías, sobre todo porque unos cuantos dromedarios pasan por una cresta que se recorta contra el cielo azul. El señor Tuko consulta su reloj y asiente con la cabeza.

Bajamos Salvio y yo y nos acercamos a las tiendas, de color negruzco, tensas y clavadas con estacas en el suelo. De gran tamaño. Varias mujeres, exhibiendo vestidos de bellísimos bordados y muy tatuadas se plantan delante de la puerta, con cabras, churumbeles y una cebra algo pachucha, al parecer. No hay ningún hombre. Salvio se entiende con ellas. Dicen que se dejarán retratar si pagamos con liras jordanas; no quieren liras israelíes. La escena es absurda. ¿De dónde sacar liras jordanas? Por lo visto, ellas siguen comerciando en Jerusalén con determinadas tiendas a base de liras jordanas. Ellas o sus hombres, claro. Dan a entender que se consideran en terreno propio, en terreno «ocupado» y que no transigirán. No quiero prolongar la situación y desisto. Saco unas fotos de los dromedarios que avanzan allá arriba y uno de los churumbeles me muestra amenazante una piedra que sostiene en la mano.

Volvemos al coche. Noemí me dice: «¿Pues qué esperabas?» Salvio matiza: «Hay beduinos de verdad. Ésos se han instalado aquí ya para eso.» Noemí insiste: «El Estado judío se constituyó para resolver el problema judío, no para resolver el problema de los beduinos y de los árabes.» El señor Tuko echa una bocanada de humo y da un giro a la conversación, contándonos, con respecto a las ovejas que hemos visto, que hay un dato curioso: conservan la grasa en la cola —«fíjense ustedes en el grosor de esas colas»—, lo que constituye una reserva para cuando no hay pastos. «En otros lugares se ha intentado la misma operación, pero sin éxito. Sólo se consigue esa reserva en esta región.»

Un puesto de Policía. Justo en el llamado «Albergo del Samaritano», según las guías. Me apeo otra vez para ver el interior del *albergo*: un cajón vacío de «Coca-Cola». Los soldados, con la metralleta a punto detrás de unos sacos terreros, nos tratan con amabilidad, y luego de revisar con mucho detenimiento la documentación del señor Tuko nos dejan pasar.

Vamos bajando, un pedazo más de desierto —el letrero que dice: «Nivel del Mar»—, y de pronto damos vista al valle de Jericó.

El panorama es extraordinario. A la derecha, la carretera sigue paralela a los barrancos rojizos de Judea, rumbo a las grutas de Qumrán, barrancos que adquieren formas tan irreales como los superlativos que Noemí emplea, y al fondo está el mar Muerto, sin apenas neblina o vaho esta mañana. El sol es fortísimo, al igual que la luz, pero el calor, debido a la sequedad, no es sofocante. ¿Cuántos misterios nos rodean? No lo sé. Al otro lado del mar Muerto se levantan las montañas de Moab, de donde vino Rut. A nuestra izquierda, una carretera lateral bifurca hasta Jericó, por entre unos prados que una larguísima caravana de camellos —uno de ellos distanciado, al frente, con paso elegante— convierte en estampa secular. Jericó aparece lujuriosa de vegetación, con palmeras, bananeros, almendros, limoneros y hasta cañas de azúcar. El señor Tuko ha detenido su coche en mi honor y me quedo ensimismado. Ahora comprendo muchas cosas. Que en la Biblia se hable del Valle de las Palmeras. Que Josefo exclamara: «Puede llamarse divino a este suelo por la abundancia con que produce los frutos más varios y más bellos.» Sabemos que florecen en él muchas rosas, aunque no las vemos, ni siquiera con los prismáticos de Noemí. También comprendo que Marco Antonio le regalara esta comarca a Cleopatra y que Herodes *el Grande* se mandara construir aquí una de sus fastuosas residencias de invierno. Por entonces, claro, no habría alambradas de espino, ni construcciones militares, sino dátiles, especies balsámicas y conducciones de aguas.

—Ahí está el Monte de la Tentación...

¡Cierto! No me acordaba. La advertencia ha sido de Salvio. El pasaje evangélico de Mateo es impresionante. Suspendido sobre la ciudad está el Monte de la Tentación, o Monte de la Cuarentena, donde Satanás tentó a Jesús ofreciéndole «todos los reinos del mundo y la gloria de ellos» si de hinojos lo adorare; y Jesús le respondió: «Apártate, Satanás, porque escrito está: *Al Señor Dios adoraré y a Él sólo darás culto.*»

En honor de Alma y Noemí no insistimos sobre el particular y el señor Tuko reemprende la marcha, bifurcando a la izquierda. Avanzamos lentamente, lo que permite ver un letrero que dice: *Y.M.C.A. Campamento de refugiados. Jericó.* Está totalmente deshabitado. El poblado es enorme, pero está vacío, con las modestas casas —techos de paja— cayéndose. Dichas casas, alineadas en las calles desérticas, parecen nichos sin esqueletos dentro. Sólo un anciano avanza en dirección a una de ellas, apoyándose en un bastón. El señor Tuko me informa de que era un campamento palestino y que sus treinta o cuarenta mil habitantes cuando la última guerra tuvieron que huir, refugiándose en Jordania, donde vivieron durante mucho tiempo en tiendas y hasta en el interior de tubos de uralita. «Ahora, muchos siguen todavía allí; y aquí, ya lo ven, no hay nadie... —Marca una pausa y añade—: A lo mejor al señor español le interesaría visitar un lugar como éste. No es corriente encontrarlo...» «¡Claro que me interesaría! Pero hoy ustedes han de ir a lo suyo. Yo puedo volver cuando quiera. No se preocupen por mí.»

Sin perder de vista la ciudad-cementerio, a unos dos quilómetros más o menos nos encontramos en el centro de Jericó. Abordamos, a la derecha, la calle principal. El señor Tuko aparca delante de una barbería y él y Salvio preguntan por un tal Mr. Collins. A lo que se ve, la cita es importante para el fabricante de Haifa, y no querrían retrasarse. Poco después nos quedamos solos Alma, Noemí y yo. ¡Jericó! Unos chiquillos, en un taller de bicicletas, soplan en unas bocinas. Se me ocurre que parodian sin darse cuenta el lance de las trompetas de Josué, aunque ninguna muralla se desploma, de momento. En realidad la calle y adyacentes constituyen un zoco, con muchos artículos importados también de Formosa. Todo son comercios, que han arrasado la vegetación. Pese a ello, se ven en los alrededores árboles frutales, y el olfato se nos llena de una mezcla de perfume vegetal y de lubrificantes.

Antes de tomar una decisión —disponemos de dos horas por lo menos—, entramos en un café, bastante cochambroso, en cuyas paredes hay cuadros naïf contra el mal de ojo y uno, curioso, ramplón, sobre el sacrificio de Isaac. También documentos antiguos enmarcados, uno de ellos correspondiente a un acta matrimonial de fines de siglo pasado. Es muy interesante. El dueño me pide por él un precio exorbitante, y por fin nos quedamos con un puñado de naranjas. Algo dulzonas, pero, quizá debido a la proximidad del desierto y a la sugestión nos parecen realmente de excepcional calidad.

Desde que nos encontramos en Puerta Nueva no he cesado de preguntarme por qué Alma y Noemí han accedido a hacer este viaje en el coche de un potentado palestino. Me lo explican sin dificultad. Aparte de que ellas desconocen el odio, no se trata de un terrorista, sino todo lo contrario. El señor Tuko es uno de los palestinos que se han enriquecido, aunque sea por méritos propios, bajo el mandato israelí y no desea cambios sustanciales. Es ponderado, realista y en su fábrica emplea buen número de ciegos, que son sumamente expertos en el arte de plegar papel. Es cristiano, y su tesis está muy clara: cree que los palestinos deben tener un hogar, es decir, un territorio propio, pero que sus dirigentes no deberían extraerse de ningún modo de los extremistas como Arafat, sino de los que han aprendido las ventajas de convivir con los judíos. Su lema es: «Israel existe y puede enseñarnos y ayudarnos mucho.» Ello sin contar con que los palestinos están muy divididos entre sí, como su mismo caso lo demuestra. Noemí agrega: «Comprenderás que la situación del señor Tuko y la de sus propios empleados no es la misma que la de esos refugiados que huyeron a Jordania. En la franja de Gaza también se dan esas diferencias. Hay comerciantes palestinos que allí han encontrado su solución, junto a una masa enorme que lo ve de otro modo, que espera la ocasión para pegar la gran embestida.»

—Si llegas a conocer un poco más al señor Tuko —me explica Alma—, le apreciarás. Tiene muchas cualidades y no le ha sido fácil sacar adelante su fábrica; y tampoco puede llamársele traidor a los suyos ni nada parecido. Siempre le pide consejos a Salvio, que además le sirve de intérprete. Por ejemplo, le gustaría exportar papel perfumado, como el de los soldados americanos, pero en la Aduana lo considerarían producto de cosmética y tendría que pagar un impuesto enorme. Por cierto, que siempre afirma que en España, en una ciudad llamada Vitoria, tenéis la mejor empresa del mundo en su ramo, o la de mejor calidad, en cuestión de juegos de naipes y similares. Un nombre raro, que me sonó a francés...

—Sí, la conozco. La fábrica Fournier. En efecto, parece que son los mejores.

—Pues si quieres hacerlo feliz, dile que procurarás hacerle llegar alguno de sus productos...

Jericó

Noemí se conoce esto de memoria, porque además de ejercer de maestra trabaja en el Museo de Israel y ha estado aquí muchas veces.

Las distancias son tan cortas que decidimos acercarnos al llamado Tell-el-Sultán, que se considera como la ciudad más antigua del mundo, con una torre y ruinas de hace unos siete mil años y la conducción de aguas de que hablamos antes. «La Jericó comercial es prácticamente de la Edad Media, lo mismo que el sector del palacio, con las mezquitas y los mosaicos. Del tiempo de Herodes no queda nada, excepto, tal vez, algunas fuentes de agua clara, que provienen, ¡quién lo diría!, del Monte de la Tentación... Aquí veraneaban los ricos, con sirvientes que se traían del Sudán, porque se aclimataban fácilmente.»

Volvemos a la calle principal, que está ahora en su apogeo. Más cuadros naïf en todas partes, con muchos retratos de Nasser. El barbero nos indica con gesto adulón que vigila el coche gris perla que aparcamos delante de su establecimiento, «para que no le ocurra nada malo». Me invita a entrar. Realmente debería cortarme el pelo, pero ni me apetece ni es el momento. En cambio, y puesto que el hombre vende también chucherías, le compro un par de vasijas. Circulan muchas bicicletas engalanadas, como en Belén, y un grupo de colegialas juegan con globos de color. Noemí comenta, no sin retintín: «No sé cómo se las arreglan esos árabes, pero para ellos cada día es fiesta...»

De vez en cuando, y sin darme cuenta, me vuelvo y contemplo el imponente macizo del Monte de la Tentación. La pared es vertical y se hace difícil imaginar que allá arriba viven unos monjes griegos ortodoxos. El lugar da la impresión de inaccesible y por lo visto hay que andar, en efecto, un buen trecho. Prácticamente, por tanto, son anacoretas, ermitaños. No me sorprendería que el «Mesías» del Tabor, antes de hacerse crucificar el Viernes Santo, les hiciera una visita. Recuerdo haber leído en algún lugar que la montaña está repleta de cavernas y grutas, naturales o cavadas en la peña, y que en un momento determinado siete vírgenes construyeron allí siete celdillas en las que veneraban el supuesto «sudario» en que se envolvió la cabeza de Cristo después de muerto. Pero era lo insólito que cuando una de las vírgenes moría cerraban su celda a cal y canto, la lapidaban, y allí quedaba sepultada, mientras se abría otra nueva, para que otra virgen fuera a completar el número de «siete» que la norma establecía.

—Salvio debería excavar ahí. A ver si encuentra a esas vírgenes lapidadas... Mi comentario arranca una carcajada de Alma.

—Salvio ya me tiene a mí, sin lapidar, y además lo que tiene que hacer es regresar cuanto antes.

Salvio regresa, pero para decirnos que no le esperemos hasta la hora de almorzar. «Esos hombres de negocios son la monda. Cuando he visto que nos traían el segundo cafetito turco y empezaban a hacer números, he decidido venir a avisaros.»

Yo me alegro de que sea así. En realidad, mi deseo era poder visitar la ciudad deshabitada, la que los palestinos abandonaron, y el compromiso de Salvio me va a dar la oración. «Claro que sí, aprovéchalo... —me dice Salvio, antes de volverse—. Por lo demás, te dejo en buenas manos. ¡Ah! El señor Tuko nos invita luego a almorzar en "Lido", un restaurante que hay aquí cerca, con terraza al borde del mar Muerto...»

Salvio se vuelve. Por un momento me pregunto si Alma y Noemí querrán acompañarme a visitar dicho «campamento», pero no ponen la menor pega. Les puede su vitalidad. Además, están de excelente humor y la mañana es espléndida.

—Hala, alquilamos un taxi y vamos allá...

—No querría ofenderos, pero el espectáculo debe de ser de aúpa y a lo mejor os invaden, digamos, sentimientos contrapuestos...

—¿Te refieres a sentimientos de culpabilidad? —inquiere Noemí.

—Yo no he dicho eso.

—¡Vamos! Estamos acostumbrados. Israel entero es uno de ellos...

—¿Por qué hablas de ese modo?

—¡Bah! Han pasado tantas cosas... Un tío mío estaba en la *Haganah*, el Ejército Secreto, donde aprendía judo. Pues bien, un día, mientras se entrenaba a lanzar granadas escondidas precisamente dentro de naranjas le estalló una allí mismo y se cargó a dos compañeros suyos. Naturalmente, ahora está en un hospital psiquiátrico.

Noemí ha comentado el hecho como si tal cosa, como me contó que el señor Tuko era partidario de que los palestinos llegaran a un acuerdo para convivir con los judíos. A la luz del sol es más fea aún, pero también más graciosa, pues no cesa de hacer guiños muy parleros. Y tiene la voz un tanto hombruna. Se ha puesto un pañuelo de seda en la cabeza y es la que cuida de llegar a un arreglo con un taxista para que nos lleve y aguarde lo que sea menester.

La ciudad deshabitada

Un guardián nos obliga a dejar el coche a la entrada del ex campamento. El taxista nos indica que no se moverá, y dejándose caer sobre el volante se pone a dormir.

Echamos a andar. Calles, en efecto, en tiralíneas, pero muchas de sus casas, de sólo planta baja, se desmoronan. Apenas si queda una puerta y los huecos semejan ojos, con recuerdos también a punto de ser lapidados. A medida que nos adentramos en el poblado nos gana una sensación de angustia. La blusa transparente de Alma y sus pantalones tejanos son como una agresión.

En el suelo de las viviendas hay latas vacías, papeles amarillentos, basura. Se asemejan mucho entre sí y en alguna de ellas crece la hierba. Seguimos adelante. La mudez, que no es lo mismo que el silencio, es absoluta. No hay siquiera cuervos. Pero sí el abuelo con el bastón, que se diría que anda a tientas buscando algo que dejó en su día. Las calles desérticas empiezan a obsesionarnos. Alma quiere luchar consigo misma y hace el intento de llevarse la mano a la boca para imitar a los indios —¡uh, uh!—, pero no le sale. En cambio, aparece en una esquina, con ojos asustados, un chiquillo de unos diez años, que se queda mirándonos y que al ver mi máquina fotográfica echa a correr. Cojea, desaparece, no estamos seguros de que fuera real.

La literatura ha tratado con frecuencia el tema de las ciudades deshabitadas. Pero una cosa es leer y otra cosa es vivir, lo que una vez más puedo comprobar de forma concluyente. No es lo mismo leer «fantasmas» que sentirlos. No es lo mismo «sentirlos» que verlos. Yo no los veo —sería exagerar—, pero sé que están ahí. Son los espectros de los que se fueron. Hay un camastro en una habitación, y en la ventana restos de fármacos. También hay restos de periódicos, algunos utilizados para fregarse el trasero. Algún portalón cerrado. Uno de ellos fue estanco, café o cine o todo a la vez. Todavía se ven, pegados a él, *posters* de chicas, de actrices, de ojos rasgados y chal verdoso, que nos miran con languidez. ¡Con los sueños que despertarían entre los hombres que a la violación la llaman «ataque», muchos de los cuales, debido precisamente al cine, ya no creen que el velo signifique, como antaño, «la femineidad inviolable»! Hay anuncios de tabaco, y en el suelo envoltorios de caramelos, de chicles, de pastillas de jabón. ¿De jabón...? ¿Fabricaría el señor Tuko todos esos envoltorios?

Noemí comenta: «Esa gente formaba un clan. ¿Eran cuarenta, cincuenta mil? Quién lo sabe. Lo que hay que valorar es lo que aprendí en el Museo de Israel: que los clanes ya no los forman en el mundo los que tienen el mismo padre y la misma madre, sino quienes tienen el mismo odio o la misma fe. Los palestinos son hermanos —excepto los privilegiados como el señor Tuko—, al margen de la sangre y de los antepasados. Salvio sabe más que yo de eso, pero creo que Mahoma operó el cambio radical. A partir de él los hombres ya no están ligados por la genealogía, sino por la misma fe en el mismo Dios. Es difícil luchar contra eso... Pueden resistir años y décadas, no ya en casuchas así, sino en el interior de tubos de uralita. Como aquellas vírgenes en el Monte de la Tentación.»

Encontramos una callejuela, que debió de ser la arteria principal, con restos de vida. Primero vemos un borrico atado a una cadena de hierro y más arriba un tenducho, ¡un tenducho abierto!, con cuatro o cinco sacos de especias y simientes, algunos artículos como de muestra —¡hojas de afeitar!— y unas balanzas; todo ello bajo la vigilancia de un hombre alto y gordo vestido con una absurda bata azul. Al lado, un cafetucho con varios seres humanos sentados fuera, en la calle, en sillas bajas de mimbre, unos jugando al tric-trac, otros a las cartas, bajo sus *kuffiéhs.*

Nos miran asombrados y con desconfianza y se tapan la cara al advertir que voy a retratarlos. Luego entramos en el café, y un hombre canijo y jorobado, que debió de regresar por añoranza, se nos acerca inclinándose. Pensará que somos de la Policía o algo parecido. En cuanto Noemí, que en árabe se defiende mal que bien, le da a entender que somos turistas *pero no judíos,* su expresión cambia y lo comunica rápidamente a los del exterior; y en cuanto, con actitud tranquila, le pedimos tres cafés, tres cafés turcos con agua y ponemos sobre la mesa unas cuantas liras, liras israelíes, su expresión casi roza la felicidad.

En un rincón, varios nonagenarios, y no es exageración, están sentados fumando, excepto el más decrépito de todos que con una herramienta rota intenta hacer un agujero en una escoba para clavarle el mango. Noemí le dice que tal como lo hace no lo conseguirá, y él le contesta: «No tengo prisa.»

Los tres cafés turcos, casi sólidos, saben a demonios, pero todo el mundo está pendiente de nuestras reacciones y no tenemos otro remedio que pechar con los mejunjes. Agua, no hay. Entonces, Alma, con su gracejo, saca la cantimplora que lleva colgada del cinto y el viejo de la escoba al verla la mira con codicia. Alma no tiene más remedio que pedir un vaso y llenarlo; y él, sacándose de entre los faldones un frasco de antibióticos se toma una pastilla con un trago.

Noemí los mira y les pregunta:

—¿Sólo ustedes viven en el poblado?

—Sí... Y el borrico —añade el dueño del cafetucho, sonriendo.

Noemí insiste, mirando a todos.

—¿Y por qué regresaron ustedes?

Se oye una voz ronca, asmática.

—A nuestra edad, ¿adónde íbamos a ir?

—¿Y la familia?

—¡Psé...!

Se hace un silencio.

—Hemos visto un chiquillo...

—Quiso quedarse.

—¿Quedarse? ¿Por qué?

—¡Bueno! La verdad es que se fue y regresó, porque está seguro de que algún día regresarán todos los suyos...

Noemí hace un mohín.

—¿También ustedes creen que volverán?

—Sí, claro... Algún día todos volverán.

El dueño de la tienda, que guarda en la mano las liras que le hemos dado, añade:

—Y cuando vuelvan, serán muchos más...

Varios ancianos chupan de un solo narguilé que han colocado en el centro, en su rincón. Cargan el carboncillo, y el calor y el olor se hacen insoportables. También es posible que influya el mejunje que el amo nos dio.

El más decrépito ha vuelto a su escoba. No hay más que decir. Fuera siguen jugando al tric-trac y a la baraja. Pasa una mujer con un saco en la cabeza. Lleva la cara tapada con un velo negro; pero ahora ya sabemos que ello no significa que la femineidad sea inviolable, como lo era antes del cine.

Nos despedimos. Fuera de esa arteria principal, de esos Campos Elíseos o calle Yafo, todo vacío. Ni un solo cristal. Los únicos reflejos, los de algunas paredes encaladas y los de los ojos de un gato que nos contempla, también inmóvil, desde un techo de paja a punto de venirse abajo.

Ex campamento. Ciudad. Cuarenta, cincuenta mil habitantes. ¿Quién es culpable? ¿Lo hay? ¿Los hay? ¿Es un hombre, un bando, varios clanes, el Próximo Oriente, la civilización? Debería tomar notas en mi agenda, pero abrigo la esperanza de que no se me olvidará detalle, ni siquiera el de las hojas de afeitar y el de un biberón pisoteado y maltrecho al lado de una cajita que, según Alma, es de preservativos.

En cuanto conseguimos salir del laberinto de calles iguales, vemos a lo lejos el taxi esperando. Pero antes brota de una esquina un jeep de la Policía y se planta a nuestro lado. Shalom... Shalom... Nos dejan en paz, se van; pero no hay duda de que la vigilancia —secuela de la Haganah, a la que por cierto llamaban «La Tía»— funciona a la perfección.

El taxista está tan dormido sobre el volante que para despertarlo Noemí opta por hacer sonar el claxon bajo sus narices. El sobresalto del pobre hombre es morrocotudo; pero no protesta, limitándose a secarse el sudor.

Ni una palabra hasta el lugar junto a la barbería en que alquilamos el vehículo. Es la primera vez que veo a Alma con un rictus de tristeza y hundida en sus pensamientos. Noemí da la impresión de haberse afectado mucho menos. Yo me siento anonadado, aunque comprendo que no soy el indicado para opinar y que mi deber es hacer mutis.

Nos apeamos, pago la carrera, y en cuanto el taxista se ha ido Noemí respira hondo en la acera y yo creo leer sus pensamientos: «¡Sí, claro, todo muy desagradable! Pero nuestros soldados, ¿qué? ¿Y los terroristas, que nos acosan por todas partes?»

En el «Restaurante Alí-Babá»

Aparecen Salvio y el señor Tuko. Con sólo verlos comprendemos que el asunto se ha zanjado favorablemente. Así ha sido. Trato cerrado. Hasta es posible que el señor Tuko pueda exportar papel perfumado sin que sea considerado mercancía cosmética.

Es la hora de almorzar y nos dicen que el «Lido» no es restaurante aún, sólo cafetería o *snack*. ¿Adónde ir, pues? Porque, entretanto, Jericó se ha llenado de autocares, ya que a todos los forasteros les enseñan la torre y las ruinas de la ciudad más antigua del mundo, siete mil años, en Tell-El-Sultán.

Salvio propone:

—Podríamos ir al «Restaurante Alí-Babá»... Está al aire libre, entre palmeras y naranjos. Se está fresquito y se come bien.

El señor Tuko conoce el lugar. Su coche se dirige allí directamente. Lo deja a la sombra. Hay un patio exterior, con mesas alrededor de un pequeño estanque lleno de nenúfares en torno a una fuentecilla. Muchos gatos, que juegan a perseguirse y a ser felices. Pasa una ligera brisa aliviante. Es curioso. Apenas si ha transcurrido una media hora y todo, todo quedó atrás, de momento por lo menos.

—¿Es cierto que esas naranjas son las mejores del mundo?

—El señor puede arrancar las que quiera y lo comprobará...

No me atrevo. Los árboles están a nuestro alcance y no me atrevo. A lo mejor lo hubiera hecho si me lo hubieran prohibido.

Nos traen cinco vasos grandes repletos de zumo de limón. Son una pura delicia. ¿Quién puede hablar de la ciudad deshabitada? El señor Tuko, en cuanto se entera de que estuvimos allí. Sí, el problema es grave. ¡Seguro que había alguien! Claro, claro... Nunca abandonan nada completamente. Siempre queda alguien, un viejo, un niño, guardián del lugar, símbolo de posesión. A veces es un esqueleto colgado de un palo. Si lo quitan, al día siguiente, otro esqueleto. En los pueblos de raigambre antigua el verbo *deshabitado* acaba por no tener sentido. A veces son unas llaves colgadas de un poste eléctrico. ¿No hemos visto en la barbería aquella viejísima acta matrimonial?

Almorzamos bien, suculentamente, hablando del Islam y de los palestinos refugiados al otro lado de las montañas de Moab. El señor Tuko, con bigote ya un poco blanco, que cuando no fuma parece un maniquí, no es un intelectual, pero sabe que el Islam no ha tenido un gran jefe desde hace siglos y que se ha dicho de los pueblos árabes que no eran países que tenían Ejército, sino Ejércitos que tenían países... Sí, podremos ver muchos retratos de Nasser, pero Nasser no era un creyente convencido, sino un estratega. Y eso los árabes lo saben.

Alma prefiere hablar de los ciegos. ¿Por qué tiene el señor Tuko tantos ciegos empleados en su fábrica? Porque hay que ayudarlos y porque cumplen a la perfección. Pliegan el papel mejor que si lo vieran, debido a que el tacto se beneficia de un doble entrenamiento. El señor Tuko ama a los ciegos por cuanto en un accidente de coche que sufrió se quedó ocho días sin ver nada y supo lo que era. «Les quiero mucho, y ellos se enteran de mi presencia en la fábrica mucho antes de que yo entre en el taller en que están.» Tiene, mitad y mitad, hombres y mujeres. Por allí cuentan que las mujeres invidentes para el amor son únicas, y que hay hombres que las han elegido por eso.

Señor Tuko, ponderado y realista... ¿Lo es realmente? No lo sé. Él no le ve solución al problema territorial de Israel, y personalmente no pretende redimir el mundo. Se hizo cristiano porque, desde la fábrica, y sin ser catedrático de sociología ni de nada, se preguntó por qué razón la prosperidad material se había concentrado en el hemisferio norte del planeta; y puesto que los argumentos basados en la climatología y demás no acabaron de satisfacerle, terminó por achacarlo a un fundamento religioso y, concretamente, «a la extraña fuerza impulsora que subyace en el protestantismo». El resto fue descartándolo por eliminación. ¿El catolicismo? No, por cuanto es rico en la cúspide, pero tiene como base a las masas pobres. ¿El islamismo, que tan de cerca podía tentarlo? Tampoco, y por idéntico motivo: petrodólares arriba, depauperación en la base. ¿El judaísmo? Otro que tal. Una capa superior, apta para crear genialmente las mayores empresas, y capaz de ciertos mecenazgos, pero permitiendo a la vez que los ghettos fueran siempre los ghettos, misérrimos hasta un grado indescriptible. Con alguna que otra excepción, desde luego, como la del señor Montefiore, que en la propia Jerusalén, al darse cuenta del estado paupérrimo en que vivían los judíos de la ciudad, en 1860 levantó, como todos sabemos, al este del monte Sión, las primeras viviendas extramuros, con el famoso molino de viento que los combatientes de la guerra de 1948 llamaron «Don Quijote».

—Así que me dejé llevar por la lógica y me hice protestante. El estudio del mapamundi me aconsejó elegir ese camino. Como les dije, la religión de Cristo, en su versión vaticanista, quizá sin darse cuenta, no sólo presupone una exaltación del lujo, sino que crea un abismo entre los potentados y entre los que aceptan la fórmula de la resignación; en cambio, esa misma religión, sin la carga de la autoridad romana, es la única que se ha mostrado capaz de salvar al mundo de la miseria y la indigencia totales. ¿Por qué en el hemisferio norte? No lo sé. También puedo dar fe de que el protestantismo es el que ha curado mayor número de ciegos... y por ello me hice bautizar, ¡por un pastor nórdico!, en el Jordán.

Me dirijo a nuestro hombre.

—Señor Tuko, ¿no podría usted fabricar, para un supuesto miembro de la Iglesia católica, un envoltorio en el que poder guardar la esperanza?

El señor Tuko sonríe, atusándose el bigote.

—Eso es cosa suya, señor.

El regreso a Jerusalén, a contraluz, es más hermoso todavía y vemos mejor
aún la antigua «Carretera de la sangre». La actual, al parecer, la pagaron los americanos, abriendo en canal mucha roca roja. No vemos dromedarios pero sí rebaños
que empiezan a prepararse para regresar al aprisco. Los pastores son niños o niñas,
que manejan con sabiduría el bastón o la vara de caña. A no ser por los hangares
y campamentos militares en constante expansión, y por los tanques y otros vehículos que encontramos destruidos y convertidos en símbolos de victoria, el trayecto
sería bíblico. En el «Albergo del Samaritano» los soldados examinan esta vez con
atención los documentos de todos y cada uno. «¡Adelante!» En la cima de un
monte, erguidos e inmóviles contra el cielo ya tardío, un poco violento, la silueta
de dos hombres —dos árabes— nacidos sin duda en el hemisferio sur.

Los establos de Salomón

En Jerusalén el señor Tuko se despide de nosotros y nos invita a visitar un día
su fábrica. A Salvio no sabe cómo agradecerle lo que ha hecho por él. «No se
preocupe. Mis amigos han podido ver un poco Jericó...»

Se va, con su flamante vehículo, que de lejos parece blindado y nos quedamos
solos. Estamos en la Puerta de Jafa, en estos días más que nunca el centro del
cosmopolitismo. ¿Qué hacer? Salvio, recordando que hoy es viernes, el día sagrado
de los musulmanes, piensa que podríamos dar una vuelta por la zona de las mezquitas, que estarán a rebosar. Además —y al decir eso se dirige a mí—, no olvida
que la vez anterior no pudimos entrar en El Acsa, a causa de las reparaciones y que
con un poquitín de suerte hoy podríamos visitar los llamados establos de Salomón,
situados debajo de aquélla y cerrados siempre con siete llaves. «Los viernes suele
haber, además de los ulemas, algunos jeques del contorno... Si conozco a alguno
de ellos...»

Nada que oponer, hasta las siete de la tarde, hora en que Alma y Noemí tienen una cita en el Museo de Israel. La mezquita ya la conocen; en cambio, sí les
interesarían los establos de Salomón. Más tarde podríamos reunirnos otra vez e
improvisar una cena informal en el piso de Noemí.

Todos de acuerdo, pronto nos encontramos en el monte Moria, en la explanada entre la mezquita de Omar y la El Acsa. El gentío es enorme y vario como
los turbantes; las oraciones, inacabables. Mantos en el suelo e inclinaciones en
dirección a La Meca.

Salvio y yo entramos en la mezquita El Acsa, la que Ronen, el loco australiano,
intentó incendiar. Continúa en reparación, pero, excepto la parte del fondo, el
resto quedó intacto, de modo que podemos contemplarla a placer. En cuanto consigo desembarazarme del malestar que me produce recordar que varias de las columnas son de Carrara y regaladas por Mussolini puedo aquilatar su belleza. Como
siempre, las alfombras son de primera calidad, y como prestas a salir fuera y
echar a volar hacia el séptimo cielo, allá donde se oye el rasgueo de la pluma de
Dios. A los turistas les llama la atención un reloj con cinco esferas, que marca,
además de las cinco horas de oración obligatorias según la rotación del sol, la
hora en que éste nace. Nosotros tenemos la suerte de coincidir con el momento en
que uno de los jefes de la mezquita, alto y solemne, dirige su imploración al Pro-

feta. Su acento, su fonética al pronunciar, al impetrar, el nombre de Alá es inimitable, y sin duda se educó la voz de forma que no pareciese simplemente humana. Lo pronuncia diez veces seguidas y el colofón, el último *ALAAAAAAA*, estremecedor y prolongado, mezcla de lamento y de glorificación, no se me olvidará nunca. Estamos lejos del gregoriano, pero no estamos lejos de un grandioso *Te Deum* pasado por Getsemaní. Los turbantes de que hablé, algunos llegados de la comarca de Hebrón y el retorcimiento de los cuerpos de los orantes componen un cuadro que Caravaggio y otros maestros como él hubieran pintado con delectación. Por cierto, que le digo a Salvio que eso de la prohibición de pintar a Dios e incluso la figura humana es muy complicado y que algún día tendrá que explicármelo.

Vemos a los picapedreros que estaban en la puerta el día que visitamos El Acsa con mi mujer, Tino y Asunción. El más dicharachero es el que nos entregó su tarjeta de El-Haj, de peregrino a La Meca y que nos contó que llevaba treinta años haciendo ventanas para la mezquita. Tengo la suerte de llevar en la cartera dicha tarjeta. Se la enseño y le recito de corrido el nombre, Quadi Iqbal Ahmad. Se lleva la mano a la frente y su reverencia llega hasta las rodillas. Se pone a nuestra disposición. Querría acompañarnos a visitar los talleres, situados a la derecha, blancuzcos, con polvo de yeso flotando y con cristalitos por todas partes —«ya nadie quiere continuar ese oficio de orfebre, no encontramos aprendices»—, pero hoy no es día de trabajo. Sólo le preguntamos si llevan gafas para martillear y nos contesta con un gesto displicente. «Sería doble molestia. Martillear y limpiarse las gafas.» Luego añade que siempre se ha hecho sin esa precaución y que además si entra un granito en un ojo se va al oculista «y a lo mejor te dan ocho días de baja...»

¡Y a seguido nos acompaña a los «establos de Salomón»! Es una concesión extraordinaria, puesto que si son varios los que tienen derecho a pedir las llaves, son muy pocos los que conocen el secreto para abrir la puerta.

Nuestro hombre lo consigue, no sin dificultad. Le hemos presentado a Alma y Noemí y apenas si las ha mirado. La escalera para bajar, situada en un extremo a la izquierda exterior de la mezquita, es muy angosta. Unos peldaños, y de repente la grandiosidad. Docenas de columnas, que traen forzosamente a la memoria la mezquita de Córdoba, con pórticos y capiteles sagazmente calculados. Parece imposible que una obra tan colosal sirviera simplemente para guardar los carruajes y para estancia de los jinetes. En los pilares se ven los huecos en que los caballos eran atados. Se da por seguro que los cruzados utilizaron esas instalaciones, lo mismo que los templarios, que acaso tomaran el nombre del patio del Templo en que tenían su sede.

Por entre las columnas y en la semioscuridad revolotean palomas. Nuestra presencia las ha asustado. Algunas aparecen muertas en el suelo. ¿Por qué elegirían ese lugar para morir? Nuestro El-Haj localiza a una de ellas herida, la toma con mucho mimo y cuando damos por finalizada la visita la lleva con él. Al llegar arriba, a la luz de fuera, El-Haj cierra de nuevo la puerta y entrega la paloma a un jeque para que la cure.

Antes de despedirnos nos repite que casi nadie puede visitar esos establos, sobre todo desde que las excavaciones que los judíos llevan a cabo en sus proximidades los ponen en peligro. Salvio recompensa con creces a nuestro guía y todos contentos.

Instantes después Noemí comenta: «Hay que ver... ¿Y por qué una cosa así será de los árabes?»

En la Puerta Dorada

Nos despedimos. Salvio tiene también algo que hacer. Nos veremos luego en casa de Noemí, cuyas señas ésta me anota en un papel. Yo quiero ir al Muro de las Lamentaciones —pronto se oirá el *shofar*— y tomarme allí todo el tiempo que pueda.

Al quedarme solo, cambio de opinión. Veo no muy lejos, por el lado del Monte de los Olivos, la Puerta Dorada, es decir, aquella por donde tiene que entrar el Ungido.

Olvido el resto y sorteando piedras y obstáculos encuentro un caminito que conduce a ella, completamente abandonada.

Antes de encaramarme a la muralla, contemplo desde abajo la Puerta Dorada. La piedra es de color rosado y hay rejas metálicas y basura. Imagino lo hermosa que podría ser, abierta, remozada y conduciendo por una avenida entre jardines y fuentes hasta la explanada de las mezquitas; pero los hombres obturan las cosas, las taponan, las cierran —y por eso hay palomas que se mueren—, empezando por sus propios sentimientos.

Crujen las articulaciones, pero pese a ello logro subir a lo alto de la muralla, que da vista al Cedrón, a Getsemaní, a la Iglesia Rusa, al «Hotel Intercontinental»... Es la panorámica a la inversa. Veo perfectamente el camino pedregoso y los peldaños por los que probablemente subía y bajaba Jesús. Me gana una intensa melancolía, acrecentada por la hora, por el brusco descenso del sol. Quizá recuerde siempre ese momento como el de la «Melancolía de la Puerta Dorada», puesto que no hay en mi entorno ninguna otra criatura viva; en cambio, a mis pies, por la parte de fuera que desciende hacia el Cedrón, veo el cementerio musulmán, que desde aquí me parece raquítico, pero colocado adrede ante la puerta para que los judíos no puedan acercarse. También, una vez más, los muertos impidiendo el paso a los vivos.

Robo en el Muro de las Lamentaciones

Rezo a mi modo, balbuceando frases inconexas y vuelvo sobre mis pasos, por el caminito, eludiendo los matorrales. Luego cruzo de parte a parte la explanada y por el arco oriental me bajo al Muro de las Lamentaciones, situado a un nivel muy inferior.

Mi intención es muy concreta. No se trata de ver cómo ríen o lloran, por separado, hombres y mujeres; cómo bailan, enlazados por la cintura, «porque Israel ha sido liberado»; cómo los orantes «mueven todos sus huesos», en vísperas del *Pesaj*; se trata de entrar en el recinto, tomando la correspondiente *kipá* negra a disposición de los visitantes, de acercarme al Muro y de llevarme varios de los papelitos que los judíos introducen entre los intersticios de las piedras.

Manos a la obra, me cubro la cabeza y me planto ante el Muro. Apoyo la frente en él, lo beso repetidamente —a mi izquierda unos soldados lloran desconsoladamente, a mi derecha un par de rabinos de Mea Shearim recitan salmos con cierta rutina—, y en un momento determinado, ¡zas!, convierto mis dedos en pinzas y me llevo uno, dos, tres papelitos enrollados —plegarias— depositados allí por Dios sabe qué manos temblorosas.

No tengo la menor sensación de cometer algo ilícito, y mucho menos sacrílego. También me hubiera gustado llevarme, en la Natividad de Belén, los papelitos que las muchachas árabes introducían en la ranura de aquel icono situado a la derecha. Me mueve una curiosidad que no estimo malsana, que considero normal. Hasta es posible que otro día vuelva y reponga las plegarias en su lugar, una vez me las hayan traducido. No le pediré esa tarea a Alma, claro, pero sí al profesor Edery o, en última instancia, a Emilio. Guardo los papeles en el bolsillo, vuelvo a besar el Muro y me voy, devolviendo la *kipá* al lugar correspondiente, mientras centenares de turistas nos contemplan, filmando los que pueden y los otros disparando sus *flashes*.

Casi aseguraría que identifico a Samuel, el guía nervioso, pero no estoy seguro. ¡A quien veo, eso sí, es al padre Ángel, con su hábito pardo, acompañando a un grupo de peregrinos! Con el índice les señala un lugar allá en lo alto, que imagino que será aquel en que estarán posadas las palomas blancas. Contemplo al gran amigo de Uriarte, para el que traje de Nazaret el disco de música persa. Sí, algo tiene que atrae la atención. No puede estarse quieto. Explica, cuenta, va dando vueltas sobre sí mismo, como para que los demás tengan tiempo de reflexionar sobre lo que acaba de decirles. Recuerdo varias frases suyas oídas en el «Bar Ovidio»: «La maldición de un niño es algo pánico, sobrehumano, que desconcierta a los más fuertes. El corazón humano no está hecho para resistirlo.» «¿Qué ocurriría con la democracia si la mayoría estuviese en contra?» «Por desgracia tengo una enfermedad, una especie de bofio infame: creo en Dios.» También recuerdo que a los pijamas a rayas los llama *pentagramáticos* y que le encantó la pregunta que una joven periodista le hizo a un judío norteamericano: «¿Cuántos concertistas de piano producen ustedes anualmente en Nueva York?»

Me dispongo a ir a saludarle cuando veo que enfila con paso diligente la escalinata que conduce al monte Moria, donde están las mezquitas, seguido muy de cerca por su «rebaño».

Los «Mesías»

Me dirijo a la Puerta de Jafa, subiendo por la calle del Rey David, con la esperanza de encontrar algunos de los «Mesías» que por estas fechas se dan cita allí, en la plazoleta al pie de la torre, por la que pasan, deprisa, yendo o regresando del muro, los rabinos de Mea Shearim, con sus niños blanqueados y con sus tirabuzones para que los ángeles tiren de ellos y se los lleven al cielo, y en cuyos bares giran grandes bolas de cristal repletas de zumo de fruta.

Tengo suerte. Bajo la divertida mirada de los soldados-centinela, hay un par de «Mesías». Ninguno de los ya conocidos: no habrán llegado aún.

Uno de ellos, bajito, tripudo, sin hálito de espiritualidad, lleva colgada del pecho una pancarta: «Yo soy el que soy.» Asegura —es de suponer que no conoce el Tabor— que las estrellas no existen, que son una mera creación de la mente. También asegura que nadie conseguirá definir nunca el viento. Se lamenta de que lo traten de loco, siendo como es la *sabiduría increada.* Ve en todo el Universo como un deseo de fusión, lo que a él le impide odiar a nadie. Afirma que lleva muchos años viniendo por estas fechas a Jerusalén, para ganar unas indulgencias que le concedió el cura que le impuso el bautismo. Defiende la castidad y está convencido de que el Muro de las Lamentaciones fue construido en una sola noche, en una época en que estaban prohibidos los martillos, por una inmensa colonia de gusanos. De vez en cuando guarda un silencio y repite: «Yo soy el que soy.»

El segundo «Mesías», que se ha subido sobre un banco de piedra, es más aparente. Lleva una barba patriarcal, pero sin pancarta. No afirma ser el Mesías pero sí su reencarnación. Asegura que nació en Belén, aunque no figura inscrito en ningún registro. Quiere casarse con una mujer tibetana —el Tibet es el Techo— que esté dispuesta a ser «la reina del mundo». No es fácil aceptar ese papel, porque presupone estar dispuesto a perdonar los pecados de todos los súbditos del planeta. A todo el que pasa le entrega una tarjeta que dice: «El Mesías encarnado, nacido en Belén.» Cuando ve que alguien guarda la tarjeta asiente con la cabeza; cuando ve que alguien la tira murmura: «Perdonadle... No sabe lo que se hace.»

No hay más «Mesías» en el día de hoy. Los contemplo y no sé qué pensar. Por un lado, me parecen seres víctimas de un sentimiento de inferioridad, que procuran compensar; por otro lado, se los ve tan seguros... A lo mejor es lo contrario y se sienten realmente superiores y llamados a una acción trascendente, redentora. También es posible que los extremos se toquen. Me obsesiona el de la barba, cuya tarjeta guardo en la mano, sin saber qué hacer con ella. ¿Realmente creerá que su esposa tibetana puede ser la reina del mundo?

Pasan *boy-scouts* tocando tambores. ¿Adónde se van? Me dicen que salen en autocar hacia la región de Aravá, desde donde cruzarán el desierto hasta el corazón del Sinaí...

Boy-scouts-Sinaí, es decir, sangre adolescente que «bulle» y naturaleza clavada e inerte, ¿no tenemos ahí una prueba del deseo de fusión —de fusión a toda costa— existente por doquier? Pero, ¿cómo realizarse tal deseo si casi nadie —si casi nada— consigue la obligada y previa unidad interior? Yo mismo, en estos momentos, como en tantos otros, me siento como partido en dos, como partido por la mitad; y no sé si achacarlo a la repentina soledad o a los dos principios irreconciliables del Bien y del Mal.

Fray Delfín

La repentina soledad me puede y se me ocurre tentar la suerte y llegarme a San Salvador. «A lo mejor encuentro a Emilio, a Castor, a Ginesillo...» La verdad es que tengo ganas de darles un abrazo.

Olvidé la rigidez del horario de la comunidad, de modo que en la centralilla telefónica me dicen: «Están cenando; luego ya...»

Comprendo. Desilusionado, me dispongo a salir, cuando veo que entra en el convento un ser al que no he saludado nunca pero cuya identidad, por las descripciones que de él me han sido hechas, no me ofrece la menor duda: fray Delfín, el «organero». Bajito, con una barba expresiva, casi insolente, cargado con toda clase de cachivaches. Sé que no respeta los horarios, que vive a su aire, de modo que no cabe ninguna posibilidad de error.

El modo más directo para cerciorarme es preguntárselo y así lo hago. ¡Acerté! «Sí, soy fray Delfín.»

—Yo me llamo Gironella. No sé si el nombre le sonará...

—¡Gironella! ¡Usted es Gironella, el catalán...! ¡Vaya por Dios!

—Le veo a usted muy cargado. ¿Puedo echarle una mano?

Fray Delfín sonríe. No sabe qué darme. Lleva un paraguas. ¿Por qué será? Varias cámaras fotográficas. Un martillo.

—Tome el paraguas. Con eso basta.

Su acento gallego es inconfundible.

—¡Tenía tantas ganas de venir a verle y charlar con usted!; pero siempre me dicen que está ocupadísimo inventando cosas y que les dice a la gente que vuelvan cuando usted no esté...

Vuelve a sonreír.

—Eso se lo digo a las señoras... A esa clase de señoras que creen que los hombrecitos de Dios no tenemos nada que hacer.

Sigo sus pasos, y traspasada la verja corredera gira a la izquierda y abre una puerta, la de su cuchitril, contigua a otra que dice, no sé por qué, «Peligro de muerte». La puerta de su taller dice *Officina Sacris Extruendis Organis*. Me parece muy bien.

Jamás vi nada más caótico. Hay chismes de todas clases. El cuchitril podría definirse como un par de piezas en las que varias generaciones de alquimistas dementes hubieran ido amontonando todo lo que lograron reunir. «¿Ve usted? El paraguas es para sacar fotografías carnet sin que salga uno con cara de asesino, evitando los reflejos de los focos y del *flash*. Es cuestión de abrirlo y colocarlo debidamente. Ya se lo enseñaré.»

Le entrego el paraguas, sacudiéndolo tontamente como si se hubiera mojado y lo reclina en la pared, debajo de un inmenso calendario repleto de pudorosas bañistas del año 1928.

Va aligerándose de cuanto llevaba encima y al final se presenta ante mí con sólo el hábito, la capucha colgándole detrás y la barbita delante.

—¿Así que es usted Gironella...? Aquí, hablando del *catalán,* todos parecen como yo, gallegos... Unos dicen que sí, otros dicen que bueno, otros dicen que si sale con bigote san Antón.

—Es natural, ¿no cree? Hay simpatías, hay alergias, hay...

—¿Natural? ¡No! A mí, todo, hasta esta *Officina* y esas bañistas del calendario, me parece sobrenatural.

Congeniamos. Congeniamos. Me doy cuenta en seguida. Me pongo, sin más, de parte de los que lo consideran, no genialoide, sino genial. No dice una palabra que sea tópico o previsible, no hace un ademán que pueda uno imaginar que lo hará. Es un mentís constante, incluso para sí mismo. Y tan bajito... En el color de la piel, en la tez, se le nota el «Peligro de muerte» y que apenas si le da nunca el sol.

Sin preámbulos, y sin sentarse, me dice que los demás están en el refectorio. «Se creen que ser santo consiste en eso, en llegar puntual al refectorio...» Ya en Lugo le ocurría algo parecido. Hacía de barrendero. Ahora aquí es fraile lego y los españoles, salvo raras excepciones, tampoco le hacen caso.

Mientras habla voy mirando de soslayo. Relojes de pared; varios baúles —«están llenos de libros, ya se los daré»—; un violín pendiente de una viga —«es un "Stradivarius", también se lo daré»—; diapositivas, grabados, un tronco cortado, de enorme tamaño. «Es de Getsemaní; eso no se lo doy.»

Me cuenta lo único que yo sabía de él: que construye un órgano para Belén en el taller que veré al lado, destinado al altar que la *Custodia* posee en la Natividad. Emplea tres mil quinientos tubos. Para concebir cómo sonaría el instrumento estuvo haciendo pruebas y cálculos durante tres años. «Por eso me llaman loco.» Ahora lleva dos años trabajando en él, con la ayuda de una pareja de muchachos árabes. En lo posible, aprovecha pedazos de órganos viejos de antiguas iglesias; otras piezas las manda construir y lo principal lo fabrica él mismo.

Siendo para Belén, y para la Natividad, quiere darle tonos pastoriles, renunciando en lo posible a la percusión; es decir, abundarán los flautines, las cornamusas, etcétera. «A lo mejor todo eso le aburre... ¡Parece usted tan cansado!» «Es que me cansa estar de pie.» «¡Pero, hombre, por Dios, siéntese sobre una de esas cajas llenas de libros! Son antiguas guías de Tierra Santa, pero le permitirán reposar.»

Sentado, y con mucho alivio, estoy dispuesto a escuchar todo lo que sigue, como, por ejemplo, que Pío X prohibió los órganos estruendosos, en los que sonaran tambores y trompetas, lo que encaja perfectamente con su idea actual; el órgano belenita se basará en tubos no metálicos, de madera, que sonarán —que están sonando ya— según su longitud. Órgano que algunos llaman arcaico; él prefiere llamarlo clásico. Como es de suponer, la madera utilizada es escrupulosamente elegida —como las viudas eligen a su confesor—, y las campanillas que necesitaba, de sonido cristalino, perfecto, las encontró en Egipto y tuvo la suerte de conseguir traérselas. Otros útiles importantes son las llamadas persianas, los fuelles, etcétera.

Me enseña unas «cañas» que acaba de construir. Y puesto que me dijo que el órgano tendría tres mil quinientos «tubos» le pregunto:

—¿Por qué a esas cañas las llama tubos?

—Porque los antiguos órganos se construían con cañas de bambú...

Efectivamente, recuerdo que en las afueras de Manila había un órgano construido exclusivamente con cañas de bambú, que sonaba de maravilla. Era obra de un padre agustino e inspiró el título de una ópera italiana que se estrenó en el Liceo barcelonés.

—¿Puedo preguntarle dónde estudió usted, fray Delfín?

—Primero, en Lugo, en el vientre de mi madre; cuando fui mayor, en Milán y en Turín. Estudié microtécnica, armonía, etcétera.

Ese etcétera se me antoja tan largo que se lo digo y me contesta: «¡Sí, comprendo!; pero no quiero que me confunda con aquel que tenía tantas deudas que para tapar un agujero abría otro y por eso le llamaban el flautista.»

No me canso de escucharle. No es cierto que todos los frailes sean iguales. «Los frailes, no sé... —rectifica—. Pero los frailes legos, cada cual su canción.»

Lo único que le da miedo de su trabajo es que el órgano sea quizá demasiado grande para Belén, y que pueda explotar.

—¿Habla en serio? —le pregunto.

—¡Yo qué sé! —se acaricia la perilla—. Pero como siempre me dicen que exagero... ¿Querrá usted creer que el cónsul de España —quien, por cierto, pese a ser español me visita con frecuencia—, en vez de llamarme fray Delfín me llama fray Ballena...?

Vuelvo a mirar en torno.

—¿Está seguro de que no le roban nada de esta covachuela?

Asiente, yo diría que satisfecho.

—¡Todo! ¿Cómo quiere que lleve la cuenta? Se aprovechan... Pero invento otras cosas y ya está.

—Ahora mismo, ¿que está usted inventando?

—Una nueva fórmula para el revelado de fotografías... Puede decirse que ya es mía.

A sabiendas, abordo un tema delicado.

—¿Verdad que consiguió usted una mano metálica que le fuera útil al padre Uriarte? He estado con él en Galilea...

No le da importancia.

—Eso de la ortopedia está muy descuidado... ¡y hay tanto que hacer! Sí, le construí un artefacto con el que puede hasta cortarse las uñas de la otra mano...

—¿Se acuerda usted mucho de España?

—¡Pse! No mucho... —Hace un mohín y cambia el tono de voz—. Aquello me pilla lejos. Además, los ejemplares que nos llegan suelen ser poco estimulantes. Me refiero a los peregrinos, claro; pero también recuerdo a un canónigo de Toledo que hacía muchos viajes, que compraba aquí monedas y luego en España hacía el gran negocio. El caso es que con ésa y otras argucias pasa ya de los noventa y quién sabe si logrará inventar algo mejor que todo lo mío: la inmortalidad.

—¿La inmortalidad...? —Le miro con fijeza—. ¿Está usted hablando del alma?

—¡No! ¿Por qué? Eso está ya inventado... La inmortalidad del cuerpo, quiero decir.

Me siento encantado. Es una pirotecnia verbal. Otro cambio de ritmo. He de esforzarme por imaginar que estoy en San Salvador y hablando con un hombre que cree en las mismas cosas que el padre Paoletti.

Y lo evidente es que ama San Salvador. Se le nota en la manera de mirar, en el timbre de la voz, en su inquietud. No vive en una cámara neumática, como de entrada podría sospecharse. Me cuenta con orgullo que los primeros en tener electricidad en Jerusalén fueron los franciscanos de San Salvador, que se la suministraron a las mezquitas. Y puesto que el Corán prohíbe la elaboración de alcohol, los conventos cristianos se dedicaron a ello, y no sólo para el autoabastecimiento y el vino de misa. «En eso nos hemos adelantado a los *kibutzim*.»

Después de pedirme permiso se dispone a freírse un par de huevos en un fogón que estaba oculto, mientras me cuenta que el problema más grave que tiene en el convento es fácil de adivinar: la obediencia. «Como esto siga así, me va a ocurrir lo que a ese fraile italiano, Pascotini, que ahora está en Belén con el padre Barriuso. Obedecer le costó una depresión tan fuerte que intentó suicidarse... Pero como era la primera vez, le salió mal.»

Me quedo de una pieza, sentado sobre la caja que contiene las guías de Tierra Santa. Los huevos fritos han desaparecido ya.

—¿Quiere tomarse un café... especial, de mi invención? No le invité a cenar porque me dijo que le esperaba una bruja judía...

—¡Sí, sí, le acepto el café!

—No es turco, no es armenio, no es de Lugo... Es el café que toman los delfines... y las ballenas.

Y pronto me pone delante un tazón negro que de seguro ha utilizado antes para sus intentos de encontrar un nuevo revelador fotográfico.

Noemí y su sorpresa

Me he entretenido mucho con fray Delfín, y no será la última vez, por lo que llego un poco tarde a casa de Noemí para la cena «informal» que habíamos acordado. No le dan importancia.

Nada de particular en dicha cena. Hemos hablado un poco de todo: del señor Tuko, de los refugiados palestinos, del almuerzo al aire libre en el «Restaurante Alí-Babá», de los establos de Salomón y sus palomas... Yo me abstengo de contarles mi «melancólica» visita a la Puerta Dorada y mi escaramuza en el Muro. También me abstengo de hablarles de los «Mesías» de la Puerta de Jafa. En cambio, les hablo, eso sí, de fray Delfín, puesto que he salido de allí tan embalado. Salvio no lo conoce, pero ha oído hablar de él. «Lo que pasa es que en la *Custodia* les italianizan los nombres, por lo que oficialmente es fray *Delfino*... Sólo le devolverán el nombre español cuando se muera y lo entierren.»

—¿Hablas en serio?

—¡Claro! ¿Por qué te sorprende? ¿O es que crees que el Vaticano no cuida esos detalles?

—¡No, no, por favor! En el fondo, todo ello es lógico...

Noemí nos da la gran sorpresa. Tiene tanto calor que se despoja de la blusa y se queda con los senos al aire.

—Supongo que no os importa...

—¿Por qué? Estás muy bien...

—Eso creo yo.

CAPÍTULO XXVII

A las nueve llaman con fuerza a la puerta de mi celda. Despierto sobresaltado. «Pero, ¿sabes qué hora es?» Reconozco la voz de Ángel, del padre Ángel. Tiene la mañana libre. Debía acompañar a unas monjas bolivianas a Ain Karem y a Emaús, pero una de ellas se ha roto una pierna. «¡El Señor está conmigo! El Señor rompe las piernas que me convienen...»

Me parece estar oyendo a un «Mesías», al más tempranero. «Es que quiero que veas una cosa. ¡Sí, sí, ya sé que Isidro te espera en la Escuela Bíblica a la hora de almorzar y que te recibirán como si fueran de *l'Académie Française*!; pero de aquí a las doce... Anda, vístete y nos desayunamos por ahí, donde sea. Yo estoy dando vueltas por Jerusalén desde las seis de la mañana.»

Es verdad. Ángel duerme poco y las piedras de Jerusalén lo atraen tanto, que a no ser que fray Delfín inventara algo especial no sé si podría vivir sin ellas. Y le ocurre lo que a Uriarte: tampoco es un contemplativo. Sabe que «esas piedras están ahí» y ello le basta.

Mientras me afeito, me ducho y me visto no cesa de palmear, para ponerme nervioso. De pronto, me acuerdo del disco que le traje, persa-salmodial, y le indico dónde está. Entonces lo toma y se sienta en mi cama. No puede ni hablar de música ni oírla estando de pie. He tenido mucha suerte, no conocía ese disco. Me dice que lo dejaremos en recepción, para no andar cargados con él toda la mañana, y que luego lo recogerá. «Y será mi postre sonoro a la noche, cuando mis vecinos de celda quieran dormir...»

Ángel es aseado, limpio. De mi edad, aunque con arrugas más profundas. Su hábito y sus manos forman una misma cosa. Las esconde sin parar entre los pliegues, en el interior de las mangas, y las vuelve a sacar; o juega con el cordón atado a la cintura. Nunca le he visto sin el hábito. Apostaría a que duerme con él... En cambio, sólo le he visto con la capucha puesta un día en que nos pilló un granizo junto al restaurante mexicano, en la plaza Sión.

Tiene una endiablada cultura porque lee en diagonal y está dotado de una memoria prodigiosa. Quizá sea demasiado tajante en sus afirmaciones: Uriarte sospecha que en España fue falangista o alférez provisional. Y dice cosas chocantes, como que Pablo de Tarso no es santo de su devoción; pero lo mejor que tiene es la sonrisa y que le saca un gran partido a su saber. Asociaciones de ideas y síntesis. Ginesillo, ya lo dije, siente por él auténtica veneración. A veces da la impresión de que estudió en Safed y se conoce los secretos de la Cábala —es decir, que podría explicar la Biblia valiéndose de los números—, o que ha desentrañado los arcanos del Apocalipsis; pero entiende también mucho de literatura humorística, desde Mark Twain a Álvaro de Laiglesia, y de boxeo, no sé por qué. Con los croatas, sobre todo, con Mostachos, hablan y no paran de pesos pluma, de pesos ligeros, de pesos mosca. Ovidio, el mofletudo Ovidio, sonriente y siempre al servicio de los demás, afirma que a él todos le parecen pesos pesados y que arrearse candela o zurrarse el hígado no tiene ni pizca de gracia.

Polifacético Ángel, pese a todo más amante de Schumann y de Brahms que de Cassius Clay, hoy quiere llevarme a una experiencia insólita: a que vea con mis propios ojos la labor que realizan las Hermanas de la Caridad, *les Soeurs,* como él las llama, porque la fundación es francesa. «Ya te hablamos de ellas, pero sólo de pasada... Hay una catalana, Rovira, de Barcelona. ¿Qué te crees? ¿Que son imágenes de yeso, santitas pintadas en Olot? Pues verás cómo les friegan el culo a niños y a enfermos que tus delicadas narices no han olido jamás. ¡Sí, sí, antes de ir por ahí pegando gritos contra la Iglesia Católica, deberías examinar todos los ángulos de la cuestión!»

—Lo mismo te digo, querido Ángel, sobre mis libros. Porque la verdad es que no me has hecho todavía ningún comentario. Lo cual significa, o que te parecen un tostón o que los has hojeado como si fueran periódicos atrasados...

Se para, esconde las manos en los pliegues del hábito y dice:

—No se ponga usted así, caballero... Mis opiniones literarias son mías, me pertenecen como las carcajadas de Uriarte... Ahora bien, leerse a un escritor catalán teniendo al lado a Quevedo o a Góngora, ¡vamos! —y me da un abrazo en plena calle, rumbo al edificio de las Hermanas de la Caridad.

Visita impresionante

Está muy cerca, casi enfrente del Hospital Italiano adonde van a parir las beduinas porque las pagan y evitan que los críos se les mueran. Al paso, Ángel me muestra el famoso y polémico edificio de *Notre-Dame,* que durante la guerra servía de frontera.

—Desde arriba disparaban los judíos sobre la vieja Jerusalén... Fíjate los impactos de las balas. A Pablo VI le gustaría convertir el edificio en una gran residencia, con enfermería y quirófanos incluidos, para futuras peregrinaciones. La idea no es mala, pero ponerla a punto, reconstruir todo eso, costaría muchos millones...

—¡Bah! Una llamada al fallecido cardenal Spellman, que si no estoy mal informado en tiempos fue boxeador y le manda al Papa el cheque que le haga falta...

Ni siquiera tenemos necesidad de pulsar el timbre de la verja que hace las veces de puerta. Una mujer ciega viene a abrirnos. La portera es siempre una mujer ciega —hay muchas y se turnan—, porque con su fino oído detectan los pasos de quienquiera que se acerque.

Minutos después estamos en presencia de la Madre Superiora, francesa, pequeñita y dulce como una Bernardette que hubiera decidido encarnarse. Ningún aspecto mandón; es una velita más, con grandes ojeras azules que permiten suponer que no anda muy boyante de salud.

Con cuatro palabras nos pone al corriente de los distintos pabellones que podremos visitar. La Casa se ha ampliado de tal modo que las religiosas no dan abasto y han contratado a maestras, a costureras, etcétera. Hay escuela de niños normales —casi todos árabes, pero también con algún pequeño judío huérfano—; escuela de niños subnormales; talleres de coser y de labores diversas; unas cuantas mujeres ciegas que han ido recogiendo; veintiocho hombres mentalmente deficitarios, de los que cuida con mucho amor una monja libanesa que es un tesoro y que los considera como hijos suyos; la cocina; etcétera. Total, cada día son más las bocas que hay que alimentar.

La Madre Superiora nos cuenta todo eso con la mayor sencillez del mundo, como si nos hablara de que vamos a asistir al *vernissage* de una exposición de grabados o de filatelia. Entretanto, recorremos larguísimos pasillos del caserón, decorado con gusto deplorable, ésa es la verdad.

¡Sale a nuestro encuentro la madre Rovira, barcelonesa! Le cuesta un poco hablar catalán, pese a llevar aquí poco tiempo... Está inmersa en este mundo y Barcelona le pilla lejos. Otras monjas nos saludan. Al igual que al padre Ángel, también —y como en otras ocasiones— me llaman *mon père*.

Jamás olvidaré el par de horas pasadas en este Hogar de la Caridad. Los niños huérfanos pero sin tara, a los que hemos sorprendido en el momento de sentarse cada cual en el orinal correspondiente —la estampa colectiva era graciosa—, se han reído al vernos y algunos nos han saludado con gestos de contento. Los niños y niñas minusválidos o subnormales ha sido otro cantar. Nuestra presencia ha conmocionado su aparente letargo —se entretenían torpemente con juguetes elementales—, y algunos de ellos se han puesto en pie, saludándonos. Por lo visto así se lo tienen advertido y a veces lo cumplen. De repente, una niña francesa, de ojos verdes infinitamente tristes, se ha despegado del grupo y se ha lanzado en mis brazos, apretándome con fuerza. Ha supuesto que venía a «rescatarla». Me decía *mon père,* me besaba y pataleaba. Acto seguido otra niña de color, congoleña, ha hecho otro tanto. Se me ha acercado y quería encaramarse para que la cogiera también en brazos. También me decía: *mon père.*

Lo incomprensible era que ninguna de ellas se fuera con el padre Ángel —la costumbre de ver el hábito, quizás...—, y que se produjera un silencio absoluto en espera de mi resolución. La Madre Superiora, con suprema experiencia, ha aireado la situación explicándoles a su modo que la finalidad de nuestra visita era simplemente ver si faltaba algo en la escuela, si podíamos ayudarlos un poco más. «Acordaos de que hace poco unos señores os regalaron aquellos *puff* para ver la televisión.» La niña francesa entonces ha roto a llorar sin consuelo, y la niña congoleña, que babeaba un poco, me tiraba de los pantalones. Querían venirse conmigo, no me dejaban escapar. Yo me sentía indefenso.

La Madre Superiora ha palmoteado varias veces consecutivas, para cortar la escena. Antes me ha dicho: «Lo más increíble es que un buen número de ellos, sobre todo, como es lógico, los minusválidos, conocen bastante bien el francés, el árabe y el hebreo.»

—¿Es posible?

—Lo es.

Por fin se ha hecho el silencio y la Madre Superiora les ha rogado que, puesto que queríamos ayudarlos, cantaran para nosotros un Padrenuestro, por ejemplo, en árabe. «¿Les parece bien en árabe? *C'est trés joli.*»

Ha sido un éxito. Hasta mis dos «ahijadas» se han separado de mí, se han unido al coro y han cantado. El Padrenuestro en árabe ha amueblado el aire y me ha producido una descarga especialmente emotiva en la espina dorsal. No entendía las palabras pero podía deducirlas por la cadencia de las frases. Al final

—después del Amén—, excepto dos o tres niños que han continuado ajenos y concentrados en sus torpes juegos manuales, todos han inclinado la cabeza.

En el momento de la despedida la niña congoleña ha saltado de nuevo sobre mí. Era un animalito de color que presentía la posibilidad de un hogar personalizado. Hondos remordimientos me han acongojado. ¿Por qué no? ¿Y por qué sí? Me conozco. Sé que en la vida cotidiana me habría fatigado. Ya nos ocurrió algo semejante en el Vietnam, donde mi mujer estaba dispuesta a adoptar una niña huérfana en Go-Cong y yo, a última hora, me eché atrás.

Nos besan las manos —*mon père, mon père*— y conseguimos salir. La Madre Superiora sonríe. Sus ojeras azuladas me obsesionan. ¿Estará enferma de verdad? La madre Rovira me dice: «Resiste como la que más.»

Al entrar en los talleres de costura y bordado, todas las muchachas se levantan. El ambiente es otro. Dan pena, pero no hay mongolismo, ni ortopedia, ni brazos que cuelgan lacios, sin poderse sostener.

—Sentarse, por favor. Y trabajar...

La Madre Superiora nos cuenta que esas secciones son rentables. Entregan todo el material a una empresa judía exportadora, que paga puntualmente y bien.

—¿Ha dicho usted... empresa judía?

—¡Sí, desde luego! A nosotras son los judíos quienes nos ayudan. Por ejemplo, hay un médico internista, judío, que pasa a diario, sin fallar nunca y sin querer cobrarnos nada.

No puedo por menos que acordarme de Alma, que cuando está enfadada dice que las personas «discrepantes» son incapaces de ayudarse, de echarse una mano unas a otras. Tendré que traerla aquí.

Nos acompañan a una terraza y nos dicen que el solar de abajo el Gobierno se lo ha expropiado a la fuerza, para convertirlo en zona verde.

—Roma protestó de esa venta, pero, ¿qué podíamos hacer? Además, hay días en que hemos de dar de comer a más de trescientas bocas...

Vamos al pabellón de los subnormales adultos. Aquí mi impresión es menos fuerte. Una temporada me dio por visitar manicomios y llegué a conocer más de doscientos, de países muy distintos, y me di cuenta de que las enfermedades se repetían, difiriendo sólo en la indumentaria y en ciertas reacciones atávicas, casi folklóricas. En Sevilla las mujeres locas se paseaban por el patio con una flor en el pelo, algunas de ellas, cantando, otras pasando las cuentas de unos rosarios enormes que les llegaban al suelo; en Copenhague iban muy abrigadas y se apretaban unas contra otras haciendo ganchillo, y tres o cuatro estaban empeñadas en aprender a tocar la armónica.

Sin embargo, nuestra entrada ha alborotado también el cotarro, y excepto algunos catatónicos y algunos viejecitos casi imposibilitados, varios dementes nos han rodeado, los más jóvenes dando la sensación de una fuerza física impresionante y tal vez peligrosa.

Por reflejo árabe, varios se han inclinado reverencialmente y luego han querido besarnos las manos; al padre Ángel, la cuerda y el hábito. Inmediatamente ha acudido su «tutora», su guardián sin adjetivo posible: la monja libanesa de que nos hablaron, que lleva nada menos que veintiséis años en el pabellón, teniendo a su cargo a esos enfermos, a algunos de los cuales los conoció siendo niños. «Ahora no me llegan a treinta, pero a veces he tenido muchos más.» Todos la conocen hasta tal extremo que una mirada suya basta para que la obedezcan.

Los cuida, los lava, les ayuda a hacer sus necesidades, *ils sont mes enfants*. Les ha tomado tal cariño y se ha acostumbrado de tal modo a sus defectos y tics que los considera «normales». Cuando, los días festivos, se los lleva de paseo por las calles de Jerusalén, ya que eso no hay quien se lo quite, se asombra de que los transeúntes los miren con curiosidad y pena y se enfrenta con ellos y les planta cara. A uno que comentó: *Ils sont des fous...*, estuvo a punto de pegarle y le preguntó: «¿Y a ti quién te ha dado el certificado de que eres como Dios manda, de que no te haces pis en la cama?»

Ese punto me ha interesado sobremanera y he hecho hincapié en él.

—Vamos a ver —he preguntado—. ¿Dice usted que la monja los considera *normales?*

—¡Poco le falta! Sabe siempre cómo reaccionarán. ¿Se da usted cuenta de lo que son veintiséis años? Para ella lo anormal sería verles tomar el tenedor y el cuchillo y cortar sus trocitos de carne como si estuvieran en un restaurante cualquiera, o que contestaran con precisión.

A los más excitados, a la hora de acostarse les dan «Largactil» y entonces hay cierta calma hasta las cuatro de la mañana más o menos. A partir de esa hora empieza el jaleo. Y lo asombroso es que en la iglesia, en la misa, es muy raro que se desmanden, si la duración de la ceremonia no excede. Se mueven, tamborilean en el banco o en el respaldo de enfrente, pero se dan cuenta de que están en un sitio «distinto» y que deben frenarse. Y en el momento de «darse la paz», dirías que saben lo que ello significa y se abrazan con emoción, aunque algunos van recorriendo los bancos y estrechan la mano a todo el mundo.

Le digo a la monja libanesa que es una santa y ella protesta, casi airadamente.

—¡No diga eso! —E inmediatamente añade—: Peor sería la soledad...

Luego nos cuenta que lo desagradable es cuando sorprende a dos excesivamente juntos, tocándose. «Eso es muy corriente. Se hacen ustedes cargo, ¿verdad?» Diríase que nos pide excusas en su nombre.

Uno de los dementes, joven, sigue a todas partes a la monja como si fuera su monaguillo. Cuida de recoger la ropa sucia y se la lleva en un carrito. Si la ve más seria que de costumbre se le acerca y le acaricia la mano y se la besa una y otra vez.

Recorremos más pasillos y vemos niños de otras edades, algunos de los cuales se rascan la cabeza. Inesperadamente, la hermana Rovira dice sonriendo:

—El Señor me dejará entrar en el cielo sólo por la cantidad de piojos que he matado... —y se señala con discreción los cabellos ocultos debajo de la toca.

Por fin llegamos al pabellón de las ciegas. Con sólo oír nuestros pasos comprenden que hay forasteros, que tienen visita y todas se ponen de pie. Estaban cosiendo, zurciendo y haciendo labores de encaje.

Son quince o quizá veinte, no más. A mí me parecen el doble. Ángel me da un codazo. «Obsérvalas. Son felices.» Por lo menos, a juzgar por sus rostros, su serenidad es absoluta y hay algunos casos radiantes. Pienso en las que están sentadas en la Puerta de Damasco. ¿Y las que trabajan con el señor Tuko, serán así? La Madre Superiora les dice, para abreviar, que han venido a verlas dos *pères* franciscanos. Ellas hacen una reverencia.

Me llama la atención una que no se ha movido de su rincón, solitaria, haciendo un jersey.

—A ésa, cuando era niña su madre le pinchó los ojos porque los tenía bellísimos y temió que los hombres se pelearan por ella...

La miro, cortada la respiración. Ella sonríe como las demás.

—¿Y ella sabe eso?

—Sí, terminó por saberlo. Y está resignada, ya lo ve usted.

Hay dos que se dedican a la música. El porcentaje debería de ser mayor pero por lo visto no es fácil. No tocan ningún instrumento, pero cantan, eso sí, y además, gracias al sistema *Braille,* han aprendido solfeo. Una de ellas pidió que la llamaran *Blanche de Castille,* nadie sabe por qué y todas la conocen por ese nombre.

—Oye, Blanche... ¿No podríais cantar algo para esos señores? Dicen que les gustaría mucho oíros...

Aceptan sin titubear. *Blanche de Castille* es gordota, la otra, normal, aunque los ojos vueltos hacia arriba, sin vida, dan grima.

—¿Qué cantamos, madre?

—No sé... Aquello de Sofonías... Aquello que os sale tan bien.

Se colocan en la postura adecuada, muy juntas y cantan a dúo, en francés. Unos versículos cortos, con voz inhábil, pero que sin duda han ensayado muchas veces. No logro captar el significado de las palabras y la Madre Superiora, que hacía ademán como de dirigirlas, me traduce lentamente: «Que Yahvé ha revocado los decretos dados contra ti y ha rechazado a tus enemigos. El rey de Israel, Yahvé, está en medio de ti. No verás ya más el infortunio.»

Todos aplaudimos. «Muy bien, muy bien.»

—Hala —le dice la Madre Superiora a *Blanche de Castille*—. ¿Por qué no les escribe esa estrofa a los padres y se la das? Con una copia basta.

Blanche de Castille se ruboriza. Pero no se hace rogar. Se acerca a un pupitre inclinado, toma un cartoncito color rosa y con un punzón va taladrándolo, con rapidez asombrosa, mientras con los labios silabea lo que escribe. Quedan en el cartón unos diminutos bultitos, unos puntos marcados, muy bien compuestos, con grandes márgenes a un lado. La madre superiora, al final, le pide que firme con su nombre su trabajo y ella acepta con especial fruición.

Taladra más despacio. Los bultitos quedan algo más espaciados. La Madre Superiora recoge el cartoncito y me lo entrega. Sí, aunque no lo parezca, me llevo —y la mañana no ha hecho más que empezar— unos versículos de Sofonías, sistema *Braille,* color rosa, con una firma que dice *Blanche de Castille.*

Nos despedimos de las ciegas. Incluso aquella a la que pincharon los ojos nos dedica una reverencia y repite: *Adieu, mon père, adieu, mon père.*

A la salida, la Madre Superiora, que ya nos ha destinado mucho tiempo, confiesa que la están esperando.

La felicitamos. Yo lo hago con brincos en el alma. Ella se da cuenta y no pierde su ecuanimidad.

—Una vez vino a vernos una actriz americana, muy famosa, de las más famosas —nos cuenta—, y al llegar este momento le dijo a una de las madres, con la mejor buena fe: «yo no hacía esto ni por cien millones de dólares»; y la madre le contestó: «yo tampoco».

Fuera miro el reloj y veo que me queda el tiempo justo para tomar un taxi e ir a la Escuela Bíblica. Es *shabat* y los autocares judíos no funcionan; en cambio, los árabes recogen a todo el mundo e inclusive hacen paradas extra. Juraría que los sábados engalanan sus radiadores más que los demás días, con flores de plástico suplementarias.

Ángel está tan acostumbrado a ejemplos de santidad que lo que le divierte es mi pasmo. Me acompaña a la Puerta de Damasco, donde encontraré taxi seguro, y de vez en cuando se para y da una vuelta sobre sí mismo, indicio de que se siente feliz.

—Pasmado, ¿verdad? ¿Valía o no valía la pena que te despertara tan temprano?

—¡Claro que valía la pena!

Tiene ganas de hablar. Ángel, cuando no está solo, siempre tiene ganas de hablar.

—Vamos a ver... —dice—. Vamos por partes. ¿Quién dirías tú que es más feliz ahí adentro?

Mi mueca es de disgusto. La palabra feliz me hiere.

—¡Yo qué sé! ¿A qué viene eso?

—¡No, si no me arrepiento! Te he dicho feliz..., feliz de verdad.

Obligado a contestar, reflexiono y digo:

—La monja libanesa...

Ángel semiabre la boca, otro mohín muy suyo cuando de asentir se trata.

—Caliente, caliente...

—Anda, no te detengas, por favor, que se me está haciendo tarde.

Me sigue a regañadientes y pregunta:

—¿Otros seres felices?

—¡Al diablo contigo! Sé por dónde vas. Los catatónicos no sufren... Los que se creen Ben Gurion —o Dios— tampoco. El tópico sobre la felicidad de los locos me lo conozco de memoria...

Mueve dubitativamente la cabeza.

—No podía fallar. Estás luchando entre la rebeldía contra el Creador y la santidad de esas mujeres...

—Pues sí, señor. Eso es lo que hago, eso es lo que me ocurre...

Me ve tan en punta que decide no disparar más. Logra callarse por espacio de varios segundos, mientras bajamos la cuesta hacia la parada de los taxis.

De pronto, cambia de tercio y me suelta a bocajarro:

—Una preguntita, si no te importa... ¿Por qué no te quedaste con la niña congoleña? ¿Por qué no te la llevas? No tenéis hijos; así que...

Ha sido un golpe en el pecho.

—Pues... es muy sencillo. Porque soy un cobarde. Nada más. Porque soy un cobarde... y un cabroncete, que no quiere complicaciones.

He seguido andando, por lo que se ve obligado a acelerar para alcanzarme.

—Jamás en tu vida hablaste con tanta exactitud.

—¿Pues qué te creías? ¿Que en casa no tengo espejos?

En la Escuela Bíblica

En la Escuela Bíblica no me siento ni por un momento el forastero o el invitado de turno. El ambiente es de una tal camaradería, gracias sin duda al buen hacer del padre Benoit, que todo el mundo se encuentra a gusto. Es posible que en la biblioteca y en algún otro lugar reine la inevitable y rígida disciplina, pero en las salas de reunión, en los pasillos, y no digamos en el patio y en el comedor, cada cual se mueve como si fuese un «interno» más, como si estuviera en casa propia.

Personalmente ello ha sido más acusado todavía porque Isidro, que me estaba esperando, ha hecho las veces de introductor, ¡en unión del profesor Edery! Mi sorpresa, por cierto, agradabilísima, ha sido la presencia del profesor, con su cráneo calvo, su sombrero pequeñito y sus ojos redondos y azules. Al verme ha dejado la cartera en una silla y me ha estrechado la mano con más fuerza de lo acostumbrado. Conoce desde hace tiempo al padre Benoit y siempre me ha hablado de él como del mejor espécimen del hombre francés culto, educado sin afectación, que disimula su saber, que se expresa con rigor pero que es capaz de decir, en el momento más solemne del diálogo: *mais, voyons...!*; *mais, non, mais, non!* Pronto tengo ocasión de comprobar que así es. El padre Benoit me recibe sonriendo, bromea, me elogia al gran padre Lagrange, fundador de la *Escuela*, al que considera su maestro y sus mejillas se colorean graciosamente cuando le pregunto cuántos libros en español tienen en la biblioteca... En el acto me acompaña a ella, consulta el fichero, ¡y encuentra un ejemplar del *Quijote*... en francés! «Imperdonable —repite varias veces consecutivas—. Imperdonable...» Le digo que no tiene por qué preocuparse, que exactamente lo mismo sucede en Yasnaia Poliana, en casa de Tolstoi, a doscientos y pico quilómetros de Moscú: en la inmensa biblioteca del escritor la única obra de literatura española que logré encontrar... fue un *Quijote* en francés.

La pequeña anécdota o incidente ha incrementado más aún la cordialidad inicial del ambiente, y todos estamos de acuerdo en que el fenómeno inverso no puede producirse; o sea, que en el más insignificante centro cultural español, hispanoamericano —o alemán o japonés—, encontraríamos sin duda unos cuantos libros franceses. «La verdad —ha rematado el padre Benoit, indicándonos con un ademán que podíamos pasar al comedor—, es que Francia, por lo menos hasta ahora, ha sabido cuidar muy bien de sus relaciones públicas.»

La comida es sabrosa, y servida con pulcritud. El padre Benoit, que gracias a Isidro conoce perfectamente el motivo de mi visita aquí: el tema de la división de las confesiones cristianas y de la persistente lucha habida por los Santos Lugares, entre plato y plato se las ha ingeniado para tocar temas muy diversos. Por ejemplo, me habla del profesor Edery, a quien tiene en gran estima. Fue idea suya recabar su ayuda. «Sabe sintetizar, y la materia que a usted le interesa se presta a muchas confusiones. Aun valorando la competencia de Isidro, entiendo que podrá serle a usted de gran utilidad.»

Me habla de las excavaciones próximas al Muro, se interesa por las reacciones psicológicas de los batallones de la ONU en el Golán. «Si ese capellán peruano que nos ha descrito usted fuera francés, en esos momentos toda la montaña estaría llena de estatuas de Juana de Arco y no me sorprendería que hubiera incluso alguna ermita dedicada al Cura de Ars...»

Me proporciona un dato sorprendente: la Escuela Bíblica está efectuando una tesis sobre los cuatro evangelistas, y ha descubierto que la bibliografía más abundante que existe es sobre Mateo, sobre Juan y sobre Lucas, por ese mismo orden; luego, a mucha distancia, viene Marcos, «probablemente porque el evangelio de éste es mucho más breve».

Tocante a la división de las confesiones cristianas, me informa de que en la propia Escuela Bíblica se alojan dos monjes etíopes que fueron expulsados de su comunidad porque su Arzobispo les prohibió que trabajasen y ellos querían hacerlo. «El reglamento les obliga a vivir de limosna. Uno de ellos, profesor de teología, ¡de momento trabaja en la cocina!» El padre Benoit estima que esa división proviene en buena medida de que las diversas confesiones se conocen unas a otras de una manera epidérmica, de que existen entre sí grandes zonas de ignorancia. También asegura que los creyentes de estas tierras son mucho más dóciles que los creyentes occidentales, debido a que aquí han estado durante mucho más tiempo acostumbrados a la esclavitud, con los hábitos de obediencia que ello trae consigo. Por último, comparte cada día más la tesis según la cual los griegos ortodoxos, en la práctica, superan en intransigencia —y ello es mucho decir— a los católicos más recalcitrantes.

El escándalo de Tierra Santa

Terminado el almuerzo, el padre Benoit se despide y nos quedamos el profesor Edery, Isidro y yo. Aprovechando que a esa hora hay varios rincones libres, en los que no estorbamos a nadie, nos sentamos para afrontar de una vez por todas ese tema que tanto me intranquiliza y al que, por cierto, el padre Benoit aludió sin dramatismo ninguno, como ocurre entre quienes podríamos llamar «profesionales de la religión». Por lo visto, que yo diga que continuamos «repartiéndonos la túnica de Cristo» o «el propio cuerpo de Cristo» les suena a exageración, propia de alguien recién llegado al misterio.

Y a fe que los datos que obtengo no me obligan a rectificar. Ha habido dos momentos chuscos. El primero, cuando lo mismo el profesor Edery que Isidro han puesto sobre la mesa unos cuantos apuntes que habían tomado, ¡y han coincidido en presentar, en calidad de testigos, casi a los mismos autores, con sólo un par de excepciones!; así como una serie de folletos y de opúsculos similares. El segundo, cuando Isidro me ha preguntado: «¿Qué prefieres? ¿Escuchar una lista de horrores, o seguir más o menos el enfoque que le dio a la cuestión el padre Conrado Juániz, en un libro que tituló precisamente *Amenidades y horrores en la Historia de Tierra Santa*?»

Sin pensarlo mucho le he contestado:

—Hombre, yo creo que un poco de amenidad sería bien recibida...

—De acuerdo —ha aceptado Isidro—. Entonces aplicaremos ese segundo método, que yo también considero el más apropiado.

Lo difícil era comprender el porqué y el cómo de las luchas habidas, y qué continúa habiendo, en los Lugares Santos. Por supuesto, leyéndome todo lo que entrambos han traído holgarían las explicaciones, pero han querido facilitarme un poco la cuestión.

Sobre un punto previo han estado de acuerdo: la trinidad con que han debido enfrentarse los católicos desde que a principios del siglo XIII la *Custodia* —es decir, los franciscanos— empezó a «guardar» esos Lugares, han sido los árabes, los turcos y los cismáticos. Por supuesto, en el apartado de los cismáticos es preciso incluir a todos los cristianos no sometidos a Roma y, por lo tanto, desde el pastor Palmier y su esposa, pasando por los dos etíopes actualmente en la Escuela Bíblica, hasta el griego ortodoxo que vigila sin cesar el pozo de Jacob. Ni que decir tiene que resulta mucho más comprensible la «guerra» declarada por árabes y turcos que los disparos y puñaladas entre católicos y cismáticos, o sea, entre «discípulos del mismo Cristo Jesús». Con el agravante de que a menudo tuvieron que ser las autoridades no cristianas —jefes otomanos, jenízaros, etcétera— quienes cuidaran de frenar los impulsos cruentos, homicidas, de los mencionados discípulos; si bien es preciso aceptar el hecho de que dichas autoridades, en la mayoría de los casos, se ponían en contra de los católicos, entre otras razones porque con los demás —por ejemplo, con los griegos— les unían relaciones de vecindad geográfica e incluso afinidades temperamentales que no existían tratándose de un franciscano llegado de Valencia, de Chipiona o de alguna provinca italiana...

Entonces me cuentan —el profesor Edery, árbitro neutro, historiador, es el encargado de introducir las debidas matizaciones— que en realidad la separación básica de las distintas confesiones se inició en los siglos IV y V con la famosa cuestión teológica, que sin duda me conozco de memoria, del *Filioque* —unos teólogos afirmando que el Espíritu Santo procedía del Padre «y» del Hijo, otros afirmando que procedía sólo del Padre—, cuestión que se debatió en todos los concilios ecuménicos de Oriente, desde Nicea a Calcedonia. «Desde aquel corte, que fue radical, y cuyas fechas, curiosamente, verá usted que coinciden con la aparición de los mosaicos representando a los llamados *peces de san Pedro,* hasta la actual discrepancia sobre la autoridad del Papa y su infalibilidad, pasando por la mayoría de los dogmas promulgados en el intermedio, todo ha sido campar cada cual por sus respetos: los debates sobre la transubstanciación o Epiclesis, sobre el Dios clemente, etcétera. «Asomarse a ese tema es asomarse a un abismo sin fondo.»

Escucho con la mayor atención, pero insisto en que lo que mayormente me interesa son los datos concretos acerca de los garrotazos, de las calumnias, de los duelos, de los asaltos en masa, de los disparos a la cabeza y al corazón, con las consabidas fechas, a ser posible, y los detalles más vivos y directos. Ambos están de acuerdo en que, en ese caso, sería mejor que me llevara toda la documentación —o las correspondientes fotocopias— a *Casa Nova,* donde podría analizarla con la debida minuciosidad.

No descarto semejante posibilidad; sin embargo, y puesto que ahora estamos los tres reunidos, los convenzo para que me tracen aquí mismo una línea precisa y cronológica, habida cuenta de que ellos están mucho más acostumbrados que yo a manejar ese tipo de papeles. Por fin aceptan, aunque ello los obliga a visibles esfuerzos memorísticos y a incesantes consultas al material que se trajeron.

El resultado, un poco árido al principio, al remontarse a épocas lejanas, va despejándose a medida que avanzamos en el tiempo. De hecho, es Isidro el encargado de leerme en voz alta —intercalando breves comentarios— el contenido de una escueta lista que ha logrado pergeñar en una simple cuartilla, con rasgos casi taquigráficos y que, abreviada, me informa de lo siguiente:

Ya en 1244 los mamelucos al servicio de Egipto entraron a sangre y fuego en Jerusalén, matando a los franciscanos o haciéndolos prisioneros. «Siglo XIII, ¿te das cuenta?»

En 1357 los frailes que custodiaban los conventos de Acre, Safed, Tiro y Sidón fueron llevados a mazmorras y sometidos a suplicios horribles; anteriormente, varios habían sido quemados vivos delante de la mezquita de Omar. «Grandioso espectáculo, ¿no crees?»

En 1516, el sultán Selim *el Terrible*, convencido de que los franciscanos guardaban grandes tesoros en el Santo Sepulcro, «los atormentó con azotes, palos y otras mortificaciones, sacrificándolos luego a cuchillo»; y otro tanto ocurrió bajo el mandato de su sucesor, Solimán *el Magnífico*, «tu admirado constructor de las murallas». Los franciscanos tuvieron que dispersarse, y a su regreso se encontraron con que los coptos y los armenios habían ocupado varios de los lugares que ellos habían abandonado. «Ese altarcillo copto que hay ahora detrás del edículo, del catafalco, y que huele a rosas, proviene de entonces. Conque, fíjate...»

En 1551 los musulmanes, tomando como pretexto que los judíos aseguraban que en el Monte Sión estaba el sepulcro de David, expulsaron a los franciscanos del Cenáculo, que también les pertenecía y que continúa enclavado allí. A partir de ese momento y por espacio de tres siglos, los monjes helenos se dedicaron a acusar a los frailes de la *Custodia* de ejercer de espías contra los turcos y de guardar armas en sus conventos; contando casi siempre con el apoyo del clero ruso, que lo que quería era tener atados a los griegos y gozar algún día de sus privilegios...

—Hay cosas curiosas —interviene el profesor Edery, que no cesa de repasar sus apuntes—. Imagínese usted que el jefe turco de Belén, cada vez que se casaba pedía mil piastras a los franciscanos; y tenga usted en cuenta que su afición más conocida era coleccionar esposas...

Isidro agrega, y sus ojos al leer parecen absorber sus lentes:

—Otra argucia corriente era hacer responsables a los franciscanos de las fechorías que los corsarios que llegaban de Occidente perpetraban en las costas de Palestina y de Siria... Y la única forma de llegar a un arreglo era, casi siempre, a base de dinero, que con frecuencia procedía de España...

—¡Bueno!, eso era lo más corriente —confirma el profesor—. Los jueces turcos disponían de todas las bazas. En cualquier reyerta que se produjese decían: los griegos me dan tanto; si ustedes me dan lo mismo, sentenciaré a su favor...

Naturalmente, nada de eso tendría sentido sin la legislación otomana, según la cual «si en el santuario o parte del santuario que guardan los franciscanos logran los cismáticos barrer o colocar algún cachivache cualquiera, han perdido los franciscanos todo derecho».

Barrer... o colocar un cachivache cualquiera. Eso explica que los frailes de la cuerda tuvieran que estar en vigilancia perpetua para defender una alfombra o una lámpara. En un libro de Dumas —¡de Dumas!— sobre un viaje al Sinaí, se cuenta cómo los griegos le dijeron que poseían un rescripto de Napoleón que les garantizaba esos derechos. Ello explica que, en determinados enfrentamientos en Belén los franciscanos les pidiesen a los sacerdotes alemanes, franceses, italianos, etcétera, que se sentaran en la escalera a la derecha de la Gruta, evitando que los griegos pudieran pasar. «De no hacerlo así, se hubieran quedado sin nada.» Ello explica también que el accidente más vulgar, como la colocación de un cirio o la apertura de una ventana tomara proporciones gigantescas, puesto que, además, tratándose de los Santos Lugares, tenía de inmediato repercusión universal. «Los franciscanos tenían siempre un bastón preparado para tocar la campana de forma que significaba: *ataque a la vista, hay que salir a defender.*»

Tocante a hechos más próximos en el tiempo, es el cuento de nunca acabar. Incendios provocados en el Santo Sepulcro, salvándose por puro milagro *La Dolorosa* de la espada única donada por Portugal, y cayendo muerto el superior de los armenios, por intentar conservar la caja fuerte. Un sacristán franciscano sentado a la puerta del convento de la Gruta recibió un balazo que le penetró por la sien izquierda y le salió por la derecha. Los monjes griegos —acompañados de seglares disfrazados— fueron a dicha Gruta armados de garrotes con el propósito de llevarse el Gran Tapiz, pero los franciscanos repelieron la agresión. Ataque en masa al Santo Sepulcro, con puñales y latas de petróleo preparados para quemar vivos a los franciscanos. El Domingo de Ramos —mañana será el aniversario...—, utilizando a los peregrinos llegados de Grecia hubo otra batalla campal, echando mano de garrotes claveteados; poco después, nueva batalla valiéndose de lámparas votivas, idóneas para el golpe seco y mortal. Robo de dos cuadros de Murillo, de mosaicos del pavimento, con tergiversaciones por parte del dragomán o intérprete. Pelea tremenda el día del Viernes Santo. «Era un espectáculo curioso ver en una iglesia cristiana a un pachá a un coronel de tropas turcas seguir la procesión a la cabeza de un regimiento armado para proteger a los cristianos de sus querellas intestinas.»

En un momento dado, y advirtiendo que realmente el abismo es sin fondo, soy yo mismo quien retrocede en el tiempo y pregunto:

—¿Y la guerra de Crimea? El padre Franquesa, de Tantur, nos dijo, si mal no recuerdo, que se originó a raíz de algo ocurrido en la Gruta de Belén...

Ambos asienten con la cabeza y convienen en que el hecho es el ejemplo cumbre de la repercusión universal que tiene o puede tener cualquier incidente que se produzca en los Santos Lugares. Sí, en efecto, dicha guerra está vinculada concretamente a la estrella de plata de la mencionada Gruta. Fue una concatenación de circunstancias. En 1847, y por orden del sultán, fue colocada en la Gruta la actual estrella —también donación de España—, remplazando a la anterior que los griegos habían arrancado y se habían llevado a San Sabas. La inscripción de la estrella, en latín —*Hic de Virgine Maria Jesus Christus natus est*— era una constante provocación para los ortodoxos. Una noche arrancaron de esa nueva estrella dos rayos de plata y desaparecieron tres clavos, siendo sorprendidos por el franciscano guardián. El litigio, esta vez, desencadenó un conflicto entre las autoridades otomanas, cuya fuerza se hallaba asaz debilitada.

Rusia, que defendía los intereses de los griegos, envió tropas a diversos principados sometidos a la soberanía de los turcos, los cuales respondieron acusándolos de agresión bélica. Las potencias occidentales, Francia e Inglaterra, no pudiendo permanecer neutrales, se pusieron de parte de los católicos; por tanto, guerra, que tomó el nombre de Crimea porque sus batallas se desarrollaron en su mayor parte en la zona del mar Negro.

Isidro concluye:

—Ese hecho histórico confirma lo que te dijimos antes; sólo dos rayos de la estrella de Belén —de ninguna otra— y tres de sus clavos podían ser capaces de desencadenar en el mundo una guerra de tal magnitud. Pese a que otros intereses estaban en juego, hay en todo eso un fondo misterioso que escapa a los especialistas...

Estoy abrumado, aun sin haber llegado al meollo de lo que me solivianta, que no es la atávica división histórica, sino la actual. ¿Qué tiene eso que ver con la Madre Superiora del convento que acabo de visitar, con el cartón *Braille* con versículos de Sofonías que llevo en el bolsillo? E insisto en que el tono casi neutro de mis informadores me recuerda la actitud de la monja libanesa que ha terminado por considerar que los tics de sus dementes son «normales» y que por lo tanto no había razón ninguna para que la gente se sorprendiese al verlos pasar.

Culpables

La exposición se prolonga, porque es evidente que no procede hablar aquí de culpables únicos. Para el profesor Edery el asunto está tan claro como los ojos de la madre Rovira. La intransigencia romana, el comportamiento de los cruzados y de los que les sucedieron —¡Dios mío, cuánta sangre y cuánto «horror» antes de su definitivo fracaso!—, el retumbar de la Inquisición, el amor a unos hábitos por encima del amor a unos hombres, etcétera. Hay heridas que duran siglos, que no cicatrizan jamás. Aquí puede aplicarse aquello: «Que cada palo aguante su vela.» Si se habla del robo de unos cuadros de Murillo, hay que hablar también del despojo y saqueo de las mezquitas y de las sinagogas, y de unas y otras siendo pasto de las llamas. Un círculo vicioso, en cuyo centro hay una Cruz.

Éste en el drama. En el centro, una Cruz. Todo en nombre de un hombre joven y pobre que, por predicar que nada de eso ocurriese, se dejó crucificar. Y todo ha continuado igual... hasta hoy, ¡sin apenas un disturbio cruento desde que los judíos se ocupan de mantener el orden público!; como se afirma, y con razón, en el folleto de Mr. Colbi que, a modo de aperitivo, Isidro me aconsejó leer.

Las confesiones religiosas continúan divididas, y para muchas de ellas cuentan más las piedras y los grafitos que la vida del Señor. Prevalecen las nacionalidades, las Órdenes, los ritos. No se compran fieles ni hay jueces que cobren piastras o liras para dictaminar en favor o en contra. Se ha llegado a una rutina burocrática, meramente externa, impuesta en buena medida por la insoslayable presencia de los soldados..., que ahí están; pero el profesor Edery se atreve a afirmar que en el fondo permanecen intactos, como el agua en las cisternas de los camellos, la indiferencia recíproca, cuando no la subestimación y el odio, y que la aparente confraternización no es más que un compromiso protocolario; con la cuña, reciente pero que no puede obviarse, de los protestantes, a los que el mandato británico abrió las puertas y que a la larga complicarán de forma activa la situación.

¿Qué ocurre en el mundo? ¿No es eso un escándalo, andando de por medio la Cruz? ¿Pueden hombres de fe matar a garrotazos, a puñaladas, a golpes de lámpara votiva, en nombre de Jesús? ¿Pueden en nombre de Jesús continuar disputándose horarios, altarcillos, permisos para procesiones, la posesión de tal o cual inscripción o piedra? ¿Qué opinas, Uriarte? ¿Qué opinas, Paoletti? ¿No es posible reunir ahora en torno a una mesa redonda a todos los afectados por la división, obligarles a poner mano sobre mano y que una cruz puntiaguda las atraviese y las deje clavadas? ¿No crees, Isidro, que falla algo básico? ¿No cree, profesor Edery, que se nos escapa la razón fundamental de todo lo que estamos hablando?

Isidro se calla y juraría que está afectado porque yo lo estoy. En cuanto al profesor Edery, es un estudioso de las religiones, no un militante de ninguna de ellas. Le interesan en tanto que fenómeno real, no en tanto que posibilidades de adhesión. No, no, él no cree en fallos básicos ni en maldiciones, y tampoco en que en el análisis hayamos olvidado nada fundamental. En su opinión, lo fundamental está en el hecho mismo, carece de secreto: nada puede calar tan hondo en el corazón del hombre como la fe religiosa, y de consiguiente ningún amor —o ningún odio— humano puede ser tan hondo como aquel que dicha fe inspire. Esto es así, válido para cualquier creencia en el Dios de turno, ande o no ande de por medio la Cruz, y nunca cambiará.

—De modo, amigo mío, que yo no lo llamaría escándalo, sino, sencillamente, reacción humana. Tratándose de fanatismo, ni el tiempo ni el espacio pueden nada contra él. Vaya usted a una isla solitaria y el Robinsón que la habite lo matará a usted por el fetiche que haya elegido; vaya usted a China y lo matarán a usted si no acepta que el fetiche carismático y redentor se llama ahora Mao Tsé-Tung. Ha venido usted aquí en un período de calma, de transición, durante el cual sólo hay sangre en las calles por motivos raciales o políticos; no por motivos religiosos; sin embargo, a mi juicio se mancharía el Ejército israelí y de la noche a la mañana todo volvería a empezar. Probablemente los primeros en dar el ejemplo seríamos, creo que ya se lo dije en cierta ocasión, los judíos; pero también los musulmanes y las treinta y dos confesiones cristianas que ha visto usted enumeradas en una lista objetiva, impresa. Me temo que ni el padre Benoit ni mi perro Jonás, cuya pata, por cierto, ya está curada, pudieran demostrarle que mi profecía carece de base. Es la ley. Quizás, en un principio, no habría matanzas, pero tarde o temprano volvería a haberlas en Jerusalén. A pesar de las proclamas de comprensión. A pesar de los intentos de aproximaciones teológicas. A pesar de la palabra ecumenismo, continuamente empleada y que preside el nombre del Instituto de sus paisanos de Tantur. A pesar de los abrazos que Pablo VI prodigó a raíz de su visita a esos Lugares. A pesar de la labor admirable que realizan las Hermanas de la Caridad que visitó usted en la mañana de hoy...

Antes de despedirnos me acuerdo de que llevo conmigo los papelitos que me llevé del Muro de las Lamentaciones. Los había desenrollado con esmero y guardado en la cartera. Entiendo que es la ocasión para dárselas a traducir al profesor Edery, contándole la verdad. Así lo hago, y su reacción no es tan aséptica como pude imaginar y como podría deducirse de la actitud que acaba de adoptar ante lo que podría denominarse fetichismo o incluso creencia o fe. Sus redondos ojos se dilatan y por un momento juraría que me dedica mentalmente algún calificativo poco agradable...

—Nadie debe hacer eso... Se lo digo en serio, señor. No acabo de comprender las razones de su acto...

Me siento totalmente en falso, y mi única defensa es simular una energía que estoy lejos de sentir.

—Tendré que contestarle como hace un momento me contestó usted a mí... —le digo—. No se trata en absoluto de nada importante, aunque tal vez tenga la apariencia de serlo. Es la simple ley de la curiosidad. Además, pienso devolverlos a su lugar. Usted sabe que me chiflan las cosas vivas, directas, y ésas lo son...

El profesor Edery, visiblemente incómodo, accede por fin a tomar mis papelitos. Son exactamente tres y su grafía es muy varia. Los estuve analizando —¡críptico idioma el hebreo!— por mi cuenta y llegué a la conclusión de que correspondían a tres personas de edad muy varia, una de ellas, muy joven; posiblemente, un soldado.

Nada de particular. El profesor los traduce en un abrir y cerrar de ojos. En efecto, no me equivoqué, y los textos son similares a la mayoría de los que, según noticias, se depositan en aquellas piedras.

Uno dice: «Te pido, Señor, que ninguna bomba árabe estalle en mi casa.» Otro dice: «Que se acabe la guerra, Señor, te lo suplico... Salva la vida de mis hijos Jonathan y David. Salva sus vidas y salva una vez más al pueblo de Israel.» El último es un grito: «Dame fuerzas para vencer al enemigo... Que sepa apretar el gatillo. Que sepa luchar. Dame fuerzas. Dame fuerzas para luchar hasta el fin.»

El profesor me devuelve los papeles. Hay un silencio. Los tomo con cuidado y los devuelvo, plegados, a mi cartera.

—¿Ve usted? No ha pasado nada... No es nada, quiero decir. Ahora sé a qué atenerme.

Isidro no interviene. Pero su mirada indica a un tiempo sorpresa y una miaja de reprobación.

—Mis haberes de traductor son éstos: no vuelva usted a hacerlo. Se lo ruego, señor...

—Ya no... ¿Para qué?

Ha sido una lástima. El incidente ha impedido que nuestra despedida de la Escuela Bíblica fuera lo *ecuménica* que debió de ser, aunque confío en que la capacidad de resentimiento del profesor Edery sea nula.

En el Consulado español

A la noche, al término del cóctel en el Consulado de España en Jerusalén, al que asisto como invitado —y, sobre todo, al término de la cena *en petit comité* que le siguió—, puede decirse que soy amigo de don Santiago de Churruca, conde de Campo Rey y de su esposa, María Fernanda.

Me encontré con una pareja de diplomáticos educados, cultos, irónicos, bastante más jóvenes que yo, que anteriormente habían conocido, entre otras, las Embajadas de Washington y de Londres. La influencia inglesa se la he notado en los modales, en la decoración de la casa, en el enfoque de los diálogos y hasta en el amor que sienten por su perro, pese a que al llegar les creó un problema: se llama *Goldy,* y temieron que los israelíes se lo tomaran como una alusión a la Primer Ministro. Pero todo se arregló. Lo que quizá no tenga arreglo sea una matusalénica máquina de escribir, marca «Imperial», que hay en la oficina y que al ser utilizada debe de sonar a chatarra, aun estando rodeada de magníficos *posters* garantizando el sol y los monumentos de España.

Al palacete del Consulado, que yo conocía ya por fuera, se accede a través de un jardín más bien modesto, con verja de hierro. Al tocar el timbre, siendo noche cerrada, han acudido a abrirme un criado árabe y *Goldy,* éste ladrando. Poco después me encuentro subiendo la escalera que conduce al primer piso, donde tiene lugar el cóctel, piso compuesto por varios salones comunicados entre sí, con un enorme tapiz español y glorioso, muchos cuadros representando la Jerusalén antigua, muchos grabados de barcos, fotografías familiares y, esparcidos aquí y allá, sobre las mesas, buen acopio de libros de arte. Ambiente, en fin, en consonancia con el lugar y el talante de sus moradores.

Cabe decir que me costó un buen rato centrarme un poco, no sólo por la sesión de la tarde en la Escuela Bíblica —el cambio de ritmo ha sido brusco—, sino porque los asistentes son de lo más heterogéneo. Ante la imposibilidad de conectar con todos, y siguiendo mi costumbre en esos casos, saludo al cónsul francés y a su esposa; al vicepresidente de la Comunidad Sefardí, hombre que parece querer pasar inadvertido; ¡al padre Franquesa y al hermano Perxachs! El padre Franquesa, después de abrazarme, se ha acariciado con lentitud la barba, más crecida todavía. «¡No nos vemos nunca! ¿Tan lejos queda Tantur...? ¿No echas de menos una copita de aromas de Montserrat?»; en cuanto al hermano Perxachs, se ha reído abiertamente al estrecharme la mano y ha comentado: «El proceso Capucci continúa todavía...»

El tumulto ha ido disminuyendo, fue marchándose mucha gente, a la que sólo pude saludar inclinando la cabeza, sin enterarme siquiera de sus nombres. Pero al final la situación se clarificó: yo «debía» quedarme a cenar, puesto que ya estaba previsto de ese modo, en unión del señor Shazar, el vicepresidente de la Comunidad Sefardí. Una cena ligera —el cóctel fue copioso—, pero que nos daría la oportunidad de conocernos un poco y de cambiar impresiones.

Fuera todo el mundo —el padre Franquesa ha insistido en que vaya a verles cuando quiera—, nos sentamos a la espléndida mesa ovalada del comedor. Se ha hecho como un silencio en el palacete, interrumpido por algún que otro ladrido de *Goldy*. Los ausentes se me antojan sombras de la vieja Jerusalén que se marcharon a bordo de los antiguos barcos colgados en las paredes. El cónsul francés, en el último momento, me ha hecho grandes elogios del padre Benoit y de vez en cuando yo iba preguntándome si el tema de la división de las Iglesias les había quitado el sueño en alguna ocasión a todos aquellos desconocidos que se tomaron sus buenos whiskies y zumos de fruta. A mí mismo me quedaban como lejísimos los franciscanos y los armenios muertos a balazos, los turcos arbitrando a base de que «los griegos me dan tanto...», y no digamos la guerra de Crimea.

Santiago y María Fernanda se constituyen en el foco de mi atención. Santiago es el diplomático por antonomasia. Tras sus lentes metálicos chispean ojos inteligentes, con un punto de ternura que, a ráfagas, no puede disimular. Al moverse se contonea de forma especial, como es especial la caída, un tanto súbita, de su hombro izquierdo. Bien vestido, se apresura a cantarme Jerusalén, en tonos dignos de aquel embajador de que me habló la señorita Petrozzi, que telegrafió al Foreign Office diciendo que era imposible desde «aquí» ascender a ningún otro lugar del planeta, ascender en la escala de su profesión.

Curiosamente, me entero de que Santiago conoce a fondo las confesiones monofisitas, las minorías religiosas de la capital: los armenios, los etíopes, los coptos, los griegos católicos, con especial devoción por el arzobispo maronita. Los visita con frecuencia en sus iglesias y en sus habitáculos, a veces muy humildes. Se ha pateado una y mil veces la ciudad intramuros, husmeando en los rincones más inverosímiles, aunque siempre termina por desembocar en el Santo Sepulcro, por el que siente inclinación muy particular. Se ha subido a los tejados abovedados de esos monjes un tanto marginados, tejados que por algo serán así y no de otra manera. Es amigo de las mujeres y de los gatos que en ellos toman el sol. Está dispuesto a acompañarme cuando quiera. «Esas confesiones minoritarias te interesarán. El obispo maronita es un santo. Vive como un anacoreta, en un camastro y guardando su báculo en una maleta sobre el armario ropero. Hay mucho que ver, hay mucho que ver aparte las posesiones de la Custodia... Puedo garantizártelo. Es gente que mantiene intactos sus tradiciones y muchos aspectos de su variedad ritual, como tendrás ocasión de comprobar a partir de mañana a lo largo de la Semana Santa.»

María Fernanda es una sabia combinación de cuerpo más bien menudo, elegancia y curiosidad ilimitada. A cualquier palabra un tanto inesperada responde abriendo de par en par los ojos como si descubriera el mundo. Expresiva, sobria, sus preguntas son estimulantes. Nariz pequeña, orejas chiquitas, admira todo lo que es nuevo, todo lo que es viejo, todo lo que es hermoso o profundo. Conoce a muchos de los diplomáticos que yo he tratado en Taipei, en Camboya, en Filipinas, en París, en Nueva York... Los describe de un solo trazo, y al coincidir con mi criterio sonríe complacida. También conoce, al igual que Santiago, algunos de mis libros de viajes y me dice que soy un «narrador nato» y que mi capacidad de observación le da un poco de miedo. Yo no sé qué hacer con la servilleta y el flan que nos traen de postre. Además, tiene sentido práctico, pues se acuerda de que a lo mejor necesitaré que me prolonguen el visado —«lástima no conocer a tu mujer»—, y dice que Santiago podrá resolverme eso fácilmente con las autoridades de Israel.

Al término de la cena nos sentamos en el salón del café, en cuyas mesas hay también repartidos muchos libros de arte. El diálogo prosigue y muy pronto me doy cuenta de que con respecto a España nuestros puntos de vista difieren sensiblemente. A no ser por la presencia del señor Shazar, discreto, sagaz, que habla un castellano muy aceptable —ha residido unos años en Gibraltar—, hubiéramos ahondado más en la cuestión. Se les llena el alma hablando de la grandeza histórica de nuestro país, grandeza, por supuesto, difícilmente discutible; sin embargo, en lo que a mí respecta, se da la circunstancia de que lo que podríamos llamar «raza» española no me gusta ni pizca, de que entiendo que es una aleación que ha salido irremediablemente mal, con sujetos o individuos, ¡qué duda cabe!, de excepción, pero formando, en conjunto, un pueblo decididamente zafio, desabrido, envidioso y sometido a una sucesión de periódicos espasmos agresivos que ni siquiera el padre Conrado Juániz podría narrar con «amenidad». Como es lógico, me reservo esas opiniones, por lo menos en el transcurso de esta velada, tan agradable. Ningún derecho me asiste a obrar de otro modo, sobre todo en vista de que Santiago y María Fernanda, que convierten en liturgia la hospitalidad, son profundamente sinceros...

Como colofón de sus entusiasmos, Santiago me obsequia con un libro casi inencontrable, *La huella de España en Tierra Santa,* impresionante catálogo de lo que Isidro me apuntó una vez: la generosidad de España para con los Santos Lugares. El índice de dicho libro no miente y por él compruebo que, en efecto, existen huellas y recuerdos españoles por todo el territorio, en todos sus santuarios, alcanzando desde el Sinaí hasta Damasco, Nicosia y Constantinopla... Una riqueza sin par, canalizada a través de donativos de reyes, de la nobleza, de la devoción popular y de organizaciones tales como la Obra Pía de los Santos Lugares de Jerusalén y la Orden de Caballería del Santo Sepulcro, y que abarca desde objetos de oro y plata, miles y miles de ducados, casullas, Tizianos y Riberas hasta sangre generosamente vertida. En el libro se habla de una lámpara de tres metros de altura; de cálices de más de dos metros; de altares completos; de imágenes y puertas labradas y escudos y crucifijos. Y entre las muchas reproducciones que lo ilustran puede verse, en una de ellas, devotamente arrodillado al inicio del Vía Crucis, al marqués de Villaverde, convertido en peregrino.

Agradezco el obsequio y prometo leerme el libro con atención. Y a seguido la conversación deriva hacia un tema que me apasiona: el de los hebraísmos. Ahí el sefardí Shazar da muestras de sus conocimientos y que se sabe de memoria lo publicado sobre la materia por autores como David Gonzalo Maeso, Amador de los Ríos, Millás Villacrosa, por los *Cuadernos israelíes,* etcétera. ¡Cuántas sorpresas, empezando por *arcano,* que viene de Arca! El hebreo ha legado al castellano una retahíla de vocablos bellos y eficaces; amén, edén, maná, hisopo, tacaño, zamarra, bolsa, ¡embajador!, pitanza, mezquino, padre, hermano, firmamento, cielos, muerte, salud, corazón, estrella de Oriente, conocer (con matiz amatorio: «conozco a mis ovejas y mis ovejas me conocen a mí»). Y expresiones tales como «ser un Adán», o «un Sansón», o «un Jeremías», o «un Caín», o «un Abel». Ha sido un enriquecimiento espectacular e insustituible. A nadie se le hubiera ocurrido decir «un pueblo de tantas almas», a no ser por el hebreo. A nadie se le hubiera ocurrido hablar de la *carne* como contraposición al espíritu y del *pan* en sentido genérico de alimento... No contaríamos con la fórmula adverbial *divinamente* —canta *divinamente*, le salió *divinamente*—, ni usaríamos «hombre de Dios» o «Dios de Bondad»; y por supuesto, le debemos al hebreo, entre otros muchos nombres, los de Jesús y María, así como la palabra Mesías...

Nos entretenemos un buen rato con esas sutilezas lingüísticas, con alusiones, por parte del señor Shazar, a los romances sefardíes —«noche buena, noche buena, noches son de enamorar»—. El señor Shazar, al enterarse de que planté un ciprés en el Bosque de la Paz duplica sus atenciones para conmigo. Llama la atención la sensibilidad judía, siempre a flor de piel, en pro de quienes tengan espontáneamente un gesto en su honor. «Magnífico, magnífico... Ello le honra, señor.» Ni que decir tiene que nadie pone sobre el tapete el tema de los sefarditas y los askenazis: el señor Shazar haría una mala digestión y quién sabe si se sentiría «David» contra «Goliat».

Santiago y María Fernanda hacen gala de una diplomacia extrema con respecto al enfrentamiento judioárabe. Quieren presentarme a amigos suyos judíos, entre ellos, el secretario del Parlamento, Natanael Lorch, quien puede abrirme las puertas de dicho organismo si me interesa asistir a una sesión; por otro lado, son muy amigos de la familia Dabdub, de Belén, cuyos miembros son ciento por ciento árabes: *madame* Dabdub es nada menos que la fundadora de la «Liga de Damas Árabes» con la que Naila está en estrecha relación. «Los Dabdub son médicos excelentes y pueden informarte de muchas cosas.»

Abordamos el tema de la Semana Santa. Mañana, Domingo de Ramos, tiene lugar la «procesión de las palmas», que se inicia en Betfagé y termina en la iglesia de Santa Ana, junto a la puerta de San Esteban. Unos cinco kilómetros de recorrido. Santiago ha de ir con el Cuerpo diplomático, pero yo puedo asistir a los prolegómenos en Betfagé y luego, si me apetece, seguir la procesión en compañía de María Fernanda y sus hijos, llevando un palmón en la mano.

—Es impresionante. Peregrinos de todo el mundo, cantando. Se baja el Monte de los Olivos, junto al monasterio ruso y a Getsemaní, se cruza el Cedrón y se sube hacia la puerta de San Esteban. Si el tiempo es bueno, la visión es inolvidable y de una emoción religiosa muy intensa. Preside el Patriarca Latino, monseñor Beltritti, y el cortejo es presenciado por una inmensa multitud, con las familias árabes sentadas en los tejados o en los montículos.

Me apunto a la procesión. ¡Cómo podía negarme! Uno de los recuerdos más precisos y simbólicos de Jesús: su entrada «triunfal», acompañado por sus amigos, galileos muchos de ellos, al parecer. No a caballo, como Santiago o Jorge, sino sobre un asno o pollino. En son de paz. Profecía de entrega. «Poeta de Dios» —otro hebraísmo—, o bien, como alguien lo ha llamado, «objetor de conciencia». En compañía de María Fernanda, cuyo cuerpo menudo, tal vez gracias a su ilimitada curiosidad, todos los años resiste sin mayor fatiga ese tramo de casi cinco lentísimos kilómetros desde Betfagé. ¿Podré yo resistirlos? Parece ser que en ocasiones se tarda de cuatro a cinco horas... ¿No será humillante llevar en una mano el palmón y en la otra el termo?

Sí, me he ganado otros dos amigos en Jerusalén. No todo ha de ser división en la ciudad. No me censuran que haya tardado tanto en venir a verles, pero noto que les duele. Se interesan por todo cuanto he visto hasta la fecha y por cuanto me falta por ver. «No te olvides del Sur... Ya sabes: Qumrán, Masada, Sodoma, los beduinos de verdad, el Neguev, Eilat, el Sinaí... Ahí no podremos acompañarte, pero a ver a los etíopes, y al obispo maronita, y a los armenios y demás, cuando quieras.» «Y has de escribir ese libro sobre Tierra Santa, sin inhibiciones, tal y como la vives y la sientes. Tampoco estaría mal que dieras una charla en el "Institut Information Center", contando lo que no te gusta...» Santiago añade que su impresión es que mi acerbado espíritu crítico sin duda preferirá eso a la alabanza, contrariamente a su admirado fray Delfín, que a la hora de hacer el órgano de Belén prefiere los flautines pastoriles y las cornamusas a las trompetas y al metal.

Llega la hora de despedirnos. Nos acompañarán a nuestras respectivas residencias. Salimos al jardín. Hace una noche espléndida. El perro, *Goldy*, brinca y ladra.

—Vente cuando quieras... —me dice Santiago, sonriendo, al indicarme que puedo subirme al coche—. Si no me equivoco, creo que podemos pasarlo *divinamente.*

CAPÍTULO XXVIII

Domingo de Ramos. Dos llamadas consecutivas, a primera hora, por teléfono. La primera es del padre Víctor Peña. Puesto que la procesión de las palmas empieza a las tres de la tarde, me propone acompañarme por la mañana a visitar el Zoo bíblico. «Claro que lo mío es la flora y no la fauna; pero en fin, algo sé de ciervos y de chacales...»

—Si quieres, a las nueve celebro misa en San Salvador —añade— y luego nos vamos para allá.

Acepto encantado. El Zoo bíblico es uno de los lugares que no puedo perderme, sobre todo contando con un guía como Víctor, que sabe lo que puede interesarme y que además se conoce la Biblia de memoria.

La segunda llamada es más importante aún. ¡Jacob! Jacob, desde el «Hotel Galei-Zohar», en el mar Muerto. Su propuesta es inaudita, y una prueba más de que ese buen hombre —«el doble de Kubala»— se siente bien en compañía de cristianos. Mañana lunes ha de venir a Jerusalén con uno de sus yernos y estaría dispuesto a llevarme luego con ellos a visitar, durante unos días, prácticamente todo lo que me aconsejó Santiago, el cónsul: Qumrán, Masada, el mar Muerto, Sodoma, Arad y Beersheva... Es decir, el desierto del Neguev y su contorno. No, por supuesto, Eilat y el Sinaí, que quedan lejos, a trasmano y requieren transporte aéreo.

Pensando en que los días menos importantes de la Semana Santa son precisamente el lunes, el martes y el miércoles por la mañana —el miércoles por la noche estoy invitado a la cena del *Seder* en casa del profesor Edery—, acepto también y quedamos en que mañana lunes me recogerán en Puerta Nueva a las diez. «Tengo que ir al Instituto Iberoamericano y a un par de sitios más —me aclara Jacob—. Luego ya, a su disposición para salir zumbando rumbo al Sur. ¡Ah! No olvide que en Arad tengo mi casa, que es la suya.»

Me parece estar soñando. Todo me es propicio y diríase que los demás se desviven para colmarme de atenciones. ¿Qué tiene Israel que no tenga el resto del mundo? Quizás, en tan poco espacio geográfico —hay que repetirlo una vez más—, la inmensa variedad.

Visita al Zoo bíblico

Sin tiempo que perder, me desayuno en *Casa Nova* y asisto a la misa que Víctor celebra en la iglesia de San Salvador, que ya conocía, por haber asistido una vez a un concierto que se celebró en ella en homenaje póstumo a los soldados de la

ONU caídos en el cumplimiento de su misión. Es una iglesia típicamente conventual, alta y de vastas proporciones pero no muy afortunada que digamos. Sin gracia. Está llena a rebosar, con mayoría absoluta de adolescentes árabes y drástica separación de sexos. Víctor está muy en su papel, pero los tres muchachos que sucesivamente se encargan de las «lecturas» lo hacen con suma timidez, titubeando, y su fonética es más bien ronroneante. Sin darse cuenta, en vez de leer, recitan. Por otro lado, cuando los asistentes cantan el desacuerdo es unánime y el resultado recuerda, ampliado, el que dan de sí los coptos del Santo Sepulcro. Algunos chicos visten de negro, y en el modo de hacer las genuflexiones y las reverencias, y también en las posturas que adoptan al regresar del comulgatorio, parece que estuvieran en una mezquita.

Al terminar voy a la sacristía y poco después un taxi nos lleva a Víctor y a mí al barrio periférico de Romema, donde está enclavado el Zoo. Víctor lleva esta vez el hábito y la capucha y, por descontado, no olvidó la perilla que le confiere su aire aperfilado y picarón, aunque esta mañana ha recobrado nuevamente el apocamiento de que suele hacer gala en el «Bar Ovidio» y que, no se sabe por qué razón, tiró por la borda durante nuestro viaje al Golán.

Llegados al Zoo, pasamos por taquilla —apenas si hay visitantes—, y nada más entrar me choca un visible panel en hebreo y en inglés que dice que durante la guerra de 1967 la metralla «mató a 101 animales y pájaros» del parque. Tan contundente distinción entre animales y pájaros bien vale un comentario, y Víctor me recuerda que la Biblia establece una clara diferencia entre ambos. Los primeros son los que se arrastran por el suelo; los pájaros son los que vuelan. «Léete el Génesis: Broten de la tierra seres animales según su especie, ganados, reptiles y bestia de la tierra según su especie»; «y vuelen sobre la tierra aves bajo el firmamento de los cielos».

Me avergüenza mi ignorancia y echamos una mirada al contorno. En seguida me doy cuenta de que no estamos ante un Zoo grandioso y que la representación bíblica debe de ser mínima. Por lo que sea, el parque rezuma además un cierto descuido o pobreza, falta de medios, lo que es doblemente de lamentar por cuanto el trazado es hermoso, con caminos que serpentean por entre un fértil arbolado y en suaves pendientes.

Empezamos nuestra gira. Efectivamente, todo tiene aspecto sucio y por sobre las jaulas y las alambradas flota un aire de tristeza. Ni siquiera las gacelas, pese al *Cantar de los Cantares* y a que por lo visto comen tabaco, alegran el lugar. Hay corzos, ciervos, pájaros de colores, procedentes, según un letrero, de Macao. La nota curiosa es ésta: en cada *hábitat* hay una cita bíblica referida al correspondiente animal. Dos avestruces que picotean las alambradas como si fueran a comérselas llevan una cita de Isaías: «Habitarán allí los avestruces y harán allí los sátiros sus danzas.» Vemos una hiena que parece dormida, pero de pronto sus ojos nos dan miedo. Víctor me cuenta que un poeta colombiano habló una vez, aludiendo a un desierto cuyos animales lanzaban de noche gritos fantásticos, de una noche «de luna *hiena*». Hay un pavo real ajado y sin rango, como si hubiera venido a morir aquí. La jaula del chacal está vacía, huele a carroña y dice: «Haré una lamentación como los chacales», con inscripción de Samuel. Hay una jirafa con empaque, la dueña del cotarro, el estilizado mirador. Nos llama la atención un ciprés con una cita de Oseas: «Por mí, que soy como ciprés, siempre verde, recogerá él sus frutos.» También hay mandrágoras, cuyas raíces «tienen forma de hombre y que son llamadas manzanas del amor».

Sabiendo que en tiempos bíblicos abundaban en el país animales salvajes, fieras de toda suerte, realmente el zoo es menguado. No hay leones, ni tigres, ni lobos, ni leopardos, ni siquiera mangostas. Allí, escondida y solitaria, una lechuza, completamente inmóvil y sin inscripción.

Claro que antes de la matanza de 1967 debía de ser otra cosa. Por un momento se hace un impresionante silencio e imagino el lúgubre lamento de los grandes y pequeños animales al sentir en sus carnes el desgarro de las bombas y los obuses. Los habría que morirían fulminados, otros, de lenta agonía. Debió de ser la gran confusión, a semejanza de la que se produciría al no caber todos en el Arca de Noé, fuera de la cual sólo se salvaron los peces. El Zoo bíblico que imaginé resulta una parodia. Un zoo sin niños, sin cacahuetes, sin alegría. Muchas de las subidas y bajadas del trazado conducen a jaulas huecas y al final siempre se encuentra uno, como las avestruces, con alambradas. Un nuevo ejemplo de «lo judío sin acabar», de lo judío inconcluso. El responsable del parque en el fondo debe de poder satisfacer su inclinación masoquista, si la tiene. Vemos el habitáculo vacío del chacal y alguien nos dice que ayer mismo enfermó y se lo llevaron. De ahí los restos de carroña y el insoportable hedor.

Nos sentamos en un recodo, a la sombra de un abeto, no sé si citado o no por Oseas, como el verde ciprés. Nos llegan oleadas nauseabundas, más o menos intensas según la brisa. Víctor hace caso omiso y me habla de la fauna y de la flora en el Antiguo y en el Nuevo Testamento, con frecuentes alusiones a los Apócrifos, que destinan mucho espacio a dicho capítulo. Me habla de la sabiduría bíblica, que en muchas ocasiones la ciencia moderna no tiene más remedio que corroborar, como sucede con los peces sin escamas que el *Levítico* considera inmundos y que actualmente son desaconsejados por su exceso de ácido úrico. Me propone otros ejemplos relacionados con el pescado azul, desde las sardinas a los tiburones. «Hay tres clases de animales en la Biblia: los que te dan asco; los que te sirven (como las ovejas); los que te dañan.» Aunque también el Talmud, refiriéndose a las ovejas y a las cabras, insiste en la importancia de criar determinados animales para lograr la prosperidad: «Aquel que desee hacerse rico, deberá dedicarse a la cría de animales pequeños.»

Víctor lamenta que no haya ningún león en el Zoo, por ser símbolo de la fuerza, del vigor y de la majestad, citado ciento treinta veces en las Sagradas Escrituras, en las que su prestigio es tal que aparece profusamente representado en el Templo y en el trono de Salomón, además de ser utilizado también como instrumento de castigo divino —Libro de los Reyes, Isaías—, cuando el pueblo vuelve la espalda a Yahvé. Sorprendentemente, en el Apocalipsis representa a Cristo, en boca de uno de los Ancianos que grita con júbilo: «No llores, ha triunfado el León de la tribu de Judá, el retoño de David, él podrá abrir el libro y los siete sellos.» ¿Por qué no habrá importado Israel un león desde 1967? A Ben Gurion le han dado ese nombre, pero él no era hombre para vivir encerrado aquí.

Sí, el Talmud es un capítulo de sugerencias al respecto, que recuerda la simbología empleada por Cristo aludiendo a las palomas, las zorras, etcétera. Un texto talmúdico dice: «Sé valiente como un leopardo, veloz como un águila, sé ágil como un venado, sé fuerte como un león, para poder cumplir la voluntad de Tu Padre que está en el Cielo.» Siempre *Tu* Padre, no *Mi* Padre, como decía Cristo Jesús.

Víctor vuelve a continuación a los Apócrifos, que a menudo se valen también de los animales para el castigo, como el caso que reseñan de un niño que «convirtió en carnero a un compañero de juegos» o cuando relatan supuestos milagros de Jesús, uno de los cuales habría consistido en liberar a un joven de un maleficio «convirtiendo en hermoso mancebo el mulo que aquél montaba». Pero me doy cuenta, porque no les quita la vista a los pájaros de colores de Macao, que le interesa el mundo de las aves, lo que me justifica diciendo que el fenómeno de su orientación en el espacio «bajo el firmamento de los cielos» continúa inexplicado como el primer día, «lo mismo que la facultad de las lombrices de tierra de comunicarse entre sí en ciertas circunstancias». De repente, se levanta y con súbito entusiasmo me incita a imaginar lo que debía de ser, en tiempos de Jesús, un día de fiesta en el Templo, con el canto de los Salmos «subiendo entre la algarabía de los hombres y los balidos de unos doscientos mil corderos» prestos para el sacrificio.

Vemos las citas en las jaulas y ello da pie a Víctor a insistir sobre aspectos de la Biblia inéditos para mí. Yo sabía que el primer libro que Gutenberg imprimió fue la Biblia, en Maguncia, allá por el año 1456, pero no sabía que la primera edición constase de sólo ciento cincuenta ejemplares, treinta de ellos en pergamino, y que «cada uno de estos últimos implicase la muerte de ciento setenta becerros».

—En este Zoo, como ves, debería de figurar un becerro por lo menos, en señal de gratitud.

Asimismo me dice que todo hace pensar que los compiladores de la Biblia ignoraban por aquel entonces la existencia de los chinos y de los pieles rojas y otras razas distantes. En cambio, parece seguro que tenían noticia, aunque probablemente no muy detallada en cuanto a su importancia, de la existencia de las razas negras. Termina diciendo que la Biblia es realmente el Libro de los Libros y que Donoso Cortés acertó al definirla diciendo: «En la Biblia están escritos los anales del cielo, de la tierra y del género humano; en ella, como en la divinidad misma, se contiene lo que fue, lo que es y lo que será.»

Llega un grupo de turistas americanos y nos vamos. Por lo demás, tampoco andamos sobrados de tiempo, ya que Víctor ha de ser puntual en el refectorio de San Salvador y yo en el de *Casa Nova*. Hoy en *Casa Nova* será día grande de peregrinos, y dado que nos esperan luego cuatro o cinco horas de procesión, no es cosa de quedarse sin almorzar.

Tenemos la suerte de encontrar un taxi, que nos lleva en la debida dirección, bien que con lentitud excesiva. Víctor interroga al taxista y éste le pide excusas y le da una explicación convincente: le gusta ver pasar por la calle a la gente llevando el pan ázimo que estos días comerán los judíos, en recuerdo del Éxodo.

—¿Saben los señores a qué me refiero? Los judíos, a su salida de Egipto, no tenían tiempo de aguardar a que levase el pan... Por eso comemos pan ázimo y, en la noche del *Seder,* hierbas amargas.

Víctor simula no estar enterado, pese a que su hábito de franciscano es signo delator de que puede pertenecer a la *Custodia* y en consecuencia saberse como nadie esa historia que se repite año tras año. Sin duda el novato, el recién llegado, debe de ser el taxista, inmigrante de Dios sabe dónde. Todo le asombra y divierte, como, por ejemplo, la cantidad de huevos duros que las familias, utilizando a menudo los carritos de la compra, o bandejas superpuestas, se llevan a sus casas, para comerlos también en esas fiestas que han comenzado.

—El año pasado el *Seder* en casa fue magnífico —nos dice, por fin, el hombre, que fuma con calma un pitillo rubio—. El cordero asado salió muy bueno y luego cantamos canciones de nuestra tierra...

Sí, seguro que es inmigrante casi de ahora mismo. Seguro que el año pasado fue el de su llegada a Israel. Cursaría —¿con Alma?— los consabidos estudios en los *ulpanim* y su hebreo es menguado como el Zoo. Seguro que el pitillo rubio se lo dieron los turistas americanos.

Vemos al paso un «Mesías» llevando a cuestas una pesada cruz. Lo mismo el taxista que nosotros guardamos silencio.

En *Casa Nova*, ante la inminencia de la procesión, no cabe un alfiler, pero la señorita Petrozzi ha conseguido el milagro, mostrando una y otra vez la servilleta con *mi* nombre, reservarme el sitio habitual. El refectorio está lleno a rebosar, lo mismo que el comedor contiguo, con gente esperando turno y el padre Mancini mirando a uno y otro lado como si intentara enmendarle la plana a la Biblia y localizar, entre tanta diversidad humana, algún chino o algún piel roja...

¡A mi lado un peregrino español! A las primeras de cambio me cuenta su vida. Es cocinero de la compañía «Iberia» —vía trasatlántica— y el viaje le ha costado poco dinero. Tiene en Israel un amigo cantante, compatriota, bohemio, que vive en el Norte, casado con una judía, y han de encontrarse a las dos en «esa puerta que llaman de Damasco». Él es enemigo de las procesiones, porque ha tenido que tragarse demasiadas en Sevilla, su ciudad, con tanto capuchón y tanto jaleo. Quiere ver si la cosa aquí es más seria. Además, volando, y volando sobre el océano y sobre las cordilleras y volcanes de Hispanoamérica, ha tenido «vivencias». No las puede contar a nadie, porque nadie se las creería, ni siquiera su mujer. Así que ha venido a ver qué pasa, a ver si el Nazareno, o como se llame, le echa una mano. Porque está hecho un lío. «O estudio a fondo la parapsicología, o me meto a fraile, o me vuelvo loco.»

Me da su tarjeta —Héctor Soriano Cuevas—, en el momento en que la señorita Petrozzi me presenta a los restantes comensales. ¡Italianos! ¡De Umbría! Hablan entre sí en dialecto y tan deprisa que me resulta imposible entender una sola palabra.

Uno de ellos, cuya exagerada mímica recuerda la del actor Alberto Sordi, afirma que se siente feliz. Todo le parece de perlas: el refectorio, el estofado que nos sirven, el padre Mancini, que mi amigo vuele sobre los océanos, que yo venga de visitar el Zoo y que un poeta escribiera aquello de la «luna *hiena*». Los demás comensales son más comedidos y se limitan a asentir a los comentarios de la señorita Petrozzi, que les informa de que en Betfagé, de donde sale la procesión, hay muchas tumbas semejantes a la de Cristo e incluso losas redondas como la del sepulcro de Lázaro, así como restos de cisternas y de molinos de aceite. «Betfagé está muy cerca de Betania, ¿comprendéis? —les dice—. Y en Betania es donde paraba muchas veces el Señor, del que no se sabe que pasara una sola noche intramuros de Jerusalén, que durmiera una sola noche dentro de la ciudad.»

La señorita Petrozzi está en su elemento. Dándose la circunstancia de que son cuarenta los componentes del grupo de compatriotas suyos llegados para pasar la Semana Santa, les cuenta que el número cuarenta se repite con frecuencia en las Escrituras: Salomón reinó cuarenta años sobre las doce tribus, Otoniel consiguió cuarenta años de paz en la tierra, Jesús permaneció cuarenta días ayunando en el desierto, etcétera. También les cuenta que los judíos, en sus tiempos de esclavitud, eran nómadas y muy pequeños de estatura, y que por ello los «filisteos» les parecieron gigantes y los asustaron, sobre todo porque emergían detrás de una muralla. «Se sentían pequeños como mi gatito, el pobre, que sobrevive gracias a *Casa Nova*, es decir, gracias a san Francisco de Asís.»

Mi compatriota, Héctor Soriano Cuevas, reclama mi atención. Querría seguir contándome cosas. Tiene todavía más prisa que yo en resolver sus personales enigmas: dispone de sólo ocho días para estar aquí. Es bajito y achaparrado, con el pelo abundante y como alborotado por las hélices de un avión. Se queja de que su mujer intelectualmente no sigue su ritmo; en cambio, tiene un chaval muy majo, de siete años, que al saber que venía a Tierra Santa se puso a escribir de su puño y letra una carta a los Reyes Magos y se la dio para que se la entregara personalmente a cualquiera de ellos.

Me enseña dicha carta, con sello y todo y las señas del remitente.

—¿Qué piensas hacer? —le pregunto.

—Pues no lo sé. Si la echo en Correos, a lo mejor se la devuelven. ¡Oye! ¿No podrías tú guardarla unos días y contestarle cuando te parezca, desde aquí o desde Belén, firmando, por ejemplo, Baltasar...?

—Hombre..., no sé... Quizá sea una idea.

—Anda, toma, quédate con ella. Échame una mano...

—Pero, ¿qué pide, si puede saberse?

—¡Nada! Normal... Un autógrafo... y un tren eléctrico.

Grandioso espectáculo

A medida que los almuerzos finalizan todo el mundo sale hacia Puerta Nueva, con el propósito de llegar como sea a Betfagé. El comerciante griego, en la puerta de su establecimiento, de su caótica librería, se desgañita al paso de los grupos. *Viva il Dante! Viva Italia!* O bien: *Vive Molière! Vive la France!* También oímos *Vive Goethe!*; y vive Blasco Ibáñez y santa Teresa de Jesús...

La suerte me acompaña. En Puerta Nueva está Ángel con un taxi, que ha pillado al paso. Quiere llegar a Betfagé cuanto antes, ya que se ha citado allí con un locutor de Radio Zaragoza, enviado especial para retransmitir la ceremonia. El locutor se llama Carnicer y, según Ángel, anda algo despistadillo en cuestiones evangélicas.

—Anda, súbete...

Jerusalén es un hervidero. A ras de las murallas se mueve una multitud de peregrinos, bajo un sol que cae implacable. Los hay que se protegen la cabeza con casquetes de papel y se ven, flameantes, muchas palmas. Yo necesito una, pero no sé de dónde sacarla. No he visto puestos de venta, no sé si brotan del suelo o del aire. «No te preocupes. Allí la encontramos seguro.» Confío en Ángel, que por algo se llama así y mueve más que nunca nerviosamente sus manos.

Cuesta abajo, pasada la Puerta de Damasco, ¡otro «Mesías» con otra cruz!

—¿Por qué dices Mesías? Puede ser un peregrino más...

—No, no... ¿No ves la pancarta que lleva? «Soy la voz que clama... Oídme.»

—Aquí es imposible que nadie le oiga.

—Eso digo yo.

En el Cedrón se ven ya grupos de árabes tomando posiciones en las colinas y en los tejados. Se los ve gozando anticipadamente del espectáculo, algunos con su narghileh y su rosario, su *masbahah.* Pienso en la frase de Noemí: «¿Cómo se las arreglarán esos árabes, que para ellos cada día es fiesta?»

Arriba, en el Monte de los Olivos, cerca del «Intercontinental», se encuentra Betfagé. También es un hervidero, con la verja abierta hoy de par en par. Conozco a Carnicer, de Radio Zaragoza, cuyos anárquicos bigotes pueden muy bien enredársele con la cinta del magnetófono que lleva preparado para ir grabando las explicaciones de Ángel. Es un ser gordo y vital, con gafas de ancha montura, que suda a mares y que da la impresión de que eso de la «huella del pie de Jesús en la roca para montarse en el pollino» le suena a chiste. No obstante, guarda un respeto y se le ve obsesionado por obtener una buena información.

—Ande, padre Ángel, cuénteme todo esto... Esta noche tengo que darlo sin falta a la emisora. Me gustaría que saliera una cosa bien...

Ángel le pide calma y al tiempo que esconde sus manos, en ademán peculiar, se planta ante el santuario de Betfagé. Cuando yo les dejo, le estaba contando —y el magnetófono se había ya puesto en marcha—, que Betfagé significa «Casa de los Higos», pero que también puede significar «Casa del Pobre» o «Casa del Hambre», porque en tiempos de Jesús aquí empezaba el desierto...

Por mi cuenta, siguiendo los consejos que anoche me dio Santiago, me voy para adentro, al patio que hay detrás de la iglesia, donde se encontrarán al aire libre, en un improvisado templete, las fuerzas vivas de la procesión: jerarquías eclesiásticas, civiles, diplomáticas, etcétera, así como los *boy-scouts* del barrio de San Salvador y grupos de personas extrañamente vestidas, con capas alucinantes, como, por ejemplo, los Caballeros —y Damas— de la Orden del Santo Sepulcro, entre los que hay varios españoles.

No veo a Santiago y familia y me siento como perdido; pero un hermano de la Salle, francés, acude en mi ayuda. Me pone al corriente de las personalidades que van llegando. ¡El obispo maronita, tan admirado por el cónsul! Vejete, ajado, con una sotana raída. Sonríe, sonríe... y al hacerlo exhibe encías color de rosa. Dejó la cama —gripe— para asistir a la procesión. Se le nota que ha de hacer un esfuerzo para sostenerse en pie. ¡Llega el Delegado apostólico, con su cortejo! Viva estampa de la Curia romana... Alto, cabeza erguida, aire seguro e inteligente. El hermano de la Salle me informa de que el Patriarca Latino, monseñor Brettini, tiene varices en las piernas, pero que pese a ello todos los años hace a pie el trayecto.

De vez en cuando me escapo y salgo de nuevo al exterior. Ángel continúa allí, y el magnetófono de Carnicer sigue girando... Hay varias personas que han llegado muy fatigadas y que en vez de palmas llevan ramos. Yo vuelvo a mi sitio, junto al templete de atrás.

Efectivamente, entre los Caballeros del Santo Sepulcro hay algunos españoles, y sus diálogos me dejan patidifuso. Por un lado se quejan del calor y de la tardanza en el comienzo, por otro están muy preocupados con sus capas o mantos —sobre todo, las mujeres—, que el tumulto y el polvo que se levanta del Cedrón motea como no era de desear. El hermano de la Salle me cuenta de los honores recibidos por la Orden, que es Milicia, desde los más remotos tiempos, pasando por Felipe II hasta Pío XII, con Bulas, privilegios, la Cruz quíntuple que puedo ver colgada en la parte superior del pecho, títulos —Comendadores con placa, etcétera— y ciertas condiciones para la admisión que, a su ver, están a mil leguas del significado del modesto Betfagé. Por ejemplo, que el neófito tenga que declarar «ser de noble linaje y de padres ilustres y tener bienes suficientes para sostener la dignidad y estado militar del Caballero...», y recibir a la postre, de manos del padrino, las espuelas benditas y la espada, así como, del Lugarteniente, los tres golpes en la espalda —*en nombre del Padre, del Hijo y del Espíritu Santo*— que le arman Caballero.

No me da tiempo a mayores reflexiones. Han llegado Santiago —éste, desconocido con su traje de gala, de cónsul de Jerusalén—, María Fernanda y sus tres hijos. Y apenas hemos intercambiado unas palabras —María Fernanda se ha traído una delgada palma para mí— llega el Patriarca Latino, con toda su pompa, y pasa a ocupar el sitial de honor.

Los preparativos son largos y todo el mundo está pendiente de los personajes que van haciendo acto de presencia, entre los cuales reconozco al cónsul de Francia y a su esposa. Un sacerdote de aspecto árabe, dotado de un micrófono muy potente, va dando las órdenes oportunas para que se coloquen en su lugar y en fila las escuelas, las Órdenes, los representantes de las diversas Instituciones. Santiago calcula que participarán en la procesión un total de ochenta países, lo que no es de despreciar. Yo procuro concentrarme, prescindiendo del boato inicial y recordar una vez más las palabras que Jesús pronunció, dirigidas a la ocasión a sus enemigos, y alusivas a quienes le acompañaban con júbilo: «Si ellos callaran os aseguro que hasta gritarían las piedras.»

Emoción. Emoción a raudales. Y cambios de estado de ánimo a tenor de lo que me ha entrado por los ojos y de las segregaciones internas. Unas cinco horas ha durado la procesión, formada por dos filas paralelas, primero carretera abajo y luego, después del Cedrón, cuesta arriba, filas que parejas de muchachos entusiastas y avispados, con brazales en la manga, han cuidado de ir reagrupando, de que no se rompiesen excesivamente.

Han abierto la marcha los niños de las escuelas, casi todos árabes. Luego muchachas, también árabes, como las que había en misa por la mañana, gorditas en su mayoría. Luego chavales, algunos con aire deportivo, otros extrañamente serios. A continuación, los grupos de peregrinos, repartidos por parroquias, por nacionalidades o por clanes familiares, y entremezclados con ellos algún que otro francotirador como yo. Cerrando la comitiva, las jerarquías, que quedan muy rezagadas, que por más que vuelva la cabeza no alcanzo a ver.

Creo que la gama de sensaciones que he experimentado ha sido bastante completa. A poco de caminar, la visión, desde lo alto, de las dos filas de participantes no carecía de grandeza, por más que faltasen, por razones obvias, millares de peregrinos de Chipre, del Líbano, de todas las naciones de la Media Luna y muchos también de Grecia. De pronto, a mi izquierda, hemos rozado el cementerio judío, que antaño fue profanado por los jordanos al ser construida la carretera que conduce a Ammán. Las losas judías que quedaron intactas me han inundado de una súbita tristeza, cargada de interrogantes. Me pregunto cuántos judíos vivos —los del pan ázimo, los de las hierbas amargas— estarán contemplando esa comitiva que ahora, obediente a la enérgica consigna de un sacerdote que se ha colocado en medio, ha empezado a cantar *Hosanna! Hosanna!* El grito ha sido tal que la tristeza se ha mudado en alegría inexplicable y el color calcáreo del Cedrón por unos segundos se ha transfigurado dentro de mí.

He cantado también, con el palmón en mi mano derecha, detrás de María Fernanda y de sus tres hijos, que de vez en cuando se volvían para mirarme. Y he aquí que, a muy poca distancia, he visto a Rhayuqa, la chica árabe, no del todo normal, que ronda todo el día por el Santo Sepulcro. Ha sido como un mazazo. Encorvada, como tambaleándose, parecía una vieja y he pensado que se moriría antes que aquella robusta monja húngara que aguarda día tras día a alcanzar los setenta y dos años, edad en que según ella la Virgen expiró «o se quedó dormida». Pero en una curva Rhayuqa ha desaparecido y entonces el valle del Cedrón ha cobrado de nuevo, con su polvillo, el color de una calavera, momento en que, sobre un montículo, he divisado a los esposos Palmier, mis amables contertulios en el Tabor. Sonreían y sacaban fotografías. Una fotografía tras otra, con entusiasmo desbordante. Segundos después, Emilio ha brotado inesperadamente a unos pocos metros y reculando me ha tomado varios planos y luego, sonriendo, ha ido alejándose corre que te corre hacia otros lugares.

Entonces han empezado a tocar las campanas. ¿Qué campanas? María Fernanda se vuelve y me dice: «Las del monasterio de las Monjas Rusas y las de Getsemaní.» ¿Por qué me han impresionado tanto? Todo el calor y todo el azul del cielo de la tarde que avanzaba se han poblado de esos sonidos, de ese repiqueteo. Se ha producido un reto entre dichas campanas y los cánticos de un grupo francés, que a las órdenes de un párroco exhibía su buena preparación coral. Los textos alababan al Señor. «Creemos en Ti, creemos en Ti, creemos en tu triunfo, aunque sabemos que te aguardan latigazos y una corona de espinas.» Ni vencedores ni vencidos. Campanas y cánticos se han mezclado en el aire y yo he sentido de repente un cansancio infinito.

Por espacio de unos minutos he creído que no podría continuar. Las piernas, bajando la pendiente, cedían. Y veía a los demás y pensaba: «¿Cómo pueden resistir?» Y resistían. Incluso un hombre ya muy mayor, anciano, con gafas de sol ovaladas, que utilizaba la palma como bastón. Me he servido un vaso de café del termo y he recobrado el ánimo; y de nuevo he sentido lástima por vivir tan sujeto al mundo abdominal.

Oh, sí, claro, la nota de color era el pueblo árabe, colocado a ambos lados, sobre los cerros, en las cunetas, sobre los tejados. Las parejas abrazadas, riendo, las mujeres parloteando, señalando con el dedo a éste y a aquél, ése u otro detalle. Casi todos sentados, en actitud placentera. Con blusas multicolor, predominando el rojo. Y chales blancos y faldones amarillos y verdes y violeta.

«¡Creemos en Ti, creemos en Ti!» Sin la menor duda. De lo contrario, ¿cómo podrían estar ahí, mirando absortos detrás de una tapia, los dos carpinteros de Nazaret, Antero y Trindade? Sus compañeros de oficio no habrán llegado aún, y ellos se dirían: «Nos vamos a Jerusalén, a la procesión de las palmas.» Hubiera dado no sé qué cosa para que reparasen en mi presencia y poderlos saludar; pero siempre miraban en otra dirección. Eran como seres desvalidos, con un rictus de soledad. Al revés del viejo indio de Goa, compañero espiritual de Rhayuqa, que también estaba apostado en un recodo con su bastoncito azul. ¡Claro, lo acompañaba su propia vida, su propio respirar! Sabía que, alejado del Santo Sepulcro, no iba a morir. «Todos los años se coloca ahí —me indica María Fernanda, con voz cristalina—. Yo creo que a primera hora de la mañana ya se viene para que nadie le quite el sitio.»

Curioso. Curiosa sensación de familiaridad, en un mundo abigarrado, con los niños de los colegios tocando —¿por qué?— los tambores y la nota absurda y detonante de los fotógrafos profesionales, disparando desde los árboles y los balcones, procurando llamar la atención y lanzando sus tarjetas al aire, que siempre alguien recogía.

¡Edmundo, el capitán Bustamante, el teniente Quinteros —¿cómo era posible?— y varios oficiales del Golán! ¿Y Raúl? Raúl, el pobre, no estaba. Raúl se habría quedado pensando en que no vería al padrino ni a Jesús triunfante. Entonces, por una de esas jugarretas de la incontrolable sensibilidad, he recordado el Zoo y he pensado que toda la fauna del universo bíblico y la otra estaba representada en la procesión. Seguro que había en ella avestruces —¿los de las gafas negras?— y corzos. Seguro que había jirafas y pavos reales. Seguro que había gacelas —a juzgar por su suelta andadura, María Fernanda era una de ellas— y alguna lechuza y algún chacal. Y leones y tigres y leopardos, fuertes y vigorosos unos, quejumbrosos otros, al acecho los demás.

Salvado ya el Cedrón, la cuesta era empinada, pero he aquí que mis piernas se habían fortalecido. ¿Por qué? Llevábamos cuatro horas andando, según mi reloj, con forzosos y fatigantes parones. La visión era ahora fantástica, con mucha gente —y unos cuantos soldados centinelas— subidos a lo alto de la Puerta de San Esteban, recortadas sus siluetas y no muy lejos de la cual, a la izquierda, estaba la melancólica Puerta Dorada. No quedaba ni rastro del sentimiento que me inspiró el cementerio judío. Ahora pensaba en el cercano cementerio musulmán. Y el tumulto de la población árabe que iba acrecentándose, cada vez más apretadamente, me hacía pensar que la entrada de Jesús debió de ser, aquí, o muy cerca de aquí, similar. Les sorprendería a la gente ver a un joven sobre un pollino con adeptos que blandían palmas a su lado y gritaban y cantaban. Se agolparían a su paso preguntándose: ¿quién es? Preguntándolo como yo me lo pregunto ahora. ¿Quién eres, que creo en Ti aun sin verte? Las siluetas en la Puerta de San Esteban continuaban allí, a contraluz, y yo, puesto que todo en torno era un incendio, imaginaba que el sol era otra vez de fuego, que iba muriéndose por donde Él nació, por los confines de Belén.

Me he preguntado por qué, si al cabo de dos mil años todavía estábamos aquí tantos seres humanos de lo menos ochenta países, no podías ser realmente Tú el Hijo de Dios.

Pero las preguntas se encadenaban, y las respuestas, y ahora las dos filas, por causa de la Puerta, se habían fundido en una sola, formando una especie de embudo humano. Y había perdido de vista incluso a María Fernanda y a los suyos y en cambio había atisbado por un momento al padre Benoit y a Isidro. Y entretanto el grupo francés seguía cantando, como si hubiera oído mi anterior interrogante: *je cherche, je cherche le visage du Seigneur...* Y entonces me ha sucedido lo peor: varios peregrinos españoles coincidieron a mi lado. Y entre ellos destacaba una mujer con peineta y tacones altísimos —¡Dios mío, cinco horas andando así!—, que daba la impresión de que no se enteraba de lo que en verdad ocurría en torno suyo.

Todo estaba a punto de terminar. Habíamos llegado a Santa Ana, final de trayecto. El letrerito de fuera habla de la piscina probática y la señora de los tacones altísimos al leerlo ha preguntado: «Pero... ¿aquí hay una piscina?»

Por fortuna, no he oído nada más. El grupo se ha perdido en la lejanía de mi tiempo, de mi tiempo personal, que en esos momentos estaba presidido por el estallido en el cielo de las campanas del monasterio ruso y de las de Getsemaní.

El patio de Santa Ana, donde a poco de llegar a Jerusalén estuvimos con el padre Franquesa, estaba a tope. En cuestión de minutos se ha llenado de palmas agitándose en el aire, mientras el Patriarca Latino, muy impuesto de su papel, y pese a sus varices, se subía a un improvisado y vistoso altar e impartía, nos impartía, a todos, su bendición. Todos hemos quedado integrados en ella y las palmas han respondido fundiéndose en una sola y produciendo un chasquido singular. Yo también he agitado la mía, preso de un repentino temblor y de un brío inesperado, queriendo colaborar, y he gritado *Hosanna!*, sin saber por qué. Nunca sé, ahí está, por qué grito, por qué tiemblo, nunca sé por qué un señor subido en un estrado imparte una bendición.

Y sin embargo, ha sido maravilloso... Y sin embargo, *je cherche, je cherche le visage du Seigneur...*

Cartas del mundo entero

Un cuarto de hora después me encuentro en el «Bar Ovidio», en San Salvador, rodeado de mis contertulios habituales. Todos hemos participado a nuestro modo en la caravana evangélica, todos estamos sudorosos, ojerosos, pero eufóricos. Ángel se quedó afónico de tanto informar a Radio Zaragoza; Emilio ha gastado con su máquina, en blanco y negro y en color —para la revista— no sé cuantos carretes o películas, avanzando, retrocediendo. Víctor, más parsimonioso, ha ido siguiendo, sin más; Ovidio ha tenido un conato de altercado con unos rapaces árabes que en la mismísima Puerta de San Esteban andaban a la caza de un bolso, de un reloj de pulsera, de una cadenita o lo que fuere. Uno de ellos se le ha insolentado, con una piedra en la mano y debido al tumulto la cosa no ha pasado a mayores.

Nos sentamos al buen tuntún en la celda y, muertos de hambre, reclamamos que Ovidio llene nuestros estómagos. Ovidio vacía su despensa y pone en marcha todos los chismes eléctricos que tiene a mano, para servirnos el café —mi termo está completamente vacío— y el té. Por lo demás, en previsión, ya que todos los años es la misma historia, ¡hay incluso tacos de jamón y queso! Lo devoramos, lo devoramos todo febrilmente, a menudo coincidiendo varias manos en el mismo plato y sin pedirnos disculpas.

—¿Qué? ¿Algo que objetar?

Todos me preguntan qué tal me ha parecido. Sinceramente, les confieso que ha sido la procesión de Domingo de Ramos más emotiva y basculante de mi vida. Me exigen que precise lo de basculante y me veo obligado a citarles mis bruscos cambios de estado de ánimo y sus posibles causas. «¡Toma! En un trayecto así de largo, eso nos ocurre a todos.» «¿O crees ser el único que siente alergias y cosas por el estilo?»

Todo se canaliza hacia un clima de cordialidad extrema y, repito, de euforia no común. Saco la impresión de que esos frailes consideran el triunfo como propio y que se alegran lo indecible de la falta de incidentes, ya que el conato de altercado de Ovidio no cuenta.

—Nunca se sabe lo que puede ocurrir, ¿comprendes? La manifestación ha sido multitudinaria.

—Y el control policíaco perfecto, las cosas como sean.

Todos estamos de acuerdo en que los que más conjuntados cantaban eran los franceses. Todos discuten la afirmación según la cual sólo estaban representados ochenta países. «¿Es que alguien ha ido por ahí pidiendo los pasaportes? Yo he visto caras muy raras...» «¿Y los americanos, aquellos americanos con casquetes de papel en la cabeza?» «¿Y los alemanes? Barriles de cerveza bajando por el Monte...» «Pues yo he visto alemanes delgaditos. Ascetas, diría yo.» «No ha-

bléis de ascetismo, por favor, que esos tacos de jamón y queso están riquísimos.»
«¿Queda algo por ahí, Ovidio, que no sean huevos duros y pan ázimo?»
Aprovecho una pausa para agradecerles el detalle de la tarta *FELICIDADES*
que me hicieron llegar a Nazaret, al Tabor, el día de mi santo. «Os lo agradezco
mucho, de veras.»
—Lo que tenías que haber hecho era no desertar y estar aquí...
Les hablo de los dos carpinteros que he visto de refilón, el portugués y el
brasileño, así como de los trabajos artesanos que se trajeron. Y me gustaría co-
mentarles mis impresiones sobre Galilea, pero no hay forma. Saltamos de un tema
a otro. Excepto Castor, pálido como siempre, con su capucha puesta, que se ha
incorporado con retraso saltando por el ventanal que comunica la celda con el
patio interior, cualquier nimiedad provoca una carcajada. ¡Pues sí que están
ellos para que les cuente mis hazañas, mis descubrimientos en Caná, en el santuario del Tremor, en Cafarnaum!
Llegan varios de los croatas capitaneados por Mostachos. Es el desmadre. Se
traen galletas y una botella de «Cointreau». Atletas en serio, diríase que han estado
en cama relajados toda la tarde. Pero se ríen como siempre, infantilmente. Mostachos, de un salto, apoyándose en una silla se sube encima del armario ropero
de Ovidio y se sienta allí, cruzadas las piernas como un Buda, con una copita
en la mano. Uno de los suyos le echa la botella de «Cointreau» y la recoge al
vuelo.
Aquí empieza el bombardeo de frases, de léxico intencionado y original, que
hace las delicias de Ángel. Es él quien empieza, quien se arranca, como en las
juergas flamencas.
—Si se dice clarividencia, ¿por qué no puede decirse clariaudiencia? El disco
persa que me trajo Gironella se merece ese sustantivo y muchos más...
—¡Bah! Aquí lo que ocurre es que estás tan enamorado del trabajo que
podrías pasarte la vida contemplándolo...
—¡Eh, mucho cuidado! Que nadie olvide que la indiferencia es el peor pecado
contra el prójimo.
—Amigos, yo, lo mismo que aquel catedrático de Francfurt: miro esta cuestión desde un punto de vista tan neutral que puede decirse que no es ningún
punto de vista...
—¡Bueno! Eso es como decir que las islas del Mediterráneo son todas mayores o menores que Sicilia...
—¿Y qué? Peor es que los teólogos discutieran si los curas calvos para celebrar misa podían o no podían usar peluca...
—No empecemos con la Santa Madre Iglesia, que acabaríamos contando lo
que ocurre en Roma, en San Juan de Letrán...
—¿Y qué ocurre en San Juan de Letrán?
—Poca cosa. Que al parecer nunca faltan ambiciosos cardenales rondando la
basílica, porque se dice que cuando el Papa está a punto de morir se oyen crujir
los huesos de Silvestre II, enterrado allí...
—¡Anda ya! Eso es tan calumnioso como afirmar que Juan XXIII aumentó el
sueldo a los que tenían que llevarlo en andas...
Y así hasta nunca acabar.
De repente, noto que llevo algo en el bolsillo, lo saco y me encuentro con
la carta, un tanto arrugada, que me dio Héctor Soriano, el camarero de «Iberia»,
de parte de su hijo, para que la hiciera llegar a los Reyes Magos.
Nunca pude sospechar que ese simple hecho desencadenara el alud de infor-

mación que me cayó encima, pintoresca donde las haya y digno colofón de esta jornada triunfal.

Resulta que en Tierra Santa, sobre todo, al acercarse Navidad o alguna fiesta principal, se reciben docenas y docenas de cartas parecidas, remitidas desde todo el mundo, y no sólo dirigidas a los Reyes Magos sino a san José, a la Señora Doña Virgen María, a Jehová, el Señor Don Espíritu Santo, al Partido Religioso Universal, etcétera. Hay que tener en cuenta lo que Tierra Santa representa para muchos creyentes de escasa formación religiosa, sin contar con los chiflados de turno, que siempre los hay.

Resumiendo, desde siempre la *Custodia* es receptora de misivas de toda índole, que le son automáticamente reexpedidas por la Central de Correos.

Claro, son muchos los niños del mundo que creen que los Reyes Magos tienen en Tierra Santa —algunos, ponen Palestina—, sus señas particulares, sus palacios o su morada, y les escriben, con o sin el consentimiento de los padres, pidiéndoles lo que sea: una muñeca, una bicicleta, una colección de coches miniatura... Abundan, ¡cómo no!, los niños españoles, pero más aún los hispanoamericanos, cuyos textos, vale decirlo, suelen tener un encanto especial, una peculiar ternura.

Por regla general, las cartas dirigidas al Espíritu Santo no imploran sabiduría sino que se quejan de que los militares gobiernen el mundo y solicitan la paz. Un niño mexicano le pidió a san José que hiciera florecer los almendros y los lirios del jardín de su casa, porque por lo visto no había manera. A la Señora Doña María, o a María, o a la Virgen, suelen pedirle gracias como si se dirigieran a Lourdes o a Fátima y a menudo envían las cartas a Nazaret o a Belén. Llegó una postal, nada menos que de una mujer alemana residente en Islandia, pidiendo un billete de barco para regresar a su país, concretamente, a Hamburgo. A Jehová, o a Yahvé, suelen dirigirse personas generalmente taradas —a juzgar por la grafía—, contándoles sus cuitas personales, sus agobios financieros o el arreglo de los problemas del mundo. Al Partido Religioso Universal suele amenazársele con destruir todas las imágenes si no se logra en el plazo de unos meses la fusión de todas las religiones. Víctor habla de la carta de un peregrino que juró que mataría a Pablo VI si no convencía a la ONU de que había que acabar con la miseria del Tercer Mundo; un mes después, en otra carta el mismo firmante pedía perdón, diciendo que había reflexionado y se había dado cuenta de que Pablo VI era una buena persona. Ovidio se refiere a otra en la que un hombre pedía que san Pablo le explicara lo que es en verdad el espiritismo; y uno de los croatas recuerda que los detenidos en una cárcel de presos por delitos comunes suplicaban que la Iglesia intercediera por ellos cerca del Buen Ladrón.

Las cartas dirigidas a Jesús suelen ser emocionantes. Algunas, son dignas de ser leídas en voz alta, pues piden la interpretación exacta de sus palabras o de algún texto oscuro del Evangelio. Otros desearían poder tocar su túnica para quedar curados o saber a ciencia cierta si la sábana de Turín es verdadera o falsa. También escribieron unos músicos de Guatemala, que querían saber si era factible encontrar las partituras que David tocaba con el arpa.

Por último, la *Custodia* recibe muchas cartas de paralíticos que querrían venir a Tierra Santa, sobre todo por esas fechas; y cartas de viudas; y de gente solitaria; y de otras personas que desearían recibir rosarios bendecidos, hojas de olivo de Getsemaní, trocitos de piedra de la roca del Calvario, etcétera.

—Es imposible atender a todo el mundo. Necesitaríamos un departamento especial...

Miro a Emilio, que a lo que imagino es quien guarda todas esas cartas en los archivos de la revista *Tierra Santa,* en *Los Pirineos* y le pregunto:

—¿Nunca has contestado a nadie? ¿No has satisfecho ninguna de esas peticiones?

Sonríe, abre la boca en forma de O y se hace el listillo.

—¡Bueno! Alguna hay que atender, ¿no? Las de los paralíticos, por ejemplo...

—¿Y las dirigidas a la Señora Doña María, a la Virgen, no te han hecho tilín de un modo especial?

Vuelve a sonreír, aniñado.

—¿Pues qué te voy a decir? Yo no puedo curar enfermedades ni nada de eso; pero, por ejemplo, la señora alemana que envió una postal desde Islandia pidiendo un billete de barco, hace tiempo que se encuentra ya sana y salva en su casa, en Hamburgo...

Con lo dicho bastaría, a no ser la carta del hijo de Héctor Soriano pidiendo un tren eléctrico.

—¿Y qué hacemos con esa petición? ¿Una colecta?

—¡De eso me encargo yo! —afirma Mostachos, desde su improvisado montículo—. Decidle que el próximo seis de enero recibirá su tren y el autógrafo... ¡Mejor dicho!; que el propio rey Baltasar se presentará en su domicilio para entregárselos en mano...

Con eso me conformo, por hoy. Algún día le pediré al padre Emilio que me enseñe las cartas y las postales que guarda. Nadie tiene derecho —ni siquiera Yavhé— a reservarse para sí documentos de ese tenor. Y quién sabe si para algunos de los remitentes no podría ser yo también, gracias a la inyección de Hosannas que hoy he recibido, un Baltasar, un Gaspar o un Melchor.

CAPÍTULO XXIX

Rumbo al mar Muerto

Jacob y su yerno me recogen en Puerta Nueva un poco más tarde de la hora prevista, a las diez y cuarto, porque en el Instituto Iberoamericano se entretuvieron más de la cuenta. Como es sabido, Jacob es muy charlatán, en el Instituto hay muchos libros en castellano y con todo ello se les fue el santo al cielo.

El coche, algo destartalado, no da la impresión de ofrecer las mismas seguridades que el del señor Tuko. Subo a él —en la transitada Puerta Nueva sigue siendo desaconsejable que los pasajeros ya instalados se apeen—, y Jacob me presenta a su yerno, Eli de nombre, que es quien conduce y que así, a ojo de buen cubero, pasará de los cien quilos, pese a su juventud. «Ciento veinte» concreta él mismo, en tono satisfecho. Sin embargo, conduce con soltura, aunque su frecuente lucha con el cambio de marchas y otros detalles hacen sospechar que el coche es prestado o de alquiler.

Sentado en la parte delantera, ya que Jacob me ha cedido el sitio de honor, de pronto me doy cuenta de que voy a pasar varias jornadas con esos dos caballeros y tal realidad me induce a fijarme en ellos con más intensidad de lo acostumbrado. Por si fuera poco, serán —sobre todo Jacob, puesto que Eli trabaja en una agencia de transportes y el tiempo libre que le han concedido es limitado— mis cicerones en varios de los sitios-clave de Israel, de los que tanto me ha hablado Salvio, lo que significa que el éxito o fracaso de la aventura depende no sólo de mis reacciones sino, en gran medida, de la manera de ser de mis acompañantes.

Apenas llegados a la carretera que ayer mismo recorrí a pie, con un palmón en la mano, y que es la que, dejando Jericó a la izquierda, conduce a Qumrán y a las profundidades del Neguev, le propongo a Jacob que prescinda de cualquier tratamiento y me llame José María, a secas. Acepta encantado. «Correcto, correcto...» Tampoco tengo problema con Eli: Eli y se acabó. «Es lo más cómodo para todos, ¿verdad?»

Marcamos una pausa, que aprovecho para hacer memoria. Jacob es de origen húngaro; sin duda sufrió mucho durante la última guerra; se autoproclama pionero de Arad, una de las poblaciones fundadas en el desierto; es espasmódico y a veces titubeante y no le gustó nada que Zaid se alejara de nosotros cerca del Museo del Libro y abriendo las piernas hiciera pis. También recuerdo que, pese a llevar tatuada en el brazo izquierdo la estrella de David, lleva años pidiéndole a Emilio que lo bautice, a lo que Emilio se niega, probablemente por estar convencido de que su presunto neófito no cree que Jesús fuese Dios, o Hijo de Dios... Claro, Dios es una palabra tan grande que no es siquiera palabra, que no cabe en el concepto que una palabra encierra, como no cabe el mar en una copita de «Cointreau»...

Aparte de eso, debe de ser diez años más joven que yo, calvo pero con abundante pelo rojizo en los lados y atrás y color sano, de aire libre, de desierto, de clima «único en el mundo», según su propia expresión.

Le satisface ir conmigo. A su juicio, los escritores españoles somos de primera calidad. Debe de ser una de las pocas personas que en el Universo piensa de ese modo. No sólo conoce y admira —ya nos lo dijo en el restaurante del mexicano Raúl—, a los de la generación del 98, sobre todo, a Unamuno, sino incluso a poetas que en España son considerados como de segunda fila. Desde que nos vimos ha podido conseguir varias obras mías —se las han prestado las *Teresianas,* que tienen en Jerusalén una nutrida biblioteca—, y su opinión es favorable. «No se lo digo para halagarle, sino porque lo siento así. *Los cipreses creen en Dios*: un gran esfuerzo. Muy bien explicadas las causas de la guerra civil. *En Asia se muere bajo las estrellas*: lleno de profecías sobre el porvenir de aquel continente. Bien, muy bien. Su mejor virtud es la curiosidad, en lo que se le nota que es usted catalán.» «Amigo Jacob —le impugno—, me alegra que no le oigan a usted desde Zamora o Valladolid.» «¡Bueno, déjelo! Yo tengo olfato, sexto sentido. Conozco, conozco...»

Todos estamos situados, particularmente después de que Eli ha demostrado que lo suyo es la agencia de transportes y no la creación literaria ni las acrobacias del pensamiento, y que yo le he contado a Jacob, a grandes rasgos, mi odisea solitaria y aventurera por Israel. «¡Sí, sí, comprendo! En Jerusalén pueden vivirse mil años... Y Hebrón es hermoso y Galilea un pozo —¿se dice pozo?— sin fondo de interesantes historias... ¡Me alegra que haya conocido al profesor Edery, y al conde Campo Rey, y al señor Shazar...! Y que visitara el Zoo y que voluntariamente plantase un árbol. José María, se lo digo de verdad: me hace usted muy feliz.»

Al llegar a la altura de Jericó seguimos a la derecha, paralelamente a las primeras escarpaduras del desierto del Neguev, que de hecho comienza en el centro del mar Muerto, camino de Qumrán y de Masada. Ello significa que a partir de aquí todo es nuevo para mí, excepto la estampa de unos camellos que pasan, con uno de ellos, más elegante, al frente y algo distanciado. En la bifurcación que desechamos a la izquierda dejamos la ciudad palestina deshabitada, el Monte de la Tentación, el restaurante al aire libre en el que, en Jericó, con el señor Tuko, podíamos arrancar de los árboles las mejores naranjas jamás conocidas, ya descubiertas por Herodes.

El paisaje es abrupto a nuestra derecha, con grietas en la tierra y en las rocas, sin duda producidas por las torrenteras que de vez en cuando se abaten sobre el Neguev. En una de las *Crónicas* publicadas en forma de librito por el *The Jerusalem Post* he leído que suele llover por aquí, torrencialmente, tres veces al año y que entonces se forman hendiduras y se producen muchos fenómenos que luego, con la sequía, no tienen explicación aparente.

Jacob me indica a lo lejos el Jordán, a punto de desembocar ya en el mar

Muerto y me dice que en un lugar muy concreto del río durante muchos años había una Cruz plantada en el agua porque se suponía que era donde Jesús fue bautizado por el Bautista. «Acudían muchos peregrinos, claro; los griegos, con aquel lienzo blanco y con dibujos de la Pasión que luego guardaban para que les sirviera de mortaja.» Luego me dice que por esas riberas se criaban ciertas serpientes, con cuya carne y con cuyo veneno se fabricaban antídotos contra las mordeduras.

—¿Se producían curaciones en el Jordán, al bañarse junto a la Cruz clavada en el lecho del río?

—¡Bueno! Los leprosos, ya sabe usted... Venían hasta de Egipto, y echaban en el agua perfumes y bálsamos. Pero al final siempre decían: «Dios cura a los que quiere curar.»

Vemos el letrero que indica «Lido», es decir, el *snack* con terraza a orillas del mar Muerto. Éste queda a cierta distancia de la carretera y, situado a nuestra misma altura, no puedo gozar de su perspectiva. Lo veo, veo que es azul y que está inmóvil y que emerge de él el clásico vaho de la evaporación; pero sólo me impresiona a través del pensamiento, que a menudo Eli, resoplando como un búfalo con sus ciento veinte quilos, cuida de cortar, porque no acaba de sincronizar con los cambios de marcha y el coche pega unos saltos más bruscos de lo que sería deseable. No es culpa del muchacho, por supuesto; el coche es efectivamente de alquiler y sospecho que todo el ajetreo se ha organizado en mi honor.

El mar Muerto... ¡Cuánto se ha escrito sobre él! En la orilla opuesta está el enemigo, Jordania, aunque ahora quieto, a excepción de los altavoces. Mar sin peces, sin algas, sin barcos. Todo ha sido ya dicho sobre ese capricho de la Naturaleza, la cual a veces gusta de parir monstruos de dos cabezas o de jugar a la no-vida. Se ha dicho que el mar Muerto tan pronto parecía de zafiro, como una lámina de estaño, como que su belleza tenía algo de maléfico. Se le llama también mar de Asfalto, o mar Salado; según Jacob, los del país lo llaman Barth Luth, mar de Lot. Todas las metáforas son posibles, a condición de no afirmar que realmente está por entero muerto. El pedazo de él que yo veo está vivo, aunque carezca de siluetas: agua, superficie, color. Pozo, también sin fondo, de historia y de leyendas. Ni siquiera la inmovilidad es absoluta, a causa de la brisa y sabe Dios los diálogos que mantendrá con quienes declaran sentenciosamente que su mudez es total.

Qumrán y los esenios

A unos doce quilómetros está Qumrán. Mejor dicho, las grutas y las ruinas de Khribet Qumrán, el centro de una comunidad habitada, como lo estaban otras en el Próximo Oriente, por la secta de los *esenios*. Jacob precisa: la Comunidad se llamaba la *Alianza* y la palabra esenio podría significar «miembro» o «partidario» de dicha Comunidad.

Varios autocares nos han precedido —es sitio obligado para los turistas—, y los vemos aparcados en el terraplén habilitado al efecto. Eli se detiene, Jacob y yo nos apeamos, pasamos por taquilla, cuyo vigilante-cobrador saluda amistosamente a mi acompañante y sin pérdida de tiempo, puesto que cae un sol abrasador, subimos una empinada cuesta que da acceso a las ruinas de lo que fue monasterio —o habitáculo— de la secta. En realidad hemos ganado poca altura, pero la suficiente para obtener una vista panorámica, bastante completa, del lugar.

A nuestra izquierda, los restos, perfectamente delimitados, de lo que fue «poblado» de la Comunidad, con flechas indicativas y peldaños y cortos senderos que comunican entre sí las diversas «estancias». El color terroso de los muros se ve alegrado por los vestidos floreados de los turistas. Especialmente, las mujeres suben y bajan y, sobre todo, cruzan las pasarelas con una alegría casi infantil. No sé por qué, me vienen a la memoria los poblados ibéricos exhumados en mi tierra, en las comarcas gerundenses, particularmente el de Ullastret, igualmente áspero y excitante para la imaginación.

Frente a nosotros, y más reculada de lo que cabía esperar, se alza la pared montañosa y rojiza donde están las grutas, entre las que Jacob me señala aquella en que fueron encontrados los primeros «Rollos» y que no se diferencia en nada de las demás. Sólo un grupo de excursionistas se ha aventurado a acercarse a ellas, con lámparas de mano. Quedan bastante distanciadas y el terreno es hostil. Por otra parte, las que han sido ya excavadas están vacías «y sólo con un permiso especial pueden usarse en su interior los *flashes* fotográficos».

A nuestra espalda, ahora perfectamente visible, se extiende el mar Muerto, que realmente impresiona por su dimensión y, pese a todo, por su extraña quietud. Hay zonas enteras que aparecen como planchadas, yertas, sin una arruga y se diría que nada ni nadie podría alterar su estado. Dos oficiales marinos, desde un pequeño montículo, lo contemplan con prismáticos; imposible que puedan imaginar una incursión o escaramuza bélica, de modo que sus siluetas, como de vigilantes, resulta perfectamente inútil.

Antes de iniciar nuestra gira, Jacob sostiene un breve diálogo con el responsable de Qumrán. Presumo que se trata del joven árabe que atendió al padre Romualdo, a Tino y Asunción y a mi mujer. Alto y espigado, con el pelo revuelto —y el bigote tupido—, lo primero que hace es acompañarnos a una especie de abrevadero, junto al cual venden postales y donde hay tres grifos que surten de agua a quienes tienen sed. Yo no la tengo, acaso porque el sol abrasador que cae es seco, muy seco y mi organismo pronto se ha habituado a él.

Nuestro amable guía, que habla francés, se llama Sukrán y nos dice que es un enamorado del lugar, habiendo tenido la suerte de poder participar en casi todas las excavaciones que han ido realizándose en las grutas, sin apenas tregua, desde los primeros descubrimientos. Acto seguido, y ya en ruta hacia las ruinas —en realidad, están ahí mismo, a unos doscientos metros—, comento, medio en broma, que siento como «si empezara a penetrar en los secretos del desierto». Sukrán sonríe. «Bah. Eso no es más que el vestíbulo, sin importancia.» Además, nos informa de que en otros tiempos esta zona, e incluso las situadas mucho más al Sur y mucho más al Este, fueron fértiles. Abraham se instaló en Beersheva, Simeón en las fronteras del Sinaí y el rey Uzías pastoreó no lejos de aquí con sus rebaños. Sukrán insiste en que el terreno ofrece ciertas posibilidades, como quedó demostrado con el levantamiento del *kibutz* de Ein Guedi, en la misma orilla del mar, donde unos cuantos hombres de los llamados «del sudor y del músculo», ex paracaidistas, crearon, en 1956, con la ayuda de *bulldozers*, un pequeño oasis vegetal, con palmeras, toda clase de legumbres y de flores e incluso un criadero de pollos.

Naturalmente, el problema fue y sigue siendo el de siempre: el agua. Pero ahí hay que reconocer que el Estado de Israel no tiene rival. El agua que llega actualmente hasta el Neguev fue traída del Norte, a lo largo de 170 quilómetros, utilizando, por cierto, los mismos tubos que anteriormente habían sido empleados en Londres para extinguir los incendios provocados por los bombarderos nazis en la ciudad. Ese dato lo ignoraba Jacob, quien se pasa la mano por su tostada calva y barbota: «Después de esto, Jacob, boca cerrada.»

En tanto recorremos los restos arqueológicos de la Comunidad *esenia* —la mayoría de los turistas son compatriotas de David Thompson y pegan gritidos como ante una exposición ornitológica tropical—, Sukrán nos da las explicaciones de rigor. «Hay gente que se queda defraudada, que dice que no quedan más que cuatro piedras; es cuestión de saber mirar.» No tardo en darle la razón. Vemos el horno de cocción del pan, el taller de cerámica, ¡la aducción de aguas!, el posible refectorio, las varias «estancias» de reunión y coloquio, etcétera. Y por supuesto, el famoso *Scriptorium,* que probablemente era también biblioteca, donde aparecieron incluso dos tinteros, uno de bronce y otro de arcilla, con manchas residuales de tinta seca.

Mientras Jacob me saca una fotografía al lado del letrero —el rumor de las plumas aletea aún en el «aposento»—, nos enteramos de que también fueron halladas en el *Scriptorium* monedas de casi dos siglos antes de Cristo, así como cenizas y flechas, lo que permite deducir que, en un momento determinado, sus moradores tuvieron que huir precipitadamente.

¡El lavadero! Según Sukrán, una de las obsesiones de los *esenios* era la limpieza. En el «Manual de Disciplina», que fue encontrado casi intacto, consta que «tenían la obligación de lavarse cinco veces al día, y que en invierno vestían gruesos mantos y en verano blancas túnicas de lino hasta los pies». ¡El cementerio! Ahora no hay un solo hueso; sin embargo, Sukrán es testigo de que fueron hallados esqueletos de mujeres y de niños. «Pese a que este aspecto de la cuestión permanece oscuro, la tesis generalmente admitida es que, si bien los miembros de la secta eran voluntarios y célibes, periódicamente eran admitidos en ella, aunque con rango inferior, algunos casados, sin duda para evitar la extinción de la Comunidad.»

De vez en cuando nos detenemos, atraídos por la grandiosidad de la pared frontal en la que se ven los agujeros y las grutas. Por descontado, siempre terminamos por fijar nuestra mirada —y observamos que lo mismo les ocurre ahora a los dos oficiales marinos de los prismáticos—, en la gruta señalada con el n.º 4, que es ni más ni menos que la protagonista de la gran historia de Qumrán; es decir, la cueva en la que el pastor de quince años, Mohamed Ab-Dib, de la tribu de Ta'amire, que iba acompañado por otro muchacho de su edad, al perseguir a un cabritillo alocado que se le había escapado lanzó varias piedras, y al oír el ruido de cerámica que se quebraba se acercó allí y descubrió una serie de jarras intactas, de pie, tapadas, en cuyo interior se guardaban los célebres Rollos, extremadamente frágiles, de cuero, escritos y envueltos en fundas de lino.

La versión de Sukrán es que el itinerario de dichos rollos fue mucho más peliculesco de lo que suele contarse, si se considera que su primer adquirente fue el jeque de Belén, y que merced a un número imprecisable de intermediarios, cada uno de los cuales iba cobrando sus buenos dineros, tardaron mucho tiempo en llegar por fin a manos de una persona responsable: el gran orientalista norteamericano William F. Albright, quien, después de un minucioso análisis, anunció que se trataba del «mayor hallazgo documental de los tiempos modernos».

Aunque creo saber, por haberlo leído en la *Crónica,* el porqué de dicha afirmación, le formulo a Sukrán la pregunta en directo y su respuesta es contundente. En primer lugar, hay que tener en cuenta que la mayoría de dichos rollos databan de siglo o siglo y medio antes de Cristo, «antigüedad virtualmente inédita en ese campo de la copística», y que sus autores, sin duda en discrepancia con el mundo oficial judío, aparecían como muy expertos, muy estudiosos y, de consiguiente, en condiciones únicas para trabajar con espíritu de libertad. En segundo lugar, aparte del Rollo íntegro de Isaías, actualmente en el Museo del Libro de Jerusalén, las jarras contenían un comentario de Habacuc, en arameo; el Manual de Disciplina, en dos rollos separados, pieza insustituible para conocer el modo de vida de la Comunidad; el Rollo de Lamech, comentario del Génesis; los Himnos de Gracias, parecidos a los salmos de Salomón; y en fin, para no alargar la lista, el inquietante Rollo de «Los Hijos de la Luz contra los Hijos de las Tinieblas», tan decisivo para todos aquellos —¡ay, es inevitable para mí dedicarle un recuerdo a Salvio!— que se sienten preocupados por la existencia del Bien y del Mal, del Justo y del Maligno...

Ni que decir tiene que el estudio de esos rollos y de los posteriores descubrimientos han requerido cuidados sin fin, dada su mencionada fragilidad: baños de vapor de agua, fotografías infrarrojas para leer las letras invisibles, clasificación y encaje de los fragmentos, etcétera; y todo hace suponer que los trabajos durarán todavía muchos años.

De otro lado —y al decir esto Sukrán mueve la cabeza con evidente desencanto—, la verdad es que sólo han sido exploradas una mínima parte de las grutas. Aparte de que las guerras han complicado las cosas, sería labor de titanes hurgar en cada agujero de la montaña. «A veces me dan ganas de reemprender por mi cuenta el trabajo, ya que tengo la plena seguridad de que continúan escondidas ahí, ante nuestras narices, otras muchas jarras de arcilla, herméticamente cerradas, conteniendo tesoros comparables a los ya obtenidos. Claro, claro, ¿por qué no? Los *esenios* sabían que sus escritos sagrados se conservarían aquí, gracias al clima, a través del tiempo, como había ocurrido en Egipto con tantos papeles y papiros.»

Terminado el recorrido, y a punto de volver sobre nuestros pasos, le pregunto a Sukrán si su denodado interés por tales hallazgos obedece simplemente a curiosidad arqueológica, o si existe alguna otra razón. Vacila un momento, se acaricia el bigote y nos confiesa que los problemas religiosos le preocupan sobremanera —su fidelidad a Mahoma no resuelve por completo su gusanillo interior—, y que en el misterio que la Comunidad *esenia* implica encontró al respecto un vasto campo de especulación. Por una razón sencilla: porque los *esenios,* sin saberlo, fueron en muchos aspectos los percursores del cristianismo y, desde luego, como antes dijo, se anticiparon a lo que éste supuso de renovación y crítica del judaísmo oficial. «Su Manual de Disciplina es, de hecho —al igual que los Evangelios—, una revolucionaria manera de vivir y de interpretar la Ley. Y hay en el texto de dicho Manual ejemplos sobrecogedores, tales como éste: *Cuando se prepare la mesa para comer o el vino para beber, el sacerdote extenderá primeramente la mano para bendecir las primicias del pan y del vino.* Y lo mismo cabe decir de las oraciones, de la manera de rezar. Todo está escrito en los Rollos. Los *esenios* se consideraban «hijos de Dios», «hijos de la gracia». Se dirigían a Dios con humildad. *¿Qué pensamiento podemos comprender? Sin Ti el camino no es* *perfecto y sin tu decisión nada es posible.* Para no hablar del Código Penal: *Si alguien ha cometido fraude, será alejado de la purificación. Quien mienta conscientemente será castigado seis meses. Quien guarde injustamente rencor a un compañero será castigado seis meses;* etcétera.

Sukrán se entusiasma más aún al comentar que entre los *esenios* «no había esclavos». Existían las jerarquías pertinentes pero la democracia era auténtica y nadie podía guardar nada para sí. Y «se condenaba a los maestros si éstos eran injustos o actuaban con maldad».

—Lo curioso es que vino aquí un grupo cubano, cuyo portavoz llevaba en la solapa la hoz y el martillo y al lado una medalla de la Virgen, que al oír todo esto dijo que la moral esenia era exactamente la que se practicaba en su país, la que se proponía enseñarle al pueblo su guía y jefe, Fidel Castro. Estuve a punto de meterlos a todos en el «lavadero» o en el «horno de cocción del pan»; pero me dieron pena, porque eran muy bajitos y hablaban como un disco gangoso y rayado. Lo que algunos manuscritos recuerdan, eso sí, tal como apunté antes, es el Nuevo Testamento, pese a no existir trazas de que Jesús hubiera conectado con la secta. En cambio —añade—, abundan los convencidos de que quien la conocía era el Bautista, que anduvo con frecuencia —eso, seguro— por esos parajes.

Le agradecemos a Sukrán el tiempo que tan generosamente nos ha dedicado, y protesta alegando que no ha sido nada, que si queremos ampliar el tema debemos ponernos en relación con algún erudito de verdad, con algún especialista, que los hay. En resumidas cuentas, él no es más que un simple aficionado, que se ha tomado la molestia de leerse sobre la materia cuanto ha caído en sus manos, un humilde excavador, que se ha pasado días enteros prácticamente solo junto a esos tres grifos de los que milagrosamente, apretando los botoncitos de arriba, sale agua...

Compramos algunas postales y yo me llevo un par de jarras-miniatura, también en venta, idénticas a las que descubrió por puro azar el pastorzuelo Mahomed Ab-Dib en marzo de 1947.

Nos despedimos de Sukrán, que ante nuestro asombro no acepta ni una lira de propina; y regresamos al coche. Por un momento supuse que encontraríamos a Elí probando las marchas o revisando el motor; nada de eso. Con sus ciento veinte quilos dormía como un bendito y se ha llevado un buen susto cuando Jacob lo ha despertado pegándole un palmotazo en la barriga.

Hacia Masada

Continuamos el trayecto. Por mi parte, algo me preocupa: que los *esenios*, a caballo entre el Antiguo y el Nuevo Testamento, se considerasen ya «hijos de Dios» y, sobre todo, «hijos de la gracia». Ese pensamiento me conturba, porque conecta con la teoría de la predestinación, que jamás he podido conciliar ni con la libertad de la persona, ni con el libre albedrío, ni con la doctrina del pecado original... A mayor abundamiento, tendré que preguntarle al profesor Edery cómo resolver el problema que plantea que los judíos creyeran siempre que el celibato o la castidad era cosa de cristianos, cuando aquí que los *esenios,* muy anteriores, y según sus Disciplinas, eran también célibes.

La carretera avanza, cada vez más próxima al mar Muerto, como si fuera a formarse un desfiladero entre éste y la montaña. La vaharada que de repente nos llega es repelente y me obliga a taparme la nariz con el pañuelo. El agua, vista de cerca, tiene un color más grisáceo. Y en este sector la calma es absoluta.

A lo lejos se vislumbra el macizo de Masada, de 246 metros de altitud, último refugio judío contra la conquista romana. Los romanos, al tomar por asalto el lugar, el año 73 de nuestra Era, no encontraron vivos sino a siete mujeres y unos cuantos niños; el resto de los defensores se había suicidado. Este hecho perdura, como tantos otros, en la memoria de este pueblo. Masada es ahora centro de excursión y de peregrinación. Hay, como dije, teleférico y estoy tentado de pedirle a Jacob subir allí sin más dilación; pero también me tienta acercarme a las aguas del mar Muerto, descalzarme, como hicieron mi mujer, Tino y Asunción y meter los pies en él. Decidimos esto último, aunque Jacob me advierte que no toda el agua de dicho mar tiene las mismas características y propiedades. Aquí es especialmente oleaginosa; en el sector del hotel en que trabaja, algo menos; y abajo, en Sodoma, el cambio es sustancial, en virtud de los trabajos de la decantación de la sal que se han realizado.

Eli detiene el coche y esta vez se apea, porque el lugar se ve animado por una serie de grupos, con abundancia de soldados y de *hippies.* Mientras unos preparan la comida a orillas del agua, pelando patatas y encendiendo fuego, otros se embadurnan todo el cuerpo con betún negro, para poder bañarse sin que el líquido viscoso los empape con exceso. Esos grupos dan muestras de estar muy alegres y bromean y cantan y pegan gritos a lo Tarzán, entre los árboles.

Una vez en la orilla me descalzo, me arremango los pantalones y me adentro un par de metros en el mar Muerto, cuyo olor me repele más aún. La sensación es muy curiosa. «Una balsa de aceite», ésa sería la definición. Y además, caliente. Veo que varios muchachos se tienden en la superficie, en la que se mantienen sin hundirse, mientras otros bracean con gran dificultad, intentando avanzar sin conseguirlo. Una muchacha pelirroja, que no se ha embadurnado, destaca con violencia entre la negrura de los demás.

Toco el agua con las manos y compruebo que realmente su viscosidad es intensa y desagradable, lo que me induce a dar por terminado el rito y a salir sin pérdida de tiempo, ante la mirada expectante e irónica de Jacob y de Eli. Los guijarros están a punto de hacerme perder el equilibrio, pero logro mantener la vertical.

—¿Y ahora qué? —pregunto, notando un extraño escozor en los pies y en las pantorrillas, lo que me impide calzarme los calcetines y los zapatos.

Eli sonríe y me indica la presencia, a pocos metros, de una fuente de varios caños —probablemente, la misma que utilizaron mi mujer, Asunción y Tino—, fuente de agua dulce y pura en la que me lavo, bastando unos segundos para que la sensación aceitosa desaparezca. Jacob me ofrece para secarme un papel de periódico, que utilizo con presteza, luego me calzo y todo se acabó.

Todo, no. Decir todo es decir demasiado. Aparte de que continúo notando en los pies una sensación de picor, veo en la playa gran cantidad de conchas diminutas, de caracoles marinos. ¿Cómo es posible, si no hay vida en el mar? Jacob me dice que todos los forasteros se hacen la misma pregunta y que, en cambio, la explicación es sencilla. Son caracolillos que bajan de las torrenteras de la montaña cuando llueve; es decir, de agua natural. Se detienen ahí, en la playa, precisamente porque el mar Muerto los rechaza. ¡Claro, claro! Me dispongo a guardarme unas muestras en los bolsillos y Jacob me advierte: «Inútil. En el "Hotel Galei-Zohar" encontrará usted los que quiera.»

Nuestra despedida del lugar adquiere aire inesperadamente festivo porque algunos de los embadurnados se nos acercan simulando que bailan danzas primitivas. Están contentos. El contacto con el sitio exótico y desamparado estimula el desahogo de su mundo instintivo. Los Shalom, Shalom se suceden hasta que el búfalo Eli consigue poner en marcha el coche de alquiler, que en ese cuarto de hora no tuvo la precaución de proteger del sol y que ahora es él mismo una llamarada, con el motor y los neumáticos retostados a punto de estallar.

Al término de un breve cambio de impresiones optamos por organizarnos del siguiente modo: visitar Masada ahora mismo, después de tomarnos un piscolabis en el restaurante que hay al pie del teleférico, y una vez conocida la cima de la fortaleza, rica en restos y recuerdos, al atardecer irnos al «Hotel Galei-Zohar», donde también hay mucho que ver y aprender, sobre todo porque se da la circunstancia de que en estos días se celebra allí un Congreso de Dermatólogos, con especialistas de casi toda Europa. «Además, es usted hombre afortunado. Cada noche hay baile, y las mujeres nórdicas que pasan sus días allí curándose la piel se inclinan por los galanes maduros, porque temen que los jóvenes les estén tomando el pelo.»

Así que pernoctaremos en el hotel, y mañana visitaremos Sodoma, con sus instalaciones industriales, el Museo del mar Muerto y nos dirigiremos luego a Arad, la patria chica de Jacob y de Eli. Y Arad está cerca de Dimona y de Beersheva, es decir, es un poco el centro de los treinta mil beduinos que habitan la región. «Aquello es nuestro feudo —dice Jacob—. Y aunque alguna mujer escupa a mi paso porque saben que quiero hacerme cristiano, tenemos amigos. Uno de ellos, el jefe de Policía de dichos beduinos, cuya vida y milagros se conoce como nadie.»

El plan me parece perfecto, y el coche avanza rumbo a Masada. Las crestas de las montañas a nuestra derecha son cada vez más impresionantes. Destacan particularmente las torrenteras, de color blancuzco, que se forman cuando llueve en tromba varias veces al año. Trátase de un paisaje casi lunar, con angosturas y gargantas de colores pardos, azulados, cambiantes a cada momento, al compás de la ruta del sol. Las rocas firmes adquieren formas que estimulan la fantasía. Algunas recuerdan las de Montserrat... Las hay que debido a su silueta, y como es habitual en todas partes, tienen nombre, porque se parecen a tal o cual personaje o a algún habitante del Zoo bíblico; la mujer de Lot está mucho más al Sur, hacia Sodoma, en el área de las salinas, de color blanco fosforescente.

Encontramos a muchos auto-stopistas y también, como simpre, exploradores aficionados que caminan en fila india por la carretera. En el *kibutz* Ein Guedi hay un albergue de la juventud que facilita esas excursiones. Pasan también jeeps, bien provistos de tiendas de campaña y de todo lo necesario para buscar en el desierto cuevas, manantiales, especies herbívoras raras y también pedruscos. Ya me dijo Salvio que el desierto está más poblado aún que las ciudades, y que no sólo lo habitan los duendecillos o los famosos *elohim,* invisibles en el espacio.

Masada está muy cerca. No hay distancias aquí, como no ceso de comprobar.

¡Cuántos autocares otra vez, cuánto coche, todos aparcados en batería! Los conductores pasan el tiempo en el bar, jugando o charlando, en espera de que los turistas bajen exhaustos de «arriba», de su aventura poco arriesgada, a decir verdad, porque todo está vigilado y perfectamente previsto.

Desde abajo, la fortaleza resulta menos sobresaliente de lo que cabía esperar, menos arrogante, tal vez porque en sus proximidades hay otras similares y, sobre todo, porque el teleférico, con dos cabinas que se entrecruzan a medio camino, conecta con la técnica, en la que la Humanidad, a lo que se ve, tiene una fe ciega. Por lo demás, son muchos los jóvenes que suben andando, siguiendo los vericuetos o caminos en zig-zag trazados al efecto.

Anates de tomar el ticket del teleférico, Jacob querría contarme la odisea de los suicidas defensores de Masada —fueron un millar, sin contar los de la posterior rebelión de Bar Kojba—, pero yo me opongo a su pretensión. «Por favor, amigo Jacob —le digo—, déjeme contemplar, sin pensar en la guerra, a esa señorita de los tickets, que pese a su niforme y a su aspecto de guerrillera, es un bombón.»

Imposible. En ese momento se oyen sirenas y llegan cuatro motoristas y luego jeeps oficiales y, por fin, varios cochazos. Diríase que se trata de una operación envolvente o de una redada. Nada de eso. Pronto conocemos la verdad. ¡Dios, cuánta coincidencia! Dentro de una hora más o menos aterrizará arriba, en helicóptero, nada menos que Kissinger, que acaba de llegar una vez más a Israel, con propuestas de paz. Por lo visto el personaje, calificado humorísticamente de «anestesista que se cree cirujano», ha manifestado su deseo de sobrevolar el desierto y aterrizar en Masada y, naturalmente, se le ha dado satisfacción.

—Apresúrense —nos dice la señorita-bombón, que habla castellano—, porque en cuanto nos avisen se detendrán las teleféricos y ya no podrá subir nadie más...

Cabe decir que en el fondo me alegra la coincidencia, pese al despliegue policíaco y a la revisión minuciosa de los documentos. No tengo nada que ocultar. Por descontado, los turistas americanos dan la impresión de sufrir un ataque histérico. «¡Kissinger! ¡Kissinger!» Para ellos debe de ser una *supervedette* o un dios, o simplemente una de sus figuras más aptas para la exportación.

Jacob sonríe y se pasa la mano por la calvicie, en ademán peculiar, y aunque veo que compra más material para su máquina fotográfica, se muestra contundente. «Kissinger... ¡puah! —barbota—. Todo son promesas y luego nos traiciona. Lo único que le interesa es vender armas a unos y a otros.» En cuanto a Eli, ha mirado varias veces el teleférico y ha decidido no subir, lo cual, dado su volumen, casi es de agradecer. «No se preocupe por mí —le dice a su suegro—. Después del piscolabis echaré una siesta.»

Jacob y yo compramos unos bocadillos en un puesto de refrescos y *souvenirs*, y poco después subimos a una cabina amarilla —la que quedó arriba es roja—, en la que, ante el temor de que éste sea el último viaje permitido, no cabe un alfiler.

No pasa nada. El cable se pone en movimiento y pronto quedamos colgados de la técnica, de la fe, distanciados de la tierra, subiendo a un ritmo no apto para quienes padecen de vértigo. La perspectiva cambia por momentos, y al cruzarnos con la cabina que desciende, los que quedaran abajo parecen como puntitos perdidos para siempre. En vano intentamos localizar a Eli y el coche; sólo son visibles, a tamaño reducido, los autocares en batería y las instalaciones terrestres del teleférico, restaurante incluido.

El trayecto dura unos pocos minutos. Nuevo control a la salida de la cabina, y acto seguido alcanzamos la cima de Masada, la explanada superior, cuya primera impresión es la de una meseta sin apenas otra cosa que una pequeña muralla de circunvalación y una serie de ruinas carentes de interés.

Sin embargo, es preciso no fiarse de las apariencias. Seguro que cada trecho y cada piedra tiene su razón de ser. A nuestra derecha hay una baranda sólida, de hierro, ocupada por un grupo de turistas, desde donde el panorama es maravilloso. A nuestros pies, la gran llanura que se ensancha en dirección Sur, con varios *kibutzim* perfectamente visibles desde este mirador, y que son avanzadas militares disimuladas, a las que llaman *quemahombres*. Toda la Cisjordania, en fin, todo el mar Muerto —¡qué enorme es!—, con la península de Ha-Lisan (la Lengua) que se adentra en él desde la ribera opuesta, es decir, desde Jordania, y que hace las veces de espigón natural. Como telón de fondo, la inevitable cordillera, siempre fascinante, de Moab.

Todo el mundo saca fotografías. Lástima que la presencia de los policías, con sus radio-portátiles, rompan el encantamiento de la Naturaleza en su estado puro. Nos dicen que si queremos recorrer la inmensa «azotea» debemos darnos prisa, porque en cuanto empiecen a llegar los helicópteros que escoltarán a Kissinger todo el mundo deberá despejar. Según un plano que me han entregado abajo, veo que las dependencias más importantes son los Almacenes, donde se guardaban los alimentos; los restos del castillo o palacio, que Herodes, ¡no faltaría más!, se mandó construir, con columnas corintias, pisos de mosaicos, revestimientos de cedros y baños de un lujo sin par; el *Columbarium*; las cisternas de agua y el llamado *Reservorio,* que «le permitió convertir aquella cima en terreno de regadío comparable a cualquier valle agrícola». También leo que Herodes, encontrando la cúspide demasiado angosta, la hizo ensanchar artificialmente erigiendo muros de contención en niveles inferiores —siempre sobre el abismo— con los que se comunicaba por medio de túneles, algunos de los cuales son visitables hoy día.

Jacob y yo hacemos un esfuerzo, apresurándonos cuanto podemos, para conseguir por lo menos una visión de conjunto, y puesto que los helicópteros se retrasan, prácticamente nos da tiempo a visitarlo todo, pese a que la meseta mide unos seiscientos metros de largo por casi trescientos de ancho. A mí me llaman especialmente la atención el palacio; las armas utilizadas entonces —las granadas o bolas de piedra lanzadas por las catapultas—; las astuciosas conducciones para calentar el agua de los baños; y por supesto, el *Columbarium,* cuyos pequeños nichos en principio hicieron creer que se trataba de un criadero de palomas, pero que de hecho servían para guardar los restos de los incinerados.

En resumen, sin embargo, ruinas, ruinas una vez más. Y cuesta hacerse a la idea de que un ser poderoso decidiera, sin duda a base de hombres «de sudor y de músculo», que por entonces se llamarían esclavos, convertir un paraje así en sitio de esparcimiento lujurioso. Además del fondo hedonista que intervendría en la cuestión, Herodes debió de gozar sabiéndose a resguardo y a salvo del enemigo que lo contemplaba rabioso e impotente desde abajo, emborracharse con la sensación de poder que ello suponía; aunque de hecho, en nuestra época también se realizan operaciones desafiantes de ese tipo, con sólo ligeras variantes en la ejecución del proyecto.

Como fuere, entre una visita y otra volvemos a las primitivas balaustradas que, sobre todo por la parte oriental, conectan ya con el desierto estricto. Otra vez la grandiosidad. Empiezo a comprender el estado de ánimo de los profetas. La luz cambiante lo inunda todo, todo lo trasvasa, agota el repertorio de perfiles y colores y nos sitúa al borde de una suerte de éxtasis que no termina de serlo porque sabe «que tiene los minutos contados». Contados, además, por la Policía. De vez en cuando, pandillas de muchachas árabes, bellísimas, nos hacen señas para que les saquemos fotos y adoptan posturas desbordantes de juventud. Nos encontramos lejos de aquellas doctrinas que prohibían la reproducción de la figura humana, «imagen de la de Dios».

En un momento determinado, en la explanada se nota un movimiento fuera de lo común. Un par de helicópteros aparecen en el horizonte, semejantes a insectos ideados por cerebros locos. Dan unas cuantas vueltas rasantes, cada vez más bajos, por encima de nosotros, sin duda para cerciorarse de que todo está en regla, de que no hay más que unos cuantos turistas pacíficos y tontos de capirote. El ruido que hacen es infernal. Sin embargo, aprovechando una pausa, Jacob me cuenta que hace años realizó la misma visita Willy Brandt, quien estuvo a punto, al tomar tierra su helicóptero, de despeñarse con él, debido a un golpe de viento, lo que hubiera significado su muerte. Recordando la anécdota que sobre Willy Brandt me contaron en Nazaret, cuando ante las figuras de Jesús y el Bautista preguntó «quiénes son esos señores», saco la conclusión de que el viaje del estadista alemán fue más bien accidentado.

De pronto se acercan dos helicópteros, con evidente intención de aterrizar. Todo el mundo obedece las órdenes y nadie se mueve. Los fotógrafos profesionales, que también los hay, han tomado sus posiciones; los demás, preparamos los objetivos como Dios nos da a entender.

¡Ay, esos políticos se las saben todas! Todo el mundo suponía que Kissinger, por precaución, vendría en el segundo helicóptero, en el número 2. Y no fue así. Ambos aparatos levantaron nubes de polvo y el viento hizo volar todos los papeles y objetos frágiles del contorno; y he aquí que Kissinger no sólo vino en el helicóptero número 1, sino que el primero en aparecer en la escalerilla fue él, bajito, gordito, mucho más bajito y gordito que en las fotografías y que en la televisión, con su clásica sonrisa de veterano en esos lances.

Cabe decir que, visto de cerca, su figura me interesó menos que el *Columbarium*. Tal vez los ojos, tras las grandes monturas, despidieran destellos inteligentes; el resto, más bien trivial, y aun vulgar. Echó a andar, seguido de su escolta y de las consabidas autoridades israelíes, y apenas fuera del campo de acción de la ventolera se encasquetó su gorro azul y blanco para protegerse del sol.

Muchos fotógrafos se quedaron sin poder impresionar una sola placa, debido al polvo y al viento; yo tuve más suerte, como de costumbre, y pude sacar varios planos, aunque a una distancia excesiva.

El séquito de Kissinger lo constituían unas veinte personas. En honor a la verdad, hay que reconocer que cada uno de sus comentarios, que nos llegaban de lejos y que ni Jacob ni yo entendíamos, arrancaba de todo el mundo sonoras carcajadas. Sin la menor duda estaba haciendo una perfecta demostración de dos cualidades que nadie, que yo sepa, le ha discutido jamás: excelente salud —todo lo recorría a pie, y sin mostrar la menor prisa—, y un enorme sentido del humor.

Un dato a señalar: los americanos que consiguieron llegar arriba se volvían locos con la presencia del político. Un grupo de muchachas jóvenes daban saltos como para llamar su atención, sacudían sus gorros en el aire o lo señalaban con el dedo: «¡Es él! ¡Es él!» Kissinger parecía preferir las ruinas, el *Reservorio* y las bolas de piedra, ante las que se detuvo un buen rato acariciándose de vez en cuando su papada, casi comparable, exagerando un poco, a la de Eli.

Hora y media nos tuvieron sin poder cambiar de sitio. Lo que duró el recorrido, que, como dije, fue minucioso. Al final, cuando apareció del fondo de las cisternas y tomó el camino de vuelta al helicóptero su semblante había cambiado. Se le veía cansado, serio; tanto o más que los centinelas que, de pie sobre las rocas, con el gatillo en la metralleta, ofrecían un blanco infalible a quienquiera que hubiera querido disparar.

Los dos helicópteros se fueron, levantando otra vez nubes de polvo. Me quedo meditabundo. Kissinger y su escolta se perdieron en el azul del cielo; de seguro que a la noche, en alguna cena de gala, discutirán asuntos que sin duda repercutirán de forma directa sobre la suerte de millones de seres humanos. Y nosotros sin poder entrar ni salir en la cuestión, sin poder pensar siquiera en ello. Preciso era reconocer que nos encontrábamos a buen trecho de la democracia de los *esenios*, que todo lo discutían en presencia de todos, y entre los cuales todos y cada uno podía emitir su opinión.

¡Ay, los *esenios*! Una vez pasado el huracán humano bajito y gordito me asomé nuevamente a los miradores circunvalatorios, y advirtiendo que los ánimos de los *fans* compatriotas del visitante se habían apagado, sentí nacer un amor profundo por aquellas comarcas que la secta ascética eligió para rendir culto al estudio y a la paz, dos palabras sustantivas, sobre todo a partir de cierta edad. Y sin embargo, es preciso reconocer que hay organismos para los cuales lo sustantivo es lo contrario, la agresividad o el afán de lucha. Cuestión de metabolismo, caprichos de la adrenalina. Aquí mismo, en Masada, la historia suministra ejemplos a placer, como el de aquellos nacionalistas judíos —los zelotes—, que al caer Jerusalén en manos de Roma se refugiaron en esta fortaleza y resistieron durante ocho meses el asedio de ocho mil legionarios, los cuales disponían de los artefactos más modernos de la época. Por cierto, que en alguno de los textos que iluminan y a la vez emponzoñan mi habitación, leí que los *esenios* de Qumrán, en el último momento —tal vez después de abandonar precipitadamente aquellas monedas y aquellas flechas— lucharon a su vera, «dispuestos a matar». Tengo para mí que se trata de una calumnia (también de Jesús se ha dicho que fue zelota), que los dos tinteros del *Scriptorium,* el de bronce y el de arcilla, así como el tono de sus plegarias, son simbólicos —y válidos— argumentos en contra de tesis tan singular.

Algo me confunde, una vez más: la facilidad con que resisto este calor seco que cae de lo alto. La cabeza despejada, un vigor inexplicable. Siempre me ha ocurrido así en zonas similares, por ejemplo, el desierto arábigo. Hubiera podido ser un buen *esenio*; o un buen camello.

En el Galei-Zohar. El siroco

Bajamos con el teleférico rojo y media hora después nos encontramos en el *hall* del «Hotel Galei-Zohar», que significa «Olas de Esplendor (o de Luz)», en el que Jacob trabaja, aunque disfrute ahora de tres días de vacaciones.

Jacob me comunica que, dada la hora que es, no hay por qué modificar el plan establecido. Aquí hay mucho que ver y que comentar, de suerte que pernoctaremos en el hotel-balneario y mañana visitaremos Sodoma, en compañía de un ingeniero argentino, amigo suyo, que nos estará aguardando; es decir, mañana descenderemos al punto más bajo de la Tierra, a trescientos noventa y cinco metros bajo el nivel del Mediterráneo.

Ello significa, no sólo que dormiré en el «Hotel Olas del Esplendor», sino que sin pérdida de tiempo puedo tomar posesión de un cuarto confortable, situado en el primer piso, en el que de buenas a primeras me doy un baño casi «herodiano», que entre otras ventajas tiene la de acabar con el leve escozor en los pies y en las piernas que me molesta aún, a raíz de mi inmersión en las aguas del mar Muerto. Me mudo la ropa interior —con placer especial, los calcetines— y no olvido, al elegir la camisa, que por las noches suele haber baile en el «Galei-Zohar», en el que maduras mujeres escandinavas prefieren a veces galanes maduros, sobre todo, quizá, si son meridionales.

Bajo al comedor, y me entero con asombro de que Eli se ha ido a dormir a Arad, que está muy cerca. Regresará mañana. Realmente, aquí no hubiera sabido qué hacer.

Jacob es mi piloto por la planta baja del hotel, que es como tantas otras, y acto seguido me invita a visitar la zona de los baños terapéuticos. Hubiéramos ido de todos modos, pero los congresistas dermatólogos están ahora allí, por lo que el aliciente es mayor.

—Hay algunos que se bañan, no crea usted. Casi todos son escandinavos, al igual que la clientela del hotel, que tiene incluso un contrato firmado con el Gobierno danés para enfermos de reuma y de psoriasis.

—¿Qué es la psoriasis?

—¡Oh! Una enfermedad de la piel, como escamas, con placas de color preferentemente rojo, aunque sin llagas. No grave, pero sí enojosa y desagradable. Y hereditaria. No hay fármacos contra eso, y en cambio aquí los resultados son correctos; y algunos médicos han querido comprobarlo por sí mismos, para mayor seguridad...

Nos dirigimos, entre unos jardines de ambiente tropical, hacia la zona mencionada. Veo de lejos una pasarela que parece un embarcadero y una serie de cuerpos flotando sobre el agua, así como las cabezas que emergen de ella y que corresponden a los que tocan fondo, a los que están de pie. Cerca, sesudos caballeros observándolos, vestidos deportivamente.

Llegados a la pasarela que se adentra en el mar nos solazamos viendo con qué placer hombres y mujeres juguetean dentro del agua, sabiendo que no pueden hundirse. Esa certeza produce una sensación muy peculiar que, según Jacob, hay que «vivirla». No me siento inclinado a hacer la prueba y lo lamento, como lamento no comprender las chanzas que se dedican unos a otros los bañistas. En la orilla, veo cuerpos salpicados de costras, sobre todo en los codos y en las rodillas, y otros con cicatrices no del todo cerradas. Jacob me informa de que algunas de esas personas llegaron aquí hace un par de semanas, casi sangrando. También veo a varios hombres con muletas: hay dos que fueron traídos en una ambulancia, bajados en camilla y que no podían ni sostenerse en pie.

—Si padre Emilio quisiera bautizarme yo lo llamaría a eso milagro... Ahora no puedo. Ahora sólo puedo hablar de tantos por ciento de sal en el agua, de cloruro, de potasio, etcétera. ¿Ve usted aquella jovencita? Vino con la cara, ¿cómo se dice?, llagado, claro, llagada completamente. Correcto. No se atrevía a salir de casa. Lleva tres semanas aquí, y por la noche los médicos se la disputan para bailar. Ése es el promedio para las curaciones: tres semanas o un mes, aunque a veces al cabo de tres o cuatro años se reproduce el mal y hay que volver. Eczemas, granos, heridas que no se cicatrizan... Aquí, baños sin masaje ni nada, y,

¡pum!, todo se va. Padre Emilio sabe eso, pero, o bien no está convencido, o cree que es propaganda judía.

Luego me repite que no todo el Mar Muerto es homogéneo en su composición y que, por lo tanto, no todas sus zonas tienen las mismas propiedades curativas. Hay otros hoteles y balnearios. Las llamadas fuentes de En Bakek curan reumatismo, ciática, enfermedades de las vías respiratorias y hasta anomalías ginecológicas... Otros lugares curan alergias, sinusitis, etcétera.

—Un detalle, por favor... En las plantas industriales de Sodoma trabajan unos seiscientos obreros, y ninguno de ellos sufre ninguna de esas enfermedades. Y lo mismo puede decirse de los empleados de los hoteles. Yo mismo, como usted sabe, tuve un infarto; pues bien, todo terminó, y mi salud es espléndida...

Al parecer la dificultad estriba, por lo que a los hoteles respecta, en el reclutamiento del personal.

—Compréndalo, no hay diversiones... Es el desierto. Los huéspedes, nada más. En los *kibutzim* hay un ideal, aquí se viene por dinero. Un camarero del «Galei-Zohar» gana más que un banquero de Tel Aviv...

Le pregunto:

—¿Y eso... funciona todo el año?

—Sí, aunque en verano hay menos clientes escandinavos, porque no pueden resistir el calor. Entonces vienen, sobre todo, norteamericanos.

—¿Dice usted que no resisten el calor? Pero... ¡si aquí no se suda!

—¡Bueno! Ellos dicen que aquí suda hasta la mujer de Lot.

A continuación me traduce los rótulos que hay por doquier. Advierten a los bañistas que deben de procurar que no se les meta sal en los ojos, en la boca y en los oídos y que se duchen inmediatamente al salir del agua.

—Pese a esa advertencia, siempre hay algún valiente que se lanza por las buenas desde el borde como desde un trampolín; lo que significa que luego tendrá complicaciones más o menos graves.

Nos tomamos un refresco en un merendero próximo, bajo un techo de palmeras, decorado como si fuera una mezquita.

Pienso en la jornada de mañana y le pregunto:

—Y dígame... ¿Qué es Sodoma exactamente? ¿Una población, una ciudad?

—¡Ay, muchas personas se pierden en la carretera buscándola, porque su nombre figura en los mapas!; y no la encuentran porque no existe como tal. Sodoma ahora no es más que una planta industrial, con varios pabellones enormes y un centro de investigación. Sí, la Biblia en ese pasaje no ofrece la respuesta que sería menester. Sodoma y Gomorra se habían corrompido a los ojos de Jehová... Gomorra desapareció. ¿Dónde está? Sólo sobrevivió el nombre de Sodoma; Gomorra, no se sabe por qué, quedó borrada para siempre.

Los congresistas continúan bromeando al borde de la pasarela. Uno de ellos, que se ha bañado, acaba de salir y se saca los tapones de los oídos y corre hacia la ducha. Mientras tanto, Jacob concluye su disertación contándome algo más bien triste. Hay pájaros que todos los años emigran de Rusia con destino a África; al pasar por encima del mar Muerto, la mayoría de ellos se caen y se mueren.

—Lo extraño es que los que sobreviven no capten ese mensaje y no lo transmitan a sus herederos... A veces la genética falla, ¿verdad?

La cena en el comedor del hotel es notoriamente original, a causa del empeño de los médicos y de los pacientes en vestirse de noche. Jacob y yo, desde una mesa reservada en un rincón, contemplamos el espectáculo. Hombres con esmoquin y el rostro un tanto despellejado; damas con vestidos largos, escotados y brazos al aire, llenas de manchas de apariencia más o menos ulcerosas, según la dolencia y los cosméticos que se les haya permitido usar. Sería mejor ocultar todo lo ocultable; pero, ¡estamos en el desierto, hay que divertirse! Una orquesta se esfuerza en vano en demostrar entusiasmo, lo que acaba de completar el cuadro. Hay momentos en que por asociación de ideas me traslado, salvando las distancias, a alguno de los pabellones de subnormales de la residencia de las Hermanas de la Caridad.

La euforia continúa siendo la nota dominante, de modo que Jacob y yo no podemos hilvanar un diálogo coherente.

—Nadie diría que en la guerra de los Seis Días me incrustaron seis balas en un costado, ¿verdad? ¿Cree usted que seis balas son muchas?

—¡Hombre! A menudo con una sola hay bastante...

Y al cabo de un rato:

—No estoy descontento de lo que he hecho en Israel. Mañana conocerá usted Arad. Ya se lo dije, ¿no? Llegamos allí ocho hombres con pico y pala...

—Desde luego, es admirable. Lo malo es que con el tiempo la gente se olvida de esas cosas...

Y un poco más tarde:

—¡Ah, oiga la confesión de un askenazi! Muchos askenazis que son de verdad, o que se imaginan serlo, personajes importantes, son de origen sefardita. ¿Podía usted suponer que yo le revelaría una cosa así? Nadie manifiesta eso, nadie...

El baile es peor que la cena. Falta ritmo, y las parejas de «lisiados» producen cierta angustia. Abundan quienes no pueden hacer otra cosa que arrastrar los pies y también aquellos para los que girar, dar la vuelta, es una auténtica tortura. Parece mentira que el afán de autoproclamarse normal, de simularse a sí mismo que uno está en condiciones, alcance tales extremos. La presencia de algunas parejas jóvenes, incluidos algunos camareros y algunos turistas de paso, no hace más que acentuar el paradójico contraste.

Por fortuna, ocurre algo que corta de raíz el quehacer de la orquesta. No se trata de ningún apagón eléctrico. Se trata de la súbita llegada —ha sido cuestión de un cuarto de hora— del viento africano, el siroco, que provoca sorprendentes efectos en el mar Muerto.

Total, que cuando corre la voz de que la cosa va en serio, todo el mundo pega la nariz a los cristales e incluso sale al exterior, protegiéndose de la mejor manera posible. En realidad no se ve nada concreto, pero se sabe lo que sucede: en el aire se forman torbellinos de nubes y el mar, tranquilo, «muerto» hace un par de horas, brama ahora como si fuera a enloquecer. No es que se levanten auténticas olas, pero sí se oye el romper del agua contra todo lo que hay en la orilla. Es posible que mañana el paisaje amanezca desolado, ya que, según me informa Jacob, los remolinos hacen remontar a la superficie grumos asfálticos que luego se quedan flotando como cadáveres y que huelen terriblemente a asufre y a nafta.

En el hotel hay un «experto» en la materia que asegura que el asunto no pasará a mayores, que no se trata del clásico *jamsin* o siroso que dura tres o cuatro días y que ocasiona catástrofes; es una ráfaga ligera, que probablemente se calmará en seguida. Él lo deduce por el olor y porque ha proyectado unos focos de luz en dirección a los torbellinos de nubes que se han formado. «No hay masa compacta, no la hay.» No falta quien lamenta la noticia; en todas partes el aburrimiento interior puede llegar a ser tal que se desee un incendio, un suicidio e incluso un maremoto.

Pero en esa noche el «experto» acertó. Poco a poco el viento ha ido amainando y el mar ha ido dejando de bramar. La temperatura es bochornosa, eso sí, y los hay que no se apartan de los chorros de aire acondicionado; Jacob y yo resistimos detrás de un velador, cuya privilegiada situación él conoce.

Vuelta la casi normalidad, todo el mundo regresa al *hall,* aunque el baile no se reanuda. Se organizan las consabidas tertulias; y Jacob aprovecha —¡incansable el inmigrante húngaro!— para decirme que él presenció una vez una de esas tormentas que justifican las palabras de Abraham cuando alzando los ojos al cielo dijo: «Y dejóse ver un horno humeado, y una antorcha de fuego pasó.»

Sí, el mar Muerto es un crucigrama, un rompecabezas. De no ser así, los ingenieros de Sodoma, incluido Max, su amigo argentino que mañana nos espera, se aburrirían. En realidad, la máquina accionadora del mar es el sol. El mar se comporta, de día y de noche, según el sol le dicta, al cristalizar toneladas de tal o cual mineral. ¿Y quién empezó a llamarlo Muerto, si sus colores son incontables, desde el ámbar al verde trémulo, y si lo mismo se presenta aniñado que burlón o amenazador? Los griegos lo bautizaron así, le pusieron ese nombre, porque entendieron que sólo un hechicero podía urdir algo que atentara de continuo contra lo que se considera vida. Y cuando los romanos oyeron hablar de que los cuerpos no se hundían quisieron verificar el aserto y atando de pies y manos a unos esclavos los echaron al agua. Los esclavos flotaron... y murieron sin irse a pique; y los romanos —«¿qué opina usted, mi querido José María, de los romanos?»— se convencieron de que los rumores respondían a la realidad.

—¡Siento que Unamuno no haya estado esta noche aquí, con nosotros! Estaría hablando con elocuencia de la agonía de las cosas...

—Quién sabe... A lo mejor se hubiera desentendido por completo de los vientos africanos y le estaría preguntando a aquella señora de la coraza de plástico en el cuello cómo se dice en su idioma que uno se cansa de tanto bregar...

CAPÍTULO XXX

Eli llega a primera hora. Nos desayunamos y nos despedimos del «Galei-Zohar». El siroco ocasionó algunos destrozos en la pasarela y en el merendero en forma de mezquita, y, en efecto, flotan algunos grumos asfálticos sobre el agua; pero nada más. Todo el mundo duerme. Sólo se oye el funcionamiento, en recepción, de las máquinas de escribir y de calcular. «Llévese esos folletos. ¿No le gusta coleccionar folletos?»

Sodoma

Rumbo a Sodoma. El vaho o neblina no ha desaparecido del todo, de suerte que el paisaje es más inhóspito aún. Las formas en la montaña son más tétricas que cuando el sol luce. Me gustaría ver la famosa estatua de la mujer de Lot, su figura natural. No es fácil. Me lo dice Jacob. Deberíamos apearnos del coche, andar un trecho y buscar un ángulo a propósito. Además, me llevaría una decepción. También podría ser Cleopatra o una bailarina embarazada. Cuestión de imaginación y eco del nombre que le dieron los clásicos, entre ellos Flavio Josefo, y de lo que dijo de ella un obispo que hubo en Lyon a mediados del siglo II. «Ya sabe usted que la tradición oral muchas veces es más sólida que la impresa. Yo no he conseguido ver nunca a esa mujer, y menos que volviera la vista atrás. Por otra parte, ¿estamos seguros de que Lot existió?»

Jacob cuenta y no acaba del esfuerzo que se ha realizado en Sodoma, donde, desde los tiempos prebíblicos, en que al parecer el paisaje era idílico, durante centurias no ha habido más que esqueletos. O, si lo prefiere, un gran esqueleto, sin un solo insecto siquiera.

¿Qué ocurrió? ¿En qué consistió el cataclismo? Se habla de las Pluviales, que conformaron hace miles de años los mares de la actualidad. Se habla de erupciones volcánicas; de una tempestad de fuego que todo lo sepultó; y la última teoría se refiere a la posibilidad de un terremoto que resquebrajaría toda esa zona hacia el año 1800 antes de nuestra Era. Por supuesto, en el fondo del mar, en la parte a la que nos dirigimos, la cuña más al Sur, se han encontrado restos de árboles petrificados, entre ellos, varias dataras. Imposible, pues, formular la menor afirmación... y muy arriesgado hablar de «castigo divino». Lo que sí es seguro es que la combinación de elementos ha dado lugar a una concentración salina ocho o nueve veces mayor que la de cualquier otro mar terráqueo. En los océanos dicha concentración alcanza el 3°; en el sector sodómico del Mar muerto, el 33°.

El complejo industrial de Sodoma es impresionante. Casi me recuerda alguna de las zonas de la cuenca del Ruhr, a no ser que falta el bosque de chimeneas. Max, el ingeniero amigo de Jacob, se presenta sin pérdida de tiempo en la entrada, apenas le han advertido de nuestra llegada. Hombre cordial, ancho de espaldas, con visera de periodista y la cara un poco quemada. Vestido de otra forma, podría pasar por un paciente del «Galei-Zohar».

Echamos a andar a su lado y veo en la arena, en los restos húmedos de un charco reciente, que alguien, al caminar, con la punta del zapato ha dibujado un nombre, un corazón y una casita infantil. Detalle hermoso, como puesto a propósito para saludar con afecto al recién llegado.

Resulta curioso observar cómo a escasa distancia de esa cuña de mar en que nos encontramos, al otro lado, en Jordania, el terreno es verde y fértil. Son caprichos de la Naturaleza, de interpretación difícil.

Max, puesto al corriente por Jacob de cuál es mi profesión, procura desde el primer momento evitarnos la prolijidad de los datos técnicos, que en realidad son los que a él le interesan. Hace todo lo posible para buscar el detalle humano o que pueda satisfacer mi curiosidad, la curiosidad de un hombre que no sabe distinguir un dique de otro y que ignora el significado de la palabra hidroponía. No obstante, no ha tenido más remedio, después de mostrar su sorpresa por el hecho de que Eli se haya quedado en el coche, que informarme de que, al término de los estudios necesarios, decidieron intentar la máxima condensación o *decantación* salina en el sector en que ahora nos encontramos, el sector Sur, el menos profundo, y en «piletas» tan puras que el contenido de sal de cada una de ellas bastaría para abastecer de ella al mundo entero durante muchos años.

—Como ustedes pueden apreciar, a base de diques y espigones hemos ido aislando una cuenca sureña, con el propósito de que en ella nazca, por acumulación, la *vida*... Observen el leve color rojizo del agua, muy distinto del resto. Eso indica, como los laboratorios están a punto de confirmar, que de un momento a otro pueden aparecer bacterias... Evidentemente, sería un éxito sin precedentes, una auténtica revolución conseguida por Israel y a partir de la cual ya no podría hablarse nunca más de mar Muerto...

Me parece recordar que Salvio me habló de ese propósito. Sin embargo, no hay tiempo para pensar, ya que Max muestra acto seguido su extrañeza ante el hecho de que no haya yo notado la presión sanguínea al apearnos del coche —Jacob está ya más acostumbrado—, pues es bien cierto que nos encontramos en el punto más bajo de la tierra. «En algunos casos llegan autocares de turistas y al abrir las puertas y poner pie a tierra los hay que se caen desmayados.»

Esa presión, y la esterilidad del lugar, hace que el trabajo sea considerado aquí durísimo, mucho más que el de «Galei-Zohar». Muchos técnicos y obreros no lo resisten y se ven obligados a marcharse al cabo de poco tiempo; ahora bien, el que aguanta los primeros meses y además se apasiona por la hidráulica o por la labor experimental —y ése es su caso personal, y por eso luce y exhíbe su preciosa visera—, no cuenta las horas de trabajo. «Es la sorpresa constante, la incógnita de lo que puede ocurrir mañana o dentro de unos minutos. Es decir, lo contrario de la monotonía.»

Cada vez que Max pronuncia «pileta», lo que, por exigencias de su explicación, ocurre a menudo, su acento argentino alcanza el máximo grado. Así se lo digo y él se ríe. «¡Cómo no!»

La experiencia les ha enseñado que deben repartir el trabajo en naves separadas: cloruro de sodio, de potasio, etcétera. Ello ha dado lugar a situaciones pintorescas, puesto que, como es sabido, el bromuro es un analgésico tan poderoso que influye, a la larga o a la corta, sobre la actividad sexual. No es necesario extenderse sobre las bromas surgidas al respecto. «De modo que aquí, ya se sabe: o cumples con tu obligación, o te castigan dos meses al pabellón del bromuro.»

—En fin, el potasio sirve para abonos y fertilizantes; el magnesio óccido para los Altos Hornos; el famoso bromuro para los laboratorios farmacéuticos y para insecticidas... Y exportamos mucho, cada vez más, a medida que resolvemos los problemas de transporte, que al principio, dadas las distancias, parecían insalvables...

Lo que resulta evidente es que Max no mintió al decir que estaba enamorado de su trabajo. Se entusiasma hablando, y a no ser que en el momento más impensado mi expresión de profano en la materia lo descorazona, a buen seguro echaría mano de los gráficos de producción que lleva en el bolsillo de la camisa; pero logra situarse y me cuenta que trabajan en Sodoma ingenieros americanos, alemanes, holandeses, así como técnicos rusos —éstos, sorprendidos de que en Siberia no exista un mar Muerto—, y algunos obreros marroquíes y hasta drusos...

Después de recorrer rápidamente algunos pabellones nos sube en un jeep muy potente y nos lleva, conduciendo con suma habilidad, a un montículo cercano, para explicarnos que la piscina ante la cual nos hemos detenido... es de agua dulce. «Ha sido un feliz descubrimiento, fruto de la intuición y de la tenacidad en el perforar. Por supuesto, dicha piscina abre la puerta a muchas especulaciones.»

Desde esta cima nos muestra el anfiteatro que nos rodea y que, a su juicio, antes fue mar. «Todas esas montañas que nos circundan, a mi entender antes estaban sumergidas en el agua. Estoy convencido de ello. Yo mismo he encontrado fósiles de caracoles... Luego vino la explosión geológica, o como ustedes quieran llamarla, y se acabó... ¡Ah, desde aquí puede usted ver —y se dirige a mí— la famosa silueta de la mujer de Lot! Es aquella especie de estatua que hay allí abajo, erecta, ligeramente ladeada... En ese terreno soy tan escéptico como el amigo Jacob; creo que basta un poco de bromuro para que la silueta femenina desaparezca...»

Da un viraje brusco y con el mismo jeep, bajando el montículo, nos conduce en la dirección opuesta, hacia *La Lengua* que proviene de Jordania, y se detiene a pocos metros de un pontón, de una barcaza enorme y achaparrada, de técnica muy sutil, al parecer, enclavada en un lugar estratégico y que se mueve casi imperceptiblemente. En dicho pontón trabajan dos hombres por turnos, sin parar. «Eso sí que es sudarse el jornal, ¿verdad, amigo Jacob?» Subimos al pontón, cuyas hélices hacen un ruido tremendo. Oh, sí, es una verdadera lástima que yo no entienda ni jota del instrumental que hay en la barcaza, pues entre otras cosas sirve para extraer las muestras de agua que luego se analizan en el laboratorio en busca de la *vida*... «Shalom, Shalom», nos saluda el hombre que está de guardia. Lleva casco protector y unas extrañas gafas verdes. Le habla a Max del siroco que sopló anoche y cuya atmósfera los agobió hasta el punto de que estuvieron a punto de llamar por teléfono pidiendo auxilio. Pero les dio apuro y al final todo se resolvió.

El hombre le entrega a Max, en un frasco herméticamente cerrado, una muestra de la última agua recogida. Max lo toma como si fuera un tesoro y nos dice: «Vámonos al laboratorio, a ver...» Abandonamos el pontón, subimos al jeep y en tres minutos nos plantamos en un pabellón distinto de los demás, moderno y refrigerado, con aspecto de clínica. Todo el mundo viste bata blanca, incluso los oficinistas. Max, después de las consabidas presentaciones, se dirige al jefe de la sección —debe de ser un sabio— y le entrega el frasco. El hombre se pasa la lengua por el labio superior. Pronto unas gotas de agua son depositadas en una lámina de cristal preparada al efecto y analizadas al microscopio. Hay unos instantes de inquieto silencio. El químico «sabio» no grita *Eureka*, porque no es el padre Uriarte, pero tampoco se muestra insatisfecho. Le dice a Max: «La cosa va por buen camino.»

A continuación, y por cortesía, el «sabio» me invita a que yo mismo mire por el microscopio. ¡Dios, no puedo rechazar! No tengo más remedio que sentarme en el taburete y que aplicar el ojo. No entiendo nada. Manchas inmóviles, quizás ondulantes, de colores varios, pero sin significado para mí. Me siento indefenso y torpe. El «sabio» se percata de la situación y sonríe. Habla con Max y éste me explica: «Dice que, pese a las apariencias, tampoco él entiende gran cosa...»

—Shalom...

—Shalom...

Pasamos a la sección de delineantes, donde me siento aliviado, pues tres de ellos, aficionados al dibujo figurativo, han organizado un certamen de rivalidad. Las paredes están llenas de sus producciones. Uno dibuja sólo manos, el otro, sólo pies, el tercero —una mujer—, sólo ojos, las manos —manos de niño, de hombre, de anciano; dedos largos, cortos, deformes, etcétera—, son de una expresividad obsesionante. Todas en posición vertical. Las hay que piden limosna, las hay fofas, las hay velludas, las hay quemadas por el trabajo y que bien podrían corresponder a los dos pontoneros. Los pies son también muy curiosos y ofrecen mayor dificultad. Hay que jugar con el dedo pulgar. En cuanto a los ojos, todos al carbón, el trazo rezuma fuerza y variedad. Resumiendo, debido a mi situación en el centro de la pieza, las manos me tocan, los pies danzan a mi alrededor y los ojos me miran desde todos los ángulos.

—¿A quién le da usted el primer premio? —me pregunta Jacob—. Hable con franqueza, no se inhiba usted.

—Para mí —diagnostico sin titubear—, al de los pies.

—¡Ah, ja! —ríe un muchacho joven, al conocer el dictamen; y me saluda quitándose la visera y haciendo con los dedos la señal de la victoria.

A continuación, Max nos invita a tomar un refresco en un pequeño cuarto que hace las veces de bar. Y allí nos habla de su pasión por todo esto y por el desierto.

—Debe usted seguir la ruta hasta Eilat. Debe usted visitar las minas de Salomón, de Timna. Se sacan veintidós toneladas de cobre al día. En Chile, para ello, hay que meterse en agujeros de tres quilómetros bajo tierra; en Israel los mineros se han limitado a reanudar una obra iniciada hace tres mil años por el rey Salomón. Y tenga usted en cuenta que por entonces el cobre valía más que el oro, porque con él se hacía el bronce y un Ejército con escudos y cascos y lanzas de bronce era invencible...

La palabra desierto... diríase que ejerce de imán. En efecto, apenas Max la ha repetido tres o cuatro veces irrumpen inesperadamente en el modesto cuartuchobar un par de *hippies*, con sendos perros, *hippies* que abrazan efusivamente a nuestro anfitrión. Llevan extraños amuletos en torno al cuello. No sabemos quiénes son. Max, tranquilo, pone las cosas en su sitio. Nos dice que pertenecen a un clan de jóvenes locos que decidieron instalarse en un altozano situado mucho más abajo, en pleno desierto de Aravá, donde fundaron un *kibutz* llamado *Grofit*. También de experimentación. «Quieren poblar lo despoblado, demostrar que se puede vivir trabajando y con sólo unas guitarras y esa pareja de perros fieles, que son la alegría del *kibutz*.»

Lástima que los dos *hippies* no hablen más que hebreo... Son *sabras*. Pero voy enterándome de la situación. El desierto es tan terrible que llegó un momento en que no podían continuar sin tener delante, a la vista, algo de color verde; y unos judíos escandinavos, de los que vienen a curarse la piel, les hicieron llegar «unas pequeñas terrazas de césped» y los abonos necesarios. Ahora tienen ya verde alrededor, ¡y un gallinero con refrigeración! Catorce mil aves... Y acaban de recibir cuarenta vaquitas limpias, como recién bañanas, algunas lecheras de raza, para las que han acondicionado confortables establos.

—No olvide eso... —me dice Jacob—. El *kibutz* de *Grofit*, en pleno Aravá. Voluntad, juventud, guitarras, un par de perros y un poco de verde... No sé si serán felices, porque sobre los *kibutzim* y la vida cotidiana en ellos hemos oído toda clase de historias; pero míreles la cara, su expresión, y saque sus conclusiones...

No olvidaré nada de lo que he visto, creo. Ni Sodoma; ni a Max, con su cara quemada; ni el pabellón del bromuro ni los otros; ni las marcas grabadas en la arena húmeda con el nombre, la casita y un corazón; ni al químico que está seguro de que pronto habrá que borrar de las geografías el concepto de Mar Muerto...

Nos despedimos de Max, que no lee jamás una novela pero que protagoniza una muy singular con su soltería y con su apasionado amor por el trabajo que realiza, y me asalta la duda de si todo cuanto acabo de ver será rentable... y verdadero. No puedo olvidar aquella frase de que el judío «es un ser humano ampliado». Toda esta gente, incluidos los que han fundado el *Grofit,* con terrazas de césped importadas, ¿no se estarán inventando un mundo irreal? ¿Y las bacterias? Si pudiera hablar un momento con el contable de ese enorme complejo industrial... A falta de ello, tendré que tirarle de la lengua a Salvio, al geólogo Salvio, que se conoce muy bien Sodoma... Al modo como hay hombres-moneda, hay también espíritus-espejismo. Está todo eso tan a trasmano del mundo...

Me gustaría dialogar al respecto con Jacob, pero no me atrevo. El hombre se muestra orgulloso y me entrega con evidente placer un pedacito de sal metido dentro de un rectángulo de cristal negro. En el interior de dicho rectángulo una pequeña leyenda dice: «Genuino cristal fundido en la bíblica tierra de Sodoma-Judea.» Lo sostengo entre mis manos y luego Jacob me entrega un folleto en hebreo, que le dieron para mí los *hippies* de los amuletos en el cuello, con el ruego de que me lo tradujera al instante. Dice así: «Salvadme de ser yo quien ponga orden en la vida de los demás. Y hacedme comprender que puedo estar equivocado algunas veces. Quisiera ser un santo, pero no un santo con el cual es imposible vivir, porque un hombre amargado es la obra del diablo. Un santo que sepa reír.»

Me siento aturdido, y con ese estado de ánimo llegamos a la bifurcación que ha de conducirnos a Arad. En la misma encrucijada de caminos se levanta un pequeño edificio, de corte moderno, no adecuado al paisaje pero que es o pretende ser —o será con el tiempo— un museo importante, el Museo del Mar Muerto, de que me hablaron ayer.

El museo del Mar Muerto

Eli detiene el coche y visitamos el museo. Hay tres cosas que me llaman la atención, como en la oficina de Sodoma los dibujos de manos, de pies y de ojos. La pieza fundamental, una bellísima barca del siglo pasado que consiguió surcar las aguas del mar Muerto. Luego, en una vitrina, una antiquísima maqueta titulada *Herodes-Masada;* y por último, dos bloques inmensos, titánicos, de sal, que son como monolitos y que sin duda resistirán el paso de cualquier idea que tengamos del tiempo.

A través de los ventanales miramos el paisaje. Brillan en las montañas que hemos dejado atrás, y que a lo mejor antaño fueron submarinas: son chispitas... de sal.

Rumbo a Arad

Y proseguimos viaje, ahora rumbo a Arad. Son veintiocho kilómetros de ascensión, ya que Arad está a mil metros sobre el nivel del mar Muerto. Ello significa que la carretera sube como borracha, por entre colinas arenosas, hostiles, que inspiran cierto temor. Paraje que invita a la meditación. De hecho, lo que nos rodea son dunas, jorobas, con una zona de yacimientos de gas y un monte denominado Rosh Zohar. Guardamos silencio. De tarde en tarde aparecen cabras y camellos. Mi talante es singular. No sé si estoy en la infancia del mundo o lo contrario. Hay muchas cosas que lo mismo pueden ser principio que fin. Ese desierto del Neguev podría representar lo absoluto, pero hubo un tal Jeanson que escribió que no existe otro absoluto que lo absolutamente relativo. Me siento vapuleado, respiro hondo por la ventanilla, intentando convertir mis pulmones en océanos. Porque, el aire de Arad y su entorno —Jacob me lo ha repetido muchas veces— es aire-trampolín. No hay asmáticos en el sector. Los médicos de Beersheva buscaban un niño asmático entre las tribus de beduinos del Neguev y no lo encontraron. Una vez más, ¿será eso cierto? ¿Será cierto del *todo*? ¿No habrá desorbitación? ¡Ay, los judíos! Lo dijo un rabino: «Los judíos somos igual que todos, pero un poco más.»

Encontramos un camión parado en la carretera, con un enorme plumero en el radiador. Ha sufrido una avería. ¿Qué hace ese camión árabe aquí? Transporta material para varias familias de beduinos, que construyen sus barracones. El conductor sube con nosotros porque necesita volver de Arad con un mecánico y herramientas, lo cual a lo mejor no resulta fácil.

Sí, claro, en el triángulo de que antes se habló, formado por Arad, Dimona y Beersheva, además de los treinta mil beduinos, casta aparte, hay también muchos árabes. La llegada de alguno de ellos aquí fue espectacular, como, por ejemplo, los del Irak, que se vinieron con pijama creyendo que esta indumentaria era de lujo.

Apenas entramos en Arad, que actualmente cuenta con unos doce mil habitantes —todo un récord, pensando en que Jacob y unos cuantos compañeros pusieron la primera piedra hace algo más de diez años—, me doy cuenta de que a la población le falta carácter, sedimento y que la mezcolanza es muy grande. Construcciones modernas, de emergencia, todo frío y desangelado, con bloques que dan la impresión de que el viento ha de llevárselos y una plazoleta, centro de reunión y de paso obligado, caótica y repleta de comercios «inacabados». Veo una librería-objetos de escritorio y Jacob me dice que la dependiente mayor es chilena. En varios escaparates la artesanía es yemenita y muy hermosa. Me gustaría recorrer entera la población, pero a mi acompañante le falta tiempo para ir a Correos, donde tiene su *Apartado* particular, en el que encuentra media docena de cartas y otras tantas postales. «Correos funciona. Lo mejor de Arad. Correos y un internado para párvulos, donde estudian hasta el bachillerato.» Jacob lee los remitentes y sus gestos son expresivos. Por los sellos veo que sostiene correspondencia con gentes de países muy diversos.

Necesitamos descansar un poco, porque Sodoma ha sido un reto fuerte y el viaje, con Eli al volante, ha durado mucho. Jacob propone almorzar improvisadamente en su casa, donde encontraremos conservas, huevos, chocolate; al paso, podemos comprar ensalada y fruta.

Acepto gustoso, y poco después estamos instalados en su piso, tercero de un bloque-colmena, con estantes por doquier repletos de libros, en castellano muchos de ellos. Frente a un diván, una cesta de mimbre, inmensa, quizá la mayor que haya visto en mi vida, donde se amontonan todas las postales que recibe, y en las paredes cachivaches muy varios, con máscaras africanas y todos los símbolos judíos habidos y por haber. En el rincón de una de las librerías, un minúsculo ejemplar del Nuevo Testamento... en alemán... «Me costó mucho dar con él. Aquí Biblia significa Antiguo Testamento, nada más.» Claro, claro, es verdad... Tampoco me acordaba de que al bueno de Jacob la mitad de la población le tiene declarada la guerra del desprecio, porque corrió la voz de que quería bautizarse en nombre de Cristo. Ninguna mujer ha escupido al paso en nuestro trayecto, pero ahora, haciendo memoria, me percato de que ha saludado a muy pocas personas y de que ha elegido con sumo cuidado los comercios en los que ha comprado algo.

—Es usted muy valiente, Jacob. Vivir la religión de ese modo tiene mucho mérito. Sin un solo sacerdote siquiera para desahogarse. Eso me recuerda lo que durante mucho tiempo significó en España, sobre todo en los pueblos, ser protestante...

—A Jesús lo crucificaron, ¿no? —comenta, mirando lo que la nevera contiene—. Los romanos, claro... Pero lo crucificaron. Y yo no reniego de mi raza judía. Todo lo contrario. Pero en ese librito, el Nuevo Testamento, descubrí que Jesús era el Mesías prometido... Entonces, cumplo con mi deber.

—Le repito que es usted muy valiente.

—¿Tomamos primero ensalada? ¿Y después huevos duros? ¿O fritos? Me gusta cocinar...

—Lo mismo da. Y si quiere, le ayudo...

—¡No, de ningún modo! Usted es mi huésped... Tiene usted whisky, libros, postales... Lo único, si me permite, antes voy a leer un par de cartas recibidas.

—¡No faltaría más!

Las lee en la cocina, con ansiedad, y yo me siento en el diván, quizás excesivamente bajo. Estoy molido y me sirvo un vaso de whisky con agua y hielo. Eli se ha ido a su casa y hemos quedado en que regresaría luego con su mujer, Myriam, a tomar café. De momento no quieren tener hijos, y eso es algo que Jacob no les perdona, pues querría que le dieran un nieto.

Oigo la voz de mi anfitrión, que continúa absorto con las cartas:

—¿Todo correcto, José María?

Me sorprende oírme llamar José María y lo atribuyo a la proximidad del Nuevo Testamento. ¡Oh, sí, toda una odisea por parte de Jacob! Al descubrir los Evangelios —que consiguió, no sin esfuerzo, por mera curiosidad intelectual—, y advertir de pronto que «todas las profecías se cumplían en Jesús», con ese ejemplar alemán empezó a seguir el itinerario que aquéllos marcan y que se inicia en Belén. Y continuó, solo, sin cicerones, ¡y a pie!, la ruta completa, sin escamotear ninguno de los lugares que se citan. Más inmerso cada vez en su hallazgo personal, cada vez más traumatizado. Hasta llegar al llanto, que se produjo en Tagbha, en las Bienaventuranzas y, de forma especialmente intensa, en la Vía Dolorosa y en el Santo Sepulcro, adonde no había entrado jamás.

Con el whisky en la mano, valoro como es menester lo que eso significa para un judío... *askenazi*, cuya infancia transcurrió oyendo de labios paternos, y también de sus abuelos, exclusivamente la lectura de la Torá y explicaciones sobre textos talmúdicos, allá en el principado de Transilvania; y que perdió casi toda la familia y la mayoría de sus amigos en los hornos crematorios de Auschwitz.

Lo supe por el profesor Edery. Jacob no tiene a nadie enterrado entre el cielo y la tierra; todos los suyos entraron en los hornos, y excepto las gafas y los dientes de oro desaparecieron allí o formaron parte de la grasa con que luego Hitler fabricaría jabón.

Pensando en esto, y oyéndole preparar la comida en la cocina, no puedo tomar ningún libro al azar ni revisar las postales de la enorme cesta de mimbre; sólo puedo servirme otro whisky... y extraer de mi saco, el que siempre llevo en bandolera, el ejemplar en castellano del Nuevo Testamento «que siempre conmigo va». Y lo abro sin premeditación y me encuentro con esos versículos de Lucas sobre «la elección de los invitados»: *Cuando hagas una comida, llama a los pobres, a los tullidos, a los cojos y a los ciegos, y tendrás la dicha de que no puedan pagarte, porque tendrás la recompensa en la resurrección de los justos.*

Antes de que terminemos de almorzar ya están aquí Eli y Myriam. Myriam besa a su padre en la frente y luego me saluda con agradable naturalidad. Se ofrece para prepararnos el café. Y en cuanto estamos todos sentados en el tresillo, en torno a la cesta de mimbre y a una mesa portátil que Jacob ha traído, nos sentimos a gusto. A Myriam le encanta hablar español y lo practica cuanto puede. En Arad viven muchos ancianos jubilados, casi todos centroeuropeos, que reciben su pensión, pero buena parte de la población se compone de parejas jóvenes, recién casados, hispanoamericanos en su mayoría. Así que un crecido porcentaje de los amigos que tienen, aproximadamente de su edad, hablan castellano. «Claro que con tanto lío de acentos seguro que mi hablar es fatal.»

No es así. Construye las frases con gracia, a lo que contribuye su encanto natural, su desenvoltura. Tiene los ojos negros y la cabellera larga, también negra, atada a la nuca con un enorme lazo de color amarillo. Sus rasgos no se parecen en nada a los de su padre. ¿Qué habrá sido de su madre? Nunca Jacob me habló de su mujer. Lo más seguro es que estén separados.

Monasterio de Santa Catalina, a los pies del Monte Sinaí.

Los cráneos de los monjes muertos en el monasterio son amontonados en la capilla-cementerio.

Expuestos en vitrinas, algunos de los libros y manuscritos más raros y preciosos de la Biblioteca del Monasterio de Sta. Catalina, en el Sinaí.

El famoso icono Cristo Pantocrator, del siglo VI, una de las joyas de la pinacoteca del monasterio.

En la franja de Gaza viven unos doscientos mil refugiados, en condiciones infrahumanas. Al principio los niños nos recibieron alborozados, hasta que sospecharon que éramos judíos y nos vimos obligados a huir.

Con el padre Emilio Bárcena, de Santander, director de la versión castellana de la revista *Tierra Santa*, en Emmaús.

. Santiago de Churruca, Con-
e de Campo Rey, Cónsul espa-
ol en Jerusalén. Gran conoce-
or de la ciudad y, en especial,
e sus múltiples confesiones e
lesias minoritarias, su ayuda
e para mí inestimable.

APRILE

L. 5.7   T. 6.8

18 DOM.

PASQUA di RESURREZ.

S. Apollonio, senatore romano
e martire

5 Giuliano 1976
    Aprile
    Dom. delle Palme
    Claudio e cc. mm.

10 Copto 1692
    Baramudah
    Dom. delle Palme
    Gabriele, patr. d'Alessandria

18 Egira 1396
    Rabiu-l'Akhar

18 Ebraico 5736
    Nissan
Pasqua degli Azzimi (4° g.)

Una misión especial española visitó Tierra Santa. Vemos haciendo el Vía Crucis —llevando la cruz— al entonces Ministro de Asuntos Exteriores, don Alberto Martín Artajo. A su lado, de rodillas, los marqueses de Villaverde.

Curioso calendario publicado por la CUSTODIA de Tierra Santa. En esta hoja, correspondiente a la Pascua de Resurrección, puede verse que para el calendario juliano es el año 1976; para el copto, el año 1962; para los musulmanes, el año 1396, para los hebreos, el año 5736.

(Sello de Estado egipcio)
Ministerio de Educación e Instrucción

HISTORIA ARABE ISLAMICA

para tercer año de escuela de profesorado

(Programa quinquenal)

(Nombres de dos autores)

Unión Socialista Arabe
Imprenta del Pueblo

الإسلام واليهود :

مما سبقَ يتضح لنا ما انطبعت عليه نفوسُ اليهودِ من الغدر والخيانة رغم تسامح الرسول
معهم ومعاملتهم بالعدل ، ولم يجدّ النبى صلى الله عليه وسلم بدّاً آخر الأمر من أن يطهر المدينة منهم
بعدما ظهر عداوُهم السافر وانتهازهم الفرصَ للكيد للإسلام والمسلمين ·

واليهودُ هم اليهودُ فى كل زمانٍ ومكانٍ ، لا يعيشون إلا فى الظلام ولا يدبرون إلا فى الخفاء ،
ولا يقاتلون إلا وهم مستخفون لأنهم جبناء ، وصدق الله العظيم إذ يقول فيهم : « لا يُقاتلونكم
جميعاً إلا فى قُرى محصنة أوْ مِن وراء جُدر بأسهم بينهم شديد، تحسَبهم جميعاً وقلوبهم شتى ·

"ELLOS NO PUEDEN VIVIR SI NO ES EN LA OSCURIDAD"

Los judíos son siempre los mismos, toda vez y en todo sitio. Ellos no pueden
vivir si no es en la oscuridad. Ellos urden sus malas acciones en la clandestinidad. Ellos luchan solo cuando están escondidos, porque ellos son cobardes.
(Pág. 47).

20

En esta página y la siguiente, citas de libros escolares de Egipto y Jordania con sus correspondientes traducciones.

Reino Hachemita de Jordania

Ministerio de Educación e Instrucción

Departamento de Programas
y de Manuales Escolares

ENSEÑANZA DEL ISLAM

escuela primaria, quinto año

(Nombres de cinco autores)

التربية الاسلامية

للصف الخامس الابتدائي

بارَكَ ٱللهُ في بَيْتِ ٱلْمَقْدِسِ وَمَا حَوْلَهَا ،
فَيَجِبُ عَلَى ٱلْمُسْلِمِينَ كُلِّهِمْ أَنْ يُحافِظوا عَلَى
هَذِهِ ٱلأَرْضِ ٱلْمُبارَكَةِ ، ولا يَسْمَحوا لِلْيَهُودِ أَنْ
يَبْقَوْا في أَيِّ جُزْءٍ مِنْها ،لأَنَّها أَصْبَحَتْ بِلاداً
مُبارَكَةً عِنْدَ ٱلْمُسْلِمِينَ.

"JUDIOS, FUERA DE AQUI! — ESTA ES LA TIERRA SAGRADA DE LOS MUSULMANES"

Es deber de los musulmanes de guardar esta Tierra Santa e impedir a los judíos permanecer en ninguna parte del país, porque es ésta la tierra sagrada de los musulmanes. (Pág. 53)

29

El primer kibutz de Israel fue DEGA-
NIA ALEF, al sur del lago de Genesa-
ret. Hoy es uno de los más prósperos
del país y fueron sus fundadores Ben
Gurion y el padre del actual Ministro
de Defensa, Moshe Dayan, allá por el
año 1909. Israel cuenta actualmente
con 230 de estos establecimientos.

Escritura original de la
compraventa del Huerto
de los Olivos, en Getse-
maní.

La Puerta de Jafa.
A la derecha, la
torre de David.

Estampa frecuente por las carreteras de Israel.

Muñeco de un fraile franciscano, de venta en ciertos moteles de Israel. Se habla de ello en la pág. 54

La gigantesca Menorá (candelabro de siete brazos) que se levanta frente al Parlamento. Fue un donativo de Inglaterra al nuevo Estado de Israel.

El templo en la época de Jesús, reconstruido
según los datos recogidos por los arqueólogos.

Myriam tarda muy poco en preguntarme mis impresiones sobre Israel. Es una *sabra* auténtica. No oculta su fanatismo. Hace poco se reunieron los vecinos y acordaron hacer quinielas de fútbol y que si acertaban se repartirían la mitad y el resto lo darían para los soldados heridos.

Ello no significa que tenga una vida fácil. Ahora mismo ha de irse a trabajar, lo mismo que Eli. Sí, trabajan duro —ella, de «responsable» en un taller de confecciones— para ir comiendo y pagándole a plazos al Estado el piso que compraron. Casi todos sus amigos se encuentran en idéntica situación; y si a base del esfuerzo de unos años consiguen ahorrar y pueden montar un negocio —en Arad, por supuesto, porque de aquí no piensan moverse—, se sentirán liberados y sabrán que todo se lo deben a su propio esfuerzo.

—Todo, en Arad, es difícil... A la salida verá usted un monumento de piedras gruesas, ovaladas, colocadas una sobre otra. Es el símbolo de que el pueblo va creciendo... Después, ya sabe: el desierto. Hacia Dimona, hacia Beersheva, hacia el Sinaí. Pero a mí me gustan las excursiones por el desierto, aunque Eli, con tantos quilos, no pueda acompañarnos. Siempre encontramos cosas inéditas. Y si no cosas, colores, que no se ven ni en los valles ni en la ciudad.

Mientras habla, Myriam va recogiendo postales de la cesta y les echa una ojeada rápida. Me doy cuenta de que cuando tropieza con un monumento antiguo tuerce el gesto y sus ojos expresan una cierta displicencia. El hecho me intriga. ¿Hay algo más antiguo que el desierto? Me gana una ingenua curiosidad. Observo más atentamente y por fin me parece descubrir algo: lo que le desagrada son los castillos, las catedrales, las ermitas. ¿Habrá en todo ello alguna implicación religiosa?

La duda es más fuerte que yo. Se lo pregunto sin ambages y ella me contesta con una seguridad en sí misma que me deja perplejo.

Sí, es cierto. Lo adiviné. No le gustan las iglesias, y menos las que suelen reproducir las postales. Hace tiempo que a su padre le dio por ahí y sus amigos lo saben. Por eso se las mandan. «¿Se ha fijado usted en la cesta? Las va amontonando de un modo que ya empieza a parecer un campanario gótico.»

Es el comienzo de una escena dura, desagradable, que en cuestión de un minuto se ha adueñado de la sala de estar. Le digo a Myriam que, en efecto, su padre está muy interesado por la religión, a juzgar por las conversaciones que hemos tenido; pero que parece elemental respetar su pensamiento y dejarlo al respecto en entera libertad.

Eli, ¡por primera vez!, tiene un gesto expresivo, y Myriam un ademán absolutamente desagradable, de olímpico desprecio.

—Es natural que usted opine así —dice la muchacha—. Pero nosotros lo vemos de otra manera. Mi padre tiene sus intenciones. Las conocemos desde hace varios años; ahora bien, él conoce también las nuestras. Si consigue lo que busca, es decir, que lo bauticen, ya sabe a qué atenerse.

Finjo no adivinar las intenciones de Myriam.

—¿Y cuáles son vuestras intenciones, si puede saberse?

—Pues... muy sencillo. Si lo bautizan, toda la familia se reunirá y celebraremos los funerales como si hubiese muerto.

Ha dicho eso con absoluta seriedad, sin tono metafórico. Yo había oído hablar de que tal costumbre existía, pero nunca creí que afectara a parejas jóvenes que pagaban el piso a plazos y que hablaban de dificultades en la vida y de liberación personal.

Jacob ha bajado la cabeza y no ha dicho nada. Su frente me ha parecido, como siempre, noble, pero todo él ha reflejado una inmensa tristeza. Por fin ha balbuceado algo, probablemente en alemán. Me pregunto si no habrá dicho: «Por lo visto no basta haber recibido seis balas en un costado.»

* * *

La situación es tan tensa que es preciso hacer algo. Tensa, pero no por lo que a Myriam atañe, que ha continuado ojeando postales como si no hubiese dicho nada especial o como si en su casa se celebrasen funerales todos los días.

Jacob opta por levantarse, inquieto, y por acercarse al teléfono y marcar un número. Habla de prisa, en hebreo, y yo no entiendo más que la última palabra: *Shalom.* Cuelga, y su cara ha mudado. Me dice que la cita que había acordado con el jefe de Policía de los beduinos para que yo pudiese obtener informes de primera mano, puede celebrarse ahora mismo. «Está en Comisaría y nos espera. Yo calculaba más tarde, pero dice que ésta es la mejor hora para él.»

Todo arreglado. Myriam y Eli se levantan sin perder un segundo y se despiden, dejándome un sabor más bien de egoísmo *decantado.* Jacob se va al lavabo y se frota varias veces la cara y la nuca con agua de Colonia; y se pone a mi disposición.

—Comisaría está muy cerca. Podemos ir andando...

Los beduínos del Neguev

Interesante experiencia. Nunca pensé que en la propia Comisaría el jefe me hablara con tanta sinceridad. Claro que la palabra *Comisaría* es rimbombante y la de Arad tiene aire de cuartelillo; pero el cargo es el cargo. Nada. Todo sencillo, como si nos conociéramos de toda la vida.

Hombre joven el jefe, alrededor de los cuarenta, de origen yemenita, como los artesanos de las tiendas de la plaza. Bajito, nervudo, con uniforme azul y un bigote que le oscila al hablar. Un tanto negroide el dorso de las manos y hablando un francés aceptable. Con inteligencia natural y raptos intuitivos clásicos del policía nato. Sin asomo de intelectual, pero carente de complejos. Domina su oficio, domina el tema, yo soy amigo de Jacob, el resto carece de importancia.

Ha sido un diálogo largo —más bien un monólogo—, interrumpido sólo tres o cuatro veces por un cabo de la plantilla que le ha pasado unos papeles y le ha dicho que abajo había una mujer, beduina, que pretendía que le habían robado no sé qué. El comisario, Vakkas de nombre, o bien tenía un cigarrillo y jugueteaba con él, o bien con la mano derecha iba pegando golpecitos en el borde de la mesa tras la cual estaba sentado, especialmente cuando se producía una pausa o cuando él creía prudente reflexionar. Sobre dicha mesa, expedientes, un tintero, bolígrafos, un pisapapeles, un magnetófono y una daga, una daga no muy larga, tosca... Al verla, no puedo por menos que recordar que Jacob me dijo que el comisario le había prometido regalármela, y que no tenía más valor que ser el botín de una pelea reciente y cruenta entre dos muchachos de dos tribus distintas.

Mucho más metódico de lo que aparenta, me dice que ya comprende que lo que a mí me interesa es «salir por ahí a ver beduinos», y a ser posible parar en alguna de sus tiendas y hablar con ellos. Ha hecho las oportunas gestiones y no ha tenido la suerte que deseaba. Deseaba poder presentarme a algún jefe de tribu, algún *sheik,* pero precisamente hoy están todos reunidos con el más importante de ellos, que se llama El Huzeili, y que por su propia valía consiguió, no sólo que instalaran varios quilómetros de línea telefónica para él solo, sino un escaño de diputado en la *Keneset,* en el Parlamento... Acontecimiento histórico para los beduinos, un gran triunfo en la mismísima Jerusalén. No obstante, algo podremos hacer. Nos recibirá, cerca de Beersheva, su gran amigo Afak, que ha vivido mucho y ha tenido muchos problemas, pero que es un representante típico de lo que, si no ha entendido mal, yo ando buscando. «Afak es un beduino..., ¿cómo se lo diría yo?, para salir retratado en las enciclopedias, ¿comprende?»

Pero antes de lanzarnos con el coche a recorrer un poco el territorio cercano, el comprendido entre Arad, Dimona y Beersheva, estima conveniente darme unas cuantas explicaciones de carácter general. «Ocurre que hay cosas que a los beduinos no les gusta que lleguen a oídos de los forasteros; y usted es un forastero, ¿se hace cargo?»

—¡Naturalmente!

—Entonces perdóneme el pequeño discurso, las explicaciones previas que le tengo que dar.

El resumen de dichas explicaciones podría ser éste:

«Los beduinos del Neguev, inmenso desierto que significa *sur,* suman en la actualidad unos treinta y ocho mil. Se habla de treinta mil, pero es porque se ignora que la cifra ha aumentado en los últimos años, debido a la mayor longevidad y, sobre todo, al descenso de la mortalidad infantil; descenso debido, en gran parte, a la asistencia en hospitales iseraelíes como, por ejemplo, el de Beersheva.

»Dichos beduinos están divididos en nueve tribus, algunas más adelantadas que otras. Cada tribu tiene, como antes dijo, un jefe, un *sheik,* o bien un consejo de cinco ancianos. El *sheik* tiene muchos derechos y privilegios, pero también muchos deberes. Es el árbitro supremo en asuntos de todo tipo, y ello supone una grave responsabilidad; por ejemplo, en caso de que algunos niños se queden huérfanos, él debe apadrinarlos, con todas las consecuencias.

»Para comprender un poco la organización de los beduinos hay que pensar que durante siglos su régimen de vida fue patriarcal y de una austeridad a toda prueba. Se ha escrito mucho sobre el particular, y lo mejor sería tomar un libro y leer algunos párrafos en voz alta. El beduino, el nómada, quizá con cuatro mil años de antigüedad, ha sido siempre resistente, fuerte, pese a lo cual, llegar a los cincuenta años era considerado casi como un premio de Alá, porque nunca en su vida había podido satisfacer plenamente su hambre y su sed. Así que solía decirse que la pieza clave de su indumentaria era el cinturón, con el que se rodeaba y oprimía el estómago para aminorar las ganas de comer. Y si el cinturón no bastaba, entre él y el estómago se colocaba una piedra, que lo apretase todavía más.

»Su riqueza eran, además de los hijos varones, el ganado y la tienda. Según el número de cabezas que poseyera y según el tamaño de la tienda —hecha con lana de camello y pelo de cabra—, así era su posición social. Sus únicos esparcimientos eran la charla en torno a una taza de café —el comisario nos invita a tomarlo y aceptamos—, la vida familiar y, de vez en cuando, un golpe de mano rápido contra poblaciones sedentarias, agrícolas —evitando en lo posible el derramamiento de sangre—, a las que se subestimaba porque su vida era menos dura.

»¡Muy religiosos! Fieles al Corán..., hasta el punto de que las mujeres se tapaban cuando hablaban con un no-musulmán. Y considerando que la hospitalidad era una obligación, por no existir caminos fijos y ser a veces grandes las distancias entre los diversos campamentos. E idealistas, contrariamente a lo que se supone. Sí, el beduino, antes de haber visto una máquina tragaperras, no había deseado nunca lo material. Si se le hablaba de algo que no fuese lo único que él conocía: la tierra abrasada —por el sol— y movediza —por el viento—, se entusiasmaba, seguía como una oveja e incluso improvisaba poesías. El éxito de Mahoma radicó en eso, en que supo apreciar ese aspecto de la cuestión.

»Por supuesto, en la actualidad abundan los beduinos que trabajan como albañiles o en otros oficios —y algunos han culminado sus estudios y son maestros de escuela e incluso médicos—, y son ya muchos los que no viven en tiendas o en barracones; sin embargo, los reflejos no han variado al compás. No se pueden cambiar en diez años, ni en cuarenta, atavismos milenarios.

»De modo que muchas costumbres han perdurado como anteayer, como hace tres siglos, como en tiempos de Mahoma y más atrás aún. Por ejemplo, las relativas a la muerte.

»Ayer mismo vivió la experiencia. Murió un beduino y él tuvo que ir, como policía, en compañía del médico, para certificar que la muerte había sido normal. No se encendieron velas ni hubo ramos de flores. La costumbre es que la profundidad de la fosa corresponda exactamente a la estatura del fallecido, aunque luego a éste se le coloque en posición horizontal. Mientras estuvo el cuerpo presente, los deudos se pasaban las manos por la frente y las cejas, como para alejar el dolor o los malos pensamientos. El muerto no era tenido en mayor consideración; pero, por lo que fuere, el *sheik* asistió al entierro. ¡Ah, imposible imaginar lo que eso significó!; el muerto pasó automáticamente a tener una categoría muy superior, y ahora será recordado con mucha mayor frecuencia.

»Otro ejemplo podría ser el de los noviazgos y las bodas. Las novias se compran aún, las bodas se pactan. A veces se pactan entre las familias antes de que los niños nazcan; y es frecuente que el novio compre a la chica, puje por ella, cuando sólo tiene diez años y la niña sólo uno o dos... Generalmente las transacciones se celebran los jueves, que es el día de mercado en Beersheva, pero no siempre es así.

»Por supuesto, también en ese asunto la Policía ha de intervenir a menudo, aunque de hecho no le corresponda hacerlo. Pero ahí puede contarme un caso que le ocurrió hace menos de un mes. Se le presentó precisamente su amigo Afak, al que luego visitaremos, una de cuyas hijas, que apenas si cumplió los catorce años, tiene a todos los chavales como hipnotizados. Uno de ellos ofreció por ella quince mil liras... ¡y Afak quería treinta mil! Pues bien, hubo un regateo, que él tuvo que presidir, y el precio se ultimó en veinticinco mil, que ahora el muchacho, que acaba de cumplir los quince años, no tiene más remedio que conseguir como sea... Si no las consigue, entonces puede hacer una oferta en especies: en camellos, cabras, ovejas; pero eso ya es más complicado, porque los que cuidan de valorar con exactitud a un animal son los ancianos y siempre hay discusiones.»

—¿Y si la chica se opone a la boda? —pregunto.

—No puede. ¡No puede! Tiene que aceptar; así está establecido. Su único recurso es presentarse al *sheik* y ver si él se aviene a arreglar el asunto. Presentarse al *sheik* pero sin tocarle la mano, porque está prohibido, a menos que la lleve vendada. Lo que sí puede hacer es besársela. Son costumbres que, vistas desde esta mesa, chocan, pero que son así. En el Yemen también existe esa costumbre.

¡Bueno!; en realidad, casi todas las normas por las que se rigen los beduinos son yemenitas.

—¿Y si dos chicos se enamoran o pretenden a la misma chica?

—¡Ah! Entonces los celos pueden conducir fulminantemente al asesinato. En la Comisaría tenemos precedentes de esos duelos sin piedad... Es algo horrible; pero le sorprendería a usted ver cómo, cuando eso ocurre, reaccionan las mujeres.

—¿Con orgullo?

—Yo no diría tanto; pero se quedan tan tranquilas; yo diría que casi tan tranquilas como el muerto.

Jacob sonríe, con sus ojos azules y mueve maliciosamente la cabeza.

—¿Y si todo discurre felizmente y se celebra la boda?

—¡Huy, eso puede variar mucho, según la «posición» social!; pero lo normal es fiesta por todo lo alto, con caballos enjaezados y alegría a rebosar. Y al término de la ceremonia, y estando los ancianos presentes, la pareja se esconde en cualquier lugar y al cabo de un rato vuelve el novio enseñando la sábana manchada de sangre...

—Tremendo...

—¡Qué va! Es la costumbre. Los invitados aplauden a rabiar.

Guardo un silencio y al cabo pregunto:

—¿Y si resulta que la muchacha no era virgen?

El comisario abre los brazos.

—¡Ah! En ese caso pueden ocurrir varias cosas. Que el novio repudie a la mujer repitiendo por tres veces: «Tú estás divorciada...», lo que de rebote afecta también al hermano o hermanos del novio, si están casados, los cuales se ven obligados a repudiar igualmente a sus mujeres, para salvar el honor familiar. —El comisario se da cuenta de mi parpadeo y continúa—: Ahora bien, asimismo puede ocurrir que el novio, así por las buenas, acabe con la vida de la muchacha que ha mancillado dicho honor... En ese caso, el castigo por tal delito acostumbra a ser de veinte años de cárcel, que son aceptados sin rechistar.

Pido otro café al comisario, que me es servido al instante.

—Dígame una cosa —continúo preguntando—. Entre las mujeres casadas, ¿lo corriente es la fidelidad?

—¡Oh, sí, no faltaría más!; pero con una excepción: si se mete por en medio el *sheik*. El *sheik* de la tribu, quiero decir. Ya le dije que los *sheiks* gozan de ciertos privilegios...

Mis expresiones faciales divierten sin duda al comisario, que también encarga otro café.

—Le estoy leyendo el pensamiento... —me dice—. Piensa que esa discriminación de sexos es una atrocidad. —Enciende otro pitillo y añade—: Tiene usted toda la razón. Sin embargo, tome nota, si es que piensa escribir algo sobre el particular. No es lo mismo lo que sucede fuera de la tienda, o delante de forasteros, que lo que sucede dentro... Dentro de la tienda, todo cambia. Las mujeres, poniendo por delante a los críos, exigen lo que hay que exigir. Y si no, que se lo pregunten a mi amigo Afak, al que han tirado más de un trasto a la cabeza.

El comisario, advirtiendo que lo que acaba de decirme me sume en un mar de dudas, aporta un matiz de importancia extrema: el beduino, sin la mujer no podría vivir. «¿Se da usted cuenta? Lo comprenderá en seguida.» El beduino es un ser sensual. Pero no lo es por vicio, sino por necesidad. ¿Qué quede hacer el beduino en el desierto? Arena, piedras, ninguna línea flexible, como no sea la de los animales. No hay vegetación, no hay frutos, no hay flores, no hay lianas para regocijo de los ojos. El único dibujo atrayente para su mirada es la mujer; sus curvas, sus ojos, sus labios. Para él, que no es un asceta, ese dato es trascendental y capaz de hacerle cometer cualquier locura. Por supuesto, vuelve a insistir en que, sobre todo desde la guerra de los Seis Días y de las nuevas vías de comunicación, las cosas han cambiado y el contacto y el ejemplo de la vida israelí están influyendo decisivamente; pero el beduino, dentro de su tienda, o a solas consigo mismo, es el mismo que antes... Y tiene un orgullo personal insobornable. Y abundan los que desprecian las costumbres llamadas «modernas», no sólo por considerarles inmorales o preñadas de incomprensible frivolidad, sino porque los apartan de las creencias de sus antepasados.

Me echo para atrás en el desvencijado sillón que me ha tocado en suerte.

—¡Caray con el desierto! —exclamo—. Ya suponía que el problemita era de cuidado, pero no hasta ese punto...

—¡Ay, amigo! No tiene usted idea... —El comisario se halla ahora a sus anchas—. Yo le llamo el Gran Maestro, fíjese... Hay un punto de superioridad. Aquí, en esta Comisaría, aun siendo pequeña, lo compruebo constantemente. Yo soy yemenita, como le dije antes, y debería estar acostumbrado; pues es raro el día en que no reciba una lección, ya que la ley es la ley, sin necesidad de notarios. Los beduinos sofisticados proliferan, y las agencias organizan ya viajes para visitar ciertas tiendas de campaña. Tales beduinos van adaptándose a nuestras costumbres; pero los auténticos no necesitan nada, y entonces ante ellos nosotros somos como niños de teta malcriados, seres incapaces de resistencia mayor. ¿Se da usted cuenta del nerviosismo con que yo fumo, de las veces que el amigo Jacob se pasa la mano por la cabeza? ¿Se da usted cuenta de los golpecitos que con la mano voy dándole a la mesa, o de que siempre necesito un bolígrafo para entretenerme? Eso, para un beduino puro, como lo era mi abuelo, resulta una insensatez. Se reiría de mí. Palabra de comisario: es una humillación.

Acto seguido tiene una reacción que ignoro si la habría tenido su abuelo. Me regala —la profecía de Jacob se cumplió— la daga que hay sobre la mesa y que protagonizó un suceso cruento entre dos muchachos de dos tribus distintas.

—Llévesela... Será un recuerdo. Para que no se crea tampoco que son unos angelitos...

Voy recopilando regalos y objetos. Espectro vario, ciertamente. Un diploma acreditativo de que planté con mis manos un ciprés; un formulario a rellenar para el museo de Yad Washem; unos collares que adquirí camino del Golán; el Padrenuestro en más de sesenta idiomas; un molinillo de papel; unos versículos de Sofonías, en cartulina rosa, grabados por el sistema Braille; un pisapapeles en el que nieva sobre un volcán, que compré en Nazaret; etcétera. Ahora, una daga de beduino, además de una piedra ambarina que, antes de salir de Arad, y siguiendo los consejos de Jacob, compro para mi mujer en una tienda de la plazuela. «Es para un broche —me ha dicho Jacob—. Una joya del Neguev.»

¿Realmente es necesario poseer tantas cosas?

El desierto

Salimos a dar la consabida vuelta por el desierto. Al saber que mañana he de regresar a Jerusalén para asistir a la cena del *Seder* —«está muy bien, es un acto sagrado»—, el comisario señor Vakkas se ha mostrado partidario de vagabundear a lo que salga hasta el declinar del sol. «A la noche le dejamos a usted en Beersheva y allá se las compone. Desde Beersheva, mañana, cada veinte minutos tiene usted un taxi colectivo que sale para Jerusalén.»

—Pero... ¿va usted a destinarme toda la tarde?

—Hoy es día de calma. Lo huelo, lo huelo. El olfato de un policía no miente.

Vamos, pues, al desierto. Antes me saco una fotografía delante de las piedras ovaladas, superpuestas, que van amontonándose a medida que Arad crece. Es un monumento singular. Le digo a Jacob: «Despídame de Myriam y de Eli»; Jacob mueve la cabeza. «Cuando los vea, lo haré.»

Apenas fuera de Arad, en dirección a Siriat Safit, el mundo de los beduinos acude en directo a mi encuentro. Veo a uno junto a un tractor y la estampa me parece absurda. Es como si alguien viera a Salvio montado en un tiovivo o el padre Ángel del brazo de una prostituta.

—Le advierto que pasear por el desierto en coche, pasear por la carretera, es hacer trampa. El desierto hay que patearlo. Es como irse a América en barco; a América habría que ir nadando...

Pero también desde la carretera se ven cosas. Varias muchachas beduinas con vestidos rojos, dignas de ser filmadas. Impresionantes. Tienen facha. El comisario me dice que las ropas no son necesariamente de calidad. «A menudo esas jóvenes criaturas dan el pego. Visten de baratillo y parecen reinas.» Por lo visto prestan más atención a la ropa interior. «Ahí casi podría garantizarle que se han gastado sus buenos dineros.»

Y llega el desierto, con campamentos beduinos aquí y allá y extensas zonas sórdidas, con dunas alisadas por los vientos y arena, «arena abrasada» a pérdida de vista, sin fin. Viajamos a contraluz y veo brotar de dichas dunas, que forman oleajes, colores de matices desusados, turbadores, tal y como Myriam me advirtiera. Lo que ocurre es que el sol es ahora el dueño y señor, como siempre, y los ojos me duelen. Tal vez debiera llevar gafas verdes, como aquel pontonero de Sodoma; el comisario y Jacob se las arreglan como yo, con cristales negros, aunque con toda seguridad están más acostumbrados.

Bien, tengo la impresión de haberme sumergido en un mundo irreal, que veo más cosas de las que existen. El coche del comisario avanza con lentitud y puedo contemplar a placer, a derecha y a izquierda, el reino de la aridez parda y roja, aunque el limpiaparabrisas ha de funcionar a menudo, debido al polvo. Opresión, soledad. Hay que pertenecer, sí, a una casta especial para pastorear aquí rebaños y no digamos para construirse la tienda o el barracón. Eso es para soñar que se sueña. Eso es para quien ama la arena y no necesita nada y es capaz de colocarse una piedra entre el estómago y el cinturón. Y para quien guste de la promiscuidad con los animales, y usar turbante, y túnica de paño grueso y sandalias de piel sin curtir y para quien, a falta de agua, es capaz de lavarse con orina de camello. Eso es para los profetas, que para «acordarse del porvenir» aman comer un poco de hierba, vestirse con hierba y dormir sobre un escueto lecho de hierba.

De todo ello me doy cuenta cabal cuando el comisario, con la excusa de preguntar algo, se detiene ante un beduino altísimo que está solo, de pie, al borde de la carretera. Su turbante; sus barbas negras; sus ojos negros, entre infantiles y cavernarios, no propicios a la adjetivación; las arrugas de su rostro, como esos surcos que trazan los arados tirados, ¡aún!, por dromedarios, que hemos visto al pasar; el color de toda su piel, quemada por un sol que quemó ya la piel «de los padres de los padres de sus padres». Tal y como me lo advirtió el comisario, ante él me siento en presencia de alguien que, sin moverse, me da la vuelta y que, sin reírse, me pone en ridículo. Le doy la razón, sin que hayamos tratado ningún tema. Le perdono hasta que sea lúbrico, si lo es, como suelen serlo los *sheiks*. Es un hombre que por las noches debe de contemplar el cielo a la manera como yo lo contemplé en el Tabor, pero sin arrobamiento, sin darle mayor importancia, como quien contempla a su hijo que juega con estrellas que le nacen espontáneamente, por todo el cuerpo. Claro, las noches en el Neguev deben de ser mágicas sin necesidad de que nadie les escriba cartas a los tres emisarios que llegaron de Oriente. Y si hoy sólo se oirán —es de suponer— los lamentos de los animales próximos, domesticados, antaño se oirían también los de aquellos otros, lejanos, que deberían de estar representados en el Zoo bíblico. Noches de luna menguante, noches de luna creciente, noches de luna *hiena*.

Continuamos camino, bifurcando en dirección a Dimona y diríase que, de pronto, hemos entrado en el reino de los camellos. Los veo por todas partes. Caravanas. ¿Están realmente ahí? Sí, están ahí. Son siluetas inevitables, la silueta que me faltaba para sentirme en pleno Neguev y no en Hebrón o en mi pueblo natal.

Es evidente que están en su elemento. El comisario se ha detenido expresamente para que pueda ver algunos de cerca —un par de docenas lo menos están agrupados a pocos metros de la carretera—, y son como monarcas sin oposición en torno, sin ovejas, ni cabras, ni árboles, ni flores o lianas. Los llaman «las naves del desierto» y la definición es óptima, a poco que se recapacite. También los llaman «una broma de la Naturaleza», y la sentencia es tan aceptable como la anterior. Mirándolos con atención, me convenzo de que su fealdad no es un truco anatómico teatral, sino un hecho objetivo, riguroso. Barriga enorme, belfos carnosos, patas largas y torcidas y oliendo a demonios. Sé que en Arabia los denominan *Atallah* —don de Dios—, pero será por los servicios que prestan, no por su coquetería natural, ni por su semblante, ni por sus bufidos. En el desierto no tienen rival, porque almacenan agua; porque con sus labios pueden comer hasta cuero de zapato y alambre de cobre; porque tienen cuatro cámaras estomacales y pueden cerrar los ojos, las orejas y las fosas nasales a prueba del viento; y porque sus grandes pies, como acolchonados, les permiten andar por la arena sin hundirse; pero, repito, vistos de cerca, observados minuciosamente, contrahechos y con su impenetrable tristeza y sus cuatrocientos quilos de peso más o menos, provocan repulsión. Sin contar con que son capaces de perseguir durante quilómetros a quien los ofenda o de aplastar a quien consideren su enemigo; aunque también son capaces de amar tan intensamente a su *raika*, a su camellero, que pueden muy bien ir tras él dondequiera que vaya, seguirle hasta por las calles de una urbe poblada de automóviles.

Y sin embargo, he de reconocer, después de escuchar además al señor Vakkas, que sin el camello el desierto del Neguev no estaría siendo para mí lo que es: otra inolvidable experiencia. Una pregunta se impone: ¿se extinguen en el mundo los camellos, como los buenos y los malos sentimientos, dejando paso a la indiferencia, «que es el peor pecado»? ¿Cuántos hay en la actualidad? ¿Más que antes? ¿Menos? Muchos más. Si a ellos se debe la modificación del curso de la Historia, al hacer posible, en las primeras centurias de nuestra Era, el comercio a través del Sahara, enlazando el África Negra con el Mediterráneo, a ellos se debe ahora la posibilidad de transporte en muchas zonas del Pakistán, de la India, de Mongolia, de Rusia, de China, etcétera. Por lo demás, huelga insistir sobre ello, no tienen rival. ¿El caballo? Ni hablar, porque necesita comida y agua. Y en cuanto a rapidez, en la propia Arabia Saudí se hizo la prueba y venció el «don de Dios»: una carrera de ciento ochenta quilómetros por el desierto. El caballo llegó primero, pero nada más llegar se cayó muerto; el camello llegó bastante después, pero fue capaz de dar media vuelta y regresar tranquilamente a su punto de partida.

Vagabundeando hemos visto también otros mundos. Oasis, plantaciones debidas al esfuerzo del hombre. Cerca de Dimona, una industria de lavados de arena para la elaboración del vidrio; y el observatorio de *Mitzpé Hakikar,* desde el que se domina toda la región, muy cerca del cual un *Memorial* recuerda a dos ingenieros que cayeron en una emboscada mientras construían esta carretera; y olivares y eucaliptos; y una escuela para niños beduinos, algunos de los cuales ya no piensan usar turbante ni tener requemada la piel, sino ser maestros, médicos, ingenieros de las minas del Gran Cráter o de las instalaciones que hay cerca de aquí, que albergan un reactor atómico... Rumbo a Beersheva, vemos el poblado de Nevatim, cuyos inmigrantes provienen todos de la India, de Cochin.

En la tienda de Afak

El comisario se lamenta de nuevo de no haber podido llevarme a casa del *sheik* El Huzeili, diputado en el Parlamento, o de algún otro; pero, en fin, Afak, «apto para salir retratado en las enciclopedias», no me defraudará, es de suponer, y seguro que nos está esperando.

Así es. Llegamos ante su tienda y lo vemos de pie, más bien escuchimizado, pero vivaz como él solo. Rondará los cuarenta años. ¡Bueno, no está mal! Feo como un diablo feo, pero se le ve capaz de trepar corriendo una colina y de derribar a un asno de un puñetazo. Fuma con una pipa de chimenea altísima, que le da aspecto de locomotora. Tiene cuatro mujeres —una beduina, la preferida, por «ser hija del viento del desierto»—, las otras tres, árabes sin más, y no recuerda el número exacto de hijos que ha tenido con cada una de ellas. Recuerda, eso sí, que Uum, la catorceañera que fue motivo del regateo de las liras, es hija de la beduina, y a raíz de ello declaró que a ese paso deseará tener niñas, porque serán una renta; pero nada más. Sí. Afak quiere mucho al comisario, al señor Vakkas, porque le salvó de un apuro, de un apuro grave, y esas cosas no se olvidan.

Probablemente por eso se desvive por atendernos, y ello nos basta. Porque nos permite conocer la tienda, que tiene unos treinta metros y está construida con lonas de pelo de cabra. Para entrar, hay que agachar la cabeza. En el interior, ni una mesa, ni una silla, ningún mueble; los cachivaches, ¡el transistor!, el fogón en el centro, cavado en la tierra. Unas cuantas alfombras, que no se sabe si de un momento a otro echarán a volar. Todo, pues, horizontal, excepto la locomotora que le cuelga de los labios. Con la beduina sentada en un rincón, que se tapa la cara y no pronuncia una palabra, mientras adormece a un bebé que lloriquea.

Descubro que hay unas cortinas tras las cuales viven otras personas; son las «otras» mujeres, las no beduinas. Compartimentos estancos. Ahora comprendo. No se trata de jugar a las cuatro esquinas, que sería una pelea continua y descomunal. Lo curioso es que se oye el pedaleo de una máquina de coser; debe de ser una «Singer», puesto que en Arad las vi anunciadas. La civilización va entrando por el pedaleo, como se ve en la carretera, con muchos beduinos que prefieren montar en bicicleta a montar el borriquillo.

Afak es quien cuida de prepararnos el café, sin azúcar, pero aromatizado con hierbas. El té, en cambio, por lo visto se sirve endulcorado, lo que significa que le desean a uno una vida agradable. El comisario le ruega a Afak, que tiene pronto la desdentada sonrisa, que me cuente qué ocurre cuando en la tienda dos enemigos se sientan a tomar café. Afak habla y el comisario me traduce: sólo pueden tomar dos tazas; tomarse una tercera sería señal de que se declaran la guerra sin cuartel.

Afak añade, también riendo, que está muy contento de ser nuestro anfitrión; pero que si hubiéramos llegado a la hora de la comida y compartido con ellos el clásico cordero, al terminar él nos hubiera invitado a lavarnos las manos con jabón; y si la pastilla de jabón se nos hubiera escurrido, deslizado, hubiéramos tenido que pagar todo el gasto... El comisario comenta: «Deliciosa costumbre.» Jacob localiza, cerca de la mujer, una caja de «Coca-Cola» con fruta dentro y me dice: «Lo que les gusta es comerse las frutas con las manos y que los jugos les chorreen por los labios y la barbilla...»

¿Los labios? En ese momento se levanta la cortina y aparece Uum, la muchacha asignada ya por veinticinco mil liras, una preciosidad, que me recuerda a Naila, aunque con los párpados más maquillados todavía.

¿Cómo es posible que el viento no le haya arrugado ya la piel? Nos mira azorada y no tiene con qué taparse la cara, pues lleva falda corta. Querría dar media vuelta y desaparecer, pero Afak le ordena que permanezca unos instantes con nosotros. Sí, es una belleza. El amor con que Afak la mira denota que está seguro de que es hija suya, de que ahí no intervino el *sheik*. Como fuere, diríase que ha brotado de un arroyo de miel y ahora comprendo mejor que algunos beduinos en la prisión escriban poemas.

Por fin la niña recoge uno de los chirimbolos y se va, inclinando la cabeza. Y entonces Afak nos invita a recorrer toda la tienda, de la que está más orgulloso aún que de sus hijos. Las estacas clavadas en el suelo; las lonas; las horquetas. ¡Levanta las cortinas y vemos a la mujer que pedalea!; en efecto, utiliza una «Singer». La mujer, con mucho desparpajo, nos mira y se dirige al comisario: si queremos sacar fotografías, se vestirán todas como es debido, pero a cambio de una cantidad de liras a convenir. Me quedo estupefacto. Eso es idéntico a lo que nos ocurrió cerca de Jericó. El comisario se apresura a aclararnos que aquí estamos cerca de Beersheva y que la influencia de los negociantes israelíes ha contaminado el sector. Hay campos beduinos alejados, en el interior, en los que las mujeres se dejarían matar antes de ponerse ante un objetivo fotográfico, o simplemente lo harían de buen grado, sonriendo.

La mujer, cambiando de tono, habla con Afak. Le ha preguntado si nos ha invitado ya a café. ¡Menos mal! Varios críos juegan sobre las alfombras; uno de ellos levanta las otras cortinas y va recorriendo las tiendas tirando de una caravana de diminutos camellos de madera...

No hay sillas, no hay mesas, no hay estantes. Todo horizontal, como la tierra. Tampoco veo tenedores ni cucharas; sólo cuchillos. No sé dónde estoy. ¿Y la televisión? No hay electricidad. ¡Ay, si tuvieran televisión! El mirar de Uum no sería tan puro, en el sitio del fogón habría un hornillo, en alguna parte, una nevera.

Las otras dos esposas de Afak están hoy con los pastores. ¡La poligamia! Cuando Mahoma dictó esa norma no lo hizo ni por capricho ni por razones de sensualidad; toda el Asia Menor estaba en guerra, y las viudas eran muchas. Quiso que cada hombre se responsabilizara de cuatro mujeres. Fue una medida pragmática —sobre todo, para que los hijos sin padre tuvieran protección de las madrastras—, que como todo, con el tiempo, incluido ese pedazo de desierto, se ha ido deteriorando.

La verdad es que tendríamos mucho que hablar. Afak, que aparentemente sólo mira y fuma, por lo visto ha preguntado de dónde soy y a qué me dedico, y al saberlo se ha euforizado. Porque él tiene varios hijos que van a la escuela y uno que quiere ser dentista. «Tiene porvenir, ¿comprendes? Tomamos demasiado azúcar y se nos estropea la dentadura. Y luego los hay que tienen dientes con fundas de oro y ahora van a que se las quiten para comprarse otras cosas, por ejemplo, un transistor... —Vuelve a reírse y añade—: Sí, es necesario haber pasado por la escuela, y yo admiro a los que saben escribir. El comisario, por ejemplo, parece una máquina... En cambio, yo sólo sé calcular las cabezas de ganado, a mucha distancia, eso sí; y cuando en la tribu enferma un camello, antes de irse a Beersheva vienen aquí a que lo vea Afak.»

—¿Le parece poco? Hay muchas formas de sabiduría...

—No, no, eso son monsergas. Es más bonito escribir libros; y también ser dentista...

Las mujeres no despegan los labios. Hay una pausa. Es lo normal. Siendo yo forastero y no habiendo compartido la comida, prolongar la cháchara sería falsear la realidad de una tienda de beduino cuando en ella se recibe una visita.

Despedida

El sol declina y ha llegado la hora de despedirse. No sólo de Afak, sino también del comisario y de Jacob, que tienen que regresar a Arad. Conforme a lo previsto, estos últimos me acompañan a Beersheva, donde deberé pernoctar para viajar mañana a Jerusalén. El comisario detiene el coche justo delante de la agencia de donde parten los taxis colectivos. Efectivamente, cada veinte minutos sale uno hasta la Puerta de Jafa, y el viaje cuesta catorce liras solamente. «Más cómodo, imposible.»

Estrecho con efusión la mano del comisario, cuya cordialidad realmente me ha conmovido; en cuanto a Jacob, no sé qué decirle. Me doy cuenta de que el hombre ha vivido conmigo una especie de cuento de hadas, dada la hostilidad ambiental que le acosa, por culpa de aquel librito del Nuevo Testamento... Hostilidad, no sólo en Arad, sino en el propio «Hotel Galei-Zohar». Con el comisario se entienden bien, porque éste, en cuestiones de religión, es partidario de que cada cual haga lo que le dé la gana.

Es probable que nunca más vuelva a ver al comisario señor Vakkas, ni pueda comprobar si realmente escribe con rapidez; en cambio, Jacob, si obtiene el permiso necesario, hará una escapada a Jerusalén el próximo Viernes Santo, para asistir al solemne Vía Crucis. «En todo caso, le buscaré a usted en *Casa Nova* o en San Salvador. Y si no puedo ir, le llamaré un día por teléfono.»

* * *

Se van, y me quedo solo en Beersheva, sin conocer a nadie. En un quiosco me dan un folleto de información en el que se habla de las posibilidades nocturnas que la población ofrece: diez cines, clubs —entre ellos, el de los «Francmasones», el de los «Leones», el «Rotary»—, cabarets... No estoy para esos trotes. Aunque me siento cansado, deambulo un poco al azar, antes de preguntar por un hotel que me convenga. Y me doy cuenta de que el comisario acertó al decirme que Beersheva es una ciudad viva, dinámica, que debe de ir creciendo por días, como Arad, calculándose que actualmente hay en el área municipal diez árboles por cada habitante; operación «verde», aquí organizada para resguardarse del viento y para que sus habitantes olviden en lo posible la idea del desierto que los rodea.

Entro en una cafetería para descansar un poco y preguntar por el hotel que necesito. Me aconsejan el «Beersheva Hotel», que está muy cerca, y sin pérdida de tiempo me voy allí.

Hotel funcional, limpio. Me tomo un baño muy a gusto, de agua tibia. Y me froto con jabón —la pastilla se escurre, tendré que pagar la cuenta...—, advirtiendo que todavía noto en los pies el escozor del agua del mar Muerto.

En el comedor, a la hora de la cena, presidida por el pan ázimo, mi vecino de mesa me aborda sin contemplaciones. Es un muchacho joven, alemán, de Francfurt, que vino por asuntos de negocios y que en Beersheva se aburre como es imposible imaginar. Habla un francés detestable, pero le entiendo. «Eso es horrible, todo fachada. No hay nada, nada... Las horas se me hacen eternas.» Está gordísimo, y me confiesa que es a causa de la cerveza. No tanto como Eli, pero todo se andará. «¡Me aburro tanto! —insiste—. No hago más que beber.»

Me cuenta que los jueves, en el mercado, se compran mujeres... También me cuenta que residen en Beersheva muchos jubilados «asmáticos» que reciben pensión del Gobierno alemán, por ex cautivos... Y que muchos inmigrantes judíos vienen engañados. «Les dicen que podrán ejercer de ingenieros de bosques, por ejemplo, y al llegar aquí a lo mejor tienen que trabajar en una panadería.»

No tengo más remedio que cortar por lo sano. Voy dejando de contestarle —el pan ázimo me ha disgustado menos de lo que suponía—, hasta que se da cuenta, se desanima y pide otra cerveza.

—*Au revoir, monsieur...*
—*Au revoir...*

Duermo como un bendito hasta las ocho de la mañana.

CAPÍTULO XXXI

Miércoles de Semana Santa. Estoy contento. Me he desayunado y me dirijo a la agencia para regresar a Jerusalén. En la esquina compro el *The Jerusalem Post* a un hombre de aspecto lelo, que me da las gracias con un *spassiba* quejumbroso. Debe de ser un inmigrante ruso, al que la suerte abandonó y que tiene que dedicarse a vender periódicos.

Llego a la agencia justo diez minutos antes de que salga el *sherut*, el taxi colectivo, hacia Jerusalén. Casi completo, sólo quedan dos plazas en la fila de en medio, un tanto incómodas. Por fortuna, dispondré de ventanilla, lo que es de agradecer. En el último instante se sienta a mi lado un hombre alto, con uniforme americano, que al entrar nos ha saludado con un sonoro *shalom*...

Sobre los refugiados palestinos

A las nueve en punto el vehículo arranca. Da la impresión de que todo el mundo —excepto el conductor, el cual lleva una boquilla de mentirijillas, con un círculo o redondel de ceniza marcado en la punta—, está soñoliento. Somos siete pasajeros. Pensando en la intensa jornada que me espera, tampoco me disgustaría echar una cabezada; pero no puedo. Siento una extraña alegría interior. Alegría injusta, puesto que mañana es Jueves Santo, y debería guardar cierto recato: nada que hacer. Canturreo por lo bajines melodías que acuden a mi memoria, antiguas: *Siboney, Bésame mucho, Sapore di sale, sapore di mare*... Me paso mucho rato repitiendo una vez y otra esta última canción, como si de verdad me gustara, lo que no es cierto. Por lo visto hay mil maneras de engañarse a sí mismo.

Poco a poco la gente va espabilándose. Alguno empieza a fumar de verdad. Dos soldados se ponen a hablar en hebreo y no paran. Su modo de gesticular permite deducir que hablan de guerra. Hacen como que apuntan y disparan, y tengo para mí que si dispusieran de espacio lanzarían granadas contra las trincheras enemigas. En un momento dado uno de ellos se tapa los oídos y el otro hace como si soltara un morterazo; luego ambos se echan a reír.

A mitad de camino, cerca ya de Hebrón —dedico un afectuoso recuerdo a Zaid y a las invisibles cuevas de Macpelá—, mi vecino se decide a dirigirme la palabra, previos unos tanteos para encontrar el idioma más a propósito. Finalmente opta por el francés. El viaje se le hacía pesado..., y no sabe si me apetece la charla;

pero como me oyó canturrear *Sapore di sale*... Le digo que no me aburría, que andaba con mis cosas y que estoy contento sin saber por qué.

Se presenta. Se llama Richard Lissner, es oficial americano y está en Gaza, en la franja de Gaza, con las fuerzas de *l'UNRWA,* que ayudan a los refugiados de la zona. Me presento a mi vez, y al oír mi apellido me supone italiano. «No, no, soy español.» «Pero... ¿español de España?» «Sí, sí, de España. ¿Le parece raro?» «Desde luego. Por aquí, casi todos son de la América Latina.» «Sobre todo, argentinos.» «¡Oh, no! De todas partes.»

Me pregunta si conozco Gaza y le digo que no. «Pues es una lástima; estaba usted tan cerca...» Me cuenta que en aquella franja suman casi doscientos mil los refugiados palestinos, repartidos entre varias poblaciones. «Es un espectáculo único. Muchos de ellos viven en condiciones..., ¿cómo se lo diré?, infrahumanas.» Es algo que hay que ver, si uno desea basarse en realidades y formarse una opinión. Su organización, dependiente de la ONU, *l'UNRWA,* hace lo que puede, pero no da abasto: escuelas, dispensarios, reparto de alimentos... Él lleva ya cinco años en el puesto y se siente como en su casa. Ha llegado a querer a dichos refugiados, al margen de la política y a que los hay que al menor descuido le juegan a uno una mala pasada. «¡Casi doscientos mil! —repite—. ¿Se da cuenta? Y sin darse por vencidos. Esperando el momento. Los niños nacen ya con el odio en el corazón. Si es usted periodista o algo así, aquello ha de interesarle... Vaya un día y pregunte por mí, Richard Lissner. Tome, aquí tiene mi tarjeta... Tendré mucho gusto en explicarle en qué consiste nuestra labor. ¡Ah, y todos somos voluntarios!» Le cuento que estuve en el Golán y me contesta: «¡Bueno! Aquello es completamente distinto. Son militares. Son profesionales.» Le hablo de la «ciudad deshabitada» cerca de Jericó. Ha oído hablar de ella, pero no la conoce. «Vale la pena —le aconsejo—. Es estremecedor.»

Luego añade que no faltan los comerciantes palestinos que se han adaptado a la situación, e incluso que se han enriquecido. «Por ejemplo, los que tienen un "Fotomatón".» «¿Un "Fotomatón"? No comprendo.» «Pues es muy sencillo. Las autoridades judías exigen constantemente renovar la documentación, los carnets y demás. ¿Entiende ahora?» «Sí, claro.»

A continuación me dice que tales comerciantes tienen una visión muy distinta de las cosas, y yo no puedo por menos que pensar en el señor Tuko.

—¿Hay muchos niños ciegos? —le pregunto.

—¡Ya sabe! El porcentaje normal... Luchamos cuanto podemos contra esa plaga, pero es difícil.

—Ya...

El padre Barriuso

De repente, diríase que el tema se ha agotado y nos callamos. El señor Lissner se dedica a contemplar el paisaje... y yo regreso a mis canturreos, a mi *Siboney,* a mi *Bésame mucho,* al *Esta noche me emborracho bien...*

El taxi colectivo llega a la Puerta de Jafa. ¡Qué cambio de ambiente! Es lo contrario del desierto. Casi mediodía, todo está en su apogeo. Me despido del oficial americano y me doy cuenta de que Jerusalén se me entra otra vez por los poros, como siempre. ¡Cuánta gente! Cuántos peregrinos... Y las murallas erguidas ahí, con su presencia cálida. Me doy cuenta de que el equipaje me estorba y me llego a *Casa Nova* dispuesto a librarme de él. Una vez en la residencia, advierto que es la hora del almuerzo. Pronto sonará la campana; pero la verdad es que no tengo apetito, de modo que desisto. Comeré más tarde donde sea, quizá en casa de Raúl. Ahora quiero regresar a la Puerta de Jafa, donde vi, de pasada, el primero de los «Mesías» con el que me tropecé, precisamente cuando nos dirigíamos al Golán: aquel que lleva en el pecho una gran cruz y que armó un escándalo al ponerse a gritar en el motel de la carretera: «¡Hermanos! No es que el espíritu venga *hacia* mí, sino que viene *de* mí... Soy el Mesías que estáis esperando.» Se lo llevaron como si fuera un loco, pero por lo visto lo han soltado.

En el vestíbulo de recepción encuentro nada menos que a fray Delfín, el «organero». ¡Le acompaña el padre Barriuso, el franciscano del Campo de los Pastores! Fray Delfín, cargado con un corto tronco de madera y varios chismes metálicos, me pregunta cuándo tendrá el honor de recibirme otra vez y, por su parte, el padre Barriuso, en tono no exento de reproche, me recuerda que no he visitado aún su feudo. «Su mujer y sus amigos vinieron, y creo que se marcharon contentos... Ha estado usted varias veces en Tantur, en Belén; y nada. ¿Es posible que no sienta curiosidad? Yo no soy nadie. Soy... Barriuso. ¡Pero el Campo de los Pastores!»

Es cierto. No se me ocurre ninguna disculpa, a no ser la de que «Israel es una tentación por los cuatro costados».

—Además —prosigue el padre Barriuso—, querría prepararle una entrevista con una persona que a lo mejor le interesa más que todo lo que ha visto hasta ahora...

Sé a quién se refiere. Se trata de Josefina, la mujer venezolana, de Caracas, la de los manuscritos más o menos «inspirados» o «revelados», con grabados que al parecer sólo el padre Barriuso sabe interpretar. La verdad es que he oído acerca de ella muchos comentarios, y que hay quien se la toma mucho más en serio que los contertulios del «Bar Ovidio». El profesor Edery, por ejemplo. «Algo hay —me dijo—. Algo hay. No perderá usted nada escuchándola.»

Siento repentinas ganas de conocer a «esa» mujer, que vive en Belén. Le pregunto al padre Barriuso cuándo podré visitarle, para pagar mi deuda.

—Cuando quiera. Yo estoy allí todos los días, mañana y tarde.

—¿Estará usted hoy?

—Sí, desde luego... A partir de las tres.

Hago un cálculo rápido y le prometo que alrededor de las cuatro estaré en el «Campo de los Pastores». Mi súbita decisión me sorprende; sin embargo, ¿por qué no? Hay que tentar el destino. De otro lado, no puedo olvidar las palabras de Zaid: «Hablar con el padre Barriuso es hablar con un diccionario.»

El padre Barriuso se ha quedado reflexionando. Efectivamente, es muy bajito, con el pelo rizado y los ojos expresivos, quizás un tanto desconfiados. Emana de él una fuerza interior y se ciñe el hábito en la cintura de tal modo que le cae con energía hasta los pies.

Quedamos de acuerdo. Me esperará a las cuatro, y entretanto procurará arreglarme la entrevista con Josefina. Supone que no habrá inconveniente. Si lo hubiere, qué le vamos a hacer.

—Perfecto —digo—. Le advierto que había pensado en ello más de una vez; pero esa Tierra Santa... —Miro el reloj—. Ayer a esta misma hora me encontraba almorzando en pleno desierto del Neguev.

—No hay más que hablar. Hasta luego...

Fray Delfín, que se ha recortado la perilla más en punta aún, interviene para decir:

—Bien, yo también le espero en mi covachuela, cuando quiera... —Y añade en tono sibilino—: Si es que no decide usted quedarse en Belén...

El imprevisto encuentro ha incrementado la euforia con que vivo el día de hoy, sin saber por qué. Pero no hay que perder la calma. Tengo experiencias desagradables por no acertar a dominar mis impulsos. De modo que en el momento en que toca la campana de *Casa Nova* y veo aparecer por la puerta de entrada el menudo cuerpo de la señorita Petrozzi, me voy a la capilla en busca de sosiego.

Como de costumbre, hay en ella poca gente, lo cual me alegra; aunque tampoco me disgustaría encontrarla llena alguna vez. Tomo asiento, como siempre, en uno de los bancos de atrás y reclino la cabeza en la pared, mirando al Sagrario y a la lamparilla de al lado. «Señor, ¿quién es esa mujer venezolana? ¿Una neurótica, un alma vuestra, un "Mesías" aficionado y con faldas? ¿Y por qué estoy contento si mañana es Jueves Santo y empieza vuestra Pasión? ¿Y qué he aprendido de verdad junto a Jacob y en el punto más bajo de la Tierra?»

Rezo un Padrenuestro y me voy.

Me voy, y en cuanto la oleada de peregrinos ha entrado en los refectorios, llamo por teléfono al profesor Edery para que me ratifique lo de la cena de esta noche.

¡Otra sorpresa! El *Seder* se celebrará, no faltaría más. Pero no en su casa, como estaba programado, ya que su esposa está en cama con fiebre alta, con gripe. Precisamente quería llamarme para dejarme el recado. La cena tendrá lugar en casa de alguien que conocí en circunstancias especiales: el *mohel* Efraim, el que circuncidó en Hadassa al pequeño Esaú. En el fondo, el profesor Edery se alegra del cambio porque su piso, modesto, que ya conozco, hubiera resultado insuficiente visto el número de personas que van a participar; por el contrario, Efraim, cuya sastrería, situada cerca de Correos, tampoco es muy holgada, en compensación dispone, no muy lejos del Consulado español, de una vivienda espléndida, con un gran comedor, idóneo para organizar como es debido un acto de tal naturaleza.

No puedo decir que, en principio, la noticia haya sido de mi agrado. La idea de celebrarlo en la intimidad, en el hogar del profesor Edery, y con el perrito *Jonás,* me atraía. Pero él me rebate todas las objeciones. En primer lugar, asistirán a la fiesta —y éste es uno de los mayores alicientes de la reunión— sus hijos Sami y Débora, que por fin podrá presentarme. «Y le prometo que en mi casa hubiera sido difícil elegir a las personas con las que mis hijos se hubieran sentido a gusto.» En segundo lugar, el que hace las veces de «director» del *Seder* no sólo ha de conocer el rito, los pormenores de la ceremonia, sino que ha de actuar con convicción; y él, como puedo yo imaginar, podría garantizar lo primero, pero no lo segundo. «En cambio, Efraim, que antes de venirse a Israel pasó muchas calamidades, es un convencido de pies a cabeza, lo mismo que su mujer, que se llama Sarina y tiene mucho encanto. Verá usted con qué entusiasmo el experto *mohel* se entrega a su labor... Será un hombre feliz.»

Luego añade que asistirán a la cena varias de las personas con las que coincidí en aquella ocasión en Hadassa: los padres de Esaú; las dos jovencitas universitarias, Raquel y Ester, con las que hablamos... de la esterilidad; el señor Shazar, de la Comunidad Sefardita, a quien conocí, según noticias, en el Consulado español, ¡y Jimmy, su discípulo Jimmy, que lleva unos días en Jerusalén y que le contó que estuvo conmigo en *Casa Nova*, en Nazaret, debatiendo hasta las tantas los pros y los contras de los *kibutzim*! Por descontado, de los invitados por parte de Efraim no sabe una palabra.

Por último, y cambiando el tono de la voz, me ruega que, pase lo que pase, procure comprender a sus hijos, Sami y Débora, que nunca sabe cómo reaccionarán, puesto que al hablarles de mí no han hecho más que ir moviendo la cabeza dubitativamente... «Ya se lo dije a usted: son *sabras* auténticos y no creen en nada que no sea lo suyo de hoy. El *Seder,* por ejemplo, se lo tomarán a chirigota, porque, como les ocurre a la mayoría de su edad, no aceptan nada de lo que la ceremonia representa. Otra cosa sería si se tratara del actual Israel, sobre el que no soportan la menor crítica. En fin, han nacido aquí, y son como son. ¡Ah, espero que Débora no se presentará vestida de comandante!»

—Conforme, profesor. No se preocupe por mí.

—Ya lo suponía. ¿Le parece entonces que pase a buscarle a las ocho en Puerta Nueva? Porque, no le sería a usted fácil llegar por su cuenta a casa de Efraim...

—Me parece perfecto. Estaré esperándole.

—*Shalom...*

—*Shalom...*

Los «Mesías» de la Puerta de Jafa

Lentamente, ya que me siento sosegado, me dirijo a la otra Puerta, a la de Jafa, donde me esperaba la tercera sorpresa consecutiva: Ginesillo. ¡Ginesillo! El eterno descontento, el vacilante que detesta la obediencia y tantas otras cosas que detesto yo. Nos abrazamos y le encuentro muy bien, con un fantástico y envidiable aspecto juvenil, pese a su negrísima barba... de beduino.

—¡Cuánto me alegro, Ginesillo!

—Yo también. El otro día me enteré de que estabas en el «Bar Ovidio», pero no pude ir porque me había llamado el Procurador... Pero te vi en la procesión de las palmas. ¡Oye! Como si estuvieras en trance. ¿O lo simulabas porque tenías al lado a la elegante esposa del cónsul, la condesa de Campo Rey?

—No, no, me impresioné mucho, la verdad... Veía, entre otras muchas cosas, la Puerta Dorada; y me acordé de una hora solitaria que pasé en ella una tarde, por la parte interior, por detrás de la muralla.

Tocamos temas diversos. Le cuento lo del padre Barriuso y comenta: «Chico, no me atrevo a opinar. Él es listo, listísimo. Si lo de esa mujer fuera una patraña, me sorprendería que se hubiera, digamos, entusiasmado de esa manera; pero esos grabados... ¿No los has visto? Isidro opina que son la monda. Por supuesto, ella no ha estudiado nada, ya lo sabrás. Claro que a lo mejor eso no importa. ¡Bueno, ya me contarás!»

El tema nos lleva de la mano a hablar de los «Mesías» que en esos días andan por Jerusalén. Precisamente nuestro casual encuentro se debe a que le dijeron que en la Puerta de Jafa tenía lugar un reto interesantísimo... y silencioso: un *hippie* cristiano, que empezó dibujando en la acera un Cristo magnífico, y un *hippie* judío, que se puso a dibujar al lado otro Cristo, en apariencia idéntico pero añadiéndole detalles que ridiculizaran su aspecto.

—Ven... Están ahí, donde se ha amontonado la gente. Es cuestión de empujar y abrirse paso.

Poco después estamos en primera fila. Efectivamente, el desafío tiene su miga. El Cristo, o mejor dicho, el rostro de Jesús —porque es sólo el rostro, nada más— del primer *hippie,* es maravilloso. Tiene una expresión que a la vez consuela e inspira temor, como acaso ocurriera en la realidad. El autor, que trabaja arrodillado en el suelo, suda a mares, perfeccionando su obra. Ahora trabaja precisamente en la cabellera que le cae a Jesús por ambos lados, porque lo dibuja al modo de algunos iconos, con tirabuzones; su adversario, que se ha sentado junto a él, estiradas las piernas y fumando, en esos momentos le siluetea a Jesús, lentamente, la oreja izquierda, tan enorme y separada del resto que el conjunto causa irrisión.

La gente está en vilo. El combate interesa, porque ambos son artistas de verdad. Y hay quien desearía aplaudir a éste, o a aquél, o quizás a ninguno de los dos o a los dos a la vez.

Por mi parte, reacciono de forma beligerante. El Jesús cristiano me parece una obra tan notable, que dirigiéndome a su autor le susurro: *Okey!,* suponiendo que es la palabra que mejor puede entender. Tengo la impresión de que ni siquiera me ha oído, inmerso como está en retocar ahora el ojo derecho; su adversario, dale con las orejas.

Sí, la escena tiene su miga, porque guardan el mayor silencio. Y porque son dos Cristos, o dos ideas, o dos conceptos del mundo y del Nuevo y del Antiguo Testamento. Dibujados en una acera, al carbón. Ello significa que, a la larga —a la corta—, ambos serán pisoteados. Pero lo que no le perdono al *hippie* judío es que haya insinuado, en la cabeza de su Cristo, dos minúsculos cuernos. «A menos, claro —comenta Ginesillo—, que sin darse cuenta haya simbolizado la corona de espinas.»

A pocos metros de allí, en la plazoleta de la Puerta de Jafa y en la cuesta de las palmeras que sube paralela a las murallas, los «Mesías» de turno, también con su clientela particular. No sabía si a Ginesillo le interesarían o no, porque son números que, con ligeras variantes, se repiten todos los años, a lo que se ve; pero Ginesillo gusta de todo lo que es real. «¿Cómo no van a interesarme? No niego que pueda haber algún farsante; pero los hay que verdaderamente sienten algo, algo que no sabrían definir.»

Sobre esta base, ya tranquilo, me dispongo a hacer el recorrido en su compañía. Antes, empero, hace hincapié en que la capacidad de farsa es un hecho, y un hecho con el que hay que contar. A la sazón, y antes de iniciar la correspondiente gira, me recuerda, bromeando, algunos de los casos de que se ha hablado recientemente. El del general Mobutu, presidente de la república africana de El Zaire, que se ha autoproclamado «El Mesías», y cuyo partido ha de ser considerado como una religión y cuya imagen ha de presidir todas las iglesias del país. «Comprenderás que eso es una bufonada de tomo y lomo.» Igualmente me cita a un maestro jasídico que, como todos, vivía sólo para esperar el Mesías y que por la mañana se aproximaba a la ventana, miraba afuera y decía en tono melancólico: «Todavía no ha llegado, puesto que el mundo está igual que ayer.» También me cuenta que en los ambientes rabínicos causó gran alborozo un viejo que un año descendió por la calle Ben Yehuda montado en una mula y blandiendo una pequeña bandera sionista. Mucha gente lo tomó como una encarnación de la profecía de Zacarías: «Alégrate sobremanera, hija de Sión. He que viene tu rey... montado en un asno.»

—Y bien, la abundancia de tales casos demuestra que el gusto por la parodia está muy extendido... Ahora bien, tratándose de los «Mesías», a Ángel le gusta recordar una cita que recogió de uno de esos autores franceses que a él le chiflan: «¿Un visionario apocalíptico es preferible a un perro? Es la pregunta que le formulo humildemente...»

Miro a Ginesillo a los ojos.

—Ángel continúa impresionándote, ¿verdad?

—¡Hombre! ¿Y a quién no? Supongo que has empezado a conocerle...

Aquí están los «Mesías». Algunos destilan fanatismo, desgañitándose como posesos, dispuestos a vaciarse para convencer; los hay que producen impacto por lo contrario, por su comedido temple, por la sencillez con que proclaman su norma o su lección.

El primero que vemos, ¡Dios mío, el mundo es pequeño!, es el que conocí en el Tabor. El que «venía andando desde el monte Athos» y que llevaba las manos y las muñecas vendadas, cargado con una pesada cruz, que es aquella en la que ahora, al pie de la torre de David, se recosta para repetir su sonsonete: «El que quiera oír, que oiga; el que no quiera oír, que no oiga. Soy el Mesías y traigo palabras que devolverán la salud a ese mundo que ha caído de nuevo en la idolatría: en la idolatría del dinero y del *matarás*.»

Se le ve menos cansado que en el Tabor, pese a que a buen seguro se vino sin aceptar el auto-stop. Su barba pelirroja despide destellos. «Los que dicen Espíritu Santo son falsos profetas, porque una persona de la Trinidad es mucho más que santa...» «Pasado mañana, el viernes, me crucificarán. Nadie me reconocerá, excepto los que verdaderamente me importan: los niños. Los niños dirán: era Él, y en ellos permaneceré eternamente.»

Hay gente realmente impresionada; en cambio, unos cuantos niños árabes, que no entienden su idioma, se ríen, se ríen señalándole con el dedo.

No me ve. Y si me viera, tampoco sé si me reconocería; ahora bien, recuerdo que se fue del Tabor... pagando la pensión.

Cerca de él, a unos veinte metros, otro también conocido: el bajito y trípudo que lleva colgada una pancarta, porque tiene poca voz. Necesitaría un micrófono, pero por lo visto renuncia a él para no parecer un feriante. «Yo soy el que soy.» «Las estrellas, la luz, son una creación de la mente, al igual que la electricidad. No existe más luz que la de Dios, de la que soy reflejo, porque mi sabiduría es *increada*.» «Ya me conocéis: todos los años vengo aquí. Ya venía cuando el dominio otomano, pues para mí el tiempo no pasa... Algún día me convertiré yo mismo en luz y entonces me comprenderéis.»

Es desalentador verle. Y oírle. Afónico, con aspecto tabernario, carnal. Lo imagino comiendo fruta y dejando que ésta le chorree por los labios y la barbilla y arreglándoselas en una tienda de lana de camello para que al huésped de turno se le escurra el jabón de las manos y en consecuencia tenga que pagar el cordero.

—Le doy un cero, Ginesillo... Un cero descomunal.

—¡Bah! Quién sabe... ¿Te has fijado en lo pequeños que tiene los pies?

* * *

A la cuesta de las palmeras llegamos justo para oír a un vejete, también con pancarta, decirles a los oyentes: «Ustedes pueden negar que yo sea Dios, pero no podrán nunca negar que yo digo que soy Dios.»

Dicho esto se ha ido, refunfuñando. Lástima. La frase tiene su aquél. Uno de sus interlocutores ha empezado a imprecarle. Por el andar, el «Mesías», que sólo llevaba en la espalda el palo transversal de la cruz, parecía un hombre robusto, tranquilo, al margen de la opinión que pudiera merecerles a los demás.

Lástima no ver al de la barba patriarcal, que afirmaba no ser el Mesías, sino su reencarnación, y que había nacido en Belén y que quería casarse con una mujer tibetana «que sería la reina del mundo». Me hubiera gustado charlar con él, o por lo menos recoger una de las tarjetas que repartía. Recuerdo lo que decía al observar a los incrédulos: «Perdonadles. No saben lo que se hacen.»

Le cuento a Ginesillo y me dice:

—Esta mañana estaba aquí. Es un judío de Ein Hov, el poblado de artistas que hay cerca de Haifa. Un estudiante de la Flagelación me contó que hace unos años venía con la cabeza rapada como los lamas del Tibet y con una túnica color de azafrán... No creo que te hayas perdido nada.

¡En ese momento llega Ángel! Es una aparición, ya clásica en ese sector de las murallas de Jerusalén. Con su caminar como balanceado, con las manos en las mangas del hábito.

No podía fallar. Tiene más olfato que el comisario señor Vakkas. Estaba oyendo música en su celda y se dijo: «¡Toma! Voy a ver si encuentro a Ginesillo... O a Gironella.» Y nos encuentra a los dos.

Profundas las arrugas de su rostro. Cada libro que ha leído le ha marcado una línea, una línea vertical, sobre todo a ambos lados de la boca. Pero al sonreír se aniña. «¡Hombre! ¡Andamos de Mesías! ¡Se han anticipado! No quieren llegar tarde...»

Le contamos. Vuelve a sonreír. Con los años que lleva, ¡ha oído a tantos! Al principio, se niega a entrar en materia. Nos habla de la herejía tanqueliana. «Tanquelí se hacía llamar el prometido de la Virgen.» Nos recuerda que el país de esos "chiflados" es Norteamérica, donde, en una iglesia pentecostal, una serie de señoras se reunieron el Jueves Santo «esperando la llegada del Señor para que las raptara»; en vez del Señor llegó la Policía y las arrestó. Nos habla de algo que cuenta Chouraqui: de uno que se hizo anunciar en un departamento oficial como el *Mesías de Israel* y al que dijeron: «¡Que pase, que pase! Lo esperamos hace tanto tiempo...»

A mí me cuesta entrar en su terreno y reírme. Se da cuenta y cambia de tercio. Se decide por la seriedad. En consecuencia, y pasando a la acción, nos invita a visitar al «único» que, a su entender, se ha colocado en actitud auténticamente representativa de Algo.

—¿A quién te refieres?

—Venid conmigo... ¡Si es que os fijáis siempre en lo peor!

Da media vuelta, continúa subiendo la cuesta, nosotros pisándole los talones. Y al llegar arriba, al chaflán que dobla hacia Puerta Nueva y hacia la Puerta de Damasco, nos muestra, en medio de un gran gentío, a un anciano modesto, humilde, sentado sobre una cruz —ésta colocada horizontalmente sobre la hierba verde—, sosteniendo en brazos un cordero. Una inscripción en hebreo dice simplemente: *Cordero de Dios.*

—¿Os dais cuenta, mamelucos? *Agnus Dei...* Cordero de Dios. Éste, por lo menos, sabe lo que se hace.

La visión es tan inédita —la cruz, negra; el cordero, blanco—, que no se me ocurre ningún comentario. Entonces Ángel nos dice que en los primeros siglos del cristianismo la imagen de un hombre «clavado» en una cruz, en una cruz patibularia y erecta, no era todavía símbolo religioso; los creyentes preferían venerar una cruz caída, con un cordero acostado en el centro y un halo de luz alrededor.

—A ese anciano sólo le falta el halo...

Insólita vivencia

—¿Y si fuéramos a almorzar?

Ángel ha almorzado ya, en el refectorio, puntual; a Ginesillo lo mandaron a un recado a la Escuela Bíblica y se libró de la disciplina. Y tiene tanta hambre como yo.

—Volvemos hacia la Puerta de Jafa y comemos en un figón que hay allí —propone Ginesillo—. ¿Nos acompañas, Ángel?

—¿Qué voy a hacer? Os contemplaré mientras os zampais la bazofia inevitable...

Paso obligado, el lugar en que los *hippies* dibujaron las dos versiones de Jesús. Ya terminaron su labor y se fueron. Pero se ha formado un ruedo de curiosos y por el momento nadie se atreve a pisotear ninguna de las dos obras.

Las contemplamos a placer. No añadieron gran cosa. El *hippie* judío ensanchó y separó más aún las orejas y aumentó un poquitín el tamaño de los cuernecitos; el Jesús «cristiano» tiene en la mirada todavía una mayor profundidad.

Me quedo ensimismado y me ocurre algo insólito. Contemplando a este Jesús consolador y atemorizante, me emociono de un modo indecible, como si nunca Le hubiera visto con anterioridad. Consigo un extraño aislamiento, que convierte en absurdo todo lo que no sea ese rostro y lo que de por sí representa. Su mirada se clava en la mía y tengo por cierto que si me apartara a uno u otro lado seguiría mirándome igualmente. Son ojos totales, que sin duda miran también a cuantos estamos aquí, incluidos Ángel y Ginesillo. Confiero a ese fenómeno óptico una dimensión especial, y siento que he de corresponder de algún modo. Pero es imposible tomar una decisión surgida del cálculo. La voz, o el rapto, han de brotar del yo interior sin intervención de la voluntad. Curiosamente, me doy cuenta de que no protagonizaré ninguna acción aparatosa, que lo que me suceda será en tono menor. Y así es. Nada de promesas ni de arranques místicos. Se trata de algo sutil, por su estricta intimidad. Simplemente, como me ocurriera en mi primera visita al Calvario, deseo ser bueno, comprender al prójimo, no juzgar; no juzgar ni siquiera al *hippie* judío que aumentó un poquitín el tamaño de los cuernecitos. En consecuencia, y por una asociación de la memoria que jamás pude sospechar, recuerdo a dos personas lejanas, residentes ambas en España, por las que he sentido durante años auténtica aversión. Y tengo conciencia, con la dulzura con que uno podría morir o deslizarse por un tobogán, de que dicha aversión ha perdido de pronto toda su acidez. Casi diría que, esforzándome un poco, lograría hacerla desaparecer. No estoy seguro de ello, porque la herida es antigua y roja; pero, por lo pronto, admito que si esas dos personas estuvieran ahora aquí conmigo tal vez fuera capaz de volverme hacia ellas y de darles un fuerte abrazo... En cambio, no puedo asegurar que fuera capaz de pedirles perdón.

Ángel, como de costumbre, capta la situación. Da una vuelta sobre sí mismo y me pregunta:

—¿Ocurre algo?

Titubeo, pienso, titubeo otra vez, y por fin me decido a contarles la verdad.

—¿Qué opináis? Es una extraña vivencia, ¿no creéis? Va a resultar cierto que soy un tipo vulnerable, sentimental como las beatas...

Ginesillo, que me ha escuchado con atención, da muestras de escepticismo. No sabe qué decir.

Ángel libera sus manos del hábito y diríase que está a punto de dar con ellas unas palmadas.

—¿Eso te ha ocurrido... mirando ese rostro?

—No... Me ha ocurrido al sentirme mirado por Él. Pero lo curioso es que, cuando antes estuvimos aquí, no me pasó nada...

Ángel mueve la cabeza. No quiere precipitarse en su veredicto. Hay contagios ambientales que producen reacciones así. A menudo se trata de un gran cansancio, propio de quien anda buscando una respuesta sin encontrarla. El espíritu dice «basta» y se agarra a lo que sea para dar por finalizado el combate.

Sin embargo, no está seguro de que éste sea mi caso. Hay que admitir que, en ocasiones, uno da un paso adelante, positivo.

—Qué duda cabe de que eres vulnerable y sentimental; pero si a tus años no has resuelto aún problemas tan graves como el de la inmortalidad del alma, para citar un ejemplo, ello demuestra que también llevas dentro una buena dosis de frialdad. Sí, a ello me refería al hablar de un posible avance positivo. ¡Hay que ser optimista, qué caramba! A veces empleamos con demasiada ligereza la palabra autosugestión. Anda, no te devanes más los sesos y a ver si hay suerte y ese rostro sigue mirándote. ¡Estaría bueno que hubieras visto la luz en una acera, gracias al dibujo de un desconocido!

—No sabes lo que ello significaría para mí.

—Me lo imagino. —Ángel echa a andar, como si se despreocupara de mi presencia—. Porque debe de ser horrible aceptar que en la otra orilla no hay nada, que muerto el perro se acabó la rabia.

En el figón, que está a reventar, encontramos un hueco, cerca de un ventilador en cuyo pedestal hay incrustado un reloj. Charlamos mientras comemos la bazofia inevitable.

Les cuento de mi viaje por el Sur, empezando por el Qumrán. Antes Ginesillo quiere dejar sentado que la figura de Jacob le inquieta como las señoras de la iglesia pentecostal a las que arrestó la Policía, y cuando se entera de que su propia hija amenazó con celebrar funerales si se bautizaba, dice: «Hay que ver cómo se la juegan esos catecúmenos... Y nosotros tan campantes, esperando a que nos aplaudan al salir de misa.»

Todo lo del Qumrán es muy importante, según Ángel. «Me hubiera gustado ir contigo; aunque, si encontrasteis al joven arqueólogo árabe, no está mal...» Me dice que se calcula que en un momento determinado había unos cincuenta monasterios *esenios* en Oriente, y que *esenio* puede significar también *silencioso*. En dichos monasterios había novicios, sometidos a una disciplina feroz, que hubiera encantado a Ginesillo.

—¿Te acuerdas de la parte más alta de las excavaciones, sobre el *Scriptorium*? Allá vivía el ministro de Justicia...

Ángel no se atreve a opinar sobre la posible relación Jesús-*esenios*. Lo que sí es cierto es que ni en los Evangelios ni en texto alguno puede hallarse una sola palabra pronunciada por Jesús en contra de la secta.

¿El Mar Muerto? «Basta con poner una vez los pies en el agua, ¿verdad?» Tiene sus dudas sobre la creación de vida en él, fruto de las investigaciones de Sodoma. «Claro que no entendemos de bacterias, pero sí de la necesidad de los judíos de justificarse a sí mismos constantemente. Para ellos, ¡desde luego!, sería un triunfo excepcional.»

Lamentan que no bajase hasta Eilat —aunque podré visitarlo cuando vaya al Sinaí—, y han oído hablar del *kibutz Grofit* como uno de los más interesantes del país. «Una peregrina me trajo de allí una rosa, convencida de que era de plástico... ¡Y era de verdad!»

¡Ay, los beduinos! «Infantiles y cavernarios», ésa es la definición. ¿El comisario me regaló una daga? Lo mejor que puedo hacer con ella, pues no pueden imaginarme aficionado a las armas, es tirarla a la Gehenna..., aprovechando que estoy en Jerusalén. «Claro que hay coleccionistas que a lo mejor te pagarían un dineral.»

Les habló del oficial americano de *l'UNRWA*, y Ginesillo se muestra entusiasmado ante la posibilidad de hacer un viaje a la franja de Gaza, donde están los campamentos palestinos... habitados. «Aquello ha de ser fantástico. ¿Dices que has guardado su tarjeta? Me contaron que, para tener una ración de más, los pobres refugiados se prestan unos a otros los niños recién nacidos, y que hay niño que sirve, cambiándole el nombre, hasta para cinco o seis familias...» «Al revés de lo que ocurre en algunos lugares de Sudamérica —puntualiza Ángel—, donde lo que se prestan, para cobrar el seguro, son los cadáveres.»

Luego no tengo más remedio que hablarles de mi encuentro de esta tarde: el padre Barriuso... y Josefina.

—¡Josefina...! ¡La «Mesías» de Caracas, como la llaman algunos! No sé, chico... Tú juzgarás.

No quieren añadir una palabra más. Por otra parte, he de trasladarme a Belén. He de estar allí a las cuatro en punto. Damos por terminada nuestra entrevista, no sin que Ángel, aludiendo a mi reacción ante el rostro de Cristo, me recuerde que el que siente *afecto* es que está *afectado* —captado— por algo o por Alguien, lo cual en cualquier caso es buena señal, un aviso que merece la pena escuchar atentamente.

El «Campo de los Pastores»

Tomo un autocar árabe, pintarrajeado, de los que van a Belén. Desde Belén, en taxi, me llevarán a la aldea de Beit-Sahur, a tres quilómetros, donde está el «Campo de los Pastores», con el padre Barriuso esperándome. El Campo de los griegos ortodoxos está más lejos, en Deir er Ra'ouat, en cuyas proximidades las excavaciones han puesto de relieve interesantes hallazgos, que podrían corresponder al antiguo monasterio denominado «Campo de los Ancianos Pastores». Ya nos dijo el padre Franquesa que era imposible emplear la palabra *aquí*. En toda la planicie de Booz había —y en gran parte sigue habiéndolos— pastores y rebaños, de modo que el «Campo de los Protestantes», localizado recientemente, tiene las mismas posibilidades que los demás.

En Belén —quién sabe dónde estará Zaid— tomo el primer taxi libre que veo. La distancia es tan corta que el taxista pone mala cara, ¡qué le voy a hacer!

Espléndida la entrada al Campo. Una majestuosa avenida de cipreses, pinos y olivos. Hay varios autocares detenidos ante la puerta, como no podía menos que ser, pero el padre Barriuso, conforme a su promesa, me estaba esperando. Huele bien, huele a prado, a vegetación, a primavera, a toda clase de leyendas, como aquélla atribuida a José y María, según la cual mientras pasaban estando ella encinta todas las piedras se abrieron como granadas y se pusieron a cantar el *Magnificat*. Y hay borricos. Y ovejas y cabras comiendo hierba.

El padre Barriuso me mira escrutadoramente, y la altura soberbia de los árboles de la avenida hace que parezca más bajito aún.

—¿Dónde están los gatos?

—¿No los ve? Por ahí...

—Veo a cuatro, y sé que tiene usted siete.

—No sabía que me las hubiera con un contable...

Veamos primero, desde fuera, la iglesia, que por su forma recuerda, al igual que la de las Bienaventuranzas, una tienda de campaña. Es también obra de Barluzzi, quien en este caso utilizó piedra gris-rojiza y que, para sostener la pequeña cúpula, se valió de cinco soportes exteriores en plano inclinado. Graciosa, sin ninguna duda. Dada su función, es lo que tiene que ser.

Por dentro, en cambio, resulta decepcionante. El mural del altar es de pésima calidad. Nada le falta para evocar cualquier decorado de función teatral navideña de pueblo o de colegio de monjas: el ángel anunciador, con el rayo de luz deslumbrando a los pastores y a las ovejas, el perro a un lado y la figura de san José de rodillas sobre una roca. Todo ingenuo y chillón, con el techo ennegrecido por el humo. Sin embargo, abundan los peregrinos que se muestran entusiasmados y que sacan fotografías desde todos los ángulos.

Veo al padre Barriuso inquieto por abandonar la capilla y llevarme a los aposentos interiores, junto a la sacristía. Le sigo de buena gana y nos sentamos en una mesa excesivamente larga para los dos. No me invita a café, sino a queso y vino de mesa. Un vino excelente, que nos sirve el guardián permanente del Campo —el padre Barriuso al atardecer regresa a Belén, a *Casa Nova*—, que se llama Gybrin y es sudanés, de lo más negro que he visto en mi vida, descendiente de aquellas familias que en tiempos se trajeron consigo los ricachones de Jericó, porque se adaptaban fácilmente al calor. El padre Barriuso me cuenta que Gybrin es prodigioso imitando onomatopéyicamente, con cómica perfección, el acento de los peregrinos italianos, franceses, alemanes... «Cuando todo el mundo se ha marchado y se queda solo, se carcajea de lo lindo parodiando sus maneras.»

Gybrin se ha quedado de pie, en espera de las órdenes del padre Barriuso. Éste lo despide con un gesto amable.

—Gracias, Gybrin. Y date una vuelta por si llegan más autocares.

El hombre inclina la cabeza y se va. Es idéntico a otro negro que hay en San Salvador, que quiere mucho al padre Emilio y que es el portero del sendil por donde entran los coches al convento.

El padre Barriuso me notifica que todo está arreglado, que «esa» persona, Josefina, no ha puesto ningún inconveniente en concederme una entrevista. «Nos espera en Belén, a las cinco. En *Casa Nova*. Es un lugar tranquilo, nadie nos molestará.»

Me gustaría que el padre Barriuso me hablase de la mujer que tanto respeto le inspira, pero por lo visto prefiere enseñarme antes algunos de sus libros. El primero... ¡el de los famosos grabados! Se titula: *Peregrinación del pueblo de Dios* y lleva un subtítulo: *Explicación de los grabados*. Está firmado por el propio padre Barriuso. Veo el *Imprimatur*, el *Nihil Obstat*, y me confiesa que la obtención de dicho permiso fue el premio a la tenacidad. «No había forma de conseguirlo. Me lo denegaron en Jerusalén, en Roma, en Barcelona... Por fin el obispo de Tánger firmó la debida autorización. Mire por dónde a veces hay que andar mucho trecho para que le hagan a uno justicia.»

Hojeo el libro de los grabados y no entiendo nada. Son circunferencias, figuras geométricas, con textos breves sobre el Cielo, la Tierra, el Universo, el Tiempo, Adán, el Diluvio, el Paraíso, etcétera. Todo basado en pasajes bíblicos. Está editado en color y en las láminas abundan los tonos pálidos, sobre todo, el ocre. El texto del padre Barriuso comentando los grabados es bastante extenso, y en la introducción dice: «En los grabados que tenéis a la vista, se encuentra toda la obra de vuestra salvación. No es con una hojeada de curiosidad como podréis captar la esencia vivificadora que ese plan divino encierra...» Luego, a pie de página, y en letra mucho más pequeña, puede leerse lo siguiente: *Palabras referentes a los grabados que aparecen en este libro dadas a comprender por la Santísima Virgen, en un Mensaje, a la persona de quien el Señor se sirve para hacer llegar a los hombres esos escritos.* (N. del E.)

Me pongo en guardia. Me parece muy fuerte. Pero, por otro lado, el padre Barriuso no es un mentecato; durante años ha sido un guía excepcional de la *Custodia*, de Tierra Santa.

Se da cuenta de mi perplejidad y me dice:

—¿Quiere un poco más de vino?

—Sí, por favor...

Entre los demás opúsculos que Josefina tiene escritos de su puño y letra, el padre Barriuso me enseña a continuación el titulado *Los hombres de la Nueva Tierra*, también con grabados, y cuyo texto empieza así: *Tiberíades-Israel, y de lo que seré, cumpliendo la Voluntad del Señor, escribo y dibujo el «Mensaje»* 23-V-1972. *Yo, la esclava del Señor, en conocimiento de lo que fui, de lo que soy que para vosotros, hombres de la «Nueva Tierra», me ha sido dado.*

Me parece igualmente fuerte. Pero el padre Barriuso no me da tiempo a manifestarle mi opinión. Es evidente que desearía explicarme mil cosas a la vez y, sobre todo, que nuestro diálogo se le antoja un mero preámbulo, ya que lo que de veras le interesa es que llegue cuanto antes el momento de trasladarnos a Belén para que Josefina hable por sí misma.

Pese a todo, entiendo que puedo sacar varias conclusiones, entre las que destaca que conocer a Josefina ha transformado la vida de mi interlocutor. Antes de conocerla —las palabras son suyas—, estaba inquieto, «porque no le gustaban las estructuras»; no sé si se refiere a las de la Iglesia en general, que es lo más probable, o a las de la Orden Franciscana. También cabe deducir que en cuanto escucho a Josefina se descorrió el velo que le impedía ver con claridad lo que por su cuenta iba barruntando; y que desde aquel momento no ha hecho más que avanzar en su descubrimiento. Ahora —supongo que instalado en esa «Nueva Tierra»— está convencido de una serie de cosas que se bastan para tranquilizarle el ánimo. Por ejemplo, siempre lo atosigó que Jesús estuviera, en algún momento, «ansioso»; ahora, no. ¿Por qué no? Porque en todo el relato divino ocurre igual. Adán es ya un hombre inseguro. Lo mismo que Abraham, lo mismo que Moisés. Este es el símbolo más elocuente, aun cuando nos han tergiversado su auténtica historia. ¡Oh, sí, la mayoría de verdades no han sido escamoteadas o contadas sólo a medias! No es cierto que a Moisés le *fueran dadas* las Tablas de la Ley; él mismo las escribió. Toda su aventura en el Sinaí ha sido mal interpretada. Y es igualmente calumnioso tachar de idólatra al pueblo que lo esperaba abajo. En primer lugar, dicho pueblo no podía adorar al Dios «verdadero» a través de una imagen, porque ello estaba prohibido; en segundo lugar, no adoró a ningún becerro sino a un toro, porque el toro era el signo de la fertilidad. Las «estructuras» son las responsables de acomodar los textos a explicaciones fáciles, que convierten la historia humana en un relato de buenos y malos. La Iglesia huye de la complejidad. Lo que le interesa es tocar la trompeta y fulminar con anatemas.

Me asombra hasta el límite oír a un religioso hablar así. Y se nota que es como un eco..., y no hay que tomarlo al pie de la letra, sino más bien «como si cada palabra fuese también un grabado necesitado de explicación.»

—La *Custodia* —ahora sí se refiere a los franciscanos— llega a su fin. Ya ha cumplido su misión. Hay que reconocerlo y tomar las medidas necesarias, que podrían consistir en empezar otra vez partiendo de cero, como todas las demás Órdenes religiosas, que están también agotadas. ¿No le ha llamado a usted la atención que Augusto y Jesús fueran contemporáneos, que la *Pax Romana* coincidiera con la paz de Jesús? Pues ahora se inicia el ciclo de nuevo. ¿Pruebas? El mandato de predicar a todas las naciones empezó a cumplirse con la visita de Pablo VI a la ONU. ¿Quién pudo preverlo hace unos años? Otro ejemplo podríamos encontrarlo en lo que ocurrió en 1948 en Israel. Los judíos podían haberse quedado con Jerusalén y no se atrevieron, quién sabe por qué oscuros sentimientos de culpabilidad; en cambio, se quedaron con la ciudad en 1967, porque por entonces ya Roma había declarado, ¡por fin!, que el pueblo judío no era deicida... ¿Se da cuenta de que no exagero al decirle que se ha iniciado el ciclo de nuevo?

El vino que me sirve el padre Barriuso lo encuentro cada vez más excelente, pero ello no me sirve tampoco para comprender el alcance de sus palabras. Se me ocurre hablarle de los «Mesías» y el asunto se complica más aún, porque, en cuanto le digo que uno de ellos afirma que la luz es creación de nuestra mente abre de par en par los ojos y exclama: «¿Cómo? ¿Es posible? ¡Lo mismo que dice Josefina!» Y entonces me explica que, según ésta, la luz de las estrellas es luz falsa, que sólo Cristo es Luz; y que entre otras pruebas tenemos la de que el único milagro para el que Jesús suplicó ayuda al Padre fue para resucitar a Lázaro, porque Lázaro era ya «oscuro», estaba en estado de descomposición progresiva...

Continúo sin entender. Y entonces, ya sin más dilaciones, le pregunto por Josefina... Quién es, cuántos años tiene, qué se propone, de dónde viene, adónde va. «Una mujer capaz de dividir en antes y después la vida de un hombre como usted...» El padre Barriuso me contesta casi con dulzura: «Josefina se va donde Dios le sugiere, lo mismo que Abraham se fue hacia una *ciudad desconocida*.»

A continuación, cambiando el tono de la voz, añade que Josefina es simplemente esto: una persona que un buen día, por la gracia de Dios, descubrió en sí misma una fuerza inexplicable y que desde entonces se entregó sin reservas. No busca nada para sí y detesta la publicidad. «La primera condición que me ha puesto para acceder a hablar con usted ha sido que usted no publicase ni una sola de sus palabras.» Pese a ello, su círculo va ensanchándose. Ahora, en su casa de Belén, acude siempre otro fraile, el padre Engelotti y están con ella varias mujeres, ayudándola en lo que siente que es su deber. Tiene una gran fuerza, una tremenda fuerza interior. «Le repito que, a mi entender, es un alma de Dios, y diciendo esto no creo necesario añadir nada más.»

Gybrin aparece en el marco de la puerta y le comunica al padre Barriuso que han llegado más autocares de turistas. El padre Barriuso asiente distraído, y reanuda su monólogo conmigo diciéndome, inesperadamente: «El progreso es el triunfo del mal... Eso lo encontrará usted si lee con atención a Ezequiel.»

Damos un paseo por la avenida y por el Campo en toda su extensión, que en principio era uno de los objetivos primordiales de mi viaje. Es realmente extraordinario. Las ovejas y las cabras continúan comiendo hierba; los gitanos —ahora veo a seis— corretean por los bancales; Gybrin, atento a los recién llegados, los observa y escucha, simulando entretanto que fumiga una hilera de arbustos.

Terminado ese corto periplo, y puesto que mi encuentro con Josefina ha de tener lugar a las cinco en Belén, en *Casa Nova*, no hay tiempo que perder, y el padre Barriuso le pide a un pastor que con su destartalado coche nos acompañe. El pastor deja su bastón y me doy cuenta de que por nada del mundo le negaría nada a quien acaba de pedirle ese pequeño favor.

En el trayecto, la llanura de Booz, voy pensando en lo que el padre Barriuso me ha dicho. No quiero juzgarlo, Dios me libre. Su espíritu está «lleno», y eso solo se basta para inspirar reverencia. No obstante, tengo la impresión de que su ánimo no está todo lo tranquilo que él preconiza De repente parece también «ansioso». Me digo que en el fondo debe de ser difícil seguir las huellas de alguien que se considera un «enviado» o un «mediador», especialmente si ese alguien continúa recibiendo sin cesar *mensajes* acuciantes, más o menos esotéricos.

Con Josefina, en Belén

Nunca pude prever que mi encuentro con Josefina se produjera como se produjo. Ni que la habitación elegida —quizá no hubiese otra disponible— fuera tan destartalada y fría, sin una mesa siquiera que nos permitiese, al sentarnos frente a frente, esconder los pies; ni que ella tuviera la apariencia de una campesina, con sólo el barniz que confiere el viajar un poco y el contacto con personas de formación superior; ni de que hubiera un tal desfase entre su intelecto rutinario y los trallazos que inesperadamente suelta; ni de que apenas si me diera opción a hablar.

Aunque, esto último, es posible que obedeciera a una especie de consigna. Es muy probable que el padre Barriuso le dijese: «Lo que ese señor quiere es que le cuentes con espontaneidad tu vida y cómo llegaste a ser *la persona de quien el*

Señor se sirve para hacer llegar a los hombres sus palabras. Hazte cargo de que no sabe nada de ti. Y que más bien le han dado a entender que eres una impostora o algo parecido.»

* * *

Así, al pronto, su facha me ha recordado la de mi madre cuando ésta tenía cincuenta años. Rostro cuadrado, mandíbulas enérgicas, cuerpo sólido. Por supuesto, son distintos el mirar —el de mi madre es menos huidizo—, las manos —las de mi madre son mucho más activas— y la voz —la de mi madre no es gangosa y la de Josefina sí lo es—. Pero tales diferencias son normales. Mi madre nació en el Ampurdán y Josefina al otro lado del Atlántico, no lejos del Caribe. En cambio, ambas coinciden en su capacidad narrativa y en la reciedumbre de sus convicciones. Mi madre ha solido decir siempre, y dice todavía: «No olvides lo que te dice tu madre. Son palabras que he oído delante del Sagrario.»

Creo que transcribo de forma virtualmente textual las expresiones de que se ha valido Josefina, aunque sintetizándolas y, por supuesto, dándoles una mayor ilación. A veces me invadía la sospecha de que mis notas taquigráficas le desagradaban, por lo que dejaba descansar el bolígrafo.

Yo había sido frívola. Me gustaba bailar, que un joven me mirara. Sin cultura religiosa ni de la otra. Éramos diez hermanos. Era orgullosa. Monté una empresa de pastillas de menta y pensaba en el dinero. Las cosas de la Iglesia no me gustaban mucho. Sólo me confesaba una vez al año, el día de mi santo, el 19 de marzo.

Un día, sentí como si el SOL entrase dentro de mí. No oí palabras ni vi nada. Fue una vivencia interior. Los billetes sobre la mesa de mi despacho me repugnaron. Fui al baile y las parejas me parecieron títeres. ¿Qué me pasaba? Los míos creyeron que estaba enferma. Yo decía: Ésta no es la realidad. Hay otra. Fui a la iglesia. Sentí necesidad de confesarme y de hacerlo de otro modo. Me atraía el Sagrario. Visité a una monja amiga. Ésta me desconcertó. Me llevó a un sacerdote. Éste me dijo: Esta vivencia, vívela. No hables con nadie. El Señor dirá.

Había mudado la escala de valores. Pensé que debía comunicar esto a alguien superior. Me dijeron: Ahí está el Evangelio. Yo era tan ignorante que creí que el Evangelio era un hombre. Fui a Roma y llevaba una tarjeta de presentación para un secretario del Vaticano. Éste me dijo que era difícil ver al Papa en audiencia privada. «¿Puedo hablar con el Señor y no puedo hablar con el Papa?», le objeté. «Si yo insistiera perdería mi puesto en el Vaticano», me contestó. Todo se me desmoronó. Pensé que allí no estaba la verdad. Escribí al Papa, Pío XII. Le vi dos veces. La primera me produjo buena impresión; la segunda, no.

Volví a Caracas, cada vez más convencida de que el caparazón de la Iglesia era falso, pero que Ella era verdadera. Cristo era amor. Y si Cristo era amor, no era preciso forzar los argumentos, sino vivir ese amor. Todo el mundo vendría. No haría falta convencer a nadie. Cada cual iría a Dios, iría hacia Cristo, según su propio camino.

El caparazón de la Iglesia, claro, hablaba de otro modo, sobre todo por los dogmas. Entonces comprendí que era un grave error el proclamarlos, que el solo hecho de proclamarlos es signo de debilidad, algo así como llevar la contabilidad de una fábrica de pastillas de menta. También comprendí que la palabra religión es equívoca, provisional. Cuando la Verdad sea más visible, las religiones desaparecerán.

Me hablaron de las religiones no cristianas, y en seguida me di cuenta de que todas ellas, desde Buda y Confucio hasta Krisna y Mahoma, eran aprovechables, pero que a todas les faltaba lo esencial: el Cuerpo de Cristo, que es el Centro, único, sin posible sustitución. Oía palabras como alma, soplo, aliento. También me di cuenta de que Cristo era masculino y que Occidente lo feminizó. Y de que hacía falta que la Mujer completara su mensaje: Madre, ahí tienes a tu hijo...; ahí tienes a tu Madre. Ello, pronunciado al pie de la cruz, significaba que todos tenemos, como Cristo, dos naturalezas: la divina y la humana, y que ambas tienen el mismo valor, porque proceden de la misma fuente. Y ahora que llevo tiempo aquí comprendo lo que entonces intuí: los judíos son de naturaleza divina —Cristo era judío—, los árabes, de naturaleza humana; pero ambos tienen el mismo valor, porque la raíz y el origen son idénticos, provienen de nuestro padre Adán y de los grandes patriarcas que vivieron en el desierto.

Entretanto, no cesaba de viajar, y sin estar nunca enferma, pese a que de niña lo estaba siempre. Llevo muchos años sin tomar una medicina. Lo que ocurre es que nunca sé adónde tengo que ir, como no lo sabía cuando fui a Roma. Cuando el Señor me dice: tienes que ir a tal sitio, voy. A veces me cuesta llegar a la conclusión de que realmente lo quiere. Es frecuente que tenga que escucharlo dentro de mí tres veces lo menos; ahora, quizá tenga que ir pronto a España.

Un día el Señor me dijo que fuera a El Cairo. Yo no sabía dónde estaba. Por cuestiones de visado me detuve en Ammán y luego en Jerusalén. Y aquí se abrió la puerta. Estábamos en 1954. En el Santo Sepulcro no sentí nada. Aquello era un comercio. Poco después, andando por las calles, cerca de San Salvatore, encontré al padre Barriuso que acompañaba a una peregrina coja. El padre se dio cuenta de que la peregrina no entendía nada; yo me ofrecí para ayudarles a los dos. Así empezó nuestro encuentro. El padre Barriuso se puso a mi disposición por lo del visado para ir a El Cairo. Entonces le enseñé los grabados que había hecho, y él se interesó. Y escribió sobre ellos el libro que usted habrá visto.

Desde entonces hemos estado en relación. He hecho muchos viajes, hasta que, hace poco, decidí quedarme una temporada en Belén, porque aquí nació el Salvador, del vientre de la Santísima Virgen. La Santísima Virgen es el segundo «centro» para mí. Claro que vivió casi siempre en Nazaret, pero fue aquí donde cumplió aquello: «Hágase en mí según tu palabra.»

¿Conclusiones a que he llegado? En mis escritos están y, sobre todo, en los grabados. Poca teología, porque el SOL que me penetró aquel día iba por otro camino. Sin embargo, me enamoré de Juan. Juan fue el último profeta del Antiguo Testamento y el primero del Nuevo, aunque no se puede hablar de un último profeta, ya que el espíritu no se agota y Dios envía profetas en todos los tiempos. Es más, los profetas se multiplicarán en los últimos tiempos, tanto los falsos como los verdaderos; éstos para dar a conocer el reino de Dios, aquéllos para inducir a error incluso a los elegidos.

Los grabados analizan todo eso y también la evolución humana, que el padre Barriuso comprendió y explica. Al final del libro A los hombres de la Nueva Tierra lo digo: de ninguna manera he querido expresar una realidad, sino lo inexpresable. Aquello que cada uno puede encontrar en sí mismo. Eso es fundamental. El hombre, inclinado a la acción, ya mucho antes de nuestra época, «haciendo» rompió la armonía de su libertad. Se quebró en pedazos. Cayó en lo múltiple. Se *detuvo en la materia. Es el Ángel caído, cuando hubiera podido «ser» Dios.*

Es difícil explicar esto sin los grabados. Le repito que el caparazón de la Iglesia es falso, y que si no rechaza el Mal que la corroe habrá sido infiel, como lo fue el pueblo israelita y se verá apartada de la buena senda. Hay momentos en que, al quedarme sola, lo siento con claridad. Y oigo una voz, una voz que no es de este mundo. Con mucho dolor, eso sí. Con gozo no puede cruzarse el umbral, si todavía el cuerpo anda de por medio. Hay momentos en que me parece que no estoy en Belén, sino en Getsemaní.

Usted debe decírselo a quienes le escuchan. La Iglesia no ama, sólo juzga y administra. Es un error. Tenemos un cuerpo y dos espíritus, el del bien y el del mal. A ello me refería al decir que el hombre cayó en lo múltiple. Los Papas también han caído en lo múltiple. En Roma yo no podría vivir. En Roma no adoran a Cristos de carne, sino a Cristos de mármol, y hay mosaicos en los que el pie resbala. En Roma se ha olvidado lo que significa la palabra Israel. Yo no volveré a Roma mientras no vea que el Papa es un hombre desnudo, sin oropeles. Usted debe decir todo esto a quienes le escuchan.

Si analiza usted mis grabados me comprenderá. Piense en ellos, sin querer «hacer». Yo no hago muchas cosas. Me atrae el Sagrario y allá digo solamente: «Heme aquí.»

Ahora acabo de escribir otro libro. Ocho días. Yo no soy la autora. Es el Señor quien me dicta. Se titula La Nueva Tierra. *Es muy posible que a causa de ese libro tenga que ir, como le dije, a España, en busca de la autorización, del Imprimatur, que aquí no me darían, porque en él cuento cosas sorprendentes. Quién sabe si en España le veré a usted otra vez. Me ha parecido que me escuchaba usted con atención. Es el primer paso. Dios le protegerá. Estoy segura. Usted lo necesita. También usted querría cruzar el umbral, pero el cuerpo anda de por medio. Tiene que ser humilde de corazón. No es fácil. No va a serle fácil. Pero es posible que su victoria esté cerca, aunque tampoco la encontrará en Belén, sino en Getsemaní.*

Me siento confuso. Y cansado. Es cierto que he escuchado con atención. Quizá con exceso, y he ahí mi fatiga. En cambio, Josefina podría continuar hablando hasta el alba. Y no tiene frío ni necesita esconder los pies debajo de una mesa. No necesita absolutamente nada, como una beduina de Dios.

No sé qué pensar. Es pronto para hacerlo. Es un poco serio escuchar una voz gangosa pero sencilla diciendo que la religión divide; que Cristo no vino a fundar ninguna; que no hay que evangelizar, convencer a nadie, pues cada cual va hacia Dios según su propio camino; que proclamar los dogmas es un signo de debilidad; que Cristo es masculino y que Occidente lo feminizó; que los Papas han caído en lo múltiple y que la Iglesia no ama, que sólo juzga y administra; y que todos tenemos dos naturalezas, la divina y la humana, incluidos los judíos y los árabes, pues todos provenimos de Adán y de los grandes patriarcas del desierto.

¿Qué se esconde tras todo eso, si se esconde realmente algo? Es ahora, y no antes, cuando debería preguntarle al padre Barriuso quién es Josefina, campesina con barniz de viajes, que acaba de escribir un libro en ocho días, y afirma, como la cosa más natural del mundo, «que se lo ha dictado el Señor».

¿Estoy en la Puerta de Jafa, con «el que no quiera oír que no oiga»? ¿O estoy en el otro confín?

Algo hay en Josefina que me ha impresionado. Por dos o tres veces su mirada huidiza se ha posado en mí. Me ha escrutado sin contemplaciones, de frente. Y aunque admitió que la escuché con atención y que era posible que mi victoria estuviese cerca, tuve la sensación de que algo mío no era totalmente de su agrado. Me gustaría entrar por unos momentos en su terreno, admitir su clarividencia y preguntarle si el hecho de que «no vaya a serme fácil ser humilde de corazón» significa que en mi interior hay alguna suerte de esclavitud más tensa de la habitual; pero por fin me callo, para no ofenderla confundiéndola con los que utilizan la bola de cristal o el péndulo adivinatorio.

La entrevista ha terminado. Me pregunta por mi esposa y me promete que rezará por mí y por ella. Salimos al claustro, al claustro de San Jerónimo —éste continúa con su calavera—, en el que, curiosamente, no hay nadie; en cambio, oímos que un coro canta una *Salve* en la Gruta.

—Ahora estoy en Belén... ¿Por cuánto tiempo? Es el Señor quien me dice: Vete a tal sitio; y voy.

Me despido. No sé por qué, me da apuro estrecharle la mano. Inclino la cabeza, le digo al padre Barriuso: «Ya nos veremos», y salgo fuera, a la plaza de la Natividad.

Me siento en uno de los bancos de piedra, no muy lejos de los soldados-centinela. Respiro hondo. ¿Cuándo podré yo oír una voz que no sea de este mundo? Mi vuelo es bajo, lo sé, pese a la estremecedora mirada de aquel Jesús con tirabuzones dibujado al carbón en la acera.

No puedo por menos de recordar mi estancia en Caracas, la ciudad de Josefina, hace ya bastantes años. Habíamos cruzado el Atlántico en un barco en torno al cual jugueteaban los delfines. De pronto, se me acercó un mendigo borracho y me dijo: «¿Una ayuda, señor?» Llevaba un sombrero nuevo y pimpante; en cambio, el resto de su indumentaria era andrajoso. Puse unas monedas en su mano y se rió, me saludó eructando y deseándome, al igual que Josefina, que Dios «estuviera conmigo».

¿He de relacionar ambos hechos? ¿No he de hacerlo? Es todo tan misterioso... Josefina y el padre Barriuso se conocieron merced a una peregrina coja.

Como fuere, es muy cierto que necesito ayuda. Y que estoy desconcertado. Me consuela, eso sí, el consejo del profesor Edery: «Escuche a esa mujer... No perderá usted nada.» No sé si irme al «Granada-Bar» o si comprarme un amuleto en cualquier tienda, una mano abierta con un ojo en el centro.

La ceremonia del Seder

Regreso en autocar a Jerusalén y voy sin pérdida de tiempo a *Casa Nova*. He de mudarme para asistir al *Seder*. Me pongo el traje gris, que para mí es el de las solemnidades —Alma asegura que me sienta muy bien—, y corbata. A sabiendas de que es de pésima educación, utilizo la manta de la cama para abrillantar los zapatos.

Todo en regla, me apresuro a estar en Puerta Nueva un poco antes de la hora fijada por el profesor Edery. Porque... ¡la vida continúa! Sí, la vida continúa más allá de Josefina, quien en el último momento, a través del padre Barriuso, me ha obsequiado, aunque sin dedicatoria, con sus libros de grabados, lo que me permitirá analizarlos detenidamente. El mundo prosigue su marcha y ahora he de enfrentarme con la Pascua judía, el *Pesaj*, y todo lo que ella comporta. Mientras me dirijo a pie al lugar de la cita siento que me cuesta adecuar el ánimo. Quizás el empacho de imágenes sea excesivo al cabo del día. Por suerte, estoy acostumbrado. Sí, seguro que en cuanto el profesor aparezca con su cochecito-saltamontes lograré hacer tabla rasa de mi anterior estado emocional y me hallaré en condiciones de saborear sin trabas la ceremonia que me aguarda.

En Puerta Nueva el tránsito es incesante, y mientras espero hago cuanto puedo para no obsesionarme con el enigmático significado de la palabra Israel, que desde que llegué al país he oído pronunciar en todos los tonos imaginables. ¡Bien, ahí está el profesor Edery, acercándose lo más posible al borde de la acera para darme facilidades! Abre la puerta, subo al coche y bajamos la cuesta hacia la Puerta de Damasco.

—No tendremos más remedio que hacer un *détour*...

—No importa, profesor. ¿Qué tal está usted?

Me dice que está muy bien, sólo que algo preocupado porque se le olvidó enviarme algún folleto sobre la fiesta a que vamos a asistir, y que no es una cualquiera dentro del calendario judío. Le gustaría que no me perdiera detalle, puesto que en ella no se hace nada que no tenga su significado. Le tranquilizo diciéndole que algo he leído, por mi cuenta, sobre el *Seder,* y que incluso poseo el librito *Hagada,* en francés, en el que figuran uno a uno y por orden los textos que serán recitados en el transcurso de la ceremonia. Por otra parte, sé que durante esos últimos días las mujeres han lavado con agua caliente todos los objetos de la cocina, purificando al fuego los que son de hierro, a fin de que en ninguno de ellos quedase el menor rastro de impureza. Y que se han sacudido las alfombras, y se han abierto los armarios, y que en algunos hogares la vajilla sirve exclusivamente para esta cena del Seder, terminada la cual aquélla es lavada y guardada hasta el año próximo. Etcétera.

—De modo que no se preocupe usted, profesor. Confío en no poner cara de pasmarote...

El profesor, que conduce más de prisa de lo supuesto, tal vez para recuperar el tiempo perdido con el *détour,* asiente complacido. No obstante, estima que no estará de más enriquecer un poquitín mis conocimientos, advirtiéndome, por ejemplo, de que en la mesa veré una silla libre, vacía, que representa simbólicamente la que debería ocupar el profeta Elías. «Esa silla es sagrada, tome usted nota.» Asimismo me informa de que en el día de hoy Efraim, como cabeza de familia, y al igual que habrá sucedido en todos los hogares judíos que mantienen la tradición, hacia la hora sexta habrá recorrido, acompañado de los suyos y llevando una vela encendida, todas y cada una de las habitaciones de la casa, buscando restos o migas de pan, de bizcocho, de galletas... Y que mientras habrá quemado sobre un haz de leña todo lo que haya conseguido recoger, habrá recitado en voz alta: *Toda la levadura que se encuentra en mis dominios, la que he visto y la que no he visto, la que he encontrado y la que no he encontrado, pierda todo su valor, como si se tratase de polvo de la tierra.* «Ello le dará a usted idea de hasta qué punto se concede importancia a que no quede en toda la casa una mota de levadura...»

Por último —estamos cerca del domicilio de Efraim y no le da tiempo para más—, me explica que existe una simpática costumbre, que suele cumplirse a rajatabla, según la cual todos los años se invita a la fiesta, en calidad de huésped de honor, o bien a un mendigo, o bien a un forastero.

—De modo que, amigo mío, queda usted enterado. Si ve usted a un mendigo, ya sabrá de qué se trata; ahora bien, no me sorprendería que hoy hubieran elegido a un forastero, y que el tal forastero, y por tanto el huésped de honor, sea precisamente usted...

Llegamos a la residencia, subimos al piso y nos encontramos con la puerta abierta de par en par. Es decir, no existe el menor protocolo. Así que entramos sin más, y en seguida me doy cuenta de que el vestíbulo de la casa está decorado con el mejor gusto. Veo un precioso candelabro de siete brazos y varios grabados antiguos representando aspectos diversos de la ceremonia de la circuncisión.

De buena gana me entretendría contemplándolos, pero el profesor Edery me empuja a la sala contigua, que es el comedor... ¡Ah, *chapeau*! Mejor gusto aún, si ello es posible. Con la mesa rectangular colocada en el centro, iluminada con abundantes velas, y cubertería de calidad superior sobre un mantel blanco bordado. Con anaqueles pletóricos de selectos objetos y en las paredes un tapiz que representa una sinagoga medieval, rodeado de varios cuadros de autores rusos relacionados con la profesión de Efraim, la sastrería. Junto a la mesa ¡una silla libre!: la del profeta Elías...

No me es posible, por el momento, ver nada más, ya que los dueños de la casa, Efraim y su esposa, Sarina, salen a nuestro encuentro. Nos saludan, y pronto la situación queda establecida. ¡El profesor Edery hizo diana!: no habrá mendigo, sino forastero, y ese tal seré yo...

—Muchas gracias, señores, son ustedes muy amables...

Bien, la composición de lugar está hecha. Efraim, el sastre-mohel que presidirá la mesa y que cuidará de las lecturas, de las bendiciones y demás, me ha causado una impresión desazonante. Reservado, serio, se nota que se esfuerza por ser amable, pero que es autoritario por la gracia de Yahvé; no en vano los «efraimitas», en la Biblia, fueron, por definición, batalladores y guerreros. En cambio, su mujer, Sarina, es dulce y al tiempo de presentarme a su hija casada —«ahí están mis nietos», me ha dicho, señalando a dos críos que se dedicaban a apagar y encender las velas—, me ha jurado que no cejaría hasta pronunciar mi nombre: Gi-ro-nel-la, de forma que no me sintiera ofendido.

Entretanto, las personas pertenecientes al «grupo» Edery han empezado a llegar. Los padres del pequeño Esaú —él se llama Aaron y es abogado, ella se llama Mónica y está empleada en el Museo Rockefeller—, me han saludado con efusión y han vuelto a agradecerme mi presencia en Hadassa, a raíz de la circuncisión de su hijo. Raquel y Ester —las dos muchachas universitarias— al verme se me han acercado cariñosamente, aquélla exhibiendo su belleza, un vestido azul y un discreto collar de perlas, ésta enclenque y fea como siempre, aunque con una rara expresión de inteligencia en los ojos. Jimmy, el estudiante californiano, a la ocasión vestido con elegancia, me ha abrazado sin más, campechanamente, recordando nuestro interesante diálogo en Nazaret. En cuanto al señor Shazar, de la Comunidad Sefardí, con quien compartí la mesa en el Consulado español, a mi pregunta «¿cómo está usted» ha contestado, sonriendo con intención: «*divinamente*, muchas gracias...».

Y por fin, y ya era hora, han hecho su aparición Débora y Sami, los hijos del profesor Edery. Débora, que no viste de comandante sino un severo traje de noche con una estrella de David brillándole en el pecho, es una espléndida mujer. Morena, africana, el «misterio» de Tánger lo lleva impreso en el rostro, de expresión un tanto desgarrada. «Mi padre no hace más que hablarnos de ti. Te imaginaba mucho mayor...» «Eres muy amable, Débora. Será por la luz de las velas.» Sami, con restos de su poliomelitis, es como una miniatura de su padre, más nervioso aún, y se muestra encantado de comprobar que realmente existo. «Me han dicho que en la mesa seremos casi vecinos. Me alegro mucho.»

En cuanto al resto de los comensales, los pertenecientes al «grupo» Efraim, son mucho más numerosos y forman un clan aparte al otro lado del salón. Uno de ellos, grueso y desbordante de vida, es idéntico al protagonista de la película *El violinista en el tejado.* También veo a una pareja de enamorados que se besuquean sin parar, materialmente pegados el uno al otro, ajenos al entorno, al *Éxodo* que nos disponemos a conmemorar, al punto de frialdad que, pese a todo, flota sobre la reunión.

Antes de sentarnos a la mesa, Efraim solicita que se haga un silencio y comunica en voz alta a todo el mundo que «el invitado de honor» soy yo, lo que arranca murmullos y un ligero aplauso, a los que correspondo ruborizándome e inclinando la cabeza. Luego Sarina procede al recuento de los presentes. Incluidos sus nietos, que han sido los primeros en ocupar sus puestos, somos veinticuatro, es decir, dos veces las tribus de Israel.

La cena da comienzo y Sarina me dice:
—A última hora vendrá nuestra hija pequeña, Maila. Ahora no está aquí porque celebra el Seder en casa de su marido, que es *askenazim.*

¡Comprendido! Miro a mi alrededor. Todos los invitados, sin excepción, son sefarditas.

Alma me había prevenido «contra» la liturgia del *Seder.* Ciertamente, pese a disponer de la traducción francesa del folleto explicativo *Hagada* y a mi natural curiosidad por el espectáculo humano en torno, he de confesar que la ceremonia me ha resultado, desde su inicio, harto monótona.

Posiblemente, caso de que el entusiasmo de Efraim y Sarina hubiera sido compartido por todos los asistentes, el clima hubiese sido otro; pero la verdad es que la nota dominante ha sido la rutina, a la que ha añadido un punto de acidez el hecho de que Débora y Sami —sentados, efectivamente, delante de mí— no han cesado de farfullar cáusticos comentarios sobre la obsesión de su «pueblo» por el pasado, por el «retorno» al pasado, por rememorar el lance de la esclavitud y de la posterior liberación. «Esclavitud inventada —me ha dicho Débora—. Sí señor. Un caso de masoquismo. Masoquismo contra el que las nuevas generaciones tenemos que luchar.»

El caso es que, metido entre dos posturas tan contradictorias, nutridos sin cesar por una enorme cantidad de comida y por constantes libaciones, el *Seder* me ha vapuleado de lo lindo, al compás, por supuesto, de los textos que cada uno de los comensales ha tenido que leer en voz alta, por riguroso turno. Según la voz y la fuerza del lector, el texto adquiría entidad; según quien leía, el texto se caía en picado. Débora, sin la menor duda, hubiera ganado un concurso de rapidez, y Sami, por su parte, hubiera ganado el de la crispación.

Naturalmente, ha habido momentos de un trémolo especial. Cuando Efraim, puesto en pie, cubiertos los hombros con el blanco *kittel,* ha tomado del centro de la mesa el plato del pan ázimo y levantándolo ha dicho: «He aquí el pan de la miseria que nuestros padres comieron en Egipto; el que tenga hambre, que venga y coma; el que esté en necesidad, que celebre con nosotros la Pascua», no he podido por menos que sentir escalofrío, recordando fervorosas eucaristías vividas por mí con anterioridad. Y cuando, al vaciar la primera copa de vino, todos nos hemos recostado hacia el lado izquierdo «porque así lo hacían antaño los hombres libres», he admitido que el brindis tenía su donaire. También ha resultado emotivo que, de pronto, Aaron y Jimmy se colocaran sobre el hombro un pedazo de *mazout* y echaran a andar alrededor de la mesa «como si caminasen a través del desierto»; y que poco más tarde, entre gritos de jolgorio, los dos nietos de Efraim y Sarina tomaran un pedazo de *matza* y se fueran a esconderlo a un rincón de la casa, advirtiendo —es la tradición— que no lo devolverían hasta que la cena terminara y les pagaran por ello una cantidad determinada.

Ahora bien, la reiteración, junto con los simbolismos ingenuos y tomados por los pelos, han malogrado una y otra vez esos instantes de poética autenticidad, como, por ejemplo, cuando nos han servido las verduras y las hierbas amargas y la pasta llamada *charoset*, «en recuerdo de la arcilla y los ladrillos que los judíos cautivos tenían que preparar por orden del faraón»; y cuando Efraim ha dejado caer previamente en el interior de un vaso diez gotas de vino, «en recuerdo de las diez plagas de Egipto»; y cuando Sarina se ha empeñado en convencerme de que los trocitos de huevo duro, que antes representaban la destrucción del Templo, ahora daban testimonio de la fuerza del actual Israel. «Ya lo sabrá usted, señor Gi-ro-nel-la. Cuanto más el huevo se cuece, tanto más se endurece y se hace indestructible.»

En un momento determinado, y mientras Efraim se mojaba y purificaba los dedos en un vaso semejante a un cáliz, me ha parecido comprender la causa exacta de la frialdad, a ráfagas teñida de tristeza, con que se desarrollaba la ceremonia. Los dedos de Efraim, más largos y finos de lo que pude sospechar, acababan de posarse, acariciándola, en una pequeña cicatriz que el *mohel* lucía en la frente. Por ello luego se purificó. Entonces he pensado que la mayoría de aquellos comensales habrían recibido muchas heridas a lo largo de su existencia, en la frente y en el alma. A buen seguro que visitaban con frecuencia Yad Whasem, la Colina de los Mártires, por lo que los textos dramáticos y amenazantes de la *Hagada* les resultaban, por desgracia, parejos en demasía. Así que era en vano que Sarina y Mónica intentasen alegrar los semblantes y animar la fiesta. En resumidas cuentas, es probable que, aparte de las dos mujeres y de Efraim, sólo se salvasen de la quema el señor Shazar; Jimmy, tomando de vez en cuando notas en su agenda; la joven pareja de enamorados, que han continuado besuqueándose, y los dos nietos de la casa, los dos «ladrones», que esperaban con ansia —limpios los ojos— el hallazgo del pedazo de *matza* que escondieron y la consabida recompensa por su rescate.

Terminada la cena, el clima ha sufrido un sensible cambio, debido a las canciones, puesto que el formulario sagrado había tocado a su fin. Sarina se encargó de romper el fuego, proponiendo una canción en hebreo cuyo sólo anuncio ha merecido unánime aplauso. Ante mi asombro, incluso Débora y Sami, ¡y el profesor Edery!, han movilizado sus cuerdas vocales, mientras *El violinista en el tejado,* impresionante barítono, gesticulaba llevando el compás. El espectáculo del profesor Edery, con los ojos más azules y redondos que nunca, más imberbe que nunca y exhibiendo en la cabeza la más diminuta *kipá* de cuantas había en la mesa, me ha reconciliado con la noche del *Seder*. Por dos veces me ha mirado como diciéndome: «Va usted a perderme el respeto»; y se equivocaba. Nunca le vi tan natural y, de consiguiente, tan entero.

Luego ha ocurrido lo inevitable: la concurrencia era de origen muy diverso y no había forma de dar con una canción conocida por todos. La mayoría de ellas sólo encontraban eco en el estribillo. Los idiomas preferidos eran los vernáculos, y en ese terreno era imposible encontrar el denominador común. ¿Cómo pedirle a un sefardita turco que cantara en francés? ¿Y a un oriundo de Salónica que coreara una tarantela napolitana? Mi gran sorpresa ha sido la frecuencia con que han brincado en el aire canciones en ladino, y que éstas me conmovieran de forma muy peculiar, pese a que me costaba mucho esfuerzo entenderlas, excepto una de ellas, cuya letra he logrado retener: «Este niño chico quiere dormir, háganle la cama de rosa y jazmín, para que mi hijo pueda dormir.» Sin darme cuenta, y cediendo a un sensiblero impulso, al terminar he gritado «¡bravo!», lo que, en el acto, me ha hecho temer lo peor. En efecto, inmediatamente he recordado que Mónica, en el Hospital Hadassa, empeñó su palabra de que, llegado el caso, me obligaría a cantar algo de mi tierra... «Algo característico», dijo. ¡Bueno, Yahvé ha tenido compasión de mí! Todo el mundo, al oír mi «¡bravo!» me ha mirado, y repitiendo la *nana* del niño chico y el jazmín me ha instado a que me uniese al coro. Ni que decir tiene que así lo he hecho, alejando con ello el peligro de que Mónica recobrase la memoria. Peligro que ha pasado definitivamente a mejor vida cuando, a seguido, Aaron, recordando que su juventud discurrió en Casablanca, ha iniciado una melopea marroquí, la cual ha tenido la virtud de arrancar vivos sollozos de un matrimonio situado al otro lado de la mesa, oriundos de Rabat, al parecer, y que había pasado completamente inadvertido.

Así las cosas, y en el momento en que el repertorio estaba a punto de agotarse sin remedio, he aquí que han irrumpido en el comedor, emparejados, cogidos del brazo, Maila, la hija pequeña de Efraim y Sarina, y su marido... *askenazim*. Por lo visto, en casa de éste el *Seder* finalizó ya, y tal y como le prometieron a Sarina se vinieron sin pérdida de tiempo.

Simplificados los besos de rigor y las consabidas presentaciones, los recién llegados han tomado asiento y por unos instantes el ambiente se ha caldeado de nuevo, hasta el extremo de que alguien ha intentado volver a las nostálgicas melodías. Naturalmente, ello ha originado que el marido de Maila —muchacho de origen polaco, rubio y de expresión ingenua— se sintiese tan forastero como yo, puesto que ninguna de las canciones previsibles iba a resultarle familiar.

La difícil situación ha sido resuelta, con su habitual elegancia, por Sarina, quien cortando por lo sano ha sugerido una canción en *yiddish,* a la que el muchacho se ha sumado de inmediato, con sorprendente entusiasmo, y de la que yo sólo he entendido la palabra *Shalom...*

Poco después, la ceremonia ha terminado. Algunos de los asistentes han besado a Efraim y Sarina y se han marchado, sin más; otros, en cambio, antes de salir han preguntado con disimulo: «¿Dónde está el lavabo?»

Diálogo con los Sabras

Desordenadas las sillas, la mesa repleta de restos de comida y de vajilla sucia, el comedor —para los que nos hemos quedado— ha adquirido un aire decididamente informal. Efraim parecía mareado. Piropeaba a las mujeres sin venir a cuento y daba la impresión de que la *kipá* iba a caérsele de un momento a otro. Sarina le ha ordenado: «¡Siéntate!»; y se ha sentado en la silla de Elías... Al darse cuenta, se ha levantado rápido, ha pedido excusas y se ha ido también al lavabo.

Entretanto, el profesor Edery ha conseguido lo que deseaba: organizar un aparte con sus hijos, Débora y Sami, y conmigo. No obstante, pronto se nos han acercado Raquel y Ester, así como Jimmy, el cual, con una pipa en la boca, parecía el más feliz.

¡Bien, la conclusión ha sido rápida! Había tanto que hablar, eran tantos los temas a debatir: el problema religioso, el de los *sabras,* el del porvenir de Israel, etcétera, que la mejor solución era reunirnos un día en cualquier sitio —tal vez en la universidad, o en algún café, o en algún Centro Juvenil—, y allí dialogar sin prisa, poniendo cada cual las cartas sobre la mesa.

Yo he sugerido un Centro Juvenil —*Beit Haonar*—, porque me he dado cuenta de que nunca me había enfrentado aún, directamente, con los *sabras* y con su metabolismo formal. Así lo hemos acordado, pese a que el profesor Edery hubiese preferido celebrar la reunión en el despacho de su casa, rodeado de sus libros, de sus carpetas y teniendo cerca a Jonás.

Sin embargo, la buena media hora que hemos pasado juntos ha dado mucho de sí y ha significado para mí un digno remate a esa jornada que se inició nada menos que en Beersheva y que me permitió asistir en la Puerta de Jafa a un desafío entre dos «Cristos» y conocer a Josefina...

Cierto, unos minutos han sido suficientes para quedar situado y para llevarme un imborrable retrato mental de Débora, de Sami, de Raquel, que no ha cesado de acariciarse el collar, de la miope Ester, que por lo visto hoy estrena «lentillas» y de Jimmy, el compatriota del inefable Kissinger, con el pelo cortado a cepillo como los reclutas en las películas americanas.

Débora, que antes de irse al frente sirvió en el Cuerpo de Policía, no se ha andado por las ramas y ha atacado sin contemplaciones todo cuanto tuviera un trasfondo religioso. «Todas las religiones arrancan de la palabra paz, pero acaban propiciando las guerras, aunque siempre se las arreglan para declararlas santas. Incluso el budismo ha caído en esa tentación. Y el judaísmo a la antigua... también.» «Los jóvenes judíos queremos acabar con esos mitos, por los que nuestro pueblo ha sufrido tanto y tan inútilmente. Lo que importa es el futuro, y eso es lo que estamos construyendo. Y si he accedido a venir hoy aquí, no ha sido porque me lo pidió mi padre, sino porque me lo ordenó el coronel, que varias veces al año se quita el uniforme y se viste de profeta.» «Todas las religiones conducen a la obsesión y a través de la obsesión a la crueldad. En la Policía conocí a unos japoneses y por ellos supe en directo lo que para su país significó que el emperador fuera considerado Dios. De ahí surgieron los *kamikaze,* que ahora los guerrilleros palestinos quieren imitar.» «Tienes que perdonarme que hable de lo que me toca más de cerca: el islamismo y el cristianismo. Ambas cegueras han paralizado la historia universal. El islamismo se basa en una sarta de normas coránicas, plañideras y violentas; y en cuanto al cristianismo, empezó con sangre y con sangre continúa. Sí, lamento hablarte así. Llegasteis hasta aquí matando, y al hecho de matar, como ocurrió en la conquista de América, lo llamáis predicar la buena nueva. Y siempre os las arregláis para que dicha buena nueva vaya contra Israel, como ocurre con vuestro Papa actual, que recibe un día sí y otro también a representantes árabes.» «¡No, no, por lo que más quieras, no desvíes la cuestión! ¿Cómo? ¿Que te hable del frente...? ¡Por favor! He comido demasiado para tocar ese tema. ¿Qué dices? ¿Que estuviste en los Altos del Golán? ¡Chico! Pues es cierto lo que mi padre cuenta de ti, que eres un cristiano perfectamente presentable en sociedad...»

Sami, tal vez porque tuvo la polio y porque debido a eso sufrió mucho y creció lleno de complejos, habitualmente debe de ser más introvertido que su hermana. Imberbe como su padre, llama la atención porque tiene la frente muy estrecha y porque constantemente frunce el ceño como si ello lo ayudara a pensar. Sin embargo, hoy se ha desahogado también con cortapisas. Ha empezado diciendo que, sin duda por cortesía, Débora no ha soltado ni la décima parte de lo que siente y que ha empleado un léxico refinado, como si en vez de venir de la línea de fuego, donde sólo en la guerra de los Seis Dios recibió cuatro balazos, llegara de una clase de urbanidad. «Sí, se ha quedado muy corta. Todo eso que hemos celebrado es una idiotez, como lo sería si en Roma cenaran en honor del famoso Rómulo, que según la leyenda fundó la ciudad amamantado por una loba.» «Hace tiempo que decidí abandonar ese camino y dedicarme a la ciencia, cuyos resultados se pueden palpar.» «Para mí, desde luego, es chocante que le deis más importancia a un Aleluya y a la Hagada que a la electrónica. Es un error. Con sólo oraciones todavía no existiría el Estado de Israel. El Estado de Israel existe porque hemos luchado y trabajado.» «En mi cuarto, en casa, tengo un candelabro de siete brazos, pero no por su simbología bíblica, sino porque mis actuales profesores, a fuerza de tenacidad, descubrieron petróleo en Israel, en el campo de Héletz, y para demostrarlo, en la fiesta de *Hanuca* hicieron que de las siete bocas de un candelabro brotaran e iluminaran el cielo siete chorros del llamado oro negro.» «No, nadie podrá detener nuestra marcha, por más que en vuestras iglesias y en las mezquitas se rece sin cesar por nuestra destrucción.» «¿Qué pasará, dices, con el Mesías esperado? ¿Te parece poco lo que ha pasado ya? El Mesías tenía que liberarnos, ¿no? Pues ya lo estamos. Antes, los judíos al ver a un policía echábamos a correr; ahora nos acercamos para pedirle información... o un pitillo. ¿Te parece poco tener una patria? Ahora sólo falta que el Instituto Weizmann descubran una vacuna contra el Antiguo Testamento...» «¿Cómo...? ¿Qué dices? ¿Que si yo estaría dispuesto, como Débora, a morir por Israel? No... Pero sí lo estaría a morir por los avances científicos y técnicos que en Israel se están realizando...»

Raquel y Ester han intervenido por turnos y, en ocasiones, simultáneamente. Por lo visto son tan amigas que pecan de exceso de confianza entre sí. A la tesis de Débora sobre la religión-fanatismo-crueldad, han añadido la superstición. «Ahí donde le ves, Aaron, el padre de Esaú, que es un abogado muy competente, inteligentísimo y que probablemente será elegido diputado, no es más que un lastimoso prisionero del Talmud. Es decir, un fanático. Cuando llega el *shabat*..., no hay quien pueda con él. Mónica, su mujer, se vuelve loca, pues nunca sabe qué alimentos y qué medicamentos están permitidos o prohibidos por la ley. Por un lado le permite comer miel y dársela a los niños, porque la miel no la segrega directamente el insecto, sino que es de origen vegetal, por otro le prohibiría, en en el día de hoy, o un *shabat* cualquiera, usar supositorios...» «¿Y sabes por qué el bueno de Efraim está tan mareado y eligió el oficio de sastre? Lo primero, porque se le ha indigestado que el "forastero" invitado hayas sido precisamente tú, "perro cristiano"; y lo segundo, porque, pese a tener vocación para el estudio, prefirió ser fiel a la tradición de los judíos bíblicos, que siempre insistieron en que el trabajo manual es sagrado. Si hablaras con él te lo confesaría sin ambages y te repetiría que *el artesano en su trabajo no tiene necesidad de levantarse ante el más grande doctor.* ¿Ah, conoces la cuestión? Tanto mejor. Sin embargo, lo más grave de las religiones es que han influido definitivamente en la discriminación de la mujer. ¿Te has fijado en ese tapiz? ¿Dónde están las mujeres? Al fondo, medio escondidas, detrás... ¿No te parece una memez? Pero eso no es todo. ¿Te ha contado alguien lo que un judío ortodoxo reza por la mañana al levantarse? Pues escucha bien: *Bendito seas Tú... que no me has hecho mujer.* Y la mujer reza: *Bendito seas Tú, que me has hecho según Tu voluntad.* Incluso ha llegado a decirse que dar la Torá a las mujeres es dársela a los cerdos...» «Sí, sí, por supuesto, ya te dijimos al principio que no tenemos la exclusiva de tales aberraciones, y que las religiones, por definición, son machistas: pero esto se acabó, ¿te das cuenta? Por lo menos en Israel. Golda nos ha dado el ejemplo y nuestra independencia es un hecho. ¡Vamos, no faltaría más! Israel está lleno de mujeres que ocupan cargos de responsabilidad, y estamos seguras de que no hemos hecho más que empezar...»

Necesitaría otro café. Han sido varios y contundentes puñetazos seguidos. Ante la imposibilidad de abarcar todos los aspectos de tan ardua cuestión les digo que acepto de buen grado las acusaciones que han formulado contra las llamadas «religiones», pero que la Religión con mayúscula ya es otro cantar, materia más complicada, por cuanto afecta al plano de la conciencia y dialécticamente incluye el concepto de Dios.

—Decidme una cosa. ¿Establecéis alguna distinción entre las dos palabras? Es decir, ¿al acusar a las religiones acusáis también a ese concepto? ¿O es que negáis que Dios exista?

Débora es la primera en reaccionar.

—Dios es una palabra inventada para dejar sin resolver los enigmas y los problemas que la vida plantea. Yo no creo que exista; y si existe, que se divierta.

—Cuando se produce un terremoto —agrega Sami—, lo que registra su intensidad no es la palabra Dios, sino la escala Richter, el sismógrafo.

Me gustaría preguntarles si opinarían lo mismo si en vez de tener veinte o veinticinco años tuvieran ochenta o si supieran que al salir iba a aplastarles la cabeza una piedra de varias toneladas. Pero el tópico me desagrada y prefiero enfocarlo de otro modo.

—Decidme otra cosa. ¿No creéis que detrás o delante de la palabra Dios, sea o no sea inventada, se esconde un concepto importante, que es el de la posible supervivencia? Dicho de otra manera, ¿os atreveríais a afirmar que de lo que llamamos ser humano no queda absolutamente nada después de muerto?

Interviene Raquel.

—Sí, queda eso que llaman los genes, si se han tenido hijos; y los recuerdos en la mente de los demás; y las obras y cosas por el estilo. Pero la persona como tal se descompone como ha ido descomponiéndose el *Seder*... Mi convicción es que la Naturaleza actúa sin más, con sus leyes, de una manera indiferente y neutra, sin que se entere ni le preocupe en absoluto lo que por aquí pueda suceder o sucedernos.

Jimmy remacha:

—¿Y tú qué opinas? ¿Que la Naturaleza, o tu Dios, nos conoce uno por uno y sabe incluso cómo nos llamamos?

Constituyen un frontón ante mí. Me doy cuenta de que, por lo menos hoy, cualquier intento de matizar algo sería inútil. Me limito a decirles que sus argumentos, dada la fina complejidad del universo, de lo que llamamos Creación, se me antojan simples, y hasta un poco burdos, lo mismo da. Que no está todo tan claro, en fin. Repito que una cosa son las religiones, la Torá a los cerdos, la obnubilación, la leyenda de Rómulo y la paralización de ciertos fragmentos de la vida debido al miedo al más allá, y otra cosa es la palabra Dios. Ellos acaban dedicándome cariñosas sonrisas y me proclaman unánimemente heredero de una doctrina que, forzada, para sobrevivir, a divinizarlo todo, a encontrarle a todo raíces sagradas, incluso a lo más inmediato y perecedero, terminó por pregonar a los cuatro vientos que había ocurrido algo que resolvía la cuestión, a base de sublimizarla: que Dios se había hecho hombre...

—¿Y por qué no? —protesto, sonriendo—. Conforme con que yo no puedo demostraros que tal afirmación sea cierta... ¿Acaso podríais demostrarme a mí lo contrario, que es falsa, y que todos los creyentes que ha habido y que hay son unos mentecatos?

Ester mete baza, con una gran carga de ironía.

—Nosotros no pretendemos demostrar nada. Simplemente, nos choca que, si aquel hombre era Dios, no acabara con el dolor del mundo...

Sami, el «electrónico», se ríe.

—¡Desde luego! Y además, lo menos que podía pedírsele es que se presentara pilotando él mismo un superavión...

Después de las despedidas de rigor, el profesor Edery, que ha sido espectador mudo, mientras me acompañaba a Puerta Nueva me ha dicho:

—En el fondo estoy contento, ¿sabe? Yo creí que la cosa terminaría mucho peor...

CAPÍTULO XXXII

Jueves Santo, Viernes Santo, Sábado Santo... Entramos en los tres días que pueden ser decisivos para la solución de mi enigma personal. No es que espere un tratamiento equivalente al de Saúl de Tarso, pero quién sabe. En esos tres días, según un folleto que me han dado en *Casa Nova,* están previstos varios actos que me gustaría *vivir* por dentro, sin la indiferencia o neutralidad de las leyes de la Naturaleza... Por ejemplo, la hora de la Agonía, hoy, por la noche, en Getsemaní; el Vía Crucis multitudinario de mañana, con el desclavamiento de Cristo y el traslado de la imagen a la Piedra de la Unción; la preparación sabática de la Resurrección; etcétera.

Tengo plena conciencia de que no podré mantener durante esos tres días la misma temperatura espiritual. Se oponen a ello el agotamiento psíquico —de pronto, sin saber por qué, uno siente ganas de canturrear *Sapore di sale, sapore di mare...*— y el acribillamiento de escenas como la del *Seder* de anoche y las siluetas de la calle y tantos y tantos obstáculos; pero no es menos cierto que a veces también basta con un acto de férrea voluntad, con media hora de claridad íntima o de introspección, cuya clave o resplandor lo mismo puede proceder de lo alto, como del ingenuo mural del Campo de los Pastores, como de un dibujo al carbón en una acera de la Puerta de Jafa.

De momento, la mañana del Jueves Santo voy a pasarla en compañía de Santiago de Churruca, el cónsul, interesado en acompañarme a visitar las pequeñas comunidades que él tanto quiere: la etíope, la armenia, la maronita, etcétera. Un recorrido a trasmano de los que programan las agencias y que, en su opinión, realizado precisamente en el día de hoy, Jueves Santo, presupone una lección de humildad. Las pompas ya llegarán más tarde; por ejemplo, con el soberbio Pontifical a celebrar por el Patriarca Latino el próximo domingo en el Santo Sepulcro.

Una gira excepcional

Nos encontramos a primera hora en la Puerta de Damasco, más concurrida que nunca. Santiago sonríe, paladeando de antemano mis reacciones y ladeando ligeramente el cuello y el hombro izquierdo, como de costumbre. Los árabes, en los quioscos y en las tiendas, han sustituido muchos artículos expuestos habitualmente por otros destinados a los peregrinos. Muchos crucifijos de nácar; muchas reproducciones en color, de pequeño y gran tamaño; bolígrafos que mirados al trasluz permiten ver una fila de peregrinos entrando en Belén... Los crucifijos se han multiplicado como en ciertos tiempos las sentencias de muerte; y los frascos de agua del Jordán; y las Dolorosas; todo ello mientras los transistores funcionan a todo volumen y los cambistas asaltan a los transeúntes y se oye sin cesar la palabra *money*.

La primera visita la realizamos al obispo maronita, que después del esfuerzo que realizó para asistir a la procesión del Domingo de Ramos se volvió a la cama a luchar contra su gripe.

La casa es humildísima, con varios cuadros en el vestíbulo que representan a los obispos predecesores y otro en el que se ve un importante y hermoso cedro del Líbano. No hay que olvidar que los maronitas son unos tres millones en todo el mundo y que sólo en el Líbano hay unos setecientos mil. Fueron los primeros de rito oriental, sometidos a Roma, que se instalaron en el Santo Sepulcro, donde disponían de cuatro altares, que perdieron con la llegada de los cruzados. Celebran la misa con su liturgia peculiar, utilizando, para la consagración, el idioma sirio-arameo, es decir, el de Jesús.

Si lo que buscaba era una lección de humildad, ahí la tengo. La habitación del jerarca enfermo se cae de humedad, de vejez, y es el vivo retrato de quien la habita, el cual yace en un camastro que da la impresión de que de un momento a otro se hundirá. El obispo abre los brazos al vernos entrar —Santiago le visita a menudo—, intenta incorporarse y apenas si puede hacerlo, nos estrecha las dos manos. Observo que en las suyas hay quemaduras, cuya causa ignoro. Rostro noble, aunque sin afeitar, con barba descuidada. ¡Varios dientes de oro! No sabe qué hacer para atendernos. Llama a dos mujeres libanesas para que nos sirvan café. En la cabecera de la cama, una simple cruz de madera; al lado, un anacrónico aparato de radio. Sobre un armario destartalado, dos cajones, en los que guarda «la mitra y el báculo» que fueron precisamente regalo de España. De la mesilla de noche cuelga un rosario que cae hasta el suelo.

No hace más que agradecernos una y otra vez nuestra visita en un día como hoy. Él hubiera querido asistir a la hora de la Agonía en Getsemaní. ¡Es tan hermosa!; pero a lo mejor vive la suya propia, de verdad, en este camastro. Se siente mal, le cuesta respirar. Tiene fiebre. No queremos abrumarlo y nos tomamos de prisa el café. Le disgustaría morirse sin ver la unión con los griegos ortodoxos, pero le parece difícil...

—¿Cómo se llama usted? —me pregunta.

—José María.

—¡José-María! —toma el rosario de la mesilla de noche y le da un beso.

Sus ojeras son tan profundas que en ellas cabe perfectamente la muerte. Comprendemos que es nuestro debe abreviar y nos levantamos. Las dos mujeres libanesas cuidan de él y de vez en cuando pasa un médico del barrio... ¡Obispo de tres millones de almas! Antes era fuerte como el cedro del Líbano que hay en el vestíbulo.

Abre los brazos para despedirse. Las quemaduras de sus manos parecen estigmas. Su voz es afónica. «Que el Señor les acompañe. *Merci, merci...*»

Salgo muy impresionado, pensando en el Vaticano, en los «ilustres purpurados» que se acarician el pectoral. Ese hombre está tan cerca de Dios que se asombraría de que Débora y Sami no crean en Él. Casi debe de estar viéndolo, o escuchándolo a través de su radio. No me he atrevido a decirle *au revoir*.

Ningún sacerdote guardián, ningún familiar. A la salida, Santiago me acompaña por unos peldaños laterales hacia una azotea abovedada, en la que hay ropa tendida al sol y mujeres que, al vernos, se levantan con timidez.

—¿Se te ocurre algo?

—No, nada. Sólo darte las gracias por haberme traído...

La próxima visita es a los monjes etíopes, dos de los cuales se fueron a la Escuela Bíblica, con el padre Benoit.

Otra lección. Efectivamente, tal y como me habían dicho, al amparo de un permiso especial viven en los tejados de una iglesia perteneciente a los griegos ortodoxos. En covachuelas. Indescriptible austeridad, impuesta por su reglamento. En total son unos cuarenta, y los vastos tejados se comunican entre sí. Amenizan el lugar los gatos, peor alimentados que los del padre Barriuso.

Llama la atención la elegancia innata de esos hombres delgados, altos, con sotana, que apenas se mueven, que al hablar gesticulan lo mínimo. La excepción es el superior —también amigo de Santiago—, que es quien nos recibe. Grandes patillas, tupido bigote que le cae lacio a ambos lados de la boca. Sus ojos son viscosos y amarillentos; en cambio, hay algo aristócrata, extremadamente cortés, en las maneras de los monjes que lo escoltan.

La dificultad estriba en el idioma y en que no parecen dispuestos a enseñarnos las celdas o covachuelas en que habitan. Su empeño se centra en una estancia con aspecto de iglesia, aunque sin altar, en la que destaca un cuadro de la Trinidad, como yo no había visto otro igual. Las tres figuras son idénticas. Incluso el Espíritu Santo lleva barba, y los cuatro evangelistas, simétricamente colocados en los ángulos, lloran a lágrima viva —sobre todo, Juan— mientras escriben el relato del Hijo que vino, habló, dio testimonio y murió.

Enfrente de dicho cuadro, un armario repleto de botellitas con óleos de Etiopía. Nos aseguran que son muchos los enfermos que han mejorado al suministrarles con ellos la Extremaunción... Junto a las botellitas, varias curiosas piedras de incienso. Insisten en que las huela y, ¡cómo no!, en que me lleve una de recuerdo. ¡Un lagarto! Un lagarto disecado, de piel reluciente, con los ojos de vidrio. Da la impresión de que con sólo tocarlo romperá a cantar en *gadis* o en *amandri,* que al parecer son los dos idiomas litúrgicos de la comunidad.

Santiago le pide al superior si podría mostrarme el «tesoro». No sé de qué se trata. Se produce un momento de vacilación. Por fin el superior da orden de que le traigan unas llaves, con las que se dirige a una puerta falsa que hay al fondo, confundida con la pared.

Abre dicha puerta y quedo maravillado. Santiago sonríe y alza el mentón como suele hacer cuando protagoniza una sorpresa. Por todas partes, en estantes protegidos con cristal, coronas altísimas, cálices y demás objetos cuyo valor, a juzgar por la pedrería que los adorna, debe de ser incalculable. Pero lo que mayormente llama la atención son las casullas, colgadas en perfecto orden y de un tamaño y espesor también fuera de lo común. El superior nos dice que la más valiosa es un regalo del Negus y que su originalidad consiste en que están dotadas de campanillas, las cuales cumplen su función una vez al año, precisamente en la ceremonia que se celebra el día de mañana, Viernes Santo, en el Santo Sepulcro. En efecto, en dicha función los monjes etíopes, con lamparillas de mano, simulan que buscan a Jesús por todos los rincones de la Basílica, mientras las casullas *tintinean* como «llamando al Desaparecido». Imposible sospechar, al subir a esos tejados, que se esconden en esta guarida tales riquezas, y difícil comprender que hasta el presente nadie las haya robado.

Nos despedimos agradeciéndoles su amabilidad. Hay poca gente que pueda cruzar esa puerta. Realmente, lo etíope es misterioso, como todo lo que proviene de una tierra fronteriza y antigua, crisol de varias civilizaciones.

Una vez fuera le digo a Santiago que por nada del mundo quiero perderme mañana el numerito de las lámparas buscando al Desaparecido.

—Entérate de la hora... Creo que es a las cinco.

Recorrimos el barrio armenio... Por las calles hay como un silencio expectante, de Jueves Santo. Entramos un momento en la iglesia de los sirios, donde se guarda el conocido icono cuya pintura se atribuye nada menos que al evangelista Lucas. Ni siquiera los niños pueden dar crédito a semejante conjetura.

Le toca el turno a la catedral de San Jaime, de los armenios católicos. Salvadas las naturales variantes, tengo la sensación de que entro y salgo de las iglesias de Gerona cuando por Semana Santa íbamos a ganar el Jubileo; aunque aquí no besamos el suelo ni las imágenes están ocultas tras un velo morado.

Antes de entrar en la catedral presenciamos una escena que Santiago cuida de explicarme. Una treintena de seminaristas aguardan en fila ante la puerta, que es de hierro y tiene seiscientos años, y no se mueven hasta que el mayor toma un mazo con el que golpea en un madero con ritmo de tantán. Parece que se trata de una reminiscencia de cuando los turcos prohibían a los cristianos tocar las campanas.

Por fin los seminaristas, muy jóvenes, entran y nosotros tras ellos. La primera impresión de la iglesia-catedral es majestuosa. Quizá, como siempre, haya un exceso de lámparas votivas colgando, pero la grandiosidad es evidente. Mientras nuestros ojos la recorren deteniéndose en los detalles, los seminaristas se han agrupado al lado del altar y, sin entusiasmo alguno, distraídos, se han puesto a cantar una melodía indescifrable. Nos llama la atención un cuadro de enormes proporciones, colgado a nuestra derecha. Representa el martirio de cuarenta cristianos, metidos dentro de una olla. Las cuarenta cabezas cortadas suben todas al cielo excepto una, que, según Santiago, a última hora se retractó y no ascendió más; deserción compensada por un soldado de guardia que de pronto se convirtió y al que se ve tirándose materialmente dentro de la olla.

Hay un altar lateral, también enigmático. Se dice que ahí fue decapitado Santiago el Mayor y que su cabeza está enterrada debajo. No parece que existan pruebas de semejante hecho. Sin embargo, un hombre barbudo está arrodillado ante dicho altar, sumido en profunda meditación. No lejos hay un trono, que corresponde al «primer obispo de Jerusalén». En una estancia contigua, una fantástica colección de preciosos azulejos traídos de Anatolia. En un rincón, sobre unas alfombras, cinco mujeres ancianas, cerrados los ojos, rezan y hacen reverencias. Una de ellas tendrá cien años lo menos y se golpea el pecho ¡con una piedra! Recuerdo haber visto algún cuadro antiguo en que san Jerónimo, en el desierto, hacía penitencia de esta manera, «asestándose estos golpes en el mundo interior para ponerlo en sobresalto».

—¿Te atreves a subir los ciento y pico de escalones que llevan al campanario?

—Vamos allá.

Escalera de caracol. De vez en cuando nos tomamos un respiro. Pero la visión desde lo alto compensa con creces, pese al viento tremendo que circula y que pretende arrebatarnos. El tamaño de las campanas es descomunal y casi parece lógico que los turcos las prohibiesen, que prohibiesen tocarlas. Nos ponemos al resguardo, y Santiago goza lo suyo hablándome de los mil y un sitios que hay en Jerusalén, semiescondidos como esos que hemos visitado y que la mayoría de gente no conoce. Me habla de un mosaico, también armenio, existente cerca de la Puerta de Damasco, del «Restaurante Alí Babá», que conmemora una batalla que hubo el año 260 y que puede considerarse como el primer monumento al soldado desconocido. Me habla de un café muy próximo en cuyo centro confluye el arranque de cinco arcadas en direcciones distintas y que con toda seguridad eran un enclave principal dentro de la *Aelia Capitolina*. Hay escalinatas que conducen a antiquísimas cuadras de caballos utilizadas por peregrinos. La Jerusalén que no figura en las guías al uso es una sorpresa sin fin. Hay recuerdos de la Iglesia copta, que según la Historia fue fundada el siglo I por san Marcos a orillas del Nilo, y que durante mucho tiempo contó con centenares de monasterios en todo el Oriente Medio, cuyos obispos habían de ser célibes, tener más de cincuenta años y no comer ni carne ni pescado.

Por eso él en tales lugares de Jerusalén se siente preso de un algo que no logra descifrar y todo se le convierte en interrogante, empezando por ese viento que a nuestro alrededor continúa silbando cosas extrañas. Porque, lo más fácil es decir: «Bah, eso es una tradición oral.» ¿Y por qué la tradición oral ha de faltar a la verdad? En otros tiempos era el único medio de transmisión, que los árabes dominaban de maravilla. Cierto, gracias a la palabra los árabes han salvado de la locura del tiempo muchos tesoros, fijándolos, conservándolos, como los etíopes han conservado sus tintineantes casullas. Se ha dicho que los árabes tratan el tiempo como si fuera un mojón de eternidad. Es posible, y basta con observarlos para darse cuenta. Como fuere, y volviendo a la sibilina antigüedad de Jerusalén, sólo nuestra falta de curiosidad y de fe hace que pasemos entre lugares y capiteles y piedras sin detenernos a preguntarles: «¿Quiénes sois?» Él valora como es debido su reconditez precisamente porque lo antiguo oculta en su entraña el futuro, como lo demuestra que Colón, el día que holló América, ignoraba por completo que estaba poniendo la primera piedra para que siglos más tarde la bomba atómica cayera sobre Hiroshima. Harían falta, desde luego, muchas vidas para descubrir las mil y una sub-Jerusalén, para atisbar su verdad.

Ahora le toca el turno al Cenáculo, sin duda muy similar al «auténtico», cuyo emplazamiento exacto se ignora. Nos emociona ver que la estancia, a esta hora, está llena a rebosar. ¡Jueves Santo! Hemos de permanecer quietos en un rincón, todo el mundo guardando silencio en recuerdo de aquel *Seder* irrepetible...

De pronto me embarga una emoción inesperada, que es como una respuesta de mi espíritu a la diatriba de anoche de los *sabras*. Y no se me ocurre nada mejor que aceptar la propuesta de Santiago: leer en voz baja el apropiado Evangelio. Elige el de Lucas. «Llegó, pues, el día de los Ácimos, en que habían de sacrificar la Pascua... Cuando llegó la hora se puso a la mesa; y los apóstoles con Él. díjoles: Ardientemente he deseado comer esta Pascua con vosotros antes de padecer, porque os digo que no la comeré más hasta que sea cumplida en el reino de Dios... Tomando el pan, dio gracias, lo partió y se lo dio, diciendo: Éste es mi cuerpo, que es entregado por vosotros; haced esto en memoria mía. Asimismo el cáliz, después de haber cenado, diciendo. Este cáliz es la nueva alianza en mi sangre, que es derramada por vosotros... Porque, ¿quién es mayor, el que está sentado a la mesa o el que sirve? ¿No es el que está sentado? Pues yo estoy en medio de vosotros como quien sirve...»

¿Qué puedo hacer para servir? Ha bastado con que un hombre a mi lado se sonara estrepitosamente para alterar mi estado de ánimo. Pienso cosas inconexas y no me golpearía con una piedra el pecho ni creo que siendo guardián me echara de cabeza dentro de la olla de los mártires. En cambio, si no me equivoco Santiago tiene a mi lado los ojos húmedos. Lleva una gran ventaja sobre mí: el Vaticano no significa para él una barrera. Y es diplomático; y yo un narrador. El silencio ha vuelto a adueñarse del Cenáculo; silencio que un sacerdote francés rompe leyendo con voz que semeja un susurro: Ardientemente he deseado comer esta Pascua con vosotros antes de padecer, porque os digo que no la comeré más hasta que sea cumplida en el reino de Dios.» Varios peregrinos se arrodillan, como queriendo hundir sus cuerpos, convertir este lugar en una sub-Jerusalén íntima, personal y también irrepetible.

Con un grupo de «chachas» españolas

Se acabó el recorrido. Nos despedimos. A Santiago lo esperan en el Consulado y yo he decidido almorzar en *Casa Nova.*

En *Casa Nova* la aglomeración es tal que han organizado varios turnos. Veo a Isidro, que hoy hace de guía, a la cabeza de un grupo. ¡Son las criadas españolas de que me habló, que trabajan en París! Han llegado, efectivamente, y se ha pasado ya toda la mañana acompañándolas. «Son todo un número, ya te contaré. ¿Quieres venir esta tarde? El programa lo ha trazado la agencia.» «No sé, Isidro... Quizá podríamos comer ahora juntos, eso sí. Yo voy un momento a la celda y vuelvo. Guárdame sitio en la mesa.»

Me voy a la 207. Calculando el rato que tardarán las «chachas» en poder sentarse, descanso un rato. Pero al poco los libros me tientan, como siempre, y elijo un par de ellos.

El primero que me salta a la vista es aquel, muy breve, que tanto llamó la atención de Emilio, titulado: *De cómo comía Jesucristo,* y cuyo autor es el jesuita Eusebio Hernández. Me parece apropiado. Está editado en Barcelona el año 1949 y comienza así: «De las reglas para ordenarse en el comer que nos da san Ignacio en los Ejercicios, la quinta dice: *Mientras la persona come, considere como que ve a Cristo Nuestro Señor comer con los Apóstoles y cómo bebe y cómo mira y cómo habla, y procure de imitarle, de manera que la principal parte del entendimiento se ocupe en la consideración de Nuestro Señor y la menor en la sustentación corporal, porque así tome mayor concierto y orden de cómo se debe de haber y gobernar.*

El otro que me viene a la mano es el *Diccionario de los santos* que me traje del Tabor. Busco la definición de san Francisco de Asís. Dice así: «Francisco de Asís (Paco), 4 de octubre. Dios lo creó con los ojos claros y el alma alegre para que el mundo tuviera (y preferentemente Umbría) un hombre capaz de mirar a las criaturas y alabar al Creador (1226). Tenía el espíritu demasiado amplio para que los otros lo heredasen enteramente. Por eso las diferentes ramas de franciscanos han recogido, cada cual, un pedazo.» ¡Caray, menudo tema para abordarlo en el «Bar Ovidio», donde debatimos siempre acerca de la unidad!

* * *

Poco después me voy al comedor. Isidro me ha reservado sitio a su lado, entre su original clientela, de modo que he renunciado a mi lugar de plantilla delante de la señorita Petrozzi. ¡Sirvientas españolas en París! Son más de veinte. Vieron un anuncio, tenían unos ahorrillos —«porque en París una puede ahorrar»— y se dijeron: «Ésta es la nuestra.» Se vinieron ayer y el domingo salen para Grecia. «¿Dónde queda eso de Grecia? Muy lejos, ¿verdad?»

Mientras nos sirven los spaghetti Isidro intentan presentarme, pero es imposible. El alboroto es tal en el refectorio que las frases se entrecruzan o se pierden en un vacío glorioso. Oigo varios nombres: Tere, Inma, Rocío... Por lo visto, la mayoría de las «chachas» son andaluzas, aunque también las hay gallegas y castellanas.

Por fin consigo dialogar con las que están más cerca, ¡y me toman por policía! Se arma la marimorena y deduzco que, desde que llegaron, con eso de la guerra ven policías por todas partes. Isidro procura convencerlas de que yerran, pero es inútil. Rocío, que se muestra muy vital, me mira esquinadamente y hace correr la voz. «Conque policía, ¿eh? ¡A mí que me registren!»

Isidro se seca el sudor y me cuenta y no acaba de las anécdotas que en el transcurso de la mañana ha protagonizado aquel «gallinero». Excepto un par de beatonas, que fueron las que en París arrastraron a las demás, el resto se ha armado un lío de campeonato en Jerusalén, donde lo encontraban todo muy «mezclao», hasta el punto de que su mayor preocupación era que no les robaran el bolso. ¿El Calvario? ¡Pse! ¿El Muro de las Lamentaciones? «¿Por qué llorarán tanto esos tíos, don Isidro?» Al parecer, lo que más les ha gustado ha sido la primitiva ciudad contemplada desde el montículo de Sión, «porque les ha recordado el Sacromonte» y, por descontado, la mezquita de Omar, ante cuya cúpula han agotado los adjetivos, si bien se negaban a descalzarse para entrar, por miedo a no recuperar luego los zapatos. «Lo curioso es que no acaban de convencerse de que yo soy cura. Dicen que soy un sabio, que tengo un pico de oro y que la agencia debe de pagarme un dineral.»

La preocupación de Isidro es el itinerario de la tarde. Están empeñadas en ver «las tumbas de los Reyes» y los «antiguos jardines de Salomón», porque algo al respecto leyeron en París en los folletos del viaje. Él está decidido a cortar por lo sano y llevarlas a Belén, donde es posible que sus corazoncitos se conmuevan un poco, y también a Getsemaní y al *Pater Noster*. Y no tendré más remedio que inventarme un árbol dándoles mi palabra de que en él se ahorcó Judas.»

En un momento determinado, y gracias a que la comida «les sabe a demonios», logro charlar sin excesiva incoherencia con Tere, Rocío e Inma. Le pregunto a Rocío si tiene novio en París, y me contesta:

—¡Toma! ¿Crees que si lo tuiviera estaría yo aquí? He venido para curar mis males.

Es muy expresiva. Inma, más palurda, ha venido porque su Fede la plantó y ella quiere pedirle a la Virgen, aquí mismo, donde «vivió y murió», que se lo devuelva. Porque, como su Fede no encontrará ningún otro en la vida.

—¿Y Tere? ¿Por qué no dice nada Tere?

—No sé. Estoy cansada. No tengo ganas de hablar. Yo soy muy devota y creía que todo eso era distinto. Parece un mercado...

—A lo mejor Getsemaní te gusta más. Y Belén...

—A ver... —Tiene un pronto y añade—: ¡Oye! ¿Y por qué de la tumba del Santo Sepulcro, por ejemplo, obligan a salir de culo?

—Por respeto, mujer... ¿No os lo explicó don Isidro?

—¿Don Isidro? Somos demasiadas y a veces no se le oye...

Isidro tiene un mohín de tristeza. Baja la voz y me dice: «Así es nuestro pueblo, Gironella... Muy majo, dicen. ¡Qué ignorancia, Señor! ¿Cómo arreglármelas? Digo sinagoga y no me entienden. Digo Gólgota y se creen que es una palabra fea... Anda, sé bueno y ven esta tarde, acompáñame...»

—¿Cómo voy a hacerlo, Isidro? La mayoría seguirán convencidas de que soy policía... —Reflexiono un instante y añado—: De todos modos, el asunto tiene su miga, ¿no te parece? Chachas en París, y con los ahorrillos, en vez de comprarse un abrigo de piel de conejo se apuntan a un viaje a Tierra Santa...

El «sabio» Isidro mueve la cabeza.

—¡Bueno! Eso te lo dije yo mismo cuando te anuncié su visita. —Marca una pausa, mira a su clientela y concluye—: Pero, ¡lo que tiene uno que hacer para pagarse una tesis!

Nos levantamos —otro turno espera para almorzar—, y me despido de Isidro y del *show* de mis compatriotas.

Esta tarde puedo elegir entre tantas cosas que después de entrar un momento en la capilla de *Casa Nova* me resulta difícil tomar una decisión. Por fin opto por efectuar dos visitas. La primera, al Muro, «al Muro ese donde lloran tanto los tíos», a devolver los papelitos —papelitos-súplica—, que me llevé por las buenas; la segunda, a San Salvador, a ver si hay suerte y encuentro en el «Bar Ovidio» alguien que comparta mi estado de ánimo. La verdad es que sólo me interesa aquello que esté conectado con lo que Débora, para no llamarlo religión, lo llama obsesión-crueldad.

Llevo los papelitos en la cartera, de modo que bajando por la calle David voy al Muro, me cuelo en el recinto, otra vez con la *kipá* en la cabeza e introduzco las plegarias en el lugar de donde las saqué. Saldada la deuda, me siento en paz. Sin embargo, coincido en el recinto con una escena estremecedora. Veo a varios hombres abrazados desconsoladamente. Indago y me entero de que son judíos que vinieron vuelo *charter* desde Ohio a pasar la Pascua y que el hijo de uno de ellos, en el hotel, se ha abierto las venas y se ha suicidado. En una nota dejó escrito que tenía premeditado hacerlo precisamente en Jerusalén.

Preso de encontradas emociones desando lo andado. Y al llegar a la bifurcación que conduce al Santo Sepulcro me cruzo, a lo primero, con Rhayuqa, que me saluda con timidez y luego con la monja libanesa de las «Hermanas de la Caridad», segura y tiesa al mando de sus subnormales. No son más allá de una quincena, y es de suponer que, en un día como hoy, habrá elegido a los «pacíficos»; pero se trataba de clavar su bandera. Quería que visitaran el Calvario y lo consiguió.

¡Claro que la gente los mira al pasar!; pero la decisión de la capitana que marcha al frente desarma al más osado.

De nuevo la superposición de imágenes me desborda. Recuerdo varios textos al azar: «El fatalismo es la doctrina que intenta falsificar la firma de Dios.» «Quitad lo sobrenatural y lo que queda es lo antinatural.» Y aquello de Renán: *No sé qué escalofrío me pasa por la espalda*; y el lagarto contesta: *Soy yo.*

¿Lagarto? Me acuerdo de aquél, disecado, de piel reluciente, que vi en la vitrina de los monjes etíopes. Ahora comprendo la razón de su presencia allí. El lagarto, en ciertas simbologías negroides, representa el alma de los padres, la sublimación de la tierra con la que estuvo identificada su envoltura carnal. Rodeado de las botellitas de los santos óleos, el lagarto de los etíopes garantizaba la salvación de sus antepasados, como la fe de la monja libanesa garantiza que a sus pupilos —*ils sont mes enfants*— no les ocurrirá nada malo.

Diálogos en el «Bar Ovidio»

Me voy a San Salvador, al «Bar Ovidio». Sí, hoy necesito compañía, y de una compañía que hable más o menos mi mismo lenguaje. Pienso sin cesar que e¹ Jueves Santo, fecha que, con permiso del Sanedrín y de los astros, dividió la historia de la Humanidad en antes y después.

No me cuesta nada llegar a la celda de Ovidio, que está abierta. Lo que ocurre es que hoy es difícil retener a mis amigos los descendientes de Francisco de Asís (Paco), de Umbría. En razón de la jornada, todos tienen algo que hacer. Pero puedo sentarme, eso sí, junto a la mesa de los piscolabis y charlar con quienes van pasando o se las arreglan para escamotearles unos minutos a la disciplina.

Ausente Ovidio, que se fue a Getsemaní a preparar la hora de la Agonía, mis primeros contertulios son Ángel y, ¡qué casualidad!, el padre Pascotini, compañero del padre Barriuso en Belén.

El padre Pascotini, que andaba esperando la oportunidad de hablar conmigo, ve llegada la ocasión. Ángel, que le conoce, se inhibe —se acerca a la ventana con un libro en la mano— y le cede el turno. La verdad es que el padre Pascotini está muy lejos de sospechar mi estado de ánimo y de sintonizar con él. No tarda ni cinco minutos en aludir a su depresión, a sus «fantasmas», convencido de que yo le voy a comprender más que nadie. Insiste sobre el problema que significó para él en aquel proceso el voto de obediencia, al que ningún fraile puede escapar. «Tiene problema el que está acostumbrado a vivir en comunidad y lo mandan a un sitio donde tendrá que vivir solo, y tiene problema el que, acostumbrado a vivir solo, de pronto recibe la orden de vivir con los demás.» «Yo empecé a notar síntomas que no me gustaron al advertir que me inspeccionaba constantemente el hábito. No podía soportar que tuviera una arruga. Siempre pensaba que lo llevaba sucio, o el cordón de través, etcétera. Después de un largo peregrinar y de escribir muchas cartas a mis superiores, un buen día me tiré por la ventana. No me maté porque Dios no quiso aceptarme todavía.» «Ahora estoy bien, en Belén. La tempestad pasó. Doy clases de árabe. Sin embargo, ¿se da cuenta?, todavía de vez en cuando inspecciono mi hábito y dudo de que haya ningún otro fraile que lo lleve impecable como yo.» «Y el caso es que eso de la obediencia no está nada claro. Pasé años convencido de que sin ella podría hacer mucho más; pero, ¿y si resultaba que hacía menos?» «Lo mismo podría decirse de la Iglesia. Si los tres que estamos aquí elimináramos de un plumazo sus anacrónicas estructuras, es muy probable que la que inventáramos en sustitución contuviera idénticos errores...»

Se marcha el padre Pascotini y Ángel deja el libro y se dispone a meter baza. Me dice que la idea que acabo de oír no es nueva, hasta el punto de que en determinados períodos de esclavitud, durante unos días los esclavos mandaban y podían reírse de sus amos y decirles lo que les viniera en gana. «Pero luego todo volvía a su cauce, a lo que por entonces se consideraba la *normalidad*.»

Ángel se ha puesto serio, porque me ve nervioso y tomando demasiados cafés.

Comprende lo que me pasa. ¡Querer resolver contra reloj los interrogantes espirituales! Alude al asunto por banda. No sabe si la hora de la Agonía, a celebrar hoy, puede serme útil. «La gente de la pluma sois tan cabezotas que nunca se sabe cómo vais a reaccionar.» Intenta ayudarme, me doy cuenta. Ve que «entro y salgo de las iglesias» —se alegra de mi gira mañanera con el cónsul— como en busca de la iluminación, y me cuenta que, durante mucho tiempo, la finalidad de las catedrales fue, en gran parte, ésa: convertirse en una especie de refugio para los infortunios del cuerpo o del alma. En Notre-Dame de París, por jemplo, los enfermos iban a implorar alivio y permanecían allí, en una capilla que se les destinaba al efecto, situada cerca de la segunda puerta. Los médicos evacuaban sus consultas en la misma entrada, cerca de la pila de agua bendita, y los pacientes no abandonaban la catedral hasta que se sentían curados.

Ángel entiende que yo debo hacer algo parecido: insistir, no tirar la esponja. «Alguien escribió que no hay que tomar por asalto el pensamiento de Dios; yo creo lo contrario. Hay que hacerlo. Hay que obligarle, ¡y que no me lo tenga en cuenta si estoy blasfemando!» Luego añade que es casi risible que a un hombre como yo le hagan mella pequeñas anécdotas, como ciertas contradicciones —nimias en el peor de los casos— que pueda detectar en los Evangelios. «¿Quieres saber una cosa, mi querido Dumas dubitativo? ¡La única contradicción que existe dentro del cristianismo es el propio Cristo! ¿Y sabes por qué? Porque es Dios, y en cambio el cristianismo, el de todos los días, lo vamos haciendo nosotros, pobres diablillos que nos pasamos la vida escuchando a Vivaldi a tomando café. ¡No, si ya ves que yo me incluyo en el reparto!; pero tú, ¿qué te voy a contar? Has caído en la trampa. Incluso mientras visitas las iglesias —o escuchas a los depresivos—, no haces más que ir pensando: eso lo voy a escribir... Y resulta que Cristo no escribió nada, absolutamente nada, pese a lo cual, como sabrás, descubrió un tipo de lenguaje que sobrevive a cualquier otro inventado por el hombre.»

Viéndome un tanto apabullado, Ángel levanta los brazos como si se desesperezase o fuese a dirigir una orquesta y termina:

—De todos modos, no te desanimes. Acuérdate de las catedrales-refugio y también de aquello de Pascal: «No hay más que dos clases de personas que uno pueda llamar razonables: o las que sirven a Dios de todo corazón porque lo conocen, o las que lo buscan de todo corazón porque no lo conocen todavía.»

Ángel tiene que irse también a Getsemaní, y me deja solo. No obstante, a los cinco minutos escasos llega el relevo: ¡Emilio!

Viéndome tan meditabundo, se queda mirándome como si estuviera soñando.

—Pero, ¿no sabes qué día es hoy?

—Jueves Santo.

—Entonces, ¿qué haces aquí?

—Eso. Pensar que es Jueves Santo.

Imagino que interpreta mis palabras, pero mi semblante no acaba de gustarle. Tengo que sincerarme con él, y le confieso que entre todos me están apaleando como hace unos días el *The Jerusalem Post* y la emisora de radio apaleaban a los perros que andaban sueltos y que mordían. Anoche, en el *Seder,* los *sabras,* con su ateísmo militante; esta mañana, el obispo maronita en trance de morir; Isidro y las criadas españolas de París, a punto de cantarle saetas a la mezquita de Omar; la escena del Muro, con un muchacho de Ohio que esperaba llegar a Jerusalén para cortarse las venas; ahora, problemas íntimos y una andanada de Ángel de padre y muy señor mío.

—¡Anda, vente conmigo! Cuestión de minutos y luego, si quieres, regresas aquí...

Tiene que irse al refectorio del convento, que yo no conozco aún. En el trayecto me cuenta que después del almuerzo y de la cena todos los frailes toman una copita de *raki* —en Jerusalén lo llaman *arak*—, porque en Siria, con motivo de una peste, los médicos se dieron cuenta de que ellos, los franciscanos, no se contagiaban; y lo atribuyeron a esa bebida. «La peste se acabó, pero con la excusa seguimos tomnado *raki*.»

Llegamos al refectorio. De hecho, la regla sólo permite la entrada en él a los miembros de la Orden, pero por lo visto me consideran un poco como de la familia.

Comedor grande, noble, casi todo él recubierto de madera. No tiene nada que ver con el moderno —futurista— de Tantur. Emilio me enseña los retratos de los sucesivos Custodios que ha habido desde Dios sabe cuándo, pintados por una monja que puso en la tarea su mejor voluntad. Leo las placas con los nombres y las fechas y me entero de que uno de ellos se llamaba nada menos que Carcaterra. «La duración del cargo es de siete años, pero muchos no llegan al final. El penúltimo, murió antes de tomar posesión.» Emilio me dice que varios se manifestaron declaradamente antiespañoles, pese a los datos objetivos que proporciona el libro sobre España y Tierra Santa que el cónsul me regaló. Otros cuadros representan escenas de la vida de san Francisco y de sus discípulos. El más impresionante, el del martirio que en cuestión de minutos sufrió toda la comunidad de Damasco, el año 1860, de la que formaban parte precisamente un austríaco y siete españoles. «Así es nuestro oficio, ¿sabes? ¡Pero conste que ya nos avisan antes de entrar!»

No puede dedicarme más tiempo. Ha de asistir a no sé qué ceremonia en el Dominus Flevit, y antes debe pasar todavía por la imprenta, «cuyas rotativas tienen hambre». Así que me deja y yo me vuelvo, solo, al «Bar Ovidio», sin saber a qué atribuir ese abatimiento que me ha invadido de repente y que me fuerza a necesitar del estímulo de los demás.

El «Bar Ovidio» es hoy lugar de paso.

—¿Por qué no te quedas un momento?

—No puedo. He de ir a la Flagelación...

Uno tras otro se excusan y se van. Las únicas excepciones han sido un par de croatas —uno de ellos, Mostachos— y Víctor Peña. Por lo menos se han sentado y han permanecido conmigo el rato que se tarda en fumarse un pitillo.

Los croatas, más silenciosos que de costumbre, se han limitado a decirme que todos los años les sucedía lo mismo: deseaban que llegase lo antes posible la jornada del domingo. «Yo, como san Pablo —ha dicho Mostachos—. Por encima de todo, la alegría de la Resurrección.»

Víctor Peña se ha extendido un poco más. Me ha hablado del ambiente de penitencia que rodea a estas jornadas, con gentes que, sobre todo en la Vía Dolorosa, arrastran cruces y cadenas, sin contar con los cilicios, ocultos en brazos y piernas. «Ello me recuerda a mi confesor, que el Miércoles de Ceniza me recitaba todos los años lo que debía hacer para evitar en lo posible caer en la lujuria: acostarme de lado y no de espaldas; no ir en bicicleta; no montar a caballo; no llevar pantalones demasiado ajustados; etcétera. Era un hombre calvo y de carne blanda. Todavía le estoy viendo. Debía de pasar sus apuros para vencer la tentación. Incluso llegó a hablarme de los obsesos sexuales necrofílicos, entre los que, según él, abundaban los estudiantes de Medicina y los sepultureros.»

Le he dicho que era lastimoso que el cristianismo hubiese derivado en eso: en una perpetua lucha contra una establecida lista de pecados y en la pregunta negativa: «¿Qué debo hacer para no condenarme?» Víctor Peña ha asentido con la cabeza. «Yahvé ya reprochaba esto al pueblo judío: *Este pueblo me honra con los labios, pero su corazón está lejos de mí.*»

Solo otra vez, he pensado, no sé por qué, en el emperador Constantino, acaso el mayor culpable de que la Iglesia se convirtiera en una despótica teocracia político-militar y de que el catolicismo quedase adscrito, sin razón para ello, al mundo occidental. También he recordado las palabras de Ángel: «La única contradicción que existe dentro del cristianismo es el propio Cristo.» Y luego me he quedado dormido.

La hora de la agonía, en Getsemaní

A eso de las siete me dirijo a pie hacia Getsemaní para asistir a la «Hora de la Agonía», a la «Hora Santa» anunciada. Antes hubiera querido hacer una visita a la *Abadía de la Dormición* de la Virgen, pero la última vez que estuve allí me llevé una tal decepción, sobre todo, por culpa de la moderna imagen de la Virgen muerta, color de chocolate, que desisto de mi empeño. Recuerdo una vez más que sólo me interesó, de entre los muchos altares pagados por naciones distintas, el polaco, sin duda el mejor, el más original; pero he preferido llegar a Getsemaní sin recibir antes ninguna otra influencia negativa.

La basílica junto al Huerto está abierta de par en par, e iluminada. Entro por la puerta principal, a pie de carretera, y una vez en el interior, y pese a que falta aún mucho rato para el comienzo de la ceremonia, compruebo que todos los bancos y sillas están ya ocupados. Sin pérdida de tiempo busco un sitio en una pared lateral junto a una columna, donde unos peldaños de piedra a ras de suelo pueden servir para sentarse. La afluencia de público es constante. Peregrinos de todas partes. Pronto no cabrá un alfiler, e incluso el coro de la *Custodia* del que alguien me habló y que ha de actuar, según puede deducirse, al fondo a la izquierda, se las verá y deseará para que le respeten el sitio que le corresponde. Imposible no recordar que hace tan sólo medio siglo la peregrinación a Tierra Santa era un riesgo cierto, debido a los bandoleros, a la burocracia corrompida y a la proliferación de enfermedades contagiosas en muchos lugares del territorio.

Apenas si reconozco la Basílica, pues entre el público y la *roca* o *piedra* que tanto me impresionó la primera vez han colocado una suerte de altar y unos cuantos atriles para poder efectuar las consabidas *lecturas*. Ello no resta emoción al ambiente, que es de sumo fervor. Todo el mundo está quieto y concentrado y veo a mucha gente con la cabeza baja. A mi lado se colocan unos jóvenes con mochila al hombro, que dan la impresión de que acaban de llegar a Jerusalén. ¡Y de pronto entra Rhayuqa, me ve y se me acerca y se sienta a mis pies, en el suelo! Pongo mis manos sobre sus hombros, para que se sienta protegida. «Yo quiero oír bien el coro... —me dice—. Me hubiera gustado que me dejasen cantar.»

Ha sido un favor recíproco. Ella anda siempre como solitaria y perdida, buscando amparo; por mi parte, su fe me conmueve. No vive más que en torno a la figura de Jesús y preferiría morir antes que cambiar de actitud o abandonar esta «ciudad santa», lo que, en su caso particular, hace bueno el dicho unamunesco según el cual se muere por lo que se cree y no por lo que se sabe. Al cabo de un rato le acaricio la cabeza y advierto que su pelo es áspero; es posible que Rhayuqa sea poco amante del jabón y del champú.

Entran los componentes del coro de los franciscanos, con los croatas destacando como siempre por su estatura, acompañados de niños y niñas árabes, que también cantarán. Sé que han ensayado mucho, pero que las voces fallan más de lo deseable. Es una lástima. Esta noche convendría aquí, no un coro de ángeles, que no son de este mundo, pero sí un orfeón conjuntado, eficaz.

A las ocho, con toda puntualidad, con la basílica a tope y mucha gente que se ha quedado fuera, sin poder entrar, ocupan el altar y los atriles en torno a la *Roca* el padre Custodio y demás jerarquías, con los acólitos de rigor. Todo el mundo se pone en pie, con solemnidad no común. Es lógico que así sea, ya que lo que se avecina no es una sesión rutinaria sino la Hora Agónica, la rememoración de la anticipada agonía de Cristo, que posiblemente fue el momento culminante de su identificación con su naturaleza humana, es decir, con todos nosotros.

Y comienza el acto. Al principio, el silencio es total e incluso los muchachos que hay a mi lado, apretujados, incómodos por culpa de las mochilas que llevan, adoptan una actitud de sincera reverencia. Sin embargo, se interfiere un obstáculo probablemente insalvable: puesto que el auditorio es heterogéneo —hay italianos, alemanes, franceses, árabes...—, las *lecturas* no pueden hacerse en un solo idioma sino en varios. La consecuencia es obvia. Cuando se oyen en el propio idioma es fácil prestar atención; pero pechar luego con las sucesivas traducciones resulta inevitablemente monótona. Bien es verdad que el coro intercala motetes. Sin embargo, como antes se dijo, su canto es de escasa calidad, lo cual le impide convertirse en el antídoto necesario.

Naturalmente, el Evangelio en la propia lengua o en una lengua conocida se mete en el corazón y causa estupor. «Padre mío, si es posible, pase de mí este cáliz; sin embargo, no se haga como yo quiero, sino como quieres tú.» Me vienen a la memoria los textos de los otros Evangelios, de los versículos equivalentes: «Abba, Padre, todo te es posible; aleja de mí este cáliz; mas no sea lo que yo quiero, sino lo que quieres tú.» «Padre, si quieres, aparta de mí este cáliz; pero no se haga mi voluntad, sino la tuya.» Este último, que es el Evangelio de Lucas, es el único que habla de que acto seguido bajó del cielo un ángel para confortarle; los demás lo dejan a solas con su súplica terrena.

Rhayuqa llora al oír todo esto. Llora sin consuelo. Yo, por unos momentos, me dejo llevar por un sentimiento ardoroso de compasión; pero pronto se apodera de mi ánimo lo dicho: el estupor. ¿Qué significan esas palabras? ¿No encontró Dios —el Padre— otro medio para lograr sus objetivos de salvación, sin necesidad del sacrificio filial? «Abba, padre, todo te es posible...» Y luego oímos —oigo— que los discípulos se quedaron dormidos, pese a la previa advertencia de Jesús: «Mi alma está triste hasta la muerte; quedaos aquí y velad conmigo.» «Esperad aquí y velad.» ¿Cómo explicarse la deserción? ¿Por el sopor de la cena? ¿Por pensar exclusivamente en sí mismos? ¿Cómo explicarse ese abandonar al Maestro en tal momento? ¿Cómo explicar el deseo de Jesús de alejarse en busca de soledad y sus repetidos viajes en busca de compañía? «Jesús está angustiado y siente miedo. Va donde aguardan sus discípulos. Necesita el calor de su presencia. Su soledad atormentada ha llegado al límite de lo soportable.» *¿Así, no habéis podido velar conmigo una hora?* Y antes les había advertido: *Velad y orad para que no accedáis a la tentación; el espíritu está pronto, pero la carne es flaca.*

La lectura en alemán parece que da órdenes y que recrimina a sus discípulos. La lectura en italiano es grandilocuente. La lectura en árabe se prolonga con exceso... Y los motetes del coro continúan sin aliviar la situación.

La Hora de la Agonía, la Hora Santa, adolece de algún fallo de organización, empezando por el defectuoso funcionamiento de algunos micrófonos. Claro que hay fieles, tal un grupo de monjas vestidas de negro de la cabeza a los pies, que aguantan inmutables el chorro de palabras, y que a intervalos se produce como un sollozo colectivo; pero la fatiga empieza a hacer estragos, de suerte que en la parte posterior del templo se producen algunos huecos. Hay gente que se sale, ésa es la verdad. Y otra gente que se distrae mirando la cúpula o a los laterales. Imposible sostener el grado de emotividad inicial, porque, además, el espíritu está pronto pero la carne es flaca.

A mí me ha salvado Rhayuqa. Ella sigue más allá del tiempo, sentada a mis pies, a menudo con la cabeza entre las manos. Nunca le agradeceré lo bastante que me haya impedido «caer en la tentación». He pensado que ella estaba en lo cierto y que los demás eran víctimas precisamente de la normalidad de su metabolismo. Rhayuqa de vez en cuando se vuelve y me dice: «Yo sufro mucho.» Le toco los cabellos; se le han humedecido. Claro que sufre porque no puede cantar en el coro, pero también porque Cristo habrá de beberse el cáliz. Y luego, al terminar, Rhayuqa se irá al Santo Sepulcro y se inclinará en alguna columna, no muy lejos, desde luego, del altar del Calvario.

En ningún momento le ha entrado sueño; y gracias a ella, tampoco a mí. La angustia y el miedo de Jesús —¿quién pudo predecirlo?— me han penetrado a través de Rhayuqa.

Hacia el final el cansancio se ha hecho casi palpable en la basílica. El punto de rutina de tantas cosas de la *Custodia.* Mis jóvenes vecinos han desaparecido, después de haber disparado algunos *flashes.* Veo a Ovidio, cantando a pleno pulmón. El Custodio, allá arriba, está en su papel; Emilio, en el altar, uno de los acólitos, le sirve, muy atento; el lector árabe da la impresión de que podría continuar leyendo todos los Evangelios, las Epístolas, los Hechos y hasta las últimas palabras del Epílogo del Apocalipsis: *Sí, vengo pronto. Amén. Ven, Señor Jesús. La gracia del Señor sea con todos. Amén.*

Incendio en las murallas

Y es precisamente en este momento cuando la luz estalla. Cuando salgo al exterior, triste el ánimo. Diríase que todo estaba preparado para ofrecerme el espectáculo de un insólito incendio que, al otro lado del Cedrón, abarca de uno a otro extremo la ladera que asciende hacia las murallas.

Mejor dicho, se trata de una letanía o hilera de pequeños incendios —presididos por la luna llena—, en las lomas, en los montículos, en cualquier promontorio más elevado que los demás. Ha sido una visión casi irreal, que me ha golpeado de felicidad y que me ha impedido oír cómo Rhayuqa se despedía de mí echando a correr y diciéndome: *Au revoir, mon père.*

Antorchas. Pequeñas comunidades que han preferido, en vez de bajar a la basílica, quedarse al otro lado del torrente y a la luz de alguna antorcha leer y cantar por cuenta propia, cara a Getsemaní, los textos del acontecimiento cristológico. Pequeños grupos en torno a un lector humilde, o de voz potente, o alrededor de un sacerdote. Aislados unos de otros, sin ningún plan establecido. Seguro que ellos no tienen la menor idea del panorama que ofrecen vistos en su conjunto, con sus llamas intermitentes que van desde la Puerta Dorada, más a la izquierda de las murallas, hasta la Puerta de San Esteban, a la derecha. Bajo la luna llena. Con el resplandor añadido de la cruz que se alza sobre San Pedro Gallicantus, donde nada tendría de extraño que Isidro hubiera llevado esta tarde a las sirvientas españolas.

Espoleado como un chaval al que acaban de ofrecer un premio más o menos merecido, me abro paso entre la gente, cruzo el torrente por donde puedo y empiezo a subir. Si vuelvo la cabeza veo iluminadas la basílica de Getsemaní y las cúpulas en forma de cebolla del monasterio de las Monjas Rusas.

No puedo escapar al triunfo, cuando menos lo esperaba. Y por supuesto, no he sido el único en captar el encanto del hecho. Otros peregrinos y otros turistas toman los mismos atajos que yo, u otros paralelos en dirección a esos grupos que leen y cantan. Y casi podríamos jurar que una voz no del todo humana murmura frases estimulantes desde la hondonada, desde el fondo del torrente Cedrón.

En un momento determinado, mientras subimos, jadeantes, los cánticos de los grupos más cercanos se confunden entre sí; sin embargo, de pronto consigo aislar uno de estos grupos, compuesto por unas quince personas, que claman *Seigneur,* y el idioma francés ejerce de imán.

Llego a su lado, sudoroso, y las antorchas confieren a los rostros, especialmente a los ojos y a las bocas, un relampagueo especial. Nadie me considera un intruso. El grupo canta y lee, lee y canta con una precisión que es la que se echó de menos en la ceremonia de la basílica. Forman una sola lengua. Son un solo cerebro. Forman un solo corazón.

Aquí me quedo, sin buscar nada más. Estoy cerca de la Puerta Dorada. Veo a mi alrededor los otros grupos, pero ya me resultan ajenos. Y van alejándose hacia quién sabe dónde. Bien, allá cada cual. Éstos son los míos, les entiendo, entiendo la palabra *Seigneur* y la palabra *Toi* y la palabra *Volonté* y ello me basta. Y la palabra *Père,* que es Aquel que está por encima incluso de la luna llena.

Rezo con una emoción muy intensa, como no la había experimentado hacía mucho tiempo. El haz de las antorchas mitifica las plantas y los abrojos y hasta un par de latas vacías que alguien tiró ahí. Y sé que muy cerca está el cementerio musulmán, que los judíos se abstendrán de pisar. No importa. Rezo, y siento dentro de mí que el Evangelio se me hace vivo, con su angustia, con su verbo, ¡con su miedo! Que el Señor sudara sangre tal vez sea exagerado, una metáfora; pero es bien seguro que, a la espera del cáliz, estaba agitado y atormentado «hasta el límite de lo soportable».

Siento mi alma, eso es. Siento que tengo, además del cuerpo, un alma. Recuerdo que Ángel me dijo, con motivo del Cristo hippie de la Puerta de Jafa: «¡Estaría bueno que hubieras visto la luz en una cera, gracias al dibujo de un desconocido!» Acabo de ver otra luz, gracias a ese apiñamiento que ahora, de repente, ha enmudecido y ha juntado las manos en actitud de plegaria, cara a Getsemaní, ante el asombro de un niño árabe que ha aparecido de repente y que, en cuclillas, nos contempla como aquel otro, semiescondido en la mezquita ruinosa de la Gruta de *Pan,* que nos vio llegar a Banias para el bautizo de los quechuas.

¿Sentir el alma? ¿Qué significa eso? No lo sé. Si lo analizo se me diluirá en el ser y se me convertirá en hielo, que es algo así como «agua que se queda dormida». Pero la vivencia es profunda, más honda que el esqueleto. Siento que soy algo más que una columna vertebral y un manojo de nervios y de músculos y unos vasos sanguíneos y un tratado completo y activo de anatomía. No tengo la impresión de que podría echar a volar; pero sí la tengo de que, si mi cuerpo cayera fulminado, algo mío, que no sería carne ni nada de lo citado, saldría rápido al encuentro de Aquel que todo lo puede, de Aquel a quien Cristo dijo: *Abba, Padre, todo te es posible,* el cual me estaría esperando tranquilo, convencido de que un día yo iba a llegar.

El descubrimiento resulta abrumador. No puedo por menos que dialogar conmigo sobre la «revelación», aun a riesgo de que ello me acerque a Josefina. Ahora bien, tengo conciencia de que la semántica no me sirve, de que *revelación* no puede ser vocablo, sino algo superior. Tan superior, que el llanto para el que venía preparado al bajar hacia la Hora Santa se ha transformado en un gozo trascendente, jamás experimentado. Mientras el «grupo» permanece inmóvil, yo bailaría como las campanillas de las casullas de los etíopes cuando éstos con las lámparas buscan al desaparecido Jesús. Mientras los «grupos» lejanos cantan, yo pegaría un grito que los haría enmudecer.

Y todo ello, en el fondo, de una manera sencilla. Sé que si me tomo el pulso, éste será normal. Sé que no me he vuelto loco de repente, que no seré un cliente más de la monja libanesa. El noqueo del primer golpe recibido desapareció, como desapareciera Rhayuqa. Las cosas han adquirido sentido, nada más. No hay un absurdo detrás de la plegaria, ni de las latas vacías y de los abrojos, ni de quienes creen como Ovidio ni de quienes no creen como Débora o Noemí. Todo forma parte de una pirámide sostenida por una mano *hecha para llevar en ella el alma del hombre.* A lo mejor la infinitud, «eso» que andaba buscando, es una mano distinta a la nuestra, y que tampoco se llama así, pero que todo lo sostiene desde Jerusalén, desde la Jerusalén celestial, desde lo que realmente Jerusalén significa, que a lo mejor significa sencillamente *Inmortalidad.*

Qué consuelo, *Seigneur,* gracias a Rhayuqa, a la fatiga, a la ladera del Cedrón, a unos cuantos seres que vinieron de no sé dónde *para reunirse en Tu nombre,* en torno a un pequeño libro y a unas antorchas.

CAPÍTULO XXXIII

Viernes Santo. He dormido, como tantas otras noches, de un tirón, y a las ocho y media me despierto con renovadas fuerzas. Inmediatamente acude a mi memoria lo que me ocurrió ayer y me gana una paz de la que desearía hacer partícipe al mundo entero, empezando por el padre Mancini, que estos días anda alocado con tanto peregrino en *Casa Nova*.

Bajo la ducha, silbo. Incluso esa paradoja me regocija; es día de dolor, y mi felicidad no ha menguado. Pienso que mi «alma» ha estado toda la noche junto a mí, como de niño me contaban que me hacía compañía el Ángel de la Guarda. No me disgustaría llamar a mi mujer y contarle lo que me sucede; pero la conozco, sé que en principio es contraria a determinados raptos emocionales y ello me aconseja dejarlo para mejor ocasión.

Mientras me afeito, suena el teléfono. ¿Transmisión de pensamientos? No. Es Salvio. ¡Salvio Royo, mi querido amigo! Tiene ganas de verme. Estamos perdiendo el tiempo. Un buen día me largaré, ¿y qué ocurrirá?; y ahora que estamos tan cerca no lo aprovechamos.

Me llama desde su casa, donde está solo, ya que Alma, activa como siempre, ha tenido que salir. Y aquí mi temperamento aflora, como tantas otras veces: me desahogo con él. Soy como uno de esos payasos con muelle que se disparan y cuya cabeza se yergue ofreciendo su nariz roma y su sonrisa a los demás. Se lo cuento todo porque, de otro lado, sé que Salvio vive también dudas paralelas a las mías, por más que su lenguaje a menudo lo disimule. Las sombras negativas de Constantino, los errores de la Iglesia, etcétera, ya ni siquiera le hacen sufrir, tan seguro está de que todo ello es un hecho irreversible; pero me consta que, pese a tal certeza, continúa fascinado por la figura de Jesús e imagino que en esos días andará tan alocado como el padre Mancini... Y pronto me facilita una prueba de que no ando equivocado: esta mañana ha de pasar por el Museo de Israel a recoger unas fotocopias del archivo, pero luego piensa echarle un vistazo al Vía Crucis que tendrá lugar por las calles de Jerusalén, desde algún lugar estratégico, que bien podría ser el chaflán donde está situada la *Tercera Estación*. «Viernes Santo. ¿Te das cuenta? Cristianos de todo el mundo, más o menos auténticos, cada uno cargado con su cruz.»

Le corto en seco. Sé que la cruz es signo de sufrimiento, pero hoy mi melodía es alegre: «*Yo soy yo y mi alegría*, amigo Salvio. ¿Comprendes lo que quiero decir?» Me comprende y me contesta que, dado que a él le ocurre precisamente lo contrario, bueno será vernos y cambiar impresiones. Resumiendo, quedamos en que pasará a recogerme, para después de visitar el Museo situarnos en la *Tercera Estación*.

—El Vía Crucis empieza a las once y cuarto, así que no hay tiempo que perder... —Luego añade, cambiando el tono de voz—: ¿Me creerás si te digo una cosa? Hoy he soñado que andaba buscando mi sotana de jesuita...

Con Salvio, en el Vía Crucis del Viernes Santo

Media hora después estamos en el Museo de Israel, situado al lado del Parlamento. Confieso que es vergonzoso que no lo haya visitado antes; pero también lo es que no conozca el *Rockefeller,* donde trabajaba Ester, y el del *Libro,* y tantos otros...

También confieso que esa visita me convenía... «Hay que variar un poco, ¿no crees? Con tanto Seder, tanto «Bar Ovidio» y tanta Hora Santa acabaría vistiendo de uniforme.» «¡No lo hagas!» —me advierte Salvio, que hoy estrena un traje oscuro—. En el momento en que olvides que el universo es vario, es que empiezas a envejecer... Y si no, pregúntaselo a Alma, que me dice que cada día me quiere de un modo distinto...»

Mientras Salvio va a por las fotocopias, me entero de que en el Museo se exhiben objetos que abarcan desde hace un millón de años hasta nuestros días. Se necesitaría media vida para hacerse una idea de su contenido. Por supuesto, yo he de limitarme a recorrer por mi cuenta las salas más próximas, comprobando que su montaje es espléndido. Con exposiciones que se suceden incesantemente, a buen ritmo y que muchos colegiales y universitarios visitan a las órdenes de un monitor.

Tengo la suerte de coincidir con una de ellas, curiosísima, que consiste en un colosal acopio de carteles de distintos países denunciando el holocausto judío en manos de los nazis. El tema es obseso, ya lo sé, pero la idea tiene su interés. Demuestra que puede haber interpretaciones sin fin de un mismo sufrimiento.

También hay una exposición de calendarios, única en su género, en la que sólo falta, y es una lástima, el *Almanaco di Terra Santa,* que edita la *Custodia,* en la que cada día del año aparece según la numeración hebraica, juliana, copta y musulmana (1).

Salvio se reúne conmigo, y juntos visitamos la parte moderna, en la que estos días hay una sala destinada a Picasso. Vemos a un grupo de chicos y chicas sentados en el suelo delante de una reproducción, tamaño natural, del cuadro de Guernica. Picasso aparece en una fotografía colocada en un rincón, riéndose en su conocido balancín. El monitor de turno explica a esa juventud el drama del pueblo español bajo los bombardeos alemanes, «los cuales no sólo destruyeron Guernica, sino otros muchos lugares-símbolo de los luchadores por la libertad».

Hay una serie de vitrinas con instrumentos para la circuncisión. Efraim habrá visitado eso repetidamente. Hay instrumentos burdos, usados en la clandestinidad, los hay afiligranados, los hay que son auténticas obras de arte. Algunos tienen forma de pez: el pez-fertilidad.

Mención aparte se merecen dos sinagogas. La italiana, extremadamente lujo-

(1) Este año, por ejemplo, para los hebreos es el 5.736; para los cristianos, el 1975; para los coptos, el 1692; para los musulmanes, el 1396.

sa, réplica de la que existe en Vittoria Veneto, y la polaca, de signo opuesto, austera, catacumbal. En todo ese sector abundan las Arcas, los Rollos, los ejemplares de la Torá, con auriculares que explican a los visitantes, en varios idiomas, la historia de cada una de las piezas. Los mapas y los planos en las paredes son mgníficos y me recuerdan los que vi en algunos museos de Moscú.

Hago el propósito de volver a este Museo con calma, cuando no nos espere ningún Vía Crucis. Es un museo-milagro. Salvio me dice:

—¡Bueno! Eso ya lo dijo Weizmann, cuando fue presidente: que Israel es el único país del mundo en el que los milagros formaban parte de los proyectos del Estado.

Salimos fuera. El sol, femenino según la tradición árabe, cae sobre la ciudad. La gente se ha lanzado a la calle y a medida que nos acercamos a la Jerusalén intramuros nos percatamos de que no es fácil dar un paso. Sin embargo, conseguimos nuestro objetivo, entrando por la Puerta de Damasco: llegar a la *Tercera Estación*, en cuyo chaflán están el «Government Hospital», la capilla armenia sufragada por ex combatientes polacos y el café árabe con las jaulas de los pajaritos enfrente. Hoy los pajaritos no están, porque con el aluvión de gente hubieran enloquecido; pero sí están los viejos de siempre fumando su narguile y pasando las cuentas de sus *marshabah*, así como aquel ciego vendedor de relojes que le cuelgan del pecho y le cubren los antebrazos.

—¿Quieres saber una cosa, Salvio? Desde que sé que tengo alma no me importa saber qué hora es...

—Tenemos que hablar de eso... Luego almorzaremos juntos por ahí, en compañía de Alma, si no te importa. Y comentaremos un breve y curioso estudio, que leí hace poco, sobre la *alegría* en el Antiguo y en el Nuevo Testamento... ¡Sí, es una lástima que los profetas y los evangelistas por lo general hayan sido gente triste!

—Un alma en estado de gracia es alegre. ¿O no?

—¡Pse! Hay mucho que discutir. Lo normal, incluso en la mayoría de los llamados santos, es pasar del estado bobalicón al de angustia... Buen tema para un psiquiatra, ¿no crees?

Se oyen tambores a lo lejos. El Vía Crucis está al llegar. Pasa una monjita de prisa, arrastrando tras de sí a unos cuantos huérfanos. También pasa un muchacho jugando hábilmente con un «yo-yo».

Los primeros en aparecer son los fotógrafos, que se sitúan estratégicamente. Luego hacen su aparición los maceros, golpeando el suelo para abrirse paso y detrás de ellos, por entre la multitud, unos chavales que, al igual que hicieron el Domingo de Ramos, reparten unas octavillas que dicen: «Jesucristo fue un falso profeta.» «Jesucristo fue un impostor.» Antes de que alguien pueda reaccionar han desaparecido.

Él Vía Crucis es realmente impresionante. La muchedumbre que asiste a él se ha agrupado, dentro de lo posible, por nacionalidades, cada una de ellas «cargada con su cruz», como Salvio apuntó. Alguna de esas cruces es de tal dimensión que llevarla exige continuos relevos, aunque hay quien aguanta y resiste hasta el agotamiento. ¿Cuántas personas podrían contabilizarse en esa Vía Dolorosa? Imposible calcular el número. Varios millares. Indumentarias de toda suerte, toda suerte de hábitos religiosos. Hay ancianos casi inválidos y mujeres llevando en brazos niños de muy corta edad. Es realmente la apoteosis del dolor. Ha llegado gente de todos los confines de la tierra, si bien es cierto que en su abrumadora mayoría pertenecen al mundo occidental. A no ser por los árabes, los africanos y algún japonés, diríase que lo que se conmemora aquí es la muerte de un hombre-Hombre que representa exclusivamente a la raza blanca. Salvio lo advierte y me explica que cuando los primeros cristianos llegaron al Indostán y se encontraron con la cruz como objeto de adoración, se quedaron asombrados y no supieron si atribuirlo a sensibilidad profética de los indígenas o a «obra del diablo».

Mi estado de ánimo es inexplicable. No consigo integrarme a ese dolor de los demás. Como si me sintiera exento de culpa. Cuando a través de los altavoces oímos el correspondiente texto —Primera Caída—, ni siquiera esbozo una genuflexión. En cambio, observo a Salvio y advierto que a él le ocurre lo contrario. Aprieta los labios, se los muerde, se mueve con inquietud. Necesita hacer un gran esfuerzo para autodominarse. Es evidente que la frase que me soltó por teléfono: «Hoy he soñado que andaba buscando mi sotana de jesuita», adquiere en estos momentos su auténtica dimensión. Por lo demás, es lógico que así sea. Es imposible que no esté recordando que fue en tiempos sacerdote, que un día recibió las órdenes y juró obediencia de «voluntad muerta». De ahí que cuando la muchedumbre, dirigiéndose a la *Estación* próxima, convierte en clamor el Padrenuestro, Salvio cierra los ojos y tengo la certeza de que silabea por dentro, también con «angustia», la hermosa plegaria que casi habría olvidado.

De pronto estira el cuello, hace un mohín de incomodidad y me dice:

—Si no te importa, vámonos...

Le comprendo perfectamente, de modo que sigo sus pasos, absteniéndome de hacer ningún comentario. Por lo demás, me doy cuenta de que en realidad el Vía Crucis también había terminado para mí, de que en él —pese a algún otro desmayo— no puede ocurrir nada que me interese excesivamente. Por lo visto fue tal mi entrega anoche cerca de la Puerta de San Esteban que he de luchar contra cierta falta de curiosidad. Si tengo alma, si soy algo más que anatomía, ¿a qué afanarme? ¿No existe el verbo des-nacer? Pues habré des-nacido, en el sentido de que murió en mí el hombre viejo. ¡Estaré exagerando! Probablemente. Pero así es y así se lo he notificado a Salvio.

—Tendrás que perdonarme, Salvio, pero te juro que en estos momentos no me importa absolutamente nada...

—No te entiendo.

—Quiero decir que todo me parece que conduce a un fin glorioso...

—Glorioso para ti.

—No, no. También para ti. Y para todo lo que fue creado.

Especulaciones sobre la «alegría»

Una hora después nos encontramos sentados en el restaurante de Raúl, en el salón reservado del fondo en el que conocí a Jacob y a los oficiales del Golán. Alma, a quien Salvio había citado allí, llevaba más de veinte minutos esperando y estaba dispuesta a formular una protesta en regla; sin embargo, al vernos ha aplastado la colilla en el cenicero y acto seguido una sonrisa ha asomado a sus labios. Zanjada, pues, la cuestión, henos aquí a los tres, en el restaurante mexicano de los tickets amarillos.

Cambio de ambiente, eso es. Cambio de decorado. A Alma no le importa en absoluto lo que está sucediendo en la Vía Dolorosa ni el hecho de que la pronta llegada de la comitiva al Santo Sepulcro sea motivo, a no dudarlo, de escenas desgarradoras. Ella se ha maquillado con discreción, pero con su elegancia de siempre. En honor de la Pascua judía lleva el gorrito *Israel,* que le sienta muy bien. Por su parte, me asegura que tengo también buen aspecto, como si todo me saliera a pedir de boca.

—Así es, Alma. Estoy contento.

—¿Qué tal el *Seder?* ¿Te sentiste acompañado...?

—Tenías razón. Un poco monótono... Pero la gente fue muy amable.

—¿El profesor Edery dirigió bien la orquesta?

—¡Oh! Por fin la cena se celebró en casa de un *mohel* sefardita que se llama Efraim...

—¡No me digas! Un *mohel...* —Se ríe y añade—: ¿Aprovechaste la ocasión?

No me queda más remedio que poner a Alma en antecedentes. Salvio le explica lo ocurrido: desde ayer soy inmortal, es decir, estoy de acuerdo con Platón.

Alma, por unos instantes, me mira de un modo raro y casi cómico. Sin duda está pensando que de los españoles puede esperarse cualquier cosa, incluso ésta: que de repente se crean inmortales. Me exige que le dé detalles y se los doy, y al término me confiesa que ella no puede compartir mi euforia, pues con la guerra dominando su niñez se acostumbró a la idea opuesta. Ahora bien, tiene el buen gusto de no mofarse de mi súbito «descubrimiento». Y no me pregunta si después de la muerte seré sólo aliento, un espíritu puro con alas, un aura, un éter, un suspiro de Dios. Respeta la conclusión a que he llegado. Respeta que sea como un caracol que medita sonriendo en el interior de su presbiterio. ¡En su familia ha habido tantos creyentes, aunque la mayoría sólo creían en la «resurrección de la carne». ¿De veras he visto la sinagoga italiana en el Museo de Israel? «Preciosa ¿verdad? Quizá demasiado opulenta... —Se ríe de nuevo y concluye—: Casi un plagio del Vaticano.»

No, pero Alma no puede engañarme. En el fondo se ha tomado en serio lo que me ocurrió debido a unos cantos y a unas antorchas y a la preparación de toda una vida. Y le interesa que mi reacción haya sido precisamente la alegría, puesto que la idea de inmortalidad a mucha gente le causa pavor. ¡Alegría! ¡Ya era hora! ¡Si la religión no hace más que torturar, no a sus «profesionales», sino a la gente sencilla, desde Yahvé hasta nuestros días! El otro día, cerca de Puerta Nueva vio a un hombre con una cruz extendida sobre la hierba, sosteniendo un corderito destinado al sacrificio. Si ella no fuera partidaria de la libertad a ultranza, prohibiría ese tipo de manifestación...

Interviene Salvio —mientras, Raúl ha venido a obsequiarnos con un vaso de vino tinto: «el vino alegra el corazón»—, y se muestra dispuesto a comentar aquellos textos del Antiguo y del Nuevo Testamento referidos precisamente a la «alegría». Afortunadamente, conseguimos detener su rapto erudito, de forma que sólo puede recitarnos un salmo: «¡Gritad de júbilo, oh justos, en honor de Yahvé!», darnos su palabra de que Isaías, Esdras e incluso Jeremías escribieron versículos «gozosos», e informarnos de que, tocando a los Evangelios, el más exultante es el de Lucas, en el que no sólo se recuerda que «muchos se alegrarán con su nacimiento», sino que se canta la alegría del mismísimo cielo por la conversión de un pecador.

Por contra, prestamos grata atención a una serie de leyendas referidas al tema, muy populares, según él, en su tierra, el Ecuador, como por ejemplo la de que hay en el mundo lagos y ríos en los que sólo en el día de hoy, Viernes Santo, los peces pueden ser capturados; la de que para evitar que los gusanos se coman los cereales no hay más que colocar en las cuatro esquinas del campo una estampita de la Virgen *sonriéndole* a su Hijo, y la que asegura que si se ponen los huevos debajo de la clueca el Viernes Santo nacerán más pollitos. «¿Qué, eso está mejor? —remacha—. ¿Preferís el folklore a la ciencia? —Apura su vaso y concluye—: Cada cual tiene lo que se merece.»

Alma se ríe de buena gana, y afirma que la Biblia tiene la ventaja de ser a un tiempo ciencia y folklore y que con ella en la mano puede demostrarse cualquier cosa. Sin embargo, añade que Salvio no ha conseguido hacerla cambiar de opinión. Ella continúa creyendo que la religión es sinónimo de llanto, y a propósito recuerda un libro católico que hojeó un día en la escuela —lo llevaba consigo uno de sus alumnos—, en el que se hablaba de la caducidad de todas las cosas. «Todo ha de parar en ceniza. Mi casa, mis vestidos, mis muebles, los campos, los bosques, el perro que me acompaña, la mano con que escribo estas líneas, los ojos que las leen.» Etcétera.

—¿Hay quien dé más? —Enciende otro pitillo y agrega—: Era un poema encantador.

Me dispongo a impugnar su tesis, pero no me da tiempo. Echa una bocanada de humo y continúa hablando, aunque abordando la cuestión desde otro ángulo. Me dice que he de sacarle el máximo partido a mi reacción. La verdad es que en cuanto nos vio entrar se dio cuenta de que algo me había ocurrido, y por un momento me imaginó vestido de seminarista, con Salvio al lado exhibiendo una sotana abotonada de arriba abajo. Sí, dispongo de una ocasión única, que puede permitirme, si me acuesto con una mujer, pensar que me he acostado con el mismísimo Creador. «Aprovéchate, no seas bobo. Aprovecha ese instante apoteósico. Ríete, llora de tanto reírte, pídele más vino a Raúl, paséate por Jerusalén como si nunca hubiera habido muertes en la ciudad, ni individuos que gozan depositando artefactos o planeando vengarse. En esos días el Maligno, del que tanto hemos hablado, no puede nada contra ti. Aprovéchate. Y si la cosa se pone realmente seria y te dura toda la vida, ¡aleluya! Olvídate de lo que viste en el Museo de Israel: huesos humanos de hace un millón de años...»

Este inesperado final nos ha estremecido. La voz de Alma, hasta entonces «alegre», se ha quebrado de pronto denotando una extraña congoja. Sus propias palabras le han jugado una mala pasada. Ha aplastado la colilla en el cenicero y se ha tocado con nerviosismo el casquete *Israel*. Salvio, deseoso de acudir en su ayuda, ha intentado bromear, pero no le ha salido lo que él esperaba.

—Me gustaría —ha dicho, sonriendo forzadamente— preguntarle a Raúl qué opina del asunto... ¿Crees que un hombre tan gordo, y que se gana la vida cebando al prójimo, puede gritar aleluya con el alma? —Luego ha añadido—: Sin embargo, en su tierra se han encontrado epitafios que se ríen de las calaveras...

Quedamos con Salvio en que cenaremos juntos en su casa el próximo domingo. Quiere que le hable de Sodoma y del Neguev y, sobre todo, de mi proyecto de excursión al Sinaí. «A lo mejor, si me siento capaz de resistir tu euforia, me decido a acompañarte. Conozco aquello como la palma de la mano de Alma.»

El desclavamiento de Cristo

Esta tarde, puede decirse que ahora mismo, se celebra en el Santo Sepulcro un acto devoto que no puedo perderme. Emilio me contó de qué se trataba y quiero estar allí. Así que me despido de la parejita y, a pie, me dirijo a la Basílica, centro del drama de la Pasión, a sabiendas de que me va a resulta difícil encontrar un hueco.

Bien, la suerte me acompaña y consigo entrar. La planta baja está a tope, muchos grupos continúan haciendo su propio Vía Crucis, hay cola ante la capilla del Ángel y la cámara donde Cristo *reposó*; pero sé por Emilio que el momento «cumbre» de la ceremonia tiene lugar en el altar del Calvario, de modo que subo directamente a él. Después de una rápida ojeada «elijo» el banco de mármol situado a la derecha —frente a la decimoprimera *Estación* y a la Dolorosa de la espada única—, y allí me quedo, de pie, entre una mujer negra, bellísima, y un monegasco que, según me cuenta mientras esperamos, sufre de cataratas.

Contemplo el altar del Calvario, y mi asombro es total. Está prácticamente vacío. Los griegos ortodoxos han quitado todos los abalorios que suele haber en él: los candelabros, las velas, los jarrones con flores, las lámparas votivas, etcétera. Ello significa que por fin puedo admirar sin interferencias, a placer, el estilizado Cristo de madera, plano y sin relieve, que se yergue al fondo; asimismo, es la primera vez que no veo al lado ningún monje con la bandeja.

La razón es muy sencilla: el acto devoto en cuestión corresponde a los franciscanos y es de tradición que los griegos les den facilidades. Por tanto, hay que reconocer que todavía funcionan por esos mundos zumbidillos de sentido común.

Me gustaría otear, por sobre la barandilla que queda a mi izquierda, la puerta de entrada, en la que me pareció identificar a los dos sempiternos policías; pero apenas si puedo moverme. Acabaré aplastado contra la pared. En la espera, presto atención, como siempre, al techo y a los murales que me rodean, lo que me trae a la memoria las muchas obras de arte que España ha donado a la Basílica, entre ellas, valiosos cuadros, que han sido rasgados a cuchillo o desaparecieron pasto de las llamas.

Pasan por delante de nuestro «palco» un par de chicas de aspecto universitario, con su agenda de puntes y bolígrafo en la boca, y una de ellas comenta que leyó en alguna parte que los judíos son *enemigos de lo Hermoso* y que el hecho de que Cristo fuese judío lo pone de mal humor. «Algo tendrán, cuando todo el mundo los persigue.» La otra le contesta que eso es una tontería y que además el lugar no es el más indicado para ese tipo de comentario.

Vuelvo a mirar los murales, las pinturas al fresco que me rodean. Todos los personajes son judíos, exceptuando algún que otro centurión. Judas es judío, pero también Simón Pedro. Y lo es la Dolorosa de la espada única, y nada me sorprendería que lo fuesen también los diminutos ángeles que trepan por la columnas, que revolotean por doquier.

Y bien, todo preparado para la función que me ha traído aquí, que quiero presenciar, y que lo mismo el padre Emilio que los folletos previamente repartidos denominan *El desclavamiento de Cristo*.

Por fin llega el momento. Alzándome de puntillas consigo ver que abajo, por la puerta abierta de par en par, hacen su entrada, en dos filas, los franciscanos, presididos esta vez por el Vicario Custodial. Mientras varios de ellos se quedan esperando, como montando la guardia, otros avanzan, escoltando al portador de la imagen de Cristo que ha de protagonizar la ceremonia; imagen casi pueril, de tamaño más bien pequeño, artísticamente de baratillo, con las cinco llagas destacando sobre el resto. Sin más protocolo, el «portador» y su escolta suben con cierta dificultad la estrecha escalera y llegados arriba, al nivel en que nosotros estamos, se dirigen, por el pasillo que se ha abierto en el centro, hacia el altar del Calvario, frente al cual se detienen unos segundos para orar.

Desde el lugar que ocupo no pierdo detalle y mi vecina, la bellísima mujer negra, no acierta a disimular su emoción. Acto seguido, el joven fraile italiano que lee todos los viernes el Vía Crucis que sale de San Salvador, es el encargado de volver la imagen cara a los fieles y de colocarla luego, erguida, en el desguarnecido altar. Se produce un gran silencio y toda la comunidad inclina respetuosamente la cabeza.

Terminado este preámbulo, y mientras un grupo situado a propósito en un rincón rompe a cantar, tres frailes se acercan a la imagen llevando consigo, uno de ellos, unas tenazas, los otros, sendas bandejas. El secreto del *desclavamiento* está ahí: se trata de arrancar los clavos para que el cuerpo de Cristo se desgaje del madero.

La operación empieza, y el silencio se hace aún más denso. Es Viernes Santo, es el dolor. Lo primero que el fraile de las tenazas le quita a Cristo es la corona de espinas, en la que estampa un beso, depositándola luego en una de las bandejas. A seguido, le toca el turno al clavo de la mano izquierda. Una vez fuera, el brazo se cae inerte a lo largo del cuerpo, lo que provoca un murmullo apenas contenido. A continuación, las tenazas arrancan el clavo de la mano derecha y el brazo correspondiente se cae también. La impresión de esas dos caídas es superior a mi *alegría* personal. Cristo, sin la fuerza de los brazos en tensión horizontal, aparece como derrotado, impotente, con una impotencia que da grima. Y de nada sirve que los frailes encargados de la operación besen los clavos; la derrota está ahí y da pábulo a toda suerte de especulaciones. Derrota cuya culminación se produce cuando, arrancado también el clavo de los pies, ya destrabada la imagen, ésta es separada sin esfuerzo del madero. Oh, sí, Cristo, suelto, da la impresión de un muñeco; y entretanto, el fraile que continúa sosteniendo la bandeja con la corona de espinas permanece inmóvil, sin saber qué hacer.

La segunda parte de la ceremonia ratifica que el palco que he «elegido» es de privilegio. En efecto, sobre el mosaico que tenemos delante, y en un espacio previamente desalojado, colocan una alfombra y un almohadón y depositan encima, traído del altar, el crucifijo sin cruz. Las llagas de la imagen, de un color violento, vistas en primer plano son todavía más excesivas, y la cabeza de Cristo sin la corona de espinas adquiere una forma estralafaria. En el momento en que lo cubren con una mortaja, diríase que su rostro vencido se ladea y sonríe levemente. Terminado este trabajo, el coro canta una breve melodía, a cuyo término dos frailes, uno de los cuales es Emilio, se encargan de recoger la imagen del suelo y de llevarla luego en andas, abriéndose paso, hacia la escalera que por la izquierda desciende a la Piedra de la Unción.

Todo el mundo quiere presenciar esa parte de la ceremonia, lo que provoca un desplazamiento masivo hacia la barandilla desde la cual el padre Franquesa intentó convencernos de que la Basílica era menos caótica de lo que podía pensarse. Yo pierdo de vista a la negra bellísima y al monegasco de las cataratas que estaban a mi lado y consigo hacerme un hueco en primera fila. ¡Y veo a Zaid y a casi toda su familia, trajeados como el día en que visitamos la Gruta de la Leche, agrupados en la puerta de entrada, junto al banco de los policías! Ellos no me ven, pendientes del Cristo desclavado; del Cristo que ha sido ya depositado en la Piedra de la Unción, donde lo olean con especias aromáticas contenidas en piñas de plata.

Esta parte es breve, y luego recogen la imagen otra vez y la llevan al edículo del Santo Sepulcro. Aquello queda fuera del alcance de mi visión. Sin embargo, brota a mi lado, como en otras ocasiones, un hermano de la Salle, que al verme tan interesado me explica:

—Le diré, señor... Ahora lo tendrán un momento en el Santo Sepulcro y luego lo devolverán a la sacristía... hasta el año próximo.

Lo ha dicho en tono frío, como si nada le atañese. Debido a ello, me limito a asentir con la cabeza y me dedico a contemplar el espectáculo que se me ofrece.

Heterogéneo mundo. Veo al sempiterno y alelado sacristán armenio, del que me contaron que hace poco su superior le pegó un tremendo bofetón. Veo los andamios allá arriba, ya que se prosigue trabajando en la Rotonda. Veo orondos alemanes y aquel corrillo de monjas enlutadas, que se filtran Dios sabe cómo por entre la multitud. Y un par de niños árabes, quizá despistados, que, con el tambor colgando, se han quedado cerca de la puerta.

Todo terminado para nosotros, que no podemos acercarnos al catafalco, me bajo y voy abriéndome paso hacia Zaid y su familia. ¡Qué emoción! El taxista, al reconocerme, levanta los brazos y se abalanza materialmente sobre mí. Yo beso a todo el mundo: a él, a Faisa, a Naila, a los pequeños. Apenas si se nos ocurren palabras. «Todos los años venimos a hacer el Vía Crucis y luego al desclavamiento...» «Este año no hemos podido subir arriba, al altar.» «Pero, ¡señor!, ¿cuándo volverás por casa? Te estamos esperando...» «¡Cuando le digamos al abuelo que estabas aquí!»

Nos empujan por todas partes, ya que, en el umbral, bloqueamos el paso de los que salen y de los que pretenden entrar. ¡Uno de éstos es Joaquín Ruiz Jiménez, a quien acompañan varios españoles que no conozco! A duras penas conseguimos acercarnos lo suficiente para, entre un corro de cabezas, estrecharnos la mano. He aquí un encuentro que, no sé por qué, me zarandea más aún y que desearía menos fugaz.

Pero ahí están, esperándome, Zaid y los suyos.

—¡Qué casualidad!

—¡Con tanta gente!

No sé qué hacer. Por un lado querría quedarme en la Basílica a ver qué pasa, por otro querría irme con los Zaid. Éste me dice:

—¡No! Se nos ha hecho tarde... Yo tengo un servicio contratado... Me esperan en Belén.

Nos despedimos, entre empujones y gente que, a juzgar por el tono, nos insulta. Miro a Naila. Está hermosísima. La recuerdo con la guitarra en la mano, rasgueando. Recuerdo a Abu-Abdel, con su tocadiscos y el Corán. Por unos minutos me acuerdo de todo excepto de mí mismo.

Los franciscanos han dejado la imagen en la sacristía y se han dispersado. Algunos me han visto al pasar, entre ellos, Víctor Peña, Castor y Ginesillo. En cambio, Joaquín Ruiz Jiménez se ha perdido entre el gentío que se acerca al edículo. Sí, me hubiera gustado charlar con él, y precisamente en Tierra Santa. Nunca hemos hablado de religión, siempre de política; y la política, aquí, me parece derrotada e impotente como si también se le cayesen inermes los brazos a lo largo del cuerpo. No obstante, haciendo un esfuerzo me parece recordar algo de la respuesta que mi amigo dio al cuestionario *100 españoles y Dios*. Me parece que cree en el «alma inmortal», aunque no por caminos de razón, sino de «intuición», de intuición «radical». También me parece recordar que no abriga la menor duda sobre la divinidad de Cristo...

Ahora me doy cuenta de que mi emotividad continúa siendo variable. Mi euforia, la que Alma deseó, ¡con un aleluya!, que me durara para siempre, por lo visto únicamente tiene vigencia si la comparto con alguien. En cuanto me quedo solo, pienso más que siento, me dedico a reflexionar, como si ignorara que la filosofía sirve para solucionar los males del pasado y del futuro, pero no los del presente. En cualquier caso, sería absurdo andar por ahí pidiendo la limosna del diálogo.

Por lo demás, huele a cera, a ungüentos raros, a multitud. Sin darme cuenta me encuentro en la plazoleta exterior, abarrotada de fotógrafos que hacen signos y reparten tarjetas. Veo allá al fondo a tres monjes etíopes y me acuerdo de que es precisamente hoy el día asignado para la «búsqueda» de Jesús con las lámparas por todos los rincones de la Basílica. Me acerco a ellos dispuesto a averiguar la hora exacta de la ceremonia y me dan a entender que este año no se celebrará. ¿Causas? No concretan. Algo poco agradable, desde luego: coincidencia de horarios con algún acto litúrgico de otra confesión, decisión drástica y personal del superior, ¡quién sabe! El caso es que me quedaré sin ver a esos monjes enfundados en aquellas casullas, dando saltitos y haciendo tintinear las insólitas campanillas.

Otra vez solo. ¡Imprevisible experiencia! Cristo clavado en la cruz, vence; desclavado, es vencido. Con los brazos extendidos, es Jesús; con los brazos caídos, es un hombre al que un artesano a sueldo ha pintado cinco llagas. ¿Són válidos esos pensamientos? ¿Tiene algo que ver con ellos el *alma*? ¡Por todos los santos, basta de elucubraciones! Seguro que el anciano del bastoncito azul, que debe de rondar por ahí dentro, cerca del oscuro altarcillo de los coptos, a lo largo de estos días se ha repetido más que nunca: «Ahora sería la ocasión para que me clavaran a mí un solo clavo que me ocasionara aquí mismo la muerte.»

¿Y aquel «Mesías» al que tenían que crucificar hoy, Viernes Santo, y que los niños tenían que reconocer? Si su premonición no se cumple, ¿qué hará? Nadie lo encerrará en una sacristía... hasta el año próximo. A lo mejor lo mandará todo al cuerno y se irá al restaurante de Raúl y pedirá una suculenta ración de cordero asado.

Concierto en Casa Nova

Pasa Emilio y me pregunta: «¿Puede saberse qué haces aquí?» Se da cuenta de que pienso en las musarañas y me dice que, si no tengo otros planes, y puesto que ya he presenciado la ceremonia que me aconsejó, tal vez no perdería nada yéndome a *Casa Nova*, a la residencia, donde tendría ocasión de intensificar un poco mi escasa cultura musical. «He visto en el tablón de anuncios que un jesuita inglés dará un recital de armonio en el salón-bar, que como sabes puede acondicionarse fácilmente para conferencias o conciertos. Música sacra, fíjate. Si no estuviera ocupado te acompañaría de mil amores; pero en la sacristía me he tropezado con el Vicario Custodial y, ¡hala!, como de costumbre, me ha endilgado una lista de encargos que no veas.»

No es mala idea. No sé por qué, la sugerencia me cae bien, sobre todo teniendo en cuenta que negros nubarrones se han posado sobre Jerusalén, amenazando tormenta. A lo mejor dentro de nada llueve a Dios dar. El clima de la ciudad es así, cambiante y espasmódico, lo que, según el profesor Edery, explicaría el talante a menudo imprevisible de gran parte de los jerosomilitanos.

Decido seguir el consejo de Emilio y me voy a *Casa Nova*. El recital, por lo visto, durará hasta la hora de cenar. En el trayecto, y sin causa que lo justifique, me doy cuenta de que recobro la «alegría». Incluso voy mirando a ambos lados con la esperanza de encontrarme con Rhayuqa, a quien invitaría de mil amores. ¡Cómo gozaría la muchacha escuchando a mi lado música de Viernes Santo! Pero Rhayuqa no aparece. En cambio, y a pesar de que los comercios árabes están casi todos cerrados, precisamente por ser viernes, las calles rebosan de turistas que intentan en vano descifrar las numerosas pintadas en favor de monseñor Capucci —cuyo proceso continúa—, las cuales, en forma de negras «lombrices», embadurnan puertas y paredes.

Las pintadas —también negras— que en forma de nubes surcan el cielo se densifican por momentos. Empiezan a caer algunas gotas. Las múltiples zonas del zoco que tienen techumbre van resguardándome y sólo en el último tramo antes de llegar a la residencia he de echar a correr.

Casa Nova es un hormiguero. Me cuesta lo indecible cruzar el vestíbulo, por culpa de los muchos peregrinos que hacen cola para firmar en el libro de autógrafos. A no ser por el padre Mancini, fiel guardián del orden, muchos se tomarían su tiempo para escribir alguna frase ingeniosa, que a la postre acabaría siendo más o menos la de siempre: «Os doy las gracias, Señor, por haberme permitido vivir en Tierra Santa esas jornadas inolvidables...» El padre Mancini lo impide dando palmadas y repitiendo una y otra vez: «¡De prisa, *prego*!»

Y bien, el recital en el salón-bar ha resultado un éxito. El jesuita inglés ha demostrado ser un intérprete excelente y el armonio, un tanto polvoriento, ha respondido mejor de lo que cabía esperar. Auditorio poco numeroso, pero que ha seguido con viva atención el juego de las teclas y los pedales. Mi impresión es que el intérprete se ha dedicado a improvisar. Tan pronto las notas se perseguían a sí mismas como se remansaban, y los *pianissimo* alternaban con acordes tan sonoros que hubiérase dicho que fray Delfín le había añadido al instrumento los tres mil quinientos tubos con los que anda luchando en su taller para construir el órgano de Belén.

Entre los oyentes, además de la señorita Petrozzi, sentado en un rincón, junto a la pared, un obispo... oriental. De ojos oblicuos y sonrisa perenne. Un intruso en ese mundo —y en esa música— de Occidente. Al término de cada pieza movía repetidamente la cabeza. Parecía feliz. Tentado estuve de acercarme a él y preguntarle cómo pudo perdonarles a los autores de la Biblia que silenciaran virtualmente la existencia de su raza y de las razas parejas a la suya; claro que su respuesta hubiera sido —¿cómo dudarlo?— un parpadeo indescifrable... y otra sonrisa de felicidad.

Cena con los payasos

La cena —los refectorios no daban abasto y ha sido necesario establecer turnos—, me ha deparado varias sorpresas. La primera, que la señorita Petrozzi, por lo común habladora, ha guardado un silencio casi absoluto. Sentada delante de mí, apenas si ha probado bocado, como si tomarse una sopa caliente y un poco de pescado fuese una indigna orgía en tal día como hoy. Sólo ha quebrantado la norma al advertir la presencia en la mesa del jesuita que acababa de obsequiarnos con el sacro recital. En efecto, le ha felicitado, y a continuación, aludiendo a las octavillas repartidas por unos mozalbetes judíos en las que se acusaba a Jesucristo de «impostor», sin venir a cuento le ha informado de que la persecución contra los católicos no cesaba en Jerusalén, como lo demostraba el hecho de que un músico hebreo que aceptase, por necesidad o lo que fuese, tocar en alguna iglesia católica, podía muy bien encontrarse luego con que no le contratase ninguna orquesta.

El jesuita ha expresado —con mucha sobriedad— su asombro, y en ese momento se ha producido la segunda sorpresa: he identificado al comensal que el religioso tenía al lado. Era Cholo, aquel beatón de los Altos del Golán, perteneciente al «Batallón Bolívar», que pintó la capilla el día de la confirmación de los quechuas y que quería llenar de «Grutas de la Virgen» todo el Próximo Oriente. Mis esfuerzos por llamar su atención han sido inútiles. Hubiera querido preguntarle por las novedades acaecidas allá arriba, en el frente, interesarme por el capitán Bustamante, por el capellán, Edmundo Terrazas y, naturalmente, por mi ahijado, Raúl Palomino; nada que hacer. Cholo comía con un recato similar al de la señorita Petrozzi, que había enmudecido de nuevo. Se le veía concentrado y llevaba en la camisa caqui una pegatina con una cruz. Ha sido el toque de atención. Me he percatado de que esa actitud era el denominador común en la mesa. Si alguien compartía mi «alegría» lo disimulaba con pleno éxito. En vista de ello, he optado por callarme, lo que me ha permitido oír el tétrico relato de unas monjas que contaban haber llorado como Magdalenas durante el Vía Crucis de la mañana, haber llorado más aún por la tarde, con la ceremonia del *desclavamiento,* y que no ocultaban sus escrúpulos por encontrarse ahora en un refectorio «mientras Jesús estaba *muerto* y había pedido una y otra vez penitencia y oración».

Y entonces ha surgido la última sorpresa, un poco antes de que nos sirvieran el postre. El padre Mancini se ha acercado a mis vecinos de la izquierda, dos hombres tranquilos, de mediana edad, que me habían pasado inadvertidos. Las breves palabras que ha intercambiado con ellos me han permitido deducir, primero, que eran artistas —¡ah, *Casa Nova,* eterno revoltillo!—, segundo, que estaban tan lejos del llanto de las monjas y del recato de la señorita Petrozzi y de Cholo como pudiera estarlo yo. Han bromeado con el padre Mancini y se han despedido de él con un *ciao!* que no dejaba lugar a dudas.

La evidencia de que me equivoqué al suponer que ningún comensal compartía mi estado de ánimo me ha estimulado de tal forma que pronto me he encontrado charlando festivamente con mis vecinos de mesa, deseosos también —así me lo han confesado— de romper con el clima imperante en la mesa, que los tenía un tanto desorientados.

Por una razón sencilla, que me han expuesto con admirable espontaneidad: ambos eran payasos —payasos de circo, para ser más exactos—, y por lo tanto estaban acostumbrados a dominar sus emociones. En consecuencia, no veían la menor necesidad de poner cara de circunstancias porque estuviéramos en Viernes Santo. Sus argumentos me han recordado un poco el utilizado por Mostachos en el «Bar Ovidio»: «Yo, como san Pablo: por encima de todo, la alegría de la Resurrección.»

Providencial encuentro, a fe. Oriundos de Zurich, al saber que yo residí allí casi un año, no muy lejos de la tumba de Thomas Mann, en la *Streulistrasse,* me han estrechado la mano... Y luego me han dicho que pertenecían desde hacía tiempo a un circo que se fundó en Viena, el «Circo Rex», en el que se sentían como el pez en el agua porque su divisa era que lo que mayormente necesita la sociedad actual es reencontrar el insustituible remedio de la risa. «Hemos venido a Jerusalén porque somos creyentes y porque la Pasión fue la Pasión; pero eso no es motivo para sacar las cosas de quicio.» Según ellos, el mundo se resquebraja y se muere por eso, por la progresiva disminución de la facultad de reírse. Una especie de pánico va apoderándose de la gente, sin saber por qué. En Viena, ciudad que tiene forma histórica de vals, cuna del «Circo Rex», los rostros reflejan, como en todas partes, una preocupación cada vez más intensa. Ellos procuran combatir este hecho en la medida de sus fuerzas, utilizando el arma humilde que en la pista del circo les proporciona su especialidad. «¿Cómo? ¿Qué dice usted? ¿Que no hay constancia de que Jesús se riera nunca?» Bueno, quién sabe... Cierto que no hay constancia de ello en las referencias que nos han llegado sobre su vida pública. Pero, ¿cómo afirmarlo? ¡Jesús era galileo!; y los galileos, al parecer, incitaban al humor, y no sólo por su peculiar acento. Precisamente ellos han creído siempre —por simple cálculo de probabilidades— que entre los doce apóstoles debía de haber algún «payaso», es decir, alguno que destacara por su gracejo, aunque resulte imposible saber cuál podía ser. «No siempre estarían llorando por Jerusalén, ¿verdad? En las tertulias, alguna vez bromearían... ¡Vamos, ésa es nuestra opinión!» Y en cualquier caso, de lo que no puede caber duda es de que Jesús se reiría en su niñez, en Nazaret, como se ríen todos los niños del mundo. Así que, como puedo comprobar, no andan del todo descaminados, ya que en el circo ellos se dirigen precisamente a los niños, para los cuales han aprendido a tocar la mandolina, la trompeta, el xilófono y ahora precisamente están estudiando el acordeón. «¿Cómo? ¿Que está usted de acuerdo? ¡Vaya, menos mal! Pues mire usted: vamos a regalarle una insignia del "Circo Rex", además de afirmarle por nuestro honor que existe un alma *colectiva infantil,* que es la única que compensa un poco de la progresiva tristeza a que antes aludimos y que invade el mundo, y de la que sólo se salvan unas pocas personas como, por ejemplo, nuestro querido amigo el padre Mancini... ¡Ay, si le contáramos en qué circunstancias le conocimos se mondaría usted de risa!»

No he sabido qué decirles. Ni siquiera que me han recordado, en cierto modo —aparte de los croatas—, a dos infantiles carpinteros que conocí en Nazaret. La señorita Petrozzi se ha despedido ya, al igual que Cholo y que las monjas; sólo ha quedado el jesuita musicólogo comiéndose el plátano que le correspondió.

Me despido de los payasos en el vestíbulo, que continúa abarrotado, y me dirijo a mi celda. Al entrar en ella veo el crucifijo en la pared..., y en la mesa una serie de libros de los que me consta que se ríen, que se mofan, de lo que el

Viernes Santo significa. Bueno, qué más da. Me siento dueño de mis actos. Con algo que me conforta por encima de todo: auscultándome más que nunca, como ahora suelo hacer, noto que continúo sin sentir la menor aversión por aquellas dos personas que en España me repelían. Mejor aún, de tenerlas ahora aquí, en mi celda número 207, no sólo les daría un abrazo, sino que les diría: «Pero ¿qué les ocurre? ¡Es Viernes Santo! Ríanse conmigo..., que hay motivo para ello, que hay quien, para hacer reír, estudia el acordeón.»

CAPÍTULO XXXIV

Habíamos quedado en que hoy, sábado, y pese a ser Sábado Santo, el profesor Edery pasaría a recogerme para acompañarme a la sinagoga, a «su» sinagoga para ser más exactos, enclavada en pleno barrio de Mea Shearim, y en la que tiene un sitio reservado a la derecha del Arca. Su cuñado, Dan, que es allí un poco el jefe, puso tal énfasis en la importancia de cumplir con el *shabat,* que al final el profesor aceptó, a título personal, desde luego, sin que el compromiso afectara ni a su mujer ni a sus hijos.

Me levanto con tiempo suficiente para estar dispuesto en cuanto el profesor llegue, me desayuno —lástima no coincidir con los payasos— y le espero sentado en el vestíbulo, repasando el libro de autógrafos que ayer sufrió el febril asalto de los peregrinos. Una vez más compruebo la decisiva influencia que el idioma ejerce sobre la grafía, hasta el punto de que en muchos casos podría uno adivinar la nacionalidad de los firmantes. ¡Y qué rúbricas, santo Dios! ¡Qué variedad! La última, la del sonriente obispo que estuvo en el recital. Una especie de serpentina envolviendo su nombre. Sospecho que un grafólogo podría sacar de ella conclusiones vinculadas a cierta autosatisfacción muy corriente entre las jerarquías eclesiásticas.

Llega el profesor Edery, menos puntual que de costumbre. Su mujer no acaba de reponerse, y el médico los entretuvo. Inmediatamente me advierte que tendremos que ir andando. «Por nada del mundo me atrevería a cruzar hoy en coche Mea Shearim.» Por lo visto, los habitantes del barrio, encabezados por los rabinos ortodoxos, han levantado incluso barricadas para evitar que los conductores de los autobuses EGGED cruzaran las calles vulnerando con ello el *shabat.*

El profesor aprovecha el trayecto para matizar un poco el tema, en el sentido de que el *shabat,* como es de rigor, al tiempo que ofrece una vertiente exagerada y ridícula —«no seré yo quien lo defienda»—, ofrece también, como suele ocurrir, su aspecto positivo, que no puede subestimarse. Tocante a las exageraciones, no hay más que citar el ejemplo de las muchas batallas perdidas —en épocas remotas, se entiende—, porque los judíos se negaban aquel día a luchar, de lo que se aprovechaban los generales enemigos, y las famosas recomendaciones del Talmud, algunas de ellas todavía vigentes, que llegan a prohibir, mientras dura el *shabat,* «deshacer un nudo, desembarcar el equipaje si se llega por mar y hasta ponerse la dentadura postiza». Tocante al aspecto positivo, se trata de reconocer que fue probablemente la primera norma dictada para que el hombre dispusiera durante la semana de un día de descanso completo. «Piense usted lo que aquello significaría para las antiguas civilizaciones basadas en el trabajo de los esclavos. Una revolución. El propio Séneca se rebeló, alegando que ello equivalía a escamotearle a la sociedad veinticuatro horas semanales de trabajo.»

El barrio de Mea Shearim

Pasamos por la calle Etiopía, residencial, con enormes cipreses en los jardines. Vemos un monasterio y una iglesia, en cuyo portal hay el León de Judá. Justo enfrente, la casa en que residió Ben Yehuda, el gran filólogo admirado por Alma y creador del hebreo moderno.

En esa calle reina una extraña calma. Se oyen los pájaros. Pienso si no se ocultará, entre los árboles, algún cementerio. Es posible que así sea. En cambio, no puede decirse lo mismo de la calle Strauss, que abordamos a continuación, rebosante de vida, con muchos niños jugando y algunas cometas en el aire. ¡Cometas y, en las puertas, placas de dentista! ¿Por qué tantos dentistas se agruparán ahí? El profesor sonríe. «No puedo decirle. Jamás me dolió una muela.»

De pronto, penetramos en Mea Shearim —sorteando las barricadas—, que es un poco como entrar en la Europa rusa y polaca del siglo XVI. Porque Mea Shearim es eso: un mundo antañón, inmigratorio —y conservado intacto hasta hoy—, formado por los primeros desterrados de la Europa Oriental a raíz de las purgas del siglo pasado y que se establecieron definitivamente en el barrio allá por el año 1875. Su nombre, Mea Shearim, significa «Cien Puertas», debido a que en un principio dichos inmigrantes se protegieron con unas tímidas murallas con cien puertas de entrada y salida.

En mis visitas anteriores al barrio, realizadas por mi cuenta, todo se me antojó inextricable; en esta ocasión, el profesor me despeja al paso muchas incógnitas, con lo que cuanto veo adquiere significado propio. «¿Por qué tantas fachadas y balcones asimétricos, tantos edificios a medio hacer?» «Porque nada ha de ser perfecto en tanto no llegue el Mesías. Ha de saber, señor, que antaño en muchas sinagogas se dejaba sin terminar una de las paredes, con una inscripción en hebreo que decía: *En memoria de la Destrucción.*» «¿Y esos portalones en los que se lee *Yesivha?*» «Los *Yesivhot* son lugares sagrados. Son los seminarios, en los que de día y de noche se estudia la Torá.»

Observo sin prisa a los transeúntes. Pese a la compañía del profesor, la facha de la mayoría de ellos sigue pareciéndome insólita. Sí, claro, son judíos de *ghetto*, mil veces caricaturizados. Con sus barbas salomónicas; con sus levitones negros; con sus *kaftan* en la cabeza; con sus pantalones hasta media pierna y calcetines blancos; con sus guedejas que les cuelgan de los parietales; con el cogote afeitado y el color de cera en la piel. Rubios, como debe ser: *askenazis*. De aspecto miserable —fláccidos—, puesto que rechazan las preocupaciones de orden material. Por lo común, faltos de cultura, dado que su fanatismo religioso relega a un segundo plano el trabajo del intelecto. Observo que abundan los niños de tez húmeda, fofos y que andan balanceándose con cierta dificultad.

Intermitentemente aparecen letreros cuyo texto el profesor Edery me traduce: «¡Hija judía! La Torá te obliga a vestir con decencia. Nosotros no toleramos en nuestras calles paseantes vestidos con inmodestia.» Muchas mujeres acatan el aviso hasta tal extremo que se cubren incluso la cabeza. Las observo con especial atención: nada de maquillaje, ningún color violento en las telas, en las prendas de ropa. Su edad es imprecisable. ¿Y las muchachas jóvenes? ¿Soñarán con pantalones vaqueros, con miradas desafiantes, con brazaletes dorados? No lo sé. Apenas si he visto a tres o cuatro, que desaparecían raudas en las esquinas. «La mujer no debe embellecerse —me explica el profesor Edery—. Las hay que se afeitan de pies a cabeza, empezando por la pelvis. Y después de la menstruación deben purificarse hasta siete veces, siete inmersiones en el agua.» «Las esposas de los rabinos no pueden llevar medias de color de carne. Y en el acto amoroso sólo han de buscar la procreación, jamás el placer.» «La palabra placer es maldita, lo que, en realidad, viene de lejos. En el ámbito judaico nunca se dieron las justas o torneos, la galantería caballeresca. Y esas mujeres que ve usted sentadas en los balcones se conocen de memoria el libro de Job.»

El barrio empieza a asfixiarme. Cada ojo me pregunta quién soy y qué busco aquí. Nadie fuma, ¡desde luego! Pasamos por un escueto callejón, que tiene apenas dos metros de ancho. Oratorios a uno y otro lado. Movimientos de huesos, como en el Muro, brazos en alto, pequeñas llamas temblando. Cada cual reza para sí, concentrado, ajeno a los demás y al mundo. «Para iniciar estos rezos es necesario que haya más de diez fieles.» Algunas miradas me han parecido de vidrio. Un mendigo salmodia, interrumpiendo el paso. Sentado en el suelo, va dando cabezadas y diríase que soporta en la espalda un peso de siglos.

Como es de rigor, no faltan los contrastes. La calle principal es limpia, con tiendas en cuyos escaparates se exhiben artículos para los turistas, pero, sobre todo, para el culto: arcas, rollos, Torás, filacterias, etcétera. También abundan los talleres de zapatería, de relojería, los barberos, los sastres... Pero basta con doblar cualquier bocacalle para entrar en zonas de indescriptible suciedad, con basura desparramada, fruta podrida —restos de los mercadillos de la víspera—, montones de ropa vieja y hedionda. «Le parecerá un *ghetto* enorme, ¿verdad? Pues lo cierto es que no habitan en Mea Shearim más allá de trescientas familias, con muchas rivalidades entre sí.»

El profesor Edery estima necesario matizar eso de las rivalidades, y me habla con detalle de la más fanática de las sectas, la *Neturé Karta,* cuyos miembros viven tan marginados del resto que apenas nadie conoce sus verdaderos nombres. Son los que no soportan ver a nadie vestido de uniforme, por lo que detestan olímpicamente a la Policía. Son los que en su vida privada hablan sólo el *yiddish,* empleando el hebreo únicamente para sus plegarias y estudios religiosos. Son los que jamás aceptarían subirse a un taxi con un cristiano, ni se atreverían a dirigir en público la palabra a una mujer. Y desde luego, son los causantes de que todos los habitantes de Mea Shearim se opongan actualmente al Estado de Israel, cuya legitimidad impugnan, por estimar que el verdadero Israel sólo podrá ser fundado algún día por el Mesías en persona, el cual llegará montado en un caballo blanco. «Hasta dónde llegará, señor, esa convicción, que los *Neturé Karta* están dispuestos a pactar con el rey jordano, Hussein. Y lo curioso es que el Parlamento no toma medidas contra ellos, primero porque su actitud inspira cierto respeto, y luego porque Israel quiere ser demócrata hasta con quienes no lo son.» El profesor Edery añade que él no comparte esa actitud indulgente del Estado, ya que los *Neturé Karta* a menudo crean problemas totalmente absurdos, como, por ejemplo, su insistencia en negarse a que se practiquen autopsias. Es como una obsesión. Han llegado a amenazar a los cirujanos, comparándolos con los nazis que despedazaban judíos en los campos de exterminio. Igualmente, con motivo del anuncio de que la Filarmónica israelí iba a interpretar en Tel Aviv obras de Wagner, el compositor preferido del III Reich, se soliviantaron de tal modo que el Municipio tuvo que ceder.

Una frase me ha llamado la atención: «En el fondo, su actitud inspira cierto respeto...» Se lo advierto al profesor y éste se reafirma en su criterio, haciéndolo extensivo, además, a *todos* los habitantes de Mea Shearim.

No, no puede olvidarse que, pese a la basura desparramada, a la fruta podrida ante los mercadillos y a los trapos hediondos, esos rabinos barbudos se vinieron aquí con sus familias mucho antes de que nadie soñara con que Israel volviera a contar con un territorio *considerado legalmente suyo.* «Lo cual no significa que fueran los auténticos pioneros, ¿comprende?» Por lo demás, tampoco puede olvidarse que en el exilio, en los *ghettos* de sus respectivos países, conservaron durante siglos, a menudo, en condiciones infrahumanas, un caudal de tradiciones que sin ellos habrían muerto. Y algo más importante aún: gracias a su tenacidad religiosa, a su empeño, a costa de lo que fuere, en no renunciar a la lectura de la Torá, conservaron el idioma, el hebreo antiguo, sin el cual no hubiera sido posible el actual reagrupamiento de Israel ni nada de lo que en Israel existe ahora.

Las palabras del profesor me recuerdan que, en el Monte Scopus, Jacob nos habló de un clan que reside ahora allí, el de los bújaros, los cuales permanecieron durante mucho tiempo en Rusia, «convencidos de que eran los únicos judíos que quedaban en el mundo», hecho asombroso y poético, comparable al del reducido grupo de cristianos japoneses que, a raíz de la persecución del emperador Taikosama, se refugiaron por espacio de doscientos años en la isla de Urakami y que reaparecieron en Nagasaki al enterarse de que existía en la ciudad una colonia francesa con una capilla.

Y sin embargo..., es preciso no olvidar tampoco la otra cara de la medalla. Pese a ese inciso, sentimental y realista, el barrio, de pronto, vuelve a asfixiarme. Su silencio es anormal, y hemos pasado de nuevo por el callejón de apenas dos metros de ancho, con el mendigo salmista y los oratorios flameantes a uno y otro lado. Y he vuelto a tropezar con aquellos letreros: «¡Hija judía! La Torá obliga a vestir con decencia...» Y he visto más balcones y ventanas asimétricos, «en memoria de la Destrucción»; y, cerca de la sinagoga *Torá Veirá,* a un niño obeso, color de cera, con las guedejas colgándole de los parietales, corriendo con dificultad para alcanzar a su padre, éste encorvado, con un enorme *kaftan* aplastándole la cabeza.

¡Ay, el fanatismo! En cualquier caso, es siempre una aberración, como lo demuestra la actitud del abogado Aarón, padre de Esaú, quien todavía no ha resuelto —según me contaron en el *Seder*— si usar supositorios el día del *shabat* es o no es quebrantar la ley.

Resumiendo, pues, ¿cuáles serían los sueños de los habitantes de Mea Shearim? Ir cada día al Muro de las Lamentaciones, que llegara el Mesías cuanto antes con su caballo blanco y entrara en el Parlamento..., y que los policías se murieran del susto al verle.

¿Se complican la vida? Desde luego. Se los tiene por pacíficos; pero eso habría que preguntárselo a los cristianos, a los conductores de la compañía de autobuses EGGED, a mí si ahora mismo se me ocurriera encender un pitillo, al profesor Edery si hubiera venido con su coche. Algunos parecen más tranquilos: son los artistas. Los que, cuando suene de nuevo el *shofar,* reanudarán sus trabajos en el taller, procurando prestarle grumos de sensibilidad.

Mea Shearim... Sí, aun salvando las distancias, demasiado paralelismo con la religión de mi niñez. Cuando llegaban los predicadores de la «misión», los seres se convertían en carne que olía ya a quemado. Cuando llegaba la Semana Santa no se nos permitía siquiera silbar. En cuanto a las mujeres, eran el pecado. No sé si se afeitaban la cabeza y la pelvis, pero muchas iban al matrimonio desconociendo sus deberes. Y los confesores tiñeron con color de mortaja la natural «alegría» de nuestra adolescencia.

Cien Puertas... Cien puertas cerradas me impedían respirar. Todavía no comprendo cómo he podido tener anchos los pulmones. Los pueblos y las capitales de provincia eran dolorosas réplicas de Mea Shearim...

En la sinagoga

Llega el momento de entrar en la sinagoga, a la que hemos ido acercándonos sin yo saberlo. Es un local modesto, no más espacioso que el comedor de Efraim, huérfano de cualquier boato. Más bien lo que se busca, a primera vista por lo menos, es crear un ambiente familiar, con el Arca alzada en el «presbiterio», un estrado en medio, al que suben los encargados de las *Lecturas* y al fondo unas rejas, tras las cuales se colocan las mujeres.

Hay unas treinta personas y van llegando algunas más, que se sientan en las correspondientes sillas y en los bancos. El profesor Edery pasa a ocupar, acto seguido, el sitio que tiene reservado a la derecha del Arca, y yo, que soy su amigo, me convierto (otra vez) en huésped de honor, lo que me permite sentarme con él. Naturalmente, me entregan la *kipá*, que por fortuna se ajusta muy bien a mi cabeza; observo que la mayoría sostienen la suya con una horquilla.

La ceremonia se inicia sin tardanza y, por las trazas, va a resaltar también por su modestia. Ni el menor parentesco con aquellos oficios solemnes que establecen una barrera, que rompen la intimidad. Pronto me siento a gusto precisamente porque no ocurre nada de particular. El primero en leer la Torá es el *cohen,* el sacerdote, título que simplemente se hereda. Es un hombre ya mayor, más bien enclenque, lo que contrasta con su voz tronitronante. Todo el mundo lo escucha con respeto. Luego le toca el turno al «diácono», al leví. Al revés que su predecesor, su timbre es monocorde. Sin embargo, lee con convicción, rígido el cuello y sin pestañear apenas. Los asistentes tampoco se mueven, muchos de ellos con el librito en las rodillas o la vista fija en el Arca. En un momento determinado —ha transcurrido un buen cuarto de hora—, se produce un cambio, como una relajación. Veo que el *cohen* y el leví han cedido su sitio a los fieles, los cuales son ahora los que se encargan del resto de las *Lecturas.* Por turnos van subiendo al estrado, y dichas *Lecturas* deben de ser menos importantes, ya que, con toda evidencia, la atención que se les presta es mucho menor.

Tales relevos, que se efectúan entre cordiales saludos, tienen una finalidad muy concreta: la participación. Todo el mundo ha de ser «oficiante», la pasividad ha de quedar excluida. Es frecuente que al bajar del estrado el lector que ya concluyó se acerque a los bancos y a las sillas y vaya estrechándoles uno por uno la mano a los asistentes. En alguna ocasión, en lugar de estrechársela se la besa, lo que indica que existe entre ambos relación de sangre: padre, hermano, tío, abuelo... Cuando ello ocurre, los niños, que a decir verdad no se están demasiado quietos, se intercambian miradas sonrientes, de divertida complicidad.

Y con ello entramos en la parte de la ceremonia que mayormente me interesa, y sobre la cual el profesor Edery me advirtió de antemano. Los textos sagrados dejan paso a la expansión personal. Quienquiera que tenga algo que comunicar a la comunidad, sube al estrado y hace uso de su derecho. Por lo común, se trata de informar de las novedades que se hayan producido en el seno de la familia a lo largo de la semana: una boda, un nacimiento, una defunción. Según la índole del suceso, la reacción colectiva es de júbilo o lo contrario. Por fortuna, esta semana no se ha registrado ningún fallecimiento, «nadie ha cerrado los ojos para siempre». En cambio, un muchacho joven, ancho de tórax, ha sido padre por tercera vez. Revuelto el pelo y con expresión de cómica felicidad, ha abierto los brazos para decir: «Os comunico que ha nacido en mi casa un hijo varón.» La noticia ha sido acogida con murmullos equivalentes a un fuerte aplauso. «Bien venido, bien venido sea el bebé.» A renglón seguido, ha tomado la palabra un hombre de aspecto lastimero, que durante un buen rato se ha dedicado a dar las gracias, mirando de vez en cuando en dirección al Arca, por haber salido con bien de una grave adversidad que amenazaba a los suyos. Su relato ha sido escuchado con recogimiento y al final todo el mundo ha asentido con la cabeza, indicándole que quedaban impuestos del caso y que se congratulaban de que se hubiera resuelto favorablemente.

Y llega la hora de las promesas y de la petición de bendiciones. Varios fieles, en concepto de «aportación simbólica para las necesidades del niño varón recién nacido», prometen efectuar, en cuanto finalice el *shabat,* un donativo económico con destino al tesoro de la sinagoga. Acto seguido, y del modo más inesperado, uno de dichos fieles se dirige hacia mí y pronuncia unas palabras. Todo el mundo me mira, y el hombre continúa hablando. Por fin el profesor Edery me informa de que está pidiendo una bendición especial para el «huésped» que se ha dignado compartir con todos el rito comunitario.

No se me ocurre nada con que corresponder a tan emotivo detalle. Me limito a ruborizarme, y a lamentar en mi fuero interno no haber hecho los cursillos de hebreo con Alma, en cuyo caso podría levantarme y expresarles con toda honestidad lo que siento: que todo aquello me parece muy bien, que así entiendo yo que debe de ser la *ecclesia,* la asamblea religiosa: un intercambio de plegarias y de noticias, trascendentes unas, cotidianas otras, fraternales todas, en un clima de la más estricta sencillez.

El acto culmina con una nueva intervención del *cohen,* el cual toma el Arca, da con ella una vuelta por el local y la devuelve al sitio que le está asignado en el «altar», cerrándola luego con sumo cuidado.

Terminada la ceremonia, varios de los asistentes acuden a saludarme. No saben quién soy, ni cuál es el credo que profeso, pero quieren agradecerme mi asistencia. «Que sea bien venido el amigo del hermano Edery, que sea bien venido...» Un hombre enérgico sentado en un sillón de ruedas se abre paso y por su mímica entiendo que lo que desea es darme un abrazo y los consabidos besos en ambas mejillas. Me acerco a él y le correspondo con mi mejor voluntad.

Jamás pude sospechar que me sentiría de tal modo incorporado a ese núcleo humano. Supuse que la barrera del idioma se bastaría para desconectarme. No es así, y el profesor Edery, que asume el papel de intérprete, al advertirlo no puede disimular su satisfacción. La horquilla que le sujeta la *kipá* es de oro, y señalando al leví, que ha sido el primero en salir a mi encuentro, me dice bromeando: «Se la gané en una apuesta. Aseguraba que es imposible no equivocarse alguna vez en las *Lecturas.* Pues bien, a lo largo de seis meses no pudo corregirme nada, ni una sílaba, y la horquilla pasó de su cabeza a la mía.»

Todo el mundo se ríe, especialmente los chiquillos, para los cuales constituyo una atracción. Luego, poco a poco, la sinagoga va despejándose. Las mujeres desaparecieron en seguida, como por arte de magia. Ése es el único dato que me desagrada de la reunión. Se lo digo al profesor. «*Hélàs!* Vengo clamando por ese asunto desde hace veinticinco años...»

Es una sinagoga suburbial. Apenas puede decirse que pertenezca a Mea Shearim. En las de Mea Shearim, con los rabinos de los tirabuzones y rostro de marfil, todo tiene otro empaque y sospecho que mi presencia hubiera provocado reacciones muy distintas.

A última hora viene a saludarme un muchacho joven, que habla un castellano más que aceptable. Es estudiante de letras. Lleva un esparadrapo en la nariz y me pide excusas por ello, no sé por qué. Apenas si conoce nada de la literatura española, a excepción de trozos del *Quijote,* que le aburren mucho. Y ahora en la universidad el catedrático quiere embutirles —ésa es la palabra que usa— Góngora... ¡y Teresa de Jesús! Sin embargo, él está enamorado de nuestro idioma, que tuvo ocasión de perfeccionar estudiando la Torá con comentarios escritos por antiguos judíos de Toledo. «Por eso, cuando me han dicho que es usted español, he querido saludarle. ¿Conoce usted Toledo, señor?»

Charlamos amigablemente. Ha estado observándome y le ha sorprendido la atención con que he seguido todos los rezos del *shabat.* Lamenta que los cristianos no conozcamos más a fondo las fórmulas sinagogales. Es como si ignoráramos el pensamiento y la manera de hacer de nuestros abuelos.

Vuelve a pedir excusas por llevar esparadrapo en la nariz y se despide. El profesor Edery bromea de nuevo diciéndole:

—Hoy no te digo *shalom,* hoy te digo adiós...

Almuerzo en Mea Shearim

El profesor Edery me tenía una sorpresa reservada. Estoy invitado a almorzar en casa de su cuñado, Dan, quien no ha podido asistir hoy a la sinagoga porque coincidía con una ceremonia en el Gran Rabinato a la que no podía faltar.

Media hora después estamos en la sencilla casa de Dan —veo la *mezouza* * a la derecha de la puerta—, cuyas paredes rebosan de porcelana barata y de retratos familiares. Dan es hombre bajito, más bien gordo, manso de aspecto, con los ojos azules, claros, como los del profesor. Nadie diría que proviene de Tánger, como su mujer, Irith, de ojos negros. Dan, veterinario de profesión, no lleva tirabuzones ni se afeita el cogote, pero sé por el profesor que es un fanático de tomo y lomo, hasta el punto de dar a menudo la impresión de que quien habla y actúa por él es el propio Talmud. Su única ventaja es la falta de agresividad. De hecho, jamás se mete con los no-judíos: los ignora y se acabó. Para él son seres que hay que soportar guardando la buenas maneras. Así que me saluda sin entusiasmo, pero tampoco con mala voluntad, como si su cuñado Edery, al que adora, hubiera invitado a un objeto con apariencia humana.

La madre del profesor, que también está presente, es una cara llena de arrugas que sonríen. Se inclina una y otra vez delante de mí. Todos hablan ladino, un

* *Mezouza*: tubo de metal que contiene un trozo de pergamino en el que está escrito el *Shema,* la oración principal del judaísmo.

ladino más primaìio que el que oí en el *Seder*, pero inteligible. La madre es bajita, rechoncha y yo diría que menos imberbe que mi amigo Edery. Hay dos o tres niños en la casa, que me contemplan como lo hicieran los de la sinagoga.

El protocolo es mínimo, la mesa está preparada, de modo que pronto nos sentamos y comienza el almuerzo. Echando un vistazo alrededor, observo que Dan se ha colgado la servilleta al cuello, lo que podría indicar un cierto primitivismo. Su mujer, Irith —que está esperando un bebé, lo que significa que por nada del mundo miraría un cadáver, porque si tal hiciese pariría un hijo pálido y lívido—, no se ha maquillado, por una razón muy simple: es Pascua y les está prohibido. La madre del profesor come con innata elegancia, y los chiquillos, a diferencia de los de Zaid, permanecen quietos como figurines.

La comida es *kacher,* no podía ser de otro modo, pero vale decir que muy bien preparada. Dan, entre bocado y bocado, o antes de tomar algo de la mesa, intercala movimientos, «agita sus huesos» —nadie más que él lo hace—, como si estuviera ante el Muro de las Lamentaciones, purifica sus manos en un cazo de agua y salmodia para sí, por lo bajines, totalmente ausente, sin detenerse a pensar que para el invitado, que soy yo, todo aquello puede resultar sorprendente.

La madre del profesor se muestra preocupada por si me gustará o no lo que estoy comiendo. A raíz de ello la conversación se generaliza en torno al tema, por lo que me entero de que, salvo excepciones, en la comida *kacher* están prohibidos los huevos negros —incluido el caviar—, puesto que lo están los animales que los producen. La prohibición de la carne de cerdo obedeció en un principio a criterios higiénicos. Y en cuanto a la prohibición del nervio ciático de un animal abatido, obedece a que Jacob, en su lucha contra el ángel, fue herido precisamente en ese sitio; etcétera. El profesor, que no está seguro de que el enfoque de la cuestión pueda interesarme, interviene para facilitarme un dato que vale por todos: hay que dejar siempre un poquitín de pan en la mesa, para mostrar que el Eterno nos ha concedido más alimento del que necesitábamos... Dan, al oír esto, abre los ojos como soles. «Pero, ¿es que el señor ignoraba esa regla? ¿Es que en su casa no se respeta la Ley?»

El profesor Edery sonríe. Precisamente lo que desea es que su cuñado intervenga a menudo, a sabiendas de que su «alienación» ha de constituir para mí una experiencia válida. Pronto se presenta una nueva ocasión, con motivo de un comentario de Irith sobre la gratitud que ella siente al ver reunida a toda la familia y que no les falta lo que han menester. El profesor, después de preguntarle a Dan: «¿Has oído?», se agarra astutamente a la idea y le dice a su cuñado que el «forastero» que tenemos en la mesa acaso fuera merecedor de que alguien resumiese para él las cosas por las cuales un buen judío ha de dar gracias a Dios.

Dan no se hace rogar. Se quita la servilleta del cuello, se seca con ella el sudor de las manos y con un ligero tartamudeo que ya me había parecido advertir, me explica, sin mirarme apenas, como si se dirigiera a un público neutro, que a Dios hay que agradecérselo todo, o, mejor dicho, rendirle homenaje por todo: por estar en casa; por poder salir fuera; por la floración de los árboles y las plantas; por los relámpagos; por los truenos; por el arco iris; por estrenar un traje; por la compañía de los animales; porque el gallo sabe distinguir el día de la noche... En resumen, Dios es propietario del mundo, lo que convierte en absurdo angustiarse por lo que pueda suceder. En el peor de los casos, siempre cabe acudir al rabino, que es quien debe cargar con dicha preocupación. Sin contar con que en los textos sagrados están contenidas todas las enseñanzas que pueda uno necesitar en el transcurso de la vida. Precisamente, en **la ceremonia del Gran Rabinato** a que hoy he asistido se recordó esa verdad, que hace que un judío pueda vivir sereno en medio de las mayores adversidades, ya que sabe que depende exclusivamente de Dios. Y a raíz de ello el *cohen,* que recibe a quienquiera que acuda a pedirle consejo, ha aludido a los falsos poderosos de la tierra, que tanto abundan hoy en día, incluso en el propio Israel y ha dicho que, según el Talmud, sólo es realmente poderoso aquel que, sometiéndose respetuosamente a las prácticas de sus antepasados, consigue que un enemigo se convierta en amigo.

Llegados aquí, el hombre interrumpe su intervención, y dirigiéndose a Irith —creo que por primera vez—, le dice, sin apenas cambiar el tono de la voz:

—Irith, ¿puedes traernos el «Nescafé»? —y Dan se excusa conmigo alegando que, siendo *shabat,* «preparar» el café está prohibido.

La petición de Dan implica un cambio brusco, supone una tregua. Sin embargo, el profesor Edery cuida de que no sea así, y mientras Irith se dirige a la cocina él pone sobre el tapete el tema de la inmortalidad. El profesor lo ha elegido porque sabe que para mí es vital y ha tomado como pretexto el que su madre, en un momento determinado, y refiriéndose a los retratos de familia del comedor, me había dicho que la mayoría de aquellos seres queridos habían muerto.

Bien, Dan no se sobresalta en absoluto al oír la palabra *inmortalidad.* Y contesta como buenamente puede o sabe, mientras se lleva un mondadientes a la boca y lo utiliza con disimulo, casi con avidez. He de confesar que sufro una decepción, como otras veces me ha ocurrido al enfocar ese tema con algún judío. Dan no parece tener al respecto las ideas tan claras como demostró tenerlas sobre la gratitud. Tartamudeando más que de costumbre, me dice algo así como que no cree en la inmortalidad, pero sí en la resurrección. ¿Resurrección del cuerpo o del alma? Del alma, es de suponer, ya que el cuerpo no será el mismo que a hora tenemos, sino *otro* completamente distinto, glorificado. ¿Y por qué no la inmortalidad? Porque ésa es una palabra muy grande, que sólo Dios conoce. Como tampoco nadie más que Él conoce lo que será de nosotros en ese intermedio que llamamos muerte.

El profesor Edery replica a su cuñado que los judíos admiten explícitamente la resurrección del «propio» cuerpo, como lo demuestra su repulsa por la incineración, que consideran un impedimento para el día que suenen las trompetas en el Valle de Josafat. «Toda nuestra familia se ha hecho inhumar, ¿no es así? Y tú mismo, si no me equivoco, has dado orden de que te entierren. ¿Y por qué fueron esparcidos al viento las cenizas del verdugo Eichmann, sino para castigarlo doblemente por sus crímenes?»

En este momento Irith trae el «Nescafé». No se ha perdido una sílaba y afirma que a ella le enseñaron siempre que lo que resucitará un día —y que además será inmortal— es el alma. «El cuerpo ¿para qué? ¿Qué haríamos con él?»

Dan, súbitamente, ha perdido todo interés por el debate. Con el tazón de «Nescafé» delante, ha reanudado sus abluciones, sus «movimientos de huesos» y sus rezos para sí. Su frialdad es terrible, y en cuestión de segundos ha logrado influirnos a todos. El profesor Edery le mira, y por su expresión deduzco que estima inútil insistir.

Por mi parte, observo a Dan. Ahora ha roto el mondadientes por la mitad y ha dejado los dos trocitos sobre la mesa. Me doy cuenta de que, con toda evidencia, todo se acabó para él, de que ni siquiera se acordará de la cara que tengo. Dudo que haya retenido mi nombre; sólo habrá captado que «soy un español amigo de su cuñado». Irith, dulce por naturaleza, querría hacer algo, pero, ¿qué? Llenar de «Nescafé» los tazones de los niños... y no maquillarse. Y puesto que espera un bebé, no mirar un cadáver, «porque si tal hiciese pariría un hijo pálido y lívido».

—Dan, ¿dónde estudió usted Veterinaria?
—En la Facultad de Tel Aviv.
—¿Y dónde realizó usted las prácticas?
—En un *kibutz*.
—¿Allí conoció a Irith?
—No. Nos conocimos en la fiesta del Purim *.

Marco una pausa. Le miro con fijeza a los ojos.

—¿Puedo hacerle una pregunta... con toda franqueza?
—Hágala.
—¿Le gusta tener forasteros en casa?

Hace un mohín.

—Lo mío es el Gran Rabinato, ¿sabe usted? Compréndalo...

Nos despedimos en la calle Havernin. El profesor Edery, inquieto por el estado de su mujer, quiere volver a su casa. Le agradezco todas las atenciones que tiene conmigo. «Todo ha salido perfecto —le digo—. La sinagoga me ha impresionado mucho; y también su familia.» «¡Bueno! —comenta, colocándose su diminuto sombrero—. He cometido un error... Debí procurar que el buenazo de Dan hablara menos y en cambio tirarle de la lengua a mi madre, que sabe más de lo que aparenta.»

Voy bajando sin prisa. Paso por delante del «Restaurante Alí Babá» y de pronto me entran ganas de ir al Santo Sepulcro. Es Sábado Santo. Se impone una visita, creo yo. Estará muy lleno, claro, y a mí me gusta cuando no hay apenas nadie; pero por el camino más recto me dirijo a la Basílica.

Coincido con varias ceremonias simultáneas por parte de los armenios, los coptos, los franciscanos, etcétera. Pero no hago caso y subo al altar del Calvario y allá rezo con todo el fervor de que soy capaz. Dicho altar vuelve a estar como antes del «desclavamiento»: con candelabros, cirios, flores..., y el pope con la bandeja. Pero tampoco hago caso.

Al cabo de un rato se coloca silenciosamente a mi lado, con una sonrisa de complicidad, ¡el cónsul de las Españas!: don Santiago de Churruca... Le ha ocurrido lo que a mí. Después del almuerzo ha sentido la necesidad de venir al Santo Sepulcro. Él suele venir casi todos los días. En cuanto tiene un momento, ¡zas! «Una especie de manía, ¿no crees?» «Las hay peores», le contesto.

A los diez minutos salimos, y al encontrarnos fuera, en la plazoleta, me pregunta de sopetón si conozco a la Madre Superiora del monasterio ruso que hay detrás de Getsemaní.

—No, no la conozco... Me han hablado mucho de ella. Me han dicho que tiene casi noventa años y que es una especie de personaje de Dostoievski; pero nadie me ha acompañado aún a verla.

Santiago ladea la cabeza.

* Purim: El carnaval Judío.

—¿Tienes algo que hacer ahora?
—Pues... no.
—Vamos allá. A ver si hay suerte y puede recibirnos.

En el monasterio ruso

Hay suerte. Un taxi nos lleva, y al cuarto de hora escaso la superiora del monasterio, que siente por el cónsul un aprecio especial, se muestra dispuesta a concedernos audiencia, aunque se nos advierte que ésta no podrá ser muy larga.
El monasterio es una maravilla. Lo precede un espléndido bosquecillo detrás del huerto de Getsemaní. Todo primorosamente cuidado. La monja portera que nos ha abierto me ha dicho: «Cuidado con los perros. No les gustan las caras nuevas.» Vemos a unas cuantas monjas jovencísimas, novicias acaso, paseando con el libro de rezos en la mano. Es una tarde deliciosa. Al sol le costará mucho esfuerzo morirse hoy. O quizá no, al saber que medianoche marcará el jubiloso momento de la Resurrección.
La superiora nos recibe en una habitación que no parece conventual. Más bien me recuerda las muchas que vi en alguno de los palacios que visité en Leningrado. Los retratos de varios zares, presididos por Nicolás; un piano; fotografías de popes; fotografías de familia; iconos; etcétera. Todo ruso, todo eslavo, con un punto de tristeza y otro de atávica desorbitación.
No sé cómo se llama la superiora. Santiago no me dio su nombre, y ella tampoco lo hace. Probablemente no tiene nombre. Es un personaje que ya no pertenece al hoy; en todo caso, al mañana... Porque, todo su aspecto tiene algo de anticipada perennidad. ¿Casi noventa años? Sí, claro, las arrugas están ahí, y la tez cadavérica; pero los ojos vivos, la cabeza clara y un aire indefinible de inteligencia superior. No la imagino como a Dan, con la servilleta al cuello o con un mondadientes. Más bien la imagino paseando en carroza por entre una doble hilera de *mujiks*.
Como fuere, está en su papel. Sabe que la protagonista es ella y se comporta como tal. Por lo menos, al principio. «Es usted amigo del señor cónsul, eso me basta.» Y habla, habla, habla... sin parar. Y habla de sus temas, que son la Rusia que ella vivió y el futuro que se le avecina al mundo. Sin preámbulos. Ya fuimos advertidos de que la audiencia no podía ser larga. Lleva en el hábito un cordón doble, extraño. Y se cubre la cabeza con un gorro de lana en forma de mitra.
Hay momentos en que me parece estar oyendo el discurso del Gran Inquisidor. Cuando vino a Israel el patriarca de Moscú, vendido al comunismo, ella clausuró el convento en señal de luto y no volvió a abrirlo hasta que aquél se marchó. El comunismo es el mal, es el Mal. El zar Nicolás no hizo nada reprobable; han caído sobre él toda clase de calumnias. Ella pudo huir de Rusia con su padre y su hermano y permaneció siete años en Francia. Ya era monja, y antes de la revolución bolchevique, en 1917, conoció en Moscú a muchos profetas. Uno de ellos, sacerdote muy humilde, casi iletrado, veía el futuro. Le predijo que muy pronto ocurrirían en Rusia cosas horribles, que se extenderían por todo el mundo. Le predijo que Inglaterra perdería su primacía; que Francia no acabaría de definirse; que América atesoraría riqueza, pero de forma inoperante; que el hambre azotaría gran parte de la Humanidad; y que el comunismo capitalizaría a su favor

ese huracán porque era exactamente el espíritu de Satanás. Sobre España no predijo nada —el señor cónsul ya sabía eso—; en cambio, desde el primer momento insistió en que la salvación de Rusia llegaría a través de China y por algo relacionado con Siberia.

Volviendo a lo suyo, al salir de Francia se vino a Jerusalén pensando irse en seguida, pero al llegar aquí recibió orden de sus superiores de fundar el convento. Pidió ayuda y ésta no le faltó, sobre todo, de Inglaterra; y eligió este lugar porque aquí, en una piedra antigua, fue hallada una inscripción que decía que este sitio había sido propiedad de unos parientes de Jesús.

—Hay que tener fe. Sólo Dios lo puede todo. Dios nos ama. Todos somos culpables. Hay que ser modesto y, sobre todo hacer mucha penitencia. Hoy, Sábado Santo, es día adecuado. No podré emplear mucho más tiempo charlando...

La ciencia es soberbia Pronto llegará el Anticristo, que será un hombre bueno en apariencia. La unión de las Iglesias tardará mucho en llegar: ahí el espíritu de Satanás actúa de forma directa. El mundo está enloquecido. El lenguaje moderno ha conseguido que la palabra misticismo parezca una injuria. Los paganos han divinizado la vida. Los hombres corren, sin saber por qué, a velocidades supersónicas; descansan sin estar fatigados; se inventan necesidades; no saben meditar en un sillón, ni apreciar un icono, ni admiten que la felicidad o lo contrario no proviene de lo externo sino que se elabora en el interior de cada cual.

Ella recibe a gente de todo el mundo. Y les comprende, porque de niña tuvo un aya alemana, otra inglesa, otra francesa; pero, sobre todo, claro, recibe a los judíos rusos que huyen de la Unión Soviética, donde son llamados «los judíos del silencio», y a los que las autoridades mienten diciéndoles que el monte Sión está situado, no en Jerusalén, sino cerca de Alejandría, y que sólo podrán conquistarla por la fuerza. El juego es doble, y doble la mentira, puesto que en Israel se hace mucha propaganda roja presentando a la Unión Soviética como si fuera un paraíso. Ella ayuda a esos inmigrantes cuanto puede, aunque muchos tienen graves problemas de viviendas y al llegar aquí se decepcionan, hartos de sufrir y procuran por todos los medios marcharse a Occidente.

Ella se encuentra bien en Jerusalén. Sobre todo, en la capilla del convento, que hoy no podremos visitar y en esta habitación, con los retratos de los suyos. Y recordando... ¡tantas cosas! Es cierto que en Jerusalén se vive con los pensamientos de los que ya estuvieron aquí. Por ejemplo, ella recuerda que una anciana de Samarcanda le dijo una vez, allá en Moscú, que había estado cerca de Jerusalén. «¿Cómo es posible?», le pregunté. Y ella me contestó: «He estado cerca de la muerte.» Esas cosas le parecen hermosas Son asociaciones que no tienen explicación. También un niño le dijo: «Cuando yo aún estaba muerto...» Sí, es curioso que nos dé tanto miedo la posmuerte y en cambio nos tenga sin cuidado la Nada antes de nacer. Tendremos que perdonarle que de pronto se haya puesto a hablar de la muerte. No es sólo por su edad. Es por el día de hoy, Sábado Santo: Cristo está muerto y no resucitará hasta dentro de unas horas. Además, en el fondo es el único tema realmente serio, si uno se pone a meditar de verdad. No obstante, a veces se pregunta si ella no se parecerá en eso a los judíos, que fomentan la arqueología y hablan tanto de Abraham, de David y demás porque forman parte de la época anterior a Cristo y así desvían la atención, que en el caso contrario se canalizaría hacia Él; pero no. «Yo vivo por Cristo y Él lo sabe. Y sabe también que sólo espero la hora, que ya no puede tardar mucho, de *mi resurrección*...»

* * *

Antes de marchar me regala una pequeña cruz tallada con madera de un olivo del monasterio y también un librito de un tal Richard Wurmbrandt, titulado: *Torturato per Cristo.* «Léalo —me aconseja—. Le interesará.»

Nos despedimos. Nos da la mano. La tiene helada. Desde la puerta nos hace unas advertencias. La hermana portera nos acompaña de nuevo hacia la entrada; las novicias siguen rezando; los perros se están quietos.

Sin darnos cuenta, echamos a andar un trozo hasta Getsemaní, guardando silencio. Luego Santiago y yo comentamos que es un ejemplar auténtico del espíritu mesiánico de los rusos. «Pero ya ves que apunta lejos. Debió de tener una personalidad arrolladora. Hay que escucharla... Da la impresión de que exagera, pero quién sabe. A veces uno llega a dudarlo. Y te lo digo porque todo lo que cuenta y vaticina ahora lo contaba ya, y lo vaticinaba, cuando llegó aquí. Nadie de los que entonces la conocieron lo desmiente; y todo se va cumpliendo inexorablemente.»

Santiago tiene que regresar al Consulado y yo decido dar una vuelta por el zoco árabe, entrando por la Puerta de Damaso y luego irme a *Casa Nova*. Quedamos en que cualquier día me llamará para almorzar o cenar juntos. «En la intimidad. Sin invitados.» «De acuerdo, Santiago. Y muchas gracias por haberme brindado esa oportunidad.»

Preparo mi viaje al Sinaí

En *Casa Nova,* en mi habitación, recuerdo una de las frases de la mesiánica monja rusa y decido ponerla en práctica: sentarme en un sillón y pensar. Pienso que he visto y oído muchas cosas desde que aterricé en el aeródromo de Ben Gurion, pero que me falta una experiencia capital: el viaje al Sinaí, que figura entre mis proyectos desde quién sabe cuándo.

Entiendo que es la hora de llevarlo a cabo. Pasada la Semana Santa, con el descenso de peregrinos y el consiguiente respiro, bien merecido, que podrán tomarse los frailes, será la ocasión. A ser posible, sin mayor demora. Tengo en la mesa los folletos de la compañía «Arkia» que organiza los vuelos. Tomo uno de ellos y me doy cuenta de que las facilidades son muchas. Casi a diario hay aviones que salen para Eilat, donde enlazan con otros que trasladan a los pasajeros hasta un aeródromo militar situado muy cerca del monasterio de Santa Catalina, a los pies del Sinaí. La ruta, en pleno desierto, desde este aeródromo militar hasta el monasterio la garantizan unos autocares con aire acondicionado... El monasterio, de los griegos ortodoxos, es hospedaje: puede uno quedarse dos o tres días, que son suficientes. Así que sólo se trata de confirmar que los padres Víctor Peña y Uriarte, que son los candidatos, estén dispuestos a acompañarme y elegir la fecha de partida.

Preso de repentino entusiasmo, porque el Sinaí es el Sinaí, el Monte Sagrado, el de la Ley, aquel en el que se inició la forcejeante aventura entre Moisés y el pueblo hebreo, decido poner sin más dilación manos a la obra y plantearles la papeleta a Uriarte y a Víctor. Puesto que a Víctor lo tengo a dos pasos, en San Salvador, decido llamarlo por teléfono.

Comunican. Ello me da tiempo a reflexionar un poco más. Realmente, el viaje es importante para mí. Las incógnitas que me retuvieron en Tierra Santa van despejándose; pasando un rápido balance la cosa queda muy clara. Si he *sentido* que la eternidad late en mi interior, ¿por qué en el Sinaí no puedo *sentir* algo similar con respecto a la verdadera naturaleza de esa enigmática figura llamada Cristo Jesús? Quién sabe si allí, al pie de la montaña, cerca de la Zarza Ardiente, en la explanada en que, según el padre Barriuso, el pueblo de Moisés no fue idólatra sino que adoró al toro símbolo de fertilidad, recibiré el escopetazo que me hace falta. Me doy cuenta de que el paso es duro, durísimo. Me doy cuenta de que mi enamoramiento por la figura de Jesús se ha incrementado progresivamente hasta un límite de difícil descripción. Doy incluso por sentado que es el ser más completo que en toda la historia ha salido de vientre de madre; pero me falta el acatamiento final: reconocer que fue —que es— hijo de Dios, Dios mismo, como el Padre. Con un obstáculo que hay que salvar y que tal vez no esté en mi mano: que tampoco llegaré jamás a esa certidumbre por vía de razonamiento, y ni siquiera por «intuición», sino por la fe. Ahora bien, ¿dónde comprarla? ¿La venderán en el Sinaí?

Por fin puedo conectar con Víctor. Tengo suerte. Estaba esperando que le hablara del proyecto, que concretara yo la iniciativa que al respecto tomé en su día. «Por mí, cuando quieras: el lunes, el martes. Hace falta convencer a Uriarte, que a veces para desplazarse se hace el remolón. ¡Con decirte que no ha hecho nunca ese viaje!» «¿Cómo? ¿Qué dices?» «Lo que oyes. Me consta. Uriarte lleva más de treinta años aquí y no ha estado en el Sinaí jamás.»

Me quedo de una pieza, como tantas veces. El mundo es amplio y diverso y pintoresco. Víctor me dice: «Si me permites, le llamo yo a Nazaret para comunicarle lo que hay; pero seguro que esta vez dirá que sí. Supongo que después de la cena podré darte la respuesta.» «Conforme. Yo no me muevo de *Casa Nova* esperando tu llamada.»

Paso un rato hojeando periódicos atrasados. Me doy cuenta de que me he aislado de mil realidades cotidianas. Me entero de la muerte de Vittorio de Sica... ¿O ya la había leído? Me entero de que en Damasco, lo mismo que en el Líbano, residen muchos judíos ricos que son los dueños de parte de la Banca y del comercio. ¿Cómo es posible? Me entero de que últimamente ha llegado un nutrido grupo de inmigrantes, que al encontrarse sin vivienda han organizado una manifestación capitaneada por una mujer embarazada, que ha amenazado «con matar al crío que espera» si no les dan cobijo. Me entero de catástrofes aéreas recientes; de que en España está a punto de aparecer un libro que narra «la verdad sobre la muerte de García Lorca»; de que en el Carnaval de Río ha habido doscientos muertos y unos trece mil heridos atendidos en los hospitales; de que se están exhumando muy desagradables actividades de la CIA; etcétera. En realidad, ¿es necesario enterarse de todo lo que ocurre? ¿No le asfixia a uno el exceso de información? «Tenga usted. El planeta al alcance de la mano»; y uno no sabe si resolverá o no su propio problema en el Sinaí.

Por más que, el paso previo es positivo. A la hora indicada Víctor me llama y me dice que se ha puesto en contacto con Uriarte y que el ilustre vasco está más que encantado, y a partir del próximo lunes, es decir, de pasado mañana, dispuesto a emprender el viaje. «De modo que cuando quieras vamos a "Arkia" a por los pasajes. No creo que se necesite ningún permiso especial.»

—¿Te parece que vayamos mañana?

—Me parece. A las tres de la tarde, por ejemplo. Pásate por San Salvador y nos vamos juntos.

—Muy bien, Víctor. *Ciao...!*

CAPÍTULO XXXV

La Semana Santa se cerró con el oficio solemne celebrado en el Santo Sepulcro por el Patriarca Latino, con asistencia, lo mismo que en la procesión del Domingo de Ramos, de «todas las autoridades eclesiásticas y civiles» del mundo católico de la ciudad. «¡Cristo ha resucitado!» Era la voz de los himnos que subían, por entre los candelabros semejantes a *sputniks,* hacia lo alto de la Rotonda. «¿Por qué buscáis entre los muertos al que vive? No está aquí, ha resucitado.» Si las mujeres que habían ido a la tumba «trayendo los aromas que habían preparado» encontraron removida la piedra y «dos hombres vestidos de vestiduras deslumbrantes» les dijeron eso, todo estaba realmente concluido y ninguna incógnita quedaba por despejar. «El centro de mis perplejidades está aquí —pensaba yo durante la ceremonia, y luego en el refrigerio que nos fue ofrecido por los franciscanos—. En la Resurrección. Si Cristo resucitó... todo comentario huelga y entonces el paso que he de dar no es durísimo, como yo pensé anoche y se impone el acatamiento final.»

Este año, pese a esa victoria sobre la muerte protagonizada por el Dios hecho hombre, no se ha celebrado tampoco el famoso «Festejo de la Luz», en el que una llama provinente de la cámara del Santo Sepulcro —en cuyo interior se habían encerrado los patriarcas griego, armenio y copto— que pendía de pronto en millares de antorchas que esperaban fuera, una de las cuales era llevada por relevos hasta Haifa e incluso, en determinadas épocas, hasta Rusia... Este año el número victorioso falló, como falló el de los etíopes y las casullas. Pero para los católicos eso cuenta poco y el «¡Cristo ha resucitado!» ha sido un hecho tan evidente como el manjar y el beber que nos han servido en el refrigerio.

Ahora ya sólo queda pendiente el Sinaí. Víctor y yo, en la tarde del domingo, hábil para los judíos, nos vamos a la agencia «Arkia», donde nos enteramos de que hay poco que elegir, debido a que los vuelos hacia Eilat van completos. Sólo quedan unas cuantas plazas para el avión que sale pasado mañana, martes, al amanecer; pero es cuestión de que tomemos la decisión en el acto, so pena de quedarnos sin ellas. Contando con lo que nos dijo Uriarte, contratamos las tres plazas en firme, sin más consulta; y salimos de la agencia con los pasajes en regla y cargados de folletos.

Un autocar pasará a recogernos en Puerta Nueva a las cinco de la madrugada para acompañarnos al aeropuerto. De allí a Eilat, para seguir la ruta prevista. Nos han dado varias instrucciones con respecto a las cosas que no podemos llevar en el equipaje.

Víctor está contento como un chiquillo en víspera de Reyes. Su perilla brilla al sol. «Uriarte se volverá loco. ¡El guía sempiterno, convertido de pronto en peregrino!» La única duda de Víctor es que el monasterio de los monjes griegos, el de Santa Catalina, sea realmente «hospedería». «Los conozco. Ojalá no se trate de una versión optimista...» La verdad es que no sé a qué puede obedecer tal interrogante, y por mi parte estoy dispuesto a contentarme con bien poco.

Todo sale a pedir de boca. Lo soñado está a punto de hacerse real. Por supuesto, cancelo todos los compromisos que tenía, entre ellos el de cenar esta noche con Salvio y Alma. Salvio se enfada conmigo porque no le he dejado un hueco en el vuelo de «Arkia»... No tengo más remedio que decirle que fueron los frailes quienes se encargaron de las gestiones, y que en cualquier caso tampoco hubiéramos conseguido nada, puesto que quedaban justo tres plazas en el avión.

Uriarte llega de Nazaret el lunes por la tarde. Nos vemos un momento en el «Bar Ovidio», pero me doy cuenta de que tiene varios asuntos que tratar con Ángel, y además desea entrevistarse con el *Custodio.* Así que me paso las horas deambulando por Jerusalén, leyendo unas cuantas cosas sobre el Sinaí y subiendo un momento, con Emilio y su coche, al Memorial Kennedy, donde compruebo que su arquitectura es tan horrible como las vidrieras de Marc Chagall, pero desde cuya cima se divisa un panorama extensísimo, realmente soberbio.

Emilio, después de aparcar —la explanada está llena de americanos— me lleva a la baranda-mirador y me cuenta que, según los entendidos, «desde aquí debería de oírse la voz del silencio», citada por Amós. La verdad es que el lugar figura entre los elegidos para la llamada *Redención Verde,* de modo que puedo evocar cualquier cosa menos el desierto. Son millones de árboles plantados en memoria de John F. Kennedy, uno de los tantos mitos de la época. Grandes extensiones cubiertas de bosques, como al parecer lo estuvieron en tiempos bíblicos. Algunos son ya cincuentenarios y dan la razón al Káiser cuando dijo: «Este país pertenecerá a aquel que le dé sombra.» Las montañas, calvas durante dos milenios de abandono, han vuelto a reverdecer. Se ven muchos eucaliptos, árbol que la Biblia no menciona y que fue importado. Se ven invernaderos, donde se cultivan rosas, gladiolos, tulipanes y crisantemos. Emilio, después de haber respirado hondo, me dice: «Anda, vuelve tú a tus cosas y yo a las mías. Que tengo mucho que hacer.»

De bajada coincidimos con un terrible choque frontal de dos turismos. Querríamos hacer algo, pero las chicas policías, minifalderas, eficaces, han llegado ya, junto con las ambulancias, y nos obligan a proseguir la marcha. Emilio ha oído decir que han muerto dos niños de Massachusetts llegados ayer domingo a Israel. Sus padres no querían que sus hijos tardaran más tiempo en pisar la Tierra Prometida...

Inicio del viaje al Sinaí

Ha llegado el momento. Nuestra primera sorpresa es que no pasa a recogernos un autocar sino un *sherut,* el cual, zigzagueando por Jerusalén, va subiendo otros pasajeros hasta completar el número de siete. Luego ya, salimos zumbando hacia el aeropuerto de Ben Gurion.

Y allí se produce la segunda sorpresa. Antes de subir al avión nos someten a un registro severísimo, hasta el punto de que la azafata de tierra me obliga a abrir el termo que llevo, lleno de café, y a beber un trago. *«Okey!»*, dice, mientras me pregunta por el contenido de dos latas que a última hora, recordando las dudas de Víctor, metí en el saco. «Es atún, señorita.» *«Okey!»*, repite. A continuación, en cabinas individuales, nos palpan todo el cuerpo por si llevamos arma. Cumplidos tales requisitos podemos subir al aparato, que está aguardando muy cerca, bajo un cobertizo.

Pero... las pruebas demuestran que hay algo que no funciona como es debido. Una avería. Al cabo de diez minutos nos obligan a bajar y nos tienen alrededor de tres horas en una sala aparte, de tránsito, sala semejante a una pecera. Uriarte está desesperado y nosotros, al igual que todo el pasaje, de visible mal humor. Hay un matrimonio francés que acaba dándoles puñetazos a las paredes. Nos da tiempo a contemplar el incesante ir y venir de coches militares por las pistas, así como el vuelo de bandadas de pájaros por entre los aviones en vuelo, lo que implica algún riesgo, a mi entender. Son situaciones absurdas, en que a uno los dedos se le antojan huéspedes. «¿Por qué no rezamos el rosario?» «Si fuéramos etíopes, lo tomaríamos con más filosofía.»

Todo se resuelve al fin saliendo en otro avión «Arkia», mucho mejor que el anterior. Menos mal. Me ceden la ventanilla, lo que es de agradecer. Las azafatas son jovencísimas y llevan una elegante chaqueta color butano. Hay pequeños ventiladores alineados a lo largo del portaequipajes de mano, lo que indica que nos dirigimos a zona tórrida. Un letrero: prohibido sacar fotografías. ¿Por qué? A la derecha de la cabina del piloto un gran espejo frontal, que me permite observar a los pasajeros sentados delante y detrás de mí. Así, a distancia, todas las caras me parecen deformes, incluida la mía.

El avión despega al cabo. En cuanto los anuncios luminosos permiten desabrocharse el cinturón y fumar, muchos pasajeros se levantan, entre ellos una muchacha con el brazo escayolado, que ha aprovechado el yeso para llenarlo de nombres y de dibujos sicodélicos. Por mi parte, permanezco quieto un rato, contemplando a mi izquierda cómo los rayos del sol, al chocar contra las aspas de las hélices, crean arco iris, hermosa palabra por la que, según el cuñado del profesor Edery, deberíamos dar gracias a Dios.

Pronto sobrevolamos el desierto-desierto, mucho más al Sur que Sodoma. Por ahí debe de estar el *kibutz* Grofit. Llevo grabado en la mente el triángulo que forma sobre el mapa la península del Sinaí, la cual tiene, exactamente, la forma de una lengua de punta afilada, con Eilat a un lado, en el golfo de Akaba, ya en el mar Rojo y en el otro lado el Canal de Suez. Teniendo eso en cuenta, desde el punto de vista militar se comprende muy bien la ocupación de territorios que llevaron a cabo los judíos en el último enfrentamiento.

¡Y cómo cambia el desierto visto desde el avión, a gran altura! Son colinas que forman círculos concéntricos, de una aridez infinitamente superior a la de muchas zonas españolas que desde el aire parecen estériles, yermas. Abundan las rocas rojizas; y los desfiladeros, que son como lagartijas de arena. Se ven poblados perdidos, con casuchas —¿quién las habitará?—, y de vez en cuando remolinos de polvo que ascienden de las laderas. Con caminitos que no se sabe adónde van ni cuál pueda ser su utilidad.

No hay vestigios de ganado, claro. Uriarte, que está sentado a mi lado, va mirando lo que puede y me cuenta que, según la leyenda, y puesto que por aquí no hay carne, los que son vegetarianos comen hierba y los que no lo son se comen a los vegetarianos...

En este momento exacto nos traen una bandeja con comida. Bandejas también color butano... también reparten periódicos y revistas. Todo en hebreo, excepto el *The Jerusalem Post*.

Hacia el desierto

Otra hora de espera en el aeropuerto de Eilat, pequeño, moderno, con grandes fotografías de los lugares turísticos de la zona anunciados en los folletos: los bancos de coral, los Pilares de Salomón, las minas de cobre, etcétera. Los pasajeros que se vienen con nosotros al Sinaí pero que regresan hoy mismo a Eilat muestran su desencanto, pues para ellos los sucesivos retrasos suponen un escamoteo irrecuperable.

No nos atrevemos a alejarnos demasiado del aeropuerto. Sólo nos acercamos a un quiosco de periódicos que vemos enfrente, al otro lado de la carretera, en el que, ante mi estupor, además de poder comprar *Le Monde* de ayer veo alineados un centenar de obras de la Colección «Reno», de bolsillo, entre los que figuran varios títulos míos. «¡No te quejarás! ¡Se te encuentra hasta en el desierto!» Hablo con el vendedor, el cual se lamenta de que recibe de España pocos libros «de tiros», que son los que más salida tienen; y me enseña al respecto una ejemplar portada, cuyo rubio pistolero se parece extrañamente a Jacob.

Rumbo al aeropuerto militar del Sinaí. El aparato es mucho más pequeño que el anterior y algo destartalado. Las azafatas son las mismas, con las uñas de color rojo. El guía que ha subido, pronto toma el micrófono para comunicarnos que se llama Gérard y que está a nuestra disposición.

Uriarte —¡cómo goza en su papel de simple «peregrino»!— lo observa y lo escucha con divertida atención. Por lo demás, Gérard es un tipo pintoresco. Joven, con gafas de miope, bigotazos, sombrero colgado a la espalda, al modo de las películas del Oeste. Dentadura caballar. Mucha personalidad, aunque denota entusiasmo escaso por su labor. Se nos dirige en hebreo, en inglés y en francés; su francés es perfecto.

Hace el recuento de pasajeros: treinta y dos en total. Al parecer, regresan hoy mismo veintinueve... Ello significa que sólo nos quedaremos en el monasterio nosotros tres. «O falta de curiosidad, o hay muy poco que ver», comenta Víctor.

Fantástico espectáculo el que nos ofrece el golfo de Akaba en toda su dimensión, con la ciudad jordana del mismo nombre al otro lado del puente. Sobrevolamos el puerto de Eilat, construido enteramente por el nuevo Estado de Israel, con una serie de barcos de guerra o petroleros anclados que impresionan por su colosalismo y que en modo alguno recuerdan el Arca de Noé o la cesta-cuna de Moisés. Gérard nos da algunos detalles al respecto, y una vez más hay que reconocer que el esfuerzo israelí ha sido titánico, ya que Eilat antes no era apenas nada y ahora se construyen en la zona, al borde de las playas, hoteles, jardines, piscinas, escuelas y todo lo que hace falta. Con un dato curioso: sus gentes se entienden muy bien con los habitantes de Akaba, «porque dichos habitantes, aunque de nacionalidad jordana, son beduinos». «¿Comprenden los señores la diferencia?»

Minutos después, otra vez el desierto, con gargantas y resquebrajaduras que me recuerdan los dibujos del cuerpo humano que vienen en los atlas anatómicos. Hay incluso espinas dorsales —se dice que los desiertos son «el esqueleto del mundo»—, venillas de distintos colores y aglomeraciones rocosas que, aisladas, una a una, son calcos exactos de las formas craneanas.

El avión da un rodeo muy inclinado, no sé por qué, y Gérard nos explica que sobrevolamos una isla con fortaleza árabe, y luego una especie de *fiord* y luego, ¡una aldea de la Arabia Saudí! A continuación, el aparato recupera su posición horizontal, gira y avanzamos en línea recta por encima del oasis de Nueiba. Volamos muy bajo. Todo es maravilloso, un cuento real. Lástima que en los aviones sólo los pilotos dispongan de grandes ventanales. Los pasajeros no ven más que el paisaje que discurre por su lado, y a menudo el otro es completamente distinto. La tierra es cada vez más roja y llega a parecerse a las uñas de las azafatas. Inevitablemente me acuerdo de cuanto sobrevolé el desierto del Polo Norte, con ocasión de repostar en Alaska. ¿Cuál de los dos inspira más temor? Posiblemente, el del Polo Norte, pues en caso de aterrizaje forzoso el rescate aquí sería factible, en tanto que allí la inmensa sabana blanca nos cubriría en un santiamén.

Gérard continúa bromeando. Se dirige especialmente a la muchacha de la mano escayolada. Uriarte, de pronto, ha mirado a su colega con respeto. Se ha dado cuenta de que es un experto, y que el exótico sombrero de Texas que lleva colgado en la espalda, supuesta la temperatura en el exterior, debe de ser muy útil para resguardarse del sol. Además, nos dice que un guía en el desierto, como lo es Gérard, es mucho más que una computadora de datos. Es el hombre que se conoce el camino y la posibilidad de encontrar un poco de agua. Se le llama «el pasaporte vivo», y no es exageración. «Lo que me llama la atención es que sea tan miope.» ¡Buen tipazo ese Gérard, con sus bigotes! Da la impresión de ser hombre culto y afable. En un momento dado nos cuenta, a modo de fábula y ante tanta desolación, que, según los árabes, Dios, después de crear el universo, le echó un vistazo y se dio cuenta de que faltaba arena; y creó la ruta que hemos elegido para turistear.

El avión se posa con dulzura en el miniaeropuerto del Sinaí. Hay una sola pista de asfalto, pista que, rodeada de arena, semeja un lengüetazo gris, una intrusión. Hay varias casamatas militares, que me recuerdan las del Golán. En seguida aparecen soldados montados en jeeps. Nos apeamos por riguroso turno. Veo al pie de la escalerilla un niño negroide, con los dientes color tabaco. También, a cierta distancia, un perro famélico. Las azafatas, terminada su tarea, se dirigen inmediatamente a otro barracón y su uniforme color butano destaca escandalosamente en el desierto.

Vemos, aguardando, el autocar que ha de cumplir la última etapa: llevarnos al pie del Sinaí, al monasterio de Santa Catalina. Sin embargo, antes de subir a él nos obligan a entrar en el barracón más cercano, en el que, curiosamente, vemos calendarios con señoritas en bikini, además de un ping pong. Allí nos cachean de nuevo, aunque menos rigurosamente que la vez anterior, si bien la mano metá-

lica de Uriarte, enfundada en la media color carne, crea, como siempre, una insólita situación de recelo. También revisan con sumo cuidado el pasaporte de Víctor,
por constar en él que estuvo en Ammán.

Los dos soldados encargados de esa tarea hablan ladino. A mí me formulan
tres preguntas: «¿Dónde moras?»; «¿Conoces alguien en monasterio?»; «¿Te dieron algún paquete para algún mancebo beduino?» Salvado ese cuestionario, me
dejan en paz.

Poco después, reemprendemos la marcha. El autocar es cómodo. Y casi se
llena. No obstante, en cuanto tomamos asiento y me dispongo a beberme un trago
de café me doy cuenta de que el interior metálico del termo se ha roto en mil
pedazos. El calor. No tengo más remedio que tirarlo, lo que me había sido pronosticado. Realmente, la temperatura es asfixiante. Pese a ello, Gérard nos aconseja que mantengamos semiabiertas las ventanas del autocar, aunque el polvo que
entra sea extremadamente molesto. En cuanto al aire acondicionado, Uriarte, que es
muy friolero, va cambiando de sitio, soltando —es de suponer— alguna que otra
palabrota.

Hacia el monasterio de Santa Catalina

La carretera marcada en el desierto es tosca y a trechos sólo reconocible por
la huella que dejaron los anteriores neumáticos. A ambos lados, y al fondo, montañas de imponente aspecto. Súbitamente, dos palmeras; más adelante, una sola,
pequeña y raquítica. Es el misterio del lugar.

Al cuarto de hora escaso de camino vemos una especie de panteón. En torno,
piedras clavadas en punta en la arena, formando figuras geométricas. Gérard nos
explica que se trata de un monumento funerario, vacío, correspondiente a un
profeta islámico, el *sheik* Salem, que los musulmanes veneran porque se retiró
aquí después de haber exterminado a quienes no quisieron abrazar su religión. En
cuanto a las piedras, configuran un cementerio, y observaremos que, por regla general, son cuatro las que rodean cada tumba, correspondientes a las cuatro mujeres a que cada musulmán tiene derecho. «Sepan también que cada piedra clavada señala el lugar exacto en que está situada precisamente la *cabeza* de la mujer.»

Continuamos, y más imprevistamente aún que las palmeras vemos un pozo de
agua del que emerge una manguera con la que un beduino moja a una pareja
hippie, ella en *bikini* de color verde. Los tres se ríen y en conjunto dan la impresión de que se trata de una orgía. A Uriarte el número le divierte y suelta una de
sus añoradas carcajadas: «¡Ja, ja!»

Poco después, un montículo con una mezquita redonda, en forma de torreón
y una capillita al lado, «cristiana», según Gérard. La tradición estima que nos encontramos nada menos que ante el montículo en el que los hebreos que esperaban
el regreso de Moisés adoraron —«perdón, padre Barriuso»— al *Becerro de Oro*;
y efectivamente, analizando la topografía —una inmensa explanada alrededor—,
hay que convenir en que el lugar es idóneo para que un pueblo se apostase en él
para una larga espera.

Dichos montes, un tanto apocalípticos, con las piedras agrietadas y las formas más inimaginables, hacen pensar en que el viento ha sido, a lo largo de los siglos, el gran escultor; y no es así. Víctor, que domina el tema, nos explica que ni el viento ni los temblores tienen nada que ver con las grietas de las laderas rocosas. «El factor determinante han sido los cambios térmicos, el paso del calor tórrido a las heladas y al frío, intensísimo aquí, más a menudo de lo que comúnmente se cree.» Pienso para mí que es una lástima. Yo hubiese preferido que el gran escultor fuese el viento.

A los pies del Sinaí

El monasterio de Santa Catalina, al pie del gigantesco macizo sinaítico, da la impresión de una miniatura, de un juguete, pese a que en las monografías se diga y se repita que la basílica es una maravilla. Se hace difícil concebir que alguien eligiera este lugar para plantar en él esa tienda eclesial. Será cierto que la cotidianidad modifica la perspectiva de las cosas; de lo contrario, los popes que viven aquí se sentirían aprisionados por esas catedrales de piedra que los rodean.

Cuando se detiene el autocar nos apeamos y nuestro desconcierto es total. A no ser por la presencia de unos cuantos camellos, de unos niños beduinos que nos asaltan ofreciéndonos piedrecitas y la perfecta maniobra que está realizando un jeep, juraríamos que el monasterio está abandonado. Por otra parte, sorprende ver en el interior, detrás de unas tapias de irregular altura, árboles, árboles frondosos, sobre todo eucaliptos y cipreses. Es el milagro de los oasis y la explicación del por qué Santa Catalina está aquí y no en otro lugar.

Me gustaría echar una ojeada de conjunto al complejo arquitectónico, que es de lo más caótico que me ha sido dado ver, con unas murallas bastante robustas y, casi emparejados, un blanco minarete y un campanario de construcción rusa, pero me resulta imposible. Los niños beduinos se nos pegan como ventosas, con sus costras en la piel, con sus horribles dentaduras, con sus harapos, sus sandalias de goma desgastadas. Uno de ellos tiene el cráneo como reducido, otro permanece estático, como si no pudiera moverse. Todos llevan en la mano piedrecitas que a simple vista no tienen nada de particular, pero que quizá Salvio acertase a valorar correctamente. Los turistas, en general, no les hacen caso y no faltan los que se mofan de ellos, tal un alemán que, riendo, obsequia al del cráneo reducido con un paquete de cigarrillos... vacío. «Eso es una canallada —comenta Víctor—. Los pobres tienen que comer y no pueden ofrecer otra cosa.» Uriarte añade que en el fondo se trata del milagro de convertir las piedras en pan.

Gérard interviene para simplificar la cuestión. Habida cuenta de los retrasos sufridos, a los veintinueve que tienen que regresar hoy mismo a Eilat no les queda más remedio que seguirle inmediatamente para visitar el monasterio y comerse entretanto lo que contienen las bolsas de viaje que les han sido preparadas. «A ustedes —y se dirige a nosotros tres— les aconsejaría que fueran cuanto antes a solucionar lo de su permanencia aquí.»

Se produce la escisión. Excepto Uriarte, Víctor y yo, que no tenemos ninguna prisa, los demás siguen como un rebaño a Gérard, quien saluda amistosamente al conductor del jeep, y desaparecen en el interior del caótico tinglado. Nosotros permanecemos fuera, intentando situarnos. Vemos a la izquierda, allá arriba, colgado a una altura considerable, el famoso ascensor que en tiempos de guerra y pillaje era el único acceso posible al monasterio desde el exterior, y que se accionaba por dentro mediante unas ruedas como una noria. Vemos de nuevo las puntas de la mezquita y del campanario y una pequeña cúpula que suponemos corresponde a la basílica. Y los árboles. En realidad, la apariencia es escasamente prometedora, por lo que sin pérdida de tiempo entramos también, lo que nos permite ver una serie de galerías carentes de sentido, tejados superpuestos, infinidad de gatos y un pope viejísimo y arrugado que pasa llevando en la mano una regadera.

En cuanto conseguimos reaccionar, Uriarte, que viste de *clergyman,* con el alzacuellos —Víctor, de paisano, como yo—, se dirige al vejete y habla un momento con él. El vejete, sin apenas mirarlo, lo escucha y levantando con dificultad la mano libre le señala una puerta que se ve en el primer piso. Uriarte le da las gracias y nos explica: «Parece que allí encontraremos al hospedero... o administrador. No he entendido exactamente.»

Víctor me mira con intención. Sus sospechas están a punto de confirmarse. Nada hay aquí que permita imaginar que funciona una hospedería en regla, y el único consuelo es un letrero que se ve y que dice: «Dispensario. Farmacia.»

Buscamos por dónde subir al primer piso y por fin damos con la escalera. Entretanto, vemos que varios de los turistas que habían seguido a Gérard están ya de vuelta y se han sentado aquí y allá, comiendo de la bolsa que les corresponde. Su aspecto es el de seres completamente decepcionados.

Bien, nuestros temores se confirman. No hay hospedería. El pope que nos atiende, en una oficina llena de papeles y libritos amontonados por doquier, nos dice que lo único que pueden ofrecernos, si realmente tenemos interés en quedarnos, es una celda con tres camastros. Y nada de comida. Hay un sirviente en la cocina con el que si llegamos a un acuerdo acaso nos haga un poco de sopa y nos sirva café.

—Pero... ¡pensábamos pasar aquí tres días!

—Eso es cosa suya. Aquí no hay ningún huésped.

Es un pope joven, adiposo, de una frialdad que da grima y de exasperante lentitud. Uriarte, volteando la boina, habla para sí. No ve la menor posibilidad de entrevistarse con el superior, con nadie más. Aquí no hay hospedería y eso es todo. Y en cuanto decimos que, pese a las dificultades o equívoco, nos quedamos, el pope nos reclama los pasaportes. Y al revisarlos y «descubrir» que entre los tres intrusos hay dos franciscanos, apenas si consigue dominar un gesto de contrariedad o despego.

—Bien, aquí tienen ustedes la llave. Segundo piso, celda treinta y cuatro... ¿Tres días han dicho? Dejen treinta liras, por favor...

Nos apresuramos a depositar sobre la mesa el dinero. Cumplido ese requisito, salimos sin más de aquella oficina glacial. Inútil especular sobre la «unión de las Iglesias». Camino de la celda, vemos más turistas comiendo, en medio de cajas de «Coca-Cola», de montoncitos de basura, de papeles, de tuberías, de cubos con argamasa. Están en reparaciones. En lo alto de un tejado, allá lejos, un tipo fornido, al mando de unos cuantos árabes que trabajan transportando ladrillos. Pasa a nuestro lado un matrimonio yanqui y el hombre comenta: «¡La zarza ardiente! ¡Menuda zarza!»; ella no dice nada, ocupada en beberse un zumo de fruta.

* * *

La celda es de una tristeza gorkiana. Tres camastros que crujen, una mesa azulada junto a la pared, dos sillas y una ventana que da a un patio neutro. Del techo cuelga una bombilla. Huele a desinfectante. Huele de tal modo que yo recuerdo el hotel de Calcuta, y mis acompañantes, pulcros los dos, temen que haya chinches por todas partes.

Es el momento de tomar una decisión. Uriarte, dando pruebas de su gran clase espiritual, inopinadamente suelta uno de sus «¡Ja, ja!», y mientras simula bendecir a toda la comunidad griega del monasterio exclama: «¡Nos quedamos!» Ahora bien, es cuestión de poner en seguida manos a la obra. Cubrimos la mesa con Le Monde que yo compré en Eilat e improvisamos un almuerzo-merienda, puesto que ya es muy tarde. Yo contribuyo con mis latas de atún; los demás, con latas de sardinas y manzanas. Y comemos. De pronto nos ha entrado un hambre feroz. Víctor sale un momento en busca del sirviente de la cocina, de que el pope nos habló. No da con él, pero sí con la cocina, de donde se ha traído un par de tenedores, un cuchillo... y un poco de pan.

Y a seguido nos reímos de la situación. Uriarte, mientras abre una de las latas de atún suelta un proverbio frailuno: «Mejor hacer el bien cerca de casa que ir lejos a quemar incienso», añadiendo que traducido al lenguaje vulgar ello significa: «Más vale pájaro en mano que ciento volando.» Víctor, que a menudo se queda quieto, como pasmado, en esa ocasión reacciona contra tal tendencia, y mientras le hinca el diente a una apetitosa manzana comenta: «Es curioso. Si uno dice: soy un pensador, queda ridículo; en cambio, si dice: soy un librepensador, llama la atención...»

Ha sido el momento clave, favorablemente resuelto. El instante crucial. Puede decirse que hemos vencido a los camastros, a la mesa azulada, a la bombilla y al pope adiposo y lento. Nos sentimos dispuestos a afrontar lo que sea y suponemos que obtendremos la debida compensación. Quién sabe si aparecerá alguien y nos pedirá excusas... Quién sabe si llegarán refuerzos del exterior. ¿Y aquel capataz que dirigía las obras en el tejado? Oímos ruido fuera. Salimos... y vemos que Gérard se lleva, ¡ya de regreso!, al rebaño turístico que subió en Eilat. Por un lado los envidiamos —retornan a la civilización—, por otro nos dan pena. ¿Qué habrán podido ver? ¿Y qué habrá querido decir el yanqui con lo de la «zarza ardiente»? ¿Y los niños beduinos, con sus piedrecitas? ¿Habrán convertido algunas en pan? ¿Y dónde vivirán? ¿Y los camellos? Observamos que los gatos han desaparecido y que empieza a oscurecer.

Claro, además de los retrasos, el sol desaparece aquí muy pronto. Estamos en la galería del segundo piso y nos silba en la cara una ráfaga de aire frío. Entonces pensamos que a partir de ahora la temperatura empezará a bajar y que no hay estufa ni, probablemente, posibilidad de conseguirla. Menos mal que en los camastros disponemos de varias mantas.

Y el caso es que, según el reloj, es temprano aún. Consecuentes con ello, decidimos que lo mejor que podemos hacer es visitar la basílica. Bajamos con rapidez los peldaños y nos dirigimos al fondo a la derecha. ¡Ay, está cerrada a cal y a canto! Y no hay nadie. ¿Y la biblioteca, situada en el primer piso? Retrocedemos y subimos. ¡Cerrada también!

Hasta mañana, que Santa Catalina nos ampare...

No. Santa Catalina tarda menos en ampararnos. El capataz... El capataz de las obras. Lo vemos en la celda contigua a la nuestra, gracias a que ha dejado abierta de par en par la puerta. Es un hombre joven, de no más de treinta años, de buena facha, frente ancha, poblada cabellera. Nos presentamos... Habla inglés. Al saber que nos hemos quedado pone cara de circunstancias. Nos invita a pasar y a sentarnos donde podamos: en su camastro, en una silla, sobre un montón de libros, en cualquier parte.

Es arquitecto, y griego. Los monjes lo han contratado para unos arreglos y él está encantado porque tiene carta blanca para su trabajo. Y no le importa la soledad. Entre los libros aparece con frecuencia el nombre de Marx. Se da cuenta de que ello nos cosquillea el espíritu y nos advierte: «Ya ven ustedes por dónde va la cosa...» Bien, no importa. Santa Catalina nos lo ha enviado, a través de Marx. Porque se convierte en nuestro mentor, sin entusiasmo, como Gérard, pero con eficacia. Nos dice que no esperemos nada de la comunidad. No tienen el menor interés en convertir el monasterio en hotel de cinco estrellas. Viven una vida austera y no quieren ser molestados. Con sus creencias y sus ritos. Son unos veinte monjes, dos de ellos, novicios, que acaban de llegar. Tres cuidan de la basílica, uno cuida de la administración, varios de la biblioteca —ya sabremos que es una de las más importantes del mundo en su género—, el viejo es el encargado de tocar la campana y de remendar los zapatos... En fin, él, como marxista, los comprende. Recuerdan un poco los bolcheviques de la primera hora. No piden nada, no necesitan apenas nada, y en cierto modo su forma de vivir es un desafío a la sociedad que no aspira más que al lujo y que a llenar la barriga. No entiende muy bien la cuestión de su fe —y tampoco sus dos horas diarias de meditación—, y menos aún que en su mayor parte sean tan incultos. Cuando él llegó, fueron varios los que al ver sus libros le preguntaron quién era ese tal Nietzsche... «Ni siquiera les sonaba el nombre de Simenon. Sí, es una paradoja que ese grupo de personas tengan en propiedad y sean los responsables de códices y de obras de arte sin par... Ése es uno de los aspectos del monacato que no me cabe en la cabeza.»

Le objeto que a mí tampoco me cabía en la cabeza, en Moscú, ver en el Kremlin tal cantidad de iconos, es decir, de Cristos, de Vírgenes, todo el santoral.

—Eso es distinto. Conservan lo que tiene valor.

—¿Valor? Eso implica enjuiciar lo que está bien, lo que está mal... Tema largo, por supuesto.

—Sí. Tiene usted razón. Tema largo; y confieso que cuando llega esta hora me siento un poco cansado...

Con ello nos da a entender que desea que lo dejemos solo. Nos levantamos. Pero antes de irnos le hablamos de la calefacción y de la comida. En cuanto a lo primero, nada que hacer: dormir vestidos y sepultados bajo las mantas; en cuanto a lo segundo, él hablará con el sirviente, que es negro, de origen africano y confía en conseguirnos algo para esos tres días, aunque no gran cosa, desde luego.

—De momento, yo puedo ofrecerles esto... —y nos obsequia con una larga tira de mortadela de muy buen ver, que aceptamos sin remilgos.

Antes de despedirnos nos pregunta si pensamos subir al Gebel Musa.

—Suponemos que sí, claro... Ha sido uno de los motivos de nuestro viaje.

—Ya... Mucho cuidado. Hay duendes ocultos por esas montañas. Muchas trampas.

—¿Qué quiere usted decir?

—Más que nada me refiero a las tormentas, que se forman en cuestión de minutos.

—¡Oh! En ese terreno tenemos un experto... —y señalamos a Víctor.

Ya en la puerta, le damos las gracias por sus atenciones.

—¿Podríamos saber cómo se llama usted?

—Nikos —contesta.

—¡Nikos! ¡Vaya! Lo mismo que Kazantzaki...

—Eso es. Kazantzaki... —Marca una pausa—. También estuvo por aquí. Sí, subió arriba, pero lo que escribió luego no me interesó gran cosa, la verdad.

También nos hemos sentido repentinamente agotados —aunque nuestra moral haya crecido—, y puesto que el frío arrecia decidimos meternos en la cama y dormir. No hay que olvidar que a las cinco de la mañana estábamos ya en Puerta Nueva. Por supuesto, dormiremos vestidos... y a mí no me sobrarían un par de mantas más.

—¿Y los lavabos?

—Ya habrás visto que están fuera, en la galería, a la derecha.

—Pues va a ser una broma.

—Otra broma será comprobar quién ronca más de los tres.

CAPÍTULO XXXVI

El monasterio de Santa Catalina

No nos enteramos. Dormimos de un tirón. Y cuando despertamos, luce ya el sol. Un sol espléndido, que nos invita, después de frotarnos la cara en los lavabos con agua helada, a contemplar, desde la galería, los tejados y las terrazas con los gatos adormilados dejándose acariciar por los primeros rayos que asoman por oriente. También vemos al vejete sentado sobre una caja y remendando unas sandalias.

Regresamos a la celda y nos desayunamos con pan y mortadela, ¡y con café! Nikos consiguió convencer al sirviente africano —beduino— para que nos preparara unos tazones. Es un hombre también con costras en la cara y en las manos. ¿Para qué servirá el «Dispensario-Farmacia»? Le damos una suculenta propina y la acepta.

Reconfortados, hacemos un plan, idéntico al que nos propusimos ayer: primero visitar la basílica, luego, la biblioteca. Podríamos dedicar toda la jornada al monasterio y su entorno; y mañana, subir al Gebel Musa.

Allá nos vamos, a la iglesia, no sin antes documentarnos un poco más aún gracias a un par de monografías que nos trajimos. Uriarte es el encargado de leer en voz alta. Por lo visto la primitiva capilla fue consagrada a la Virgen y se debió a Santa Elena. Más tarde fue llamada de la Transfiguración. Pero cuando, en el siglo VI, los muchos ermitaños que habitaban la región y los propios monjes se vieron indefensos ante los continuos ataques de los sarracenos pidieron ayuda al emperador Justiniano, el cual envió a uno de sus arquitectos, Eliseo de nombre, para que construyera una iglesia-fortaleza, parte de la cual está intacta aún. Ello queda claro en las inscripciones en griego y en árabe que pueden leerse en el dintel del pórtico y que data del siglo XII: «Este santo convento del Monte Sinaí, donde Dios habló a Moisés, fue construido desde sus fundamentos por el piadoso emperador de los romanos, Justiniano, para su eterna memoria y la de su esposa Teodora. Fue concluido el año 30 de su reinado. El emperador estableció un superior llamado Doulas, en el año 6021 después de Adán, 527 d.C.» El emperador envió simultáneamente una serie de familias de Egipto y de Rumanía, que son los antepasados directos de los beduinos de hoy y cuyos cruces explican su actual variedad.

¿Por qué más tarde el monasterio se llamó de Santa Catalina? La leyenda se consolidó en el siglo VIII y es como un dibujo animado en color. «Santa Catalina fue martirizada en Alejandría el año 307 y los ángeles transportaron sus restos a esta bíblica montaña. Cuatro siglos más tarde el cuerpo de la mártir fue encontrado debido a unos rayos de luz que atraían a los viajeros y que emanaban de dicho cuerpo.» Tal fue la creencia en el hecho que, según las crónicas, los peregrinos que visitaban el lugar no lo hacían por Moisés y su Decálogo, sino por santa Catalina; las peregrinaciones a la cima donde Dios estableció la ley mosaica no empezaron hasta el siglo XII. Conmueve pensar que desde entonces los religiosos ortodoxos no han desertado jamás. En efecto, calculando el normal promedio de vida de cada uno de ellos y los años transcurridos, podría concluirse que *aquí* han vivido —y muerto— unos cuatro mil monjes griegos.

La basílica, a la que por fin podemos entrar, aunque acompañados por un diácono que no suelta prenda, que sólo vigila, es un tanto desconcertante, pero hermosa. La puerta principal es de madera tallada y de hierro, con figuras bizantinas. Dentro, lo primero que vemos, aparte de las lámparas de rigor, son doce columnas de granito, seis a cada lado. Representan los doce meses del año. Prestándoles atención advertimos que en cada una de dichas columnas resaltan, pintados, todos los santos del correspondiente mes; el conjunto, pues, forma una hagiografía bastante completa y de fuerte expresividad. Debajo de cada capitel, la figura de un apóstol —doce meses, doce apóstoles— de grandes proporciones.

El iconostasio, característico de las iglesias ortodoxas, oculta el altar mayor, altar hecho de caparazones de tortuga y de incrustaciones de nácar, y es una especie de mampara adornada con iconos. Atisbamos allá arriba, cubriendo la concha del ábside, un magnífico mosaico con escenas de la Transfiguración, con medallones sobre fondo de oro; en sus extremos, montando la guardia, las imágenes de Justiniano y de su esposa, Teodora.

Detrás de una cortina, a la derecha del altar, el diácono nos permite contemplar por unos instantes una urna de alabastro, donde se guardan «las reliquias de santa Catalina».

Lo más importante, la Zarza Ardiente, está detrás, pero nuestro centinela nos impide el paso; de modo que el turista americano se referiría a una burda réplica que hemos entrevisto fuera, junto a la mezquita y que es un matorral como otro cualquiera. Así que, de nuevo en la Basílica, lo primero que me sorprende es un reloj de péndulo —¿por qué medir *aquí* el paso del tiempo?—, y luego voy en busca de un retablo catalán de cuya existencia tengo noticia y que debe de estar «cerca de la puerta». Lo localizo sin dificultad. Más aún, una inscripción perfectamente legible lo atribuye a un tal *Bernat Mesa, ciutadà de Barcelona, cònsul dels cathalans en Damas, l'an MCCCLXXXVIII.* Es un retablo ingenuo, exento de calidad, pero gracias al cual mi tierra está presente en el Sinaí. Poco después, grabados a cuchillo en los macizos portalones de madera y hierro de la entrada, leo dos apellidos también catalanes —Despuig y Caralps— en medio de símbolos característicos de los cruzados.

La biblioteca

No sin cierta nostalgia abandonamos la basílica, prodigio de cromatismo, que se merecería una visita mucho más detallada. A la salida vemos trabajando allá arriba, en su sitio, a Nikos, al que saludamos amistosamente y que nos corresponde haciéndonos con dos dedos al aire el signo de la Victoria.

Subimos al primer piso, donde se encuentra la biblioteca. Antes de entrar, nuestro acompañante nos hace una reverencia y se va. ¡Por fin libres! Ha sido un espejismo. Apenas cruzamos el umbral de la grandiosa sala expositiva, que es además pinacoteca, vemos a nuestra izquierda un pope que, al tiempo que vigila, vende postales y reproducciones.

Pero nuestro estado de ánimo es excelente, por cuanto ya sabemos a qué atenernos. En efecto, pese a que la biblioteca propiamente dicha, con sus treinta mil volúmenes, aparece inaccesible al otro lado de un enrejado metálico, tenemos ante nosotros una serie de vitrinas con manuscritos, documentos e iconos para cuyo examen se necesitarían semanas y el asesoramiento de un experto. No disponemos de nada de eso; sólo de lo leído y retenido en la memoria, y del librito *Sinaí, sulle orme dell'Esodo,* de la escritora Pia Compagnoni.

Bien, algo es algo, para empezar. Lo primero que atrae nuestra mirada son los iconos. Los hay realmente de extraordinaria calidad, entre los que destacan santa Catalina, el profeta Elías y, de modo especial, el *Cristo Pantocrator,* quizá del siglo VI y una Virgen con el Niño y dos ángeles a cada lado, conocida por la *Teotokos.* Son iconos descarnados, espiritualizados. Casi todos ellos miran de frente y respetan con estrictez las reglas que para ese arte se han impuesto siempre los griegos ortodoxos, acaso influidos por el Corán: ninguna representación del rostro, de las manos, de los pies o de cualquier otro miembro corporal se ofrece en relieve. Ni siquiera Cristo escapa a tal rigurosidad: todas las imágenes son planas, como la que hay en el propio Calvario. El relieve está reservado exclusivamente para las ropas y las coronas, casi siempre mediante incrustaciones de metales nobles y piedras preciosas.

Debo confesar que el arte de los iconos me fascina, y que en muchos casos es preciso ser un hábil conocedor para distinguir entre la obra de un monje especializado —en ese caso, del Sinaí— que se pasó veinte años elaborando una tabla, y la obra de un humilde artesano que allá en el Cáucaso, o a los pies de los Urales, dedicó unas cuantas veladas de su vida a pintar sin más, para su hogar, el patrón del pueblo.

A continuación, contemplamos los manuscritos, especialmente el facsímil del famoso *Códice Sinaítico,* cuyo original salvó, por puro milagro, el sabio alemán Tischendorf, cuando, en 1844, visitando el monasterio, se encontró en un cesto de papeles con diversos documentos dispuestos para ser quemados. Al darse cuenta de que algunas de las hojas contenían una antiquísima traducción griega del Antiguo Testamento dio el grito de alarma; aunque ya lo había dado con anterioridad, ¡precisamente Alejandro Dumas, que también estuvo aquí! Gracias a ello, unos años después, y bajo el patronazgo del zar Alejandro II, pudo recuperarse el Códice entero, escrito en piel de antílope, lo que le hizo exclamar a Tischendorf: «Yo tenía la convicción de que el Señor había puesto en mis manos un tesoro inapreciable, un documento de lo más extraordinario para la Iglesia y para la ciencia; mis esperanzas se han visto superadas.» El conjunto contenía, además, un manuscrito del Nuevo Testamento del siglo IV, la epístola de Bernabé y el pastor de Hermas.

El Códice original fue regalado al zar de San Petersburgo, por los favores de él recibidos. Y allí permaneció hasta 1933, fecha en que el Gobierno ruso, necesitado de dinero, lo vendió al British Museum por cien mil libras esterlinas.

Otros documentos llaman nuestra atención, como una carta, enmarcada y colgada en un panel, de la que se dice que fue escrita por el propio Mahoma al pasar éste por aquí con su jumento y al objeto de que los monjes pudieran enseñarla en caso de persecución. Su autenticidad es tan dudosa que Uriarte voltea en sus manos la boina más que nunca y Víctor saca su pañuelo y se suena procurando no hacerlo estruendosamente; sin embargo, a lo largo de la historia dicha carta se manifestó eficaz. El propio Napoleón Bonaparte confirmó la protección de las autoridades civiles en favor de los monjes, protección que recobró su vigencia en 1967, a raíz de la ocupación de estas latitudes por parte de Israel y que continúa en la actualidad.

Muchos manuscritos, en griego, en árabe, en siríaco, en eslavo, en etiópico, etcétera, son importantes y alcanzan una cifra que ni siquiera Nikos se atrevería a calcular. Sólo Yahvé sabe lo que se guarda en esta sala y en la inaccesible biblioteca de al lado, donde montañas de volúmenes aparecen polvorientos y abandonados. Como se dijo, su número rebasa los treinta mil.

A punto de terminar el recorrido irrumpen en la pinacoteca varios grupos de *scouts* —sin duda dormirían en tiendas en el desierto—, armando una algarabía que, en contraste con el silencio imperante hasta ahora, resuena en nuestros tímpanos como si fuera un trueno. Nos da tiempo justo a adquirir unas postales y a que el pope nos ponga rutinariamente el membrete del Monte Sinaí.

Al salir, Víctor comenta:

—Hay que ver, la «cartita» autógrafa de Mahoma... Claro, los musulmanes fanáticos inventaron una palabra para definir la época preislámica: *yahilieh,* que significa *ignorancia.* Para ellos, antes de Mahoma todo eran tinieblas.

Un montón de cráneos

Mientras los *boy-scouts* suben y bajan las escaleras del monasterio, jugando a descubrir lo que no existe, nosotros nos dirigimos, sin salir de su acotado recinto, al cementerio jardín, uno de los lugares más interesantes. Los árboles que al llegar vimos desde fuera pertenecen a este jardín; además de eucaliptus y cipreses, advertimos que también hay olivos.

El cementerio, situado a la izquierda, a un nivel un tanto superior, es tan pequeño que sólo caben en él siete cuerpos. Así que cuando un monje muere no queda más remedio, para dejarle sitio, que desenterrar uno de los cuerpos que había bajo tierra. El cráneo y los huesos del «saliente» van a parar primero a un cesto y más tarde a un osario realmente impresionante que hay en frente, en el interior de una especie de capilla; osario-capilla que visitamos sin tardanza y cuyo espectáculo nos golpea el corazón.

A un lado, una gran pirámide de cráneos, cada uno con su guiño particular, con los agujeros por donde se escapó la vida. A su derecha, una auténtica montaña de huesos de toda suerte, yuxtapuestos sin guardar ningún orden, unos más desgastados que otros, blancuzcos e inertes, restos de quienes fueron seres humanos al servicio de la comunidad.

¿Cuántos cráneos hay, cuántos huesos? ¿Quién se para a contarlos? La visión es macabra, y aunque la escasez de la madera hace que en el desierto no suelan utilizarse ataúdes, parece que podría haberse encontrado otra solución. En cualquier caso, el osario es una lección, que inmuniza contra muchas cosas y que habrá inspirado no pocas sentencias de las que figuran en los libritos monásticos destinados a meditar en soledad.

Según noticias, cuando un monje es desenterrado, su historial se ve sometido a un riguroso análisis, de cuyo resultado depende que la comunidad decida si sus huesos pasarán del cesto al montón o a algún sitio especial. El sitio especial no puede ser otro que alguna de las vitrinas que hay allí mismo, en la críptica «capilla», en las que figuran los cráneos de tal obispo, de tal abad, de algún ermitaño o peregrino que, por algún motivo, se hiciera digno de tal distinción.

La vitrina más atrayente de todas, que preside el osario, es la que contiene el esqueleto, que aparece vestido, compuesto y con la cabeza inclinada a un lado, de san Estefano, el ermitaño que se pasó toda su vida allá arriba, en los montes sagrados, escuchando las confesiones de los peregrinos y que construyó con sus propias manos varios de los centenares de peldaños existentes todavía hoy y que se utilizan para bajar de las excursiones al Gebel Musa o picos gemelos.

Ni que decir tiene que sentimos un inmenso respeto por esos restos y que rezamos en voz alta un Padrenuestro. Por mi parte, he notado algo extraño, que suele ser el aviso o preludio de alguna vivencia más honda de lo normal. Por descontado, recuerdo las catacumbas de París, donde se alinean y forman composiciones de todas clases seis millones de calaveras; de hecho están allí, entre otros muchos, la mayoría de los protagonistas de la Revolución Francesa. Pero es tal el número y tan largo el recorrido —que hay que hacer con una vela en la mano—, que acaba uno familiarizándose con el espectáculo, lo que predispone a querer desahogarse antes de llegar al final, desahogo que toma mil formas, sin descartar la broma e incluso la risa.

Aquí es distinto. Con ser muchos, los cráneos no desbordan la cantidad asimilable. Y todos son monjes, algunos de los cuales se pasaron veinte o treinta años en el monasterio, con más o menos frialdad, que eso no hace al caso. De modo que ningún tipo de cansancio malsano hace mella en nosotros; por el contrario, lo que mayormente sentimos es piedad.

Por otra parte, aunque hubiéramos querido mantener nuestra tensión hubiera sido imposible. Porque de pronto, como un aluvión, llegan en bandadas los scouts que merodeaban buscando precisamente algo fuera de lo corriente, y he aquí que la observación de sus reacciones ante el osario se sobrepone a nuestro talante anterior. Los hay que, al verlo —al ver, sobre todo, los cráneos—, se quedan inmóviles y luego se llevan la mano a la boca; otros empequeñecen sus ojos, ganados por la curiosidad y al final pegan un grito; no faltan quienes, como tocados por un resorte, sacuden los hombros intentando reprimir sus sollozos; y abundan también quienes huyen sin más, como si hubieran visto al diablo. Sólo dos de los que han venido han mantenido la calma, han preparado minuciosamente sus máquinas fotográficas y sus flashes y han disparado luego, sin prisa ninguna.

La llegada de esos chavales, de ambos sexos, que sin duda pertenecen a la casta de los valientes —a lo mejor vienen andando en varias jornadas desde Aravá—, ha provocado en nosotros la debida distensión, por lo menos momentáneamente. Así que, retrocediendo un poco y acercándonos a la sombra de los cipreses del jardín, charlamos. Y Víctor me cuenta, puesto que supone que para Uriarte no es nada nuevo, que esa *familiaridad* con los huesos de los muertos fue lo que originó el culto a las reliquias en el mundo cristiano; lo contrario de lo que ocurrió con los judíos, que al declarar los huesos *impuros* y prohibir tocarlos, perdieron esa oportunidad.

Asimismo me habla de la cantidad de ritos funerarios que en todo el Cercano Oriente se han basado en la creencia de que el alma, antes de alcanzar a Dios, tiene que atravesar la «escala cósmica», viaje penoso por entre fuerzas hostiles, y que explica que algunas sectas no muy lejanas del Sinaí tuvieran la costumbre de frotar con aceite los cuerpos de los difuntos, al objeto de hacerlos invisibles a los ojos de los poderes adversos que encontrarían antes de ser recibidos por el Padre. En la literatura paleocristiana se parte siempre de esa base, hasta el extremo de que el obispo Meliton de Sades, en el siglo II, pone en boca de la mismísima Virgen las siguientes palabras dirigidas a Jesús, cuando ella notó que se acercaba su muerte: «Líbrame del poder de las tinieblas para que Satán no me ataque y no vea yo los horribles espíritus acercarse a mí.»

Diálogo con los sabras

Una puerta abierta en el jardín da directamente al exterior, sin necesidad de reentrar en el monasterio. Salimos por ella y nos encontramos con otros grupos de *boy-scouts,* algo mayores, que echan pestes contra los monjes «porque no quieren enseñarles nada y se esconden como ratas». Por cierto, que gracias a esos muchachos los niños beduinos hacen hoy su agosto, puesto que se interesan por las piedrecitas mucho más que los turistas; turistas que hoy no vendrán —mañana, sí— por no haberse organizado ningún viaje desde Eilat.

Nos alegramos de que los beduinos obtengan su recompensa, que nadie les dé un paquete de cigarrillos... vacío. Y entretanto, uno de los monitores, *sabra* auténtico, señalando las montañas y hendiduras que nos rodean se las da de aprendiz o émulo de Salvio, de geólogo y les cuenta a los demás la versión corriente: que las grietas y fisuras son productos del viento. Víctor sonríe y con la mano derecha, discretamente, hace como que le da la absolución.

Uriarte se interesa por ese monitor, que maneja con soltura varios idiomas. El chico se siente estimulado y nos explica a todos que no siempre el monasterio ha estado abandonado como ahora. Tuvo sus épocas de esplendor, con un promedio de setenta monjes, reclutados hasta en Rusia y recibiendo viajeros de alcurnia, con una calidad en el servicio que en aquella época no tenía parangón.

—Lo que ocurre es que al pobre monasterio es eso, un monasterio; es decir, algo conectado con la religión. Y todo lo conectado con la religión se desmorona y acabará formando un osario como ese que hemos visto ahí dentro.

Uriarte, medio en broma, medio en serio, discute con él. Le dice que antes de formular una afirmación semejante, cuando hay gente joven que escucha, es preciso pensarlo mucho. Que la religión se ha dado por periclitada y muerta infinidad de veces a lo largo de la historia; pero que, no se sabe por qué, desde las

tribus más primarias hasta personas de primer orden acaban por continuar mante-
niéndola a flote.

—Pero ahora eso ha cambiado —objeta el *sabra* monitor—. Ahora el hombre
avanza, ha pisado ya la luna y se va enterando.

—Hay un Dios al que yo llamo «ja, ja» —responde Uriarte— que suelta carcajadas imponentes cuando oye a un hombre que se enorgullece porque ha pellizcado un trocito de cosmos. ¿Sabes lo que me gustaría decirte, amigo? Que
esta noche, si acampáis por aquí, echaras un vistazo al firmamento. Se dice que
el Sinaí es uno de los lugares de la tierra desde el cual las estrellas se ven más
grandes y luminosas. Míralas, cuéntalas... y luego mete a la religión en el cementerio que más te guste.

El chico no se arredra.

—Lo que pasa es que usted es cura —le dice—. Lo he visto por el alzacuellos y la crucecita en la solapa. Con esa vestimenta ¿qué va a decir?

Uriarte se ríe.

—No seas tontaina. Si quieres me quito ahora mismo todo eso y repito delante de todos las mismas palabras. Y no te me despistes y haz lo que te dije: esta
noche te tumbas y miras y cuentas las estrellas...

¡Aparece Nikos!

—¿Qué tal? Da la impresión de que hacen ustedes buenas migas con los
scouts...

—Pues... sí. Hablábamos de los cosmonautas, que suben por ahí arriba como
si tal cosa.

—¡Ah! No olviden que el primer *sputnik* lo lanzaron los soviets...

—Nadie lo olvida, Nikos... Lástima que Lenin no pudiera verlo.

Nikos ha venido a interesarse... por nuestra manutención. Estaría más tranquilo si supiera que tenemos resuelto este problema. «Le he dicho al negrito que
si no los alimenta me cargo tres gatos que tiene bajo su protección.»

Admirable Nikos. Su gesto nos emociona. Tiene el pecho de oro. El pueblo
hebreo, de haberle conocido, en vez de adorar al becerro —o al toro— hubiera
adorado su corazón.

El arquitecto, que ignora por completo nuestra reacción interior, viene a decirnos que, según un beduino, veterano, de los que trabajan con él, va a ser
difícil que mañana subamos a la montaña, al Gebel Musa. «Lo detecta con el
olfato. Huele el aire, sobre todo, el que viene de África. Ha olido y asegura
que mañana habrá tormenta; y si no, por lo menos unos nubarrones que quita-
rán el hipo.»

Nos quedamos de una pieza.

—Pero...

—¡Ah! Eso es lo que ha dicho; y les juro por Ulises que no se equivoca
nunca.

La noticia nos pilla de improviso. Los *scouts* se han ido. Ellos suben hacia
las cumbres ahora mismo y no querían perder más tiempo, porque lo más probable es que decidan acampar arriba. Uriarte comenta: «Ese monitor entenderá
poco de religión, pero sabe anticiparse a los acontecimientos...»

—¡Bien, me vuelvo a mi trabajo! —dice Nikos—. En el peor de los casos,
ya saben que puedo prestarles novelas de Simenon...

* * *

Deambulamos un poco por el entorno, aunque decidimos posponer para después del almuerzo nuestra gira por la explanada, que, naturalmente, tiene nombre: el valle de Er Raha. Llegamos hasta la mezquita-torreón y la capillita «cristiana» del Becerro de Oro de que nos habló Gérard. No hay nada. Sólo quedan las paredes del exterior. Allá lejos se divisan unos barracones. Por lo visto son «puestos» militares israelíes, más o menos disimulados. También atisbamos unas tapias antiguas rodeando otro minúsculo oasis.

El negrito, posiblemente por amor a sus gatos, nos prepara una sopa caliente y café. Con ello y nuestras provisiones comemos en la celda. Yo he recobrado en parte mi alegría y nos ponemos a charlar al buen tun tun.

Uriarte recuerda al monitor. «Hubiera podido soltarle la famosa frase: ¡no es culpa mía que Dios exista!» Víctor, como de costumbre, no se aparta mucho de la Biblia y aludiendo a algunos matojos que hemos visto en nuestra minúscula excursión, entre la arena, nos recuerda que el Génesis habla de tres clases de hierba: la que comen las bestias; la que lleva semillas; y los árboles que dan fruto. «¡Bravo! Te ponemos un diez.»

Yo me ando un poco por las nubes o quizá me dé por algo más prosaico: el cotilleo. Y les hablo de mis entrevistas con dos seres dignos de habitar esos contornos del Sinaí: Josefina, la venezolana de Belén, con sus grabados, y la Madre Superiora del monasterio ruso de Santa Magdalena.

Uriarte tose. No sé si se le ha atragantado un pedazo de mortadela o algo de lo que yo he dicho. Pero despacha el asunto en un abrir y cerrar de ojos. Respecto de Josefina, me cuenta que en algún sitio donde había peregrinos —«creo que fue en Emmaús»—, de repente la mujer tomó la palabra y fue tal su emoción que se desmayó; y el franciscano que acompañaba al grupo tranquilizó a los presentes diciéndoles: «No se preocupen: pronto despertará.» Y en efecto, despertó. En cuanto a la Madre Superiora rusa, dice que se trata de un fenómeno completamente distinto. «Podría remedar lo que dije antes: ¡no es culpa mía que sea eslava!» Luego añade que, ciertamente, es una mujer muy culta, de probada personalidad, aunque en sus «monólogos» intercala a veces cosas bastante raras, que le dan apariencia de visionaria. A él le explicaron que, en cierta ocasión, dio por seguro que una campesina ucraniana, muy devota, cuyas abejas se le morían, colocó una Sagrada Forma dentro de una de las colmenas y que tiempo después, al abrirla, se encontró con que las abejas habían construido con los panales una especie de cáliz sobre el cual se erguía la Hostia Santa, preciosa y blanca. «Comprenderéis que hasta aquí se puede llegar...»

Terminada la austera comida hablamos de bendiciones y Víctor me dice que, de ser judíos creyentes, nos pasaríamos ahora largo rato alabando al Señor por habernos sacado del apuro. «Tienen bendiciones para todo, incluso para las funciones más vulgares. Por ejemplo, ésta, y os ruego que me perdonéis: "Bendito seas, Señor Dios nuestro, Rey del Universo, que has modelado al hombre con sabiduría. Bendito seas, Señor, que has creado en dicho hombre, para que elimine lo eliminable, los correspondientes *salidas y canales*..."» Víctor añade: «La pena es que ha situado algunos lavabos un poco a trasmano, sin tener en cuenta que en algunos lugares las noches son frías.»

La gran explanada donde acampó el pueblo hebreo

Antes de iniciar la proyectada gira de la tarde por la explanada de Er Raha, estaba muy lejos de sospechar las repercusiones que de ella se derivarían para mí. Mis acompañantes son dos andarines natos y para ellos los quilómetros no cuentan. Así que salimos y nos dirigimos lentamente hacia las casamatas o barracones que entrevimos a lo lejos, dirección Norte y hacia el pequeño oasis rodeado por una tapia; un poco transidos de emoción, porque la base real que subyace en los relatos bíblicos aquí se hace en verdad muy patente. Sí, es muy posible que el pueblo hebreo acampara aquí. El valle de Er Raha tiene unos seis quilómetros de longitud por tres de anchura y desde cualquier lugar son constantemente visibles los fenómenos que puedan ocurrir en las cimas circundantes, donde los fugitivos de Egipto tendrían puesta sin cesar la mirada.

La arena se hunde un poco bajo nuestros pies. Ello significa que el caminar es fatigante. Cada paso es un esfuerzo, aunque diríase que Uriarte y Víctor se deslizan con patines o se ayudan con alas invisibles.

Tan pronto caminamos en fila india como nos ponemos en línea. La cuestión es poder ir comentando lo que sale al paso. Si prescindimos del anfiteatro montañoso que nos rodea hay momentos en que la planicie parece infinita y en que sólo vemos arena y cielo, lo que me trae a la memoria la reflexión según la cual es tan fácil en la selva creer que hay varios dioses como es difícil en el desierto creer que hay más de uno.

Naturalmente, cada cinco minutos aprendo algo nuevo. Me entero de que, en tiempos lejanos, algunas caravanas que cruzaban zonas como ésta transportando a lomos de camellos sus fardos de incienso y hierbas aromáticas, enfermaban a causa de las consabidas inhalaciones, llegando —como Josefina— a perder el conocimiento. Para reanimarlos, quemaban muy cerca un poco de alquitrán y de estiércol, única fórmula conocida por aquel entonces para curar a quienes padecían la «enfermedad de los perfumes».

También me entero de que el número de beduinos que pululan por esos pagos es de unos mil doscientos. ¿Cómo han logrado sobrevivir, desde Justiniano? ¿Y cómo sobreviven ahora? Los popes pueden darles bien poco, o nada; es de suponer que los israelíes, con sus intencionadas o estratégicas construcciones de vigilancia, les den trabajo y los ayuden con eficacia. ¿Y dónde están las mujeres? Las piedras clavadas en punta en el suelo no se ven por parte alguna... En un momento determinado pregunto a qué altura se encuentra esa llanura de Er Raha: a 1.600 metros sobre el nivel del mar. Claro, haciendo el trayecto en avión desde Eilat no nos dimos cuenta de lo mucho que subíamos.

¿Y el maná, la inefable historia del maná? No hay secreto al respecto. Todo ello ocurrió en esta zona, tal y como está escrito en el *Éxodo*. Pero en el libro *Y la Biblia tenía razón*, de Werner Keller, se cuenta toda la verdad y nada más que la verdad. Ninguna intervención sobrenatural, pese a lo mucho que se ha especulado sobre ello y a los fáciles simbolismos a que el tema se presta. Sencillamente, varios botánicos alemanes y hebreos esclarecieron para siempre la cuestión. Se trata de la secreción de los árboles y de los arbustos de tamariscos que crecen en le península sinaítica, y que en antiguas listas de exportación de productos figura con el nombre de *Tamarix Mannífera*. Cuando dichos tamariscos reciben la picadura de una determinada cochinilla, también privativa de esta región, segregan un jugo duro, blanco al desprenderse, pero que al cabo de un cierto tiempo de estar depositado en el suelo se torna de un amarillo pardo. El sabor de dicho jugo, que toma forma de semilla, es dulzón, como la vieja miel de las abejas. «Y era como la semilla del cilantro blanco —dice la Biblia— y tenía un sabor como de torta de harina amasada con miel.» Los beduinos recogen todavía hoy ese producto, a primera hora de la mañana, porque las hormigas son competidoras voraces; hormigas a las que el *Éxodo* alude también al decir: «Muchos dejaron algo para el día siguiente; pero se llenó de gusanos...»

Llevamos hora y media andando, hundiéndonos a cada paso y no hemos llegado aún al lugar habitado, al lugar donde se levanta el primer barracón. Pasa un jeep camino del aeropuerto militar. Nos saludan —*shalom*— y nosotros continuamos. Mis piernas resisten todavía, de modo que, adelante. Vemos una muchacha beduina con tres cabras negras. ¡Tres cabras! Son tres notas de color, que agradecemos como si no fueran de luto. La muchacha se nos acerca y nos pide limosna; y se la damos. Su pelo es áspero y sucio. Sería hermosa si la cosmética le prestara ayuda. Habría que cambiarle la piel, como a muchas personas habría que cambiarles el alma.

A las dos horas justas de caminar, cuando ya no falta mucho para llegar a una casucha que nos parece un taller de carpintería y mecánico a la vez, nos sentamos para tomarnos un descanso. Y entonces, con todo el Sinaí a nuestro alcance, Víctor y Uriarte se enzarzan en un diálogo que me interesa profundamente sobre el origen, la vida y anécdotas de la vida monacal y de los ermitaños. No se me escapa una palabra. Deduzco que la cuna de los monasterios fue Egipto —¿de cuántas cosas ha sido Egipto la cuna?—, y que concretamente los monjes y las monjas cristianos empezaron a retirarse a una vida de ayuno y oración allá por el siglo IV. El ejemplo cundió y llegó un momento en que jóvenes de todas las clases sociales, Nilo arriba, Nilo abajo, se retiraron a celdas y convirtieron en monasterios hasta viejos templos dedicados a los antiguos dioses. Pero buscaban preferentemente el desierto por estar convencidos de que en él habita Satán y querían desafiarle y demostrarle que eran más fuertes que él. «De modo que no se fueron al desierto para huir de las tentaciones sino lo contrario; para ellos había menos tentaciones, y éstas eran más fáciles de vencer, en la ciudad.»

Atletas de Dios era el nombre que se daba a algunos ermitaños, y se estableció una dura lucha entre ellos para ver cuál alcanzaría más virtud. Algunos, acaso debido al ayuno, veían al Diablo, y lo veían en forma de bella mujer, con cuerpo semejante al de los sátiros y faunos de la mitología griega.

No parece que pueda discutirse que el fundador del monacato cristiano fuese san Antonio; sin embargo, antes que él hubo otros que buscaron la soledad. Aunque lo más estremecedor eran las reglas por las que se regían, algunas de ellas, difícilmente imaginables ahora. Por ejemplo, el gran Arsenio decía «que incluso el gorjeo de un gorrión impedía que el corazón de un monje alcanzara el reposo, y que el ruido del viento en los cañaverales lo hacía del todo imposible». Otro monje, por naturaleza muy hablador, aprendió el silencio ¡manteniendo una piedra en la boca durante tres años! «Era preciso también dominar el sueño. Arsenio consiguió que una hora de sueño le bastase, y Sisoes tenía la costumbre de pasar la noche al borde un precipicio, de manera que cualquier momento de inconsciencia podía provocarle la muerte.»

No sé lo que les ocurre. Mis acompañantes, tal vez influidos por la visión de los cráneos de los monjes, parecen competir, no para alcanzar más virtud, sino para enlazar proverbios orientales —que acuden a su memoria— relacionados con la muerte. «La brevedad de la vida nos hace abandonar largas esperanzas.» «Sigue en pie la Gran Muralla, pero su constructor ya no existe.» «Al quitarnos hoy los calcetines y las botas, ¿sabemos si los usaremos mañana?» «Se nace llorando y más tarde se comprende por qué.» «Al que no tiene sepultura el cielo lo cubre»; etcétera.

¿Por qué habrán elegido ese tema? Lo curioso es que hablan de él sin *afectarse* —me acuerdo de la precisión de Ángel sobre ese vocablo—; como podrían hablar de la ausencia de camellos en ese valle de Er Raha. No hay ninguna frivolidad en su manera; simplemente, una previa aceptación de la realidad y una entrega a los designios divinos que va mucho más allá que la mía. Yo me siento aferrado a esa brevedad, querría saber si mañana podré calzarme, si podré sobrevivir a la construcción de la Gran Muralla.

Nos acercamos al barracón-taller. El capataz es un judío, menos dispuesto que Nikos. Hay herramientas, neumáticos, hierros y madera por doquier. Tiene a su servicio media docena de beduinos. éstos con sus esposas e hijos trabajando en labores domésticas en tiendas de campaña muy próximas.

En seguida nos damos cuenta de que el diálogo será imposible. Imposible saber por qué se estableció aquí, imposible obtener permiso para visitar las chozas y casuchas que se levantan más arriba, ¡con alambradas! «No les dejarán pasar.» «¿Es zona militar?» «No lo sé. No les dejarán pasar. ¿Por qué tanto interés?»

En realidad. la pregunta es congruente. Aunque fácil de responder. Simplemente, despierta curiosidad que alguien decida construir algo en este valle «infinito», de arena y cielo, y cuando uno sale del monasterio a darse un garbeo tiene ganas de conectar con alguien, con el prójimo. ¿O es que no somos prójimo?

Del capataz, por descontado, no. Nos ha vuelto la espalda y con un bolígrafo anota una lista de herramientas y va tocando una por una varias chapas de metal.

Nos despedimos, lamentándolo mucho y vemos a unos cien metros otro barracón. ¡Es una tienda! Dios, sois grande y nunca jamás lo bastante loado y curáis toda carne y habéis sabido crear salidas y canales... Apenas se han reunido medio centenar de personas —a ojo de buen cubero, mirando hacia las alambradas—, ha brotado una tienda. Nos acercamos a ella y no puedo menos que recordar la que vimos con Alma y Noemí en la «ciudad deshabitada» cerca de Jericó, si bien ésta es más modesta. El beduino que está a su cargo necesitaría también un dermatólogo que analizara todo su cuerpo o poder bañarse en alguna de las zonas milagrosas del mar Muerto. ¡No tiene nada, nada que vender! Latas sin etiqueta, caramelos viscosos, granitos como de anís, ¡mecheros!, y también alguna chuchería de Formosa... Una botella con un mejunje. ¿Qué será? Yo necesito probar algo. Lo pruebo, en un vaso mil veces usado: sabe a coñac, pero con bomba dentro. Abro la boca y exhalo lo que puedo; en el portal, un anciano con un viejo casquete militar se ríe como un bendito. ¡Uy, se me olvidaba!: el tendero vende también chinchetas y bolígrafos.

Tampoco hay diálogo. Querríamos ir al oasis tapiado: prohibido. Y el único *jeep* que había se fue... Y no se ve un oficial, un sargento, un soldado. ¿Qué ocurre? ¿Es eso el desierto? Vemos una garganta, un desfiladero, que según las

guías conduce a un wadi con grafitos interesantísimos de la época de los nabateos...
Pero cualquiera se atreve a avanzar un paso más.

—¿Qué hacemos?

—Volvernos. Aquí no hay taxi ni el autobús número 16.

Regreso inesperado

En este momento exacto empiezan las derivaciones que yo no podía sospechar.
Apenas iniciamos el regreso noto que las piernas me pesan. Lo atribuyo al descanso inadecuado de ese rato que hemos pasado y no me alarmo. Sin embargo,
veo Santa Catalina allá a lo lejos y calculo que nos separan del monasterio unos
cuatro o cinco kilómetros.

Adelante... Uriarte y Víctor hablan de sus cosas. Temen que sea cierto lo del
mal tiempo de mañana y que no podamos subir al Gebel Musa. El aspecto de
ambos es pimpante: dos jovenzuelos. Según Castor y otros frailes que han subido
allí, desde la cima la grandiosidad de lo que la vista abarca es incomparable. El
picacho tiene 2.244 metros y desde la capillita de los Diez Mandamientos se ve,
por oriente, hasta el golfo de Aqaba —por cierto, que Víctor leyó anoche que por
él navegaban los barcos de Salomón en busca del oro de Ofir—, y por occidente la
vista alcanza el canal de Suez. «No me gustaría tener que renunciar a eso.» «Tampoco a mí.»

Mi fatiga va en aumento. Las rodillas se me doblan y eso es mala señal. Ellos
siguen hablando. Se refieren a una ciudad de Arabia, Taif, donde no se pueden
matar ni bestias ni pájaros ni siquiera derribar un árbol, por ser considerado territorio sagrado. «Tampoco aquí podríamos hacer ninguna de esas tres cosas.»
Víctor se acuerda de su estancia en El Cairo y suelta una *boutade,* que por lo
visto allí era moneda común: «Se ha discutido mucho si la Esfinge de las pirámides es hombre o mujer; la verdad, como sucede con frecuencia, está en el término
medio.» «¡Ja, ja!», se ríe Uriarte. Y yo mismo no puedo contener una mueca de
aprobación. Pero me llevan ya varios pasos de adelante y a no ser que se adapten
a mi ritmo la distancia irá aumentando.

Discuten algo sobre *El entierro del Conde de Orgaz.* Víctor sostiene la tesis de
que en el centro del cuadro hay unas nubes cuya posición parece imitar adrede
los muslos abiertos de una parturienta. Uriarte hace tantos años que no ve el
cuadro que no se acuerda de él con detalle y no sabe qué replicar.

Por mi parte, pienso que si hubiera postes eléctricos me sentiría más acompañado. Unos cables tendidos que cruzaran Er Raha. Comprendo que es una
idiotez, que mi cansancio no tiene nada que ver con una posible instalación eléctrica, pero durante unos minutos camino con esa obsesión.

Me acuerdo de que en otras ocasiones he experimentado síntomas análogos
—calor en las pantorrillas, sensación de mareo, con un poco de asfixia—, pero
que a la postre no ha ocurrido nada y he mantenido el tipo. Tal evidencia me
sirve de impulso y haciendo un esfuerzo increíble no sólo acelero para alcanzar
a mis dos acompañantes sino que logro situarme delante de ellos. Ninguno de
los dos sospecha nada e imaginarán que ando metido en mis elucubraciones o tal
vez preocupado por lo que antes dijeron, por la inseguridad de subir mañana al
Gebel Musa, desde donde, además de la sombra próxima de Yahvé, podríamos

ver en la lejanía de Aqaba la sombra, quién sabe si todavía no desvanecida, de las naves de Salomón.

Pronto me doy cuenta de que mi esfuerzo ha sido una imprudencia. Cada paso que doy es como si me hundiera en un pozo. Disimulo lo que puedo, finjo detenerme un momento para abrocharme un zapato —Víctor y Uriarte me rebasan otra vez— y respiro hondo; y es entonces cuando me doy cuenta de que empieza a fallarme, de forma un poco alarmante, la respiración.

Inútil describir los últimos dos quilómetros que, más o menos, nos separan del monasterio. Mi impresión es que de un momento a otro me caeré en redondo. De hecho, debería advertir a mis compañeros, pero un absurdo pudor me impide hacerlo; y una brizna de esperanza.

Oigo sus voces cada vez más lejanas, más tranquilas, con sonrisitas. Una caña ha brotado no sé cómo en la mano derecha de Uriarte. Vuelvo la cabeza hacia atrás, mirando al suelo; mis huellas son las de un borracho.

En cuanto pasamos delante del «Becerro de Oro» admito la posibilidad de llegar. Luego, por el contrario, me digo: «esto se acabó». ¿Por qué Uriarte no me presta la caña? Están lejos... Ni siquiera han prestado atención a mi retraso. Suponen que voy a mi aire y no hay más. El corazón es una bomba mucho más peligrosa que la que sentí al tomarme la copita de aquel coñac y la asfixia aumenta de tal modo que llevo un rato pasándome la mano por el cuello y el pecho.

Encuentro con la muerte

Contra todo pronóstico personal, llego al pie del monasterio. La puerta del jardín está cerrada y entramos por la otra, situada en una especie de túnel laberíntico. ¡Y he de subir hasta el segundo piso —segunda galería— para alcanzar la celda y poder tumbarme! Y ha oscurecido de improviso, lo mismo que ayer. No se ve ningún gato. Puede decirse que subo los peldaños deteniéndome en cada uno de ellos, con la certeza de que es el fin. Sólo una tenue lucecita parpadea en el fondo de mi cerebro, orientándome. Al ver la celda, la puerta abierta y el camastro cierro los ojos, aprieto los puños, avanzo y me dejo caer como un saco de plomo. Ni siquiera me doy cuenta de que estoy solo, de que Uriarte y Víctor se han ido a los lavabos.

Hondas aspiraciones, sin resultado. Boca abajo. No me siento con fuerzas para darme la vuelta. Mi convicción es que voy a morir y lo único que hago, en medio de la casi pérdida del sentido, es rezar, es balbucear y repetir una y otra vez: *Dios mío, Dios mío, ayudadme...* Por entre la espesa niebla me digo que no dejará de ser un final con cierta grandeza: en el Sinaí, en compañía de dos frailes, si es que en el lavabo se apresuran y llegan a tiempo antes de que se me pare el corazón.

Los frailes regresan y el corazón no se para.
—Estás agotado... Hecho un guiñapo.
—Pues... sí.
No le dan importancia. Lo que ellos tienen es hambre.

—Con tu permiso, mortadela, atún, manzanas... O si lo prefieres, invertimos el orden.

Los oigo como con sordina.

Y pienso en mi padre, que murió de un infarto. Los síntomas no eran idénticos, pero el resultado va a ser el mismo. Daría lo que tengo y el resto para quedar dormido... y despertar, tranquilo. Sí, ahora me doy cuenta de que la muerte me asusta, y de que la alegría del «alma inmortal», en el momento de la verdad, me presta escasa ayuda. La ayuda sería mucho más sólida si hubiera resuelto el otro enigma: si creyera que Cristo fue —que Cristo es— Dios. Los pensamientos se abren paso con dificultad, pero recuerdo que llevo en el bolsillo las postales que le compré al pope en la biblioteca. Recuerdo sobre todo el Cristo Pantocrator y la Virgen con el Niño. Me aprieto contra el camastro porque los metí precisamente en el bolsillo a la altura del corazón. «Ayudadme, hala, hala...» ¡Si pudiera moverme, tomarlas en mis manos y que me miraran!: porque, ambos miraban de frente, de eso estoy seguro, y es algo que he de agradecer a la tradición de los iconos.

Los cráneos... Los cráneos de los monjes. Tengo unos segundos de mayor lucidez y los veo amontonados, formando una pirámide bastante perfecta. «Por aquellos agujeros se les escapó la vida.» Yo tengo un cráneo similar, pero no lo meterán donde aquéllos. Yo no soy monje. No me enterrarán en el minúsculo cementerio. Tendrán que avisar —¿y por qué no me confieso?—, trasladarme en jeep, quizá llevarme a Eilat. ¿Y mi mujer? Hay un caballo galopando en mi corazón.

—¿No te apetece la mortadela? Oye... Es cierto que está deshecho. ¿Te ocurre algo?

—Me he cansado... No pensé en el regreso... Pero ya pasará.

—¿Te importa que encendamos la bombilla?

—No...

Miento. Preferiría estar a oscuras. ¡Y hace media hora que deseaba un tendido eléctrico cruzando el valle!

La bombilla se enciende. Cierro más y más los ojos, y recuerdo aquellos versos de Rilke: «Señor, dale a cada cual su propia muerte, la gran muerte que lleva cada uno dentro de sí.»

¿Gran muerte? Ni siquiera hago un acto de contrición, que sería lo propio. Sólo quiero sobrevivir. Sólo quiero poder calzarme mañana los calcetines y las botas; y comprendo, eso sí, por qué nací llorando.

¿Y dónde está el luminoso desfile de toda la vida en el instante de la premuerte? Lo mío es confuso. Abro el ojo derecho. Leo, sobre la mesa azul, *Le Monde*, el titular, las letras del periódico que sirve de mantel. ¿*Le Monde*, el mundo? El mundo seguirá rodando y los propios Víctor y Uriarte, dentro de unos días, pensarán: «¿Por qué no nos avisó, el muy zoquete?» Y Nikos barbotará en su tejado: «Les predije que el beduino no se equivocaba nunca, que habría tormenta.»

¡Me quedo dormido! Profundamente... Sueño que estoy despierto, pero duermo. Me doy cuenta cuando despierto de verdad, y me siento un poco mejor y veo a Víctor también dormido y a Uriarte leyendo algo, que tiene la forma y el tamaño del opúsculo de Pia Compagnoni.

Como un afilado puñal de alegría me atraviesa el pecho. Por primera vez abrigo la esperanza de que mi naturaleza, robusta al fin y al cabo, haya vuelto a vencer. No estoy seguro, porque los caballos siguen galopando y apenas puedo moverme; pero el cerebro es otra cosa. La irrigación ha mejorado. Logro coordinar.

Y es entonces, en el fiel de la balanza, cuando evoco el momento en que presentí que a lo mejor iba a adueñarse de mí una vivencia fuera de lo normal. Aquí la tengo. Es el momento. ¿Cristo era —es— *hijo* de Dios? ¿No lo era? ¿Era *Hijo* de Dios? ¿No lo era? ¿No lo es? ¿Qué significa Hijo del Hombre? ¡Estoy cerca de Él, entre mi casi-muerte y el Sinaí! Tengo que decidirlo. He de *sentirlo,* como en la Puerta de Jafa sentí la impronta de la inmortalidad.

Respiro mejor y a intervalos me invade como una ternura desconocida pensando en Cristo Jesús, una ternura superior a todas las anteriores, incluidas las que experimenté en la niñez, en las horas de soledad, en el altar del Calvario, en algunos trechos de la procesión del Domingo de Ramos... Jesús, el Ser más grande nacido de vientre de madre. Ahora bien, ¿eras —eres— Dios? ¿Por qué no *haces* que dé el paso definitivo, por qué no puedo *sentirlo* con plenitud, sin lugar a dudas? ¿No revolucionaste la historia humana, siendo un joven pobre y vagabundo que hablaba con gente humilde en un rincón del planeta, valiéndose de simples parábolas? ¿Es que *puedo* morir sin saber si Tú me esperas al otro lado —aquí mismo— con esos brazos tuyos abiertos que vi desclavar y caerse impotentes, como dándome a entender que su postura correcta es la de la horizontalidad? ¡Señor, dale a cada cual su propia muerte! A mí dame la muerte creyendo que Tú, Cristo, eres Dios.

No logro *sentirlo.* Es un fracaso. Es un colapso. No me cabe en el cerebro, en ese cerebro que hace unos minutos era niebla, que el Padre tuviera necesidad de enviar realmente a su Hijo, haciéndolo carne, para redimirnos de un pecado que cometieron seres —Adán y Eva— de cuya existencia no tengo la menor certeza.

Los cráneos de los monjes... Pero creo que no, que no voy a morir. Ahora he podido darme la vuelta, ponerme boca arriba y tomar del bolsillo la postal del Cristo Pantocrator. En efecto, me mira de frente, con la mano derecha alzada, a punto de bendecirme y con la izquierda sosteniendo un libro. Lleva una gran cabellera y una larga barba. Lleva una gran túnica marrón y la tez y el cuello son blancos.

—¿Qué postal es? —me pregunta Uriarte.

—El Pantocrator.

—Muy hermoso.

Si no *siento* ahora que Cristo es Dios, ¿cuándo lo sentiré? ¿Qué otra ocasión puede presentárseme? Víctor durmiendo, *Le Monde,* la bombilla, mi cerebro cada vez mejor irrigado...

Llego a una conclusión, mientras oigo unas campanadas que me recuerdan que el monje vejete debe de darle a la cuerda, que es su obligación: no soy quién para discernir algo tan trascendente, para definir esa cuestión. Si no lo creo por la fe, que es gratuita, que nos es dada, que «no la tenemos» sino que es «ella la que nos tiene», ¿cómo voy a conseguir la certidumbre a través de la razón? La razón está en contra, en contra desde todos los ángulos, porque Dios es mucho Dios para que venga a sufrir y a pedir que pase el cáliz y a sentirse exhausto como me he sentido yo.

No, yo no soy quién para decidir la cuestión. Mi pena es ahora tan grande como hace poco lo era mi miedo. Mi mente es un mosquito, un insecto, una cochinilla de ésas que picando hace brotar unos copos de algo que la leyenda luego llama maná. Afirmar, a través de la mente: Cristo no es Dios, sería una soberbia incalificable; pero también lo sería afirmar que lo es. No soy capaz, aunque admito que otros, debido a alguna vivencia, lo sean. ¡Si la mano derecha del Pantocrator me bendijera de verdad!; pero es una postal, no se mueve. ¡Si el libro que lleva en la izquierda se abriera y me permitiera leer SÍ!; pero es una postal, no se abre. Sólo sus Ojos continúan mirándome de frente, pero más semejan una interrogación que una respuesta.

—¿Todavía con el Pantocrator?

—Todavía...

Uriarte, sin la boina, parece más viejo.

—¿Qué le pides? Porque... ¡tú le estás pidiendo algo!

—Que me diga quién es.

—Pero... ¿es que no lo sabes?

—No.

—¡Si serás majadero! ¡Es Dios!

—Eso es lo que le pido que me diga... Y no me lo dice.

—Pues si no te lo dice en el desierto, en esta celda, ¿dónde va a ser?

—Eso pregunto yo...

CAPÍTULO XXXVII

Nubarrones en el Gebel Musa

Duermo diez horas seguidas, sin sobresaltos y al despertar me doy cuenta en seguida de que el peligro ha pasado. ¿Un amago de angina de pecho? No lo sé. Simplemente, un esfuerzo al que no debo exponerme nunca más. Un aviso que, con la ayuda del sentido común, me servirá en lo venidero.

Mi alegría es grande al comprobar que respiro normalmente, que el pulso es rítmico, que al ponerme en pie noto la cabeza bien sentada sobre los hombros. Lo cierto es que no consigo explicarme que la recuperación haya sido tan completa.

¡Y por fortuna, ni siquiera tengo que dar explicaciones! Víctor y Uriarte han salido ya hace rato a la galería, desde la cual, acodados en la barandilla, han visto los negros nubarrones de que habló el beduino ceñirse sobre el monasterio y sobre las cumbres. Sería una locura intentar la ascensión al Gebel Musa. No existe la menor seguridad de que la amenaza no se convierta en lluvia, en tormenta. En cuanto me ven, me recitan los versículos de Mateo: «Cayó la lluvia, vinieron los torrentes y soplaron los vientos...»

Hay que desistir, lo cual significa que hemos de pasar el día al albur de los caprichos del cielo. Un breve intercambio de impresiones nos conduce a la unanimidad: puesto que hoy volverán los turistas —probablemente, con Gérard—, nos iremos con ellos, regresaremos con ellos a Eilat y a Jerusalén. No nos cabe otro recurso que lamentar la poca suerte, pese a que, por los comentarios oídos, si bien la subida a la cima de 700 metros y pico de desnivel no ofrece mayores dificultades, el descenso, en cambio, que suele hacerse por los tres mil peldaños construidos al efecto, es una prueba ardua que agota a muchos excursionistas de pro e incluso a *boy-scouts* capaces de desafiar al mundo.

—¡Prefiero no soltar lo que estoy pensando!
—¡Nos quedamos sin los Diez Mandamientos!
—¡Y a mí que me hubiera gustado acariciar la barba de Moisés!
—¡Otra vez será!
—¡Sí, cuando Gironella vuelva...!

Cuando vuelva... De momento, me voy. De momento, lo que hago es pensar que, en el fondo, mi viaje a Tierra Santa termina aquí. El asunto está claro como está oscuro el Sinaí. Si me vine a Israel por unos días tan sólo, por una corazonada y de pronto decidí quedarme para tentar al destino, mirando a ver si me ocurría algo que despejara mis dos grandes incógnitas, la experiencia puede darse por terminada.

Y la razón es sencilla. Al inicio de la Semana Santa tuve la suerte de resolver para mis adentros el enigma de la *inmortalidad*, y desde entonces mi creencia no ha hecho más que afianzarse. Sólo me faltaba la prueba definitiva, y la viví ayer: la proximidad —supuesta, pero subjetivamente real—, de la muerte. Ni siquiera se me ocurrió pensar que si se paraba mi corazón se diluía mi ser. Todo lo contrario. No podía precisar en qué consistiría mi supervivencia, pero la sentía tan honda y concreta como el peso de mis piernas y la pena de mi sangre para seguir circulando. En cambio, la otra creencia, la de la divinidad de Cristo, se alejó de mi norte mental, de mi interior más profundo, como se aleja de Uriarte su apariencia juvenil en cuanto se quita la boina. Y se alejó hasta nuevo aviso, hasta *Dios* sabe cuándo...

No veo por dónde, por qué flanco inesperado o envolvente el hecho de prolongar *sine die* mi estancia en Israel puede variar el rumbo de mi actitud al respecto. Han pasado ya muchos días, han sido muchas las meditaciones, ayer discurrió ante mis ojos el momento supremo —mi angustiada pregunta al Pantocrator— y la respuesta fue siempre el «no lo sé». ¿Es que si regreso a Jerusalén y aguardo en el altar del Calvario esa fantástica inyección de vida, como el anciano de Goa espera la dulce inyección de muerte, en un momento determinado el *Fiat Lux* se hará efectivo en mi intelectualizado cerebro? Todo me induce a pensar que no será así. Que la terrible conclusión a que llegué ayer —«no soy quién para discernir algo tan trascendente»—, proseguirá martilleándome con la tenacidad con que las cochinillas de esta península sinaítica pican los tamariscos para que segreguen el jugo duro, momentáneamente blanco, que durante siglos fue considerado milagroso.

Extraña posición la mía, mientras Uriarte y Víctor, en la barandilla de la galería, continúan echando pestes contra los nubarrones. Extraña, allá arriba, la silueta de Nikos, quien en lugar de hacernos el signo de la Victoria vuelve sonriendo el pulgar hacia abajo indicando *kaputt*. Me siento como el termo al abrirlo en el aeródromo militar: roto por dentro en mil pedazos. No me hago a la idea de que tenga que vivir transportando minuto a minuto esa vaguedad. ¡Se me come la envidia, eso es! Mis acompañantes están tan seguros de que la crucecita que llevan en la solapa es divina, como el administrador del monasterio lo estuvo desde el primer momento de que nosotros no aguantaríamos aquí muchas jornadas. No tienen problema. La fe les fue dada, la fe los posee. Si ahora yo les preguntara: «Pero, escuchad un momento: ¿qué pruebas tenéis?», me mirarían como si de repente me vieran una cara que no fuese la mía.

Y sería una calumnia innecesaria minimizar su fe, como es el caso de millones de escépticos y conspicuos pensadores que en el mundo hay, y que la confunden con la superstición o con la salvaje necesidad de llevar amuletos colgados del cinto. La fe es algo por completo diferente, un don inmesurable, motivo por el cual los místicos, algunos de los cuales han sufrido mucho para conservarla, aconsejan «vaciarse de sí mismo» para llegar a saber «de quién debe uno fiarse».

Pero, ¿cómo vaciarme si llevo ya mucho tiempo dispuesto a la entrega y a fiarme de Cristo? La estrategia no sirve. Suponiendo que la fe me llegue, ahora sé que me llegará en el instante más impensado: en el pueblo, soñando, leyendo el periódico, sobrevolando la Arabia Saudita... Lo irracional es esperar a que me llegue precisamente prolongando mi estancia en Tierra Santa.

Todo ello implica un cambio radical. No es que vaya a abandonar *ipso facto*, a marcharme inmediatamente. Queda mucho que ver todavía en Israel y me gustaría completar en lo posible el programa que me tracé; pero lo haré a sabiendas de que ello no ha de contribuir a aportarme la solución. La óptica, por tanto, es totalmente otra. No moriré porque no muero y sí, en cambio, viviré porque vivo. Y vencida la crisis del valle de Er Raha, que no podré olvidar nunca, iré cogiendo de los árboles que dan fruto «según su especie» lo que éstos buenamente me ofrezcan.

Desde semejante postura afronto, a partir de este momento, todo lo que me falta por visitar en ese viaje que mentalmente inicié en Leningrado —donde fue guardado el Códice Sinaítico durante tantos años, hasta 1933—, y que empezó a hacerse realidad hace unas dieciséis semanas en el aeropuerto de Barcelona.

Decididos, con Uriarte y Víctor, a marcharnos hoy mismo, ya que la lotería de las nubes puede durar lo que se le antoje, preparamos nuestros macutos. Y en cuanto, malhumorados por el cielo oscuro y las ráfagas de viento llegan los turistas a bordo del correspondiente autocar —¡y Gérard con ellos, con el sombrero tejano en la cabeza en vez de llevarlo colgado a la espalda!—, el amable guía de los bigotazos nos dice que no nos preocupemos, que hay sitio para nosotros hasta Eilat.

Adelante, pues, con la singladura por esas tierras que, aproximadamente, prolongaré por espacio de dos o tres semanas más. Nikos nos invita a almorzar con él en su celda y tomamos, gracias a su gestión, sopa caliente... ¡y queso! Y le deseamos que alguien, quien sea —Marx, Simenon o su propio temperamento— le conserve su deseo de ayudar al prójimo. «¡Pero si no he hecho nada, si no ha sido nada!» «No diga tonterías, Nikos. Visto de perfil es usted un ángel.»

Adiós basílica, con el mosaico de la Transfiguración y, en las columnas, seis a cada lado, todos los santos de cada día del mes. Adiós popes invisibles, que Dios os guarde y os preserve, si es capaz de ello, de vuestra frialdad. Adiós vejete que tocas la campana y remiendas los zapatos. Adiós polvorienta biblioteca de 30.000 volúmenes, cuya única salvación acaso sea la llegada de otro sabio alemán tan tenaz como Tichensdorf. Adiós iconos que miráis de frente. Adiós montes sagrados más allá de mis fuerzas. Adiós cráneos de monje, esperando la resurrección...

Nos vamos temprano, sin haber visto la «Zarza Ardiente», con los enojados turistas —los niños beduinos de las piedrecitas han tenido un día fatal— y con Gérard. Con el bueno de Gérard, que en el autocar y luego en el avión se sienta a mi lado y me cuenta que lo del crecimiento de Eilat es un poco un camelo, que faltan diversiones, que la gente a los pocos días de bañarse se aburre, que los bancos de coral y los Pilares de Salomón tienen su interés pero no hasta el punto de que nos quedemos veinticuatro horas para verlos... También me dice que vivió quince años en Bélgica, donde fue secretario de una cadena de hoteles; y que el turismo en Israel está muy mal organizado; que pronto se casará, con una chica diez años más joven que él; y que es fácil fanatizar a los pueblos. «Cada día estoy más convencido de ello. En el puerto de Eilat hay ahora un petrolero llamado *Patria*. Así se empieza. Luego, ya lo sabe usted: en España, el catolicismo; en Alemania, el super-hombre; en Israel, "el territorio que al fin nos pertenece"...»

¡Adiós, Gérard, que tengas mucha suerte y que esa chica tan joven te fanatice y te dé unos herederos inteligentes, amables y políglotas como tú!

Regreso a Jerusalén

En Eilat almorzamos deprisa, menú turístico, en el «Hotel Neptuno», compartiendo la mesa con dos muchachas de Besançon que han estado en Tel Aviv en un Congreso Médico. Han visitado esa zona y están de acuerdo con Gérard en que el esfuerzo es desproporcionado, en que las incomodidades son muchas y censuran a sus compatriotas, los franceses, que se quejan de tantas pequeñas cosas, sin valorar lo que poseen. «Aquí los querríamos ver, en Eilat, con el simún, que se lleva las sombrillas de los hoteles; o trabajando en los *kibutzim*, o en el desierto... ¿Estuvieron ustedes en el Sinaí? ¿Sí? No es precisamente Versalles ¿verdad?»

En un abrir y cerrar de ojos, antes de la puesta del sol, me encuentro de nuevo en Jerusalén, en *Casa Nova*. Está visto que todo sigue su curso al margen de nuestras idas y venidas, sin pedirnos permiso y sin que nuestra ausencia sea causa del menor desequilibrio.

Me despido de Uriarte con un fuerte abrazo. ¿Cuándo volveremos a vernos? Quién sabe...

—¿Te acuerdas de las obras de arte que nos trajeron los dos carpinteros, el portugués y el brasileño?

—¡Claro que sí!

—Pronto quedarán instaladas en la basílica de la Anunciación...

—¿De veras? Me alegro mucho. Eran una maravilla...

Uriarte, de pie, firme, con su boina y su voz autoritaria, en ultima instancia da un quiebro y me dice: «Ayer me dejaste un poco preocupado... ¿De verdad el Pantocrator no te dio la respuesta que esperabas?» «Por desgracia, no, Uriarte. A ti no te puedo mentir.»

Con Víctor seguro que volveremos a vernos. En el «Bar Ovidio», en el Vía Crucis de los viernes, por cualquier callejuela de la Jerusalén intramuros. «A menos que quieras volver al Zoo bíblico, a ver si les han traído un chacal de repuesto...»

Me dejan en *Casa Nova* y se van a San Salvador. Y yo recupero mi celda. Y al dejar el saco de mano y tumbarme en la cama me doy cuenta de que verdaderamente la crisis pasó, y que estoy como nuevo y hasta deseoso de salir cuanto antes a comprar un nuevo termo y a entrar en cualquier barbería árabe a que me corten el pelo, me afeiten y me hagan masaje y me limpien los zapatos...; y me ofrezcan cerámica o sellos, a cambio de que algún cliente, entre el humo del narguile, obsequie a la concurrencia con una demostración de gimnasia yoga.

* * *

Bien, la composición de lugar está hecha y, de consiguiente, mi postura emocional ha cambiado. Ya no vivo pendiente del «milagro»; lo que, por otra parte, no dejaba de ser una puerilidad. Me trazo un plan de los lugares que deseo visitar antes de mi partida, de las personas con las que deseo hablar, y lo cumplo a rajatabla. Algunos de esos lugares son profanos, otros, no. Algunas de esas personas son religiosas, otras, no. Con todo, el resumen, aun sin pretender agotar el país, lo que no dejaría de ser otra puerilidad, es un tanto apretado.

Quiero visitar, por ejemplo, el Parlamento; la Universidad; el Museo del Libro; el Arqueológico; el Rockefeller, etcétera, y pienso que para esos sitios el cicerone ideal es el profesor Edery. Quiero visitar la franja de Gaza, allá en la costa y me acuerdo de que Ángel y Ginesillo se entusiasmaron con la idea de acompañarme; ahí el «intermediario» que se me ocurre, por si fallara Richard Lissner, el oficial de las Naciones Unidas que conocí al regreso de Beersheva, es Zaid, ya que presentarnos en un gran campo de refugiados palestinos sin la compañía de un árabe sería una temeridad. Querría ir a Haifa, con los carmelitas, para visitar la ciudad, dialogar sin prisa con el converso padre Daniel y subir con él, si es posible, al Monte Carmelo y conocer allí a su solitario guardián, el famoso padre Félix, que lleva en aquella cima algo más de veinte años; y también me gustaría echar un vistazo a Ein Hod, el poblado de artistas próximo a Haifa, del que nada más llegar a Tel Aviv nos habló precisamente el melómano Andreotti, dueño del restaurante en el que almorzamos... En fin, tampoco puede uno irse de Israel sin haber subido al *Herodium*.

Podría decirse que me convierto en una especie de artefacto cibernético. Todo lo preparo para que nada me falle, con intervalos que aprovecho para charlar con Salvio y Alma —mi experiencia en el Sinaí los ha dejado boquiabiertos—; con Santiago y María Fernanda, en el consulado; con la familia Dabdub, en Belén; con Emilio, en sus «Pirineos»; con los asiduos clientes del «Bar Ovidio»; y con los peregrinos que pasan sin cesar por el refectorio de *Casa Nova* y entablan inevitablemente diálogo con la señorita Petrozzi...

El Museo del Libro

El Museo que más me interesa, aparte del Arqueológico, que abarca desde la Edad que los musulmanes llamarían de la Gran Tiniebla hasta el siglo XIV, y en el que consigo identificarme con las piedras y las inscripciones más de lo que en mí es habitual, es el Museo o Santuario del Libro. Por fin entro en él, por fin consigo traspasar el «Muro de la Ignorancia», simbolizado por aquel enorme bloque rectangular de mármol negro cuya conservación está al cuidado de cuatro árabes analfabetos.

Museo singular, a fe, único en el mundo. Tiene la forma exacta de la jarra del Qumrán en que se hallaron los primeros manuscritos que el joven pastor Ab-Dib descubrió. La parte superior, que está a ras de suelo y que de hecho sirve de entrada, es la réplica idéntica, aunque de color blanco, de la tapadera redonda de la mencionada jarra; y el museo propiamente dicho se hunde en la tierra, lo que obliga a los visitantes a ir bajando por una escalera de caracol. Al llegar al fondo, tiene uno la impresión de encontrarse en un pozo irreal.

La idea arquitectónica es digna de un genio. En las correspondientes vitrinas se exponen pedazos de los rollos auténticos y otros que son simples facsímiles; el rollo completo de Isaías; algunas cartas de Bar Kobja; un cesto-mortaja en el que los romanos guardaban esqueletos vestidos, por lo que se conservan algunas zapatillas; ¡el salmo 145, acróstico, por primera vez íntegro, puesto que en todas las versiones anteriores —de la A a la Z— faltaba sistemáticamente la letra N!; etcétera. En el sótano, y a semejanza de la Fontana de Trévi, hay un lugar en el que los visitantes echan monedas «para ayudar a la causa israelí». Museo del Libro, en fin, del Libro de la Vida, sin volúmenes encuadernados pero con letras tan minúsculas en los «rollos» que mucha gente viene provista de una lupa, detalle que olvidé.

En el Parlamento israelí

El profesor Edery consigue un pase para asistir a una sesión del *Keneset,* del Parlamento, donde se planea la democracia que luego el pueblo, en la realidad práctica y cotidiana, se encarga de recortar.

En el patio interior que precede al edificio hay una llama con una inscripción que dice: *Y con su sangre mantendrán esta llama...* El sempiterno concepto dramático, como el de la Menorá que hay enfrente, colosal, cada uno de cuyos brazos representa el esfuerzo de cada hebreo vivo o muerto.

El soldado de guardia inquiere del profesor si llevamos armas y el profesor, con su cara aniñada, le pregunta: «¿Para qué?»; y el soldado no acierta a replicar.

La sesión de hoy en el hemiciclo, presidido por una fotografía de Teodoro Herzl, es un fracaso, debido a que se discute algo presupuestario. Apenas si llegan a diez los diputados. El primero que habla tiene la voz engolada, y luego sube al estrado una mujer, Shulamit Alloni, de enérgica personalidad y que ha fundado un partido; pero la sesión es tan aburrida como los hierros retorcidos que hay a modo de friso en la entrada del edificio y pronto el profesor Edery reclama la presencia del secretario del *Keneset,* Natanael Lorch, precisamente el amigo que Santiago, el cónsul, quería presentarme en su casa.

Hombre prematuramente envejecido, quizá con un rictus de tristeza, Natanael nos enseña todo lo que hay que ver.

En los pasillos del Parlamento, un recuerdo de piedra llamado el Pectoral —antes los sacerdotes judíos llevaban el pectoral— el *efod* —que llevan hoy los obispos católicos—, con doce agujeros representando las doce tribus. Unos tapices... ¡de Chagall!, naïfs, muy mediocres, a mi entender. Un mosaico... ¡de Chagall!, peor aún, a mi entender. Natanael Lorch los elogia con entusiasmo y yo me abstengo de opinar, al tiempo que me pregunto si Marc Chagall no será el único artista de que Israel dispone. ¿O el equivocado seré yo? En otro pasillo, no muy lejos, la cabeza prominente, amarilla y roja, de Ben Gurion.

Un detalle interesante y original: un diploma con las fotografías de 120 diputados, colocadas de forma que siluetean un candelabro de siete brazos. La época corresponde a 1951-1955 y en el diploma aparece una Golda Meir sorprendentemente joven. El profesor Edery comenta: «Es raro que no se la vea con el pitillo en los labios...»

Natanael Lorch, que da la impresión de tener sentido del humor y de decir lo que piensa, nos explica que, pese a todo, donde se toman las grandes decisiones es en el «comedor» del Parlamento. «No hagan ustedes caso de que el hemiciclo estuviera hoy casi desierto; como todos los días, los asuntos importantes se están debatiendo en aquel salón, entre "Coca-Cola" y zumo de fruta.»

Aquel salón es el comedor. Nos asomamos a la puerta y echamos un vistazo. En efecto, está a reventar y los rostros delatan una gravedad casi excesiva. En un rincón, presidiendo la mesa, vemos al diputado beduino, el *sheik* El Huzeili, del que tanto me hablaron en el Neguev. Ojos negros, incisivos, barba afilada, hace honor a su fama. Un grupo lo rodea escuchándolo como a un oráculo. Natanael comenta: «Es un hombre de valía, que conoce sus derechos y que no se echa nunca atrás.»

Visitamos también la sinagoga, que es muy hermosa, aunque, inevitablemente, el sitio para las mujeres está al fondo, detrás de una reja. Me pregunto si Golda —o la diputado Shulamit Alloni— se conforman con estar ahí.

—Señor Lorch, ¿cómo es posible que incluso en el *Keneset* exista tal discriminación?

—¡Ah...! —encoge los hombros y no añade nada más.

Bueno, eso es falso. Añade que, pese al detalle de la sinagoga, las leyes promulgadas en ese edificio han dado un paso de gigante contra la discriminación. Gracias a dichas leyes muchos jóvenes de ambos sexos pueden formarse una personalidad intelectual, siendo así que sus padres no conocían más que un libro, la Biblia; sin contar con que son muchos los jóvenes que pueden realizar sus estudios por sólo dos dólares al mes.

—Hay algo que está claro —prosigue, con su rictus de tristeza—: tenemos que hacer honor a nuestros antepasados. Me gustaría mandarle a usted una lista de los hombres eminentes que han surgido de nuestro pueblo. Es una lista interminable de físicos, de químicos, de músicos, de psicólogos, de inventores... Nuestro pueblo está en marcha. Quieren detenernos; será difícil. Puede anularse a un futbolista: basta con una patada en un tobillo; pero anular a un genio, o a un pueblo que los produce... ¿Dijo usted que visitó el Museo de Israel? Entonces vería usted aquellos esqueletos de hace un millón de años... Pues bien, hay judíos en la actualidad —incluso los hay ahora en este edificio—, cuyo cerebelo ha requerido eso, un millón de años para formarse en todo su valor. Eso no se para así como así; y por eso he tenido sumo gusto en complacer al profesor Edery haciendo que viera usted la llama del exterior, el hemiciclo y esos pasillos...

En la zona de Gaza

De las varias excursiones que realizo las que mayormente me impresionan son la de Gaza primero, y las de Haifa y el Carmelo después.

A Gaza voy con Ginesillo, ¡y con fray Delfín, el «organero»!, lo que significa que, en efecto, necesitamos los servicios de Zaid. Éste se siente feliz acompañándonos. ¡Le gusta tanto charlar conmigo y con mis amigos! Por otra parte, la franja de Gaza es conflictiva, como se dijo. Viven en ella unos 400.000 palestinos y puede calcularse que los refugiados suman alrededor de los 200.000, repartidos entre Campo de las Playas, Nuzerat, Breitch, Magasi, Du-Rafa, etcétera.

Los que vivían ya antes en Gaza tienen una actitud menos beligerante; pero los refugiados, en presencia de forasteros que no vayan acompañados de un árabe, pueden —y ése era mi temor— reaccionar de la forma más imprevista.

Cruzamos una llanura fértil, con palmeras, dátiles rojizos colgando, todo muy hermoso debido en buena medida al esfuerzo de los *kibutzim*. Fray Delfín es la primera persona que me dice que el sistema del *kibutz* tiene precedentes muy concretos, entre los que cabe citar las famosas *Reducciones,* es decir, los ensayos colectivizantes que realizaron durante largo tiempo los jesuitas en el Paraguay. Esa región es la de Sansón y repostamos en una gasolinera que lleva este nombre.

Llegamos a Gaza, y en lo que es precisamente el centro de la capital no se advierte nada de particular. Vemos una placa en recuerdo de Alice Lalande, que murió en el accidente aéreo que le costó la vida al observador de las Naciones Unidas, Dan Hamarskjorld... También vemos un hospital, construido con fondos canadienses.

En seguida oímos hablar de l'UNRWA y vemos coches y camiones que pertenecen a dicha organización. Naturalmente, traigo conmigo la tarjeta que me dio Richard Lissner, el oficial que conocí en el trayecto Beersheva-Jerusalén. Preguntamos por él y nos enteramos de que hoy no está aquí, de que se fue a Askelón. La adversa noticia queda compensada en cierto modo por la amabilidad de otro oficial americano, que nos atiende sin excesiva prisa y que nos facilita una serie de datos sobre la labor que l'UNRWA, en colaboración con la UNESCO, lleva a cabo en esta región, entre los refugiados. Nos repite lo del reparto de alimentos, las atenciones sanitarias y, especialmente, la creación de escuelas. Muchas escuelas, cada día más, sin descuidar a los subnormales, a los ciegos o a los que padecen alguna deficiencia... Lo malo es que no dan abasto, que no hay sitio para todos. Y él mismo nos indica, con cierto desaliento, el contraste enorme que ofrecen —con sólo verlos por las calles— los niños escolarizados y los que no lo están. Aquéllos visten de uniforme, impecablemente y se muestran alegres, en tanto que los demás llevan harapos. Nuestra actitud es de callada respuesta. Él lo advierte y comenta: «Sí, tienen ustedes razón. Pero ¿qué podemos hacer? Imposible atenderlos a todos... ¡El índice de natalidad es escalofriante!»

La respuesta zanja la cuestión. Así que le pregunto al oficial dónde vive Richard Lissner.

—En su casa —me contesta.

—¿Y dónde está su casa?

Sonríe, con un deje de complacencia.

—Su casa son los refugiados...

Vamos a los suburbios y a esos campos de refugiados. Reconozco que nunca vi nada igual. Miseria, promiscuidad, niños, camellos, latas vacías con retratos de Nasser pegados en ellas, restos de neumático, basura... Sólo en Campo de las Playas se albergan 40.000; en Gevalia, no muy lejos, 50.000; en Du-Rafa, 35.000; etcétera.

Con el taxi recorremos lentamente los mercadillos y algunas miradas son poco amistosas. Zaid hace lo que puede saludando a la gente en su idioma y con la mejor de sus sonrisas.

Al llegar a Nuzerat —25.000 refugiados—, la curiosidad me tienta y muestro mi deseo de bajarnos y deambular un poco por entre las chozas y las viviendas miserables. Me doy cuenta de que a Zaid la idea no le gusta ni pizca, pero no se atreve a negarse; sin embargo, nos sigue, a cierta distancia. Y Ginesillo, fray Delfín y yo nos metemos por las callejuelas más próximas, si callejuelas pueden llamarse.

Al principio, casi es una fiesta. Brotan niños de todas partes, que nos rodean. Los tres vamos vestidos de paisano. Nos miran con curiosidad, intentando adivinar quiénes somos. Yo entro en alguna de las viviendas y me horroriza su pauperismo, su desnudez. Muchas mujeres esqueléticas, colchones por el suelo, gallinas, cubos. Diríase que algunas de esas mujeres no se separarían del cubo por nada del mundo, como si fuera su arma o su garantía de seguridad. Hay viejos que duermen, hay adolescentes que practican con torpeza —¿dónde habrán aprendido?— el judo y ciertos golpes del karate.

De pronto, en cuanto fray Delfín saca sus bártulos fotográficos —imposible que el hombre dominara su pasión—, el panorama cambia de color. *Ebrei, Ebrei...!*, oímos que gritan algunos niños. *Ebrei!*, grita de pronto todo el mundo, saliendo de sus casas. Nos toman por judíos, tal vez por las barbas de mis dos acompañantes y porque, por lo visto, los primeros en realizar documentales sobre esos campos han sido los propios periodistas israelíes, disfrazados de árabes y hablando perfectamente este idioma.

A poco, incontables niños nos cercan y toman una actitud agresiva. Levantan las manos para obturar el objetivo de la máquina fotográfica de fray Delfín, nos tiran piedras que rebotan cerca... Exactamente lo que me ocurrió en el pequeño puerto del mar Rojo, en Safagan, durante el viaje que hicimos con el carguero *Almudena* hacia Ceilán. *Ebrei, Ebrei...!* Salen algunos hombres de sus casas y el asunto se pone serio. Nos hemos adentrado bastante en el lugar y volviendo la vista atrás advertimos que no tenemos salida.

Ignoro lo que nos hubiera ocurrido a no ser por la intervención de Zaid. Zaid se ha abierto paso y les explica en su lengua que están en un error, que somos «frailes», «franciscanos», de esos que precisamente en muchos sitios de las zonas ocupadas cuidamos de hospitales, orfelinatos y demás. El taxista —¡querido Zaid!— ha puesto toda el alma en su discurso, que ha resultado convincente, al parecer. Las manos alzadas se caen. Las miradas se suavizan un tanto. Por lo menos, se produce la duda, un compás de espera. Y mientras Zaid continúa perorando nos repite varias veces consecutivas: «rápido, al taxi...». No podemos echar a correr, porque ello incrementaría las sospechas; pero volvemos sobre nuestros pasos procurando sonreír y saludar a todo el mundo con amabilidad. Una mujer, apostada en un portalón verde, nos muestra su vientre abultado y con los dedos nos da a entender que tiene ya diez hijos. Un hombre a su lado nos dice, en un francés rarísimo: «¡Dinero y comida, no fotografías!» La persecución arrecia de nuevo y los niños ahora gritan, tocándose el pecho: «¡árabes, árabes!» En una fuentecilla una niña, ajena a todo, bebe agua a morro.

Una piedra de considerable tamaño pasa rozando la cabeza de Ginesillo. Zaid corre ahora siguiendo nuestros pasos. Conseguimos llegar al taxi, subir a él y salir zumbando.

—Ha sido una imprudencia, señor. Se han salvado de milagro...

—Sí, Zaid. Tiene usted razón. Fue la curiosidad. Y acostumbrados a ver personal de l'UNRWA, no creímos que reaccionaran así.

—Compréndanlo. Están desesperados. Y esos del judo, son futuros guerrilleros.

—Le repito que tiene usted mucha razón.

Vuelvo la cabeza y veo que fray Delfín sonríe, tranquilo.

—He sacado lo menos veinticuatro fotos. Formidable...

Volvemos a Gaza, a la capital. Zaid conoce allí al dueño de una tienda de cereales, que trabaja con dos hermanos suyos. Nos reciben muy bien. Zaid les cuenta nuestra odisea y los tres hombres, que están gordísimos, mueven la cabeza expresivamente. «Aquí todo forastero es *ebrei*, mientras no demuestre lo contrario...»

Nos ofrecen una taza de té turco para reconfortarnos y el olor de la tienda, olor a gramíneas, es agradable. En las paredes, un retrato de Nasser y documentos antiguos, como vimos en Jericó.

Zaid les arranca confidencias. El mayor de los hermanos nos dice que, en efecto, los refugiados se acercan a los 200.000 y que esta cifra es un peligro constante, porque entre tantos a la fuerza han de salir fanáticos, delincuentes y *kamikazes* —emplea esta palabra—, dispuestos a lo que sea. «Yo no le veo solución. Lo que l'UNRWA pueda hacer es una gota de agua. Creo que las autoridades judías no se dan cuenta de que esto es un polvorín, sobre todo porque muchos tienen parientes que huyeron a Jordania y quieren estar de nuevo con ellos, aquí o donde sea.»

—Nosotros no somos refugiados, ya estábamos aquí antes. En comparación, vivimos como el rey Faruk. Sin embargo, hasta la guerra todo estaba tranquilo y venían los egipcios a pasar las fiestas en Gaza y compraban cosas. Ahora el Gobierno israelí nos carga de impuestos y nos considera ciudadanos de segunda categoría...

Pienso en el Parlamento, en el hemiciclo, en los pasillos de mármol, en Natanael Lorch... ¿Son conscientes de que eso es un polvorín? ¿Obran cuerdamente subestimando ese peligro, marginando a esos millares de niños dispuestos a gritar *ebrei* y a adiestrarse en el karate?

Zaid nos dice que los tres hermanos son muy religiosos y que son conocidos y apreciados por su honradez y porque siempre contestan con brevedad y precisión.

—Háganos de intérprete y les preguntaremos unas cuantas cosas.

—De acuerdo.

Empezamos al momento.

—¿Por qué tienen tantos hijos?

—A los árabes nos gusta.

—Pero hay muchos que no los pueden educar...

—Dios ayuda.

—¿Dios...? ¿Creen que Dios los conoce a todos, uno por uno?

—Lo llevamos dentro, en el corazón. Y ayuda.

—¿Creen ustedes que los ayuda siempre? ¿Y cuando pierden una guerra?

—Es porque nuestros jefes han hecho algo malo y Dios castiga. Pero todo pasa...

—¿Saben ustedes lo que va a pasar?

—No, imposible... Cuando usted nació, ¿sabía lo que iba a hacer?

—No.

—Pues Dios sí lo sabía.

Y los tres se ríen, contentos de su victoria dialéctica. Victoria que el menor

de los tres remata diciendo: «En el Corán se lee que Dios da lo que no se sabe...»
La seguridad de los tres cerealistas es impresionante. Son rocas vivientes. Los
avalan dieciséis siglos de religiosidad.

Fray Delfín se abre la camisa y les muestra la medalla que lleva en el pecho.

—¿Qué opinan de Cristo?

Ellos miran la medalla y la reconocen en el acto.

—¡Uy, Jesús! Un gran profeta. Y la Virgen...

Y el diálogo termina aquí, en el instante en que termina también el café turco
y el vaso de agua que nos han servido a cada uno.

Zaid está contento. Cree que para nosotros el diálogo ha sido muy interesante, y no se equivoca. Los dueños de la tienda son idénticos a Abud-Abdel, con
la ventaja de que tienen unos ojos con los que pueden ver a los amigos como
Zaid y reconocer en las medallas a Cristo.

Almorzamos en un motel de la carretera, en ruta hacia Askelón. En dicho
motel varios turistas se divierten con un muñeco como el que guardo en mi celda:
el del franciscano cuyo falo asoma erecto por entre el hábito con sólo ejercer una
ligera presión sobre su cabeza. Ginesillo se entristece diciendo que el Maligno
recorre el universo. Fray Delfín, que ha ido sacando del coche más y más utensilios, estima que no hay que exagerar y que más que nada es un problema con-
sumista y de falta de educación.

En Askelón nos detenemos para contemplar un momento el mar. La playa
es bellísima. Fray Delfín comenta que no existe la menor seguridad de que Jesús
viera alguna vez el Mediterráneo. «Se dice que estuvo en la región de Sidón y
Tiro, que entonces formaban parte de Siria; pero no está nada claro.»

Zaid, aprovechando la maravillosa luz del día de hoy, nos obsequia prolongando la excursión hasta Ramle —la famosa Arimatea del tiempo de Cristo—,
que no tiene nada que ver con Ramallah, mucho más al Este. Quiere a toda costa
que yo vea la famosa torre musulmana que hay allí, del siglo XIV, orgullo de los
ramleítas y que los vecinos de Lod quisieron robar atándole unas «milagrosas»
cuerdas para llevársela a su ciudad. Toda la noche estuvieron tirando de dichas
cuerdas, sin mirar para atrás, convencidos de que la torre se movía. Fray Delfín
comenta: «Supongo que luego se ahorcarían todos con las sogas ¿no?»

En Ramle, por consejo de Ginesillo, visitamos el cementerio británico, uno
de los más limpios y cuidados que he visto en mi vida. Hay 3.688 cuerpos enterrados; es, por tanto, mucho mayor que el del Sinaí... En la entrada vemos un
libro de firmas —ignoro si existe otro en algún otro cementerio—, en el que
los visitantes pueden expresar sus sentimientos. Un comentario dice, entre otros
muchos: «Yo quisiera que el cementerio judío estuviera tan bien cuidado como
éste.»

Hay eucaliptos, cipreses —árboles de eterna estampa en Israel—, y tumbas
de todas clases, algunas con la estrella de David y la cruz emparejadas. Se ven
dos tumbas hindúes aparte, con una inscripción en una de ellas: «El trabajo lo
vence todo.» Registro varios epitafios que me llaman la atención: «Vivió para
los demás.» «Adiós, y que Dios esté contigo.» «Murió creyendo en Dios.» «Lo que
te pido es que me recuerdes en el altar de Dios»; etcétera.

Cementerio que rezuma paz, entre los cipreses y los eucaliptos. ¡Cuántos cementerios británicos hay en el mundo! Es el tributo que ha habido que pagar por el Imperio, por la *Commonwealth*. Enviar seres vivos a conquistar lo que sea es enviar seres muertos. Se muere en la tierra, se muere en el cielo, se muere en el mar. No sé si es también culpa del Maligno o simplemente otra falta de educación.

En Haifa y en el Monte Carmelo

La otra excursión que me interesó en grado sumo antes de quedarme ya en Jerusalén y despedirme de Tierra Santa —mi estancia aquí se termina, como tiene límites incluso el mar—, fue la de Haifa y el Monte Carmelo.

En Haifa, adonde llegué en autocar directo desde Jerusalén, y en cuyas playas cercanas nos recibieron con lento vuelo millares de gaviotas, me hospedé en el grandioso, en el excesivo convento, con vastos jardines, que tienen allí los Padres Carmelitas, junto a una zona utilizada ahora como cuartel, con un faro enfrente y un monumento a los soldados caídos cuando la campaña de Napoleón.

Me atendió en seguida el padre Alsina, catalán, de Badalona, muy sereno, el cual, antes de presentarme a la comunidad me hizo los honores, enseñándome el rústico Vía Crucis situado entre los árboles, cuyas *Estaciones* son azulejos de Manises y obsequio de varias familias catalanas. Por cierto, que en dichas *Estaciones* las caras de los judíos han sido todas desfiguradas a golpes o destruidas, excepto las de Jesús y María, lo que permite suponer que el autor del descabello fue un árabe.

Luego me enseña el libro de firmas, mucho mayor y más alegre que el del cementerio británico de Ramle, en el que veo, fechadas el año 1964, las firmas de los reyes Balduino y Fabiola. Continúa acompañándome y en la iglesia me muestra el camerino de la Virgen, Virgen rotatoria —puede colocarse cara a los fieles o darle la vuelta y ponerla cara a la sacristía—, y, abajo, la Gruta de San Elías, el gran profeta de toda esta comarca y de la Galilea del Norte. Gruta muy frecuentada, donde se dice que el profeta vivió durante años y en la que las familias católicas tienen la costumbre de hacer bautizar a sus hijos varones, vestidos con hábito carmelita.

Mientras me conduce a la celda que, por orden del superior —estaban esperando mi visita— me ha sido destinada, el padre Alsina me cuenta que en todo el mundo hay 3.500 carmelitas varones y 14.000 mujeres. Esa especie de ejército no me impide llevarme un susto mayúsculo al entrar en la celda, puesto que al lado de la cama se levanta y me da la bienvenida una gigantesca imagen de San Elías con su espada flamígera. Su realismo es tal que me ha costado lo indecible hacerme a la idea de que no iba a ser atacado.

Bien, mientras recorremos los pasillos me ratifico en mi impresión de que el convento es excesivo y de que el número de imágenes y de cuadros de mal gusto es tal que el más exigente de los iconoclastas encontraría materia bastante para satisfacer su voracidad por Dios sabe cuánto tiempo.

Pero la nota más destacada del convento residía en dos de sus moradores. El primero de ellos, el padre Daniel, menudo, con perilla, vivaz y enormemente expresivo, al que conocí en Banias con motivo del bautizo de los quechuas; el segundo, el padre Elías, sudafricano, médico de profesión, filósofo, de aspecto enfermizo y un tanto neurótico, del que el profesor Edery me había hablado con admiración. Ambos judíos conversos, ¡qué casualidad!, pero, según noticias, con posturas muy distintas con respecto al sionismo y al presente y al futuro de Israel.

Con el padre Daniel hago pronto buenas migas. Alegre y dicharachero. En Banías las circunstancias impidieron que sostuviéramos una charla; aquí no hay pega. En seguida, y a instancias mías, me cuenta de pe a pa cómo fue su conversión. Héroe nacional durante la II Guerra Mundial, hasta el punto de que el Gobierno israelí le rindió honores y lo proclamó *Justo*, se salvó milagrosamente de una cárcel en la que los nazis lo tenían sentenciado, yendo a parar a un convento de monjas de Polonia. Allí le dieron a leer un folleto sobre Lourdes. Contra todo pronóstico, se interesó tanto por él que pidió los Evangelios; y al leerlos detenidamente y advertir que coincidían de tal modo con sus meditaciones en torno a los horrores de la guerra que devastaba el mundo, se convirtió.

Sin embargo, continuó —y continúa— sintiéndose judío al ciento por ciento. Su trabajo de apostolado lo ejerce en lo posible en los ambientes judíos, sacándole el máximo partido a su aureola. Celebra la misa en hebreo, para los judíos cristianos. Y goza lo suyo cantando las excelencias del nuevo Estado de Israel. Por ejemplo, en cuanto cumplió su promesa de acompañarme —dispone de un coche asmático, pero que ignora las averías— a la cima del Monte Carmelo, llamado también del Sacrificio, a lo largo del trayecto me habló sin tregua del titánico esfuerzo que ha supuesto la repoblación forestal llevada a cabo en aquellos parajes, a base de *bosques simétricos*; me enseñó de lejos la Universidad de Haifa en construcción, para unos 7.000 estudiantes —«que los demás carmelitas no han tenido nunca interés en visitar»—, así como un hospital de reposo para víctimas de la persecución nazi, con muchos matrimonios ya mayores, agotados, que daban pena. A menudo se detenía aquí y allá para mostrarme, o bien conquistas de la técnica moderna, o bien altares antiquísimos, cananeos, tallados en la roca viva, que lo mismo servían para el ritual y las ofrendas que para el acto sexual con miras a la fertilidad. Y por supuesto, cada vez que veíamos al paso excursionistas judíos y árabes al alimón por la montaña, se sentía tan feliz como cuando me informaba con detalle de la transformación operada en Hula y contornos desde 1948.

Tuvimos que cruzar varios poblados drusos, menos herméticos que los de las cercanías del Golán, en uno de los cuales se celebraba un partido de fútbol, en un descampado, con mucho público, parte del cual lo presenciaba subido a lo alto de unos autocares. Los tractores y útiles de labranza en torno dotaban la escena de un colorido extraño, que más parecía soñado que real.

Al llegar a lo alto del Carmelo, al monasterio carmelita, nos recibió el popularísimo padre Félix —en efecto, más de veinte años en el lugar, a veces completamente solo, a veces en compañía del hermano Valentino—, quien nos llevó sin pérdida de tiempo a la inmensa terraza desde la cual se divisa toda la alta Galilea, el Hermón, Nazaret, el Tabor, el Mediterráneo... Una de las atalayas más fantásticas de todo Israel, digna rival del *Herodium* y con noches pletóricas de estrellas fugaces, al parecer.

Aupado por la belleza del lugar, el padre Daniel, acodado en la baranda de la terraza, tiene un arranque conmovedor y me habla de dos temas como elegidos exprofeso para mí: de la «alegría» que supuso para él el encuentro con Cristo, y de su nulo miedo a la muerte a partir de aquel momento. «Comprenderá usted que hay una diferencia abismal entre esperar el Mesías o saber que ya vino y que compartió con nosotros el pan.» «En cuanto a morir ¿qué puede importar? Estamos en el monte del Sacrificio. En toda esa cordillera han muerto durante centurias innumerables seres humanos. Para un cristiano ¿qué significa? Ver por fin el rostro de Cristo vivo, tal vez resplandeciente.» «¿Sabe lo que le digo? Me gustaría presentarme ante Él, o bien con mi traje de prisionero durante la guerra, o bien con el ingenuo hábito de carmelita que llevan los niños cuando vienen a nuestro convento de Haifa a bautizarse.» «A veces me pregunto: ¿qué le diré? ¡Oh, ya lo sé! Shalom... Lo saludaré en su idioma y él me contestará lo mismo: Shalom.» «¡Je, a lo mejor incluso me llama Daniel! Y me felicita por todo lo que en Israel se ha hecho y se piensa hacer. Al fin y al cabo es su país ¿no?»

A seguido especula sobre la posibilidad de que Jesús, en su juventud, durante sus «años oscuros» de Nazaret, hubiera subido al Carmelo alguna vez. ¿Por qué no? El Padre Daniel se encariña con la idea, se lanza a fantasear y admite que a lo mejor en alguna ocasión jugó también al fútbol, con una pelota de trapo o algo parecido. «Bueno ¿por qué no pudo hacerlo? Seguro que marcaría muchos goles, sobre todo, de formidables cabezazos...»

Quedamos en que a continuación bajaremos a la capilla. «Verá que sólo tenemos en ella un tronco de árbol en forma de cruz, sin Cristo siquiera. ¿Sabe por qué? Porque antes había muchos santos y un día oí a un guía judío que les decía a unos niños: *Esos que están ahí, nadie sabe quiénes son...* Entonces, de acuerdo con el padre Félix, que, como buen ermitaño, sólo sabe decirle que no al pecado, decidimos quitarlo todo y dejar exclusivamente el tronco de un árbol.»

Y el caso es que el padre Daniel no podía suponer nunca el daño que me estaba causando con sus palabras, en ese último tramo de la conversación. ¡Creer que después de la muerte podrá uno saludar a Cristo empleando la lengua materna y recibiendo respuesta!

—Padre Daniel, ¿ha estado usted en el Sinaí?

—¡Sí, más de una vez! Extraordinario...

El padre Elías, profeta

Con el padre Elías no pude conectar hasta el día siguiente por la tarde. No se encontraba muy bien y se había quedado en cama.

La mañana la empleamos con el padre Alsina en visitar un poco Haifa, un tanto caótico, con edificios modernos y cafeterías y de pronto vaharadas de tercer mundo; con el puerto, por donde van y vienen toneladas de mercancías y también de peregrinos; con el barco que sirvió para filmar la película *Éxodo*; con los jardines persas Bahai, comunidad que tiene como lema la fraternidad universal, espléndidos, a fe, en pendiente hacia el mar, de los que ya mi mujer me habló, con abundancia de motivos decorativos basados en pavos reales y en águilas, y árboles hermosísimos, de considerable altura. Pese al calor bochornoso, al *hamsin*, el recorrido Bahai me interesó mucho. Me enteré de que la mayoría de los jardineros eran voluntarios. Lástima que no nos dejaran entrar ni en el templo ni en la Casa de Peregrinos, porque ya no era hora de visita: sólo de 9 a 12. Discutí con la persona que salió a nuestro encuentro, pero no pude convencerla. Nos abarrotó de folletos, pero no nos dejó entrar. Curiosa interpretación de la palabra *fraternidad*, sujeta a horario estricto, como en cualquier oficina de Hacienda o del Catastro.

El padre Elías me impresionó mucho más, si cabe, que el padre Daniel, porque en el transcurso de nuestro diálogo dijo varias cosas que coincidían con otras que yo andaba barruntando. Sudafricano, como dije, y médico, estudió en la misma Facultad donde más tarde se graduaría el doctor Barnard. Delgado, nervioso, con varios tics que me inspiraban compasión porque sin duda eran el resultado de intensos sufrimientos. Enfermo, sí, y abrasado por un inocultable fuego interior. Al saber que yo me dedicaba a escribir me obsequió con un libro suyo sobre la identidad de los judíos —versión inglesa—, y me prometió enviarme las fotocopias de un trabajo que publicó en 1944 *profetizando* todo lo que desde entonces ha ocurrido en Israel.

Su concepción del judaísmo, en efecto, no tiene nada que ver con la del padre Daniel, aunque no es ése el aspecto que mayor impacto debía causarme. El padre Elías no admira, como el padre Daniel, a Ben Gurion: lo llamo loco y el padre Daniel lo llama genio... Le desagrada que el Gobierno haya recibido de los alemanes, en concepto de reparación, una incalculable suma de dinero; en cambio, el padre Daniel habló de eso con cierta delectación. No consigue ver con claridad hacia dónde se dirige el judaísmo; a su juicio, éste se encuentra con un vacío ideológico que no sabe con qué llenar. Entiende que los mismos judíos que trajeron el sionismo trajeron el comunismo, tesis que no es fácil rebatir, aunque afirma que el sionismo ha fracasado y que ya no cabe hablar de él. ¿El Estado de Israel ha realizado grandes obras? Imposible negarlo. Pero ¿cómo? Dicho Estado se montó sobre los millones de muertos por los nazis, muertos que no han venido. Tampoco han venido los grandes judíos de los Estados Unidos ni de Europa. Han venido pobres supervivientes *askenazim,* muchos sefarditas... ¡y yemenitas, éstos a base de engaños y promesas! Por eso llega un momento en que no se sabe en qué consiste ser judío, a menos que se acepte que lo es aquel que admite la ley de Moisés. Ahora bien, en ese caso ser judío y declararse ateo es una contradicción...

Sí, ahí entramos en el terreno que había de obligarme a admirar profundamente al padre Elías, cuya hondura de pensamiento queda al margen de toda duda. Hablando de religión, su fuego interior abrasa más aún. No acaba de comprender al Vaticano. Cada día hay varios judíos conversos en el mundo y en Roma no saben qué hacer con ellos, porque ignoran el significado exacto de tal conversión, *que no es otro que la preparación de la conversión masiva del pueblo judío al catolicismo,* fenómeno que él prevé para dentro de unos veinticinco años; tesis que, por lo demás, enlaza con la de quienes piensan que el avión, la nevera, la televisión y en general la occidentalización de las costumbres predisponen a aceptar el cristianismo mucho más que el pelado cogote que exhibe en Mea Shearim el cuñado del profesor Edery.

Y aquí el padre Elías suelta la frase que me sobrecoge verdaramente —dado que lo anterior se me antojó un tanto utópico—, porque enlaza con la médula de mi pensamiento, aunque sea de un modo lateral o por un camino diverso: «Cuando esa conversión del pueblo judío se haya producido, el Papa vivirá en Jerusalén...»

¡Por los clavos de ese Cristo que me zarandea! Una de las conclusiones a que he ido llegando, luego de haber vivido en Roma y de observar atentamente la actuación del Vaticano, es que el Papa ha de abandonar la llamada Ciudad Eterna y trasladarse humildemente a la que es Eterna de verdad, es decir, Jerusalén... Instalándose donde sea, donde pueda. Jesús estuvo aquí, no estuvo en Roma jamás. Jesús murió aquí, no murió en Roma, ni siquiera simbólicamente.

Roma no es más que el resultado de una acción imperialista y ya sería hora de renunciar a aquella pompa y regresar a los comienzos de la predicación. Es una de las lecciones que he aprendido en Tierra Santa. El Patriarca Latino no conecta fraternalmente con el pueblo. El *Custodio* ha de ser por decreto italiano y someterse a la influencia de la Curia Romana, la cual a menudo, desde su lejano feudo, ignora realidades elementales con respecto a los Lugares Santos. ¿Por qué todo eso? Seguro que al padre Elías no le importaría que el *Custodio* fuese sudafricano; y a mí, desde luego, no me importaría tampoco que fuese lapón... o judío.

El padre Elías interpreta, creo, mi pensamiento. Y dice:

—La raíz es Jesús; el olivo, san Pablo; las ramas desgajadas, la apostasía de los gentiles y de la Iglesia.

¡La apostasía de la Iglesia! Los tics nerviosos del padre Elías se han incrementado. Ha ido fatigándose y yo recuerdo mi pre-muerte en el valle de Er Raha. No quiero abusar de su amabilidad. Ya me ha dicho bastante. No comprendo lo de la conversión masiva, tan inminente, de los «suyos», pero sí lo del Papa en Jerusalén. Y con eso, y con el vacío ideológico que se presiente en el judaísmo, disimulado por la vitalidad de los *sabras,* pero evidente en el rictus triste de Natanael Lorch, es suficiente.

Haifa, la última experiencia seria fuera de Jerusalén. El regreso lo hago también en autocar. Continúa el calor, el *hansim.* Millares de gaviotas desde el mar saludan a nuestro vehículo, alineado en la esperpéntica y funcional estación, inaugurada no hace mucho. He visto sobre el tejado de gran número de casas, lo mismo que en Tel Aviv, depósitos para aprovechar la energía solar. He visto recoger en tres días millares de quilos de papel —Operación Papel— en cubos depositados en las calles. Veo en las afueras un crematorio de basuras. El puerto queda atrás, así como el templo Bahai, en tanto que el padre Daniel y el padre Félix quedan allá en lo alto, en el Carmelo; en cuanto al padre Alsina, ha tenido la gentileza de venir a despedirme.

En el momento de arrancar el autobús unos cuantos niños se suben a los estribos y pegan adhesivos en los cristales, adhesivos con la palabra *Paz;* aunque luego en el camino vemos muchos tanques de la última guerra y la música que conecta el conductor es una *cassette* melancólica: *Shalom Shabat...*

CAPÍTULO XXXVIII

Últimos días en Tierra Santa

En Jerusalén voy a la «Agencia Patras» a buscar el billete de vuelta a España, vía Zurich, para dentro de ocho días. Con él en el bolsillo todo vuelve a tomar otro aire, como me ocurriera al finalizar mi visita al Sinaí. Ahora se trata de lo definitivo. Ahora se trata de ir despidiéndome de las personas, de los lugares, de las cosas.

Todavía, con el coche de Emilio, que se diría que se ha aferrado a mí y no quiere dejarme escapar, visito el *Herodium,* un mini-Masada, con alguna variante; el pozo de Jacob, con una gruta de Lourdes más pastoril y de baratillo de lo presumible; Emmaús, con calzadas romanas, seis veloces gacelas —sí, también picotean tabaco—, y un enorme edificio enfrente, antaño Orfelinato, perteneciente a la *Custodia,* con el que algo habrá que hacer. Pero ya todo me parece verlo pendiente del reloj, lo que me impide saborear la momentaneidad, el instante que pasa...

A menudo todo pasa como en las viejas películas mudas, con prisa cómica, imprevistos retrocesos y *gags* que le dejan a uno sentado en el suelo, k.o., o con la cara llena de barro o de nata. El profesor Edery, cuya hija, Débora, vuelve a estar en el frente, me acompaña una vez más a la Universidad, que es un pedazo de su carne, para que vea que en las aceras exteriores y en el *campus* hay estudiantes o infiltrados que venden cinturones de cuero, broches y abalorios; y mucha camaradería entre profesores y alumnos; y comedores *self-service* muy eficaces; y aulas muy prácticas, con los asientos colocados en forma de tobogán; y en el renglón de la literatura española, libros de Ortega, de Unamuno, de Delibes, de Agustí, míos, etcétera, bajo la vigilancia de una muchacha boliviana, servicial, la cual me confirma que, ciertamente, Golda Meir se trajo de Chile un vaciado-réplica de la mano derecha de Gabriela Mistral, mano que les regaló y que preside el Departamento, junto con la fotografía del financiero que fue el mecenas de toda aquella instalación y el retrato de un hijo suyo que murió de accidente.

El profesor Edery me promete enviarme sus volúmenes de *Historia de las Religiones Comparadas* cuando la obra esté terminada; pero le falta mucho aún. Cada día el tema se le retuerce más y más. No hay forma de asegurar que tal o cual rito se inició en Mesopotamia o entre los indonesios, ya que en el momento más impensado surge, en la selva precolombina o en una isla del Ártico, una tribu ignorada que le precedió... No ve la menor posibilidad, por el momento, de conseguir «la unión de las iglesias», de forma que aprueba de todas todas que mi proyectado libro narrativo lleve como título *El escándalo de Tierra Santa*.

—Por lo menos los cristianos deberían de estar unidos, como acordamos por unanimidad aquella tarde en la Escuela Bíblica... Y no hay manera. Repasando mis carpetas, tengo siempre la impresión de que son niños que riñeron por una fruslería, que se sacaron la lengua y que llevan unos cuantos siglos deseando que al «otro» le parta un rayo...

Le agradezco al profesor todo lo que ha hecho por mí. Nunca olvidaré el día que me acompañó a Yad Washem y me descubrió, entre otras muchas cosas que yo ignoraba, que el mismísimo Torquemada llevaba en las venas sangre judía. Su objetividad es digna de todo elogio y ha constituido para mis entendederas una hermosa lección. Siento por él tanto cariño como él lo siente por su perrito *Jonás* y como su hijo Sami lo siente por el Instituto Weizmann. Le expliqué, en parte, lo que me ocurrió en el Sinaí y quería de todas las maneras que en el Hospital Hadassa me hicieran un chequeo a fondo. «Yo le acompañaré. Hágaselo. Aunque sólo sea para su tranquilidad. Son muy competentes.» Le contesté que estoy cansado de análisis y de electros de todas clases y que, en todo caso, puesto que la crisis evidentemente pasó, si recibo otro aviso me las arreglaré en España.

Nos reunimos varias veces con Salvio y Alma. ¡Han quedado tantos asuntos pendientes! Empezamos nuestra amistad con un arranque furioso y luego mis nuevos compromisos fueron multiplicándose y nos hemos visto menos de lo deseable. Es la ley. Sin embargo, ellos continúan lo mismo: con las puertas abiertas de par en par si de mí se trata. Es posible que Salvio haga pronto un viaje a España —quiere visitar la zona geológica de Almería y la isla de Lanzarote—, e iría a verme a mi casa. Entretanto, todavía podemos hablar nuevamente, como con Ginesillo, de las andanzas del Maligno, de la lucha entre el Bien y el Mal, de Arimán, la gran serpiente de la noche y su adversario Ormuz. Y de tantos otros antagonismos similares. Lo único que Salvio remacha, en una de sus parrafadas anacreónticas y mojadas en whisky, es que en el catolicismo es Dios mismo quien creó los ángeles que habían de caer, a sabiendas de que iban a hacerlo, lo que le confiere una dimensión probablemente única.

No pierde el tiempo, y confuso y lleno de dudas como yo arremete contra el Vaticano, el cual, según él, le clavó el dardo que le quitó la sotana, lo precipitó en los brazos de Alma y lo tiene como dislocado, luchando por no aceptar lo aceptable y viceversa. «¡No vayas nunca a Roma! Prométemelo... El Estado del Vaticano ha sido construido sobre un cementerio y sobre un circo, el de Nerón... Y aunque su himno fue compuesto por el romántico Gounod, viven en su feudo más militares que civiles.» «El Papa no es sólo un soberano que dispone de los poderes legislativo, ejecutivo y judicial, sino que es propietario de todo el Estado... Y la Curia romana siempre a remolque de lo que ocurre en el mundo, de los descubrimientos y avances sociales, por lo que nada me extrañaría que un día asistiéramos a la beatificación de Savonarola, el gran estrangulado y quemado en la plaza pública de Florencia. Vete con cuidado, te lo digo porque te conozco y te sé lleno de escrúpulos. Adopta una actitud recia, como la de Moisés en la estatua miguelangelesca que tanto gustaba a Einstein. Y aunque la genuflexión simboliza la caída del pecador que se pone otra vez en pie gracias a Cristo, tú arrepiéntete sólo del daño que le hagas al prójimo y no olvides que la Santa Sede sólo condenó la bomba atómica cuando, además de los americanos, la poseyeron otras naciones...»

Alma no entiende nada de eso que nosotros llamamos escrúpulos y también nos mira como a dos críos que le sacáramos la lengua a un fantasma. «El día que me enteré de que un cardenal dijo que el comunismo les prestaba un gran servicio porque los proveía de mártires, le hubiera pegado a Salvio quinientos azotes, a no ser que celebrábamos el aniversario de nuestro cariño eterno.»

¡Pareja entrañable! Sí, estoy seguro de que volveremos a vernos, en Almería, en Lanzarote o gracias a los avatares de la vida. Nos despedimos con un cosquilleo en los ojos. Alma me dice: «Me avergüenza confesarlo, pero antes de conocerte el té no me gustaba ni pizca.»

Voy al Consulado a despedirme de Santiago y María Fernanda. Santiago estaba a punto de salir —otra visita al obispo maronita, que continúa muy enfermo—, pero me obligan a quedarme a almorzar con ellos. Hablamos de mil cosas. Santiago, rendido admirador de *Les petites soeurs de Foucauld,* continuará yendo como ellas, si puede, todos los días al Santo Sepulcro y ocupándose, naturalmente, de las cosas concernientes a España. «Quién sabe si algún día estableceremos relaciones diplomáticas plenas con Israel.» Ahora está preparando unas conferencias que vendrá a pronunciar en diversos círculos culturales el marqués de Lozoya. Quedamos en que próximamente nos veremos en España, en el transcurso de sus vacaciones veraniegas, bien en el Monasterio de Piedra, bien en San Sebastián. «No te regalamos ningún folleto turístico, porque te consta que no es del todo seguro *que el sol pase el invierno en España*; pero tendrás que esperarte un momento, porque nuestros tres hijos quieren despedirse de ti.»

A veces me las arreglo para tomar un taxi y pasar por delante de una serie de sitios que me han sido familiares: «La Poste», el «President Hotel», el «Hotel Intercontinental»... Desde este último contemplo las mezquitas de Omar y El Acsa. ¡Cuántos recuerdos! Para no hablar de las murallas, que a veces creo conocer piedra por piedra.

Naturalmente, el capítulo de regalos es copioso. Difícil elegir. Varias colecciones completas del Padrenuestro; reproducciones en color de la Natividad, de Belén, del santuario de las Bienaventuranzas; figurillas representando rabinos de Mea Shearim; frascos conteniendo agua del Jordán... Para mí, adquiero un candelabro precioso, de siete brazos —brazos móviles—, dorado; grandes mapas; la palabra *Shalom* compuesta con pequeñas piedrecitas blancas y rosa de Jerusalén; otra piedrecita, verdosa, en el interior de un cristal, extraída de las minas de Salomón, con la inscripción correspondiente; un par de ceniceros con las siluetas de los patriarcas; etcétera. ¡Tantas cosas! Con Zaid hemos hecho un trato: me acompañará al aeropuerto —¡Dios mío, la sobrecarga de equipaje!—, y al despedirnos él se quedará con el hornillo eléctrico que tan útil me ha sido, a cambio de un molinillo *especialísimo,* con pequeños puntitos bordados por Naila, que Abu-Abdel ha elaborado para mí.

Me impresiona ir al Muro de las Lamentaciones. Elijo un viernes por la tarde —yo salgo el lunes—, al inicio del *shabat*... La palabra «superstición» se me olvida. Veo a unos hombres con sus *talit* y sus *kipás* que salmodian y rezan y cantan por los suyos y por la liberación de su pueblo. ¿Quién no necesita consuelo? La entrevista que sobre el tema debía celebrar con algunos *sabras*, como nos propusimos la noche del *Seder* —con Débora, con Sami, con Raquel...— se quedó en mero proyecto y ahora lo lamento muy de veras.

Me paso algunos ratos en la Puerta de Damasco, contemplando a los ciegos que forman parte de las escaleras y del muro y el ir y venir de la Humanidad varia y cambiante. Deambulo al azar por los zocos del interior, donde algunos de los comerciantes y artesanos ya me conocen, y voy saludando a los sastres, a los zapateros remendones, a los carniceros... La chica de una tienda, al saber que me voy, me regala dos portamonedas, de colores distintos, tejidos a mano, que dicen *Jerusalem.*

En fin, procuro no olvidarme de nada. Llamo por teléfono a Jacob; ceno una noche en el restaurante de Raúl; envío una postal al Golán, a mi ahijado quechua; voy a Tantur a darles un abrazo a los benedictinos de Montserrat, prometiéndoles subir a visitar al padre abad en cuanto llegue a Cataluña.

Una cosa me preocupa: voy, como Santiago, todos los días al Santo Sepulcro, al altar del Calvario, y veo allí a Rhayuqa, pero nunca, por ninguna parte, al anciano de Goa. ¿Habrá conseguido su propósito de morirse en el interior de la Basílica? Pregunto y nadie sabe darme la razón.

¿Y la señorita Petrozzi? Bien, cuando coincidimos en el refectorio de *Casa Nova,* continuamos como siempre: estando o no de acuerdo según sea el tema que abordemos. ¿El Tabor? Perfecto. ¿Samaría? Perfecto; pero si brinca en la mesa la palabra democracia, y no digamos la palabra fascismo o equivalente, nuestras miradas se pueblan de pequeños alfileres. Si el padre Mancini se da cuenta exclama: *Perbacco!* y nos llama al orden.

Conclusiones personales

Bien, el punto conflictivo es el de las conclusiones. Ha llegado el momento de pasar balance. Han sido varios meses de una intensidad que sólo se da en los viajes; y en éste, de modo singular. ¿Por qué? Porque aquí ha andado de por medio el vocablo *eternidad,* y por ello he hecho también varias visitas a la roca de Getsemaní, y una vez, yo solo, el Vía Crucis, de punta a cabo, desde el patio El Omaríeh —I *Estación*— hasta el Santo Sepulcro. Con una extraña y poco agradable frialdad, compensada, eso sí, por un sentimiento de inefable dulzura en algunos trechos, como, por ejemplo, en la duodécima *Estación,* situada en el Calvario y que rememora la muerte de Jesús.

De todo ello hemos tenido ocasión de hablar largo y tendido en la *Custodia,* en el «Bar Ovidio», en «Los Pirineos», por los rincones de San Salvador. Y por supuesto, con Isidro, quien me confesó que las propias «criadas» de París se fueron escandalizadas ante la división de las confesiones cristianas, que adivinaron sin mayor dificultad.

Mientras Emilio y Ángel han procurado eludir el tema desde el punto de vista polémico, ensalzando la parte positiva de la cuestión y defendiendo con uñas y dientes la gestión histórica, en muchos aspectos innegable, de la Iglesia Católica, Isidro y Ginesillo han sido mis confidentes en la vertiente negativa, lo cual no significa que hayan llegado tan lejos como, en esa línea, he llegado yo, pues por algo ambos visten cuando quieren sotana y hábito y Ginesillo, en cuanto «reciba las órdenes», celebrará la misa todos los días.

Mi resumen es escueto. Me siento un hombre mucho más profundamente religioso que cuando llegué. Empapado hasta los huesos. Pero religioso por la creencia en un Dios-Padre, Único y Creador —no en una hipotética Trinidad—, en un Padre para todos los seres que han vivido, viven y vivirán y que no ha mandado, ni manda ni mandará absolutamente a nadie, porque ello sería incompatible con la Misericordia, a ese lugar de ignominia que alguien designó con la palabra Infierno.

He conseguido dar un paso vital: *sentir* la inmortalidad del alma. Ello me inunda a ratos de un gozo inexplicable, porque la finitud absoluta, el gusaneo sin más, el *ente* o el *ser* que desaparece o se corrompe al corromperse la carne, no sólo me llenaba de angustia sino que convertía en Absurdo el hombre y la vida, el mundo y su evolución, la creación entera. ¡Aleluya, pues! ¡Hosanna! Tengo un alma en el tuétano de ese mi cuerpo fofo que se fatiga, y dicha alma es inmortal, lo que significa que creo que existe un más allá perdurable, aunque ignore su perfil y la forma en que nos será revelado lo inextricable que aquí nos acongoja.

Por el contrario, me siento abismalmente alejado, cada vez más, de la Iglesia Católica como institución y no logro ahuyentar de mi mente aquella frase según la cual lo único que no encaja dentro del Cristianismo es la figura del propio Cristo. Las Iglesias Católica, Protestante y derivados, por regla general llegan a parecerme, en muchas ocasiones, cismas con respecto al mensaje evangélico, a las palabras de Jesús que los cuatro evangelistas, cada cual a su manera, y con sólo discrepancias de volumen escaso, nos transmitieron. San Pablo —al padre Ángel también le ocurre eso—, aun reconociendo que fue la catapulta que lanzó a los cuatro vientos la nueva aportación a la antigua doctrina de los patriarcas, me inquieta y me causa zozobra y no me sirve para calmar la sed de descanso del alma.

Un solo Dios Padre, una sola Iglesia. Necesidad de derogar los dogmas católicos. Necesidad de abandonar Roma e instalarse en Jerusalén

Todo lo que no sea «unión de las iglesias», de las iglesias del planeta entero, se me antoja, lo repito, un escándalo; cuanto más la escisión de las iglesias cristianas, que pese a los disimulos y al protocolo y a intentos esporádicos y parciales, en el fondo y de un modo genérico se ignoran o se subestiman o se desprecian.

Mientras no se reúnan todas ellas en torno a una mesa, que no tiene por qué ser redonda, dado que con toda seguridad no lo fue la de la Última Cena, pero sí ante un Cristo, ante un Jesús clavado en la cruz, extendidos los brazos, y no renuncien unos y otros a sus criptas respectivas, a sus arrogantes torres de marfil, el número de militantes, de creyentes, de espíritus en vigilia y atentos a la llamada de lo Alto disminuirá, como se está viendo día tras día con sólo extender el mapamundi.

Para ello, por supuesto, es preciso que el Catolicismo se decida a *derogar los dogmas,* que no tienen razón de ser, que ciertamente ya en sí mismos constituyen una limitación, una declaración de impotencia y muchos de los cuales no resisten el más somero análisis, como, por ejemplo, el de la infalibilidad. Aparte de eso, es preciso dar un segundo paso: que el Papa, en espera de esa «unión», abandone Roma y sus mármoles y se instale cuanto antes, ahora mismo a ser posible, en Jerusalén, sin aguardar, como me dijo en Haifa el padre Elías, la utópica conversión masiva del pueblo judío. El Papa ha de predicar con el ejemplo, comunicar al pueblo su decisión, sin emplear el *Nos,* e instalarse modesta y normalmente en Jerusalén, donde el reclamo le resultaría mucho más fácil y donde, en definitiva, nació y echó sus raíces cruentas la religión que afirma representar.

El escándalo de que todo eso no sea así se hace más patente, ¡desde luego!, pisando la propia Tierra Santa, en cuyas polvorientas laderas Jesús lloró y no se cansó de repetir: *amaos los unos a los otros*. Jesús-Hombre no pudo sospechar nunca que en su nombre modificaran todo el lenguaje sencillo que Él empleó, arropándolo con eufemismos pedantes y engolados, y que para honrarle usarían un sistema de pesas y medidas y se repartirían, al cabo de milenios, su túnica tan escueta y breve; y que por la cruz de plata de Belén, por tres de sus rayos y dos de sus clavos, habría de desencadenarse la guerra de Crimea.

Todo eso forma parte del bagaje que me llevaré, además de recuerdos prácticos, *souvenirs* y un especial molinillo de papel. Y me llevaré además la otra gran incógnita: la de la verdadera naturaleza de Cristo —o naturalezas—, sobre la cual —o sobre las cuales— en tantos Concilios las discusiones se hicieron interminables.

No puedo *sentir* que Cristo es Dios, ni siquiera ahora que tengo pasaje de regreso; pero tampoco —y el lector lo sabe—, puedo *sentir* que no lo sea. Se trata de un enigma que me desborda como la cruz desborda por todos lados al hombre. Se trata de un misterio que en el más allá me será desvelado y, con un poco de suerte, en el más acá que aún me queda; porque, evidentemente, no descarto la posibilidad de recibir en cualquier momento la descarga esclarecedora y definitoria en mi intelecto y en mi conciencia y en lo que subyace debajo de ésta. Y nada me haría más feliz que poder gritar a pleno pulmón, dentro de mí y en las plazas públicas, ese otro ¡Aleluya!, ese otro ¡Hosanna!

Y nada más. Mi viaje se acabó. La despedida con los frailes de la cuerda, con los frailes de la *Custodia*, que tendrán sus puntos flacos pero que darían la vida por quienquiera que lo necesitase, lo cual no es para echarlo en saco roto, resulta particularmente emotiva. Nos abrazamos. Nos abrazamos, ¡no faltaría más!, con mucha fuerza. Con toda la fuerza de que somos capaces. Hemos conseguido amarnos, y ello está por encima de cualquier discrepancia, de cualquier revolcón temperamental.

A Emilio le prometo que le dejaré testamentariamente mi reloj de bolsillo, precioso reloj de oro que me traje de una de las tiendas *beriotzka* de Leningrado; él me promete que me enviará las innumerables fotografías que ha sacado en el curso de nuestras andanzas..., y que me llevará a España, cuando dentro de unos meses le toque el turno de vacaciones, un recuerdo de Tierra Santa de cuyo contenido se niega a hablarme.

Ángel, tumbado en la cama, escuchando música clásica y haciendo como que la dirige me dice: «¡Hala, Dumas! ¡Que sólo te falta el canto de un duro para merecer la patria celeste! ¿Sabes cómo creo que voy a recordarte con más frecuencia? Llevando la palma en alto en la procesión del Domingo de Ramos y sosteniendo, asutado, a la niña congoleña que en las "Hermanas de la Caridad" quería irse contigo y te llamaba *mon père*...»

A-Dios

A-Dios, Tierra Santa, a-Dios, Israel... Que el Señor os bendiga. Que bendiga a los judíos y a los árabes que luchan y se matan entre sí, cuando podrían también renunciar a sus respectivas criptas y abrazarse. Que Dios bendiga a Israel y a los palestinos, todos a la vez, hallando para ambos un motivo de concordia. Y a los diputados del Parlamento y a sus activos adversarios del Líbano. Y a

Golda Meir y a monseñor Capucci. Y a los inmigrantes que siguen llegando y a los beduinos que se nutren de arena y sol.

Por mi parte, a unos y a otros, Shalom, Shalam, Paz y Bien...

Empezado el 29 de junio de 1975, festividad de San Pedro y San Pablo y terminado el 7 de abril de 1977, Jueves Santo.

Can Gironella, ARENYS DE MUNT.

BIBLIOGRAFÍA

Mi gratitud a los siguientes autores, cuyas obras he consultado:

Zel Vilnay; Jean Braind; Pia Compagnoni; R. G. Bernard; E. Gugenheim; Albert Storne; M. T. Petrozzi; Von Immoff; R. Peyrefitte; N. Maglito; Jacob Tsur; Raymond Aron; David Flusser; C. H. Dodd; J. P. Alem; John Bright; G. Ricciotti; J. E. Cirlot; Daniel Rops; Max L. Dimont; Enrique Salgado; A. Levi; E. Testa; B. Bagatti; Paul Diel; G. Papini; G. K. Chesterton; C. Pascual; D. Suei-ro; Werner Keller; A. Chouraqui; Roger Aubert; J. Jiménez Lozano; F. Díaz Plaja; G. Arciniegas; P. Herrero; C. Juániz; A. Arce; Ramón J. Sender; S. de Madariaga; Olivier Clément; Nathan Ausubel; J. Ferrando Roig; C. Virgil Gheor-ghiu; Aldous Huxley; Bruno de Xolages; Alexander Ramati; D. Gonzalo Maeso; Hans Kung; Federico Ysart; Wolfgang E. Pax; J. Rhutland; J. M. Díez-Alegría; Corrado Pallenberg; T. Kollek y Moshe Pearlman; Ch. Chabanis; A. Schweitzer; G. Thils; J. Castell-Gassol; M. J. Indart; Harry Golden; Michel Mourre; N. Ka-zantzaki; M. Gerber; C. Westermann; Jean Bourdeillette; Dan Kurzman; P. So-lignac; J. Neuvecelle; K. Kenyon; Henry Kamen; Jean Bosc; R. Clubourg; J. P. Bayard; L. Grollenberg; Julià Auger; Marijan Molé; H. Verbist; H. Renckens; M. Richet; Franz König; T. de Chardin; Leon Bloy; Paul Claudel; Ch. Péguy; F. Mauriac; Paul Augier; Eusebio Colomer; Pierre Paraf; P. Alfonsi; P. Pesnot; M. J. Stève; Jean Guitton; A. David Neel; Anadda K. Coomaraswamy; Will Durant; Amos Elon; Kitaro Nishida; Roland Villeneuve; Rinna Samuel; Ángela Alvarez; Catherine Dimier; A. Deutsch; Collin de Planey; Juan Lwida; Jean Abd-El-Jalil.

También me han sido muy útiles las revistas: *Israel Magazine; Cuadernos de Jerusalén; Noticias cristianas de Israel; Ariel; Tierra Santa; Crónicas; Cahiers de Jerusalem* y las publicaciones del «Fondo Nacional Judío» y del «Instituto Central de Relaciones Culturales Israel-Iberoamérica».

BIBLIOGRAFÍA

Mi gratitud a los siguientes autores, cuyas obras he consultado:

Zel Vilnay; Jean Briand; Pia Compagnoni; R. G. Bertrand; E. Gugenheim; Albert Stoner; M. T. Petrozzi; Von Hammof; R. Peyrefitte; N. Magilos; Jacob Tsur; Raymond Aron; David Flusser; C. H. Dodd; J. P. Alem; John Bright; G. Ricciotti; I. E. Gidor; Daniel Rops; Max L. Dimont; Enrique Salgado; A. Levi; E. Testa; B. Bagatti; Paul Diel; G. Papini; G. K. Chesterton; C. Pascual; D. Suetroy; Werner Keller; A. Chouraqui; Roger Abbett; J. Jiménez Lozano; F. Díaz Plaja; G. Arciniegas; P. Herrero; C. Juániz; A. Arce; Ramón J. Sender; S. de Madariaga; Olivier Clement; Nathan Ausubel; J. Fernando Roig; C. Virgil Gheorghiu; Aldous Huxley; Bruno de Xelayea; Alexander Ramati; D. Gonzalo Maeso; Hans Kung; Federico Ysart; Wolfgang E. Pax; J. Rhuband; J. M. Diez Alegría; Conrado Pallenberg; T. Kollek y Moshe Pearlman; Ch. Chabanis; A. Schweitzer; G. Thils; I. Castell-Gassol; M. J. Lndati; Harry Golden; Michel Matrie; N. Kazantzakis; M. Gerber; C. Westermann; Jean Bourdeillette; Dan Kurzman; P. Solinas; J. Neuvecelle; K. Kenyon; Henry Kamen; Jean Bose; R. Chibourg; J. P. Bewald; L. Croltenberg; Julia Auger; Marilan Mok; H. Verbist; H. Renckens; M. Richier; Franz König; T. de Chardin; Leon Bloy; Paul Claudel; Ch. Peguy; F. Mauriac; Paul Aogier; Eusebio Colomer; Pierre Patal; P. Alfonsi; P. Pesroi; M. J. Steve; Jean Guitton; A. David Neel; Abauda; K. Coomaraswamy; Will Durant; Amos Elon; Kitaro Nishida; Roland Villeneuve; Rinna Samuel; Angela Alvarez; Catherine Dimier; A. Deutsch; Collin de Plancy; Juan Lwida; Jean Abd-El-Jalil.

También me han sido muy útiles las revistas: Israel Magazine; Cuadernos de Israel; Noticias cristianas de Israel; Ariel; Tierra Santa; Crónicas; Cahiers de Jerusalem; y las publicaciones del «Fondo Nacional Judío» y del «Instituto Central de Relaciones Culturales Israel-Iberoamericana».